제2판

형사소송법

신양균
조기영

박영사

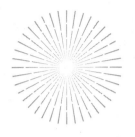

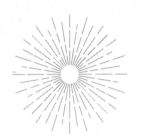

PRE FACE

제2판 머리말

형사소송법 교과서(공저)를 출간한 지 2년 만에 다시 제2판을 내놓는다. 법령의 개정과 새로운 판례의 등장이 직접 계기가 되었다. 아울러 초판에서 충분히 검토하지 않은 체계나 쟁점에 관한 문제들이나 오탈자 등도 다시 보완할 필요가 있었다. 그러나 초판의 기본적인 지향과 틀은 유지하려고 하였다. 다만 초판에 장별로 제시했던 사례들은 삭제하였다. 그동안 「쟁점 및 사례에 대한 질문과 답변 형사소송법」(신양균/조기영/지은석 공저, 박영사, 2021)이라는 별도의 교재를 통해 사례 및 해설에 대한 내용을 보다 폭넓게 다루었기에 다시 교과서에 게재하지 않기로 한 것이다.

내용 면에서는 무죄추정의 원칙, 수사의 개념, 수사의 조건, 수사의 주체, 압수수색 등 대물적 강제수사, 수사의 종결, 공소의 제기, 공판절차 일반, 증거법(특히 전문법칙), 재판, 상소, 재심, 재판의 집행 등 전반에 걸쳐 재검토와 수정이 있었다.

법령은 2022년 9월 10일부터 시행되는 개정 법률까지 반영하였다. 특히 2020년에 개정된 내용 가운데 2021년과 2022년에 시행된 내용들과 2022년의 개정내용을 빠짐없이 소개하고 법령의 우리말 변경에 대해서도 유의하였다. 판례는 2021년 12월 말까지를 기준으로 하면서 2022년 5월 말까지 나온 판례들도 추가하였다.

책의 부피가 늘어나는 점을 감안해서, 글자 크기를 조금 수정하고 인용구 위아래 여백도 줄여 페이지당 내용을 늘렸으나 다른 교재들과 큰 차이가 없기 때문에 독자들에게 큰 부담이 되지 않을 것으로 생각한다.

필자의 게으름으로 원고가 늦었지만 짧은 시간 안에 책이 나올 수 있었던 것은 전적으로 박영사 최동인 대리님과 윤혜경 대리님의 헌신적인 도움이 있었기 때문이다. 깊이 감사드린다. 아울러 바쁜 일정에도 불구하고 교정 작업에 역량을 기울여 준 박상민 변호사와 이정진 변호사 그리고 박수영 학생의 도움도 빼놓을 수 없다. 이 자리를 빌려 감사드린다.

2022. 8.
임인년 입추를 지나며
저자

PRE FACE

머리말

시중에 많은 형사소송법 교과서들이 출간된 상황에서 또 하나의 교재를 내놓으려는 결정은 쉽지 않은 일이다. 게다가 최근에 많은 법률의 개정이나 이론과 판례의 축적 등으로 쉽게 엄두가 나는 일이 아니었지만, 마침 같은 대학에 근무하는 조기영 교수의 도움이 있어 공저로 교과서를 내기로 결심하게 되었다.

이 책은 법전원에서 그동안 강의를 하면서 꾸준히 보완해 온 강의안을 바탕으로 한 것이다. 법치국가적 형사소송법의 확립이라는 기본방향을 견지하면서, 형사사법의 발전에 따른 새로운 논의들에 대한 이해와 입장의 정립을 염두에 두고 수정을 가하였다. 특히 몇 가지 점을 소개해 두고 싶다.

첫째는 교과서의 본문을 두 종류의 활자로 구분한 것은 초학자들의 편의를 고려한 것이다. 전체적으로 분량이 많은 관계로 초학자들이 형사소송법을 이해하는 데 부담이 될 수 있어, 초학자들은 작은 활자 부분을 제외하고 큰 활자 부분만 빠르게 읽어 가면 형사소송법 전반을 개괄적으로 이해할 수 있도록 하였다. 작은 활자 부분은 학설이나 이론, 관련 사례 등을 통해 형사소송법에 대한 이해를 심화시키기 위한 것이다. 이와 함께 각 주제의 앞부분에 제시한 사례들을 해결해 나가면서 판례를 점검하고 쟁점을 확인할 수 있도록 하였다. 또한 본문의 내용에서 세부목차를 많이 활용하여 목차를 일별하는 것만으로도 관련 내용을 기억해 볼 수 있게 하려고 했다.

둘째로 판례는 2019년 말까지 공간된 판례들 가운데 중요판례들을 빠짐없이 소개하려고 하였다. 특히 중요하거나 본문의 내용을 이해하는 데 필요한 판례에 대해서는 판례의 사실관계나 소송경과 또는 절차상의 쟁점 등을 간단히 덧붙였다. 판례에 대한 보다 상세한 소개는, 두 사람이 공저로 내놓은 「판례교재 형사소송법」을 참조하기 바란다.

셋째로 최근 법령의 개정을 빠짐없이 반영하면서 검경수사권 조정이나 공수처법 등 아직 시행되지 않은 개정부분에 대해서도 기본적인 내용들을 소개하였다. 아울러 형사재판의 실무에 관한 소개는 법원도서관의 「법률백과사전」

(http://gopenlaw.scourt.go.kr)을 주로 참조하였음을 밝혀 둔다.

넷째로 최근 10년 사이에 형사소송법에 대한 학문적 관심이 매우 높아져 많은 논문들과 연구보고서 등이 출간되었고, 교과서들도 새롭게 출간되었다. 그러나 교과서라는 특성을 고려하여, 개별 쟁점들에 대한 논의를 다룬 논문이나 교과서들을 개별적으로 소개하지 않고, 학설과 이론적 주장의 내용들만 정리해서 소개하는 데 그쳤다. 이 자리를 빌려 여러 저자들과 필자들에게 양해를 구한다.

교과서의 특성을 고려해서 가능한 한 책의 부피가 늘어나지 않도록 배려했으나, 저자의 여전한 필치(筆痴)의 한계를 넘기 어려웠다. 그나마 정년을 얼마 남기지 않은 시점에서 새로운 모습의 교과서를 출간하게 된 것은 큰 기쁨이며, 이후에도 조기영 교수의 주관으로 보다 완성된 교과서로 변모되어 가기를 희망한다.

이렇게 짧은 시간 안에 책이 나올 수 있었던 것은 전적으로 박영사 이영조 팀장님과 윤혜경 선생님의 헌신적인 도움이 있었기 때문이다. 깊이 감사드린다. 아울러 실무에서의 바쁜 일정에도 불구하고 교정 작업에 많은 도움을 준 최성태 변호사, 민아람 변호사, 오슬기 변호사의 도움도 빼놓을 수 없어, 이 자리를 빌려 감사드린다.

2020. 2.
경자년 세한(歲寒)을 누리며
저자

C O N TENTS

차 례

제 2 편 수사

제 1 장 수사의 기초

제2장
수사의 단서

제 **4** 장
임의수사

제 5 장 대인적 강제수사

제 3 편 공소의 제기

제 1 장 공소 일반

제 2 장
공소의 제기

제 4 편 공판

제 1 장 공판절차의 기본이론

제 **2** 장

공판절차

제 3 장
증거

제 **4** 장 재판

제 5 편 상소·비상구제절차·특별형사절차·재판의 집행과 형사보상

제 1 장 상소

제 2 장
비상구제절차

제 3 장
특별형사절차

제 **4** 장
재판의 집행과 형사보상

제1편

형사소송법의 기본이론

제 1 장

형사소송법의 기초

제 1 절 형사소송법의 의의

범죄와 형벌 기타 형사제재의 대상을 규정하고 있는 형법의 적용을 받게 되는 사건을 형사사건이라고 한다. 이러한 형사사건과 관련하여, 형사소송법은 형법을 구체적인 사건에 적용·실현하기 위한 절차를 규율하는 법률체계이다. 형법은 사실관계의 확정을 전제로 적용되는 법률임에 반하여, 형사소송법은 객관적 자료(증거)에 의해 형법이 적용될 수 있는 사실관계를 해명·입증하기 위한 법률이다. 형법은 안방에 누워 있는 범죄자를 직접 교도소로 옮겨 놓을 수는 없지만, 형사소송법은 '실체를 실어 나르는 수레'의 역할을 하는 것이다.

실체법인 형법과 절차법인 형사소송법은 상호 보완관계에 있다. 형법의 적용은 개인의 자유와 권리의 영역을 중대하게 제한하는 결과로 될 수 있으므로 국가의 중대한 관심사가 아닐 수 없다. 따라서 형법이 적용되는 형사사건의 실체는 형사절차를 통해서만 밝혀질 수 있도록 해야 하며, 사인간의 합의나 자의적 판단을 통해 실체를 확정해서는 안 된다. 이러한 의미에서 '절차 없이 형벌 없다'고 말할 수 있다. 한편, 형법의 내용이 정당하지 못하면 형사소송법을 통한 절차의 적정은 빈껍데기에 불과하게 됨은 물론이다.

나아가 형사소송법은 단순히 형법을 실현하기 위한 수단에 그치지 않는다. 형사소송법은 적법절차를 통해 형벌권의 실현을 통제한다는 의미에서 독자성을 지니고 있다. 형사소송법은 수사절차, 공소제기절차, 공판절차 등 형사절차 전반에 걸쳐 적법절차의 준수를 요구하고 있다. 예컨대, 위법한 체포상태에서 작성된 피의자신문조서는 이를 유죄의 증거로 사용할 수 없고, 검사가 공소권을 남용한 경우에는 공소제기의 효력이 부인되며, 정식재판절차에 따라 처리해야 할 사건을 간이공판절차로 진행한 때에는 그에 따른 증거조사절차는 위법하게 된다. 형법의 실현과 형사소송법에 의한 기본권보장이 충돌하는 경우 절차의 적정을 위해 실체적 진실발견을 양보해야 하는 경우도 형사소송법의 독자적 성격을 보여주는 것이다.

제 2 절 형사소송법의 법원

제 1 형사절차법정주의

형사절차법정주의란 형사절차를 '형식적 의미의 법률'로 정해야 한다는 원칙을 말한다. 형사절차법정주의는 형법에 있어서 죄형법정주의에 상응하는 것으로서, 공정한 재판을 실현하기 위한 전제조건이 된다. 형사절차법정주의는 「누구든지 법률에 의하지 아니하고는 체포·구속·압수·수색 또는 심문을 받지 아니하며, 법률과 적법한 절차에 의하지 아니하고는 처벌·보안처분 또는 강제노역을 받지 아니한다」고 규정한 헌법 제12조 제1항 제2문, 「모든 국민은 헌법과 법률이 정한 법관에 의하여 법률에 의한 재판을 받을 권리를 가진다」고 규정한 헌법 제27조 제1항, 「국민의 모든 자유와 권리는 국가안전보장·질서유지 또는 공공복리를 위하여 필요한 경우에 한하여 법률로써 제한할 수 있으며, 제한하는 경우에도 자유와 권리의 본질적인 내용을 침해할 수 없다」고 규정한 헌법 제37조 제2항에 근거를 두고 있다.

형사절차는 형사소송법의 관심사일 뿐만 아니라 헌법의 관심사이기도 한다. 형사절차에서는 개인의 이익과 공공의 이익이 첨예하게 대립하므로, 형사소송법에서도 국가와 개인의 이익을 교량하게 되며, 이 과정에서 헌법의 요청을 앞세워야 한다. 형사소송법을 '응용헌법'(Beling), '헌법시행법'(Eb. Schmidt), '헌법의 지진계'(Roxin)라고 말하는 것도 같은 맥락이라고 할 수 있다. 이러한 의미에서 형사절차법정주의는 단순히 형사소송의 법률화를 의미하는 것은 아니며, 우리 형사소송법의 이론과 실무도 형사절차법정주의를 넘어 헌법적 형사소송의 단계로 나아가고 있다.[1)] 1987년 현행헌법 제12조 제1항은 적법절차의 원리를 선언하고 절차적 권리가 침해된 때에는 일정한 범위 내에서 헌법소원을 통하여 구

---

1) 한국 형사소송법을 헌법적 형사소송이라고 이해할 필요는 없다는 견해도 있으나, 헌법의 원리와 규정이 형사절차의 규범으로 직접 작용하고 있다는 점에서 헌법적 형사소송은 이미 한국 형사사법의 현실이라고 해야 한다.

제를 받을 수 있도록 하고 있다.

제 2 형사소송법의 법원

Ⅰ. 헌법

헌법은 각종 형사절차에 관한 규정을 두고 있다. 헌법이 직접 규정하고 있는 형사절차에 관한 규정은 아래와 같다. 형사소송법으로 구체화되지 않은 헌법규범(예컨대 인격권, 주거의 자유, 사생활의 비밀 자유 등)도 형사소송의 규범으로 작용한다.

구체적으로 헌법에 명시된 형사소송관련 규정을 열거해 보면, 적법절차의 원칙(제12조 제1항, 제3항), 형사절차법정주의(제12조 제1항), 강제수사법률주의(제12조 제1항 전단), 고문을 받지 아니할 권리(제12조 제2항 전단), 진술거부권(제12조 제2항 후단), 수사절차에서 영장주의(제12조 제3항, 제16조), 긴급체포와 현행범체포(제12조 제3항), 변호인의 조력을 받을 권리(제12조 제4항), 구속사유 및 변호인 선임권을 고지받을 권리(제12조 제5항 전단), 피구속자의 가족 등이 구속사유를 통지받을 권리(제12조 제5항 후단), 체포·구속적부심사청구권(제12조 제6항), 자백배제법칙(제12조 제7항), 자백의 보강법칙(제12조 제7항), 일사부재리의 원칙(제13조 제1항), 공정한 재판을 받을 권리(제27조 제1항), 군사법원의 재판을 받지 않을 권리(제27조 제2항), 신속한 재판을 받을 권리(제27조 제3항), 공개재판을 받을 권리(제27조 제3항), 무죄추정(제27조 제4항), 형사피해자의 재판절차진술권(제27조 제5항), 형사보상청구권(제2조 제8항), 과잉금지의 원칙(제37조 제2항), 국회의원의 불체포특권(제44조), 국회의원의 면책특권(제45조), 대통령의 형사상 불소추특권(제84조), 헌법소원(제111조 제1항 제5호) 등이 있다.

Ⅱ. 법률

형사절차법정주의의 요청에 따라 형사절차에 관한 기본적 사항은 형식적 의미의 「법률」로 정해야 한다. 1954년 9월 23일 공포된 「형사소송법」은 형사절차에 관한 기본 법률로서, 형식적 의미의 형사소송법이라고 한다. 현행 형사소송법은 총4편, 26장, 493조로 구성되어 있다. 한편 명칭은 형사소송법이 아니지만 그 내용이 실질적으로 형사절차를 규율하고 있는 법률들을 실질적 의미의 형사소송법이라고 한다. 실질적 의미의 형사소송법은 ① 조직에 관한 법률(형사사법조직 관련: 법원조직법, 각급법원의 설치와 관할구역에 관한 법률, 검찰청법, 변호사법, 사법경찰관리의 직무를 행할 자와 그 직무범위에 관한 법률 등), ② 특별절차에 관한 법률(소년법, 즉결심판에 관한 절차법, 군사법원법, 조세범 처벌절차법, 소송촉진 등에 관한 특례법, 가정폭력범죄의 처벌 등에 관한 특례법, 국민의 형사재판참여에 관한 법률, 형사소송비용 등에 관한 법률 등), ③ 기타 법률(형의 집행 및 수용자의 처우에 관한 법률, 형사보상법, 사면법, 국가보안법, 관세법 등)로 나누어진다. 헌법재판소의 위헌결정이나 국제조약(한미행정협정 등) 등도 법률과 동일한 효력을 지닌다.

Ⅲ. 규칙·명령

1. 규칙

대법원은 법률에 저촉되지 아니하는 범위 안에서 소송에 관한 절차, 법원의 내부규율과 사무처리에 관한 규칙을 제정할 수 있다(헌법 제108조). 대표적인 것이 「형사소송규칙」이다. 대법원규칙은 헌법과 법률에 반하지 않는 범위 내에서 형사절차의 기본구조나 소송관계인의 이해관계에 영향을 미치지 않는 소송기술적 사항에 한하여 규율할 수 있을 뿐이나, 법률의 구체적인 위임이 있는 때에는 형사소송법의 법원이 될 수 있다.

형사절차와 관련된 대법원규칙으로는 형사소송규칙, 국민의 형사재판 참여에 관한 규칙, 공판정에서의 좌석에 관한 규칙, 법정에서 방청·촬영 등에 관한 규칙, 소년심판규칙, 형사소송비용 등에 관한 규칙, 소송촉진 등에 관한 특례규칙, 법정 등의 질서유지를 위한 재판에 관한 규칙 등이 있다.

대법원규칙과 달리 대법원예규는 사법부 내부의 복무지침이나 업무처리의 통일성을 기하기 위한 것으로서 간접적으로 형사절차의 운영에 영향을 미칠 뿐 소송관계인의 권리나 의무에 직접 영향을 미칠 수 없으므로 형사소송법의 직접적인 법원이 되지 못한다. 그러나 현실적으로 인신구속사무의 처리에 관한 예규, 국선변호에 관한 예규, 각종 영장발부에 관한 사무처리지침 등 소송관계인의 권리나 의무에 심대한 영향을 미치는 내용을 포함하고 있는 경우도 있어 이에 대한 정비가 요망된다.

2. 명령

행정부의 명령제정권에 근거하여 대통령령이나 행정각부의 부령의 형태로 소송절차를 규율할 수 있다. 대통령령으로는 형사소송법이 위임한 내용을 정한

「검사와 사법경찰관의 상호협력과 일반적 수사준칙에 관한 규정」(이하 '수사준칙' 이라고 한다)이 있고, 법무부령으로는 「검찰사건사무규칙」, 「검찰압수물사무규칙」, 「자유형 등에 관한 검찰집행사무규칙」, 「재산형 등에 관한 검찰집행사무규칙」, 「검찰징수사무규칙」, 「검찰보존사무규칙」 등이 있으며, 행정안전부령으로 「경찰수사규칙」 등이 있다. 그러나 사법권의 독립이라는 관점에서 보면 법률의 구체적인 위임 없이 행정부가 명령의 형태로 소송절차에 관여할 수 없으므로, 현행 법상 행정권의 작용으로 되어 있는 수사 및 형집행 절차에 관해서만 부분적으로 명령을 제정할 수 있을 뿐이다. 특히 법무부령은 검찰청 내부의 사무처리지침에 불과한 것으로서 소송관계인의 권리와 의무에 영향을 미칠 수 없고 형사절차를 규율하는 효과도 없으므로 형사소송법의 직접적인 법원이 되지 못한다.[2] 따라서 법무부령 가운데 국민의 권리와 의무에 중대한 영향을 미치는 내용에 대해서는 법률로 규율하는 것이 시급한 과제라고 할 수 있다.

제3 형사소송법의 적용범위

Ⅰ. 인적 적용범위

형사소송법은 형법과 마찬가지로 대한민국 국민 모두에게 적용된다(속인주의).[3] 다만, 헌법상 몇 가지 특칙이 인정된다.

1. 대통령의 불소추특권

대통령은 내란 또는 외환의 죄를 범한 경우를 제외하고는 재직 중 형사상의 소추를 받지 아니한다(헌법 제84조). 대통령의 형사상 불소추특권은 대통령 개인에게 부여된 특권이 아니라, 국가의 원수로서 외국에 대하여 국가를 대표하는 지위에 있는 대통령이라는 특수한 직책의 원활한 수행을 보장하고, 그 권위를 확보하여 국가의 체면과 권위를 유지하여야 할 실제상의 필요 때문에 대통령으로 재직 중인 동안에만 부여되는 특권이다.[4] 대통령의 재직기간 중 공소가 제기

2) 헌재 1991. 7. 8. 91헌마42; 헌재 2008. 7. 22. 2008헌마496.
3) 대판 2004. 4. 23. 2002도2518 (내국인이 외국 카지노에서 도박했다는 사정만으로 그 위법성이 조각되지 않는다고 본 사안).
4) 헌재 1995. 1. 20. 94헌마246.

되면 공소를 기각하게 된다(제327조 제2호).

대통령의 형사상 불소추특권으로 인하여 재직 중인 대통령에 대한 공소제기는 허용되지 않음은 분명하다. 그러나 재직 중인 대통령에 대한 수사가 허용되는지 여부에 관하여는 견해의 대립이 있다. 재직 중인 대통령에 대한 공소제기는 금지된다고 하더라도, 공익적 관심사에 속하는 대통령의 범죄혐의에 대한 증거를 미리 수집·보전할 필요성은 인정되므로, 임의수사와 압수·수색 등 대물적 강제수사는 허용된다고 볼 수 있다. 다만, 재직 중인 대통령에 대한 체포의 필요성은 인정하기 어렵고 구속은 공판정에의 출석 담보를 주된 목적으로 하는 것이므로 대인적 강제수사는 허용되지 않는다고 보아야 할 것이다.

학설로는, ① 수사는 결국 형사소추를 목적으로 하므로 수사도 역시 허용되지 않는다는 견해, ② 임의수사만 허용되고 강제수사는 허용되지 않는다는 견해, ③ 임의수사와 대물적 강제수사는 허용되지만 체포·구속 등 대인적 강제수사는 허용되지 않는다는 견해, ④ 임의수사는 물론 대물적·대인적 강제수사 모두 허용된다는 견해가 있다.

2. 국회의원의 면책특권

국회의원은 국회에서 직무상 행한 발언과 표결에 관하여 국회 외에서 책임을 지지 아니하며(헌법 제45조), 현행범인인 경우를 제외하고는 회기중 국회의 동의없이 체포 또는 구금되지 아니한다(헌법 제44조 제1항). 국회의원의 면책특권이 실체법상 인적 처벌조각사유에 해당한다는 견해도 있으나, 소추조건으로 보는 것이 타당하다. 따라서 국회의원의 면책특권에 속하는 행위에 대하여는 공소를 제기할 수 없으며, 이에 반하여 공소가 제기된 경우는 결국 공소권 없이 공소가 제기된 것으로서 제327조 제2호의 "공소제기의 절차가 법률의 규정에 위반하여 무효인 때"에 해당되어 공소를 기각하여야 한다.[5)]

면책특권의 대상이 되는 행위는 국회 내에서의 직무상 발언과 표결 자체에 한하지 않고 이에 통상적으로 부수하여 행해지는 행위까지 포함한다(예컨대 발언에 앞선 사전 보도자료의 배포). 그러나 판례는 인터넷 홈페이지에 보도자료를 게재한 행위까지 면책특권의 범위 내에 포함되지는 않는다는 입장이다.[6)]

---

5) 대판 1992. 9. 22. 91도3317.

6) 대판 2013. 2. 14. 2011도15315.

3. 외교직원 등의 면제 특권

「1961년 외교관계에 관한 비엔나 협약」(1970년 가입), 「1963년 영사관계에 관한 비엔나 협약」(1977년 가입)에 따라 외교사절의 특권(신체, 주거 불가침 등)과 재판권의 면제가 인정된다. 면제특권의 대상은 '외교관'(공관장, 공관의 외교직원(외교관의 직급을 가진 공관직원)), 영사관원과 사무직원이며, 그들이 직무 수행 중에 우리나라에서 행한 행위에 대해서는 형사재판 관할권이 면제된다. 따라서 외교관 등의 형벌법령 위반행위에 대해 공소가 제기되더라도 재판권이 없으므로 법원은 판결로써 공소를 기각한다(제327조 제1호).

한편 주한미군의 경우에도 주한미군지위협정(SOFA, 1967년 발효)에 따라 ① 오로지 합중국의 재산이나 안전에 대한 범죄, 또는 오로지 합중국 군대의 타 구성원이나 군속 또는 그들의 가족의 신체나 재산에 대한 범죄, ② 공무집행 중의 작위 또는 부작위에 의한 범죄에 관해서는 미군의 구성원이나 군속 및 그들의 가족에 대하여 미군 당국이 재판권을 행사할 제1차적 권리를 가지므로(협정 제24조 제3항), 그 한도에서 우리나라 형사재판권은 제약을 받게 된다.

SOFA 제22조 제4항에 따라 미군 군속 중 통상적으로 대한민국에 거주하고 있는 자는 본 협정의 적용대상이 아니므로, 그에 대하여는 우리나라 형사재판권이 미치게 된다. 예컨대 미국 국적을 가진 미군 군속이 범행 당시 10년 넘게 우리나라에 머물면서 우리나라 여성과 결혼하여 살면서 직장생활을 하는 등 생활근거지를 우리나라에 두고 있었다면 교통사고를 낸 경우 현행 교통사고처리특례법과 도로교통법이 적용된다.[7]

Ⅱ. 장소적 적용범위

형사소송법은 범죄자의 국적을 불문하고 대한민국 영역 내에서 발생한 모든 형사사건에 대해 적용된다(속지주의).

다만 위에 언급한 비엔나 협약에 따라 외교공관에 대한 불가침이 보장되므로, 대한민국 영역 내라 할지라도 국제법상 치외법역에서는 형사소송법이 적용되지 않는다는 것이 학계의 통설이다. 그러나 외교공관이라도 대한민국의 영토 내에 있는 이상 영토주권이 미치므로 형사소송법도 당연히 적용되고, 다만 경찰권 발동 등 소추권 행사나 재판권 행사를 스스로 제한할 뿐이라고 보는 것이 타

---

7) 대판 2006. 5. 11. 2005도798.

당하며, 이러한 해석은 현재 국제법의 일반적 태도와도 일치한다.

다만 판례는 소위 미문화원 방화사건에 대한 판결에서 "국제협정이나 관행에 의하여 대한민국 내에 있는 미국문화원이 치외법권 지역이고 그곳을 미국영토의 연장으로 본다 하더라도 그곳에서 죄를 범한 대한민국 국민에 대하여 우리 법원에 먼저 공소가 제기되고 미국이 자국의 재판권을 주장하지 않고 있는 이상 속인주의를 함께 채택하고 있는 우리나라의 재판권은 동인들에게도 당연히 미친다 할 것이며 미국문화원 측이 동인들에 대한 처벌을 바라지 않았다고 하여 그 재판권이 배제되는 것도 아니다"라고 판시함으로써,[8] 외교공관에 대한 영토주권의 배제를 전제로 하면서 당해 사건에 대해서는 우리나라의 재판권이 인정된다는 모호한 입장을 취하고 있다.

한편 국제교류의 증가로 국외범 및 국제범죄가 증가하면서 범죄방지를 위한 국가간 연대의 요청이 커지고 있다. 예컨대 범죄인이 국외에 있는 경우에는 당해 국가의 영토주권으로 인하여 소추권 및 재판권 행사가 사실상 제약되므로 우리나라에서 이를 행사하기 위해서는 해당 국가와 형사사법공조 및 범죄인 인도를 위한 조약을 체결해야 한다. 관련 국가들과의 사법공조 내지 범죄인 인도를 위한 절차에 관한 기본법률로서 현재 「국제형사사법공조법」(1991. 3. 8. 법률 제4343호)과 「범죄인인도법」(1988. 8. 5. 법률 제4015호)이 제정되어 있다.

Ⅲ. 시간적 적용범위

형사소송법도 다른 법률과 마찬가지로 시행시부터 폐지시까지 효력을 가진다. 형사소송법의 영역에 대해서는 원칙적으로 소급효금지의 원칙이 적용되지 않는다. 친고죄를 비친고죄로 개정하거나 범죄 후 공소시효를 연장하는 것도 가능하며, 이미 고소기간이 지났거나 공소시효가 완성된 경우에도 엄격한 요건 하에 소급적용(진정소급입법)을 인정할 수 있다.[9]

법률의 변경이 있는 경우 신법과 구법 중 어느 법률을 적용할 것인가는 입법정책의 문제에 속한다. 형사소송법 부칙은 공소제기의 시점을 기준으로 신법 시행 전에 공소가 제기된 사건에 대하여는 구법을 적용하고(부칙 제1조), 시행 후에 공소가 제기된 사건에 대하여는 본법에 의하되 구법에 의하여 행한 소송행위의 효력에는 영향이 없는 것으로 규정하고 있다(부칙 제2조).

---

8) 대판 1986. 6. 24. 86도403.

9) 헌재 1996. 2. 16. 96헌가2, 96헌바7, 96헌바13.

제 3 절 형사소송법의 전개

제 1 근대 이전

근대 이전의 형사절차는 부여의 영고(迎鼓), 고구려의 제가평의(諸家評議)와 같은 소박한 민중재판의 형태를 취하고 있었다. 삼국시대 이후 중앙집권국가가 형성되면서 중앙에 독립한 재판기구를 설치하였지만 지방에는 여전히 지방행정관이 재판권을 함께 가지고 있었고, 재판은 전형적인 규문절차의 형태로 진행되었다.

고려시대 이후 형사절차는 중국법의 영향을 받게 된다. 고려시대에는 당률, 근세 조선시대에는 대명률을 각기 우리 실정에 맞게 고쳐 사용하였다. 조선시대에는 경국대전, 속대전, 대전통편 등과 같이 중국법을 보충하는 독자적인 법령이 제정되었다. 중앙에는 재판기관으로서 형조와 의금부가 있었지만 지방에서는 관찰사나 수령과 같은 지방행정관이 여전히 재판권을 가지고 있었다.

조선후기에 들어 형정이 문란해지자 1894년 갑오개혁을 계기로 새로운 법령을 마련하고, 1896년에는 재판소구성법을 제정하여 근대적인 법원을 구성하는 등의 사법제도 개혁을 위한 노력을 하였으나, 그러한 노력은 1910년 한일합방으로 빛을 보지 못하고 말았다.

제 2 외국법의 계수

일제강점기인 1912년 조선형사령 제1조에 의하여 당시 일본의 이른바 메이지(明治) 형사소송법(1890년)이 우리나라에도 적용되었지만, 1922년 개정된 다이쇼(大正) 형사소송법에 따라 조선형사령도 대폭 개정되어 1924년부터 시행되었다. 일제강점기 우리나라에 적용되고 있었던 일본 형사소송법은 처음에는 프랑스, 나중에는 독일의 형사소송법의 영향을 받은 것이어서 결국 일본을 통해 대륙의 근대적인 형사소송법이 우리나라에 계수되었던 것이다. 그러나 식민지에서 적용된 일본의 형사소송법은 유럽의 근대적인 형사소송법의 원칙이 왜곡·유보된 형태로 적용되었고, 특히 일제말기 군국주의하에서는 치안유지법과 전시형사특별법이 적용됨으로써 그나마 형사소송법에 포함되어 있던 대륙법계의 민주적 요소도 배제되는 결과를 초래하였다.

1945년 해방 이후 약 3년간 미군에 의한 군정이 실시됨에 따라 1948년 미군정법령 제176호 「형사소송법의 개정」으로 '불법구속에 대한 인민의 자유권을 충분히 보장하기 위하여' 당시 적용되던 일본 형사소송법을 일부 개정하여 영미의 당사자주의적 요소를 도입하였다. 그 후 1954년 2월 형사소송법이 제정되어 같은 해 9월 23일 법률 제341호로 공포되었다. 1954년 제정된 형사소송법은 대륙법계의 형사소송법 체계를 기본으로 하면서 미국 형사절차의 인권보장적 요소를 가미한 것이었다.

제 3 현행 형사소송법의 연혁

1954년 9월 23일 공포·시행된 현행 형사소송법은 30여 차례 이상의 개정을 거쳐 현재에 이르고 있다.[10] 2007년(제17차 개정)에는 형사소송법의 전면개정으로 평가될 만큼 광범위한 개정 작업이 이루어져, 2007년 개정형사소송법을 신형사소송법이라고 부르기도 한다.

제정형사소송법 이후 신형사소송법에 이르기까지의 개정은 과도입법기관에 의해 개정절차가 진행되기도 하여 인권보장적 측면이 후퇴한 때도 있었지만, 전체적으로 미국식 당사자주의적 요소의 확대를 통한 인권보장의 도모와 형사사법절차의 효율성 확보라는 두 가지 측면을 고려하면서 발전되어 왔다고 평가할 수 있다.

2007. 6. 1. 개정 형사소송법(시행 2008. 1. 1.)은 형사절차에 있어서 피고인 및 피의자의 권익을 보장하기 위하여 인신구속제도 및 방어권보장 제도를 합리적으로 개선하고, 공판중심주의적 법정심리절차를 도입하며, 재정신청의 대상을 전면 확대하는 등 국민의 인권보장과 국가형벌권 행사의 적정성을 제고하기 위한 개정이었다. 같은 해 형사재판에 국민이 참여하는 「국민의 형사재판 참여에 관한 법률」이 제정되었다.

2007년 개정 이후에도 2019년 말까지 11차례에 걸쳐 개정이 이루어졌다. 공소시효의 연장, 정보저장매체의 압수, 피고인의 구속을 위한 사전청문, 무죄판결 비용보상기간의 연장, 법원의 구속집행정지결정에 대한 검사의 즉시항고권 폐지, 벌금 등 재산형 분할납부, 재정신청 기각결정에 대한 즉시항고 허용, 전자

---

10) 개별적인 내용은 국가법령정보센터 홈페이지 「형사소송법」 중 「전체 제정·개정이유」 참조.

정보에 대한 과학적 분석결과에 기초한 디지털포렌식 자료에 의한 진정성립 증명, 약식명령의 경우 형종상향 금지의 원칙 채택, 영장 없는 타인의 주거 수색요건의 강화, 즉시항고 및 준항고 제기기간 연장(7일) 등을 주요내용으로 하고 있다. 2020. 1. 13. 국회를 통과하여 2020. 2. 4. 공포된 개정 형사소송법은 경찰이 1차적 수사권 및 수사종결권을 가지도록 하고, 검찰은 기소권과 함께 특정사건에 한정된 직접수사권·송치 후 수사권·사법경찰관의 수사에 대한 보완수사 및 시정조치 요구권 등 수사권통제 권한을 갖도록 함으로써 검·경 수사권을 조정하였고, 검사작성 피의자신문조서의 증거능력 인정요건[11]을 강화하여 피고인 또는 변호인이 내용을 인정한 때에 한하여 증거로 사용할 수 있도록 하고 있다.

---

11) 다만, 검사작성 피의자신문조서에 관한 개정 규정은 「법률 제16908호 검찰청법 일부개정법률 및 법률 제16924호 형사소송법 일부개정법률의 시행일에 관한 규정」 제2조에 따라 2022년 1월 1일부터 시행하며, 시행 후에 공소제기된 사건부터 적용한다(형사소송법 부칙 제1조의2).

제2장

형사소송법의 이념과 구조

제 1 절 형사소송법의 이념

제 1 서 론

법의 이념은 정의를 실현하는 데 있다. 형사소송법도 형사절차를 통하여 정의를 실현하는 데 이바지해야 한다. 전통적으로 형사절차를 통한 정의의 실현은 실체 형법의 실현을 의미한다. 무엇보다 죄 있는 사람을 벌하고 죄 없는 무고한 사람이 처벌되지 않도록 하는 것, 즉 실체적 진실발견이 형사절차에서 중요한 의미를 가진다. 그러나 실체적 진실의 발견은 어떠한 대가를 치르더라도 실현해야 할 형사소송법의 유일한 목적일 수는 없다. 진실 발견을 위한 효과적인 장치들이 필요한 반면, 국가의 자의적이거나 지나친 형벌권행사로 인한 개인의 권리와 자유가 침해되지 않도록 보장하는 것이 법치국가의 요청이기 때문이다.

이러한 이유에서 진실해명을 통해 정의를 실현함에 있어서 정해진 절차 내지 형식에 따라 형사절차를 진행하여야 한다는 요청, 즉 사법정형성(Jutizförmigkiet)이 독자적인 의미를 지닌다. 형사절차에서는 사안의 진상을 밝히는 것도 중요하지만 어떠한 절차를 통해 실체를 밝히는지가 보다 중요하다. 적정한 절차에 의해 밝혀진 진실만이 공동체 구성원들을 납득시킬 수 있기 때문이다.

법치국가의 형사절차는 국가권력을 제한하고 개인의 자유를 보장할 수 있는 절차를 의미한다. 구체적으로는 피고인은 물론 절차에 참여하는 사람들에게 절차적 권리를 보장하고, 사안을 해명하고 진실을 발견하기 위해 필요한 조치들을 불가피한 범위 내로 제약하는 것을 출발로 삼아야 한다. 헌법이 명시하고 있는 적법절차의 원칙도 이러한 요청의 표현이라고 할 수 있다. 판례도 형사소송의 목적을 '적정절차에 따른 신속한 실체적 진실의 발견'으로 이해하고 있다.[1)]

---

1) 대판 2017. 5. 30. 2017도4578.

제 2 실체적 진실주의

Ⅰ. 의의

실체적 진실주의란 법원이 소송의 실체에 관하여 객관적 진실을 발견하여 사안의 진상을 명백히 하여야 한다는 형사소송의 요청이다. 이는 법치국가의 원칙과 형법상 책임주의로부터 파생되는 형사절차의 지배원리이기도 하다.

민사소송의 경우에는 당사자처분주의에 따라 법원이 당사자의 소송활동에 의존하여 진실을 발견하며, 진실의 상대성 내지 주관성이 허용되는 형식적 진실주의가 허용된다. 즉, 민사소송에서는 소송물이 당사자들이 청구하는 범위로 제한되고, 당사자들이 주장하고 입증하는 것만을 기초로 사실을 확정한다. 그러나 형사소송은 사인 사이의 법적 분쟁을 해결하기 위한 절차가 아니라 국가형벌권의 범위와 한계를 명확히 하여 국가형벌권을 실현하는 절차이다. 따라서 법원은 당사자의 주장이나 제출하는 증거에 구속되지 않고 사안의 진상을 규명하여 객관적 진실을 발견하여야 하며, 실체의 내용이 당사자의 이해관계나 합의에 의해 좌우되지 않도록 하여야 한다.

Ⅱ. 구체적 내용

실체적 진실주의는 양면적 성격을 지니고 있다. 적극적 진실주의란 죄를 범한 자는 끝까지 찾아내서 처벌한다는 범인'필벌'주의를 의미한다. 그러나 이로 인해 오판의 위험이나 중대한 인권침해가 야기되었던 역사적 경험으로 인해 국가의 형벌권 행사가 객관적 진실에 반하여 죄 없는 사람을 처벌하는 결과로 되지 않도록 소극적 진실주의가 요청되고 있다. 「열 사람의 범인을 놓치는 한이 있더라도 한 사람의 죄 없는 사람을 벌해서는 안된다」는 영미법의 격언도 이 점을 강조하고 있다.

실체적 진실발견은 형사절차 전반을 지배하는 이념으로서 공판절차[2)]뿐만 아니라 수사절차에서도 관철되어야 한다. 수사절차에서 수사기관에게 법률적,

---

2) 대판 2009. 5. 14. 2007도616 (피해자를 베란다로 끌고 가 창문을 열고 12층에서 떨어지게 한 사안에서 공소사실인 살인죄가 인정되지 않음에도 검사의 공소장변경이 없다는 이유로 폭행이나 상해, 체포·감금죄에 해당하는지 여부를 판단하지 않고 무죄를 선고한 것은 위법하다고 판시한 사안).

사법적 통제 아래 강제처분의 권한을 부여한 것은 실체해명을 위한 불가피한 조치이며, 피의자에게 증거보전청구권(제184조)을 인정한 것도 역시 같은 취지라고 할 수 있다. 공소제기절차에서도 실체해명을 돕기 위해서 공소사실을 특정하도록 하고 있다. 공판절차에서 법원의 직권에 의한 증거조사와 강제처분을 인정하고, 자백법칙이나 전문법칙 등 증거법칙을 적용하도록 한 것도 실체적 진실을 해명하는 데 기여하는 측면이 있다.

Ⅲ. 실체적 진실발견의 한계

1. 이념적 한계

형사절차는 법치국가 헌법의 틀에 따라 이루어져야 하므로, 헌법이 기본권 보장의 차원에서 제시하고 있는 적법절차의 원리나 신속한 재판의 원리가 원칙적으로 실체적 진실발견에 우선한다.[3)]

2. 이익교량 등에 따른 한계

초소송법적 이익이 실체적 진실발견에 우선하는 경우에는 실체 해명을 양보하지 않을 수 없다. 현행법이 군사상·공무상·업무상 비밀에 속하는 장소 또는 물건에 대하여 압수나 수색을 제한하거나(제110조 내지 제112조), 일정한 자에 대하여 증언거부권(제147조 내지 제149조)을 인정하고 있는 것이 그 예이다.

3. 사실상의 한계

과거에 일회적으로 발생한 사건을 법정에 그대로 옮겨 놓을 수는 없다. 법관도 인간이기 때문에 실체와 관련된 객관적 진실을 발견하는 데에는 한계가 있을 수밖에 없다.

제 3 적법절차의 원칙

Ⅰ. 의의

적법절차의 원칙이란 헌법정신을 구현한 공정한 법정절차에 의하여 형벌권

---

3) 대판 1983. 3. 8. 82도3248.

이 실현되어야 한다는 요청을 말한다. 이 원칙은 마그나 카르타에 기원을 두고 있으며, 미국 수정헌법 제5조 및 제14조 제1항에 명시되어 있다. 우리 헌법 제12조 제1항 후문은 「누구든지 … 적법한 절차에 의하지 아니하고는 처벌 … 을 받지 아니한다」고 규정하고 있다. 이는 형사절차에서 사실의 해명은 기본권 보장이라는 헌법의 정신과 합치되는 방향에서 이루어져야 한다는 헌법제정권력자의 가치결단을 표현하고 있는 것이다.

적법절차의 원칙은 절차의 적정에 중점을 두고 출발했으나, 현재는 실체의 적정(합리성과 정당성 확보)도 포함하는 개념으로 이해되고 있다. 판례도 "헌법 제12조 제1항 후문이 규정하고 있는 적법절차란 법률이 정한 절차 및 그 실체적 내용이 모두 적정하여야 함을 말하는 것으로서 적정하다고 함은 공정하고 합리적이며 상당성이 있어 정의관념에 합치되는 것을 뜻한다"고 판시하고 있다.[4)]

적법절차의 원칙은 형사절차에 실질적 법치주의가 반영된 것으로 이해할 수 있다. 따라서 적법절차의 원칙의 내용을 이루는 것은 형사절차에서 인간의 존엄을 보장하도록 하는 법치국가의 원리를 구현하는 제도들과 헌법과 헌법 정신에 침투되어 있는 형사소송의 원리들이라고 할 수 있다. 공정한 재판의 원칙, 비례의 원칙, 피고인 보호의 원칙, 무죄추정의 원칙(뒤에 '피고인의 지위'에서 설명) 등이 여기에 해당한다.

Ⅱ. 공정한 재판의 원칙

공정한 재판의 원칙이란 형사절차가 헌법과 법률에 따라 정의롭고 공평하게 진행되어야 한다는 원칙을 말한다. 헌법재판소는 공정한 재판을 받을 권리를 "공개된 법정의 법관 앞에서 모든 증거자료가 조사되고 검사와 피고인이 서로 공격·방어할 수 있는 공평한 기회가 보장되는 재판을 받을 권리"라고 지적하고 있다.[5)] 한편 헌법 제27조 제1항은 "모든 국민은 헌법과 법률이 정한 법관에 의하여 법률에 의한 재판을 받을 권리를 가진다."라고 규정하여 재판청구권을 보장하고 있는데, 이러한 재판청구권에는 형사재판의 경우 피고인의 '공정한 재판을 받을 권리'가 포함되어 있다. 따라서 공정한 재판을 받을 권리는 특히 피고인의 입장에서 원칙적으로 당사자주의와 구두변론주의가 보장되어 소송의 당사자

---

4) 대판 1988. 11. 16. 88초60.

5) 헌재 2001. 8. 30. 99헌마496.

에게 공격·방어권을 충분히 행사할 기회를 부여하는 것을 주된 내용으로 하며, 이를 위해 변론 과정에서뿐만 아니라, 증거의 판단, 법률의 적용 등 소송 전 과정에서 공정성이 담보되어야 한다.6)

공평한 법원의 구성을 위한 제척·기피·회피제도, 피고인의 각종 출석권, 진술권, 참여권, 신청권 등 방어권의 보장 및 무기평등의 원칙이 공정한 재판의 원칙의 내용이 된다.

Ⅲ. 비례의 원칙

비례(성)의 원칙 또는 과잉금지의 원칙이란 형사절차를 통한 기본권 제한은 '필요한 경우에 한하여' 법률로써 가능하며, 목적의 정당성, 수단의 적합성, 피해의 최소성 그리고 법익의 균형을 갖추어야 한다는 요청을 말한다. 형사소송법에서도 국가형벌권의 실현을 위한 수단으로서 강제처분은 필요한 최소한도의 범위 안에서만 하여야 한다고 명시하고 있다(제199조 제1항 단서). 판례는, 폐수 무단방류 혐의가 인정된다는 이유로 검사가 회사의 공장부지, 건물, 기계류 일체 및 폐수운반차량 7대에 대하여 압수처분을 한 사안에 대하여, 수사상의 필요에서 행하는 압수의 본래의 취지를 넘는 것으로 상당성이 없을 뿐만 아니라, 수사상의 필요와 그로 인한 개인의 재산권 침해의 정도를 비교형량해 보면 비례성의 원칙에 위배된다고 판시한 바 있다.7)

Ⅳ. 피고인 보호의 원칙

피고인 보호의 원칙이란 형사절차에 참여하는 피고인이나 피의자 또는 증인의 권리를 보호하기 위하여 법원과 검사 등의 형사사법기관이 공익적 지위에서 피고인을 후견해야 할 의무를 진다는 것이다. 현행법에서 후견의무는 형사사법기관이 행해야 하는 고지의무와 통지의무로 표현되고 있다. 그 외에도 재판장은 적정한 소송지휘권을 행사하여 후견의무를 이행해야 한다.

6) 헌재 2021. 8. 31. 2019헌마516·586·768, 2020헌마411; 헌재 2013. 9. 26. 2012헌바23.
7) 대결 2004. 3. 23. 2003모126.

제 4 신속한 재판의 원칙

Ⅰ. 의의

신속한 재판의 원칙이란 적법절차에 따른 공정한 재판을 하는 데 필요한 기간을 넘어 부당하게 지연됨이 없이 재판을 진행해야 한다는 원칙을 의미한다(헌법 제27조 제3항 제1문).[8] "사법은 신선할수록 향기가 높다"든가 "재판의 지연은 재판의 거부와 같다"는 법격언은 이 원칙을 달리 표현한 것이라고 할 수 있다.

이 원칙은 부당한 장기구금을 방지하고, 재판으로 인한 심리적 불안이나 사회적 비난을 최소화함으로써 피고인의 이익을 보호하기 위한 것이지만, 다른 한편으로는 재판에 따른 국가의 재정부담을 완화하고 증거의 멸실, 왜곡으로 인한 실체적 진실발견의 저해 우려도 막음으로써 공익을 보호하는 측면도 가지고 있다.

Ⅱ. 내용

신속한 재판의 원칙을 실현하기 위해서는 구체적인 입법형성이 필요하다.[9] 현행법은 ① 수사절차에서 절차의 신속을 위하여 구속기간을 제한(제202조, 제203조)하고 공소시효제도(제249조)를 두고, ② 공판절차에서 집중심리제도(제267조의2), 재판장의 소송지휘(제279조), 심판범위 한정(제248조), 공판준비절차(제266조의5 이하), 대표변호인(제32조의2), 궐석재판(소송촉진법 제23조), 소송기록열람권(제35조), 기피신청에 대한 간이기각결정(제20조 제1항), 구속기간(제92조)과 판결선고기간 제한(소송촉진법 제21조, 제22조) 등을 인정하는 한편, ③ 상소절차[10]에서 상소기간을 제한하고, 상소이유서 제출의무를 부과하며 사후심적 요소들을 둔 것도 소송경제의 측면을 고려한 것이며, ④ 간이공판절차, 약식절차, 즉결심판절차 등 특별절차도 피고인을 신속하게 절차에서 해방시킨다는 측면을 가지고 있다.

---

8) 헌재 1997. 11. 27. 94헌마60.

9) 헌재 1999. 9. 16. 98헌마75.

10) 1995년 법률개정으로 상소기록 검찰경유제도를 폐지한 것도 피고인의 신속한 재판을 받을 권리를 보장하기 위한 취지이다. 헌재 1995. 11. 30. 92헌마44 참조.

Ⅲ. 신속한 재판을 받을 권리의 침해와 구제수단

1. 권리침해의 판단기준

신속한 재판을 받을 권리는 다른 절차적 권리에 비하여 그 침해 여부나 정도를 획일적으로 판단하기 어렵다. 따라서 개별 사안의 상황에 따라 지연 기간, 지연 이유, 피고인의 요구, 피고인의 불이익 등을 고려하여 판단하여야 한다. 판례는 구속기간을 여러 차례 갱신한 경우,[11] 구속만기 25일을 앞두고 제1회 공판이 있은 경우,[12] 제1심 선고형기를 경과한 후에 제2심 공판이 개정된 경우[13]도 그러한 사실만으로는 신속한 재판을 받을 권리가 침해되었다고 볼 수 없다는 입장이다.

2. 침해에 대한 구제수단

현행법은 재판지연을 구제하기 위한 별도의 명문규정을 두고 있지 않다. 다만, 공소제기된 범죄가 판결의 확정이 없이 공소를 제기한 때로부터 25년을 경과하면 공소시효가 완성한 것으로 간주하는 규정을 두고 있을 뿐이다(제249조 제2항). 이를 근거로 장기간의 소송진행을 이유로 형식재판에 의해 소송을 종결시킬 수는 없으므로, 현저한 재판지연이 있더라도 유죄판결을 할 수밖에 없고 다만 양형에서 참작할 수 있을 뿐이라는 것이 일반적인 견해이다. 다만, 입법론으로는 신속한 재판을 받을 권리가 특별히 심각하게 침해된 경우에는 법치국가원리를 근거로 하여 형식재판으로 소송을 종결할 수 있도록 하는 것이 바람직하다.

제 2 절 형사소송의 구조

제 1 소송구조론

소송구조론이란 소송주체들 상호간의 관계를 어떻게 설정할 것인가의 문제이다. 계몽주의의 등장과 함께 국가형벌권의 행사가 제한되고 형사절차에서 피

---

11) 대판 1967. 1. 24. 66도1632.
12) 대판 1990. 6. 12. 90도672.
13) 대판 1972. 5. 23. 72도840.

고인이 소송의 주체로 등장함에 따라 소송구조론이 본격적으로 논의되었다. 소송구조론은 형사절차가 있어야 할 모습에 대한 논의로서 규문주의에서 탄핵주의로의 이행에 논의의 핵심이 있다.

제 2 규문주의와 탄핵주의

Ⅰ. 규문주의

규문주의란 재판기관이 직권으로 – 소추기관의 소추가 없어도 – 형사절차의 개시와 심리를 진행하는 방식을 말한다. 규문주의는 직권탐지주의로 연결된다. 중세의 신판(神判)에서 출발하여 인간의 이성에 의한 재판(카롤리나 형사법전)에 이르기까지 형사재판의 기본적인 형태로서 재판기관에 의한 실체해명에 중점이 있다.

Ⅱ. 탄핵주의

탄핵주의란 재판기관과 소추기관이 분리되면서 소추기관의 공소제기로 재판기관이 심리를 개시하고 재판하는 방식을 말한다. 탄핵주의의 특징은 소추기관과 재판기관을 분리하는 것이며, 그 결과 불고불리의 원칙이 확립되고 피고인이 소송의 주체로서 방어권을 행사할 수 있게 되었다. 탄핵주의를 기반으로 하는 소송구조도 다시 소송의 주도적 지위를 누구에게 인정할 것인지 여부에 따라 직권주의와 당사자주의로 구분된다.

또한 탄핵주의하에서도 소추권을 누구에게 인정하는가에 따라 국가소추주의(검사)와 사인소추주의(피해자소추주의 또는 공중소추주의)로 구분할 수 있다. 형사소송법 제246조는 「공소는 검사가 제기하여 수행한다」고 규정하여 국가소추주의를 채택하고 있다. 따라서 검사는 수사기관이면서 소추기관으로서의 지위를 지닌다.

제3 직권주의와 당사자주의

Ⅰ. 직권주의

직권주의란 소송의 주도적 지위를 법원에게 인정하는 소송구조를 말한다. 직권주의는 형벌권의 공정한 실현을 위해 법원은 절차참가자들의 사실상의 주장이나 입증에 구애되지 않고 직권으로 사실을 해명해야 한다는 원칙으로서 직권탐지주의라고도 한다. 직권주의는 대륙법계의 소송구조로서 독일의 형사절차가 그 대표적인 예이다.

Ⅱ. 당사자주의

당사자주의란 당사자, 즉 검사와 피고인에게 소송의 주도적 지위를 인정하는 소송구조를 말한다. 당사자주의는 당사자의 공격과 방어를 기초로 심리를 진행하고, 법원은 제3자의 입장에서 당사자의 주장이나 입증활동에 구속되어 사실을 해명하는 소송구조이며, 영미법계의 소송구조이다. 당사자주의는 당사자처분주의와 당사자소송주의로 구분된다. 당사자처분주의하에서는 절차의 진행은 물론 소송물의 처분까지도 당사자에게 맡기고 법원은 이에 구속된다. 영미법의 형사절차에서 인정되는 유죄인부협상(plea bargaining)이나 기소사실인부절차(arraignment)는 당사자처분주의의 표현이다. 한편, 당사자소송주의는 소송물의 처분까지 포함하는 것은 아니고 당사자가 절차진행을 주도한다는 의미로 사용되며, 변론주의라고도 부른다.

제4 현행 형사소송법의 소송구조

Ⅰ. 논의 현황

현행 형사소송법의 소송구조에 관하여는 순수한 당사자주의라는 견해, 당사자주의를 기본구조로 하면서 직권주의를 보충하고 있다는 견해, 직권주의를 기본구조로 하면서 당사자주의를 가미한 소송구조라는 견해 등이 있다.

현행 형사소송법의 연혁과 조문체계 등에 비추어 볼 때 현행 형사소송법은 직권주의를 기본으로 하면서 당사자주의적 요소를 가미한 소송구조라고 볼 수 있다. 직권주의적 요소로는 (1) 피고인신문(제296조의2), (2) 직권에 의한 증인신문(제161조의2 제2항), (3) 직권에 의한 증거수집(제295조), (4) 법원에 의한 공소장변경요구제도(제298조 제2항) 등이 있다. 한편, (1) 공소제기단계에서의 공소사실의 특정(제254조 제4항), (2) 공소장일본주의(규칙 제118조), (3) 공소장변경(제298조), (4) 전문법칙(제310조의2) 등은 당사자주의적 요소에 해당한다.

Ⅱ. 판례의 태도

헌법재판소는 "형사소송의 구조를 당사자주의와 직권주의 중 어느 것으로 할 것인가의 문제는 입법정책의 문제로서 우리나라 형사소송법은 그 해석상 소송절차의 전반에 걸쳐 기본적으로 당사자주의 소송구조를 취하고 있는 것"[14]이라고 하여 현행 형사소송법은 당사자주의 소송구조를 취하고 있다고 보고 있다. 대법원도 현행 형사소송법이 당사자주의에 입각하고 있는 것으로 이해하고 있다.

> 대법원은 초기에는 법원의 충분한 직권심리를 통해 심판하기 위해 직권주의를 취하였음을 표명한 바 있다.[15] 이후 직권주의와 당사자주의의 대립이 다수의견과 소수의견을 통해 표명되고, 소수의견은 현행 형사소송법의 구조가 직권주의에 당사자주의를 가미한 것임을 전제로 법관의 재량에 의한 심판에 대해 소극적 입장을 표명한 바 있다.[16] 70년대 이후에는 당사자주의가 '다분히 채택'된 것으로 보는 소수의견이 등장하였고,[17] 80년대부터 당사자주의를 기본골격으로 한 것이라는 입장이 등장하기 시작하였다.[18]

14) 헌재 1995. 11. 30. 92헌마44. 같은 취지로는, 헌재 1997. 11. 27. 94헌마60.
15) 대판 1955. 2. 22. 4287형상4.
16) 대판 1966. 3. 24. 65도114 전합.
17) 대판 1973. 4. 27. 73도286 전합.
18) 대판 1983. 3. 8. 82도3248; 대판 1984. 6. 12. 84도796. 최근 판례로는 대판 2021. 9. 30. 2021도5777.

제2편 수사

제 1 장

수사의 기초

제 1 절 수사의 기본개념

제 1 수사의 개념

Ⅰ. 수사의 의의

수사란 ① 범죄혐의의 유무를 명확히 하여 공소를 제기·유지할 것인지 여부를 결정하기 위해 ② 범인을 발견·확보하고 증거를 수집·보전하는 ③ 수사기관의 활동을 말한다.[1] 예컨대 집회 및 시위 현장의 영상과 소리를 그대로 담고 있는 촬영 자료는 집회 및 시위와 관련된 범인의 검거와 범죄 입증에 상당히 효과적이고 중요한 증거방법이 되므로, 집회·시위 현장에서 범죄행위가 행해지고 있는 경우 이에 대한 촬영행위는 수사의 한 방법이 된다.[2] 수사는 주로 경찰에 의해 행해지는데, 경찰에 의한 수사는 사법경찰작용으로서 행정경찰작용과 구별되어야 한다.[3]

---

1) 대판 1999. 12. 7. 98도3329 (무인장비에 의한 제한속도 위반차량의 차량번호 등의 사진촬영: 적법).
2) 헌재 2018. 8. 30. 2014헌마843.
3) 대판 1993. 5. 27. 92도3402 참조. 양자의 구별과 관련하여, 주민들의 건설공사 방해를 막기 위해 시장이 경찰을 동원하여 불법 컨테이너 등을 철거하고 강제퇴거와 접근 제지 등의 조치를 실시한 것은 행정대집행을 위한 행정응원으로서 사법경찰작용이 아니라는 헌법재판소 결정이 있다. 헌재 2018. 8. 30. 2014헌마681 참조.

Ⅱ. 내사

1. 의의

내사란 수사기관이 범죄를 의심할 만한 정황이 있어 수사 개시 여부를 결정하기 위해 사실관계의 확인 등 필요한 조사를 하는 것을 말하며, '입건 전 조사'라고 표현하기도 한다(경찰수사규칙 제19조). 실무에서는 관련 정보의 수집, 피내사자의 명예보호 등을 위해 입건 없이 구체적인 범죄혐의 확인을 위해 내사를 실시하는 경향(예컨대 선거사범, 수뢰사건 등)이 있다. 그러나 이러한 실무 관행은 내사라는 이름으로 실질적으로 수사에 해당하는 행위를 함으로써 형사소송법이 규정하는 수사절차에 대한 통제장치를 회피할 위험이 있다.

2. 수사와의 구별

내사는 수사 개시 여부를 결정하기 위해 사실관계의 확인 등 필요한 조사를 하는 것이므로 '범죄의 혐의 있다고 사료한 때'에 행하는 수사와 구별해야 한다. 범죄 혐의가 있다는 판단을 외부적으로 표시하는 일련의 조치가 있으면 수사에 해당한다. 따라서 수사의 개시시점은 범죄인지서의 작성이라는 형식적 기준이 아니라 수사기관이 사실상 범죄를 인지한 때를 기준으로 파악하여야 한다.

학설로는 범죄인지서(사건번호, 피의자 인적 사항, 범죄경력자료, 범죄사실의 요지, 죄명 및 적용법조, 수사단서 및 범죄인지 경위 등을 기록한 서면) 작성을 기준으로 하는 형식설과 사실상 범죄를 인지한 때를 기준으로 하는 실질설이 있으나, 다수설과 판례[4]는 실질설의 입장이다.

내사 단계에서는 그 대상이 된 사람은 '피내사자'로서 피의자가 아니므로 그를 대상으로 수사를 하는 것은 허용되지 않고, 나아가서 증인신문을 위한 증

---

4) 대판 2001. 10. 26. 2000도2968.「범죄의 인지는 실질적인 개념이고, 이 규칙의 규정(검찰사건사무규칙 제2조 내지 제4조)은 검찰행정의 편의를 위한 사무처리절차 규정이므로, 검사가 그와 같은 절차를 거치기 전에 범죄의 혐의가 있다고 보아 수사를 개시하는 행위를 한 때에는 이때에 범죄를 인지한 것으로 보아야 하고, 그 뒤 범죄인지서를 작성하여 사건수리 절차를 밟은 때에 비로소 범죄를 인지하였다고 볼 것이 아니며, 이러한 인지절차를 밟기 전에 수사를 하였다고 하더라도, 그 수사가 장차 인지의 가능성이 전혀 없는 상태하에서 행해졌다는 등의 특별한 사정이 없는 한, 인지절차가 이루어지기 전에 수사를 하였다는 이유만으로 그 수사가 위법하다고 볼 수는 없고, 따라서 그 수사 과정에서 작성된 피의자신문조서나 진술조서 등의 증거능력도 이를 부인할 수 없다.」 대판 2010. 6. 24. 2008도12127; 대판 2011. 11. 10. 2010도8294; 대판 2015. 10. 29. 2014도5939.

거보전청구도 허용되지 않으며,[5] 내사종결처리는 수사기관 내부의 사건처리에 그치므로 공권력의 행사에 해당하지 않아 헌법소원[6]이나 재정신청[7]의 대상도 되지 않는다.

3. 허용범위

수사기관은 입건 전에 범죄를 의심할 만한 정황이 있어 수사 개시 여부를 결정하기 위한 사실관계의 확인 등 필요한 조사를 할 수 있다.

세간의 풍문, 뉴스, 방송, 정보원 등으로부터 범죄혐의 유무를 발견하기 위한 기초적인 자료수집 활동은 가능하다. 종래 피내사자의 인적 사항과 주소지 확인, 주민등록지 이동상황, 피내사자와 그의 가족상황, 개인별 부동산 소유와 변동사항, 개인별 출입국 내역, 여권 및 비자발급 내역 등 공무소 등에 대한 각종 사실조회 등이 행해져 왔다. 그러나 사실조회는 수사가 개시된 이후에 수사절차에서 행하는 정보수집활동이므로(제199조 제2항), 내사영역에서 사실조회를 할 수 있는 법적 근거는 없다. 또한 과거에는 통신사실 확인 및 통신제한조치(통신비밀보호법 제6조 제1항 참조), 출입국 조회 및 출국금지, 금융거래조사와 계좌추적 등을 실시하기도 했으나, 이러한 활동 역시 이미 수사로 보아야 할 것이다.[8]

내사는 범죄 혐의의 확인을 위해 필요한 활동으로서 인정될 수 있을 뿐이므로 정보수집을 내세워 불필요한 감시와 미행을 하는 남용행위는 금지되며, 범죄 혐의를 전제로 하는 실질상 수사 활동은 허용되지 않는다. ① 피혐의자의 수사기관 출석조사, ② 피의자신문조서의 작성, ③ 긴급체포, ④ 체포·구속영장의 청구 또는 신청, ⑤ 사람의 신체, 주거, 관리하는 건조물, 자동차, 선박, 항공기 또는 점유하는 방실에 대한 압수·수색 또는 검증영장(부검을 위한 검증영장은 제외한

---

5) 대판 1979. 6. 12. 79도792. 다만 뇌물수수사건에서 피의자들에 대한 범죄인지서를 작성하기 전에 피의자들 사이의 뇌물수수내용을 조사하면서 진술서를 작성 제출케 하고 뇌물의 중간전달자를 소환하여 피의자들 사이의 뇌물전달내용을 조사하면서 진술서를 작성 제출케 하면서 참고인 진술조서를 작성한 다음날 피고인을 피의자로 표시하고 형사소송법 제221조의2 제2항에 의한 증인신문청구를 한 사안에서 이미 수사가 개시되었다는 이유로(실질설의 입장) 증인신문청구를 적법하다고 한 판례(대판 1989. 6. 20. 89도648)가 있다.

6) 헌재 1990. 12. 26.89헌마277.

7) 대판 1991. 11. 5. 91모68. (내사종결처리는 고소 또는 고발사건에 대한 불기소처분이라고 볼 수 없으므로 재정신청의 대상이 되지 않는다고 본 사안)

8) 상세한 내용은, 신양균/조기영, 내사의 개념과 허용범위, 형사법연구 제23권 제3호(2011. 9), 181면 이하 참조.

다)의 청구 또는 신청의 행위에 착수한 때에는 수사를 개시한 것으로 보며, 이 경우에 해당 사건을 즉시 입건하여야 한다(수사준칙 제16조 제1항).

검사 또는 사법경찰관은 수사 중인 사건의 범죄 혐의를 밝히기 위한 목적으로 관련 없는 사건의 수사를 개시하거나 수사기간을 부당하게 연장해서는 안 되며(수사준칙 제16조 제2항), 입건 전에 범죄를 의심할 만한 정황이 있어 수사 개시 여부를 결정하기 위한 사실관계의 확인 등 필요한 조사를 할 때에는 적법절차를 준수하고 사건관계인의 인권을 존중하며, 조사가 부당하게 장기화되지 않도록 신속하게 진행해야 한다(동조 제3항). 또한 조사 결과 입건하지 않는 결정을 한 때에는 피해자에 대한 보복범죄나 2차 피해가 우려되는 경우 등을 제외하고는 피혐의자 및 사건관계인에게 통지해야 한다(동조 제4항).

4. 피내사자의 권리

피내사자는 피의자가 아니므로, 원칙적으로 피의자가 가지는 권리가 피내사자에게는 보장되지 않는다. 그러나 잠재적 피의자인 피내사자에게도 진술거부권이나 변호인과의 접견교통권은 보장되어야 하며, 판례도 '임의동행의 형식으로 연행된 피내사자의 경우'에 변호인과의 접견교통권이 보장된다는 입장이다.[9] 또한 내사영역에서도 자기부죄거부특권의 형해화를 막기 위해 진술거부권의 고지는 필요하다. 다만, 임의동행의 형식으로 연행된 피내사자는 이미 피의자에 해당한다고 보아야 할 것이다. 판례도 실질설에 입각하여 형식적인 내사가 수사의 실질을 가지는 경우에는 피의자로서의 권리를 보장해야 한다고 판시하였다.[10]

Ⅲ. 이른바 '수사구조론'

종래 형사절차에서 수사절차가 가지는 구조적 특징을 파악하고 여기에 관여하는 수사기관과 피의자의 지위를 어떻게 파악할 것인지에 대한 논의가 '수사구조론'이라는 형태로 이루어져 왔다. 그러나 일본에서 출발한 이러한 논의는 수사절차를 이론적으로 분석하고 수사절차상의 문제들에 대한 입법과 해석에 지침을 줄 수 없는 기교적 논의에 불과하다.[11] 따라서 수사구조론이라는 일본식 논의가 아닌 수사절차에서 피의자의 기본권 보장을 위한 적법절차의 실현이 관

---

9) 대결 1996. 6. 3. 96모18.

10) 대판 2015. 10. 29. 2014도5939.

11) 조기영, 한국적 수사구조론의 새로운 모색, 형사정책 제31권 제1호(2019. 4), 9면 이하 참조.

심의 대상이 되어야 할 것이다.

일본에서 수사구조론은 크게 세 가지 방향에서 전개되었다. ① 규문적 수사관은 수사기관 중심의 사고로서, 수사기관은 당연히 조사를 위한 강제처분권을 가지고, 법원의 영장은 허가장의 성질을 가지는 것으로 이해한다. ② 탄핵적 수사관은 법원 중심의 사고로서, 수사는 법원의 재판준비를 위한 활동, 강제처분은 법원의 장래 재판을 위한 것으로 이해하고, 법원의 영장은 명령장의 성격을 가지는 것으로 파악한다. ③ 소송적 수사관은 피의자 중심의 사고로서, 수사를 기소 여부를 결정하기 위한 독자적 절차로 이해하고, 검사를 정점으로 경찰과 피의자를 대립당사자로 본다. 당사자주의 소송구조와 유사한 구조를 취하게 된다.

제 2 절 수사기관

제 1 의의 및 종류

수사기관이란 법률상 수사의 권한이 인정되어 있는 국가기관을 말한다. 검사, 사법경찰관리 그리고 후술하는 고위공직자범죄수사처가 여기에 해당한다.

「고위공직자범죄수사처 설치 및 운영에 관한 법률」에 따른 고위공직자범죄의 경우에는 '수사처검사'가 고위공직자범죄의 혐의가 있다고 사료하는 때에는 범인, 범죄사실과 증거를 수사하여야 한다(동법 제23조). 이에 대해서는 뒤에 별도로 소개한다.

Ⅰ. 검사

검사는 단독제의 관청으로서 법률에 의한 자격을 요하고 신분이 보장되는 수사기관이며, 특정한 범죄에 대해 스스로 수사할 수 있고, 사법경찰관이 송치한 사건과 스스로 수사한 사건에 대해 수사를 종결할 권한을 가지고 있다. 또한 영장청구권은 헌법에 따라 검사만 가지고 있다(검사에 대한 상세한 설명은, 「소송의 주체」 참조).

Ⅱ. 사법경찰관리

1. 일반사법경찰관리

(일반)사법경찰관은 경찰의 직무를 수행하면서 수사권을 가지는 자로서, 경무관, 총경, 경정, 경감, 경위를 말하고, 경사, 경장, 순경은 사법경찰리로서 수사를 보조한다(제197조). 후술하는 것처럼, 사법경찰관은 독자적이고 일차적인 수사권을 가지며, 이에 대한 견제를 위해 검사에게 다양한 권한을 부여하고 있다.

정부조직상으로는 행정안전부 소속으로 치안에 관한 사무를 담당하는 경찰청 산하에 국가수사본부를 두어경찰의 수사에 관하여 각 시·도경찰청장과 경찰서장 및 수사부서 소속 공무원을 지휘·감독하도록 하고 있다(「국가경찰과 자치경찰의 조직 및 운영에 관한 법률」 제16조).

2. 검찰청 직원인 사법경찰관리

검찰청 직원[12]도 사법경찰관리의 직무를 행할 수 있다(제245조의9 제1항). 일반사법경찰관리와는 달리 사법경찰관의 직무를 행하는 검찰청 직원은 검사의 지휘를 받아 수사를 하며, 사법경찰리의 직무를 행하는 검찰청 직원은 검사 또는 사법경찰관의 직무를 행하는 검찰청 직원의 수사를 보조하여야 한다는 점에 차이가 있다(동조 제2항, 제3항).

사법경찰관리의 직무를 행하는 검찰청 직원은 검사의 지휘를 받아 수사를 행하므로, 상호협력관계에서 수사를 하는 사법경찰관과 검사의 관계에 대해 적용되는 조항인 검사의 보완수사 요구(제197조의2) 및 시정조치 요구(제197조의3), 수사의 경합(제197조의4), 영장청구 여부에 대한 심의 신청(제221조의5), 사건 송치(제245조의5), 고소인 등에 대한 송부 통지(제245조의6), 고소인 등의 이의신청(제245조의7), 재수사의 요청(제245조의8)의 규정을 적용하지 아니한다(제245조의9 제4항).

---

12) 구법 제196조 제1항은 경찰공무원 이외의 사법경찰관으로서 '수사관'이라는 용어를 사용한 적이 있다. 그러나 수사관이란 1954년 형사소송법이 제정될 당시 경찰관서에 배속되어 있는 사법경찰관리의 수사활동을 통일적으로 지휘·감독하기 위하여 대검찰청에 배속시키기로 예정되었던 직책으로서, 이후 검찰조직의 변화에 따라 수사관 제도는 설치되지 못한 채 사문화되었다. 따라서 2020년 개정법률은 수사관이라는 용어를 폐지하고, 검찰청 직원인 사법경찰관에 대한 법적 근거를 신설한 것이다.

3. 특별사법경찰관리

특별사법경찰관도 범죄의 혐의가 있다고 인식하는 때에는 범인, 범죄사실과 증거에 관하여 수사를 개시·진행하여야 한다(제245조의10 제3항). '특별사법경찰관리'란 삼림, 해사, 전매, 세무, 군수사기관 기타 특별한 사항에 관하여 사법경찰관리의 직무를 행할 자와 그 직무의 범위가 법률로써 정해진 자를 말한다(동조 제1항). 「사법경찰관리의 직무를 수행할 자와 그 직무범위에 관한 법률」(약칭: 사법경찰직무법)에서 그 범위와 직무를 정하며, 동법은 교도소장 등(동법 제3조), 산림보호에 종사하는 공무원(동법 제4조), 검사장의 지명에 의한 사법경찰관리(동법 제5조), 근로감독관 등(동법 제6조의2),[13] 선장과 해원 등(동법 제7조), 국립공원공단 임직원(동법 제7조의2), 금융감독원 직원(동법 제7조의3), 국가정보원 직원(동법 제8조), 군사법경찰관리(동법 제9조), 자치경찰공무원(동법 제10조)을 사법경찰관리의 직무를 수행할 자로 규정하고 있다.

예컨대 국가정보원 직원으로서 국가정보원장이 지명하는 자는 「국가정보원법」 제3조 제1항 제3호(형법상 내란죄, 국가보안법 위반죄 등) 및 제4호에 규정된 범죄(직원의 직무 관련 범죄)에 관하여 사법경찰관리의 직무를 수행한다(동법 제8조).

특별사법경찰관은 모든 수사에 관하여 검사의 지휘를 받는다(제245조의10 제2항). 특별사법경찰관리는 검사의 지휘가 있는 때에는 이에 따라야 하며, 검사의 지휘에 관한 구체적 사항은 법무부령으로 정한다(동조 제4항). 특별사법경찰관은 범죄를 수사한 때에는 지체 없이 검사에게 사건을 송치하고, 관계 서류와 증거물을 송부하여야 한다(동조 제5항).

특별사법경찰관리도 검사의 지휘를 받아 수사를 하므로 검찰청 직원과 마찬가지로 검사와 상호협력관계를 전제로 하는 규정이 적용되지 않는다(동조 제6항).

---

13) 대판 2022. 1. 13. 2015도6326 (근로감독관이 특별사법경찰관으로서 중대재해와 관련한 산업안전보건법 위반 내지 근로기준법 위반을 수사하는 절차를 형사소송법 등에 따른 절차로 본 사안).

제2 검사와 사법경찰관의 관계

Ⅰ. 상호협력관계

2020년 개정 형사소송법 제195조는 검사와 사법경찰관의 관계에 대해 「검사와 사법경찰관은 수사, 공소제기 및 공소유지에 관하여 서로 협력하여야 한다」고 규정하여, 양자가 상호협력관계임을 명시하고 있다.

구법하에서 명시했던 사법경찰관에 대한 '검사의 지휘'에 관한 조항(구법 제196조)을 삭제하였으며, 검사의 직무와 관련해서도 범죄수사에 관한 사법경찰관리의 지휘·감독에 대한 조항을 삭제하였다(검찰청법 제4조 제1항 제2호). 구법과는 달리 검사의 수사지휘권을 폐지한 것은, ① 일제 강점기의 식민지배체제에서 비롯된 권위주의적 수사구조를 배경으로 경찰의 수사권을 검사에게 예속시킨 것으로서 검찰권한의 비대화를 가져왔고, ② 지휘관계는 수직적 관계로 민주국가의 정부조직원리인 "견제와 균형"의 이념에 맞지 않으며, ③ 지휘권을 폐지하고 양자를 협력관계로 설정하면, 경찰 수사의 책임성과 전문성이 향상되고 검사 기소의 객관성과 공정성이 높아질 수 있다는 점 등을 고려한 것이다.

2021년부터 시행된 「검사와 사법경찰관의 상호협력과 일반적 수사준칙에 관한 규정」 제6조에 따르면, 검사와 사법경찰관은 상호 존중해야 하며, 수사, 공소제기 및 공소유지와 관련하여 협력해야 하고(동조 제1항), 수사와 공소제기 및 공소유지를 위해 필요한 경우 수사·기소·재판 관련 자료를 서로 요청할 수 있으며(동조 제2항), 상호협의는 신속히 이루어져야 하고, 협의의 지연 등으로 수사 또는 관련 절차가 지연되어서는 안 된다(동조 제3항). 또한 수사와 사건의 송치, 송부 등에 관한 이견의 조정이나 협력 등이 필요한 경우 서로 협의를 요청할 수 있고, 특히 중요사건에 관한 상호의견의 제시, 교환에 이견이 있는 등 특별한 경우에는 상대방의 협의 요청에 응하도록 하고 있다(수사준칙 제8조 제1항).

Ⅱ. 사법경찰관의 주도적 수사권

1. 일차적 수사권

2020년 개정법률에 따르면, 검사와 사법경찰관 모두 수사권을 가지고 있으나, 사법경찰관은 모든 범죄에 대하여 일차적 수사권을 가진다. 검사가 수사를 개시할 수 있는 범죄는 검찰청법에서 제한적으로 규정하고 있다.

검찰청법상 검사가 수사를 개시할 수 있는 범죄는, ① 부패범죄, 경제범죄, 공직자범죄, 선거범죄, 방위사업범죄, 대형참사 등 대통령령으로 정하는 중요범죄, ② 경찰공무원이 범한 범죄, ③ 위의 범죄 및 사법경찰관이 송치한 범죄와 관련하여 인지한 「형법」 제152조, 제154조부터 제156조까지 등의 범죄이다(검찰청법 제4조 제1항 제1호 단서).

2. 수사종결권

사법경찰관은 일차적 수사권을 가질 뿐만 아니라, 즉결심판사건 이외에도 스스로 수사를 종결할 수 있는 권한도 가지고 있다. 즉, 사법경찰관은 범죄의 혐의가 있다고 인정되는 경우에는 지체 없이 검사에게 사건을 송치하고, 관계 서류와 증거물을 검사에게 송부하여야 하지만, 그 밖의 경우에는 그 이유를 명시한 서면과 함께 관계 서류와 증거물을 지체 없이 검사에게 송부함으로써, 독자적인 수사종결이 가능하다(제245조의5).

사법경찰관에게 수사종결권을 부여한 것은 일차적·독자적 수사기관이라는 지위에 비추어 독자적으로 수사종결을 할 수 있는 권한이 부여될 필요가 있으며 불기소가 명백한 사건을 조기에 종결시킴으로써 국민의 기본권 침해를 최소화할 수 있고, 수사종결권이 반드시 검사의 공소권을 제약하는 것은 아니라고 할 수 있기 때문이다.

3. 영장청구에 대한 사법경찰관의 심의 신청

검사가 사법경찰관이 신청한 영장을 정당한 이유 없이 판사에게 청구하지 아니한 경우 사법경찰관은 그 검사 소속의 지방검찰청 소재지를 관할하는 고등검찰청에 영장 청구 여부에 대한 심의를 신청할 수 있다(제221조의5 제1항).

검사의 독점적 영장청구권[14]으로 인해 사법경찰관의 수사에 검사가 개입하고 사실상 수사지휘를 강제할 수 있다는 지적에 따라 경찰의 입장에서 강제수사의 필요성이나 범죄혐의에 대한 소명이 충분함에도 검사가 부당하게 영장을 청구하지 않아 사실상 수사에 지장을 초래할 수 있다는 점을 고려한 것이다.

---

14) 헌법 제12조 제3항은 「체포·구속·압수 또는 수색을 할 때에는 적법한 절차에 따라 검사의 신청에 의하여 법관이 발부한 영장을 제시하여야 한다」고 명시함으로써 검사에게만 영장청구권을 인정하여, 강제처분을 하기 위해서는 검사를 거치게 함으로써 사법경찰관 등의 영장남용을 억제하고 있다.

영장의 청구 여부에 관한 사항을 심의하기 위하여 각 고등검찰청에 영장심의위원회를 두며(동조 제2항), 사법경찰관은 영장심의위원회에 출석하여 의견을 개진할 수 있다(동조 제4항).

Ⅲ. 검사에 의한 견제

1. 검사의 보완수사 요구

검사는 ① 송치사건의 공소제기 여부 결정 또는 공소의 유지에 관하여 필요한 경우, ② 사법경찰관이 신청한 영장의 청구 여부 결정에 관하여 필요한 경우에는, 직접 보완수사를 하는 것이 특별히 필요하다고 인정되는 경우가 아니면, 사법경찰관에게 보완수사를 요구할 수 있다(제197조의2 제1항). 검사의 송치 전 수사지휘 폐지로 인한 문제를 해결하기 위해, 검사로 하여금 경찰에 보완수사를 요구할 수 있도록 한 것이며, 이를 뒷받침하기 위해, 사법경찰관은 정당한 이유가 없는 한 지체 없이 이를 이행하고 그 결과를 검사에게 통보하도록 하는 한편(동조 제2항), 정당한 이유 없이 요구에 따르지 않으면 담당 경찰의 직무배제, 징계를 요구할 수 있도록 하고 있다(동조 제3항).

2. 시정조치 요구 등

(1) 사건기록 등본의 송부 요구 검사는 사법경찰관리의 수사과정에서 법령위반, 인권침해 또는 현저한 수사권 남용이 의심되는 사실의 신고가 있거나 그러한 사실을 인식하게 된 경우에는 사법경찰관에게 사건기록 등본의 송부를 요구할 수 있다(제197조의3 제1항). 송부 요구를 받은 사법경찰관은 지체 없이 검사에게 사건기록 등본을 송부하여야 한다(동조 제2항).

(2) 시정조치 요구 사법경찰관으로부터 사건기록 등본을 송부받은 검사는 필요하다고 인정되는 경우에는 사법경찰관에게 시정조치를 요구할 수 있고(동조 제3항), 사법경찰관은 시정조치 요구가 있는 때에는 정당한 이유가 없으면 지체 없이 이를 이행하고, 그 결과를 검사에게 통보하여야 한다(동조 제4항).

(3) 사건송치 요구 시정조치 결과에 대한 통보를 받은 검사는 시정조치 요구가 정당한 이유 없이 이행되지 않았다고 인정되는 경우에는 사법경찰관에게 사건을 송치할 것을 요구할 수 있고(동조 제5항), 송치 요구를 받은 사법경찰관은 검사에게 사건을 송치하여야 한다(동조 제6항). 검사는 사법경찰관으로부

터 송치받은 사건에 관하여는 해당 사건과 동일성을 해치지 아니하는 범위 내에서 수사할 수 있다(제196조 제2항).

(4) 징계 요구 검찰총장 또는 각급 검찰청 검사장은 사법경찰관리의 수사과정에서 법령위반, 인권침해 또는 현저한 수사권 남용이 있었던 때에는 권한 있는 사람에게 해당 사법경찰관리의 징계를 요구할 수 있고, 그 징계 절차는 「공무원 징계령」 또는 「경찰공무원 징계령」에 따른다(동조 제7항).

한편 검찰청법 제54조에 따르면, 서장이 아닌 경정 이하의 사법경찰관리가 직무 집행과 관련하여 부당한 행위를 하는 경우 지방검찰청 검사장은 해당 사건의 수사중지를 명하고, 임용권자에게 그 사법경찰관리의 교체임용을 요구할 수 있고(동조 제1항), 이러한 요구를 받은 임용권자는 정당한 사유가 없으면 교체임용을 하여야 한다(동조 제2항).

3. 경합사건에 대한 송치 요구

검사는 사법경찰관과 동일한 범죄사실을 수사하게 된 때에는 사법경찰관에게 사건을 송치할 것을 – 그 내용과 이유를 구체적으로 적은 서면으로(수사준칙 제49조 제1항) – 요구할 수 있으며(제197조의4 제1항), 요구를 받은 사법경찰관은 지체 없이 – 요구를 받은 날부터 7일 이내에(수사준칙 제49조 제2항) – 검사에게 사건을 송치하여야 한다(동조 제2항 본문). 다만, 검사가 영장을 청구하기 전에 동일한 범죄사실에 관하여 사법경찰관이 영장을 신청한 경우에는 해당 영장에 기재된 범죄사실을 계속 수사할 수 있다(동항 단서). 검사는 이때 정당한 사유가 있는 경우를 제외하고는 그와 동일한 범죄사실에 대한 사건을 이송하는 등 중복수사를 피하기 위해 노력해야 한다(수사준칙 제50조).

검사와 사법경찰관은 수사의 경합과 관련하여 동일한 범죄사실 여부나 영장(「통신비밀보호법」 제6조 및 제8조에 따른 통신제한조치허가서 및 같은 법 제13조에 따른 통신사실 확인자료제공 요청 허가서를 포함한다) 청구·신청의 시간적 선후관계 등을 판단하기 위해 필요한 경우에는 그 필요한 범위에서 사건기록의 상호 열람을 요청할 수 있으며(수사준칙 제48조 제1항), 영장 청구·신청의 시간적 선후관계는 검사의 영장청구서와 사법경찰관의 영장신청서가 각각 법원과 검찰청에 접수된 시점을 기준으로 판단한다(동조 제2항). 검사는 사법경찰관의 영장신청서의 접수를 거부하거나 지연해서는 안 된다(동조 제3항).

4. 재수사요청

검사는 사법경찰관이 사건을 송치하지 아니한 것이 위법 또는 부당한 때에는 그 이유를 문서로 명시하여 사법경찰관에게 재수사를 요청할 수 있고(제245조의8 제1항), 사법경찰관은 그 요청이 있는 때에는 사건을 재수사하여야 한다(동조 제2항).

5. 검사의 체포·구속장소 감찰

지방검찰청 검사장 또는 지청장은 불법체포·구속의 유무를 조사하기 위하여 검사로 하여금 매월 1회 이상 관하수사관서의 피의자의 체포·구속장소를 감찰하게 하여야 하며(제198조의2 제1항), 감찰하는 검사는 체포 또는 구속된 자를 심문하고 관련 서류를 조사하여야 하고(동항 제2문), 적법한 절차에 의하지 아니하고 체포 또는 구속된 것이라고 의심할 만한 상당한 이유가 있는 경우에는 즉시 체포 또는 구속된 자를 석방하거나 사건을 검찰에 송치할 것을 명하여야 한다(동조 제2항). 검사는 사법경찰관으로부터 송치받은 사건에 관하여는 해당 사건과 동일성을 해치지 아니하는 범위 내에서 수사할 수 있다(196조 제2항).

제 3 고위공직자범죄수사처

Ⅰ. 취지

2020년 「고위공직자범죄수사처 설치 및 운영에 관한 법률」을 제정·공포하여, 고위공직자의 직무 관련 부정부패를 엄정하게 수사하기 위해 독립된 수사기구로서 「고위공직자범죄수사처」를 설치하였다. 이는 고위공직자의 범죄 및 비리행위를 감시하고 이를 척결함으로써 국가의 투명성과 공직사회의 신뢰성을 높이기 위한 것이다. 헌법상 국무총리의 통할을 받는 '행정각부'에 속하지 않는 독립된 형태의 행정기관을 두는 것이 위헌인지에 대해 논의가 있으나, 헌법재판소는 공수처법이라는 법률에 근거하여 수사처라는 행정기관을 설치하는 것이 헌법상 금지되지 않는다고 판시하였다.[15]

---

15) 헌재 2021. 1. 28. 2020헌마264, 681.

Ⅱ. 적용대상

본법은 고위공직자범죄 등(고위공직자범죄와 관련범죄를 포함)에 대해 적용된다(동법 제2조 제5호).

본법에서 '**고위공직자**'란, 대통령, 국회의장 및 국회의원, 대법원장 및 대법관, 헌법재판소장 및 헌법재판관, 국무총리와 국무총리비서실 소속의 정무직공무원, 중앙선거관리위원회의 정무직공무원, 「공공감사에 관한 법률」 제2조 제2호에 따른 중앙행정기관의 정무직공무원, 대통령비서실·국가안보실·대통령경호처·국가정보원 소속의 3급 이상 공무원, 국회사무처, 국회도서관, 국회예산정책처, 국회입법조사처의 정무직공무원, 대법원장비서실, 사법정책연구원, 법원공무원교육원, 헌법재판소 사무처의 정무직공무원, 검찰총장, 특별시장·광역시장·특별자치시장·도지사·특별자치도지사 및 교육감, 판사 및 검사, 경무관 이상 경찰공무원, 장성급 장교, 금융감독원 원장·부원장·감사, 감사원·국세청·공정거래위원회·금융위원회 3급 이상 공무원을 말한다(동법 제2조 제1호). 한편 '**가족**'이란 배우자, 직계존비속(대통령의 경우에는 배우자와 4촌 이내의 친족)을 말한다.

'**고위공직자범죄**'란 고위공직자로 재직 중에 본인 또는 본인의 가족이 범한 죄로서, ① 「형법」 제122조부터 제133조까지의 죄(다른 법률에 따라 가중처벌되는 경우 포함), ② 직무와 관련되는 「형법」 제141조, 제225조, 제227조, 제227조의2, 제229조(제225조, 제227조 및 제227조의2의 행사죄에 한정), 제355조부터 제357조까지 및 제359조의 죄(다른 법률에 따라 가중처벌되는 경우 포함), ③ 「특정범죄 가중처벌 등에 관한 법률」 제3조의 죄, ④ 「변호사법」 제111조의 죄, ⑤ 「정치자금법」 제45조의 죄, ⑥ 「국가정보원법」 제18조, 제19조의 죄, ⑦ 「국회에서의 증언·감정 등에 관한 법률」 제14조 제1항의 죄, ⑧ ①부터 ⑤까지의 죄에 해당하는 범죄행위로 인한 「범죄수익은닉의 규제 및 처벌 등에 관한 법률」 제2조 제4호의 범죄수익 등과 관련된 같은 법 제3조 및 제4조의 죄를 말하며(동조 제3호), 가족의 경우에는 고위공직자의 직무와 관련하여 범한 죄에 한정된다(동조 제3호 단서). 또한 고위공직자범죄와 함께 본법의 적용대상인 '**관련범죄**'란 ① 고위공직자와 「형법」 제30조부터 제32조까지의 관계에 있는 자가 범한 제3호 각 목의 어느 하나에 해당하는 죄, ② 고위공직자를 상대로 한 자의 「형법」 제133조, 제357조 제2항의 죄, ③ 고위공직자범죄와 관련된 「형법」 제151조 제1항, 제152조, 제154조부터 제156조까지의 죄 및 「국회에서의 증언·감정 등에 관한 법률」 제14조 제1항의 죄, ④ 고위공직자범죄 수사 과정에서 인지한 그 고위공직자범죄와 직접 관련성이 있는 죄로서 해당 고위공직자가 범한 죄를 말한다(동조 제5호).

Ⅲ. 고위공직자범죄수사처의 조직 및 권한

1. 수사처의 조직

수사처에는 처장 1명과 차장 1명을 두고, 각각 특정직공무원으로 보하며, 수사처검사와 수사처수사관 및 그 밖에 필요한 직원을 둔다(동법 제4조). 처장, 차장, 수사처검사는 탄핵이나 금고 이상의 형을 선고받은 경우를 제외하고는 파면되지 아니하며, 징계처분에 의하지 아니하고는 해임·면직·정직·감봉·견책 또는 퇴직의 처분을 받지 아니한다(동법 제14조 제1항).

(1) 처장 ① 판사, 검사 또는 변호사, ② 변호사 자격이 있는 사람으로서 국가기관, 지방자치단체, 「공공기관의 운영에 관한 법률」 제4조에 따른 공공기관 또는 그 밖의 법인에서 법률에 관한 사무에 종사한 사람, ③ 변호사 자격이 있는 사람으로서 대학의 법률학 조교수 이상으로 재직하였던 사람으로서, 그 직에 15년 이상 있던 사람 중에서 고위공직자범죄수사처장후보추천위원회가 2명을 추천하고, 대통령이 그중 1명을 지명한 후 인사청문회를 거쳐 임명한다(동법 제5조 제1항). 처장의 임기는 3년이며 중임할 수 없고, 정년은 65세이다(동조 제3항).

(2) 수사처검사 변호사 자격을 7년 이상 보유한 자로서 재판, 수사 또는 수사처규칙으로 정하는 조사업무의 실무를 5년 이상 수행한 경력이 있는 사람 중에서 수사처 인사위원회의 추천을 거쳐 대통령이 임명한다. 이 경우 검사의 직에 있었던 사람은 제2항에 따른 수사처검사 정원의 2분의 1을 넘을 수 없다(동법 제8조 제1항).

수사처검사는 특정직공무원으로 보하고, 처장과 차장을 포함하여 25명 이내로 하며, 그 임기는 3년으로 하고, 3회에 한하여 연임할 수 있으며, 정년은 63세이다(동조 제2항, 제3항).

수사처검사는 직무를 수행함에 있어서 검찰청법 제4조에 따른 검사의 직무 및 군사법원법 제 37조에 따른 군검사의 직무를 수행할 수 있다(동조 제4항).

(3) 수사처수사관 변호사 자격을 보유한 사람, 7급 이상 공무원으로서 조사, 수사업무에 종사하였던 사람, 수사처규칙으로 정하는 조사업무의 실무를 5년 이상 수행한 경력이 있는 사람 중에서 처장이 임명한다(동법 제10조 제1항). 수사처

수사관은 일반직공무원으로 하고 40명 이내로 하며, 검찰청으로부터 검찰수사관을 파견받은 경우에는 이를 수사처수사관의 정원에 포함한다(동조 제2항). 수사처수사관의 임기는 6년으로 하고, 연임할 수 있으며, 정년은 60세로 한다(동조 제3항).

수사처수사관은 수사처검사의 지휘·감독을 받아 직무를 수행하며(제21조 제1항), 고위공직자범죄등에 대한 수사에 관하여 형사소송법 제197조 제1항에 따른 사법경찰관의 직무를 수행한다(동조 제2항).

2. 수사처의 권한

수사처는 ① 고위공직자범죄등에 관한 수사, ② 대법원장 및 대법관, 검찰총장, 판사 및 검사, 경무관 이상 경찰공무원인 고위공직자로 재직 중에 본인 또는 본인의 가족이 범한 고위공직자범죄 및 관련범죄의 공소제기와 그 유지에 관한 직무(동법 제3조 제1항)를 독립하여 수행한다(동조 제2항). 수사처는 일반적으로 수사권한만 가지고 있으나, 법조인 등에 대해서는 공소제기 및 유지의 권한도 가지고 있음이 특징이다.

대통령, 대통령비서실의 공무원은 수사처의 사무에 관하여 업무보고나 자료제출 요구, 지시, 의견제시, 협의 그 밖에 직무수행에 관여하는 일체의 행위가 금지된다(동조 제3항).

Ⅳ. 고위공직자범죄에 대한 수사와 공소의 제기 및 유지

1. 고위공직자범죄에 대한 수사

수사처검사는 고위공직자범죄의 혐의가 있다고 사료하는 때에는 범인, 범죄사실과 증거를 수사하여야 한다(동법 제23조).

수사처의 범죄수사와 중복되는 다른 수사기관의 범죄수사는 처장이 수사의 진행정도 및 공정성 논란 등에 비추어 수사처에서 수사하는 것이 적절하다고 판단하여 이첩을 요청하는 경우 해당 수사기관은 이에 응하여야 하며(동법 제24조 제1항), 다른 수사기관이 범죄를 수사하는 과정에서 고위공직자범죄 등을 인지한 경우 그 사실을 즉시 수사처에 통보하여야 한다(동조 제2항). 통보를 받은 처장은 통보를 한 다른 수사기관의 장에게 수사처규칙으로 정한 기간과 방법으로 수사개시 여부를 회신하여야 한다(동조 제3항). 또한 처장은 피의자, 피해자, 사건의 내용과 규모 등에 비추어 다른 수사기관이 고위공직자범죄등을 수사하는 것이 적절하다고 판단될 때에는 해당 수사기관에 사건을 이첩할 수 있다(동조 제4항).

2. 수사처검사 및 검사의 범죄에 대한 수사

처장은 수사처검사의 범죄 혐의를 발견한 경우에 관련 자료와 함께 이를 대검찰청에 통보하여야 하며(동법 제25조 제1항), 수사처 외의 다른 수사기관이 검사의 고위공직자범죄 혐의를 발견한 경우 그 수사기관의 장은 사건을 수사처에 이첩하여야 한다(동조 제2항). 수사처검사가 공소를 제기하는 고위공직자범죄등 사건의 제1심 재판은 서울중앙지방법원의 관할로 하며, 다만, 범죄지, 증거의 소재지, 피고인의 특별한 사정 등을 고려하여 수사처검사는 「형사소송법」에 따른 관할 법원에 공소를 제기할 수 있다(동법 제31조).

수사처검사는 자신이 직접 공소제기와 유지를 하는 사건(동법 제3조 제1항 제2호)을 제외한 고위공직자범죄 등에 관한 수사를 한 때에는 관계 서류와 증거물을 지체 없이 서울중앙지방검찰청 소속 검사에게 송부하여야 하며(동법 제26조 제1항), 관계서류와 증거물을 송부받아 사건을 처리하는 검사는 처장에게 해당 사건의 공소제기 여부를 신속하게 통보하여야 한다(동조 제2항).

처장은 고위공직자범죄에 대하여 불기소 결정을 하는 때에는 해당 범죄의 수사과정에서 알게 된 관련 범죄 사건을 대검찰청에 이첩하여야 한다(동조 제3항).

3. 재정신청에 대한 특례

(1) 고소·고발인에 의한 재정신청 고소·고발인은 수사처검사로부터 공소를 제기하지 아니한다는 통지를 받은 때에는 서울고등법원에 그 당부에 관한 재정을 신청할 수 있다(동법 제29조 제1항). 재정신청인은 공소를 제기하지 아니한다는 통지를 받은 날부터 30일 이내에 처장에게 재정신청서를 제출하여야 하며(동조 제2항), 재정신청서에는 재정신청의 대상이 되는 사건의 범죄사실 및 증거 등 재정신청을 이유 있게 하는 사유를 기재하여야 한다(동조 제3항).

재정신청서를 제출받은 처장은 재정신청서를 제출받은 날부터 7일 이내에 재정신청서·의견서·수사 관계 서류 및 증거물을 서울고등법원에 송부하여야 한다. 다만, 신청이 이유 있는 것으로 인정하는 때에는 즉시 공소를 제기하고 그 취지를 서울고등법원과 재정신청인에게 통지한다(동조 제4항).

(2) 처장에 의한 재정신청 처장은 검사로부터 공소를 제기하지 아니한다는 통보를 받은 때에는 그 검사 소속의 지방검찰청 소재지의 관할 고등법원에 그 당부에 관한 재정을 신청할 수 있다(동법 제30조 제1항). 처장은 공소를 제기하지 아니한다는 통보를 받은 날부터 30일 이내에 지방검찰청검사장 또는 지

청장에게 재정신청서를 제출하여야 하며(동조 제2항), 재정신청서에는 재정신청의 대상이 되는 사건의 범죄사실 및 증거 등 재정신청을 이유 있게 하는 사유를 기재하여야 한다(동조 제3항).

재정신청서를 제출받은 지방검찰청검사장 또는 지청장은 재정신청서를 제출받은 날부터 7일 이내에 재정신청서·의견서·수사 관계 서류 및 증거물을 관할 고등검찰청을 경유하여 관할 고등법원에 송부하여야 한다. 다만, 신청이 이유 있는 것으로 인정하는 때에는 즉시 공소를 제기하고 그 취지를 관할 고등법원과 처장에게 통지한다(동조 제4항).

제 4 전문수사자문위원

Ⅰ. 전문수사자문위원의 개념

전문수사자문위원이란 수사과정에서 검사가 수사 진행, 구속영장 청구, 사건(항고사건을 포함한다)의 기소 등 수사절차의 모든 단계에서 공소제기 여부와 관련된 사실관계를 분명히 하기 위하여 필요한 경우 수사절차에 참여하게 하고 자문을 듣는 특정 분야의 전문가를 말한다(제245조의2 제1항). 충실한 수사를 도모하기 위해 2007년 법률개정 당시 도입되었다.

Ⅱ. 전문수사자문위원의 지정

검사의 직권이나 피의자 또는 변호인의 신청에 의하여 지정하며 구두 또는 지정결정서의 방식에 의한다. 전문수사자문위원은 사건마다 1인 이상 지정하며(제245조의3 제1항), 피의자 또는 변호인은 지정에 대해 고등검찰청검사장에게 이의제기가 가능하다(동조 제3항). 검사는 상당하다고 인정하는 때에는 전문수사자문위원의 지정을 취소할 수 있다(동조 제2항). 전문수사자문위원이 직무상 비밀을 누설한 경우(필요적), 공정한 직무집행이 어려운 사정이 있는 경우 등(임의적)이 여기에 해당한다(전문수사자문위원 운영규칙 제5조).

각급 검찰청의 검사장은 전문지식과 경험을 가진 사람 중에서 전문수사자문위원 후보자를 선정하여 그 명단을 관리하고, 후보자 선정을 위해 다른 국가기관, 공공단체, 연구기관 등에 후보자의 추천을 의뢰할 수 있다(「전문수사자문위원 운영규칙」 제2조).

Ⅲ. 전문수사자문위원의 활동

전문수사자문위원은 ① 자문(제245조의2 제1항), ② 서면 또는 구두에 의한 의견 진술이나 설명(동조 제2항) 등의 활동을 행한다. 검사는 전문수사자문위원이 제출한 서면이나 전문수사자문위원의 설명 또는 의견의 진술에 관하여 피의자 또는 변호인에게 구술 또는 서면에 의한 의견진술의 기회를 제공하여야 한다(동조 제3항).

Ⅳ. 전문수사자문위원의 권리와 의무

전문수사자문위원에게는 수당, 여비, 일당 및 숙박료가 지급되며(제245조의3 제4항), 비밀유지의무(제245조의4, 제297조의7)와 청렴의무(제254조의4, 제297조의8)를 진다.

제 3 절 수사의 대상으로서 피의자

제 1 개념범위

피의자란 수사기관에 의해 범죄혐의를 받아 수사의 대상으로 되어 있는 자를 말한다. 피의자의 지위는 수사가 개시된 때로부터 수사가 종결되어 공소제기 여부가 결정될 때까지 유지된다.

제 2 피의자의 지위

피의자는 수사절차에서 단순한 조사의 객체가 아니라 인격권의 주체(제198조)로서 변호인의 조력을 받을 권리, 진술거부권, 정보의 자기결정권 등 절차적 기본권을 향유하는 한편, 수사절차에서 사실해명을 위해 불가피한 활동에 대하여 협조할 의무, 즉 절차협력의무를 진다. 강제수사에 대한 수인의무나 참고인 등과의 대질에 협조할 의무가 그 예이다.

제 3 피의자의 권리

수사절차에서 피의자는 변호인의 조력을 받을 권리,[16] 피의자신문과 관련된 권리(진술거부권, 변호인 참여권 보장), 강제수사에의 참여권, (체포구속된 피의자의) 접견교통권, 체포·구속적부심사청구권 등의 권리를 가진다. 현재는 「사건기록 열람·등사에 관한 업무처리 지침」(법무부훈령) 제3조, 형사소송규칙 제96조의21에서 피의자의 수사기록 열람·등사를 예외적으로 인정하고 있으나, 공판의 향방을 결정하는 수사단계에서 원활한 방어권 행사를 위해 공소제기전 피의자라 하더라도 수사기록 열람·등사[17]를 인정할 필요가 있다.

실무에서는 제47조 소송서류 비공개의 원칙, 제198조 제2항의 비밀엄수의무를 열람·등사 제한의 근거로 들고 있으나, 방어권 보장의 차원에서 부적절하다.

제 4 절 수사의 조건

제 1 의의

수사의 조건이란 수사절차의 개시, 진행 및 유지에 필요한 전제조건을 말한다. 공소제기 후의 소송조건에 대응하는 개념이라고 할 수 있다. 수사의 합목적성만이 일방적으로 강조될 수는 없고, 수사절차에 의해 제약을 받게 되는 피의자나 참고인 등의 권리가 고려되어야 한다. 자의적인 수사활동을 방지하고 헌법의 요청에 충실한 수사가 이루어지도록 하기 위해서는 수사에 대한 일반적인 규제원리가 필요하다. 수사의 조건은 이러한 목적에 부응하기 위한 것이다. 수사의 조건으로는 '수사의 필요성'과 '수사의 상당성'이 있다.

---

16) 대결 1996. 6. 3. 96모18.

17) 헌재 1997. 11. 27. 94헌마60 (변호인의 사건 수사기록 일체에 대한 열람·등사신청에 대하여 국가기밀의 누설이나 증거인멸, 증인협박, 사생활침해의 우려 등 정당한 사유를 밝히지 아니한 채 이를 거부한 것은 신속하고 공정한 재판을 받을 권리와 변호인의 조력을 받을 권리를 침해한 것으로서 위헌이라고 판단한 사안); 헌재 2003. 3. 27. 2000헌마474 (변호인에게 고소장과 피의자신문조서에 대한 열람 및 등사를 거부한 경찰서장의 정보비공개결정은 변호인의 피구속자를 조력할 권리 및 알 권리를 침해하여 헌법에 위반된다고 판단한 사안) 참조.

제2 수사의 필요성

Ⅰ. 범죄의 혐의

범죄의 혐의가 존재하는 경우에만 수사를 하게 된다는 점에서(제196조, 제197조 제1항), 범죄혐의는 수사의 필요성을 결정하는 기준이 된다. 범죄혐의란 구체적 사실에 근거를 둔 수사기관의 주관적 혐의를 의미하며, 최초의 혐의라고도 한다. 여기서 주관적 혐의란 수사기관의 자의성을 의미하는 것이 아님은 물론이며, 단순한 추측이나 이론적 가능성으로는 부족하고, 수사기관의 직업적 경험에 비추어 범죄행위가 존재한다고 인정할 만한 단서가 존재함을 의미한다.

현행법하에서 범죄의 혐의가 있으면 반드시 수사를 해야 하는 것은 아니고, 일정한 재량이 인정된다고 보아야 한다.

구법하에서는 범죄의 혐의가 있으면 '수사하여야 한다'(제195조)고 규정했던 것을 2020년 개정법률에서 '수사한다'(제196조, 제197조 제1항)로 고침으로써 수사기관의 수사의무(수사강제의무)를 완화하고 있다. 즉, 범죄의 혐의가 있더라도 실질적으로 입건의 필요성이 없거나 국익이나 공익에 반하는 경우 또는 피해가 보호가치가 없거나 극히 희박한 경우 등 수사의 필요성이 없는 사건에 대해 예외적으로 수사재량을 인정한 것이라고 볼 수 있다.

Ⅱ. 소송조건의 존재 여부

공소제기 이후의 단계에서 요구되는 소송조건이 수사의 개시를 위한 조건이기도 한지 여부가 문제된다.

소송조건이 결여된 경우에는 처음부터 적법한 수사를 개시할 수 없는지, 그렇지 않으면 공소제기의 시점에서만 소송조건이 구비되면 족하기 때문에 소송조건의 결여는 수사개시에 영향을 미치지 않는지 여부가 문제된다.

1. 공판절차의 준비단계로서의 수사

수사절차는 그 자체로 독자적 의미를 가지는 것은 아니므로, 소송조건이 결여되어 처음부터 공소제기의 가능성이 없으면 수사의 필요성도 부인된다. 예컨대 공소시효가 완성된 경우나 피고인이 사망한 경우 등에는 수사를 개시할 필요가 인정되지 않는다.

2. 친고죄나 즉고발사건의 경우

고소나 고발의 가능성이 없는 경우가 아니라면 친고죄의 경우에도 고소·고발 없이 수사가 허용된다는 것이 다수설의 입장이다. 판례도 원칙적 허용설에 가깝다.18)

학설로는 ① 원칙적 허용설(친고죄 등에서 고소나 고발이 없더라도 임의수사는 물론 강제수사도 허용되고, 다만 예외적으로 고소나 고발의 가능성이 전혀 없는 경우에는 허용되지 않는다는 견해), ② 강제수사제한설(친고죄에서 고소나 고발의 가능성이 있는 경우에 원칙적으로 기본권침해가 없는 임의수사만 허용되고 강제수사는 폭력범죄 등의 경우에 국한해서 허용된다는 견해), ③ 예외적 허용설(고소나 고발이 없으면 원칙적으로 수사를 할 수 없지만 예외적으로 중요한 증거의 수집 또는 보전이 필요한 경우에만 수사가 허용된다는 견해)이 있다.

제3 수사의 상당성

수사의 필요성이 인정되는 경우라도 기본권 보장이라는 헌법 차원에서 수사에 일정한 제한이 따르게 된다. 형사소송법은 불구속수사 원칙(제198조 제1항), 인권 존중(동조 제2항), 필요최소한도의 강제처분(제199조 제1항 단서), 경미사건에 대한 체포 제한(제200조의2 제1항 단서) 등의 규정을 통하여 수사의 합목적성만을 강조하여 지나치거나 허용되지 않는 수사방법을 사용하는 것을 제한하고 있다. 수사기관은 수사 중인 사건의 범죄 혐의를 밝히기 위한 목적으로 합리적인 근거 없이 별개의 사건을 부당하게 수사하여서는 아니 되고, 다른 사건의 수사를 통하여 확보된 증거 또는 자료를 내세워 관련 없는 사건에 대한 자백이나 진술을 강요하여서도 아니 된다(제198조 제4항).

---

18) 대판 1995. 2. 24. 94도252 (필요적 고발사건인 조세범처벌법위반사건에서 세무서장의 고발이 있기 전에 피의자 및 참고인을 신문, 조사한 사안: 적법). 「친고죄나 이 사건과 같이 세무공무원 등의 고발이 있어야 논할 수 있는 죄에 있어서 고소 또는 고발은 이른바 소추조건에 불과하고 당해 범죄의 성립 요건이나 수사의 조건은 아니므로, 위와 같은 범죄에 관하여 고소나 고발이 있기 전에 수사를 하였다고 하더라도, 그 수사가 장차 고소나 고발이 있을 가능성이 없는 상태하에서 행해졌다는 등의 특단의 사정이 없는 한, 고소나 고발이 있기 전에 수사를 하였다는 이유만으로 그 수사가 위법하다고 볼 수는 없다.」; 대판 2011. 3. 10. 2008도7724 (지방경찰청이 체류자격이 없는 외국인들을 고용한 피의자를 구 출입국관리법 위반으로 입건한 다음 지체 없이 관할 출입국관리사무소장 등에게 인계하지 않고 고발 없이 수사를 한 사안: 적법)

Ⅰ. 일반원칙

수사기법은 신의칙에 반하지 않아야 하고(수사의 신의칙) 비례의 원칙을 준수해야 한다(수사비례의 원칙). 수사의 신의칙과 관련하여 함정수사가 문제되고, 수사비례의 원칙과 관련하여 수사의 허용범위가 문제된다. 비례의 원칙은 제199조 제1항 단서에 따라 강제처분의 경우에는 당연히 적용되지만, 임의수사의 경우에도 기본권 제한이 문제되는 경우에는 역시 고려해야 할 원칙이라고 할 수 있다.

Ⅱ. 함정수사의 문제

1. 의의 및 유형

함정수사란 수사기관이나 그 의뢰를 받은 협조자가 범죄를 교사하거나 방조하고 정범이 그 범죄를 실행할 때 체포 등의 수사를 하는 방법을 말한다. 함정수사는 외부에 잘 드러나지 않는 범죄(예컨대 마약, 성매매 또는 뇌물수수 등)에 대한 사전대응적(proactive) 수사방법이라고 할 수 있다.

함정수사의 유형으로는 기회제공형 함정수사(방조)와 범의유발형 함정수사(교사)가 있다. ① 기회제공형 함정수사는 이미 범죄의 결의를 가지고 있는 사람에 대하여 범죄를 범할 기회를 부여하는 수사방법이고, ② 범의유발형 함정수사는 기회제공형 함정수사와 달리 전혀 범죄의사가 없는 사람에 대하여 새로운 범죄의사를 유발하는 유형의 수사방법이다.

2. 위법성

함정수사가 위법한 수사인지 여부는 제199조 제1항에 따른 '목적을 달성하기 위하여 필요한 수사'인가라는 점, 즉 상당성이 그 판단기준이 된다. 학설은 주관설, 객관설, 종합설 등이 주장되고 있다. 판례는 초기에 주관설에 입각하여 범의유발형 함정수사만이 위법한 함정수사라고 보았으나,[19] 최근에는 객관설의 입장도 고려하여 결국 종합설(절충설)에 가까운 태도(기회제공형도 함정수사에 포함)를 보이고 있다.[20] 판례에서 문제된 사안들은 주로 수사기관이 제3자('유인자')를

19) 대판 1963. 9. 12. 63도190. 주관설의 입장을 따르면서 함정수사를 긍정한 사안으로는, 대판 2004. 5. 14. 2004도1066.

20) 대판 2007. 7. 12. 2006도2339. 「본래 범의를 가지지 아니한 자에 대하여 수사기관이 사술이나 계략 등을 써서 범의를 유발케 하여 범죄인을 검거하는 함정수사는 위법하다 할 것인바, 구

이용해서 함정수사를 한 경우로서, 범의유발형의 경우에도 수사기관이 직접 사술이나 계략 등을 사용하여 범행의사가 없는 피고인으로 하여금 범행을 하도록 유인한 경우가 아니라면 위법하지 않다고 판시한 사안들이 적지 않다.

학설로는, ① 주관설(범행에 대한 피의자의 주관적 태도를 기준으로, 기회제공형 함정수사는 허용되나 범의유발형 함정수사는 위법하다는 견해), ② 객관설(수사기관이 사용한 유혹방법 자체를 문제삼아 수사기관이 지나치게 충동적이고 사실상 범죄행위 야기의 직접적 원인이 된 경우에는 위법하다는 견해), ③ 통(종)합설(범의유발형 함정수사는 당연히 위법하고, 기회제공형 함정수사라도 그 방법이 신의칙에 반하면 역시 위법하다고 보는 견해) 등으로 대립하고 있다.

3. 위법한 함정수사의 소송법적 효과

위법한 함정수사로 피의자를 체포한 경우에는 체포 자체가 위법하다. 위법한 함정수사의 경우 미수의 교사로서 '교사자'는 원칙적으로 교사의 고의가 부정되어 처벌되지 않는다. 정범의 범행이 기수에 이른 경우라도 기수의 결과에 대한 방조에 해당한다고 보는 견해도 있으나 고의가 부정되므로 과실범이 성립하는 데 그치게 된다. 여기서 '정범'의 처벌이 위법한 함정수사의 소송법적 효과와 관련하여 문제된다. 판례와 다수설은 위법한 함정수사에 기하여 공소가 제기된 경우에는 판결로써 공소를 기각하여야 한다는 입장이다.[21)]

학설로는, ① 가벌설(함정수사가 위법하더라도 위법성 또는 책임이 조각되지 않으므로 유죄판결을 선고해야 하고 다만 양형에서 고려할 수 있다는 견해), ② 무죄판결설(수사기관의 염결성이 훼손되었고 피유인자의 입장에서도 수사기관이 제공한 범죄의 동기나 기회를 뿌리치기 어렵다는 특수한 환경이 있다는 점에서 무죄판결을 선고해야 한다는 견해), ③ 공소기각판결설(함정수사는 헌법상 적법절차에 반하는 수사방법으로 수사절차에 중대한 위법이 있는 경우이므로 제327

체적인 사건에 있어서 위법한 함정수사에 해당하는지 여부는 해당 범죄의 종류와 성질, 유인자의 지위와 역할, 유인의 경위와 방법, 유인에 따른 피유인자의 반응, 피유인자의 처벌 전력 및 유인행위 자체의 위법성 등을 종합하여 판단하여야 한다.」 대판 2008. 3. 13. 2007도10804; 대판 2008. 7. 24. 2008도2794; 대판 2013. 3. 28. 2013도1473; 대판 2015. 4. 9. 2015도1003.

21) 대판 2005. 10. 28. 2005도1247. 「본래 범의를 가지지 아니한 자에 대하여 수사기관이 사술이나 계략 등을 써서 범의를 유발케 하여 범죄인을 검거하는 함정수사는 위법함을 면할 수 없고, 이러한 함정수사에 기한 공소제기는 그 절차가 법률의 규정에 위반하여 무효인 때에 해당한다고 볼 것이다.」; 대판 2007. 5. 31. 2007도1903; 대판 2008. 10. 23. 2008도7362; 대판 2009. 7. 23. 2009도3934.

조 제2호에 해당하여 공소기각의 판결을 해야 한다는 견해), ④ 면소판결설(위법한 함정수사를 한 경우 국가는 처벌적격을 상실하여 형벌권을 행사할 수 없으므로 면소판결을 선고해야 한다는 견해) 등이 있다.

생각건대 가벌설은 위법한 함정수사는 소송조건이 아니고 양형에서 고려하면 족하다는 견해이다. 그러나 가벌설 내지 양형사유설에 대하여는 ① 법치국가원칙이 문제되는 영역에서는 비타협적 해결이 필요하고, ② 적법한 함정수사도 양형에서 고려될 여지가 있으므로 적법한 함정수사와 위법한 함정수사의 법적 효과를 구별해야 하며, ③ 피교사자의 처벌을 법관의 전권에 맡기는 것은 타당하지 않고, ④ 피고인에 대한 형기가 도과한 때에는 적절한 해결방법이 될 수 없다는 비판을 제기할 수 있다. 무죄설은 함정수사는 범의 없는 사람에 대하여 수사기관이 사술을 써서 범죄를 유발한 것이므로 수사 자체가 위법한 것이지 공소제기절차가 위법한 것은 아니고, 공소기각의 판결은 기판력을 갖지 못하므로, 피고인에게도 유리하지 않기 때문에 무죄설을 취하는 것이 타당하다고 한다. 판례는 위법수사에 기한 공소제기라는 공소권남용론의 관점에서 공소기각판결설을 취한 것으로 보인다. 그러나 수사와 공소는 구별되는 절차 단계이고, 공소권남용론은 검사의 주관적 의도를 요구하게 됨으로써 사실상 규범적 통제력이 약하다. 위법한 함정수사의 법적 효과는 법치국가의 원칙과 적법절차의 원칙으로부터 구할 수 있다. 즉, 헌법상 법치국가의 원칙·적법절차의 원칙으로부터 직접 소송장애요소가 도출되며, 제327조 제2호를 근거로 공소기각의 판결을 선고할 수 있다.[22] 한편, 위법한 함정수사에 대한 공소기각의 판결은 일사부재리의 효력이 발생하는 경우에 해당한다고 볼 수 있다.

4. 함정수사로 수집한 증거의 증거능력

함정수사가 위법한 경우에는 이를 기초로 수집한 증거도 위법수집증거로서 증거로 사용할 수 없다.

무죄설이나 공소기각판결설에 따르면 이 논의는 무의미하다. 그러나 유죄설의 입장에 서는 경우 위법한 함정수사에 기해 수집한 증거는 사용할 수 없으므로, 결과적으로 무죄설과 큰 차이를 보이지 않게 된다.

22) 조기영, 함정수사의 법적 효과, 형사법연구 제19권 제2호(2007·여름호), 183면 이하.

제2장

수사의 단서

제 1 절 의의

수사의 단서란 수사기관이 범죄 혐의가 있다고 판단하여(제196조 제1항, 제197조 제1항) 수사를 개시하게 되는 원인을 말한다. 수사의 단서에는 수사기관이 직무상 범죄사실을 인지함으로써 범죄혐의를 가지게 되는 자율적 단서와 타인의 체험을 근거로 범죄혐의를 가지게 되는 타율적 단서가 있다. 자율적 단서에는 현행범인 체포, 변사자 검시, 불심검문, 여죄발견, 언론보도나 풍설 등이 있으며, 타율적 단서에는 고소, 고발, 자수, 진정·투서·탄원 또는 피해자 또는 제3자의 범죄신고, 사건 이첩 등이 있다.

이러한 단서가 있더라도 반드시 수사를 개시해야 하는 것은 아니고 범죄혐의가 있다고 인정되는 경우에 한해 수사가 개시될 뿐이다. 따라서 실무상으로도 단서가 있는 경우, 필요하면 내사 등을 거쳐 범죄혐의를 확인하고 범죄를 인지하면 입건을 해서 수사를 개시하게 된다.

제 2 절 변사자 검시

제 1 의의

변사자 검시란 사람이 범죄로 인해 사망한 것인지를 판단하기 위해 수사기관이 감각기관을 이용해서 변사자의 상황을 조사하는 처분을 말한다(제222조).

변사자에 대해서는 범죄로 인한 것이 아니면 행정검시가, 범죄의 의심이 있으면 사법검시가 행해진다. 아직 수사가 개시되기 전이라는 점에서 수사상 처분인 검증과 구별되며, 성격상 내사의 일종이라고 할 수 있다.

제2 내용

Ⅰ. 변사자

변사자란 자연사 또는 통상의 병사가 아닌 사인이 규명되지 않은 사체를 말한다.

다수설은 변사자를 '범죄로 인한 사망의 의심이 있는 경우'에 한정하지만, 조문 자체가 '변사의 의심 있는 사체'를 별도로 규정하고 있고 검시의 결과 범죄로 인한 것이 아니면 수사를 개시하지 않게 되므로 굳이 제한적으로 해석할 필요가 없다. 따라서 자연사가 아닌 외인사(外因死)를 포괄하는 개념으로 이해할 수 있다.

Ⅱ. 검시

검시(檢屍)의 주체는 검사이다. 검사가 변사자를 검사하는 것을 검시라고 하며, 실무에서는 사법경찰관이 검시관과 함께 변사자를 검사하는 것을 검안(檢案)이라고 부른다. 검안이란 특히 사체를 손상함이 없이 외표만 관찰, 검사하는 것을 말하며, 사체를 해부하는 부검과 구별된다. 부검을 하려면 긴급검증의 요건을 갖추지 않는 한 영장을 요한다. 그러나 검시는 자체가 수사의 단서에 불과하므로 별도의 영장을 요하지 않는다. 사법경찰관리는 검사의 지휘를 받아 검시가 가능하며(제222조 제3항), 변사자 또는 변사한 것으로 의심되는 사체가 있으면 변사사건 발생사실을 검사에게 통보하여야 한다(수사준칙 제17조 제1항). 검사와 사법경찰관은 변사자의 검시를 한 사건에 대해 사건 종결 전에 수사할 사항 등에 관하여 상호의견을 제시·교환하여야 한다(수사준칙 제17조 제4항).

Ⅲ. 검시에 따른 긴급검증

검시로 범죄의 혐의를 인정하고 긴급을 요할 때에는 영장 없이 검증이 가능하다(제222조 제2항). 긴급검증은 강제수사로서 영장 없이 행해지는 검증이나, 제219조, 제140조에 규정한 검증을 함에 '필요한 처분'으로서 사체의 해부는 허용되지 않는다. 사체의 해부(부검)는 별도로 압수·수색·검증영장을 요한다.

제 3 절 고소

제 1 고소의 의의

고소란 범죄의 피해자나 피해자와 일정한 관계에 있는 고소권자가 수사기관에 대하여 범죄사실을 신고하여 범인의 처벌을 구하는 의사표시를 말한다.[1] 고소는 일반적으로 수사개시의 단서이지만, 친고죄나 반의사불벌죄의 경우에는 소송조건이 된다.

헌법 제27조 제5항이 규정한 범죄피해자의 재판절차진술권을 구체적으로 실현한 것 가운데 하나가 고소라고 할 수 있다.

Ⅰ. 범죄사실의 특정

고소는 범죄사실을 신고하는 것이므로 범죄사실을 특정해야 한다. 고소인의 의사내용을 확정할 수 있을 정도면 족하고, 구체적으로 범행의 일시, 장소, 방법까지 특정할 필요는 없다.[2] 범행의 시기와 종기를 특정했다면 그 기간 중의 어떤 범죄행위에 대한 처벌불원의사를 인정할 만한 특별한 사정이 없는 한 그 기간 중의 모든 범죄행위에 대하여 처벌희망의사를 표시한 것으로 간주된다.[3]

Ⅱ. 처벌희망의사

고소는 범인의 처벌을 구하는 의사표시여야 하므로 단순한 피해사실 신고나 범죄에 대한 조사 요구만으로는 고소라고 할 수 없다.[4] 고소 전에 처벌을 희망하지 않았던 사실이 있다 하더라도 고소장을 제출하고 처벌희망의사를 밝힌

---

1) 대판 2008. 11. 27. 2007도4977; 대판 2022. 1. 13. 2015도6329.
2) 대판 1984. 3. 27. 84도50 (고소인이 직접 범행의 일시, 장소, 방법, 회수 등을 구체적으로 지적하지는 못했지만 간통사실에 대해 피의자가 자백하고 있어 그 간통행위에 대한 처벌의 의사표시임을 알 수 있었던 사안: 적법); 대판 1984. 10. 23. 84도1704; 대판 2003. 10. 23. 2002도446.
3) 대판 2000. 2. 11. 99도4123.
4) 대판 2012. 2. 23. 2010도9524 (출판사 대표가 도서의 저작권자와 전자도서(e-book)에 대하여 별도의 출판계약 등을 체결하지 않고 전자도서를 제작하여 인터넷 서점 등을 통해 판매하자, 저작권자가 경찰청 인터넷 홈페이지에 민원을 접수하는 형태로 출판사 대표에 대한 조사를 촉구하는 의사표시를 한 사안: 부적법).

이상 고소는 유효하다.[5)]

적법한 고소를 위해서는 고소능력이 존재하여야 한다. 고소능력이란 처벌의 의사표시를 위한 전제로서, 피해받은 사실을 이해하고 고소에 따른 사회생활의 이해관계를 알아차릴 수 있는 사실상의 의사능력(민법상 행위능력 불요)을 의미한다.[6)] 친고죄의 경우 고소능력이 없다가 추후에 고소능력이 생긴 때에는 그 시점에서 고소기간을 기산한다.[7)]

Ⅲ. 수사기관에 대한 의사표시

고소는 수사절차에서 수사기관에 대한 것만 유효하고(제237조 제1항), 법원에 대한 것은 효력이 없다.[8)]

제2 소송조건인 경우

Ⅰ. 친고죄

친고죄란 고소가 있어야 적법하고 유효한 공소제기가 가능한 범죄를 말한다. 친고죄에서는 고소의 존재가 소송조건이 된다.

따라서 친고죄의 경우는 고소를 통해 국가형벌권 행사 여부를 사인의 의사에 맡기는 결과가 된다. 형법상 친고죄는 ① 범죄사실 자체의 경미성이나 피해자의 명예 등을 고려해서 친고죄로 하고 있는 **절대적 친고죄**(사자의 명예훼손(제307조), 모욕(제311조), 비밀침해(제316조), 업무상비밀누설(제317조))와 ② 범인과 피해자 사이의 신분관계를 고려해서 친고죄로 하고 있는 **상대적 친고죄**(친족상도례(제328조 제2항, 제344조)가 적용되는 재산죄, 즉 권리행사방해(제323조), 절도(제329조 내지 제332조), 사기와 공갈의 죄(제347조 내지 제352조), 횡령과 배임의 죄(제355조 내지 제360조))로 구별할 수 있다. 이 외에도 **지적 재산권**의 경우에도 그 침해에 대해 부분적으로 친고죄로 규정하고 있다. 저작권법(제140조), 특허법(제

---

5) 대판 1993. 10. 22. 93도1620.

6) 대판 1999. 2. 9. 98도2074; 대판 2004. 4. 9. 2004도664; 대판 2007. 10. 11. 2007도4962; 대판 2009. 11. 19. 2009도6058.

7) 대판 1987. 9. 22. 87도1707; 대판 2007. 10. 11. 2007도4962; 대판 2011. 6. 24. 2011도4451, 2011전도76.

8) 대판 1984. 6. 26. 84도709.

225조 제2항), 실용신안법(제45조 제2항) 및 의장법(제82조 제2항)이 여기에 해당한다. 그러나 상표법위반 등은 비친고죄로 되어 있다.
형법과 성폭력특별법상의 성폭력범죄에 대해서는 2013년 6월부터 친고죄 규정이 폐지됨으로써 소송조건으로서 고소의 의미는 상대적으로 약화되었다.

Ⅱ. 반의사불벌죄

반의사불벌죄란 피해자가 처벌을 희망하지 않는다는 의사를 명시하지 않은 경우에만 공소제기가 가능한 범죄를 말한다. 반의사불벌죄에서는 처벌불원의사의 부존재가 소송조건이 된다.

실무에서는 반의사불벌죄의 경우에도 통상 고소를 통해 수사가 개시된다는 점에서 친고죄와 유사한 성격을 가지지만, 주로 신체의 안전이나 의사결정의 자유를 보호법익으로 하는 범죄에 대해, 범죄자와 피해자 사이의 개인 차원의 분쟁해결을 촉진·존중하며, 신속한 법적 평화의 회복을 주된 취지로 한다. 그러나 피해자가 '처벌을 원치 않는다'는 의사표시만 하면 기소가 되지 않는다는 점에서 2차 피해를 막을 수 있다는 장점이 있지만, 특히 직장폭력이나 가정폭력 등의 경우에는 성폭력의 경우와는 달리 피해를 조장하는 폐해도 지적되고 있다.
피해자의 명시한 의사에 반하여 공소를 제기할 수 없는 형법상 반의사불벌죄로는, 예컨대 폭행·존속폭행(제260조 제2항), 과실치상(제266조 제2항), 협박·존속협박(제283조 제2항), 명예훼손·출판물 등에 의한 명예훼손(제312조 제2항), 외국원수·외교사절의 폭행이나 외국 국기나 국장의 모욕(제110조) 등이 있다. 특별법으로서 교통사고처리특례법상 업무상 과실치상죄나 중과실치상죄와 도로교통법 제151조(벌칙)의 죄를 범한 경우(동법 제3조 제2항 본문), 정보통신망법 위반(명예훼손)의 경우도 원칙적으로 반의사불벌죄로 되어 있다.

반의사불벌죄에서 처벌불원의사는 피해자의 진실한 의사가 명백하고 믿을 수 있는 방법으로 표현되어야 하며,[9] 처벌불원의사의 경우에도 고소와 마찬가지로 피해자의 의사능력(소송능력)이 필요하다.[10]

---

9) 대판 2001. 6. 15. 2001도1809 (피해자가 증인출석 소환에 대해 세 차례 연기요청을 하면서 두 번째 연기요청서면에만 고소를 취하했다는 표현을 사용하고 있으나 고소취하장 등을 제출한 사실은 없는 경우: 처벌불원의사가 표시되었다고 볼 수 없음); 대판 2010. 11. 11. 2010도11550, 2010전도83; 대판 2021. 10. 28. 2021도10010.
10) 대판 2009. 11. 19. 2009도6058 전합.

제3 고소권자

Ⅰ. 피해자

피해자란 범죄로 인해 직접 피해를 입은 자를 말하며(제223조), 보호법익의 주체뿐만 아니라 행위객체(예컨대 공무집행방해죄의 대상인 공무원)도 포함된다. 자연인에 한하지 않고 법인은 물론 법인격 없는 단체도 포함(대표자가 고소권 행사)된다. 고소권은 일신전속권이므로 상속, 양도가 허용되지 않으나, 권리 이전의 경우 승계인은 이전하기 전의 침해에 대한 고소를 할 수 있다.[11)]

자기 또는 배우자의 직계존속에 대하여는 고소하지 못한다(제224조).[12)] 이 경우에도 비속의 친족이 제226조에 따라 독립하여 고소할 수 있음은 물론이며,[13)] 성폭력범죄에 대해서는 자기 또는 배우자의 직계존속을 고소할 수 있다(성폭력범죄처벌법 제8조).

Ⅱ. 피해자의 법정대리인

피해자의 법정대리인(제225조 제1항)이란 친권자, 후견인 등과 같이 제한능력자의 행위를 일반적으로 대리할 수 있는 자를 말한다.

> 따라서 일반적 대리권이 없는 재산관리인이나 파산관재인, 법인의 대표자 등은 제외된다. 다만 부부는 일상의 가사에 관하여 서로 대리권이 있으므로(민법 제827조 제1항), 일상가사대리의 한도에서 서로 법정대리인이 된다. 따라서 일상가사와 관련하여 배우자 일방이 범죄의 피해를 입은 때에는 상대 배우자도 고소권을 가진다고 보아야 한다.

'고소 시점'에 법정대리인의 지위에 있으면 족하므로, 범죄 당시에 그 지위

11) 대판 1995. 9. 26. 94도2196 (A주식회사가 갑으로부터 중국에서 수입, 판매하던 살충제 신기패 등의 상표에 관한 권리를 이전받은 후, 이와 별개로 동일한 상표의 약품을 적법하게 수입 판매해온 B제약 대표를 상표법 위반으로 고소한 사안: 적법).

12) 헌재 2011. 2. 24. 2008헌바56 (어머니가 자신을 고소한 존속상해 등 사건에서 무죄판결이 확정되자, 어머니를 무고 및 모해위증 혐의로 고소하였으나, 고소가 자기의 직계존속에 대한 것으로서 형사소송법 제224조에 위반된다는 이유로 검사가 각하의 불기소처분을 하자 평등권침해를 이유로 헌법소원심판을 청구한 사안: 5대4로 위헌의견이 다수였으나 위헌선언을 위한 정족수 6인 미달로 합헌).

13) 대판 1986. 11. 11. 86도1982; 대판 1987. 9. 22. 87도1707.

에 없었거나 또는 고소 후에 그 지위를 상실하여도 고소는 유효하다. 법정대리인의 고소권은 '독립하여' 고소할 수 있는 고유권으로서, 피해자의 명시한 의사에 반해서도 고소할 수 있다. 나아가서 피해자의 고소권이 소멸해도 법정대리인은 고소권을 행사할 수 있고, 피해자는 법정대리인의 고소를 임의로 취소할 수도 없다.[14)]

고소권자인 피해자가 미성년자라도 사실상의 의사능력이 인정되는 이상 민법상의 행위능력이 없더라도 고소능력이 인정되므로, 수사기관에서 조사를 받던 중, 겁도 나고 수치심도 생겨 자발적으로 고소를 취소하였다면 그 자체로는 유효하다. 또한 피해자의 고소 취소로 검사가 불기소처분을 한 경우라도 그 처분은 확정판결과 달리 기판력이 없으므로, 법정대리인의 고소가 있고 혐의가 인정된다면 검사는 불기소처분을 번복하여 피의자를 기소할 수 있다.

Ⅲ. 피해자의 친족 등

1. 피해자가 사망한 때(제225조 제2항)

피해자가 생존 중에 처벌을 희망하지 않는다는 명시적인 의사를 표시한 경우가 아니면, 그의 배우자, 직계친족 또는 형제자매도 고소가 가능하다.[15)] 피해자와 친족 등의 신분관계는 피해자의 사망 시점을 기준으로 한다.

배우자 등의 고소권에 대해 독립대리권(사망한 피해자의 고소권이 의제된 독립대리권)이라는 견해와 고유권(피해자의 사망에 따른 고소권 소멸을 대신하는 고유권)이라는 견해가 대립하고 있으나, 피해자의 사망 이후에 가지는 권리라는 점에서 고유권이라고 보는 다수설이 타당하다.

2. 법정대리인이나 그 친족이 피의자인 때(제226조)

이 경우에는 피해자 보호를 위해 피해자의 친족도 '독립하여' 고소할 수 있다.[16)]

법정대리인이 피해자인 미성년자나 피후견인 등을 위해 고소권을 행사할 수 없

14) 대판 1999. 12. 24. 99도3784.
15) 대판 1967. 8. 29. 67도878 (구법하에서 간통죄의 피해자인 배우자가 사망하자 그 친동생이 고소한 사안: 적법).
16) 대판 2010. 4. 29. 2009도12446 (구법하에서 남편이 식물인간 상태가 되어 금치산선고를 받은 상태에서 그 후견인이 된 배우자가 간통행위를 하자 남편의 모가 고소를 제기한 사안: 적법).

는 점을 고려하여 피해자의 친족에게 고소권을 인정한 것으로서 '고유권'의 성격을 가진다.
친족의 범위는 민법의 규정에 따라 정하며, 이혼하거나 가족관계등록부에 등록되지 아니한 생모도 친권자로서 고소할 수 있다.[17]

3. 사자의 명예훼손의 경우(제227조)

사자의 친족 또는 자손이 고소할 수 있다. 피해자가 사망 이후에 명예를 훼손당한 경우에 한한다. 생존 당시에 명예를 훼손당한 피해자가 사망한 경우에는 본조가 적용되지 않고 제225조 제2항에 따라 '피해자가 사망한 때'에 해당하므로 배우자 등이 고소할 수 있다.

명예훼손의 피해자가 사자라는 점을 고려하여 친족이나 자손에게 고소할 수 있도록 한 것이므로, 여기서 고소권도 고유권이라고 보아야 한다.

Ⅳ. 고소권자의 지정

친고죄의 경우 법률상, 사실상 이유로 고소권자가 없게 된 때에는 – 법률상 또는 사실상의 이해관계를 가지고 있는 – 이해관계인의 신청으로 검사가 고소권자를 지정하여야 한다(제228조). 원래의 고소권자가 고소권을 상실하거나 고소하지 아니할 의사를 명시하고 사망한 경우 등은 제외된다. 지정된 고소인은 반드시 피해자의 친족 등의 자격을 요하지 않는다.

자기 또는 배우자의 직계존속의 범죄에 대해서 피해자가 고소할 수 없으나, 이 경우에는 피해자가 고소권이 없는 경우가 아니라 고소권 행사가 제한되므로 고소권자 지정을 신청할 수 없다고 보아야 한다.

---

17) 대판 1987. 9. 22. 87도1707; 대판 1986. 11. 11. 86도1982.

제 4 고소의 절차

Ⅰ. 고소의 방식

1. 서면 또는 구술에 의한 고소

서면 또는 구술로써 검사 또는 사법경찰관에게 고소하여야 한다(제237조 제1항). 검사 또는 사법경찰관이 구술에 의한 고소 또는 고발을 받은 때에는 조서를 작성하여야 한다(동조 제2항). 다만, 그 조서가 독립된 조서일 필요는 없으며, 수사기관이 고소권자를 증인 또는 피해자로 신문한 경우에 그 진술에 범인의 처벌을 요구하는 의사표시가 포함되어 있고 그 의사표시가 조서에 기재되면 고소는 적법하다.[18] 고소장을 수사기관에 교부하였으나 정식으로 접수하지 않은 경우에는 고소의 효력이 발생하지 않는다.[19] 서면과 구술 외에 인터넷 홈페이지에 민원을 접수하는 방식은 적법한 고소가 아니다.[20]

2. 대리고소

고소권자는 대리인으로 하여금 고소하게 할 수 있다(제236조). 예를 들면, 성범죄의 경우 피해자들이 2차 피해를 당하거나 무고죄로 고소당하는 경우를 고려하여, 변호사를 고소대리인으로 선임할 필요가 있다. 대리의 방식에는 제한이 없으므로, 고소권자에 의해 정당하게 대리권이 수여되었음을 실질적으로 증명하면 족하고 위임장이나 대리 표시를 요하지 않으며,[21] 피해자로부터 고소를 위임받은 대리인도 수사기관에 구술에 의한 방식으로 고소를 제기할 수 있다.[22]

대리고소가 허용되는 범위는 고소권자를 한정한 취지에 비추어 처벌희망의사를 대신 표시하는 '표시대리'에 한해서만 가능하다고 보아야 한다.

학설로는, ① 표시대리설(사인의 의사표시가 국가의 소추권행사에 과도한 영향을 미칠 위험을 방지할 필요가 있으므로 처벌희망의 의사결정 자체는 본인이 결정하고 대리인은 다만 그 표시행위를 대리할 수 있다는 견해), ② 의사대리설(고소대

18) 대판 2011. 6. 24. 2011도4451.
19) 대판 2008. 11. 27. 2007도4977.
20) 대판 2012. 2. 23. 2010도9524.
21) 대판 2001. 9. 4. 2001도3081 (피해자의 할머니가 고소권자인 피해자의 어머니를 대리한 사안: 적법).
22) 대판 2002. 6. 14. 2000도4595.

리를 명문으로 인정한 이상 처벌희망의 의사결정 자체를 대리하는 것도 허용된다는 견해), ③ 절충설(비친고죄의 경우에는 수사의 단서에 불과하므로 의사대리도 가능하지만, 친고죄의 경우에는 표시대리에 한정해야 한다는 견해) 등이 있다. 판례는 반의사불벌죄의 경우 부모가 미성년인 피해자를 대신하여 처벌불원의사를 결정할 수 없다고 판시한 것이 있다.[23)]

3. 조건부 고소

고소에 조건을 붙일 수 있는지 논의가 있으나, 원칙적으로 허용되지 않으며, 특히 친고죄의 경우는 금지된다고 보아야 한다.

절차의 진행에 지장을 주지 않는 범위 내에서 인정해야 한다는 견해도 있으나, 특히 친고죄의 경우에 조건을 붙일 수 있게 하면 국가형벌권 행사를 사인의 의사내용에 따라 좌우되게 하는 결과로 된다는 점에서 적절하지 않다.

Ⅱ. 고소기간

일반적인 고소는 기간의 제한이 없으며 공소시효가 완성될 때까지 고소가 가능하다. 그러나 친고죄에 대해서는 고소기간의 제한을 두고 있다. 후술하는 전속고발사건의 경우에는 고발기간의 제한은 없다.

따라서 친고죄가 폐지된 성폭력처벌법 위반사건의 경우에는 고소기간의 제한을 받지 않으며, 저작권법 등의 경우 친고죄의 대상이 아닌 지적 재산권 침해범죄의 경우에도 마찬가지이다. 판례 중에는 친족상도례의 경우 친족이 아닌 자에 의한 사기사건에 대해 고소기간 경과를 이유로 공소를 기각한 원심판결을 파기한 것이 있다.[24)]

1. 고소기간

친고죄의 경우 고소기간은 범인을 알게 된 날로부터 '6월'이다(제230조 제1항 전문). 친고죄에 관한 형사소추권의 발동 여부가 지나치게 오랫동안 피해자의 의사에 따라 불확정한 상태에 놓이게 됨으로써 생길 수 있는 폐단을 방지하려는 취지이다.

---

23) 대판 2010. 11. 11. 2010도11550 참조.

24) 대판 2011. 4. 28. 2011도2170.

2. 기산일(始期)

'범인을 알게 된 날'부터 6월 이내이다. '범인을 알게 된 날'이란 통상인의 입장에서 보아, 고소권자가 고소를 할 수 있을 정도로 범인과 범죄사실을 알게 된 날을 의미한다. ① '범인'에 대한 인식은 범인의 동일성을 식별할 수 있을 정도면 족하므로, 범인의 성명이나 주소 등 구체적인 인적 사항까지 알 필요는 없다.[25] 범인이 여럿인 경우 정범 외에 협의의 공범도 포함하며, 여럿 중 1인을 알면 족하다. 상대적 친고죄의 경우에는 신분관계에 대한 인식도 필요하다.[26] 피해자가 처음부터 범인이 자신과 친족관계에 있음을 알지 못했다면 친고죄에서 고소기간의 제한을 둔 취지가 무색해지기 때문이다. 신분관계를 인식하지 못했더라도 고소 자체는 유효하다. ② '범죄사실'의 인식은 범죄의 피해가 있었다는 사실에 대하여 확정적인 인식을 요한다.[27] ③ 범죄행위가 종료된 후에 범인을 알게 된 날을 의미하므로 범인을 알았더라도 범죄가 종료되지 않으면 고소기간은 진행하지 않는다. 즉, 이 경우에 고소기간은 범죄행위 종료시부터 기산된다.[28] ④ 피해자의 법정대리인이나 친족이 고소를 하는 경우에는 – 법정대리인의 고소권이 고유권이므로 – 그 법정대리인이나 친족이 범인을 알게 된 날부터 기산한다.[29] 대리인에 의한 고소는 당연히 고소권자 자신이 범인을 알게 된 날부터 기산한다.[30]

3. 고소기간의 연장

고소할 수 없는 불가항력의 사유가 있으면 그 사유가 없어진 날로부터 고소기간이 진행한다(제230조 제1항 단서). 예컨대 고소능력이 결여된 경우에는 고소능력이 생긴 때부터 고소기간이 진행한다.[31] 해고될 것이 두려워 고소를 하지 않거나,[32] 범인의 주소를 알지 못해 고소하지 않은 경우[33]는 불가항력의 사유에

---

25) 대판 1999. 4. 23. 99도576.
26) 대전지판 2015. 1. 29. 2014노1768.
27) 대판 2009. 2. 12. 2008도8310.
28) 대판 2004. 10. 28. 2004도5014; 대판 1999. 3. 26. 97도1769.
29) 대판 1984. 9. 11. 84도1579; 대판 1987. 6. 9. 87도857; 대판 1999. 12. 24. 99도3784.
30) 대판 2001. 9. 4. 2001도3081.
31) 대판 2007. 10. 11. 2007도4962.
32) 대판 1985. 9. 10. 85도1273.
33) 대판 1977. 3. 8. 77도421.

해당하지 않는다.

4. 고소기간의 해태

고소권자가 수인인 경우, 고소기간은 각자에 대해 개별적으로 진행하므로, 고소권자 중 1인이 고소기간을 도과한 경우라도 타인의 고소기간이 남아 있다면 그 고소에는 영향이 없다(제231조). 여기서 '고소권자가 수인인 경우'란 고유의 고소권자를 말하며, 고소의 대리인은 포함되지 않는다.

Ⅲ. 고소사건의 처리

사법경찰관은 고소·고발사건을 포함하여 범죄를 수사한 때에는, 범죄의 혐의가 있다고 인정되는 경우에는 지체 없이 검사에게 사건을 송치하고 관계 서류와 증거물을 검사에게 송부하여야 하며(제238조, 제245조의5 제1호), 그 밖의 경우에는 그 이유를 명시한 서면과 함께 관계 서류와 증거물을 지체 없이 검사에게 송부하여야 한다(제245조의5 제2호). 후자의 경우에 검사는 송부받은 날부터 90일 이내에 사법경찰관에게 관계서류 등을 반환하여야 한다(동조 제2호 제2문). 고소나 고발에 의한 범죄를 수사할 때에는 사법경찰관의 경우는 3개월 이내에 수사를 마쳐야 하며(경찰수사규칙 제24조, 제57조), 검사의 경우는 3개월 이내에 수사를 완료하여 공소제기 여부를 결정하여야 한다(제257조). 검사는 처분결과 등을 고소인 또는 고발인, 피의자에게 통지하고 설명하여야 한다(제258조 내지 제260조). 사법경찰관은 피의자와 고소인등에게 수사 결과를 통지하는 경우에는 사건을 송치하거나 사건기록을 송부한 날부터 7일 이내에 하여야 한다(경찰수사규칙 제97조 제1항 본문).

제5 고소의 효력

친고죄의 경우 하나의 범죄사실에 대한 일부 또는 공범 중 1인에 대한 고소나 그 취소가 미치는 효력범위가 문제된다. 제233조는 「친고죄의 공범 중 그 1인 또는 수인에 대한 고소 또는 그 취소는 다른 공범에 대하여도 효력이 있다」고 규정하고 있다. 친고죄의 경우 고소가 소송조건이므로 고소권자가 자의적으로 범죄나 범인을 한정하지 못하게 함으로써 국가형벌권 행사의 공평성과 객관성을 확보하기 위한 규정이다.

Ⅰ. 주관적 불가분의 원칙

친고죄의 공범 중 그 1인 또는 수인에 대한 고소 또는 그 취소는 다른 공범에 대하여도 그 효력이 미친다(제233조). 여기서 공범은 형법총칙상의 공범뿐만 아니라 필요적 공범도 포함한다. 절대적 친고죄의 경우에는 주관적 불가분의 원칙이 제한 없이 적용된다. 따라서 공범 일부에 한정한 고소 또는 그 취소는 부적법하며,[34] 한정한 것이 아니라도 공범 일부에 대해서만 행한 고소 또는 그 취소는 나머지 공범에 대해서도 효력이 미친다. 반면, 신분관계가 있는 경우에 한하여 친고죄가 되는 상대적 친고죄의 경우에는 신분관계에 있는 자에 대해서만 주관적 불가분의 효력이 미친다. 따라서 비신분자인 공범에 대한 고소나 그 취소의 효력은 신분자에 대해서는 효력이 미치지 않으나, 공범 중 신분관계가 있는 자가 수인인 경우에는 신분관계 있는 자 전부에 대해 효력이 미친다.

법인에 대한 양벌규정이 있는 경우 친고죄를 범한 행위자 외에 법인에 대해서도 별도로 고소를 요하는지에 대해, ① 양벌규정에 대한 과실책임설을 근거로 각자의 책임을 인정하기 위해서는 친고죄의 고소도 각기 별도일 것을 요한다는 견해, ② 주관적 불가분의 원칙이 양벌규정에 대해서도 적용되므로 위반행위자에 대한 고소는 법인에 대해서도 미친다는 견해 그리고 ③ 법인 등의 범죄는 위반행위자의 행위이지 별개가 아니라는 점을 이유로 별도의 고소를 요하지 않는다는 견해가 있다. 판례는 불요설의 입장으로 보인다.[35]

반의사불벌죄에 대해서는 명문규정은 없지만 주관적 불가분의 원칙이 준용된다고 보는 것이 타당하다. 그러나 판례는 이에 반대하고 있다.[36]

반의사불벌죄의 경우 준용 여부에 대해서는 학설의 대립이 있다. ① 적극설은, 반의사불벌죄가 친고죄의 성격과 유사하고 이 원칙이 적용되지 않을 경우에 국가형벌권의 적정한 행사 내지 공평한 처벌이 이루어지지 않으며, 처벌희망의사표

---

34) 대판 2009. 1. 30. 2008도7462 (친고죄인 저작권법위반사건에서 공범 중 일부에 대해서만 처벌을 구하고 나머지에 대해서는 처벌불원의 의사를 표시한 사안: 부적법)

35) 대판 1996. 3. 12. 94도2423 (친고죄인 저작권법위반사건에서 2명에 대해서만 고소를 하고, 고소기간이 경과한 후에 다른 1명에 대해 고소를 한 사건: 적법). 「친고죄의 경우에 있어서도 행위자의 범죄에 대한 고소가 있으면 족하고, 나아가 양벌규정에 의하여 처벌받는 자에 대하여 별도의 고소를 요한다고 할 수는 없다.」

36) 대판 1994. 4. 26. 93도1689 (갑이 을, 병과 공모하여 공연히 허위의 사실을 적시하여 사자(死者)인 망 A의 명예를 훼손하고 동시에 사람을 비방할 목적으로 허위의 사실을 적시하여 A의 전 보좌관 B, C의 명예를 훼손한 혐의로 기소된 다음 고소인들은 제1심 공동피고인 을, 병에 대해서만 고소를 취소하거나 처벌을 희망하는 의사표시를 철회한 사안: 적법).

시를 철회하는 경우는 고소의 취소에 관한 규정이 준용되며, 반의사불벌죄에 대해서만 피해자가 원하는 범인만 처벌할 수 있도록 하는 것은 피해자의 자의에 의해 국가형벌권의 행사가 좌우되는 불합리한 경과로 될 수 있다는 점을 근거로 주관적 불가분의 원칙이 적용되어야 한다는 견해로서, 이에 따르면 형사소송법이 반의사불벌죄에 대하여 고소불가분의 원칙을 준용하고 있지 않은 것은 입법의 불비로 보고 있다. 한편 ② 소극설은, 반의사불벌죄는 친고죄보다 법익의 침해가 더 중하기 때문에 범죄인을 특정하여 처벌을 희망하지 아니하는 의사표시를 할 수 있도록 함이 적절하고, 피해변상 등으로 합의한 범인과 그렇지 않은 자를 차별하는 것은 피해자의 이익보호나 분쟁해결을 위해 바람직하며, 반의사불벌죄에 대해 주관적 불가분의 원칙을 준용하는 규정이 없다는 점을 근거로 주관적 불가분의 원칙이 준용되지 않는다고 한다(다수설). 상대적으로 법익침해가 중한 반의사불벌죄에 대해 피해자의 자의에 따라 형벌권 행사가 차등적으로 이루어지는 것은 타당하지 않으므로 주관적 불가분의 원칙을 적용하는 것이 타당하다.

Ⅱ. 객관적 불가분의 원칙

친고죄의 경우 하나의 범죄사실의 일부에 대한 고소 또는 그 취소는 그 범죄사실의 전부에 대하여 효력이 미친다. 객관적 불가분의 원칙에 관한 명문규정은 없지만 일죄의 일부에 대한 고소는 당연히 일죄 전부에 대해 효력이 미친다.[37] 수죄에 해당하는 경우에는 객관적 불가분의 원칙은 적용이 없으며, 과형상 일죄의 경우에는 각 부분이 모두 친고죄이고 피해자가 같은 경우에만 불가분적으로 취급되어 불가분의 원칙이 적용된다.

제6 고소의 취소

Ⅰ. 의의

고소의 취소란 수사기관 또는 법원에 대하여 범인의 처벌을 구하는 의사를 철회하는 의사표시를 말한다. 고소의 취소는 행위자의 의사내용에 따라 직접 소송법적 효과가 나타나는 여효적 소송행위에 해당한다. 고소의 취소는 피해회복이나 화해 등을 통한 피해자의 태도 변화를 재판에 고려할 수 있도록 하는 제도로서 친고죄의 경우에 특별히 기간제한을 두고 있다.

---

37) 대판 2011. 6. 24. 2011도4451 참조.

친고죄의 경우 기간 내 이루어진 고소의 취소는 불기소처분 내지 공소기각의 사유가 되고 비친고죄의 경우에도 양형자료로서 의미를 가진다. 사실상 범인에게 피해배상을 강제하는 기능이 있다.

반의사불벌죄의 경우에도 고소의 취소에 관한 규정이 준용된다(제232조 제3항).[38] 반의사불벌죄 자체는 기간의 제한이 없지만, 일단 기소된 이후에는 소송조건이 되므로 처벌불원의사를 표시하는 경우에는 고소와 마찬가지로 이를 고려할 필요가 있기 때문이다.

Ⅱ. 취소권자

취소권자는 '고소를 제기한' 고소인(고소권자와 구별)과 그 대리인이다(제236조). 고소권자라도 고소인이 행한 고소를 취소할 수는 없으나, 고소인은 대리인에 의한 고소를 취소할 수 있다. 범인을 고소했던 피해자가 사망한 후에 피해자의 부친이 피해자를 대신하여 고소를 취소하더라도 적법하지 않으며,[39] 법정대리인도 별도의 수권 없이 미성년자가 행한 고소를 취소할 수 없다.[40]

Ⅲ. 취소의 방법

고소의 취소에는 고소의 방식이 준용된다(제239조, 제237조). 따라서 서면 또는 구술에 의하여 고소의 취소가 가능하며, 구술에 의한 경우에는 조서에 작성하여야 한다. 피해자가 진술조서를 작성하면서 처벌희망의사를 철회하는 내용의 진술을 하였다면 – 서면에 의한 취소로서 – 고소의 취소는 적법하다.[41] 대리인에 의한 고소의 취소도 가능하다(제236조).

고소의 취소는 공소제기 전에는 고소사건을 담당하는 수사기관에 그리고 공소제기 후에는 고소사건을 관할하는 수소법원에 대하여 각기 행하여야 한다. 따라서 공소제기 후에 범인이 피해자와 합의하더라도 합의서면을 제1심법원에 제출하지 않은 이상 적법한 고소의 취소라고 할 수 없다.[42]

---

38) 대판 1983. 7. 26. 83도1399, 83감도263.

39) 대판 1969. 4. 29. 69도376.

40) 대판 2011. 6. 24. 2011도4451.

41) 대판 1983. 7. 26. 83도1431.

42) 대판 1983. 9. 27. 83도516; 대판 2004. 3. 25. 2003도8136; 대판 2009. 9. 24. 2009도6779; 대판 2012. 2. 23. 2011도17264.

고소의 취소는 자발적인 취소의사로서(강박이나 기망에 의한 취소는 효력이 없음), 처벌을 희망하던 종전의 의사를 철회하는 의사표시를 명백히 하면 족하다. 고소인의 탄원서나 법정진술 내용이 처벌을 바라지 않는다는 취지이면 고소의 취소라고 할 수 있지만,[43] 단순히 법대로 처벌하되 관대한 처분을 바란다는 취지만으로는 처벌의사를 철회한 것으로 볼 수는 없다.[44]

Ⅳ. 취소의 시한

고소의 취소는 제1심판결선고 전까지만 가능하므로(제232조 제1항), 그 이후에는 고소를 취소하더라도 그 효력이 발생하지 않는다.[45]

범인의 처벌에 대한 고소인의 입장 변화에 따른 자율적 화해를 도모하여 국가형벌권의 남용을 막는 한편, 국가형벌권 행사가 피해자의 의사에 의해 좌우되는 현상을 장기간 방치하지 않으려는 목적에서[46] 고소기간과 마찬가지로 취소시한을 한정한 것이다. 의용형사소송법은 고소취소 시한을 제2심판결선고 전까지로 하고 있었으나, 1954년 제정 형사소송법은 남상소 및 사법자원의 효율적 분배를 위해 이를 제1심판결선고 전까지로 제한하였다. 헌법재판소는 이러한 제한은 입법정책의 문제로서 항소심 단계에서 고소 취소된 사람을 자의적으로 차별하는 것은 아니라고 판단하였다.[47]

1. 제1심판결선고 전의 의미

제1심판결은 파기환송이나 재심개시결정에 의한 경우도 포함한다. 상소심에서 법률위반을 이유로 제1심의 공소기각판결을 파기하고 사건을 제1심법원에 환송하였다면, 종전의 제1심판결은 파기되어 그 효력을 이미 상실하였으므로, 제1심판결선고가 없는 경우에 해당되어 환송 후의 제1심판결선고 전까지는 고소취소가 가능하다.[48]

---

43) 대판 1981. 11. 10. 81도1171 (합의서와 탄원서를 동시에 제출한 사안); 대판 2002. 7. 12. 2001도6777.
44) 대판 1981. 1. 13. 80도2210.
45) 대판 2012. 2. 23. 2011도17264.
46) 대판 1999. 4. 15. 96도1922 전합.
47) 헌재 2011. 2. 24. 2008헌바40.
48) 대판 2011. 8. 25. 2009도9112.

2. 반의사불벌죄에의 준용(제232조 제3항)

반의사불벌죄의 경우에도 제1심판결 후에는 처벌희망의사를 철회하더라도 철회의 효력은 없다.[49] 고소 취소의 경우와 마찬가지로 제1심판결선고 전이란 파기환송이나 재심개시결정에 의한 제1심판결의 경우도 포함한다.

소송촉진법 제23조에 따라 제1심에서 행해진 불출석재판에 피고인이 귀책사유 없이 출석하지 못한 경우에는 동법 제23조의2에 따라 제1심법원에 재심을 청구할 수 있으며, 재심개시결정이 내려지게 되면 피해자는 그 재심의 제1심판결선고 전까지 처벌을 희망하는 의사표시를 철회할 수 있다.[50] 그러나 청구인이 제1심법원에 재심을 청구하는 대신 항소권회복청구를 함으로써 항소심 재판을 받게 된 경우에는 항소심을 제1심이라고 할 수 없으므로 항소심 절차에서는 처벌을 희망하는 의사표시를 철회할 수 없다.[51]

V. 고소취소의 제한

1. 공범의 경우

주관적 불가분의 원칙에 비추어 공범 1인에 대하여 제1심판결이 선고된 후에는 다른 공범에 대해서는 고소를 취소할 수 없다.

학설로서, ① 적극설(제1심판결선고를 받은 자에게는 고소취소의 효력이 미치지 않지만 친고죄에서 피해자의 의사를 존중하여 판결을 선고받지 않은 공범에게는 고소취소가 가능하다는 견해)과 ② 소극설(공범 중 1인에 대한 제1심판결선고가 있어도 다른 공범에 대한 고소를 취소할 수 있도록 하면, 고소권자의 선택에 따라 불공평한 결과가 초래되고, 형사사법권의 발동이 사인의 의사에 지나치게 좌우되는 위험성이 있으며, 고소의 주관적 불가분의 원칙에 위반된다는 점 등을 논거로 다른 공범에 대한 고소취소는 불가능하다는 견해)이 있으나, 소극설이 지배적이다. 판례도 소극설의 입장이다.[52]

2. 항소심에서 비친고죄가 친고죄로 변경된 경우

항소심에서 공소장변경이나 직권에 의한 사실인정으로 통상의 범죄가 친고

49) 대판 2000. 9. 29. 2000도2953.
50) 대판 2002. 10. 11. 2002도1228.
51) 대판 2016. 11. 25. 2016도9470.
52) 대판 1975. 6. 10. 75도204; 대판 1985. 11. 12. 85도1940; 대판 1999. 4. 15. 96도1922 전합.

죄나 반의사불벌죄로 된 경우 고소를 취소하거나 이미 표시한 처벌희망의사를 철회할 수 있는지가 문제된다. 학설의 대립이 있으나, 국가형벌권 행사가 피해자의 의사에 좌우되지 않도록 하겠다는 취지에서 취소시기의 제한을 두고 있는 점을 감안하면, 항소심에 와서 사정변경이 생긴 경우에도 원칙적으로 취소시기의 제한을 인정하는 것이 타당하다. 판례도 같은 취지이다.[53]

이에 대해서도 학설의 대립이 있다. ① 무효설(소극설)은 제232조 제1항은 고소취소의 시기를 획일적으로 제1심판결선고시까지로 한정하고 있고, 제1심의 개념을 항소심으로 확장하는 해석은 문리해석의 한계를 벗어나며, 이 경우에는 공소권남용에 해당하는지를 개별적으로 판단하면 되므로 항소심에서는 친고죄에 대하여 고소의 취소가 있더라도 그 효력은 없다고 한다. 한편 ② 유효설(적극설)은 제232조 제1항은 현실적 심판대상이 된 공소사실을 기준으로 당해 심급의 판결선고시까지 고소인이 고소를 취소할 수 있다는 의미이고, 항소심에서 현실적 심판대상이 친고죄로 변경된 경우에 고소취소의 효력을 인정하지 않는 것은 검사나 법원의 잘못된 판단의 불이익을 피고인에게 전가하는 결과가 되므로 항소심에서도 고소취소의 효력을 인정해야 한다고 한다. 또한 ③ 절충설은 제232조 제1항은 친고죄에만 적용되므로 고소취소의 시점이 항소심이라고 하더라도 친고죄로 공소장이 변경되기 이전에 한 고소취소는 효력이 있다고 한다.

Ⅵ. 고소취소의 효과

1. 소송조건의 결여

친고죄나 반의사불벌죄의 경우 고소가 취소되거나 처벌희망의사를 철회하면 공소제기 전에는 검사가 공소권 없음을 이유로 불기소처분을 해야 하고, 공소가 제기된 때에는 법원이 판결로써 공소기각을 하여야 한다(제327조 제2호). 공소가 제기된 후에 고소가 취소되면 판결로써 공소를 기각하며(제327조 제5호), 반의사불벌죄의 경우 처벌희망의사를 철회한 때에도 동일하다(동조 제6호).

공소사실의 동일성이 인정되는 한 친고죄를 비친고죄로 변경하는 것이 가능하고, 이 경우에는 고소가 취소되더라도 절차에 영향이 없으므로 변경된 공소사실에

---

53) 항소심에서 공소장변경 또는 법원 직권에 의하여 비친고죄를 친고죄로 인정한 경우, 항소심에서의 고소취소는 친고죄에 대한 고소취소로서의 효력이 없으며(대판 1999. 4. 15. 96도1922 전합; 대판 2007. 3. 15. 2007도210), 항소심에서 반의사불벌죄로 공소장이 변경된 경우에도 처벌희망 의사표시의 철회는 효력이 없다는 것이 판례의 태도이다(대판 1988. 3. 8. 85도2518).

대해 실체판결(반의사불벌죄의 경우도 동일)을 하여야 한다.[54]

2. 재고소 및 취소철회의 금지

고소를 취소한 자는 다시 고소할 수 없으며(제232조 제2항), 일단 고소를 적법하게 취소한 이상 취소를 철회하는 의사표시도 재고소와 동일한 의미를 가지므로 효력이 없다.[55]

3. 불가분의 원칙 적용

고소의 취소에 대해서도 고소와 마찬가지로 불가분의 원칙이 적용된다(제233조). 따라서 공범 1인 또는 수인에 대한 고소의 취소는 다른 공범에 대해서도 효력이 있고, 하나의 범죄사실 일부에 대한 고소의 취소는 범죄사실 전부에 대해 효력이 미친다.

제 7 고소권의 포기

고소권의 포기란 친고죄의 고소기간 내에 장차 고소권을 행사하지 않겠다는 의사표시를 미리 하는 것을 말한다. 반의사불벌죄에서 처벌불원의사를 미리 표시하는 경우도 동일한 성격을 가진다. 고소권의 포기는 친고죄의 고소기간 내에 고소권자가 고소권을 행사하지 아니하는 고소권의 불행사, 즉 고소기간 경과로 인하여 고소권이 소멸되는 경우와는 구별된다.

고소권의 포기를 인정할 것인지에 대해 학설의 대립이 있으나, 성격상 고소의 취소와 동일한 방식으로 고소를 포기할 수 있다고 보아야 한다.

학설로는, ① 적극설(고소의 취소를 인정하는 것처럼 고소의 포기도 인정해야 하며, 고소의 포기를 인정해도 피해가 발생하지 않고 오히려 친고죄에 대한 수사를 신속하게 종결시킬 수 있으며, 고소권을 포기하는 과정에서 일어나는 폐단은 고소를 못하게 하거나 취소를 종용하는 과정에서도 일어나므로 고소권의 포기를 인정해야 한다는 견해), ② 소극설(고소의 취소와는 달리 고소의 포기에 대해서는 명문규정이 없고, 고소권은 공법상의 권리이기 때문에 사적인 처분이 허용되지 않을 뿐만 아니라, 고소권의 포기를 인정하면 고소권을 소멸시키기 위한 온갖

---

54) 대판 2011. 5. 13. 2011도2233.

55) 대판 2007. 4. 13. 2007도425.

폐단이 우려되므로 고소권의 포기를 인정해서는 안된다는 견해), ③ 절충설(고소권의 포기를 인정하지만 그 방법으로서 고소의 취소와 같이 수사기관 또는 법원에 대하여 서면 또는 구술로 고소권을 포기한다는 내용의 의사표시를 하는 경우에 한해서 인정할 수 있다는 견해)이 있다.
판례는 고소권이 공법상 권리이며 포기를 인정하는 명문의 근거가 없다는 이유로 소극설의 입장을 취하고 있다.[56]

제8 고소의 추완

고소의 추완이란 친고죄에서 고소 없이 공소를 제기한 후에 고소권자가 고소를 함으로써 소송조건을 보완하는 것을 말한다. 반의사불벌죄에서 처벌불원의사를 표시했다가 공소제기 후에 이를 철회하는 경우에도 동일한 문제가 제기된다.

고소의 추완이 허용되는지 여부에 관하여 학설의 대립이 있으나, 고소의 소송조건으로서의 성격이나 절차의 확실성 측면에서 소극설이 타당하다. 판례도 공소제기 전의 추완은 인정하지만 공소제기 후의 고소의 추완은 허용되지 않는다는 소극설의 태도를 취하고 있다.[57]

① 긍정설 혹은 적극설은 형사소송의 발전적 성격에 비추어, 당해 사건이 친고죄인가의 여부는 처음부터 분명한 것이 아니라 공판절차의 진행에 따라 비로소 판명되는 경우가 있으므로 공소제기시에 고소의 존재가 절대적으로 필요하다고 할 수 없고, 이 경우에 일단 공소를 기각하고 다시 공소제기를 기다려 심리를 새롭게 진행하는 것은 소송경제에 반하므로 고소의 추완을 인정해야 한다고 하며, ② 부정설 혹은 소극설은 친고죄에 있어서의 고소는 공소제기의 적법·유효요건이므로 고소가 없으면 공소제기는 무효가 될 수밖에 없고, 공소제기는 절차의 형식적 확실성이 강하게 요청되는 소송행위이므로 무효의 치유를 인정해서는 안 되므로 고소의 추완을 부정해야 한다고 한다. 한편 ③ 절충설은 고소의 추완을 인정하는 것은 검사의 공소제기에 비난할 점이 없는 경우로 제한되어야 하므로, 공소제기시에 공소사실이 친고죄임을 알면서도 고소 없이 공소를 제기한 경우에는 고소의 추완을 인정할 수 없지만, 비친고죄로 공소제기된 사건이 공판절차에서 친고죄로 판명되거나 친고죄가 추가된 경우에는 고소의 추완을 인정해야 한다고 한다.

---

56) 대판 1967. 5. 23. 67도471.
57) 대판 1982. 9. 14. 82도1504.

제 4 절 고발

제 1 의의

고발이란 고소권자와 범인 이외의 제3자가 수사기관에 대하여 범죄사실을 신고하여 범인의 처벌을 구하는 의사표시로서, 수사의 단서의 일종이다. 고발은 고소권자가 아닌 제3자가 행하는 의사표시라는 점에서 '고소'와 구별되고, 범인의 의사표시가 아니라는 점에서 '자수'와 구별된다. 고발은 반드시 범인을 지적할 필요가 없고, 지정한 범인이 진범인이 아니라도 고발로서 유효하다.[58] 「국회에서의 증언·감정 등에 관한 법률」에 따른 위증죄의 고발은 소송조건에 해당한다.[59]

제 2 필요적 고발사건

Ⅰ. 의의

일정한 범죄에 대하여 소추기관인 검사가 공소를 제기하려면 반드시 특정 행정기관에 의한 '전속(專屬)고발'이 전제되어야 하는 경우가 있다. 이러한 행정기관의 권한을 전속적 고발권이라고 하며, 소송조건으로서의 고발이라는 성격을 지닌다. 이와 같은 사건을 필요적 고발사건 또는 전속고발사건이라고 부른다.

예컨대 관세법위반사건(동법 제284조 제1항), 독점규제및공정거래에관한법률위반사건(동법 제71조 제1항), 조세범처벌법위반사건(동법 제21조), 출입국관리법위반사건(동법 제101조 제1항) 등이 여기에 해당한다.

전속고발은 형사처벌 여부에 대해 관련 전문지식과 기술을 가진 행정기관의 우선적인 판단권을 인정함으로써, ① 검사의 공소권에 대한 사전적·소극적 통제, ② 필요적 고발사건의 전문성을 고려한 효율적인 적발, ③ 권력분립을 통한 형사사법기관의 업무부담 경감, ④ 소관사무 관련 법령위반에 대한 자율적·행정적 제재수단의 활용을 가능하게 한다.

---

58) 대판 1994. 5. 13. 94도458.

59) 대판 2018. 5. 17. 2017도14749 전합.

Ⅱ. 유형

전속고발은 사회적·국가적 법익에 관한 범죄로서 형벌이나 과태료를 정한 법률에서 주로 활용되고 있다.

1. 행정제재 우선형 전속고발(직렬형)

법령위반에 대해 먼저 행정제재를 부과한 다음(예컨대 통고처분을 통한 과태료 부과) 그 불이행이 있을 때에만 고발을 통해 형사처벌을 하도록 하는 유형이다. 중대한 법령위반에 대해서는 통고처분 없이 즉시고발의무를 부과하기도 한다.

지방국세청장 또는 세무서장은 조세범칙행위(조세범 처벌법 제3조부터 제14조까지의 죄에 해당하는 위반행위)의 확증을 얻었을 때에는 그 대상이 되는 자에게 그 이유를 구체적으로 밝히고 벌금에 해당하는 금액, 몰수 또는 몰취에 해당하는 물품, 추징금에 해당하는 금액 등에 해당하는 금액이나 물품을 납부할 것을 통고하고(조세범처벌절차법 제15조 제1항), 만약 이에 따른 통고처분을 받은 자가 통고대로 이행하면 동일한 사건에 대하여 다시 조세범칙조사를 받거나 처벌받지 않지만(동조 제3항), 통고처분을 받은 자가 통고서를 송달받은 날부터 15일 이내에 통고대로 이행하지 아니한 경우에는 지방국세청장 또는 세무서장이 고발하여야 한다. 다만, 15일이 지났더라도 고발되기 전에 통고대로 이행하였을 때에는 예외이다(동법 제17조 제2항).

2. 행정제재 재량형 전속고발(병렬형)

법령위반에 대하여 행정제재(범칙금, 과징금, 시정조치, 시정명령, 징계 등) 혹은 형사처벌을 부과할지 여부에 대한 행정기관에게 재량권을 부여하는 유형이다. 행정기관은 행정제재와 동시에 형사처벌을 할 수 있도록 전속고발을 선택적 또는 병과적으로도 활용 가능하다.

예컨대 공정거래법위반행위에 대해서는 공정거래위원회가 고발을 할 수도 있고, 위반행위 태양에 따라 과징금 부과 등을 할 수도 있다(공정거래법 제71조).

Ⅲ. 성격

1. 전속고발의 재량

행정목적 달성을 위해 전속적 고발권 행사의 재량을 인정하는 것이 보통이다. 공정거래법은 행정기관의 자의적인 판단의 여지를 제한하기 위해 중대한 위반행위에 대해서는 고발의무를 명시하고(동법 제71조 제2항), 검찰총장의 고발요청제도를 도입하고 있다(동조 제4항).

2. 고발 전 수사의 가능성

일반 사인과 달리 전속고발권을 보유한 행정기관은 통상적으로 임의 또는 강제조사권을 보유하고 있거나, 경우에 따라서는 특별사법경찰관리를 보유하여 수사권을 행사할 수 있으므로, 수사기관에 의한 수사는 고발의 가능성이 매우 높은 사건, 즉 "위반의 정도가 객관적으로 명백하고 중대"한 사건에 대하여 수사의 긴급성을 요건으로 현행범을 제외하고 초동조치만이 허용된다고 보아야 한다. 다만 판례는 친고죄의 고소의 경우와 마찬가지로 원칙적 허용설의 입장을 취하고 있다.[60]

3. 고발의 시간적 효력범위

검사의 기소처분 여부와 관계없이 행정기관의 고발은 유효하므로, 이후에 다시 공소를 제기할 때 별도의 새로운 고발이 필요한 것은 아니다.[61]

제 3 고발권자

고발권자에는 제한이 없으며 누구든지 범죄가 있다고 사료하는 때는 고발할 수 있다(제234조 제1항). 공무원은 직무수행과 관련하여 범죄가 있다고 사료하는 때에는 고발의무를 진다(동조 제2항). 고소와 마찬가지로 자기 또는 배우자의 직계존속에 대한 고발은 허용되지 않는다(제235조, 제224조).

---

60) 대판 2011. 3. 10. 2008도7724.

61) 대판 2009. 10. 29. 2009도6614 (서초세무서장이 수사기관에 피고인의 2002년도 및 2003년도 국세체납 부분에 관하여 고발하였으나 불기소처분된 후 서초세무서장이 다시 피고인의 2004년도 국세체납 부분에 관하여 고발하자, 검사가 2004년도 국세체납 부분과 함께 종전에 불기소처분하였던 2002년도 및 2003년도 국세체납 부분도 공소를 제기한 사안).

제 4 고발절차

고발과 그 취소의 방식과 절차는 고소의 경우와 동일하다(제237조 내지 제239조). 고발사건의 처리기간, 처리절차도 고소의 경우와 동일하다(제257조 내지 제259조의2). 다만, 고소와는 달리 대리고발은 인정되지 않으며, 고발기간에도 제한이 없다.

대리고소에 관한 규정을 고발에 준용하는 규정이 없고 고발은 누구든지 할 수 있기 때문에 대리고발은 허용되지 않는다는 것이 다수설이다. 다만 고발대리의 경우에도 대리를 표시대리로 한정한다면 대리고발을 인정하여도 무방하다는 견해도 있다.

제 5 전속고발의 효력

Ⅰ. 전속고발 없는 공소제기의 효과

전속고발이 없음에도 공소가 제기된 때에는 소송조건의 결여로 판결로써 공소를 기각해야 하며,[62] 공소제기 후에 고발이 있더라도 하자가 치유되지 않는다.[63]

Ⅱ. 불가분의 원칙 적용

고소의 경우와 마찬가지로 객관적 불가분의 원칙은 전속고발의 경우에도 적용되지만, 주관적 불가분의 원칙에 대해서는 학설이 대립한다.

1. 객관적 불가분의 효력

고발은 범칙사건과 동일성이 인정되는 범칙사실의 전부에 미치고 한 개의 범칙사실의 일부에 대한 고발은 전부에 대하여 효력이 생긴다.[64]

---

62) 대판 2008. 3. 27. 2008도680 참조.

63) 대판 2008. 3. 27. 2008도680; 대판 1970. 7. 28. 70도942.

64) 대판 2014. 10. 15. 2013도5650 (중부지방국세청장이 '허위 세금계산서 수취행위'를 범칙사실로 하여 피고인을 고발한 사건에서 검사가 이와 별개인 '허위기재한 매입처별세금계산서합계표를 성남세무서 담당공무원에게 제출한 행위'를 범칙사실로 하여 고발하였음을 인정할 만한

2. 주관적 불가분의 효력

고소의 경우와 달리 명문규정이 없는 상황에서 고발이 되지 않은 자에게까지 고발의 효력이 미치면 피고인에게 불리한 유추가 되고 행정기관에게 전속적 고발권을 인정한 취지에도 반하므로 부정함이 타당하다. 판례도 같은 입장이다.[65]

3. 전속고발의 취소 제한

일단 공소가 제기되면 고발을 취소할 수 없고, 고발한 범죄사실이 인정되지 않더라도 공소제기의 효력 자체에 영향을 미치지 않는다.[66]

Ⅲ. 재고발의 허용

전속고발은 공익을 위한 것이며 고발과 그 취소에 있어서 전문적인 판단을 전제로 하기 때문에 이를 고려하여 고소와는 달리 재고발을 허용해야 할 것이다.

제 5 절 자수

제 1 의의

자수란 범인이 스스로 수사기관에 자기의 범행을 자발적으로 신고하고 그 처분을 구하는 의사표시를 말한다(형법 제52조 제1항). 범행발각 전후를 불문하고 수사기관에 대해 자발적으로 범행을 인정하는 의사표시를 함으로써 족하다. 단순히 수사기관의 직무상 질문이나 조사에 응해 범죄사실을 진술하는 것은 자백은 될 수 있으나 자수에 해당하지 않는다.[67]

자수의 시기는 죄를 범한 후라면 범행의 발각 여부나 전후를 불문하나, 이

자료가 없는 상태에서 공소를 제기한 사안: 위법); 대판 2005. 1. 14. 2002도5411; 대판 2009. 7. 23. 2009도3282.

65) 대판 2004. 9. 24. 2004도4066; 대판 2011. 7. 28. 2008도5757.

66) 대판 2014. 10. 15. 2013도5650; 대판 2015. 5. 28. 2012두13252; 대판 2015. 9. 10. 2015도3926.

67) 대판 2011. 12. 22. 2011도12041.

미 신병이 확보된 이후에는 범행을 시인하더라도 자수가 아니다.[68]

'수사개시의 단서로서 자수'는 수사가 시작되기 전단계에서 문제되므로, 형법상 자수보다 넓은 해석이 필요한 것으로 보아야 한다. 예컨대 참고인으로 출석하여 별개의 범죄에 대해 자백한 때에도 자수로서 수사의 개시가 가능하다.

제 2 절차

자수는 범인이 스스로 수사기관에 대해서 행하며, 구두나 서면에 의하는 방식 모두 가능하다(제239조, 제237조). 자수의 경우에도 표시대리의 형태로 대리자수가 가능하다.

제 3 효과

자수는 형법상 임의적 감면사유이지만 절차상으로는 수사의 단서에 불과하다. 수개의 범죄사실 중 일부에 대해서만 자수한 경우에도 그 부분에 대해서 자수의 효력이 발생한다.[69] 자수는 일단 성립함으로써 확정적으로 효력이 발생하므로 그 취소가 무의미하다. 예컨대 검사에게 자수를 한 후에 검찰이나 법정에서 범죄사실을 일부 부인하였더라도 자수의 효력이 없어지는 것은 아니다.[70]

제 6 절 직무질문

제 1 의의 및 성격

Ⅰ. 개념

직무질문(불심검문)이란 경찰관이 거동불심자를 발견한 때 그를 정지시켜 질문하는 것을 말한다(경찰관직무집행법 제3조 제1항).

---

68) 대판 2004. 10. 14. 2003도3133.
69) 대판 1994. 10. 14. 94도2130.
70) 대판 2002. 8. 23. 2002도46.

Ⅱ. 성격

직무질문은 행정경찰작용과 사법경찰작용의 영역 양자에 걸쳐 있는 복합적인 성격을 지니고 있다. 범죄진압 및 범죄예방을 위한 단서 확보를 목적으로 한다는 점에서 복합적 성격을 가지고 있으며, 범죄혐의가 확인되면 수사로 이어지지만 수사 자체와는 구별이 필요하다.

경찰관직무집행법은 '수상한 행동이나 그 밖의 주위 사정을 합리적으로 판단하여 볼 때 어떠한 죄를 범하였거나 범하려 하고 있다고 의심할 만한 상당한 이유가 있는 사람'을 직무질문의 대상자로 규정하고 있으나, 여기서 범죄는 피의자와 범죄사실이 특정된 것임을 전제로 하지 않는 점에서 특정한 범죄의 혐의를 전제로 하는 수사와는 구별된다.

제 2 직무질문의 대상

거동불심자란 수상한 행동이나 그 밖의 주위 사정을 합리적으로 판단하여 어떠한 죄를 범하였거나 범하려 하고 있다고 의심할 만한 상당한 이유가 있는 사람 또는 이미 행하여진 범죄나 행하여지려고 하는 범죄행위에 관한 사실을 안다고 인정되는 사람을 말한다(경직법 제3조 제1항 제1호, 제2호). 거동불심자에 해당하는지 여부는 불심검문 당시의 구체적 상황, 경찰관들의 사전 지식 및 경험칙에 기초하여 객관적·합리적으로 판단하여야 한다.[71)]

제 3 직무질문의 방법

Ⅰ. 정지

정지란 거동불심자를 불러 세우는 것으로서 임의적인 방법을 전제로 한다.

---

71) 대판 2014. 2. 27. 2011도13999 (강도강간미수 용의자와 인상착의에 대해 사전에 입수한 정보가 유사한 대상자에 대한 불심검문: 적법). 「경찰관이 법 제3조 제1항에 규정된 대상자 해당 여부를 판단함에 있어서는 불심검문 당시의 구체적 상황은 물론 사전에 얻은 정보나 전문적 지식 등에 기초하여 불심검문 대상자인지 여부를 객관적·합리적인 기준에 따라 판단하여야 할 것이나, 반드시 불심검문 대상자에게 형사소송법상 체포나 구속에 이를 정도의 혐의가 있을 것을 요한다고 할 수는 없다.」

1. 실력행사의 가부

정지요구에 불응하거나 질문 도중에 떠나는 경우, 신체구속은 금지되지만(제3조 제7항), 강제에 이르지 않는 정도의 유형력의 행사(가로 막거나 옷을 잡는 행동)가 허용되는지 여부에 대해 논의가 있다. 판례는 범행의 경중, 범행과의 관련성, 상황의 긴박성, 혐의의 정도, 질문의 필요성 등에 비추어 그 목적 달성에 필요한 최소한의 범위 내에서 사회통념상 용인될 수 있는 상당한 방법으로 그 대상자를 정지시킬 수 있다는 입장이다.[72]

학설로는, ① 제한적 허용설(사태의 긴급성, 혐의의 정도, 질문의 필요성과 수단의 상당성을 고려하여 강제에 이르지 않는 정도의 유형력 행사, 예컨대 길을 가로막거나 추적하거나 몸에 손을 대는 정도는 허용된다는 견해), ② 예외적 허용설(강제와 실력행사를 구별하는 것은 사실상 불가능하므로 원칙적으로 실력행사는 허용되지 않고 다만 살인, 강도 등 중범죄에 한하여 긴급체포도 가능하지만 신중을 기하기 위한 경우에만 예외를 인정하는 것이 타당하다는 견해), ③ 설득행위설(상대방에게 생각을 바꾸도록 하는 것처럼 의사를 제압하는 정도의 강제에 이르지 않는 물리력의 행사가 허용된다는 견해) 등이 있다. 그러나 아직 수사에 착수하지도 않은 상태에서 영장주의가 적용될 여지가 없음을 고려한다면, 아무런 법적 근거 없이 강제력 행사와 구분되지 않은 실력행사를 허용하는 것은 수긍하기 어렵다.

2. 자동차 검문

불심검문 대상자가 자동차를 이용하는 경우에 자동차를 정지시키기 위한 검문도 정지의 일환으로서 허용할 수 있지만(개별검문), 일제검문에 대해서는 논의가 있다.

일제검문은 범죄예방이나 범인 검거의 목적으로 광범위하게 활용되고 있다. 일제검문에는 교통검문(교통단속을 위한 검문: 도로교통법 제43조 내지 제45조), 경계검문(범죄예방을 위한 경우: 경직법 제3조 제1항), 긴급수배검문(특정한 범죄가 발생한 경우: 경직법 제3조 제1항, 형사소송법 제199조 제1항) 등이 있다.
이 가운데 도로를 차단하고 불특정 다수인을 상대로 실시하는 일제단속식 음주단속은 도로교통법 제44조 제2항(호흡조사에 의한 음주측정), 제47조(위험방지를 위한 조치)에 따른 조치로서 시간과 장소의 엄격한 선정, 교통불편의 최소화 등

---

72) 대판 2012. 9. 13. 2010도6203.

비례의 원칙에 따라 행해지는 것을 전제로 허용될 수 있다.[73)]

범죄예방을 위한 일제검문은 그 자체가 과잉금지에 반하며, 거동불심자에 대한 확정 없이 이루어지는 일제검문은 허용되지 않는다고 보아야 한다.

학설로는, ① 장애물을 설치하는 등의 방법이 아닌 임의의 수단으로 행하여지고, ② 범죄를 범하였거나 범하려 하고 있는 자가 자동차를 이용하고 있을 개연성이 있으며, ③ 범죄의 예방과 검거를 위하여 필요하고 적절한 경우이고, ④ 자동차 이용자에 대한 자유의 제한을 필요한 최소한도에 그치게 하는 등의 요건을 갖춘 경우에는 자동차검문의 특수성에 비추어 제한적으로 허용된다는 견해도 있다.

Ⅱ. 질문

질문이란 거동불심자에게 불심검문의 목적을 달성하기 위하여 성명, 주소, 나이 그리고 행선지나 용건을 묻거나 필요에 따라서는 범죄와 관련된 사실이나 소지품의 내용에 대하여 묻는 것을 말한다.

1. 절차

경찰관은 질문을 할 경우 자신의 신분을 표시하는 증표를 제시하면서 소속과 성명을 밝히고 질문의 목적과 이유를 설명하여야 한다(제3조 제4항). 다만, 검문 당시의 상황에 비추어 검문하는 사람이 경찰관이고 검문하는 이유가 범죄행위에 관한 것임을 피고인이 충분히 알고 있었다고 보이는 경우에는 신분증 제시가 없어도 불심검문은 적법하다.[74)]

2. 신체구속 및 답변강요 금지

질문을 받은 사람은 형사소송에 관한 법률에 따르지 아니하고는 신체를 구속당하거나 그 의사에 반하여 답변을 강요당하지 않는다(동조 제7항).

3. 소지품 검사

경찰관은 질문하는 과정에서 흉기 이외에 일반 소지품에 대한 검사를 할 수 없다. 다만, 질문을 할 때에 그 사람이 흉기를 가지고 있는지를 조사할 수 있

73) 헌재 2004. 1. 29. 2002헌마293.
74) 대판 2014. 12. 11. 2014도7976.

다(동조 제3항). 이는 경찰관 자신이나 제3자의 생명 및 신체의 안전을 도모하기 위함이다. 흉기조사는 거동불심자가 직접 접촉할 수 있는 범위 내에 있는 것에 한하며, 외표검사만 허용되고 강제력을 사용하여 소지품을 꺼내는 것은 허용되지 않는다.

흉기란 흉기 기타 위험한 물건뿐만 아니라 모의총포나 총포·도검·화약류·분사기·전자충격기·석궁 등도 포함하는 경찰관이나 제3자의 생명이나 신체에 대한 위험을 초래할 염려가 있는 것으로 보이는 물건 일체를 의미한다.

일반소지품에 대해서는 법적 근거가 없으므로 상대방의 동의 없이 독자적인 검사는 허용되지 않는다.

소지품검사의 단계를 크게 나누면, 관찰 → 질문 → 외표검사 → 개시요구 → 검사 순으로 볼 수 있는데, 관찰이나 질문은 당연히 허용되지만 더 나아가서 '중범죄에 한해 사태의 긴급성, 혐의의 정도, 수단의 상당성을 고려하여 강제에 이르지 않는 정도의 유형력 행사'를 긍정하는 견해(제한적 허용설)도 있다.

Ⅲ. 동행요구

거동불심자를 정지시킨 장소에서 질문을 하는 것이 그 사람에게 불리하거나 교통에 방해가 된다고 인정될 때 질문을 하기 위하여 가까운 경찰관서로 동행할 것을 요구할 수 있다(동조 제2항 본문). 질문을 위한 수단으로서 엄격한 요건하에서만 가능하고 대상자는 동행요구를 거절할 수 있다(동항 단서). 불심검문에 대해 답변하지 않는다는 이유로 동행을 요구할 수는 없으며, 동행은 임의에 의한 승낙을 전제로 한다.75)

1. 절차

경찰관은 동행을 요구할 경우, 자신의 신분을 표시하는 증표를 제시하면서 소속과 성명을 밝히고 동행의 목적과 이유를 설명하여야 하며, 동행장소를 밝혀야 한다(동조 제4항).

75) 광주고판 1974. 3. 12. 73노425.

2. 권리보호

경찰관은 동행한 사람의 가족이나 친지 등에게 동행한 경찰관의 신분, 동행 장소, 동행 목적과 이유를 알리거나 본인으로 하여금 즉시 연락할 수 있는 기회를 제공해야 하며, 변호인의 도움을 받을 권리가 있음을 고지하여야 한다(동조 제5항). 아직 수사가 개시된 것은 아니므로 진술거부권의 고지를 요하지 않는다.

3. 제한

경찰관은 동행한 사람을 6시간을 초과하여 경찰관서에 머물게 할 수 없다(동조 제6항). 이 규정은 임의동행한 자를 6시간 동안 경찰관서에 구금하는 것을 허용한다는 의미가 아니며, 상대방은 도중에라도 언제든지 경찰관서에서 퇴거할 자유가 있다.[76] 6시간을 초과한 이후에 적법하게 긴급체포의 절차를 밟았더라도 그 긴급체포는 위법하다.[77] 다만, 경찰관이 경찰관직무집행법에 의한 임의동행이 아니라 형사소송법 제199조 제1항에 따라 피의자를 경찰서로 임의동행한 때에는 피의자로 하여금 6시간을 초과하여 경찰관서에 머물게 할 수 있다.[78]

4. 불법한 임의동행

불법한 임의동행은 공무집행으로서 '적법성'이 없으므로, 그에 대한 저항은 공무집행방해죄를 구성하지 않으며,[79] 오히려 경찰관에게 불법감금죄가 성립할 수 있다.

---

76) 대판 1997. 8. 22. 97도1240.

77) 대판 2006. 7. 6. 2005도6810. 「사법경찰관이 피고인을 수사관서까지 동행한 것은 위에서 본 적법요건이 갖추어지지 아니한 채 사법경찰관의 동행 요구를 거절할 수 없는 심리적 압박 아래 행하여진 사실상의 강제연행, 즉 불법 체포에 해당한다고 보아야 할 것이고, 사법경찰관이 그로부터 6시간 상당이 경과한 이후에 비로소 피고인에 대하여 긴급체포의 절차를 밟았다고 하더라도 이는 동행의 형식 아래 행해진 불법 체포에 기하여 사후적으로 취해진 것에 불과하므로, 그와 같은 긴급체포 또한 위법하다고 아니할 수 없다.」

78) 대판 2020. 5. 14. 2020도398.

79) 대판 1972. 10. 31. 72도2005.

제3장

수사의 방법

제1절 수사방법 일반

제1 수사의 기본원칙

Ⅰ. 수사강제주의

범죄의 혐의가 인정되면 수사기관은 수사를 개시, 진행해야 할 의무를 진다(제196조, 제197조 제1항). 이를 수사강제주의 또는 직권수사의 원칙이라고 한다. 다만, 범죄의 혐의는 인정되지만 수사의 필요성의 내재적 한계로서, 실질적으로 입건의 필요성이 없거나 입건하는 것이 국익이나 공익에 반하는 경우 또는 피해가 보호가치가 없거나 극히 희박한 경우 등 수사의 필요성이 없는 사건에 대하여는 수사강제주의에 대한 예외를 인정할 수 있을 것이다.

수사강제주의가 기소법정주의와 연결되지 않으면, 범죄혐의의 입증에 충분한 증거를 수집해 놓고도 기소편의주의에 따라 공소제기를 하지 않는 예외를 인정하게 되어 굳이 형사소송법이 수사기관으로 하여금 수사를 강제하게 할 이유가 없다는 지적도 있다. 그러나 수사기관의 재량을 인정하는 것은 남용 또는 일탈의 우려가 있으므로, 이를 긍정하더라도 사후에 통제하는 제도적 장치가 요구된다. 수사기관이 수사의 필요성이 없다고 하여 수사에 착수하지 않거나 착수한 수사를 중단하는 경우에도 이를 사건기록으로 철하여 사후에 심사할 수 있는 여지를 남겨둘 필요가 있다.

Ⅱ. 불구속수사 원칙

피의자에 대한 수사는 불구속 상태에서 행함이 원칙이다(제198조). 불구속수사의 원칙에 따라 수사기관은 피의자의 신병을 일단 확보하고 피의자의 진술을 통해 사실을 해명하는 전통적인 수사방법을 가능한 한 지양하고, 물증 중심의 과학적 수사를 하는 것이 필요하다. 불구속수사의 원칙은 구속영장 발부 자체를 엄격히 할 것을 요구하는 것뿐만 아니라 이미 구속된 피의자에 대한 석방제도(체포·구속적부심)도 활성화할 것을 요구한다.

Ⅲ. 적법절차의 보장

헌법 제12조 제1항 후문에 따라 요청되는 적법절차의 원칙은 수사절차에서도 당연히 적용된다. 수사의 조건에서 언급한 수사의 신의칙, 상당성 등도 적법절차의 구체적 표현이라고 할 수 있다. 피의자 등의 인권 존중(제198조 제2항), 수사목록 작성의무(제198조 제3항)도 적법절차원칙에 기초한 것이다. 수사기관에 수사목록 작성의무를 부과한 것은 피고인 또는 변호인의 반대신문권과 수사기관의 수사과정에 대한 투명성을 보장하는 의미를 가진다.

Ⅳ. 수사비례의 원칙

수사비례의 원칙이란 적법절차원리의 구체적 내용으로서, 수사에 따른 기본권침해는 사건의 중요성과 기대되는 형벌에 비추어 상당성이 인정되어야 한다는 요청을 말한다. 강제수사는 물론 임의수사에 대해서도 적용된다.

> 수사의 목적을 달성하는 데 적합한 수단을 사용해야 하며(적합성의 원칙), 그 수단은 목적달성을 위해 필요한 최소한도에 그쳐야 하고(필요성의 원칙), 그 방법이 상당해서 수사를 통해 달성하고자 하는 공익과 이에 따른 법익침해가 부당하게 균형을 잃지 않도록 해야 한다(상당성의 원칙).

임의수사의 원칙(제199조 제1항 본문), 강제수사에 대한 법률주의(강제수사법정주의, 동조 제1항 단서)와 영장주의는 수사비례원칙의 파생원칙에 해당한다.

제 2 수사방법 일반

Ⅰ. 「수사절차의 자유로운 형성」의 원칙

수사의 합목적성의 요청에 따라 구체적인 수사방법, 즉 처분의 종류 및 실행순서 등에 대해 법률에서 개별적으로 규율하지 않고 수사기관의 재량을 인정하는 것을 **수사절차의 자유로운 형성의 원칙**이라고 한다. 수사기관은 법치국가 원리의 틀 안에서 구체적으로 수사를 어떻게 실행하는가에 대해 '그 목적을 달성하기 위하여 필요한 조사'(제199조 제1항 본문)의 방법 및 순서를 자유롭게 선택할 수 있다.

Ⅱ. 임의수사와 강제수사의 구별

수사의 방법은 임의수사와 강제수사로 구분하는 것이 일반적이다. 제199조 제1항 단서를 근거로 '강제처분을 사용하지 않는 수사'를 임의수사 그리고 강제처분에 의한 수사를 강제수사라고 부른다. 강제수사의 개념요소인 '강제처분'이 무엇인지에 대해 다음과 같은 논의가 있다.

1. 학설

(1) 형식설

제199조 제1항 단서의 "법률에 특별한 규정이 있는 경우"에 허용되는 수사를 강제수사라고 보고, 나머지는 모두 임의수사로 보는 견해를 말한다.

이에 따르면 구속, 압수·수색, 검증 이외에 증인신문청구, 증거보전 및 공무소조회 등 형사소송법에 특별한 규정을 두고 있는 수사방법이 강제처분에 해당하게 된다. 학자들에 따라서는 상대방에게 직·간접으로 물리적 강제력을 행사하거나 상대방에게 의무를 부담시키는지 여부에 따라 양자를 구별하는 견해를 형식설에 포함시켜 이해하기도 한다.

형식설에 대하여는 과학기술의 발달로 새로운 수사방법의 등장에 따른 권리침해 가능성의 증가에도 불구하고, 사진(비디오)촬영이나 GPS위치정보 확인 등 프라이버시 침해 등을 가져올 수 있는 수사방법이 법적 통제의 대상에 제외될 수 있다는 비판이 있다.

(2) 실질설

법적 규율의 유무를 떠나 실질적인 기준에 따라 강제수사와 임의수사를 구별하는 견해로서, **상대방의 의사에 반하여 실질적으로 그의 법익을 침해하는 경우**를 강제수사로 보고 법익침해를 수반하지 않는 수사를 임의수사라고 본다.

앞에 소개한 것처럼, 상대방에게 직·간접으로 물리적 강제력을 행사하는 경우나 상대방에게 의무를 부담시키는 경우를 강제수사라고 보고, 그 이외의 경우를 임의수사로 보는 견해도 실질설에 포함시키기도 한다. 이 견해는 수사기관의 권한 행사에 초점을 맞춘 입장이라고 할 수 있다.

실질설에 대하여는 전기통신의 감청과 같이 물리적 강제력을 행사하지 않고도 국민의 중대한 법익을 침해하는 수사방법이 있는가 하면, 후술하는 승낙유치의 경우처럼 상대방의 의사에 반하지 않더라도 허용되지 않는 수사방법도 있다는 비판이 있다.

또한 수사기관의 물리적 강제력 행사나 상대방의 의사 유무를 기준으로 하는 견해는 강제수사의 법적 규제를 요구하는 근본취지(수사기관의 공권력 행사로 국민의 기본적 인권이 침해되지 않도록 하는 것)를 고려하지 않는 측면도 있다.

(3) 적법절차기준설

헌법이 정한 적법절차의 원리(제12조 제1항 제2문 후단)에서 파생되는 기본권 존중의 관점에서, 수사기관의 처분이 '법공동체가 공유하고 있는 최저한도의 기본적 인권'마저 침해할 우려가 있는 때에는 강제처분으로 보아 영장주의를 비롯한 법적 규율을 받게 된다는 견해이다.

이 견해는 법공동체가 공유하는 최저한도의 기본권을 침해할 위험이 있는지를 판단하는 기준으로서 영장을 요할 만큼 강제나 법적 의무를 부과하는지 또는 법익을 침해하는 것인지 등을 제시하고 있어, 실질적으로는 영장주의를 기준으로 하는 종합설에 가깝다고 할 수 있다.

적법절차의 원칙은 강제수사뿐만 아니라 임의수사에도 요구되는 원칙이라는 점에서 보면 적법절차를 기준으로 양자를 구별하는 것은 적절하지 못하다는 지적이 있다.

(4) 기본권 기준설

수사기관이 기본권의 효력영역을 침범하는 경우를 강제처분으로 보는 견해로서, 이러한 기본권 침해에 대해 법적 근거가 없으면 위법한 강제수사에 해당하지만 상대방이 이에 동의한 경우에는 임의수사가 된다고 한다.

결국 별도의 법적 규율을 해야 할 정도의 기본권 침해가 인정되는지가 강제수사와 임의수사를 구분하는 기준이 된다고 할 수 있다. 헌법재판소가 위헌결정을 할 때 법률에 의한 제한(헌법 제37조 제2항 등)인가 아니면 그 범위를 넘어서는 기본권 침해인가를 구별하는 것도 하나의 기준이 될 수 있다.

2. 판례

판례의 태도는 전통적인 실질설의 입장에 가까운 것으로 보인다. 판례는 명시적으로 강제수사와 임의수사의 구별기준을 언급하고 있지 않지만, 전기통신법에 따른 통신자료 취득행위가 '강제력이 개입되지 않은 임의수사'라는 표현을 사용하거나,[1] 진정한 동의에 기한 동행만이 임의수사에 해당한다는 판례[2]에 비추어 보면, 상대방의 의사에 반하여 강제력을 행사하는 처분을 강제수사라고 보는 것으로 판단된다.

Ⅲ. 수사방법의 구별에 대한 새로운 이해

종래의 견해는 법률주의와 영장주의가 함께 적용되는 영역의 수사를 강제수사로 파악하고 있다. 그러나 법률주의와 영장주의는 구별되며, 강제수사에 항상 법률주의와 영장주의가 동시에 적용되는 것은 아니다. 법률주의만을 전제로 하는 강제수사의 영역을 인정하면 형사절차에서 기본권제한에 대한 법률주의의 의미를 한층 강화할 수 있다.

결국 임의수사는 기본권과 무관하거나 기본권 침해의 정도에 이르지 않는 처분에 한정되며, 강제수사는 기본적으로 법률의 근거를 요하되, 다만 중대한 기본권 침해나 법원에 의한 통제가 유효한 처분에 대해서는 영장주의가 적용된다고 보는 것이 타당하다. 따라서 수사의 방법은 (1) 임의수사, (2) 법률의 근거를 요하는 강제수사 그리고 (3) 법률의 근거와 함께 영장주의 내지 법관유보가 요구되는 강제수사로 구분할 수 있다. 한편, 정형화가 필요하고 가능한 수사방법은 임의수사이든 강제수사이든 법률로 명시함이 바람직하다.

예컨대 감정·통역·번역 등의 위촉, 수사기관의 내부자료 조사(전과 조회), 유루된 혈액이나 지문의 채취, 경찰견에 의한 범인이나 금제품의 추적·발견, 단기간의 미행이나 잠복 또는 탐문 등은 임의수사에 해당한다.

---

1) 헌재 2012. 8. 23. 2010헌마439.

2) 대판 2013. 3. 14. 2012도13611.

제 2 절 임의수사의 한계영역

제 1 승낙수사의 문제

Ⅰ. 승낙(동의)과 임의수사

상대방의 승낙이 있으면 의사에 반하는 수사방법이 아니므로 임의수사의 일종이라고 보는 것이 일반적이다. 그러나 임의수사와 강제수사의 구별이 기본권 침해 여부에 있다고 보게 되면, 단순히 승낙이나 동의가 있다는 이유만으로 임의수사로 보는 것은 타당하지 않다. 따라서 승낙이 있는 경우라도 기본권 침해를 내용으로 하는 처분에 대해서는 법률의 근거를 요하지만 자발적인 승낙을 전제로 하여 영장주의가 적용되지는 않는 데 그친다고 볼 필요가 있다.

1. 수색, 검증의 경우

그 자체는 강제수사이지만 상대방의 동의 내지 임의의 승낙이 있으면 임의수사로서 허용된다는 것이 지배적인 견해이다. 그러나 상대방의 자발적인 동의가 있다면 – 압수의 일종으로서 영치의 경우처럼 – 영장을 요하지 않지만 이를 근거로 임의수사라고 볼 수는 없다. 영장 없는 수색이나 검증이라도 영장의 집행과 관련된 부분을 제외하면 수색이나 검증에 대한 요건과 절차가 그대로 적용되어야 하고, 일단 동의한 후에는 절차에 대한 수인의무가 부과된다는 점에서 '법률에 근거를 요하는' (영장 없는) 강제수사라고 보는 것이 타당하다.

다만 명문의 규정이 없는 현행법하에서도 승낙에 의한 수색·검증은 허용되는 수사방법으로 해석할 필요가 있고, 영장주의의 적용을 제외하면 일반적인 수색이나 검증에 대해 법률이 정한 요건과 절차에 따라 이루어져야 한다.

2. 임의제출물의 영치

임의제출물의 영치(제218조)는 영장주의의 예외로 규정하고 있어 임의수사로 보는 견해가 있으나, 역시 기본권 침해를 내용으로 하는 한 강제수사의 일종이라고 보아야 한다.

임의제출물의 영치는 점유취득과정에 강제력이 행사되지는 않지만 일단 영치된 물건에 대하여 강제적으로 점유를 계속하여 재산권 침해를 수반한다는 점에서 강제처분이라는 견해도 있다.

3. 사실조회

사실조회 내지 공무소 조회(제199조 제2항), 즉 공사단체에 대하여 특정한 사항을 조회하여 필요한 정보를 얻는 것도 성격상 상대방에게 보고의무를 부과하는 것은 아니라는 이유에서 임의수사의 일종으로 보는 것이 일반적이다. 그러나 이 경우에도 사실조회를 통해 얻어지는 정보가 개인정보이거나 개인정보와 밀접한 관련을 가지고 있다면 법률에 근거한 강제수사의 일종으로 보아야 하며 금융거래정보의 경우처럼 특정한 경우에는 영장주의가 적용된다고 보아야 할 것이다.

예컨대 신원조회나 신분조회 등은 당해 정보를 수집, 보관하고 있는 기관이 본래의 정보수집의 목적과 달리 수사의 목적을 위해 동의 없이 개인정보를 유통, 처리하는 것으로서 프라이버시 내지 개인정보의 자기결정권을 침해하게 되므로 법률의 근거를 요하는 강제수사라고 할 수 있다.

Ⅱ. 승낙에 의한 수사의 요건

승낙에 의한 수사는 상대방이 그 동의의 의미나 효과를 충분히 인식한 상태에서의 자유로운 승낙을 전제로 한다.[3] 수사절차에서 수사기관이 피의자 등 상대방의 동의를 얻어 절차를 진행하게 되면 증거 수집이나 보전에 큰 효과를 거둘 수 있지만, 피의자나 제3자는 그로 인해 심리적으로 열악한 상태에 놓이게 되므로 자신이 형사절차나 재판의 결과 생길 수 있는 불이익을 예상하고 동의나 승낙을 하는 경우가 적지 않다. 뿐만 아니라 수사기관의 입장에서 상대방의 동의나 승낙이 법률에 따른 절차진행을 회피하거나 영장주의를 배제하는 수단이 되지 않도록 법적 규제가 필요하다. 또한 승낙에 의한 수사의 경우에는 수사기관에게 사전고지의무를 부과하고 처분의 결과를 서면으로 전달하도록 할 필요가 있다.

---

3) 대판 2015. 7. 9. 2014도16051 참조. 「운전자의 혈액 채취에 대한 동의의 임의성을 담보하기 위하여는 경찰관이 미리 운전자에게 혈액 채취를 거부할 수 있음을 알려주었거나 운전자가 언제든지 자유로이 혈액 채취에 응하지 아니할 수 있었음이 인정되는 등 운전자의 자발적인 의사에 의하여 혈액 채취가 이루어졌다는 것이 객관적인 사정에 의하여 명백한 경우에 한하여 혈액 채취에 의한 측정의 적법성이 인정된다고 보아야 한다.」

Ⅲ. 승낙에 의한 수사의 한계

상대방의 동의에도 불구하고 수사의 상당성(비례성의 원칙)을 결한 경우, 예컨대 '마취분석'은 수사의 방법으로서 허용되지 않는다.

제2 임의동행과 승낙유치

Ⅰ. 임의동행

임의동행이란 수사기관이 피의자(피내사자를 포함시키기도 함)를 조사하기 위해 그의 동의를 얻어 수사관서까지 동행하게 하는 것을 말한다.

임의동행은 피의자조사를 목적으로 하지만, 영장발부의 대기 및 영장집행을 위한 신병확보를 목적으로 행해지는 경우도 있다.

1. 법적 성격

임의동행은 피의자의 '동의'가 있는 경우에 한해 제199조 제1항을 근거로 행해지는 임의수사의 일종이라는 것이 다수설과 판례[4]의 태도이다.

다만 임의수사설에 따르더라도 사회통념상 신체의 속박이나 심리적 압박에 의한 자유의 구속이 있었다고 할 수 없는 객관적 상황이 있는 때에만 허용된다고 하여 제한적 입장을 취하는 것이 일반적이다. 즉, 긴박한 초동수사의 단계에서 일선 수사관이 일일이 검사를 경유하여 법관의 사전영장을 받는다는 것은 현실적으로 곤란하고, 상대방이 수사관서에 가서 자신에 대한 범죄혐의를 적극적으로 반박하는 경우까지 영장주의를 관철할 필요는 없을 뿐만 아니라, 형사소송법은 피의자에 대한 출석요구방법을 제한하고 있지 않으므로 사회통념상 신체의 속박이나 심리적 압박에 의한 자유의 구속이 있었다고 할 수 없는 객관적 상황이 있는 때에는 허용된다고 한다.
다만 임의동행에 대한 법률의 명시적인 근거가 없고 사실상 상대방이 동행요구를 거절하기 어려워 실질적으로 강제연행과 구별할 수 없다는 점에서, 허용되지 않는 수사방법이라는 지적도 있다.

---

4) 대판 2006. 7. 6. 2005도6810; 대판 2020. 5. 14. 2020도398.

2. 법적 근거

임의동행은 형사소송법 제199조 제1항 본문이 규정한 피의자신문을 위한 전단계 처분으로서 출석을 요구하는 방법으로 허용된다. 따라서 경찰관직무집행법에 따른 임의동행 등과 구별해야 한다.[5]

검사 또는 사법경찰관은 임의동행을 요구하는 경우 상대방에게 동행을 거부할 수 있다는 것과 동행하는 경우에도 언제든지 자유롭게 동행 과정에서 이탈하거나 동행 장소에서 퇴거할 수 있다는 것을 알려야 한다(수사준칙 제20조).

3. 허용한계

임의동행은 심리적 또는 물리적 강제수단을 동원하지 않은 상태에서 피의자가 자발적으로 동의한 경우에 한해 예외적으로 허용되며, **사실상의 강제연행**(**불법체포**)에 해당하지 않아야 함은 물론이다.

> 임의동행 또는 사실상의 강제연행인지 여부는, ① 동행의 시간과 장소, ② 동행의 방법과 동행거부의사의 유무, ③ 동행 후의 조사방법, ④ 체포 또는 구속영장의 유무, ⑤ 식사·휴식·용변의 감시, ⑥ 퇴거의사의 유무 등을 종합하여 객관적 상황을 기준으로 판단해야 한다.[6] 또한 임의성은 동행요구 단계에서부터 동행종료 시점까지 계속 유지되어야 한다.

종래 판례는 위에 언급한 민사판결에서 임의동행 여부를 판단하는 종합적인 객관적 상황을 제시하였으나, 2006년 형사판결에서 임의동행은 원칙적으로 불허되며, 수사관이 동행에 앞서 피의자에게 동행을 거부할 수 있음을 알려 주었거나 동행한 피의자가 언제든지 자유로이 동행과정에서 이탈 또는 동행장소로부터 퇴거할 수 있었음이 인정되는 등 **오로지 피의자의 자발적인 의사**에 의하여

---

5) 「경찰관직무집행법」상 임의동행(동법 제3조 제2항)은 교통방해나 당사자에게 불리한 경우라는 엄격한 요건 하에 경찰관서에 동행을 요구하는 것이고, 「주민등록법」상의 동행요구(동법 제26조 제1항)는 사법경찰관리가 범인을 체포하는 등 그 직무를 수행할 때에 17세 이상으로 주민등록증을 제시하지 아니하는 자가 신원이나 거주관계가 확인되지 아니하는 경우 범죄의 혐의가 있다고 인정되는 상당한 이유가 있을 때에 한정하여 인근 관계 관서에서 신원이나 거주관계를 밝힐 것을 요구할 수 있다.

6) 대판 1993. 11. 23. 93다35155 (피의자가 그 의사에 반하여 국가안전기획부 소속 수사관들에 의하여 영장 없이 체포, 연행되어 긴급구속을 당함에 있어 그 범죄사실의 요지와 구속의 이유, 변호인의 조력을 받을 권리에 대한 고지를 받지 못하고 사후에 통상의 구속영장을 발부받아 집행한 사안: 위법).

동행이 이루어졌음이 객관적 사정에 의해 명백히 입증된 경우에 국한하여 허용된다는 입장을 밝히고 있다.[7)]

4. 법적 효과

임의동행이 적법하지 않다면, 그 이후의 처분도 위법하게 된다.[8)] 따라서 위법한 체포상태에서 작성된 신문조서나 수집한 증거도 증거로 사용할 수 없다.[9)]

Ⅱ. 보호실 유치(승낙유치)

보호실 유치란 피의자의 동의를 얻어 영장 없이 피의자를 특정한 장소에 유치하여 실질적으로 구금하는 것을 말한다.

피의자의 의사와 관계없이 수사기관에 강제로 유치하는 것은 구속의 일종으로서 당연히 허용되지 않지만, 과거에는 임의동행한 피의자가 영장대기자로 된 경우 보호실에 유치하던 관행이 있었다. 이는 영장주의 위반으로 부적법하다는 것이

7) 대판 2006. 7. 6. 2005도6810 (피의자의 집 앞에 잠복해 있던 경찰관 4명이 새벽에 귀가하는 피의자에게 동행을 요구하면서, 거부권을 고지하지 않고 화장실에 가는 것도 감시하면서 경찰서로 동행한 후, 6시간이 경과하여 긴급체포의 절차를 밟는 사이 피의자가 도주한 사안: 위법); 대판 2011. 6. 30. 2009도6717 (유흥주점 업주와 종업원인 피고인들이 이른바 '티켓영업' 형태로 성매매를 하면서 금품을 수수하였다고 하여 구 식품위생법 위반으로 기소된 사안에서, 경찰이 여관방에 들어가 성매매 혐의가 있는 손님과 주점의 여종업원에게 임의동행을 요구하면서 '동행을 거부하더라도 강제로 연행할 수 있다'는 말을 하고, 동행과정에서 여종업원이 화장실에 가자 여자 경찰관이 그녀를 따라가 감시하기도 한 사안: 위법); 대판 2018. 6. 15. 2018도2604 (경찰관들이 마약투약에 관한 제보를 받고 모텔로 가서 주인이 문을 열어주자 방안에 들어가 증거물을 찾기 위해 객실 내부를 수색하면서 피고인들에게 임의동행을 요구하였고, 피고인들이 처음에는 영장제시를 요구하며 동행을 거부하였으나, 설득 끝에 경찰서로 동행하였고, 소변에 대한 간이시약검사를 통해 메스암페타민 양성반응이 나오자 그들을 긴급체포했으며, 그들이 소지하던 가방에서 일회용 주사기를 임의제출 받아 압수하였고, 그 후 국과수의 마약감정 결과 투약사실이 인정되었고, 범행도 자백한 사안: 위법). 한편 마약사범에 대해 경찰관직무집행법에 따른 임의동행과 임의수사로서 임의동행을 구별하고 후자에 의한 임의동행의 적법성을 인정한 판례로는, 대판 2020. 5. 14. 2020도398.

8) 대판 2012. 12. 13. 2012도11162 (음주측정을 거부한 자를 보호조치를 할 정도에 이르지 않은 '주취자에 대한 보호조치'(경집법 제4조 제1항 제1호)로서 지구대로 인치한 사안: 위법); 대판 2012. 2. 9. 2011도4328 (적법한 보호조치가 이루어져 지구대에서 음주측정을 요구하자 이에 거부한 경우는 음주측정불응죄 성립); 대판 2018. 12. 13. 2017도12949 (음주감지기 시험으로 음주반응이 나타난 피고인을 지구대로 동행하다가 귀가하겠다고 요구하자, 음주측정기를 가져오기 위해 5분 정도 붙잡아두었다가 음주측정기로 음주측정을 요구하자 네 차례나 이에 불응하여 음주측정거부를 이유로 현행범체포를 한 사안: 적법) 참조.

9) 대판 2013. 3. 14. 2012도13611.

일치된 견해였고, 판례도 구속영장을 발부받음이 없이 피의자를 보호실에 유치하는 것은 영장주의에 위배되는 위법한 구금이라고 판단하였다.10)

당사자의 동의를 받아 보호실에 유치하는 승낙유치는 법익침해의 정도가 중하고 실질적으로 구금에 해당한다는 점에서 영장 없이는 허용되지 않는다.

제 3 거짓말탐지기의 사용

Ⅰ. 의의

거짓말탐지기 검사란 전문검사자가 거짓말탐지기를 사용하여 검사 당시의 상황과 기록된 내용을 관찰·분석하여 답변의 진위 또는 피의사실에 대한 인식 유무를 판단하는 것을 말한다. 거짓말탐지기 검사는 범행 당시나 진술할 때의 심리상태를 설문이나 기계장비 등을 통하여 확인하는 심리검사와는 구별된다.

「거짓말탐지기」란 피의자 기타 피검사자에 대해 피의사실과 관련된 질문을 하고 그에 대한 응답을 할 때 나타나는 피검사자의 생리적 변화(호흡·혈압·맥박·피부전기반사 등)를 검사지에 기록하는 장치를 말한다. 따라서 기계적 기록 자체뿐만 아니라 그 기록을 판정하는 전문검사자의 역할 역시 매우 중요하다.

Ⅱ. 법적 성격

거짓말탐지기 검사는 그 절차에 있어서 감정과 유사한 성격을 가지므로(진술의 진위를 판단하기 위해 전문적 지식뿐만 아니라 기술적 수단을 이용하는 점에 특징), 수사기관이 전문가에게 검사를 위촉하는 것은 감정의 위촉이라는 임의수사로서 허용되지만, 이를 기초로 전문가가 피의자에게 거짓말탐지기를 사용하여 진술의 진위를 판단하는 것이 허용되는지 여부와 함께 수사기관이 그러한 검사를 위촉하는 것 자체가 문제될 수 있다.

Ⅲ. 적법성

거짓말탐지기 검사는 기계적인 방법을 통해 답변의 진실성을 판단함으로써

10) 대판 1994. 3. 11. 93도958.

결국 진술을 강요하는 결과로 되어 인격권을 침해하므로 원칙적으로 불허해야 한다. 피검사자가 거짓말탐지기의 사용에 동의한 경우에도 마찬가지로 허용되지 않는지에 대해 학설이 대립하고 있으나, 다수설은 피검사자의 동의가 있는 경우에는 이를 허용하는 입장이다.

다수설은 거짓말탐지기의 사용 자체가 인격권을 침해하는 것은 아니므로 사용 여부가 피검사자의 자율로 결정된다면 인격권 내지 진술거부권의 침해라고 할 수 없고, 거짓말탐지기를 활용함으로써 수사를 신속히 종결시키고 피의자의 불안한 지위를 조속히 해소할 수 있다는 점에서 임의수사로서 허용된다고 한다.
다만 피검사자의 입장에서 본다면, 그런 방법으로라도 무죄를 증명할 수 있다면 거짓말탐지기에 의한 조사를 받도록 무언의 압력을 받게 되고, 판단의 대상이 되는 진술이 그 진위 여부와 관계없이 결과적으로 자신에게 불리한 방향으로 작용하기도 한다. 따라서 거짓말탐지기는 - 피검사자에게 유리한 자료로 사용하는 경우가 아니면 - 그 사용 자체가 진술거부권 내지 자기부죄거부의 특권을 침해할 수 있고 진정한 동의를 얻는 것을 기대하기도 어려우므로 허용되지 않는 수사방법이라고 보아야 한다.

증거법 영역에서 거짓말탐지기 검사결과는 그 신빙성의 문제로 인하여 원칙적으로 증거능력이 부정되며, 증거능력이 인정되더라도 정황증거로만 사용이 가능하다.[11)]

제 4 사진촬영

Ⅰ. 의의

사진촬영(비디오 촬영 포함)이란 빛이나 전자기적 발광을 이용하여 감광성 재료(건판이나 필름) 또는 촬상소자(영상을 전기적 신호로 변화시켜주는 장치(Imaging Device. CMOS 및 CCD)에 초점을 맞추어 맺힌 피사체의 영상을 기록하는 처분을 말한다. 범인식별 또는 행동 감시 목적으로 범죄수사의 다양한 국면에서 사진이나 동영상 등의 촬영이 활용되고 있다. 무인장비에 의한 제한속도 위반차량 단속이나 CCTV에 의한 범죄예방활동 그리고 집회나 시위 현장에서의 단속을 위

---

11) 대판 1983. 9. 13. 83도712; 대판 1986. 11. 25. 85도2208; 대판 1987. 7. 21. 87도968; 대판 2005. 5. 26. 2005도130; 대판 2016. 6. 9. 2016도4618; 대판 2017. 1. 25. 2016도15526.

한 사진이나 비디오 촬영 등이 여기에 해당한다. 사진촬영은 사물의 존재나 상태를 실험·인식한다는 점에서 '검증'과 유사하나 기계적인 방법에 의해 증거보전이 이루어지고, 프라이버시 침해가 문제될 수 있다.

Ⅱ. 성격

상대방의 동의 없이 비밀리에 수사의 목적으로 촬영하는 것은 개인의 초상권이나 사생활 비밀을 침해하는 것으로 강제수사에 해당한다. 다만 공개된 장소에서 일시적으로 행해지는 경우에는 법률에 근거가 있는 이상 영장주의가 적용되지 않을 수 있다.

학설은 임의수사설, 강제수사설로 나누어지고, 강제수사로 보는 경우에도 일반적으로 영장주의의 예외를 인정하는지 여부에 따라 입장에 차이가 있다.

(1) 임의수사설　실질설의 입장에서 사진촬영은 피촬영자에게 강제력을 행사하는 것은 아니므로 임의수사에 속한다는 견해이다. 다만 사진촬영이 실질적으로 상대방의 (묵시적) 의사에 반하여 그를 수사의 객체로 삼는 것이라는 점에 비추어 '강제수사에 준하는 성격'을 가지고 있으므로, ① 현행범인 또는 준현행범인의 상황이 존재할 것, ② 사진촬영이 피사체의 형사책임을 명백히 하기 위하여 필요할 것, ③ 사진촬영에 의하지 않으면 안 될 증거보전의 긴급성이 인정될 것이라는 엄격한 요건이 존재하는 경우에만 허용된다고 한다.

(2) 강제수사설　초상권이 인정되는 이상 그의 의사에 반하거나 또는 승낙을 받지 않고 사진촬영하는 것은 법이 예정한 강제처분은 아니라 하더라도 형사소송법 제199조 제1항 단서의 강제처분에 해당한다는 견해이다. 사진촬영을 강제처분으로 이해할 때에는 그 성질상 검증에 해당하므로 영장주의(검증영장)가 적용된다고 보고(다수설), 영장에 의하는 경우라 하더라도 피의사실의 중대성과 개연성, 증거보전의 필요성과 보충성 그리고 촬영방법의 상당성 등이 인정되는 경우에만 수사의 방법으로 허용된다고 한다. 다만 이 입장에서도 사진촬영이 종래의 전통적·고전적 강제처분에 포함되지 않는 새로운 강제처분이라는 점에 비추어 엄격한 요건하에 '영장 없는' 사진촬영을 허용하고 있으며, 그 요건으로는 ① 범죄의 혐의가 명백할 것, ② 증거로서의 필요성이 높을 것, ③ 증거보전의 긴급성이 있을 것, ④ 촬영방법이 상당할 것을 요구하고 있다.

(3) 구분설　사적 공간에서 상대방의 의사에 반하여 행해지는 사진촬영은 강제수사에 해당하지만 공개된 장소에서의 사진촬영은 임의수사에 해당한다는 견해이다. 공공장소에서의 무인카메라에 의한 촬영은 그 적법성을 인정할 수 있다고 한다.

판례는 사진촬영이 임의수사인지 강제수사인지를 명확하게 밝히지는 않고, 일정한 요건하에 영장 없는 사진촬영을 허용하고 있으며, 사후영장도 필요하지 않은 것으로 본다.[12] 한편, 헌법재판소는 경찰의 채증활동 일환으로 이루어지는 사진촬영을 임의수사로 이해하는 듯한 태도를 보이고 있다.[13]

Ⅲ. 적법요건

사진촬영을 임의수사로 보는 경우에도 엄격한 요건 아래 이를 인정하는 것이 판례와 학설의 태도이다. 판례와 학설은 범죄발생의 고도의 개연성(범행 중 또는 범행 직후), 증거보전의 필요성과 긴급성, 촬영방법 등의 상당성을 요구하고 있다. 판례는 네트워크 카메라를 통해 피의자의 PC화면 등을 촬영한 것은 촬영방법의 상당성 원칙을 위반한 것이라고 하면서도 다른 한편으로 피씨방에서 CCTV를 임의제출받아 피의자가 피씨방 출입사실과 피씨 사용 사실을 확인한 것은 비례의 원칙에 반하지 않는다고 판시한 바 있다.[14]

---

12) 대판 1999. 9. 3. 99도2317 (국가보안법상 회합죄에 대한 증거를 보전하기 위해 주거지 외부에서 출입자들의 모습을 비디오로 촬영한 사안). 「누구든지 자기의 얼굴 기타 모습을 함부로 촬영당하지 않을 자유를 가지나 이러한 자유도 국가권력의 행사로부터 무제한으로 보호되는 것은 아니고 국가의 안전보장·질서유지·공공복리를 위하여 필요한 경우에는 상당한 제한이 따르는 것이고, 수사기관이 범죄를 수사함에 있어 현재 범행이 행하여지고 있거나 행하여진 직후이고, 증거보전의 필요성 및 긴급성이 있으며, 일반적으로 허용되는 상당한 방법에 의하여 촬영을 한 경우라면 위 촬영이 영장 없이 이루어졌다 하여 이를 위법하다고 단정할 수 없다.」

13) 헌재 2018. 8. 30. 2014헌마843 (세월호 특별법 제정 촉구를 위한 가두행진이 신고범위를 일탈하자 채증요원들이 집회참가자들을 사진촬영한 근거인 채증활동규칙이 위헌이라는 이유로 헌법소원심판을 청구한 사안). 「사법경찰관은 범죄의 혐의가 있다고 인식하는 때에는 범인, 범죄사실과 증거에 관하여 수사를 개시·진행하여야 하고(형사소송법 제196조 제2항), 수사목적을 달성하기 위해 필요한 조사를 할 수 있으므로(형사소송법 제199조 제1항 본문), 경찰은 집회·시위현장에서 범죄가 발생한 때에는 증거수집을 위해 이를 촬영할 수 있다. 다만 경찰의 촬영행위는 일반적 인격권, 개인정보자기결정권 및 집회의 자유 등 기본권 제한을 수반하는 것이므로 필요최소한에 그쳐야 한다(형사소송법 제199조 제1항 단서 참조). 따라서 범죄수사를 위한 경찰의 촬영행위는 현재 범행이 이루어지고 있거나 행하여진 직후이고, 증거보전의 필요성 및 긴급성이 있으며, 일반적으로 허용되는 상당한 방법에 의한 경우로 제한되어야 한다. 그러한 경우라면 그 촬영행위가 영장 없이 이루어졌다 하더라도 위법하다고 할 수 없다.」

14) 대판 2017. 11. 29. 2017도9747. 「수사기관이 2013. 11. 2. 네트워크 카메라 등을 설치·이용하여 피고인의 행동과 피고인이 본 태블릿 개인용 컴퓨터(PC) 화면내용을 촬영한 것이 수사의 비례성·상당성 원칙과 영장주의 등을 위반한 것이므로 그로 인해 취득한 영상물 등의 증거는 증거능력이 없다.」

제 5 음주측정

Ⅰ. 법적 성격

음주측정이 교통사고나 도로교통법상 일제단속 등에서 수사의 방법으로 활용되고 있다. 음주측정은 원칙적으로 호흡측정기에 의한 측정만을 의하며,[15] 이것으로 불충분한 경우에만 재측정의 방법으로서 채혈 또는 채뇨의 방법에 의한다. 호흡측정기에 의한 측정은 동의를 전제로 하는 **임의수사의 일종**이라고 할 수 있다. 그러나 동의 없는 채혈 및 이를 통한 혈중알코올농도 검사는 강제수사로서 혈액채취라는 신체침해의 문제가 된다.

Ⅱ. 음주측정의 판단

음주측정 결과 혈중알코올농도가 처벌기준치를 근사하게 초과한 경우에는 신중한 판단을 요한다.[16] 음주운전 혐의가 있는 운전자에 대해 호흡측정이 이루어졌으나 호흡측정 결과에 오류가 있다고 인정할 만한 객관적이고 합리적인 사정이 있는 경우에는 자발적 동의에 기한 혈액검사가 가능하다.[17]

---

15) 헌재 1997. 3. 27. 96헌가11 참조.

16) 대판 2005. 7. 14. 2005도3298 (피의자가 음주를 마친 후 25분 후에 차량을 운전하다가 교통사고를 야기하였고, 1시간 41분 경과 후 음주측정기에 의한 측정 결과 혈중 알코올농도가 0.047%로 측정되었으나 이를 토대로 위드마크 공식에 의하여 역추산한 혈중 알코올농도가 0.0518%로서 처벌기준치를 근소하게 초과한 사안에서, 교통사고 발생시점이 혈중 알코올농도가 최고수치에 이른 때로부터 65분 정도 이전인 점 등에 비추어 운전 당시의 혈중 알코올농도가 처벌기준치를 초과한 것이라고 단정할 수 없다고 한 사안).

17) 대판 2015. 7. 9. 2014도16051 참조.

제4장

임의수사

제 1 절 피의자신문

제 1 의의 및 성격

Ⅰ. 의의 및 구별개념

피의자신문이란 수사기관이 피의자에게 수사에 필요한 때 출석을 요구하여 피의자로부터 진술을 듣는 것을 말한다(제200조). 그 대상이 피의자라는 점에서 피내사자에 대한 조사나 참고인조사와 구별되고, 공소제기 전에 피의자를 대상으로 한다는 점에서 공판절차에서 행하는 피고인신문(제296조의2)과 구별된다.

제200조에 의한 피의자조사를 임의수사라고 하고, 제241조 이하에 의한 피의자신문은 수인의무가 인정되는 강제수사라고 하면서 피의자신문을 이원적으로 구별하는 견해도 있다.

피의자신문은 '신문'이라는 용어와는 달리 일방적 조사에 그치는 것이 아니라 피의자에게 자신에게 유리한 진술을 할 기회를 부여하는 의미도 가지고 있다(제242조). 이를 피의자신문의 **이중적 기능**이라고 한다.

본래 신문(訊問)은 '어떤 사건에 관해 관계인을 조사하는 것'을 말하고, 심문(審問)은 '법원이 당사자 등에게 서면이나 구두로 개별적으로 진술할 기회를 주는 것'을 말한다.

피의자신문은 다음과 같은 개념과 구별해야 한다.

1. 정보를 얻기 위한 질문

'정보를 얻기 위한 질문'은 피의자가 특정되지 않은 상태에서 혐의가 일정한 방향으로 구체화될 때까지 또는 피의자를 특정하기 위해 행하는 질문을 의미한다. 이것은 피의자로 특정되지 않은 자(용의자나 피내사자)에 대한 것이므로, 진술거부권을 사전에 고지할 필요는 없지만 넓은 의미에서 피의자신문에 해당하므로 대상자는 진술거부권을 행사할 수 있다.

2. 자발적 의사표시

'자발적 의사표시'란 수사기관이 정해진 절차에 따라 신문을 하기 전에 스스로 답변을 하는 것을 말한다. 이것은 피의자신문에 해당하지 않고 따라서 신문에 따른 절차적 권리가 보장되지 않지만, 이 경우에도 피의자신문에 따른 조서작성 등의 절차는 필요하다.

Ⅱ. 법적 성격

피의자신문은 임의수사의 일종이다. 따라서 피의자는 출석의무가 없어 출석을 거부할 수 있고, 일단 출석한 다음 신문 도중이라도 언제든지 퇴거할 수 있다. 그리고 피의자에게 진술거부권이 보장되는 것은 물론이다.

> 임의수사라 하더라도 신문하는 과정에서 수사기관이 피의자의 자백을 얻어내기 위하여 진술을 강요할 위험이 크다는 점을 고려하여, 현행법은 신문에 관한 절차 및 해당 절차에서 피의자의 권리에 대하여 명문규정을 두고 있다.

제2 출석요구

Ⅰ. 주체

피의자신문을 위한 출석요구의 주체는 검사와 사법경찰관이다(제200조). 사법경찰리도 사법경찰관 사무취급으로서 피의자에게 출석을 요구하여 신문할 수 있고, 그가 작성한 조서도 동일한 요건 하에 증거로 사용할 수 있다.[1)]

---

1) 대판 1962. 12. 9. 69도1884; 대판 1982. 12. 28. 82도1080.

Ⅱ. 방법

출석요구는 원칙적으로 출석요구서의 발송에 의하지만, 신속한 출석요구가 필요한 경우 등 부득이한 사정이 있는 경우에는 전화, 문자메시지, 그 밖의 상당한 방법으로 출석요구를 할 수 있다(수사준칙 제19조 제3항). 검사 또는 사법경찰관은 피의자에게 출석요구를 하려는 경우 피의자와 조사의 일시·장소에 관하여 협의해야 하며, 변호인이 있는 경우에는 변호인과도 협의해야 한다(동조 제2항).

검사 또는 사법경찰관은 피의자에게 출석요구를 할 때에는, ① 출석요구를 하기 전에 우편·전자우편·전화를 통한 진술 등 출석을 대체할 수 있는 방법의 선택 가능성을 고려해야 하고, ② 출석요구의 방법, 출석의 일시·장소 등을 정할 때에는 피의자의 명예 또는 사생활의 비밀이 침해되지 않도록 주의해야 하고, ③ 출석요구를 할 때에는 피의자의 생업에 지장을 주지 않도록 충분한 시간적 여유를 두도록 하고, 피의자가 출석 일시의 연기를 요청하는 경우 특별한 사정이 없으면 출석 일시를 조정하며, ④ 불필요하게 여러 차례 출석요구를 하지 않도록 해야 한다(동조 제1항).

> 출석을 요구하지 않고 진술서 기타 서면을 제출하도록 하는 것도 가능한데, 이 경우에도 실질적으로 피의자신문에 해당하므로 사전에 진술거부권을 보장하여야 하고, 제출된 서면에 대하여 조서를 작성하여야 한다.
> 사법경찰관이 출석요구서를 발부하였을 때에는 그 사본을 수사기록에 첨부하여야 하며, 출석요구서 외의 방법으로 출석을 요구하였을 때에는 그 취지를 적은 수사보고서를 사건기록에 편철하여야 한다(수사준칙 동조 제4항).

Ⅲ. 장소

출석할 장소는 반드시 수사관서일 필요는 없고 피의자가 치료 등으로 인해 수사관서에 출석하여 조사를 받는 것이 현저히 곤란한 사정이 있는 경우에는 병원이나 자택 등 수사관서 외의 장소에서 조사할 수 있다(수사준칙 동조 제5항).

Ⅳ. 체포·구속된 피의자에 대한 출석요구

출석요구는 임의수사를 위한 것이므로 피의자는 이에 응할 의무가 없고, 언제든지 출석을 거부할 수 있고 출석한 경우에도 퇴거가 가능하다. 이 점은 체포·구속된 피의자의 경우에도 동일하다.

다만 판례는 체포·구속된 피의자의 경우에도 출석 거부 및 조사실로부터 퇴거의 자유가 인정되지만, 피의자신문을 위한 구인은 가능하다는 입장이다. 즉, 구금된 피의자의 경우에 이미 발부된 구속영장의 효력에는 구금 후의 구인도 포함되므로, 피의자신문을 위한 구인이 가능하다는 이른바 '계속구인설'을 채택하고 있다.[2)]

판례의 입장에 따르는 경우 이론적으로는 체포된 피의자의 경우에도 피의자신문을 위한 구인이 가능한지가 문제될 수 있다. 그러나 체포기간이 단기인 점을 고려하면 체포 후 유치장소에서 조사실로 출석을 거부한다는 이유로 구인을 허용하는 것은 타당하지 않고, 이 경우에는 구속 여부를 결정한 후에 구인 여부를 판단하는 것이 타당하다. 체포 후 구인을 허용하게 되면 영장에 의하지 않은 체포와 영장에 의한 체포를 구별할 필요가 있는지도 논의의 대상이 될 것이다.

이러한 태도는 피의자신문의 필요성이 있고 피의자신문의 적법성을 보장하기 위한 절차적 권리가 보장되어 있다는 점을 전제로 하고 있으나, 피고인의 경우와 달리 원칙적으로 구인이 허용되지 않는 피의자의 경우에 구속영장의 효력으로서 조사실에의 구인도 가능하다고 보는 것은 의문이다.[3)]

특히 경찰서 유치장 등에 체포·구속된 피의자의 경우에는 피의자의 신병을 수사기관이 확보하고 있으므로 현실적으로 출석을 거부하거나 신문장소를 떠나는 것이 사실상 어렵고, 이로 인해 강압적인 분위기에서 자백이 행해질 우려가 적지 않다.

---

2) 대결 2013. 7. 1. 2013모160 (국가보안법 위반의 혐의사실로 법원이 발부한 구속영장에 의하여 구치소에 구금되었던 피의자에 대하여 수사기관인 국가정보원이 피의자신문을 하기 위하여 국가정보원 조사실로 이동할 것을 요구하였으나 피의자들이 수사기관에서 어떠한 조사도 받지 않겠다며 이를 거부하자 검사가 구치소장에게 피의자들이 국가정보원에서 피의자 조사를 받을 수 있도록 인치하여 달라는 내용의 협조요청 공문을 발송하였고, 구치소 교도관들이 이 공문에 기하여 준항고인들을 국가정보원 조사실로 구인한 사안: 적법). 「구속영장 발부에 의하여 적법하게 구금된 피의자가 피의자신문을 위한 출석요구에 응하지 아니하면서 수사기관 조사실에 출석을 거부한다면 수사기관은 그 구속영장의 효력에 의하여 피의자를 조사실로 구인할 수 있다고 보아야 한다. 다만 이러한 경우에도 그 피의자신문 절차는 어디까지나 법 제199조 제1항 본문, 제200조의 규정에 따른 임의수사의 한 방법으로 진행되어야 하므로, 피의자는 헌법 제12조 제2항과 법 제244조의3에 따라 일체의 진술을 하지 아니하거나 개개의 질문에 대하여 진술을 거부할 수 있고, 수사기관은 피의자를 신문하기 전에 그와 같은 권리를 알려주어야 한다.」

3) 영장의 효력을 이유로 피의자에게 피의자신문을 강제하는 것은 임의수사에 해당하는 피의자신문을 법률의 근거 없이 강제처분으로 변경시키는 것이고, 진술거부의 의사를 밝힌 피의자로 하여금 수사기관의 조사실로 강제로 출석시키더라도 피의자의 진술거부권을 침해하는 행위로서 무용한 절차가 될 수 있다. 조기영, 구속피의자의 수사기관 조사실 출석의무?, 「법학연구」(전북대학교 법학연구소) 제42집(2014. 9), 79면 이하 참조.

제3 진술거부권 등의 고지

Ⅰ. 의의

수사기관은 피의자를 신문하기 전에 진술거부권 등을 고지하여야 한다(제244조의3). 이는 피의자의 방어권 보장을 위한 전제가 되는 진술거부권 및 변호인의 조력을 받을 권리를 피의자신문 전에 알게 하려는 취지이다.

피의자의 진술거부권과 변호인의 조력을 받을 권리를 실효적으로 보장하여 진술 강요를 막기 위해 명시한 것으로서, 법률은 피의자에 대한 진술거부권 고지의 방법 등을 상세히 규율하고 있다.

특히 사법경찰관이 수사를 하는 경우, 사법경찰관은 피의자를 신문하기 전에 수사과정에서 법령위반, 인권침해 또는 현저한 수사권 남용이 있는 경우 검사에게 구제를 신청할 수 있음을 피의자에게 알려주어야 한다(제197조의3 제8항).

Ⅱ. 고지의 의무와 대상

수사기관이 조사대상자에 대한 범죄혐의를 인정하여 수사를 개시하는 행위를 함으로써(범죄의 혐의를 인정한 때) 그 대상자가 실질적으로 피의자의 지위에서 진술을 한 경우에는 그 진술이 어떤 형태로 이루어졌든지 진술거부권이 고지되어야 한다.[4)]

그러나 피고인이 아직 참고인의 지위에 있으면서 조사를 받았을 때에는 진술거부권을 고지하지 않았더라도 위법하지는 않다.[5)] 또한 행정기관에 의한 행정조사의 경우에도 별도의 규정이 없는 한 조사대상자에게 미리 진술거부권을 고지할 필요가 없다는 것이 판례의 태도이다.[6)]

Ⅲ. 고지의 내용

검사 또는 사법경찰관은 피의자를 신문하기 전에 진술거부권 외에 진술에

4) 대판 2013. 7. 25. 2012도8698. 「피의자의 진술을 기재한 서류 또는 문서가 수사기관에서의 조사과정에서 작성된 것이라면, 그것이 '진술조서, 진술서, 자술서'라는 형식을 취하였다고 하더라도 피의자신문조서와 달리 볼 수 없(다).」; 대판 2014. 4. 30. 2012도725.

5) 대판 2011. 11. 10. 2011도8125; 대판 2014. 4. 30. 2012도725.

6) 대판 2014. 1. 16. 2013도5441.

따른 불이익, 변호인 참여권 등의 사항을 고지하여야 한다(제244조의3 제1항).

제244조의3 제1항은 ① 일체의 진술을 하지 아니하거나 개개의 질문에 대하여 진술을 하지 아니할 수 있다는 것, ② 진술을 하지 아니하더라도 불이익을 받지 아니한다는 것, ③ 진술을 거부할 권리를 포기하고 행한 진술은 법정에서 유죄의 증거로 사용될 수 있다는 것, ④ 신문을 받을 때에는 변호인을 참여하게 하는 등 변호인의 조력을 받을 수 있다는 것을 고지하도록 규정하고 있다.

피의자가 거부할 수 있는 진술의 내용에는 제한이 없고, 자신에게 불이익한 진술에 한하지 않는다.

Ⅳ. 고지방법

검사 또는 사법경찰관은 피의자신문을 하기 전에 진술거부권 등을 **적극적·명시적**으로 고지하여야 한다.

체포·구속시에 이미 진술거부권을 고지하였더라도 피의자를 신문할 때에는 다시 별도로 고지해야 하며, 사법경찰관이 사건을 검사에게 송치하여 검사가 피의자를 신문할 때에도 신문 전에 다시 진술거부권을 고지하여야 한다.

동일한 신문단계에서 신문이 잠시 중단된 경우라면 다시 신문할 때마다 고지할 필요는 없으나, 신문이 상당 시간 중단되어 신문 사이에 시간적 간격이 길거나 조사관이 변경된 때에는 다시 고지를 해야 한다.

검사 또는 사법경찰관은 진술거부권 등을 고지한 다음 피의자가 진술을 거부할 권리와 변호인의 조력을 받을 권리를 행사할 것인지의 여부를 질문하고, 이에 대한 피의자의 답변을 조서에 기재하며, 피의자의 답변은 피의자로 하여금 자필로 기재하게 하거나 검사 또는 사법경찰관이 피의자의 답변을 기재한 부분에 기명날인 또는 서명하게 하여야 한다(제244조의3 제2항).

Ⅴ. 불고지의 효과

진술거부권을 고지하지 않은 상태에서 이루어진 진술 및 그 내용을 기재한 조서는 증거로 할 수 없다. 진술이 임의로 이루어진 경우라도 진술거부권을 고지하지 않은 상태에서 작성한 피의자신문조서는 그 증거능력이 부정된다.[7] 진술

7) 대판 1992. 6. 23. 92도682; 대판 2009. 8. 20. 2008도8213; 대판 2010. 5. 27. 2010도1755; 대

자체뿐만 아니라 이를 기초로 획득한 이차적 증거의 경우에도 제반 사정을 전체적·종합적으로 고려하여 그 증거능력 인정 여부를 판단하게 된다.[8]

Ⅵ. 진술거부권의 포기

피의자가 진술거부권을 행사하지 않고 진술을 할 수 있음은 당연하지만, 진술거부권은 헌법상 권리이므로 포기할 수 없다.

제244조의3 제3호가 고지사항으로서 '진술을 거부할 권리를 포기하고 행한 진술은 법정에서 유죄의 증거로 사용될 수 있다는 것'을 들고 있으나, 여기서 '진술을 거부할 권리를 포기'한다는 것은 진술거부권을 행사하지 않는다는 의미일 뿐, 진술거부권 자체를 포기할 수 있다는 의미는 아니다.

제 4 제3자의 신문참여

Ⅰ. 수사보조자의 참여

검사가 피의자를 신문함에는 검찰청 수사관 또는 서기관이나 서기를 참여하게 하여야 하고, 사법경찰관이 피의자를 신문함에는 사법경찰관리를 참여하게 하여야 한다(제243조). 조서기재의 정확성과 신문절차의 적법성을 보장하기 위한 내부적 통제수단이지만, 그 실효성에는 한계가 있다.

Ⅱ. 변호인의 참여

피의자 등이 신청한 경우에는 변호인의 피의자신문참여권이 보장된다(제243조의2).

판 2011. 11. 10. 2011도8125; 대판 2011. 11. 10. 2010도8294; 대판 2013. 3. 28. 2010도3359; 대판 2013. 7. 25. 2012도8698; 대판 2014. 4. 10. 2014도1779; 대판 2014. 4. 30. 2012도725; 대판 2015. 10. 29. 2014도5939; 대판 2018. 6. 15. 2017도9794; 대판 2019. 8. 29. 2018도2738 전합.

8) 대판 2009. 3. 12. 2008도11437 (수사기관에서 진술거부권을 고지하지 않은 상태에서 자백한 다음, 몇 시간 뒤 바로 진술거부권이 고지되었고, 40여 일 후 제1심법정에서 변호인의 충분한 조력을 받으면서 진술거부권을 고지받는 등 적법한 절차를 통해 임의로 자백이 이루어졌다면 이를 증거로 삼을 수 있다고 본 사안); 대판 2011. 3. 10. 2010도9127.

1. 의의 및 취지

검사 또는 사법경찰관은 피의자 또는 그 변호인·법정대리인·배우자·직계친족·형제자매의 신청에 따라 변호인을 피의자와 접견하게 하거나 정당한 사유가 없는 한 피의자에 대한 신문에 참여하게 하여야 한다(제243조의2 제1항). 변호인의 피의자신문 참여는 피의자의 심리적 안정과 방어권 보장 및 불법 부당한 수사관행을 감시하는 기능을 수행한다. 피의자의 체포나 구속 여부를 불문하고 피의자신문시 변호인이 참여할 수 있도록 함으로써 피의자의 '변호인의 조력을 받을 권리'를 실질적으로 보장하기 위한 것이다.

접견교통권이 헌법상 피의자의 권리라면, 변호인의 피의자신문참여권은 피의자신문 중에도 그 연장선상에서 접견교통권을 보장한다는 의미를 가진다. 2003년 대법원이 구속피의자에 대해 피의자신문시 변호인 참여를 요구할 수 있는 권리를 인정하였고,[9] 2004년 헌법재판소가 불구속피의자에 대해 동일한 권리를 인정한 후[10] 2007년 형사소송법 개정을 통해 법률에 명시적인 근거가 마련되었다.

2. 참여신청

피의자(체포·구속 여부 불문) 또는 그 변호인·법정대리인·배우자·직계친족·형제자매가 신청할 수 있다(제243조의2 제1항). 신문에 참여하려는 변호인이 2인 이상인 때에는 피의자가 신문에 참여할 변호인 1인을 지정하고, 지정이 없는 경우에는 검사 또는 사법경찰관이 지정한다(동조 제2항).

3. 참여제한

'정당한 사유'가 있음이 객관적으로 명백한 경우에 한하여 신문 이전이나 도중에 참여를 제한할 수 있다.

(1) 제한사유

'정당한 사유'란 변호인의 참여로 인하여 ① 증거를 인멸·은닉·조작할 위험이 구체적으로 드러나거나 ② 신문 방해, 수사기밀 누설 등 수사에 현저한 지장을 초래하는 경우를 말한다(검찰사건사무규칙 제22조 제4항, 경찰수사규칙 제13조 제1항).

---

9) 대결 2003. 11. 11. 2003모402.
10) 헌재 2004. 9. 23. 2000헌마138.

사법경찰관리는 변호인 참여를 제한하는 경우 피의자 또는 변호인에게 그 사유를 설명하고 의견을 진술할 기회와 다른 변호인을 참여시킬 기회를 주어야 하며(경찰수사규칙 제13조 제2항), 변호인의 참여를 제한한 후 그 사유가 해소된 때에는 변호인을 신문에 참여하게 해야 한다(동조 제3항).

'정당한 사유'에 대한 판단은 조사자의 주관에 따를 것이 아니라 그러한 의심을 할 만한 상당한 이유가 있는 특별한 사정이 있음이 객관적으로 명백한지 여부에 따라야 한다.[11] 변호인이 피의자신문 중에 부당한 신문방법에 대한 이의제기를 하였다는 이유만으로 변호인을 조사실에서 퇴거시키는 것은 정당한 조치라고 할 수 없다.[12]

(2) 참여 제한에 대한 불복

검사 또는 사법경찰관의 변호인의 참여 등에 관한 처분에 대하여 불복이 있으면 그 직무집행지의 관할법원 또는 검사의 소속검찰청에 대응한 법원에 그 처분의 취소 또는 변경을 청구할 수 있다(제417조). 검사 또는 사법경찰관리가 변호인 참여를 제한하는 경우에 피의자와 변호인에게 그 처분에 대해 제417조에 따른 준항고를 제기할 수 있다는 사실을 미리 고지해야 한다(검찰사건사무규칙 제22조 제5항, 경찰수사규칙 제13조 제1항 제2문).

4. 참여내용

변호인의 피의자신문참여는 단순한 수동적 '입회'에 그치는 것이 아니라 신문과정에서 피의자의 방어권 보장을 위해 **적절한 상담**(상의 후 신문에 답변 등)과 **법적 조언**(진술거부권 행사 권고 등)을 제공하는 것을 의미한다.

변호인이 의뢰인 옆에 착석하여 조사 중에 조언·상담할 수 있도록 하고, 상담이나 법적 조언의 실효성을 확보하기 위해서는 - 명백히 수사방해나 증거인멸의 목적이 아니라면 - 필요한 경우에 신문을 중단시키고 피의자가 변호인을 별도로 접견교통할 수 있도록 하는 규정을 둘 필요가 있다.

---

11) 대결 2008. 9. 12. 2008모793 (검찰청 소속 사법경찰관이 조사관실에서 변호인이 참여한 상태에서 피의자를 신문하면서, 변호인이 이미 피의자신문진술의 녹취·녹화를 신청하였음에도 그 철회를 요청하면서 피의자 측이 이에 응하지 않자, 수사기관의 녹음·녹화에 갈음하여 피의자 측에서 스스로 신문내용을 녹취하도록 한 다음, 갑자기 변호인에게 피의자로부터 떨어진 곳으로 옮겨 앉을 것을 요구하였고, 이어서 피의자 옆에 앉아 있을 것을 주장하는 변호인에게 조사관실에서의 퇴실을 명한 사안: 위법). 같은 취지로는, 헌재 2017. 11. 30. 2016헌마503.

12) 대결 2020. 3. 17. 2015모2357.

(1) **변호인의 위치 및 메모 작성** 검사 또는 사법경찰관은 피의자신문에 참여한 변호인이 피의자의 옆자리 등 **실질적인 조력을 할 수 있는 위치**에 앉도록 해야 하고, 정당한 사유가 없으면 피의자에 대한 **법적인 조언·상담을 보장**해야 하며, 법적인 조언·상담을 위한 **변호인의 메모를 허용**해야 한다(수사준칙 제13조 제1항). 검사 또는 사법경찰관은 피의자에 대한 신문이 아닌 단순 면담 등이라는 이유로 변호인의 참여·조력을 제한해서는 안 된다(동조 제2항). 피의자 아닌 사건관계인에 대한 조사·면담 등의 경우에도 동일하다(동조 제3항).

(2) **의견진술** 원칙적으로 신문이 종료된 후에 의견을 진술할 수 있으나(제243조의2 제3항 본문), 검사 또는 사법경찰관의 승인을 얻어 신문 도중에라도 의견을 진술할 수 있다(동항 단서). 피의자신문에 참여한 변호인이 신문 중에 의견진술을 요청한 경우, 변호인이 부당하게 신문·조사를 지연시키거나 신문·조사에 개입하는 등 신문·조사를 방해한다고 볼 만한 사정 등의 정당한 사유가 있는 경우가 아니면 조사자는 그 요청을 승인해야 한다(검찰사건사무규칙 제22조 제9항 참조).

실무상으로는 의견진술과 관련하여 조사내용에 대한 메모만 허용하고 있으나, 효과적인 변호인조력권 보장을 위해 신문 도중에라도 의견진술을 할 수 있도록 보장할 필요가 있다. 참여 자체를 제한하면서 다시 의견진술의 시점을 제한하고 조사자의 승인을 얻도록 한 것은 피의자의 방어권과 변호인의 변호권을 제한하는 것으로 타당하지 않고 따라서 언제든지 의견진술을 하게 하는 것이 타당하다.

(3) **이의 제기** 변호인은 신문이 종료된 후에는 물론이고 신문 중이라도 부당한 신문방법에 대하여는 언제든지 이의를 제기할 수 있다(제243조의2 제3항 단서).

5. 조서 기재

검사 또는 사법경찰관은 변호인의 신문참여 및 그 제한에 관한 사항을 피의자신문조서에 기재하여야 하며(제243조의2 제5항), 변호인의 의견이 기재된 피의자신문조서는 변호인에게 열람하게 한 후 변호인이 그 조서에 기명날인 또는 서명하게 해야 한다(동조 제4항).

Ⅲ. 신뢰관계인의 동석

검사 또는 사법경찰관은 피의자를 신문하는 경우에 ① 피의자가 신체적 또는 정신적 장애로 사물을 변별하거나 의사를 결정·전달할 능력이 미약한 때 또는 ② 피의자의 연령·성별·국적 등의 사정을 고려하여 그 심리적 안정의 도모와 원활한 의사소통을 위하여 필요한 경우에는 직권 또는 피의자·법정대리인의 신청에 따라 피의자와 신뢰관계에 있는 자를 동석하게 할 수 있다(제244조의5).

'신뢰관계에 있는 자'란 피의자의 직계친족, 형제자매, 배우자, 가족, 동거인, 보호시설 또는 교육시설의 보호 또는 교육담당자 등 피의자의 심리적 안정과 원활한 의사소통에 도움을 줄 수 있는 사람을 말한다(수사준칙 제24조). 수사기관은 동석자로 하여금 피의자를 대신하여 진술하도록 해서는 안 되며, 동석자가 대신 진술한 부분이 조서에 기재되어 있다면 그 부분은 피의자의 진술이 아니라 동석한 사람의 진술을 기재한 조서로서 증거능력을 판단한다.[13]

신뢰관계인의 동석으로 인하여 신문이 방해되거나, 수사기밀이 누설되는 등 정당한 사유가 있는 경우에는 동석을 거부할 수 있고, 신뢰관계인이 피의자신문 또는 피해자·참고인 조사를 방해하거나 그 진술의 내용에 부당한 영향을 미칠 수 있는 행위를 하는 등 수사에 현저한 지장을 초래하는 경우에는 피의자신문 또는 피해자·참고인 조사 중에도 동석을 제한할 수 있다(검찰사건사무규칙 제37조 제3항, 경찰수사규칙 제38조 제4항).

제 5 신문절차

Ⅰ. 검사에 의한 구제 신청권의 고지

사법경찰관은 피의자를 신문하기 전에 수사과정에서 법령위반, 인권침해 또는 현저한 수사권 남용이 있는 경우 검사에게 구제를 신청할 수 있음을 피의자에게 알려주어야 한다(제197조의3 제8항).

---

13) 대판 2009. 6. 23. 2009도1322 (검사가 피의자의 건강 상태 등을 고려하여 배우자를 동석하도록 한 다음, 피의자신문조서 중 일부 진술기재 부분은 동석하였던 배우자가 대신 진술한 내용이 기재된 것으로 의심된 사안).

Ⅱ. 조서의 작성

피의자의 진술은 조서에 기재하여야 한다(제244조 제1항 내지 제3항).

1. 조서작성의무

검사 또는 사법경찰관은 피의자를 조사하는 과정에서 조서를 작성해야 할 의무가 있다(제244조 제1항). 이 조서를 「피의자신문조서」라고 부른다. 피의자의 진술을 녹취 내지 기재한 서류 또는 문서가 수사기관에서의 조사과정에서 작성된 것이라면, 그것이 '진술조서, 진술서, 자술서' 등 어떠한 형식을 취하였더라도 증거법상 피의자신문조서로 취급한다.[14] 사법경찰리도 사법경찰관사무취급으로서 조서를 작성할 권한이 인정되고 있다.[15]

2. 기재사항 확인 및 추가기재

피의자신문조서는 피의자에게 열람하게 하거나 읽어 들려주어야 하며, 진술한 대로 기재되지 아니하였거나 사실과 다른 부분의 유무를 물어 피의자가 증감 또는 변경의 청구 등 이의를 제기하거나 의견을 진술한 때에는 이를 조서에 추가로 기재하여야 하고, 이 경우 피의자가 이의를 제기하였던 부분은 읽을 수 있도록 남겨두어야 한다(제244조 제2항).

과거 판례 중에는 열람이나 낭독절차를 거치지 않았다 하더라도 그것만으로 피의자신문조서 자체를 증거로 사용할 수 없는 것이 아니고,[16] 피의자에게 그 조서의 기재내용을 알려 주지 않았다 하더라도 그 사실만으로 피의자신문조서의 증거능력이 부정되지 않는다고 한 것이 있지만, 적법절차의 준수가 강조되는 현재에는 유지되기 어려운 태도이다.[17]

3. 피의자의 기명날인 또는 서명

피의자가 조서에 대하여 이의나 의견이 없음을 진술한 때에는 피의자로 하여금 그 취지를 자필로 기재하게 하고, 조서에 간인한 후 기명날인 또는 서명하게 한다(제244조 제3항).

---

14) 대판 2009. 8. 20. 2008도8213; 대판 2004. 9. 3. 2004도3588.
15) 대판 1969. 12. 9. 69도1884 참조.
16) 대판 1988. 5. 10. 87도2716.
17) 대판 1993. 5. 14. 93도486.

이와 함께 공무원의 서류로서 조서작성자인 검사나 사법경찰관리가 조서에 작성 연월일과 소속 수사관서를 기재하고 기명날인 또는 서명을 해야 하며 간인이나 이에 준하는 조치를 하여야 한다(제57조).

4. 증거능력

피의자신문조서는 일정한 요건 아래 증거능력을 가지며(제312조 제1항, 제3항), 작성자의 기명날인이나 서명이 빠진 피의자신문조서의 증거능력은 부정된다.[18]

Ⅲ. 영상녹화

1. 의의 및 취지

피의자의 진술에 대해서는 사전 고지를 한 후 조사의 전 과정 및 객관적 정황을 영상녹화할 수 있도록 하고 있다(제244조의2 제1항). 수사과정의 투명성 제고와 적법절차의 준수 여부를 확인하기 위한 제도라고 할 수 있다.

영상녹화는 조서를 작성할 때 필요하다고 인정한 경우에 한해 행해지며(임의적 녹화), 참고인의 경우와는 달리 피의자나 변호인의 동의를 요하지 않는다.[19]

그러나 피의자의 동의 없이 영상녹화를 실시하는 것은 사실상 불가능할 것이다. 왜냐하면 피의자가 영상녹화의 실시를 명시적으로 거부한 때에는 실제 피의자신문과정에서도 진술거부권을 행사하여 자신의 주장을 관철할 가능성이 매우 높고, 동의 없는 녹화는 피의자에게 주어진 진술거부권과 초상권을 침해할 수 있기 때문이다.

2. 사전 고지 및 전 과정 녹화

피의자의 진술을 영상녹화할 경우 미리 영상녹화사실을 알려주어야 하고, 조사의 개시부터 종료까지의 전 과정 및 객관적 정황을 영상녹화하여야 한다(제244조의2 제1항 후문).[20]

---

18) 대판 2001. 9. 28. 2001도4091.

19) 대검찰청은 2021년부터 개정된 「영상녹화 업무처리 지침」을 시행하고 있는데, 피의자신문조서를 작성하기 전 피의자들에게 영상녹화 희망 여부를 미리 알리고 조서에 기록하도록 개선하였다. 그러나 확인 결과 희망하지 않더라도 영상녹화의 필요성이 인정되면 영상녹화가 가능하다는 점에서 동의와는 차이가 있다고 보아야 한다.

20) 영상녹화물은 ① 피의자의 신문이 영상녹화되고 있다는 취지의 고지, ② 영상녹화를 시작하고 마친 시각 및 장소의 고지, ③ 신문하는 검사와 참여한 자의 성명과 직급의 고지, ④ 진술거부

조사의 시작부터 조서에 기명날인 또는 서명을 마치는 시점까지의 모든 과정을 영상녹화해야 하나, 조사 도중 영상녹화의 필요성이 발생하였을 때에는 그 시점에서 진행 중인 조사를 종료하고, 그 다음 조사의 시작부터 조서에 기명날인 또는 서명을 마치는 시점까지의 모든 과정을 영상녹화 해야 한다(검찰사건사무규칙 제45조 제1항, 경찰수사규칙 제43조 제1항).[21] 영상녹화를 할 때에는 조사실 전체를 확인할 수 있도록 하고 피조사자의 얼굴과 음성을 식별할 수 있도록 해야 한다(규칙 제134조의2 제4항, 검찰사건사무규칙 제45조 제5항, 경찰수사규칙 제43조 제3항).

3. 녹화 완료 이후의 절차

영상녹화가 완료되면 피의자 또는 변호인 앞에서 지체 없이 그 원본을 봉인하고 피의자로 하여금 기명날인 또는 서명하게 하여야 한다(제244조의2 제2항). 이 경우에 피의자 또는 변호인의 요구가 있으면 영상녹화물을 재생하여 시청하게 하여야 하며, 피의자 또는 변호인이 그 내용에 대하여 이의를 진술하는 때에는 그 취지를 기재한 서면을 첨부하여야 한다(동조 제3항).

검사 또는 사법경찰관리는 영상녹화를 한 경우에는 영상녹화용 컴퓨터에 저장된 영상녹화 파일을 이용하여 영상녹화물(CD, DVD 등) 1개를 제작하고, 피조사자의 기명날인 또는 서명을 받아 피조사자 또는 변호인의 면전에서 봉인하여 수사기록에 편철한다(검찰사건사무규칙 제46조 제1항, 경찰수사규칙 제44조 제1항). 영상녹화물을 제작한 후 영상녹화용 컴퓨터에 저장되어 있는 영상녹화파일을 데이터베이스 서버에 전송하여 보관할 수 있고(동조 제2항), 영상녹화물이 손상 또는 분실 등으로 인하여 사용될 수 없게 된 경우에는 데이터베이스 서버에 저장되어 있는 영상녹화파일을 이용하여 다시 영상녹화물을 제작할 수 있다(동조 제3항).

권·변호인의 참여를 요청할 수 있다는 점 등의 고지, ⑤ 조사를 중단·재개하는 경우 중단 이유와 중단 시각, 중단 후 재개하는 시각, ⑥ 조사를 종료하는 시각을 포함하는 것이어야 한다(규칙 제134조의2 제3항). 또한 영상녹화물의 재생 화면에는 녹화 당시의 날짜와 시간이 실시간으로 표시되어야 한다(동조 제5항).

21) 조사과정의 일부만을 선별하여 영상녹화하는 것은 허용되지 않지만, 여러 차례 조사가 이루어진 경우에 처음 조사부터 모두 영상녹화를 한 경우에만 영상녹화물을 사용할 수 있는 것은 아니다. 다만 사법경찰관이 조사를 마친 후 조서 정리에 오랜 시간이 필요할 때에는 조서 정리과정을 영상녹화하지 아니하고, 조서 열람시부터 영상녹화를 재개할 수 있다(수사준칙 제25조 제3항).

4. 증거사용의 제한

현행법은 진술에 대한 영상녹화절차를 규정하면서, 영상녹화물을 실질증거로 사용하지 못하도록 하고 있다. 이를 실질증거로 사용할 경우 소송지연 및 공판중심주의의 형해화('극장재판' 초래), 조작의 위험성, 법관의 올바른 심증형성에의 지장 등이 예상되기 때문이다.

다만 영상녹화물을 검사나 사법경찰관이 작성한 참고인진술조서의 진정성립을 인정하는 방법으로 인정하고 있고(제312조 제4항), 피고인 또는 피고인이 아닌 자의 진술을 내용으로 하는 영상녹화물은 공판준비 또는 공판기일에 피고인 또는 피고인이 아닌 자가 진술함에 있어서 기억이 명백하지 아니한 사항에 관하여 기억을 환기시켜야 할 필요가 있다고 인정되는 때에 한하여 피고인 또는 피고인이 아닌 자에게 재생하여 시청하게 할 수 있게 함으로써(제318조의2 제2항), 진술자의 기억이 불명확한 경우에 기억환기용으로 사용할 수 있게 하고 있다.

Ⅳ. 수사과정의 기록

검사 또는 사법경찰관은 피의자가 조사장소에 도착한 시각, 조사를 시작하고 마친 시각, 그 밖에 조사과정의 진행경과를 확인하기 위하여 필요한 사항을 피의자신문조서에 기록하거나 별도의 서면에 기록한 후 수사기록에 편철하여야 한다(제244조의4 제1항). 피의자 아닌 자를 조사한 경우에도 마찬가지이다(동조 제3항). 수사과정에서 수사와 관련하여 작성, 취득한 서류나 물건의 목록 작성의무(제198조 제2항)와 함께 수사과정의 투명성 확보를 위한 장치이다. 이러한 기록은 조서를 증거로 제출하는 경우 조서에 기재된 진술의 임의성이나 특신성을 확인하기 위한 기초자료로 사용할 수 있다.[22)]

수사과정의 기록도 피의자신문조서와 마찬가지로 기재사항 확인, 추가 기재 및 피의자의 기명날인이 필요하다(제244조의4 제2항). 이와 함께 공무원의 서류로서 조서작성자인 검사나 사법경찰관리가 조서에 작성연월일과 소속 수사관서를 기재하고 기명날인 또는 서명을 해야 하고 간인이나 이에 준하는 조치를 하여야 한다(제57조).

---

22) 대판 2015. 4. 23. 2013도3790 (정치자금법위반사건에서 피고인에게 금품을 교부한 참고인에 대해 조사를 하면서 조사과정을 기록하지 않고 진술서를 작성한 사안: 증거능력 부정).

제6 신문사항

Ⅰ. 인정신문

검사 또는 사법경찰관이 피의자를 신문함에는 먼저 그 성명, 연령, 등록기준지, 주거와 직업을 물어 피의자임에 틀림없음을 확인하여야 한다(제241조). 피의자는 인정신문에 대하여도 진술거부권을 행사할 수 있다.

Ⅱ. 피의자조사

피의자에 대하여 범죄사실과 정상에 관한 필요사항을 신문하여야 하며, 피의자에게 이익되는 사실을 진술할 기회를 부여하여야 한다(제242조). 당해 범죄와 관련된 광범위한 조사가 허용된다. 범죄사실에 관한 사항으로 범행의 일시, 장소, 수단과 방법, 객체, 결과뿐만 아니라, 그 동기와 공범관계, 범행에 이르게 된 경과 등 범행 전후의 여러 정황도 함께 신문하게 된다.[23]

Ⅲ. 대질신문

사실을 발견함에 필요한 때에는 예컨대, 피의자 상호간 또는 피의자와 참고인의 진술 등이 서로 일치하지 않는 경우에는 이를 확인하기 위해서 대질신문을 실시할 수 있다(제245조).

Ⅳ. 자료·의견의 제출기회 보장

검사 또는 사법경찰관은 조사과정에서 피의자, 사건관계인 또는 그 변호인이 사실관계 등의 확인을 위해 자료를 제출하는 경우 그 자료를 수사기록에 편철한다(수사준칙 제25조 제1항). 검사 또는 사법경찰관은 조사를 종결하기 전에 피의자, 사건관계인 또는 그 변호인에게 자료 또는 의견을 제출할 의사가 있는지를 확인하고, 자료 또는 의견을 제출받은 경우에는 해당 자료 및 의견을 수사기

---

23) 대판 2007. 11. 30. 2005다40907 (서울지검 특수부 검사가 은행 불법대출 사건과 관련하여 청와대 수석이 개입했다고 허위폭로한 신용보증기금 지점장을 도피시켜 준 혐의를 받고 있는 국사모(전직 국정원 간부 모임) 부회장 갑에 대해 범인은닉 혐의로 피의자신문을 하면서 그 동기 내지 공범관계 또는 범행에 이르게 된 경과 등을 파악하기 위해 한나라당과의 연계 여부 등에 대하여 조사한 것이 정당한 수사활동의 범위 내의 것인지가 문제된 사안: 적법).

록에 편철한다(동조 제2항).

제 7 부당한 신문방법의 제한

Ⅰ. 심야조사의 제한

검사 또는 사법경찰관은 조사, 신문, 면담 등 그 명칭을 불문하고 피의자나 사건관계인에 대해 '심야조사'(오후 9시부터 오전 6시까지 사이의 조사)를 해서는 안 되며, 다만 이미 작성된 조서의 열람을 위한 절차는 자정 이전까지 진행할 수 있다(수사준칙 제21조 제1항).

다만 ① 피의자를 체포한 후 48시간 이내에 구속영장의 청구 또는 신청 여부를 판단하기 위해 불가피한 경우, ② 공소시효가 임박한 경우, ③ 피의자나 사건관계인이 출국, 입원, 원거리 거주, 직업상 사유 등 재출석이 곤란한 구체적인 사유를 들어 심야조사를 요청한 경우(변호인이 심야조사에 동의하지 않는다는 의사를 명시한 경우는 제외한다)로서 해당 요청에 상당한 이유가 있다고 인정되는 경우, ④ 그 밖에 사건의 성질 등을 고려할 때 심야조사가 불가피하다고 판단되는 경우 등 법무부장관, 경찰청장 또는 해양경찰청장이 정하는 경우로서 검사 또는 사법경찰관의 소속 기관의 장이 지정하는 인권보호 책임자의 허가 등을 받은 경우 중 어느 하나에 해당하는 경우에는 그 사유를 조서에 명확하게 적고 심야조사를 할 수 있다(동조 제2항).

Ⅱ. 장시간 조사의 제한

검사 또는 사법경찰관은 피의자나 사건관계인을 조사하는 경우에는 대기시간, 휴식시간, 식사시간 등 모든 시간을 합산한 '총조사시간'이 12시간을 초과하지 않도록 해야 한다. 다만 ① 피의자나 사건관계인의 서면 요청에 따라 조서를 열람하는 경우, ② 심야조사 제한의 예외사유에 해당하는 경우에는 예외로 한다(수사준칙 제22조 제1항).

검사 또는 사법경찰관은 특별한 사정이 없으면 총조사시간 중 식사시간, 휴식시간 및 조서의 열람시간 등을 제외한 실제 조사시간이 8시간을 초과하지 않도록 해야 하며(동조 제2항), 심야조사의 사유가 있는 경우를 제외하고는, 피의자나 사건관계인에 대한 조사를 마친 때부터 8시간이 지나기 전에는 다시 조사할 수 없다(동조 제2항).

Ⅲ. 휴식시간의 부여

검사 또는 사법경찰관은 조사에 상당한 시간이 소요되는 경우에는 특별한 사정이 없으면 피의자 또는 사건관계인에게 조사 도중에 최소한 2시간마다 10분 이상의 휴식시간을 주어야 하며(수사준칙 제23조 제1항), 조사 도중 피의자, 사건관계인 또는 그 변호인으로부터 휴식시간의 부여를 요청받았을 때에는 그때까지 조사에 소요된 시간, 피의자 또는 사건관계인의 건강상태 등을 고려해 적정하다고 판단될 경우 휴식시간을 주어야 한다(동조 제2항). 또한 검사 또는 사법경찰관은 조사 중인 피의자 또는 사건관계인의 건강상태에 이상 징후가 발견되면 의사의 진료를 받게 하거나 휴식하게 하는 등 필요한 조치를 해야 한다(동조 제3항).

제 8 신문절차의 위법에 대한 구제

피의자신문절차 자체는 구금에 관한 처분이 아니므로, 변호인 참여를 제한한 경우(제417조) 외에는 준항고를 할 수 없을 것이나, 위법한 신문절차에 의해 수집된 증거의 증거능력은 부정되며, 피의자는 손해배상을 청구할 수 있다.

제 2 절 피의자 이외의 자에 대한 수사방법

제 1 참고인조사

Ⅰ. 의의

참고인조사란 검사 또는 사법경찰관이 수사에 필요한 때에 피의자가 아닌 자의 출석을 요구하여 진술을 듣는 것을 말한다(제221조 제1항 제1문).

Ⅱ. 법적 성격

참고인조사는 임의수사의 일종으로서, 법원의 경우와 달리 강제로 소환할 수 없고, 불출석에 따른 제재도 없다. 다만, 제221조의2에 따른 증인신문 청구의 경우는 예외이다.

Ⅲ. 절차와 방법

1. 출석요구

수사기관은, 피의자의 경우와 마찬가지로, 수사에 필요한 때에는 피의자 아닌 자의 출석을 요구하여 진술을 들을 수 있다(제221조 제1항 제1문). 범죄의 수사에 불가결한 사실을 안다고 명백히 인정되는 자가 출석 또는 진술을 거부한 경우에는 검사는 제1회 공판기일 전에 한하여 판사에게 증인신문을 청구할 수 있다(제221조의2 제1항).

2. 진술거부권 고지 불요

참고인은 피의자가 아니기 때문에 조사를 하기 전에 진술거부권을 고지할 필요는 없다. 다만 참고인 조사의 형식으로 피의자신문이 이루어지는 경우에는 진술거부권 및 변호인의 조력을 받을 권리를 고지하여야 한다.

3. 제3자의 조사 참여

참고인을 조사하는 경우에 의사소통을 중개, 보조하여 자유로운 진술을 보장하기 위해 신뢰관계인의 동석, 피해자 측 변호사의 참여(성폭력처벌법 제27조, 청소년성보호법 제30조) 및 진술조력인 제도(성폭력처벌법 제36조)를 두고 있다.

신뢰관계인은, 피의자의 경우와 달리, 범죄로 인한 피해자가 13세 미만이거나 사물의 변별 또는 의사결정의 능력이 미약한 때, 성폭력범죄의 피해자나 아동·청소년 대상 성범죄 피해자인 경우에는 수사에 지장을 초래할 우려가 있는 경우 등 부득이한 사유가 없으면 필요적으로 동석하게 하여야 한다(제221조 제3항, 제163조의2 제2항, 성폭력처벌법 제34조 제2항, 청소년보호법 제28조 제2항).

4. 진술과 진술조서

참고인의 경우에도 진술의 임의성이 보장되어야 하며, 진술의 강요는 금지된다(수사준칙 제3조 제4항). 참고인의 진술은 조서로 작성하며, 참고인진술조서는 일정한 요건 아래 증거능력이 인정된다(제312조 제4항, 제314조, 제317조 참조).

5. 조사의 투명성 확보 등

(1) 영상녹화　　참고인조사를 하는 때에도 참고인의 동의 아래 영상녹화가 가능하다(제221조 제1항). 영상녹화는 조사의 전 과정을 녹화하여야 한다. 영상녹화물은 조서의 진정성립을 증명하기 위한 자료나 기억환기용으로 사용되며, 원칙적으로 독립적인 증거로 사용될 수 없다.[24)]

성폭력범죄나 아동성범죄에 대해서는 특별법을 통해 참고인 등 진술자를 보호하기 위한 제도로서 영상녹화를 활용하고 있는데, 의무적 녹화제도를 취하면서 조서와 마찬가지로 일정한 요건 하에 독자적인 증거능력을 긍정하고 있다.

(2) 수사과정의 기록　　참고인을 조사하는 경우에도 피의자의 경우와 마찬가지로 수사과정을 기록해야 하며, 조사장소 도착부터 마친 시각까지 전 과정의 기록, 열람·낭독, 이의제기 및 의견진술 기재, 조서에 간인하게 한 후 기명날인 또는 서명하게 하여야 한다(제244조의4 제3항).

Ⅳ. 대질과 범인식별절차

1. 대질

검사 또는 사법경찰관은 피의자와 참고인을 대질하여 조사할 수 있다(제245조). 대질은 피의자나 참고인의 진술의 진위를 확인하기 위한 방법이지만, 경우에 따라서는 참고인에게 범인식별을 위해 피의자나 다른 참고인과 대면케 할 수도 있다. 이는 '범인식별절차'라는 별도의 임의수사에 해당한다.

2. 범인식별절차

(1) 의의　　제199조 제1항에 따른 수사의 목적을 달성하기 위해 필요한 조사로서 목격자의 확인(진술)을 통해 피의자의 동일성을 확인하는 절차이다. 과학적인 범인식별(지문, 필적, DNA감정 등)이 불가능한 경우에 활용된다.

(2) 유형　　① 피의자 혼자만을 확인의 대상으로 삼는 쇼업(일대일 지목하기 또는 대면. show-up)방식, ② 피의자와 함께 수인의 인물을 들러리로 세우는 라인업(용의자 줄 세우기 또는 용의열. line-up)방식, ③ 피의자와 목격증인이 직접

---

24) 대판 2014. 7. 10. 2012도5041 (참고인에 대한 진술조서를 작성하지 않고 그의 진술을 영상녹화한 영상녹화물과 그 내용을 그대로 녹취한 녹취록을 증거로 제출한 사안: 위법).

대면하지 않고 사진에 의하여 식별하는 방식(사진사용 또는 사진대조. rogue's gallery)이 있다.

(3) 특성

(가) **낮은 신빙성** 용의자의 인상착의 등에 의한 범인식별 절차에 있어 용의자 한 사람을 단독으로 목격자와 대질시키거나(용의자의 목소리를 청취케 하는 경우도 동일) 용의자의 사진 한 장만을 목격자에게 제시하여 범인 여부를 확인하게 하는 것은 사람의 기억력의 한계 및 부정확성과 구체적인 상황하에서 용의자나 그 사진상의 인물이 범인으로 의심받고 있다는 무의식적 암시를 목격자에게 줄 수 있다. 따라서 이러한 방식에 의한 범인식별 절차에서의 목격자의 진술은, 그 용의자가 종전에 피해자와 안면이 있는 사람이라든가 피해자의 진술 외에도 그 용의자를 범인으로 의심할 만한 다른 정황이 존재한다든가 하는 등의 부가적인 사정이 없는 한 그 신빙성이 낮다.[25)]

(나) **신빙성 확보를 위한 요건** 판례는 범인식별 절차에 있어 목격자 진술의 신빙성을 높게 평가할 수 있는 절차적 요건으로, ① 범인의 인상착의 등에 관한 목격자의 진술 내지 묘사를 사전에 상세히 기록화한 다음, ② 용의자를 포함하여 그와 인상착의가 비슷한 여러 사람을 동시에 목격자와 대면시켜 범인을 지목하도록 하여야 하고, ③ 용의자와 목격자 및 비교대상자들이 상호 사전에 접촉하지 못하도록 하여야 하며, ④ 사후에 증거가치를 평가할 수 있도록 대질 과정과 결과를 문자와 사진 등으로 서면화하는 등의 조치를 취하여야 할 것을 요구하고 있다.[26)] 사진제시에 의한 범인식별 절차에 있어서도 기본적으로 이러한 원칙에 따라야 한다.

다만 범죄 발생 직후 목격자의 기억이 생생하게 살아 있는 상황에서 현장이나 그 부근에서 범인식별 절차를 실시하는 경우에는, 목격자에 의한 생생하고 정확한 식별의 가능성이 열려 있고 범죄의 신속한 해결을 위한 즉각적인 대면의 필요성도 인정할 수 있으므로, 용의자와 목격자의 일대일 대면도 허용된다.[27)]

---

25) 대판 2001. 2. 9. 2000도4946; 대판 2004. 2. 27. 2003도7033; 대판 2005. 6. 24. 2005도734(인터폰 모니터를 통하여 본 초인종을 누른 범인이 피고인이라는 취지의 피해자의 진술만으로는 피고인을 범인으로 인정하기 어렵다고 본 사안); 대판 2006. 9. 28. 2006도4587; 대판 2007. 5. 10. 2007도1950.

26) 대판 2004. 2. 27. 2003도7033 등.

27) 대판 2009. 6. 11. 2008도12111 (피해자가 경찰관과 함께 범행 현장에서 범인을 추적하다 골

(4) 적용범위 이러한 원칙은 동영상제시·가두식별 등에 의한 범인식별 절차와 사진제시에 의한 범인식별 절차를 통해 목격자가 용의자를 범인으로 지목한 후에 이루어지는 동영상제시·가두식별·대면 등에 의한 범인식별 절차에도 적용되어야 한다.[28]

제2 사실조회

Ⅰ. 의의 및 성격

사실조회 또는 공무소 조회란 수사에 관하여 필요한 사항을 공무소 등에 조회하여 보고할 것을 요구하는 것을 말한다(제199조 제2항). 수사기관의 보고요구에 대해 상대방의 이행을 강제할 방법이 없고 영장에 의하는 것도 아니라는 점에서 임의수사라는 것이 지배적인 견해이다.

종래에는 상대방이 조회에 대한 수인의무를 진다는 점에서 강제수사의 일종이라는 견해가 있었으나, 근자에는 개인정보 자기결정권의 침해라는 차원에서 프라이버시에 대한 합리적 기대가 인정되는 경우에는 강제수사로 보아야 한다는 견해(이원설)도 있다. 즉, 피의자의 전과나 거주지 주소 등을 조회하는 데 그치는 경우에는 임의수사라고 할 수 있으나, 피의사실과 관련된 전과나 신분을 가진 사람들 또는 피의사실과 관련된 중요사항들을 포괄적으로 조회하는 경우에는 강제수사로 보아야 한다는 것이다.

최근 정보통신기술 등의 발달로 인해 과거에 비해 공무소 등 각 공사단체에서 수집·보관하는 개인정보가 양적으로나 질적으로 중요해짐에 따라, 수사기관이 공무소 등에서 보관하고 있는 개인정보를 무차별적으로 조회함으로써, 헌법상의 기본권인 개인정보의 자기결정권이 지나치게 침해될 우려가 있다는 점에서, 강제수사의 일종으로 볼 필요가 있다.[29]

목길에서 범인을 놓친 직후 골목길에 면한 집을 탐문하여 용의자를 특정한 경우에는 그 현장에서 용의자와 피해자의 일대일 대면이 허용된다고 한 사안).

28) 대판 2008. 1. 17. 2007도5201 (강간 피해자가 수사기관이 제시한 47명의 사진 속에서 피고인을 범인으로 지목하자 이어진 범인식별절차에서 수사기관이 피해자에게 피고인 한 사람만을 촬영한 동영상을 보여주거나 피고인 한 사람만을 직접 보여주어 피해자로부터 범인이 맞다는 진술을 받고, 다시 피고인을 포함한 3명을 동시에 피해자에게 대면시켜 피고인이 범인이라는 확인을 받은 사안: 진술의 신빙성이 낮음).

29) 헌재 2012. 12. 27. 2010헌마153 (구치소장이 마약류관리에 관한 법률위반(향정) 혐의로 구속

Ⅱ. 대상

사실조회의 대상은 공무소 기타 공사단체이다. '공무소'란 공무원이 사무를 보는 곳, 즉 공공기관을 말하며, 각종 행정부처, 구청, 행정복지센터는 물론 국, 공립대학(교)이나 국, 공립 초중등학교를 포함한다. '공사단체'란 정부와 민간 영역의 모든 단체를 포괄하는 개념으로, 개인이 아닌 단체는 여기에 포함된다.

Ⅲ. 내용

사실조회의 내용은 필요한 사항에 대한 보고를 요구하는 것으로서, (1) 피의자의 전과나 거주장소 등을 조회하는 경우, (2) 피의사실과 관련된 전과나 신분을 가진 사람들 또는 피의사실과 관련된 중요한 사항들을 포괄적으로 조회하는 경우 등이 있다. 법원에 의한 사실조회(제272조)의 경우와는 달리 '보관서류의 송부'에 대한 명시적인 규정은 없으나, 실무상으로는 기관이 보유한 서류 등에 대한 송부도 가능하다고 보고 있다.

전자의 경우, 범죄의 수사와 공소의 제기 및 유지에 필요한 때에는 그러한 정보를 보유하고 있는 기관이 당해 정보를 보유하게 된 본래의 목적 외의 다른 목적으로 처리정보를 이용하거나 다른 기관에 제공할 수 있으므로 원칙적으로 임의수사로서의 성격을 가진다. 예컨대 구금시설의 장이 시설에 구금된 피의자와 접견인의 접견내용을 녹음한 파일을 수사기관에게 제공하는 경우가 여기에 해당한다.

후자의 경우, 개인정보보호법에 근거한 경우라도 개인정보의 대량처리를 내용으로 한다면 이미 법률에 의한 일반적 제한의 범위를 넘어서는 것으로서 기본권 침해에 해당하고 따라서 강제수사의 일종으로 법률에 별도의 근거가 있어야 한다. 예컨대 수사기관이 피의자의 소재 파악을 위해 국민건강보험공단에 장기간의 요양급여내역을 요청하는 경우가 여기에 해당한다.

한편 수사기관이 금융기관에 대하여 금융거래의 내용에 대한 정보나 자료

기소되어 당해 구치소에 수용된 피의자와 배우자의 접견내용을 녹음한 다음, 검찰청 검사장의 요구에 따라 피의자에 대한 접견녹음파일을 제공한 경우에 대해 목적의 정당성과 수단의 적합성이 인정되어 개인정보 자기결정권을 침해한 것은 아니라고 본 사안); 헌재 2018. 8. 30. 2014헌마368 (경찰서장이 피의자의 소재파악을 위해 장기간의 요양급여내역의 제공을 요청하여 국민건강보험공단이 이를 제공한 경우에 대해 보충성이 인정되지 않고 피의자의 건강상태에 대한 총체적인 정보에 해당한다는 이유로 개인정보 자기결정권 침해로 본 사안).

를 요구하는 것은 압수·수색의 일종으로서 영장에 의해서만 가능하다(「금융실명거래 및 비밀보장에 관한 법률」 제4조 제1항).

Ⅳ. 보고의무

사실조회 요구를 받은 공사단체는 보고의무를 지지만, 의무이행을 강제할 방법은 없다.

제 3 감정·통역·번역의 위촉

검사 또는 사법경찰관은 수사에 필요한 때에는 감정·통역 또는 번역을 위촉할 수 있다(제221조 제2항). 감정 등은 일정한 자격을 가진 전문가가 행하는 것이므로, 수사기관은 이러한 전문가에게 감정 등을 위촉할 수 있을 뿐이며 이러한 위촉 자체는 임의수사의 일종이다.

검사가 감정을 위촉하는 경우 피의자의 정신 또는 신체에 관한 감정을 위해 감정유치처분이 필요한 때에는 판사에게 이를 청구하여, 판사가 유치처분을 하며(제221조의3), 감정수탁자는 감정에 관하여 필요한 때에는 판사의 허가를 얻어 타인의 주거, 간수자 있는 가옥, 건조물, 항공기, 선차 내에 들어 갈 수 있고 신체의 검사, 사체의 해부, 분묘발굴, 물건의 파괴를 할 수 있다(제221조의4).

수사기관은 법원과는 달리 감정인을 선정하여 감정을 명하는 것이 아니라 감정수탁자에게 감정을 위촉할 권한만을 가진다. 외국인·농아자에 대하여 피의자신문을 하는 경우에는 통역을 통해 피의자신문조서를 작성하여야 하며, 통역인에 대하여는 별도로 참고인진술조서를 작성한다.

제 3 절 기타의 수사방법

제 1 관찰

관찰 또는 감시란 사실을 해명하거나 증거를 확보하기 위하여 사람, 물건(자동차 등) 또는 상황을 살피는 것을 말한다. 미행, 잠복, 탐문 등이 여기에 해당한다. 관찰은 위장수사의 형태로 이루어지기도 한다.

관찰의 법적 성격은 임의수사로 보는 것이 일반적이나, 관찰에는 목적의 정당성, 필요성, 수단의 상당성이라는 비례성의 원칙이 적용된다. 그러나 24시간 이상 지속되거나 2일 이상 계속되는 장기간의 집중관찰(예컨대 핸드폰에 대한 위치추적이나 GPS단말기 부착을 통한 위치추적 등)을 위해서는 법적 근거가 필요하며, 여기에도 비례성의 원칙이 적용됨은 물론이다.

제 2 지명수배

Ⅰ. 의의 및 유형

지명수배란 피의자의 소재불명을 이유로 기소중지결정을 하는 경우에 범인의 신상이나 특징을 적시하여 공개함으로써 체포나 소재 파악을 용이하게 하는 처분을 말한다.

지명수배 조치에 대해서는 법률에 명시적인 근거가 없고, 법무부령인 검찰사건사무규칙 제122조 제2항, 대검찰청 예규인 '기소중지자 지명수배·통보지침', 그리고 행정안전부령인 경찰수사규칙 제45조, '지명수배취급규칙' 등에 의하여 이루어지고 있다.

지명수배는 공개수배와 비공개수배로 구분할 수 있다.

피의자 등의 인적 사항과 범죄사실을 단순히 전국의 각 수사기관에 통보하는 방식을 비공개수배라고 하며, 공공장소 등에 게시하는 방식을 공개수배라고 한다. 실무에서는 체포(구속)영장의 발부를 전제로 하는 지명수배(법정형이 사형, 무기 또는 장기 3년 이상의 징역이나 금고에 해당하는 죄를 범했다고 의심할 만한 상당한 이유가 있어 체포영장 또는 구속영장이 발부된 사람이나 후술하는 지명통보의 대상인 사람 중 지명수배를 할 필요가 있어 체포영장 또는 구속영장이 발부된 사람이 대상)와 피의자의 소재가 불명인 경우라도 체포(구속)영장이 발부되지 않은 경우로서 수사기관의 출석요구에 응하지 않는 경우에 행해지는 지명통보(법정형이 장기 3년 미만의 징역 또는 금고, 벌금에 해당하는 죄를 범했다고 의심할 만한 상당한 이유가 있고, 출석요구에 응하지 않은 사람이나 법정형이 장기 3년 이상의 징역이나 금고에 해당하는 죄를 범했다고 의심되더라도 사안이 경미하고, 출석요구에 응하지 않은 사람이 대상)를 구분하고 있다.

Ⅱ. 법적 성격

수사기법의 일종으로서 수배제도는 수사기관이 행하는 피의자 체포라는 의미보다는 수사기관 내부 혹은 상호간의 행정적 정보교환에 불과한 제도로 보는 경향이 있다.[30] 즉, 지명수배는 체포(구속)영장 집행의 촉탁 또는 긴급체포 집행의 촉탁이라는 성격을 가지고 있으며, 다른 행정기관 소속 공무원의 경우 이러한 집행 촉탁을 하기 위해서는 행정응원의 법리에 의하거나 아니면 집행촉탁에 관한 법리에 의하면 족하다고 한다.

Ⅲ. 공개지명수배의 문제

공개지명수배는 비공개인 경우와 달리 대상자의 명예와 신용이 훼손되고 성명과 초상 등 인격권에 대한 침해가 우려되므로 강제처분의 성격을 띤다.

지명수배는 이미 체포영장 또는 구속영장이 발부되어 있는 자를 검거하는 것으로 항상 체포 내지 긴급체포와 불가분적으로 연계되어 있다. 지명수배의 전제가 되는 체포영장의 발부에 관해서는 형사소송법에 명시적인 규정을 두고 있으나, 공개지명수배에 대해서는 법률에 근거가 없어 공개지명수배가 강제처분인지 여부 및 공개대상이 되는 개인정보의 범위 등에 관하여 논란의 여지가 많다.

공개지명수배제도에 관해 법률에 근거규정을 둘 필요가 있다. 즉, 중대범죄에 한하여, 상당한 범죄혐의, 국민의 알 권리를 비롯한 공공의 이익을 위해 필요한 경우에 한정하고, 비공개수배에 대한 보충적 수단으로서의 성격을 명시하는 한편, 피의자 체포시 수배내용 삭제 절차 등을 명시해야 할 것이다.

제3 검문소 설치

검문소란 통행인이나 차량의 검문, 검색을 위해 설치하는 시설로서, 검문소 설치는 수사를 위해 필요한 경우에 제199조 제1항에 따른 임의수사의 일종으로

---

30) 헌재 2002. 9. 19. 99헌마181 (검사가 관세법위반등 사건을 내사하던 중 피내사자의 소재불명을 이유로 1999. 2. 25. 내사중지결정을 하면서 피내사자에 대해 지명수배를 하자, 이 조치가 법률의 근거 없이 거주이전의 자유 등 기본권을 침해하므로 헌법에 위반된다고 주장하면서 그 취소를 구한 사안: 기각).

볼 수 있다. 독일 형사소송법의 경우처럼 검문소 설치에 관한 법률의 근거를 두어 절차의 적정성을 확보하는 것이 바람직하다(동법 제111조 참조).

현행법하에서는 경찰청훈령인 「검문소 운영 규칙」과 경찰청예규인 「지역경찰의 조직 및 운영에 관한 규칙」 제15조 제1항, 제16조를 근거로 운영되고 있다.

제5장

대인적 강제수사

제1절 체포

제1 영장에 의한 체포

Ⅰ. 의의

영장에 의한 체포란 죄를 범하였다고 의심할 만한 상당한 이유가 있고 체포사유가 존재하는 피의자에 대하여 법관의 영장을 발부받아 단시간 수사관서 등 일정한 장소에 강제로 인치하는 제도를 말한다(제200조의2 제1항). 원칙적인 체포방법이며 따라서 통상체포라고도 부른다. 1995년 개정법률에서 새로 도입된 것으로서 구속의 전단계처분으로서의 성격을 지닌다. 그러나 구속을 위해서 반드시 체포절차를 거쳐야 하는 것은 아니다.

피의자의 신병확보를 위한 부당한 임의동행이나 보호실유치 등 탈법적인 수사관행을 근절하고 적법한 수사절차를 통한 출석 확보를 위해 도입한 제도이나, 실무상으로는 기소중지로 지명수배된 피의자를 체포하기 위한 수단으로도 활용되고 있다.

Ⅱ. 요건

1. 범죄 혐의의 상당성

피의자가 죄를 범하였다고 의심할 만한 '상당한 이유'가 있어야 한다(제200조의2 제1항). 범죄혐의는 수사기관의 주관적 혐의로는 부족하고, 구체적 사실에 입각한 객관적 혐의여야 한다. 유죄판결을 받을 수 없음이 명백한 경우, 예컨대 친고죄의 경우 고소가 취소되었거나 반의사불벌죄의 경우 처벌불원의사가 있거나, 위법성조각사유나 책임조각사유가 존재하는 경우에는 범죄혐의가 부정된다.

영미법에서는 '상당한 이유'(probable cause)를 어떤 개인이 범죄를 저질렀거나 저지를 것이라는 합당한 믿음(logical belief)이라고 정의한다. 여기서 합당하다는(logical) 것은 그렇게 믿는 것이 합리적(rational)이라는 의미로서 단순히 확률적으로 가능하다는(probabilistic) 의미와 구별해야 하지만, 사실이나 정황(facts or circumstances)을 기초로 해야 하고, 직감(hunch)이나 의혹(suspicion)에 기초해서는 안 되며, 범죄에 대한 구체적인 증거가 있다는 의미로 사용하기도 한다. 상당한 이유는 경찰관이 직무질문 등을 하기 위해 요구되는 합리적인 의심(reasonable suspicion)보다는 더 구체적이어야 하지만, 후자의 경우에도 추측이나 직감이 아닌 사실에 근거한 것이어야 하는 점에서는 마찬가지라고 할 수 있다.

체포의 경우에 요구되는 범죄 혐의는 구속의 경우('현저한 혐의')보다 약한 정도의 혐의('상당한 혐의')로 족하다는 것이 지배적인 견해이자 실무의 태도이다.

학설로는 ① 구별설(체포의 경우에는 구속의 전단계, 즉 수사 초기 단계에서 피의자의 충분한 소명이 없는 상태에서 영장발부가 이루어지고 구속과 동일한 정도의 소명을 요구하게 되면 체포제도를 별도로 존치한 입법취지에도 반하므로, 구속의 경우보다 약한 정도의 범죄혐의로 족하다는 견해로서, 유죄판결을 할 수 있거나 공소제기가 가능할 정도임을 요하지 않는다고 한다)과 ② 동일설(형사소송법이 명문으로 양자에 대해 동일한 범죄혐의를 요구하고 있으므로 양자 모두 죄를 범하였다고 인정할 고도의 개연성이 있어야 한다는 견해)이 대립하고 있다. 법규정만으로는 동일설이 타당하지만, 제도의 취지에 비추어 보면 구별설을 취할 수밖에 없을 것이다.

2. 체포사유

(1) 출석요구 불응

피의자가 수사기관의 출석요구에 응하지 아니하거나 응하지 아니할 우려가 있어야 한다(제200조의2 제1항). 피의자가 수사기관의 출석요구에 단 1회 응하지 아니한 것만으로 바로 체포의 사유가 존재한다고 할 수 없고, 구체적 사건에서 제반 사정을 참작해 판단해야 하며 도망하거나 도망할 염려가 있는 경우 또는 지명수배 중에 있는 경우 등이 여기에 해당한다.

(2) 정당한 이유가 없을 것

피의자가 천재지변, 질병 또는 법률상의 사무처리, 해외출장 등으로 인하여 출석요구에 응할 수 없는 경우에는 정당한 이유가 인정된다.

3. 체포의 제한

수사비례의 원칙에 따라 다음과 같은 제한이 인정된다.

(1) 경미사건의 경우

다액 50만원 이하의 벌금, 구류 또는 과료에 해당하는 경미사건의 경우, 피의자가 일정한 주거가 없는 경우 또는 정당한 이유 없이 수사기관의 출석요구에 불응한 경우에 한하여 체포가 가능하다(동조 제1항 단서). 이때에는 출석요구에 불응할 우려가 있다는 이유로는 체포할 수 없다.

논리적으로 보면 주거부정인 경우에는 출석요구를 할 주소지 등을 알 수 없으므로 출석요구 없이도 바로 영장에 의해 체포할 수 있다고 보아야 할 것이다. 그러나 주거부정이라는 이유만으로 바로 체포하는 것은 비례의 원칙에 맞지 않으므로, 출석요구서 발부 외의 다른 방법으로 연락을 취하고 연락이 불가능하거나 출석요구에 불응하는 경우에만 영장에 의한 체포를 해야 할 것이다.

(2) 체포의 필요성

명백히 체포의 필요가 인정되지 않는 경우에는 체포영장을 발부할 수 없다(동조 제2항 단서). '명백히 체포의 필요가 인정되지 않는 경우'란, 체포영장의 청구를 받은 판사가 체포의 사유가 있다고 인정한 경우라도 피의자의 연령, 전과 등 개인적인 사정 내지 정상과 범죄의 경중, 태양, 동기 등 형법 제51조가 규정한 양형조건 등 제반 사정을 종합적으로 고려할 때 피의자가 도망할 우려나 증거를 인멸할 염려가 없는 경우를 의미한다(규칙 제96조의2 참조). 체포의 필요성은 소극적 요건으로서 현행법 해석상 체포의 필요성이 명백히 존재하지는 않지만, 의심스러운 경우라도 체포의 요건은 충족된다고 보아야 한다.

Ⅲ. 절차

1. 영장의 청구 및 발부

(1) 체포영장의 청구

검사는 체포의 요건을 구비한 피의자에 대하여 관할지방법원 판사에게 체포영장을 청구할 수 있다. 사법경찰관은 검사에게 신청하여 검사가 체포영장을 청구할 수 있다(제200조의2 제1항). 동일한 범죄사실에 관하여 그 피의자에 대하여 전에 체포영장을 청구하였거나 발부받은 사실이 있는 때에는 다시 체포영장을 청구하는 취지 및 이유를 기재하여야 한다(제200조의2 제4항).

청구의 방식, 청구서의 기재사항, 검사 및 피의자 또는 변호인의 자료제출에 대해서는 규칙 제93조, 제95조, 제96조에서 규정하고 있다.
한편 검사는 사법경찰관이 신청한 영장(「통신비밀보호법」 제6조 및 제8조에 따른 통신제한조치허가서 및 같은 법 제13조에 따른 통신사실 확인자료 제공 요청 허가서를 포함)의 청구 여부를 결정하기 위해 필요한 경우 사법경찰관에게 범인에 관한 사항, 증거 또는 범죄사실 소명에 관한 사항, 소송조건 또는 처벌조건에 관한 사항, 해당 영장이 필요한 사유에 관한 사항, 죄명 및 범죄사실의 구성에 관한 사항, 법 제11조(법 제11조 제1호의 경우는 수사기록에 명백히 현출되어 있는 사건으로 한정한다)와 관련된 사항 그 밖에 사법경찰관이 신청한 영장의 청구 여부를 결정하기 위해 필요한 사항에 관하여 보완수사(제197조의2 제1항 제2호)를 요구할 수 있다(수사준칙 제59조 제3항).

(2) 결정

체포영장의 청구가 있는 경우에는 구속의 경우와 달리 법원은 피의자심문을 요하지 않는다.

재판을 위해 필요한 경우에는 사실을 조사할 수 있으며(제37조 제3항), 이 경우에는 증인을 신문하거나 감정을 명할 수 있다(규칙 제24조 제1항). 그러나 이 경우에도 체포영장 청구사건의 신속성과 밀행성에 반하지 아니하는 범위 안에서 하여야 한다. 그리하여 체포영장의 청구를 받은 지방법원판사는 먼저 형식적 요건을 심사하고, 형식적인 흠이 있으면 체포영장을 청구한 검사에게 그 보정을 명할 수 있다. 그 다음 체포사유와 체포의 필요성 등 실질적 요건을 엄격하게 심사하여야 한다.

㈎ **체포영장의 발부** 체포영장의 청구를 받은 지방법원 판사는 청구가 상당하다고 인정할 때에는 체포영장을 발부한다(동조 제2항, 제3항).

체포영장에는 체포사유를 기재해야 하며(규칙 제100조 제1항 단서), 피고인에 대한 구속영장의 방식을 준용한다(제200조의6, 제75조, 규칙 제100조, 규칙 제46조). 체포영장은 그 사유를 기재한 다음 수통을 작성, 교부할 수 있다(제200조의6, 제82조).

영장의 유효기간은 원칙적으로 7일이며, 법관이 상당하다고 인정하는 때에는 7일을 넘는 기간을 정할 수 있다(규칙 제178조).[1] 체포영장의 유효기간 만료 전이라도 유효기간의 연장청구는 허용되지 않고, 연장할 필요가 있으면 그 사유를 소명하여 새로운 체포영장을 청구하여야 한다(규칙 제96조의4).

(나) **청구의 기각** 지방법원판사는 청구가 형식적 요건을 갖추지 못하거나 상당하다고 인정할 수 없는 때에는 청구를 기각하여야 한다. 영장청구서의 형식적 요건의 흠결이 중대함에도 상당한 시간 내에 보정되지 않은 경우, 체포사유에 대한 소명이 부족한 경우, 명백히 체포의 필요성이 인정되지 않은 경우, 체포동의가 필요함에도 동의안이 부결된 경우, 피의자가 이미 사실상 체포상태에 있다고 인정되는 경우 등이 여기에 해당한다. 지방법원판사가 체포영장을 발부하지 아니할 때에는 청구서에 그 취지 및 이유를 기재하고 서명날인하여 청구한 검사에게 교부하여야 한다(제200조의2 제3항).

사법경찰관이 신청한 영장을 검사가 정당한 이유 없이 판사에게 청구하지 아니한 경우에 사법경찰관은 그 검사 소속의 지방검찰청 소재지를 관할하는 고등검찰청에 영장 청구 여부에 대한 심의를 신청할 수 있다(제221조의5 제1항).

2. 영장의 집행

체포영장의 집행에 관하여는 대부분 피고인에 대한 구속영장의 집행에 대한 규정이 준용된다(제200조의6 참조).

(1) 집행기관

검사의 지휘에 의하여 사법경찰관리가 집행한다(제200조의6, 제81조 제1항 본문).

(가) **구속된 피의자에 대한 집행** 교도소 또는 구치소에 있는 피의자에 대하여 발부된 체포영장은 검사의 지휘에 의하여 교도관이 집행한다(제200조의6, 제81조 제3항).

(나) **관할구역 외의 집행** 검사는 필요에 의하여 관할구역 외에서 구속영장의 집행을 지휘할 수 있고 또는 당해 관할구역의 검사에게 집행지휘를 촉탁할 수 있으며, 사법경찰관리의 경우에도 집행 및 집행 촉탁이 가능하다(제200조의6, 제83조 제1항, 제2항).

---

1) 실무상으로는 기소중지로 지명수배된 피의자를 체포하기 위한 수단으로 활용하는 경우, 구속의 경우와는 달리 영장유효기간도 1년(혹은 공소시효만료일까지)으로 장기인 경우가 많다.

(2) 집행절차

별도로 규정된 고지절차를 제외하고 구속영장 집행에 관한 규정이 준용된다(제200조의6).

㈎ **체포이유와 피의사실 등의 고지** 검사 또는 사법경찰관은 피의자를 체포할 때 **피의사실의 요지**, **체포의 이유**와 **변호인**을 **선임**할 수 있음을 말하고 **변명할 기회**를 주어야 한다(제200조의5). 이러한 고지는 체포를 위한 실력행사 이전에 하는 것이 원칙이나, 도주나 대항하는 경우에는 제압하는 과정이나 제압한 후 지체 없이 영장을 제시하고 필요한 사항을 고지하여야 한다.[2]

> 농성 중인 노조원들이 공장 밖으로 나오자 전투경찰대원들이 '고착관리'라는 명목으로 방패로 에워싸 이동하지 못하게 하고(체포에 해당), 그 과정에서 체포의 이유 등을 제대로 고지하지 않다가 30~40분이 지난 후 피고인 등의 항의를 받고 나서야 비로소 체포의 이유 등을 고지하거나,[3] 경찰관들이 실력행사 전에 미란다 원칙을 미리 고지할 여유가 있었음에도 처음부터 체포한 다음 고지할 생각으로 먼저 체포행위에 나섰다면 위법한 체포에 해당한다.[4]

㈏ **체포영장의 제시** 체포영장을 집행함에는 피의자에게 반드시 이를 **사전에 제시**하고 그 **사본을 교부**하여야 한다(제200조의6, 제85조 제1항). 체포영장을 소지하지 아니한 경우 급속을 요하는 때에는 피의자에 대하여 피의사실의 요지와 영장이 발부되었음을 고하고 집행할 수 있으나, 집행을 완료한 후에는 신속히 영장을 제시하고 그 사본을 교부하여야 한다(제200조의6, 제85조 제3항, 제4항).[5]

㈐ **체포에 수반되는 강제처분** 검사 또는 사법경찰관은 체포하는 경우에 필요한 때에는 ① 영장 없이 타인의 주거나 타인이 간수하는 가옥, 건조물, 항공기, 선박·차량 안에서의 피의자 수색과 체포현장에서의 압수, 수색, 검증 등의 처분(제216조 제1항), ② 경찰장비(경찰장구·분사기·무기)의 사용(경직법 제10조의2 내지 제10조의4 참조)이 가능하다.

---

2) 대판 2008. 2. 14. 2007도10006; 대판 2015. 5. 28. 2015도364.

3) 대판 2017. 3. 15. 2013도2168.

4) 대판 2017. 9. 21. 2017도10866.

5) 대판 2021. 6. 24. 2021도4648 (체포영장의 긴급집행 도중 피의자들이 승용차를 출발시켜 경찰관들에게 상해를 입히자 영장 없이 특수공무집행방해치상죄의 현행범으로 체포한 사안에서 집행완료에 이르지 못한 체포영장을 사후에 제시하지 않았더라도 적법하다고 본 사안)

㈃ **피의자의 인치** 체포영장을 집행함에는 피의자를 신속히 영장에 기재된 수사관서 기타 장소에 인치하여야 한다(제200조의6, 제85조 제1항). 체포영장의 집행을 받은 피의자를 호송할 경우에 필요하면 가장 가까운 교도소 또는 구치소에 임시로 유치할 수 있다(제200조의6, 제86조). 검사는 체포영장을 발부받은 후 피의자를 체포하기 이전에 체포영장을 첨부하여 판사에게 인치·구금할 장소의 변경을 청구할 수 있다(규칙 제96조의3).

㈄ **체포서류의 작성** 체포영장 집행사무를 담당한 자가 체포영장을 집행한 때에는 체포영장에 집행일시와 장소를, 집행할 수 없었을 때에는 그 사유를 각각 기재하고 기명날인하여야 한다(규칙 제100조 제1항, 제49조).

㈅ **변호인 등에 대한 통지** 피의자를 체포한 경우 변호인이 있는 때에는 변호인에게, 변호인이 없는 때에는 변호인선임권자 중 피의자가 지정한 자에게 피의사건명, 체포일시·장소, 범죄사실의 요지, 체포의 이유와 변호인을 선임할 수 있는 취지를 – 지체 없이 서면으로 – 통지하여야 한다(제200조의6, 제87조 제1항, 제2항).

(3) 체포된 피의자의 권리

영장에 의해 체포된 피의자나 후술하는 긴급체포된 피의자는 다음과 같은 권리를 가진다.

㈎ **피의사실 등의 통지** 피의자를 체포한 때에는 변호인이 있는 경우에는 변호인에게, 변호인이 없는 경우에는 변호인선임권자 중 피의자가 지정한 자에게 지체 없이 서면으로 피의사건명, 체포일시·장소, 범죄사실의 요지, 체포의 이유와 변호인을 선임할 수 있는 취지를 알려야 한다(제200조의6, 제87조).

준용규정(제200조의6)에 의해 구속된 피고인의 권리에 관한 규정들이 준용되는데, 구속된 피고인에 대한 사후 청문절차에 관한 규정(제88조)은 준용규정에 포함되어 있지 않다. 체포는 구속과는 달리 단기간의 구금이라는 점에서 사후의 청문 절차를 생략한 것이라고 할 수 있다.

㈏ **접견·수수 및 수진** 체포된 피의자는 법률의 범위 내에서 타인과 접견하고 서류 또는 물건을 수수하며 의사의 진료를 받을 수 있다(제200조의6, 제89조).

다만 피의자가 도망하거나 또는 죄증을 인멸할 염려가 있다고 인정할 만한 상당한 이유가 있는 때에는 수사기관은 직권으로 피의자와 변호인 이외의 타인과의 접견을 금하거나 수수할 서류 기타 물건의 검열, 수수의 금지 또는 압수를 할 수 있다. 단, 의류, 양식, 의료품의 수수를 금지 또는 압수할 수 없다(제200조의6, 제91조).

(다) **변호인선임 의뢰** 체포된 피의자는 법원, 교도소장 또는 구치소장 또는 그 대리자에게 변호사를 지정하여 변호인의 선임을 의뢰할 수 있고, 그 의뢰를 받은 법원, 교도소장 또는 구치소장 또는 그 대리자는 급속히 피고인이 지명한 변호사에게 그 취지를 통지하여야 한다(제200조의6, 제90조).

(라) **체포적부심사의 청구** 체포된 피의자 또는 그 변호인, 법정대리인, 배우자, 직계친족, 형제자매나 가족, 동거인 또는 고용주는 관할법원에 체포의 적부심사를 청구할 수 있고, 피의자를 체포한 검사 또는 사법경찰관은 체포된 피의자와 위의 청구권자로 규정된 자 중에서 피의자가 지정하는 자에게 적부심사를 청구할 수 있음을 알려야 한다(제214조의2 제1항, 제2항).

(4) 국회의원의 불체포특권

국회의원은 현행범인인 경우를 제외하고는 회기 중 국회의 동의 없이 체포 또는 구금되지 아니한다(헌법 제44조 제1항). 국회의원이 회기 전에 체포된 경우라도 현행범인이 아닌 한 국회의 요구가 있으면 회기 중 석방되는데(헌법 제44조 제2항), 이 경우에 체포영장의 집행은 정지되며(제206조, 제101조 제4항), 체포영장의 집행정지는 그 회기 중 취소하지 못한다(제206조, 제102조 제2항 단서).

(5) 교원의 불체포특권

교원은 현행범인인 경우 외에는 소속 학교의 장의 동의 없이 학원 안에서 체포되지 아니한다(「교원지위향상을 위한 특별법」 제4조).

3. 집행 이후의 조치

(1) 구속영장의 청구

체포한 피의자를 구속하고자 할 때에는 '체포한 때부터 48시간 이내'에 구속영장을 청구하여야 한다(제200조의2 제5항 전단). 48시간 이내에 구속영장을 '청구'하면 족하도록 한 것은 법관의 구속영장 발부 지연에 따른 부당한 석방을 막기 위한 것이므로, 48시간 이후에 구속영장이 발부되더라도 그 청구는 적법하다. 피의자가 체포영장에 의하여 체포된 경우 구속기간은 피의자를 체포한 날부터 기산한다(제203조의2). 체포기간은 구속기간과 달리 연장할 수 없다.

(2) 압수·수색영장의 청구

검사 또는 사법경찰관은 영장에 의한 체포를 한 현장에서 압수한 물건에 대해 계속 압수할 필요가 있는 경우에는 지체 없이 – 체포한 때부터 48시간 이내에 – 압수수색영장을 청구하여야 한다(제217조 제2항). 검사 또는 사법경찰관은 청구한 압수수색영장을 발부받지 못한 때에는 압수한 물건을 즉시 반환하여야 한다(동조 제3항).

(3) 체포된 피의자의 석방

체포된 피의자에 대하여 구속영장을 청구하지 않는 경우나 구속영장 청구가 기각된 경우에는 즉시 피의자를 석방하여야 한다(제200조의2 제5항, 규칙 제100조).

(4) 영장 미집행 등과 법원에 대한 통지

체포영장의 발부를 받은 후 피의자를 체포하지 아니하거나 체포한 피의자를 석방한 때에는 지체 없이 검사는 영장을 발부한 법원에 그 사유를 서면으로 통지하여야 한다(제204조).

4. 재체포의 문제

명문규정은 없으나 영장재발부의 요건에 대한 규정(제200조의2 제4항, 규칙 제99조) 등에 비추어 볼 때 제한 없이 허용된다는 것이 다수설의 입장이다.

제 2 긴급체포

Ⅰ. 의의

피의자에게 중대한 범죄의 혐의가 있고 체포의 필요성이 인정되며 긴급을 요하는 경우에 수사기관이 – 현행범인이 아닌 – 피의자에게 그 사실을 알리고 영장 없이 체포하는 제도를 말한다(헌법 제12조 제3항 단서, 제200조의3 제1항).

1995년 개정법률 이전의 '긴급구속'을 대체하는 제도로서 '긴급체포'로 명칭이 변경되었다. 수사의 능률성과 합목적성을 고려하여 사전영장주의의 예외를 인정한 것이다. 그러나 사전영장 없이 체포를 할 때에는 피의자의 나이·경력·범죄성향이나 범죄의 경중 그 밖의 여러 사정을 고려하여 인권의 침해가 없도록 신중을 기해야 한다.

Ⅱ. 요건

1. 범죄의 중대성

사형, 무기 또는 장기 3년 이상의 징역이나 금고에 해당하는 죄를 범하였다고 의심할 만한 상당한 이유가 있어야 한다.

법정형이 장기 3년 미만인 범죄는 형법상 과실치사상, 단순폭행, 주거침입, 공연음란, 단순도박죄, 명예훼손 등 일부에 불과하여 '범죄의 중대성' 요건이 실질적으로 긴급체포를 제한하는 역할을 제대로 하지 못한다는 평가가 지배적이다. 도로교통법위반의 경우 무면허운전은 제외되며, 음주운전은 2회 이상, 측정거부, 혈중알콜농도 0.2% 이상이 경우에만 긴급체포가 가능하다(도교법 제148조의2 참조).

범죄혐의의 상당성은 영장에 의한 구속의 경우와 같이 '무죄추정을 깨뜨릴 수 있는 고도의 개연성'이 있어야 할 것이다.

2. 체포의 필요성

피의자가 증거를 인멸할 염려가 있거나(제200조의3 제1항 제1호), 도망하거나 도망할 우려가 있어야 한다(동항 제2호). 긴급체포의 필요성은 영장에 의한 체포의 경우와 달리 – '일정한 주거가 없는 때'를 제외하고 – 구속사유와 동일하다. 이는 긴급체포의 남용을 억제하기 위해 영장에 의한 체포에 비하여 그 요건을 엄격하게 한 것이며, 주거부정을 제외한 것은 영장주의의 예외에 해당하는 긴급체포를 지나치게 확대하는 것은 비례의 원칙에 반할 수 있다는 점을 고려한 것이라고 할 수 있다.

3. 체포의 긴급성

영장발부를 기다려 체포에 착수하면 신병확보의 목적을 달성할 수 없는 사정이 존재해야 한다.

(1) '긴급을 요한다'는 것은 피의자를 우연히 발견한 경우 등과 같이 지방법원판사의 체포영장을 받을 시간적 여유가 없는 때를 의미한다(제200조의3 제1항

제2문).[6)]

(2) **구체적 적용** 소재가 파악되지 않았던 피의자가 귀가하는 것을 우연히 발견한 경우는 긴급성이 인정되지만,[7)] 검사의 소환조사에 응할 태세를 갖추고 자택 등에서 대기하던 사람,[8)] 신원이나 연락처가 파악되어 도망이나 증거인멸의 우려가 없는 사람[9)] 등의 경우에는 긴급성이 부정된다.

피의자가 참고인이나 고소인으로 **자진출석**하여 조사를 받던 도중 귀가요구를 하는 경우 긴급체포가 가능한지 여부가 문제된다. 구체적으로 피의자가 출석하게 된 경위, 출석 횟수, 출석불응이 있었는지 여부, 조사시간, 수사상황 등을 종합적으로 고려하여 긴급체포의 요건(범죄의 상당한 혐의, 체포의 필요성 등)이 갖추어졌는지를 판단해야 한다. 도망 및 증거인멸의 우려가 현저한 경우에 긴급성이 긍정된다는 점에 비추어 볼 때, 일반적으로 조사가 시작된 이후에 귀가요구를 하게 되면 범죄혐의가 드러나고 증거인멸이나 도망의 염려가 인정될 가능성이 크지만,[10)] 조사 이전에 귀가요구를 한 때에는 범죄혐의도 드러나지 않고 체포의 필요성도 확인할 수 없으므로 위법한 긴급체포가 될 가능성이 크다고 말할 수 있다.[11)]

4. 체포요건의 판단기준

긴급체포의 요건 구비 여부는 (1) 사후에 밝혀진 사정을 기초로 판단하는 것이 아니라, **체포 당시의 상황**을 기초로 판단하여야 하고, (2) 이에 관한 수사주체의 판단에는 **상당한 재량의 여지**가 있다고 할 것이나, (3) 긴급체포 당시의

---

6) 대판 2016. 10. 13. 2016도5814 (피의자가 필로폰을 투약한다는 이웃의 제보를 받은 경찰관이 제보의 정확성을 사전에 확인한 후에 제보자를 불러 조사하기 위하여 피의자의 주거지를 방문하였다가 마침 그곳에서 피의자를 발견하고, 피의자의 전화번호로 전화를 하여 나오라고 하였으나 응하지 않자 그의 집 문의 잠금장치를 해제하여 강제로 문을 열고 들어가 수색한 끝에 침대 밑에 숨어 있던 피의자를 긴급체포한 사안: 위법).

7) 대판 2005. 12. 9. 2005도7569 (사기사건의 피의자에 대한 고소 사건을 담당하던 경찰관이 피의자의 소재 파악을 위해 그의 거주지와 그가 경영하던 공장 등을 찾아가 보았으나, 피의자가 공장 경영을 그만둔 채 거주지에도 귀가하지 않는 등 소재를 감추자 법원의 압수수색영장에 의한 휴대전화 위치추적 등의 방법으로 피의자의 소재를 파악하려고 하던 중, 주거지로 귀가하던 피의자를 발견하고 사기 혐의로 긴급체포한 사안: 적법). 같은 취지의 판례로는, 대판 2005. 11. 10. 2004도42.

8) 대판 2002. 6. 11. 2000도5701.

9) 대판 2016. 10. 13. 2016도5814.

10) 대판 1998. 7. 6. 98도785 참조.

11) 대판 2006. 9. 8. 2006도148 참조.

상황으로 보아서도 그 요건의 충족 여부에 관한 검사나 사법경찰관의 판단이 **경험칙에 비추어 현저히 합리성을 잃은 경우**에는 위법한 체포가 된다.[12)]

Ⅲ. 절차

1. 체포의 주체

긴급체포를 할 수 있는 자(긴급체포권자)는 검사 또는 사법경찰관이다. 사법경찰리는 긴급체포권을 가지지 않지만, 검사나 사법경찰관의 지휘를 받아 보조적 지위에서 긴급체포가 가능하다.[13)]

2. 체포절차[14)]

(1) 긴급체포사유의 고지

긴급체포를 할 때에는 긴급체포의 사유에 해당하여 영장 없이 체포함을 고지하여야 한다(제200조의3 제1항).

(2) 피의사실의 요지 등의 고지

검사 또는 사법경찰관은 피의자를 긴급체포하는 경우에는 피의사실의 요지, 체포의 이유와 변호인을 선임할 수 있음을 말하고 변명할 기회를 주어야 한다(제200조의5). 소위 '미란다'고지는 체포를 위한 실력행사에 들어가기 이전에 미리 하는 것이 원칙이나, 부득이한 경우에는 실력행사를 하는 과정이나 실력행사 이후에 지체 없이 행하여야 한다.[15)] 고지의 내용으로서 '체포의 이유'는 긴급체포의 요건을 충족시켰음을 대상자에게 설명하는 것이다.

(3) 강제처분

영장에 의한 체포의 경우와 마찬가지로 부수적 강제처분(제216조 제1항, 제217조 제1항)과 경찰장구의 사용이 가능하다(경집법 제10조 내지 제10조의4).

---

12) 대판 2002. 6. 11. 2000도5701; 대결 2003. 3. 27. 2002모81; 대판 2006. 9. 8. 2006도148; 대판 2007. 1. 12. 2004도8071; 대판 2008. 3. 27. 2007도11400; 대판 2008. 5. 29. 2008도2099 등.

13) 대판 1965. 1. 19. 64도740; 대판 2000. 7. 4. 99도4341.

14) 제200조의5와 제200조의6은 영장에 의한 체포와 긴급체포 모두에 대해 적용되므로, 영장의 발부 및 집행을 전제로 하는 조항을 제외하고는 긴급체포절차에도 그대로 준용된다.

15) 대판 2007. 11. 29. 2007도7961; 대판 2008. 7. 24. 2008도2794; 대판 2010. 6. 24. 2008도11226.

3. 체포에 따른 조치

(1) 긴급체포서의 작성 등

검사 또는 사법경찰관은 피의자를 긴급체포한 경우 즉시 **긴급체포서**를 작성하여야 한다(제200조의3 제3항). 긴급체포서에는 범죄사실의 요지, 긴급체포의 사유 등을 기재하여야 한다(동조 제4항).

(2) 검사의 사후 승인

사법경찰관이 피의자를 긴급체포한 경우에는 즉시 검사의 승인을 얻어야 한다(제200조의3 제2항).

(가) 취지 사법경찰관에 의한 긴급체포의 남용을 수사기관 내부에서 통제하기 위한 규정이다.

> 사법경찰관은 긴급체포 후 12시간 내에 검사에게 긴급체포의 승인을 요청해야 하며(수사준칙 제27조 제1항), 승인을 요청할 때에는 범죄사실의 요지, 긴급체포의 일시·장소, 긴급체포의 사유, 체포를 계속해야 하는 사유 등을 적은 **긴급체포 승인요청서**로 – 긴급한 경우에는 '형사사법정보시스템'이나 팩스를 이용하여 – 요청해야 한다(동조 제2항).
> 검사는 사법경찰관의 긴급체포 승인 요청이 이유 있다고 인정하는 경우에는 지체 없이 긴급체포 승인서를 사법경찰관에게 송부해야 하며(동조 제3항), 이유 없다고 인정하는 경우에는 지체 없이 사법경찰관에게 불승인 통보를 해야 하고 이 경우 사법경찰관은 긴급체포된 피의자를 즉시 석방하고 그 석방 일시와 사유 등을 검사에게 통보해야 한다(동조 제4항).

(나) 피의자에 대한 대면조사 사법경찰관이 검사에게 긴급체포된 피의자에 대한 긴급체포 승인건의와 함께 구속영장을 신청한 경우, 검사는 ① 긴급체포의 적법성을 의심할 만한 사유가 기록 기타 객관적 자료에 나타나 피의자의 대면조사를 통해 그 여부의 판단이 가능할 것으로 보이는 예외적인 경우에, ② 피의자가 검사의 출석 요구에 동의한 때에 한하여 예외적으로 사법경찰관리의 호송을 통해 직접 대면조사가 가능하다.16)

(3) 체포집행절차 호송 중의 가유치(제200조의6, 제86조), 변호인 등에 대한 체포의 통지(제206조의6, 제87조), 체포된 피의자와의 접견·수진 등(제200조의6,

16) 대판 2010. 10. 28. 2008도11999.

제89조), 체포적부심사청구권의 고지(제214조의2 제2항) 등의 집행절차는 영장에 의한 체포의 경우와 동일하다.

4. 체포 후의 조치

(1) 구속영장의 청구

긴급체포한 피의자를 구속하고자 하는 경우에는 지체 없이 – 체포한 때부터 48시간 이내에 – 구속영장을 청구하여야 하며, 구속영장 청구시에는 긴급체포서를 첨부하여야 한다(제200조의4 제1항). 긴급체포 이후에 별도의 사후체포영장을 요하지 않는 현행법하에서 구속영장은 긴급체포에 대한 사후승인과 구속의 사전 허가라는 **이중적 성격**을 가진다. 따라서 구속사유가 존재하지 않는 경우뿐만 아니라 구속사유는 존재하지만 선행한 긴급체포가 위법한 경우에도 구속영장 청구를 기각하여야 한다.[17]

(2) 피의자의 석방

긴급체포한 피의자에 대하여 구속영장을 청구하지 아니하거나 발부받지 못한 때에는 피의자를 즉시 석방하여야 한다(제200조의4 제2항).

㈎ **법원에의 통지** 검사는 구속영장을 청구하지 아니하고 피의자를 석방한 때에는 '석방한 날부터 30일 이내'에 – 긴급체포서의 사본을 첨부하여 – 서면으로 ① 긴급체포 후 석방된 자의 인적 사항, ② 긴급체포의 일시·장소와 긴급체포하게 된 구체적 이유, ③ 석방의 일시·장소 및 사유, ④ 긴급체포 및 석방한 검사 또는 사법경찰관의 성명을 법원에 통지하여야 한다(제200조의4 제4항). 검사가 법원에 석방통지를 하지 않았더라도 긴급체포 자체가 적법했다면 그 긴급체포에 의한 유치 중에 작성된 피의자신문조서가 소급하여 위법하게 되는 것은 아니라는 것이 판례의 입장이다.[18]

사법경찰관이 긴급체포한 피의자에 대하여 구속영장을 신청하지 아니하고 석방한 경우에는 즉시 검사에게 보고하여야 한다(동조 제6항). 이 경우에도 보고를 받은 검사는 직접 석방한 경우와 마찬가지로 그 사실을 서면으로 법원에 통

---

17) 형사실무제요 [I] 305~306면.

18) 대판 2014. 8. 26. 2011도6035. 그러나 법원에의 통지가 석방된 자에 대한 사후영장에 갈음하는 사법적 통제제도라는 점을 고려하면, 사후에 석방통지가 이루어지지 않은 긴급체포에 의한 유치 중에 작성된 피의자신문조서를 증거로 사용할 수 없도록 하는 것도 고려할 만하다.

지해야 할 것이다.

이러한 사후통지제도는 긴급체포 후 석방한 경우에 아무런 사법적 통제를 받지 않아 영장주의에 반한다는 문제제기에 따라 신설된 제도이다. 그러나 사후통지를 하더라도 법원이 그에 따른 판단과 조치를 취할 제도적 장치가 마련되지 않고, 사후통지기간이 30일로 비교적 장기인 점에서 여전히 문제의 소지를 안고 있다. 입법론으로는 헌법이 규정하고 있는 대로 긴급체포한 경우 즉시 사후영장에 의한 사법적 통제를 받을 수 있도록 하여야 한다.

(나) 통지서 등의 열람·등사 긴급체포 후 석방된 자나 그 변호인·법정대리인·배우자·직계친족·형제자매는 통지서 및 관련 서류를 열람하거나 등사할 수 있다(제200조의4 제5항). 불법으로 체포한 사실이 인정되면 배상청구 등의 방법으로 침해된 권리를 회복할 수 있도록 관련 자료를 확보하기 위한 규정이다.

(다) 재체포의 제한 구속영장을 청구하지 아니하거나 발부받지 못하여 석방된 자는 영장 없이는 동일한 범죄사실에 관하여 다시 체포하지 못한다(제200조의4 제3항). 체포와 구속은 성격을 달리하므로 석방된 피의자를 구속하는 것은 가능하다.[19] 또한 체포적부심사절차에 의해 석방된 피의자가 도망하거나 범죄의 증거를 인멸한 경우에는 재차 긴급체포가 가능하다(제214조의3).

(3) 압수·수색영장의 청구

검사 또는 사법경찰관은 긴급체포를 하는 현장에서 압수한 물건에 대해 계속 압수할 필요가 있는 경우에는 지체 없이 – 체포한 때부터 48시간 이내에 – 압수수색영장을 청구하여야 한다(제217조 제2항). 검사 또는 사법경찰관이 청구한 압수수색영장을 발부받지 못한 때에는 압수한 물건을 즉시 반환하여야 한다(동조 제3항).

---

19) 대판 2001. 9. 28. 2001도4291.

제3 현행범인 체포

Ⅰ. 현행범인의 의의

1. 현행범인

현행범인이란 범죄를 실행하고 있거나 실행하고 난 직후의 사람을 말한다(제211조 제1항).

여기서 범죄는 특정한 것이어야 하지만 죄명이나 적용법조, 형의 경중 등을 인식해야 하는 것은 아니다. 또한 구성요건에 해당하는 불법한 행위임이 명백한 경우여야 한다. 책임능력이 있는가 여부는 일반인의 입장에서 명백히 인식하기 어렵고 책임무능력자라도 형사절차에서 감정 등의 대상이 되므로 책임능력의 존재는 현행범인의 전제조건은 아니다. 또한 친고죄의 경우에 고소가 없더라도 – 처음부터 고소가능성이 없는 경우가 아니라면 – 현행범인 체포가 가능하다.

(1) 범죄의 실행 중

'범죄를 실행하고 있다'는 것은 범죄의 실행에 착수하여 종료하지 못한 상태를 말한다. 미수범을 벌하는 경우에는 실행의 착수가 있어야 하고, 예비·음모를 처벌하는 경우에는 예비·음모가 그 기준이 된다. 간접정범의 경우에는 피이용자의 실행행위가 개시된 때를, 그리고 교사나 방조의 경우에는 정범이 실행에 착수한 때를 각기 기준으로 한다.

간접정범의 경우 학설의 대립이 있으나 다수설은 피이용자의 행위를 기준으로 한다. 다만 피이용자가 실행에 착수하지 않더라도 이용자를 예비·음모로 처벌할 수 있는 범죄의 경우라면 이용자의 이용행위를 기준으로 해야 할 것이다. 한편 정범이 실행에 착수하지 않아도 교사자와 피교사자를 예비·음모에 준하여 처벌하는 경우(형법 제31조 제2항, 제3항)에는 교사행위가 실행행위에 해당한다.

정범은 물론 공범으로도 처벌되지 않는 자는 현행범인에 포함되지 않는다.[20)]

(2) 범죄의 실행 직후

'범죄를 실행하고 난 직후'란 체포자의 입장에서 볼 때 범죄의 실행행위가

---

20) 대판 2020. 6. 11. 2016도3048 (노조 지회장이 노조의 쟁의행위로 중단된 회사 업무를 수행하기 위하여 채용된 근로자의 대체근로를 막기 위해 다투던 중 근로자가 도망하다 넘어지면서 상해를 입은 경우 노동조합법위반의 현행범인인지 여부가 문제된 사안: 소극)

종료된 직후임이 명백한 경우로서, 결과발생 여부는 불문한다. '실행하고 난 직후'란 범죄행위를 실행하여 끝마친 순간 또는 이에 바로 이어지는 시간적 단계로서, 실행행위와 시간적·장소적 접착성이 필요하다.[21)]

형사소송법이 준현행범인에 관해 별도로 규정하고 있는 점을 고려할 때, 실행의 종료와 아주 접착된 시간적 단계만을 의미한다고 보아야 한다.[22)]

2. 준현행범인

준현행범인이란 현행범인이 아니지만 형사소송법상 현행범인으로 간주되는 자를 말한다(제211조 제2항). ① 범인으로 불리며 추적되고 있을 때(제1호), ② 장물이나 범죄에 사용되었다고 인정하기에 충분한 흉기나 그 밖의 물건을 소지하고 있을 때(제2호), ③ 신체나 의복류에 증거가 될 만한 뚜렷한 흔적이 있을 때(제3호), ④ 누구냐고 묻자 도망하려고 할 때(제4호)에 해당하는 자가 준현행범인이다. 제1호 내지 제3호는 범행과 관련성이 어느 정도 인정되지만, 제4호의 경우에는 이를 인정하기 어려우므로 특히 범행의 명백성이 인정되는지 여부를 확인할 필요가 있다.

순찰 중이던 경찰관이 교통사고를 낸 차량이 도주하였다는 무전연락을 받고 주변을 수색하다가 범퍼 등의 파손상태로 보아 사고차량으로 인정되는 차량에서 내리는 사람을 발견하고 체포한 경우는 적법한 준현행범인 체포(제2호)에 해당하며,[23)] 피의자의 신체 내지 의복류에 주취로 인한 냄새가 강하게 나는 경우도 준현행범인(제

---

21) 대판 1991. 9. 24. 91도1314 (실행행위가 종료된 후 40분이 경과하고 건물 내 다른 장소에서 현행범인으로 체포한 사안: 위법); 대판 2006. 2. 10. 2005도7158.「위 공소외 1이 피고인을 현행범인으로 체포한 시기는 피고인이 공소외 2에 대한 상해행위를 종료한 순간과 아주 접착된 시간적 단계에 있다고 볼 수 있을 뿐만 아니라 피고인을 체포한 장소도 피고인이 위 상해범행을 저지른 바로 위 목욕탕 탈의실이어서, 위 공소외 1이 피고인을 체포할 당시는 피고인이 방금 범죄를 실행한 범인이라고 볼 죄증이 명백히 존재하는 것으로 인정할 수 있는 상황이었다고 할 것이므로, 피고인을 현행범인으로 볼 수 있다고 할 것이다.」

22) 대판 1991. 9. 24. 91도1314; 대판 1993. 8. 13. 93도926; 대판 1995. 5. 9. 94도3016; 대판 1995. 5. 26. 94다37226; 대판 2002. 5. 10. 2001도300; 대판 2007. 4. 13. 2007도1249.
한편 판례 가운데, 식당 운영권 문제로 다툼이 있던 피고인이 피해자의 식당에서 소란을 피우고 있다는 신고를 받고 현장에 출동하였으나 피고인이 소란행위를 일시 중단한 채 자리에 앉아 있었고, 영업을 방해한 사람으로 지목받자 자신이 사장이라며 경찰관에게 욕설을 하며 소란을 피우자 경찰관이 현행범으로 체포하였고 그 과정에서 수갑을 채우는 경찰관과 경찰관에게 상해를 가한 사안에 대해 현행범인 체포가 적법하다고 본 것이 있다(대판 2013. 8. 23. 2011도4763). 같은 취지로는, 대판 2006. 2. 10. 2005도7158; 대판 2019. 7. 10. 2018도10099.

23) 대판 2000. 7. 4. 99도4341.

3호)에 해당한다.[24]

Ⅱ. 현행범인의 체포

1. 의의

누구든지 현행범인을 영장 없이 체포할 수 있다. 현행범인의 체포는 인권침해의 우려가 적으므로 누구든지 할 수 있도록 하고, 사전영장주의의 예외를 인정하고 있다(헌법 제12조 3항 단서 및 형사소송법 제212조). 적법한 현행범인 체포는 형법 제20조가 규정한 '법령에 의한 행위'에 해당한다.

2. 체포의 요건

(1) 범인과 범죄의 명백성

체포를 하는 자의 입장에서 볼 때 범죄가 실행 중 또는 실행 직후임이 명백하고 대상자가 그 범죄를 저질렀음이 명백하여야 한다.[25] 행위의 가벌성과 범죄의 현행성·시간적 접착성도 당연히 전제되어야 한다. 범죄의 명백성 여부는 체포 당시의 구체적 상황을 기초로 객관적으로 판단해야 하며, 사후에 실제 범인으로 인정되었는지 여부는 불문한다.[26] 준현행범인의 경우에는 제211조 제2항에 유형화된 사유의 어느 하나에 해당된다는 점과 함께 범행과 범인의 명백성 유무 등의 사실도 함께 판단해야 하며, 시간적·장소적 근접성이 요구된다. 현행범인 체포에는 소송조건의 존재를 요하지 않는다.

(2) 체포의 필요성

현행범인 체포에 증거인멸이나 도망의 염려와 같은 '체포의 필요성'이 요구되는지에 대해서는 견해의 대립이 있다. 판례는 일관되게 필요설의 입장을

---

24) 대판 2012. 11. 15. 2011도15258.

25) 현행범인 체포의 명백성을 부정한 사안으로는, 대판 2017. 6. 8. 2016도16121. 「경찰공무원이 음주감지기에 의한 시험을 요구하였을 당시 피고인은 이미 운전을 종료한 지 약 2시간이 경과하였던 점, 피고인은 자신의 차량을 운전하여 이 사건 현장에 도착한 이후 일행들과 40분 이상 편의점 앞 탁자에 앉아 있었고 그 위에는 술병들이 놓여 있었으므로, 피고인이 운전을 마친 이후 이 사건 현장에서 비로소 술을 마셨을 가능성도 없지 않았던 점 등을 종합적으로 고려하여 보면, 피고인이 술에 취한 상태에서 자동차를 운전하였다고 인정할 만한 상당한 이유가 있다고 하기에 부족하다.」

26) 대판 2013. 8. 23. 2011도4763.

취하고 있으며,27) 즉시 범인을 체포할 급박한 사정이 있는지도 함께 고려하고 있다.28)

학설로서 ① 필요설(현행범인 체포는 사전영장의 예외를 인정하는 것이지 체포의 요건을 완화한 것은 아니라는 견해)과 ② 불요설(통상체포의 예외적인 경우이고 추가적인 범죄의 실행이나 실행가능성을 차단한다는 의미를 가지고 있어, 범인과 범죄의 명백성이 있는 한, 현행범인을 지나치게 제한하는 것은 타당하지 않다는 견해)이 있다.

(3) 비례의 원칙

경미사건의 경우 주거불명인 경우에만 현행범인 체포가 가능하다(제214조). 범행이 경미하고 체포자가 범인의 인적 사항을 알고 있을 뿐만 아니라 범인의 도주가능성도 없고 증거가 확보되어 있으며 범행이 일시적인 것이라 추가 실행가능성도 없는 경우라면 체포를 제한하겠다는 취지이다.

(4) 체포요건에 대한 판단

긴급체포의 경우와 마찬가지로 체포 당시의 상황을 기초로 판단해야 하고, 그 판단에 있어서는 수사기관에게 상당한 재량의 여지가 있으며, 체포 당시의 상황으로 보아서도 그 요건의 충족 여부에 관한 수사기관 등의 판단이 경험칙에 비추어 현저히 합리성을 잃은 경우에는 그 체포는 위법하다.29)

3. 체포의 절차

(1) 주체

현행범인 체포는 누구든지 가능하므로, 수사기관은 물론 사인도 체포의 주체가 된다. 다만, 사인의 경우에는 체포의무가 없으나, 수사기관에게는 체포의무가 인정된다.

---

27) 대판 1991. 9. 24. 91도1314; 대판 2017. 4. 7. 2016도19907 등.

28) 대판 1999. 1. 26. 98도3029 (피해자의 집 앞 노상에 주차하여 둔 피의자의 차를 피해자가 열쇠 꾸러미로 긁어 손괴하는 것을 보고 이에 격분하여 피해자의 멱살을 수회 잡아 흔들어 피해자에게 약 14일간의 치료를 요하는 흉부찰과상을 가한 사안: 긍정).

29) 대판 2011. 5. 26. 2011도3682; 대판 2016. 2. 18. 2015도13726; 대판 2017. 3. 9. 2013도16162.

(2) 절차

㈎ **사인인 경우** 체포에 특별한 절차를 요하지 않으나, 사인이 현행범인을 체포한 때에는 수사기관에게 범인을 즉시 인도할 의무가 부과된다(제213조 제1항).

㈏ **수사기관의 경우** 체포집행절차로서 호송 중의 가유치(제200조의6, 제86조), 체포의 통지(제213조의2, 제87조), 체포와 피의사실 등의 고지(제213조의2, 제200조의5), 체포적부심사청구권의 고지(제214조의2 제2항) 등의 규정이 적용되는 것은 영장에 의한 체포나 구속의 경우와 동일하다.

명시적인 규정은 없으나 현행범인 체포의 요건을 충족시켰음을 사전에 고지하는 것이 필요하다. 수사기관이 현행범인을 체포하거나 사인으로부터 인도받은 직후에는 피의사실 등 미란다 고지를 하여야 한다. 사전고지가 원칙이나 실력행사를 하면서 급박한 경우에는 실력행사 과정이나 직후에 지체 없이 고지하여야 한다.[30)]

체포된 현행범인을 경찰관서로 연행한 경우, 연행된 장소에서 영장 없는 압수·수색·검증을 할 수 있는지가 문제된다. 제216조 제1항 제2호는 '체포현장'에서의 영장 없는 압수·수색·검증을 허용하고 있을 뿐이므로, 현행범인 '체포 후'에는 동조가 적용되지 않는다고 보아야 한다.

(3) 강제력의 행사 등

체포의 목적을 달성하기 위해 필요한 최소한도의 범위 내에서 실력행사가 가능하다. 적정한 한계를 벗어나지 않는 체포행위는 법령에 의한 행위로서 위법성이 없다.[31)] 수사기관에 의한 현행범인 체포의 경우에는 통상체포의 경우와 마찬가지로 부수적 강제처분(제216조 제1항, 제217조 제1항)이나 경찰장구의 사용이 가능하다(경직법 제10조 내지 제10조의4).

---

30) 대판 2000. 7. 4. 99도4341; 대판 2007. 11. 29. 2007도7961; 대판 2008. 2. 14. 2007도10006; 대판 2012. 2. 9. 2011도7193; 대판 2017. 3. 15. 2013도2168.

31) 대판 1999. 1. 26. 98도3029.

4. 체포후 절차

(1) 사인의 현행범인 인도

사인이 현행범인을 체포한 때에는 즉시 수사기관에 인도하여야 한다(제213조 제1항).

(가) 여기서 '즉시'란 반드시 체포 시점과 시간적으로 밀착된 시점일 필요는 없고, '정당한 이유 없이 인도를 지연하거나 체포를 계속하는 등으로 불필요한 지체를 함이 없이'라는 의미이다.[32] 사인은 현행범인을 수사기관에 인도할 의무가 있으므로, 사인이 체포한 피의자를 임의로 석방하는 것은 허용되지 않는다. 체포권 남용의 우려를 방지하기 위한 것이다.

(나) **체포한 자에 대한 질문 및 동행요구** 사법경찰관리가 현행범인의 인도를 받은 때에는 체포자의 성명, 주거, 체포의 사유를 물어야 하고 필요한 때에는 체포자에 대하여 경찰관서에 동행을 요구할 수 있다(제213조 제2항).

(다) **체포에 따른 절차** 검사 또는 사법경찰관은 현행범인을 체포하거나 체포된 현행범인을 인수했을 때에는 조사가 현저히 곤란하다고 인정되는 경우가 아니면 지체 없이 조사해야 하며, 조사 결과 계속 구금할 필요가 없다고 인정할 때에는 현행범인을 즉시 석방해야 한다(수사준칙 제28조 제1항). 현행범인을 석방했을 때에는 석방 일시와 사유 등을 적은 피의자 석방서를 작성해 사건기록에 편철하고, 사법경찰관은 석방 후 지체 없이 검사에게 석방 사실을 통보해야 한다(동조 제2항).

사법경찰관리가 현행범인을 체포한 때에는 현행범인 체포서를, 그리고 현행범인을 인도받았을 때에는 현행범인 인수서를 각기 작성하여야 하고, 현행범인에 대해서는 범죄와의 시간적 접착성과 범죄의 명백성이 인정되는 상황을, 준현행범인에 대해서는 범죄와의 관련성이 인정되는 상황을 구체적으로 적어야 한다(경찰수사규칙 제52조 제2항, 제3항).

(2) 구속영장 청구 또는 피의자 즉시 석방

현행범인을 체포한 경우에 피의자를 구속하고자 할 때에는 통상체포의 경우와 마찬가지로 체포한 때로부터 48시간 이내에 구속영장을 청구하여야 하고,

---

32) 대판 2011. 12. 22. 2011도12927.

그 기간 내에 구속영장을 청구하지 아니하는 때에는 피의자를 즉시 석방하여야 한다(제213조의2, 제200조의2). 검사 또는 사법경찰관이 체포한 피의자에 대해 구속영장을 청구하거나 신청할 때에는 구속영장 청구서 또는 신청서에 현행범인 체포서 또는 현행범인 인수서를 첨부해야 한다(수사준칙 제29조 제2항).

> 헌법 제12조 제3항 단서는 "현행범인인 경우 … 에는 사후에 영장을 청구할 수 있다"고 규정하고 있으나, 구속을 위하여 구속영장을 청구하는 경우를 제외하고 별도의 사후체포영장을 청구하지 않더라도 영장주의에 반하는 것은 아니라는 것이 헌법재판소의 태도이다.[33)]

㈎ '48시간'은 체포한 때를 기준으로 하지만, 불가피한 사유로 인도가 지체된 경우에는 '인도된 때'를 기준으로 한다.[34)] 예컨대 외국에서 수사기관 아닌 자가 현행범인을 체포하여 국내로 이송한 다음 수사기관에 인도한 때에는 체포 시점이 아니라 인도 시점이 기준이 된다.

㈏ 구속영장을 청구하지 못한 경우뿐만 아니라 발부받지 못한 경우에도 즉시 피의자를 석방하여야 한다(규칙 제100조 제2항, 법 제200조의4 제2항).

(3) 체포된 자의 권리

㈎ **피의사실 등의 통지** 피의자를 현행범인으로 체포 또는 인도받은 때에는 변호인이 있는 경우에는 변호인에게, 변호인이 없는 경우에는 변호인선임대리권자 중 피고인이 지정한 자에게 피의사건명, 체포일시·장소, 범죄사실의 요지, 체포의 이유와 변호인을 선임할 수 있는 취지를 지체 없이 서면으로 통지하여야 한다(제213조의2, 제87조 제1항, 제2항).

㈏ **접견·수수 및 수진** 현행범인으로 체포된 피의자는 법률의 범위 내에서 타인과 접견하고 서류 또는 물건을 수수하며 의사의 수진을 받을 수 있다(제213조의2, 제89조). 현행범인으로 체포된 피의자에 대해서도 비변호인과의 접견교통의 제한에 관한 규정(제91조)을 준용해야 할 것이다.

㈐ **변호인선임 의뢰** 현행범인으로 체포된 피의자는 법원, 교도소장 또는 구치소장 또는 그 대리자에게 변호사를 지정하여 변호인의 선임을 의뢰할 수 있고, 그 의뢰를 받은 법원, 교도소장 또는 구치소장 또는 그 대리자는 급속

---

33) 헌재 2012. 5. 31. 2010헌마672.

34) 대판 2011. 12. 22. 2011도12927 (소말리아 해적 체포 사건).

히 피의자가 지명한 변호사에게 그 취지를 통지하여야 한다(제213조의2, 제90조).

㈑ **체포적부심사의 청구** 현행범인으로 체포된 피의자 또는 그 변호인, 법정대리인, 배우자, 직계친족, 형제자매나 가족, 동거인 또는 고용주는 관할법원에 체포의 적부심사를 청구할 수 있다(제214조의2 제1항). 피의자를 현행범인으로 체포한 검사 또는 사법경찰관은 체포된 피의자와 청구권자 중에서 피의자가 지정하는 자에게 적부심사를 청구할 수 있음을 알려야 한다(동조 제2항).

제2절 구속

제1 의의 및 성격

Ⅰ. 개념

구속이란 피의자가 도망하거나 증거를 인멸하지 못하도록 신체활동의 자유를 제한하는 강제처분을 말한다. 형사소송법은 구속을 넓은 의미로 사용하지만, 통상은 구금의 의미로 사용되기도 한다.

1. 광의의 구속

광의의 구속은 구인과 구금을 포함한다(제69조). 구인(拘引)은 피의자나 피고인, 증인을 단기간 동안 법원 기타 일정한 장소에 인치하는 처분인 데 비하여, 구금(拘禁)은 피의자나 피고인을 비교적 장기간 교도소나 구치소 등에 감금하는 처분이다. 구인은 통상 피고인이 법원의 소환에 불응하는 경우에 절차의 진행을 위해서 행해진다(제74조).

피의자의 경우에는 영장에 의한 체포가 가능하므로 원칙적으로 구인이 허용되지 않지만, 예외적으로 체포되지 않은 피의자에 대하여 구속영장을 청구하는 경우에 구속전 피의자신문을 위한 구인은 가능하다(제201조의2 제2항).

(1) 구인기한

구인한 피고인을 법원에 인치한 경우 구금할 필요가 없다고 인정한 때에는 그 인치한 때로부터 24시간 내에 석방하여야 하며(제71조), 법원은 인치받은 피고인을 유치할 필요가 있는 때에는 – 인치한 때부터 24시간을 초과하지 않는 범위 내에서 – 교도소·구치소 또는 경찰서 유치장에 유치할 수 있다(제71조의2).

(2) 증인에 대한 구인

공소제기 이후에 증인의 경우에는 정당한 사유 없이 소환에 응하지 않거나 지정한 장소에의 동행을 거부한 때 구인이 가능하다(제152조, 제166조 제2항). 국가보안법위반사건의 경우에는 공소제기 전에 참고인에 대한 구인도 허용된다(동법 제18조).

(3) 형집행을 위한 구인

사형, 징역, 금고 또는 구류의 선고를 받은 자에 대한 형집행을 위한 구인이 가능하다(제473조 제2항, 제3항).

2. 통상의 구속

일반적으로 구속은 구인을 제외한 구금만을 의미하는 경우가 많다. 한편 일반적인 피의자의 경우와는 달리, 치료감호대상자의 경우에는 치료감호를 할 필요가 있다고 인정되고 도망이나 증거인멸의 염려 등이 있을 때에는 보호구속(보호구금과 보호구인을 포함)을 할 수 있다(「치료감호 등에 관한 법률」 제6조).

Ⅱ. 구속의 목적

구속은 형사절차의 진행 및 형집행의 확보를 목적으로 한다. 적합성의 요구에 따라 절차나 형집행 확보 이외의 목적을 위한 구속은 금지된다. 감정유치(제221조의3)는 신체의 자유를 제한하는 점에서는 구속과 동일하지만 피의자의 신체나 정신의 감정을 목적으로 병원 기타 적당한 장소에 유치한다는 점에서 차이가 있다.

Ⅲ. 불구속수사의 원칙

피의자에 대한 수사는 불구속 상태에서 하는 것이 원칙이다(제198조 제1항). 구속은 본인 외에 가족의 명예 손상이나 심각한 경제적 위험을 초래할 수 있으므로, 비례의 원칙을 엄격하게 적용하여 필요최소한도에 그쳐야 한다(제199조 제1항 단서). 현행법이 영장실질심사제도에 의한 엄격한 사법적 통제를 예정하고 있는 것도 이러한 취지에서 이해할 수 있다.

제2 요건

Ⅰ. 범죄혐의의 상당성

죄를 범하였다고 의심할 만한 상당한 이유가 존재하여야 한다(제201조).

친고죄에서 고소를 하지 않았거나, 반의사불벌죄에서 처벌불원의사를 표시한 때, 위법성조각사유 또는 책임조각사유가 존재하는 경우는 당연히 범죄혐의가 부정되므로 구속할 수 없다. 다만 피의자에게 책임능력이 없는 경우는 치료감호의 대상이 될 수 있으므로 보호감호의 형태로 신체구속이 가능하다.

구속을 위해서는 구체적 사실에 입각한 객관적인 범죄혐의가 존재하여야 한다. 이를 소명하기 위해 통상 구체적인 소명자료의 제출이 필요하다. 혐의의 정도는 무죄추정을 깨뜨릴 수 있을 정도로 충분한 범죄혐의를 인정할 만한 유죄판결에 대한 고도의 개연성 내지 '현저한 혐의'가 존재해야 한다. 범죄혐의의 존재 여부는 구속 시점을 기준으로 판단한다.

Ⅱ. 구속사유

범죄혐의가 존재하더라도 피의자를 구속할 필요가 있어야 한다. 이를 구속사유라고 한다. 현행법은 주거부정, 증거인멸의 염려, 도망 또는 도망의 염려를 구속사유로 규정하고 있다(제201조 제1항, 제70조 제1항).

1. 증거인멸의 염려

'증거인멸의 염려'(제70조 제1항 제2호)란 특정한 사실을 근거로 할 때 피의자가 증거방법에 부당한 영향을 미쳐 수사나 재판에 지장을 초래할 구체적 위험(고도의 개연성)이 존재하는 것을 의미한다.

기존의 증거를 소극적으로 인멸하거나 허위증거를 적극적으로 새로 조작하는 경우를 포함하며, 정당한 방어권의 범위를 초과하여 증거물을 파기, 은닉, 훼손 또는 개조하거나 피해자나 목격자의 진술을 번복하게 하는 것 등이 여기에 해당한다.

증거인멸은 반드시 위증죄나 증거인멸죄의 공범 또는 정범의 구성요건에 해당하는 위법하고 유책한 행위를 의미하지는 않지만, 피의자가 범죄사실을 자백하지 않고 다투거나 수사가 종결되지 않았다는 이유만으로는 미흡하다. 반대로 수사가 종결되었다는 이유만으로 증거인멸의 염려가 없다고도 할 수 없다.

실무상 증거인멸의 염려에 대한 판단은 (1) 인멸의 대상이 되는 증거가 존재하는지 여부, (2) 그 증거가 범죄사실의 입증에 결정적으로 영향을 주는지 여부, (3) 피의자 측에 의하여 그 증거를 인멸하는 것이 물리적·사회적으로 가능한지 여부, (4) 피의자 측이 피해자 등 증인에 대하여 어느 정도의 압력이나 영향력을 행사할 수 있는지 여부 등의 요소를 종합적으로 고려하여 판단하며(구속예규 제48조), 객관적인 증거인멸의 가능성과 실효성은 증거의 양과 성질, 피의자의 진술태도 등을 고려하여 판단하여야 하고, 주관적인 증거인멸의 의도는 피의자의 진술태도에 의하여 결정된다.

2. 도망 또는 도망할 염려

'도망 또는 도망할 염려'(제70조 제1항 제3호)란 피의자가 종전 생활의 중심지에서 이탈하여 그 소재가 불분명하게 됨으로써 수사기관에서 피의자를 소환하는 것이 불가능하게 되거나 불가능하게 될 염려가 있는 것을 의미한다. 신병확보를 위한 구속사유이다. 도망 또는 도망할 염려가 있는지 여부는, 범죄의 경중과 같은 범죄사실에 관한 사정과 직업·경력과 같은 피의자의 개인적 사정은 물론 피의자의 가족관계, 사회적 환경 등을 종합적으로 고려하여 생활이 불안정한지 여부, 처벌을 면할 목적이 있는지 등을 판단해야 한다.

3. 주거부정

'주거부정'(제70조 제1항 제1호)이란 주거, 즉 주소·거소를 포함하여 일정한 기간 계속적으로 숙식할 장소가 없는 경우를 말한다. 주거가 일정하지 않은 피의자는 소재불명이 될 가능성이 강하게 추정되기 때문에 신병확보를 위해 구속사유로 한 것이다. 주거부정인지 여부는, 주거의 종류(자택, 숙박시설 등), 거주기간, 주민등록의 유무 등 주거 자체의 안정성, 피의자의 지위, 직업, 가족관계 등 생활의 안정성 등을 종합하여 판단한다.

주거부정은 경미사건의 경우에 독자적인 의미를 가지며(제70조 제3항), 일반적으로는 주로 도망의 염려를 판단하는 기준으로서의 의미를 가질 뿐이다.

교통과 통신의 발달에 의하여 전국이 1일 생활권으로 진입하고 이동통신수단이 비약적으로 발전함에 따라, 특정인에게 항시 연락 가능한 수단이 있고 나아가 본인에게 형사절차에 출석할 의지만 있다면 그 사람에게 장기간 거주하여 온 특정한 주거가 없다는 사유만으로 형사절차에서의 출석확보의 목적 달성에 상당한 위험이 초래된다고 단정하기는 어렵게 되었다. 따라서 피의자에게 주거부정의 사유가 있더라도 다른 여러 사정들과 종합하여 고려할 때 피의자가 도망할 염려가 있는 경우에 해당하거나 피의자의 주거부정으로 형사절차의 출석 확보라는 목적 달성에 상당한 위험이 초래된다고 인정되는 경우에 한해서 구속사유로 봄이 타당하다.

Ⅲ. 구속사유 심사시 고려사항

법원은 구속사유를 심사할 때에는 범죄의 중대성, 재범의 위험성, 피해자 및 중요 참고인 등에 대한 위해우려 등을 고려해야 한다(제209조, 제70조 제2항).

1. 취지

종래의 실무를 반영한 주의적 규정으로서, 독립한 구속사유를 추가한 것이 아니라 단지 '고려사항'으로서 구속사유와 함께 부가적으로 요구된다.[35] 따라서 구속사유가 없음에도 단순히 고려사항이 존재한다는 이유만으로 구속을 인정해서는 안된다.

2. 개별적 의미

범죄의 중대성이나 재범의 위험성은 도주의 우려를, 그리고 피해자나 중요 참고인 등에 대한 위해 우려는 증거인멸의 우려를 판단하는 자료가 될 수 있다.

(1) 범죄의 중대성

소명된 범죄의 종류, 죄질, 동기, 피해의 정도, 범행 후의 정황 등을 종합적으로 고려하였을 때(국민의 법감정 및 여론도 포함하는 견해도 있음) 피의자 또는 피고인의 신병확보의 필요가 우선시되는 심각한 범죄인지를 고려할 필요가 있다.

비례의 원칙을 고려하면, 대상범죄는 사형, 무기 또는 장기 10년이 넘는 징역이나 금고에 해당하는 범죄로 제한할 필요가 있다.

(2) 재범의 위험성

피의자 또는 피고인이 당해 사건으로 구속되지 않으면 장래에 다시 범죄를 저지를 위험이 있다고 경험적으로 추정되는 경우를 말한다.

---

35) 헌재 2010. 11. 25. 2009헌바8.

재범의 위험성을 구속사유로 인정하게 되면 구속이 예방구금의 성격을 가지게 되므로 구속의 본래 목적에 반한다는 비판이 있다. 따라서 피의자가 판결이 확정되기 전에 또 다른 범행을 저지를 개연성을 차단함으로써 재범으로 인한 형사절차의 회피와 형벌집행의 면탈을 억제하기 위한 기능으로 이해할 필요가 있다.

(3) 피해자 및 중요 참고인에 대한 위해 우려

피의자 또는 피고인의 태도 및 피해자를 포함한 중요 참고인과의 관계, 범행후의 정황 및 범죄자의 태도, 피해자와 참고인의 반응 등을 종합하여 그 여부를 판단한다.

여기서 '중요 참고인'이란 피해자의 친족(4촌 이내의 친족과 동거가족)과 고소·고발 등의 수사단서를 제공한 자, 증인으로 채택될 가능성이 있는 목격자, 범죄사실을 피해자로부터 직접 전문한 자, 범죄와 관련된 증거제출자 등을 말한다.

(4) 고려사항 상호간의 관계

세 가지 고려사항은 각기 구속사유와 결부되어 구속의 필요성을 결정하는 종합적·독립적 인자가 된다. 구속사유와 고려사항은 상호보완적, 제한적·대등적 관계에 있다.

Ⅳ. 비례의 원칙

1. 일반론

구속도 강제처분의 일종으로 필요최소한도의 범위 안에서만 하여야 하며(제199조 제1항 단서), 특히 피의자에 대한 수사는 불구속 상태에서 함을 원칙으로 한다(제198조 제1항).

구체적으로는 적합성의 요청에 따라 범죄혐의의 상당성과 구속사유의 존재를 전제로 해서만 구속이 가능하며, 필요성의 요청에 따라 구속은 필요최소한도의 범위 내에서 허용되어야 하고, 상당성의 요청에 따라 구속을 통해 달성되는 수사의 합목적성이라는 공익과 신체의 자유에 대한 구속에 따른 기본권 침해의 균형을 이루어야 하며 과잉금지에 반해서는 안된다.

2. 구속의 개별적 제한

경미사건의 경우에는 주거부정을 이유로 해서만 구속이 가능하며(제201조

제1항 단서, 제70조 제3항), 소년사건(「소년법」 제55조 제1항), 쟁의행위 중인 근로자(「노동조합 및 노동관계조정법」 제39조) 그리고 공직선거 후보자(「공직선거 및 선거부정방지법」 제11조) 등에 대해서는 별도의 법령을 통해 구속을 제한하고 있다.

제3 절차

Ⅰ. 구속영장 청구

1. 청구권자

검사는 구속영장을 관할지방법원 판사에게 청구하며, 사법경찰관은 검사에게 신청하여 검사가 청구한다(제201조 제1항). 공소제기 후에 법원이 피고인에 대해 구속영장을 발부하는 경우에는 검사의 신청을 요하지 않는다.[36]

검사가 사법경찰관이 신청한 구속영장을 정당한 이유 없이 판사에게 청구하지 아니한 경우 – 영장에 의한 체포의 경우와 마찬가지로 – 사법경찰관은 그 검사 소속의 지방검찰청 소재지를 관할하는 고등검찰청에 구속영장 청구 여부에 대한 심의를 신청할 수 있다(제221조의5 제1항).

한편 검사는 사법경찰관이 신청한 영장(「통신비밀보호법」 제6조 및 제8조에 따른 통신제한조치허가서 및 같은 법 제13조에 따른 통신사실 확인자료 제공 요청 허가서를 포함)의 청구 여부를 결정하기 위해 필요한 경우 사법경찰관에게 범인에 관한 사항, 증거 또는 범죄사실 소명에 관한 사항, 소송조건 또는 처벌조건에 관한 사항, 해당 영장이 필요한 사유에 관한 사항, 죄명 및 범죄사실의 구성에 관한 사항, 관련 사건(법 제11조 제1호의 경우는 수사기록에 명백히 현출되어 있는 사건으로 한정한다)과 관련된 사항 그 밖에 사법경찰관이 신청한 영장의 청구 여부를 결정하기 위해 필요한 사항에 관하여 보완수사(제197조의2 제1항 제2호)를 요구할 수 있다(수사준칙 제59조 제3항).

2. 청구방식

구속영장의 청구는 서면에 의하며(구속영장청구서), 그 기재사항에 대해서는 규칙에서 규정하고 있다(규칙 제93조, 제95조의2). 동일한 범죄사실에 관하여 그 피의자에 대하여 전에 구속영장을 청구하거나 발부받은 사실이 있을 때에는 다시

---

36) 대결 1996. 8. 12. 96모46.

구속영장을 청구하는 취지 및 이유를 기재하여야 한다(제201조 제5항). 판사는 청구서의 기재사항에 흠결이 있는 경우에는 전화 기타 신속한 방법으로 영장을 청구한 검사에게 그 보정을 요구할 수 있다(규칙 제96조).

3. 자료의 제출

검사는 구속의 필요를 인정할 수 있는 자료를 제출하여야 하며(제201조 제2항), 피의자 측은 구속영장의 청구를 받은 판사에게 유리한 자료를 제출할 수 있다(규칙 제96조 제3항).

Ⅱ. 구속전 피의자심문

1. 의의 및 제도의 취지

구속전 피의자심문이란 구속영장의 청구를 받은 판사가 구속영장을 발부하기 전에 피의자를 직접 심문하여 구속 요건의 존부를 실질적으로 심사하는 제도를 말한다. **구속영장실질심사제도**라고도 한다.

(1) 취지

본 제도의 취지는 피의자의 법관 대면권(법적 청문권)을 실질적으로 보장하기 위한 것이다. 수사기관이 제출한 자료에만 의존해서 형식적으로 구속영장을 발부하던 실무를 변경하여, 영장주의를 통해 인신구속을 실질적으로 통제하려는 것이다.

(2) 필요적 심문제도

구속영장의 청구를 받은 판사는 피의자를 필요적으로 심문하여야 한다.[37)]다만 피의자가 심문에 출석하지 않겠다고 불출석의사를 표시한 경우나 피의자가 도망하는 등의 사유로 심문할 수 없다고 인정되는 경우는 예외이다(제201조의2 제2항).

---

37) 이미 심문을 실시하여 구속영장의 청구를 기각한 피의자에 대하여 구속영장이 재청구된 경우에는 피의자를 다시 구인, 심문하는 데 신중을 기하여야 한다. 구속영장이 재청구될 때마다 피의자를 다시 구인하여 심문하는 것은 필요최소한도의 범위 안에서만 강제처분이 허용된다는 형사소송법의 원칙에 반하고, 피의자의 법관 대면권을 보장하기 위하여 마련된 구속영장실질심사제도의 취지에도 반하는 것이 때문이다. 형사실무제요 [I], 288-9면.

1995년 제도 도입 당시 법관의 재량에 의하도록 하였으나, 1997년 개정을 통해 피의자 등의 신청을 요건으로 하였고, 2007년 개정에서 피의자의 법적 청문권 보장이라는 차원에서 필요적 심문으로 변경하였다.

2. 피의자심문의 준비

(1) 심문의 주체

심문의 주체는 구속영장 청구를 받은 판사이다(제201조의2 제1항, 제2항). 실무에서는 원칙적으로 영장전담법관을 지정·운영하지만(규칙 제96조의5), 영장전담법관이 없는 근무시간 외 또는 공휴일에는 당직판사가 영장업무를 담당한다.

(2) 국선변호인의 선정

심문할 피의자에게 변호인이 없는 때에는 직권으로 변호인을 선정하여야 하고(제201조의2 제8항 제1문), 변호인의 사정이나 그 밖의 사유로 변호인 선정결정이 취소되어 변호인이 없게 된 때에는 직권으로 변호인을 다시 선정할 수 있다(동조 제9항). 구속전 심문을 받는 피의자의 변호인의 조력을 받을 권리를 보장하기 위한 것이다.

㈎ **선정의 시간적 효력** 변호인 선정은 – 피의자에 대한 구속영장 청구가 기각되어 효력이 소멸한 경우를 제외하고 – 제1심까지 효력이 있다(동조 제8항 제2문).

㈏ **피의자와의 접견** 변호인은 구속영장이 청구된 피의자에 대한 심문 시작 전에 피의자와 접견할 수 있다(규칙 제96조의20 제1항).

지방법원 판사는 심문할 피의자의 수, 사건의 성격 등을 고려하여 변호인과 피의자의 접견시간을 정할 수 있고, 검사 또는 사법경찰관에게 접견에 필요한 조치를 요구할 수 있다(규칙 동조 제2항, 제3항).

㈐ **구속영장청구서 등의 열람** 변호인은 지방법원 판사에게 제출된 구속영장청구서 및 그에 첨부된 고소·고발장, 피의자의 진술을 기재한 서류와 피의자가 제출한 서류를 열람할 수 있다(규칙 제96조의21 제1항).

검사는 증거인멸 또는 피의자나 공범 관계에 있는 자가 도망할 염려가 있는 등 수사에 방해가 될 염려가 있는 때에는 지방법원 판사에게 구속영장청구서를 제외한 서류의 열람 제한에 관한 의견을 제출할 수 있고, 지방법원 판사는 검사의 의견이 상당하다고 인정하는 때에는 그 전부 또는 일부의 열람을 제한할 수 있으며, 지방법원 판사는 열람에 관하여 그 일시, 장소를 지정할 수 있다(규칙 동조 제2항, 제3항).

(3) 심문기일 및 심문장소의 지정

(가) 심문기일의 지정 체포된 피의자에 대한 심문은 특별한 사정이 없는 한 구속영장이 청구된 날의 다음날까지 심문이 이루어져야 하며(제201조의2 제1항 후문), 체포되지 않은 피의자에 대한 심문기일은 관계인에 대한 심문기일의 통지 및 그 출석에 소요되는 시간 등을 고려하여 피의자가 법원에 인치된 때로부터 가능한 한 빠른 일시로 지정하여야 한다(규칙 제96조의12 제2항).

(나) 심문기일의 변경 판사는 지정된 심문기일에 피의자를 심문할 수 없는 특별한 사정이 있는 경우에는 그 심문기일을 변경할 수 있다(규칙 제96조의22).

(다) 심문장소 피의자에 대한 심문절차는 법원청사 내에서 행하는 것이 원칙이다(규칙 제96조의15).

(4) 심문 기일과 장소의 통지 등

구속영장을 청구 받은 판사는 체포된 피의자의 경우에는 즉시, 체포되지 않은 피의자의 경우에는 피의자를 인치한 후 즉시 검사, 피의자 및 변호인에게 심문기일과 장소를 통지하여야 한다(제201조의2 제3항).

(5) 피의자 출석을 위한 절차

판사가 피의자를 심문하기 위해서는 피의자가 심문장소에 출석해야 하는데, 피의자가 체포되었는지 여부에 따라 출석시키는 방법에 차이가 있다.

(가) 체포된 피의자의 경우 검사가 심문기일에 피의자를 출석시켜야 한다(제201조의2 제3항 제2문).

(나) 체포되지 않은 피의자의 경우 피의자가 죄를 범하였다고 의심할 만한 이유가 있는 경우에 구속영장을 청구 받은 판사가 구인을 위한 구속영장을 발부하여 피의자를 구인한 후 심문한다(제201조의2 제2항 본문).

피의자가 체포되지 않았으나 심문기일에 피의자가 임의로 출석할 것이 기대되는 경우라도 피의자의 신병을 확보하고 구금을 위한 구속영장의 집행을 용이하게 하기 위해서는 구인을 위한 구속영장을 발부함을 원칙으로 한다.

구인영장의 유효기간은 7일(초일 불산입)로 정한다(규칙 제178조). 구인영장이 집행불능되어 반환되고 피의자가 도망하는 등의 사유로 심문할 수 없다고 인정되는 경우에는 심문결정을 취소하거나 피의자의 출석 없이 심문절차를 진행한 후 구금영장의 발부 여부를 결정하여야 한다. 이 경우 범죄혐의의 상당성과 다른 구속사유가 인정되어 구금영장을 발부하는 때에는 구금영장의 유효기간을 발부일로부터 7일을 초과하는 상당한 기간으로 정할 수 있다(인신구속예규 제41조 제5항).

① 피의자의 구인 피의자의 구인을 위한 구속(구인)영장의 방식 및 집행, 통지제도 등은 피고인의 구인에 관한 규정을 준용한다(제201조의2 제10항, 제75조, 제81조부터 제83조까지, 제85조 제1항·제3항·제4항, 제86조, 제87조 제1항, 제89조부터 제91조). 구인한 피의자를 법원에 인치한 경우에 구금할 필요가 없다고 인정한 때에는 그 인치한 때로부터 24시간 내에 석방하여야 한다(제201조의2 제10항, 제71조).

② 피의자의 유치 법원은 인치받은 피의자를 유치할 필요가 있는 때에는(통상 피의자심문 이후 영장발부 여부를 결정할 때까지) 유치할 수 있는데, 법원에 유치한 경우에 법원사무관등은 피의자의 도망을 방지하기 위한 적절한 조치를 취해야 하고(규칙 제96조의11 제1항), 법원 외의 장소에 유치할 필요가 있는 때에는 교도소·구치소 또는 경찰서 유치장에 유치할 수 있으며(제201조의2 제10항, 제71조의2), 판사는 구인을 위한 구속영장에 유치할 장소를 기재하고 서명날인하여 이를 교부하여야 한다(규칙 제96조의11 제2항). 유치기간은 인치한 때부터 24시간을 초과할 수 없다(제201조의2 제10항, 제71조의2).

㈐ **국회의원의 경우** 회기 중인 국회의원에 대하여 구속영장을 청구한 경우 판사는 구인영장을 발부하기 전에 체포동의요구서를 대응 검찰청에 송부하는 방법으로 체포동의를 요청하여야 한다(국회법 제26조 제1항).

국회의장은 체포동의를 요청받은 후 처음 개의하는 본회의에 이를 보고하고, 본회의에 보고된 때부터 24시간 이후 72시간 이내에 표결하며, 체포동의안이 72시간 이내에 표결되지 아니하는 경우에는 그 이후에 최초로 개의하는 본회의에 상정하여 표결한다(동조 제2항).

Ⅲ. 심문기일의 절차

1. 심문의 비공개

피의자에 대한 심문절차는 공개하지 않고, 다만, 상당하다고 인정하는 경우에 판사는 피의자의 친족, 피해자 등 이해관계인의 방청을 허가할 수 있다(규칙 제96조의14).

판사는 피의자심문을 함에 있어 공범의 분리심문 기타 수사상의 비밀보호를 위하여 필요한 조치를 하여야 하므로(제201조의2 제5항), 심문장소에 공범 기타 다른 피의자가 재정 또는 재실하지 않도록 해야 하며, 다만 여러 명의 피의자를 함께 심문하여도 수사기밀이 누설될 염려가 없는 등 필요하다고 인정하는 때에는 예외로 한다(구속예규 제44조 제1항).

2. 피의자의 출석

피의자심문을 위하여 원칙적으로 피의자가 출석해야 하나(제201조의2 제3항 제2문), 피의자가 도망하는 등의 사유로 심문할 수 없는 경우에는 예외이다(동조 제2항 단서 참조).

피의자가 심문기일에의 출석을 거부하거나 질병 그 밖의 사유로 출석이 현저하게 곤란하고, 피의자를 심문 법정에 인치할 수 없다고 인정되는 때에는 판사는 피의자의 출석 없이 심문절차를 진행할 수 있고(규칙 제96조의13제1항), 피의자가 심문기일에의 출석을 거부하는 때에는 검사는 판사에게 그 취지 및 사유를 기재한 서면을 작성 제출하여야 한다(규칙 동조 제2항). 피의자의 출석 없이 심문절차를 진행할 경우에는 출석한 검사 및 변호인의 의견을 듣고, 수사기록 그 밖에 적당하다고 인정하는 방법으로 구속사유의 유무를 조사할 수 있다(동조 제3항).

3. 심문절차

판사는 수사상 비밀보호를 위해 필요한 조치를 하여야 하며(제201조의2 제5항), 신뢰관계 있는 자를 동석하게 할 수 있다(제201조의2 제10항, 제276조의2).

심문의 구체적인 절차에 대해서는 규칙 제96조의16에서 규정하고 있다.
구속영장청구서에 기재된 **범죄사실의 요지 고지** → **진술거부권 고지**(규칙 제96조의16 제1항) → **인정신문** → 구속 여부를 판단하기 위하여 필요한 사항에 관하여 신속하고 간결한 **심문**(증거인멸 또는 도망의 염려를 판단하기 위하여 필요한 때에는 피의자의 경력, 가족관계나 교우관계 등 개인적인 사항에 관하여 심문할 수 있고(규칙 동조 제2항), 필요하다고 인정하는 때에는 심문장소에 출석한 피해자 그 밖의 제3자에 대한 심문이 가능하다(규칙 동조 제5항)) → **검사와 변호인의 의견진술**(제201조의2 제4항. 판사의 심문 종료 후가 원칙이나 필요한 경우 심문 도중에도 판사의 허가를 얻어 가능(규칙 제96조의16 제3항)) → 피의자의 법정대리인, 배우자, 직계친족, 형제자매나 가족, 동거인 또는 고용주도 판사의 허가를 얻어 사건에 관한 의견 진술(규칙 동조 제6항) 등의 절차로 이루어진다. 피의자는 판사의 심문 도중에도 변호인에게 조력을 구할 수 있다(규칙 동조 제4항). 판사는 심문을 위하여 필요하다고 인정하는 경우에는 호송경찰관 기타의 자를 퇴실하게 하고 심문을 진행할 수 있다(규칙 동조 제7항).

4. 구속전 피의자심문조서의 작성

피의자를 심문하는 경우 법원사무관등은 심문의 요지 등을 조서로 작성하여야 하며(제201조의2 제6항), 조서 작성에 관하여는 총칙의 조서 및 공판조서에 관한 규정이 준용된다(제201조의2 제10항). 피의자심문조서는 구속적부심문조서에 준하여 '특히 신용할 만한 정황에 의하여 작성된 문서'로서 증거능력이 인정될 수 있을 것이다.[38)]

5. 구속기간의 불산입

피의자심문을 하는 경우 법원이 구속영장청구서·수사 관계 서류 및 증거물을 접수한 날부터 구속영장을 발부하여 검찰청에 반환한 날까지의 기간은 구속기간에 산입하지 않는다(제201조의2 제7항). 실무상 구속영장청구서 등을 접수한 시각과 반환한 시각이 같은 날이면 1일을, 다른 날이면 2일을 구속기간에서 제외한다.

Ⅳ. 결정

구속영장의 청구를 받은 지방법원판사는 신속히 구속영장의 발부 여부를 결정하여야 한다(제201조 제3항). 구속전 피의자심문을 한 경우에는 심문이 종료한 후 지체 없이 결정한다.

1. 구속영장의 발부

구속영장의 청구를 받은 지방법원판사는 상당하다고 인정할 때에는 구속영장을 발부한다(제201조 제4항 제1문).

---

38) 대판 2004. 1. 16. 2003도5693 참조.

(1) 구속영장의 성격

수사절차에서 구속영장은 허가장으로 보는 것이 일반적이다.

수사절차에서 강제처분의 주체를 누구로 보는가에 따라 견해가 달라질 수 있는데, 학설로는 **허가장설**(구속영장의 집행주체가 검사이므로 영장은 법원의 허가를 의미하는 것이라는 견해)과 **명령장설**(영장발부 자체가 명령이라는 형식의 재판이므로 법원의 명령이라는 견해)이 대립하고 있으며, 헌법재판소는 법원이 직권으로 발부하는 영장과 수사기관의 청구에 의해 발부하는 영장의 성격을 구별해서, 전자는 명령장으로 보고 후자는 허가장으로 보고 있다.[39] 그러나 강제처분에 대한 권한이 법원이 있다는 점을 전제로 하면, 절차의 단계에 따라 영장의 성격을 달리 파악하는 헌법재판소의 태도는 부적절한 측면이 있다.

(2) 구속영장의 발부기준

법원은 검사가 구속영장청구서에 기재한 범죄사실을 기준으로 구속영장을 발부한다(사건(事件)단위설). 검사가 공소를 제기하려는 범인을 기준으로 하는 견해(인(人)단위설)도 있으나, 사건단위설이 통설이다. 따라서 동일한 범죄사실에 대하여는 1개의 구속영장을 발부하는 것이 원칙이다. 범죄사실이 동일한지 여부는 사회적 사실관계의 동일성을 기준으로 판단한다.[40]

법원의 심리 결과 구속영장청구서 기재의 범죄사실과 다른 사실이 인정되더라도 양 사실의 기본적 사실관계가 동일하다면 수사단계의 피의사실은 아직 확정된 사실관계가 아니라 유동적인 상태에 있고, 만일 청구를 기각하더라도 새로운 피의사실에 기한 재청구시 영장을 발부하게 되는 점을 감안하면 구속영장을 발부하는 것이 바람직하다는 것이 실무의 입장이다.

(3) 구속영장의 기재사항

구속영장에는 피고인을 특정할 수 있는 사항과 주거, 죄명, 공소사실의 요지, 구속의 사유, 인치 구금할 장소, 발부년월일, 그 유효기간과 그 기간을 경과하면 집행에 착수하지 못하며 영장을 반환하여야 할 취지를 기재하여야 한다(제209조, 제75조, 규칙 제46조).

---

39) 헌재 1997. 3. 27. 96헌바28 등.
40) 대결 2001. 5. 25. 2001모85.

(4) 영장의 복수 작성 및 원본 송부

구속영장은 여러 통을 작성하여 여러 명의 사법경찰관리에게 교부할 수 있으며, 그 경우에는 그 사유를 구속영장에 기재하여야 한다(제209조, 제82조). 구속영장 집행의 편의를 도모하기 위해 하나의 사건에 대해 영장을 여러 통 발부하여 교부할 수 있도록 한 것이다. 검사의 지휘에 의하여 집행하는 구속영장을 발부한 법원은 그 원본을 검사에게 송부한다(규칙 제48조).

(5) 영장의 유효기간

영장의 유효기간은 원칙적으로 7일이다. 다만, 상당하다고 인정하는 때에는 7일을 넘는 기간을 정할 수 있다(규칙 제178조).

실무상으로 구금영장의 유효기간은 규칙과 관계없이 다양하게 정하는데, 영장이 집행불능된 이유 등을 참작하여 탄력적으로 정하되(소재불명인 경우에는 6개월로 하는 경우도 있음), 대개는 1개월 또는 2개월로 정하고 있다. 유효기간이 장기인 경우에는 그 사이에 구속사유에 관한 사정이 변경될 수 있으므로, 지나치게 장기간으로 정하는 것은 바람직하지 않을 것이다. 피고인의 경우는 6개월 내지 1년의 유효기간으로 발부된다고 한다.

(6) 법원에 대한 통지

구속영장의 발부를 받은 후 피의자를 구속하지 아니하거나 구속한 피의자를 석방한 때에는 지체 없이 검사는 영장을 발부한 법원에 그 사유를 서면으로 통지하여야 한다(제204조).

2. 구속영장의 기각

구속영장의 청구가 부적법하거나 이유가 없을 때에는 지방법원판사는 구속영장 청구를 기각하여야 한다(제201조 제4항 제1문의 반대해석).

구체적으로는 구속영장청구서의 형식적 요건의 흠결이 중대함에도 상당한 시간 내에 보정되지 않은 경우, 구속사유에 대한 소명이 부족한 경우, 회기 중의 국회의원의 경우와 같이 법률이 정한 동의가 필요함에도 체포동의안이 부결된 경우, 이미 행해진 현행범인체포나 긴급체포 등 체포가 위법한 경우, 구속영장 청구시한을 경과하여 구속영장이 청구된 경우 등이 여기에 해당한다.

청구기각시에는 취지 및 이유를 기재하고 서명날인하여 구속영장을 청구한 검사에게 교부하여야 한다(제201조 제4항 제2문). 구속영장이 기각되면 체포 또는 구인된 피의자는 즉시 석방하여야 한다(제200조의4 제2항, 규칙 제100조 제2항, 제209조, 제71조).

3. 결정에 대한 불복

영장발부 결정에 대해서는 피의자나 변호인 등이 사후에 구속적부심사청구를 통한 불복이 가능하므로 별도의 불복절차를 요하지 않으나, 검사의 영장청구를 기각한 결정에 대해서는 별도의 수단이 없으므로 항고 등에 의한 불복이 가능한지에 대해 학설이 대립하고 있다.

(1) 학설

긍정설은 항고나 준항고의 대상이 되는 법원의 결정 등에는 지방법원 판사의 결정도 포함될 수 있기 때문에 항고나 준항고가 가능하다고 하며, **부정설**은 지방법원판사의 구속영장을 기각하는 결정은 '법원의 결정'도 아니고, '재판장이나 수명법관의 구금 등에 관한 재판'도 아니므로 항고나 준항고의 대상이 될 수 없고, 영장을 기각한 경우라도 검사는 구속영장을 재청구할 수 있으므로 별도의 불복제도는 인정할 필요가 없다고 한다.

생각건대 영장에 대한 불복을 허용하게 되면 재판의 효력이 장기간 유동적인 상태에 놓이게 되어 피의자의 지위가 불안하게 될 우려가 있고, 현재의 사법자원으로는 사실상 항고를 인정하기 어려운 측면이 있으므로 부정설이 타당하다.

(2) 판례

판례는 구속영장을 발부한 지방법원 판사는 제402조가 전제로 하고 있는 '수소법원'이 아니고 제416조가 명시한 '재판장 또는 수명법관'에도 해당되지 않기 때문에 항고나 재항고로 불복할 수 없다는 부정설을 취하고 있다.[41)]

V. 구속영장의 집행

구속영장의 집행절차는 체포영장의 집행절차와 동일하다.

41) 대결 2006. 12. 18. 2006모646.

1. 집행기관

검사의 지휘에 의하여 사법경찰관리가 집행한다(제209조, 제81조 제1항 본문). 교도소 또는 구치소에 있는 피의자에 대하여 발부된 구속영장은 검사의 지휘에 의하여 교도관이 집행한다(제209조, 제81조 제3항). 검사는 필요에 의하여 관할구역 외에서 구속영장의 집행을 지휘하거나 당해 관할구역의 검사에게 집행지휘를 촉탁할 수 있다(제209조, 제83조 제1항).

사법경찰관리도 필요에 의하여 관할구역 외에서 구속영장을 집행할 수 있고 또는 당해 관할구역의 사법경찰관리에게 집행을 촉탁할 수 있다(제209조, 제83조 제2항). 다만 사법경찰관리가 관할구역 외에서 수사하거나 관할구역 외의 사법경찰관리의 촉탁을 받아 수사할 때에는 관할지방검찰청 검사장 또는 지청장에게 보고하여야 한다(제210조 본문).

2. 집행절차

(1) 피의사실 등의 고지

검사 또는 사법경찰관이 피의자를 구속하는 경우에는 피의사실의 요지, 구속의 이유와 변호인을 선임할 수 있음을 말하고 변명할 기회를 주어야 한다(제209조, 제200조의5). 또한 진술거부권의 내용으로서, 일체의 진술을 하지 아니하거나 개개의 질문에 대하여 진술을 하지 아니할 수 있다는 것, 진술을 하지 아니하더라도 불이익을 받지 아니한다는 것 그리고 진술을 거부할 권리를 포기하고 행한 진술은 법정에서 유죄의 증거로 사용될 수 있다는 것을 알려주어야 하며(수사준칙 제32조 제1항, 제2항), 피의자에게 그 권리를 알려준 경우에는 피의자로부터 권리 고지 확인서를 받아 사건기록에 편철한다(동조 제3항).

(2) 구속영장의 사전제시 및 사본교부

구속영장을 집행함에는 피고인에게 반드시 이를 제시하고 그 사본을 교부하여야 한다(제209조, 제85조 제1항 전단). 이때 피고인에게 영장을 사전에 제시함이 원칙이다. 구속영장의 집행 당시 피의자에게 영장을 사전에 제시하지 않았다면 위법한 구속집행이고, 구속 중에 수집한 진술증거는 원칙적으로 유죄 인정의 증거로 사용할 수 없다.[42]

---

42) 대판 2009. 4. 23. 2009도526.

구속영장을 소지하지 않은 경우 급속을 요하는 때에는 피의자에 대하여 피의사실의 요지와 영장이 발부되었음을 고하고 집행할 수 있고(제209조, 제85조 제3항), 집행을 완료한 후에 신속히 영장을 제시하고 그 사본을 교부하여야 한다(제209조, 제85조 제4항).

구속영장이 발부되었음에도 영장 정본을 제시하지 않고 영장표지의 사본만을 제시하는 것은 위법하다.[43]

(3) 구속에 수반되는 강제처분

검사 또는 사법경찰관은 구속하는 경우에 필요한 때에는 ① 영장 없이 타인의 주거나 타인이 간수하는 가옥, 건조물, 항공기, 선박·차량 안에서의 피의자 수색과 체포현장에서의 압수, 수색, 검증 등의 처분을 할 수 있고(제216조 제1항), ② 경찰장비(경찰장구·분사기·무기)를 사용할 수 있다(경집법 제10조의2 내지 제10조의4 참조).

(4) 피의자의 인치

사법경찰관은 피의자의 신병을 신속히 구금장소에 인치하여야 한다(제209조, 제85조 제1항 후단). 구속영장의 집행을 받은 피의자를 호송할 경우에 필요한 때에는 가장 가까운 교도소 또는 구치소에 임시로 유치할 수 있다(제209조, 제86조). 구속영장을 발부받은 후 피의자를 구속하기 이전에 구속영장을 첨부하여 판사에게 인치·구금할 장소의 변경을 청구할 수 있다(규칙 제100조 제3항, 제95조의3).

(5) 구속서류의 작성

사법경찰관리 또는 교도관이 구속영장을 집행한 때에는 구속영장에 집행일시와 장소를, 집행할 수 없었을 때에는 그 사유를 각기 기재하고 기명날인하여야 한다(규칙 제100조 제1항, 제49조 제1항).

3. 피의사실 등의 통지

피의자를 구속한 때에는 변호인이 있는 경우에는 변호인에게, 변호인이 없는 경우에는 변호인선임권자 중 피의자가 지정한 자에게 피의사건명, 구속일시·장소, 범죄사실의 요지, 구속의 이유와 변호인을 선임할 수 있는 취지를 지체

---

43) 대판 1997. 1. 24. 96다40547(원심: 서울지판 1996. 8. 8. 95나54753).

없이 서면으로 통지하여야 한다(제209조, 제87조 제1항, 제2항).

구속의 통지는 구속한 때로부터 늦어도 24시간 이내에 서면으로 하여야 하며(규칙 제100조 제1항, 제51조 제2항), 급속을 요하는 경우에는 구속되었다는 취지 및 구속의 일시·장소를 전화 또는 모사전송기 기타 상당한 방법에 의하여 하며, 후자의 경우에는 다시 서면으로 구속통지를 하여야 한다(규칙 제100조 제1항, 제51조 제3항).

변호인이나 변호인선임권자에 해당하는 자가 없는 경우에는 피의자가 지정하는 자 1인에게 구속사실을 통지한다(규칙 제100조 제1항, 제51조 제1항). 절차공개 및 법치국가 원리를 보장하기 위해 인신구속 사실을 변호인 등에게 통지하도록 한 것이다.

피고인에 대해서는 범죄사실 등 사후청문절차에 관한 규정(제88조)을 두고 있으나, 피의자의 경우에는 구속적부심사제도를 두고 있어 별도로 사후청문에 관한 규정을 준용하고 있지 않다.

4. 구속적부심사청구권의 통지

피의자를 구속한 검사 또는 사법경찰관은 구속된 피의자와 적부심사를 청구할 수 있는 자 중에서 피의자가 지정하는 사람에게 구속적부심사를 청구할 수 있음을 알려야 한다(제214조의2 제2항). 검사 또는 사법경찰관은 구속적부심청구권이 있는 자가 구속영장 등본의 교부를 청구하면 그 등본을 교부해야 한다(수사준칙 제34조).

5. 구속된 피의자의 권리

체포된 경우와 마찬가지로 구속된 피의자에게도 타인과의 접견·수진(제89조), 변호인선임 의뢰(제90조), 구속적부심사 청구(제214조의2) 등의 권리가 보장된다.

Ⅵ. 구속기간

1. 구속기간과 기산점

(1) 구속기간

사법경찰관이 피의자를 구속한 때에는 10일 이내에 피의자를 검사에게 인치하지 아니하면 석방하여야 하며(제202조), 검사가 피의자를 구속한 때 또는 사법경찰관으로부터 피의자의 인치를 받은 때에는 10일 이내에 공소를 제기하지 아니하면 석방하여야 한다(제203조). 구속영장 발부를 위해 피의자심문을 한 경우, 법원이 구속영장청구서·수사관계서류 및 증거물을 접수한 날부터 구속영장을 발부하여 검찰청에 반환한 날까지의 기간은 구속기간에 산입하지 아니한다(제201조의2 제7항).

(2) 기산점

피의자가 체포(200조의2, 제200조의3, 제212조) 또는 구인(제201조의2 제2항)된 경우에는 구속기간은 피의자를 체포 또는 구인한 날부터 기산한다(제203조의2).

2. 구속기간의 연장

(1) 일반적인 경우

지방법원판사는 검사의 신청에 의하여 수사를 계속함에 상당한 이유가 있다고 인정한 때에는 10일을 초과하지 아니하는 한도에서 검사의 구속기간(제203조)의 연장을 1차에 한하여 허가할 수 있다(제205조 제1항). 검사가 연장신청을 할 때에는 구속기간의 연장의 필요를 인정할 수 있는 자료를 제출하여야 한다(동조 제2항).

(2) 국가보안법 위반사건

지방법원판사는 국가보안법상 반국가단체의 구성 등의 죄(제3조 내지 제6조, 제8조, 제9조의 죄)로서 사법경찰관이 검사에게 신청하여 검사의 청구가 있는 경우에 수사를 계속함에 상당한 이유가 있다고 인정한 때에는 10일 이내로 사법경찰관의 구속기간(제202조)의 연장을 1차에 한하여 허가할 수 있고(국가보안법 제19조 제1항, 제3항), 검사의 청구에 의하여 수사를 계속함에 상당한 이유가 있다고 인정한 때에도 10일 이내로 검사의 구속기간(제203조)의 연장을 2차에 한하여 허가할 수 있다(국가보안법 제19조 제2항, 제3항). 따라서 대상사건의 경우 최장 50일의 구속이 가능하다.

(3) 기산시점

구속기간연장 허가결정이 있은 경우 연장기간은 구속기간 만료 다음날부터 기산한다(규칙 제98조).

(4) 불복

구속기간의 연장 여부 및 연장일수는 판사의 재량에 따라 정해지며, 구속기간의 연장을 불허하는 결정에 대해서는 항고나 준항고의 방법으로 불복할 수 없다.[44]

3. 공소제기에 따른 구속기간 연장

구속된 피의자에 대해 공소가 제기되면 신분이 피고인으로 변경되고, 별도의 영장 없이 법원에 의한 구속으로 전환된다. 이 경우에는 공소제기 시점부터 법원의 구속기간을 별도로 기산한다.

Ⅶ. 재구속 제한

구속되었다가 석방된 피의자에 대해서는 다른 중요한 증거를 발견한 경우가 아니면 동일한 범죄사실에 관하여 재구속이 금지된다(제208조). 동일한 사건에 대한 중복 구속을 제한하여 인권을 보장하고 피의자의 지위를 안정시키기 위한 규정이다.

1. 피의자의 구속

'검사 또는 사법경찰관에 의하여 구속되었다가 석방된 자'에 한한다. 법원이 피고인을 구속하는 경우에는 적용되지 않는다.[45] '구속되었다가 석방된' 경우에 한하므로, 긴급체포나 현행범체포로 체포되었다가 석방된 경우는 제외된다.[46]

2. 동일한 범죄사실

사건의 동일성이 인정되는 경우에 한하며, '1개의 목적을 위하여 동시 또는 수단결과의 관계에서 행하여진 행위'는 동일한 범죄사실로 간주된다(동조 제2항). 재구속 제한의 범위를 1죄인 경우 외에 동일한 목적을 가진 범죄나 견련범(범죄의 수단 또는 결과인 행위가 수 개의 죄명에 해당하는 경우)까지 확대하고 있다.

---

44) 대결 1997. 6. 16. 97모1.
45) 대판 1969. 5. 27. 69도509.
46) 대판 2001. 9. 28. 2001도4291.

3. 예외

동일한 범죄사실이라도 그 죄에 관해 다른 중요한 증거가 발견된 경우에는 재구속이 가능하다.

다만 (1) 구속적부심사결정에 의하여 석방된 피의자가 도망하거나 죄증을 인멸하는 경우를 제외하고는 동일한 범죄사실에 관하여 재차 체포 또는 구속하지 못하며(제241조의3 제1항), (2) 보증금납입조건부 석방결정에 따라 석방된 피의자에 대하여 ① 도망한 때, ② 도망하거나 죄증을 인멸할 염려가 있다고 믿을만한 충분한 이유가 있는 때, ③ 출석요구를 받고 정당한 이유 없이 출석하지 아니한 때, ④ 주거의 제한 기타 법원이 정한 조건을 위반한 때를 제외하고는 동일한 범죄사실에 관하여 재차 체포 또는 구속하지 못한다(동조 제2항).

Ⅷ. 구속영장의 효력과 관련된 문제

사건단위설에 따라 영장에 기재된 피의사실과 그 사실의 기초가 되는 사회적 사실관계가 동일한 사실에 대해서는 구속영장의 효력이 미친다. 이와 관련하여 이중구속, 별건구속의 적법성이 문제된다.

판례는 규범적 요소를 고려한 사회적 사실관계의 동일성을 기준으로 구속영장의 효력을 인정하고 있다. 상습사기로 발부된 구속영장은 단순사기죄에도 그 효력이 미치며,[47] 사회적 사실관계가 동일한 때에는 횡령죄로 발부된 구속영장은 사기죄에도 그 효력이 미친다.[48]

1. 이중구속

이중구속이란 이미 구속영장이 발부되어 구속 중인 피의자에 대하여 별도의 범죄사실로 재차 구속영장을 발부받아 이를 집행하는 것을 말한다. 동일한 피의자에 대해 별개의 범죄사실로 구속하는 것이라는 점에서 동일한 범죄사실에 대해 재차 구속하는 것을 금지하는 재구속 제한과는 별개의 문제이다.

(1) 학설

구속영장의 효력은 구속영장에 기재된 범죄사실과 동일성이 인정되는 사실에 대해서만 미치며, 피의자가 이미 구속되어 있는 경우라도 석방에 대비해서

---

47) 대결 1983. 7. 6. 83모30.

48) 대결 2001. 5. 25. 2001모85.

미리 구속영장을 집행해야 할 필요가 있고, 현행법도 구속된 자에 대한 구속영장의 집행을 전제로 한 규정(제209조, 제81조 제3항)을 두고 있으므로 이중구속은 허용된다.

일부 학설은 이미 구속되어 있는 피의자에 대해 다시 구속할 필요가 없고, 구속된 피의자의 석방에 대비해서는 그가 석방되는 시점에 새로운 구속영장을 집행하면 족하므로 이중집행을 허용할 필요가 없다는 불허설을 취하기도 한다.

(2) 판례

사건단위설을 기초로, 구속된 피의자를 다른 범죄사실로 구속하더라도 위법하지 않다고 하여 허용설의 입장에 서있다.[49]

2. 별건수사

별건수사란 수사기관이 본래 수사하려는 중대한 사건(본건)에 대하여 구속의 요건이 구비되지 못한 경우에 이와는 별개의 경미한 사건(별건)으로 구속영장을 발부받아 피의자를 구속한 다음 본건에 대하여 수사를 하는 것을 말한다. 피의자가 구속되어 있는 상태에서 피의사건과 함께 다른 사건에 대해서도 수사를 진행하는 여죄(餘罪)수사는 허용할 필요가 있지만, 별건(구속)수사와 여죄수사의 한계가 문제로 된다.

(1) 원칙적 위법

본건에 대한 구속사유가 없음에도 수사편의를 위해 실질적으로 본건에 대한 구속을 인정하는 것은 영장주의에 반하며, 본건의 구속기간 제한을 잠탈하는 결과가 되고, 별건구속이 자백강요의 수단이 될 수 있으므로 별건수사는 허용되지 않는다.

(2) 여죄수사와의 구별

여죄수사 자체를 위법하다고 보기는 어렵다. 다만 별건수사인지 여죄수사인지는 사안의 경중, 별건과 본건의 수사 착수 시점, 별건과 본건의 수사진행 상태, 구속기간의 활용방식, 사건의 관련성 등을 고려해서 판단하여야 한다. 판례는 별건의 구속기간을 본건의 수사에 실질상 이용하였더라도 바로 위법하다고

---

49) 대결 1996. 8. 12. 96모46. 2차 구속영장에 의한 구속기간을 1차 구속영장의 기간에 포함시켜야 한다는 주장을 배척한 사안으로는, 대결 2000. 11. 10. 2000모134.

볼 수 없다고 하여 제한적인 입장을 취하고 있다.50)

제 3 절 체포·구속상태의 해제

제 1 서설

현행법상 체포·구속된 피의자를 구금상태에서 벗어날 수 있게 하는 제도로는 체포·구속의 집행정지, 보증금납입조건부 석방제도, 체포·구속의 취소, 체포·구속장소감찰에 의한 석방, 체포·구속적부심사에 의한 석방결정 등이 있다. 한편 구속된 피고인이 구금상태에서 벗어날 수 있는 제도로는 보석, 구속영장의 실효(제331조), 사형 또는 자유형의 확정이 있다.

검사 또는 사법경찰관은 구속영장을 청구하거나 신청하지 않고 체포 또는 긴급체포한 피의자를 석방하려는 때에는 ① 체포한 피의자를 석방하려는 때에는 체포 일시·장소, 체포 사유, 석방 일시·장소, 석방 사유 등, ② 긴급체포한 피의자를 석방하려는 때에는 법원에 통지해야 할 사항(제200조의4 제4항)을 적은 「피의자 석방서」를 작성해야 하며(수사준칙 제36조 제1항), 사법경찰관이 피의자를 석방한 경우에는 ① 체포한 피의자를 석방한 때에는 지체 없이 검사에게 석방사실을 통보하고, 그 통보서 사본을 사건기록에 편철하며, ② 긴급체포한 피의자를 석방한 때에는 즉시 검사에게 석방 사실을 보고하고, 그 보고서 사본을 사건기록에 편철한다(동조 제2항).

---

50) 대판 1990. 12. 11. 90도2337. 「피고인은 이 사건 사기 등 범행으로 기소되기 전에(이 사건으로는 1990. 3. 27. 구속영장이 발부되어 그날 집행되었다.) 기소중지처분된 신용카드사업법위반 등 피의사실로 1990. 3. 1.부터 같은 달 27.까지 구속된 사실을 알 수 있는바, 결과적으로 위 구속기간이 이 사건 사기 등 범행사실의 수사에 실질상 이용되었다 하더라도 위 구금일수를 이 사건 사기죄의 본형에 산입할 수는 없다 할 것이므로 같은 취지의 원심판단은 정당하고 소론과 같은 위법이 없다.」 이 판례는 본건인 사기 사실에 대해 구속사유가 없었는지 판단할 수 없어 본래 의미의 별건수사라고 할 수 없고, 구금일수 산입에 관한 판단에 그쳐 위법이 아니라는 소극적 태도를 밝힌 데 불과하다.

제 2 체포 · 구속의 집행정지

Ⅰ. 의의

체포·구속의 집행정지는 상당한 이유가 있는 때 법원 등의 결정으로 친족·보호단체 기타 적당한 자에게 부탁하거나 그의 주거를 제한하여 피의자 또는 피고인에 대한 체포·구속의 집행을 정지하는 제도를 말한다(제209조, 제101조).

피의자는 물론 피고인에 대해서도 인정되고, 보증금 납입을 요하지 않고 피의자의 신청 없이 직권에 의해 인정된다는 점에서 보석과 구별되며, 구속영장의 효력이 유지된다는 점에서 구속의 취소와도 구별된다.

실무상 주로 중병의 치료, 출산, 가족의 장례 참석 등 긴급한 개인적 사정이 있는 경우에 한해 피의자 등을 일시 석방하는 제도로서 제한적으로 운용되고 있다.

Ⅱ. 체포된 피의자의 경우

체포의 집행정지는 국회의원의 경우에만 인정된다(제200조의6, 제101조 제4항). 국회의원이 회기 전에 체포(또는 구금)된 때에는 현행범인이 아닌 한 국회의 요구가 있으면 회기 중 석방되는데(헌법 제44조 제2항), 이로써 체포의 집행정지의 효력이 발생하게 된다.

Ⅲ. 구속된 피의자의 경우

구속된 피의자에 대해서는 친족·보호단체 기타 적당한 자에게 부탁하거나 피의자의 주거를 제한하여 구속의 집행을 정지할 수 있다(제209조, 제101조 제1항).

1. 검사의 결정

피고인의 경우에는 구속의 집행정지가 (수소)법원의 권한이나, 피의자에 대해서는 검사의 권한으로 인정하고 있다(검찰사건사무규칙 제48조 제1항 제1문 참조). 사법경찰관은 검사에게 신청하여 검사가 결정한다(동 규칙 제48조 제1항 제2문).

법원이 피고인에 대한 구속집행정지를 결정하는 경우에 검사의 의견을 물어야 하는데(제101조 제2항), 이 규정이 피의자에 대한 구속집행정지에 대해서는 준용되지 않는다는 점(제209조 참조)에서도, 피의자에 대한 구속집행정지는 검사의 권한으로 볼 수 있다.

2. 상당한 이유의 존재

중병, 출산, 가족의 장례 참석 등 긴급하게 피고인을 석방할 필요가 있는 상당한 이유가 있어야 한다(제209조, 제101조 제1항).

구속집행정지된 피고인은 수사기관의 시찰대상이 되지만 이것만으로 피고인의 도망을 막기에는 부족하고, 또한 피고인이 도망할 염려가 있는 경우에는 구속집행정지 취소사유가 되므로, 구속집행정지 여부를 결정함에 있어서는 친족에의 부탁 또는 주거제한 등의 조치에도 불구하고 피고인이 도망할 염려가 있는지 여부를 신중히 판단해야 한다(「보석·구속집행정지 및 적부심 등 사건의 처리에 관한 예규」(재형 2003-5) 제16조 제2항).

3. 검사의 직권에 의한 결정

당사자의 신청을 기다리지 않고 검사가 직권으로 결정한다. 실무상으로 피의자 또는 변호인이 구속의 집행정지를 신청하기도 하지만, 이것은 직권발동을 촉구하는 의미에 불과하다.

공소제기 여부를 불문하고 구속된 국회의원에 대한 석방요구(헌법 제44조 제2항)가 있으면 구속영장의 집행 정지의 효력이 발생한다(당연정지사유).

4. 조건의 부과 등

친족 등에 대한 부탁이나 주거 제한은 집행정지를 위한 필요적 조건이다. 조건의 내용은 제한적이지 않고 그 외에 검사가 적당하다고 인정하는 조건을 추가할 수 있다.

추가로 정할 수 있는 조건은 보석조건에 준하여 볼 수 있으나, 형사소송법 제98조 제2호(보증금 납입 약정서), 제7호(피해자에 대한 공탁 또는 담보제공), 제8호(보증금 납입 또는 담보제공)의 조건은 구속집행정지 제도의 취지나 이용의 실태에 비추어 적절한 조건이 될 수 없다.

5. 구속집행정지의 실효

(1) 구속집행정지의 취소

구속집행정지의 취소사유는 보석의 취소사유와 동일하다. 구속의 집행이 정지된 피의자가 ① 도망한 때, ② 도망하거나 죄증을 인멸할 염려가 있다고 믿을 만한 충분한 이유가 있는 때, ③ 소환을 받고 정당한 사유 없이 출석하지 아니한 때, ④ 피해자, 당해 사건의 재판에 필요한 사실을 알고 있다고 인정되는 자 또는 그 친족의 생명·신체·재산에 해를 가하거나 가할 염려가 있다고 믿을 만한 충분한 이유가 있는 때, ⑤ 검사가 정한 조건을 위반한 때에는 결정으로 집행정지 결정을 취소할 수 있다(제209조, 제102조 제2항). 이러한 취소사유 중 어느 하나에 해당하는 때에는 검사의 결정으로 집행정지결정을 취소하고 피의자를 재구금하게 된다(규칙 제56조 참조).

국회의원이 국회의 석방요구로 구속집행이 정지된 경우에는 그 회기 중 구속집행정지를 취소할 수 없다(제209조, 제102조 제2항 단서).

(2) 구속집행정지기간의 만료

집행정지의 기간을 정한 때에는 기간의 만료로 집행정지의 효력은 소멸하고 피고인은 기존 구속영장의 효력에 의해 다시 구금된다.

제 3 체포·구속의 취소

Ⅰ. 의의

체포·구속의 취소란 체포 또는 구속의 사유가 없거나 소멸된 경우에 직권 또는 일정한 자의 청구에 의하여 결정으로 구속된 피의자나 피고인을 석방하는 제도이다(제200조의6, 제209조, 제93조).

구속영장의 효력이 상실된다는 점에서 구속의 집행정지와 구별되며, 이미 구속영장이 실효된 경우에는 구속의 취소가 허용되지 않는다.

Ⅱ. 요건

1. 체포 또는 구속의 사유가 없는 때

처음부터 체포나 구속의 사유가 존재하지 않았음이 판명된 경우(예컨대 주거부정을 이유로 경미사건에 대해 구속한 이후 주거가 있음이 드러난 경우)이다. 체포나 구속의 사유는 존재하지만 집행절차의 위법이 있었던 경우는 제외된다. 따라서 체포·구금 당시에 피의사실 등을 고지 받지 못했거나 체포·구금 중 접견교통권을 침해당했다는 사실만으로는 구속취소사유에 해당하지 않는다.[51]

2. 체포 또는 구속의 사유가 소멸된 경우

체포나 구속 당시에는 그 사유가 존재했으나 사후에 소멸한 경우(예컨대 도망이나 죄증인멸의 염려가 없어진 경우)이다.

특정한 범죄로 구속되었으나 당해 범죄에 대해서는 공소가 제기되지 않고 다른 범죄로 기소되었다면, 특정한 범죄에 대한 불기소처분으로 당해 구속영장은 실효된 것으로 보아야 하므로, 절차를 명확히 하기 위해 법원은 당해 범죄에 대한 구속을 취소해야 하는데 그 경우도 여기에 포함된다.

Ⅲ. 절차

1. 주체

피고인의 경우에는 수소법원의 권한이나, 피의자의 경우에는 검사의 권한이다(제209조, 제93조 참조). 사법경찰관은 검사에게 구속의 취소를 신청할 수 있으며 검사가 결정한다.

피고인에 대한 구속을 취소하는 경우에 재판장은 - 검사의 청구에 의하거나 급속을 요하는 경우가 아니면 - 결정을 하기 전에 검사의 의견을 물어야 하는데(제97조 제2항), 피의자에 대한 구속을 취소하는 경우(제209조)에는 이 규정이 준용되지 않는다는 점에서도, 피의자에 대한 구속의 취소는 검사의 권한으로 보아야 할 것이다.

---

51) 대결 1991. 12. 30. 91모76.

2. 직권 또는 피의자 등의 청구

취소사유가 존재하는 경우에 검사가 직권으로 결정할 수도 있고, 피의자, 변호인 또는 변호인선임권자의 청구에 의할 수도 있다. 법원이 피고인의 구속을 취소하는 결정을 내릴 때에는 검사의 의견을 들어야 한다(제97조).

3. 검사의 결정

검사는 특별한 사정이 없는 한 구속취소의 청구를 받은 날부터 7일 이내에 결정을 하여야 한다(규칙 제55조).

Ⅳ. 효과

구속이 취소되면 구속영장이 실효된다. 피고인에 대한 법원의 구속취소 결정에 대해서는 검사는 즉시항고를 할 수 있다(제97조 제4항).

제 4 체포·구속장소 감찰에 의한 석방

Ⅰ. 의의

체포·구속장소 감찰이란 지방검찰청 검사장 또는 지청장이 피의자에 대한 불법체포와 구속을 감시하기 위해 검사로 하여금 정기적으로 관하수사관서의 체포·구속장소를 감찰하게 하는 제도를 말한다(제198조의2 제1항).

Ⅱ. 감찰대상 및 내용

1. 감찰대상

'관하(管下)수사관서'의 피의자의 체포·구속장소를 대상으로 하므로, 경찰서 안의 유치장이나 구치소(교도소)에 한하지 않고, 국정원과 같이 수사업무를 담당하는 부서도 그 대상이 되며, 사실상 체포·구속된 장소도 포함한다(예컨대 보호실이나 주취자안정실 등).

2. 감찰방법

검사는 매월 1회 이상 관하수사관서의 피의자의 체포·구속장소를 감찰하고,

체포 또는 구속된 자를 심문하고 관련서류를 조사하여야 한다(제198조의2 제1항).

검사는 불법체포·구속의 유무와 수사사무의 적정 여부 등을 조사하고, 필요하다고 인정될 때에는 사법경찰관리를 지도하거나 사법경찰관에게 시정을 명하고, 체포·구속장소감찰보고서에 의하여 소속검찰청의 장에게 보고하여야 한다(검찰사건사무규칙 제72조 제1항).

3. 감찰 후 조치

적법한 절차에 의하지 아니하고 체포 또는 구속된 것이라고 의심할 만한 상당한 이유가 있는 경우에는 검사는 즉시 체포 또는 구속된 자를 석방하거나 사건을 검찰에 송치할 것을 명하여야 한다(제198조의2 제2항).

검사는 피의자석방명령서에 의하여 체포·구속된 자의 석방을 명하거나 사건송치명령서에 의하여 사건을 송치할 것을 명하고, 피의자석방명령서 또는 사건송치명령서등본을 체포·구속장소감찰보고서에 첨부하여야 한다(동 규칙 제72조 제2항).

검사의 석방명령이나 사건송치명령이 있으면 사법경찰관은 즉시 피의자를 석방하거나 사건을 송치해야 한다.

제 5 체포·구속의 당연실효

Ⅰ. 피의자의 경우

피의자의 경우, ① 체포·구속기간이 만료되거나, ② 체포 후 구속영장을 청구하지 않거나 구속영장 청구가 기각된 때(제200조의2, 제200조의4, 제213조의2)에는 체포·구속은 당연히 실효되므로 체포·구속된 피의자를 즉시 석방해야 한다.

Ⅱ. 피고인의 경우

피고인의 경우, 구속기간의 만료 외에도 ① 무죄, 면소, 형의 면제, 형의 선고유예, 형의 집행유예, 공소기각 또는 벌금이나 과료를 과하는 판결이 선고된 때에는 구속영장이 실효되며(제331조), ② 사형이나 자유형의 판결이 확정된 때에도 그 확정된 날부터 형의 집행이 시작되므로 구속영장은 실효된다(제459조, 형법 제84조 제1항, 형집행법 제11조 제1항 제4호).

제 4 절 체포·구속된 피의자의 권리

수사절차에서 적법절차의 원칙을 실현하기 위해서는 특히 체포 또는 구속된 피의자의 절차적 권리를 보장하는 것이 필요하다. 무죄추정의 원칙에 따른 피의자의 권리보장이 인신구속의 효율성에 우선하기 때문이다. 구속 전후에 걸친 각종 고지의무나 통지의무도 피의자의 권리 보장에 중요한 의미를 지닌다.

제 1 체포·구속된 피의자(피고인)의 접견교통권

Ⅰ. 의의

접견교통권이란 체포·구속된 피의자(피고인)가 변호인 또는 (가족·친지 등) 타인과 접견하고 서류나 물건을 수수하며 의사의 진료를 받을 권리를 말한다. 헌법은 특히 변호인과의 접견교통권을 공정한 재판을 받을 권리의 일환으로 보장하고 있다(헌법 제12조 제4항). 형사소송법도 구속된 피고인의 접견교통권을 보장하고(제89조, 제91조), 이를 체포 또는 구속된 피의자의 경우에 준용하고 있다(제200조의6, 제201조의2 제10항, 제209조, 제89조, 제91조).

Ⅱ. 변호인과의 접견교통권

1. 의의

누구든지 체포 또는 구속을 당한 때에는 즉시 '변호인의 조력을 받을 권리'가 있다(헌법 제12조 제4항). 이를 위해 형사소송법은 구속된 피고인에게 접견교통권을 보장하고 있으며(제89조), 체포·구속된 피의자에게도 피고인의 경우와 마찬가지로 변호인과의 접견교통권을 보장하고 있다(제200조의6, 제209조, 제213조의2, 제89조). 제89조가 규정하고 있는 '타인과 접견'에는 변호인과의 접견도 포함된다.

2. 주체

접견교통권의 주체는 체포·구속된 피의자이다. 제89조가 규정하고 있는 '타인'은 피의자의 접견교통권의 상대방일 뿐 접견교통권의 주체는 아니다. 하지만 변호인의 경우에는 변호인 이외의 자와는 달리 변호인의 조력을 받을 권리를 위해 독자적인 접견교통권을 가진다(제34조). 체포·구속의 사유는 불문하며, 임의동행으로 연행된 자나 피내사자[52]도 접견교통권의 주체가 될 수 있다.

3. 내용

신체구속을 당한 사람과 변호인과의 접견교통은 '변호인의 조력을 받을 권리'를 실현하기 위한 가장 기본적인 내용을 이루는 것이다. 따라서 접견기회의 보장은 물론 대화내용의 비밀 보장과 함께 어떠한 제한·영향·압력 또는 부당한 간섭 없는 자유로운 대화가 보장(접견 참여 금지)되어야 한다.

피의자가 적극적·자발적으로 접견교통을 원치 않는 경우에는 접견을 강제할 수는 없다. 그러나 이러한 경우에 해당하는지는 개별적·구체적으로 엄격하게 판단하여야 한다.[53]

4. 제한

제89조는 접견교통권을 '법률이 정한 범위'에서 보장하고 있다. 변호인과의 접견은 '변호인의 조력을 받을 권리'라는 기본권 보장의 측면을 가지고 있으므로 헌법 제37조 제2항에 따른 일반적 법률유보의 대상이 되지 않는다.[54] 다만 변호인이 피의자나 피고인을 위해서 가지는 접견교통권은 법률(제34조)에 의해 보장되는 권리이므로, 피의자 등이 가지는 변호인의 조력을 받을 권리의 핵심적인 사항을 침해하지 않는 범위에서는 법률에 의한 제한이 가능하다.[55] 예컨대 구금시설의 안전과 질서유지를 위해 법률에 의해 필요최소한도의 범위에서 변호인과의 접견교통권을 제한하는 것은 허용된다(형집행법 제58조 제1항 참조).[56]

---

52) 대결 1996. 6. 3. 96모18.

53) 대판 2018. 12. 27. 2016다266736 (북한에서 태어난 중국 국적의 외국인이 임시보호시설인 중앙합동신문센터에 수용되어 조사를 받는 과정에서, 변호인 선임을 의뢰받은 변호사가 9차례에 걸쳐 변호인접견을 신청하였으나 본인이 변호인과의 접견을 원하지 않는다는 이유로 국가정보원장과 국가정보원 소속 수사관이 접견신청을 불허한 사안: 위법).

54) 헌재 1992. 1. 28. 91헌마111.

55) 대결 2002. 5. 6. 2000모112. 수사기관의 처분으로 변호인의 접견신청을 허용하지 않은 사안에 대해 '법령에 의해서만' 제한할 수 있다는 이유로 국가배상책임을 긍정한 판례로는, 대판 2018. 12. 27. 2016다266736.

56) 헌재 2011. 5. 26. 2009헌마341 (국선변호인이 구치소에 수감된 피의자의 접견을 신청하였으나, 접견을 희망한 날이 공휴일이라는 이유로 불허한 것은 합헌이라고 본 사안).

그러나 수사기관의 처분이나 법원의 결정으로 '변호인'의 접견교통권을 제한할 수는 없다.[57] 수사기관의 처분으로 변호인의 접견교통권을 제한하는 것은 허용되지 않으나, 신체구속의 본래의 목적을 침해하는 접견교통권 행사(예컨대 변호인이 오로지 구금된 피의자의 도망이나 증거인멸을 돕기 위해 접견하는 경우)는 사실상 제한될 수 있다. 그러나 신체구속을 당한 피의자가 범하였다고 의심받는 범죄행위에 그의 변호인이 관련되었다는 사정만으로 그 변호인과의 접견교통을 금지할 수는 없다.[58]

Ⅲ. 변호인 아닌 자와의 접견교통권

1. 의의

구속된 피고인은 변호인 외의 구금시설 외부에 있는 자와 일정한 제한 아래 접견교통권이 보장되며(제89조, 제91조), 체포·구속된 피의자의 경우에도 피고인의 경우와 마찬가지로 이러한 권리가 보장된다(제200조의6, 제209조, 제213조의2, 제89조). 외부와 접촉 유지를 통해 사회적 지위와 심리적 안정을 유지·추구할 수 있게 함으로써 인격권 내지 행복추구권을 보장하고, 무죄추정을 받는 자로서 불구속상태와 유사한 상태에서 절차에 참여함으로써 실질적으로 방어권을 행사할 수 있도록 하기 위한 것이다.[59]

2. 주체와 상대방

체포·구속된 피의자가 접견교통권의 주체이며, '타인'은 변호인 또는 변호인이 되려는 자 이외의 제3자로서 가족이나 친지 등이 여기에 해당한다.

3. 내용

제89조에서는 접견, 서류나 물건의 수수, 의사의 진료를 들고 있으나(제200조의6, 제209조, 제213조의2, 제89조), 인격권 내지 방어권 보장을 위해 전화통화(형집행법 제44조 참조) 기타 필요한 연락(인터넷 서신의 수신 등)이나 의견교환도 가능하다.

---

57) 대결 1990. 2. 13. 89모37. 「형사소송법 제34조가 규정한 변호인의 접견교통권은 신체구속을 당한 피고인이나 피의자의 인권보장과 방어준비를 위하여 필수불가결한 권리이므로, 법령에 의한 제한이 없는 한 수사기관의 처분은 물론, 법원의 결정으로도 이를 제한할 수 없는 것이다.」

58) 대결 2007. 1. 31. 2006모656.

59) 대판 1992. 5. 8. 91누7552; 헌재 2003. 11. 27. 2002헌마193 참조.

4. 제한

체포·구속된 피의자의 접견교통권은 '법률의 범위 내에서' 보장된다.

(1) 형사소송법에 의한 제한

도망하거나 또는 범죄의 증거를 인멸할 염려가 있다고 인정할 만한 '상당한' 이유가 있는 때에는 타인과의 접견교통권이 제한될 수 있다(제200조의6, 제209조, 제91조).

체포 또는 구속으로 인해 도망이나 증거인멸의 염려가 감소되었다고 할 수 있으므로, 접견교통으로 인하여 체포나 구속이 위태롭게 될 것이라고 인정할 만한 상당한 이유가 있는 경우에 한정하고 있다.

(가) **'상당한 이유'** 구속이나 체포의 경우보다 엄격하게 해석하여야 한다. 별도의 사실을 기초로 할 때 도망이나 증거인멸의 염려가 구체적으로 예견될 수 있는 개연성이 있어야 한다.

(나) **제한의 주체** 피의자에 대해서도 피고인과 마찬가지로 '법원의 결정'(제91조)에 의해서만 접견교통권의 제한이 가능한지에 대해 논의가 있으나, 수사기관도 제한할 수 있다는 것이 실무와 다수설의 입장이다.

학설은 적극설(형사소송법의 준용규정에 비추어 수사기관의 결정으로 제한이 가능하다는 견해)과 소극설(위 준용규정은 수사기관이 독자적으로 접견교통권을 제한할 수 있는 법적 근거가 될 수 없고 접견교통권의 제한은 피의자 등에게 불리한 처분이므로 법원의 결정으로만 가능하다는 견해)이 대립하고 있고, 실무에서는 검사의 결정으로 접견금지 등이 가능한 것으로 보고 있다(검찰사건사무규칙 제83조). 그러나 접견교통권을 수사기관의 결정에 맡기게 되면 피의자의 방어권을 침해하게 되고, 그 결정이 남용될 수 있으므로 소극적으로 해석할 필요가 있다.

(다) **제한절차** 법원이 직권으로 또는 검사의 청구에 의하여 결정으로 제한을 할 수 있으며, 제한을 하는 경우 그 내용이나 기간, 범위 등을 정할 수 있다.

피고인의 경우와 달리 수사기관에 의해 제한이 가능하다면, 그 제한 여부나 그 내용, 기간, 범위 등도 수사기관인 검사가 정할 수 있다고 보아야 할 것이다.

(라) **제한의 내용** 변호인 이외의 자와 접견 금지, 서류나 물건의 수수 금지, 압수 등이며, 다만, 의류, 식량, 의료품의 수수를 금지 또는 압수할 수는

없다(제200조의6, 제209조, 제91조 단서). 접견금지는 변호인 이외의 특정인과 접견을 금지하거나 가족과 같은 특정인을 제외한 타인과의 접견을 금지하는 개별적 접견금지 외에 전면적인 접견금지도 가능하고, 조건부 혹은 기한부 접견금지도 가능하다. 다만 전면적인 접견금지는 비례의 원칙에 따라 엄격한 요건하에서 허용해야 할 것이다.[60]

(2) 형집행법에 의한 제한

형집행법은 제2편 「접견·서신 수수 및 전화통화」에서 접견의 제한사유(제41조), 접견의 중지(제42조), 서신수수 제한 사유(제43조), 전화통화 및 그 조건 그리고 중지(제44조)에 대해 규정하고 있다. 또한 동법 시행령에서는 구체적인 접견의 시간, 횟수, 장소, 방법 등을 규정하는 한편(제58조), 접견내용의 청취·기록·녹음·녹화(제62조), 서신수수의 횟수(제64조), 서신 내용물의 확인(제65조), 서신 내용의 검열(제66조) 등에 대해 규정하고 있다.

Ⅳ. 접견교통권의 침해와 구제

1. 접견교통권의 침해

접견교통권의 침해란 적법한 절차에 의하지 않고 접견교통권을 제한하거나 사실상 행사하지 못하도록 하는 것을 말한다.

> 법률의 근거 없이 접견에 지장을 초래하거나 서신 등의 수수를 차단하는 일체의 행위가 그 대상이 된다. 적법한 접견신청이 있은 후 접견신청일이 경과하도록 접견이 이루어지지 않은 경우도 실질적으로 접견을 허가하지 않은 것으로서 접견교통권을 침해한 것이며,[61] 수사기관이 구금장소를 임의적으로 변경하여 접견교통을 어렵게 한 경우도 접견교통권의 행사에 중대한 장애를 초래한 것으로 위법하다.[62]

2. 침해에 대한 구제

접견교통권에 대한 침해의 구제는 준항고, 항고, 헌법소원 등을 통해 가능하다. 침해가 법원의 결정으로 인한 경우에는 항고를 할 수 있고(제402조, 제403조

---

60) 대판 1992. 5. 8. 91누7552.

61) 대결 1990. 2. 13. 89모37; 대결 1991. 3. 28. 91모24.

62) 대결 1996. 5. 15. 95모94.

제2항), 검사 또는 사법경찰관의 처분에 의한 경우에는 준항고를 통하여 그 취소·변경을 청구할 수 있다(제417조). 다만 교도관이나 경찰관이 접견교통권을 침해한 경우에는 헌법소원이나 국가배상, 행정소송만이 가능하다.

위법한 접견불허처분 상태에서 피의자신문조서를 작성한 경우처럼, 접견교통권을 침해한 상태에서 얻어진 증거의 증거능력은 부정된다.[63]

제 2 체포·구속적부심사제도

Ⅰ. 의의 및 성격

1. 의의 및 연혁

(1) 의의 체포·구속적부심사제도는 수사기관에 의하여 체포·구속된 피의자에 대해 법원이 체포 또는 구속의 적법 내지 부당 여부를 심사하여 피의자를 석방하는 제도이다(제214조의2).

체포·구속적부심사제도는 법원의 결정으로 구속영장의 효력을 실효시킨다는 점에서 '체포·구속의 취소'와 구별되며, 구속영장 자체의 효력이 실효된다는 점에서 '구속집행정지'와 구별되고, 구속의 적법 여부와 무관하게 피고인을 석방하는 제도인 '보석'과도 구별된다.

(2) 연혁 이 제도는 1679년 영국의 인신보호영장제도에서 유래한 것으로서, 자유로운 상태에서 조사·심리를 받을 수 있도록 하는 제도로서 정착되었다. 1948년 미군정시대에 도입되어 제헌헌법 제9조 제3항에 기본권으로 명시되었고, 1954년 제정 형사소송법도 구속적부심사제도를 규정하고 있었다. 유신헌법에서 삭제되었다가 제5공화국 헌법에서 부활되었으나 제한적으로만 운영되다가 1988년부터 시행된 현행헌법 제12조 제6항에 명시되면서 그 제한이 철폐되고, 1995년 개정 형사소송법에서 체포에 대해서도 확대되는 과정을 거쳐 왔다.

2. 성격

체포·구속적부심사제도는 인신구속에 대한 사후적·사법적 통제장치로서 영장발부에 대한 재심절차 내지 항고의 성격을 가진다. 체포·구속된 이후의 사

---

63) 대판 2007. 12. 13. 2007도7257.

정까지 감안하여 구금의 필요성을 심사한다.

구속전 피의자심문제도의 도입으로 인신구속에 대한 사전적 통제가 가능해졌고 체포의 경우 기간의 단기로 인해 현실적으로 적부심사제도를 활용할 여지가 거의 없어, 현실적으로 이 제도는 구속 계속의 필요성에 대한 사후심사에 중점이 두어져 있다.

Ⅱ. 적부심사의 청구

1. 청구권자

체포되거나 구속된 피의자 또는 그 변호인, 법정대리인, 배우자, 직계친족, 형제자매나 가족, 동거인 또는 고용주가 체포 또는 구속의 적부심사를 청구할 수 있다(제214조의2 제1항).

현행법은 피의자에 대한 보석을 인정하지 않고 구속적부심사를 통한 보증금납입조건부 석방결정의 방법에 의하도록 하고 있으므로, 구속의 적부를 다투지 않고 신병의 석방만을 원하는 경우에도 일단 적부심사를 청구하여야 한다. 입법론으로는 보증금납입조건부 석방명령을 구속적부심사제도에서 분리하여 피의자 보석으로 변경하고, 그 절차도 보석절차를 준용하도록 하는 것이 타당하다.

(1) 피의자 체포되거나 구속된 피의자이다. 피의자는 수사기관에 의해 불법으로 체포 내지 구금된 자(예컨대 임의동행으로 보호실에 유치된 자)도 포함한다. 치료감호를 위한 보호구속의 경우에도 적부심을 청구할 수 있으나, 성격상 보증금납입조건부 석방은 청구할 수 없다.

(2) 피의자 이외의 자 피의자 이외의 청구권자는 변호인, 변호인선임대리권자(제30조 제2항 참조), 가족, 동거인, 그리고 고용주이다(제214조의2 제1항). '동거인'은 주민등록부에 함께 등재되어 있을 것을 요하지 않고, 사실상의 동거로 족하고, 일용노동자와 어느 정도 계속적인 고용관계를 유지하고 있는 '고용주'도 포함된다.

(3) 청구권의 고지 피의자를 체포하거나 구속한 검사 또는 사법경찰관은 체포 또는 구속된 피의자와 청구권자 중에서 피의자가 지정하는 자에게 적부심사를 청구할 수 있음을 알려야 한다(동조 제2항).

2. 청구사유

체포·구속적부심사의 청구사유는 '체포·구속의 적부'이다. 체포·구속이 적법한지 여부뿐만 아니라 체포·구속을 계속하는 것이 부당한지 여부에 대해서도 심사청구를 할 수 있다.

(1) 위법(불법)한 체포·구속 '위법'(불법)이란 체포 또는 구속 당시에 위법이 있었던 경우뿐만 아니라 사후적으로 발생한 위법도 포함한다.

예컨대 ① 적법한 영장 없이 체포·구속한 경우, ② 체포나 구속의 요건이 결여되었거나 집행절차에 위반이 있는 경우, ③ 재체포나 재구속의 제한규정을 위반한 경우, ④ 영장의 청구기간이 경과한 이후에 청구된 영장을 발부한 경우, ⑤ 경미한 사건에 대해 주거가 일정함에도 영장이 발부된 경우 등이 체포 또는 구속 당시에 위법이 있었던 경우에 해당하며, 체포·구속의 기간이 경과된 후에 유치 또는 구속이 계속된 경우나 구속사유가 소멸된 경우 등이 후자에 해당할 것이다.

(2) 부당한 체포·구속 '부당'이란 체포 또는 구속 자체는 적법하지만, 적부심사의 시점을 기준으로 할 때의 사정 변경으로 인해 구속을 계속할 필요가 없어진 경우를 말한다.

예컨대 개인적 법익을 침해한 사건에서 피해자와 합의가 이루어진 경우, 고소가 취소된 경우, 피해회복이 이루어진 경우 등이 여기에 해당한다.

3. 청구방법

청구권자는 피의사건의 관할법원에 서면(체포·구속적부심사청구서)을 제출해야 하며(제214조의2 제1항, 규칙 제102조), 청구를 위해 필요한 때에는 긴급체포서, 현행범인체포서, 체포영장, 구속영장 또는 그 청구서를 보관하고 있는 검사 등에게 등본의 교부를 청구할 수 있다(규칙 제101조)

체포·구속적부심사청구서에는, (1) 체포 또는 구속된 피의자의 성명, 주민등록번호 등, 주거, (2) 체포 또는 구속된 일자, (3) 청구의 취지 및 청구의 이유, (4) 청구인의 성명 및 체포 또는 구속된 피의자와의 관계를 기재하여야 한다(규칙 제102조).

Ⅲ. 법원의 심사

1. 관할법원

관할법원은 피의사건의 관할법원, 즉 피의자를 체포·구속한 검사나 사법경찰관의 소속기관을 관할하는 지방법원의 합의부 또는 단독판사이다.

(1) 사물관할 체포·구속적부심사 청구사건은 단독판사가 담당하지만, 재정합의결정을 통해 합의부가 담당할 수 있다(「보석예규」 제21조).

(2) 제척사유 체포영장 또는 구속영장을 발부한 법관은 – 체포영장이나 구속영장을 발부한 법관 외에는 심문·조사·결정을 할 판사가 없는 경우를 제외하고 – 적부심사의 심문·조사·결정에 관여할 수 없다(제214조의2 제12항).

2. 심문전 절차

(1) 심문기일의 지정 및 통지 적부심사 청구를 받은 법원은 청구서가 접수된 때부터 48시간 이내에 체포되거나 구속된 피의자를 심문하여야 하므로(제214조의2 제4항), 즉시 심문기일을 정하고, 청구인, 변호인, 검사 및 피의자를 구금하고 있는 관서의 장에게 심문기일과 장소를 통지하여야 한다(규칙 제104조 제1항).

통지는 서면 외에 전화·모사전송·전자우편·휴대전화 문자전송 그 밖에 적당한 방법으로 할 수 있고, 그 취지를 심문조서에 기재함으로써 통지의 증명이 가능하다(규칙 제104조 제3항, 제54조의2 제3항).

(2) 국선변호인 선정 체포되거나 구속된 피의자에게 변호인이 없는 때에는 제33조를 준용하여 국선변호인을 선정하여야 한다(제214조의2 제10항).

관할법원 판사는 체포 또는 구속의 적부심사가 청구된 피의자에게 변호인이 없는 때 그리고 청구한 후에 변호인이 없게 된 때에는 국선변호인을 선정하고, 피의자와 변호인에게 그 뜻을 고지하여야 하며(규칙 제16조 제1항, 제4항), 그 고지는 서면 이외에 구술·전화·모사전송·전자우편·휴대전화 문자전송 그 밖에 적당한 방법으로 할 수 있다(동조 제3항). 또한 국선변호인에게 피의사실의 요지 및 피의자의 연락처 등을 함께 고지할 수 있다(동조 제2항, 제4항).

(3) 수사관계서류 등의 제출 사건을 수사 중인 검사 또는 사법경찰관은 심문기일까지 수사관계서류와 증거물을 법원에 제출하여야 한다(규칙 제104조 제2항).

(4) 변호인의 서류 등 열람　　피의자 심문에 참여할 변호인은 지방법원 판사에게 제출된 구속영장청구서 및 그에 첨부된 고소·고발장, 피의자의 진술을 기재한 서류와 피의자가 제출한 서류를 열람할 수 있다(규칙 제104조의2, 제96조의21 제1항).

검사는 증거인멸 또는 피의자나 공범 관계에 있는 자가 도망할 염려가 있는 등 수사에 방해가 될 염려가 있는 때에는 지방법원 판사에게 변호인이 열람하려는 서류(구속영장청구서는 제외)의 열람 제한에 관한 의견을 제출할 수 있으며, 지방법원 판사는 검사의 의견이 상당하다고 인정하는 때에는 그 전부 또는 일부의 열람을 제한할 수 있고(규칙 제104조의2, 제96조의21 제2항), 지방법원 판사는 변호인의 열람에 관하여 그 일시, 장소를 지정할 수 있다(규칙 제104조의2, 제96조의21 제3항).

3. 심문기일의 절차

(1) 심문장소　　심문절차는 공판절차가 아니므로 반드시 법정에서 행할 필요는 없고 심문실이나 판사실 기타 적당한 장소에서 실시할 수 있다.

(2) 피의자의 출석　　피의자를 구금하고 있는 관서(경찰서, 교도소 또는 구치소 등)의 장은 심문기일과 장소를 통지받은 다음(규칙 제104조 제1항) 심문기일에 피의자를 출석시켜야 한다(동조 제2항).

(3) 심문방법　　심문은 비공개가 원칙이며, 법원은 청구서가 접수된 때부터 48시간 이내에 체포되거나 구속된 피의자를 심문하고 수사관계서류와 증거물을 조사하며(제214조의2 제4항), 법원 합의부에서 관할하는 경우에 법원은 피의자심문을 합의부원에게 명할 수 있다(규칙 제105조 제4항).

(가) 청구인 등의 의견진술　　검사·변호인·청구인은 심문기일에 출석하여 의견을 진술할 수 있는데(제214조의2 제9항), 법원의 심문이 끝난 후 의견을 진술할 수 있으나, 필요한 경우에는 심문 도중에도 판사의 허가를 얻어 의견을 진술할 수 있다(규칙 제105조 제1항).

(나) 변호인의 조력 및 유리한 자료의 제출　　피의자는 판사의 심문 도중에도 변호인에게 조력을 구할 수 있으며(규칙 제105조 제2항), 피의자, 변호인, 청구인은 피의자에게 유리한 자료를 낼 수 있다(동조 제3항).

(다) 수사상 비밀보호 조치　　심문을 하는 경우 공범의 분리심문이나 그 밖에 수사상의 비밀보호를 위한 적절한 조치를 취하여야 한다(제214조의2 제11항).

(4) 심문조서의 작성 피의자를 심문하는 경우 구속전 피의자심문의 경우와 마찬가지로 법원사무관등은 심문의 요지 등을 조서(구속적부심문조서)로 작성하여야 한다(제214조의2 제14항, 제201조의2 제6항). 조서는 공판조서와 같은 방식으로 작성하고 법관과 법원사무관등이 기명날인 또는 서명하여야 한다.

조서의 작성을 통해 심사의 절차와 내용을 명확히 함으로써 책임소재를 분명히 하고 심문의 공정성을 확보하기 위한 것이다.

구속적부심문조서는 특히 신용할 만한 정황에 의하여 작성된 문서로서 제315조 제3호에 따라 증거능력이 인정된다. 다만, 심문조서의 내용이 구속적부에 관한 판단에 한정되므로, 공판절차에 이를 증거로 함에는 증명력 판단에 있어서 신중을 기하여야 한다.[64]

4. 구속기간에의 불산입

법원이 체포·구속의 적부심사를 위하여 수사 관계서류와 증거물을 접수한 때부터 결정 후 검찰청에 반환된 때까지의 기간은 체포 후 구속영장 청구의 제한기간(48시간. 제200조의2 제5항, 제200조의4 제1항, 제213조의2에 따라 준용되는 경우를 포함한다) 및 구속기간(제202조, 제203조, 제205조)에 산입하지 않는다(제214조의2 제13항).

적부심사제도의 확대를 위해서는 체포 후 구속영장 청구를 위한 제한기간이나 구속기간의 산정에 있어서 적부심사기간을 법원의 재량으로 산입할 수 있도록 할 필요도 있을 것이다.

Ⅳ. 법원의 결정

1. 결정의 기한

체포 또는 구속의 적부심사청구에 대한 결정은 '체포 또는 구속된 피의자에 대한 심문이 종료된 때로부터 24시간 이내'에 하여야 한다(규칙 제106조).

신속하게 체포·구속의 적부에 대한 판단을 내림으로써 피의자의 절차적 권리를 보장하는 한편 수사에 대한 지장이 없도록 하기 위한 것이다.
체포적부심에 대한 결정 이전에 구속영장을 청구한 경우에는 담당판사는 구속영장 청구사건을 담당하는 판사에게 사건을 송부하며, 체포 또는 구속적부심에 대

---

64) 대판 2004. 1. 16. 2003도5693.

한 결정 이전에 공소가 제기된 경우라도 심사를 계속해서 석방 여부를 결정해야 한다(제214조의2 제4항 제2문 참조).

2. 기각결정

법원은 구속적부심사청구에 형식적 하자가 있거나 청구가 이유 없다고 인정되는 경우에는 청구를 기각하여야 한다.

(1) 간이기각결정 청구권자 아닌 사람이 청구하거나 동일한 체포영장 또는 구속영장의 발부에 대하여 재청구한 때, 공범이나 공동피의자의 순차청구가 수사방해를 목적으로 하고 있음이 명백한 때에는 법원의 '심문 없이' 결정으로 청구를 기각할 수 있다(제214조의2 제3항).

(2) 기각결정 적부심사의 결과 청구가 이유 없다고 인정한 때에는 결정으로 청구를 기각한다(제214조의2 제4항).

3. 석방결정

법원은 청구가 이유 있다고 인정한 때에는 결정으로 체포되거나 구속된 피의자의 석방을 명한다(제214조의2 제4항 제1문). 이러한 석방결정은 체포 또는 구속이 위법·부당하거나 계속구금의 필요성이 없는 경우에 이루어지는 것으로서 출석담보를 위해 보증금납입을 조건으로 하는 석방명령과 구별된다.

심사청구 후 피의자에 대하여 공소제기가 있는 경우에도 '전격기소'를 방지하기 위해서 청구가 이유가 있으면 피의자의 석방을 명할 수 있도록 명시하고 있다(제214조의2 제4항 제2문).[65]

4. 보증금납입조건부 석방결정

(1) 의의 및 성격 보증금납입조건부 석방이란 '구속'된 피의자에 대하여 – 구속이 위법하거나 부당하지 않지만 – 출석을 담보할 만한 보증금의 납입을 조건으로 석방을 명하는 제도이다(제214조의2 제5항).

실질적으로 피고인에 대한 보석과 유사하지만(실무상 기소전 보석이라고도 부른다), 피의자를 대상으로 구속적부심사청구를 통해서만 허용되고, 필요적 보석제도가 없으며, 석방결정으로 구속영장의 효력이 실효된다는 점에서 보석과 구별된다.

---

65) 헌재 2004. 3. 25. 2002헌바104 참조.

(2) 대상 구속적부심사를 청구한 '구속된' 피의자에 한하므로 체포된 피의자는 적용대상이 아니다.[66] 일반적인 석방결정과 마찬가지로 일단 구속적부심사가 청구된 이상 구속된 피의자에 대해 공소가 제기되더라도 피고인에 대한 석방명령을 할 수 있다(동조 제5항).

(3) 제외사유 구속된 피의자라도, ① 범죄의 증거를 인멸할 염려가 있다고 믿을 만한 충분한 이유가 있는 때, ② 피해자, 당해 사건의 재판에 필요한 사실을 알고 있다고 인정되는 사람 또는 그 친족의 생명·신체나 재산에 해를 가하거나 가할 염려가 있다고 믿을 만한 충분한 이유가 있는 때에는 보증금납입을 조건으로 한 석방을 명할 수 없다(제214조의2 제5항 단서).

피고인의 경우 필요적 보석의 제외사유(제95조)와는 달리, 피의자의 경우에는 사형, 무기 또는 장기 10년이 넘는 징역이나 금고에 해당하는 죄를 범한 때, 누범에 해당하거나 상습범인 죄를 범한 때, 도망하거나 도망할 염려가 있다고 믿을 만한 충분한 이유가 있는 때, 주거가 분명하지 아니한 때에는 보증금납입조건부 석방명령의 대상에서 제외하고 있지 않은데, 피고인과는 달리 필요적 보석과 임의적 보석을 구분하지 않기 때문에 그 제외사유를 제한한 것이라고 할 수 있다.

(4) 보석규정의 준용 보증금납입조건부 석방결정의 경우 '보증금 결정시 고려사항'이나 '피의자 석방의 절차'에 대해서는 보석에 관한 규정이 준용된다(제214조의2 제7항, 제99조, 제100조). 법원은 보증금납입조건부 석방결정을 하는 경우에 주거의 제한, 법원 또는 검사가 지정하는 일시·장소에 출석할 의무 그 밖의 적당한 조건을 부가할 수 있다(제214조의2 제6항).

피고인에 대한 보석과 실질적으로 동일하다는 점을 고려하면, 보증금납입조건부 석방결정을 구속적부심사제도에서 분리하여 피의자 보석으로 변경하고, 보석을 위한 조건도 다양화할 필요가 있다.

(5) 보증금의 몰수 법원은 직권 또는 검사의 청구에 의하여 결정으로 납입된 보증금의 전부 또는 일부를 몰수할 수 있다(제214조의4).

㈎ 임의적 몰수 보증금납입조건부석방결정으로 석방된 자를 재체포 또는 재구속의 제한에 대한 예외사유(제214조의3 제2항)에 해당하여 재차 구속하는 경우나 공소가 제기된 후에 법원이 동일한 범죄사실에 관하여 재차 구속하는 경우

---

66) 대결 1997. 8. 27. 97모21.

에는 보증금의 전부 또는 일부를 몰수할 수 있다(동조 제1항).

(나) 필요적 몰수 보증금납입조건부석방결정으로 석방된 자가 동일한 범죄사실에 관하여 형의 선고를 받고 그 판결이 확정된 후 집행하기 위한 소환을 받고 정당한 이유 없이 출석하지 아니하거나 도망한 때에는 보증금의 전부 또는 일부를 몰수하여야 한다(동조 제2항).

(6) 보증금의 환부 보증금의 환부에 대해서는 명문규정이 없으나 보석의 경우와 마찬가지로 보증금 환부를 인정하여야 한다(제104조 참조).

따라서 석방된 피의자에 대하여 구속 또는 보증금납입조건부 석방결정을 취소하거나 구속영장의 효력이 소멸된 때에는 몰취하지 아니한 보증금을 환부하여야 한다. 따라서 수사기관이 불기소처분을 하거나 형의 집행에 이르기까지 보증금 전부의 몰수가 이루어지지 아니한 경우 법원은 잔여보증금을 환부하여야 한다. 보증금납입조건부 석방결정에는 성질에 반하지 아니하는 한 보석절차가 준용되므로(보석예규 제27조 제1항), 이 경우 보증금 납입자가 청구한 날로부터 7일 이내에 잔여보증금을 환부하여야 한다(제104조 참조).

참고: 구속적부심에 의한 석방과 보석의 비교

	구속적부심에 의한 석방		보석
	적부심사	보증금납입조건부	
주체	지방법원 합의부(재정합의)	지방법원 합의부(재정합의)	수소법원(단독/합의)
대상	체포 또는 구속된 피의자	구속된 피의자	구속된 피고인
사유	체포·구속의 적법 여부 및 계속의 필요성	구속 계속의 필요성(재량)	필요적 보석(의무)/예외사유(재량)
절차	청구	직권(재량)에 의한 결정	청구/직권
심문	피의자심문	피의자심문	기각사유가 명백한 경우나 기존의 자료로 결정이 가능한 경우는 불필요
조건	보증금 없음	보증금과 적당한 조건	보증금 포함 다양한 조건
불복	항고 금지	항고 가능	보통항고
영장효력	실효	실효	효력 유지
재구금	도망이나 죄증 인멸의 경우 외에는 동일한 범죄사실에 대하여 재체포(재구속) 금지	예외사유에 해당하는 경우를 제외하고는 재구속 금지	보석취소사유에 해당하는 경우에 별도의 영장 없이 재구금

5. 법원의 결정에 대한 불복

법원의 기각결정(간이기각결정 포함)이나 석방결정에 대해서는 항고할 수 없다(제214조의2 제8항). 보증금납입조건부 석방결정에 대해서는 명문규정이 없어 논의가 있으나 다수설과 판례[67]는 항고가 허용된다는 입장이다.

학설은 긍정설(형사소송법이 명문으로 항고를 불허하고 있는 기각결정 및 석방결정과 보증금납입조건부 석방결정은 그 취지와 성격이 다르고 보석에 대해서도 항고가 허용되고 있는 점을 고려하면 항고를 할 수 있다는 견해)과 부정설(피의자에게는 보석청구권이 인정되지 않고, 법원의 재량에 의한 것이므로 항고가 허용되지 않는다는 견해)이 있으나, 다수설은 긍정설의 입장이다.

V. 석방된 피의자의 재(체포)구속의 제한

1. 적부심에 의한 석방결정의 경우

체포 또는 구속적부심사결정에 의하여 석방된 피의자가 도망하거나 죄증을 인멸하는 경우를 제외하고는 동일한 범죄사실에 관하여 재차 체포 또는 구속하지 못한다(제214조의3 제1항).

예컨대 석방된 피의자가 동일한 범죄사실과 관련하여 출석요구에 응하지 않는다는 이유로 체포하는 것은 허용되지 않지만, 석방된 피의자가 도망한 경우에는 다른 증거가 없더라도 긴급체포나 구속이 가능하다.

2. 보증금납입조건부 석방결정의 경우

석방된 피의자가 ① 도망한 때, ② 도망하거나 죄증을 인멸할 염려가 있다고 믿을 만한 충분한 이유가 있는 때, ③ 출석요구를 받고 정당한 이유 없이 출

---

67) 대결 1997. 8. 27. 97모21. 「형사소송법 제214조의2 제3항의 석방결정과 제4항의 석방결정은 원래 그 실질적인 취지와 내용을 달리 하는 것이고, 이에 따라 같은 법 제214조의3은 같은 법 제214조의2 제3항의 규정에 의한 결정에 의하여 석방된 피의자와 제4항의 규정에 의하여 석방된 피의자의 각 재체포 및 재구속의 제한에 관하여도 달리 취급하고 있으므로, 그 각 석방결정에 대한 항고의 허용 여부에 관하여 달리 취급하는 것이 체포 또는 구속적부심사제도에 관한 법의 취지에 어긋난다고 단정할 수 없고, 또 기소 후 보석결정에 대하여 항고가 인정되는 점에 비추어 그 보석결정과 성질 및 내용이 유사한 기소 전 보증금 납입 조건부 석방결정에 대하여도 항고할 수 있도록 하는 것이 균형에 맞는 측면도 있다 할 것이다. 그렇다면 같은 법 제214조의2 제4항의 석방결정에 대하여는 피의자나 검사가 그 취소의 실익이 있는 한 같은 법 제402조에 의하여 항고할 수 있다고 보아야 할 것이다.」

석하지 아니한 때, ④ 주거의 제한 기타 법원이 정한 조건을 위반한 때를 제외하고 동일한 범죄사실에 관하여 재차 체포 또는 구속하지 못한다(동조 제2항).

피고인에 대한 보석의 경우에는 구속영장의 효력이 유지되므로 이러한 제외사유에 해당하면 보석을 취소하고 재구금하면 되지만, 보증금납입조건부 석방결정의 경우에는 이미 구속영장이 실효되었으므로 구속을 위해서는 재구속의 절차를 밟아야 한다. 적부심에 의한 석방결정과 달리, 적법한 구속을 전제로 한다는 점에서 구속의 목적이 위태롭게 될 경우에는 재구속이 가능하도록 사유를 확대해서 규정한 것이다.

제6장

대물적 강제수사

제1절 압수·수색

제1 압수·수색

현행법이 수사절차에서 예정하고 있는 물적 증거의 수집방법은 임의수사로서 사실조회, 실황조사 등이 있고, 강제수사로서 압수·수색·검증, 통신제한조치, DNA신원확인정보를 수집하기 위한 감식시료의 채취, 감정처분 등이 있다.

Ⅰ. 의의

1. 압수

압수란 물건의 점유의 취득 및 그 계속을 내용으로 하는 강제처분을 말하며, 수소법원에 의한 압수로는 압류, 제출명령, 임의제출물의 영치가 있다.

(1) 압류(협의의 압수) 상대방의 의사에 반하여 증거물 또는 몰수할 것으로 사료하는 물건의 점유를 취득하는 처분을 말한다. 수소법원이 공판정에서 행하는 압수는 영장을 요하지 않지만(제113조의 반대해석), 공판정 외에서 압수하는 경우나 수사기관이 행하는 압수는 영장을 요한다(제113조, 제215조). 이 외에도 형사소송법에서는 피의자가 변호인 아닌 타인과 수수한 서류 기타 물건을 압수할 수 있도록 규정하고 있으나, 이는 도망 또는 증거인멸 방지가 그 목적이라는 점에서 일반적인 압수와는 성질을 달리한다(제209조, 제91조).

(2) 영치 소유자, 소지자 또는 보관자가 임의로 제출한 물건 또는 유류(遺留)한 물건에 대하여 점유를 계속하기 위해 강제력을 행사하는 처분을 말한다(제108조, 제218조).

(3) 제출명령 법원이 압수할 물건을 지정하여 소유자, 소지자 또는 보관자에게 제출을 명하고 그 점유를 취득하는 처분을 말한다(제106조 제2항). 수사기관이 행하는 압수는 제출명령의 형태로는 인정되지 않는다.

2. 수색

수색이란 압수할 물건이나 체포할 피의자 등을 발견할 목적으로 사람의 신체, 물건 또는 주거 기타의 장소에 대하여 행하는 강제처분을 말한다.

수색은 보통 압수 대상물을 발견하기 위한 수단으로 행해지는 경우가 많고, 수색과 압수가 동시에 필요할 때에는 '압수·수색영장'이라는 하나의 영장을 활용하는 것이 일반적이지만, 압수와 수색은 기본적으로 성질이 다른 별개의 강제처분이므로, 수색만으로도 수사 목적을 달성할 수 있는 경우에는 압수와 분리하여 수색만 하는 것도 가능하다.

Ⅱ. 관련규정

형사소송법은 제215조에 기본규정을 두고, 제216조부터 제218조의2까지 영장에 의하지 아니하는 강제처분, 압수물의 환부, 가환부에 대한 규정을 두고 있으며, 대부분은 제219조를 통해 법원에 의한 압수, 수색, 검증에 관한 규정을 준용하고 있다.

제 2 압수·수색의 대상

Ⅰ. 압수의 대상

1. 증거물과 몰수물

압수의 대상은 원칙적으로 '증거물' 또는 '몰수할 것'으로 사료하는 '물건'이다(제219조, 제106조 제1항).

증거물은 절차확보를 위해 필요한 것인데 비하여, 몰수물은 판결집행의 확보를 위해 필요한 것이라는 점에 차이가 있다.

(1) 물건 유체물 및 전기 기타 관리할 수 있는 자연력(민법 제98조)을 말하므로, 압수의 대상도 동산과 부동산과 같은 유체물은 물론 전기 기타 관리

가능한 자연력도 포함한다.

사람의 신체는 수색이나 검증의 대상이 될 수 있을 뿐이나, 신체로부터 분리된 두발, 혈액, 정액 등은 압수의 대상이 될 수 있다. 또한 전자정보 자체는 민법상 '자연력'이 아니므로 물건의 개념에서 제외된다. 다만 전자정보를 담은 파일과 그것을 포함한 저장매체는 유체물로 볼 수 있을 것이다.

(2) 몰수할 것으로 사료하는 물건 당해 사건의 판결에서 몰수가 선고될 것으로 예상되는 물건을 말하며, 필요적 몰수와 임의적 몰수의 대상을 포함한다.

2. 우체물 또는 전기통신

통신의 자유와 관련되는 우체물과 전기통신(통신비밀보호법 제2조 제3호 참조)에 대해서 수·발신자 이외의 제3자가 보관하고 있는 경우에 압수근거를 마련하고,[1] 수·발신자에 대한 통지제도를 명시하고 있다(제219조, 제107조 제1항, 제3항).

(1) 취지 우체물이나 전기통신의 경우에는 그 내용을 확인하지 않고는 증거물이나 몰수물인지를 알 수 없으므로 관련성만을 요건으로 하여 압수의 대상으로 하고 있다(제219조, 제107조 제1항).

우편물 통관검사절차에서 행해지는 우편물의 개봉, 시료 채취, 성분분석 등의 검사는 행정조사의 성격을 가지므로 압수에 해당하지 않는다.[2]

(2) 사전통지 우체물 등을 압수할 때에는, 수사에 방해될 염려가 없는 한, 발신인이나 수신인에게 사전에 그 취지를 통지해야 하며, 수사나 심리에 방해가 될 경우에는 예외로 한다(제219조, 제107조 제3항).

(3) 이메일 등의 압수 전자정보의 일종인 이메일의 경우 이미 송·수신이 완료된 때에는 주로 포털 사이트와 같은 이메일 서버 제공자의 서버에 저장되므로, 제107조 제1항에서 규정한 '관련 기관 등이 소지 또는 보관하는 물건'으로서 피의사실과 관련성이 인정되면 압수가 가능하다. 그러나 송·수신 중인 이메일의 경우에는 전기통신의 일종으로서 통신비밀보호법에 의한 '감청'의 방

---

1) 개인이 보관하고 있는 것은 일반적인 압수의 대상이 되므로 일반적인 압수요건을 갖추어야 하고, 이 규정은 체신관서 그 밖의 관련 기관 등이 소지 또는 보관하고 있는 경우에만 적용된다.
2) 대판 2013. 9. 26. 2013도7718.

법에 의해 그 내용을 지득하게 된다.

① 이메일의 경우 압수·수색의 대상 및 범위와 관련하여 특별한 고려를 요한다. 왜냐하면 제3자(서비스제공자)가 보관하고 있으나 계정이용자, 발신자와 수신자가 기본권의 주체이고, 정보를 내용으로 하므로 외관만으로 유형화가 불가능하고(비투명성, opacity) 범죄관련정보와 혼재되어 있어(포괄적 압수수색의 필요성과의 조화) 범죄와 무관한 사적 정보가 공개될 수 있기 때문이다.
② 해외에 서버가 있는 경우('이메일 망명')에도 접속하는 PC에 대한 영장집행이 가능하다(이를 **'역외압수수색'**이라고 한다). 적법하게 취득한 계정정보를 이용한 역외 압수·수색의 경우, 인터넷 서비스 제공자의 보호보다는 정보의 주체인 피의자 보호에 중점을 두는 것이 타당하며, 실질적인 압수·수색행위는 해외 서버가 아닌 압수수색 대상 PC에서 이루어지는 점을 종합하면, 해외 서버에 대한 압수·수색이라고 보기 어렵고 피압수자는 정보주체인 피의자라고 보아야 하므로, 해외 서버에 접속한 행위는 영장의 집행을 위해 필요한 행위로서 허용할 필요가 있다.[3]

(4) 내용의 지득 형사소송법은 우체물과 전기통신에 관한 물건의 압수(점유의 취득)에 대해서만 적용되며, 그 내용의 검열이나 감청에 대해서는 「통신비밀보호법」에서 규율하고 있다(동법 제2조 제6호, 제7호 참조).

3. 금융거래정보

금융거래정보는 통상 포괄성, 연계성을 가지므로 수사기관이 이를 보유하고 있는 금융기관에 거래정보제공을 요구하려면 사실조회가 아니라 강제처분의 방법에 의하여야 한다.

금융거래정보, 즉 '금융거래의 내용에 관한 정보 또는 자료'란 특정인의 금융거래사실과 금융기관이 보유하고 있는 금융거래에 관한 기록의 원본·사본 및 그 기록으로부터 알게 된 것을 말하고, 당해 거래정보 등으로만 그 거래자를 알 수 없더라도 다른 거래정보 등과 용이하게 결합하여 그 거래자를 알 수 있는 것이 아니면, 금융거래사실을 포함한 금융거래의 내용이 누구의 것인지를 알 수 없는 것은 제외된다(금융실명법 시행령 제6조 참조).

---

3) 대판 2017. 11. 29. 2017도9747 (국가정보원 수사관이 피의자 차량에서 압수·수색한 USB 안에 들어 있던 안티포렌식 처리가 된 파일을 복호화하여 중국 내 서버가 있는 시나닷컴(sina.com)의 피의자 이메일 아이디와 비밀번호를 취득하였고, 이메일 내용을 확인하기 위해 한국인터넷진흥원 사무실 내 PC를 수색장소로 하여 동 진흥원 직원의 참여로 이메일 15건을 추출·출력·저장한 사안: 적법).

(1) 영장주의 수사기관이 수사의 목적을 위해 금융회사 등에 종사하는 자에게 금융거래정보제공을 요구하기 위해서는 「금융실명거래 및 비밀보장에 관한 법률」(「금융실명법」으로 약칭)에 따라 '법관이 발부하는 영장'(동법 제4조 제1항 단서 제1호)을 요하며, 실무상으로는 '압수·수색·검증영장(금융계좌추적용)'을 발부받는다.

과거에는 수사기관이 금융기관이 보유하고 있는 금융거래계좌에 관한 정보를 금융기관의 동의를 얻어 조사할 수 있는지 여부가 논의되었지만, 헌법이 사생활의 비밀과 자유를 기본권으로 보호하고 있는 상황에서 예금주 등의 동의 없이 금융기관의 동의만 얻어 계좌를 추적하는 것은 기본권침해의 소지가 있다. 금융실명법은 금융기관 종사자에 의한 정보의 누설이나 금융기관 종사자에 대한 정보제공의 요구를 원칙적으로 금지하면서 예외적인 경우에만 정보의 제공을 허용하고 있고(동법 제4조 제1항 본문, 단서). 법관이 발부한 영장에 의하여 금융거래의 정보제공을 요구할 수 있는 예외규정을 두어(동법 제4조 제1항 단서 제1호) 계좌추적 등이 강제수사에 해당함을 명시하고 있다.[4)]

(2) 압수·수색대상의 특정 금융거래정보 등에 대한 압수·수색영장을 청구할 때에는 '계좌번호와 개설은행'을 기재하는 외에 금융실명법 제4조 제2항에 따라 '명의인의 인적 사항, 요구대상 거래기간, 금융거래정보 등의 내용'을 기재하여야 한다. 장소를 기재할 때에는 금융기관의 명칭, 소재지, 영업부서 등도 특정한다.

압수·수색의 대상자만 특정하고 그 대상자가 금융기관에 개설한 예금계좌 일체에 압수·수색을 요구하는 것은 금지된다(**포괄계좌에 대한 압수·수색의 금지**).

대상이 포괄적이어서 범죄 혐의사실과 관련이 없는 금융정보(예금거래의 비밀)가 노출될 위험이 크므로, 범죄와의 관련성, 대상자가 입게 될 불이익의 정도, 압수·수색의 필요성 등을 충분히 고려해야 한다.

연결계좌에 대한 압수·수색은 원칙적으로 허용되지 않으나, 비례의 원칙에 따라 대상계좌와 연결된 직전 또는 직후의 계좌에 한해서 연결계좌의 계좌 개설에 관한 정보에 대해서만 허용된다.

---

4) 대판 2013. 3. 28. 2012도13607 (백화점 절도 범행을 수사하면서 매장 내에 범인이 벗어 놓고 간 점퍼와 그 안에 있는 신용카드회사 발행의 매출전표를 발견하고, 경찰관들이 법관의 영장 없이 해당 카드회사에 공문을 발송하여 회사로부터 위 매출전표의 거래명의자가 누구인지 그 인적 사항을 알아내어 이를 기초로 피의자를 범행의 용의자로 특정한 사안: 위법).

특정한 예금계좌와 연결된 모든 계좌에 대해 압수·수색을 하는 것(뇌물죄나 경제범죄, 인터넷뱅킹 사기 등 자금 흐름을 추적할 필요가 있는 경우에 문제된다)은 연결 부분에 대해 대상자와 계좌가 특정되지 않고 그 범위가 포괄적이어서 형식적인 계좌연결을 이유로 혐의사실과 관련이 없는 사람의 계좌까지 추적하게 될 우려가 있기 때문이다. 따라서 이를 허용하는 경우에도 대상자, 대상계좌, 거래기간, 정도 또는 자료의 범위 등을 합리적으로 제한할 필요가 있으며, 연결계좌의 계좌개설 정보 이외에 연결 계좌의 거래내역(1개월 내지 3개월 정도의 단기간)까지 허용하기 위해서는 예외적으로 특별한 필요와 소명이 있어야 한다. 그 범위를 벗어난 계좌를 압수·수색할 필요가 있을 때에는 새로운 영장을 발부받아야 한다.

(3) 영장집행절차 일반 압수의 경우와 마찬가지로 당사자의 참여, 영장의 사전제시 및 사본 교부, 압수조서 및 압수물목록의 교부 등이 이루어져야 한다.

다만 수사기관이 직접 금융거래정보를 수색함으로써 금융기관의 영업권을 침해하는 것을 제한하기 위해 수사기관이 직업 금융기관을 방문해서 영장을 제시하지 않고, 금융계좌추적용 압수·수색영장을 모사전송하는 방식으로 영장을 집행하고, 금융기관이 이미 금융거래정보 제공요구서를 통해 압수대상을 인지하고, 보관하고 있는 자료를 직접 추출·사본하여 제공한 후, 그 내역을 표준양식으로 따로 기록·관리한다(금융실명법 제4조의3 제1항). 이를 통해 피처분자인 금융기관의 참여권이 보장될 뿐만 아니라 금융기관이 제공한 금융거래정보의 사본에 대하여 환부 또는 가환부신청 또는 준항고의 가능성이 거의 없어 압수목록의 교부가 일반 유체물의 경우처럼 실익이 있는 것은 아니다. 따라서 제3자 보관의 전자정보에 대한 압수수색방법에 대해서는 절차의 개선이 필요한 측면이 있다.

(4) 사후통보 금융회사 등은 법관이 발부하는 영장에 따라 거래정보 등을 제공한 경우에는 – 통보유예를 한 경우가 아니면 – 제공한 날부터 10일 이내에 제공한 거래정보 등의 주요 내용, 사용 목적, 제공받은 자 및 제공일 등을 명의인에게 서면으로 통보하여야 한다(동법 제4조의2 제1항).

4. 전자정보

(1) 의의

전자정보란 증거가 전기적 혹은 자기적 방식에 의해 처리되는 정보의 형태를 띠는 것(EST, Electronically Stored Information)을 말하며,[5] 유체물이 아니고 그 내용과 형식에서 유체물과는 다른 특징이 있으므로 증거확보에 대한 별도의 규율이 필요하다. 전자정보는 정보저장매체에 저장되어 있으므로, 정보저장매체가 증거방법이라면 증거자료는 정보 자체이며, 정보는 유체성이 없어 모니터나 출력을 통해 현출되어야 가독성이 생긴다.

(2) 성격

전자정보는 내용보다 정보저장매체에 저장되어 있다는 형식 자체에 특징이 있다.

> 디지털 정보는, 디지털형태로 저장되어 육안으로 식별하기 어렵고(비가시성), 정보의 메모리나 네트워크 상에 일시적으로 존재하는 경우가 많아 지속적이지 않으며(휘발성), 정보의 양이 일반 문서 등에 비해 비교할 수 없을 정도로 많고(대량성), 정보가 오류에 의해 손상되거나 의도적으로 변조되기 쉽고 또한 그 사실을 확인하기 곤란하며(취약성), 매체와는 별개로 원본과 동일한 내용을 복제하기 쉽고 원본과 복사본의 구별이 어려우며(복제용이성), 정보의 수집과 분석 그리고 그 압수와 분석에 전문가에 의한 도움이 필수적인 경우가 적지 않다(전문성).

범죄와 관련해서도, 일정한 저장매체 안에 범죄사실과 관련된 정보와 무관한 정보가 혼재되어 있고, 쉽게 삭제·변경될 뿐만 아니라 잘못된 접근으로 인하여 증거가치가 훼손되기 쉽고, 암호화 등으로 접근이 용이하지 않은 경우도 적지 않다. 따라서 정보를 압수해서 인식하는 방법이나 저장매체에 보존되어 있는 정보 가운데 범죄사실과 관련된 정보를 선별하는 방법 등에 특수성이 인정된다.

(3) 법적 규율

전자정보는 헌법상 정보의 자기결정권, 사생활 보호, 통신의 비밀 등과 밀접하게 관련되어 있어 압수·수색에 대한 법률적·사법적 통제라는 차원에서 이 문제에 접근할 필요가 있다.

---

5) 유사한 용어로서, 전자증거(electronic evidence)란 전자기기에 저장되어 있거나 전자기기에 의해 전송되고 증거로서 가치가 있는 정보와 데이터를 의미하며, 컴퓨터 증거라고 부르기도 한다. 한편 디지털 정보(Digital Data)라는 표현도 사용되는데, 이는 디지털 형태로 저장되거나 전송된 증거가치가 있는 정보, 구체적으로 말하면 디지털, 즉 정보(data)의 표기 및 저장이나 전달의 형태가 0과 1의 조합인 이진수 방식으로 이루어진 증거로서의 가치를 지닌 정보를 말하며, 그 내용이 직접 증거로 되는 경우(문서 내용, 디지털 이미지, 동영상 등)와 증거의 특성(characteristics)이 증거로 되는 경우(파일명, 해쉬값, 타임스탬프 등, 메타데이터)가 있다.

형사소송법은 "컴퓨터용 디스크 그 밖에 이와 비슷한 정보저장매체"라고 하여 전자정보의 획득을 위해 전자정보를 저장한 매체를 압수의 대상으로 명시하고 있다(제219조, 제106조 제3항). 형사소송법이 압수의 대상을 증거'물'로 한정하고 있기 때문에, 전자정보의 경우에도 정보 자체가 아니라 그것을 저장하고 있는 '정보저장매체'를 압수의 대상으로 규정한 것이다. 다만 형사소송규칙 제134조의7은 정보저장매체에 기억된 '정보' 자체를 증거조사의 대상으로 명시하고 있다.

(4) 전자정보의 압수

(가) 일반적 원칙 전자정보의 수집 및 처리과정에는 진정성, 무결성, 신뢰성 그리고 원본성이 담보되어야 한다.

> ① 진정성(Authenticity) 정보의 저장·수집과정에서 오류가 없고, 의도된 결과가 정확히 획득되었고 그로 인해 생성된 자료라는 점이 인정되어야 한다.
> ② 무결성(Integrity) 정보가 수집 및 분석과정을 거쳐 법정에 제출되기까지 변경이나 훼손 없이 안전하게 보전되어야 한다. 무결성은 정보저장매체에 변경이나 훼손이 없어야 한다는 요청이라면, '동일성'은 그 결과 정보의 내용이 원래의 것과 같아야 한다는 요청이라고 할 수 있다.
> ③ 신뢰성(Reliability) 정보의 분석 등 처리 과정에서 디지털 증거가 위·변조되지 않았고 의도되거나 의도되지 않은 오류를 포함하지 않아야 한다.
> ④ 원본성(Originality) 자체적으로 가시성과 가독성이 없는 디지털 증거를 변환하여 제출하는 과정에서 제출되는 정보가 원본에 있는 정보와 동일해야 한다.[6)]

(나) 판례의 태도 판례는 일심회 사건,[7)] 왕재산 사건[8)] 등에서 전자정보를 증거로 사용하기 위해서는, ① 정보저장매체에 수록된 전자정보 원본의 내용이 압수시부터 출력시까지 변경되지 않았어야 하고(무결성), ② 정보저장매체에 수록된 전자정보 원본과 그 출력물 사이의 동일성이 인정되어야 한다고 보았

---

6) 미국에서는 최량증거의 원칙에 따라, 「연방증거규칙」 제1001조 제3호가 "데이터가 컴퓨터 또는 동종의 기억장치에 축적되어 있는 경우에는 가시성을 가지도록 만들어진 출력인쇄물 또는 산출물로서 데이터의 내용을 정확히 반영하고 있다고 인정되는 것은 원본으로 본다"고 규정하여 출력물의 원본성을 명문화하고 있다. 우리나라에서도 전자정보 이전의 문서만을 원본으로 볼 것인지 아니면 전자정보 혹은 그 출력된 문서를 원본으로 볼 것인지 논의가 있지만, 최량증거원칙을 채택하고 있지 않아 원본성을 다툴 실익은 그리 없다고 할 수 있다.

7) 대판 2007. 12. 13. 2007도7257.

8) 대판 2013. 7. 26. 2013도2511.

다(동일성). 정보저장매체 원본을 대신하여 저장매체에 저장된 자료를 '하드카피' 또는 '이미징'한 매체로부터 출력한 문건의 경우, 정보저장매체 원본과 '하드카피' 또는 '이미징'한 매체 사이에 자료의 동일성이 인정되어야 하고, 이를 확인하는 과정에서 이용한 컴퓨터의 기계적 정확성, 프로그램의 신뢰성, 입력·처리·출력의 각 단계에서 조작자의 전문적인 기술능력과 정확성이 담보되어야 한다는 것이다. 따라서 이러한 요건을 충족하지 못한 때에는 당해 정보는 위법수집증거로서 증거능력이 부정된다.

Ⅱ. 수색의 대상

수색의 대상은 사람(피의자 및 피의자 아닌 자)의 신체, 물건 또는 주거 그 밖의 장소이다(제219조, 제109조). 수색은 피의사건과 관계가 있다고 인정할 수 있는 대상에 한정하여 할 수 있으며(제219조, 제109조 제1항), 피의자 아닌 자의 경우에는 압수물 존재의 개연성을 요구하고 있다(제219조, 제109조 제2항).

> 사람의 신체에 대한 수색은 검증으로서의 신체검사(제219조, 제141조)와 구별해야 한다. 신체를 뒤져 물건 등을 찾는 것이 목적이라면 신체에 대한 수색이 되고, 신체적인 특징·형상 등을 확인하여 증거로 사용하기 위한 것이라면 검증으로서의 신체검사이다. 다만, 신체수색의 경우 피수색자의 인격 등을 고려하여 형사소송법 제141조 제1항(신체검사에 관한 주의)이 준용된다.

제3 압수·수색의 제한

Ⅰ. 비밀보호를 위한 제한

형사소송법은 국가형벌권의 실현과 비밀보호라는 소송법 외의 이익이 충돌하는 영역에서 비밀에 관한 신뢰관계를 보호하기 위하여 일정한 자의 증인자격을 제한하는 한편(제147조), 증언거부권을 인정하고 있다(제149조). 그러나 출석의무 내지 증언의무만을 면제하고, 이들이 소지 또는 보관하고 있는 비밀과 관련된 물건의 압수를 허용한다면 위와 같은 보장은 무의미하게 된다. 이러한 이유에서 형사소송법은 군사상·공무상·업무상 비밀을 보호하기 위해 책임자나 비밀을 보호하는 자의 승낙이 없으면 압수를 거부할 수 있도록 하고 있다.

1. 군사상 비밀

군사상 비밀을 요하는 장소는 책임자의 승낙 없이는 압수 또는 수색할 수 없다(제209조, 제110조 제1항). 책임자는 국가의 중대한 이익을 해하는 경우가 아니면 승낙을 거부하지 못한다(제209조, 제110조 제2항).

2. 공무상 비밀

공무원 또는 공무원이었던 자가 소지 또는 보관하는 물건에 관하여는 본인 또는 그 해당 공무소가 직무상의 비밀에 관한 것임을 신고한 때에는 그 소속공무소 또는 당해 감독관공서의 승낙 없이는 압수가 불가능하다(제209조, 제111조 제1항).

군사상 비밀의 경우와 달리, 장소에 대한 접근을 차단하는 것이 아니라 비밀의 노출을 차단하는 것으로서, 직무상 비밀에 관한 것임을 신고해야 하고 수색이 아닌 압수만 제한하고 있다는 점에 특징이 있다.

소속 공무소 또는 당해 감독관공서는 '국가의 중대한 이익을 해하는 경우'가 아니면 승낙을 거부하지 못한다(제209조, 제111조 제2항).

① '소속공무소'의 의미에 관하여는, 직무상 비밀임을 신고한 공무원이 소속된 장소적 개념의 행정기관이라는 견해(광의설), 소속 공무원이 소속된 행정기관으로서 최소한 국가의사를 결정하여 이를 자기의 이름으로 외부에 표시하는 권한을 가진 행정청이라는 견해(협의설)가 가능한데, 후자의 입장이 타당하다.
② 승낙을 거부하는 방식으로서, 그 사유를 전혀 제시하지 않거나, 거부 사유로 형사소송법 제111조의 문언을 거의 그대로 옮겨 적는 데 그치거나, 제시된 거부 사유가 자의적이거나 남용에 해당하는 경우 또는 거부 사유로 주장된 내용이 명백히 국가의 중대한 이익을 해하지 않는 때에는 그 거부는 무효라고 보아야 한다.
③ 공공기관이 통상 비밀을 취급하는 점을 고려하면, 거부금지에 대한 제외사유로서 '국가의 중대한 이익'이라는 불확정 개념을 사용하여 이를 제한하는 것은 의문이 있다. 입법론으로는 거부권 행사와 관련한 절차규정을 마련할 필요가 있고, 거부권 행사가 가능한 경우에 한해 사전 심사를 위한 심문절차를 마련하는 방안, 사후 심사를 위한 심문절차를 마련하는 방안 등을 검토할 필요가 있다.[9]

---

9) 제110조와 제111조는 군주가 행정과 사법의 갈등을 조정할 수 있다는 19세기 입헌군주국가의 사상적 배경을 지닌 조문으로서, 오늘날 다원화된 민주주의 사회에는 재검토를 요한다. 상세한 내용은, 조기영, 청와대 압수수색의 요건과 집행상의 문제, 형사법연구 제29권 제2호(2017. 6), 131면 이하 참조.

3. 업무상 비밀

업무상 비밀을 취급하거나 그러한 위치에 있었던 자가 업무상 위탁을 받아 소지 또는 보관하는 물건으로서 타인의 비밀에 관한 것은 압수를 거부할 수 있다(제209조, 제112조 제1항). 타인의 승낙이 있거나 중대한 공익상 필요가 있는 때에는 예외가 인정된다(제209조, 제112조 제2항).

업무상 비밀을 위탁한 자와 비밀취급자의 신뢰관계의 보호와 범죄사실에 대한 실체적 진실발견의 조화를 도모하기 위한 것이다.

Ⅱ. 헌법에 따른 제한

1. 출판물에 대한 압수·수색

출판에 대한 사전검열은 금지되므로(헌법 제21조 제2항) 출판물에 대한 압수·수색은 출판된 이후에 출판물의 내용이 형벌법령에 저촉되는 경우에만 가능하다. 출판물의 내용을 문제 삼아 출판 직전에 압수하는 것도 사전검열과 동일한 효과를 가질 수 있으므로 엄격한 제한이 필요하다. 판례는 출판 직전의 원고의 내용을 문제 삼아 압수하는 것도 가능하나 그 요건을 엄격히 해석해야 한다는 입장이다.[10)]

2. 보도기관에 대한 압수·수색

언론의 자유 보장 내지 취재원 보호를 위해 보도기관에 대한 압수·수색도 비례의 원칙에 따른 엄격한 제한의 대상이다. 증언거부권 등과 관련하여 명문 규정을 두는 것이 바람직하다.

보도기관이나 기자는 제112조 업무상 비밀보호의 대상으로 되어 있지 않으나, 미국의 경우에도 해당 자료에 의하지 않고는 도저히 소송을 진행할 수 없는 부득이한 경우에는 법원이 발부하는 영장에 의거하여 압수수색이 가능하다는 것이 판례의 입장이다(Zurcher v. Stanford Daily, 436 U.S. 547 (1978)). 그러나 1980년 프라이버시 보호법은, 필자가 범죄의 혐의를 받거나 생명을 위협하는 상황이 현존하는 경우가 아니면 저널리즘과 관련된 압수나 수색을 금지하고 있다.

보도 전 자료의 압수·수색은 원칙적으로 금지하되, 보도 후 자료의 경우에

---

10) 대결 1991. 2. 26. 91모1.

는 실체해명과 보도 내지 취재의 자유 보장의 교량을 통해 허용할 수 있다.[11)]

3. 일기장, 사적 메모 등의 압수

일기장 등과 같은 사적 메모의 경우는 사생활 보호, 인격권 보장 등과 관련하여 비례의 원칙을 엄격하게 적용하여야 한다.

제 4 압수·수색의 요건

Ⅰ. 필요성

'범죄수사에 필요한 때'(제215조 제1항)란 단순히 범죄수사를 위해 압수 등이 필요한지 여부만을 판단하는 것이 아니라, 압수·수색의 경우에도 수사의 조건으로서 필요성과 상당성이 존재해야 한다는 의미이다. 특히 압수·수색은 강제수사로서 비례의 원칙이 적용된다.

범죄수사를 위해 필요한지 여부는 범죄의 형태나 경중, 압수물의 증거가치 및 중요성, 증거인멸의 우려 유무, 압수로 인하여 피압수자가 받을 불이익의 정도 등 제반 사정을 종합적으로 고려하여 판단해야 한다.

1. 비례의 원칙

비례의 원칙은 목적의 정당성과 수단의 적합성, 필요최소한의 침해, 수사의 목적달성과 기본권 침해의 균형(과잉금지의 원칙)을 내용으로 한다. 바꾸어 말하면 압수를 하지 않으면 수사의 목적을 달성할 수 없는 경우여야 하며, 압수 등으로 인한 '기본권 침해의 정도와 혐의의 중대성 및 수사상 필요성을 비교형량'하여 그 허용여부 및 범위를 결정해야 한다.[12)]

2. 압수물 존재의 개연성

수색의 경우에는 그 장소에 압수할 물건이 존재할 개연성이 있어야 한다(제209조, 제109조 제2항 참조).[13)]

---

11) 헌재 1999. 2. 25. 98헌마108 참조.

12) 대결 2004. 3. 23. 2003모126 (폐수무단방류 혐의가 인정된다는 이유로 검사가 피의자의 공장부지, 건물, 기계류 일체 및 폐수운반차량 7대에 대하여 압수처분을 한 사안: 위법).

13) 학설에 따라서는 '범죄의 혐의'와 '증거 존재의 개연성'을 「압수·수색의 이유」라고 부르고,

너무 오래된 정보를 토대로 압수·수색영장을 청구한 경우에는 피의사실의 성격이나 대상의 성질 등에 비추어 이러한 정보가 현재에도 여전히 유효한지(timeliness of the information)를 검토해야 하며, 정보의 적시성 여부는 시간의 장단, 피의사실의 성격, 피의자의 습관, 수색하고자 하는 물건의 성격, 수색할 장소의 성격과 기능 등을 널리 고려해야 한다(U.S. v. Harris, 20 F.3d 445, 450(11th Cir, 1994)).

현행법은 피의자 아닌 자의 신체, 물건, 주거 기타 장소에 대한 수색의 경우에만 압수대상이 존재할 개연성을 명시하고 있으나(제219조, 제109조 제2항), 피의자의 경우에도 적시성이라는 차원에서 대상물 존재의 개연성이 요구된다고 하여야 한다.

Ⅱ. 범죄의 혐의

압수·수색을 하기 위해서는 범죄의 혐의, 즉 '죄를 범하였다고 의심할 만한 정황'이 존재하여야 한다.

구법에서는 범죄혐의에 대해 별도의 규정을 두지 않았지만(제106조 참조), '범죄수사에 필요한 때'라는 필요성의 요건에 당연히 범죄의 혐의가 포함된다고 보았다. 그러나 2011년 개정법률은 제215조에서 구체적으로 혐의의 정도까지 명시한 것이다.

1. 혐의의 정도

혐의의 정도는 구속의 경우와는 달리 '죄를 범하였다고 의심할 만한 **정황**'이 존재하면 족하다. 다수설은 압수·수색이 대개 수사의 초기 단계에서 구속에 앞서 범인을 확인·특정하거나 수사를 진척시키기 위한 수단으로 행해진다는 점에서 범죄의 혐의도 최초의 혐의 내지 단순한 혐의로 족하다고 한다. 물론 여기서 단순한 혐의는 추상적인 혐의나 수사기관의 주관적 혐의를 말하는 것이 아니고, 수사를 개시할 정도의 구체적인 범죄혐의를 의미한다. 그러나 압수도 강제처분의 일종이라는 점을 고려하면, 개정 형사소송법이 요구하는 '죄를 범하였다고 의심할 만한 정황'이란 적어도 영장에 의한 체포를 위해 필요한 정도의 혐의보다 높거나 적어도 동등한 정도의 것임을 의미한다고 보는 것이 타당하고, 객관적이고 합리적인 의심(reasonable suspicion)이 인정될 정도여야 할 것이다.

「압수·수색의 필요성」과 함께 압수의 요건으로 이해하기도 한다.

2. 판단방법

죄를 범하였다고 의심할 만한 정황이 존재하는지 여부는 범죄의 경중, 사건의 태양, 입증의 난이도, 다른 증거의 구비 여부 등을 종합적으로 고려하여 판단해야 할 것이다. 따라서 혐의 없이 수사의 단서를 찾기 위한 '탐색적 압수·수색'은 금지된다.

Ⅲ. 피의사실과의 관련성

1. 취지

압수·수색은 '해당 사건과 관계가 있다고 인정할 수 있는 것'에 한정해서만 가능하다(제215조 제1항). 이를 관련성 요건이라고 부른다.

학설에 따라서는, 2011년 개정법률을 통해 관련성 요건이 별도로 명문화되기 이전부터 영장 실무에서 이미 관련성을 필요성 판단의 내용으로서 요구해 왔으므로 독자적인 의미가 없다는 견해도 있다. 그러나 관련성의 요건은 종래의 영장 실무를 명문으로 규정한 데 그치는 것이 아니라, 압수에 대한 보다 강화된 기준을 제시하여 혐의사실과 무관한 증거물(전자정보 포함)을 무분별하게 획득하는 관행을 개선시키려는 입법자의 의지의 표현이라는 점을 감안하면, 필요성과 관련성은 별개의 것으로 보는 것이 타당하다. 수사기관 내지 법원의 입장에서 필요성이 인정된다 하더라도 관련성이 없는 목적물이 있는가하면, 반대로 관련성이 있지만 압수·수색의 필요성이 없는 경우도 있다.

판례는 구법하에서도 피의사실과의 관련성을 요구하고 있었고,[14] 2011년 법률개정 이후에는 이 점을 보다 분명히 밝히고 있다.[15]

관련성 요건은 압수·수색의 대상을 특정하고 대상물의 범위를 한정하는 기

---

14) 대판 2008. 7. 10. 2008도2245.

15) 대판 2016. 3. 10. 2013도11233 (영장에 의해 압수된 물품 중 피의사실과 무관한 물품을 환부한 후, 세무공무원의 세무조사 협조 명목으로 한 제출요구에 따라 환부받았던 물품 일체를 임의제출하였고, 세무공무원이 피고인의 조세범처벌법위반혐의에 관한 세무조사를 하는 과정에서 USB에서 증거서류를 발견하여 증거로 제출한 사안: 위법); 대판 2018. 4. 26. 2018도2624 (기부금품 모집법 위반 등으로 영장에 의하여 압수한 공소외 1 소유의 외장하드에 저장된 전자정보를 복제·탐색하던 중 영장 기재 범죄사실에 대한 직접 또는 간접증거로서 가치가 있다고 보기 어려운 각 문건(청와대 및 행정각부의 보고서, 대통령 일정 관련 자료, 대통령 말씀자료 등)을 발견하여, 그 목록을 정리한 서류 및 그 내용을 정리한 수사보고를 증거로 제출한 사안: 위법).

능을 한다는 점에서 헌법과 형사소송법에 따른 '일반영장'금지를 구체화하고 탐색적 수색을 억제하여 비례의 원칙을 구체적으로 실현하는 의미를 가진다.

관련성의 요건은 영장에 의한 압수·수색뿐만 아니라 예외적으로 영장 없이 압수·수색을 하는 경우에도 필요하다. 영장에 의한 압수의 경우에는 원칙적으로 영장에 기재된 피의사실을 대상으로 압수·수색 장소에서 압수할 물건에 한정하여 압수하여야 하고, 영장 없이 행해지는 압수의 경우에도 – 제216조와 제217조의 요건을 충족하는 것을 전제로 – 이러한 관련성이 인정되는 범위에서 압수가 이루어져야 한다.

2. 관련성의 의미

해당 사건과 '관계가 있다고 인정할 수 있다'는 것은 – 무죄추정을 깨뜨릴 정도는 아니라도 – 직접 혹은 간접의 증거로서 의미를 가질 수 있는 객관적 가능성 또는 개연성을 의미한다.

법원 실무에서는 후술하는 객관적·주관적 관련성 이외에 시간적 관련성을 요구하기도 한다. 시간적 관련성이란 대상물이 범죄혐의 사실이 발생한 시점에 근접해서 생성되었어야 한다는 의미로서 관련성의 범위를 축소하기 위한 개념도구로서 의미를 가진다. 그러나 이러한 시간적 관련성은 압수물 존재의 개연성과 관련하여 이미 소개했으므로, 여기서는 논의에서 제외한다.

(1) 주관적(인적) 관련성

압수라는 강제처분이 기본권 제한을 내용으로 하는 것이라는 점에서 피의자 이외의 기본권 주체에 대해서는 원칙적으로 압수가 허용되지 않는다. 따라서 주관적 관련성이란 피의자에 대한 것이거나 피의자와 공범(공동정범, 간접정범, 교사범, 방조범) 관계 또는 범인은닉, 증거인멸, 장물에 관한 죄와 그 본범의 관계에 있는 것에 한정된다는 의미이다. 예컨대 수사 초기 단계에서 피의자로부터 압수된 증거물을 그 후에 입건된 공범들에 대하여 사용하더라도 피의사실의 동일성이 인정되는 한 별도의 압수절차를 밟아야 하는 것은 아니다.

(2) 객관적 관련성

압수는 원칙적으로 피의사건에 관한 것에 한정된다. 그러나 수사과정에서 피의사실 자체가 공소사실과는 달리 유동적이고, 오히려 피의사실을 확정하기 위해 압수·수색을 해야 할 필요도 있다. 따라서 피의사실과의 관련성은 영장에 기재된 피의사실로 기재된 것에만 한정할 수는 없고, 그것과 기본적 사실관계가 동일한 범행 또는 동일한 사회적 생활관계에 기초한 동종의 유사한 범행과 관련된다고 의심할 만한 상당한 이유가 있는 범위 내에서도 압수·수색이 가능하다.

증거로 의미가 있는 자료가 존재할 가능성이 있는 물건도 대상이 된다는 견해나 별도의 인위적 수색 없이 우연히 명백한 금제품이나 다른 범죄의 증거물을 발견했을 때에도 압수수색이 허용된다는 견해(plain view 이론), 압수기관의 관점을 기초로 할 때 일반인의 경험에 비추어 관련성이 있다고 의심하는 것이 상당한가를 기준으로 하는 견해 등도 있으나, 이러한 태도는 관련성 개념을 통해 일반영장을 제한하려는 취지에 부합하지 않는다.

(3) 판단방법

관련성이 있는지 여부는 영장을 발부하는 판사가 영장을 발부하는 시점을 기준으로 판단하며, 수사기관이 제출하는 관련성을 입증하는 자료('압수 당시의 상황' 등 고려) 등을 토대로 판단한다. 압수·수색영장에 기재된 범죄 혐의사실의 내용과 수사의 대상, 경위 등을 종합하여 구체적·개별적 연관관계가 있는 경우에만 인정되며, 단지 혐의사실과 동종 또는 유사 범행에 관한 것이라는 사유만으로 객관적 관련성을 인정할 수 없고, 동일한 피의자나 공범이라도 별개의 범행에 대한 자료는 직접증거로서 관련성은 부정된다.

판례도 피고인(피의자)이라는 주관적 표지와 범죄사실(피의사실)이라는 객관적 표지를 동시에 고려하면서, ① 압수·수색영장의 범죄사실 자체와 직접적으로 연관된 물건 외에 ② 압수·수색영장의 범죄사실과 기본적 사실관계가 동일한 범행, ③ 동종·유사의 범행과 관련된다고 의심할 만한 상당한 이유가 있는 물건도 관련성을 인정하고 있으나, 동일 피의자나 공범의 별개의 범행에 대한 자료는 적어도 직접증거로서는 관련성을 부정하고 있다.[16)]

판례는 압수의 범위를 제한하는 요건으로서 관련성과 함께 통신사실확인자료에 관한 사용범위를 제한하는 기준으로서 관련성을 요구하고 있다.[17)] 통신제한조치

16) 대판 2014. 10. 27. 2014도2121; 대판 2017. 12. 5. 2017도13458; 대판 2020. 2. 13. 2019도14341, 2019전도130; 대판 2021. 8. 26. 2021도2205.

17) 대판 2014. 10. 27. 2014도2121. 관련성의 구체적 의미를 다룬 것으로서, 대판 2017. 1. 25. 2016도13489 (건설현장 식당운영권 수주 관련 금품제공에 관한 증거자료로 통화내역을 확인하면서 다른 건설현장과 관련한 뇌물수수에 대한 사실을 확인하여 통신사실확인자료를 증거로 제출한 사안: 위법).

나 통신사실확인자료는 사전에 그 내용을 알 수 없어 관련성을 요구할 수 없기 때문에, 통신비밀보호법 제12조가 사후적으로 그 사용범위를 목적범죄나 이와 관련되는 범죄로 명시적으로 제한하고 있는 바, 그 구체적 의미를 다룬 판례이다. 따라서 엄격히 말하면 압수의 범위제한에 관한 관련성과는 구별된다.

압수·수색과정에서 우연히 발견된 별건 범죄에 대한 증거의 확보는 원칙적으로 허용되지 않고, 동종·유사한 범행이라도 혐의사실의 내용, 수사의 대상과 경위 등을 종합하여 구체적·객관적인 연관성이 인정되지 않으면 관련성이 부정된다.[18] 일정한 압수물이 범죄사실과 직접 관련성은 없더라도, 영장에 기재된 범행의 동기와 경위, 범행 수단과 방법, 범행 시간과 장소 등을 증명하기 위한 간접증거나 정황증거 등으로 사용되는 경우에는 관련성이 인정될 수 있다.[19]

Ⅳ. 소명자료의 제출

압수·수색을 위하여 영장을 청구할 때에는 ① 피의자에게 범죄의 혐의가 있다고 인정되는 자료와 ② 압수, 수색 또는 검증의 필요 및 ③ 해당 사건과의 관련성을 인정할 수 있는 자료를 제출하여야 하며(규칙 제108조 제1항), 피의자 아닌 자의 신체, 물건, 주거 기타 장소의 수색을 위한 영장의 청구를 할 때에는 ④ 압수하여야 할 물건이 있다고 인정될 만한 자료를 제출하여야 한다(동조 제2항).

18) 대판 2014. 1. 16. 2013도7101; 대판 2014. 2. 27. 2013도12155; 대판 2014. 10. 27. 2014도2121; 대판 2017. 1. 25. 2016도13489; 대판 2017. 12. 5. 2017도13458; 대판 2020. 2. 13. 2019도14341, 2019전도130; 대판 2021. 7. 29. 2021도3756; 대판 2021. 9. 16. 2021도274; 대판 2021. 10. 28. 2020도15650; 대판 2021. 11. 18. 2016도348 전합; 대판 2021. 12. 30. 2019도10309.

19) 대판 2017. 12. 5. 2017도13458; 대판 2019. 3. 14. 2018도2841; 대판 2019. 10. 17. 2019도6775; 대판 2020. 2. 13. 2019도14341, 2019전도130; 대판 2021. 7. 29. 2021도3756; 대판 2021. 8. 26. 2021도2205; 대판 2021. 9. 16. 2021도274; 대판 2021. 10. 28. 2020도15650; 대판 2021. 11. 25. 2021도10034.

제 5 압수·수색의 절차

Ⅰ. 영장의 청구 및 발부

1. 영장의 청구

체포·구속의 경우와 마찬가지로 검사가 청구하며, 사법경찰관은 검사에게 신청하여 검사가 지방법원판사에게 청구한다(제215조 제1항, 제2항).

영장의 청구는 서면으로 하여야 하며(규칙 제93조 제1항), 특히 범죄사실의 요지, 압수·수색·검증의 장소 및 대상을 따로 기재한 서면 1통(수통의 영장을 청구하는 때에는 그에 상응하는 통수)을 첨부하여야 한다(동조 제2항). 압수·수색영장청구서에는 규칙에서 상세히 정한 기재사항(규칙 제107조 참조)을 기재하여야 하고, 피의자에게 범죄의 혐의가 있다고 인정되는 자료와 압수, 수색 또는 검증의 필요 및 해당 사건과의 관련성을 인정할 수 있는 자료를 제출하여야 한다(규칙 제108조 참조).

> 특히 피의자를 특정할 수 있는 사항, 압수의 대상 및 수색 장소 등을 기재하도록 명시한 것은 포괄영장 내지 일반영장 금지의 원칙을 실현하기 위한 취지라고 할 수 있다. 한편 검사 또는 사법경찰관은 압수·수색 또는 검증영장을 청구하거나 신청할 때에는 압수·수색 또는 검증의 범위를 범죄 혐의의 소명에 필요한 최소한으로 정해야 하고, 수색 또는 검증할 장소·신체·물건 및 압수할 물건 등을 구체적으로 특정해야 한다(수사준칙 제37조).

2. 영장의 발부

지방법원판사가 수사기관이 영장 청구시에 첨부한 해당 사건의 수사기록 등 자료에 대한 서면심리를 통해 영장발부 여부나 범위를 결정한다.

(1) 일부 기각

청구가 상당하다고 인정하는 경우에 영장을 발부하지만, 청구 내용 가운데 일부에 대한 기각도 가능하다. 예컨대 수색영장과 압수영장을 분리하여 발부하거나 단계적으로 발부할 수도 있고,[20] 압수·수색의 대상이나 기간을 제한할 수도 있다.

---

20) 서울중앙지법 2007년 영장번호 6497호, 11822호, 11901호 각 결정 참조.

(2) 영장의 기재사항

압수·수색영장에는, ① 피의자의 성명(피의자의 성명이 분명하지 아니한 때에는 인상, 체격, 기타 피의자를 특정할 수 있는 사항으로 피의자를 표시, 제219조, 제114조 제2항), ② 죄명, ③ 압수할 물건, 수색할 장소·신체·물건, ④ 영장 발부 연월일, ⑤ 영장의 유효기간과 그 기간이 지나면 집행에 착수할 수 없으며 영장을 반환하여야 한다는 취지 기타 대법원규칙으로 정한 사항을 기재하고 재판장 또는 수명법관이 서명날인하여야 하며,[21] ⑥ 압수·수색할 물건이 **전기통신**에 관한 것인 경우에는 **작성기간**을 기재하여야 한다(제219조, 제114조 제1항). 규칙에 따르면, ⑦ 압수수색의 사유도 기재하여야 한다(규칙 제58조).

> 수사기관의 강제처분 권한의 범위와 압수·수색을 받는 자의 수인의무의 범위를 명확히 하고 수사기관의 권한 남용에 대한 불복 신청을 할 수 있도록 하기 위하여 기재사항을 특정한 것이다(제219조, 제113조, 제114조, 규칙 제107조 제1항 등).

(3) 대상과 방법 등의 특정

압수·수색영장에는 압수할 물건이나 수색할 장소 등을 구체적으로 기재해야 한다.[22] 일반영장은 금지된다. 압수·수색영장의 발부 여부를 결정할 때에는 압수할 물건, 수색할 장소, 신체나 물건 등이 개별적·구체적으로 특정되어 있는지 여부를 검토하여야 한다.

> 피의사실과 관련된 것이라도 목적물을 특정해야 하며(일반영장 금지), 개괄적 기재를 하는 경우에는 적어도 구체적·개별적 물건을 예시한 다음 마지막으로 '이에 준하는 물건'이라는 식의 기재가 필요하다.

㈎ 대상의 특정 '압수할 물건이나 수색할 장소의 기재'는 기재 자체에 의해 대상이 확정되고 압수·수색영장을 집행하는 수사기관의 자의적인 판단에 의하여 수색장소나 압수할 물건이 결정되지 않도록 제한적으로 해석하는 것이 필요하다. 압수수색 영장에 기재된 내용이 모호하거나 다의적으로 해석된다면 수사기관에 불리하게 해석해야 한다는 하급심 판례도 있다.[23]

---

21) 판사의 서명만 있고 날인이 없는 경우, 영장발부절차의 위법에도 불구하고 판사의 의사에 기초하여 진정하게 영장이 발부되었음이 명백한 이상, 당해 영장에 의해 수집한 증거물은 증거로 사용할 수 있다 (대판 2019. 7. 11. 2018도20504).

22) 대판 2001. 10. 12. 2001다47290.

23) 서울고판 2019. 1. 30. 2018노885.

'압수 장소에 보관 중인 물건'이라고 기재한 것을 '압수 장소에 현존하는 물건'으로 확장해석하는 것은 허용되지 않는다.[24] 영장기재문구의 엄격한 해석을 통해 압수수색의 관련성을 제한하여야 한다.[25]

'수색할 장소'도 형사소송법이 수색의 대상으로 장소와 신체를 구별하고 있으므로, 장소에 대한 수색영장만으로 그곳에 있는 사람의 신체나 소지품에 대한 수색까지 당연히 허용되지는 않는다. 또한 수색장소가 회사, 법인, 단체, 공공기관의 사무실인 경우에는 그 내부에서 범죄 혐의사실과 관련된 장소로 제한하여 수색장소를 특정할 필요가 있다. 예컨대 회사 내 관련 부서를 영장에 특정한 경우에 영장에 기재되지 않은 다른 부서에서 압수를 하거나,[26] 직원 개인의 범죄인 경우 그 직원이 사용하는 사무실 및 집기 이외의 장소나 대상에 대해서는 특별한 사정이 없는 한 수색을 허용해서는 안 된다.

(나) **방법의 특정** 압수·수색의 방법도 필요한 경우에는 구체적으로 기재하여야 한다. 증거확보라는 목적과는 달리 탐색적 수색이 이루어지는 것을 방지하기 위함이다. 특히 기업범죄 등에서 서류를 대량압수하거나 전자정보를 압수하는 등의 경우에는 압수·수색의 방법이 구체적으로 특정되어야 한다.

(4) 영장의 유효기간

영장발부일로부터 7일이며 지방법원판사가 상당하다고 인정하는 때에는 연장이 가능하다(규칙 제178조). 영장 유효기간은 집행에 착수를 할 수 있는 종기를 의미하므로, 일단 집행을 종료하면 유효기간이 남았더라도 영장의 효력은 상실된다.[27]

3. 재판에 대한 불복

영장의 기각 또는 발부에 대해서는, 체포·구속영장의 경우와 마찬가지로 항고(제402조, 제403조)나 준항고(제416조)가 허용되지 않는다.[28]

---

24) 대판 2009. 3. 12. 2008도763.

25) 대판 2019. 3. 14. 2018도2841 (수사기관이 세무법인 사무실에서 '압수할 물건'으로 "공소외 2 주식회사와 공소외 3 주식회사의 경리·회계 관련 자료"라고 명시된 압수·수색영장을 집행하면서 공소외 2 회사와 특수관계에 있으나 별개의 독립된 법인격을 가진 회사인 공소외 1 회사의 경리·회계 관련 자료까지 압수한 사안: 위법).

26) 대판 2021. 2. 4. 2020도11559.

27) 대결 1992. 12. 1. 99모161.

28) 대결 1997. 9. 29. 97모66.

4. 영장 없는 압수·수색

영장 없는 압수·수색은 원칙적으로 영장주의 위반으로 그 압수물 등을 증거로 사용할 수 없다.[29]

Ⅱ. 영장의 집행

1. 영장의 집행기관

압수·수색영장은 검사의 지휘에 의하여 사법경찰관리가 집행한다(제219조, 제115조 제1항).

검사는 관할구역 외에서 집행을 지휘하거나 당해 관할구역의 검사에게 집행지휘를 촉탁할 수 있고, 사법경찰관리도 관할구역 외에서 집행을 하거나 당해 관할구역의 사법경찰관리에게 집행을 촉탁할 수 있다(제219조, 제115조 제2항, 제83조).

2. 영장의 집행

영장의 제시 등에 관해서는 법원에 의한 압수·수색에 관한 규정이 준용된다(제219조, 제118조 내지 제127조). 압수·수색영장을 집행할 때에는 타인의 비밀을 보호하여야 하며 처분받은 자의 명예를 해하지 아니하도록 주의하여야 한다(제116조 참조).

(1) 피의자 등에 대한 사전통지

피의자 또는 변호인은 압수·수색영장의 집행에 참여할 수 있으며(제219조, 제121조), 압수·수색영장을 집행함에는 미리 집행의 일시와 장소를 참여권자에게 통지하여야 한다(제219조, 제122조 본문).

당사자의 이익을 보호하고 영장집행절차의 적정성을 담보하기 위한 것으로서, 집행상황 등을 알 수 있도록 실질적 참여를 보장할 필요가 있으며, 그 전제로서 집행의 일시·장소 외에 압수·수색의 이유(목적) 등도 고지할 필요가 있다.

당사자들이 참여하지 아니한다는 의사를 명시한 때 또는 급속을 요하는 때

---

29) 대판 2010. 7. 22. 2009도14376 (경찰이 피고인의 집에서 20m 떨어진 곳에서 피고인을 체포하여 수갑을 채운 후 피고인의 집으로 가서 집안을 수색하여 칼과 합의서를 압수하였을 뿐만 아니라 적법한 시간 내에 압수수색영장을 청구하여 발부받지도 않았고, 후에 임의제출동의서만 받은 사안: 위법).

는 예외로 한다(제219조, 제122조 단서). ① 당사자가 불참의사를 명시한 경우라도 그 의사가 자발적이어야 하므로, 집행절차의 복잡성 등을 설명하여 참여를 어렵게 만드는 일이 없도록 해야 한다.[30] ② '급속을 요하는 때'라 함은 압수·수색영장 집행 사실을 미리 알려주면 증거물을 은닉할 염려 등이 있어 압수·수색의 실효를 거두기 어려울 경우를 말한다.[31]

이메일과 같이 송·수신이 완료된 전기통신에 대한 압수·수색은 제122조 단서에 따라 통지가 생략된 경우[32]에는 피의자에게 자신에 관한 송·수신이 완료된 전기통신에 대한 압수·수색이 집행되었음을 통지하여여 한다(통신비밀보호법 제9조의3). 다만, 통신비밀보호법은 수사대상이 된 피의자의 상대방(예컨대, 카카오톡 메신저 대화방에 참여한 피의자 아닌 자)에 대한 사후통지는 규정하고 있지 않다. 헌법재판소는 피의자의 상대방에 대한 통지를 위하여 그 상대방에 대한 또 다른 개인정보를 수집함으로써 오히려 그 상대방의 개인정보자기결정권을 침해할 가능성도 있다는 등의 이유로 압수·수색영장의 집행사실을 피의자의 상대방에게는 통지하지 않도록 하고 있다고 하더라도 적법절차원칙에 위배된다고 볼 수 없다고 판시한 바 있다.[33] 피의자의 대화상대방의 개인정보보호를 위해서는 상대방에 관한 정보수집을 최소화하고, 수사종료 후 통지제도나 수집된 개인정보의 보관 및 이용 필요성이 소멸하거나 일정한 기간이 경과한 경우에는 자료를 삭제·폐기하도록 하는 제도 등의 도입을 검토할 필요가 있다.

(2) 영장의 사전제시와 사본교부

영장은 처분을 받는 자에게 반드시 제시하여야 하고, 처분을 받는 자가 피고인인 경우에는 그 사본을 교부하여야 한다. 다만, 처분을 받는 자가 현장에 없는 등 영장의 제시나 그 사본의 교부가 현실적으로 불가능한 경우 또는 처분을 받는 자가 영장의 제시나 사본의 교부를 거부한 때에는 예외로 한다(제219조, 제118조). 구속영장의 경우와는 달리 급속을 요하는 때에 영장을 소지하지 않은 채 이루어지는 긴급집행은 허용되지 않는다. 사전제시(knock and announcement)가

---

30) 대판 2017. 10. 12. 2017도8814 (내연관계에 있던 남자의 아내가 이혼을 해주지 않는 것에 앙심을 품고 청산가리를 먹여 살해한 사건에서 피의자의 휴대전화를 압수하여 저장매체의 원본을 이미징하여 분석하는 절차에 피의자가 참여하지 않겠다는 확인서를 제출받아 불참여의사를 확인한 사안: 적법).

31) 대판 2012. 10. 11. 2012도7455.

32) 전자우편에 대한 압수수색 집행의 경우에도 급속을 요하는 때에는 사전통지를 생략할 수 있도록 한 것은 적법절차원칙에 위배되지 않는다(헌재 2012. 12. 27. 2011헌바225).

33) 헌재 2018. 4. 26. 2014헌마1178.

원칙이나 영장제시가 현실적으로 불가능한 경우, 예컨대 당사자가 집행에의 참여나 영장의 확인을 거부하거나 또는 피의자가 현장에 없거나, 현장에서 그를 발견할 수 없는 경우에는 예외가 인정된다.[34]

제시의 대상은 '압수영장의 처분을 받는' 상대방이며, 상대방이 수인이면 개별적으로 제시하는 것이 원칙이다.[35]

'제시'란 영장이 발부되었다는 사실을 알리는데 그치는 것이 아니라, 영장의 필요적 기재사항이나 그와 일체를 이루는 사항을 충분히 알 수 있도록 제시하는 것을 말한다.[36] 피의자가 검찰에서 수사를 받던 중 신문과정에서 휴대전화 등을 압수당하게 되자, 피의자가 수사관에게 압수수색 영장의 내용을 보여 달라고 요구했으나, 수사관은 영장의 겉표지만 보여주고 내용은 확인시켜 주지 않았다면 이는 영장주의위반에 해당한다.[37] 영장 원본이 아닌 사본만 제시하는 것도 위법하다.[38]

(3) 당사자의 참여

압수·수색영장의 집행을 받은 당사자는 집행절차에 참여할 권리를 가진다. 당사자 참여 없이 압수·수색을 집행하면 위법하며, 참여권은 집행이 종료되기까지 전 과정에서 보장되어야 한다.

변호인의 참여권(제219조, 제121조)은 피압수자의 보호를 위하여 변호인에게 주어진 고유한 권한이다. 만일 피압수자가 수사기관에 압수·수색영장의 집행에 참여하지 않는다는 의사를 명시하였다고 하더라도, 특별한 사정이 없는 한, 그 변호인에게는 제219조, 제122조에 따라 미리 집행의 일시와 장소를 통지하는 등

34) 대판 2015. 1. 22. 2014도10978 전합.

35) 대판 2009. 3. 12. 2008도763; 대판 2017. 9. 21. 2015도12400; 대판 2021. 2. 4. 2020도11559.

36) 대판 2017. 9. 21. 2015도12400 (사법경찰관이 영장의 피압수자에게 영장을 제시하면서 표지에 해당하는 첫 페이지와 피압수자의 혐의사실이 기재된 부분만을 보여주고, 영장의 내용 중 압수·수색·검증할 물건, 압수·수색·검증할 장소, 압수·수색·검증을 필요로 하는 사유, 압수 대상 및 방법의 제한 등 필요적 기재 사항 및 그와 일체를 이루는 부분을 확인하지 못하게 한 사안: 위법); 대결 2020. 4. 16. 2019모3526 (휴대전화 등을 압수당하면서 그 자리에서 영장의 구체적 확인을 요구하였음에도 수사관이 영장이 있다는 것을 보여주기만 하였을 뿐 그 내용을 확인시켜 주지 않은 사안: 위법).

37) 대결 2020. 4. 16. 2019모3526.

38) 대판 2017. 9. 7. 2015도10648; 대판 2019. 3. 14. 2018도2841 (금융기관과 이메일업체에 압수수색영장을 집행하면서 모사전송 방식으로 영장사본만 제시하고, 압수조서와 압수물목록도 교부하지 않은 사안: 위법).

의 방법으로 압수·수색영장의 집행에 참여할 기회를 별도로 보장하여야 한다.[39]

(4) 집행에 필요한 처분

압수·수색영장의 집행에 있어서는 건정(자물쇠)을 열거나 개봉 기타 필요한 처분을 할 수 있고(제219조, 제120조 제1항), 그 처분은 압수물에 대하여도 가능하다(제219조, 제120조 제2항).

> '필요한 처분'이란 집행 자체보다 넓은 개념으로서 집행과 맞닿아 있으면서 집행을 위해 필요불가결한 처분을 의미하며, 압수·수색의 요건을 갖춘 경우라도 필요한 처분을 널리 허용하게 되면 프라이버시 기타 권리보호의 필요성을 제한하는 결과를 가져오므로 엄격한 해석이 필요하다. 판례는 강제채뇨를 위해 대상자를 소변채취에 적합한 장소로 데려가거나,[40] 혈액의 압수를 위해 혈액을 채취하는 행위[41]도 압수수색영장의 집행에 필요한 처분으로 보고 있으나, 별도의 법적 근거를 요한다고 보아야 하며, 적어도 영장에 필요한 처분으로 명시되어야 할 것이다.

잠금장치를 열거나 개봉하는 것을 법률로 예시하고 있으나, 예컨대 부수고 여는 것(break open), 신분을 가장한 출입(마약사범 등) 등도 포함될 수 있고, 집행 중의 출입금지 등의 처분(제219조, 제119조)도 여기에 포함될 수 있다.[42] 문서의 원본 대신 사본을 압수하기 위해 촬영·복사 등의 조치도 가능하고, 전자정보의 경우 피의사실과 관련성을 가지는 정보를 발견하기 위해 정보저장매체를 가시화, 가독화하는 절차도 여기에 포함시킬 수 있다.

(5) 책임자 등의 참여

① 공무소, 군사용 항공기 또는 선박·차량 안에서 압수·수색영장을 집행하려면 그 책임자에게 참여할 것을 통지하여야 하며(제219조, 제123조 제1항), 그 외의 타인의 주거, 간수자 있는 가옥, 건조물, 항공기 또는 선박·차량 안에서 압수·수색영장을 집행함에는 주거주, 간수자[43] 또는 이에 준하는 사람을 참여하게 하여

---

39) 대판 2020. 11. 26. 2020도10729.

40) 대판 2018. 7. 12. 2018도6219.

41) 대판 2012. 11. 15. 2011도15258.

42) 대판 2013. 9. 26. 2013도5214 (압수·수색영장을 집행할 목적으로 건물 1층 로비에서 건물 고층에 있는 경영기획실로 이동하기 위해 경비원들의 방해를 제지하고 엘리베이터에 탑승하는 과정에서 발생한 일련의 실력행사: 적법).

43) 대판 2013. 9. 26. 2013도5214 (건물 고층에 위치한 경영기획실 등에 대한 압수·수색영장을 집행하기 위해 건물 입구에서 경비원에게 영장을 제시했으나, 당시에 경영기획실 직원이 참여

야 하고(동조 제2항), 이러한 사람을 참여하게 하지 못할 때에는 이웃 사람 또는 지방공공단체의 직원을 참여하게 하여야 한다(동조 제3항). ② 여자의 신체에 대하여 수색할 때에는 성년의 여자를 참여하게 하여야 한다(제219조, 제124조).

공무소에 대한 압수·수색의 경우 통지대상이 되는 '책임자'란 반드시 공무소의 장이 아니더라도 그를 대신할 만한 위치에 있는 자도 포함된다. 예컨대 공무소의 장이 부재중인 경우에 그를 대신하여 공무소의 시설(수색장소가 한정되어 있는 경우에는 그 부분)에 대하여 관리권을 행사할 지위에 있는 자도 여기에 포함된다.[44)]

검사가 압수·수색을 함에는 — 피의자신문의 경우와 마찬가지로 — 검찰청수사관 또는 서기관이나 서기를 참여하게 하여야 하고, 사법경찰관이 압수·수색을 함에는 사법경찰관리를 참여하게 하여야 한다(규칙 제110조).

(6) 집행중지와 필요한 처분

압수·수색영장의 집행을 중지한 경우에 필요한 때에는 집행이 종료될 때까지 그 장소를 폐쇄하거나 간수자를 둘 수 있다(제219조, 제127조).

(7) 야간집행의 제한

일출 전, 일몰 후에는 압수·수색영장에 야간집행을 할 수 있는 기재가 없으면 그 영장을 집행하기 위하여 타인의 주거, 간수자 있는 가옥, 건조물, 항공기 또는 선박·차량 안에 들어가지 못한다(제219조, 제125조).

다만 ① 도박 기타 풍속을 해하는 행위에 상용된다고 인정하는 장소, ② 여관, 음식점 기타 야간에 공중이 출입할 수 있는 장소(단, 공개한 시간 내에 한한다)에 대해서는 야간집행이 가능하다(제219조, 제126조).

(8) 절차위반

영장집행을 위한 절차규정에 위반하여 압수가 이루어진 때 그 과정에서 압수한 물건을 증거로 사용할 수 없다.[45)]

하지 않았다 하더라도 간수자의 참여가 이루어진 것으로 본 사안).

44) 제주도지사실 압수·수색 사건에서 당시 제주도청 외부에 있었던 제주도지사에게 참여통지가 이루어지지 않았더라도 압수·수색을 당하는 정책특보의 직무상 상관이면서 압수·수색장소를 직권 사용·관리권을 행사하는 비서실장을 그 사무실의 책임자로 볼 수 있다.

45) 대판 2007. 11. 15. 2007도3061 전합.

3. 전자정보의 압수·수색

전자정보에 대한 압수·수색은 사생활의 비밀과 자유, 정보에 대한 자기결정권, 재산권 등을 침해할 우려가 크므로 비례의 원칙에 따라 필요최소한의 범위 내에서 실시되어야 한다.

(1) 범위를 정한 출력(복제)물 압수의 원칙

전자정보는 범위를 정한 출력물과 복제에 의한 압수가 원칙이다(제219조, 제106조 제3항 본문). 즉 전자정보를 압수하는 경우에는 해당 정보저장매체 등의 소재지에서 수색 또는 검증한 후 범죄사실과 관련된 전자정보의 범위를 정하여 출력하거나 복제하는 방법으로 한다(수사준칙 제41조 제1항).

다만 범위를 정하여 출력 또는 복제하는 방법이 불가능하거나 압수의 목적을 달성하기에 현저히 곤란하다고 인정되는 때에 한하여 정보저장매체 등을 압수할 수 있다(제219조, 제106조 제3항 단서).[46] 즉, 출력과 복제에 의한 압수의 방법이 실행이 불가능하거나 그 방법으로는 압수의 목적을 달성하는 것이 현저히 곤란한 경우에는 압수·수색 또는 검증 현장에서 정보저장매체등에 들어 있는 전자정보 전부를 복제하여 그 복제본을 정보저장매체등의 소재지 외의 장소로 반출할 수 있고(수사준칙 제41조 제2항), 출력 및 복제 그리고 정보저장매체 등의 복제본 반출에 따른 압수 방법의 실행이 불가능하거나 그 방법으로는 압수의 목적을 달성하는 것이 현저히 곤란한 경우에는 피압수자 또는 제123조에 따라 압수·수색영장을 집행할 때 참여하게 해야 하는 사람이 참여한 상태에서 정보저장매체등의 원본을 봉인하여 정보저장매체등의 소재지 외의 장소로 반출할 수 있다(동조 제3항).

Grid(분산) Computing이나 Cloud Computing처럼 저장매체의 물리적 소재를 확정하기 곤란한 경우에는 별도의 온라인 수색(예컨대 스파이웨어 등과 같은 해킹수단)을 통한 증거확보가 필요하다(사이버범죄방지협약 제19조 제2항 참조).

(2) 집행절차

(가) 집행절차의 범위 전자정보를 출력하거나 범위를 정해 복제한 경

46) 대결 2011. 5. 26. 2009모1190; 대결 2015. 7. 16. 2011모1839 전합; 대판 2021. 11. 18. 2016도348 전합.

우에는 출력이나 복제로 압수가 종료되지만, 저장매체를 복제 또는 이미징하거나 저장매체 자체를 압수한 경우에는 그 이후에 저장매체로부터 전자정보를 탐색, 출력 혹은 복사하는 전 과정이 집행절차에 포함된다. 예컨대 저장매체 등을 압수하여 수사기관의 사무실 등으로 옮긴 후 영장에 기재된 범죄 혐의와 관련된 전자정보를 탐색하여 해당 전자정보를 문서로 출력하거나 파일을 복사하는 과정 역시 전체적으로 압수·수색영장 집행의 일환으로 보아야 한다.[47]

(나) **압수·수색과정에의 참여권 보장 등** 정보저장매체 자체를 압수한 경우에는 – 피압수자 측에서 참여하지 아니한다는 의사를 명시적으로 표시하였거나, 적어도 그 과정의 성질과 내용 등에 비추어 피압수자 측에 절차참여를 보장한 취지가 실질적으로 침해되었다고 볼 수 없을 정도에 해당한다는 특별한 사정이 없는 한 – 수사기관 등에서 매체를 탐색·복제·출력하는 일련의 과정 전체에 피의자 또는 변호인의 참여권을 보장해야 한다.[48] 또한 혐의사실과 무관한 전자정보의 임의적인 복제 등을 막기 위한 적절한 조치를 취하는 등 영장주의 원칙과 적법절차를 준수하여야 한다.[49]

다만 저장매체 전체를 복제 또는 이미징 작업을 하여 반출한 것이 아니라 범죄피의사실과 관련된 정보를 선별하여 범위를 정해 제출받은 때에는 이미 압수·수색절차는 종료되었으므로, 그 이후에 압수된 파일을 탐색·복제·출력하는 과정에 피의자 등이 참여할 기회를 보장해야 하는 것은 아니다.[50]

(다) **집행절차의 위법 여부에 대한 판단** 전자정보의 집행절차가 단계적인 경우, 예컨대 피압수자의 사무실에서 저장매체를 압수하고, 디지털포렌식

47) 대결 2011. 5. 26. 2009모1190.

48) 대결 2015. 7. 16. 2011모1839 전합; 대결 2015. 10. 15. 2013모1969.

49) 대판 2017. 11. 14. 2017도3449 (컴퓨터와 USB 등에 저장된 파일을 이미징 형태로 추출해 휴대용 저장매체에 복제해 반출하면서 범위를 한정하여 범죄 혐의사실과 관련된 파일만 복제하지 않았으며, 검찰 사무실에서 전자정보를 탐색하는 과정에 피압수자에게 참여할 기회를 주지 않았고, 무관한 정보임을 확인한 후에도 탐색을 중단하지 않은 사안: 위법). 같은 취지로는 대판 2020. 11. 26. 2020도10729.

50) 대판 2018. 2. 8. 2017도13263 (유흥주점 운영자와 경리부장, 관리이사 등이 공모해 2012년부터 2014년까지 유흥주점을 운영하면서 사기와 기타 부정한 방법으로 조세를 포탈한 혐의로 입건되어, 현장에서 직원이 사용하던 USB에서 조세포탈 장부가 담긴 파일로 추정되는 엑셀파일이나 문서파일들을 선별한 뒤 이미징 작업을 한 후 증거로 제출된 이미지 파일을 압수하였고, 검사는 포탈세액을 특정하기 위한 증거자료로 '판매심사파일' 등이 들어 있는 CD와 그 출력물을 증거로 제출한 사안: 적법. 다만 이 사안에서 판매심사파일 및 그 출력물과 USB 내 원본 파일 내용의 동일성을 부정하여 디지털 증거와 그 복사물의 증거능력은 부정).

센터나 검사 개인의 사무실에서 저장매체를 탐색·복제·출력한 경우, 참여권 보장이나 무관정보의 출력 등 절차의 위법이 인정되는 경우에는 과정 전체를 하나의 절차로 파악하여 그 위법이 중대한지 여부에 따라 취소 여부를 판단해야 한다.[51)]

(라) **추가탐색의 문제** 범죄혐의와의 관련성에 따른 구분 없이, 저장매체에 저장된 전자정보 가운데 임의로 문서를 출력하거나 파일을 복사하는 것은 특별한 사정이 없는 한 영장주의에 반하므로, 피의사실과 관련성 없는 별개의 범죄사실과 관련된 정보를 발견한 때에는 즉시 추가탐색을 중단하고 별도의 압수·수색영장을 발부받아야 한다.[52)]

(3) 정보주체에 대한 고지

수사기관은 전자정보의 압수로 정보를 제공 받은 경우 정보주체(개인정보보호법 제2조 제3호)에게 해당사실을 지체 없이 알려야 한다(제219조, 제106조 제4항).

Ⅲ. 집행 후의 절차

1. 수색증명서 또는 압수목록의 교부

증거물 등을 압수한 경우에는 목록을 작성하여 소유자, 소지자, 보관자 기타 이에 준할 자에게 교부하여야 하며(제219조, 제129조), 수색한 경우에 증거물 또는 몰취할 물건이 없는 때에는 그 취지의 증명서를 교부하여야 한다(제219조, 제128조). 압수목록에는 압수물건의 품종·수량 등을 구체적으로 적어야 하며(수사준칙 제40조 본문), 수색증명서나 압수목록은 처분대상자들이 처분에 불복하기 위한 기초 자료로서 현장에서 바로 작성, 교부하는 것이 원칙이다.[53)]

전자정보의 경우 압수된 정보의 상세목록에는 파일 명세가 특정되어야 하고, 상세목록의 교부방식은 출력한 서면을 교부하거나 전자파일 형태로 복사해주거나 이메일 전송의 방식에 의할 수 있다.[54)]

---

51) 대결 2015. 7. 16. 2011모1839 전합; 대결 2015. 10. 15. 2013모1969.
52) 대결 2011. 5. 26. 2009모1190; 대판 2014. 2. 27. 2013도12155; 대결 2015. 7. 16. 2011모1839.
53) 대판 2009. 3. 12. 2008도763.
54) 대판 2018. 2. 8. 2017도13263.

2. 조서의 작성

압수 또는 수색에 관하여는 조서를 작성하여야 하고(제49조 제1항), 검사 또는 사법경찰관은 증거물 또는 몰수할 물건을 압수했을 때에는 압수의 일시·장소, 압수 경위 등을 적은 압수조서를 작성해야 한다(수사준칙 제40조 본문). 다만 피의자신문조서, 진술조서, 검증조서에 압수의 취지를 적어 압수조서에 갈음할 수 있다(동조 단서).

3. 사후통제의 보완

압수·수색의 집행이 적정하게 이루어졌는지를 사후에 확인하기 위해 법원에 집행의 결과를 통지하도록 할 필요가 있다. 이를 통해 별건 압수·수색이나 탐색적 수색을 예방하는 효과를 가져올 수 있다.

미국의 경우 수사기관이 영장을 집행한 후에는 치안판사에게 영장을 압수목록과 함께 반환하도록 규정하고 있고(연방형사소송규칙 41(f)(1)(D)), 독일의 경우 감청명령에 의한 처분이 종료한 후에는 법원에 처분결과를 통지하도록 하고 있다(제100조의b 제4항).

제6 압수물의 처리

Ⅰ. 보관과 폐기

1. 압수물의 보관

(1) 자청(自廳)보관의 원칙

압수물은 압수한 수사기관의 청사로 운반하여 직접 보관하는 것이 원칙이다. 수사기관은 압수물에 대하여는 그 상실 또는 파손 등의 방지를 위하여 상당한 조치를 해야 하는 선관주의의무를 진다(제131조).

(2) 위탁보관

운반 또는 보관이 불편한 압수물에 관하여는 간수자를 두거나 소유자 또는 적당한 자의 승낙을 얻어 보관하게 할 수 있다(제130조 제1항).

위탁보관은 압수와 같은 공법상의 권력작용이 아니라 민법상의 임치계약이다. 따라서 특별한 약정이 없으면 임치계약은 무상이 원칙이므로(민법 제701조, 제686조 제1항), 보관자는 수사기관이나 법원에 대하여 임치료를 청구할 수 없다.[55)]

사법경찰관이 위탁보관을 하려면 검사의 지휘를 받아야 하며(제219조 단서, 제130조), 다른 사람에게 보관시킬 때에는 보관자를 주의 깊게 선정하여 성실하게 보관하도록 하고 압수물건 보관 서약서를 받아야 한다(경찰수사규칙 제67조 제3항).

(3) 대가보관

① 몰수하여야 할 압수물로서 멸실·파손·부패 또는 현저한 가치 감소의 염려가 있거나 보관하기 어려운 압수물 또는 ② 환부하여야 할 압수물 중 환부를 받을 자가 누구인지 알 수 없거나 그 소재가 불명한 경우로서 그 압수물의 멸실·파손·부패 또는 현저한 가치 감소의 염려가 있거나 보관하기 어려운 압수물은 매각하여(환가처분) 대가를 보관할 수 있다(제219조, 제132조 제1항, 제2항). 2007년 개정법률로 '환부대상'인 압수물도 일정한 요건하에 대가보관이 가능하도록 그 범위를 확대하였다.

증거물은 원형 보존이 필요하므로 당연히 제외되며, 압수를 계속할 필요가 없어 환부하는 경우에만 환가처분이 가능하고, 몰수물은 필요적 몰수뿐만 아니라 임의적 몰수의 대상도 포함된다. 몰수의 대상인 압수물이 동시에 증거물인 경우에도 압수계속의 필요성이 없으면 가능하다. 사법경찰관이 환가처분을 하는 경우에는 검사의 지휘를 받아야 한다(제219조 단서). 환가처분으로 대가보관을 할 경우에는 피해자, 피의자, 변호인에게 미리 통지하여야 한다(제219조, 제135조). 환가처분을 한 매각대금은 압수물과 동일성이 인정되므로 법원은 대가를 추징하지 않고 압수물로서 몰수할 수 있다.[56)] 환가처분 이후 해당 압수물이 몰수되지 않은 경우 매각대금을 물건 소유자에게 반환하고, 환가처분으로 소요된 비용은 현존이익의 한도 내에서 물건의 소유자에게 상환을 청구할 수 있다.[57)]

2. 압수물의 폐기

① 위험발생의 염려가 있는 압수물은 폐기할 수 있으며, ② 법령상 생산·제조·소지·소유 또는 유통이 금지된 압수물로서 부패의 염려가 있거나 보관하기

---

55) 대판 1968. 4. 16. 68다285.

56) 대판 1996. 11. 12. 96도2477.

57) 대판 2000. 1. 21. 97다58507 (서울관세장이 압수한 낙화생을 환가처분하였으나, 본안에 대해 무죄가 선고·확정되자, 원 소유자인 한국낙화생가옥협동조합이 낙화생을 받기로 한 농수산물유통공사에게 매각한 대금의 차익을 반환할 것을 청구한 사안: 적법).

어려운 압수물도 소유자 등 권한 있는 자의 동의를 받아 폐기할 수 있다(제219조, 제130조 제2항, 제3항).

'위험발생의 염려가 있는 압수물'이란 폭발물, 인화물, 독극물, 오염된 식품 등을 말하며, 단순히 보관이 곤란한 경우는 제외된다.

사법경찰관이 폐기처분을 하는 경우에는 검사의 지휘를 받아야 한다(제219조 단서, 제132조 제2항, 제3항, 경찰수사규칙 제68조 제1항). 압수물을 폐기하는 경우 폐기조서를 작성하고, 사진을 촬영하여 수사기록에 첨부하여야 한다(경찰수사규칙 제68조 제2항).

Ⅱ. 압수물 환부 및 가환부

수소법원의 종국재판이 선고될 때까지 압수의 해제를 기다리게 되면 압수대상에 대한 재산권 행사의 제한이 초래되므로, 그 이전에 재산권을 회복시켜 이를 활용할 수 있도록 하기 위한 절차가 필요하다. 법원의 직권에 의한 환부와는 달리, 공소제기 전의 수사기관에 의한 환부는 소유자, 소지자, 보관자 또는 제출인의 청구에 따른 필요적 환부로서 특별한 사정이 없는 한 수사기관이 이를 거부할 수 없도록 제도화하고 있다.

1. 압수물의 가환부

(1) 의의

증거에 사용할 압수물로서 '압수 계속의 필요성이 인정'되는 경우라도, 수사기관이 압수의 효력을 존속시키면서 그 소유자, 소지자 또는 보관자에게 잠정적으로 돌려주어 그것을 사용할 수 있도록 하는 제도를 말한다.

공소제기 후 법원이 가환부하는 경우는 증거에 공할 압수물에 대하여 소유자 등의 청구가 있는 경우에 행해지는 '임의적 가환부'(제133조 제1항)와 증거에만 공할 압수물로서 그 소유자나 소지자가 계속 사용하여야 할 물건에 대해 사진촬영 기타 원형보존의 조치를 취하고 신속히 행해지는 '필요적 가환부'(제144조 제2항)로 나누어지는데, 수사기관에 의한 가환부는 필요적 가환부(제218조의2 제1항)만 규정하고 있다.

압수물의 경제적 이용을 보장하기 위한 것으로서, 요건을 갖춘 경우에는 환부해야 할 의무가 있다(필요적 가환부).

(2) 대상

'증거에 사용할' 압수물, 즉 증거물만 대상이 된다.

제218조의2는 환부와 가환부를 함께 규정하고 있어 그 대상도 '압수를 계속할 필요가 없다고 인정되는' 압수물과 '증거에 사용할' 압수물을 함께 규정하고 있으나, 가환부의 대상은 후자에 한한다고 보아야 한다. 전자의 경우에는 이미 증거방법이나 몰수할 대상이 되지 않아 환부해야 할 대상이기 때문이다.

원칙적으로 증거물에 한하지만, 증거물과 몰수물의 성격을 모두 가지고 있는 경우도 가능하다.[58]

몰수물의 경우 원칙적으로 가환부의 대상이 될 수 없으나,[59] 법원에 의한 가환부의 경우, 임의적 몰수에 해당하는 경우에는 특별한 사정이 없으면 법원의 재량으로 가환부가 가능하다.[60]

(3) 절차

압수물의 소유자 등의 청구가 있는 경우 검사 또는 사법경찰관의 처분에 의한다(제218조의2 제1항, 제4항).

사법경찰관이 가환부하는 경우에는 검사의 지휘를 요한다(제218조의2 제4항 후문).

㈎ 청구에 따른 가환부 의무 수사기관은 증거에 사용할 압수물에 대하여 가환부의 청구가 있는 경우 이를 거부할 수 있는 특별한 사정이 없는 한 가환부에 응하여야 한다.

㈏ 특별한 사정의 판단 검사가 가환부를 거부할 특별한 사정이 있는지 여부는 범죄의 태양, 경중, 몰수 대상인지 여부, 압수물의 증거로서의 가치, 압수물의 은닉·인멸·훼손될 위험, 수사나 공판수행상의 지장 유무, 압수에 의하여 받는 피압수자 등의 불이익의 정도 등 여러 사정을 검토하여 종합적으로 판단한다.[61]

---

58) 대결 1998. 4. 16. 97모25. 제218조의2 제1항이 제133조와 달리 압수물을 구분해서 규정하고 있지 않고 필요적 환부만을 인정하고 있다는 점을 고려하더라도, '특별한 사정'이 있는 경우에는 수사기관이 환부를 거부할 수 있으므로 그 대상을 증거물에만 한정할 필요는 없을 것이다.

59) 대결 1984. 7. 24. 84모43.

60) 대결 1998. 4. 16. 97모25.

61) 대결 1994. 8. 18. 94모42; 대결 1998. 4. 16. 97모25; 대결 2017. 9. 29. 2017모236.

㈐ **피해자 등에 대한 사전 통지** 수사기관이 가환부를 할 때에는 피해자, 피의자 또는 변호인에게 미리 통지하여야 한다(제219조, 제135조). 이는 관련자에게 의견을 진술할 기회를 주기 위한 조치이다.[62]

㈑ **원형보존의 조치** 증거에만 공할 목적으로 압수한 물건으로서 그 소유자 또는 소지자가 계속 사용해야 할 물건은 사진촬영 기타 원형보존의 조치를 취하여야 한다(제133조 제2항).[63]

(4) 효력

가환부로 압수물의 점유만 소유자 등에게 이전되고 압수의 효력은 존속되므로, 가환부를 받는 자는 압수물에 대하여 보관의무를 지고 압수물을 임의로 처분할 수는 없으며, 수사기관이나 법원의 요구가 있으면 즉시 반환해야 할 의무를 진다.[64]

피해자에게 가환부한 압수장물에 대하여 종국재판에서 별단의 선고가 없는 때에는 환부의 선고가 있는 것으로 간주된다(제333조 제3항 참조).

2. 압수물의 환부

(1) 의의

압수물의 환부란 압수를 계속할 필요가 없어 압수의 효력을 소멸시키고 압수물을 피압수자에게 종국적으로 반환하는 것을 말한다.

(2) 대상

㈎ **압수를 계속할 필요성이 없다고 인정되는 경우** 수사기관이 사본을 확보한 경우 등 압수를 계속할 필요가 없다고 인정되면 소유자 등의 청구로 환부하여야 한다(제218조의2 제1항).

압수를 계속할 필요가 없다고 인정되어야 하므로 몰수의 대상이 되는 압수물이나 증거에 사용할 압수물은 환부할 수 없다. 압수가 부적법한 경우는 물론이고 적법한 경우에도 압수를 계속할 필요성이 없는 이상 환부청구가 가능하다. 압수

---

62) 대결 1980. 2. 5. 80모3.

63) 수사절차에서 압수의 준용규정인 제219조는 법원의 압수에 관한 제133조 제2항을 준용하고 있지는 않다.

64) 대결 1994. 8. 18. 94모42.

가 부적법한 경우란, 예컨대 압수물이 피의사건과 관련이 없거나, 피의사건이 혐의 없음, 죄가 안됨, 공소권 없음 등을 이유로 '불기소처분'으로 종결된 경우를 말하며, 나아가서 '기소중지처분'을 하는 경우도 압수물을 증거로 사용할 수 없게 되므로 환부사유에 해당하게 된다.[65] 압수가 적법한 경우란 재산권의 박탈이 '회복할 수 없는 손해(irreparable injury)'를 야기하고, 다른 구제수단이 없는 경우를 말한다. 수사기관이 계속하여 압수물을 보유하는 것이 불합리한 경우에 청구가 이유 있는 것으로 판단하여야 하며, 법원은 압수물의 보유에 관한 수사기관의 이익과 환부에 관한 소유자의 이익을 비교형량하여 결정하게 된다.

㈏ **사후영장을 발부받지 못한 경우** 검사 또는 사법경찰관이 피의자의 체포현장에서 압수한 물건에 대하여 청구한 압수·수색영장을 발부받지 못한 때에는 압수한 물건을 즉시 반환하여야 하고, 긴급체포된 자가 소유·소지 또는 보관하는 물건에 대하여 긴급히 압수한 후에 청구한 압수·수색영장을 발부받지 못한 때에도 압수한 물건을 즉시 반환하여야 한다(제217조 제3항).

(3) 절차

소유자 등의 청구, 피해자, 피의자 또는 변호인에 대한 사전통지 등 가환부의 경우와 동일한 절차에 의한다.

㈎ **환부의 상대방** 환부는 실체법상의 권리와 관계없이 압수 당시의 소지인에 대하여 행하는 것이므로, 압수물을 제출한 피압수자나 제출인에게 하는 것이 원칙이나(제218조의2 제1항), 피해자 환부도 가능하다(제219조, 제134조).[66]

㈏ **환부불능인 경우** 압수물의 환부를 받을 자의 소재가 불명하거나 기타 사유로 인하여 환부를 할 수 없는 경우에는 검사는 그 사유를 관보에 공고하여야 하고(제219조, 제486조 제1항), 공고한 후 3월 이내에 환부의 청구가 없는 때에는 그 물건은 국고에 귀속된다(제219조, 제486조 제2항).

3월 이내라도 가치 없는 물건은 폐기할 수 있고 보관하기 어려운 물건은 공매하여 그 대가를 보관할 수 있다(제219조, 제486조 제3항).

(4) 효과

수사기관의 환부처분에 의해 압수의 효력이 상실된다.

---

65) 대결 1988. 12. 14. 88모55.
66) 대판 1969. 5. 27. 68다824; 대결 1996. 8. 16. 94모51 전합.

㈎ **환부 이후 압수물에 대한 권리 주장** 환부는 압수를 해제할 뿐 환부를 받은 자에게 실체법상의 권리를 확인해 주는 것은 아니므로, 압수물 환부 이후에도 압수물의 권리자는 민사소송 등을 통해 권리를 주장할 수 있다.[67]

㈏ **환부청구권 포기에 따른 환부의무** 피압수자가 수사절차에서 압수물에 대한 소유권을 포기하거나 압수물에 대한 환부청구권을 포기하더라도 수사기관의 환부의무가 소멸되지 않는다.[68]

몰수하지 않은 채 판결이 확정된 경우에도 환부의무가 발생하므로(제332조 참조), 피압수자 등 환부를 받을 자가 압수 후 소유권을 포기하는 등으로 실체법상의 권리를 상실하거나 수사기관에 대하여 환부청구권 포기의 의사표시를 한 경우라도 환부의무는 소멸하지 않는다.[69]

㈐ **환부 이후의 몰수 선고** 몰수의 대상은 압수물에 한하지 않으므로, 압수물이 이미 환부된 경우라도 종국재판에서 몰수를 선고할 수 있다.[70] 몰수의 선고가 없는 때에는 압수를 해제한 것으로 간주하므로(제332조), 아직 압수물이 환부 내지 가환부가 되지 않았다면 이를 피압수자에게 반환하여야 한다.

3. 압수장물의 피해자 환부

(1) 의의

법원에 의한 경우와 마찬가지로, 압수한 장물이 피해자에게 환부할 이유가 명백한 때에는 수사가 종결되기 전이라도 수사기관의 처분으로 피해자에게 환부할 수 있다(제219조, 제134조). 압수한 장물의 경우에는 피압수자가 피의자나 피고인일 경우가 많으므로 피해자의 보호를 위하며 이를 피해자에게 환부할 수 있도록 한 것이다.

---

67) 대결 1996. 8. 16. 94모51 전합 (금은보석상을 경영하는 자가 다이아몬드를 매도하려다가 경찰에 적발되어 관련자들과 함께 관세법위반 혐의로 조사를 받으면서 이 다이아몬드를 압수당하였고, 검사는 수사 결과 위 다이아몬드의 최초 매매알선 의뢰인의 소재가 불명하여 위 다이아몬드가 밀수품인지 여부를 알 수 없다는 이유로 피의자들을 기소중지 처분하였으나, 금은보석상이 수사과정에서 위 다이아몬드에 대하여 소유권 기타 어떠한 권리도 주장하지 않겠다는 의사표시를 하였다는 이유로 이 다이아몬드를 계속 보관하기로 결정한 사안: 위법); 대판 2022. 1. 14. 2019다282197.

68) 대결 1996. 8. 16. 94모51 전합.

69) 대판 2001. 4. 10. 2000다49343.

70) 대판 1977. 5. 24. 76도4001.

(2) 대상

압수한 장물이 피해자에게 환부할 이유가 명백한 경우여야 한다. 피해자에 대한 신속한 권리회복과 동시에 압수장물의 환부에 따른 재산상 분쟁을 예방하기 위해 피해자 환부의 이유가 명백한 경우로 한정한 것이다.

'환부할 이유가 명백한 때'란 사법상 피해자가 그 압수된 물건의 인도를 청구할 수 있는 권리가 있음이 명백한 경우를 의미하고 인도청구권에 관하여 사실상·법률상 다소라도 의문이 있는 때에는 제외된다.[71]

압수한 장물을 대가처분하였을 때에는 수사기관이 그 대가로 취득한 것을 피해자에게 교부하는 처분을 해야 한다(제219조, 제333조 제2항).

(3) 절차

수사기관의 직권에 의한 결정이나 제3자의 청구에 의해서도 피해자 환부가 가능하며, 피해자가 가환부 또는 환부의 청구를 한 경우에 한하지 않는다.

사법경찰관의 경우 검사의 지휘를 요하며(제219조 단서, 제134조), 피의자 등에 대한 통지(제219조, 제135조) 등은 일반적인 환부의 경우와 동일하다.

4. 가환부·환부에 대한 불복

수사기관이 소유자 등의 환부·가환부 청구를 거부한 경우에는 청구인은 해당 검사의 소속 검찰청에 대응한 법원에 압수물의 환부·가환부 결정을 청구할 수 있다(제218조의2 제2항).

청구에 대하여 법원이 환부·가환부를 결정하면 수사기관은 압수물을 환부·가환부할 의무가 있다(제218조의2 제3항, 제4항). 가환부에 관한 법원의 결정에 대하여는 항고할 수 있다(제403조 제2항).

5. 환부·가환부의 활성화

환부·가환부의 활성화를 위하여 환부·가환부 청구 및 불복방법에 대해 수사기관에 대하여 직접 고지의무를 부과하거나 안내문을 교부하도록 할 필요가 있다.

---

71) 대결 1984. 7. 16. 84모38.

제 2 절 검증

제 1 의의 및 대상

Ⅰ. 의의

검증이란 수사기관이 사실을 발견하기 위해 직접 사람의 신체, 장소, 물건의 존재와 상태, 성질, 형상 등을 오관의 작용을 통하여 실험·관찰하여 인식하는 강제처분을 말한다.

1. 인식의 방법

직접 오감을 통해 인식하는 경우뿐만 아니라 사진촬영이나 컴퓨터 등 기계적·과학적 방법을 사용하는 것도 가능하다. 녹음(전기통신의 감청 포함)처럼 진술을 수집·보전하는 처분은 원칙적으로 검증에서 제외되나(「통신비밀보호법」에 의해 통신제한조치로서 규율), 녹음한 내용을 듣고 조서에 기재하는 녹취는 검증의 일종이라고 할 수 있다.

2. 영장주의의 적용

법원이 행하는 검증은 증거조사의 일종이므로 영장을 요하지 아니하나, 수사기관이 행하는 검증에 대해서는 영장주의가 적용된다(제215조 제1항). 예외적으로 사전 영장 없이 이루어지는 긴급검증(제216조 제1항 제2호, 제216조 제3항, 제217조 제1항)도 있다.[72)]

3. 실황조사와의 구별

실황조사는 교통사고나 화재사고 등 범죄 현장이나 그 밖의 장소에서 피의사실을 확인하거나 증거물의 증명력을 확보하기 위해 필요한 경우에 행해지는 수사방법이다(경찰수사규칙 제41조 제1항). 실황조사는 검찰사건사무규칙이나 경찰수사규칙에 근거한 영장 없는 검증으로서 그 법적 근거가 미흡하다. 긴급을 요하여 판사의 영장 없이 행한 실황조사는 제216조 제3항에 의한 검증에 해당하고 사후영장을 발부받아야 한다.[73)]

---

72) 대판 1984. 3. 13. 83도3006.

73) 대판 1989. 3. 14. 88도1399. 이 판례는 실질이 강제처분인 검증에 해당한다면 그 결과를 기재

Ⅱ. 대상

검증의 목적물에는 제한이 없으며, 물건의 존재와 상태, 형상, 성상 등이 증거자료로 되는 경우라면 모두 검증이 가능하다.

고정물이건 유동물(물, 기름, 가스 등)이건 불문하며, 인체나 사체도 대상이 되고 일정한 장소(범죄 현장 등)도 대상이 될 수 있다. 조명도나 시계(視界)와 같은 사물의 상태 또는 자연적·과학적 현상이라든가 제동거리의 측정 등 실험 결과를 목적으로 하는 경우도 있다. 또한 검증의 목적물을 누가 소유 또는 소지하고 있는지는 중요하지 않고, 민사소송법 제366조(검증목적물의 제출 절차)와 같은 제한을 받지도 않는다.

문서의 경우 그 기재 내용을 확인하는 것도 검증의 일종이나, 공판절차에서 법원이 행하는 것은 서류인 증거물의 조사(서증조사)에 해당한다. 문서가 어떤 필기도구나 활자로 기재되었는지, 지질이나 인쇄 상태 등은 어떠한지를 확인하는 것도 오관의 작용에 의해 인식하는 것이므로 검증에 해당한다.

소송기록 등의 증거조사에서 명백히 서증에 해당하는 것임에도 기록검증이라는 형식으로 검증의 방식에 의하는 경우도 있었으나, 검증의 본질에 비추어 이른바 기록검증은 민·형사를 불문하고 서증조사로 대체하는 것이 바람직하다(민사소송규칙 제112조 참조).

제2 요건

검증의 요건은 압수·수색의 경우와 동일하다(제215조 제1항). 범죄수사에 필요하고, 피의자가 죄를 범하였다고 의심할 만한 정황이 존재하며, 해당 사건과 관계가 있다고 인정할 수 있는 것에 한정하여 영장을 발부받아 검증을 할 수 있다.

제3 절차

검증영장의 청구(신청) 및 발부(제215조), 영장의 집행방법 등도 압수·수색의

한 조서의 명칭에 불구하고 영장주의의 적용을 받는다는 점을 판시한 데에 의의가 있다.

경우와 거의 동일하다(제219조 참조).

현행법은 법원에 의한 검증과 수사기관에 의한 검증의 성격 차이를 간과하고, 압수·수색과 구별 없이 법원에 의한 검증에 관한 규정을 그대로 준용하여 해석상 여러 문제를 안고 있다.

Ⅰ. 검증영장의 청구 및 발부

1. 영장의 청구

검사의 청구로 – 사법경찰관의 경우에는 검사에게 신청하여 검사의 청구로 – 법원이 발부하는 영장에 의하여야 한다(제215조 제1항, 제2항). 형사소송규칙 제107조는 압수·수색·검증영장청구서의 기재사항을 상세히 정하고 있다.

2. 소명자료의 제출

검증영장을 청구할 때에는 피의자에게 범죄의 혐의가 있다고 인정되는 자료와 검증의 필요 및 해당 사건과의 관련성을 인정할 수 있는 자료를 제출하여야 한다(규칙 제108조 제1항).

검증영장의 청구서에는 범죄사실의 요지, 검증의 장소 및 대상을 따로 기재한 서면 1통(여러 통의 영장을 청구하는 때에는 그에 상응하는 통수)을 첨부하여야 한다(규칙 제93조 제3항)

3. 영장의 발부 및 기각

검증영장의 발부 또는 기각도 압수·수색영장의 경우와 기본적으로 같다.

실무상으로 압수·수색·검증영장의 표제와 내용에는 압수, 수색, 검증 세 가지가 모두 함께 기재되어 있으나, 수색영장만을 발부하는 경우 압수와 검증 부분을 삭제하는 식으로 관계없는 문구는 삭제한다.

Ⅱ. 검증영장의 집행

검증영장의 집행도 기본적으로 압수·수색영장의 집행과 동일하므로, 압수·수색의 경우처럼 법원에 의한 검증에 관한 규정을 준용하고 있다(제219조).[74]

---

74) 그러나 제219조의 준용규정은 법원에 의한 압수·수색에 관한 영장의 방식(제114조), 영장의

1. 검증에 필요한 처분

검증을 함에는 신체검사, 사체해부, 분묘발굴, 물건의 파괴 기타 필요한 처분을 할 수 있다(제219조, 제140조). 수사기관이 검증영장을 근거로 직접강제를 통해 검증을 할 수 있도록 하기 위한 제도이다. 사회통념상 상당한 방법으로 검증의 목적을 달성하는데 필요최소한도에 그쳐야 한다.

2. 보조자의 참여

검사가 검증을 함에는 검찰청 수사관 또는 서기관이나 서기를 참여하게 하여야 하고, 사법경찰관이 검증을 함에는 사법경찰관리를 참여하게 하여야 한다(규칙 제110조).

3. 압수·수색영장 집행절차의 준용

명시적인 규정은 없으나 법원에 의한 검증의 경우 압수·수색에 대한 규정들을 준용하고 있으므로(제145조), 수사기관에 의한 검증에 대해서도 필요한 범위 내에서 압수·수색의 집행절차에 대한 규정들을 준용할 필요가 있다. 예컨대 검증의 경우에도 집행 중 출입금지(제119조), 영장집행과 당사자의 참여(제121조) 및 참여권자에의 통지(제122조), 영장의 집행과 책임자의 참여(제123조), 집행중지와 필요한 처분(제127조), 압수·수색의 촉탁(제136조) 등 압수·수색의 집행에 따른 규정이 준용된다(제145조).

집행시각에 대해서도 별도의 규정이 없으나, 법원에 의한 검증의 경우에도 시각 제한에 대한 규정을 두고 있고(제143조), 압수·수색의 경우에 야간집행의 제한 및 그 예외(제125조, 제126조)에 대한 규정을 두고 있는 점을 고려하면 당연히 시각의 제한을 받는다고 보아야 한다. 다만 법원이 행하는 경우와 달리 영장에 의한 처분이라는 점을 고려하면 주거주 등의 승낙이 없더라도 압수·수색의 경우와 마찬가지 야간집행의 제한과 그 예외를 인정하는 것이 타당하다.

4. 검증조서의 작성

검증에 관하여는 조서를 작성하여야 하며(제49조 제1항), 검사 또는 사법경찰

제시 및 집행에 관한 규정(제118조부터 제132조까지) 등을 수사기관에 의한 압수·수색의 경우에 준용하고 있는데, 이러한 규정들이 검증에 대해서도 부분적으로 준용할 것인지 모호하여 입법의 보완이 필요하다.

관은 검증을 한 경우에는 검증의 일시·장소, 검증 경위 등을 적은 검증조서를 작성해야 한다(수사준칙 제43조). 검증조서에는 검증목적물의 현상을 명확하게 하기 위하여 도화나 사진을 첨부할 수 있다(동조 제2항).

검증조서에는 조사 또는 처분의 연월일시와 장소를 기재하고 그 조사 또는 처분을 행한 자와 참여한 보조자가 기명날인 또는 서명하여야 한다(제50조 참조). 검증조서는 적법한 절차와 방식에 따라 작성된 것으로서 공판준비 또는 공판기일에서의 작성자의 진술에 따라 그 성립의 진정함이 증명된 때에는 증거로 사용할 수 있다(제312조 제6항).

Ⅲ. 검증처분에 대한 불복

수사기관의 검증에 관한 처분에 대해서는 구금, 압수 등의 경우와는 달리 제417조에 따른 준항고의 대상이 되지 않는다.

제 4 신체검사

Ⅰ. 의의

신체검사란 사람의 신체 자체를 검사의 대상으로 하는 검증을 말한다. 피의자의 특정이나 식별을 위한 처분(예컨대 지문·족형의 채취, 인상·용모·문신의 확인 등)이나 범행의 흔적을 인식·관찰하기 위한 처분(예컨대 범행시 나타난 상처의 확인 등)이 여기에 해당한다. 현행법은 검증을 하는 데 필요한 처분으로 신체검사를 규정하고 있다(제219조, 제140조).

신체검사도 옷을 입은 채로 외부에서 관찰하는 데 그치는 정도는 검증 자체이며, 옷을 일부 벗겨서 신체적 특징을 관찰하는 정도에 이를 경우에 비로소 검증에 필요한 처분으로 가능하다.

1. 신체수색과의 구별

신체의 특징이나 형상 등을 살피는 것이 아니라, 입은 의복이나 신체 외부에서 증거물을 찾아내는 것은 수색의 일종으로서 신체검증과 구별된다. 다만 신체수색의 경우에도 피수색자의 인격 등을 고려하여 신체검사에 관한 주의규정(제141조 제1항)이 준용된다고 보아야 할 것이다.

「피의자 유치 및 호송 규칙」은 유치인보호관이 피의자를 유치하는 과정에서 유치인의 생명 신체에 대한 위해를 방지하고, 유치장 내 안전과 질서를 유지하기 위하여 필요하다고 인정될 때에 유치인의 신체, 의류, 휴대품 및 유치실을 검사할 수 있도록 규정하고 있다(동 규칙 제8조). 이 경우에도 증거물이나 위험물을 찾기 위해 신체에 대한 검사가 행해지는 경우는 신체수색의 일종이라고 보아야 한다.

2. 신체감정과의 구별

수사기관이 스스로 자신의 지식이나 경험을 가지고 인식할 수 없는 존재나 상태를 파악하려면 감정의 방법에 의하여야 한다(예컨대 방사선 촬영이나 혈액검사 등).

신병이 확보된 피의자에 대해 신원확인을 위한 지문 채취, 사진촬영, 신장이나 체중의 측정 등에 대해서는 명시적인 근거가 없다. 이러한 처분은 신체의 자유 내지 사생활을 침해하는 강제처분의 일종으로 보아야 한다. 헌법재판소는 강제적인 지문채취는 강제수사의 일종이지만, 자발적 협조를 전제로 불응시에 형벌에 의한 제재(경범죄처벌법)를 통해 심리적 강제를 하는 것만으로는 강제수사라고 할 수 없다고 한다.[75]

신체검사가 적어도 피의자의 의사에 반해서 행해지는 경우에는 원칙적으로 법관이 발부하는 검증(신체검사)영장에 의하여야 하나, 신체 구속에 수반하여 이루어지는 경우에는 별도의 영장이 필요하지 않다(제216조).

입법론으로는 불구속피의자에 대해서는 지문채취요구제도를 두고, 구속피의자에 대해서는 명시적인 영장주의의 예외를 규정하는 방법을 검토할 필요가 있다.

형집행법(제16조 제3항, 제19조 참조)에 따른 신체검사, 사진촬영, 지문채취는 수사의 목적으로 행해지는 것과는 별개이므로 검증으로서의 신체검사 등에 대한 근거라고 볼 수 없다.

Ⅱ. 요건

검증의 경우와 요건이 동일하다. 필요성, 범죄혐의, 해당 피의사건과의 관련성이 인정되어야 한다(제215조). 필요성과 관련하여, 피고인 아닌 자의 신체검

---

75) 헌재 2004. 9. 23. 2002헌가17·18.

사는 증거가 될 만한 흔적을 확인할 수 있는 현저한 사유가 있는 경우에만 할 수 있다(제219조, 제141조 제2항).

Ⅲ. 절차

1. 검증영장의 청구 및 발부

신체검사를 위해서는 검증영장을 발부받아야 하며, 검증영장의 청구와 발부는 압수·수색의 경우와 동일하다(제215조 제1항, 제2항). 신체검사를 위해 검증영장을 청구하는 경우에 신체검사를 필요로 하는 이유와 신체검사를 받을 자의 성별, 건강상태를 기재하여야 한다(규칙 제107조 제2항).[76] 검증영장을 발부받은 때에는 검증에 필요한 처분으로서 신체검사를 할 수 있다(제219조, 제140조).

법원은 영장에 의한 신체검사의 시행에 적당하다고 인정하는 조건을 붙일 수 있다.

2. 신체검사의 집행

검증 일반의 경우처럼, 보조자가 참여한 가운데 신체검사를 실시해야 하고(규칙 제110조), 신체검사에 관하여는 검사를 당하는 자의 성별, 나이, 건강상태 그 밖의 사정을 고려하여 그 사람의 건강과 명예를 해하지 아니하도록 주의하여야 한다(제219조, 제141조 제1항). 여자의 신체를 검사하는 경우에는 의사나 성년 여자를 참여하게 하여야 한다(제219조, 제141조 제3항).

Ⅳ. 신체검사를 위한 강제

신체검사를 위한 소환에 응하지 않거나 신체검사를 거부하는 경우에 이를 직·간접으로 강제하는 방안이 없다. 검증이라는 대물적 강제처분을 위해 일시적이라도 대인적 강제처분을 허용하는 것은 타당하지 않다는 점, 즉 비례의 원칙을 고려한 결과로 보이지만, 신체검사의 실효성을 확보하기 위해 검사를 위해

---

76) 신체검사를 위한 검증영장의 경우, 피의자에 대한 신체검사를 하기 위해서는 신체검사를 위해 검증을 한다는 취지를 기재하여야 하고(규칙 제109조, 제64조), 피의자 아닌 자에 대한 신체검사를 하기 위해서는 그 성명 및 주거, 피의자의 성명, 죄명, 출석일시 및 장소와 신체검사를 하기 위하여 검증을 한다는 취지를 기재하고 영장을 발부한 판사가 기명날인하여야 한다(규칙 제109조, 제65조).

필요한 최소한도의 실력행사를 인정할 필요가 있다.

피고인 아닌 자의 경우 신체검사를 위한 소환을 인정하고 있는 점(제142조)을 고려하면, 피고인에 대해 신체검사를 위해서도 실력행사가 허용된다고 볼 수 있고, 따라서 제140조에 따라 검증을 위해 '기타 필요한 처분'으로서 실력행사가 가능하다고 해석할 수도 있을 것이다. 그러나 입법을 통한 해결이 바람직하다.

제 5 신체침해

Ⅰ. 의의

신체침해란 피의자의 의사와 관계없이 신체 내부에 침해를 가하여 일정한 증거를 수집하는 것을 말한다. 강제채혈, 강제채뇨, 연하물 배출, DNA감식시료 채취 등이 여기에 해당한다.

Ⅱ. 채혈 및 채뇨

음주운전 등에 대한 수사를 위해 운전자의 혈중알코올농도를 측정하거나 DNA감식 등을 위해 피의자의 의사에 반해서 채혈을 하거나 마약성분의 잔류검사 등을 위한 채뇨가 필요한 경우가 있다.

채혈과 달리 채뇨의 경우에는 자연적인 체외 배출을 기대할 수 있으며, - 강제적 성기노출 수반 등 직접강제에 따른 문제를 제외하더라도 - 도뇨관을 삽입해서 뇨를 채취하는 수단이 프라이버시를 심각하게 침해할 우려가 있고 인간으로서의 존엄을 침해하는 것이라는 점에서 허용될 수 없다는 견해도 있다.[77)]

1. 당사자의 동의가 있는 경우

임의수사로 허용된다는 견해도 있으나, 당사자의 신체적 혹은 정신적 고통을 고려하면 법적 근거 없이 허용할 수 없으므로 검증의 형태로 이루어져야 하며, 다만 승낙에 의한 경우로서 영장주의의 예외를 인정할 수 있을 것이다. 판례는 채혈의 상대방인 피의자의 동의가 있으면 영장 없는 압수가 가능하다는 전제

---

77) 수사목적의 강제채뇨는 허용될 수 없다는 견해로는, 조기영, 강제채뇨의 허용성에 관한 고찰, 비교형사법연구 제20권 제4호(2019. 1), 73면 이하 참조.

에서 출발하고 있다.[78)]

2. 당사자의 동의가 없는 경우

(1) 허용 여부

당사자의 동의가 없는 경우에도 예외적으로 증거보전의 필요성, 증거로서의 중요성, 채취방법의 적법성 등의 요건을 갖춘 경우에 한해 영장을 발부받아 가능하다는 것이 다수설의 입장이다.

의사의 적절한 방식에 의한 채혈이 전제되어야 하며, 제141조 제1항에 명시한 대로 건강을 해하지 않도록 할 것 등을 영장에 명시해야 하고, 절차에 중요한 사실을 해명하기 위한 목적으로만 혈액 및 그 감정결과를 사용하고, 최근에 DNA감식을 통해 광범위한 개인정보 유출 가능성 고려해 볼 때 사용 후에는 폐기하도록 해야 한다.

(2) 영장의 성격

강제채혈·채뇨를 위한 영장의 성격에 대해서는 논의가 있으나, 아직 신체에서 분리되지 않은 혈액이나 뇨를 압수의 대상으로 하는 것은 적절하지 않으므로, 이를 허용하는 경우라도 검증 내지 감정처분으로 이해하는 것이 타당하다.

(가) **학설** 강제채혈의 경우에 검증설, 검증·감정처분설, 압수·수색설, 압수·수색·감정처분설 등이 있다.

① 검증설 신체검사에는 신체의 외부검사는 물론 내부검사도 포함되므로 신체로부터 혈액을 채취하여 그 성분을 검사하는 것은 기본적으로 검증에 해당된다는 견해이다.

② 검증·감정처분설(다수설) 검증으로서의 신체검사와 감정으로서의 신체검사는 서로 구별되어야 하며 강제채혈은 신체의 일부를 분리하는 결과를 초래한다는 점에서 감정으로서의 성질을 부인할 수 없으므로 검증영장과 감정처분허가장을 병용하여야 한다는 견해이다.

③ 압수·수색설 체내에 있는 혈액을 범죄의 증거물로서 강제적으로 채취하는 행위는 압수수색에 해당된다는 견해이다.

④ 압수·수색·감정처분설 강제채혈은 전문의료인에 의한 특별한 감정이

---

78) 대판 2011. 4. 28. 2009도2109; 대판 2011. 5. 13. 2009도10871; 대판 2012. 11. 15. 2011도15258; 대판 2016. 12. 27. 2014두46850.

필요한 체내검사의 일종으로 신체로부터 혈액의 채취를 위해서는 압수·수색영장이 필요하고, 이러한 압수·수색은 신체의 자유를 제한하며 건강훼손의 위험이 수반되므로 의사에 의해 실시되어야 하며, 채취한 혈액에 대한 전문적 분석을 위해서는 감정처분허가장이 필요하다는 견해이다.

(나) **판례** 판례는 강제채혈의 성질을 감정처분으로 이해하는 듯한 태도를 보인 경우[79]도 있었으나, 현재는 강제채혈이나 강제채뇨를 **감정처분** 내지 **압수**로 이해하고 있다. 판례는 강제채혈·채뇨는 감정처분영장 또는 압수영장에 의해 택일적으로 가능하고, 압수에 의하는 경우는 필요한 처분으로 유형력을 행사할 수 있다는 입장이다.[80]

판례가 채혈·채뇨를 압수의 관점에서 바라보는 것은 ① 신체의 일부를 유체물로 보는 결과로 되며, ② 채혈이나 채뇨도 압수에 필요한 처분으로 볼 뿐만 아니라, ③ 혈액분석을 별도의 영장 없는 임의수사로 보게 되어 처분의 범위를 확대하는 결과로 된다. 지나치게 실무의 효율성을 앞세운 태도이다.

강제채혈과 관련하여 판례는 원칙적으로 '감정에 필요한 처분'(제221조의4 제1항, 제173조 제1항) 또는 '압수'의 방법으로 혈액을 채취할 수 있는 것으로 보지만, **긴급검증**의 요건을 충족한 경우에는 사후압수영장을 요구하고 있다.[81] 한편 강제채뇨의 경우에도 사후영장을 발부받는 방법으로 가능한지에 관해 판례의 태도는 분명하지 않다. 강제채혈에 대해 제216조 제3항을 적용해 온 취지를 강제

---

79) 대판 2004. 11. 12. 2004도5257.

80) 대판 2018. 7. 12. 2018도6219.「강제 채뇨는 피의자가 임의로 소변을 제출하지 않는 경우 피의자에 대하여 강제력을 사용해서 도뇨관(catheter)을 요도를 통하여 방광에 삽입한 뒤 체내에 있는 소변을 배출시켜 소변을 취득·보관하는 행위이다. 수사기관이 범죄 증거를 수집할 목적으로 하는 강제 채뇨는 피의자의 신체에 직접적인 작용을 수반할 뿐만 아니라 피의자에게 신체적 고통이나 장애를 초래하거나 수치심이나 굴욕감을 줄 수 있다. 따라서 피의자에게 범죄 혐의가 있고 그 범죄가 중대한지, 소변성분 분석을 통해서 범죄 혐의를 밝힐 수 있는지, 범죄 증거를 수집하기 위하여 피의자의 신체에서 소변을 확보하는 것이 필요한 것인지, 채뇨가 아닌 다른 수단으로는 증명이 곤란한지 등을 고려하여 범죄 수사를 위해서 강제 채뇨가 부득이하다고 인정되는 경우에 최후의 수단으로 적법한 절차에 따라 허용된다고 보아야 한다. 이때 의사, 간호사, 그 밖의 숙련된 의료인 등으로 하여금 소변 채취에 적합한 의료장비와 시설을 갖춘 곳에서 피의자의 신체와 건강을 해칠 위험이 적고 피의자의 굴욕감 등을 최소화하는 방법으로 소변을 채취하여야 한다.」

81) 대판 2012. 11. 15. 2011도15258 (피의자가 오토바이를 운전하여 가다가 교통사고를 야기한 후 의식을 잃고 병원 응급실로 후송된 다음 병원 응급실로 출동한 경찰관이 법원으로부터 압수·수색 또는 검증 영장을 발부받지 아니한 채 피의자의 아들로부터 동의를 받아 간호사로 하여금 의식을 잃고 응급실에 누워 있는 피의자로부터 채혈을 하도록 한 사안: 위법).

채뇨에도 유추적용할 가능성도 있지만, 인격권의 침해가 심각하고 신체에 대한 위험성이 큰 강제채뇨는 법관의 사전심사가 필수적이라고 보아야 한다.

3. 신체검사를 위한 유형력 행사

압수·수색의 방법으로 채혈 내지 채뇨를 하는 경우에 피의자가 이에 동의하지 않거나 저항하는 경우, 인근 병원 등 채취에 적합한 장소로 인치하기 위한 필요최소한의 유형력 행사는 '압수에 필요한 처분'으로서 인정할 수 있다는 것이 판례의 입장이다.[82] 그러나 급속을 요하는 경우가 아니면 압수영장과 함께 구인영장을 발부받거나 감정처분허가장을 발부받아 필요한 처분을 할 수 있도록 하는 것이 타당하다.

Ⅲ. 연하물 배출

연하물 배출이란 피의자가 삼킨 물건(신체의 일부가 아님)을 구토제나 설사제 등을 사용하는 방법으로 체내로부터 강제로 배출하게 하는 처분을 말한다. 연하물의 자연배출을 기다리지 않고 강제적인 방법으로 신체침해를 허용하는 것은 타당하지 않으므로 불허설이 타당하지만, 이를 긍정하더라도 압수·수색 및 감정처분의 방법에 의하여야 한다.

학설로는, ① 불허설(인간의 존엄성을 해하고 적법절차의 원칙에 반하므로 허용되지 않는다는 견해, Rochin v. California, 342 U.S. 165(1952) 참조), ② 압수·수색·검증설(체내에 있는 연하물을 수색해서 압수하는 것으로서 압수·수색·검증의 방법에 의하여 한다는 견해), ③ 압수·수색·감정처분설(연하물을 체내에서 강제로 취득한다는 점에서 압수·수색에 해당하고, 의학적 방법을 사용해서 행해져야 한다는 점에서 감정에 해당하므로 압수·수색영장과 감정처분허가장에 의하여야 한다는 견해) 등이 있다.

Ⅳ. DNA감식

1. 의의

DNA감식이란 개인 식별을 목적으로 DNA 중 유전정보가 포함되어 있지 않은 특정 염기서열 부분을 검사·분석하여 DNA신원확인정보[83]를 취득하는 것

82) 대판 2018. 7. 12. 2018도6219.

을 말한다(디엔에이신원확인정보의 이용 및 보호에 관한 법률 제2조 제3호). DNA감식은 사람의 혈액, 타액, 모발, 구강점막 등을 가지고 이루어지며, 이를 디엔에이감식시료라고 부른다(동조 제2호).

DNA감식은 디엔에이신원확인정보의 취득·관리·사용과정에서 대상자의 인격권 내지 사생활을 침해할 우려가 있다. 이 때문에 2010년 DNA신원확인정보의 수집·이용 및 보호에 필요한 사항을 정하는 「디엔에이신원확인정보의 이용 및 보호에 관한 법률」이 제정되었다.

2020년 개정법률에서는 검사의 디엔에이감식시료채취영장 청구 및 관할 지방법원 판사의 요건 심사 단계에서 채취대상자에게 서면에 의한 의견진술의 기회를 부여하고, 영장에 의해 디엔에이감식시료가 채취된 대상자에게 채취에 관한 처분에 대하여 불복절차를 마련하고 이를 통해 처분 취소결정이 확정된 경우 직권 또는 신청에 의해 데이터베이스에 수록된 디엔에이신원확인정보를 삭제하도록 규정하였다.[84)]

2. 관리업무의 이원화

수형인 등으로부터 채취한 디엔에이감식자료로부터 취득한 디엔에이신원확인정보에 관한 사무는 검찰총장이, 구속피의자나 범죄현장으로부터 채취한 디엔에이감식자료로부터 취득한 디엔에이신원확인정보에 관한 사무는 경찰청장이 각기 총괄하며, 검찰총장 및 경찰청장은 데이터베이스를 서로 연계하여 운영할 수 있다(동법 제4조).

---

83) 디엔에이(DNA)란 생물의 생명현상에 대한 정보가 포함된 화학물질인 디옥시리보 핵산(DNA, Deoxyribonucleic acid)을 말하며(동법 제2조 제1호), 그 가운데 유전정보가 포함되어 있지 않은 특정염기서열 부분을 검사·분석하는 DNA감식을 통해 취득한 정보로서 일련의 숫자 또는 부호의 조합으로 표기된 것을 DNA신원확인정보라고 한다(동조 제4호).

84) 2018년 헌법재판소는 본법 제8조가 디엔에이감식시료채취영장 발부 과정에서 채취대상자의 의견을 진술할 기회를 절차적으로 보장하고 있지 않고, 발부 후 그 영장 발부에 대하여 불복할 수 있는 기회를 주거나 채취행위의 위법성 확인을 청구할 수 있도록 하는 구제절차를 마련하고 있지 않아 채취대상자의 재판청구권을 침해한다고 보아 헌법불합치결정을 내린 바 있다(헌재 2018. 8. 30. 2016헌마344·2017헌마630).

3. DNA감식시료의 채취

(1) 대상

감식시료는 수형인 등, 구속피의자 등 혹은 범죄현장 등으로부터 채취한다(동법 제5조 내지 제7조).

① 대상자　일정한 범죄를 저지른 수형인 등이나 구속피의자 등이다. '수형인 등'이란 디엔에이법 제5조 제1항 각호의 어느 하나에 해당하는 죄 또는 이와 경합된 죄에 대하여 형의 선고, 「형법」 제59조의2에 따른 보호관찰명령, 「치료감호법」에 따른 치료감호선고, 「소년법」 제32조 제1항 제9호 또는 제10호에 해당하는 보호처분결정을 받아 확정된 사람을 말하며(동법 제5조 제1항), '구속피의자 등'이란 디엔에이법 제5조 제1항 각호의 어느 하나에 해당하는 죄 또는 이와 경합된 죄를 범하여 구속된 피의자 또는 「치료감호법」에 따라 보호구속된 치료감호대상자(수형인 등으로 디엔에이감식시료를 채취하여 디엔에이신원확인정보가 이미 수록되어 있는 경우는 제외)를 말한다(동법 제6조).

② 대상범죄　수형인 등이나 구속피의자 등으로서 감식시료를 채취할 수 있는 대상범죄는 살인, 방화, 상해, 폭행, 체포·감금, 협박, 약취·유인 및 인신매매, 강간·추행, 주거침입, 권리행사방해, 절도·강도, 사기·공갈, 손괴, 폭력행위처벌법위반, 특정범죄가중법위반, 성폭력처벌법위반, 마약류관리법위반, 청소년성보호법위반, 군형법위반 가운데 법률이 규정한 죄에 한한다(동법 제5조 제1항).

(2) 절차

채취대상자로부터 감식시료를 채취하는 때에는 원칙적으로 영장(디엔에이감식시료채취영장)에 의한다(동법 제8조 제1항, 제2항). 채취대상자가 동의하는 경우에는 영장 없이 채취가 가능하나, 이 경우에는 미리 대상자에게 채취를 거부할 수 있음을 고지하고 서면으로 동의를 받아야 한다(동조 제3항).

DNA감식은 감식시료의 채취를 전제로 채취된 감식시료의 분석 및 분석결과의 저장을 포함하는 것으로서, 감식시료의 분석 및 그 결과의 저장은 개인의 정보자기결정권이라는 기본권 침해를 수반하지만, 채취와 불가분적으로 관련되는 후속행위이므로 – 검증 내지 감정의 성격을 가지지만 – 강제수사로서 독자적인 의미를 가지지 않고 따라서 별도의 영장을 요하지 않고 있다.

㈎ 영장의 청구 및 발부

1) 영장의 청구　디엔에이감식시료채취영장을 청구할 때에는 채취대상

자의 성명, 주소, 청구이유, 채취할 시료의 종류 및 방법, 채취할 장소 등을 기재한 청구서를 제출하여야 하며, 청구이유에 대한 소명자료를 첨부하여야 하고, 채취대상자의 의견이 담긴 서면을 제출하기 곤란한 사정이 있는 때에는 그에 대한 소명자료를 함께 제출하여야 한다(동법 제8조 제4항).

2) 영장의 발부 관할 지방법원 판사는 디엔에이감식시료채취영장 발부 여부를 심사하는 때에 채취대상자에게 서면에 의한 의견진술의 기회를 주어야 한다. 다만, 채취대상자의 의견이 담긴 서면이 제출된 때에는 의견진술의 기회를 부여한 것으로 본다(동조 제5항).

디엔에이감식시료채취영장에는 대상자의 성명, 주소, 채취할 시료의 종류 및 방법, 채취할 장소, 유효기간과 그 기간을 경과하면 집행에 착수하지 못하며 영장을 반환하여야 한다는 취지를 적고 지방법원판사가 서명날인하여야 한다(동조 제6항).

㈏ 영장의 집행지휘 및 집행 디엔에이감식시료채취영장은 검사의 지휘에 의하여 사법경찰관리가 집행하나, 수용기관에 수용되어 있는 사람에 대한 디엔에이감식시료채취영장은 검사의 지휘에 의하여 수용기관 소속 공무원이 행할 수 있다(동조 제7항). 검사는 필요에 따라 관할구역 밖에서 디엔에이감식시료채취영장의 집행을 직접 지휘하거나 해당 관할구역의 검사에게 집행지휘를 촉탁할 수 있다(동조 제8항).

㈐ 대상자에 대한 고지 디엔에이감식시료를 채취할 때에는 채취대상자에게 미리 디엔에이감식시료의 채취 이유, 채취할 시료의 종류 및 방법을 고지하여야 한다(동조 제9항).

㈑ 압수·수색절차의 준용 디엔에이감식시료의 채취에 관하여는 형사소송법 제116조(주의사항), 제118조(영장의 제시), 제124조부터 제126조(여자의 수색과 참여, 야간집행의 제한, 야간집행제한의 예외)까지 및 제131조(주의사항)를 준용한다(동조 제10항).

(3) 채취방법

수형인 등이나 구속피의자 등으로부터 디엔에이감식시료를 채취할 때에는 구강점막에서의 채취 등 채취대상자의 신체나 명예에 대한 침해를 최소화하는 방법을 사용하여야 한다(동법 제9조 제1항).

디엔에이감식시료 채취대상자로부터 디엔에이감식시료를 채취할 때에는 ① 구강 점막에서의 채취, ② 모근을 포함한 모발의 채취, ③ 그 밖에 디엔에이를 채취할 수 있는 신체부분, 분비물, 체액의 채취(제1호 또는 제2호에 따른 디엔에이감식시료의 채취가 불가능하거나 현저히 곤란한 경우에 한정한다)의 어느 하나에 해당하는 방법으로 하여야 한다(동시행령 제8조 제1항).

(4) 채취 후 관리 및 송부

채취된 디엔에이감식시료는 부패 또는 오염되지 않도록 관리해야 하며, 감식을 위해 디엔에이인적관리자를 거쳐 분석기관인 디엔에이신원확인정보담당자에게 송부해야 한다(동시행령 제8조 내지 11조 참조).

(5) 대상자의 불복방법

디엔에이감식시료채취영장에 의하여 디엔에이감식시료가 채취된 대상자는 채취에 관한 처분에 대하여 불복이 있으면 채취가 이루어진 날로부터 7일 이내에 그 직무집행지의 관할법원 또는 검사의 소속검찰청에 대응한 법원에 서면으로 그 처분의 취소를 청구할 수 있다(제8조의2 제1항).

불복청구에 대해서는, 형사소송법 제409조(보통항고와 집행정지), 제413조(항고기각의 결정), 제414조(항고기각과 항고이유 인정), 제415조(재항고)의 규정을 준용한다(동조 제3항).

4. DNA감식과 신원확인정보의 수록 등

(1) DNA감식과 감정서 작성

디엔에이신원확인정보담당자는 디엔에이감식에 필요한 시설과 장비, 신뢰성 높은 디엔에이감식기법의 사용 등과 관련하여 국제공인시험기관으로 인정받은 기관에서 디엔에이감식을 하고, 감정서를 작성해야 한다(동법 제10조 제2항, 동법 시행령 제13조 제1항).

(2) 데이터베이스의 관리

디엔에이신원확인정보담당자는 데이터베이스의 보안에 필요한 조치를 취하고 접속할 권한을 부여받을 사람을 지정할 수 있다(동법 제10조 제2항, 동법 시행령 제14조).

(3) 감식시료 등의 폐기

신원확인정보를 데이터베이스에 수록한 때에는 디엔에이감식시료와 그로부터 추출한 디엔에이를 지체 없이 폐기하여야 한다(동법 제12조 제1항).

5. DNA신원확인정보의 검색·회보

디엔에이신원확인정보담당자는 ① 데이터베이스에 새로운 디엔에이신원확인정보를 수록하는 경우, ② 검사 또는 사법경찰관이 범죄수사 또는 변사자 신원확인을 위하여 요청하는 경우, ③ 법원(군사법원을 포함)이 형사재판에서 사실조회를 하는 경우, ④ 데이터베이스 상호간의 대조를 위하여 필요한 경우의 어느 하나에 해당하는 경우에 디엔에이신원확인정보를 검색하거나 그 결과를 회보할 수 있으며(동법 제11조 제1항), 디엔에이신원확인정보의 검색결과를 회보하는 때에는 그 용도, 작성자, 조회자의 성명 및 작성 일시를 명시하여야 한다(동조 제2항).

6. DNA신원확인정보의 삭제

(1) 직권 또는 신청에 의한 삭제

수형인 등이 재심에서 무죄 등이 확정된 경우(동법 제13조 제1항), 구속피의자 등에 대해 불기소처분이나 무죄 등이 확정된 경우(동조 제2항), 대상자에 의한 불복절차에서 검사 또는 사법경찰관의 디엔에이감식시료의 채취에 관한 처분 취소 결정이 확정된 경우(동조 제3항), 대상자가 사망한 경우(동조 제4항) 그리고 범죄현장에서 채취한 감식시료에 기한 신원확인정보에 관해 신원이 밝혀지는 등 더 이상 보존·관리가 필요하지 않은 경우(동조 제5항)에는 직권 또는 신청에 의해 채취되어 데이터베이스에 수록된 디엔에이신원확인정보를 삭제하여야 한다(동법 제1항 내지 제5항).

(2) 삭제사실의 통지

디엔에이신원확인정보담당자는 위의 사유에 따라 디엔에이신원확인정보를 삭제한 경우에는 30일 이내에 본인 또는 신청인에게 그 사실을 통지하여야 한다(동조 제6항).

7. 목적 외 사용금지 등

디엔에이신원확인정보담당자는 업무상 취득한 디엔에이감식시료 또는 디엔에이신원확인정보를 업무목적 외에 사용하거나 타인에게 제공 또는 누설하여서는 아니되며(동법 제15조), 정보의 허위작성, 시료 인멸, 목적 외 사용, 부정한 열람 등에 대해서는 별도의 벌칙 규정을 두고 있다(동법 제17조).

제 3 절 압수·수색·검증과 영장주의의 예외

제 1 체포·구속을 위한 피의자수색

Ⅰ. 의의 및 성격

체포·구속을 위한 전단계 처분으로서 영장 없이 일정한 장소를 수색할 수 있다(제216조 제1항 제1호). 피의자가 타인의 주거 등에 소재할 개연성이 있는 경우에 피의자를 발견하기 위한 긴급한 부수처분으로서 영장 없는 수색을 허용하는 것이다. 피고인에 대해서도 구속영장의 집행을 위해 필요하고 미리 수색영장을 발부받기 어려운 긴급한 사정이 있는 때에는 피고인 수색이 허용되고 있다(제137조).

Ⅱ. 수색의 주체

수색의 주체는 검사 또는 사법경찰관이다.

공소제기 이후에 피고인을 구속하면서 타인의 주거 등을 수색하는 경우에는 검사, 사법경찰관리 또는 법원사무관등이 수색의 주체가 된다(제137조).

사법경찰리의 경우에도 수사를 보조하는 자로서 긴급수색을 할 수 있다. 사인은 현행범을 체포하는 경우라도 이를 위해 타인의 주거 등을 수색하는 것은 금지된다. 다만, 정당방위나 긴급피난에 의해 예외적으로 위법성이 조각될 수 있다.

Ⅲ. 요건

1. 체포 또는 구속하는 경우

'체포 또는 구속하는 경우'란 적법한 체포 또는 구속을 행할 수 있는 상황이 존재하는 경우에 한한다는 의미이다. 체포 또는 구속이 적법하지 않으면, 수색도 위법하다. 체포 또는 구속 전의 단계에서 가능하며, 이미 체포 또는 구속된 피의자의 주거나 건조물을 수색하는 것은 허용되지 않는다.

체포 또는 구속하는 도중에 피의자를 따라 타인의 주거에 들어가는 것은 체포 또는 구속 그 자체로 보아야 하므로 본조가 적용되지 않는다.

2. 필요한 때

'필요한 때'란 피의자가 아직 발견되지 않았고, 수색의 대상이 된 주거 등의 장소에 피의자가 소재할 개연성이 있어야 한다. 특히 영장에 의한 체포(제200조의2) 또는 구속(제201조)을 하는 경우에 피의자 수색은 피의자 소재의 개연성 외에도 미리 수색영장을 발부받기 어려운 긴급한 사정이 있는 때여야 한다(제216조 제1항 1호 단서). 현행범인 체포나 긴급체포의 경우에는 체포의 긴급성이 전제되므로 수색도 별도의 영장을 받을 시간적 여유가 없다고 볼 수 있지만, 영장에 의한 체포나 구속의 경우에 긴급성 없이 수색영장 없는 수색을 허용하는 것은 비례의 원칙에 반한다는 헌법재판소의 헌법불합치결정[85]에 따라 보충성의 원칙을 명시한 것이다.

Ⅳ. 피의자 수색

영장 없는 강제처분으로서 피의자를 수색[86]하기 위해서만 가능하다. 수색의 대상은 '타인'의 주거 등이므로, 피의자 자신의 주거 외에 제3자의 주거나 건조물 등도 포함한다. 주거 등의 '내'에서의 수색이라고 규정하여, 주거 외에서 진입을 위한 조치가 가능한지 그리고 수색을 위한 별도의 강제력 행사가 가능한지 문제된다(제120조 제1항 등의 준용 문제).

체포영장 집행의 과정에서 행해지는 수색에 대해서도 제219조에 따라 준용되는 제120조에서 피의자 수색을 위해 필요한 처분이 허용되므로, 피의자가 소재할 개연성이 있는 경우에는 '주거 내 수색'을 위해 주거에 진입하기 위해 필요한 조치

85) 헌재 2018. 4. 26. 2015헌바370, 2016헌가7 (철도공사 파업 집행부에 대해 업무방해 혐의로 체포영장이 발부되자, 신문사 건물에 위치한 민주노총 사무실에 그들이 있을 개연성이 있다는 이유로 별도의 수색영장 없이 건물현관 출입구 대형유리창을 부수고 사무실을 수색한 사안: 헌법불합치).

86) 구법하에서는 '수사'라는 표현를 사용했으나, 규정의 성격상 '수색'을 의미한다는 것이 학설과 판례의 견해였고, 2019년 개정법률이 이를 반영하여 '수색'으로 변경하였다.

(잠금장치 제거, 유리창 파손 등)를 취할 수 있다는 것이 하급심 판례의 태도인 듯하다.[87]

제 2 체포현장에서의 압수·수색·검증

Ⅰ. 주체 및 상황

수사기관이 체포현장에서 증거수집을 위해 행하는 압수 등에 대해 영장주의의 예외를 인정한 규정이다(제216조 제1항 제2호). 피고인를 구속하는 경우에도 준용된다(동조 제2항).

영장에 의한 집행의 경우와는 달리, 주거주 등의 참여(제123조 제2항), 야간집행 제한(제125조)에 대한 규정의 적용을 예외적으로 배제하는 집행상의 특칙(제220조)이 인정되고 있다. 압수를 할 때 긴급한 집행의 필요성이 인정된다는 점을 근거로 하고 있다.

Ⅱ. 근거

1. 학설

부수처분설, 긴급행위설, 합리성설, 이원설 등 대립하고 있으며, 긴급행위설이 다수설의 입장이다.

① 부수처분설은 체포 또는 구속에 의하여 신체의 자유라는 가장 중요한 기본권이 침해된 때에는 이에 수반하는 보다 약한 기본권 침해에 해당하는 압수·수색·검증에 대하여는 체포현장에서 별도의 영장이 필요하지 않다는 견해이다. 대소포함명제설(大小包含命題說)이라고도 한다. ② 긴급행위설은 수사기관이 피의자를 체포 또는 구속하는 경우에 체포현장에서 야기될 수 있는 위험이나 피의자가 증거를 인멸하는 것을 방지하기 위한 긴급행위로서 허용된다는 견해이다. ③ 합리성설은 증거가 존재할 개연성이 높은 체포현장에서의 합리적인 증거수집을 위해 압수·수색·검증을 허용하는 것이라는 견해이다. ④ 이원설은 압수의 경우에는 긴급하게 체포현장에서의 위험과 증거인멸을 방지하기 위한 것이며, 수색의 경우에는 체포 또는 구속이라고 하는 강력한 처분이 적법하게 행하여진 이상 현장에서의 수색을 부수하더라도 주거 등의 평온을 침해하는 정도가 적기 때문이라고

---

87) 서울중앙지판 2016. 8. 11. 2014가단53927.

하여 압수와 수색의 경우를 구분하는 견해이다.

2. 검토

영장에 의하지 않는 압수·수색·검증의 범위가 부당하게 확대되지 않도록 해야 한다는 점에서 긴급행위설이 타당하다.

> 체포 또는 구속에 압수·수색·검증이 당연히 부수되는 것으로 볼 수는 없으며, 체포현장에 증거가 존재할 개연성이 높다 하더라도 합리적인 증거수집을 한다는 이유로 허용될 수 있는 범위가 불필요하게 확대될 여지가 있으며, 압수와 수색은 일련의 연속되는 과정이라고 할 수 있는데도 그 성격을 달리 평가하는 것은 적절하다고 보기 어렵기 때문에 제한적인 태도를 취할 필요가 있다.

체포현장에서의 압수·수색·검증은 체포자에게 위해를 줄 수 있는 무기 기타의 흉기, 도주의 수단이 되는 물건 또는 체포의 원인이 되고 인멸의 염려가 있는 범죄사실에 대한 증거물에 한정된다고 봄이 타당하다.

Ⅲ. 요건

1. 체포 또는 구속하는 경우

'체포 또는 구속하는 경우'란 적법한 체포 또는 구속을 행할 상황이 존재한다는 것을 의미한다. 체포 또는 구속이 적법하지 않으면, 그에 수반한 압수·수색·검증도 위법하다.[88)]

2. 긴급한 필요성

압수·수색·검증을 위한 일반적인 요건을 충족할 뿐만 아니라(필요성/범죄혐의 관련성/참여권 보장), 영장 없는 압수·수색 등을 할 필요가 있어야 한다는 점에서 긴급성이 요구된다.

> 체포현장에서 피의사실과 별개의 범죄에 대한 증거물 등이 발견된 경우에는 본조의 적용대상이 아니므로, 압수를 중단하고 새로운 영장을 발부받거나 임의제출의 방식에 의하여야 할 것이다.

영장에 의한 집행의 경우와 달리, 주거주 등의 참여(제123조 제2항), 야간집행

88) 대판 2009. 12. 24. 2009도11401.

제한(제125조)의 적용을 예외적으로 배제하는 집행상의 특칙이 인정된다(제220조).

3. 체포현장

체포현장에 한하므로, 압수·수색·검증과 체포 사이의 밀접한 관련(접착성)이 전제되며, 체포하기 전에 압수·수색·검증을 먼저 실시하는 것은 허용되지 않는다.

(1) 시간적 접착성

'피의자를 체포 또는 구속하는 경우'란 적어도 체포에 착수할 것을 요하는 의미이며, 체포에 착수하기 전에 현장에 있었던 피의자가 이미 도주해 버린 경우에는 본조가 적용되지 않는다.

학설로는, ① 체포접착설(체포행위에 압수 등이 시간적으로 접착되어 있으면 족하고 체포의 전후를 불문하므로 체포현장에 반드시 피의자가 있어야 하는 것은 아니라는 견해), ② 체포현장설(압수·수색·검증 당시에 피의자가 현장에 있으면 족하다고 보는 견해), ③ 체포착수설(압수·수색·검증 당시에 피의자가 현장에 있고 체포에 착수할 것을 요한다는 견해), ④ 체포(실현)설(피의자가 현실적으로 체포되었을 것을 필요로 한다는 견해) 등이 있다.
체포에 착수하지 않은 상태에서도 본조를 적용하면 영장주의의 예외가 지나치게 확대되고, 피의자가 현실적으로 체포될 것을 요하면 압수 등의 적법성이 우연한 사실에 좌우될 수 있으며, 현장설은 체포에 착수한 다음 피의자가 도주한 경우에도 체포현장에서 압수의 필요성이 있다는 점을 고려하면 체포착수설이 타당하다.

판례도 피의자가 현장에 있는지 여부보다 체포에 착수했는지 여부에 중점을 두는 것으로 보인다.[89] 범인을 체포 또는 구속한 후 상당한 시간이 경과한 때에는 장소적 이탈이 없더라도 시간적 접착성이 없으므로 영장 없이 압수·수색·검증을 할 수 없다.

---

89) 대판 2017. 11. 29. 2014도16080 (경찰관들이 노래연습장에서의 주류 판매에 대한 신고를 받고 현장에 출동하여 위반 사실을 확인하기 위해 노래연습장 내부를 수색하자, 영업주가 물리력을 행사해 저지한 행위를 공무집행방해죄로 기소한 사건). 「… 현행범 체포에 착수하지 아니한 상태여서 형사소송법 제216조 제1항 제2호, 제212조가 정하는 '체포현장에서의 압수·수색' 요건을 갖추지 못하였으므로, 영장 없는 압수·수색업무로서의 적법한 직무집행으로 볼 수 없다.」 한편 하급심 판례 가운데에는 체포된 자가 압수수색의 현장에 있을 것을 요한다고 함으로써 체포현장설에 가까운 것으로 보이는 판례도 있다. 서울중앙지판 2006. 10. 31. 2006노2113.

(2) 장소적 접착성

원칙적으로 체포된 자의 신체 및 그의 직접 지배하에 있는(within his immediate control) 장소에서만 허용된다. 체포된 자가 타고 있던 차량의 경우에는 장소적 접착성이 긍정되지만, 체포된 자의 주거라 하더라도 체포현장과 떨어진 별개의 장소인 때에는 접착성이 부정된다.

> 피의자의 체포과정에서 피의자가 타고 있었던 차량을 수색하여 필로폰과 대마 등을 압수한 것은 형사소송법 제216조 제1항 제2호에 따른 것으로 적법하더라도, 피의자가 체포된 장소와 2킬로미터 정도 떨어져 있는 피의자의 주거지는 '체포장소'라고 볼 수 없다.[90] 또한 경찰이 피의자의 집에서 20m 떨어진 곳에서 피의자를 체포하여 수갑을 채운 후 피의자의 집으로 가서 집안을 수색하여 칼과 합의서를 압수한 경우도 마찬가지이다.[91]

체포 이후 도주한 피의자를 시간적 접착성이 인정되는 한도 내에서 다시 체포한 경우, 도주경로와 다시 체포된 장소도 '체포현장'에 포함된다. 도로 사정이나 피의자의 저항 등으로 체포현장에서 압수·수색이 곤란한 경우에는 인근 경찰서 등 가까운 장소로 이동하여 신체에 소지한 물건을 압수·수색·검증할 수 있다. 물건의 압수·수색이나 검증을 넘어 물건을 통한 정보의 수집 등은 제한된다. 다만 판례는 현행범체포 현장에서 피의자의 휴대전화기를 임의제출받은 경우에 휴대전화기에 저장된 사진을 복제·출력한 경우 이를 증거로 사용할 수 있다고 판시하고 있다.[92]

> 체포시에 피의자가 소지하고 있던 휴대전화를 수사기관이 영장 없이 압수한 다음 그 안에 있는 정보의 내용을 확인하는 것은 개인정보자기결정권의 침해에 해당하는 한 허용되지 않는다(미국의 Riley사건 참조).[93]

---

90) 대판 2015. 5. 28. 2015도364.
91) 대판 2010. 7. 22. 2009도14376.
92) 대판 2020. 4. 9. 2019도17142.
93) 조기영, 사전영장 없는 휴대전화 압수수색의 허용 여부, 동북아법연구 제9권 제3호(2016. 1), 221면 이하 참조.

Ⅳ. 사후영장의 청구 및 압수물 반환

1. 사후 압수·수색영장의 청구

체포현장에서 압수한 물건을 계속 압수할 필요가 있는 경우에는 지체 없이 – 체포한 때부터 48시간 내에 – 압수수색영장을 청구하여야 한다(제217조 제2항).[94]

사후영장청구서에는 체포한 일시 및 장소와 영장 없이 압수, 수색 또는 검증을 한 일시 및 장소를 기재하여야 한다(규칙 제107조 제1항 제6호).

2. 압수물의 반환

검사 또는 사법경찰관이 청구한 압수수색영장을 발부받지 못한 때에는 압수한 물건을 즉시 반환하여야 한다(제217조 제3항). 48시간 이내에 압수수색영장을 청구하지 않은 때에도 마찬가지로 압수한 물건을 즉시 반환하여야 한다. 반환하지 않은 물건은 위법수집증거로서 당사자의 증거동의가 있더라도 증거로 사용할 수 없다.[95]

제3 범죄장소에서의 압수·수색·검증

Ⅰ. 의의

범행 중 또는 범행 직후의 범죄장소에서 긴급을 요하는 경우에 영장 없이 압수, 수색 또는 검증을 하고 사후에 영장을 발부받도록 하고 있다(제216조 제3항). 피의자가 체포된 경우에는 제216조 제1항 제2호가 우선적으로 적용되므로, 피의자가 체포되지 않거나 피의자의 체포를 전제로 하지 않은 경우가 주된 적용대상이 된다.

영장에 의한 집행의 경우와 달리, 주거주 등의 참여(제123조 제2항), 야간집행 제한(제125조)의 적용을 예외적으로 배제하는 집행상의 특칙이 인정되고 있다(제220조).

---

94) 대판 2009. 5. 14. 2008도10914 참조 (음란물 유포 혐의로 영장을 발부받아 주거지를 수색하면서 대마가 발견되자, 피의자를 현행범인으로 체포하면서 대마를 압수하였으나, 피의자가 석방된 다음 별도의 압수수색영장을 발부받지 않은 사안: 위법).

95) 대판 2009. 12. 24. 2009도11401.

Ⅱ. 요건

1. 긴급성

긴급을 요하여 법원판사의 영장을 받을 수 없는 때에 한한다. '긴급을 요하여'란 사전 압수·수색·검증영장에 의할 경우 시간적 간격으로 인해 증거의 산일이나 인멸의 염려가 큰 경우를 의미한다. 긴급성의 요건을 갖추지 못한 때에는 위법한 압수·수색이 된다.[96)]

2. 시간적 범위

'범행 중' 또는 '범행 직후'이어야 한다. '범행 직후'는 범죄실행의 직후보다 넓은 개념으로 범죄행위와의 시간적 접착성을 완화할 필요가 있으며, 범죄신고 등을 받고 지체 없이 범죄장소에 출동한 경우 등도 포함한다.

현행범인에서 말하는 '범죄의 실행 중 또는 실행의 즉후'와 거의 동일한 의미이나, 범인의 체포를 전제로 하는 개념이 아니므로, 상대적으로 폭넓은 개념이라고 할 수 있다. 판례는 시간적 접착성에 대해 사회통념을 기준으로 폭넓게 해석하고, 이러한 시간적 접착성만 인정된다면 범죄장소를 확대해석하여 사고로 후송된 병원도 범죄장소에 준한다고 본 것이 있다.[97)]

3. 장소적 범위

'범죄장소'에서의 압수, 수색 또는 검증이어야 한다. '범죄장소'란 범죄사실의 전부 또는 일부가 발생한 장소를 말하며, 피의자가 범죄장소에 현재하고 있음을 요하지는 않는다.

Ⅲ. 대상

피의자가 소유·소지 또는 보관하고 있는 물건인지 여부와 관계없이 압수, 수색 또는 검증이 가능하다. 예컨대 현장에서 습득해서 범행에 사용하고 버린 흉기나 피해자의 유류품 등을 압수·수색 또는 검증할 수 있다.

---

96) 대판 2012. 2. 9. 2009도14884; 대판 2017. 11. 29. 2014도16080.
97) 대판 2012. 11. 15. 2011도15258.

Ⅳ. 사후영장의 발부

범죄장소에서 긴급을 요하여 영장 없이 압수, 수색 또는 검증을 한 때에는 사후에 지체 없이 영장을 발부받아야 한다(제216조 제3항). 사후영장은 압수뿐만 아니라 수색, 검증에 대해서 필요하며, 영장의 청구가 아니라 '발부'를 요하므로, 영장을 발부받지 못하면 위법한 압수·수색·검증이 된다. '지체 없이'란 시간적 한계가 모호하지만, 발부를 기준으로 하므로 영장의 청구와 발부를 위해 필요한 시간을 고려하여 판단해야 한다.

범행 중 범죄장소에서 장물을 습득한 경우라도 피의자가 이를 임의로 제출한 것으로 볼 수 있는 경우에는 사후영장을 발부받을 필요가 없다는 것이 판례의 태도이다.[98] 그러나 피의자가 스스로 압수물이 있는 곳을 알려주거나 피의자가 숨어 있던 장소에서 압수물이 발견되지도 않은 경우에 이미 현행범인으로 제압당한 피의자로부터 압수물을 임의제출받은 것으로 보게 되면 사후영장을 회피하는 수단으로 사용될 우려가 있다는 점에서 의문이다.

제 4 긴급체포 후의 압수·수색·검증

Ⅰ. 의의

긴급체포 후 체포현장이 아닌 곳이라도 긴급체포된 자가 소유·소지 또는 보관하는 물건에 대하여 긴급히 압수할 필요가 있는 경우에는 24시간 이내에 한하여 영장 없이 압수·수색·검증을 할 수 있다(제217조 제1항). 수사기관이 피의자를 긴급체포한 상황에서 피의자가 체포되었다는 사실이 공범이나 관련자들에게 알려짐으로써 관련자들이 증거를 파괴하거나 은닉하는 것을 방지하고, 범죄사실과 관련된 증거물을 신속히 확보할 수 있도록 하기 위해 긴급압수·수색·검증의 범위를 확대한 것이다.

---

98) 대판 2016. 2. 18. 2015도13726 (피의자는 타인의 제안을 받고 2014. 5. 29.경 중국 영선항에서 비닐봉지 7개에 나누어 담은 필로폰 약 6.1kg을 자신의 몸에 은닉한 채 바지선에 승선하여 같은 해 6. 1. 16:15경 거제시 고현항에 입항함으로써, 공소외 1 등과 공모하여 필로폰 약 6.1kg을 밀수입하였는데, 검찰수사관이 제보받은 바지선 내부를 수색하여 숨어 있던 피고인을 현행범인으로 체포한 후 체포 현장을 수색하여 찾아낸 필로폰을 피의자로부터 임의로 제출받아 압수한 사안).

제216조의 긴급처분이 모두 체포현장이나 범죄장소에 한정되는 점에 비추어보면, 체포·구속된 피의자 가운데 긴급체포된 경우에 대해서만 증거의 은닉·멸실의 우려가 존재한다는 이유로 그 범위를 확대하여 '예외의 예외'를 인정하는 것에 대해서는 의문이 있다.

Ⅱ. 요건

1. 긴급체포된 자가 소유·소지 또는 보관하는 물건

(1) 긴급체포된 자

'긴급체포된 자'의 물건에 한하므로, 긴급체포 대상자라 하더라도 수사기관이 긴급체포에 착수하였으나 실제로 체포하지 못한 경우는 제외된다.

(2) 소유·소지 또는 보관하는 물건

'소유'는 소유권을 취득한 것을 말하고, 현재 누가 소지 또는 보관하고 있는지를 불문한다. '소지'는 재물을 자신의 사실상 지배 아래 두는 것을 말하며, 소지 원인을 불문하므로 타인의 소유라도 무관하고, 휴대하지 않더라도 저장·은닉·진열 등 사회통념상 실력적 지배가 미치고 있으면 족하다. 한편 '보관'이란 위탁을 받아 자기의 점유 아래 두고 지키는 것으로서, 유상·무상, 보관의 방법이나 장소를 불문하며, 위탁을 전제로 하는 점에서 사실상의 지배를 공통된 요건으로 하는 소지와 구별되고, 점유를 요한다는 점에서 단순한 관리와 구별된다.

체포현장에서 소유·소지 또는 보관되고 있는 물건에 한하지 않으며, 통상은 체포현장과 떨어진 주거 등에 소유·소지 또는 보관되고 있는 물건을 대상으로 한다.[99]

2. 긴급성

긴급히 압수할 필요가 있어야 한다. 긴급하다는 것은 영장을 발부받을 시간적 여유가 없는 상황을 의미하며, 긴급성이 없으면 사전에 별도로 영장을 발부받아 압수·수색·검증을 하여야 한다.

---

99) 대판 2017. 9. 12. 2017도10309 참조.

3. 필요성

일반적인 압수 등과 마찬가지로, 피의사실 내지 체포사유와 관련성이 인정되는 것에 한하며 필요최소한에 그쳐야 한다.

어떤 물건이 긴급체포의 사유가 된 범죄사실의 수사에 필요한 최소한의 범위 내의 것으로서 압수의 대상이 되는 것인지는 당해 범죄사실의 구체적인 내용과 성질, 압수하고자 하는 물건의 형상·성질, 당해 범죄사실과의 관련 정도와 증거가치, 인멸의 우려는 물론 압수로 인하여 발생하는 불이익의 정도 등 압수 당시의 여러 사정을 종합적으로 고려하여 객관적으로 판단하여야 한다.[100)]

4. 시간적 제한

'체포한 때부터 24시간 이내'[101)]에 한하며, 여기서 '체포한 때'란 실제로 피의자를 체포한 시점을 기준으로 한다. 긴급체포 후의 압수·수색·검증에 대하여는 요급처분에 대한 규정이 적용되지 않으므로 주거주 등의 참여(제123조 제2항), 야간집행의 제한(제125조) 등이 그대로 적용된다(제220조 참조).

제219조에서 준용하는 제123조 제2항의 '타인'의 주거에는 피의자의 주거는 제외되므로, 피의자의 주거를 압수·수색하는 경우에는 주거주 등의 참여를 요하지 않는다는 견해나 사후영장을 통해 야간집행 허용의 기재가 있으면 야간집행이 사후적으로 승인된다는 견해도 있으나, 입법자가 허용하지 않은 야간집행을 허용하기 위해 제125조를 축소해석하는 것이 타당하지 않고, 법원이 영장을 통해 사후적으로 적법한 것으로 승인할 수도 없을 것이다.[102)]

---

100) 대판 2008. 7. 10. 2008도2245.

101) 예외의 예외로서 긴급압수 등을 '24시간 이내'에 허용한 것은 증거물이 소재하는 주거 등이 체포현장에서 상당히 떨어진 경우 등을 고려한 것으로 보이지만, 그 범위가 지나치게 넓다고 하지 않을 수 없다.

102) 대법원은 경찰관들이 2016. 10. 5. 20:00 마약류 거래 현장에서 피의자를 긴급체포한 뒤 현장에서 필로폰을 압수한 후, 같은 날 20:24경 영장 없이 체포현장에서 약 2Km 떨어진 피의자의 주거지에 대한 수색을 실시하여 필로폰을 추가로 찾아내어 이를 압수하고, 감정의뢰 등 계속 압수의 필요성을 이유로 검사에게 사후 압수수색영장 청구를 신청하여 법원판사로부터 사후압수수색영장을 발부받은 사안에서 "피의자에 대한 긴급체포 사유, 압수·수색의 시각과 경위, 사후 영장의 발부 내역 등에 비추어 보면, 수사기관이 피의자의 주거지에서 긴급 압수한 필로폰은 긴급체포의 사유가 된 범죄사실 수사에 필요한 범위 내의 것으로서 형사소송법 제217조에 따라 적법하게 압수되었다"고 판시한 바 있다(대판 2017. 9. 12. 2017도10309). 이 판례를 염두에 두고 긴급체포 후의 야간 압수·수색이라도 법원의 사후영장의 발부에 의해 예외적으로 적법하게 된다고 보는 견해가 있다. 그러나 대상판례는 피의자의 주거에 대한 주거주의 참여 없이 야간에 이루어진 긴급압수가 위법한지 여부를 직접 언급하지는 않고 있다. 설령 피의

Ⅲ. 압수의 계속과 사후영장

1. 사후영장의 청구

검사 또는 사법경찰관은 압수한 물건을 계속 압수할 필요가 있는 경우에는 지체 없이 − 체포한 때부터 48시간 내에 − 압수수색영장을 청구하여야 한다(제217조 제2항).

2. 압수물의 반환

검사 또는 사법경찰관이 청구한 압수수색영장을 발부받지 못한 때에는 압수한 물건을 즉시 반환하여야 한다(제217조 제3항). 48시간 이내에 청구하지 않은 때에도 동일하게 압수물을 환부하여야 한다.

제 5 임의제출물의 영치

Ⅰ. 의의

검사, 사법경찰관은 피의자 기타인의 유류한 물건이나 소유자, 소지자 또는 보관자가 임의로 제출한 물건을 영장없이 압수할 수 있다(제218조). 이를 임의제출물의 영치라고 한다. 점유취득과정에서는 강제력을 행사하지 않지만, 일단 영치된 후에는 강제적으로 점유가 계속되므로, 물건을 잃어버린 자나 제출한 자가 임의로 취거할 수 없다는 점에서 '강제처분'의 성격을 지닌다.

Ⅱ. 대상

유류한 물건과 임의제출물이다. 반드시 피의사건의 증거물이나 몰수할 물건에 한하지 않으므로, 수사의 단서 수집을 위해서나 내사 단계에서도 영치는 가능하다. 제출한 자가 해당 물건에 대한 적법한 권리를 가지고 있을 필요도 없다.

자의 범죄혐의가 위장거래자와의 마약류 거래하는 점, 긴급체포와 긴급압수의 시간적 간격이 24분이고 체포현장에서 약 2Km 떨어진 지의자의 주거지에 대한 수색이라는 사안의 구체적 사정을 고려한 판례로 보더라도, 이러한 태도를 일반화하여 주거주의 참여 없는 위법한 야간 긴급압수가 법원의 사후영장에 의해 사후적으로 적법하게 된다고 해석하여 입법자가 예외적으로 허용한 요급처분의 범위를 확대하는 것은 타당하지 않다.

판례도 간호사가 응급실에서 진료 목적으로 채혈한 피고인의 혈액 중 일부를 주취운전 여부에 대한 감정을 할 수 있도록 경찰관에게 제출한 경우,[103] 교도관이 보관 중이던 재소자의 비망록을 뇌물수수 등의 증거자료로 검사에게 제출한 경우[104]에 임의제출로서의 적법성을 긍정하고 있다.[105]

1. 유류한 물건

민법 제253조 및 유실물법상의 유실물은 소유권이 인정되는 '물건'에 대한 사실상의 점유(습득)를 조건으로 하고 있지만, '유류한 물건'은 소유 내지 점유의 개념과 독립하여 인정되는 개념으로서, 범죄현장에서 피의자, 피해자 또는 범죄관련자로부터 유리된 일체의 유체물을 말한다.

예컨대 헌법재판소는 자동차 사고현장에 유출된 차량의 엔진오일 유출흔적, 교통사고 현장에서 유리된 차량의 잔해를 유류물로 보고 있고,[106] 대법원은 자동차가 방호벽을 들이받으면서 방호벽에 끼인 강판조각을 유류물로 보고 있으나,[107] 지문, 혈흔, 족적 등과 같이 물체의 압력에 의하여 남겨진 압력증거(impression evidence)는 유류물과 구별하고 있는 듯하다.[108]

한편 집에서 버린 쓰레기라도 집주인 등에 의한 사실상의 지배가 계속되는 한 유류물로 보기 어렵지만, 쓰레기집하장 등 공개된 영역(open field)에 옮겨져 소유권을 포기한 객체로 볼 수 있는 경우에는 영장 없는 압수가 가능할 것이다.

현행범 체포현장이나 범죄 현장에서도 소지자 등이 임의로 제출하는 물건에 대해서는 형사소송법 제218조에 따라 영장 없이 압수할 수 있다. 이 경우에는 체포현장에서의 압수와는 달리 검사나 사법경찰관이 별도로 사후에 영장을 발부받을 필요가 없다.[109]

---

103) 대판 1999. 9. 3. 98도968.

104) 대판 2008. 5. 15. 2008도1097.

105) 헌법재판소는 교도소장이 미결수용자와 타인의 접견내용을 기록한 녹음파일을 수사기관에게 제공할 수 있도록 규정한 형집행법 시행령 제62조 제4항 제2호가 과잉금지에 반하지 않는다고 판시한 바 있다. 헌재 2012. 12. 27. 2010헌마153.

106) 헌재 1997. 9. 25. 97헌마21.

107) 대판 2011. 5. 26. 2011도1902.

108) 대판 2010. 7. 22. 2009도1151.

109) 대판 2016. 2. 18. 2015도13726; 대판 2019. 11. 14. 2019도13290; 대판 2020. 4. 9. 2019도17142.

2. 임의제출물

소유자, 소지자 또는 보관자 가운데 어떤 지위에 있는지는 불문한다. 또한 이러한 지위에 있는 자가 반드시 피의자나 피해자임을 요하지도 않는다. 임의제출의 형식을 취하였더라도 실질적으로 소유자·소지자 또는 보관자가 제출하지 않은 것은 임의제출물이 아니다. 따라서 수사기관이 습득한 증거물을 소유자, 소지자 또는 보관자가 아닌 피해자로부터 임의로 제출받는 형식으로 압수한 것은 위법하다.[110)]

현행범 체포현장이나 범죄현장에서도 소지자 등이 임의로 제출하는 물건에 대해서는 형사소송법 제218조에 따라 영장 없이 압수할 수 있다. 이 경우에는 체포현장이나 범죄현장에서의 압수의 경우와는 달리 제216조 제3항 제2문이나 제217조 제2항이 적용되지 않으므로 검사나 사법경찰관이 별도로 사후에 영장을 받을 필요가 없다는 것이 판례의 태도이다.[111)] 그러나 현행범이 휴대전화를 임의제출한 경우, 수사기관이 체포대상자에 비하여 우월한 지위에 있기 때문에 체포대상자로부터 증거물을 제출받는 것은 사실상 강제에 가까우므로, 임의제출의 방법으로 휴대전화를 압수할 수 없다는 하급심 판례가 있다.[112)]

생각건대 휴대전화는 대량의 전자정보를 저장하는 저장매체이면서 동시에 클라우드 서버에 전자정보를 저장하여 활용할 수도 있고, 정보의 내용도 다양하고 범죄 혐의와 무관한 정보가 혼재되어 있어, 파일 내용을 확인하는 과정에서 무제한의 정보 수색이 가능하다. 따라서 사생활의 비밀과 자유를 보호하기 위해 임의제출이라는 형태로 영장주의의 예외를 인정하는 것은 바람직하지 못하다. 따라서 휴대전화기를 임의제출받은 경우라도 그 안에 저장된 정보를 수색하고 압수하기 위해서는 사후에 별도의 압수수색영장을 받도록 해야 할 것이다.

Ⅲ. 요건

수사기관에 대한 점유의 이전이 점유자나 소유자의 의사에 반하지 않아야 하며(점유의 배제라는 점은 제외), 특히 임의제출물의 경우에는 소유자 등의 자발적

---

110) 대판 2010. 1. 28. 2009도10092.

111) 대판 2016. 2. 18. 2015도13726; 대판 2019. 11. 14. 2019도13290; 대판 2020. 4. 9. 2019도17142.

112) 의정부지판 2019. 8. 22. 2018노2757.

인 의사에 의해서 이루어진 것이어야 한다.113)

특히 전자정보의 경우 정보가 저장된 저장매체, 예컨대 휴대전화를 임의제출한 경우, 피의사실과 관련된 것과 그렇지 않은 것이 혼재되어 있으므로, 제출한 자는 자발적인 의사를 토대로 제출 및 압수의 대상이 되는 전자정보를 개별적으로 지정하거나 그 범위를 한정할 수 있다. 저장매체를 임의제출받는 수사기관도 임의제출의 대상이 되는 전자정보의 범위를 제출자로부터 확인하여 압수의 범위를 명확히 특정해야 한다. 이러한 의사가 명확하지 않은 경우에는 수사기관이 제출자의 의사를 함부로 추단해서는 안 된다.114)

제출의 임의성을 담보하기 위해 수사기관이 소지인 등으로부터 압수물을 임의제출받을 때 소지인 등에게 임의제출을 거부할 수 있음을 사전에 고지하도록 할 필요가 있다.

학설로는 ① 축소해석설(증언거부권의 경우에 공판정에서 당사자에게 고지하도록 규정되어 있는 것과 같은 맥락에서 수사기관은 압수거부권자에게 압수거부권을 사전에 고지해야 하고, 수사기관이 이를 고지하지 않으면 임의성을 부정해야 한다는 견해)과 ② 문리해석설(명문규정이 없는 현행법하에서 수사기관의 고지의무를 인정할 필요 없이 당사자의 자율적인 의사결정으로 수사기관에 제출하면 족하다는 견해)의 대립이 있다. 명문규정이 없는 현행법하에서 임의제출거부권의 고지 여부에 따라서 제출의 임의성이 결정된다고 보기 어렵고, 판례는 임의제출의 대상, 임의제출의 의미·효과 및 임의제출 거부권 등의 인식 여부, 수사기관으로부터 강압이나 협박, 회유 등이 있었는지 여부 등을 모두 종합적으로 고려하여 자유로운 의사결정으로서의 제출의 임의성을 판단해야 한다는 후자의 입장을 취하는 듯하다.115)

임의제출 형식을 취하더라도 임의로 제출한 것이라고 볼 수 없으면 증거로 사용할 수 없다. 수사기관의 우월적 지위에 의하여 임의제출의 명목으로 실질적으로 강제적인 압수가 행하여질 수 있으므로, 그 제출에 임의성이 있다는 점에 관하여는 검사가 합리적 의심을 배제할 수 있을 정도로 증명하여야 한다.116)

---

113) 대판 2016. 12. 15. 2016도11306.

114) 대판 2021. 11. 18. 2016도348 전합.

115) 대판 2016. 2. 18. 2015도13726.

116) 대판 2016. 3. 10. 2013도11233.「수사기관이 그 별개의 증거를 피압수자 등에게 환부하고 후에 이를 임의제출받아 다시 압수하였다면 그 증거를 압수한 최초의 절차 위반행위와 최종적인 증거수집 사이의 인과관계가 단절되었다고 평가할 수 있는 사정이 될 수 있으나, 환부 후 다시 제출하는 과정에서 수사기관의 우월적 지위에 의하여 임의제출의 명목으로 실질적으로 강제적

특히 현행범인 체포 현장에서 휴대전화기를 임의로 제출한 경우 이를 압수할 수 있는지에 대해, 핸드폰의 압수가 핸드폰에 저장된 정보에 대한 광범위한 탐색을 수반한다는 점에서 검토를 요한다. 휴대전화기는 대량의 전자정보를 저장하는 저장매체이면서 동시에 클라우드 서버에 전자정보를 저장하여 활용할 수도 있고, 정보의 내용도 다양하고 범죄혐의와 무관한 정보가 혼재되어 있어, 파일 내용을 확인하는 과정에서 무제한의 정보 수색이 가능하다는 점에서, 사생활의 비밀과 자유를 보호하기 위해 임의제출이라는 형태로 영장주의의 예외를 적용할 수 없다. 또한 휴대전화기를 임의제출받은 경우라도 그 내용을 수색하기 위해서는 사후에라도 별도의 압수수색영장을 발부받도록 해야 할 것이다. 그러나 판례는 다른 압수물의 경우와 마찬가지로 현행범 체포현장이나 범죄 현장에서도 소지자 등이 임의로 제출하는 물건은 형사소송법 제218조에 의하여 영장 없이 압수할 수 있고, 이 경우 검사나 사법경찰관은 별도로 사후에 영장을 받을 필요가 없다는 입장을 취하고 있다.[117]

Ⅳ. 효과

영치로 인해 물건에 대한 점유를 취득할 수 있게 된다. (사후)영장을 요하지 않으나, 압수조서 작성, 압수목록 교부, 환부 등에 대해서는 압수에 관한 규정이 적용된다. 따라서 영치된 물건도 압수의 경우와 마찬가지로 환부 및 가환부의 대상이 된다.

영장주의에 위반하여 압수한 물건을 제출한 자가 사후에 임의제출 형식으로 동의서를 제출했더라도 증거로 사용할 수 없다.[118]

Ⅴ. 관련 문제: 통제배달

통제배달(controlled delivery)이란, 일종의 함정수사로서 세관과 수사기관의 협력 아래 금제품을 통관과정에서 즉시 압수·폐기하지 않고 충분한 감시 아래

인 압수가 행하여질 수 있으므로, 그 제출에 임의성이 있다는 점에 관하여는 검사가 합리적 의심을 배제할 수 있을 정도로 증명하여야 하고, 임의로 제출된 것이라고 볼 수 없는 경우에는 그 증거능력을 인정할 수 없다.」 특히 휴대전화기 제출의 임의성에 대해서는 추가 증거조사나 검사에 대한 입증 촉구 등을 통해 엄격히 판단해야 할 것을 요구하고 있다(대판 2020. 4. 9. 2019도17142).

117) 대판 2016. 2. 18. 2015도13726; 대판 2019. 11. 14. 2019도1329. 이와 반대되는 하급심 판례로는, 의정부지판 2019. 8. 22. 2018노2757.

118) 대판 2010. 7. 22. 2009도14376.

추적하여 관련된 공범을 체포하고 물건을 압수하는 수사방법을 말한다.

미국에서는 금제품을 수입하는 자에게 프라이버시에 대한 합리적 기대가 없다는 이유로 통제배달을 적법한 수사방법으로 인정한다. 통관물품을 최종수취인에게 배송될 때까지 그대로 두고 진행하는 경우(live controlled delivery)와 통관물품을 몰래 다른 것으로 대체해서 진행하는 경우(clean controlled delivery)가 있다. 후자의 경우에는 통관물품인 금제품을 일단 압수하는 절차를 거치게 되므로, 영장을 요하는지 여부가 문제된다.

관세법에 근거한 행정조사와 이에 따른 수사는 영장 없이 이루어지더라도 원칙적으로 적법하다.[119] 그러나 검사가 금제품 수입 정보를 입수하고 증거수집의 목적으로 영장 없이 단순히 세관공무원의 협조를 받아 특송화물을 통관절차를 거치지 않고 임의제출의 형식으로 금제품을 취득하는 것은 범죄수사인 압수·수색에 해당하여 영장주의 원칙이 적용되며, 따라서 사전 또는 사후에 영장을 발부받아야 한다.[120]

제 4 절 통신제한조치

제 1 의의 및 성격

통신제한조치란 통신의 자유를 제한하거나 통신의 비밀을 침해하는 조치들을 말한다. 협의로는 '우편물의 검열' 또는 '전기통신의 감청'을 의미하며, 광의으로는 대화비밀의 침해 또는 통신사실확인자료의 제공 등을 포괄한다.

통신비밀을 보호하고 통신의 자유를 보장하기 위해 1993. 12. 27. 「통신비밀보호법」이 제정되었다.

---

119) 대판 2013. 9. 26. 2013도7718 (공항세관 우편검사과에서 중국에서 온 우편물에서 마약으로 의심되는 우편물의 시료를 채취하고, 인천공항세관 분석실에서 성분분석을 하여 마약(필로폰)을 확인하고 수사기관에 통보하자, 검사가 통제배달을 실시해서 우편물을 수령하는 피의자를 필로폰 밀수혐의로 현행범체포한 사안).

120) 대판 2017. 7. 18. 2014도8719 (수사기관이 증거수집을 목적으로 세관공무원이 통관검사를 위해 직무상 소지하거나 보관하는 특송화물을 영장 없이 임의로 제출받아 그 안에서 필로폰을 발견한 사안: 위법). 압수·수색과 행정조사의 구별에 관하여는, 조기영, 압수·수색과 행정조사의 구별, 법조 제66권 제5호, 2017, 757면 이하 참조.

Ⅰ. 통신제한조치의 의의

통신제한조치란 우편물의 검열과 전기통신의 감청을 포함하는 개념이다(통비법 제3조 제2항).

1. 우편물의 검열

우편물의 검열이란 우편법에 의한 통상우편물과 소포우편물에 대하여 당사자의 동의 없이 이를 개봉하거나 기타의 방법으로 그 내용을 지득 또는 채록하거나 유치하는 것을 말한다(동법 제2조 제2호, 제6호 참조).

2. 전기통신의 감청

전기통신의 감청이란 전화·전자우편·회원제정보서비스·모사전송·무선호출 등과 같이 유선·무선·광선 및 기타의 전자적 방식에 의하여 모든 종류의 음향·문언·부호 또는 영상을 송신하거나 수신하는 것에 대하여 당사자의 동의 없이 전자장치·기계장치 등을 사용하여 통신의 음향·문언·부호·영상을 청취·공독하여 그 내용을 지득 또는 채록하거나 전기통신의 송·수신을 방해하는 것을 말한다(동법 제2조 제3호, 제7호 참조). 원래는 유선전화 감청을 주된 규율의 대상으로 했던 것이나, 오늘날에는 휴대전화기나 이메일, 인터넷 회선에 대한 감청 등이 주로 문제되고 있다.

당사자의 동의 없이 행해지는 전기통신의 감청이 통비법의 적용대상이 된다. ① 업무협조를 이유로 무전기를 설치하여 '무단으로' 통화내용을 지득한 경우는 동의로 볼 수 없고,[121] ② 대화 당사자 일방이 감청을 한 경우는 통비법 적용대상에서 제외되지만,[122] ③ 제3자가 당사자 일방만의 동의 아래 감청을 한 경우는 동의 없는 경우에 해당하므로 감청에 해당하여 통비법이 적용된다.[123]

---

121) 대판 2003. 11. 13. 2001도6213 (렉카 회사가 무전기를 이용하여 한국도로공사의 상황실과 순찰차간의 무선전화 통화 내용을 청취하여 지득한 사안: 위법).

122) 대판 2008. 10. 23. 2008도1237 (골프장 운영업체가 예약전용 전화선에 녹취시스템을 설치하여 예약담당직원과 고객간의 골프장 예약에 관한 통화내용을 녹취한 사안: 적법); 대판 2019. 3. 14. 2015도1900 (두 사람이 상대방과의 통화내용을 녹음하기로 합의한 후 한 사람이 스피커폰으로 상대방과 통화하고 옆에서 다른 사람이 녹음한 사안: 적법).

123) 대판 2001. 10. 9. 2001도3106; 대판 2002. 10. 8. 2002도123; 대판 2019. 3. 14. 2015도1900.

3. 구별개념

통신제한조치는 통신사실확인자료 및 통신자료의 요청과는 구별된다. 후술하는 것처럼, 통신사실확인자료는 전기통신 이용에 관한 자료를 말하며(동법 제2조 제11호), 통신자료는 전기통신 이용자의 전기통신 관련 식별정보를 말한다. 통신제한조치가 '현재 이루어지고 있는 통신의 내용에 대한 탐지를 위한 공권력의 작용'인 데 비하여, 통신사실확인자료 내지 통신자료의 요청은 '과거에 범죄를 위해 이루어진 통신의 내용을 추적하기 위해 관련 자료를 확인하기 위한 공권력의 작용'이라는 점에서 차이가 있다.

4. 현재성(동시성) 요건

우편물은 '송수신 중인 것'에 한정하며, 통신비밀보호법에 따른 전기통신도 통신행위와 동시에 이루어지는 '실시간 감청'만을 의미한다. 따라서 수사기관으로부터 집행위탁을 받은 사업자가 통신제한조치허가서에 기재된 기간 동안, 이미 수신이 완료되어 전자정보의 형태로 서버에 저장되어 있던 (대상자들이 송·수신한) 내용을 정기적으로 추출하여 수사기관에 제공한 것은 통신제한조치에 해당하지 않아 위법한 압수에 해당한다.[124)]

인터넷 회선을 통하여 송·수신하는 것도 통신비밀보호법 제2조 제3호에서 정한 '전기통신'에 해당하므로, 인터넷 통신망을 통하여 흐르는 전기신호 형태의 패킷(packet)을 중간에 확보하여 그 내용을 지득하는 이른바 '패킷 감청'(인터넷 회선 감청이라고도 한다)도 전기통신의 감청에 해당한다.[125)] 이러한 감청방법은 해당 회선을 통해 흐르는 불특정 다수인의 모든 정보가 패킷 형태로 수집되어 실시간 감시되기 때문에 기본권 침해의 정도가 심각하므로 비례의 원칙에 반하는 측면이 있다. 이를 고려하여 통신비밀보호법은 인터넷 회선에 대한 통신제한조치로 취득한 자료에 대한 처리 등을 객관적으로 통제할 수 있는 절차를 두고 있다(통비법 제12조의2).

Ⅱ. 통신 및 대화비밀의 보호

통신 및 대화의 비밀과 자유는 원칙적으로 보호대상이나 일정한 경우에 법

---

124) 대판 2012. 10. 25. 2012도4644; 대판 2016. 10. 13. 2016도8137.

125) 대판 2012. 10. 11. 2012도7455.

률유보가 이루어지고 있다.

1. 법률에 의한 제한

통신비밀보호법, 형사소송법 또는 군사법원법에 의한 통신 및 대화의 비밀과 자유가 제한될 수 있다(통비법 제3조 제1항).

2. 비례의 원칙

우편물의 검열 또는 전기통신의 감청은 범죄수사 또는 국가안전보장을 위하여 보충적인 수단으로 이용되어야 하며, 국민의 통신비밀에 대한 침해가 최소한에 그치도록 해야 한다(동조 제2항).

3. 단말기 고유번호의 보호

누구든지, 이동전화단말기 제조업체 또는 이동통신사업자가 단말기의 개통처리 및 수리 등 정당한 업무의 이행을 위하여 제공하거나 제공받는 경우를 제외하고, 단말기기 고유번호를 제공하거나 제공받아서는 아니된다(동조 제3항).

제 2 범죄수사를 위한 통신제한조치

Ⅰ. 허가요건

1. 대상범죄

형법과 군형법의 대부분의 범죄, 국가보안법, 군사기밀보호법, 군사기지 및 군사시설 보호법에 규정된 모든 범죄, 마약류관리에관한법률, 폭력행위등처벌에관한법률, 총포·도검·화약류 등의 안전관리에 관한 법률, 특정범죄 가중처벌 등에 관한 법률, 특정경제범죄 가중처벌 등에 관한 법률에 규정된 범죄중 일부와 형법과 군형법 중 대상범죄에 대한 가중처벌을 규정한 법률에 위반하는 범죄, 국제상거래에 있어서 외국공무원에 대한 뇌물방지법에 규정된 범죄 중 일부를 대상으로 한다(통비법 제5조 제1항).

외국의 경우처럼 마약범죄와 조직범죄, 3년 이상의 징역에 처해질 범죄 등으로 대상범죄를 제한할 필요가 있다.

2. 필요성

범죄수사를 위한 통신제한조치는 대상범죄를 계획 또는 실행하고 있거나 실행하였다고 의심할 만한 충분한 이유가 있어야 한다(제5조 제1항). 범죄의 실행에 착수한 경우뿐만 아니라 예비나 음모의 단계에 있는 경우에도 적용된다.

'충분한 이유'란 구속사유로서 상당한 혐의보다 높은 정도를 요구하는 것이라기보다, 공소를 제기하여 유죄판결이 선고될 개연성이 높은 정도를 의미하며, 압수나 수색보다는 높은 정도의 혐의를 요구한다.

3. 보충성

다른 방법으로는 그 범죄의 실행을 저지하거나 범인의 체포 또는 증거의 수집이 어려운 경우에 한하여 허용된다(제5조 제1항). 통신제한조치의 기본권 침해성을 고려하여 비례의 원칙을 명시한 것이다.[126]

Ⅱ. 허가절차

1. 허가의 청구

(1) 청구권자

검사(군검사 포함)가 법원에 대하여 청구하며(제6조 제1항), 사법경찰관(군사법경찰관 포함)은 검사에게 신청하고 검사가 법원에 대하여 허가를 청구한다(동조 제2항).

청구는 피의자별 또는 각 피내사자별로 하므로, 피의자가 동일한 경우에는 수개의 피의사실에 대해서도 하나의 허가를 청구한다.

(2) 관할법원

관할법원은 그 통신제한조치를 받을 통신당사자의 쌍방 또는 일방의 주소지·소재지, 범죄지 또는 통신당사자와 공범관계에 있는 자의 주소지·소재지를 관할하는 지방법원 또는 지원(군사법원 포함)이다(동조 제3항).

---

126) 보충성을 허가서의 기재사항으로 명시하는 것이 필요하다.

(3) 청구방식

통신제한조치청구는 필요한 통신제한조치의 종류·그 목적·대상·범위·기간·집행장소·방법 및 당해 통신제한조치가 허가요건을 충족하는 사유 등의 청구이유를 기재한 서면(통신제한조치허가청구서)에 의하며, 청구이유에 대한 소명자료를 첨부하여야 한다(동조 제4항 제1문).

동일한 범죄사실에 대하여 그 피의자 또는 피내사자에 대하여 통신제한조치의 허가를 청구하였거나 허가받은 사실이 있는 때에는 다시 통신제한조치를 청구하는 취지 및 이유를 기재하여야 한다(동조 제4항 제2문).

2. 법원의 결정

(1) 기각결정

법원은 통신제한조치나 기간 연장의 청구가 이유없다고 인정하는 경우에는 청구를 기각하고 이를 청구인에게 통지한다(통비법 제6조 제8항).

(2) 허가결정

법원은 청구가 이유 있다고 인정하는 경우에는 각 피의자별 또는 각 피내사자별로 통신제한조치를 허가한다(동조 제5항 전단).

㈎ **허가서 발부** 통신제한조치허가서에는 통신제한조치의 종류·그 목적·대상·범위·기간 및 집행장소와 방법을 특정하여 기재하여 청구인에게 발부한다(동조 제5항 후단, 제6항).

㈏ **허가기간 및 연장** 통신제한조치의 기간은 2개월을 초과하지 못하고, 그 기간 중 통신제한조치의 목적이 달성되었을 경우에는 즉시 종료하여야 한다(동조 제7항 본문). 다만, 범죄수사를 위한 통신제한조치의 허가요건(제5조 제1항)이 존속하는 경우에는 소명자료를 첨부하여 통신제한조치의 허가절차(제6조 제1항, 제2항)에 따라 2개월의 범위에서 통신제한조치기간의 연장을 청구할 수 있다(동조 제7항 단서). 검사 또는 사법경찰관이 통신제한조치의 연장을 청구하는 경우에 통신제한조치의 총 연장기간은 1년을 초과할 수 없다. 다만, 중대한 범죄의 경우에는 통신제한조치의 총 연장기간이 3년을 초과할 수 없다(동조 제8항).[127)]

---

127) 구법은 통신제한조치의 연장 횟수와 총연장기간의 제한을 두지 않고 있어 헌법재판소가 최소침해성의 원칙에 반하고 법익균형성 요건도 갖추지 못하다고 하여 헌법불합치 결정을 내렸고

여기서 중대한 범죄란, ①「형법」 제2편 중 제1장 내란의 죄, 제2장 외환의 죄 중 제92조부터 제101조까지의 죄, 제4장 국교에 관한 죄 중 제107조, 제108조, 제111조부터 제113조까지의 죄, 제5장 공안을 해하는 죄 중 제114조, 제115조의 죄 및 제6장 폭발물에 관한 죄, ②「군형법」 제2편 중 제1장 반란의 죄, 제2장 이적의 죄, 제11장 군용물에 관한 죄 및 제12장 위령의 죄 중 제78조·제80조·제81조의 죄, ③「국가보안법」에 규정된 죄, ④「군사기밀보호법」에 규정된 죄, ⑤「군사기지 및 군사시설보호법」에 규정된 죄를 말한다(동법 제6조 제8항 단행).

(다) **국가안보를 위한 통신제한조치의 경우** 허가기간은 4월을 초과하지 못하고, 그 기간 중 통신제한조치의 목적이 달성되었을 경우에는 즉시 종료하여야 하되, 허가요건이 존속하는 경우에는 소명자료를 첨부하여 고등법원 수석부장판사의 허가 또는 대통령의 승인을 얻어 4월의 범위 이내에서 통신제한조치의 기간을 연장할 수 있다(동법 제7조 제2항 본문).

Ⅲ. 긴급통신제한조치

1. 의의

검사, 사법경찰관 또는 정보수사기관의 장은 중대한 범죄의 계획이나 실행 등 긴박한 상황에 있고 통신제한조치의 요건을 구비한 경우 긴급한 사유가 있는 때 법원의 허가 없이 통신제한조치를 할 수 있다.

2. 요건

① 국가안보를 위협하는 음모행위, 직접적인 사망이나 심각한 상해의 위험을 야기할 수 있는 범죄 또는 조직범죄 등 중대한 범죄의 계획이나 실행 등 긴박한 상황에 있고, ② 범죄수사나 국가안보를 위한 통신제한조치의 요건(동법 제5조 제1항 또는 제7조 제1항 제1호)을 구비한 자에 대하여, ③ 통신제한조치를 위한 허가절차(동법 제6조 또는 제7조 제1항 및 제3항)를 거칠 수 없는 긴급한 사유가 있는 때에만 긴급통신제한조치가 가능하다(통비법 제8조 제1항).

2011. 12. 31.로 그 효력이 상실되었으나(헌재 2010. 12. 28. 2009헌가30), 2019년 개정법률로 이를 바로잡은 것이다.

3. 절차

(1) 긴급감청서 작성 및 긴급통신제한조치대상 비치

검사, 사법경찰관 또는 정보수사기관의 장이 긴급통신제한조치를 하고자 하는 경우에는 반드시 긴급검열서 또는 긴급감청서(이하 "긴급감청서등"이라 한다)에 의하여야 하고 소속기관에 긴급통신제한조치대장을 비치하여야 한다(통비법 제8조 제4항).

(2) 사후의 허가 청구

검사, 사법경찰관 또는 정보수사기관의 장은 긴급통신제한조치의 집행에 착수한 후 지체 없이 법원에 허가청구를 해야 하고(동법 제8조 제2항 전단), 긴급통신제한조치를 한 때부터 36시간 이내에 법원의 허가를 받지 못한 때에는 즉시 이를 중지하여야 한다(동항 후단). 사법경찰관이 긴급통신제한조치를 할 경우에는 미리 검사의 지휘를 받아야 하고 다만, 특히 급속을 요하여 미리 지휘를 받을 수 없는 사유가 있는 경우에는 긴급통신제한조치의 집행착수후 지체 없이 검사의 승인을 얻어야 한다(동조 제3항).

(3) 긴급통신제한조치통보서 송부

긴급통신제한조치가 단시간 내에 종료되어 법원의 허가를 받을 필요가 없는 경우에는 그 종료 후 7일 이내에 관할 지방검찰청검사장(정보수사기관의 장이 국가안보를 위한 통신제한조치의 요건을 구비한 자에 대하여 긴급통신제한조치를 한 경우에는 관할 고등검찰청검사장)은 이에 대응하는 법원장에게 긴급통신제한조치를 한 검사, 사법경찰관 또는 정보수사기관의 장이 작성한 긴급통신제한조치통보서를 송부하여야 한다(제8조 제5항 본문). 다만 군검사 또는 군사법경찰관이 제5조 제1항의 규정에 의한 요건을 구비한 자에 대하여 긴급통신제한조치를 한 경우에는 관할 보통검찰부장이 이에 대응하는 군사법원 군판사에게 긴급통신제한조치통보서를 송부하여야 한다(동항 단서). 통보서에는 긴급통신제한조치의 목적·대상·범위·기간·집행장소·방법 및 통신제한조치허가청구를 하지 못한 사유 등을 기재하여야 한다(동조 제6항).

(4) 긴급통신제한조치통보대장 비치

긴급통신제한조치통보서를 송부받은 법원 또는 군사법원 군판사는 긴급통신제한조치통보대장을 비치하여야 한다(동조 제7항).

4. 국가안보를 위한 긴급통신제한조치

정보수사기관의 장은 국가안보를 위협하는 음모행위, 직접적인 사망이나 심각한 상해의 위험을 야기할 수 있는 범죄 또는 조직범죄등 중대한 범죄의 계획이나 실행 등 긴박한 상황에 있고 제7조 제1항 제2호에 해당하는 자에 대하여 대통령의 승인을 얻을 시간적 여유가 없거나 통신제한조치를 긴급히 실시하지 아니하면 국가안전보장에 대한 위해를 초래할 수 있다고 판단되는 때에는 소속장관(국가정보원장을 포함한다)의 승인을 얻어 통신제한조치를 할 수 있다(제8조 제8항). 긴급통신제한조치를 한 때에는 지체없이 제7조의 규정에 의하여 대통령의 승인을 얻어야 하며, 36시간 이내에 대통령의 승인을 얻지 못한 때에는 즉시 그 긴급통신제한조치를 중지하여야 한다(동조 제9항).

Ⅳ. 통신제한조치의 집행

1. 직접 혹은 위탁 집행

통신제한조치는 이를 청구 또는 신청한 검사·사법경찰관 또는 정보수사기관의 장이 집행하며(제9조 제1항 제1문), 통신기관 등에 그 집행을 위탁하거나 집행에 관한 협조를 요청할 수 있다(동항 제2문).

위탁집행시 통신제한조치허가서 등의 표지사본을 교부 및 보존하여야 한다(제9조 제2항). 업무위탁을 받은 통신기관도 수사기관과 마찬가지로 허가서에 기재된 집행방식을 준수하여야 한다.[128)]이를 위해 필요한 설비 등을 수사기관이 통신기관에 제공하여야 한다(동법 시행령 제21조 제3항).

허가서에 기재된 내용과 대상자의 전화번호 등이 사실이 일치하지 않는 경우에는 그 집행을 거부할 수 있으며, 어떠한 경우에도 전기통신에 사용되는 비밀번호를 누설할 수 없다(제9조 제4항).

2. 집행대장의 비치

통신제한조치를 집행하는 자와 이를 위탁받거나 이에 관한 협조요청을 받은 자는 당해 통신제한조치를 청구한 목적과 그 집행 또는 협조일시 및 대상을 기재한 대장을 대통령령이 정하는 기간(3년) 동안 비치하여야 한다(제9조 제3항).

---

128) 대판 2016. 10. 13. 2016도8137.

V. 집행에 관한 통지

1. 통신제한조치의 집행에 대한 통지

공소를 제기하거나, 공소의 제기 또는 입건을 하지 아니하는 처분(기소중지결정, 참고인중지결정을 제외한다)을 한 때에는 그 처분을 한 날부터 30일 이내에 우편물 검열의 경우에는 그 대상자에게, 감청의 경우에는 그 대상이 된 전기통신의 가입자에게 통신제한조치를 집행한 사실과 집행기관 및 그 기간 등을 서면으로 통지하여야 한다(제9조의2 제1항 내지 제3항).

> **송·수신이 완료된 전기통신**에 대하여 압수·수색·검증을 집행한 경우에도 마찬가지로 수사대상이 된 가입자에게 압수·수색·검증을 집행한 사실을 서면으로 통지하여야 한다(제9조의3 제1항, 제2항). 이 경우에는 통신제한조치와 같은 통지유예제도는 인정되지 않는다(제9조의2 제4항 참조).

2. 통지유예

① 통신제한조치를 통지할 경우 국가의 안전보장·공공의 안녕질서를 위태롭게 할 현저한 우려가 있는 때, ② 통신제한조치를 통지할 경우 사람의 생명·신체에 중대한 위험을 초래할 염려가 현저한 때에는 그 사유가 해소될 때까지 통지를 유예할 수 있다(제9조의2 제4항).

> 검사, 사법경찰관 또는 정보수사기관의 장은 유예사유가 해소된 때에는 그 사유가 해소된 날부터 30일 이내에 통지하여야 한다(동조 제6항).

제3 통신사실확인자료의 제공

Ⅰ. 의의 및 구별개념

통신사실확인자료란 가입자의 전기통신사실에 관한 자료, 즉 ① 가입자의 전기통신일시, ② 전기통신개시·종료시간, ③ 발·착신 통신번호 등 상대방의 가입자번호, ④ 사용도수, ⑤ 컴퓨터통신 또는 인터넷의 사용자가 전기통신역무를 이용한 사실에 관한 컴퓨터통신 또는 인터넷의 로그기록자료, ⑥ 정보통신망에 접속된 정보통신기기의 위치를 확인할 수 있는 발신기지국의 위치추적자료, ⑦ 컴퓨터통신 또는 인터넷의 사용자가 정보통신망에 접속하기 위하여 사용하는 정보통신기기의 위치를 확인할 수 있는 접속지의 추적자료를 말한다(제2조 제11호).

한편 통신자료란 ① 이용자의 성명, ② 이용자의 주민등록번호, ③ 이용자의 주소, ④ 이용자의 전화번호, ⑤ 이용자의 아이디(컴퓨터시스템이나 통신망의 정당한 이용자임을 알아보기 위한 이용자 식별부호를 말한다), ⑥ 이용자의 가입일 또는 해지일 등을 말하며, 법원, 검사 또는 수사관서의 장 등이 재판, 수사, 형의 집행 등을 위한 정보수집을 위하여 통신자료의 열람이나 제출을 요구하면 전기통신사업자는 그 요청에 따를 수 있다(전기통신사업법 제83조 제3항).

통신사실확인자료는 전기통신사업법에 의한 전기통신사업자가 보유하고 있으므로, 필요한 경우 수사기관이나 법원이 전기통신사업자에게 그 열람이나 제출을 요청하게 된다. 수사기관은 전기통신사업자에게 통신사실확인자료를 요청하기 위해 법원의 허가를 받아야 하지만, 통신자료의 경우에는 법원의 허가 없이도 전기통신사업자에게 이를 요청할 수 있으나, 전기통신사업자가 반드시 이에 응할 의무가 있는 것은 아니라는 점에서 양자에 차이가 있다.

Ⅱ. 자료요청의 요건

1. 범죄수사를 위한 경우

검사 또는 사법경찰관은 '수사 또는 형의 집행을 위하여 필요한 경우'에 통신사실확인자료의 열람이나 제출을 요청할 수 있다(동법 제13조 제1항). 여기서 '수사를 위하여 필요한 경우'란 예컨대 위치추적자료가 범인의 발견이나 범죄사실의 입증에 기여할 개연성이 충분히 소명된다는 전제하에, 범인을 발견·확보하고 증거를 수집·보전하는 수사기관의 활동을 위하여 그 목적을 달성할 수 있는 범위 안에서 관련 있는 자에 대한 위치추적자료 제공을 요청할 필요가 있는 경우를 의미한다.

다만 검사 또는 사법경찰관은 수사를 위하여 통신사실확인자료 중, ① 정보통신망에 접속된 정보통신기기의 위치를 확인할 수 있는 발신기지국의 위치추적자료와 컴퓨터통신 또는 인터넷의 사용자가 정보통신망에 접속하기 위하여 사용하는 정보통신기기의 위치를 확인할 수 있는 접속지의 추적자료 중 실시간 추적자료 또는 ② 특정한 기지국에 대한 통신사실확인자료가 필요한 경우에는, 다른 방법으로는 범죄의 실행을 저지하기 어렵거나 범인의 발견·확보 또는 증거의 수집·보전이 어려운 경우에만 전기통신사업자에게 해당 자료의 열람이나 제출을 요청할 수 있다(동법 제13조 제2항; 보충성의 요건).[129)]

기지국 수사의 경우 당해 기지국 내에서 수집되는 불특정 다수인의 통신사실확인자료가 무분별하게 수사기관에 이전됨으로써 개인의 위치정보가 노출되어 프라이버시에 대한 광범위한 침해가 문제되므로, 보충성 외에도 필요성, 즉 최소침해의 원칙에 반하지 않도록 해야 할 것이다.

법원도 재판상 필요한 경우에는 공무소 조회에 대한 규정(민사소송법 제294조 또는 형사소송법 제272조)을 통해 전기통신사업자에게 통신사실확인자료제공을 요청할 수 있다(동법 제13조의2).

2. 국가안보를 위한 경우

정보수사기관의 장은 국가안전보장에 대한 위해를 방지하기 위하여 정보수집이 필요한 경우 전기통신사업자에게 통신사실 확인자료 제공을 요청할 수 있으며, 그 절차는 통신제한조치에 관한 규정(제7조 내지 제9조 및 제9조의2 제3항·제4항·제6항)을 준용한다(제13조의4 제1항, 제2항).

Ⅲ. 요청 및 제공의 절차

1. 법원의 허가

검사 또는 사법경찰관은 수사를 위하여 필요한 경우 전기통신사업자에게 통신사실 확인자료의 열람이나 제출을 요청할 수 있고, 이때 요청사유, 해당 가입자와의 연관성 및 필요한 자료의 범위를 기록한 서면으로 관할 지방법원(군사법원 포함) 또는 지원의 허가를 받아야 한다(제13조 제1항, 제3항).

관할 지방법원 또는 지원의 허가를 받을 수 없는 긴급한 사유가 있는 때에는 통신사실 확인자료제공을 요청한 후 지체 없이 그 허가를 받아 전기통신사업자에게 송부하여야 한다(동조 제3항 단서).

---

129) 헌재 2018. 6. 28. 2012헌마538 등. 헌법재판소는 통신사실확인자료 중 위치정보 추적자료는 민감정보로서 기본권을 지나치게 침해할 염려가 있고, 대상범죄의 경중에 따라 보충성의 요건을 차등적으로 적용할 필요가 있으며, 수사의 필요성만으로는 법원에 의한 절차적 통제가 어렵다는 이유로 헌법불합치결정을 내린 것이다. 이에 따라 2019년 개정법률로 통신사실확인자료 중 실시간 추적자료나 기지국 통신사실확인에 대해서는 보충성의 요건을 추가하였다.

2. 관련자료의 비치 등

검사 또는 사법경찰관은 통신사실확인자료 제공을 받은 때에는 당해 통신사실확인자료 제공요청사실 등 필요한 사항을 기재한 대장과 통신사실확인자료 제공요청서 등 관련 자료를 소속기관에 비치하여야 하며(동조 제5항), 법원은 통신사실 확인자료제공 요청허가를 받은 현황, 이를 허가한 현황 및 관련된 자료를 보존하여야 한다(동조 제6항).

전기통신사업자는 검사, 사법경찰관 또는 정보수사기관의 장에게 통신사실 확인자료를 제공한 때에는 자료제공현황 등을 연 2회 과학기술정보통신부장관에게 보고하고, 해당 통신사실확인자료 제공사실 등 필요한 사항을 기재한 대장과 통신사실확인자료 제공요청서 등 관련자료를 통신사실확인자료를 제공한 날부터 7년간 비치하여야 하고(동조 제7항), 과학기술정보통신부장관은 전기통신사업자가 보고한 내용의 사실 여부 및 비치하여야 하는 대장 등 관련자료의 관리실태를 점검할 수 있다(동조 제8항).

통신사실확인자료 제공과 관련된 사항은 통신제한조치 허가절차가 준용되지만, 통신제한조치의 경우와 달리 기간 및 연장, 그 횟수의 제한이 없다(동조 제9항).

Ⅳ. 범죄수사를 위한 자료제공에 관한 통지

1. 통지기간

통신비밀보호법은 검사 또는 사법경찰관이 통신사실 확인자료제공을 받은 사실과 제공요청기관 및 그 기간 등을 통신사실 확인자료제공의 대상이 된 당사자에게 서면으로 통지하는 기간을 구분하여 규정하고 있다.

구법하에서는 통신사실확인자료 제공에 대한 통지와 관련하여 수사가 장기간 진행되거나 기소중지결정이 있는 경우에는 통지대상에서 제외하고, 제공한 사실을 통지받더라도 그 제공한 사유가 통지되지 않고 수사목적을 달성한 이후 해당 자료가 파기되었는지 여부도 확인할 수 없었다. 헌법재판소는 이러한 입법상태를 적법절차원칙에 위배되어 개인정보자기결정권을 침해한다고 보았고,[130] 이에 따라 2019년 개정법률이 통지범위를 확대하고, 제공사유에 대한 당사자의 신청권을 인정하는 규정을 신설하였다.

---

130) 헌재 2018. 6. 28. 2012헌마538.

즉, (1) 공소를 제기하거나, 공소제기·검찰송치를 하지 아니하는 처분(기소중지·참고인중지 또는 수사중지 결정은 제외) 또는 입건을 하지 아니하는 처분을 한 경우에는 그 처분을 한 날부터 30일 이내에(다만, ① 수사처검사가 공수처법 제26조 제1항에 따라 서울중앙지방검찰청 소속 검사에게 관계 서류와 증거물을 송부한 사건에 관하여 이를 처리하는 검사로부터 공소를 제기하거나 제기하지 아니하는 처분(기소중지 또는 참고인중지 결정은 제외한다)의 통보를 받은 경우, ② 사법경찰관이 형사소송법 제245조의5 제1호에 따라 검사에게 송치한 사건으로서 검사로부터 공소를 제기하거나 제기하지 아니하는 처분(기소중지 또는 참고인중지 결정은 제외)의 통보를 받은 경우에는 그 통보를 받은 날부터 30일 이내에), (2) 기소중지·참고인중지 또는 수사중지 결정을 한 경우에는 그 결정을 한 날부터 1년(제6조 제8항 각 호의 어느 하나에 해당하여 연장기한의 상한이 3년인 범죄인 경우에는 3년)이 경과한 때부터 30일 이내에(다만, ① 수사처검사가 공수처법 제26조 제1항에 따라 서울중앙지방검찰청 소속 검사에게 관계 서류와 증거물을 송부한 사건에 관하여 이를 처리하는 검사로부터 기소중지 또는 참고인중지 결정의 통보를 받은 경우, ② 사법경찰관이 형사소송법 제245조의5 제1호에 따라 검사에게 송치한 사건으로서 검사로부터 기소중지 또는 참고인중지 결정의 통보를 받은 경우에는 그 통보를 받은 날로부터 1년(제6조 제8항 각 호의 어느 하나에 해당하여 연장기한의 상한이 3년인 범죄인 경우에는 3년)이 경과한 때부터 30일 이내에), (3) 수사가 진행 중인 경우에는 통신사실 확인자료제공을 받은 날부터 1년(제6조 제8항 각 호의 어느 하나에 해당하여 연장기한의 상한이 3년인 범죄인 경우에는 3년)이 경과한 때부터 30일 이내에 통신사실 확인자료제공을 받은 사실과 제공요청기관 및 그 기간 등을 통신사실 확인자료제공의 대상이 된 당사자에게 서면으로 통지하여야 한다.

2. 통지의 유예

검사 또는 사법경찰관은, ① 국가의 안전보장, 공공의 안녕질서를 위태롭게 할 우려가 있는 경우, ② 피해자 또는 그 밖의 사건관계인의 생명이나 신체의 안전을 위협할 우려가 있는 경우, ③ 증거인멸, 도주, 증인 위협 등 공정한 사법절차의 진행을 방해할 우려가 있는 경우, ④ 피의자, 피해자 또는 그 밖의 사건관계인의 명예나 사생활을 침해할 우려가 있는 경우 중 어느 하나에 해당하는 사유가 있는 경우에는 그 사유가 해소될 때까지 통지를 유예할 수 있다(제13조의3 제2항). 다만 통지를 유예하려는 경우 검사 또는 사법경찰관은 소명자료를 첨부하여 미리 관할 지방검찰청 검사장의 – 수사처 검사의 경우에는 수사처장의

– 승인을 받아야 한다(동조 제3항). 검사 또는 사법경찰관은 유예사유가 해소된 때에는 그 날부터 30일 이내에 필요한 사항을 통지하여야 한다(동조 제4항).

3. 당사자의 신청

검사 또는 사법경찰관으로부터 통신사실확인자료 제공을 받은 사실 등을 통지받은 당사자는 해당 통신사실확인자료 제공을 요청한 사유를 알려주도록 서면으로 신청할 수 있다(동조 제5항). 신청을 받은 검사 또는 사법경찰관은 위에 언급한 유예사유에 해당하는 경우가 아니면 그 신청을 받은 날부터 30일 이내에 해당 통신사실확인자료 제공요청의 사유를 서면으로 통지하여야 한다(동조 제6항).

제4 대화비밀의 침해

Ⅰ. 대화비밀의 보호

누구든지 통신비밀보호법과 형사소송법 또는 군사법원법의 규정에 의하지 아니하고는 공개되지 아니한 타인간의 대화를 녹음 또는 청취하지 못하며(제3조 제1항), 공개되지 아니한 타인간의 대화를 녹음하거나 전자장치 또는 기계적 수단을 이용하여 청취하는 것은 금지된다(통비법 제14조 제1항).

> 통신비밀보호법의 규제대상은 공개되지 아니한 타인간의 대화를 녹음하거나 전자장치 또는 기계적 수단을 이용하여 청취하는 것이나, 정보통신망을 통한 메신저의 대화내용을 몰래 열람·복사한 경우는 기계적 방법에 의하지 않더라도 비밀누설에 해당하게 된다(정보통신망법 제49조, 제71조 제1항 제11호).[131]

Ⅱ. 적용대상

1. 대화

대화란 육성으로 말을 주고받는 당사자들 간의 의사소통행위를 말하므로, 사람의 육성이 아닌 사물에서 발생하는 음향이나 사람의 육성이라도 상대방에게 의사를 전달하는 말이 아닌 단순한 탄식, 비명 등은 적용이 제외된다.[132]

---

131) 대판 2012. 12. 13. 2010도10576; 대판 2018. 12. 27. 2017도15226.

132) 대판 2017. 3. 15. 2016도19843 (상해죄의 공소사실과 관련하여 공소외인이 피해자와 통화를

2. 타인간의 대화

당사자 이외의 제3자가 대화를 녹음하는 경우여야 한다. 공개되지 아니한 '타인간'의 대화를 녹음 또는 청취하지 못한다는 것은 대화에 원래부터 참여하지 않는 제3자가 그 대화를 하는 타인들간의 발언을 녹음 또는 청취해서는 안 된다는 취지이다.[133] 당사자 일방이 상대방과의 통화내용을 녹음하는 경우는 적용대상에서 제외된다.[134] 수사기관이 당사자의 일방으로서 스스로 녹음하는 것은 가능하지만 당사자가 아니면서 감청허가장 없이 당사자 일방의 동의를 얻어 대화를 녹음한 경우에는 불법감청에 해당한다.[135]

Ⅲ. 녹음 또는 청취의 요건과 절차

통신제한조치의 경우와 마찬가지로 범죄수사 또는 국가안보를 위해 허용되며 그 요건은 통신제한조치에 관한 규정이 준용된다(제14조 제2항, 제5조, 제7조). 녹음이나 청취의 허가절차는 통신제한조치에 관한 규정을 준용하며(제14조 제2항, 제6조), 긴급녹음·청취도 엄격한 요건 하에 가능하다(제14조 제2항, 제8조).

Ⅳ. 녹음 또는 청취의 집행과 통지

1. 통신감청의 집행

검사·사법경찰관 또는 정보수사기관의 장이 집행한다(제14조 제2항, 제9조 제1항 전단). 집행하는 자는 당해 처분을 청구한 목적과 그 집행 또는 협조일시 및

마친 후 전화가 끊기지 않은 상태에서 휴대전화를 통하여 1~2분간 '악'하는 소리와 '우당탕' 소리를 들었다는 진술의 증거능력이 문제된 사안: 긍정).

133) 대판 2007. 12. 27. 2007도9053; 대판 2016. 5. 12. 2013도15616 (신문사 기자가 휴대폰의 녹음기능을 작동시킨 상태로 법인 이사장인 피해자의 휴대폰으로 전화를 걸어 그와 약 8분간의 전화통화를 마친 후 상대방에 대한 예우 차원에서 바로 전화통화를 끊지 않고 피해자가 전화를 먼저 끊기를 기다리던 중, 피해자의 실수로 휴대폰의 통화종료 버튼을 누르지 아니한 상태에서, 피해자의 휴대폰과 통화연결상태에 있는 자신의 휴대폰 수신 및 녹음기능을 이용하여 피해자가 사무실에서 다른 피해자들과 했던 대화를 몰래 청취·녹음한 사안: 위법).

134) 대판 2006. 10. 12. 2006도4981 (피의자가 사무실에서 피해자들와 함께 한 자리에서 소형녹음기를 이용하여 서로 대화한 내용을 녹음한 사안: 적법).

135) 대판 2010. 10. 14. 2010도9016 (수사기관이 갑으로부터 피고인의 마약류관리에 관한 법률 위반(향정) 범행에 대한 진술을 듣고 추가적인 증거를 확보할 목적으로, 구속수감되어 있던 갑에게 그의 압수된 휴대전화를 제공하면서 피고인과 통화하고 위 범행에 관한 통화 내용을 녹음하게 한 사안: 불법감청).

대상을 기재한 대장을 대통령령이 정하는 기간(3년, 다만 비밀로 분류된 경우에는 비밀의 보호기간. 규칙 제17조 제2항) 동안 비치하여야 한다(제14조 제2항, 제9조 제3항). 대화의 녹음·청취의 경우 명문규정은 없지만 직접집행 이외에 위탁집행이 가능하고, 집행을 한 자가 통신기관이 아닌 사인이라면 대장을 작성·비치할 의무를 지지는 않는다.[136)]

2. 대상자에 대한 통지

통신제한조치의 집행과 마찬가지로 통지유예사유가 존재하지 않는 한, 공소제기 등의 경우 처분을 한 날부터 30일 이내 대상자에게 통지하여야 한다(제14조 제2항, 제9조의2).

제 5 통신제한조치 등으로 취득한 자료의 보호

Ⅰ. 비밀준수의무

1. 직무상 비밀준수의무

통신제한조치, 통신사실확인자료 제공 또는 타인간의 대화의 녹음·청취의 허가·집행·통보 및 각종 서류작성 등에 관여한 공무원 또는 그 직에 있었던 자는 직무상 알게 된 통신제한조치 또는 타인간의 대화의 녹음·청취에 관한 사항을 외부에 공개하거나 누설하는 것이 금지된다(제11조 제1항, 제13조의5, 제14조 제2항).

통신제한조치, 통신사실확인자료 제공에 관여한 통신기관의 직원 또는 그 직에 있었던 자도 통신제한조치에 관한 사항을 외부에 공개하거나 누설하여서는 아니 된다(제11조 제2항).

2. 일반적 비밀준수의무

누구든지 통신비밀보호법에 따른 통신제한조치, 통신사실확인자료 제공이나 타인간의 대화의 녹음·청취로 알게 된 내용을 동법에 따라 사용하는 경우 외에는 이를 외부에 공개하거나 누설하여서는 아니 된다(제11조 제3항, 제13조의5, 제14조 제2항).

---

136) 대판 2015. 1. 22. 2014도10978 전합.

Ⅱ. 자료의 사용제한 및 관리

1. 취득자료의 사용제한

통신제한조치의 집행으로 취득한 우편물이나 전기통신 등의 내용은, ① 대상범죄나 이와 관련되는 범죄를 수사·소추하거나 그 범죄를 예방하기 위하여 사용하는 경우, ② 그 범죄로 인한 징계절차에 사용하는 경우, ③ 통신 혹은 대화 당사자가 제기하는 손해배상소송에 사용하는 경우, ④ 기타 다른 법률의 규정에 의하여 사용하는 경우가 아닌 목적으로 사용할 수 없다(제12조).

범죄 수사·소추 또는 범죄 예방을 위하여 사용하는 경우에도 그 조치의 목적이 된 범죄나 그와 관련된 범죄에 한정된다.[137]

통신사실확인자료의 제공 그리고 타인간의 대화의 녹음·청취의 경우에도 취득한 자료의 목적 외 사용이 제한된다(제13조의5, 제14조 제2항, 제12조).[138]

2. 인터넷 회선에 대한 통신제한조치로 취득한 자료의 관리

수사기관이 인터넷 회선을 통하여 송신·수신하는 전기통신을 대상으로 통신제한조치를 집행하여 취득한 전기통신을 제12조 제1호에 따라 사용하거나 사용을 위하여 보관하고자 하는 때에는 집행종료일부터 14일 이내에 사용하거나 사용을 위하여 보관이 필요한 전기통신을 선별하여 통신제한조치를 허가한 법원으로부터 승인을 받아야 하며, 승인청구를 하지 아니하거나 법원으로부터 승인을 받지 못한 전기통신을 폐기하여야 한다(동법 제12조의2).

헌법재판소는 인터넷회선 감청의 특성을 고려하여 그 집행 단계나 집행 이후에 수사기관의 권한 남용을 통제하고 관련 기본권의 침해를 최소화하기 위한 제도적 조치가 제대로 마련되어 있지 않은 상태에서, 범죄수사 목적을 이유로 인터넷 회선 감청을 통신제한조치 허가 대상 중 하나로 정하고 있다는 이유로 통비법 제5조 제2항의 규정에 대해 헌법불합치결정을 내렸고,[139] 이에 따라 2020년 개정법률을 통해 패킷감청에 기한 자료의 관리에 대한 별도의 규정을 두게 된 것이다.

그러나 감청 자료 중에 범행과 관련 없는 사생활 관련 기록의 폐기, 감청

---

137) 대판 2002. 10. 22. 2000도5461.
138) 대판 2014. 10. 27. 2014도2121.
139) 헌재 2018. 8. 30. 2016헌마263.

대상자의 감청자료 청취·열람·복사권 보장, 감청 대상자가 감청 집행의 적법성 심사를 청구할 수 있는 제도 등에 대해서 별도의 규정을 두지 않고 나아가 취득 자료 제한에 관한 제12조를 그대로 두어 범죄 수사뿐만 아니라 예방의 목적으로 감청자료를 폭넓게 활용할 수 있도록 한 점은 여전히 문제점으로 남아 있다.

Ⅲ. 증거능력 제한

불법검열에 의한 우편물의 내용, 불법감청에 의한 전기통신의 내용 그리고 타인간의 대화의 비밀 녹음 또는 청취한 내용은 재판 또는 징계절차에서 증거로 사용할 수 없다(제4조). 이는 증거금지 내지 위법수집증거배제법칙을 개별적으로 명문한 것이다. 불법감청 등의 경우에는 당사자의 증거동의에도 불구하고 증거로 사용할 수 없다.[140)]

---

140) 대판 2010. 10. 14. 2010도9016.

— 통신제한조치, 통신사실확인자료 요청, 통신자료 요청의 비교

	통신제한조치	통신사실확인자료 요청제도	통신자료 요청제도
근거법률	통신비밀보호법		전기통신사업법
주체	범죄수사: 검사 또는 사법경찰관 국가안보: 정보수사기관의 장	범죄수사: 검사 또는 사법경찰관 국가안보: 정보수사기관의 장 재판: 법원	법원, 검사 또는 수사관서의 장(군 수사기관의 장, 국세청장 및 지방국세청장 포함), 정보수사기관의 장
대상	전기통신: 전화·전자우편·회원제정보서비스·모사전송·무선호출 등과 같이 유선·무선·광선 및 기타의 전자적 방식에 의하여 모든 종류의 음향·문언·부호 또는 영상을 송신하거나 수신하는 것	통신사실확인자료: 가입자의 전기통신일시, 전기통신 개시·종료시간, 발·착신 통신번호 등 상대방의 가입자번호, 사용도수, 컴퓨터통신 또는 인터넷의 사용자가 전기통신역무를 이용한 사실에 관한 컴퓨터통신 또는 인터넷의 로그기록자료, 정보통신망에 접속된 정보통신기기의 위치를 확인할 수 있는 발신기지국의 위치추적자료, 컴퓨터통신 또는 인터넷의 사용자가 정보통신망에 접속하기 위하여 사용하는 정보통신기기의 위치를 확인할 수 있는 접속지의 추적자료	통신자료: 이용자의 성명, 이용자의 주민등록번호, 이용자의 주소, 이용자의 전화번호, 이용자의 아이디(컴퓨터시스템이나 통신망의 정당한 이용자를 식별하기 위한 이용자 식별부호), 이용자의 가입일 또는 해지일
요건 – 범죄수사	제5조 제1항에서 규정하고 있는 범죄를 계획 또는 실행하고 있거나 실행하였다고 의심할 만한 충분한 이유가 있고 다른 방법으로는 그 범죄의 실행을 저지하거나 범인의 체포 또는 증거의 수집이 어려운 경우	수사 또는 형의 집행을 위하여 필요한 경우, 재판상 필요한 경우	재판, 수사(「조세범 처벌법」 제10조 제1항, 제3항 및 제4항의 범죄 중 전화, 인터넷 등을 이용한 범칙사건의 조사 포함), 형의 집행 또는 국가안전보장에 대한 위해를 방지하기 위한 정보수집이 필요한 경우

		통신제한조치	통신사실확인자료 요청제도	통신자료 요청제도
	국가안보	국가안전보장에 대한 상당한 위험이 예상되는 경우 또는 대테러활동에 필요한 경우에 한하여 그 위해를 방지하기 위하여 이에 관한 정보수집이 특히 필요한 때	국가안전보장에 대한 위해를 방지하기 위하여 이에 관한 정보수집이 필요한 때	
법원의 통제절차	영장주의	O	O	X(다만 서면주의 적용)
	사전영장주의 예외	긴급감청 허용	긴급요청 허용	서면주의의 예외로서 긴급요청 허용
	기타 법원의 통제	X	지방법원 또는 지원은 통신사실확인자료 제공요청 허가청구를 받은 현황, 이를 허가한 현황 및 관련 자료를 보존해야 함	X
당사자에 대한 통지	사전통지 및 불복절차	X	X	X
	사후통지	O	O	X
국회의 통제		O	X	X
기간 및 횟수의 제한		범죄수사: 2개월, 총 연장기간 1년 이내(중대범죄의 경우 3년 이내) 국가안보: 4개월, 연장 가능	기간 및 횟수 제한 없음	기간 및 횟수 제한 없음

제7장

판사에 대한 강제처분의 청구

형사소송법은 수사기관이 행하는 강제수사와는 달리 판사가 주체가 되어 공소제기(내지 제1회 공판기일) 전이라도 강제처분을 할 수 있도록 하고 있다. 광의로는 감정유치(제221조의3), 증거보전(제184조, 제185조), 증인신문(제221조의2)을 포함하며, 협의로는 증거보전과 증인신문이 여기에 해당한다.

제1절 감정유치

제1 의의 및 성격

Ⅰ. 의의

감정유치란 피의자의 정신 또는 신체를 감정하기 위하여 일정 기간 동안 병원 기타 적당한 장소에 피의자를 유치하는 강제처분을 말한다(제221조의3).

> 감정유치는 감정에 필요한 처분(제221조의4)과는 별개의 것으로서, 전자는 감정의 목적인 정신 또는 신체의 감정을 위해 신체를 유치하는 처분이며 감정유치장을 발부받아 행해지는 데 비하여, 후자는 일반적인 감정을 실시하기 위해 필요한 다양한 처분(예컨대 감정대상의 개봉, 혈액의 채취 등)을 내용으로 하고 있으며 감정처분허가장을 발부받아야 한다.

감정유치는 검사가 판사에게 청구하여 행하는 경우 외에도 수소법원이 행하는 경우(제172조 제3항)와 증거보전의 일환으로 수임판사가 행하는 경우(제184조 제1항)가 있다.

Ⅱ. 법적 성격

피의자에 대한 감정유치는 구속과 유사한 강제수사의 일종이라는 견해와 증거보전이나 증인신문과 같이 공소제기 전에 인정되는 판사에 의한 강제처분이라는 견해가 대립하고 있다.

감정유치를 청구하는 경우 감정유치의 필요성에 관한 판단은 종국적으로 감정수탁자가 아닌 검사가 행하며, 감정유치장의 집행에 대해서 구속영장의 집행에 관한 규정이 준용된다는 점에서 전형적인 수사절차상의 강제처분에 해당한다는 견해와 감정유치는 수사기관이 행하는 감정위촉과 별개로서 판사가 그 주체라는 점에서 판사에 의한 강제처분이라는 견해가 있다.

제2 요건

Ⅰ. 감정유치의 필요성

정신 또는 신체의 감정이라는 감정의 필요성 외에 정신 또는 신체의 감정을 위해서 계속적인 유치와 관찰을 할 필요성이 인정되어야 하나, 구속사유가 별도로 있어야 하는 것은 아니다.

피의자를 병원 등에 유치하지 않고 통원을 통해 감정할 수 있는 경우라면 감정유치의 필요성이 부정된다. 또한 감정유치는 범행시 책임능력 또는 절차진행시 소송능력의 존부를 확인하는 데 목적이 있으므로, 정신상태와 신빙성, 고의, 동기 등의 관계를 검토하는 것도 아니다. 따라서 피의자의 진술의 신빙성을 확인하기 위해서 감정유치를 청구하는 것은 진술의 자유를 침해하게 되므로 허용되지 않는다.

Ⅱ. 범죄혐의 존재

구속사유가 존재해야 할 필요는 없으나, 신체의 자유에 대한 제한을 수반한다는 점에서 구속에 상응하는 정도의 상당한(현저한) 범죄혐의는 필요하다.

Ⅲ. 비례의 원칙

사건의 중대성이나 예상되는 형벌이나 보안처분에 비추어 상당성이 없는 경우에는 감정유치를 명해서는 안 된다(독일 형사소송법 제81조 제2항 참조).

제3 절차

검사의 청구절차를 제외하면 법원의 감정유치에 관한 규정을 준용한다(제221조의3 제2항, 제172조, 제172조의2).

Ⅰ. 감정유치의 청구

피의자에 대한 감정유치의 청구는 검사의 권한이다(제221조의3 제1항). 사법경찰관이 감정을 위촉한 경우에도 감정유치는 검사에게 신청해서 검사가 청구해야 한다(제221조의3 제2항, 제172조 제7항, 제201조 제1항 준용).

감정유치의 청구는 서면(감정유치청구서)에 의하여야 하며, 감정유치청구서에는 피의자의 인적 사항, 유치할 장소 및 유치기간, 감정의 목적 및 이유 등을 기재하며(규칙 제113조). 피의사실의 요지를 따로 기재한 서면 1통을 첨부하여야 한다(규칙 제93조).

감정유치를 청구함에는 감정유치를 인정할 수 있는 자료를 제출하여야 하는데(제221조의3 제2항, 제172조 제7항, 제201조 제2항 준용), 통상 수사기록이 그대로 제출된다.

수사절차에서는 피의자만을 대상으로 하며, 피의자의 구속 여부를 불문한다.

Ⅱ. 판사의 결정

판사는 검사의 청구가 상당하다고 인정할 때에는 유치처분을 하여야 한다(제221조의3 제2항, 제172조, 규칙 제85조).

1. 유치처분

유치결정으로 유치처분을 하는 때에는 감정유치장을 발부한다(제172조 제4항 참조).

판사가 발부하는 감정유치장의 성질에 관하여는 허가장으로 보는 견해와 명령장으로 보는 견해가 있다. 구속영장과 마찬가지의 논리로 피의자에 대해 발부되는 감정유치장은 **허가장**이라고 보는 것이 다수설이다.

2. 감정유치장의 기재사항

감정유치장에는 피고인의 성명, 주민등록번호 등, 직업, 주거와 죄명, 범죄사실의 요지, 유치할 장소, 유치기간, 감정의 목적 및 감정유치장의 유효기간과 그 기간 경과 후에는 집행에 착수하지 못하고 감정유치장을 반환하여야 한다는 취지를 기재하고 재판장이나 수명법관이 서명날인하여야 한다(규칙 제85조 제1항).

3. 피의자 등의 의견 청취

현행법에 명시적인 규정이 없으나, 필요성 등에 대한 판단을 위해 관찰을 위한 수용을 하기 전에 감정수탁자와 변호인 또는 피의자의 의견을 듣는 절차를 두는 것이 타당하다(독일 형사소송법 제81조 제1항 참조).

유치기간에 관하여는 구속기간에 관한 형사소송법 제92조가 적용되지 않으므로 특별한 제한은 없다. 법원이 기간을 정할 수 있고, 기간을 정함에 있어서는 미리 감정수탁자의 의견을 들어서 관찰 및 감정에 필요한 최소한의 기간에 그치도록 하여야 한다.

Ⅲ. 결정에 대한 불복

감정유치를 기각하는 결정에 대해서는 물론이고 감정유치결정에 대해서도 구속영장의 경우와 마찬가지로 준항고가 허용되지 않는다(다수설).

구속의 경우와 달리 적부심사제도가 규정되어 있지 않고, 피고인의 경우에 재판장이나 수명법관이 하는 감정유치의 재판에 대하여 준항고가 가능한 점을 고려하면, 감정유치결정에 대해서는 형사소송법 제416조 제1항 제3호를 유추적용하여 준항고를 허용할 필요가 있다(독일 형사소송법 제81조 제4항 참조).

제 4 감정유치의 집행

Ⅰ. 유치기간

'정신이나 신체의 감정을 위해 필요한 기간'으로 하며, 기간의 제한은 없다.

검사가 감정유치를 청구하는 경우 청구서에 유치장소 및 유치기간을 기재해야 하고(규칙 제113조 제2호), 판사도 감정유치장을 발부하는 경우에 유치할 장소와 유치기간을 기재해야 하므로(규칙 제115조, 제85조 제1항), 감정유치를 하는 경우에 기간 자체는 미리 정해진다. 참고로 독일 형사소송법 제81조 제5항은 최대 6주로 한정하고 있다.

유치기간에는 제한이 없으므로 유치기간을 변경할 필요가 있는 때에는 검사의 청구에 의하여 결정으로 유치기간을 연장 또는 단축할 수 있다(법 제221조의3 제2항, 법 제172조 제6항, 규칙 제115조, 규칙 제85조 제2항).

피의자에 대한 감정유치기간의 연장과는 달리 단축은 피의자에게 유리한 처분이므로 판사의 결정 없이 검사가 직권으로 결정할 수 있다는 견해도 있다.

Ⅱ. 유치장소

감정유치의 장소는 병원 기타 적당한 장소이며(제221조의3 제2항, 제172조 제3항), 감정유치장에 이를 기재하여야 한다(규칙 제115조, 제85조 제1항). 여기서 '기타 적당한 장소'란 감정이 가능하고 시설면에서 계호가 가능한 장소를 말한다.[1] 유치할 장소를 변경할 필요가 있는 경우에도 검사의 청구에 의하여 판사가 결정으로 한다(규칙 제115조, 제85조 제2항).

Ⅲ. 사법경찰관리에 의한 간수

유치를 함에 있어서 필요한 때에는 판사는 직권 또는 피의자를 수용할 병원 기타 장소의 관리자의 신청에 의하여 사법경찰관리에게 피의자의 간수를 명할 수 있다(제221조의3 제2항, 제172조 제5항). 피의자의 간수를 명하는 경우에는 그 사유를 명시하여 서면으로 하여야 한다(규칙 제115조, 제86조 참조).

Ⅳ. 유치처분의 해제 또는 취소

감정유치기간이 만료되면 감정유치장은 당연실효되므로 유치처분은 해제된다. 유치기간 중이라도 감정이 완료되면 즉시 유치를 해제하여야 한다(제221조의3 제2항, 제172조 제3항). 감정이 완료되기 전이라도 구속의 취소에 준하여 감정유치처분을 취소할 수 있다(제221조의3 제2항, 제172조 제7항, 제93조).

---

1) 독일의 경우는 감정유치의 장소를 공공정신병원(öffentliches psychiatrisches Krankenhaus)으로 한정하고 있다.

피의자에 대한 감정유치기간 중 감정의 완료 등으로 감정유치를 계속할 필요가 없다고 인정하는 경우에는 검사가 독자적으로 피의자를 석방할 수 있다는 견해가 있다. 감정유치장을 허가장으로 보는 한 검사도 독자적으로 석방권한을 가진다고 보아야 할 것이다.

제5 감정유치와 구속

Ⅰ. 구속규정의 준용

감정유치와 구속은 그 목적을 달리하지만 피의자의 신체의 자유를 제한한다는 점에서 유사하므로, 형사소송법이나 형사소송규칙 중, 보석에 관한 규정을 제외하고는, 피고인의 구속에 관한 규정이 준용된다(제221조의3 제2항, 제172조 제7항, 규칙 제115조, 제88조). 피의자의 경우에는 구속적부심사청구에 관한 규정은 준용되지 않는다.

유치된 피의자에게는 접견교통권이 보장되며(제172조 제7항, 제89조), 변호인 등에게 감정유치사실 등을 통지하여야 한다(제172조 제7항, 제87조 제1항).

Ⅱ. 구속 중인 피의자에 대한 감정유치

구속 중인 피고인에 대하여 감정유치장이 집행되었을 때에는 피고인이 유치되어 있는 기간 구속은 그 집행이 정지된 것으로 간주한다(제221조의3 제2항, 제172조의2 제1항). 따라서 감정유치가 취소되거나 유치기간이 만료된 때에는 구속집행정지가 취소된 것으로 본다(제221조의3 제2항, 제172조의2 제2항).

감정유치가 구속기간 연장을 위한 수단으로 변칙운영되는 경우에는 위법한 것으로 보아야 한다. 그러나 판례는 감정유치의 변칙운영만으로는 위법하다고 할 수 없다고 한 것이 있다.[2]

2) 대판 1985. 7. 23. 85도1003.

제 2 절 증거보전

제 1 의의 및 필요성

증거보전제도란 공판정에서 정식 증거조사가 있을 때까지 기다려서는 증거를 사용하기 곤란한 사정이 있는 경우 검사·피고인·피의자 또는 변호인의 청구에 의하여 판사가 제1회 공판기일 전에 미리 압수·수색·검증·증인신문 또는 감정 등을 함으로써 증거를 보전하여 두는 제도를 말한다(제184조 제1항). 증거보전은 장래를 위한 증거조사의 일종으로서, 특히 피의자나 피고인이 수사단계에서나 제1회 공판기일 전에 자신에게 유리한 증거를 수집·보전할 수 있는 수단으로서 의미를 가진다.

제 2 요건

Ⅰ. 실질적 요건

증거보전의 필요성, 즉 미리 증거를 보전하지 않으면 그 사용이 곤란한 사정이 있어야 한다(제184조 제1항). '사용 곤란'이란 증거조사 자체가 곤란한 경우뿐 아니라 증명력 인정이 어렵게 되는 경우도 포함한다.

> 예컨대, 물증·서증에 있어서는 멸실, 산일, 은닉 외에 성상 및 기재 내용 변경의 경우도 포함하고, 증인의 경우에는 사망, 장기여행 등으로 신문이 곤란하게 되거나 증언이 불가능하게 될 염려가 있는 경우를 포함한다. 검증의 경우 검증장소의 보전이 어려운 때, 감정의 경우에는 감정대상의 멸실·훼손·변경 외에 감정인에 대한 신문이 곤란하게 될 때 등이 여기에 해당한다.

진술을 거부하거나 번복할 염려가 있는 경우에 증거보전의 필요성이 인정되는지에 대해 견해의 대립이 있으나, 피의자나 피고인이 청구한 경우에는 이를 긍정해야 할 것이다.

> 피의자나 피고인의 경우에는 제221조의2에 따른 증인신문청구권이 없으므로 증인이 정당한 이유 없이 진술을 거부하거나 번복할 염려가 있는 경우에는 증거보전의 필요성이 인정된다. 다만, 검사의 경우는 수사를 원활하게 할 목적으로 증거보전을 활용하는 경우가 많으므로 증인이 진술을 거부하거나 번복할 염려가

있다는 이유로 검사가 신청한 증인에 대한 증거보전의 필요성을 인정하는 것은 헌법재판소의 결정3)이 지적하듯이 과잉금지에 반하는 것으로서 타당하지 않다.

Ⅱ. 형식적 요건

시기적으로 제1회 공판기일 전에만 할 수 있으며, 공소제기 전후를 불문한다. 제1회 공판기일 후에는 수소법원에 증거조사를 청구할 수 있으므로 증거보전의 필요성이 없기 때문이다.

1. 제1회 공판기일 전

'공소제기 전'은 물론이고, 공소제기 후라도 수소법원이 현실적으로 증거조사를 할 수 있게 되는 시점인 제1회 공판기일 전까지는 증거보전청구를 할 수 있도록 하고 있다. 구체적으로는 수소법원이 공판기일 전에 증거조사를 하는 경우(제273조)가 아니면, '검사의 모두진술이 있는 기일 전'까지 증거보전이 가능하다고 할 수 있다.

학설로는 ① 검사의 모두진술이 끝나는 시점까지라는 견해(검사의 모두진술 이후에는 피고인이 자신에게 이익이 되는 진술을 하면서 증거조사의 필요성을 주장할 수 있으므로 수소법원에 증거조사를 신청할 수 있어 증거보전을 청구할 수 없다는 견해), ② 모두절차가 종료될 때까지라는 견해(형사소송법이 증거조사의 시기를 제287조의 규정에 의한 절차가 끝난 후에 실시한다고 규정하고 있기 때문에 모두절차가 끝난 때에는 증거보전을 청구할 수 없다는 견해), ③ 증거조사가 개시되기 전까지라는 견해(제1회 공판기일은 수소법원이 실질적인 증거조사가 가능한 단계를 의미한다는 견해) 등이 있다. 공소가 제기되었음에도 불구하고 수소법원 이외의 법관에 의한 증거 수집을 허용하는 것은 공판중심주의, 직접심리주의의 원칙과 배치될 여지가 있으므로 엄격하게 제한할 필요가 있다. 따라서 가장 이른 시점으로 보는 것이 타당하다. 이러한 의미에서 공소제기 이후의 증거보전청구는 사실상 큰 의미가 없으므로 공판정이 개정되어 모두절차가 개시되면 이미 증거보전청구를 할 수 없다고 보아야 할 것이다. 또한 문언해석상 제1회공판기일 전에 증거보전 청구가 있으면 제1회공판기일 이후라도 증거보전절차가 진행될 수 있다는 지적도 있으나, 공판중심주의의 취지에 비추어 증거보전절차가 제1회공판기일 이전에 진행될 수 있는 경우에만 증거보전청구가 가능하다고 보아야 할 것이다.

---

3) 헌재 1996. 12. 26. 94헌바1 참조.

2. 증거보전의 시간적 범위

공소제기 전에는 수사개시 이후부터 공소제기시까지 가능하다. 수사 개시 이전에 피내사자는 증거보전을 청구할 수 없다. 공소제기 후에는 제1심의 제1회 공판기일 이전에만 가능하므로, 제1회 공판기일 이후는 물론이고, 항소심이나 파기환송 후의 절차, 재심청구사건에서는 증거보전이 허용되지 않는다.[4)]

제3 절차

Ⅰ. 증거보전의 청구

1. 청구권자

청구권자는 검사, 피고인, 피의자 또는 변호인이다.

검사는 수사단계에서 강제수사를 할 수 있는 권한이 있고 별도로 증인신문을 청구할 수 있으므로(제221조의2), 추가로 증거보전청구권을 인정한 것은 의문이다. 본래 증거보전제도가 피의자나 피고인의 증거수집활동을 뒷받침하기 위한 제도라는 점에서 볼 때 검사를 청구권자에서 제외하는 것이 타당하다.

수사기관으로서 검사만 증거보전 청구가 가능하며 사법경찰관은 청구권이 없다. 또한 피의자와 피고인은 공소제기 전후에 따라 각기 청구권을 가지며, 피의자는 입건 이후의 개념이므로 **피내사자**에게는 증거보전청구권이 인정되지 않는다.[5)]

변호인의 권리는 독립대리권이므로 피의자나 피고인의 명시적인 의사에 반해서도 청구할 수 있다.

2. 관할판사

증거보전청구의 내용에 따라 그 지역을 관할하는 판사에게 청구한다. 공소가 제기된 후에도 수소법원이 관할하지 않는다.

압수에 관하여는 압수할 물건의 소재지, 수색 또는 검증에 관하여는 수색 또는 검증할 장소, 신체 또는 물건의 소재지, 증인신문에 관하여는 증인의 주거지 또는 현재지, 감정에 관하여는 감정대상의 소재지 또는 현재지를 관할하는 판사에

---

4) 대결 1984. 3. 29. 84모15.
5) 대판 1979. 6. 12. 79도792.

게 청구하며(규칙 제91조 제1항), 감정의 청구는 감정을 실시하기에 편리한 지방 법원판사에게 할 수도 있다(동조 제2항).

증거보전절차에서 증인신문을 한 판사가 공판절차에 관여하더라도 '전심재판 또는 그 기초되는 조사, 심리에 관여한 경우'(제17조 제7호)에 해당하지 않는다.[6)]

3. 청구의 방식

증거보전청구를 함에는 서면(증거보전청구서)으로 증거보전의 사유를 소명해야 한다(제184조 제3항).

증거보전청구서에는 사건의 개요, 증명할 사실, 증거 및 보전의 방법, 증거보전을 필요로 하는 사유를 기재하여야 한다(규칙 제92조).

4. 청구의 내용

압수, 수색, 검증, 증인신문 또는 감정을 청구할 수 있다.

증인신문 외에 압수, 수색, 검증, 감정까지 폭넓게 인정된다는 점에서 검사의 청구에 의한 판사의 증인신문(제221조의2)과 구별되며, 수소법원 아닌 판사의 권한에 속한다는 점에서 제1회 공판기일 전의 증거조사(제273조)와 구별된다.

검사가 피의자를 피고인으로 신문해줄 것을 청구하는 것은 허용되지 않으나,[7)] 공범이 아닌 공동피고인이 될 자를 증인으로 신문해 줄 것을 내용으로 하는 청구는 할 수 있다. 판례는 공범인 공동피고인에 대해서도 검사가 증인으로 신문을 청구할 수 있다고 판시하였다.[8)]

Ⅱ. 청구에 대한 결정 및 처분

1. 판사의 결정

지방법원 판사는 청구가 이유 있으면 별도의 결정 없이 청구한 증거보전처분을 하고, 청구가 부적법하거나 이유가 없으면 결정으로 청구를 기각한다. 청구기각 결정에 대해서는 3일 이내에 항고할 수 있다(제184조 제4항).

---

6) 대판 1971. 7. 6. 71도974.
7) 대판 1972. 11. 28. 72도2104; 대판 1979. 6. 12. 79도792.
8) 대판 1988. 11. 8. 86도1646.

구법하에서는 수임판사의 판결선고 전 결정이므로 불복할 수 없다는 것이 판례의 입장이었으나,[9] 2007년 법률개정으로 항고를 인정하였다. 수임판사는 증거보전절차에서 수소법원 또는 재판장과 동일한 권한을 가지기 때문에 그 결정에 대한 불복이 가능하다는 점이 근거로 제시되기도 한다.

2. 증거보전의 실시

청구를 받은 판사는 보전처분의 각 절차에 관하여 법원 또는 재판장과 동일한 권한을 가진다(제184조 제2항).

따라서 형사소송법과 형사소송규칙 중 압수, 수색, 검증, 증인신문, 감정에 관한 규정(제1편 제10장 내지 제13장, 규칙 제1편 제10장 내지 제13장)이 그대로 준용된다.

3. 당사자의 참여권 보장

증인신문의 경우에는 수소법원에 의한 경우와 마찬가지로 검사, 피의자, 피고인 또는 변호인에게 참여권이 보장되어야 하므로(제163조 제1항 참조), − 피의자 등이 참여하지 아니한다는 의사를 명시한 때를 예외로 하고 − 참여할 수 있는 자에게 증인신문의 시일과 장소를 미리 통지하여야 한다(제163조 제2항 참조).

Ⅲ. 처분 후 절차

1. 증거물 등의 보관

증거물 등은 증거보전처분을 한 판사의 소속 법원이 보관한다.

증거보전에 의하여 취득한 증거(압수물, 압수·수색·검증조서, 증인신문조서, 감정인신문조서, 감정서 등) 중 서면은 기록에 가철하고 물건은 따로 보관 방식에 따라 각각 기록과 함께 보관하여야 한다. 따라서 검사의 청구에 의한 증인신문의 경우와 달리 검사가 청구한 경우에도 증거보전기록을 검사에게 송부하지 않고, 수사기록이 제출된 때에는 그것만을 반환하면 족하다.

2. 서류 등의 열람·등사

검사, 피고인, 피의자 또는 변호인은 판사의 허가를 얻어 증거보전에 관한 서류와 증거물을 열람 또는 등사할 수 있다(제185조).

---

9) 대결 1986. 7. 12. 86모25.

> 피고인과 변호인은 소송계속 중의 관계 서류 또는 증거물을 열람하거나 복사할 수 있으므로(제35조 제1항), 본조는 공소제기 전에 변호인과 피의자의 열람·등사권을 보장하는 의미를 가진다.

증거보전을 청구한 자는 물론이고 그 상대방에게도 인정되며, 공동피고인이나 그 변호인도 열람·등사 가능하다. 다만 공동피의자는 피고인으로 된 때에 한해 열람·등사가 가능하다.

제4 각종 조서의 증거능력

증거보전절차에서 작성된 각종 조서는 법원 또는 법관의 면전조서로서 당연히 증거능력 인정된다(제311조 제2문). 다만 **감정서**의 경우에는 제313조 제3항에 따라 증거능력의 유무를 판단해야 한다.

> 증거보전을 청구한 당사자가 수소법원에 당해 조서에 대해 증거신청을 하고, 수소법원은 증거를 보관 중인 법원으로부터 기록을 송부받아 별도로 증거조사를 하여야 한다.

증거보전절차에서 변호인에게 참여기회를 주지 않았거나,[10] 비공개결정 없이 비공개로 증인신문절차가 진행된 경우[11]에는 당해 절차에서 작성된 조서는 증거로 사용할 수 없다.

제3절 참고인에 대한 증인신문

제1 의의

참고인에 대한 증인신문이란 범죄의 수사에 없어서는 아니될 사실을 안다고 명백히 인정되는 참고인이 출석이나 진술을 거부하는 경우 제1회 공판기일 전에 한해 검사의 청구에 의하여 판사가 그를 증인으로 신문하고 그 진술을 수

---

10) 대판 1992. 2. 28. 91도2337.

11) 대판 2015. 10. 29. 2014도5939.

집·보전하는 제도를 말한다(제221조의2).

수소법원 이외의 판사에 의하여 증인신문이 이루어지고, 제1회 공판기일 전에 한하여 증인신문청구가 가능하며, 작성된 증인신문조서는 법관 면전 조서로서 절대적 증거능력이 인정된다는 점 등에서 전술한 증거보전절차(에 의한 증인신문)와 유사하지만, 검사에게만 청구권이 인정되고 증인신문으로 작성된 서류 등도 검사에게 송부되고, 검사가 보관하므로 수사기밀을 유지하는 데 도움이 된다는 차이가 있다.

또한 참고인에 대한 증인신문은 수소법원에 의한 증인신문, 증거보전, 참고인조사와 구별된다. 이 제도는 참고인 진술의 강제적 확보 방안으로 마련된 것이다. 즉, 증인신문은 본래 공소제기 이후 수소법원의 권한이며, 공소제기 이전의 참고인에 대한 조사는 수사기관의 역할임에도, 이를 판사에 의한 강제처분의 형태로 행할 수 있도록 하여 참고인의 진술을 확보할 수 있도록 한 점에 특징이 있다.

제2 요건

Ⅰ. 실질적 요건

증인신문의 필요성, 즉 범죄의 수사에 없어서는 아니될 사실을 안다고 명백히 인정되는 자가 출석 또는 진술을 거부한 경우여야 한다.

1973년 개정법률에서 도입된 이 제도는 제221조의2 제2항에서 「전조의 규정에 의하여 검사 또는 사법경찰관에게 임의의 진술을 한 자가 공판기일에 전의 진술과 다른 진술을 할 염려가 있고 그의 진술이 범죄의 증명에 없어서는 아니될 것으로 인정될 경우에는 검사는 제1회 공판기일 전에 한하여 판사에게 그에 대한 증인신문을 청구할 수 있다」고 규정하여 참고인의 진술번복의 염려가 있는 경우도 증인신문이 가능한 것으로 규정하였으나 1996년 헌법재판소의 위헌결정[12]에 따라 삭제되었다.

1. 피의사실의 존재

증인신문 청구를 하려면 증인의 진술로서 증명할 대상인 피의사실이 존재하여야 한다. 피의사실은 수사기관이 범죄의 인지 등으로 수사의 대상으로 삼고

12) 헌재 1996. 12. 26. 94헌바1 참조.

있음을 외부에 표현한 때에 인정될 수 있다. 판례도 실질설의 관점에서 수사개시의 시점을 인정하고 있다.13)

2. 범죄수사에 없어서는 아니될 사실

'범죄수사에 없어서는 아니될 사실'이란 수사 이후의 공소제기나 유죄판결을 위해 증명되어야 할 사실을 의미한다.

(1) 범죄될 사실보다 넓은 개념

'범죄수사에 없어서는 아니될 사실'은 유죄판결을 하는 경우에 판결이유에 명시해야 할 '범죄될 사실'(제323조 제1항)보다 넓은 개념이다. 따라서 범죄성립 여부에 관한 사실뿐만 아니라, 기소 여부나 양형에 중대한 영향을 미치는 정상에 관한 사실도 포함하고, 나아가 공소제기 및 유지를 위해 필요한 사실(예컨대 피의자나 결정적인 참고인의 소재 등 수사를 진전시키는 데 필요한 사실)도 포함한다.

(2) 불가결한 사실

'사실'이란 수사과정에서 밝혀야 할 사실로서, 비록 그 사실이 이미 수사기관에게 판명되어 있는 경우나 다른 증거를 통해 증명할 수 있는 경우라도 제3자의 진술에 의해 증명력이 달라질 수 있기 때문에 여기에 포함될 수 있다.

> 제3자의 진술내용이 진술자의 입장, 감정, 기억력, 표현력 등에 따라 상당히 다르고, 피의자가 주장하는 알리바이에 관한 지식을 가진다고 인정되는 자가 수인인 경우에도 통상 알리바이를 긍정하는 것이든 부정하는 것이든 그 모두를 조사해서 그 지식을 분명히 하는 것이 수사에 불가결하므로, 증인으로 되어야 할 자가 가지는 지식이 범죄수사에 불가결하다고 인정되는 한 그 사항이 수사기관에 판명되어 있는 경우나 달리 동일한 지식을 가지는 자가 있는 경우라도 신문의 대상으로 될 수 있다.

(3) 피의자 이외의 제3자

제221조(제3자의 출석요구)에 의한 출석이나 진술을 요하는 자를 대상으로 하므로 피의자는 제외되지만, 참고인이라면 이미 조사했거나 조사할 예정인 자에 한하지 않고, 공범이나 공동피고인도 포함한다. 대체성이 없는 감정증인은 포함될 수 있으나, 감정인, 통역인, 번역인 등은 제외된다. 한편 증언거부권자에 대

---

13) 대판 1989. 6. 20. 89도648.

해서도 증인신문을 청구할 수 있지만, 증인으로서 신문사항이 자기에게 불리한 사실인 경우에는 증언을 거부할 수 있다(제148조 참조).

(4) 명백성

지금까지의 수사결과에 따를 때, 증인신문청구를 하는 시점에서 범죄수사에 없어서는 아니될 사실을 알고 있다고 명백히 인정되어야 한다.

3. 출석이나 진술의 거부

제221조에 따른 출석요구를 전제로 하므로, 검사의 출석요구뿐만 아니라 사법경찰관의 출석요구에 응하지 않은 경우도 포함하며, 진술거부는 진술 전부를 거부한 경우 외에 일부에 대해서만 거부한 경우에도 그 부분이 범죄의 수사에 없어서는 아니 될 사실이라면 포함된다.

진술을 하였으나, 조서에 서명 또는 기명날인을 거부한 경우에도 수사보전의 관점에서 진술거부와 동일시할 수 있으므로, 진술거부와 동일하게 보아야 한다. 다만 피의자의 소재를 파악한 경우처럼 조서의 작성 없이도 진술 자체만으로 수사에 진전이 있는 경우라면 여기에 포함되지 않을 것이다.

(1) 허위진술 등은 제외

출석해서 허위의 진술을 하는 경우도 포함하는지에 대해 논의가 있으나 일단 진술을 한 이상 공판기일에 진술을 번복할 염려가 있다는 이유만으로 증인신문청구를 할 수 없다(2007년 삭제된 제221조의2 제2항 참조).

학설에 따라서는, 1996년 헌법재판소 결정이 당사자의 참여권 보장 없는 진술번복 염려를 증인신문사유로서 위헌이라고 본 것이므로, 당사자의 참여권이 보장되는 한 진술번복의 염려가 있는 경우라도 증인신문사유에 해당한다고 한다. 그러나 공판중심주의의 관점에서 보면 당사자의 참여권이 보장되더라도 공판기일 전에 진술번복의 염려가 있다는 이유만으로 증인신문을 허용하는 것은 타당하지 않다고 보아야 한다.

(2) 정당한 이유의 유무

참고인은 출석이나 진술의 의무가 없어 출석이나 진술을 거부할 정당한 이유가 있는지 여부를 문제 삼을 여지가 없으므로, 수사상 필요한 경우에는 출석이나 진술의 의무를 지지 않는 자라도 증인으로 출석을 요구하여 신문할 수 있다.

감독청 등의 승인이 없으면 증인으로 신문할 수 없는 경우나 증인으로 될 자가 증언거부권을 가지는 경우라도 이보다 수사상의 필요가 더 큰 경우라면 증인신문을 청구할 수 있고, 이 경우에 당해 증인이 출석이나 증언을 거부하는지 여부는 별개의 문제이다.

Ⅱ. 형식적 요건

증거보전청구와 마찬가지로 제1회공판기일 전에 한해 증인신문을 청구할 수 있다.

'제1회 공판기일 전'의 의미는 '증거보전절차'에서의 설명과 같다. 다만 현행법상 제1회 공판기일 전이라도 공판준비절차에서 검사 등은 법원에 증인신문을 청구할 수 있으므로(제273조 제1항), 공소제기 후라면 제1회 공판기일 전이라도 검사가 수소법원이 아닌 판사에게 증인신문을 청구할 필요가 있는지 의문이다. 특히 수사상 필요가 있더라도 증인신문절차에서 피고인이나 변호인에게 참여의 기회가 보장되어야 한다는 점을 고려하면 검사가 굳이 공소제기 후에 본조에 의한 증인신문청구를 할 필요는 거의 없다고 할 수 있다.

제3 증인신문절차

Ⅰ. 증인신문의 청구

검사가 관할 지방법원 판사에게 증인신문을 청구하고, 서면(증인신문청구서)으로 그 사유를 소명하여야 한다(제221조의2 제1항, 제3항).

증인신문청구서에는, ① 증인의 성명, 직업 및 주거, ② 피의자 또는 피고인의 성명, ③ 죄명 및 범죄사실의 요지, ④ 증명할 사실, ⑤ 신문사항, ⑥ 증인신문청구의 요건이 되는 사실, ⑦ 피의자 또는 피고인에게 변호인이 있는 때에는 그 성명을 기재하여야 한다(규칙 제111조).

증거보전의 경우와는 달리 검사 이외에 피의자, 피고인 또는 변호인은 청구권이 없다.

Ⅱ. 지방법원 판사의 결정

지방법원 판사는 청구가 이유 있다고 인정하는 때에는 증인신문을 하며, 청구가 부적법하거나 이유가 없는 경우에는 청구를 기각한다.

청구가 이유 있으면 별도의 (인용)결정 없이 증인신문기일을 정하고, 증인신문을 하기로 하였다는 취지가 포함된 증인신문기일 통지서를 송부하는 등 증인신문절차를 진행하면 족하다.

증거보전청구의 경우와는 달리 검사는 기각결정에 대해 불복할 수 없다.

Ⅲ. 증인신문

수임판사는 증인신문에 관하여 법원 또는 재판장과 동일한 권한을 가진다(동조 제4항).

따라서 공소제기 후에 수소법원이나 재판장이 행하는 증인의 소환(제150조의2), 증인의 선서(제156조 내지 제161조), 증인신문의 방식(제161조의2, 제162조) 등 증인신문에 관한 규정이 준용된다.

1. 제척사유

증인신문을 한 판사가 공판절차에 관여하더라도 '전심재판에 관여한 경우'(제17조 제7호)에 해당하지 않는다.

2. 피의자 등의 참여권 보장

판사는 증인신문기일을 정한 때에는 피고인·피의자 또는 변호인에게 이를 통지하여 증인신문에 참여할 수 있도록 해야 한다(제221조의2 제5항).

판사가 증인신문을 실시할 경우에는 피고인, 피의자 또는 변호인에게 신문기일과 장소 및 증인신문에 참여할 수 있다는 취지를 통지하여야 한다(규칙 제112조).

피의자 등의 출석은 증인신문의 요건은 아니지만, 참여한 경우에는 공격·방어할 수 있는 기회를 충분히 보장해야 한다.[14] 특별한 사유 없이 피의자 등의 참여권을 보장하지 않은 상태에서 증인신문이 이루어졌거나 피의자 등이 참여하

---

14) 대판 1997. 12. 26. 97도2249.

였더라도 공격·방어의 기회가 충분히 보장되지 못했다면 이에 기하여 작성된 증인신문조서는 증거능력이 없다.

제 4 증인신문 후의 절차

증인신문을 한 때에는, 증거보전의 경우와 달리, 지체 없이 이에 관한 서류를 검사에게 송부하여야 한다(제221조의2 제6항).

증인신문 관련 서류 일체를 검사에게 송부하도록 한 것은 수사기밀 유지를 위한 것으로서, 당해 서류에 대해 피의자나 변호인은 열람·등사권이 없다. 다만 공소제기 후에는 검사가 보관하고 있는 증인신문조서 등에 대해서는 증거개시(제266조의3)의 방법으로 열람·등사할 수 있다. 그러나 증인신문절차에 피의자 등의 참여권이 보장되어 있는 점을 고려하면, 증거보전의 경우와 달리 증인신문의 경우에만 열람·등사권을 인정하지 않는 것은 방어권 보장 차원에서 의문이다.

제 5 증인신문조서의 증거능력

적법한 절차에 따라 작성된 증인신문조서는 법관의 조서로서 당연히 증거능력이 인정된다(제311조 제2문).[15)]

검사는 송부받은 증인신문조서를 증거로 사용하기 위해서는 공판기일에 별도로 증거신청을 하여 증거조사를 거쳐야 한다. 적법한 절차에 따라 작성되지 않은 증인신문조서는 위법수집증거로서 증거능력이 부정된다.[16)]

15) 대판 1976. 9. 28. 76도2143.
16) 대판 1997. 12. 26. 97도2249.

제8장

수사의 종결

수사의 종결이란 공소제기 여부를 판단할 수 있을 정도로 피의사건이 해명되었을 때 수사절차를 종료하는 수사기관의 처분을 말한다. 따라서 수사의 주체인 검사와 사법경찰관에게 수사를 종결할 권한이 있다.

수사의 종결 자체가 확정력을 가지는 것은 아니므로, 재기수사를 하거나 공소제기 후의 수사도 가능하다.

제 1 절 사법경찰관의 종결처분

제 1 종국처분

사법경찰관이 사건을 수사한 경우에 내리는 결정으로 종국처분에 해당하는 것으로는, 법원송치(소년보호사건의 경우), 검찰송치 그리고 불송치가 있다(수사준칙 제51조 제1항).

> 사법경찰관리는 범죄인지 후 1년이 지난 사건에 대해서는 종결처분을 해야 한다. 다만, 다수의 사건관계인 조사, 관련 자료 추가확보·분석, 외부 전문기관 감정의 장기화, 범인 미검거 등으로 계속하여 수사가 필요한 경우에는 해당 사법경찰관리가 소속된 바로 위 상급경찰관서 수사 부서의 장의 승인을 받아 연장할 수 있고(경찰수사규칙 제95조 제1항), 이 경우에 승인을 받으려면 수사기간 연장의 필요성을 소명해야 한다(동조 제2항).

사법경찰관은 하나의 사건 중 피의자가 여러 사람이거나 피의사실이 여러 개인 경우로서 분리하여 결정할 필요가 있는 경우 그중 일부에 대해 종국처분이나 중간처분을 할 수 있다(수사준칙 제51조 제2항).

Ⅰ. 송치결정

사법경찰관은 고소·고발 사건을 포함하여 범죄를 수사한 결과 범죄의 혐의가 있다고 인정되는 경우에는 지체 없이 검사에게 사건을 송치하고, 관계 서류와 증거물을 검사에게 송부하여야 한다. 이를 검찰송치라고 한다.

한편 경찰서장은 「소년법」 제4조 제2항에 따라 소년 보호사건을 법원에 송치할 수 있는데, 이 경우 소년 보호사건 송치서를 작성하여 사건기록에 편철하고 관계 서류와 증거물을 관할 가정법원 소년부 또는 지방법원 소년부에 송부해야 한다(수사준칙 제51조 제1항, 제1호, 경찰수사규칙 제107조 제1항).

사법경찰관이 관계 법령에 따라 검사에게 사건을 송치할 때에는 송치의 이유와 범위를 적은 송치 결정서와 압수물 총목록, 기록목록, 범죄경력 조회 회보서, 수사경력 조회 회보서 등 관계 서류와 증거물을 함께 송부해야 하며(수사준칙 제58조 제1항), 피의자 또는 참고인에 대한 조사과정을 영상녹화한 경우에는 해당 영상녹화물을 봉인한 후 검사에게 사건을 송치할 때 봉인된 영상녹화물의 종류와 개수를 표시하여 사건기록과 함께 송부해야 한다(동조 제2항). 사법경찰관은 사건을 송치한 후에 새로운 증거물, 서류 및 그 밖의 자료를 추가로 송부할 때에는 이전에 송치한 사건명, 송치 연월일, 피의자의 성명과 추가로 송부하는 서류 및 증거물 등을 적은 추가송부서를 첨부해야 한다(동조 제3항).

Ⅱ. 불송치결정

1. 의의

사법경찰관은 범죄혐의가 없거나 공소를 제기할 수 없는 경우 등의 사유가 있는 때에는 결정으로 사건을 송치하지 않는다. 사건을 송치하지 않는 경우에 그 이유를 명시한 서면(불송치결정서)과 함께 압수물 총목록, 기록목록 등 관계 서류와 증거물을 지체 없이 검사에게 송부하여야 한다. 이 경우 검사는 송부받은 날부터 90일 이내에 사법경찰관에게 반환하여야 한다(제245조의2 제5호, 수사준칙 제62조 제1항).

2. 불송치결정의 주문

사건을 송치하지 않는 불송치결정의 주문은, ① 혐의없음(범죄인정안됨과 증거불충분으로 구별), ② 죄가 안됨, ③ 공소권없음, ④ 각하로 구분된다. 개별적인 내용은 후술하는 검사의 (협의의) 불기소결정 주문의 내용과 유사하다(수사준칙 제51조 제1항).

3. 검사의 재수사요청

사법경찰관의 불송치결정이 위법·부당하다고 판단한 때 검사는 그 이유를 문서로 명시하여 사법경찰관에게 재수사를 요청할 수 있고, 사법경찰관은 요청에 따라 사건을 재수사하여야 한다(제245조의8).

(1) 절차

검사는 사법경찰관에게 재수사를 요청하려는 경우에는 관계 서류와 증거물을 송부받은 날부터 90일 이내에 해야 한다. 다만, ① 불송치 결정에 영향을 줄 수 있는 명백히 새로운 증거 또는 사실이 발견된 경우나 ② 증거 등의 허위, 위조 또는 변조를 인정할 만한 상당한 정황이 있는 경우에는 관계 서류와 증거물을 송부받은 날부터 90일이 지난 후에도 재수사를 요청할 수 있다(수사준칙 제63조 제1항).

검사는 재수사를 요청할 때에는 그 내용과 이유를 구체적으로 적은 서면으로 해야 하며, 이 경우 관계 서류와 증거물을 사법경찰관에게 반환해야 한다(동조 제2항). 검사는 재수사를 요청한 경우 그 사실을 고소인등에게 통지해야 한다(동조 제3항).

(2) 재수사 결과의 처리

사법경찰관은 재수사를 한 경우, ① 범죄의 혐의가 있다고 인정되는 경우에는 검사에게 사건을 송치하고 관계 서류와 증거물을 송부하며, ② 기존의 불송치 결정을 유지하는 경우에는 재수사 결과서에 그 내용과 이유를 구체적으로 적어 검사에게 통보한다(수사준칙 제64조 제1항). 검사는 사법경찰관이 재수사 결과를 통보한 사건에 대해서 다시 재수사를 요청을 하거나 송치 요구를 할 수 없다. 다만, 사법경찰관의 재수사에도 불구하고 관련 법리에 위반되거나 송부받은 관계 서류 및 증거물과 재수사결과만으로도 공소제기를 할 수 있을 정도로 명백히 채증법칙에 위반되거나 공소시효 또는 형사소추의 요건을 판단하는 데 오류가 있어 사건을 송치하지 않은 위법 또는 부당이 시정되지 않은 경우에는 재수사 결과를 통보받은 날부터 30일 이내에 사건송치(제197조의3)를 요구할 수 있다(수사준칙 제64조 제2항).

(3) 재수사 중의 이의신청

사법경찰관은 재수사 중인 사건에 대해 이의신청(제245조의7 제1항)이 있는 경우에는 재수사를 중단해야 하며, 해당 사건을 지체 없이 검사에게 송치하고 관계 서류와 증거물을 송부해야 한다(수사준칙 제65조).

제2 중간처분

Ⅰ. 수사중지

사법경찰관이 사건을 수사한 경우 송치나 불송치 결정을 할 수 없는 사정이 있는 때에는 일단 수사를 중지해야 하며, 여기에는 피의자중지와 참고인중지가 있다. 사법경찰관은 수사중지 결정을 한 경우 7일 이내에 사건기록을 검사에게 송부해야 하며, 이 경우 검사는 사건기록을 송부받은 날부터 30일 이내에 반환해야 하며, 그 기간 내에 법 제197조의3에 따라 시정조치요구를 할 수 있다(수사준칙 제51조 제4항).

(1) 중지유형

㈎ **피의자중지** 피의자가 소재불명인 경우, 2개월 이상 해외체류, 중병 등의 사유로 상당한 기간 동안 피의자나 참고인에 대한 조사가 불가능하여 수사를 종결할 수 없는 경우, 의료사고·교통사고·특허침해 등 사건의 수사 종결을 위해 전문가의 감정이 필요하나 그 감정에 상당한 시일이 소요되는 경우, 수사의 종결을 위해 필요한 중요 증거자료가 외국에 소재하고 있어 이를 확보하는 데 상당한 시일이 소요되는 경우에는 그 사유가 소요될 때까지 피의사건에 대한 수사를 중지한다(경찰수사규칙 제98조 제1항 제1호).

㈏ **참고인중지** 참고인·고소인·고발인·피해자 또는 같은 사건 피의자의 소재불명으로 수사를 종결할 수 없는 경우에도 피의사건에 대한 수사를 중지한다(동조 제1항 제2호).

(2) 이의제기 및 신고

사법경찰관으로부터 수사중지 결정의 통지를 받은 사람은 − 30일 이내에 − 해당 사법경찰관이 소속된 바로 위 상급경찰관서의 장에게 이의를 제기할 수 있고(수사준칙 제54조 제1항), 해당 수사중지 결정이 법령위반, 인권침해 또는 현저한 수사권 남용이라고 의심되는 경우 검사에게 신고하여 시정조치요구 등을 하게 할 수 있다(동조 제3항).

사법경찰관은 고소인등에게 수사중지 결정의 통지를 할 때에는 제3항에 따라 신고할 수 있다는 사실을 함께 고지해야 한다(동조 제4항).

이의제기를 받은 소속상급경찰관서장은 이의제기서를 제출받거나 송부받은 날부터 30일 이내에 ① 이의제기가 이유 있는 경우에는 이를 수용하여, 사건 재개 지시(이 경우 담당 사법경찰관리의 교체를 함께 지시할 수 있다) 또는 상급경찰관서 이송 지시를 결정하고, 이의제기가 이유 없는 경우는 불수용결정을 하고 해당 사법경찰관의 소속수사부서장에게 이를 통보해야 한다(경찰수사규칙 제101조 제3항). 이 결정을 통보받은 소속수사부서장은 지체 없이 이를 이행하고 소속상급경찰관서장에게 이행 결과를 보고해야 하며(동조 제4항), 소속상급경찰관서장은 위 결정을 한 날부터 7일 이내에 수사중지사건 이의처리결과 통지서에 처리 결과와 그 이유를 적어 이의를 제기한 사람에게 통지해야 하고(동조 제5항). 사법경찰관은 이러한 절차가 진행되는 중에 검사의 시정조치요구(수사준칙 제51조 제4항 후단)를 받은 경우에는 지체 없이 소속상급경찰관서장에게 보고해야 한다(경찰수사규칙 제101조 제6항).

(3) 수사재개

사법경찰관은 수사중지 결정을 하고 검사에게 사건기록을 송부한 후 피의자 등의 소재를 발견한 경우에는 소재 발견 및 수사 재개 사실을 검사에게 통보해야 한다. 이 경우 통보를 받은 검사는 지체 없이 사법경찰관에게 사건기록을 반환해야 한다(수사준칙 제51조 제5항).

사법경찰관은 수사중지된 사건의 피의자를 발견하는 등 수사중지 사유가 해소된 때에는 수사중지사건 수사재개서를 작성하여 사건기록에 편철하고 즉시 수사를 진행해야 한다(경찰수사규칙 제102조 제1항). 사법경찰관이 피의자 등의 소재 발견 및 수사 재개 사실을 검사에게 통보하는 경우에는 피의자 등 소재발견 통보서에 따른다(동조 제2항).

Ⅱ. 이송

1. 사건 이송

사법경찰관은 ① 사건의 관할이 없거나 다른 기관의 소관 사항에 관한 것인 경우나 ② 법령에서 다른 기관으로 사건을 이송하도록 의무를 부여한 경우에는 해당 사건을 다른 경찰관서 또는 기관에 이송해야 한다(경찰수사규칙 제96조 제1항). 또한 ① 다른 사건과 병합하여 처리할 필요가 있는 등 다른 경찰관서 또는 기관에서 수사하는 것이 적절하다고 판단하는 경우나 ② 해당 경찰관서에서 수사하는 것이 부적당한 경우에는 해당 사건을 다른 경찰관서 또는 기관(해당 기관과 협의된 경우로 한정한다)에 이송할 수 있다(동조 제2항).

사법경찰관은 사건을 이송하는 경우에 사건이송서를 사건기록에 편철하고 관계 서류와 증거물을 다른 경찰관서 또는 기관에 송부해야 한다(동조 제3항).

2. 검사에의 이송

사법경찰관은 죄가 안되거나 공소권 없음에 해당하는 사건이 ① 형법 제10조 제1항에 따라 벌할 수 없는 경우나 ② 기소되어 사실심 계속 중인 사건과 포괄일죄를 구성하는 관계에 있는 경우에는 해당 사건을 검사에게 이송한다(수사준칙 제51조 제3항).

제 2 절 검사의 종결처분

검사는 사법경찰관으로부터 사건을 송치받거나 직접 수사한 경우에 아래의 종국처분 또는 중간처분의 결정으로 수사를 종결한다(수사준칙 제52조 제1항). 검사는 하나의 사건 중 피의자가 여러 사람이거나 피의사실이 여러 개인 경우로서 분리하여 결정할 필요가 있는 경우 그중 일부에 대해 제1항 각 호의 결정을 할 수 있다(수사준칙 제52조 제2항).

제 1 종국처분

Ⅰ. 공소제기

검사는 범죄에 대한 객관적 혐의가 존재하고 소송조건도 구비되어 유죄판결이 선고될 고도의 개연성이 있는 경우에 공소를 제기함으로써 수사를 종결한다(제246조 참조). 경미사건(벌금, 과료 또는 몰수에 처할 사건)의 경우 공소제기와 동시에 약식명령을 청구할 수 있다(제448조, 제449조).

Ⅱ. 불기소처분

1. 불기소처분의 종류

불기소처분에는 협의의 불기소처분과 기소유예가 있다. 협의의 불기소처분의 주문으로는 혐의 없음, 죄가 안됨, 공소권 없음, 각하가 있다(검찰사건사무규칙 제115조 제3항).

(1) 기소유예 피의사실이 인정되나 「형법」 제51조 각호의 사항을 참작하여 소추를 필요로 하지 않는 경우

(2) 혐의 없음

㈎ 혐의 없음(범죄인정안됨) 피의사실이 범죄를 구성하지 않거나 피의사실이 인정되지 않는 경우

㈏ 혐의 없음(증거불충분) 피의사실을 인정할 만한 충분한 증거가 없는 경우

(3) 죄가 안됨 피의사실이 범죄구성요건에 해당하지만 법률상 범죄의 성립을 조각하는 사유가 있어 범죄를 구성하지 않는 경우

(4) 공소권 없음 확정판결이 있는 경우, 통고처분이 이행된 경우, 소년법, 가정폭력처벌법 또는 성매매처벌법 또는 아동학대처벌법에 따른 보호처분이 확정된 경우(보호처분이 취소되어 검찰에 송치된 경우를 제외), 사면이 있는 경우, 공소의 시효가 완성된 경우, 범죄후 법령의 개폐로 형이 폐지된 경우, 법률에 따라 형이 면제된 경우, 피의자에 관하여 재판권이 없는 경우, 같은 사건에 관하여 이미 공소가 제기된 경우(공소를 취소한 경우를 포함한다. 다만, 다른 중요한 증거를 발견한 경우는 제외), 친고죄 및 공무원의 고발이 있어야 논할 수 있는 죄의 경우에 고소 또는 고발이 없거나 그 고소 또는 고발이 무효 또는 취소된 경우, 반의사불벌죄의 경우 처벌을 희망하지 아니하는 의사표시가 있거나 처벌을 희망하는 의사표시가 철회된 경우, 피의자가 사망하거나 피의자인 법인이 존속하지 않게 된 경우

(5) 각하 고소 또는 고발이 있는 사건에 관하여 고소인 또는 고발인의 진술이나 고소장 또는 고발장에 의하여 혐의없음, 죄가안됨, 공소권없음의 사유에 해당함이 명백한 경우, 고소·고발이 고소의 제한(제224조), 고소의 취소(제232조), 고발의 제한(제235조)에 위반한 경우, 같은 사건에 관하여 검사의 불기소처분이 있는 경우(다만, 새로이 중요한 증거가 발견되어 고소인 또는 고발인이 그 사유를 소명한 경우는 제외), 고소권자가 아닌 자가 고소한 경우(제223조, 제225조 내지 제228조), 고소인 또는 고발인이 고소·고발장을 제출한 후 출석요구나 자료제출

등 혐의 확인을 위한 수사기관의 요청에 불응하거나 소재불명이 되는 등 고소·고발사실에 대한 수사를 개시·진행할 자료가 없는 경우, 고발이 진위 여부가 불분명한 언론 보도나 인터넷 등 정보통신망의 게시물, 익명의 제보, 고발 내용과 직접적인 관련이 없는 제3자로부터의 전문이나 풍문 또는 고발인의 추측만을 근거로 한 경우 등으로서 수사를 개시할 만한 구체적인 사유나 정황이 충분하지 않은 경우, 고소·고발 사건(진정 또는 신고를 단서로 수사개시된 사건을 포함)의 사안의 경중 및 경위, 피해회복 및 처벌의사 여부, 고소인·고발인·피해자와 피고소인·피고발인·피의자와의 관계, 분쟁의 종국적 해결 여부 등을 고려할 때 수사 또는 소추에 관한 공공의 이익이 없거나 극히 적은 경우로서 수사를 개시·진행할 필요성이 인정되지 않는 경우

2. 불기소처분의 효력

불기소처분은 확정재판에 있어서의 확정력과 같은 효력이 없어 일단 불기소처분을 한 후에도 공소시효가 완성되기 전이면 언제라도 재차 공소제기가 가능하다.[1)]

제 2 중간처분

Ⅰ. 기소중지·참고인중지

기소중지·참고인중지란 피의자나 참고인 등의 소재불명 등의 사유로 수사를 종결할 수 없는 경우에 그 사유가 해소될 때까지 공소제기 여부에 대한 결정을 유보하고 수사를 잠정적으로 중지하는 것을 말한다.

1. 기소중지

기소중지란 피의자의 소재불명 또는 참고인중지사유 이외의 사유로 수사를 종결할 수 없는 경우에 그 사유가 해소될 때까지 수사를 잠정적으로 중지하는 처분을 말한다(검사규 제120조).[2)] 기간을 정하여 그 기간이 만료하면 수사를 재개하는 '시한부' 기소중지도 가능하다.

---

1) 대판 2009. 10. 29. 2009도6614.

2) 대판 1995. 3. 3. 94다37097 참조.

시한부 기소중지란 형사조정 회부로 당사자간에 합의기간을 부여한 경우, 피의자의 심각한 질병 등을 이유로 특정 기간 동안 수사의 진행을 정지할 만한 사유가 있을 때, 시한을 정하여 일시적으로 조사를 중지하는 처분으로서, 이 경우에는 예정된 시한이 만료하면 기소중지가 해제되고 다시 수사가 재개된다.

2. 참고인중지

참고인·고소인·고발인 또는 같은 사건 피의자의 소재불명으로 수사를 종결할 수 없는 경우에 수사를 잠정적으로 중지하는 처분을 말한다(검사규 제121조).

검사가 피의자를 기소할 의사가 있으나 중요참고인의 소재불명으로 공소유지가 어렵다고 판단되는 경우에 참고인중지를 한다. 기소중지의 경우와 달리, 참고인의 소재불명으로 인해 기소중지가 되었을 경우에는 피의자는 원칙적으로 출국금지 등의 제한을 받지 않는다. 그러나 범죄수사를 위해 출국이 부적합하다고 인정되어 법무부장관으로부터 출국금지조치를 받았을 경우에는 예외적으로 출국이 제한될 수 있다.

3. 절차

기소중지나 참고인중지의 사유로 수사를 종결할 수 없는 경우에는 그 사유가 해소될 때까지 기소중지 또는 참고인중지의 결정을 할 수 있다(검사규 제120조, 제121조).

검사와 사법경찰관은 소재불명인 피의자나 참고인을 발견한 때에는 해당 사실을 통보하는 등 서로 협력해야 한다(수사준칙 제55조 제1항). 검사는 송치된 사건의 피의자나 참고인의 소재 확인이 필요하다고 판단하는 경우 피의자나 참고인의 주소지 또는 거소지 등을 관할하는 경찰관서의 사법경찰관에게 소재수사를 요청할 수 있고, 이 경우 요청을 받은 사법경찰관은 이에 협력해야 한다(동조 제2항). 검사 또는 사법경찰관은 수사중지 또는 기소중지·참고인중지된 사건의 피의자 또는 참고인을 발견하는 등 수사중지 결정 또는 기소중지·참고인중지 결정의 사유가 해소된 경우에는 즉시 수사를 진행해야 한다(동조 제3항).

II. 공소보류

1. 의의

공소보류란 국가보안법 위반사범의 경우에 검사가 형법 제51조의 사항(피의자의 연령, 성행, 지능과 환경, 피해자에 대한 관계, 범행의 동기, 수단과 결과, 범행후의 정황 등)을 참작하여 공소제기를 보류하는 것을 말한다(국가보안법 제20조 제1항).

기소유예와 유사한 제도이지만, 국가보안법 위반사범에 대해서만 적용되고, 보류기간이 정해져 있으며, 그 기간이 경과하면 소추할 수 없는 확정력이 발생한다는 점에 특징이 있다.

2. 효과

공소의 제기 없이 2년을 경과하면 소추할 수 없다(동조 제2항).

3. 공소보류의 취소

공소보류기간 내에 법무부장관이 정한 감시·보도에 관한 규칙에 위반하면 공소보류를 취소할 수 있으며(동법 제20조 제3항), 공소보류가 취소되면 재구속 제한(형사소송법 제208조)의 적용이 배제되어 재구속할 수 있다(동법 제20조 제4항).

Ⅲ. (협의의) 타관송치(이송)

1. 관할검찰청에의 송치

검사는 사건이 그 소속검찰청에 대응한 법원의 관할에 속하지 아니한 때에는 사건을 서류 및 증거물과 함께 관할법원에 대응한 검찰청검사에게 송치하여야 한다(제256조).

2. 군검사에의 송치

검사는 사건이 군사법원의 재판권에 속하는 때에는 사건을 서류 및 증거물과 함께 재판권을 가진 관할 군검찰부 군검사에게 송치하여야 한다(제256조의2 제1문). 재판권을 달리하지만, 송치전에 행한 소송행위는 송치후에도 유효하다(동조 제2문).

3. 기타

공수처법에 따르면, ① 수사처의 범죄수사와 중복되는 다른 수사기관의 범죄수사에 대하여 처장이 수사의 진행 정도 및 공정성 논란 등에 비추어 수사처에서 수사하는 것이 적합하다고 판단하여 이첩을 요청하는 경우 해당 수사기관은 이에 응하여야 하며(동법 제24조 제1항), ② 수사처 외의 다른 수사기관이 검사의 고위공직자범죄 혐의를 발견한 경우 그 수사기관의 장은 사건을 수사처에 이첩하여야 한다(동법 동조 제2항). 따라서 검사는 ①, ②에 해당하는 사건은 수사처에 이첩하여야 한다(검찰사건사무규칙 제98조 제7호).

한편 국제형사사법공조법에 따르면, 공조요청서를 받은 법무부장관이 공조요청에 응하는 것이 타당하다고 인정하는 경우에는 공조를 위하여 적절하다고 인정되는 지방검찰청 검사장 또는 고위공직자범죄수사처장에게 관계 자료를 송부하고 공조에 필요한 조치를 하도록 명하거나 요구하여야 하고(동법 제15조 제1항 제1호), 검사는 이러한 명령에 따른 조치로 수집한 공조 자료 등을 법무부장관에게 송부하여야 한다(검찰사건사무규칙 제98조 제7호).

Ⅳ. 관할법원 송치

1. 소년보호사건의 송치

검사가 소년에 대한 피의사건을 수사한 결과 보호처분에 해당하는 사유가 있다고 인정한 경우에는 사건을 관할 소년부에 송치하여야 하며(소년법 제49조 제1항), 소년부가 송치된 사건을 조사 또는 심리한 결과 그 동기와 죄질이 금고 이상의 형사처분을 할 필요가 있다고 인정할 때에는 결정으로써 해당 검찰청 검사에게 송치할 수 있으며(동조 제2항), 이 경우에 송치한 사건은 다시 소년부에 송치할 수 없다(동조 제3항).

2. 가정보호사건의 송치

검사가 가정폭력범죄로서 사건의 성질·동기 및 결과, 가정폭력행위자의 성행 등을 고려하여 이 법에 따른 보호처분을 하는 것이 적절하다고 인정하는 경우에는 가정보호사건으로 처리할 수 있으며(가정폭력처벌법 제9조 제1항 제1문), 이 경우에 그 사건을 – 다른 범죄와 경합하는 경우에는 가정폭력사건만을 분리하여 – 관할 가정법원 또는 지방법원에 송치하여야 한다(동법 제11조 제1항, 제2항). 검사는 피해자의 의사를 존중하여야 한다(동법 제9조 제1항 제2문).

3. 성매매보호사건의 송치

검사는 성매매를 한 사람에 대하여 사건의 성격·동기, 행위자의 성행 등을 고려하여 성매매처벌법에 따른 보호처분을 하는 것이 적절하다고 인정할 때에는 특별한 사정이 없으면 보호사건으로 관할법원에 송치하여야 한다(성매매처벌법 제12조 제1항).

4. 아동보호사건의 송치

검사는 아동학대범죄로서 사건의 성질·동기 및 결과, 아동학대행위자와 피해아동과의 관계 등을 고려하여 아동학대처벌법에 따른 보호처분을 하는 것이 적절하다고 인정하는 경우에는 아동보호사건으로 처리할 수 있고 이 경우에 그 사건을 관할 법원에 송치하여야 한다(아동학대처벌법 제27조 제1항).

V. 처분결과의 통지

1. 사법경찰관의 경우

(1) 불송치결과의 통지

사법경찰관은 사건을 검사에게 송치하지 않는 경우에는 관계서류 등을 검사에게 송부한 날로부터 7일 이내에 서면으로 고소인·고발인·피해자 또는 그 법정대리인(피해자가 사망한 경우에는 그 배우자·직계친족·형제자매 포함)에게 사건을 검사에게 송치하지 아니하는 취지와 그 이유를 – 수사결과 통지서(경찰수사규칙 제97조 제3항)로 – 통지하여야 한다(제245조의6).

사법경찰관은 불송치뿐만 아니라 모든 종결처분의 결정을 한 경우에 그 내용을 고소인·고발인·피해자 또는 그 법정대리인(피해자가 사망한 경우에는 그 배우자·직계친족·형제자매를 포함(고소인 등))과 피의자에게 통지해야 하며, 다만 사법경찰관이 피의자중지 결정 또는 검사의 기소중지 결정을 한 경우에는 고소인등에게만 통지한다(수사준칙 제53조 제1항). 또한 고소인등이 불송치결정에 따른 통지를 받지 못한 경우 사법경찰관에게 불송치 통지서로 통지해 줄 것을 요구할 수 있다(동조 제2항).

(2) 고소인 등의 이의신청

사법경찰관으로부터 불송치에 대한 통지를 받은 사람(고발인을 제외한다)은 해당 사법경찰관의 소속 관서의 장에게 이의를 신청할 수 있다(제245조의7 제1항). 사법경찰관의 불송치 결정에 대하여 이의신청을 할 수 있는 사람은 고소인·피해자 또는 그 법정대리인(피해자가 사망한 경우에는 그 배우자·직계친족·형제자매 포함)이다. 2022년 개정법률은 이의신청을 할 수 있는 사람 중에서 고발인을 제외하였다. 따라서 예컨대 세무관서가 조세범처벌법 위반으로 경찰에 고발한 후 불송치 결정이 이루어지면 이에 대한 이의신청을 할 수 없다. 다만, 검사는 불송치

결정이 위법 또는 부당한 때에는 그 이유를 문서로 명시하여 사법경찰관에게 재수사를 요청할 수 있으며(제245조의8 제1항), 사법경찰관의 검사의 재수사 요청이 있는 때에는 사건을 재수사하여야 한다(동조 제2항). 이의신청이 있는 때에는 사법경찰관은 지체 없이 검사에게 사건을 송치하고 관계 서류와 증거물을 송부하여야 하며, 처리결과와 그 이유를 신청인에게 통지하여야 한다(동조 제2항). 검사는 사법경찰관으로부터 송치받은 사건에 관하여는 해당 사건과 동일성을 해치지 아니하는 범위 내에서 수사할 수 있다(제196조 제2항).

2. 검사의 경우

(1) 고소인에 대한 통지

㈎ **처분결과의 통지** 고소·고발사건의 경우 검사는 공소를 제기하거나 제기하지 아니하는 처분, 공소의 취소 또는 타관송치를 한 때에는 그 처분한 날로부터 7일 이내에 서면으로 고소인 또는 고발인에게 그 취지를 통지하여야 한다(제258조 제1항).

㈏ **불기소처분의 이유 설명** 고소·고발사건의 경우 검사가 공소를 제기하지 아니하는 처분(기소유예 포함)을 한 경우에는 고소인이나 고발인의 청구가 있으면 7일 이내 서면으로 그 이유를 설명하여야 한다(제259조).

(2) 피해자 등에 대한 통지

범죄로 인한 피해자 또는 그 법정대리인(피해자가 사망한 경우에는 그 배우자·직계친족·형제자매를 포함)의 신청이 있는 때에는, 직접 고소·고발을 하지 않은 경우라도, 검사는 공소제기 여부, 공판의 일시·장소, 재판결과, 피의자·피고인의 구속·석방 등 구금에 관한 사실을 신속히 통지하여야 한다(제259조의2).

(3) 피의자에 대한 통지

검사는 불기소처분이나 타관송치 처분을 한 때에는 피의자에게 즉시 그 취지를 통지하여야 한다(제258조 제2항).

제 3 절 불기소처분에 대한 불복방법

검사의 불기소처분에 대한 불복방법으로는 검찰청법에 의한 항고와 재항고, 형사소송법에 의한 재정신청 및 헌법소원의 방법이 있다. 검사의 불기소처분이나 그에 대한 항고 또는 재항고 결정에 대하여는 행정소송을 제기할 수 없으며,[3] 검사의 불기소처분에 대한 국가배상도 원칙적으로 부정된다.[4]

제 1 검찰항고

Ⅰ. 의의

검찰항고란 고소인 또는 고발인이 검사의 불기소처분에 불복하여 그 검사가 속한 상급기관에 당해 처분의 경정을 구하는 제도를 말한다(검찰청법 제10조 제1항, 제3항). 검사의 불기소처분에 대한 검찰 내부의 통제수단이라는 점에서, 법원에 불복하는 재정신청이나 헌법재판소에 심판을 청구하는 헌법소원과 구별된다.

Ⅱ. 항고권자와 그 대상

1. 항고권자

항고권자는 고소인 또는 고발인이다(동법 제10조 제1항). 고소·고발을 하지 않은 피해자나 피의자는 항고를 할 수 없다. 항고권자의 범위는 입법정책의 문제로서, 피의자에게 항고권을 부여하지 않은 것이 헌법에 위반되는 것은 아니다.[5]

2. 대상

항고의 대상은 검사의 불기소처분이다. 공소제기는 항고의 대상이 아니나, 협의의 불기소처분 외에 기소유예처분이나 기소중지·참고인중지도 항고의 대상이 된다.

검찰사건사무규칙 제147조 제1항은 「지방검찰청 또는 지청의 장은 불기소결정(기소중지·참고인중지를 포함한다)에 대하여 항고가 있는 때에는 다음의 구분에

---

3) 대판 1989. 10. 10. 89누2271.
4) 서울중앙지판 2008. 12. 4. 2008나12155.
5) 헌재 2012. 7. 26. 2010헌마642.

따라 처리하여야 한다」고 규정하여, 검찰항고의 대상에 기소중지나 참고인중지가 포함됨을 명시하고 있다.

Ⅲ. 항고절차

1. 항고장의 제출

고소인 또는 고발인은 불기소처분을 한 검사가 속한 지방검찰청 또는 지청을 거쳐 서면(항고장)으로 관할 고등검찰청 검사장에게 항고할 수 있다(동법 제10조 제1항 제1문).

2. 항고기간

항고기간은 불기소처분의 통지를 받은 날로 부터 30일 이내이다(동조 제4항).

(1) 귀책사유가 없는 경우

항고인에게 책임이 없는 사유로 항고기간 내에 항고를 하지 못한 것을 소명하면 그 사유가 해소된 때부터 항고기간을 기산한다(동조 제6항).

(2) 기간도과에 의한 항고기각

항고기간이 지난 후에 접수된 항고는 기각하여야 한다(동조 제7항). 다만 중요한 증거가 새로 발견된 경우 고소인이나 고발인이 그 사유를 소명하였을 때에는 예외로 한다(동항 단서).

3. 소속 지검(지청)의 경유 및 경정

항고는 처분을 한 검사가 소속된 지방검찰청 또는 지청을 경유해야 하며, 이때 해당 지방검찰청 또는 지청의 검사는 항고가 이유 있다고 인정하면 그 처분을 경정(更正)해야 한다(동조 제1항 제2문).

검찰사건사무규칙에 따르면, ① 항고가 이유 있는 것으로 인정되거나 재수사에 의하여 항고인의 무고혐의에 대한 판단이 다시 필요하다고 인정될 경우에는 불기소사건 재기서에 의하여 재기수사하고 그 결과를 고등검찰청의 장에게 보고하여야 한다. 이 경우 재기수사한 사건을 다시 불기소처분하려 할 때에는 항고사건 불기소처분 승인 요청서에 의하여 고등검찰청의 장의 승인을 받아야 한다(검사규 제147조 제1항 제1호). ② 항고가 이유 없는 것으로 인정될 경우에는 수리한 날로부터 20일 이내에 불기소처분 항고·재항고 기록송부서에 항고장, 불기소처분결과 송달보고서, 항고에 대한 의견서 및 사건기록을 첨부하여 고등검찰청의 장에게 송부하여야 한다. 다만, 사건기록을 송부할 수 없는 사유가 있는 때에는 불기소처분 항고·재항고 기록송부서의 비고란에 그 사유를 기재하여야 한다(동항 제2호).

4. 고등검찰청의 처리

고등검찰청 검사장은 ① 항고가 이유 있으면 소속 검사로 하여금 직접 경정하게 하거나(동법 제10조 제2항 제1문), ② 항고가 이유 없는 것으로 인정될 경우에는 '항고사건기각결정서'에 의하여 결정으로 항고를 기각하여야 한다(검사규 제148조 제1항 제6호 참조).

항고의 방식이 법률에 위반하거나(예컨대 항고권자 아닌 자의 항고) 고소가 취소된 경우 등은 각하결정을 한다(검사규 제148조 제3항). 항고를 기각한 때에는 7일 이내 항고인에게 결과를 통지하여야 한다(동조 제4항).

Ⅳ. 재항고절차

항고를 한 자(형사소송법 제260조에 따라 재정신청을 할 수 있는 자는 제외)는 항고를 기각하는 처분에 불복하거나 항고를 한 날부터 항고에 대한 처분이 이루어지지 않은 채 3개월이 지난 경우에는 재항고할 수 있다(동법 제10조 제3항).

1. 재항고장의 제출

불기소처분을 한 검사가 속한 고등검찰청을 거쳐 서면(재항고장)으로 검찰총장에게 재항고한다(동조 제3항).

2. 재항고기간

항고기각 결정의 통지를 받은 날 또는 항고 후 항고에 대한 처분이 이루어지지 아니하고 3개월이 지난 날부터 30일 이내에 재항고하여야 한다(동조 제5항). 재항고인의 귀책사유 없이 재항고기간 이내에 재항고하지 못한 것을 소명하면, 항고의 경우와 마찬가지로, 재항고기간은 그 사유가 해소된 때로부터 기산한다(동조 제6항).

3. 소속 고등검찰청의 경유 및 경정

재항고는 항고를 기각한 검사가 소속된 고등검찰청을 경유하여야 하며, 이때 해당 고등검찰청 검사는 재항고가 이유 있다고 인정하면 그 처분을 경정(更正)하여야 한다(동조 제3항 제2문).

4. 검찰총장의 처리

검찰총장은 ① 재항고가 이유 있는 것으로 인정되거나 재수사를 통하여 재항고인의 무고혐의에 대한 판단이 다시 필요하다고 인정되면, 재기수사명령, 공소제기명령 또는 주문변경명령 등의 결정을 하고, ② 재항고가 이유 없는 것으로 인정될 경우에는 결정으로 재항고를 기각하며, 어떤 결정을 하든 불기소처분 항고·재항고 기록반환서에 결정서의 등본과 사건기록을 첨부하여 고등검찰청의 장을 거쳐 지방검찰청 또는 지청의 장에게 송부한다(검사규 제148조 제2항 참조).

재항고의 방식이 법률에 위반하거나 고소가 취소된 경우 등에는 각하 결정을 한다(동조 제3항). 재항고를 기각한 때에는 7일 이내에 재항고인에게 결과를 통지하여야 한다(동조 제4항).

Ⅴ. 항고에 대한 결정과 그에 대한 불복

항고를 기각하는 처분에 대해서는 재항고나 재정신청이 가능하지만, 재항고는 검찰 내부의 최종적인 판단이므로 헌법소원만 가능하다. 헌법소원도 항고나 재항고결정 자체에 고유한 위법이 있는 경우가 아니면 원처분인 불기소결정을 대상으로 한다.[6)]

제 2 재정신청제도

Ⅰ. 의의 및 구조

재정신청이란 고소인 등이 검사의 불기소처분에 불복해서 그 당부에 관한 재정(裁定)을 신청하여 법원의 심리에 의하여 공소제기 여부를 결정하는 제도를

---

6) 헌재 2009. 11. 26. 2009헌마47.

말한다(제260조).[7]

재정신청제도는 재정신청이 인용되는 경우 공소제기가 의제되는 것이 아니라 검사의 공소제기를 강제하는 절차(기소강제절차)로서, 법원에 대한 불복신청이라는 점에서 내부적 통제절차인 검찰항고와 구별된다.

Ⅱ. 신청권자와 신청대상

1. 신청권자

신청권자는 고소권자로서 고소를 한 자이다. 고소권이 없거나, 피해자라도 실제로 고소를 하지 않은 자는 제외되며, 불기소처분의 통지를 받은 고소인이라면 대상범죄의 제한 없이 재정신청을 할 수 있다(제260조 제1항 본문). 그러나 고소권자라도 고소를 취소한 사람은 재정신청을 할 수 없다.

고발인은 형법 제123조 내지 제126조(직권남용, 불법체포·감금, 폭행·가혹행위, 피의사실공표의 죄)에 한해서 재정신청을 할 수 있다(제260조 제1항 본문).[8]

다만 피의사실공표죄에 대하여는 피공표자의 명시적 의사에 반해 신청할 수 없다(제260조 제1항 단서). 한편 특별법에 의한 경우로서, 「군사법원법」 제301조(모든 고소·고발인에 대해 재정신청 인정), 「공직선거법」 제273조(특정 공직선거법 위반에 대해 고발한 후보자와 정당 및 해당 선관위도 재정신청 가능), 「부패방지 및 국민권익위원회의 설치와 운영에 관한 법률」 제61조(권익위가 고발한 사건은 위원회가 재정신청 가능), 「헌정질서 파괴범죄의 공소시효 등에 관한 법률」 제4조 및 「5·18민주화운동 등에 관한 특별법」 제3조(특정범죄에 대해 고소인과 고

---

7) 재정신청제도는 과거에 형법 제123조 내지 제125조의 공무원의 직권남용범죄에 국한하여 고소인 또는 고발인의 재정신청에 의해 법원이 재정결정을 하면 공소제기를 의제하는 준기소절차로 운영되어 불복제도로서의 의미가 미흡하였다. 그 후 헌법재판소에서 검사의 불기소처분에 대한 헌법소원(헌법재판소법 제68조 제1항)이 가능하게 되자 검사의 불기소처분에 불복하는 고소인 등이 헌법소원을 청구하는 경우가 크게 증가하는 현상이 생기면서, 이에 대처하기 위해 재정신청대상을 모든 범죄로 확대해야 한다는 지적이 커졌고 2007년 개정 형사소송법을 통해 모든 범죄의 고소인과 형법 제123조 내지 제125조의 고발인이 재정신청을 할 수 있도록 대상범죄가 전면 확대되었다. 최근에는 수사기관의 공소제기 전 피의사실공표가 문제되면서 2012년 개정 형사소송법은 형법 제126조 피의사실공표죄에 대해서도 고발인에 의한 재정신청을 확대하였다.

8) 입법론으로는 재정신청제도의 본질 회복과 반민주적 요소의 청산, 검사의 기소독점·편의주의에 따른 불기소처분 남용에 대한 통제, 고소인에 한정된 헌법소원과의 성격상 차이, 남고소·남고발과 재정신청사건의 증가의 구별 필요성 등을 고려하면 대상범죄 제한 없이 고발인 모두에게 재정신청을 허용해야 할 것이다.

발인 재정신청 가능) 등이 있다.

대리인에 의한 신청도 가능하며(제264조 제1항), 공동신청권자가 있는 경우에는 주관적 불가분의 원칙이 적용되어 그중 1인의 신청은 전원을 위하여 효력이 발생한다(동항 후문). 다만 신청의 취소에 대해서는 주관적 불가분의 원칙이 적용되지 않는다(동조 제3항).

2. 신청대상

재정신청은 고소·고발사건에 대하여 검사가 행한 불기소처분을 대상으로 하며, 불기소처분의 이유는 불문한다. 그러나 공소의 취소는 불기소처분이 아니므로 재정신청의 대상이 될 수 없다.

한편 사법경찰관이 검사에게 사건을 송치하지 않는 경우에는, 고소인 등에게 불송치의 취지와 이유를 통지하게 되며(제245조의6), 이 경우에 고소인 등은 사법경찰관의 소속 관서의 장에게 이의를 신청할 수 있고(제245조의7 제1항), 이의신청이 있으면 사법경찰관은 지체 없이 검사에게 사건을 송치하게 되므로, 별도로 재정신청의 대상이 되는 것은 아니다.

(1) 기소유예처분

협의의 불기소처분 이외에 기소유예처분도 재정신청의 대상에 포함된다.[9)]

(2) 기소중지와 참고인중지

기소중지나 참고인중지도 재정신청의 대상이 되는지에 대해서는 논의가 있으나, 이 경우는 종국처분이 아니므로 재정신청의 대상이 될 수 없다는 것이 다수설이다.

> 중간처분에 대한 재정결정을 통해 중지처분 자체가 타당한지를 확인할 필요가 있으나, 이 경우에는 검찰항고를 통해 해소하면 족하므로 굳이 재정신청의 대상으로 할 필요는 없기 때문이다. 그러나 기소중지와 참고인중지가 중간처분이라고 해도 제260조 제1항에서 규정한 '공소를 제기하지 아니하는 통지를 받은 때'를 불기소처분의 통지로 본다면 기소중지 등도 이에 해당된다고 할 수 있고 검찰항고의 대상과 동일하게 취급하는 것이 적절하다는 이유에서 재정신청이 허용된다는 견해도 있다.

---

9) 대결 1988. 1. 29. 86모58; 대결 2006. 5. 11. 2004모16.

(3) 내사종결처분

진정사건에 대해 이루어진 내사종결처분은 고소 또는 고발사건에 대한 불기소처분이 아니기 때문에 재정신청의 대상이 아니다.[10)]

Ⅲ. 검찰항고 전치주의

1. 검찰항고의 경유

재정신청을 하려면 원칙적으로 검찰청법 제10조에 따른 항고를 거쳐야 한다(제260조 제2항).

신청권자에게 재정신청 전에 신속한 권리구제의 기회를 제공하는 한편 검사에게도 자체 시정의 기회를 갖도록 하기 위해 신설한 규정이다.

그러나 ① 항고 이후 재기수사가 이루어져서 다시 공소를 제기하지 아니한다는 통지를 받은 경우, ② 항고 신청 후 항고에 대한 처분이 행하여지지 아니하고 3개월이 경과한 경우, ③ 검사가 공소시효 만료일 30일 전까지 공소를 제기하지 아니하는 경우에는 검찰항고에 따른 결정을 기다리지 않고 바로 재정신청을 할 수 있다(동조 제2항 단서). 항고심사 지연으로 인한 고소인의 불이익을 막기 위해 예외를 인정한 것이다.

사법경찰관이 수사 중인 사건이 검사가 공소시효 만료일 30일 전까지 공소를 제기하지 아니하는 경우(제260조 제2항 제3호)에 해당하여 지방검찰청 검사장 또는 지청장에게 재정신청서가 제출된 경우(동조 제3항 참조) 해당 지방검찰청 또는 지청 소속 검사는 즉시 사법경찰관에게 그 사실을 통보해야 한다(수사준칙 제66조 제1항). 사법경찰관은 그 통보를 받으면 즉시 검사에게 해당 사건을 송치하고 관계 서류와 증거물을 송부해야 하며(동조 제2항), 검사는 그 재정신청에 대해 법원이 기각하는 결정(제262조 제2항 제1호)을 한 경우에는 해당 결정서를 사법경찰관에게 송부해야 하고, 송치받은 사건을 사법경찰관에게 이송해야 한다(수사준칙 제66조 제3항).

2. 재항고 금지

재정신청을 한 자는 재항고를 할 수 없다(검찰청법 제10조 제3항 참조). 고등법

---

10) 대결 1991. 11. 5. 91모68; 대결 2005. 2. 1. 2004모542.

원에 대한 재정신청과 검찰총장에 대한 재항고라는 불복방법이 중복되는 경우 재정신청을 우선하도록 한 것이다.

Ⅳ. 재정신청의 기간과 방식

1. 재정신청서의 제출

항고기각 결정을 통지받은 날 또는 검찰항고전치주의의 예외에 해당하는 사유가 발생한 날부터 10일 이내에 지방검찰청검사장 또는 지청장에게 재정신청서를 제출하여야 한다(제260조 제3항 본문).

공소시효 만료일 30일 전까지 검사가 공소를 제기하지 아니하는 경우(제260조 제2항 제2호)에는 시효만료일 전날까지 재정신청서를 제출할 수 있다(동조 제3항 단서). 제출기간은 불변기간으로 변경이 허용되지 않고, 도달주의에 따라 기간 내에 검사장 등에게 도달해야 하며, 기간이 도과한 후에 도달하면 재정신청은 법률상 방식 위반으로 기각사유에 해당한다.[11]

재정신청 제기기간 경과 후의 재정신청은 부적법하며, 기간 경과 후에 재정신청보충서를 제출하면서 본래의 재정신청대상에 포함되지 않은 사실을 추가하는 것도 허용되지 않는다.[12]

2. 재정신청 사유의 기재

재정신청서에는 대상사건의 범죄사실 및 증거 등 재정신청을 이유 있게 하는 사유를 기재하여야 한다(동조 제4항). 재정신청서에 재정신청의 근거를 명시하게 함으로써 법원으로 하여금 재정신청의 범위를 신속하게 확정하고, 재정신청에 대한 결정을 신속하게 내릴 수 있도록 하며, 재정신청의 남발을 방지하려는 취지로서, 이를 통해 고소인등의 재판청구권과 이미 검사의 불기소처분을 받은 피고소인 또는 피고발인의 지위가 계속 불안정하게 되는 불이익을 조화시키기 위한 것이다.[13]

신청을 이유 있게 하는 사유의 기재가 없는 경우에는, 재정신청을 이유 있게 하는 사유를 기재하는 것이 현저히 곤란하거나 불가능한 경우가 아니라면,

---

11) 대결 1998. 12. 14. 98모127.
12) 대결 1997. 4. 22. 97모30.
13) 헌재 2009. 12. 29. 2008헌마414.

법률상 방식 위반을 이유로 재정신청을 기각하여야 한다.[14)]

3. 공소시효의 정지

재정신청이 있으면 재정결정(제262조)이 확정될 때까지 공소시효의 진행이 정지된다(제262조의4 제1항).

또한 법원의 공소제기 결정(제262조 제2항 제2호) 있으면, 공소시효에 관하여는 그 결정이 있는 날에 공소가 제기된 것으로 간주되므로(제262조의4 제2항), 그 날부터 다시 공소시효의 진행이 정지된다.

4. 재정신청의 취소 및 재신청 금지

재정신청은 재정결정이 있을 때까지 취소가 가능하나, 취소한 자는 다시 재정신청을 할 수 없다(제264조 제2항). 재정신청의 취소는 다른 공동신청권자에게 효력을 미치지 않는다는 점은 이미 설명하였다(동조 제3항).

V. 재정신청사건의 처리

1. 지방검찰청 검사장·지청장의 처리

(1) 관련 서류 등의 송부

지방검찰청검사장 또는 지청장은 재정신청서를 제출받은 날부터 7일 이내에 재정신청서·의견서·수사 관계 서류 및 증거물을 관할 고등검찰청을 경유하여 관할 고등법원에 송부하여야 한다(제261조 본문).

(2) 검찰항고전치주의의 예외에 해당하는 경우의 처리

검찰항고를 거칠 필요가 없는 경우에는 지방검찰청검사장 또는 지청장은 재정신청이 이유가 있다고 인정하면 즉시 공소제기를 하고 그 취지를 관할 고등법원과 재정신청인에게 통지하며, 이유 없는 것으로 인정하는 때에는 30일 이내에 관할 고등법원에 송부한다(제261조 단서).

---

14) 대결 2002. 2. 23. 2000모216.

2. 고등법원의 심리

(1) 심리절차의 구조

재정신청에 대한 심판절차는 공소제기 전의 절차로서 수사와 유사하지만 기본적으로는 항고의 절차에 준하여 심리를 진행하는 특수한 형사절차이다(형사소송유사설).[15]

입법론으로는 재정법원의 효율성과 당사자의 접근성을 높이며, 실질적인 심리의 충실화 등을 도모하기 위해 관할법원을 고등법원에서 지방법원으로 변경해야 한다는 지적과 함께, 지방법원 항소부와 지방법원 합의부 중 어느 재판부가 담당할 것인지에 대한 논의도 있다.

(2) 재정신청사건의 심리

(가) **재정신청의 통지** 법원은 재정신청서를 송부받은 때에는 송부받은 날부터 10일 이내에 피의자에게 그 사실을 통지하여야 한다(제262조 제1항).

재정신청인도 해당 검찰청이 그 신청을 이유 없다고 인정하여 신청서를 고등법원에 송부한 때에는 송부사실을 알 수 없으므로, 고등법원은 송부받은 날로부터 10일 이내에 피의자 이외에 재정신청인에게도 그 사유를 통지하여야 한다(규칙 제120조).

(나) **심리의 기간과 방식** 재정신청서를 송부받은 날로부터 3개월 이내에 재정결정을 하여야 한다(제262조 제2항).

이러한 심리기간은 법원의 충실한 심리를 가능하도록 하는 동시에 피의자가 장기간 불안정한 지위에 놓여 있다는 점을 고려한 것으로서, 일반적으로 훈시규정으로 보아 그 기간을 경과한 후에 재정결정을 하여도 재정결정 자체가 위법한 것은 아니지만,[16] 원칙적으로 준수하여야 할 것이다.

재정신청사건의 심리는 항고의 절차에 준하므로(제262조 제2항) 구두변론을 거치지 아니할 수 있고 필요하면 사실을 조사할 수 있다(제37조 제2항, 제3항). 특별한 사정이 없는 한 심리는 공개하지 아니한다(제262조 제3항). 심리를 비공개로

---

15) 재정신청사건에 대한 심판절차는 형사소송법이 규정하고 있는 심리절차이며 재판절차이기에 형사소송과 유사한 재판절차라는 표현은 적절하지 못하고 이러한 논의 자체가 불필요하다는 지적도 있다.

16) 대결 1990. 12. 13. 90모58.

한 것은 피의자의 사생활 침해, 수사의 비밀저해 및 민사사건에 악용하기 위한 재정신청의 남발 등을 막기 위한 것이다.

(다) **증거조사** 재정결정을 위하여 필요한 때에는 증거를 조사할 수 있다(제262조 제2항 제2문).

따라서 참고인에 대한 증인신문, 검증, 감정 등을 할 수 있으며, 피의자신문도 가능하다. 증거조사의 방법은 공판절차가 아니므로 법원이 필요하다고 인정하면 법정에서 심리하지 않아도 무방하고 서면심리로도 가능할 것이다.

불기소처분의 당부 내지 재정신청의 이유 유무를 법원의 증거조사만으로 판단하는 데에는 한계가 있으므로, 법원이 사건을 담당했던 검사에게 수사재개를 명하거나 의뢰하는 방안이나 별도의 변호사가 담당하는 **보완수사명령제도**를 도입할 필요가 있다.

수사미진으로 인하여 기각결정이나 인용결정을 할 수 없을 경우에 법원이 재정신청사건을 담당하는 변호사를 선정하여 그에게 보완수사를 명할 수 있도록 하는 것이다. 법원은 재정담당변호사에게 일정 기간 이내에 수사를 완료하게 한 후 결정을 할 수 있고, 필요한 경우 그 수사기간을 1차에 한하여 연장할 수도 있도록 할 필요가 있다.

(3) 심리절차에서 고려사항

(가) **강제처분** 재정신청의 심리절차에서도 증거조사를 위해 필요한 경우에 수소법원에 준하여 제한적으로 강제처분을 할 수 있다. 다만 이미 불기소처분을 받은 사건에 대한 심리절차라는 점을 고려하면 강제처분은 가능한 한 억제할 필요가 있고, 특히 피의자의 구속은, ① 법원의 구속기간이 공소제기시부터 기산되고(제92조 제3항), ② 재정법원의 구속을 수사기관의 피의자에 대한 구속기간에 적용할 수도 없으므로, 피의자신문을 위한 구인에 한정할 필요가 있고 구금은 현실적으로 허용하기 어려울 것이다.

학설로는, ① 강제처분허용설(다수설로서, 심리절차가 항고절차에 준하는 절차이므로 재정법원도 수소법원에 준하는 권한을 가지고 필요한 경우에 증거조사를 할 수 있으며, 증거조사의 원활한 진행을 위하여 강제처분도 할 수 있다는 견해), ② 강제처분불허설(피의자는 피고인이 아니어서 피고인 구속에 관한 규정을 적용할 수 없고, 증거조사와는 달리 강제처분이 허용된다는 명문규정도 없으므로 강제처분이 허용되지 않는다는 견해)이 있다. 재정신청사건의 심리절차가 항고절차에 준하고 공소제기 여부를 판단하기 위해 증거조사를 하는 경우에 필요하다면 강제처분도 허용되어야 하므로 기본적으로 강제처분허용설이 타당하다.

(나) **기피신청** 재정신청사건의 심리절차에서 고소인·고발인은 법관에 대한 기피신청을 할 수 있다. 다만 법원이 기간 내에 재정신청사건에 대한 결정을 하지 않았다는 이유만으로는 기피사유에 해당하지 않는다.[17] 피의자도 기피신청이 가능한지에 대해 논의가 있으나, 재정신청사건도 일종의 항고사건이므로 불공정한 재판을 할 염려가 있으면 기피신청이 가능하다고 보아야 한다.

고소인이나 고발인 이외에 당해 사건의 피의자도 기피신청권이 있는지에 대해서는 소극설(재정신청은 검사의 불기소처분에 불복하여 고소인 또는 고발인이 하는 것이고, 이에 따른 재정결정은 당해 사건에 대한 실체판단이 아니므로 피의자에게는 기피신청이 허용되지 않는다는 견해)과 적극설(재정결정도 재판의 일종이므로 공정성의 확보를 위하여 형사소송법 제18조를 유추적용하여 피의자에게도 기피신청을 허용할 필요가 있다는 견해)이 있으나, 적극설이 다수설이며 타당하다. 판례도 '용산화재사건'과 관련하여 경찰청장 등을 상대로 제기된 재정신청사건에서 서울고등법원이 수사기록의 열람·등사를 허가하자 경찰청장 등이 제기한 기피신청을 이유 없음을 이유로 기각하여,[18] 기피신청 자체가 허용되지 않는 것은 아니라는 입장을 취한 바 있다.

(다) **기록의 열람·등사 제한** 재정신청사건의 심리 중에는 원칙적으로 관련서류 등의 열람·등사를 할 수 없으나(제262조의2 본문), 법원은 증거조사과정에서 작성된 서류에 대해 전부 또는 일부의 열람·등사를 허가할 수 있다(제262조의2 단서)

이러한 열람·등사의 제한은 심리의 비공개 원칙과 같이 이미 불기소처분을 받은 피의자의 사생활 침해, 수사의 비밀 보호 및 민사사건에 악용하기 위한 재정신청의 남발 등을 막기 위한 것인데,[19] 법원의 증거조사과정에서 작성된 것에 대해서는 검사나 재정신청인 등 이해관계 있는 자의 이익을 고려해서 열람·등사를 허가할 수 있도록 한 것이다.

그러나 열람·등사를 원칙적으로 허용하지 않는 것은 재정신청제도의 취지에 비추어 바람직하지 않으므로, 열람·등사의 범위를 확대할 필요가 있다.

---

17) 대결 1990. 11. 2. 90모44.
18) 서울고결 2010. 2. 4. 2010초기9.
19) 헌재 2011. 11. 24. 2008헌마578, 2009헌마41, 98.

재정법원의 증거조사과정에서 작성된 서류 이외에도 사건의 성격상 특정 수사기록을 비롯하여 재정신청 관련서류의 열람이나 등사가 꼭 필요한 경우도 있으므로 "법원은 재정신청사건의 관련 서류 및 증거물과 제262조 제2항 후단의 증거조사과정에서 작성된 서류의 전부 또는 일부의 열람·등사를 허가할 수 있다"로 수정하여 법원이 허가하는 경우에만 재정신청사건의 기록에 대한 열람 또는 등사가 가능하도록 하는 것이 타당하다.

3. 재정결정

법원은 재정신청서를 송부받은 날부터 3개월 이내에 재정신청에 대해 아래와 같은 결정을 하여야 한다(제262조 제2항).

(1) 기각결정

재정신청이 법률상의 방식에 위배되거나 이유 없는 때에는 기각결정을 한다(제262조 제2항 제1호).

㈎ 법률상의 방식에 위배된 때 신청권자가 아닌 자가 신청한 경우, 재정신청 제기기간 경과 후에 신청한 경우, 검찰항고를 거치지 않은 경우, 재정신청사유를 기재하지 않은 경우 등을 말한다. 재정신청서를 직접 고등법원에 제출한 경우에는 신청방식이 법률에 위배된 때에 해당하지만 그 신청을 기각할 것이 아니라 재정신청서를 관할 지방검찰청 검사장 또는 지청장에게 송부하여 절차를 계속 진행하도록 하는 것이 바람직하다.

㈏ 이유가 없는 때 검사의 불기소처분이 정당한 것으로 인정된 경우를 말한다. 불기소처분 당시에 이미 공소시효가 완성된 경우,[20] 협의의 불기소처분을 하였으나 기소유예를 할 만한 사안이라고 인정되는 경우도 여기에 포함된다.[21]

(2) 공소제기의 결정

신청이 이유 있는 때에는 사건에 대한 공소제기를 결정한다(제262조 제2항 제2호). '이유 있는 때'란 공소를 제기하는 것이 상당함에도 소추재량의 한계를 넘어서 불기소처분한 위법이 인정되는 경우를 의미한다.[22] 재정신청에 대해 별도의 인용결정을 요하지 않는다.

---

20) 대결 1990. 7. 16. 90모34.
21) 대결 1997. 4. 22. 97모30.
22) 대결 1988. 1. 29. 86모58 (부천서 성고문 사건 재정신청사건).

공소제기를 결정하는 때에는 죄명과 공소사실이 특정될 수 있도록 이유를 명시하여야 한다(규칙 제122조).

공소제기의 결정이 있으면 그 결정이 있는 날에 공소가 제기된 것으로 간주된다(제262조의4 제2항). 공소제기결정 이후 실제 검사가 공소를 제기한 시점과 관계없이 법원이 공소제기결정을 한 날로부터 공소시효의 진행이 정지되도록 한 것이다.

4. 결정 후의 처리

(1) 결정정본의 송부

재정결정을 한 때에는 즉시 그 정본을 재정신청인·피의자와 관할 지방검찰청 검사장 또는 지청장에게 송부하여야 한다(제262조 제5항 제1문). 공소제기의 결정을 한 때에는 관할 지방검찰청검사장 또는 지청장에게 정본과 사건기록을 함께 송부하여야 한다(동항 제2문).

(2) 지정된 검사에 의한 공소제기

공소제기의 결정이 있으면 재정결정서를 송부받은 관할 지방검찰청 검사장 또는 지청장은 지체 없이 담당 검사를 지정하고 지정받은 검사는 공소를 제기하여야 한다(제262조 제6항. 기소강제주의).

(3) 공소제기 후의 조치

공소제기 후의 절차는 일반적인 공판절차와 동일하므로(구법하의 공소유지변호사제도 폐지) 공소장변경이나 상소제기 등이 가능하지만, 공소유지권한만 있으므로 공소의 취소는 허용되지 않는다(제264조의2).

공소제기 결정 이후 해당 사건에 대해 이미 불기소처분과 검찰항고 기각을 했던 검찰이 공소유지를 담당하게 되어, 결국 지정된 검사가 공소를 유지하는 데 소극적인 태도를 취할 것이 예상되고 구형에 관한 의견을 제출하지 않는 백지구형과 같은 사태도 생길 수 있다. 따라서 공소유지기능을 별도로 재정담당변호사에게 맡기거나, 독일의 경우처럼 재정신청인이 검사와 함께 공소유지에 참가할 수 있는 부대기소제도(Nebenklage)를 도입하는 방안도 검토할 필요가 있다.

5. 비용부담

재정신청 기각결정이나 재정신청의 취소가 있는 경우에는 법원은 결정으로 재정신청인에게 신청절차에 의하여 생긴 비용의 전부 또는 일부 부담케 할 수 있고(제262조의3 제1항), 직권 또는 피의자의 신청에 따라 재정신청인에게 피의자가 재정신청절차에서 부담하였거나 부담할 변호인선임료 등 비용의 전부 또는 일부의 지급을 명할 수 있다(제262조의3 제2항).

재정신청의 대상을 모든 범죄로 확대하면서 재정신청이 남발되는 것을 방지하기 위하여 마련된 제도이지만 아직은 경고적 의미가 강하고 실효를 거두고 있지 못하다.

Ⅵ. 재정결정에 대한 불복

1. 법원의 공소제기 결정에 대한 불복 금지

법원의 공소제기 결정에 대하여는 불복할 수 없다(제262조 제4항). 공소제기로 소송이 계속된 후 본안사건에 대한 무죄판결 등을 통해 그 잘못을 바로잡을 수 있으므로 별도의 불복을 인정하지 않은 것이다.[23)]

신청사건의 심리절차에 위법이 있었던 경우라도 일단 공소가 제기된 후에는 공소기각판결의 사유에 해당하지 않으며,[24)] 공소제기 결정이 내려진 이상 절차의 위법을 본안에서 다툴 수는 없다.[25)]

2. 기각결정에 대한 즉시항고

재정신청 기각결정에 대해서는 제415조에 따른 즉시항고(재항고)를 할 수 있다(제262조 제4항). 기각결정에 대해서는 '재판에 영향을 미친 헌법·법률·명령 또는 규칙의 위반이 있음을 이유로 하는 때'에 한하여 예외적으로 대법원의 최종적 심사를 받을 수 있도록 재항고를 허용한 것이다.[26)]

---

23) 대결 2012. 10. 29. 2012모1090.

24) 이 경우 공소기각의 판결을 선고해야 한다는 견해로는, 조기영, 재정결정에 대한 불복여부 및 재정결정상 하자의 법적 효과, 법조 제59권 제10호, 2010, 131면 이하.

25) 대판 2010. 11. 11. 2009도224 (재정신청서에 재정신청을 이유 있게 하는 사유가 기재되지 않았음에도 이를 간과하고 공소제기결정을 한 사안: 불복 불허). 같은 취지로는, 대판 2010. 11. 25. 2009도3563; 대판 2017. 3. 9. 2013도16162; 대판 2017. 11. 14. 2017도13465.

26) 기각결정에 대해서도 불복을 금지했던 구법이 위헌이라는 헌법재판소의 결정(헌재 2011. 11. 24. 2008헌마578, 2009헌마41, 98)에 따라 2016년 개정법률이 기각결정에 대한 재항고를 허용하였다. 구법하의 판례도 제415조는 고등법원의 결정에 대하여 사실오인을 이유로 한 항고를 금지하고 있는 것이므로 법률상 방식의 위반 등이 있는 경우에는 기각결정에 대해 재항고가

기각결정에 대해 재항고를 하는 경우, 재항고기간의 준수 여부는 도달주의에 따라 판단해야 하고, 재소자 특칙은 준용되지 않는다.[27]

3. 기각결정사건에 대한 소추 제한

기각결정이 확정된 사건에 대하여는 '다른 중요한 증거를 발견한 경우'를 제외하고는 소추할 수 없다(제262조 제4항 제2문). 재정신청 기각결정이 확정된 사건에 대하여 다른 중요한 증거가 발견된 사정이 없는데도 검사의 공소제기를 허용하면 지나치게 장기간 피의자를 불안정한 상태에 두게 된다는 점을 고려한 것이며,[28] 대법원의 업무부담을 경감하고, 법률관계를 조속히 확정하며 형사재판제도의 효율성을 제고하려는 취지에서 소추를 제한한 것이다.[29]

(1) 기각결정이 확정된 사건 재정신청사건을 담당하는 법원에서 공소제기의 가능성과 필요성 등에 관한 심리와 판단이 현실적으로 이루어져 재정신청 기각결정의 대상이 된 사건을 의미한다.[30]

(2) 재소추 제한 법원의 기각결정으로 소추할 수 없게 된 범죄에 대해 검사가 다시 공소를 제기할 수 없도록 한 것이다. 범죄의 피해자가 수인인 경우 그중 1인에 의한 재정신청이 기각된 경우 사건내용이 동일한 사실에 대해서는 검사가 재차 소추할 수 없다.[31]

(3) 예외 예외사유로서 '다른 중요한 증거를 발견한 경우'란 재정신청 기각결정 당시에 제출된 증거에 새로 발견된 증거를 추가하면 충분히 유죄

하는 것은 허용된다고 보았다(대결 2011. 2. 1. 2009모407).

27) 대결 2015. 7. 16. 2013모2347 전합. 「법정기간 준수에 대하여 도달주의 원칙을 정하고 재소자 피고인 특칙의 예외를 개별적으로 인정한 형사소송법의 규정 내용과 입법 취지, 재정신청 절차가 형사재판절차와 구별되는 특수성, 법정기간 내의 도달주의를 보완할 수 있는 여러 형사소송법상 제도 및 신속한 특급우편제도의 이용 가능성 등을 종합하여 보면, 재정신청 기각결정에 대한 재항고나 그 재항고 기각결정에 대한 즉시항고로서의 재항고에 대한 법정기간의 준수 여부는 도달주의 원칙에 따라 재항고장이나 즉시항고장이 법원에 도달한 시점을 기준으로 판단하여야 하고, 거기에 재소자 피고인 특칙은 준용되지 아니한다.」

28) 헌재 2011. 10. 25. 2010헌마243 참조.

29) 헌재 1996. 10. 31. 94헌바3 참조.

30) 대판 2015. 9. 10. 2012도14755.

31) 대판 1967. 7. 25. 66도1222 (1개의 고소로 수인을 무고하여 피해자 중의 한 사람이 고소하자 검사가 불기소처분을 하였고 이에 대한 재정신청이 기각되었으나, 검사가 다른 피해자가 있음을 이유로 공소를 제기한 사안: 부적법).

의 확신을 가지게 될 정도의 증거가 있는 경우를 말하며, 단순히 재정신청 기각결정의 정당성에 의문이 제기되거나 범죄피해자의 권리를 보호하기 위하여 형사재판절차를 진행할 필요가 있는 정도의 증거가 있는 경우는 여기에 해당하지 않는다.[32)]

Ⅶ. 고위공직자범죄에 대한 특례

1. 재정신청

고소·고발인은 수사처검사로부터 공소를 제기하지 아니한다는 통지를 받은 때에는 서울고등법원에 그 당부에 관한 재정을 신청할 수 있다(공수처법 제29조 제1항). 재정신청을 하려는 사람은 공소를 제기하지 아니한다는 통지를 받은 날부터 30일 이내에 수사처 처장에게 재정신청의 대상이 되는 사건의 범죄사실 및 증거 등 재정신청을 이유 있게 하는 사유를 기재한 재정신청서를 제출하여야 한다(동조 제2항, 제3항).

2. 고등법원에의 송부

재정신청서를 제출받은 수사처 처장은 재정신청서를 제출받은 날부터 7일 이내에 재정신청서, 의견서, 수사 관계 서류 및 증거물을 서울고등법원에 송부하여야 한다(동조 제4항). 다만 신청이 이유 있는 것으로 인정하는 때에는 즉시 공소를 제기하고 그 취지를 서울고등법원과 재정신청인에게 통지한다(동항 단서).

3. 형사소송법의 준용

재정신청에 관하여는 재정신청사건의 심리와 결정(제262조), 재정신청사건 기록의 열람·등사 제한(제262조의2), 비용부담(제262조의3) 및 공소시효의 정지(제262조의4)에 관한 형사소송법의 규정을 준용한다. 이 경우 관할법원은 서울고등법원으로 하고, '지방검찰청검사장 또는 지청장'은 '처장', '검사'는 '수사처검사'로 본다(동법 제29조 제5항).

---

32) 대판 2018. 12. 28. 2014도17182 (아파트 매매계약과 관련한 사기사건에서 편취범의가 없다는 이유로 불기소처분을 하자, 매도인인 고소인이 재정신청을 하였으나 기각되어 확정되었고, 피고인의 채무불이행으로 인한 고소인의 계약 해제로 이 사건 매매계약이 적법하게 해제되었다고 인정한 민사판결과 일부 진술을 증거로 피의사실을 포함한 내용에 대해 다시 고소한 사안: 부적법).

제3 헌법소원

Ⅰ. 의의

헌법소원이란 법원의 재판을 제외한 공권력의 행사 또는 불행사로 인하여 헌법상 보장된 기본권을 침해받은 자가 헌법재판소에 그의 권리구제를 청구하는 것을 말한다(헌법재판소법 제68조 제1항 본문).

따라서 검사의 불기소처분도 공권력의 행사의 일종으로서 헌법소원의 대상이 된다.[33] 다만 불기소처분에 대해 항고절차를 거쳐 재정신청을 한 때에는 다시 헌법소원심판을 청구할 수 없다.[34] 재정신청에 대한 재정결정은 재판의 일종이고, 법원의 재판은 헌법소원심판 대상에서 제외되기 때문이다.

> 법원의 재판은 법률상 권리의 구제절차임과 동시에 기본권의 구제절차를 의미하므로, 법원의 재판에 의한 기본권의 보호는 이미 기본권의 영역에서의 재판청구권을 충족시키고 있기 때문에 헌법소원의 대상에서 '법원의 재판'을 제외한 것이다.[35]

Ⅱ. 요건

1. 자기관련성

원칙적으로 자신의 기본권이 현재, 그리고 직접 침해당한 경우에만 헌법소원을 청구할 수 있다. 청구인은 공권력작용에 대하여 자신이 스스로 법적으로 관련되어야 한다. 즉, 청구인은 공권력 작용으로 인하여 직접 기본권이 침해되어야 한다. 따라서 피해자가 아닌 단순한 고발인은 그 불기소처분으로 말미암아 자신의 재판절차상 진술권 기타 기본권을 침해받았다고 볼 수 없으므로 자기관련성이 결여되어 청구인 적격이 없다.[36]

2. 보충성

헌법소원은 그 본질상 기본권침해에 대한 최후의 구제수단이므로, 다른 법

---

33) 헌재 1989. 4. 17. 88헌마3.
34) 헌재 1998. 8. 27. 97헌마79; 헌재 2017. 6. 13. 2017헌마608.
35) 헌재 1997. 12. 24. 96헌마172, 173.
36) 헌재 1990. 6. 25. 89헌마234; 헌재 1994. 2. 24. 93헌마183.

률에 구제절차가 있는 경우에는 그 절차를 모두 거친 후에만 심판청구가 허용된다(동법 제68조 제1항 단서).[37] 그러나 ① 청구인이 그의 불이익으로 돌릴 수 없는 정당한 이유가 있는 착오로 전심절차를 밟지 않은 경우, ② 전심절차로 권리가 구제될 가능성이 거의 없거나 권리구제절차가 허용되는지의 여부가 객관적으로 불확실하여 전심절차이행의 기대가능성이 없을 때에는 예외적으로 바로 헌법소원청구가 가능하다.[38]

3. 권리보호의 이익

헌법소원은 국민의 기본권침해를 구제해 주는 제도이므로, 그 제도의 목적상 권리보호의 이익이 있는 경우에만 제기할 수 있다.

> 피고소인이 이미 사망해 버린 경우이거나 불기소처분의 대상이 된 피의사실에 대한 공소시효가 이미 완성된 경우 등 권리보호의 이익이 없으므로 검사의 불기소처분에 대한 헌법소원을 청구할 수 없다.[39]

Ⅲ. 불기소처분에 대한 심판청구

1. 청구권자

(1) 고소인과 고발인

보충성의 원칙에 따라 고소인이 헌법소원을 제기하려면 재정신청을 거쳐야 하는데, 재정신청에 따른 재정결정은 법원의 재판에 해당하여 헌법소원심판 대상에서 제외되기 때문에 결국 고소인은 불기소처분을 이유로 헌법소원을 청구할 수는 없다.[40]

한편 고발인의 경우에도 권리침해의 직접성이 부정되므로 역시 헌법소원심판을 청구할 수 없다.[41]

---

37) 헌재 2017. 11. 27. 2017헌마1212. 고소권자가 수인인 불기소처분에 대해 구제절차가 진행 중인 상황에서 고소를 하지 아니한 고소권자도 사전구제절차 없이 헌법소원심판을 청구할 수 없다(헌재 2020. 2. 27. 2019헌마987).

38) 헌재 1993. 3. 11. 92헌마48.

39) 헌재 2017. 12. 21. 2017헌마1276.

40) 헌재 2011. 10. 25. 2010헌마243.

41) 헌재 1989. 12. 22. 89헌마145.

(2) 고소하지 않는 피해자

피해자가 고소인으로서 검찰항고나 재정신청 등의 절차를 거치지 않았다면, 헌법상 평등권, 재판절차진술권 침해를 이유로 직접 헌법소원심판을 청구할 수 있다.[42]

(3) 피의자

피의자는 원칙적으로 불기소처분으로 인해 기본권이 침해당하는 일이 없으므로 권리보호의 이익이 없어 헌법소원심판 청구권이 없다. 다만 **기소유예처분**을 받은 때에는 피의자도 행복추구권(헌법 제10조), 평등권(헌법 제11조 제1항)이나 재판절차진술권(헌법 제27조 제5항) 등과 같은 기본권 침해를 이유로 헌법소원심판을 청구할 수 있다.[43]

2. 청구대상

검사의 불기소처분이다. 반대로 공소제기 처분은 법원에 공소가 제기된 이후에는 법원의 재판절차로 흡수되고, 법원의 재판은 헌법소원심판의 청구대상이 될 수 없으므로 결국 청구대상에서 제외된다.[44]

협의의 불기소처분 외에 기소유예처분[45]이나 기소중지처분[46]도 대상이 된다.

> 검사가 일단 수사를 개시하면 충분한 수사를 통해 공소를 제기하거나 불기소처분을 하여 사건을 종결지어야 하므로, 피의자를 특정하여 소환·조사한 후 종국결정을 할 수 있음에도 기소중지 또는 참고인중지라는 중간결정을 하는 것은 검

---

42) 헌재 1998. 8. 27. 97헌마79; 헌재 2010. 6. 24. 2008헌마716.

43) 헌재 1995. 3. 23. 94헌마254.

44) 헌재 1993. 6. 2. 93헌마104; 헌재 2018. 8. 7. 2018헌마751.

45) 헌재 2002. 7. 18. 2002헌마202 (사실혼관계 시작 전에 자신의 비용으로 마련한 혼수품을 사실혼관계 종료 후 자신의 물건이라 생각하고 가져갔음에도 불구하고 절도죄로 입건하여 기소유예처분을 하자 헌법소원심판을 청구한 사안: 평등권, 행복추구권 침해); 최근 판례로는, 헌재 2017. 12. 28. 2017헌마619.

46) 헌재 1999. 2. 25. 98헌마108 (한국방송공사 기자가 명예를 훼손하는 내용의 기사를 취재하여 방송하게 하였다는 사유로 고소된 사건에서 검사가 법조취재팀장을 조사하였으나 당시 취재기자가 누구인지 확인불가능하다고 진술하고 달리 신원이나 소재를 밝힐 자료가 없다고 하여 기소중지처분을 한 사안: 평등권 등 침해); 같은 취지로는, 헌재 2002. 11. 28. 2002헌마314 (위조유가증권행사 등 고소사실에 대하여 참고인의 명백한 진술이 있음에도 단순한 사건관계자의 소재불명을 이유로 참고인중지처분을 한 사안: 재판절차진술권 및 평등권 침해).

사의 자의적인 사건처리로 고소인을 차별대우하는 것이고 따라서 고소인의 헌법상의 기본권인 평등권, 재판절차진술권을 침해하기 때문이다.

3. 청구절차

청구사유가 있음을 안 날부터 90일 이내, 그 사유가 있는 날부터 1년 이내에 청구하여야 하며, 다른 법률에 따른 구제절차를 거친 경우에는 그 최종결정을 통지받은 날부터 30일 이내에 청구하여야 한다(헌법재판소법 제69조 제1항).

법률의 위헌 여부 심판의 제청신청이 기각된 때에도 그 신청을 한 당사자가 헌법재판소에 헌법소원심판을 청구할 수 있다. 이 경우에는 위헌 여부 심판의 제청신청을 기각하는 결정을 통지받은 날부터 30일 이내에 청구하여야 한다(동조 제2항).

Ⅳ. 심판절차 및 효과

1. 절차

헌법소원심판절차는 지정재판부에 의한 사전심사(동법 제72조), 각하 및 심판회부 결정 통지(동법 제73조), 이해관계기관 등의 의견 제출(동법 제74조) 등의 절차를 거친다.

2. 인용결정

헌법소원의 인용결정은 모든 국가기관과 지방자치단체를 기속한다(동법 제75조 제1항).

① 공권력의 불행사에 대한 헌법소원을 인용하는 결정을 한 때에는 피청구인은 결정 취지에 따라 새로운 처분을 하여야 한다(동조 제4항). 검사의 불기소처분에 대한 인용결정(불기소처분의 취소)의 경우 '새로운 처분'이란 기소강제를 의미하는 것은 아니고, 헌법재판소의 인용결정의 주문 및 이유에서 밝힌 취지에 맞도록 성실히 재기수사를 하여 다시 공소제기 여부를 결정해야 한다는 의미이다. 그러나 재기수사를 통해 재차 불기소처분을 한 경우 그것이 공권력의 자의적 행사에 해당한다면 피해자 등은 다시 헌법소원심판을 청구할 수 있다.[47]

② 공권력의 행사 또는 불행사가 위헌인 법률 또는 법률의 조항에 기인한

---

47) 헌재 1993. 11. 25. 93헌마113; 헌재 2011. 3. 31. 2010헌마312.

것이라고 인정될 때에는 인용결정에서 해당 법률 또는 법률의 조항이 위헌임을 선고할 수 있다(동조 제5항).

제 4 절 공소제기 후의 수사

제 1 필요성

공소의 제기는 검사의 수사종결에 따른 처분이며, 현행법하에서는 일응의 혐의만으로 공소를 제기할 수 없으므로(전망기소의 불허), 공소제기 후의 수사는 원칙적으로 불허되지만, 예외적으로 허용되는 경우가 있다. 수사는 공소제기뿐만 아니라 공소유지 여부를 결정하기 위해서도 필요하기 때문이다.

예컨대, 기소 후 사정 변화에 따른 실체법의 내용 변경으로 수사가 필요하게 된 경우, 공판 도중 피고인의 형사책임과 관계된 새로운 증거가 발견되거나 새로운 상황(공범의 검거 등)이 나타난 경우, 기소 후 피고인 측에서 새로운 사실을 주장하여 공소유지를 위해 그 진위를 밝힐 필요가 있는 경우에는 공소제기 후라도 수사가 필요하다.

예외적으로 공소제기 후의 수사를 허용하는 경우 그 시간적 한계는 사실상 없다. 예컨대 재심청구사건의 경우에는 재판이 확정된 후에도 당해 사건에 대해 수사의 필요성이 나타날 수 있다.

제 2 공소제기 후의 임의수사

공소제기 후라도 임의수사는 그 성격상 기본권을 침해할 우려가 적기 때문에 필요성이 인정되는 일정한 범위에서 허용된다.

Ⅰ. 피고인신문

소추권자인 검사가 공소의 제기로 소송의 주체가 된 피고인을 공판정 외에서 신문의 대상으로 할 수 있는지 여부가 문제된다.

1. 학설과 판례

학설은 긍정설, 부정설, 절충설 등이 대립하고 있으나, 원칙적으로 검사와 동일한 소송주체로서의 지위가 인정되는 피고인을 검사가 신문의 대상으로 삼을 수 있도록 하는 것은 타당하지 않다.

① 긍정설 공소제기 후에도 제1회 공판기일 전후를 불문하고 수사기관이 피고인을 신문할 수 있다는 견해이다. 피의자신문이 임의수사인 것과 같이 피고인신문도 임의수사에 해당되고, 임의수사를 규정한 형사소송법 제199조 제1항은 그 시기에 제한을 두고 있지 않다는 점을 근거로 하고 있다. 이 견해에 따르면 공소제기 후에 피고인을 신문하여 작성한 조서도 증거능력이 인정될 수 있다.

② 부정설 공소제기 후에는 제1회 공판기일 전후를 불문하고 수사기관의 피고인신문을 허용할 수 없다는 견해이다. 수사기관에 의한 피고인신문을 인정하게 되면 피고인의 당사자로서의 지위와 모순될 뿐만 아니라 공판기일에서의 피고인신문절차가 유명무실하게 될 우려가 있고, 제200조도 피의자신문의 대상을 피의자에 한정하고 있다는 점을 근거로 하고 있다. 이 견해에 따르면 공소제기 후에 피고인을 신문하여 작성한 수사기관의 피고인에 대한 진술조서는 위법하게 수집된 증거로서 증거로 사용할 수 없다.

③ 절충설 공소제기 후에도 제1회 공판기일 전에 한하여 수사기관에 의한 피고인신문이 허용된다는 견해이다. 피고인의 당사자로서의 지위와 공소제기 후 피고인조사의 필요성, 실체적 진실의 발견이라는 측면을 조화시킬 수 있다는 점을 근거로 한다.

판례는 피고인신문의 허용 여부에 대한 입장을 직접 밝히고 있지 않으나, 검사의 피고인에 대한 진술조서가 기소 후에 작성된 것이라는 이유만으로 증거능력을 부정할 수 없다는 입장을 취하고 있어 긍정설로 평가된다.[48]

2. 예외적 허용

대등한 소송주체인 피고인에 대해 검사가 출석을 요구하여 신문하는 것은 공정한 재판의 이념이나 피고인의 소송주체로서의 지위에 반하므로 공소제기 후에는 제1회 공판기일 전후를 불문하고 원칙적으로 허용되지 않는다.

다만, ① 피고인이 자발적으로 검사의 면접을 요구한 경우, ② 공소의 유지 또는 취소를 위해 피고인에 대한 신문이 불가피한 경우(예컨대 공범이 검거되거나

---

48) 대판 1982. 6. 8. 82도754; 대판 1984. 9. 25. 84도1646.

진범이 발견된 경우 등)에는 피고인신문이 예외적으로 허용될 수 있다.

피고인신문을 허용하더라도, 그 과정에서 작성된 조서나 진술서는 피의자신문조서와 실질이 동일하므로(제312조 제5항 참조), 진술거부권의 고지나 변호인 참여 등의 절차를 준수하지 않으면 증거로 사용할 수 없게 된다.

Ⅱ. 참고인조사

1. 원칙적 허용

공소제기 후라도 수사기관이 공소유지를 위해 참고인을 별도로 조사할 필요가 있고, 참고인조사를 하더라도 공판중심주의에 지장을 초래하지 않는 한 이를 허용할 수 있다.

참고인에 대한 임의수사는 피의자나 참고인의 기본권을 침해하지 않고, 참고인에 대한 진술조서는 피고인이 증거로 함에 동의하지 않는 한 공판기일에서 원진술자에 대한 증인신문을 통해서 증거로 사용할 수 있도록 제한하고 있으므로 이를 허용해도 무방하다고 할 수 있다.

공소제기 후라면 제1회 공판기일 전후를 불문하고 원칙적으로 허용된다.[49)]

2. 증언번복 등을 위한 참고인조사

공판준비 또는 공판기일에 이미 피고인에게 유리한 증언을 마친 증인을 수사기관이 다시 참고인(또는 위증죄의 피의자)으로 조사하면서 그 증언내용을 추궁하여 진술을 번복시키는 방식으로 조서를 작성해서 이를 공판정에 제출하는 것은 허용되지 않는다. 이러한 진술조서(증언 번복 진술조서)를 유죄의 증거로 삼는 것은 당사자주의, 공판중심주의, 직접주의에 반하며, 헌법상 재판을 받을 권리를 침해하기 때문이다. 판례도 수사기관이 이미 증언한 증인을 소환하여 그 증언을 번복시키는 것은 피고인이 증거동의를 하지 않는 한 증거로 사용할 수 없다는 입장이다.[50)]

---

49) 부산고판 2014. 12. 10. 2014노374. 「공소의 유지에 필요할 경우 임의수사는 공소가 제기된 이후에도 할 수 있고, 참고인조사는 전형적인 임의수사라 할 것(이다).」

50) 대판 2000. 6. 15. 99도1108 전합 (제3자가 제1심의 제4회 공판기일에 증인으로 출석하여 검사의 주신문과 피고인 측의 반대신문을 거쳐 피고인의 변소 내용에 일부 부합하는 취지의 증언을 마친 다음, 검사가 그를 위증사건의 피의자로 입건하여, 신문하는 절차 없이 증언내용만을 추궁하여 공소외인으로부터 그 증언 내용 중 피고인의 변소에 일부 부합하는 부분이 진실이 아니라는 취지의 번복 진술을 받아내고 검사가 그 진술기재조서를 유죄의 증거로 제출한

진술을 번복한 내용을 참고인 스스로 **진술서**의 형태로 제출한 경우도 마찬가지이며,[51] 진술을 번복한 내용을 위증혐의로 조사하여 **피의자신문조서**의 형태로 제출한 경우도 동일하게 유죄의 증거로 사용할 수 없다.[52] 진술서나 피의자신문조서의 형식을 취하였다고 하더라도 그 실질은 증언 번복 진술조서이기 때문이다.

제1심에서 피고인에게 무죄판결이 선고되어 검사가 항소한 후, 수사기관이 항소심 공판기일에 증인으로 신청하여 신문할 수 있는 사람을 특별한 사정 없이 미리 수사기관에 소환하여 작성한 진술조서는 참고인이 나중에 법정에 증인으로 출석하여 위 진술조서의 성립의 진정을 인정하고 피고인 측에 반대신문의 기회가 부여된다 하더라도 피고인이 증거로 할 수 있음에 동의하지 않는 한 증거능력이 없다. 이러한 진술조서를 공판절차에 증거로 제출할 수 있도록 하면, 검사가 일방적으로 법정 밖에서 유리한 증거를 만들 수 있게 되어 당사자주의·공판중심주의·직접심리주의에 반하고 피고인의 공정한 재판을 받을 권리를 침해하기 때문이다.[53]

Ⅲ. 기타 임의조사

공무소 조회(제199조 제2항)나 감정·통역·번역(제221조 제2항)과 같은 일반적인 임의수사는 법률 자체가 시기상의 제한을 두고 있지 않고, 피고인의 방어권을 침해하거나 새로운 의무를 부과하는 것이 아니며 법원의 원활한 심리에도 기여할 수 있으므로 제1회 공판기일 전후를 불문하고 허용된다.

제3 공소제기 후의 강제수사

Ⅰ. 피고인의 구속

검사는 불구속으로 기소된 피고인에 대하여 구속사유가 있다 하더라도 수소법원 이외의 판사로부터 구속영장을 발부받아 피고인을 구속할 수 없다. 공소

사안: 증거능력 부정); 대판 2004. 3. 26. 2003도7482.

51) 대판 2012. 6. 14. 2012도534.

52) 대판 2013. 8. 14. 2012도13665; 대판 2020. 1. 30. 2018도2236.

53) 대판 2019. 11. 28. 2013도6825.

제기 후 피고인 구속은 수소법원의 권한이며(제70조), 피고인은 공판절차에서 검사와 대등한 소송주체이고, 수사기관에 의한 구속은 피의자만을 대상으로 하고 있기(제201조) 때문이다.

공소제기 후 피고인을 구속할 필요가 있을 때에는 검사의 영장청구절차가 없으므로, 검사로서는 수소법원에 대하여 직권에 의한 구속을 촉구할 수 있을 뿐이다.

Ⅱ. 압수·수색·검증

구속의 경우와 마찬가지로 공소제기 후에 수사기관이 수소법원과는 별개로 압수·수색·검증을 하는 것이 허용될 수 있는지 문제된다.

1. 학설과 판례

긍정설과 부정설이 있으나, 부정설이 지배적이다.

① 긍정설 제1회 공판기일 이전에는 수사기관에 의한 압수·수색·검증이 허용된다고 보는 견해이다. 수사기관의 압수·수색·검증에 관하여는 제215조가 영장청구시기를 제한하지 않고 있으며, 압수·수색·검증은 피고인신문과 달리 피고인의 공판활동에 직접 영향을 주는 것은 아니고, 수소법원도 제1회 공판기일 이전에는 예단배제의 원칙상 증거조사의 일환으로 스스로 강제수사를 할 수 없다는 점을 근거로 한다.

② 부정설 공소제기 이후에는 제1회 공판기일의 전후를 불문하고 수사기관에 의한 압수·수색·검증이 허용되지 않는다는 견해이다. 공소제기 후에는 강제처분에 관한 권한이 수소법원으로 이전되고, 수사절차에서의 압수·수색·검증은 제215조 이하에서 그리고 공판절차에서의 압수·수색·검증은 제106조 이하에서 각기 규정하여 구분하고 있으며, 공소제기 후 제1회 공판기일 전에 압수·수색·검증을 해야 할 긴급한 사정이 있는 경우에 대비하여 증거보전절차(제184조)가 마련되어 있고, 수사기관이 영장을 청구할 때에는 피의사실의 요지를 기재하도록 하고 있다는 점(규칙 제107조, 제95조) 등을 근거로 한다.

판례는 일단 공소가 제기된 후에는 그 피고사건에 관하여 수소법원과 별개로 검사가 제215조에 의하여 압수·수색을 할 수 없다고 하여 부정설의 입장을 취하고 있다.[54]

---

54) 대판 2011. 4. 28. 2009도10412.「형사소송법은 제215조에서 검사가 압수·수색 영장을 청구할 수 있는 시기를 공소제기 전으로 명시적으로 한정하고 있지는 아니하나, 위에서 본 바와 같은

2. 예외적 허용

공소제기로 인하여 사건은 법원에 계속되고 따라서 압수·수색·검증도 법원의 권한에 속하므로, 수사기관이 공소제기 이후에 수소법원 이외의 판사에게 압수·수색을 위한 영장을 청구하는 것은 원칙적으로 허용되지 않는다.

다만, ① 피고인에 대해 구속영장을 집행하는 현장에서 행해지는 피고인에 대한 압수·수색·검증(제216조 제2항 참조), ② 임의제출물의 압수(제218조)는 예외적으로 허용된다.

포괄일죄 가운데 **잠재적 심판대상에 해당하는 부분**을 입증하기 위해 필요한 증거의 수집을 위한 공소제기 후의 강제수사도 예외적으로 허용된다.[55] 추가된 사실에 대한 강제처분을 위한 영장의 발부주체가 수소법원인지 지방법원 판사인지에 관하여 법률 등에서 명확히 정한 바가 없으므로 이러한 형태의 강제수사는 예외적으로만 인정할 필요가 있다.

헌법 상 보장된 적법절차의 원칙과 재판받을 권리, 공판중심주의·당사자주의·직접주의를 지향하는 현행 형사소송법의 소송구조, 관련 법규의 체계, 문언 형식, 내용 등을 종합하여 보면, 일단 공소가 제기된 후에는 그 피고사건에 관하여 검사로서는 법 제215조에 의하여 압수·수색을 할 수 없다고 보아야 하며, 그럼에도 검사가 공소제기 후 법 제215조에 따라 수소법원 이외의 지방법원 판사에게 청구하여 발부받은 영장에 의하여 압수·수색을 하였다면, 그와 같이 수집된 증거는 기본적 인권 보장을 위해 마련된 적법한 절차에 따르지 않은 것으로서 원칙적으로 유죄의 증거로 삼을 수 없다.」

55) 서울중앙지판 2014. 9. 11. 2013고합577, 2013고합1060 (국정원 댓글 사건 항소심: 검사가 국정원장 등에 대한 공소를 제기한 이후 국가정보원 심리전단 소속 직원들의 트위터에서의 사이버 활동에 관한 수사를 계속하여, 기존의 사이버 활동과 포괄일죄의 관계에 있음을 전제로 국가정보원 심리전단 직원에 대한 체포, 트위터 정보를 대량으로 수집·보관하고 있는 빅데이터 업체에 대한 압수·수색, 국가정보원 심리전단 직원들의 이메일 계정에 대한 압수·수색 등이 이루어진 사안: 적법).

제3편 공소의 제기

제 1 장

공소 일반

제 1 절 공소의 의의

공소의 제기란 검사가 법원에 대하여 특정한 형사사건의 재판을 요구하는 법률행위적 소송행위를 말한다. '공소'(公訴)는 국가기관에 의한 소추를 의미하므로 사인(私人)소추와 구별된다. 공소의 제기는 '수사의 종결'과 '법원에 의한 심판의 개시'라는 이중적 의미를 지닌다.

탄핵주의 하에서 불고불리의 원칙이 확립됨에 따라, 검사의 공소제기가 없으면 법원은 사건을 심판할 수 없고 원칙적으로 공소가 제기된 사실에 대해서만 심판할 수 있다.

제 2 절 공소권이론

제 1 공소권의 개념

공소권이란 공소를 제기하고 유지하는 검사의 권한을 말하며, 법원이 가지는 심판권 그리고 피고인이 가지는 방어권과 대비된다. 검사의 공소권은 절차법상의 권리로서, 실체법상 형벌권과 구별된다.

실체관계는 판결을 통해 확정되므로, 형벌권이 확정되기 전이라도(사후적으로 무죄판결을 통해 형벌권이 존재하지 않는 것으로 확정되더라도) 공소제기 단계에서 이미 존재하는 공소권은 형벌권과는 구별된다.

제 2 공소권에 대한 논의

공소권의 본질에 관하여는 추상적 공소권설, 구체적 공소권설(유죄판결청구권설), 실체판결청구권설 등이 있으며 구체적 공소권설이 다수설의 입장이다.

① 추상적 공소권설은 형사사건에 대하여 공소를 제기할 수 있는 일반적 권한으로 보는 견해이며, ② 구체적 공소권설은 추상적 공소권을 전제로 구체적 사건이 소송조건을 갖춘 경우에 공소를 제기·수행할 수 있는 구체적 권한으로 보는 견해이고, ③ 실체판결청구권설은 검사가 구체적 사건에 관하여 유죄 또는 무죄의 실체판결을 구할 수 있는 권한으로 보는 견해이며, ④ 공소권이론무용(부인)론은 소송조건을 검사의 입장에서 본 것에 불과하다고 하는 견해이다. 한편 공소권행사에 관한 통제는 특정 공소권 이론을 전제로 해야 하는 것은 아니라는 점에서 연혁적 의미를 가지는 데 불과하다고 하면서 개념적으로는 형사재판청구권 정도로 이해하기도 한다.

이론적으로 검사의 적정한 공소권 행사를 도모하기 위해서는 구체적인 형사사건에서 소송조건을 구비하고 범죄의 객관적 혐의가 있는 경우에 법원에 심판을 청구하는 권한으로 제한적으로 해석하는 것이 타당하다. 공소권의 행사가 실체해명이나 적법절차에 위반하는 때에는 공소권남용이 된다.

제 3 절 공소권남용론

제 1 의의

공소권남용론이란 검사가 공소권을 남용하여 공소를 제기했다고 인정되는 경우에는 유·무죄의 실체판결 없이 공소기각이나 면소와 같은 형식재판에 의하여 소송을 종결시켜야 한다는 이론을 말한다.

공소권남용이론은 부당한 공소제기뿐만 아니라 부당한 공소유지의 경우에도 적용가능하다.[1)]

1) 대판 1995. 9. 15. 94도3336 참조. 「이 사건 범죄사실에 관하여 검사가 공소를 제기한 후 공소장을 2회에 걸쳐 변경한 것이 피고인의 방어권 행사에 불이익이나 곤란을 주기 위한 것이 아니라고 판단한 것은 정당하고, 거기에 공소권남용에 관한 법리를 오해한 잘못이 없다.」

제2 논의 상황

학설은 ① 혐의 없는 기소, ② 소추재량을 일탈한 기소, ③ 차별기소, ④ 위법수사에 기한 기소, ⑤ 누락기소 등 공소권남용의 유형별로 다양한 입장을 제시하고 있다.

판례는 70년대 말부터 공소권남용이라는 개념을 사용하고 있었다.[2] 초기에는 일반적인 공소권 행사의 부당함을 의미하는 것으로 사용하다가,[3] 차별기소 사안[4]을 계기로 정형화된 유형에 대해 공소권남용의 문제를 본격적으로 다루고 있으나 극히 예외적으로만 공소권남용을 긍정하고 있다. 최근 판례는 다양한 형태의 소추재량권 행사와 관련하여 '자의적인 공소권 행사로 소추재량권을 현저히 일탈했다고 인정되는 경우'[5]에 대해서는 공소권남용을 인정하려는 입장이다.

제3 공소권남용이 문제되는 유형

Ⅰ. 혐의 없는 기소

혐의 없는 기소란 범죄의 객관적 혐의가 없음에도 불구하고 검사가 공소를 제기한 경우를 말한다.

1. 학설

공소기각판결설, 공소기각결정설, 무죄판결설 등이 있으며, 무죄판결설은 공소권남용 자체를 인정하지 않는 견해로서 다수설의 입장이기도 하다.

① 공소기각판결설 　　혐의 없는 사건에 대하여 공소가 제기된 경우에는 공소권남용에 해당되어 공소제기의 절차가 법률의 규정에 위반하여 무효이므로(제327조 제2호) 공소기각의 판결을 해야 한다는 견해이다. 검사의 공소권을 유죄판결

---

2) 대판 1978. 11. 28. 78도2175.
3) 대판 1988. 11. 8. 88도1630 (공소장에의 불필요한 기재가 공소권 남용이 아니라고 한 사안).
4) 대판 1990. 6. 8. 90도646 (범민련 사건).
5) 대판 1999. 12. 10. 99도577; 대판 2014. 12. 24. 2014도10199; 대판 2018. 7. 12. 2014도3923; 대판 2018. 9. 28. 2018도10447. 「검사가 자의적으로 공소권을 행사하여 피고인에게 실질적인 불이익을 줌으로써 소추재량권을 현저히 일탈하였다고 보이는 경우에는 이를 공소권의 남용으로 보아 공소제기의 효력을 부인할 수 있다.」

청구권으로 파악하게 되면 유죄판결을 받을 수 있는 가능성은 공소권 행사의 전제가 되므로 명백히 혐의가 없는 사건의 기소는 공소제기의 유효조건이 결여되고 따라서 형식재판인 공소기각의 판결을 해야 한다는 점을 논거로 한다.

② 공소기각결정설　　혐의 없는 사건에 대해 공소가 제기된 경우는 공소권남용에 해당되므로 형사소송법 제328조 제1항 제4호 '공소장에 기재된 사실이 진실하다 하더라도 범죄가 될 만한 사실이 포함되지 아니하는 때'로 보아 공소기각의 결정을 해야 한다는 견해이다.

③ 무죄판결설　　혐의가 없는 사건에 대하여는 실체심리를 통해 무죄판결을 하면 족하므로 구태여 형식재판을 통해 종결할 필요가 없다는 견해이다. 형사소송법은 피고사건이 범죄로 되지 아니하거나 범죄사실의 증명이 없는 때에는 무죄판결을 하도록 규정하고 있으며(제325조) 범죄의 혐의가 없으면 공소기각이나 면소의 사유에 해당되지 않고, 혐의 없는 사건에 대하여 무죄판결을 선고하면 기판력이 발생하여 피고인에게 불이익하지도 않다는 점을 논거로 한다.

원칙적으로 혐의가 없는 경우는 실체심리를 거쳐 무죄를 선고하는 것이 타당하지만, 명백한 혐의 없는 기소, 즉 검사가 악의적으로 혐의를 뒷받침할 만한 증거 없이 기소한 경우에는 법률의 규정에 위반한 공소제기와 마찬가지로 공소기각의 판결을 통해 조속히 절차를 종결할 필요가 있다(예외적 공소기각설).

2. 판례

판례는 명확한 입장을 보이고 있지 않지만, 혐의 없는 기소에 대해 공소권남용을 인정하는 데 소극적이라고 할 수 있다. 무혐의가 인정되었던 사건에 대해 다시 별개의 사건으로 기소했더라도 혐의 없는 기소가 아니라 유죄판결을 해야 한다는 입장이나, 소추재량권의 현저한 일탈이 인정되는 경우에는 공소권남용에 해당할 수 있음을 인정하고 있다.[6)]

당해 사건에 대해 이미 무혐의로 불기소처분을 하였거나,[7)] 기소유예처분을 한 경우 또는 피의사건과 별개의 사건에 대해 유죄판결이 확정되었거나 보호처분이 내려졌던 경우라도 재차 공소를 제기하는 것이 혐의 없는 기소에 해당하지는 않는다는 것이 판례의 입장이다. 같은 취지에서 선행사건으로 유죄판결이 확정된

---

6) 대판 2017. 8. 23. 2016도5423 (부부간의 혼수문제로 갈등이 있어 수차례 처를 폭행하여 가정폭력처벌법에 따른 불처분결정이 내려진 후, 처가 위자료 청구소송과 함께 또 다른 폭행 등에 대해 고소하면서 가정보호사건으로 처리하지 않기를 바란다는 취지의 진술을 하자, 검사가 피의자에 대해 약식명령을 청구하였고 피고인이 다시 정식재판을 청구한 사안: 적법).

7) 대판 2001. 10. 9. 2001도3106 (간통재기수사사건).

후에 새로운 증거가 추가로 수집되어 동일성이 없는 다른 사건으로 공소를 제기한 경우에도 공소권남용에 해당하지 않는다고 하며,[8] 무혐의결정을 한 사안을 재기수사하여 공소를 제기한 경우도 공소권남용에 해당하지 않는다고 판시하였다.[9]

Ⅱ. 소추재량을 일탈한 기소

소추재량을 일탈한 기소란 검사가 자의적으로 공소권을 행사하여 피고인에게 실질적인 불이익을 준 경우를 말한다.

통상 기소유예할 사건을 기소한 경우를 대상으로 하지만 차별(선별)기소도 여기에 포함되며, 누락기소도 근본적으로는 소추재량의 일탈 여부가 문제된다.

1. 기소유예를 해야 할 사건에 대해 공소를 제기한 경우

사건의 성질이나 내용 등에 비추어 볼 때 기소유예를 함이 타당함에도 불구하고 검사가 자의적으로 공소를 제기하는 경우를 말한다.

공소권남용을 긍정하는 견해로서, ① 공소기각판결설에 따르면, 검사의 소추재량은 자유재량이 아니라 기속재량이므로 소추재량을 현저히 일탈한 공소제기는 공소제기의 절차가 법률의 규정에 위반하여 무효인 때(제327조 제2호)에 해당하고 따라서 판결로써 공소를 기각해야 한다고 한다. 한편 공소권남용을 부정하는 견해로서, ② 실체판결설에 따르면, 공소제기의 일반적 유효조건이 갖추어지고 범죄의 혐의가 인정된다면 법원은 유죄판결을 선고하고, 경우에 따라서 형의 선고를 유예하거나 형 면제의 판결을 하면 족하다고 한다. 기소유예는 기소편의주의에 입각한 검사의 재량에 속하며 소추재량의 남용은 공소기각이나 면소 등의 사유에 해당되지 않고, 기소유예의 정상은 사건의 실체에 관한 문제임에도 불구하고 이를 절차법상의 소송조건으로 다루는 것은 타당하지 않다는 점 등을 논거로 한다.

부당한 공소제기가 소추재량권의 현저한 일탈임이 명백히 인정되는 경우에

---

8) 대판 2017. 1. 25. 2016도15526.

9) 대판 1995. 3. 10. 94도2598. 불기소처분을 한 사안을 다시 기소한 것이 정황에 비추어 공소권남용이라고 본 하급심 사안으로는, 서울고판 2016. 9. 1. 2015노2312 (국가보안법위반(간첩) 및 북한이탈주민의보호및정착지원에관한법률위반혐의로 구속되었던 피의자에 대해 국가보안법위반 혐의 무죄, 북한이탈주민보호법위반 혐의 징역 1년, 집행유예 2년이 선고되자, 북한민주화청년학생포럼의 단체대표가 피의자를 업무방해와 외국환거래법위반 등의 혐의로 고발한 것을 계기로 이전 관할지검에 재기(불기소처분의 취소) 이송을 요청하여 탈북신분을 가장한 공무원 신분 취득을 이유로 위계에 의한 공무집행방해혐의를 더해 기소한 사안: 위법).

만 공소권남용에 해당하고, 검사가 소추재량을 일탈했다 하더라도 그러한 정도에 이르지 않은 때에는 실체심리를 통하여 실체판결을 선고하고 기소유예가 가능했다는 사정은 양형에서 고려하는 것이 타당하다.[10)]

검사가 어떤 의도(예컨대, 보복의도)를 가지고 공소제기한 것으로 인정되는 때에는 소추재량권을 현저히 일탈한 경우에 해당하여 공소권남용이 인정된다.[11)]

2. 차별(선별)기소

차별적 공소제기 또는 선별기소란 범죄의 성질과 내용이 같거나 비슷한 여러 피의자들 중에서 일부만 선별하여 기소하고 다른 사람들에 대하여는 형사입건조차 하지 않거나 무혐의 또는 기소유예 처분을 하는 경우를 말한다.

공소권남용에 해당한다고 보는 견해로서, ① 공소기각판결설에 따르면, 검사의 차별적 공소제기는 헌법이 규정한 평등원칙에 위반한 공소권의 행사로서 공소제기의 절차가 법률의 규정에 위반하여 무효(제327조 제2호)인 때에 해당되어 공소기각의 판결을 해야 한다고 하며, ② 제한적 인정설에 따르면, 공소제기가 차별의 효과가 있고 차별의 고의가 있으며 자의적인 분류에 따른 것인 때에 한해 공소기각의 판결을 해야 한다고 한다. 한편 공소권남용을 인정하지 않는 견해로서, ③ 실체판결에 따르면, 검사의 차별적 공소제기가 명백히 불합리한 경우라도 법원은 유·무죄의 실체판결을 선고해야 한다고 한다. 형사소송법이 검사에게 공소제기에 관하여 재량을 인정하는 기소편의주의를 채택하고 있고, 차별적 공소제기를 공소기각의 사유로 하게 되면 공소가 제기되지 않은 사건까지 심리의 대상에 포함시키게 되어 불고불리의 원칙에 반하게 된다는 점을 논거로 한다. 또한 선별기소의 정상도 기소유예의 정상과 마찬가지로 실체에 관한 것으로서 양형에 관한 요소가 되므로 실체판결을 해야 한다는 점을 지적하기도 한다.

판례는 차별기소가 피고인들의 주관적, 객관적 일체의 사정을 고려한 결과이고 헌법 제11조에 반하여 평등권에 위반된다거나 기소 자체가 위법하다고는 할 수 없다고 하여 공소권남용으로 보지 않는다.[12)] 다만, 차별기소가 소추재량

---

10) 대판 2013. 4. 11. 2012도6292 (대통령 비난 동영상을 블로그에 올려 국무총리실 산하 공직윤리지원관실이 자신을 불법사찰했다는 사실을 폭로한 피해자를 장기간에 걸쳐 회사의 비자금 2천만원을 타인의 병원치료비, 산삼구입비 등으로 사용했다는 혐의로 횡령죄로 기소한 사안: 적법) 참조.

11) 대판 2021. 10. 14. 2016도14772 (종전 기소유예처분을 번복할 의미 있는 사정이 없음에도 불구하고 4년 후 동일 사안을 기소한 것이 공소권남용에 해당한다고 한 사안).

12) 대판 1987. 10. 26. 87도1909; 대판 1990. 6. 8. 90도646; 대판 1990. 10. 12. 90도1744; 대판

의 일탈에 해당하는 경우에는 공소권남용에 해당할 가능성을 인정하는 판례도 있다.[13)]

생각건대 기소편의주의하에서 검사가 차별적 공소제기를 하였다는 이유만으로 공소제기의 절차가 법률의 규정에 위반하여 무효에 해당된다고 보기는 어렵지만, 평등권의 침해로 피고인에게 실질적 불이익을 초래했다면 판결로써 공소를 기각할 필요가 있다.

차별기소는 타인에 대한 유리한 처분에 불과해 직접 자신의 기본권을 침해한 것이라고 할 수 없고 따라서 헌법소원의 대상은 되지 않는다.[14)]

Ⅲ. 누락(분리)기소

검사가 동시에 공소를 제기해야 할 사건의 일부를 누락하여, 먼저 공소가 제기된 사건에 대하여 항소심판결이 선고된 후에 누락된 사건에 대해 공소를 제기하여 분리기소가 이루어지게 된 경우를 말한다.

형법 제37조(제38조)의 경합범 조항과 관련 사건의 병합관할 조항(제11조 제1호)의 적용에 따른 피고인의 이익이 검사가 병합기소를 하지 않음으로 인해 침해된다는 점이 논의의 전제라고 할 수 있다. 그러나 이와 같은 피고인의 불이익은 2005년 형법개정에서 '집행유예의 선고를 받은 자가 유예기간 중 고의로 범한 죄로 금고 이상의 실형을 선고받아 그 판결이 확정된 때에' 비로소 집행유예가 실효되고(제63조), '경합범 중 판결을 받지 아니한 죄가 있는 때에는 그 죄와 판결이 확정된 죄를 동시에 판결할 경우와 형평을 고려하여 그 죄에 대하여 형을 감경 또는 면제할 수 있으므로'(제39조 제1항) 입법적으로 대부분 해소되었다는 지적이 있다.

1. 학설

공소권남용을 인정하는 입장으로서 공소기각판결설과 이를 부인하는 실체판결설이 대립하고 있으나 전자가 다수설의 입장이다.

2009. 10. 15. 2009도6446.

13) 대판 2004. 4. 27. 2004도482; 대판 2012. 7. 12. 2010도9349; 대판 2017. 8. 23. 2016도5423.

14) 헌재 2015. 4. 21. 2015헌마330 (단 한 건의 댓글을 게시한 사람은 모욕죄 법정형의 벌금 상한액인 벌금 200만원에 약식기소하면서 수회에 걸쳐 반복적으로 성적 비하 등의 내용이 담긴 댓글을 게시한 대학생들에 대하여 기소유예처분을 한 것은 특혜성 불기소처분으로서, 검사가 임의로 불기소처분을 한 것은 헌법에 위반된다는 취지로 헌법소원심판을 청구한 사안: 각하).

(가) 공소기각판결설 검사가 누락시킨 사건의 추가기소는 공소권남용으로서 공소제기의 절차가 법률의 규정에 위반하여 무효인 때(제327조 제2호)에 해당하여 판결로써 공소를 기각해야 한다는 견해이다. 구체적으로는, ① 검사가 의도적으로 누락시킨 부분은 법원에 대하여 심판을 구하지 않겠다는 의사를 표시한 것으로서 추가기소는 금반언의 법리에 반한다는 입장, ② 누락사건의 기소는 이중위험금지의 원칙에 반한다는 입장, ③ 소추재량권을 현저히 일탈한 것이라는 입장 등이 있다.

(나) 실체판결설 검사에게는 동시소추의무가 없으므로 누락된 사건의 추가기소는 보복기소가 아닌 한 공소권남용에 해당하지 않으므로 법원은 유·무죄의 실체판결을 선고해야 한다는 견해이다.

2. 판례

판례는 공소권 행사에 있어서 검사의 재량권을 전제로, 누락기소 자체가 공소권남용은 아니라고 하면서, 공소권남용이 되기 위해서는 '검사가 자의적으로 공소권을 행사하여 피고인에게 실질적인 불이익을 줌으로써 소추재량권을 현저히 일탈하였다고 보이는 경우'여야 한다는 입장이다.

초기 판례는 자의적인 공소권 행사로 소추재량권의 현저한 일탈이 인정되는지를 판단함에 있어서, ① 검사의 태만 또는 위법한 부작위의 존재, ② 피고인에게 귀책사유가 없을 것을 요구하였으나,[15] 이후의 판례는 단순히 직무상의 과실에 의한 것만으로는 부족하고 적어도 그에 관한 미필적이나마 어떤 의도가 있을 것을 요구하고 있다.[16]

---

15) 대판 1996. 2. 13. 94도2658 (피고인이 징역 1년의 형을 선고받고 확정된 사건과 함께 입건되지 아니한 범죄사실에 대하여 관할동장으로부터 고발조치가 있자 위 관련 사건이 법원에 계류 중 이에 대하여 경찰 및 검찰이 별도로 수사를 진행하여 공소를 제기한 사안: 적법).

16) 대판 2001. 9. 7. 2001도3026 (피고인이 절취한 차량을 무면허로 운전하다가 적발되어 절도 범행의 기소중지자로 검거되었음에도 무면허 운전의 범행만이 기소되어 유죄의 확정판결을 받고 그 형의 집행 중 가석방되면서 다시 그 절도 범행의 기소중지자로 긴급체포되어 절도 범행과 이미 처벌받은 무면허 운전의 일부 범행까지 포함하여 기소된 사안: 공소권 남용 인정). 「검사가 자의적으로 공소권을 행사하여 피고인에게 실질적인 불이익을 줌으로써 소추재량권을 현저히 일탈하였다고 보여지는 경우에 이를 공소권의 남용으로 보아 공소제기의 효력을 부인할 수 있는 것이고, 여기서 자의적인 공소권의 행사라 함은 단순히 직무상의 과실에 의한 것만으로는 부족하고 적어도 미필적이나마 어떤 의도가 있어야 한다.」 같은 취지로는, 대판 1999. 12. 10. 99도577; 대판 2006. 12. 22. 2006도1623; 대판 2012. 7. 12. 2010도9349; 대판 2019. 2. 14. 2018도14295.

3. 판단기준

누락사건에 대한 추가기소 자체가 공소권남용이 되는 것은 아니지만, ① 피고인이 이미 다른 사건으로 재판 계속 중에 있음을 검사가 알고 있고, ② 누락된 사건을 충분히 기소할 수 있는 상황임에도 불구하고, ③ 특별한 이유 없이 재판 계속 중인 사건에 대한 항소심판결이 선고된 이후에야 비로소 추가기소한 경우라면 소추재량권의 현저한 일탈을 인정할 수 있다.

Ⅳ. 위법수사에 따른 기소

위법한 수사절차를 기초로 공소제기가 이루어진 경우, 공소제기 자체가 위법한 경우로 보아 공소권남용으로 볼 것인지 여부가 문제된다.

1. 학설

공소기각판결설과 실체판결설이 있으나, 공소권남용으로 보지 않는 실체판결설이 다수설의 입장이다.

① 공소기각판결설 　수사절차에 중대한 위법이 있는 때, 즉 위법수사와 공소제기가 불가분의 일체성이 있는 때에는 공소제기가 무효에 해당하므로 공소기각의 판결을 해야 한다는 견해이다.
② 실체판결설 　함정수사나 중대한 위법수사를 기초로 공소가 제기된 경우는 함정수사의 적법성 내지 위법수집증거의 문제로 다루면 족하고, 공소권남용의 유형에 포함시켜 논할 필요가 없으며 결국 실체판결을 해야 한다는 입장이다.

수사의 위법이 절차의 진행에 영향을 미칠 만큼 중대한 경우에는 공소제기의 효력에도 영향을 미칠 수 있으므로 위법수사에 기한 공소제기도 일응 공소권남용의 문제에 포함시킬 수 있다. 다만, 수사의 위법에 대해서는 증거법에서 고려하면 족하므로 실체심리를 진행하여 실체판결을 하는 것이 타당하며, 그 위법의 정도가 중대하고 당해 위법사유를 제외하더라도 유죄판결이 예상되는 경우에 한하여 피고인보호 차원에서 예외적으로 공소기각의 판결을 해야 할 것이다.

2. 판례

판례는 불법연행 등 수사절차에 위법사유가 있더라도, 그 위법한 절차에 의하여 수집된 증거를 배제할 이유는 될지언정, 공소제기의 절차 자체가 위법하여 무효인 경우에 해당하는 것은 아니라고 하여 실체판결설의 입장을 취하고 있다.[17] 다만, 함정수사와 같이 중대한 위법수사에 기한 공소제기에 대해서는 공소기각의 판결을 선고해야 한다고 함으로써 공소권남용론에 입각한 형식재판의 가능성을 예외적으로 인정하고 있다.[18]

17) 대판 1996. 5. 14. 96도561.
18) 대판 2005. 10. 28. 2005도1247.

제2장

공소의 제기

제 1 절　공소제기의 기본원칙

제 1　국가소추주의

국가소추주의란 개인이 아닌 국가가 공소를 제기할 권한을 가지는 원칙을 말한다. 국가소추주의에서 형사절차의 개시와 진행은 국가의 의무이며 개별 시민(예컨대 범죄행위의 피해를 입은 자)의 권한이나 의무는 아니다. 국가소추주의는 사적인 감정개입 없이 국가기관의 객관적인 소추결정으로 소추권 행사의 공정성을 도모하고자 한다.

제 2　기소독점주의

Ⅰ. 의의

제246조는 '공소는 검사가 제기하여 수행'한다고 규정함으로써 국가기관인 검사만이 공소의 제기 및 수행에 관한 권한을 가진다고 하고 있다. 이를 기소독점주의라고 한다. 기소독점주의는 국가소추주의를 전제로 한다.

Ⅱ. 기소독점주의의 장단점

기소독점주의는 검사의 소추권 독점으로 공소권행사의 획일성과 통일성을 도모하고, 기소·불기소의 기준을 통일하여 공소권 행사의 공평성과 적정성을 보장할 수 있다는 장점이 있다.

한편 기소독점주의는 기소편의주의 및 검사동일체의 원칙과 결합하여 규문적 검찰사법을 초래하고, 관료적·정치적인 공소권 행사를 초래할 위험이 높다.

Ⅲ. 기소독점주의의 예외

현행법상 기소독점주의의 예외로는 즉결심판제도가 있다. 「즉결심판에 관한 절차법」은 20만원 이하의 벌금, 구류 또는 과료에 처할 사건에 대해서는 관할경찰서장 또는 관할해양경찰서장에게 즉결심판청구권을 인정하고 있다(제2조, 제3조 참조). 한편 **고위공직자범죄**로서, 대법원장 및 대법관, 검찰총장, 판사 및 검사, 경무관 이상 경찰공무원이 재직 중에 본인 또는 본인의 가족이 범한 고위공직자범죄 및 관련 범죄에 대해서는 고위공직자범죄수사처가 공소제기 및 유지에 관한 권한을 가진다(공수처법 제3조 제1항 제2호).

Ⅳ. 기소독점주의에 대한 견제 및 통제

1. 사전적 통제

검사의 공정한 검찰권 행사를 위하여, 검사 자격을 엄격하게 법률로 정하고 그 신분을 보장하며, 검사적격을 심사하고, 검찰총장의 구체적 지휘감독권을 인정하는 것은 기소독점주의에 대한 사전적 통제 장치로서의 의미를 지닌다.

전문수사자문위원제도는 전문성 강화에 목적이 있기 때문에 기소독점주의에 대한 통제는 간접적인 의미를 지닐 뿐이다.

2. 사후적 통제

검사의 불기소처분에 대한 검찰항고, 재정신청 및 헌법소원과 검사의 위법·부당한 기소에 대한 국가배상 등이 사후적 통제 장치로 작용할 수 있다.

처분결과의 통지 및 불기소이유의 고지제도도 검찰항고와 재정신청이 기반이 되고 검사의 공소권 행사를 심리적으로 견제하는 역할을 한다.

3. 입법론

현재 영미의 대배심과 유사한 제도로 '검찰시민위원회'와 '검찰수사심의위원회'가 운영되고 있다. 그러나 두 위원회 모두 위원회 회부 여부를 검사 또는 검찰총장이 결정하고, 그 의결이 구속력 없이 권고적 효력만 가지기 때문에, 논란이 있는 사안의 기소 여부에 대해서 면죄부를 받기 위한 행정편의적 발상이라는 비판도 있다. 검사의 기소독점으로 인한 문제점을 완화하기 위해서는 사인소추제도를 부분적으로 도입하고, 공소제기 단계에서 국민이 참여하는 대배심제도의 도입을 검토할 필요가 있다.

① 검찰시민위원회 검사의 공소제기, 불기소 처분, 구속취소, 구속영장 재청구에 관한 의사결정 과정에 국민의 의견을 직접 반영하여 수사의 공정성과 투명성을 제고하고 국민의 인권을 보장하기 위해 2010년 설치되었다. 위원장 포함 11명 이상 40명 이하의 위원으로 구성되며, 위원은 만 20세 이상의 대한민국 국민 중에서 건전한 상식과 균형감을 갖춘 일반 시민으로서, 「국민의 형사재판 참여에 관한 법률」 제17조, 제18조에 정한 결격사유에 해당하지 않는 자여야 하며, 임기는 1년이고 1회에 한하여 연임이 가능하며, 위원으로서의 품위를 손상하는 행위를 하거나 불가피한 사정으로 직무를 수행하기 어려운 경우에는 임기 중이라도 해촉이 가능하다.

② 검찰수사심의위원회 국민적 의혹이 제기되거나 사회적 이목이 집중되는 사건에 대하여 수사 계속 여부, 공소제기 또는 불기소 처분 여부, 구속영장 청구 및 재청구 여부, 공소제기 또는 불기소 처분된 사건의 수사 적정성·적법성 등 기타 검찰총장이 위원회에 부의하는 사항을 심의하기 위해 2017년 설치되었으며, 150명 이상 250명 이하의 위원으로 구성하며, 검찰시민위원회와는 달리 일반 시민이 아니라 사법제도 등에 학식과 경험을 가진 사람으로서 덕망과 식견이 풍부한 사회 각계의 전문가를 위원으로 위촉한다. 구체적인 심의사항에 대한 심의는 15명의 현안위원회 위원을 선정하여 행한다.

제 3 기소편의주의

Ⅰ. 의의 및 성격

1. 기소편의주의의 의의

기소편의주의란 검사에게 공소권 행사에 있어서 재량을 인정하는 입법방식을 말한다. 제247조는 「검사는 형법 제51조의 사항을 참작하여 공소를 제기하지 아니할 수 있다」고 하여 기소편의주의를 채택하고 있다. 기소편의주의는 기소유예제도와 기소변경주의를 내용으로 한다.

2. 기소법정주의와의 구별

기소편의주의는 범죄의 객관적 혐의가 존재하고 소송조건이 구비되어 있더라도 검사가 공소를 제기하지 아니할 수 있는 재량을 인정하는 제도이다. 공소제기 여부에 대해 검사의 재량을 인정하지 않고, 범죄의 객관적 혐의가 있고 소송조건이 구비되었을 때에는 반드시 공소를 제기하도록 하는 기소법정주의와 대비된다(독일 형소법 제153조 이하 참조).

기소법정주의는 검찰의 정치적 중립성을 확보하고 법적 안정성 유지에 기여할 수 있다. 반면, 형사정책적 탄력성이 결여되고, 소송경제에 불리하며 형사사법업무의 부담을 가중시킬 수 있다는 문제가 있다. 그러나 법적 평화의 유지기능을 담당하는 형사절차 본연의 과제에 충실하기 위해서는 기소법정주의를 적극적으로 채택하는 방안을 검토할 필요가 있다.

Ⅱ. 기소편의주의의 장단점

1. 장점

기소편의주의는 ① 범죄예방의 관점에서 불필요한 공소제기를 방지하여 구체적 정의를 실현할 수 있고, ② 피의자를 형사절차에서 조속히 벗어나게 함으로써 특별예방이라는 형사정책적 목적의 실현에도 기여할 수 있으며(재판 이전 단계에서 우회(Diversion)를 통한 조속한 사회복귀 도모), ③ 불필요한 공소제기를 억제하여 소송경제에 기여할 수 있는 장점이 있다.

2. 단점

기소편의주의는 ① 수사권을 가진 검사의 기소재량으로 수사의 규문화(검사의 독선과 자의 개입의 우려), 공판의 형해화를 가져올 우려가 있고. ② 검찰의 정치적 중립성 확보 및 형사사법에 대한 국민의 신뢰 확보에 지장이 있을 수 있다는 단점이 있다.

Ⅲ. 기소유예제도

1. 의의

기소유예는 기소편의주의에 근거하여 공소를 제기하지 아니하는 처분으로서, 소송조건이 구비되어 있고 공소를 제기·유지하기에 충분한 범죄의 혐의가 존재하더라도 검사가 형법 제51조의 사항을 참작하여 공소를 제기하지 아니하는 처분을 말한다.

기소유예는 범죄의 혐의가 불충분하거나 소송조건의 미비 등 객관적인 소송장애 사유가 존재하는 경우에 행하는 협의의 불기소처분과 구별된다.

2. 기소유예의 기준

검사는 '형법 제51조의 사항을 참작하여' 공소를 제기하지 아니할 수 있다고 규정함으로써, 형법의 양형사유를 유예의 기준으로 제시하고 있다.

기소유예 여부 판단의 기준이 되는 형법 제51조는 한정적 열거조항이 아니라 예시조항이다. 따라서 피의자의 전과 및 전력, 법정형의 경중, 범행이 미치는 사회적 영향, 사회정세 및 가벌성의 평가의 변화, 법령의 개폐, 공범의 사면, 범행 후 시간의 경과 등도 기소유예를 함에 있어 참작할 수 있다.

검사는 공소제기에 있어서 재량권을 가지므로, 양형사유 가운데 기소하여야 할 사유와 기소를 유예할 만한 사유가 서로 경합할 경우 어느 사유를 선택할 것인지도 원칙적으로 검사의 재량에 속한다. 그러나 소추재량권은 그 운용에 있어 자의가 허용되는 무제한의 자유재량이 아니라 스스로 내재적인 한계를 가지는 합목적적 자유재량이다.[1)]

3. 기소유예의 범위

(1) 조건부 기소유예

검사가 피의자에게 일정한 지역에의 출입금지, 야간출입금지, 수강명령의 이행, 피해의 배상 등 일정한 의무를 부과하여 이를 준수하는 것을 조건으로 기소유예를 하는 것을 말한다(소년법 제49조의3 참조).

성인의 경우에도, 가정폭력범죄피의자에 대해서는 상담조건부 기소유예를, 성구매자에 대해서는 교육조건부 기소유예를, 단순마약류 투약자에 대해서는 치료조건부 기소유예를, 정신장애범죄자에게는 정신건강 상담·치료 조건부 기소유예를 각각 실시하고 있으며, 일부 지방검찰청에서 노동부나 한국법무보호복지공단과 연계하여 생계형 범죄피의자에 대해 직업훈련 참가 등 조건부 기소유예를 실시하고 있다.

---

1) 헌재 1995. 1. 20. 94헌마246 (12·12사건).

적법절차의 원칙에 따를 때, 대상자에게 새로운 의무를 부과하는 것은 사법적 판단을 통해서만 가능하므로, 법률의 규정이나 상대방의 동의가 없는 한, 조건부 기소유예는 허용되지 않는다.

기소유예의 권한을 검사에게 인정하는 한 조건부 기소유예가 더 중대하거나 또 다른 권력분립의 문제를 가져오지 않고, 오히려 피의자의 사회복귀를 용이하게 할 수 있다는 점 등을 논거로 이를 긍정하는 견해도 있다.

(2) 일부기소유예

범죄혐의가 인정되고 소송조건이 구비된 수개의 범죄사실 중 일부나 한 개의 범죄사실 가운데 일부의 사실에 대해서만 검사가 기소를 유예하는 것을 말한다. 일부기소유예는 일부기소와 표리관계에 있다.

일부기소유예가 허용되는지 여부에 관해 다양한 논의가 있으나 다수설은 이를 긍정한다.

긍정설은 검사의 소추재량권 행사도 기소편의주의의 연장선상에 있으므로 이를 긍정할 수 있다는 견해이며, 부정설은 검사의 자의적 공소권 행사의 위험이 크므로 이를 부정해야 한다는 견해이다.

소추재량권의 남용에 해당하지 않는 한 일부기소유예를 부정할 수 없고, 실무에서도 경미한 사건의 경우에는 이를 긍정하고 있다.

4. 기소유예에 따른 부수절차

기소유예의 결정을 하는 경우에는 서약서를 받거나 보호단체에 보호를 알선하는 등의 부수적 조치를 할 수 있다.

검사가 기소유예의 결정을 하는 경우에는, 경미한 사건의 경우를 제외하고, 피의자에게 엄중히 주의를 주고, 재범하지 않겠다는 피의자의 의사를 확인해야 한다(검사규 제118조 제1항). 감호자·연고자 또는 범죄예방자원봉사위원에게 신병인도조치를 하거나 한국법무보호복지공단 등 보호단체에 보호를 알선하는 등 필요한 조치를 할 수 있다(동조 제2항). 또한 검사가 소년인 피의자에 관하여 선도조건부기소유예결정을 하는 경우에는 선도보호에 필요한 조치를 하여야 한다(동조 제3항). 피의자가 보호나 선도보호를 위해 필요한 조치를 정당한 이유없이 불응하거나 이행하지 않는 경우에는 검사는 사건을 재기하여 공소를 제기하거나 소년보호사건송치결정을 할 수 있다(동조 제4항).

5. 기소유예의 효과

기소유예는 검사의 종국처분으로서 법원의 확정판결과는 달리 확정력이 없다. 검사가 기소유예의 처분을 한 다음 다시 수사를 재기하여 기소하였더라도 공소제기는 유효하며, 법원이 해당 공소사실에 대하여 유죄판결을 선고하였더라도 일사부재리의 원칙에 반하지 않는다.[2)]

Ⅳ. 기소변경주의

기소변경주의란 공소제기 후에 공소의 취소를 인정하는 입법방식을 말한다. 공소제기 후에 공소사실이나 적용법조 등을 변경하는 공소장변경은 이 원칙과 직접 관련이 없다.

현행법은 제1심판결선고 전까지 공소의 취소를 인정하고 있으나(제255조 제1항), 기소법정주의에 따르더라도 (사인소추의 보장을 전제로 한) 공소의 취소를 인정하기도 하므로 반드시 기소편의주의의 귀결이라고 할 수 없다는 지적도 있다.

1. 의의

공소의 취소란 검사가 공소를 제기한 후 수 개의 공소사실의 전부 또는 일부를 철회하는 법률행위적 소송행위를 말한다. 공소의 취소는 공소유지절차에서 기소편의주의의 표현이라고 할 수 있다.

2. 사유

공소취소의 사유에는 제한이 없으며, 기소 당시 소송조건의 결여와 같이 공소제기 자체에 오류가 있는 경우 외에 공소제기 후에 사정이 변경된 경우도 포함한다.

3. 절차

공소의 취소는 검사만 할 수 있고, 다만 재정신청사건에 대한 공소제기결정에 따라 공소가 제기된 경우에는 공소를 취소할 수 없다(제264조의2).

---

2) 대판 1983. 12. 27. 83도2686, 83감도456.

(1) 서면 또는 구술

공소의 취소는 이유를 기재한 서면으로 하여야 하나 공판정에서는 구술로써 할 수 있다(제255조 제2항). 공소취소의 이유는 공소취소의 효력에 아무런 영향을 미치지 않으므로, 공소취소의 이유를 기재하지 않고 공소를 취소한 경우에도 공소취소는 유효하다.

(2) 고소인 등에 대한 통지

검사가 공소를 취소한 때에는 그날로부터 7일 이내에 고소인 또는 고발인에게 그 취지를 통지하여야 한다(제258조 제1항).

(3) 취소시기

공소는 제1심판결선고 전까지 취소할 수 있다. 여기서 제1심판결은 실체재판은 물론 형식재판도 포함하지만, 최초의 제1심판결에 한하므로 파기환송이나 파기이송에 의한 제1심절차나 재심절차에서는 취소가 허용되지 않는다.

약식명령이 발령된 경우 공소취소가 허용되지 않지만, 약식명령에 대한 정식재판청구로 공판절차가 개시된 경우에는 정식재판절차의 제1심판결선고 전까지 공소를 취소할 수 있다.

4. 효력

(1) 공소기각의 결정

공소가 취소되었을 때는 법원은 결정으로 공소를 기각하여야 한다(제328조 제1항 1호). 공소취소의 효력범위는 공소제기의 경우와 같다.

검사의 공소취소로 법원이 공소기각 결정을 하여 그 결정이 확정되면 설사 검사의 공소취소처분이 다시 취소되더라도 법원의 공소기각 결정이 재심에 의하여 취소되지 아니하는 한 원래의 공소제기 상태는 회복될 수 없다.[3)]

(2) 재기소 제한

공소취소에 의한 공소기각의 결정이 확정된 때에는 공소취소 후 그 범죄사실에 대한 다른 중요한 증거를 발견한 경우에 한하여 다시 공소를 제기할 수 있다(제329조). '다른 중요한 증거를 발견한 경우'란 새로 발견된 증가를 추가하면

---

3) 헌재 1997. 3. 27. 96헌마219.

유죄의 확신을 가지게 될 정도의 증거가 있는 경우를 말한다.

재기소 제한은 종전 범죄사실 그대로 재기소하는 경우뿐만 아니라 범죄의 태양, 수단, 피해의 정도, 범죄로 얻은 이익 등 범죄사실의 내용을 추가 변경하여 재기소하는 경우에도 마찬가지로 적용된다.[4)]

V. 기소편의주의에 대한 규제

1. 불기소처분에 대한 규제

이미 기술한 바와 같이 고소·고발인에 대한 통지제도, 재정신청, 검찰항고, 헌법소원 등 기소독점주의에 대한 규제 장치가 그대로 타당하다. 기소유예(제247조)의 경우에도 검사의 합목적적 자유재량으로서의 내재적 한계를 일탈한 자의적 처분에 해당하면 평등권 침해로 헌법소원심판을 청구할 수 있다.[5)]

2. 공소제기에 대한 규제

공소제기 후에는 법원의 실체판단을 통해 검사의 공소권 행사의 적정 여부를 확인하므로, 원칙적으로 별도의 규제가 없다. 다만, 소추재량을 현저히 일탈한 경우에는 앞에 설명한 공소권남용론을 통한 규제가 가능하게 된다.

제 2 절 공소제기의 방식

제 1 공소장의 제출

I. 서면주의

형사소송법은 절차의 형식적 확실성을 위해 공소제기에 관해 서면주의를 취하고 있다. 공소장(제254조 제1항)이나 약식명령청구서(제449조)의 제출은 공소제기의 본질적 요소에 해당한다. 서면 이외에 구두, 전보, 팩스, CD 등 정보저장매체에 의한 공소제기는 허용되지 않는다. 이러한 방식의 공소제기는 공소제

4) 대판 2009. 8. 20. 2008도9634.
5) 헌재 1996. 3. 28. 95헌마208 참조.

기의 본질적 요소의 결여로 공소제기가 성립한 것이 아니고, 피고인과 변호인이 이의를 제기하지 아니하고 변론에 응하였다 하더라도 그 하자가 치유되지 않는다.[6)]

한편, 공소장부본의 첨부(제254조 제2항) 및 송달(제266조)은 피고인의 방어권 보장을 위해 중요한 의미를 지닌다.

Ⅱ. 공소장의 기재사항

공소장의 기재사항은 심판의 대상을 명확히 하고 피고인의 방어권을 보장한다는 점에서 중요한 의미를 가진다.[7)]

공소장에는 피고인의 성명 기타 피고인을 특정할 수 있는 사항, 죄명, 공소사실 및 적용법조를 기재하여야 한다(제254조 제3항). 이를 '필요적 기재사항'이라고 한다. 필요적 기재사항은 검사가 누구의 어떠한 범죄를 소추하려는가를 명시하는 것이다. 공소장 기재사항에 하자가 있으면 절차위반으로 원칙적으로 공소제기는 무효가 된다.

1. 피고인의 성명 기타 피고인을 특정할 수 있는 사항(제1호)

검사가 소추하려는 대상이 누구인지 그 동일성이 특정되어야 한다.

형사소송규칙에서는 피고인의 성명 '기타 피고인을 특정할 수 있는 사항'으로서, 피고인의 주민등록번호 등, 직업, 주거 및 등록기준지(다만, 피고인이 법인인 때에는 사무소 및 대표자의 성명과 주소)를 기재하도록 하고 있으며(규칙 제117조 제1항 제1호), 그 사항이 명백하지 아니할 때에는 그 취지를 기재하도록 하고 있

6) 대판 2003. 11. 14. 2003도2735 (법원이 경찰서장의 즉결심판 청구를 기각하여 경찰서장이 사건을 관할 지방검찰청으로 송치하였으나 검사가 이를 즉결심판에 대한 피고인의 정식재판청구가 있은 사건으로 오인하여 그 사건기록을 법원에 송부한 사안: 공소제기 불성립); 대판 2016. 12. 15. 2015도3682 (검사가 웹하드에 다량의 영화, 드라마 등을 불법 업로드하여 저작재산권을 침해하였다는 공소사실의 일부가 되는 범죄일람표를 컴퓨터 프로그램을 통하여 열어보거나 출력할 수 있는 전자적 형태의 문서로 작성한 후, 전자적 형태의 문서가 저장된 저장매체 자체를 서면인 공소장에 첨부하여 제출한 사안: 공소제기 불성립); 대판 2009. 2. 26. 2008도11813 (필로폰 판매혐의로 공소가 제기된 후, 필로폰 매매알선혐의를 예비적으로 추가하는 내용의 공소장변경허가신청서를 제출하였다가 동일성이 없다는 이유로 허가결정이 취소되자, 검사가 새로운 공소제기 없이 그 자리에서 위 변경신청서로 알선행위에 대한 공소장을 갈음한다고 하면서 기소유지 진술을 하였고 이에 피고인과 변호인은 이의 없다고 진술한 사안: 무효).

7) 대판 2003. 11. 14. 2003도2735; 대판 2009. 2. 26. 2008도11813.

다(동조 제2항). 피고인의 성명 등을 알 수 없는 경우에는 피고인의 직업 또는 인상, 체격을 기재하거나 사진을 첨부하는 등으로 피고인을 특정할 수도 있고,[8] 전과나 소년부송치 사실로 피고인을 특정할 수도 있다.[9]

특정의 정도는 피고인을 다른 사람과 구별할 수 있을 정도면 족하며,[10] 피고인을 특정하지 않으면 제254조 제3항 제1호 위반으로 공소기각의 판결을 선고하게 된다.

2. 죄명(제2호)

죄명이란 범죄의 유형적 성질을 나타내는 명칭으로서, 적용법조의 기재와 함께 심판대상을 법률적으로 구성하는 데 중요한 역할을 한다.

「공소장 및 불기소장에 기재할 죄명에 관한 예규」에 따라 죄명을 기재하는데, 예컨대 형법범의 죄명은 '형법죄명표'에 따라 기재하고, 특별법의 죄명은 당해 특별법명칭 다음에 '… 법(률)위반'으로 표기한 다음 해당 죄명을 별표에 따라 괄호 안에 기재한다(예컨대 특정범죄 가중처벌 등에 관한 법률위반(뇌물)).

(1) 보조적 기능

죄명은 적용법조와 함께 심판대상을 정하는 보조적 기능을 가지는 데 그치고 이에 대한 법률적 구성은 법원의 권한에 속하므로, 기재의 오류가 있더라도 피고인의 방어에 실질적 불이익을 주지 않는 한 공소제기의 효력에는 영향이 없고 정정절차를 통해 바로잡으면 족하다.

(2) 일괄표시 또는 누락의 효과

수개의 공소사실에 죄명을 일괄표시하거나 죄명을 누락한 경우라도 공소사실을 통해 확인할 수 있는 경우에는 공소제기의 효력에 영향이 없다.[11]

3. 공소사실(제3호)

공소사실이란 검사가 법원에 대하여 심판을 청구한 사실, 즉 범죄의 특별구성요건을 충족하는 사실을 말한다. 이에 대해서는 뒤에 별도로 설명한다.

---

8) 대판 1982. 10. 12. 82도2078.
9) 대판 1990. 10. 16. 90도1813.
10) 대판 1982. 10. 12. 82도2078.
11) 대판 1984. 2. 14. 83도2897.

4. 적용법조(제4호)

적용법조란 공소사실에 대해 적용된 법적 평가로서, 공소사실의 법률적 평가를 명확히 하여 피고인의 방어권을 보장하는 역할을 한다.12) 그러나 법률의 해석 및 적용 문제는 법원의 전권이므로, 공소사실이 아닌 어느 처벌조항을 준용할지에 관한 해석 및 판단에 있어서는 법원은 검사의 공소장 기재 적용법조에 구속되지 않는다.13)

(1) 기재의 내용

특별구성요건을 규정한 형법각칙 및 특별형법의 법조 외에 형법총칙상의 미수, 공범, 죄수에 관한 법조도 기재한다.

(2) 오기나 누락의 효과

죄명과 함께 공소제기의 범위를 확정하는 데 보조적 기능을 하므로, 적용법조의 기재에 오기나 누락이 있는 경우라 할지라도 이로 인하여 '피고인의 방어에 실질적인 불이익을 주지 않는 한' 공소제기의 효력에는 영향이 없다.14) 반면, 방어권 행사에 실질적인 불이익을 준 때에는 공소제기의 절차가 위법하여 무효에 해당한다.15)

5. 기타 필요적 기재사항

(1) 피고인의 구속 여부

공소장에는 피고인에 대한 서류송달 등을 위해 구속 여부에 관한 사항도 기재하여야 한다(규칙 제117조 제1항 제2호).

(2) 공무원의 서류로서의 기재사항

공소장은 공무원이 작성하는 서류로서 작성연월일, 소속공무소를 기재하고,

---

12) 대판 1996. 8. 23. 96도1231; 대판 2006. 4. 14. 2005도9743; 대판 2006. 4. 28. 2005도4085.

13) 대판 2018. 7. 24. 2018도3443 (특수폭행치상(제262조)의 공소사실에 대하여 2016년 형법개정으로 신설된 특수상해죄(제258조의2)를 적용법조로 하여 기소한 사안).

14) 대판 2006. 4. 14. 2005도9743.

15) 대판 2009. 8. 20. 2009도9 (재건축공사장 출입구에서 공사장 출입차량의 통행을 막으면서 집회를 하고 불법집회 해산명령에 응하지 않아 집시법 제20조 제2항의 해산명령에 위반한 혐의로 기소하면서, 공소장의 적용법조에 해산명령의 대상이 된 집회의 태양을 구체적으로 기재하지 않은 사안: 위법).

기명날인 또는 서명을 하고, 서류에는 간인 또는 이에 준하는 조치를 하여야 한다(제57조 제1항, 제2항). 기명날인 또는 서명의 하자가 있으면 원칙적으로 공소제기가 무효로 되지만, 기명날인 또는 서명 등의 추완을 통해 공소제기가 유효하게 될 수 있다.[16]

Ⅲ. 첨부서류

1. 공소장부본

공소장에는 피고인수에 상응한 부본을 첨부하여(제254조 제2항), 피고인에게 송달함으로써 방어준비를 하게 하여야 한다.

2. 첨부서류

공소장에는, ① 공소제기 전에 변호인이 선임되거나 보조인의 신고가 있는 경우 그 변호인선임서 또는 보조인신고서를, ② 공소제기 전에 특별대리인의 선임이 있는 경우 그 특별대리인 선임결정등본을, ③ 공소제기 당시 피고인이 구속되어 있거나, 체포 또는 구속된 후 석방된 경우 체포영장, 긴급체포서, 구속영장 기타 구속에 관한 서류를 각 첨부하여야 한다(규칙 제118조 제1항).

제2 공소사실의 특정

Ⅰ. 의의

1. 공소사실의 의의

공소사실이란 검사가 법원에 대하여 심판을 청구하는 사실로서, 범죄의 구성요건을 충족하는 구체적인 사실을 말한다.[17]

2. 공소사실의 특정

피고인이 구체적으로 어떤 범죄사실로 기소되었는지를 법원과 피고인이 알 수 있도록 함으로써 법원에 대해서는 심판의 대상을 한정하고 피고인에게는 방

16) 대판 2012. 9. 27. 2010도17052; 대판 2021. 12. 16. 2019도17150.

17) 대판 1984. 5. 22. 84도471.

어의 범위를 특정하여 그 방어권 행사를 용이하게 하도록, 검사가 공소장에 범죄사실을 구체적으로 기재하여야 한다.

Ⅱ. 특정의 방법

공소사실의 특정을 위해서는 범죄의 시일, 장소와 방법을 명시함으로써 다른 범죄사실과의 식별이 가능하도록 범죄 구성요건에 해당하는 구체적 사실을 기재하여야 한다(제254조 제4항).

1. 다른 사실과 구별할 수 있을 정도의 기재

다른 공소사실과 구별할 수 있을 정도, 즉 공소사실의 동일성을 인정할 수 있는 정도로 기재하여야 하며, 공소사실 특정의 기본 취지에 비추어 피고인의 합리적인 방어권 행사에 중대한 지장을 초래하지 않아야 한다.[18)]

2. 판례의 구체적 기준

판례는 제254조 제4항이 명시한 범죄의 시일, 장소와 방법의 특정과 관련하여, 지나친 상세한 특정으로 필요 이상의 엄격한 요구를 하는 것은 공소의 제기와 유지에 장애를 줄 수 있다는 전제 아래, ① '시일'은 이중기소나 시효에 저촉되지 않는 정도의 기재를, ② '장소'는 토지관할을 가늠할 수 있는 정도의 기재를 그리고 ③ '방법'은 범죄구성요건을 밝히는 정도의 기재로 족하다는 입장이다.[19)]

공소사실은 범죄의 일시, 장소, 방법이라는 세 가지 요소를 종합하여 범죄구성요건에 해당하는 구체적 사실을 다른 사실과 판별할 수 있을 정도로 기재하

---

18) 대판 1975. 11. 25. 75도2946.

19) 대판 1984. 8. 14. 84도1139. 「공소사실의 기재는 … 형사소송법의 해석상 가능한 한 범죄의 일시, 장소, 방법은 명확하게 이를 특정할 수 있도록 기재하는 것이 바람직하다고 할 것이나 이와 같은 요구는 비록 소인의 특정에 필요한 것이 아니라고 하더라도 심리의 편의와 피고인의 방어를 위하여 그 최소한의 기재를 요구하고 있는 것이라고 풀이할 수 있을 뿐만 아니라 사실상 필요이상의 엄격한 요구로 공소의 제기와 그 유지에 불필요한 장애를 초래할 수 있으므로 범죄사실을 특정할 수 있는 한도, 즉 일시는 이중기소나 시효에 저촉되지 않는 정도, 장소는 토지관할을 가름할 수 있는 정도, 그리고 그 방법에 있어서는 범죄구성요건을 밝히는 정도 등으로 기재하면 족하다고 풀이할 것이다.」 같은 취지로는, 대판 1997. 8. 22. 97도1211; 대판 2006. 3. 9. 2005도8675; 대판 2014. 10. 30. 2014도6107; 대판 2015. 12. 23. 2014도2727; 대판 2018. 12. 13. 2018도15373.

여야 한다.[20]

3. 개괄적 표시가 부득이한 경우

피고인의 방어권 행사에 지장이 없으면 시일이나 장소 등을 특정하지 않고 방법 등을 통해 개괄적으로 표시하더라도 적법하다. 판례는 초기에 범죄의 구성요건이 아닌 범죄의 시일, 장소와 방법은 구체적으로 명확히 할 수 없는 경우에는 부득이하게 개괄적으로 표시하여도 무방하다고 판시하기도 하였으나,[21] 이후에는 개괄적 표시로 인해 피고인의 방어권 행사에 지장을 주지 않을 것을 요구하고 있다.[22]

> 마약류관리법위반사건에서 모발검사에 따른 국과수의 감정결과만을 기초로 역추산하여 범행일시를 개괄적으로 정하고 피고인의 행적조사 등 조사 없이 임의로 주거지를 범행장소로 기재한 경우는 방어권 행사에 지장을 주는 개괄적 표시에 해당한다.[23]

4. 범죄유형별 판단

(1) 마약류 투약범죄의 경우

판례는 마약류 범죄의 밀행성을 고려하여 공소사실에 대한 특정을 일정 부분 완화하고 있다.

마약류 투약범죄의 공소사실 특정에 관한 획일적인 기준을 발견하기는 어렵지만, 판례는 ① 모발감정결과에 기초한 투약시기 추정을 허용하기도 하고,[24] ② 모발감정결과에 기초하여, 예컨대 공소사실을 '피고인은 1996. 7. 내지 10. 일자 불상경 장소 불상에서 불상의 방법으로 메스암페타민 불상량을 투약하였다'고 개괄적 기재를 한 경우에 공소사실이 특정되지 않았다고 보기도 한다.[25]

---

20) 대판 1989. 6. 13. 89도112; 대판 1991. 12. 24. 91도2495; 대판 1994. 9. 23. 94도1853; 대판 2004. 12. 23. 2004도7421; 대판 2005. 7. 29. 2005도2003; 대판 2009. 5. 28. 2008도4665; 대판 2011. 2. 10. 2010도16361; 대판 2018. 2. 8. 2017도17838.
21) 대판 1964. 10. 27. 64도413; 대판 1965. 12. 10. 65도826 전합.
22) 대판 1989. 12. 12. 89도2020; 대판 1991. 10. 25. 91도2085; 대판 1997. 8. 22. 97도1211; 대판 2014. 10. 30. 2014도6107.
23) 대판 2000. 11. 24. 2000도2119; 대판 2007. 8. 23. 2006도5041; 대판 2017. 2. 21. 2016도19186.
24) 대판 1994. 12. 9. 94도1680; 대판 1998. 2. 24. 97도1376; 대판 2005. 5. 13. 2005도1765; 대판 2007. 4. 26. 2007도1824.
25) 대판 1999. 6. 11. 98도3293; 대판 2000. 10. 27. 2000도3082; 대판 2000. 11. 24. 2000도2119.

한편 ③ '기소 당시의 증거에 의하여 가능한 공소사실의 특정'이라는 기준을 제시하면서 모발 분할감정 결과에 따라 투약시기를 가능한 한 세분하였는지에 따라 특정 여부를 판단하기도 하고,[26] ④ 투약 사실 자체는 인정하면서도 모발감정에 따른 투약시기 추정에 대해서 근본적인 의문을 제기하는가 하면,[27] ⑤ 다른 투약범행과의 구별가능성을 기준으로 제시하는 판례도 있다.[28] 한편, ⑥ 모발감정과는 달리 정확성이 높고 추정투약기간이 짧으며 외부오염가능성이 낮은 소변검사의 경우에는 검사결과에 기초한 공소사실이 특정된 것으로 본다.[29]

(2) 기타의 경우

특허법위반[30]이나 저작권법위반[31]의 경우에도 침해대상, 침해내용과 방법을 특정할 수 있어 구성요건 해당사실을 다른 사실과 구별할 수 있다면 피고인의 방어권 행사에 지장이 없으므로 적법하다고 보고 있다. 다만 이 경우에도 침해 주체가 '성명불상'으로 기재되어 있고, 침해방법도 단순히 '컴퓨터 프로그램을 무단으로 복제하여 취득'했다고만 기재되어 있다면 공소사실이 특정되었다고 볼 수 없다는 판례가 있다.[32]

Ⅲ. 특수한 범죄형태의 경우

1. 공범의 경우

(1) 공모공동정범의 경우

공모공동정범에서는 '공모'가 범죄될 사실의 주요부분에 해당하므로 실행에 관여하지 않은 자에게도 책임을 지울 수 있을 정도로 공모사실을 특정해야

26) 대판 2005. 5. 13. 2005도1765.
27) 대판 2005. 12. 9. 2005도7465; 대판 2007. 1. 11. 2005도7422; 대판 2011. 6. 9. 2011도3801; 대판 2012. 4. 26. 2011도11817; 대판 2017. 3. 15. 2017도44.
28) 대판 2000. 10. 27. 2000도3082; 대판 2011. 2. 10. 2010도16361; 대판 2011. 2. 24. 2010도15403. 한편 투약대상자의 진술이 있다는 이유로 공소사실의 특정을 완화한 판례도 있다(대판 2014. 10. 30. 2014도6107).
29) 대판 2010. 8. 26. 2010도4671.
30) 대판 2016. 5. 26. 2015도17674.
31) 대판 2016. 12. 15. 2014도1196 (공소사실에는 피해자인 저작재산권자의 성명 등이 특정되어 있지 않으나, 정범인 웹하드 사이트 이용자들의 영상저작물 업로드 행위에 관하여 그 행위자의 아이디, 업로드 파일의 파일명, 저작권침해 확인일시, 검색어 등이 기재된 사안: 적법).
32) 대판 2019. 12. 24. 2019도10086.

한다.[33]

그러나 공소가 제기된 범죄의 성격에 비추어 공소의 원인이 된 사실을 다른 사실과 구별할 수 있을 정도로 시일·장소·방법·목적 등을 적시하여 특정하면 충분하고, 공모의 시간·장소·내용 등을 구체적으로 명시하지 아니하였다거나 그 일부가 다소 불명확하더라도 그와 함께 적시된 다른 사항들에 의해 그 공소사실을 특정할 수 있고 따라서 피고인의 방어권 행사에 지장이 없는 경우에는 위법하지 않다.

(2) 협의의 공범의 경우

교사나 방조의 구체적 사실 이외에도 공범의 공소사실에 대한 전제가 되는 정범의 범죄구성요건을 충족하는 구체적 사실을 기재하여야 한다.[34]

2. 죄수에 따른 특징

(1) 경합범의 경우

경합범은 각 범죄사실별로 공소사실을 특정하여야 한다. 예컨대 사기범행은 피해자별로 공소사실이 특정되어야 한다.[35]

(2) 포괄일죄의 경우

동일 죄명에 해당하는 여러 개의 행위 혹은 연속된 행위를 단일하고 계속된 범의하에 일정 기간 계속하여 행하고 피해법익도 동일한 경우에는 이들 각 행위를 통틀어 포괄일죄로 처단하여야 하는데, 그 일죄의 일부를 구성하는 개별행위에 대해 구체적으로 특정되지 않더라도 전체 범행에 대해 시기와 종기, 범행방법, 범행횟수 또는 피해액의 합계 및 피해자나 상대방을 명시하면 족하다.[36] 그러나 공소사실에 범죄구성요건을 충족하는 구체적 사실은 기재되어야

---

33) 대판 1988. 9. 13. 88도1114; 대판 2009. 6. 11. 2009도2337; 대판 2016. 4. 29. 2016도2696 (부부공모사건: 대표이사가 주식회사를 운영하면서 관세법위반행위를 하였다는 취지로 공소사실을 특정하였으나, 공범인 부인 또는 경리담당직원은 독자적인 권한을 가지고 있지 않고, 범죄에 공동가담한 내용이 개별적으로 특정되지 아니한 사안: 불특정).

34) 대판 1982. 2. 23. 81도822; 대판 1982. 5. 25. 82도715; 대판 1988. 4. 27. 88도251; 대판 2001. 12. 28. 2001도5158; 대판 2020. 5. 28. 2016도2518 (사기방조의 공소사실을 특정하면서 정범의 기망행위의 범죄사실을 전혀 특정하지 않은 사안).

35) 대판 1996. 2. 13. 95도2121; 대판 2003. 4. 8. 2003도382; 대판 2004. 7. 22. 2004도2390; 대판 2010. 4. 29. 2010도2810; 대판 2011. 2. 24. 2010도13801.

36) 대판 1982. 10. 26. 81도1409; 대판 1992. 9. 25. 92도1671; 대판 1998. 5. 29. 97도1126.

하므로, 포괄일죄 가운데 대표적인 특정 범죄사실 또는 당해 범죄의 구체적인 범행방법 등을 기재한 다음 전체 범행의 시기와 종기, 범행횟수 또는 피해액의 합계 및 피해자나 상대방 등을 명시하여야 한다.[37]

Ⅳ. 공소사실 특정을 위한 석명권 행사

공소사실은 공소장의 기재를 기준으로 판단하지만, 심리절차에서는 심리의 경과나 검사의 주장내용 등도 고려하여 특정 여부를 판단해야 한다.

공소사실이 형식적으로 특정되어 있으나, 공소사실의 기재가 오해의 소지가 있거나 명료하지 못한 경우에는, 바로 불특정을 이유로 판결로써 공소를 기각하거나 경우에 따라서는 특정된 것으로 보이는 사실에 대해 실체판단을 할 것이 아니라, 검사에 대하여 석명권을 행사하는 것이 필요하다(규칙 제141조).[38]

Ⅴ. 불특정에 따른 효과

공소사실의 특정은 공소제기의 유효요건이므로 공소사실이 특정되지 않은 때 또는 명료하지 않아 검사에게 석명을 구하였으나 검사가 이를 특정하지 않은 때에는 공소제기는 무효가 되어 공소기각의 판결을 선고하여야 한다.[39] 공소사실이 특정되지 않으면 피고인이나 변호인이 이의를 제기하지 않고 변론에 응하였더라도 그 하자가 치유되지 않는다.

제3 임의적 기재사항 – 예비적·택일적 기재

Ⅰ. 범죄사실과 적용법조의 예비적·택일적 기재

공소장에는 수개의 범죄사실과 적용법조를 예비적·택일적으로 기재할 수 있다(제254조 제5항). 이는 공소제기의 편의를 도모하기 위한 것으로서 기소편의주의의 연장으로 보기도 한다. 예비적·택일적 기재는 공소제기시 뿐만 아니라

---

37) 대판 2009. 7. 23. 2008도5930.

38) 대판 1983. 6. 14. 83도293; 대판 1994. 12. 9. 94도1680; 대판 2006. 5. 11. 2004도5972; 대판 2011. 11. 10. 2011도10468; 대판 2015. 12. 23. 2014도2727 (황칠나무 사건); 대판 2016. 12. 15. 2015도3682; 대판 2019. 12. 24. 2019도10086; 대판 2021. 2. 25. 2020도3694.

39) 대판 1971. 2. 9. 70도2585.

공소장변경시(제298조. 추가 또는 변경의 경우만 해당되고 철회는 제외)에도 가능하다.

공소장변경의 경우에는 심리과정에서 법원 또는 검사의 심증변화에 대비하는 것으로서 공소사실의 동일성을 전제로 하는 데 비하여, 공소제기시의 예비적·택일적 기재는 공소제기과정에서 심증형성이나 법률구성의 불충분함에 대비하고 법원에 문제점을 예고하는 점에서 구별된다.

1. 예비적 기재

예비적 기재란 수개의 범죄사실 또는 적용법조에 대해 심판순서를 정하여 선순위의 사실(본위적 또는 주위적 공소사실·적용법조)이 인정되지 않는 경우 후순위의 사실(예비적 공소사실·적용법조)에 대한 심판을 구하는 취지로 기재하는 것을 말한다.

2. 택일적 기재

택일적 기재란 수개의 범죄사실 또는 적용법조에 대해 심판순서를 정하지 않고 어느 사실을 인정해도 좋다는 취지로 기재하는 것을 말한다.

예비적·택일적 기재는 공소사실과 적용법조 모두를 하는 것이 일반적이지만, 동일한 공소사실에 대해 적용법조만 예비적·택일적으로 기재하는 것도 가능하다.

Ⅱ. 허용범위

1. 학설과 판례

공소사실의 동일성이 인정되는 범위 내에서만 예비적·택일적 기재가 허용되는지에 대해 학설의 대립이 있으나 한정설이 지배적이다.

① 적극설(비한정설)　　예비적·택일적 기재는 범죄사실의 동일성이 인정되지 않는 실체적 경합관계에 있는 수개의 범죄사실 사이에서도 인정된다는 견해이다. 제254조 제5항이 수개의 범죄사실에 대한 예비적·택일적 기재를 규정하면서 공소사실의 동일성을 요구하고 있지 않으며, 공소장의 예비적·택일적 기재는 본래 기소편의주의의 연장선상에서 공소장기재의 엄격성에 따른 불편을 제거하기 위하여 인정된 것이고, 검사에게 수개의 범죄사실을 독립적으로 기재하거나 수개의 공소장을 제출하도록 하는 것은 무용한 절차의 반복을 초래하고, 수개의 범죄사실을 처음부터 경합범으로 기소한 경우에 비하여 피고인의 방어부담을 가중시키는 것으로 볼 수도 없다는 점을 그 논거로 하고 있다.

② 소극설(한정설) 예비적·택일적 기재는 범죄사실의 동일성이 인정되는 범위 내에서만 허용된다는 견해이다. 공소사실의 동일성이 인정되지 않는 수개의 범죄사실을 공소장에 예비적·택일적으로 기재하는 것을 허용하게 되면 조건부 공소제기를 허용하는 결과가 되어 불확정적인 공소제기를 인정하는 것이 되고, 동일성이 인정되지 않는 수개의 범죄사실은 경합범으로 기소하거나 추가기소를 하는 것이 당연하며, 수개의 범죄사실이 심판의 대상이 되는 것과 동일성이 인정되는 범죄사실이 심판의 대상이 되는 것은 피고인의 방어권행사에 있어서 실질적인 차이가 생기게 된다는 점을 그 논거로 하고 있다.

판례는 한때 한정설의 입장을 취했으나, 1966년 전원합의체 판결을 통해 비한정설로 입장을 변경하였다.[40] 범죄의 일시, 장소, 수단, 및 객체 등이 달라서 수개의 범죄사실로 인정되는 경우라도, 개별 범죄사실들이 특정되어 경합범으로 기소된 경우에 비해 피고인의 방어권 행사에 지장을 초래할 염려가 없고, 기소편의주의에 따른 검사의 재량을 인정할 필요가 있다는 점을 근거로 하고 있다.

2. 검토

공소장변경과의 균형 및 추가기소와의 구별이라는 점에 비추어 보면 수개의 범죄사실에 대해서는 예비적·택일적 기재보다 각기 별개로 공소를 제기하는 것이 타당하고, 검사의 신중한 공소제기를 유도한다는 점에서도 한정설의 입장이 타당하다.

Ⅲ. 심판의 방법

1. 심판의 대상

공소장에 기재된 모든 사실이 현실적 심판대상이 되며, 다만 예비적 기재의 경우에는 심판순서에 제약이 있을 뿐이다.

예비적·택일적으로 기재된 사실은 공소사실의 일부로서 상소제기의 효력이 그 전부에 대해 미치므로 상소심에서도 심판대상이 된다.[41] 따라서 항소심에서 원심판결을 파기하면서 원심이 판단하지 않은 택일적 공소사실에 대해서 유죄를 인정하는 것도 가능하다.[42]

---

40) 대판 1966. 3. 24. 65도114.
41) 대판 2006. 5. 25. 2006도1146.
42) 대판 1975. 6. 24. 70도2660.

2. 심판의 순서

(1) 예비적 기재의 경우

검사가 기소한 순위에 따라 심판의 순서가 제한된다. 따라서 법원은 본위적 공소사실로 기재된 것부터 심판하고 본위적 공소사실이 유죄로 인정되지 않는 경우에 한해 예비적 공소사실에 대해 심판한다.

(2) 택일적 기재의 경우

검사가 택일적으로 기재한 경우에는 심판순서에 제한이 없다. 따라서 법원이 어느 하나의 사실로 유죄를 인정하면 나머지 사실의 경중을 불문하고 이를 유죄로 인정하지 않더라도 검사의 상소이유가 되지 않는다.[43)]

3. 판단의 방법

예비적·택일적 기재가 있는 경우 공소사실 가운데 어느 하나에 대해 유죄를 선고하는 경우, 법원은 유죄로 인정된 사실에 대한 판단만 주문에 표시하면 족하고 다른 사실에 대해서는 주문에 표시할 필요가 없다.

(1) 예비적 기재의 경우

① 주위적 공소사실을 유죄로 인정하는 경우에는 예비적 공소사실에 대해서는 주문은 물론 판결이유에서도 판단할 필요가 없으나, ② 예비적 공소사실을 유죄로 인정하는 경우에는 주위적 공소사실에 대해 판결주문에서 무죄를 선고할 필요는 없지만, 판결이유에서는 무죄 부분에 대한 판단을 해야 한다.

주위적 공소사실과 예비적 공소사실을 모두 무죄로 인정하는 경우에는 판결주문에 무죄를 선고하고 판결이유에서 모든 공소사실에 대해 판단해야 한다.

(2) 택일적 기재의 경우

어느 하나의 사실이 인정되면 판결주문에 유죄만을 선고하면 족하고, 다른 사실에 대해서는 판결이유에서도 판단할 필요가 없다. 모두에 대해 무죄를 선고하는 경우에는 판결주문에서 무죄를 선고하고 판결이유에서 각각의 배척사유를 밝혀야 한다.[44)]

---

43) 대판 1981. 6. 9. 81도1269.

44) 대판 2006. 12. 22. 2004도7232.

4. 검사의 상소

예비적 기재의 경우 ① 본위적 공소사실을 유죄로 인정한 이상 예비적 공소사실을 인정하지 않았다는 이유로 상소할 수 없으나, ② 예비적 공소사실만 인정한 경우에는 본위적 공소사실을 인정하지 않았다는 이유로 상소할 수 있다.

한편 택일적 기재의 경우에는 어느 하나를 유죄로 인정하면 검사는 상소할 수 없으나, 모두 유죄로 인정하지 않은 경우에는 어느 하나가 유죄라는 취지로 상소할 수 있다.

제 4 공소장일본주의

Ⅰ. 의의 및 본질

1. 의의

공소장일본주의란 공소제기 시에는 필요적 기재사항이 기재된 공소장 하나만 제출해야 하고 그 밖에 사건에 관하여 법원에 예단이 생기게 할 수 있는 서류 기타 물건을 첨부하거나 그 내용을 인용해서는 안된다는 원칙을 말한다(규칙 제118조 제2항).

2. 이념적 근거

공소장일본주의를 취하는가 여부는 입법정책의 문제이지만, 이념적으로는 **법원의 예단배제를 통한 공평한 재판의 실현**을 지향하고 있다.

> 2007년 개정법률이 집중심리주의를 토대로 도입한 공판준비절차에서 증거조사와 관련된 준비행위를 할 수 있도록 명시함으로써 공소장일본주의가 형해화되는 것은 아닌가 하는 의문이 있으나, 실체와 관련된 준비는 원칙적으로 제외된다는 점에서 공소장일본주의에 반하는 것은 아니라고 할 수 있다. 또한 국민참여재판의 경우에는 공판준비절차에 배심원 관여가 배제됨으로써 예단배제의 원칙이 실현되고 있다고 할 수 있다.

3. 제도의 기능

공소장일본주의는 예단배제, 당사자주의 그리고 공판중심주의 및 증거재판주의의 실현에 기여하지만, 공소장일본주의를 통해서만 이러한 기능의 실현이 가능한 것이 아님은 물론이다. 공소장일본주의가 위법수집증거를 배제하는 기능이 있다는 지적도 있다.

Ⅱ. 내용

1. 첨부 및 인용 금지

사건에 관해 법원에 예단이 생기게 할 수 있는 서류나 물건을 첨부하거나 증거 기타 예단이 생기게 할 수 있는 문서의 내용을 인용하는 것은 금지된다. 범죄사실에 대한 수소법원의 실체판단에 앞서서 심증형성에 영향을 미칠 수 있는 서류나 물건(예컨대 검사의 수사기록, 증거물 일부 또는 전부 등)을 제출하지 못하도록 하는 것이다.

규칙 제118조 제1항에 따라 법원에 예단을 생기게 할 염려가 없고 소송진행을 위해 필요한 서류, 예컨대 변호인선임서나 구속에 관한 서류 등의 첨부는 당연히 허용된다.

'인용'은 공소사실을 특정하기 위한 경우라도 원칙적으로 금지되지만, 협박죄나 명예훼손죄 등의 경우에 범행에 사용된 문서의 내용을 인용하는 것은 범죄의 특성상 공소사실을 특정하기 위해 예외적으로 허용된다.

2. 기타 사실의 기재 금지

제254조 제3항의 필요적 기재사항을 비롯한 법령이 요구하는 사항 이외의 사실로서, 법원에 예단이 생기게 할 수 있는 기타 사실의 기재(여사기재)도 금지된다.

첨부나 인용과는 달리 여사기재는 법문에 명시되지 않았으나, 공소장의 필요적 기재사항에 해당하지 않고 법원에 예단이 생기게 할 수 있다는 점에서 금지의 내용에 포함된다.[45] 판례는 공소장 모두에 '기타 사실의 기재' 자체가 적절하지 못하다고 하면서도, 공소장일본주의 위반 여부는 개별적으로 판단하고 있다.[46]

(1) 전과 등 범죄경력

전과 등 범죄경력은 예단을 생기게 할 수 있는 사항으로서 원칙적으로 공

---

45) 대판 2014. 8. 20. 2011도468.

46) 대판 1992. 9. 22. 92도1751; 대판 1994. 3. 11. 93도3145 참조.

소장에 기재할 수 없지만, 피고인의 특정을 위해 필요한 때에는 공소장에 기재하였더라도 적법하다.[47]

학설로는 전과를 동종전과와 이종전과로 구분하여 전자는 공소장일본주의에 반하지만 후자는 삭제하면 족하다는 견해도 있으나, 심증형성에 영향을 준다는 점에서는 동일하므로 특정을 위해 필요한 경우가 아니면 허용되지 않는다고 보아야 한다.

(2) 피고인의 성격이나 경력 등

피고인의 성격이나 경력 등도 범죄의 구성요건의 요소가 되는 경우이거나 구성요건적 행위와 밀접불가분 관계에 있는 경우가 아니면 기재가 금지된다.

판례는 공소사실을 뒷받침하기 위해 공소사실의 첫머리에 피고인의 경력이나 성격 등을 불필요하게 길고 장황하게 나열하는 것이 부적절하지만 이를 삭제하면 족하다는 입장이다.[48] 다만 판례 가운데 법원에 강한 예단을 줄 수 있는 경우에 위법하다고 본 것이 있다.[49]

(3) 범행의 동기 등

살인, 방화 등의 경우 범죄의 직접적인 동기 또는 공소범죄사실과 밀접불가분의 관계에 있는 동기를 공소사실에 기재하는 것은 공소사실의 특정을 위한 것으로 당연히 허용되며, 설사 범죄의 직접적인 동기가 아닌 경우라도 동기의 기재 자체만으로 위법하다고 보기는 어렵고,[50] 다만 기재된 부분은 삭제하여야 할 것이다.

(4) 여죄의 기재

공소사실 이외의 다른 범죄(餘罪)에 대한 기재는 금지된 사실이 아니면 필요적 기재사항 위반은 아니라는 것이 판례의 입장[51]이나 예단배제의 차원에서 의문이다. 따라서 이러한 기재가 있는 경우에는 원칙적으로 공소기각의 판결을 하여야 할 것이다.

---

47) 대판 1990. 10. 16. 90도1813.
48) 대판 1999. 7. 23. 99도1860.
49) 대판 2015. 1. 29. 2012도2957.
50) 대판 2007. 5. 11. 2007도748; 대판 2017. 11. 9. 2014도15299.
51) 대판 1983. 11. 8. 83도197.

학설로는 구체적 범죄사실의 기재가 없이 여죄가 존재한다는 식의 지적은 단순한 여사기재로서 삭제를 명하면 족하다는 견해와 무죄추정의 원칙과 예단배제의 요청에 비추어 볼 때 모든 여죄기재는 공소기각의 판결의 대상이 된다는 견해가 있으나, 후자가 다수설의 입장이다.

3. 판단

공소장일본주의를 위반하였는지 여부는 공소사실로 기재된 범죄의 유형과 내용 등에 비추어 볼 때, 첨부나 인용 또는 불필요한 사실의 기재로 당해 사건에서 법관 또는 배심원에게 예단을 생기게 하여 법관 또는 배심원이 범죄사실의 실체를 파악하는 데 장애가 될 수 있는지를 기준으로 구체적으로 판단한다.[52] 첨부나 인용 등이 공소사실의 특정을 위해 필요한 경우인지에 대한 판단도 필요하다.[53]

Ⅲ. 적용범위

공소장일본주의는 공소제기의 방식에 의한 정식재판의 경우에 적용된다.

1. 공소제기시

공소장의 제출을 통해 공소를 제기할 때 적용되는 원칙이므로, 공판절차갱신 후의 절차나 상소심 절차, 파기환송 또는 이송 후의 절차에서는 적용될 여지가 없다.

2. 정식재판

정식재판절차에서만 적용되므로, 청구와 동시에 필요한 증거서류와 증거물을 제출하는 약식명령(제450조)의 경우에는 적용되지 않는다.[54]

다만 약식명령의 청구가 있는 사건이 약식명령으로 할 수 없거나 약식명령으로 하는 것이 적당하지 아니하다고 인정하여 공판절차에 의하여 심판하거나(제450

52) 대판 2009. 10. 22. 2009도7436 전합; 대판 2012. 4. 19. 2010도6388 전합; 대판 2014. 8. 20. 2011도468; 대판 2017. 11. 9. 2014도15129; 대판 2017. 11. 29. 2017도9747; 대판 2019. 8. 29. 2018도13792 전합; 대판 2020. 7. 16. 2019도13328 전합; 대판 2020. 10. 29. 2020도3972.
53) 대판 2014. 8. 20. 2012도214; 대판 2017. 12. 22. 2017도15613.
54) 대판 2007. 7. 26. 2007도3906.

조), 검사 또는 피고인이 약식명령의 고지를 받은 날로부터 7일 이내에 정식재판을 청구한 때(제453조 제1항)에는 당연히 공소장일본주의가 적용된다. 그러나 이 경우에 이미 법원에게 제출된 증거서류나 증거물을 검사에게 반환하지 않았다고 하더라도 공소제기의 절차가 위법하게 되는 것은 아니다.[55)]

즉결심판절차에서도 서류나 증거물에 대한 일괄제출의무(즉결심판에 관한 절차법 제4조)가 있으므로 공소장일본주의의 적용이 배제된다.[56)]

Ⅳ. 위반에 대한 효과

공소장일본주의에 위반한 때에는 원칙적으로 공소제기의 절차가 법률의 규정에 위반하여 무효인 때에 해당하므로 판결로써 공소를 기각해야 한다(제327조 제2호).

법원에 예단을 생기게 할 수 있는 첨부·인용 기타 불필요한 사실의 기재가 있는 경우에는 원칙적으로 공소장일본주의에 위반하여 공소제기가 무효로 되지만, 첨부·인용 기타 불필요한 사실의 기재라도 법원에 예단을 생기게 할 우려가 없다면 공소장일본주의는 적용되지 않고, 다만 공소장 기재사항이 적절하지 않은 경우로서 소송지휘를 통해 보정(삭제 또는 제거)하면 족하다.

공소장일본주의를 위반한 경우 하자의 치유에 대해서는 학설이 대립하고 있으나, 예단배제를 통한 공정한 재판의 실현이라는 관점에서 이를 인정하지 않는 것이 타당하다.

법원에 예단을 생기게 할 염려가 없는 단순한 여사기재는 법원에서 공소장변경명령에 의하여 삭제하면 족하고 이러한 한도에서 치유가 가능하다는 견해도 있으나, 다수설은 공소장일본주의가 공정한 재판의 원칙에서 차지하는 의미를 고려하면 심증형성에 지장을 초래하는 하자의 치유를 인정하는 것은 타당하지 않다고 한다.

다만 판례는 절차의 진행에 따른 하자의 치유를 인정한다. 즉, 피고인 측으로부터 아무런 이의가 제기되지 않고 법원 역시 범죄사실의 실체를 파악하는 데 지장이 없다고 판단하여 그대로 공판절차를 진행한 결과, 증거조사절차가 마무리되어 법관의 심증형성이 이루어진 단계에서는, 소송절차의 동적 안정성 및 소

55) 대판 2007. 7. 26. 2007도3906.
56) 대판 2011. 1. 27. 2008도7375.

송경제의 이념 등에 비추어 볼 때, 이미 진행된 소송절차의 효력을 다툴 수는 없다고 한다.[57]

제 5 공소시효

Ⅰ. 의의 및 본질

1. 의의

공소시효란 범죄행위가 종료된 후에 공소의 제기 없이 일정한 기간이 경과하면 그 범죄행위에 대하여 국가의 형사소추권을 소멸시키는 제도를 말한다.

(1) 구별개념

공소시효는 형의 시효와 구별된다. '형의 시효'는 **확정된 형벌권을 소멸**시키고 형의 집행을 면제하는 것을 말한다(형법 제77조 내지 제80조).

> 형의 시효는 일정한 시간이 경과함에 따른 사실상태를 법률적으로 존중하기 위해 마련된 제도라는 점에서 공소시효와 유사하나, 형사절차상 국가의 소추권을 소멸시키는 공소시효와는 달리, 확정된 형벌권을 소멸시키는 제도로 형법에 규정되어 있는 점에서 차이가 있다.

(2) 기준으로서 '범행의 일시'

범행의 일시는 공소사실을 특정하는 데 중요한 요소일 뿐만 아니라 범죄에 대한 공소시효가 완성되었는지 여부를 결정짓는 요소가 된다.[58]

2. 제도의 본질과 존재이유

(1) 제도의 본질

공소시효제도의 본질에 대한 논의는 후술하는 공소시효 정지규정의 유추적용 인정 여부, 사실상 또는 법률상 장애로 인한 공소시효의 정지 가능 여부, 공소시효완성의 효력범위를 실체법상 죄수를 기준으로 할 것인지 소송법상 1죄의

---

57) 대판 2009. 10. 22. 2009도7436 전합; 대판 2009. 11. 26. 2009도7567; 대판 2012. 8. 30. 2012도5220; 대판 2015. 1. 29. 2012도2957.

58) 대판 2005. 9. 9. 2005도3857; 대판 2013. 10. 17. 2013도6401.

개념을 기준으로 할 것인지 등에 대한 입장의 차이 등에서 비롯된 것이다.

(가) **학설** 이에 대하여는 실체법설, 소송법설, 신소송법설, 결합설(병합설, 경합설)이 있다. 종래에는 실체법설이 다수설이었으나 최근에는 소송법설과 결합설이 유력해지고 있다.

> ① 실체법설 공소시효는 시간의 경과에 따라 사회의 응보감정 또는 범인의 악성이 소멸되기 때문에 형벌권을 소멸시키는 제도로서, 형벌권의 소멸이 소송에 반영되어 실체재판을 가로막는 소송법적 효과를 가진다고 한다. 종래 우리나라의 다수설이나, 형벌권이 소멸하면 무죄판결을 해야 할 것이지 면소판결을 하도록 한 이유를 설명하지 못하고 시간이 경과하였다고 형벌권이 소멸할 수는 없다는 비판이 있다.
>
> ② 소송법설 공소시효는 형벌권과는 관계없이 시간의 경과에 의하여 증거가 없어지게 된다는 점을 고려하여 국가의 소추권을 억제하는 성격을 가진 것이고, 따라서 시효의 완성은 소송조건이 된다고 한다. 형법에 공소시효를 규정하고 있는 독일의 학설과 판례의 입장이나, 시효기간이 법정형에 따라 달리 규정된 이유를 설명할 수 없다는 비판이 제기된다.
>
> 한편 **신소송법설**은 적법절차의 보장이라는 차원에서 공소시효는 시간의 경과에 따라 불안정한 개인의 지위를 안정시키고 궁극적으로 신속한 재판을 받을 권리의 실현이라는 소송법이념에 기여한다는 개인의 권리보장이라는 관점에서 이해해야 한다고 한다.
>
> ③ 결합설 공소시효의 본질은 가벌성 감소와 증거의 산일에 있다고 하여 실체법적 성격과 소송법적 성격을 함께 인정하는 견해이다. 그러나 시간이 경과함에 따라 형벌권이 소멸한다는 전제에 서 있는 결합설도 실체법설의 난점이 그대로 유지된다는 지적이 있다

(나) **판례** 헌법재판소는 실체법설의 입장을 따르면서,[59] 공소시효제도는 소송법적 성격도 반영된 것으로 이해하고 있다.[60]

(다) **검토** 공소시효기간을 '법정형'을 기준으로 한 것은 실체법의 성격을 반영한 것이나 공소시효가 완성된 범죄에 대해서는 '면소판결'을 하도록 한 것은 절차법의 성격을 반영한 것이라는 점에서 결합설이 타당하다.

---

59) 헌재 1993. 9. 27. 92헌마284; 헌재 1995. 1. 20. 94헌마246.

60) 헌재 1996. 2. 16. 96헌가2, 96헌바7, 96헌바13 (5·18민주화운동 특별법 위헌제청사건 – 공소시효 정지의 소급적용).

결합설에 따르면, 이미 공소시효가 완성된 범죄에 대해 공소시효를 연장하는 것(진정소급입법)은 소급효를 인정하는 것으로 허용되지 않지만, 공소시효가 완성되지 않은 범죄에 대해 공소시효를 연장하는 것(부진정소급입법)은 허용된다.

(2) 제도의 존재이유

공소시효는 ① 일정한 기간의 경과로 범죄에 대한 사회적 감정과 피해자의 처벌 감정이 줄어들었고, ② 범인의 반사회적 성격의 개선 등이 기대될 수 있으며, ③ 증거의 산일 이외에 장기간 도망으로 인한 사실상의 처벌이 이루어졌고, ④ 국가의 태만으로 인한 책임을 범인에게만 돌리는 것은 부당하며, ⑤ 오래된 범죄에 대한 수사나 재판의 필요를 면제하여 국가의 부담을 경감할 수 있다는 점 등에 그 존재이유가 있다.

따라서 법률에 공소시효의 정지, 연장, 배제 등의 특례를 규정함에 있어서는 위와 같은 사유들을 고려하여 공소시효를 인정할 필요성이 줄어들거나 사라진 것으로 볼 수 있을 만한 사정이 있는지를 검토해야 할 것이다.

Ⅱ. 공소시효의 기간

1. 공소시효(완성)기간

(1) 시효기간

(가) 법정형에 따른 차등 적용 공소시효의 실체법적 성격을 반영하여 아래와 같이 법정형이 중한 죄에 대해서는 공소시효기간을 장기로 정하고 있다(제249조 제1항).

- 사형에 해당하는 범죄는 25년
- 무기징역 또는 무기금고에 해당하는 범죄는 15년
- 장기 10년 이상의 징역 또는 금고에 해당하는 범죄는 10년
- 장기 10년 미만의 징역 또는 금고에 해당하는 범죄는 7년
- 장기 5년 미만의 징역 또는 금고, 장기 10년 이상의 자격정지 또는 벌금에 해당하는 범죄는 5년
- 장기 5년 이상의 자격정지에 해당하는 범죄는 3년
- 장기 5년 미만의 자격정지, 구류, 과료 또는 몰수에 해당하는 범죄는 1년

(나) 군형법상의 범죄 형법상 범죄의 경우와 동일하게 법정형에 따라 차등적으로 공소시효기간이 적용된다(군사법원법 제291조 제1항).

(다) **치료감호사건** 치료감호가 청구된 사건과 동시에 심리하거나 심리할 수 있었던 죄에 대한 공소시효가 지나면 치료감호의 청구를 위한 시효도 완성된다(치료감호법 제45조 제1항).

(2) 공소시효의 연장

공소시효의 연장이란 형사소송법에서 정하고 있는 공소시효 기간을 일정한 사유가 있는 경우에 법률을 통해 늘리는 것을 말한다.

> 공소시효는 법적 안정성과 범인필벌에 대한 요구 등을 비교형량하여 결정할 수 있는 제도로서 동일한 법정형의 범죄라도 행위의 주체, 객체, 방법 등에 따라 처벌 감정의 정도가 다르게 평가될 수 있고, 과학적 수사기법의 발달로 오랜 기간이 경과하더라도 증거가 유지되기도 한다는 점 등을 고려한 것이라고 할 수 있다.

(가) **일반적 방식** 공소시효의 연장은 법정형에 따라 정해지는 일반적 공소시효에 일정 기간을 추가하는 방식, 법정형에 따른 공소시효보다 장기의 공소시효를 특정하여 규정하는 방식이 있을 수 있다.

(나) **현행법상 공소시효의 연장**

1) **형사소송법에 의한 연장** 2007년 개정법률은 DNA감정기술 등 과학수사의 발달로 오랜 기간이 경과한 증거도 증거수집이 가능하여 실체적 진실발견이 가능하게 되었고, 날로 지능화·흉포화하는 강력범죄에 대한 범죄예방의 필요성이 요구되어 공소시효를 연장하였다.

2) **특별법에 의한 연장** ① 조세범처벌법, 성폭력특별법, 청소년성보호법 등도 행위태양, 보호법익 등을 고려하여 공소시효를 연장하고, ② 국가공무원법, 지방공무원법, 국가정보원법, 경찰공무원법, 군형법 등에서 적용대상자의 정치활동 관여 내지 정치 운동의 죄에 대해 공소시효를 10년으로 연장하였으며, ③ 국민투표법, 공직선거법, 교육공무원법, 공공단체 등 위탁선거에 관한 법률, 각종 조합법(농업협동조합, 산림조합, 수산업협동조합, 염업조합, 중소기업협동조합 등)은 투표 내지 선거범죄의 특수성을 고려하여 공소시효 기간을 별도로(원칙적으로 6개월) 정하고 있다.

(3) 공소시효의 적용 배제

일정한 범죄의 경우에는 공소시효에 대한 규정이 적용되지 않아 결과적으로 공소시효가 영구적으로 완성되지 않고 따라서 형사소추가 가능하게 된다.

(가) **형사소송법에 의한 경우** 2015년 개정법률은 '사람을 살해한 범죄'(종범은 제외한다)로 사형에 해당하는 범죄에 대하여는 제249조부터 제253조까지에 규정된 공소시효의 적용을 배제하고 있다(제253조의2).

(나) **특별법에 의한 경우** ① 성폭력범죄처벌법이나 청소년성보호법에 따라 13세 미만의 사람 및 신체적인 또는 정신적인 장애가 있는 사람에 대해 강간 등의 죄를 범한 경우, 강간 등 살인의 죄의 경우에는 공소시효의 적용을 배제한다(성폭력범죄처벌법 제21조 제3항, 제4항, 청소년성보호법 제20조 제3항, 제4항). ② 헌정범죄시효법에 따라 형법상 내란죄, 외환죄 및 군형법상 반란죄, 이적죄 등 헌정질서파괴범죄와 형법 제250조의 살인죄로서 「집단살해죄의 방지와 처벌에 관한 협약」에 규정된 집단살해에 해당하는 범죄에 대하여도 공소시효의 적용이 배제된다(동법 제3조, 국제형사재판소 관할범죄의 처벌등에 관한 법률 제6조).

2. 시효기간 산정의 기준

(1) 법정형 기준

공소시효의 기준이 되는 형은 법정형이며, 형을 병과하거나 가감하는 경우를 별도로 규정하고 있다.

(가) **형을 병과 또는 선택하는 경우** 두 개 이상의 형을 병과하거나 두 개 이상의 형에서 한 개를 과할 범죄에 대해서는 '무거운 형에 정한 법정형'에 따라 시효기간을 결정한다(제250조).

> '2개 이상의 형을 병과'하는 경우란 법률에 2개 이상의 주형을 병과하도록 정해진 경우를 말하며, '2개 이상의 형에서 그 1개를 과할 범죄'는 법률에 수개의 형이 선택적으로 정해진 경우를 의미한다.

(나) **형을 가중·감경하는 경우** 형법에 의하여 형을 가중 또는 감경한 경우에는 가중 또는 감경하지 아니한 형에 정한 법정형에 따라 시효기간을 결정한다(제251조). 특별구성요건으로서 가중·감경구성요건을 둔 경우나 형법 이외의 법률에 의해 형법이나 다른 법률보다 형을 가중·감경하는 경우는 제251조는 적용되지 않으며, 이 경우에는 가중·감경된 법정형에 의한다.[61] 가중 또는 감경은 필요적인 경우와 임의적인 경우를 포함한다.

---

61) 대판 1973. 3. 13. 72도2976; 대판 1980. 10. 14. 80도1959.

(다) **협의의 공범의 경우** 교사 또는 방조의 경우에는 '정범의 법정형'을 기준으로 하나, 필요적 공범의 경우에는 예외적으로 '개별 행위자의 지위에 따른 법정형'에 따른다.

(라) **양벌규정의 경우** 행위자인 종업원 외에 법인이나 사업주도 처벌하는 경우 그 기준이 되는 법정형은 처벌의 균형이라는 측면에서 행위주체인 종업원을 기준으로 한다.

학설로는, ① 행위자기준설(처벌의 일관성을 유지하기 위하여 종업원에 대한 법정형을 기준으로 정해야 한다는 견해)과 ② 사업주기준설(개별책임의 원칙에 따라 법인이나 사업주에게 규정된 법정형인 벌금형을 기준으로 정해야 한다는 견해)이 있다.

(2) 공소장에 기재된 공소사실 기준

법정형의 기준이 되는 범죄사실은 '공소장에 기재된 공소사실'을 의미한다. 공소장에 수개의 공소사실이 예비적·택일적으로 기재된 경우에는 각 공소사실의 법정형을 기준으로 개별적으로 공소시효를 결정한다.

학설에 따라서는 가장 중한 죄에 정한 법정형을 기준으로 하여 결정한다는 견해도 있으나, 수개의 죄에 대해서도 예비적·택일적 기재가 가능하다는 판례의 태도에 따른다면 개별 범죄사실의 법정형을 기준으로 개별적으로 정하는 것이 타당하다.

과형상 일죄인 상상적 경합의 경우에도 실질적으로 수죄에 해당하므로 각각의 공소사실의 법정형을 기준으로 개별적으로 결정한다. 따라서 상상적 경합관계에 있는 공소사실 가운데 어느 하나의 사실에 대한 공소시효가 완성되었더라도 다른 사실에 대해 정해진 공소시효기간이 남아 있다면 당해 사실에 대한 공소제기는 적법하다.[62)]

(3) 공소장 변경의 경우

공소제기의 효력은 공소장에 기재된 공소사실과 동일성이 인정되는 사실에 대하여도 미치므로, 변경된 공소사실에 대한 공소시효의 완성 여부도 공소제기

---

62) 대판 2006. 12. 8. 2006도6356 (공무원이 취급하는 사건에 관하여 청탁이나 알선을 할 의사와 능력이 없음에도 청탁 또는 알선한다고 기망하여 금품을 교부받아 변호사법위반죄와 사기죄의 상상적 경합으로 기소되었으나 변호사법위반죄만 공소시효가 완성된 경우 사기죄에 대한 기소: 적법).

시를 기준으로 판단한다.[63] 다만, 공소장변경에 의하여 공소사실이 변경됨에 따라 그 법정형에 차이가 생긴 경우에는 변경된 공소사실에 대한 법정형을 기준으로 공소제기 시점에 공소시효가 완성되었는지 여부를 판단한다.[64]

공소장을 변경한 경우뿐만 아니라 공소장 변경 없이 다른 사실을 인정한 경우에도 법정형은 인정한 사실에 대한 법정형을 기준으로 공소제기 시점에서 공소시효 완성 여부를 판단한다.[65]

(4) 법률이 변경된 경우

범죄 후 법률(실체법)의 개정으로 법정형이 변경된 경우 공소시효 기산에 대해서는 형의 경중을 불문하고 법정형을 개정한 취지를 형사절차에 반영한다는 측면에서 신법을 기준으로 하여야 할 것이다.

학설로는 ① 신법기준설(공소시효의 본질에 대하여 소송법설을 근거로 하여 형의 경중을 불문하고 신법의 법정형을 기준으로 한다는 견해)과 ② 경한 법정형 기준설(공소시효의 본질에 대하여 실체법설을 근거로 하여 행위자에게 유리한 법을 적용해야 한다는 견해)이 대립하고 있으며, 다수설과 판례[66]는 후자의 입장에 가까운 것으로 보인다.

소송법의 개정으로 시효기간이 변경된 경우(연장 또는 적용배제 포함)에도 신법의 공소시효 규정이 적용된다. 이때 경과규정을 통해 다르게 정할 수 있다(2007년 부칙, 2015년 부칙 참조).

3. 공소시효의 계산

(1) 기산점

공소시효는 '범죄행위가 종료한 때'부터 진행한다(제252조 제1항).

(가) '범죄행위가 종료한 때'란 당해 범죄구성요건이 실현된 때를 의미하며, 구체적으로는 범죄의 종류에 따라 그 시점이 달라진다.

---

63) 대판 1981. 2. 10. 80도3245; 대판 1982. 5. 25. 82도535; 대판 1992. 4. 24. 91도3105; 대판 2002. 1. 22. 2001도4014; 대판 2004. 7. 22. 2003도8153.

64) 대판 2001. 8. 24. 2001도2902; 대판 2002. 10. 11. 2002도2939.

65) 대판 2013. 7. 26. 2013도6182, 2013전도123.

66) 대판 2008. 12. 11. 2008도4376. 「범죄 후 법률의 개정에 의하여 법정형이 가벼워진 경우에는 형법 제1조 제2항에 의하여 당해 범죄사실에 적용될 가벼운 법정형(신법의 법정형)이 공소시효기간의 기준으로 된다.」

① 결과범의 경우에는 구성요건에 해당하는 행위를 한 때가 아니라 '구성요건에 해당하는 결과'가 발생한 때를 의미(미수범의 경우에는 미수에 그친 때)한다.[67] ② 결과적 가중범의 경우에는 '중한 결과'가 발생한 때를 기준으로 한다. ③ 즉시범의 경우에는 실행행위의 일부가 아니라 '실행행위가 종료한 때'를 기준으로 한다.[68] ④ 계속범의 경우에는 '법익침해가 종료한 때'를 기준으로 한다.[69] ⑤ 목적범의 경우에는 '목적이 달성된 때'가 기준이 된다.

(나) **포괄일죄의 경우** 단일하고 계속된 범의 아래 피해법익이 동일한 동종의 범행을 일정 기간 반복하여 행한 경우에는 '마지막 범죄행위가 종료한 때'를 기준으로 한다.[70]

(다) **과형상 일죄의 경우** 실질적으로 수죄이므로 각 범죄행위가 종료된 때를 기준으로 개별적으로 결정한다.[71]

(2) 공범에 관한 특칙

최종행위가 종료한 때부터 '공범' 전체에 대해 공소시효기간이 진행한다(제252조 제2항). 공범들에 대한 시효의 획일적 확정으로 처벌의 형평을 도모하기 위한 것이다. '공범'은 공동정범과 협의의 공범 이외에 필요적 공범도 포함한다.

---

67) 대판 1994. 3. 22. 94도35 (업무상과실치사상죄의 경우 피해자들이 사상에 이른 결과가 발생함으로써 공소시효 진행); 대판 2003. 9. 26. 2002도3924; 대판 2009. 5. 28. 2009도875; 대판 2011. 11. 24. 2010도11394.

68) 대판 1993. 6. 8. 93도999 (폭처법상 범죄단체 등의 조직죄는 범죄를 목적으로 한 단체 또는 집단을 구성함으로써 즉시 성립하므로 그 시점부터 기산); 대판 2007. 10. 25. 2006도346; 대판 2009. 4. 9. 2008도11572; 대판 2012. 2. 23. 2011도7282; 대판 2012. 9. 13. 2010도16001; 대판 2018. 6. 28. 2017도7937.

69) 대판 1978. 11. 14. 78도2318 (문화재보호법상 문화재를 등록하지 않고 소유나 점유를 계속한 경우 등록기간 도과 이후에도 소유나 점유가 계속되고 있으면 공소시효가 완성되지 않음: 계속범); 대판 1981. 10. 13. 81도1244; 대판 1999. 3. 9. 98도4582; 대판 2001. 9. 25. 2001도3990; 대판 2004. 2. 12. 2003도6215; 대판 2006. 9. 22. 2004도4751; 대판 2007. 3. 29. 2005도7032; 대판 2010. 9. 30. 2008도7678.

70) 대판 1996. 10. 25. 96도1088 (한약업사가 혈압측정 및 진맥을 하고 환자의 증세에 따라 임의로 한약의 종류나 분량을 가감하여 한방의료행위를 지속적으로 행한 사안: 포괄일죄); 대판 2002. 10. 11. 2002도2939; 대판 2008. 2. 15. 2006도7881; 대판 2006. 4. 28. 2005도756; 대판 2009. 10. 29. 2009도8069; 대판 2012. 9. 13. 2010도17418; 대판 2012. 9. 27. 2012도4637; 대판 2014. 7. 24. 2013도12937; 대판 2014. 10. 30. 2012도12394; 대판 2015. 9. 10. 2015도7081; 대판 2015. 10. 29. 2014도5939; 대판 2016. 4. 28. 2013도11680; 대판 2017. 4. 26. 2016도10777; 대판 2018. 5. 11. 2018도1926 등.

71) 대판 2006. 12. 8. 2006도6356.

(3) 미성년자에 대한 성폭력범죄에 관한 특칙

성폭력처벌법에 정한 미성년자에 대한 성폭력범죄 및 청소년성보호법에 정한 아동·청소년대상 성범죄의 경우에는 그 피해자인 미성년자나 아동·청소년이 성년에 달한 날부터 공소시효를 기산한다(성폭력처벌법 제21조 제1항, 청소년성보호법 제20조 제1항). 미성년자인 피해자 보호를 위한 특별규정이다.

4. 공소시효의 계산방법

공소시효의 계산은 기간계산의 일반원칙과는 달리, 초일을 산입하되 시간을 계산함이 없이 1일로 산정하고(제66조 제1항), 기간의 말일이 공휴일 또는 토요일에 해당하더라도 시효기간에 산입한다(동조 제3항). 피의자나 피고인의 이익을 위한 규정이다.

Ⅲ. 공소시효의 정지

1. 개념

공소시효의 정지는 공소제기 등 일정한 사유가 있으면 범죄행위의 종료로 시작된 공소시효의 진행이 정지되는 것을 말한다. 일정한 중단사유가 없어지면 처음부터 공소시효기간이 새로 진행하도록 하는 공소시효의 중단(현행법은 채택하지 않음)과는 구별된다. 따라서 공소시효의 정지사유가 소멸하면 나머지 공소시효기간만 진행한다.

2. 정지사유

(1) 공소제기

공소시효는 공소제기시까지의 기간이므로 공소가 제기되면 공소시효도 정지되며, 공소기각이나 관할위반의 판결이 확정되면 다시 진행한다(제253조 제1항). 공소제기는 검사가 하므로, 검사가 공소장을 제출한 때 공소제기의 효과가 발생하지만, 통상 공소장에 법원 직원이 접수한 날짜로 찍은 날(접수일)이 공소제기일로 추정된다.[72)]

공소제기가 적법·유효할 것을 전제로 하지 않으므로, 소송조건이 결여된 경우라

---

72) 대판 2002. 4. 12. 2002도690.

도 법원에 공소장이 제출되기만 하면 공소시효의 진행이 정지된다. 또한 피고인의 신병이 확보되기 전에 공소가 제기되었더라도 그러한 사정만으로 공소제기가 부적법한 것으로 되지 않고[73] 따라서 공소시효의 진행은 정지된다.

'즉결심판의 청구'가 있는 경우에도 공소시효의 진행은 정지된다.

즉결심판의 청구도 공소제기와 같은 효력이 있고, 즉결심판절차에 대해 별도의 규정이 없고 그 성질에 반하지 아니하는 한 형사소송법의 규정이 준용되므로(즉결심판법 제19조) 제235조 제1항이 준용되어 공소시효의 진행이 정지된다.

(2) 범인의 국외도피

범인이 '형사처분을 면할 목적'으로 국외에 있는 경우에는 그 체류기간 동안 공소시효의 진행이 정지된다(제235조 제3항).

범인이 우리나라의 사법권이 실질적으로 미치지 못하는 국외에 체류한 것이 도피의 수단으로 이용된 경우에 그 체류기간 동안 공소시효가 진행되지 않도록 하여 형벌권을 적정하게 실현하기 위한 것이다.[74]

범인이 국외에서 범죄를 저지르고 형사처분을 면할 목적으로 국외에서 계속 체류하고 있는 경우도 포함한다.[75] 형사처분을 면할 목적이 국외에 체류하는 유일한 목적일 필요는 없고 범인의 여러 국외체류 목적 중에 포함되어 있으면 족하다.[76] '형사처분을 면할 목적'과 양립할 수 없는 범인의 주관적 의사가 명백히 드러나는 객관적 사정이 존재하는 경우는 제외된다.[77] 당해 사건 이외에 다른 고소사건에 대한 형사처분을 면할 목적으로 국외에 있었으나 당해 사건으로 처벌받을 가능성이 있음을 인정했다고 보기 어려우면 도피목적이 부정된다.[78]

---

73) 대판 2017. 1. 25. 2016도15526.

74) 대판 2008. 12. 11. 2008도4101.

75) 대판 2015. 6. 24. 2015도5916.

76) 대판 2003. 1. 24. 2002도4994 (최종 횡령행위가 종료한 후 6년 1개월이 경과하여 기소되었으나 그 사이에 1년 3개월간 해외에 체류한 사안: 공소시효 정지); 대판 2005. 12. 9. 2005도7527; 대판 2008. 5. 15. 2008도1097; 대판 2009. 5. 28. 2009도1446; 대판 2013. 6. 27. 2013도2510.

77) 대판 2005. 12. 9. 2005도7527; 대판 2008. 5. 15. 2008도1097; 대판 2008. 12. 11. 2008도4101 (피고인이 1995. 6.부터 같은 해 11.경까지 부정수표단속법 위반죄를 범하고 1996. 6. 22.경 우리나라에 가족을 그대로 둔 채 중국으로 출국하여 그곳에서 사업을 하던 중 범한 죄로 징역 14년의 형을 선고받고 1998. 3. 13.경부터 약 8년 10개월 동안 중국의 수감시설에 수감되어 있다가 2007. 1. 13. 우리나라로 추방되어 2007. 9. 19. 공소가 제기된 사안: 공소시효 완성); 대판 2009. 5. 28. 2009도1446; 대판 2013. 6. 27. 2013도2510.

78) 대판 2014. 4. 24. 2013도9162 (도합 2년 10개월간 국외에 체류한 상태에서 당해 사건에 대해

(3) 재정신청

검사의 불기소처분에 대해 재정신청이 있으면, ① 재정신청시부터 고등법원의 재정결정이 있을 때까지 공소시효의 진행이 정지되고(제262조의4 제1항), 그 이후에도 ② 재정결정으로 공소제기의 결정이 있으면, 그날 공소가 제기된 것으로 보므로, 공소제기로 인하여 공소시효의 진행이 정지되어(동조 제2항) 공소시효의 진행은 계속 정지된 상태가 되지만, 고등법원이 기각결정을 한 경우에는 공소시효가 다시 진행된다.

다만 재정신청에 대해 기각결정이 있었던 때라도 즉시항고가 가능하므로(제262조 제4항), 이러한 재항고로 인한 재정결정 확정시까지는 공소시효의 진행이 정지된다고 보아야 할 것이다.[79]

재정신청과는 달리 헌법소원의 제기만으로는 공소시효의 진행이 정지되지는 않는다.[80]

(4) 다른 법률에 의한 경우

① 「소년법」에 따른 소년보호사건에 대한 심리개시결정이 있으면 보호처분의 결정이 확정될 때까지 공소시효의 진행이 정지된다(소년법 제54조).

② 「가정폭력범죄의 처벌 등에 관한 특례법」 및 「성매매알선 등 행위의 처벌에 관한 법률」에 따른 (가정)보호사건이 법원에 송치된 때에는 원칙적으로 공소시효의 진행이 정지된다(가정폭력처벌법 제17조 제1항 본문, 성매매알선처벌법 제17조 제1항).

③ 「5·18민주화운동법」에 따른 헌정질서 파괴범죄행위에 대해 특정 기간(12.12사태부터 노태우 전대통령 퇴임일인 1993. 12. 24.까지) 공소시효의 진행이 정지된 것으로 본다(동법 제2조).

④ 내란 또는 외환의 죄를 제외하고 대통령이 재직 중 범한 죄(헌법 제84조)의 경우 재직기간 동안 시효진행이 정지된다.[81]

고소가 이루어져 이를 인식하였다고 보기 어려운 사정이 있는 사안: 도피목적 부정).

79) 대결 2002. 4. 10. 2001모193 참조.

80) 헌재 1993. 9. 27. 92헌마284.

81) 헌재 1995. 1. 20. 94헌마246.

3. 정지의 효력범위

(1) 일반적 효력범위

공소시효정지의 효력은 공소사실과 동일성이 인정되는 사건 전체에 대하여 미친다. 또한 인적으로는 당해 피고인에게만 미치는 것이 원칙이다. 따라서 범인이 아닌 자에 대해 공소가 제기된 경우 진범인에 대해서는 공소시효의 진행은 정지되지 않는다.

(2) 공범의 경우

공범 중 1인에 대한 시효의 정지는 다른 공범자에 대해서도 – 당해 사건의 재판이 확정될 때까지 – 효력이 미친다(제253조 제2항).[82] 공범사건에 대한 획일적 처리와 공범자에 대한 처벌의 형평을 도모하여 국가형벌권을 적정하게 실현하기 위한 것이다.

'공범'은 형법총칙상의 공범을 의미하며, 대향범과 같은 필요적 공범은 제외된다.

> 학설은 긍정설과 부정설이 대립하고 있다. ① 긍정설은 본조의 취지, 즉 공범자간의 불공평을 피하기 위해서는 필요적 공범도 당연히 포함된다고 보며, ② 부정설은 필요적 공범은 강학상 용어로서 그 법적 성격이 총칙상 공범과는 다르고, 필요적 공범의 경우에 행위자들이 각자 서로 다른 자신의 범죄를 실행하는 것이므로 공소사실의 동일성을 인정할 여지가 없고 따라서 본조가 적용되지 않는다고 한다. 생각건대 필요적 공범 가운데 대향범에 해당하는 경우에는 각자의 범죄성립 여부와 처벌이 별개이므로 공범으로서 처벌되는 것이 아닌 이상 부정설의 입장이 타당하다. 판례도 이 조항이 공소제기 효력의 인적 범위를 확장하는 예외를 마련하여 놓은 것이므로 원칙적으로 엄격하게 해석하여야 하고 피고인에게 불리한 방향으로 확장하여 해석해서는 안 된다는 전제 아래 강학상의 공범에 불과한 필요적 공범의 경우에는 주관적 불가분의 원칙이 적용되지 않는다는 입장이다.[83]

공범으로 기소된 자가 범죄의 증명이 없어 무죄판결이 확정된 경우에는 – 이미 공범이라고 할 수 없으므로 – 나머지 공범에 대해서는 공소시효를 정지시키는 효력이 없다.[84] 다만 공범이 책임이 조각되어 무죄로 된 경우는 나머지 공

---

82) 대판 1995. 1. 20. 94도2752.

83) 대판 2015. 2. 12. 2012도4842.

84) 대판 1999. 3. 9. 98도4621.

범에 대해서는 공소시효의 진행이 정지된다.

(3) 정지의 시간적 범위

공범 중 1인에 대해 공소가 제기되어 '당해 사건의 재판이 확정된 때'부터 나머지 공범에 대한 시효는 다시 진행된다(제253조 제2항). 여기서 재판이란 '종국재판'을 의미한다. 종국재판이라면 그 종류를 불문하므로, 공소기각이나 관할위반은 물론이고, 유·무죄의 실체판결이나 면소판결도 포함한다.

약식명령이 확정된 후 정식재판청구권회복결정이 있는 때에는 그 사이의 기간 동안에는 공범에 대한 공소시효의 진행이 정지되지 않는다.[85] 공범에 대한 특칙은 엄격하게 해석·적용하고 피고인에게 불리한 방향으로 확장하거나 축소하여 해석해서는 안 되기 때문이다.

Ⅳ. 공소시효의 완성

1. 시효기간의 경과

공소의 제기 없이 시효기간이 경과하거나(제249조 제1항) 시효의 진행이 정지된 후 다시 시효가 진행되어 잔여기간이 경과하면 공소시효가 완성된다.

무고죄의 경우 신고된 범죄사실이 이미 공소시효가 완성되었다면 무고죄가 성립하지 않는다.[86]

(1) 소송조건

공소시효의 미완성은 소송조건이므로, 이미 공소시효가 완성된 사건에 대해서는 검사는 공소권없음을 이유로 불기소처분을 해야 하고(검사규 제115조 제3항 제4호), 공소가 제기된 후에는 법원은 판결로써 면소를 선고하여야 한다(제326조 제3호).

(2) 상소이유

공소시효가 완성되었음에도 불구하고 법원이 실체판결을 한 때에는, 판결에 영향을 미친 법령위반에 해당하므로 상소이유가 된다(제361조의5 제1호, 제383조 제1호).[87]

---

85) 대판 2012. 3. 29. 2011도15137.
86) 대판 2008. 3. 27. 2007도11153.
87) 대판 2017. 12. 22. 2017도12346.

2. 공소시효 완성의 의제

공소가 제기된 범죄는 판결의 확정이 없이 공소를 제기한 때로부터 25년을 경과하면 공소시효가 완성한 것으로 간주된다(제249조 제2항, 군사법원법 제291조 제2항). 이를 재판 공소시효 또는 의제공소시효라고 한다.

공소가 제기되지 못한 경우와 공소가 제기되었으나 판결이 확정되지 못한 경우 모두 장기간 소추권을 행사 내지 실현하지 못했다는 점에서 공통적 성격을 가진다는 점을 고려한 것이다. 공소시효가 완성된 경우처럼 판결 확정 없이 25년이 경과하면 면소판결을 해야 하며, 실체판결을 한 경우에는 위법에 해당한다.[88]

제 3 절 공소제기의 효과

공소의 제기로 수사절차가 종결되고 법원의 심판절차가 개시된다. 공소의 제기로 인하여 소송계속이 이루어지고, 법원은 공소장에 기재한 사실에 대해서만 심판을 할 수 있게 되며, 이미 설명한 것처럼 공소시효의 진행이 정지된다.

제 1 소송계속

Ⅰ. 의의

소송계속(訴訟係屬)이란 사건이 공소제기를 받은 법원, 즉 수소법원의 심리와 재판의 대상으로 되는 것을 말한다. 소송계속으로 인해 형사사건이 피의사건에서 피고사건으로 변경되고, 법원에 의한 공판절차가 개시된다. 소송계속이 언제나 검사의 적법하고 유효한 공소제기를 전제로 하는 것은 아니다.

소송계속에는 실체적 소송계속과 형식적 소송계속이 있다. 실체적 소송계속은 공소제기가 적법·유효한 경우로서, 법원은 유·무죄의 실체재판을 진행하여야 한다. 형식적 소송계속은 공소제기가 부적법하거나 무효인 경우로서, 법원은 면소·공소기각·관할위반과 같은 형식재판을 통해 절차를 종결한다.

---

88) 대판 1986. 11. 25. 86도2106 참조.

Ⅱ. 효과

1. 적극적 효과

소송이 계속되면 법원은 심판할 권리와 의무를 가지고, 검사와 피고인은 당사자로서 심판에 관여하고 심판을 받을 권리와 의무를 가지게 된다. 공소가 제기된 사건 자체에 대해서 발생하는 내부적 효과라고 할 수 있다.

2. 소극적 효과

법원에 공소가 제기되면 동일 사건에 대해 – 동일 법원은 물론 다른 법원에 대해서도 – 다시 공소를 제기할 수 없다. 이를 **이중기소 금지**의 원칙이라고 하며, 공소제기의 외부적 효과라고도 한다.

(1) 중복기소 동일 법원에 다시 공소가 제기되었을 때에는 나중에 기소된 사건에 대해서는 공소기각의 판결을 하여야 한다(제327조 제3호).

(2) 이중기소 다른 법원에 다시 공소를 제기한 경우에는 ① 사물관할을 달리하는 경우에는 법원 합의부가 심판하고(제12조), ② 토지관할을 달리하는 경우에는 선소법원이 심판하며(제13조), ③ 이 경우에 심판할 수 없게 된 법원은 결정으로 공소를 기각하게 된다(제328조 제1항 제3호).[89]

제 2 심판범위의 한정

Ⅰ. 공소제기의 효력범위

불고불리의 원칙에 따라 법원은 검사가 공소를 제기한 사건에 대해서만 심판할 수 있으므로,[90] 공소의 제기는 공소장에 기재된 피고인과 공소사실에 대해서만 그 효과가 미친다. 이를 인적(주관적) 효력범위와 물적(객관적) 효력범위의 문제라고 부른다.

---

89) 대판 2001. 12. 24. 2001도4506.

90) 대판 2020. 3. 12. 2019도15117 참조.

Ⅱ. 인적(주관적) 효력범위

공소는 검사가 피고인으로 지정한 자에게만 미친다(제248조 제1항).

> 진범이라도 검사가 피고인으로 지정하지 않은 자에 대해서는 공소제기의 효력이 미치지 않는다. 또한 진범이 아닌 자에 대해 공소가 제기된 후 진범이 발견되더라도 진범에 대해서 검사가 별도로 공소를 제기하지 않은 이상 피고인으로 지정한 것이 아니므로 진범에게 공소제기의 효력이 미치지 않는다. 또한 고소의 경우와는 달리 주관적 불가분의 원칙이 적용되지 않는다.

공범 중 1인에 대한 공소의 제기는 다른 공범에 대해서는 효력이 미치지 않는다. 다만 앞에 언급한 것처럼 공소제기로 인한 공소시효진행 정지의 효력은 다른 공범에게도 미친다(제253조 제2항).

피고인의 특정과 관련하여, ① 성명모용의 사례에서 공소제기의 효력은 모용자에 대해서만 미치고, ② 위장출석의 사례에서 공소제기의 효력은 공소장에 피고인으로 기재된 자, 즉 실질적 피고인에 대해서만 미친다(후술하는 「피고인의 특정」 참조).

Ⅲ. 물적(객관적) 효력범위

1. 공소불가분의 원칙

법원은 공소장에 기재된 범죄사실에 대해서만 현실적으로 심판할 수 있으나, 범죄사실의 일부에 대한 공소의 효력은 범죄사실 전부에 미친다(제248조 제2항).

> 후술하는 바와 같이 심판대상론에 관한 **이원설**에 따르면, **공소제기의 효력**은 현실적 심판대상(공소장에 기재된 공소사실)과 잠재적 심판대상(공소사실과 단일성·동일성이 인정되는 사실) 전부에 미친다.

공소제기의 효력 자체는 공소사실과 단일성·동일성이 있는 사실 전부에 미치며, 그 일부에 대해서만 공소가 제기되더라도 그 전부에 대하여 공소제기의 효력이 미치는 것(제247조 제2항)을 공소불가분의 원칙이라고 한다. 공소장에 기재된 부분만 법원의 현실적 심판의 대상이 되고, 잠재적 심판대상은 공소장 변경을 통해서 현실적 심판대상이 되며, 확정판결도 잠재적 심판대상 전부에 대해 그 효력이 미친다.

2. 일죄의 일부기소

(1) 의의

일죄의 일부기소란 소송상 일죄로 취급되는 단순 일죄나 과형상 일죄의 일부에 대하여 공소를 제기한 경우를 말한다. 예컨대 강도죄나 강간치상죄의 경우에 폭행이나 상해 부분만을 떼어 공소를 제기하는 경우 등을 말한다.

일죄의 전부에 대해 범죄의 객관적 혐의가 있고 소송조건도 구비되어 있는 경우를 전제로 하며, 일부에 대해서만 공소제기의 요건을 충족한 경우는 그 부분에 대해서만 공소를 제기할 수밖에 없을 것이므로 일부기소의 문제가 되지 않는다.

(2) 적법성

㈎ **일반적인 경우** 일죄의 일부기소의 허용 여부 내지 적법성에 관하여, 학설은 적극설(허용설), 소극설(불허설), 절충설로 대립하고 있으나, 기소편의주의하에서 공소권의 행사는 기본적으로 검사의 권한에 속하므로, 소추재량권의 한계를 일탈하여 공소권남용으로 인정되지 않는 한 일부기소 자체를 부적법하다고 할 수는 없다는 점에서 적극설(허용설)이 타당하다.

① 적극설 검사가 공소권의 주체이므로 공소제기는 검사의 재량에 속하고, 일부기소는 부당하더라도 적법하다는 견해이며, 기소편의주의에 따라 검사의 일부기소도 허용된다는 점을 근거로 한다. 순수한 당사자주의의 입장에서 변론주의에 의하여 검사에게 소송물 처분권이 있기 때문이라는 견해도 있다.
② 소극설 일부기소를 허용하는 것은 실체적 진실을 무시하고 검사의 자의를 허용할 우려가 있으며 공소불가분의 원칙에 의하여 일부만을 기소하더라도 1개의 범죄사실 전부에 미친다는 것은 일부기소를 인정하지 않는다는 점을 전제로 한다는 점을 논거로 한다. 따라서 단순일죄는 물론 과형상 일죄의 경우에도 일부기소는 허용되지 않는다고 한다.
③ 절충설 일부기소는 원칙적으로 허용되지 않지만 검사가 수개의 범죄사실 중 일부의 범죄사실이나 적용법조, 또는 하나의 범죄사실 중 부분사실이나 적용법조를 예비적·택일적으로 공소장에 기재하여 일부기소의 의사를 명시한 경우에는 소송경제의 측면을 고려하여 예외적으로 일부기소가 허용된다고 한다.

판례는 검사의 자의적인 일부기소가 아니라면 적법하다는 입장이다.[91] 판례 중에는 기수사실을 미수로 기소한 경우에 기소 자체는 적법하지만 법원이 공

---

91) 대판 2017. 12. 5. 2017도13458.

소장변경절차 없이 기수사실을 인정한 것을 위법하다고 본 것도 있다.[92]

종래 작위범과 부작위범의 구성요건을 동시에 충족시키는 경우에 그중 하나의 죄로만 공소를 제기할 수 있다고 본 대법원 판례들[93]을 일부기소에 관한 예로 소개하기도 한다. 그러나 이들 판례는 양죄가 상상적 경합이 아니라 법조경합임을 전제로 한 것으로서, 작위범과 부작위범이 택일관계(학설은 보충관계 또는 흡수관계로 보기도 함)에 있어 동시에 성립할 수는 없게 되므로, 범죄사실의 전부에 대한 기소가 가능한 경우를 전제로 하는 일부기소라고 보기는 어렵다.

(나) **친고죄의 경우** 친족상도례와 같은 상대적 친고죄의 경우(예컨대 동거하지 않는 친족간의 야간주거침입절도죄(형법 제330조)나 공갈죄(형법 제350조)), 그 일부인 주거침입죄나 폭행죄, 협박죄에 대해서만 공소를 제기하는 것이 허용되는지 여부가 문제된다.

구법하의 판례로는 친고죄인 강간죄의 범행수단으로 저질러진 폭행이나 협박을 따로 떼어 공소제기를 하는 것은 강간죄를 친고죄로 규정한 취지에 반하기 때문에 공소제기의 절차가 법률에 위반되어 무효인 경우로서 공소기각의 판결을 해야 한다고 판시한 것이 있다.[94] 성범죄가 비친고죄로 된 현행법하에서는 폭행만 분리기소한 경우라도 적법한 공소제기가 되며, 다만 공소제기의 효력은 성폭력처벌법(강간)위반사건 전부에 대해 미친다.

친고죄에 대해 소송조건이 충족되지 않은 경우는 물론 소송조건이 충족된 경우(예컨대 동거하지 않는 친족의 공갈을 협박으로 고소한 사안)라도 그 전부에 대해 친고죄로 규정한 취지와 고소불가분의 원칙에 반하는 공소제기라는 점을 고려하면, 친고죄의 일부에 해당하는 죄에 대해 따로 떼어 공소를 제기하는 것은 공소제기의 절차가 법률의 규정에 위반하여 무효인 때에 해당되므로 판결로써 공소기각을 하여야 할 것이다.[95]

---

92) 대판 2008. 7. 10. 2008도3747 (미성년자 약취 후 재물을 요구하였으나 취득하지는 못한 사안에서 '미성년자 약취 후 재물취득 미수'에 의한 특정범죄 가중처벌 등에 관한 법률 위반죄로 기소하였으나, 법원이 공소장변경 없이 '미성년자 약취 후 재물요구 기수'에 의한 같은 법 위반죄로 인정한 사안: 위법).

93) 대판 1999. 11. 26. 99도1904 (하나의 행위가 부작위범인 직무유기죄와 작위범인 범인도피죄의 구성요건을 동시에 충족하는 경우 작위범인 범인도피죄로 공소를 제기하지 않고 부작위범인 직무유기죄로만 공소를 제기할 수 있다고 본 사례); 대판 2008. 2. 14. 2005도4202 (하나의 행위가 부작위범인 직무유기죄와 작위범인 허위공문서작성·행사죄의 구성요건을 동시에 충족하는 경우에 그중 하나의 죄로만 공소를 제기할 수 있다고 본 사례).

94) 대판 2002. 5. 16. 2002도51 전합 참조.

95) 대판 1996. 9. 24. 96도2151 참조. 「공갈죄의 수단으로서 한 협박은 공갈죄에 흡수될 뿐 별도

(3) 효력

일죄의 일부만 기소한 경우라도 공소불가분의 원칙에 따라 일죄 전부에 대해 공소제기의 효력이 미친다(제248조 제2항). 일죄의 일부기소 이후 나머지 일부에 대해 추가기소를 한 경우, 예컨대 일부 범죄사실이 먼저 특수절도로 기소된 후 나머지 범죄사실이 포괄일죄로 추가기소되고 이미 기소한 특수절도사실도 그 일부임이 밝혀진 경우에 생기게 되는 이중기소의 문제에 대해 판례는 별도로 공소장변경절차를 거치지 않더라도 공소장변경을 의제하고 있다.[96)]

로 협박죄를 구성하지 않으므로, 이 사건 범죄사실에 대한 피해자의 고소는 결국 공갈죄에 대한 것이라 할 것이어서, 그 후 고소가 취소되었다 하여 공갈죄로 처벌하는 데에 아무런 장애가 되지 아니하며, 공소를 제기할 당시에는 이 사건 범죄사실을 협박죄로 구성하여 기소하였다 하더라도 그 후 공판 중에 기본적 사실관계가 동일하여 공소사실을 공갈미수로 공소장 변경이 허용된 이상 그 공소제기의 하자는 치유된다.」

96) 대판 1996. 10. 11. 96도1698; 대판 1999. 11. 26. 99도3929, 99감도97.

제4편

공 판

제1장 공판절차의 기본이론

제2장 공판절차

제3장 증거

제4장 재판

제 1 장

공판절차의 기본이론

제 1 절 소송의 주체

제 1 소송주체의 개념

소송의 주체란 소송을 성립·발전시키는 데 필요한 최소한의 주체로서, 소송법상 독자적인 권한을 가진 자를 말한다. 소송의 주체 없이 '소송'의 존재를 생각할 수 없다. 소송의 주체는 소송의 법률관계를 형성하는 주체라고도 할 수 있다. 형사소송의 주체로는 법원, 검사 그리고 피고인이 있다. 법원은 심판권의 주체, 검사는 공소권의 주체 그리고 피고인은 방어권의 주체이다.

소송주체가 아니면서 당사자를 보조하기 위해 소송에 참여하는 자를 보조자라고 한다. 피고인의 보조자로서 변호인과 보조인 그리고 대리인이 있다. 소송당사자와 보조자를 합하여 소송관계인이라고 부른다. 증인, 감정인, 고소인, 고발인 또는 피해자를 소송관계인과 구별하여 소송관여자라고 부르기도 한다. 소송관여자는 소송에 대한 적극적인 형성력이 없다는 점을 이유로 소송관계인과 구별해야 한다는 것이다. 그러나 소송관여자도 절차를 종결시킬 권한이 있고 진술권을 가지고 있음에 비추어 볼 때 소송관여자를 소송관계인과 구별할 필요는 없고 소송관계인을 넓은 의미로 사용해도 좋을 것이다.

제2 법원

Ⅰ. 법원의 의의와 종류

1. 법원의 의의

법원은 사법권을 행사하는 국가기관을 말한다(헌법 제101조 제1항). 사법권이란 구체적인 법률상의 분쟁을 심리하여 공권적 판단을 내리는 권한 및 그와 관련된 부수적인 권한을 말한다. 헌법은 사법권의 독립을 보장하고 있다. '사법권 독립'의 보장이란 공정한 재판을 보장함으로써 국민의 자유와 권리를 보장하기 위해 법원의 구성원인 **법관의 신분을 보장하고 심판의 독립성**을 보장하는 것을 말한다(헌법 제103조, 제106조).

강제처분을 할 때 사법권의 독립에 의하여 헌법상 신분이 보장되는 법관이 발부한 영장에 의하도록 한 것도 국민의 자유와 권리를 보장하는 의미를 가진다.[1)]

(1) 국법상 의미의 법원

'국법상 의미의 법원'이란 사법행정상의 단위로서의 법원을 말하며, 대법원을 정점으로 피라미드형 조직으로 배치·구성되어 있다(헌법 제102조 제3항, 법원조직법 제3조, 제33조(시·군법원), 제34조(시·군법원의 관할) 참조).

국법상 의미의 법원은 「관청으로서의 법원」과 「관서로서의 법원」이라는 두 가지 의미로 사용된다. 관청으로서의 법원은 사법행정권의 주체가 되는 법원을 말하며, 관서로서의 법원은 사법권 행사를 위해 필요한 인적·물적 설비를 총칭하는 것이며 법원의 건물 자체를 의미하기도 한다.

(2) 소송법상 의미의 법원

소송법상 의미의 법원은 구체적 사건에 대한 재판기관으로서의 법원을 말한다(심판권의 주체: 법원조직법 제7조, 제32조). 형사소송법에서 법원이라고 할 때에는 통상 소송법상 의미의 법원을 의미한다.

---

1) 헌재 1993. 12. 23. 93헌가2.

2. 법원의 구성

(1) 단독제와 합의제

단독제는 1인의 법관으로 구성되는 법원이며, 합의제는 다수의 법관(우리나라의 경우에는 3인 또는 대법원의 경우 전원합의체(14인) 또는 3인 이상(현재 4인)으로 구성된 부)으로 구성된 법원을 말한다.

단독제는 절차를 신속하게 진행하고 책임소재가 분명하다는 장점이 있으나 경솔한 심리나 자의적 운영의 우려가 있다. 합의제는 공정하고 신중한 재판을 할 수 있다는 장점이 있으나, 절차가 지연되거나 책임의식이 약해질 우려가 있다.

(2) 재판장 · 수명법관 · 수탁판사 · 수임판사

(가) **재판장** 합의제의 경우 그 구성원 중 1인이 '재판장'이 된다(법원조직법 제27조 제3항, 제30조 제2항, 제31조 제6항). 재판장 이외의 합의체를 구성하는 법관을 '합의부원'이라고 부른다.

재판장은 공판기일지정권(제267조), 소송지휘권(제279조), 법정경찰권(제281조, 법원조직법 제58조), 쟁점정리를 위한 질문권(제287조) 등의 권한을 가진다.

(나) **수명법관** 합의체 법원이 그 구성원인 법관에게 특정한 소송행위를 하도록 명한 경우, 그 명을 받은 법관을 '수명(受命)법관'이라고 한다.

예컨대 합의체 법원이 결정·명령을 함에 있어서 필요한 조사를 그 부원에게 명할 수 있으며(제37조 제4항), 압수·수색(제136조 제1항)이나 법정 외의 증인신문(제167조 제1항)을 합의부원에게 명할 수 있다.

(다) **수탁판사** (수소)법원이 다른 법원의 법관에게 일정한 소송행위를 하도록 촉탁한 경우, 그 촉탁을 받은 법관을 '수탁(受託)판사'라고 한다(제37조 제4항, 제136조 제1항, 제167조 제1항). 이 경우 수탁판사는 다른 법원의 판사에게 그 소송행위를 다시 촉탁하는 것, 즉 전촉(轉囑)도 가능하다(제77조 제2항, 제136조 제2항). 전촉을 받은 판사도 수탁판사이다.

예컨대 합의체 법원이 결정·명령을 함에 있어서 필요한 조사를 다른 지방법원의 판사에게 촉탁할 수 있으며(제37조 제4항), 압수·수색을 다른 지방법원 판사에게 촉탁할 수 있다(제136조 제1항).

(라) **수임판사** 수소법원과 독립해서 소송법상의 권한을 행사할 수 있

는 개별 법관을 수임(受任)판사라고 한다. 독립한 재판기관으로서 수임판사의 재판에 대해서는 수소법원의 법관의 경우와 달리 준항고가 허용되지 않는다.

예컨대 수사절차에서 각종 영장을 발부하는 판사(제200조의2, 제201조, 제215조), 증거보전절차를 행하는 판사(제184조), 수사상 증인신문을 행하는 판사(제221조의2) 그리고 체포구속적부심을 행하는 판사 등이 여기에 속한다.

Ⅱ. 제척 · 기피 · 회피

국민의 공정한 재판을 받을 권리를 보장하기 위해서는 법원의 기관 구성이 공정해야 한다(헌법 제27조 제1항, 제103조). 이에 따라 구체적인 사건에서 불공평한 재판을 받을 염려가 있는 법관 등을 배제하기 위한 제도로서, 당연배제(제척), 신청에 의한 배제(기피), 자발적 배제(회피)를 내용으로 하는 제도를 두고 있다.

법률이 법관의 재판관여를 절대적으로 배제하는 경우와 당사자의 신청이나 법관이 스스로 인정한 경우에만 재판을 통해 재판관여를 배제하는 경우를 구분하여 규정한 것은 공정한 재판의 보장이라는 이념과 소송의 발전적·동적 성격 및 소송경제의 요구 사이의 합리적인 조화를 도모하기 위한 것이다.

1. 제척

(1) 의의

제척이란 구체적인 사건을 담당할 법관이 불공평한 재판을 할 우려가 현저한 경우를 법률에 유형화하고, 그 사유에 해당하면 직무집행에서 당연히 배제시키는 제도를 말한다(제17조).

피고인 등의 신청이나 법관의 의사표시를 기다리지 않고 당해 사유가 인정되면 법관이 자동적으로 직무집행에서 배제된다는 점에서 기피나 회피와 구별된다.

제척의 원인이 존재하는지 여부는 법원이 직권으로 심리한다.

(2) 제척원인

㈎ **법관이 피해자인 때**　　피해자(제1호)란 직접피해자인 경우만을 의미하고 간접피해자는 제외되며, 후자에 해당하는 경우에는 기피사유가 될 수 있다.

㈏ **법관이 피고인 또는 피해자와 개인적 관계가 있는 때**　　법관이 피고인 또는 피해자의 친족 또는 친족관계가 있었던 자이거나(제2호), 법관이 피고

인 또는 피해자의 법정대리인, 후견감독인이거나(제3호), 법관이 사건에 관하여 피고인의 대리인, 변호인, 보조인으로 된 때(제5호) 또는 피해자의 대리인이 된 때(제4호 후문)를 말한다.

① 친족, 법정대리인, 후견감독인 이 개념들은 민법에 의한다. 예컨대 사실혼 관계에 있는 사람은 민법에서 정한 친족이 아니므로 제외되고, 따라서 제25조 제1항에 의하여 본조가 준용되는 통역인이 피해자의 사실혼 배우자라고 하여도 제척사유에 해당하지 않는다.[2)]

② 대리인 피고인의 '대리인'에는 피고인이 법인인 경우, 법인의 대표자(제27조)를 포함하고, '변호인'은 사선변호인이나 국선변호인은 물론이고 특별변호인(제31조 단서)도 포함된다. 한편 법관이 '피해자의 대리인'이 된 때란 법관이 고소대리인 또는 재정신청의 대리인이 된 때를 말한다.

(다) **당해 사건에 관여한 때** 사건에 관하여 증인, 감정인으로 된 때(제4호), 검사 또는 사법경찰관의 직무를 행한 때(제6호),[3)] 전심재판 또는 그 기초되는 조사, 심리에 관여한 때(제7호) 등이 여기에 해당한다. 법관이 사건에 실질적으로 관여한 경우를 배제하기 위한 것이다(제7호의 내용에 대해서는 아래에 별도로 설명한다).

(라) **후관예우의 우려가 있는 때** 법관이 사건에 관하여 피고인의 변호인이거나 피고인·피해자의 대리인인 법무법인, 법무법인(유한), 법무조합, 법률사무소, 「외국법자문사법」 제2조 제9호에 따른 합작법무법인에서 퇴직한 날부터 2년이 지나지 아니한 때(제8호), 피고인인 법인·기관·단체에서 임원 또는 직원으로 퇴직한 날부터 2년이 지나지 아니한 때(제9호)가 여기에 해당한다. 이 경우도 넓은 의미에서는 당해 사건에 이미 관여한 때에 해당한다고 할 수 있다.

법조일원화에 따라 법무법인 등의 변호사 경력자가 법관으로 임용되면서 법관으로 임용되기 전에 소속되어 있던 법무법인·기업과의 관계에서 공정한 재판을 할 수 있는지에 관한 '후관예우' 논란을 차단하기 위해 2020년에 신설되었다.

---

2) 대판 2011. 4. 14. 2010도13583.

3) 대판 1999. 4. 13. 99도155. 「선거관리위원장은 형사소송법 제197조나 사법경찰관리의직무를행할자와그직무범위에관한법률에 사법경찰관의 직무를 행할 자로 규정되어 있지 아니하고 그 밖에 달리 사법경찰관에 해당한다고 볼 근거가 없으므로 선거관리위원장으로서 공직선거및선거부정방지법위반혐의사실에 대하여 수사기관에 수사의뢰를 한 법관이 당해 형사피고사건의 재판을 하는 경우 그것이 적절하다고는 볼 수 없으나 형사소송법 제17조 제6호의 제척원인인 '법관이 사건에 관하여 사법경찰관의 직무를 행한 때'에 해당한다고 할 수 없다.」

(3) 제17조 제7호의 의미

법관이 사건에 관하여 전심재판 또는 그 기초되는 조사, 심리에 관여한 때에는 제척사유에 해당한다. 여기서 사건은 당해 사건을 의미하므로, 법관이 피고인의 다른 사건이나 분리 심리된 다른 공범의 사건에 관여한 때에는 여기에 포함되지 않는다.

(가) 전심재판 '전심재판'이란 상소에 의해 불복이 신청된 재판을 의미한다. 제2심에 대한 제1심, 제3심에 대한 제2심 또는 제1심 등을 말하며, 심급을 달리해야 한다. 종국재판만을 의미하고 그 형식은 판결이든 결정이든 불문한다.

> 심급을 달리해야 하므로 파기환송 전의 원심에 관여한 법관이 환송 후의 재판에 관여한 경우,[4] 재심청구의 대상인 확정판결의 원심에 관여한 법관이 재심청구사건의 심리에 관여한 경우,[5] 상고심판결을 선고한 법관이 제400조에 의한 판결정정절차에 관여한 경우[6] 등은 '전심'에 관여한 것이라고 할 수 없다.

약식명령을 한 판사가 정식재판에 관여한 경우에 제척사유가 되는지에 대해 견해의 대립이 있지만, 약식절차는 정식재판과 '동일한 심급 내에서 서로 절차만 달리할 뿐이므로' 제척사유에 해당하지 않는다.

> 약식명령을 내린 판사도 사건의 실체에 대해 조사·심리를 한 이상 사건에 대해 선입견을 가질 수 있으므로 전심에 관여한 것으로 보아야 한다는 적극설이 있으나, 제척은 유형적 사유이고, 약식명령은 서면심리에 의한 재판에 그치며, 현실적으로도 시군법원의 경우에 1인 판사의 중복관여가 필요한 경우도 있다는 점에서 소극적으로 보아야 할 것이다. 따라서 약식명령을 발부한 법관이 정식재판절차의 제1심판결에 관여한 경우는 제척사유에 해당하지 않지만,[7] 약식명령을 한 판사가 그에 대한 정식재판절차의 항소심판결에 관여한 경우에는 제척사유에 해당한다.[8]

(나) 전심재판에 관여한 때 '관여'란 재판의 내부적 성립에 실질적으로 관여하는 것을 의미하므로, 최종변론과 판결의 합의에 관여하거나 종국판결과 더불어 상급심의 판단을 받는 중간적인 재판에 관여한 경우[9]만 여기에 해당하고,

---

4) 대판 1979. 2. 27. 78도3204.
5) 대결 1982. 11. 15. 82모11.
6) 대결 1967. 1. 18. 66초67.
7) 대판 2002. 4. 12. 2002도944.
8) 대판 2011. 4. 28. 2011도17.
9) 대판 1997. 6. 13. 96다56115. 「법관의 제척원인이 되는 전심관여라 함은 최종변론과 판결의

재판의 선고에만 관여하거나 사실심리나 증거조사를 하지 않은 경우는 제외된다.

약식명령을 발부한 법관이 그 정식재판절차의 항소심 공판에 관여하였더라도 후에 경질되어 그 판결에는 관여하지 않았다면 전심재판에 관여하였다고 할 수 없다.[10] 또한 공판기일을 연기하는 재판에만 관여한 때,[11] 공판에 관여했으나 판결 선고 전에 경질된 때[12]도 제외된다.

(다) 전심재판의 기초가 되는 조사·심리에 관여한 때 전심재판 자체는 아니지만 그 내용 형성에 영향을 미친 조사나 심리에 관여한 경우를 말하며, 원칙적으로 공소제기 여부를 불문한다.

전심재판의 내용 형성에 사용될 자료의 수집·조사에 관여하여 그 결과가 전심재판에서 사실인정의 자료로 쓰여진 경우를 의미한다.

예컨대 제1심판결에서 수탁판사로서 유죄의 증거로 사용된 증거를 조사한 법관이 항소심 재판에 관여한 경우[13]를 들 수 있다. 재정신청절차에서 재정결정을 한 법관이 공소제기 후에 관여한 경우도 여기에 포함될 수 있다.

증거보전절차에 관여한 법관의 경우, 증거보전은 종국재판이 아니므로 '전심재판'은 아니지만, 실체형성과 관련하여 그 기초가 되는 조사·심리에 관여한 경우라고 보아야 하므로 제척사유에 해당한다고 보는 것이 다수설이다. 다만 판례는 '전심재판의 기초가 되는 조사·심리'의 범위를 좁게 해석하여 소극적인 태도를 취하고 있다.[14]

실체형성과 직접 관련이 없는 각종 영장의 발부나 구속적부심(보석허가결정) 또는 기피신청에 대한 재판 등은 포함되지 않는다.

예컨대 피고인에 대한 구속전심문을 하였거나[15] 구속영장을 발부한 판사가 공판에 관여한 경우,[16] 구속적부심에 관여한 경우,[17] 원심의 합의부원인 법관이 원심

합의에 관여하거나 종국판결과 더불어 상급심의 판단을 받는 중간적인 재판에 관여함을 말하는 것이고 최종변론 전의 변론이나 증거조사 또는 기일지정과 같은 소송지휘상의 재판 등에 관여한 경우는 포함되지 않는다.」

10) 대판 1985. 4. 23. 85도281.
11) 대판 1954. 8. 12. 4286형사141.
12) 대판 1985. 4. 23. 85도281.
13) 대판 1999. 10. 22. 99도3534.
14) 대판 1971. 7. 6. 71도974.
15) 대판 2002. 12. 10. 2001도7095.
16) 대판 1989. 9. 12. 89도612.

재판장에 대한 기피신청사건의 심리와 기각결정에 관여한 경우,[18] 법관이 선거관리위원장으로서 공직선거법 위반혐의사실에 대하여 수사기관에 수사의뢰를 하고, 그 후 당해 형사피고사건의 항소심 재판에 관여한 경우[19] 등은 제척사유에 해당하지 않는다. 이들 모두 종국재판이 아니므로 '전심재판'에 해당하지 않는다는 점을 고려한 것으로 보인다.

(4) 제척의 효과

제척사유에 해당하면 배제의 효과는 법률에 의하여 자동적으로 발생하므로, 제척의 원인에 해당하는 법관은 특별한 절차 없이 당해 사건의 직무집행에서 당연히 배제된다.

제척의 원인이 있는 법관은 스스로 회피해야 하고(제24조 제1항), 당사자도 기피신청을 할 수 있다(제18조 제1항).

배제되는 직무집행의 범위는 법관으로서의 모든 소송행위에 미친다. 제척의 원인이 있는 법관이 재판에 관여한 때에는 항소이유(제361조의5 제7호)와 상고이유(제383조 제1호)가 된다.

2. 기피

(1) 의의

기피란 법관이 불공평한 재판을 할 염려가 있을 때 당사자의 신청에 의해 법원의 결정으로 그 법관을 직무집행에서 배제시키는 제도를 말한다. 현실적으로 법관을 직무집행에서 배제시키는 일반적인 방법이다.

(2) 기피원인

검사 또는 피고인은 아래 어느 하나에 해당하는 경우에 법관의 기피를 신청할 수 있다(제18조).

㈎ **법관이 제척사유에 해당하는 때**(제1호) 제척사유에 해당하는지 여부는 직권조사사항이지만, 당사자의 신청이 있으면 법원의 결정을 통해 직무집행에서 배제시키도록 강제한 규정이다.

---

17) 대판 1960. 7. 13. 32913형상166.

18) 대판 2010. 12. 09. 2007도10121.

19) 대판 1999. 4. 13. 99도155.

㈏ **법관이 '불공평한 재판을 할 염려'가 있는 때**(제2호) 제척사유에 해당하지 않더라도 당사자가 기피신청을 할 수 있는 사유를 포괄적으로 규정한 것이다.

1) **판단기준** 신청인의 입장에서 불공평한 재판이 될지도 모른다고 추측할 만한 주관적인 사정이 있는 때를 말하는 것이 아니라, 통상인의 판단으로서 법관과 사건과의 관계상 불공평한 재판을 할 것이라는 의혹을 갖는 것이 합리적이라고 인정할 만한 객관적인 사정이 있는 때를 의미한다.[20]

2) **구체적 사례** 피고인 또는 피해자와 제척사유 이외의 개인적 관계가 있는 경우, 심리과정 등에서 예단을 드러낸 경우,[21] 피고인의 진술을 강요한 경우 등이 '불공평한 재판을 할 염려'가 있는 경우에 해당한다. 그러나 증거신청을 채택하지 아니하거나 이미 한 증거결정을 취소한 사실 또는 피고인의 증인에 대한 신문을 제지한 사실이 있다는 것만으로는 불공평한 재판을 할 염려가 있다고 할 수 없다.

형사피고사건의 담당 재판장이 변호인 신청의 증인에 대한 증인신문사항의 미제출을 이유로 그 증인채택결정을 취소하거나,[22] 법관이 피고인에게 공판기일에 어김없이 출석할 것을 촉구한 경우,[23] 검사의 피고인에 대한 공소장변경허가신청에 대해 불허가결정을 한 경우[24]는 불공평한 재판을 할 염려가 있는 경우에 해당하지 않는다.

(3) 기피신청

㈎ **신청권자** 검사나 피고인이며, 변호인도 독립대리권자(명시적 의사에 반할 수 없음)로서 기피신청을 할 수 있다(제18조 제1항, 제2항). 재정신청사건에서 고소인이나 고발인은 물론, 피의자의 경우에도 기피신청을 할 수 있음은 이미 설명한 바 있다.

---

20) 대결 1990. 11. 2. 90모44.
21) 대결 1974. 10. 16. 74모68.
22) 대결 1994. 11. 3. 94모73.
23) 대결 1969. 1. 6. 68모57.
24) 대결 2001. 3. 21. 2001모2.

합의법원의 법관에 대한 기피는 그 법관의 소속 법원에 그리고 수명법관, 수탁판사 또는 단독판사에 대한 기피는 당해 법관에게 신청하여야 한다(제19조 제1항).

합의사건의 경우 합의부 자체에 대한 기피는 허용되지 않지만, 합의부원 전체에 대한 기피신청은 가능하며, 대법원의 경우 전원합의체를 구성하는 대법관 전원에 대한 기피는 이에 대한 판단을 할 법원이 없으므로 허용되지 않는다.

㈏ **신청절차** 　신청 자체는 구두 또는 서면으로 할 수 있고(규칙 제176조 제1항), **판결선고 전**까지 할 수 있다.

민사소송의 경우와 달리 기피신청의 시기에 관해 별도의 규정이 없으나, 제22조에 의해 정지될 수 있는 소송진행에는 판결선고가 포함되지 않는다는 점에서 더 이상 공판절차가 진행되지 않는 판결선고의 단계까지 신청을 허용할 필요는 없으므로 변론종결시까지로 보아야 한다는 견해도 있다. 그러나 변론종결 이후에도 재판의 내부적 성립에 관여하는 것을 막을 필요가 있다는 점에서 신청의 실익이 있으므로 판결선고 전까지로 보는 것이 타당하다. 판례도 판결선고 전으로 보고 있는 것으로 보인다.[25)]

㈐ **기피사유의 소명** 　기피사유에 대해서는 신청한 날로부터 '3일 이내에' '서면으로' 소명하여야 한다(제19조 제2항). 기피의 원인되는 사실(불공정한 재판을 할 염려에 해당하는 사실)을 구체적으로 명시하여야 하며(규칙 제9조 제1항), '소명'으로 족하므로 주장이 진실이라고 추정할 수 있는 자료를 제출하면 족하다.

기피사유를 소명하지 않은 경우에는 결정으로 신청을 기각한다(간이기각결정. 제20조 제1항, 규칙 제9조 제2항).

(4) 기피신청의 재판

㈎ **관할** 　기피당한 법관이 소속된 법원의 합의부에서 관할한다(제21조 제1항).

기피당한 법관이 결정에 관여하는 것은 금지되며(동조 제2항), 관할법원이 합의부를 구성하지 못하는 경우에는 직근 상급법원이 결정한다(동조 제3항).

---

25) 대결 1985. 7. 23. 85모19 참조. 「피고사건의 판결선고절차가 시작되어 재판장이 이유의 요지 중 상당부분을 설명하는 도중 피고인이 동 공판에 참여한 법원사무관에 대한 기피신청과 동시에 선고절차의 정지를 요구하는 것은 선고절차의 중단 등 소송지연만을 목적으로 한 것으로 부적법한 것이다.」 같은 취지로는, 대결 1995. 1. 9. 94모77.

(나) **소송진행의 정지** 신청이 있으면 – 간이기각결정을 하는 경우를 제외하고 – 소송진행을 정지하여야 한다(제22조).

1) **대상** 법률이 명시적으로 아무런 제한을 하고 있지 않으므로 급속을 요하는 경우 외의 모든 소송절차가 정지된다.

판례는 실체판단을 위한 본안에 대한 소송진행만 정지된다고 보고 있으나,[26] 모든 절차를 포함하더라도 '급속을 요하는 경우'에는 예외가 인정되므로 사실상 본안 외의 절차라도 급속을 요하는 경우는 정지할 필요가 없게 된다.

2) **예외** '급속을 요하는 경우'는 예외적으로 소송절차를 계속 진행한다(제22조 단서).

멸실될 우려가 있는 증거를 조사해야 할 경우, 장기 해외출장이나 사기에 임박한 증인의 진술을 들어야 할 경우 등이 여기에 해당한다. 판례는 구속기간의 만료가 임박한 경우도 포함한다.[27]

3) **위반시 효과** 기피신청을 받고도 소송절차를 정지하지 않으면 신청에 대한 기각 유무와 관계없이 위법하므로, 신청 이후의 모든 소송행위는 무효가 된다.[28]

(다) **간이기각결정** 기피신청이 명백한 소송지연의 목적이거나 절차위반인 경우에는 신속한 본안재판을 위해 신청을 받은 법원이나 법관이 직접 결정으로 이를 기각한다(제20조 제1항).

1) **소송지연의 목적** 소송지연의 목적이 명백한 경우에 한한다. 예컨대 선고절차의 중단 등 소송지연만을 목적으로 한 기피신청이 여기에 해당한다.[29]

소송지연을 목적으로 함이 명백한 기피신청인지의 여부는 기피신청인이 제출한 소명방법에만 의존해서 판단할 필요는 없고, 당해 법원에 현저한 사실이거나 당해 사건기록에 나타나 있는 제반 사정들을 종합하여 판단할 수 있다.[30]

---

26) 대결 1987. 5. 28. 87모10. 「법관에게 불공평한 재판을 할 염려가 있다고 하여 기피신청이 있는 경우에 형사소송법 제22조에 의하여 정지될 소송진행은 그 피고사건의 실체적 재판에의 도달을 목적으로 하는 본안의 소송절차를 말하고 판결의 선고는 이에 해당되지 않는다.」
같은 취지로는, 대결 1987. 2. 3. 86모57.

27) 대판 1994. 3. 8. 94도142.

28) 대판 2012. 10. 11. 2012도8544.

29) 대판 1985. 7. 8. 85초29(84도253); 대결 1985. 7. 23. 85모19 참조.

30) 대결 2001. 3. 21. 2001모2.

2) **절차위반** 기피신청의 관할(제19조 제1항), 기피사유의 소명(동조 제2항) 등 절차에 위반한 신청인 경우도 간이기각결정의 대상이 된다.

3) **기타** 이 외에도 기피결정의 실익이 없는 경우처럼, 부적법한 신청에 대해서도 간이기각결정을 할 수 있다.

이미 종국판결이 선고되어 그 담당재판부를 사건 심리에서 배제하려는 기피신청의 목적이 소멸한 경우에는 재판을 할 이익이 상실되어 부적법하며,[31] 어떠한 사유에 의하든 기피의 대상으로 하고 있는 법관이 이미 당해 사건의 구체적 직무집행으로부터 배제되어 있다면 그 법관에 대한 피고인의 기피신청도 부적법하다.[32]

일반적인 기각결정의 경우와 달리, 소송지연을 막기 위한 간이기각결정에 대해서는 즉시항고를 하더라도 집행정지의 효력이 없다(제23조 제2항).

(라) **의견서 제출 및 인용결정의 의제** 기피당한 법관은 간이기각결정을 하는 경우가 아니면 지체 없이 기피신청에 대한 의견서를 제출하고(제20조 제2항), 기피당한 법관이 기피의 신청을 이유 있다고 인정하는 때에는 인용결정이 있은 것으로 간주한다(동조 제3항).

(마) **결정 및 불복** 신청에 대한 재판은 결정으로 하며, 이유가 없으면 기각결정을, 이유가 있으면 인용결정을 내린다.

기각결정에 대해서는 즉시항고를 할 수 있고(제23조 제1항), 즉시항고가 기각되면 제415조에 따라 재항고를 할 수 있다.

(5) **기피신청에 따른 효과** 당해 법관이 기피신청을 이유 있다고 인정한 때에는 법관은 당해 사건의 직무집행에서 즉시 배제된다. 당해 법관이 계속 관여하는 경우에는 상소이유가 된다(제361조의5 제7호, 제383조 제1호).

배제의 효력이 발생하는 시기는 기피사유에 따라 달라진다. 제척사유에 해당하는 경우에는 제척원인이 발생한 때이고, 기타 기피사유에 해당하는 경우에는 기피결정이 있은 때이다.

---

31) 대결 1995. 1. 9. 94모77.
32) 대결 1986. 9. 24. 86모48.

3. 회피

회피란 기피원인이 있다고 생각하는 법관이 스스로 당해 사건의 직무집행에서 탈퇴하는 제도를 말한다(제24조). 실무에서는 해당 법관이 사건재배당을 요구하거나 직무대리발령을 건의함으로써 해결한다.

법관은 제18조에 규정한 '회피'원인에 해당하는 사유가 있다고 사료한 때에는 회피할 '의무'가 있다(제24조 제1항). 회피는 소속법원에 서면으로 신청하여야 하며(동조 제2항), 그 재판은 기피신청에 대한 재판에 관한 규정(제21조)을 준용한다(제24조 제3항).

4. 법원사무관등에 대한 제척·기피·회피

법관의 제척·기피·회피에 관한 규정은 원칙적으로 법원서기관·법원사무관·법원주사·법원주사보와 통역인에 준용되며(제25조), 제척·기피에 관한 규정은 전문심리위원에게도 준용된다(제279조의5).

법관의 제척사유 가운데 하나인 제17조 제4호가 준용되는 통역인의 경우에도 사건에 관하여 증인으로 증언한 때에는 직무집행에서 제척되고, 제척사유가 있는 통역인이 통역한 증인의 증인신문조서는 유죄 인정의 증거로 사용할 수 없다.[33] 제척사유 가운데 '전심재판 등에 관여한 경우'는 법관의 경우에만 적용되므로 법원사무관등에 대해서는 적용되지 않는다.

법원사무관등에 대한 기피신청에 대한 결정은 소속법원이 행하므로 이에 대한 불복은 준항고가 아닌 즉시항고의 방법에 의한다.

Ⅲ. 법원의 관할

1. 관할의 의의

관할이란 특정한 법원이 특정한 사건을 재판할 수 있는 재판업무의 분담기준을 말한다. 각 법원에 대한 **재판권의 분배**를 의미한다(심판권, 법원조직법 제7조).

---

33) 대판 2011. 4. 14. 2010도13583 (통역인이 피고인들에 대한 특경가법 위반(사기) 사건의 공판기일에 증인으로 출석하여 진술한 다음, 같은 기일에 위 사건의 피해자로서 자신의 사실혼 배우자인 증인의 진술을 통역한 사안).

(1) 재판권과 구별

관할권은 재판권과 구별된다. 관할은 재판권의 존재를 전제로 하며, 재판권은 사법부의 권한, 즉 법원의 일반적·추상적 심판권을 말한다. 재판권은 일반법원의 재판권과 군사법원의 재판권으로 나누어진다.[34)]

현행법상 형사재판권은 대한민국의 형벌권이 적용되는 모든 범죄사건에 대해 미치며, 앞에서 기술한 바와 같이, 대통령의 불소추 특권, 국회의원의 면책특권, 외교사절에 대한 소추면제, 한미행정협정 등의 특례가 인정된다.

(2) 사무분배(사건배당)와 구별

관할권이 있는 법원 내의 여러 (재판)부 가운데 특정 (재판)부에 사건을 배당하는 사건 배당의 문제는 법원 내부의 사법행정사무로서 관할과는 구별된다.

법원사무규정에 따르면, 법원의 사무분배는 소속청의 장이 이를 정한다(「법원사무규정」 제2조).

지원(支院)도 독자적인 관할권이 있으므로, 지방법원 본원과 지원 중에 누가 관할권을 가지는가는, 단순한 사무분배에 그치는 것이 아니라 관할분배에 관한 문제이다.[35)]

(3) 관할의 종류

(가) 사건관할 피고사건 자체의 심판에 관한 관할로서, 일반적인 관할의 의미이다. 법정관할(고유관할, 관련사건의 관할)과 재정관할이 있다.

(나) 직무관할 사건과 관련된 특별절차(예컨대, 구속적부심, 재정신청, 재심, 비상상고 등)에 관한 관할을 말한다.

2. 관할의 결정기준

(1) 관할항정의 원칙

관할항정의 원칙이란 관할에 관한 규정에 따라 일단 특정한 법원에 계속된

---

34) 대결 2016. 6. 16. 2016초기318 전합 (군인이 아닌 일반국민이 군사법원 관할사건 외에 일반범죄도 범하여 경합범으로 기소된 사안: 각기 재판권을 달리함).

35) 대판 2015. 10. 15. 2015도1803 (전남 진도(광주지방법원 해남지원 관할)에서 발생한 범죄에 대해 검사가 광주지방법원 본원도 범죄지로 인한 제1심 토지관할이 있음을 이유로 광주지방법원 본원에 공소를 제기한 사안: 위법).

사건에 대해서는 시종해서 동일한 법원에 의하여 재판이 행해져야 한다는 원칙을 말한다. 관할획일의 원칙이라고도 한다. 심급이 변경되지 않는 한, 공소제기 시점을 기준으로 관할을 결정한다.

(2) 관할규정의 탄력성

추상적·획일적 관할기준은 오히려 심리의 편의와 사건의 능률적 처리를 해하고 피고인의 이익에도 반할 수 있다. 현행법은 심리의 편의와 사건의 능률적 처리라는 절차적·기술적 요구와 피고인의 출석과 방어의 편의라는 방어상 이익을 고려하여 관할의 수정을 인정하고 있다.

3. 법정관할

(1) 고유의 법정관할

(가) 사물관할 사건의 경중과 난이도 등에 따른 관할의 분배로서 단독판사와 합의부로 나뉜다(법원조직법 제7조, 제32조). 지방법원과 그 지원 및 시·군법원의 심판권은 원칙적으로 단독판사가 행한다(법원조직법 제7조 제4항). 지방법원과 그 지원의 합의부는 ① 합의부에서 심판할 것으로 합의부가 결정한 사건(재정합의사건), ② (일정한 사건을 제외한) 사형·무기 또는 단기 1년 이상의 징역이나 금고에 해당하는 사건과 이와 동시에 심판할 공범사건, ③ 지방법원 판사에 대한 제척·기피사건, ④ 다른 법률(예컨대 공직선거법 제269조(선거범과 그 공범), 치료감호법 제3조 제2항(치료감호사건) 등)에 의하여 지방법원 합의부의 권한에 속하는 사건을 심판한다(법원조직법 제32조 제1항).

'단기 1년 이상'의 사건은 벌금형이 선택형으로 규정된 경우도 포함하며, 단기만을 기준으로 하므로 장기가 10년 이하인 경우 등은 제외된다. 합의부에서 심판하여야 할 사건을 단독판사가 심판한 경우는 판결에 영향을 미친 법령위반에 해당한다.[36)]

(나) 토지관할 동등한 법원간의 사건의 지역적 배분을 말하며(제4조), 재판적(裁判籍)이라고도 한다. 제1심법원의 관할뿐만 아니라 항소심 법원의 관할 그리고 본원과 지원의 관할도 포함한다.

---

36) 대판 1999. 11. 26. 99도4398 (피고인이 폭력행위등처벌에관한법률위반죄 및 감금치상죄를 범하여 기소된 공소사실에 대하여 춘천지방법원 원주지원 단독판사가 제1심으로 심판하고, 그 제1심 사건에 대한 항소심사건을 원심인 춘천지방법원 본원 합의부가 심판한 사안: 위법).

「각급 법원의 설치와 관할구역에 관한 법률」에서 토지관할의 분배를 정하고 있다. 동등한 법원 간의 관할의 기준 사이에는 우열이 없으므로, 하나의 사건에 대해 수 개의 토지관할이 존재할 수 있다.[37] 토지관할은 공소제기 시점을 기준으로 결정한다.

1) 범죄지 범죄사실, 즉 범죄구성요건에 해당하는 사실의 전부 또는 일부가 발생한 장소를 말한다.

2) 주소와 거소 민법의 기준에 따라 생활의 근거지가 주소(민법 제18조)이고, 다소 계속적으로 거주하는 곳이 거소가 된다(민법 제19조).

3) 현재지 공소제기 당시 피고인이 실제 위치하고 있는 장소를 말한다. 임의로 또는 적법한 강제처분에 의하여 피고인이 현재하는 장소이다. 예컨대 외국에서 범한 범죄로 범죄인이 송환되어 구속되어 있는 경우, 구속영장을 발부한 법원은 현재지로서 토지관할권을 가진다.[38]

㈐ 심급관할 상소절차에 관한 심급상의 관할의 분배를 말한다. 지방법원과 그 지원의 단독판사의 판결에 대한 항소사건은 지방법원본원 합의부에서 관할하고(제357조, 법조법 제32조 제2항), 지방법원 합의부의 제1심판결에 대한 항소사건은 고등법원이 관할한다(제357조, 법조법 제28조 제1호, 제2호). 항소심 판결에 대한 상고사건과 제1심판결에 대한 비약상고사건은 대법원이 관할한다(제371조, 제372조, 법조법 제14조 제1호).

지방법원과 그 지원의 단독판사의 결정·명령에 대한 항고사건은 지방법원본원 합의부가 관할하고(법조법 제32조 제2항), 지방법원 합의부의 제1심 결정·명령에 대한 항고사건은 고등법원이 관할한다(법조법 제28조 제2호). 고등법원의 결정과 지방법원 합의부의 제2심 결정·명령에 대한 항고사건은 대법원이 관할한다(제415조, 법조법 제14조 제2호).

(2) 관련사건의 관할

㈎ 관련사건의 정의 관련사건이란, ① 1인이 범한 수죄, ② 수인이 공동으로 범한 죄, ③ 수인이 동시에 동일장소에서 범한 죄, ④ 범인은닉죄, 증

37) 대판 1984. 2. 28. 83도3333. 「형사소송법 제4조 제1항은 토지관할을 범죄지, 피고인의 주소, 거소 또는 현재지로 하고 있으므로, 제1심법원이 피고인의 현재지인 이상, 그 범죄지나 주소지가 아니더라도 그 판결에 토지관할 위반의 위법은 없다.」

38) 대판 2011. 12. 22. 2011도12927.

거인멸죄, 위증죄, 허위감정통역죄 또는 장물에 관한 죄와 그 본범의 죄를 말한다(제11조).

'1인이 범한 수죄'는 경합범을 의미한다. 1인이 범한 수죄를 관련사건으로 취급하는 것은 피고인이 분리심판으로 인한 경합범의 특례를 적용받지 못하는 불이익을 받지 않도록 하려는 취지이다.39) 한편 '수인이 공동으로 범한 죄'란 총칙상의 공범뿐만 아니라 각칙에 규정된 필요적 공범이나 합동범도 포함한다.40)

(나) **병합관할 및 병합심리**　관련사건의 경우에는 하나의 사건에 대해 관할권을 가지는 법원이 본래 관할권이 없는 다른 관련사건까지 관할할 수 있고, 그 관할권을 전제로 병합심리를 할 수 있다. 즉, 토지관할을 달리하는 수개의 사건이 관련된 때에는 1개의 사건에 관하여 관할권 있는 법원은 다른 사건까지 관할할 수 있으며(제5조), 사물관할을 달리하는 수개의 사건이 관련된 때에는 법원합의부는 병합관할하지만, 결정으로 관할권 있는 법원단독판사에게 이송할 수 있다(제9조).

병합심리의 신청이 있으면 급속을 요하는 경우를 제외하고는 신청에 대한 결정이 있을 때까지 소송절차가 정지된다(규칙 제7조).

관련사건의 경우, 검사는 병합관할권을 가진 모든 법원에 기소할 수 있으나, 법원은 병합기소된 사건을 반드시 병합심리해야 하는 것은 아니고, 기소를 받지 않은 법원도 여전히 고유의 법정관할에 따른 관할권을 가지게 된다.41)

토지관할이 다른 여러 개의 관련사건이 각각 다른 법원에 계속된 때에는 공통되는 바로 위의 상급법원은 검사나 피고인의 신청에 의하여 결정으로 한 개 법원으로 하여금 병합심리하게 할 수 있다(제6조). 여기서 다른 여러 개의 관련사건이 '각각 다른 법원에 계속된 때'란 사물관할은 같지만 토지관할만 다른 경우를 말한다.42) 토지관할을 결정하는 '바로 위의 상급법원'이란 각 법원에 공통된 바로 위의 상급법원을 말한다.43)

한편 사물관할을 달리하는 수개의 관련사건이 각각 법원합의부와 단독판사에 계속된 때에는 합의부는 결정으로 단독판사에 속한 사건을 병합하여 심리할 수 있다(제10조).

---

39) 대판 1992. 1. 21. 91도1402 전합 반대의견 참조.
40) 대판 1978. 10. 10. 78도2225.
41) 대판 2008. 6. 12. 2006도8568.
42) 대결 1990. 5. 23. 90초56.
43) 대결 2006. 12. 5. 2006초기335 전합.

4. 재정관할

재정관할은 법원의 재판에 의하여 정해지는 관할로서, 법정관할이 불분명하거나 없는 경우 또는 구체적 사정을 이유로 관할권 없는 법원으로 하여금 소송계속을 하게 하는 경우를 말한다. 관할의 지정과 이전이 여기에 해당한다.

(1) 관할의 지정

관할의 지정이란 법원의 관할이 명확하지 아니하거나 관할위반을 선고한 재판이 확정된 사건에 관하여 다른 관할법원이 없는 때에 상급법원이 사건을 심판할 법원을 지정하여 재판을 하게 하는 제도를 말한다(제14조).

(2) 관할의 이전

관할의 이전이란 관할법원의 재판권 행사가 불가능하거나 현저히 곤란한 때 다른 법원으로 관할을 이전하는 것을 말한다(제15조). 관할이전의 요건의 하나인 '재판의 공평을 유지하기 어려운 염려'란 객관적인 외부사정이 재판에 큰 영향을 미칠 수 있는 경우를 말한다.[44] 단순히 법원이 검사의 공소장변경을 허용하였다거나,[45] 담당 법관에 대해 기피신청을 했다[46]는 이유만으로는 여기에 해당되지 않는다.

(3) 관할의 지정·이전의 절차

관할의 지정 또는 이전을 신청하려면 그 사유를 기재한 신청서를 바로 위의 상급법원에 제출하여야 하며(제16조 제1항), 공소를 제기한 후라면 즉시 공소를 접수한 법원에 통지하여야 한다(동조 제2항).

4. 소송절차의 정지

관할과 관련된 신청이 있으면 그에 대한 결정시까지, 급속을 요하는 경우가

---

44) 대결 2011. 11. 14. 2011초기555 (고등법원 부장판사가 동일 지역의 지방법원 파산부 재판장 시절 법정관리사건 대리인으로 고교 동창 변호사를 선임하도록 하고 동창 변호사로부터 얻은 정보를 이용해 투자수익을 남긴 혐의(뇌물수수) 등으로 불구속 기소됐으나, 1심에서 무죄를 선고받자(대법원 정직 5개월 징계), 이에 검찰이 제1심판결에 불복해 항소한 후 항소심 토지관할을 당해 부장판사가 소속된 광주고법에서 서울고법으로 변경해달라는 관할이전을 신청한 사안: 인용).

45) 대결 1982. 12. 17. 82초50.

46) 대결 1984. 7. 24. 84초45, 84노417.

아니면, 소송절차를 정지하여야 한다(규칙 제7조).

5. 관할의 경합 및 법원의 심판

다양한 관할기준으로 인해 수개의 법원이 동시에 관할권을 가지는 경우에 이중기소나 이중판결의 위험을 방지하기 위해 심판법원의 기준을 설정하고 있다.

(1) 사물관할의 경합

동일 사건이 사물관할을 달리하는 수개의 법원에 계속된 때에는 법원합의부가 심판한다(제12조).

(2) 토지관할의 경합

같은 사건이 사물관할을 같이하면서 토지관할이 다른 여러 개의 법원에 계속된 때에는 먼저 공소를 받은 법원, 즉 선소법원이 심판한다. 다만, 각 법원에 공통되는 바로 위의 상급법원은 검사나 피고인의 신청에 의하여 결정으로 뒤에 공소를 받은 법원으로 하여금 심판하게 할 수 있다(제13조).

(3) 후속절차

관할의 경합으로 심판할 수 없게 된 법원은 공소가 제기되었더라도 결정으로 공소를 기각하여야 한다(제328조 제1항 제3호).

6. 관할의 조사와 위반

관할은 법원이 직권으로 조사하여야 한다(제1조). 관할권이 없으면 법원은 관할위반의 판결을 선고하여야 한다(제319조). 다만, 토지관할에 관한 관할위반은 피고인의 신청이 없으면 관할위반의 선고를 하지 못한다(제320조). 관할에 관한 위법이 있으면 (절대적) 항소이유(제361조의5 제3호)와 (상대적) 상고이유(제383조 제1호)가 된다.

7. 사건의 이송

사건의 이송이란 법원이 소송계속 중인 사건을 다른 법원이나 군사법원으로 이전하는 재판을 말한다. 이송 결정 이후에는 당해 사건에 관한 소송기록과 증거물을 이송받는 법원에 송부하여야 한다.

(1) 직권이송

직권이송에는 현재지 관할에의 이송과 공소장변경으로 인한 합의부 이송이 있다.

㈎ 임의적 이송 법원은 피고인이 그 관할구역 내에 현재하지 아니하는 경우에 특별한 사정이 있으면 결정으로 사건을 피고인의 현재지를 관할하는 동급 법원에 이송할 수 있다(제8조 제1항). 현재지 관할에의 이송은 관할의 이전의 경우와는 달리 이송받은 법원에 관할권이 존재함을 전제로 하며,[47] 임의적 이송사유이다.

㈏ 필요적 이송 단독판사의 관할사건이 공소장변경에 의하여 합의부 관할사건으로 변경된 경우 법원은 결정으로 관할권이 있는 법원에 이송한다(제8조 제2항). 공소장변경으로 인한 이송은 필요적 이송사유로서, 항소심에서 공소장이 변경되어 합의사건으로 된 경우에도 합의부 관할사건에 대한 관할권이 있는 고등법원으로 이송하여야 한다.[48]

단독판사 관할 사건의 항소심에서 치료감호가 청구된 경우에도 치료감호사건의 관할법원인 고등법원으로 이송하여야 한다.[49] 다만 공소장변경으로 인해 합의사건이 단독사건으로 변경된 경우는 신중한 실체심리를 위해 관할변경에도 불구하고 사건을 이송하지 않는다.[50]

(2) 군사법원 이송

공소가 제기된 사건에 대하여 군사법원이 재판권을 가지게 되었거나 재판권을 가졌음이 판명된 때에는 법원은 결정으로 사건을 재판권이 있는 같은 심급의 군사법원으로 이송한다(제16조의2). 반대의 경우에도 마찬가지로 군사법원은 재판권 없음을 이유로 공소기각의 판결을 하지 않고 결정으로 같은 심급의 일반법원으로 사건을 이송한다(군사법원법 제2조 제3항).

> '공소가 제기된 사건에 대하여 군사법원이 재판권을 가지게 되었거나 재판권을 가졌음이 판명된 때'란 공소제기 후에 피고인이 군에 입대한 경우나 피고인이 공소제기 전에 군에 입대하였음이 밝혀진 경우를 말한다.

---

47) 대판 1978. 10. 10. 78도2225.
48) 대판 1997. 12. 12. 97도2463.
49) 대판 2009. 11. 12. 2009도6946, 2009감도24; 대판 2020. 4. 29. 2020도2527.
50) 대판 2013. 4. 25. 2013도1658.

(3) 소년법에 따른 송치 및 이송

소년에 대한 보호처분은 소년부가 관할하므로, 공소제기 후 보호처분사건으로 판명된 경우에는 소년부에 송치하여야 한다(소년법 제50조). 보호처분 해당사건이라도 대상자가 19세 이상인 것으로 밝혀지면 다시 송치법원으로 이송하여야 한다(동법 제51조).

Ⅳ. 법원의 권한

법원은 소송의 주체로서 피고사건을 심판하고 절차를 원활하게 진행시키는 역할을 한다.

규문주의하에서는 법원이 수사절차로부터 형의 집행에 이르기까지 국가형벌권 행사의 전 과정을 통해 전권을 행사하였으나, 탄핵주의로 이행되면서 법원의 권한은 원칙적으로 재판절차에 한정되었고 다른 절차에의 개입은 인권보장이나 적정절차의 보장이라는 차원에서 이루어지게 되었다.

법원의 권한과 역할은 소송구조에 따라 다르게 나타난다. 직권주의하에서는 소송의 주도권을 가지고 적극적인 권한 행사를 하는 데 비하여, 당사자주의하에서는 공정한 제3자로서 규제적·보충적인 권한을 행사한다.

1. 공판절차에서의 권한

공판절차에서 법원은 형식재판과 실체재판을 할 수 있는 심판권의 주체이며, 심판권에 부수하는 권한으로서 소송지휘권, 법정경찰권, 강제처분권 등을 가진다.

2. 수사절차

수사절차에서 법원은 강제처분의 주체로서 영장의 발부, 체포·구속적부에 대한 심사, 구속의 취소 및 집행정지, 재정신청사건에 대한 결정, 수사기관의 처분에 대한 준항고 재판 등의 권한을 가진다. 제1회 공판기일 전에 증거보전이나 증인신문에 대한 권한도 가진다.

3. 재판집행절차

재판집행절차에서 법원은 소송비용집행 면제신청, 재판해석 및 해석에 관한 이의신청 등에 대한 결정 권한을 가진다.

제3 검사

Ⅰ. 검찰제도

1. 검사와 검찰제도

(1) 검사의 의의 및 성격

검사란 검찰권을 행사할 권한을 가진 국가기관을 말한다. 검찰권은 범죄의 수사부터 재판의 집행에 이르기까지 형사절차 전 과정에 걸친 광범위한 권한이다. 공판절차에서 검사는 피고인과 대립하는 소송주체로서 피고인의 소추·공격을 주된 임무로 한다.

검사는 법무부에 소속된 행정기관에 불과하나 수사와 재판 등에 관한 검찰권의 내용은 사법권과 밀접한 관련을 가지고, 형사사법에 심대한 영향을 미친다는 점에서 오로지 진실과 정의에 따라야 할 의무가 부과되는 준사법기관의 지위가 인정된다. 2020년 개정법률은 검찰의 권한행사가 주권자인 국민을 위하여 행사되어야 하므로, 직무를 수행할 때 국민 전체에 대한 봉사자로서 헌법과 법률에 따라 국민의 인권을 보호하고 적법절차를 준수할 의무가 있음을 명시하고 있다(검찰청법 제4조 제2항).

검사는 검찰사무를 처리하는 단독제의 관청이다. 검사는 단독으로 검찰사무를 처리하며, 상급자의 보조기관으로서 검찰사무를 처리하는 것은 아니다.

(2) 검찰제도

19세기 탄핵주의하에서 소추기관으로서 검찰제도가 등장하였다. 검찰제도는 14세기에 프랑스에서 왕실의 관리들이 국고의 수입원인 벌금·몰수를 집행하기 위해 「왕의 대관(代官)」(procureur du roi)으로 참여한 데에서 출발하였다. 프랑스혁명 후 영국의 배심제도가 도입되면서 검찰청도 폐지되었으나, 19세기 치죄법(1808년)하에서 기소배심제도가 폐지되면서 「공화국의 대관」(procureur de la république)으로 검찰제도가 부활하였다. 독일로 계수된 검찰제도는 '법률의 감시자'로서, 검사의 객관성, 경찰에 대한 지시권, 법원의 결정에 대한 상소권, 검사의 기소독점, 법조기관에의 편입 그리고 검사의 계층구조라는 특징을 형성하게 되었다.[51] 이러한 특징은 일본과 우리나라에도 큰 영향을 미쳤다.

---

51) 검사제도는 규문주의의 중요한 결함으로 지적되었던 법관의 절대적인 권력을 제한하고, 형사사법에서 권력분립을 실현하기 위한 것이었다. 즉, 규문관(Inquirent)의 자의로부터 시민을 보

(3) 검사의 자격과 신분보장

검찰사무의 독립성을 보장하는 것은 사법권의 독립을 외곽에서 보장하는 의미를 지닌다. 검찰청법은 검사에게 법관에 준하는 엄격한 자격요건을 요구하는 한편 정치적 압력으로부터 검찰권행사를 보호하기 위해 두터운 신분보장 규정을 두고 있다(검찰청법 제29조, 제33조, 제34조, 제37조 등 참조). 그러나 검사가 헌법이 보장하는 법관의 신분보장을 향유하지 못하는 것은 기능적인 측면에서 법관과 같은 **비정치적인 법인식기능**을 가지고 있지 못하기 때문이다.

Ⅱ. 검찰조직의 특수성

1. 검사와 검찰청

(1) 관청으로서의 검사

검사는 검찰권이라는 행정권을 행사하는 법무부에 소속된 공무원이면서 사법권 행사와 밀접한 관련을 가지는 준사법기관이며, 단독제 관청이다(동법 제7조).

(2) 관서로서의 검찰청

검찰청은 그 자체로는 검사의 사무를 통할하는 기관(검찰행정조직)으로 소송법상의 권한은 없다(동법 제2조, 제3조, 제45조). 대검찰청, 고등검찰청, 지방검찰청 및 지청 등 각급 검찰청의 조직 및 구성에 대해서는 검찰청법 제2장 내지 제4장에서 규정하고 있다.

2. 검찰사무의 독자성(이중성)

검사의 독립성과 중립성을 확보하기 위해서는 검사에게 준사법기관으로서의 독립성을 보장해야 한다. 하지만 다른 한편으로 검찰권 행사의 통일성을 확

호하기 위한 목적으로 등장한 것이 검사제도이다. 독일에서 검사는 '혁명의 아들', '법률의 감시자'(Savigny, 프로이센에 검사제도를 도입한 법무부 장관), '세상에서 가장 객관적인 관청'(원래는 Franz von Liszt가 이렇게 오해해서는 안된다고 경계한 말임에도 불구하고 현재는 문구 그대로 회자되고 있다)이라고 칭해지기도 한다. 그러나 검사제도는 역사적으로 군주(빌헬름 4세)가 정치적으로 믿기 어려운 법원을 행정부 산하의 조직을 통해 견제하기 위한 것이라는 역사적 견해가 제시되기도 하였으며, 사회학적으로는 검사와 법원의 '동조화' 현상으로 검사제도 본래의 의미가 퇴색되었다는 지적도 있다. 이러한 역사적·사회적 분석과는 별개로 검사는 '진실'(Wahrheit)과 '정의'(Gerechtigkeit)에 구속되어야 한다는 규범적 명제는 오늘날에도 여전히 유효하다.

보하고 형사절차 전반에 걸친 검찰권의 오·남용을 견제하기 위한 내부적 통제가 필요하다.

과거에는 검사동일체의 원칙(구 검찰청법 제7조)을 통해 검찰조직을 계층화하고 상명하복관계를 강조하였으나, 현행법은 검사동일체의 원칙을 삭제하고 검찰사무에 대한 지휘·감독이 검찰사무의 독립성을 저해하지 않도록 검사에게 이의제기권을 부여하고 있다(검찰청법 제7조 제2항).

3. 구체적 내용

(1) 검사의 지휘감독관계

검사의 직급은 검찰총장과 검사로만 구분된다(동법 제6조). 다만 각급검찰청에 직책으로서 검사장, 차장검사, 부장검사, 검사 등을 둠으로써 검사들 상호간에 지휘감독관계는 여전히 존재한다.

검찰총장은 대검찰청의 사무를 맡아 처리하고 검찰사무를 통할하며 검찰청의 공무원을 지휘·감독하고(동법 제12조 2항), 고등검찰청과 지방검찰청의 검사장은 해당 검찰청의 사무를 맡아 처리하고 소속공무원을 지휘·감독한다(동법 제17조 2항, 제21조 2항). 또한 지방검찰청 지청의 지청장은 검사장의 명을 받아 소관 사무를 처리하고 소속 공무원을 지휘·감독한다(동법 제22조 2항 참조).

다만 검사는 단독제 준사법기관으로서 인적·물적 독립이 보장되어야 하므로, 지휘·감독관계는 내부적 효력을 가지는 데 그친다. 소속 상급자의 지휘·감독은 적법한 명령을 전제로 하며 검사에게는 지휘감독의 적법성 내지 정당성에 대한 이의제기권이 있다. 따라서 검사는 법과 정의에 비추어 상관의 명령과 다른 처분을 할 수 있으며, 소속 상급자가 이를 임의로 취소·변경하는 것은 허용되지 않는다.

(2) 법무부장관의 일반적 지휘·감독권

법무부장관의 지휘감독관계는 검찰조직 내에서 인정되는 것으로, 법무부장관은 법무부 소속 공무원인 검사에 대하여 일반적 지휘·감독을 하는 데 그치고, 구체적 사건에 대하여는 검찰총장만을 지휘·감독한다(동법 제8조).

정치적 공무원인 법무부장관에게 일반적 지휘감독 외에 검찰총장에 대한 구체적 지휘감독권을 인정한 것은 검찰권 행사에 영향을 미칠 수 있다는 측면이 있지만, 개별검사가 아닌 검찰총장만을 지휘·감독할 수 있게 함으로써 구체적인 사건에 대해서는 검사에게 직접 영향을 미치지 못하도록 하고 있다.

(3) 직무승계권과 직무이전권

검찰사무에 관한 지휘감독관계의 구체적 표현으로서 직무승계 및 직무이전이 인정되고 있다(동법 제7조의2). 검찰사무에 관한 권한은 최종적으로는 검찰총장의 권한으로 귀속된다.

상급자가 직무승계권이나 이전권을 행사할 경우에는 직무수행을 중단한 검사의 의견을 포함하여 승계나 이전의 이유를 서면으로 밝히고 기록에 첨부하게 함으로써 사후에 법적 또는 정치적 책임의 소재를 밝힐 수 있는 근거를 마련하고 권한 행사의 남용을 방지할 필요가 있다.

(가) 직무승계권 검찰총장·각급 검찰청의 검사장과 지청장이 소속 검사의 직무를 자신이 처리하는 것을 말한다(동법 제7조의2 제2항 전문).

(나) 직무이전권 검찰총장·각급 검찰청의 검사장과 지청장이 소속 검사로 하여금 자신의 권한에 속하는 직무의 일부를 처리하게 하거나 소속검사의 직무를 다른 검사로 하여금 처리하게 하는 것을 말한다(동조 제1항, 제2항 후단).

직무이전권한은 검찰총장, 각급 검찰청의 검사장 및 지정창의 권한이다(동법 제7조의2 제1항). 지청장 이하의 직책을 가진 검사는 **구체적**이고 **개별적인 위임**이 있는 경우에 한해 직무이전 및 승계를 할 수 있다. 직무분담권이 부장검사에 위임되었다고 하더라도 구체적인 사건을 담당하는 검사를 배제하고 다른 검사로 하여금 그 사건을 담당하게 하는 직무이전명령은 직무분담권의 위임만으로는 불가능하다.[52)]

(4) 직무대리권

직무대리권이란 각급 검찰청의 차장검사가 소속장이 사고가 있을 때 특별한 수권 없이 직무를 대리할 권한을 가지는 것을 말한다(동법 제13조 2항 후단, 제18조 2항 후단, 제23조 2항 후단). 직무대리권의 범위는 검찰사무 및 검찰행정사무를 포함한다.

직무대리권은 검사의 직무를 사법연수생이나 검찰청 직원이 대리하는 검사의 직무대리(동법 제32조)와는 구별된다.

---

52) 대판 2017. 10. 31. 2014두45734 (검사 징계사건).

(5) 상호원조의무

검사를 비롯한 각급검찰청 공무원은 검찰청의 직무집행에 대해 상호원조할 의무가 있다(동법 제9조). 검찰업무의 기동성 및 광역성을 확보하기 위한 규정이다.

검사는 법령에 특별한 규정이 있는 경우를 제외하고는 수사상 필요한 때가 아니면 소속 검찰청의 관할구역 안에서 그 직무를 행하므로(동법 제5조), 검찰사무의 원활한 처리를 위해서는 관할구역 외의 검사는 물론이고 동일한 소속을 가지면서 다른 사건을 담당하고 있는 검사와 상호협조가 불가결하다.

4. 관련 문제

(1) 검사교체의 효과

검찰은 전국적 조직을 갖춘 기능적 통일체이므로 검찰사무를 담당한 검사가 도중에 교체되더라도 절차에는 영향이 없다.

검찰청법에 따른 직무승계권 내지 직무이전권의 행사 등으로 검사가 교체되더라도 수사절차나 공판절차를 갱신할 필요는 없다. 이 점에서 공판절차가 진행되는 도중 판사가 경질되면 공판절차를 갱신하는 것(제301조)과 차이가 있다.

(2) 검사에 대한 제척·기피

검사에 대해서도 제척·기피가 가능한지에 대해 논의가 있으나, 내부적인 직무승계나 이전을 통해 검찰권 행사의 공정성을 확보하는 데 한계가 있다는 점을 고려하면 이론적으로는 긍정할 필요가 있다.

학설로는, ① 검사동일체의 원칙에 비추어 검사의 교체를 가져오는 제척이나 기피가 무의미하고, 검사가 피고인과 대립하는 당사자라는 점을 근거로 제척이나 기피가 인정되지 않는다는 소극설, ② 피고인 보호와 공정한 검찰권의 확립을 위해 검사의 교체가 사실상 필요하고, 검사는 반대당사자에 그치지 않고 공익의 대표자로서 객관의무를 지고 있으므로, 검사가 불공평하게 검찰사무를 처리할 염려가 있을 때에는 제척이나 기피를 허용해야 한다는 적극설이 있다.

이에 관한 판례의 태도는 명확하게 표현된 바 없으나, 범죄의 피해자인 검사가 수사에 관여하였다는 이유만으로 바로 그 수사가 위법하다고 할 수 없다고 판시한 점에 비추어 소극설에 가깝다.[53)]

---

53) 대판 2013. 9. 12. 2011도12918 참조.

Ⅲ. 검사의 소송법상 지위

1. 수사의 주체

검사는 수사의 주체로서 제한적 범위에서 수사 개시 및 종결의 권한을 가지고 있다.

구속장소에 대한 감찰제도(제198조의2)나 전속적인 영장청구권(헌법 제12조 제3항, 제201조 제1항) 등은 이를 반영하는 것이다. 검사는 그 직무를 수행할 때 국민 전체에 대한 봉사자로서 헌법과 법률에 따라 국민의 인권을 보호하고 적법절차를 준수하며, 정치적 중립을 지켜야 하고 주어진 권한을 남용하여서는 아니 된다(검찰청법 제4조 제3항).

(1) 제한적 수사권

검사도 일정한 범죄에 대해 독자적으로 수사를 개시할 수 있으나(제196조), 그 범위는 제한적이다. 검사는 ① 부패범죄, 경제범죄 등 대통령령으로 정하는 중요 범죄, ② 경찰공무원(다른 법률에 따라 사법경찰관리의 직무를 행하는 자를 포함) 및 고위공직자범죄수사처 소속 공무원(「고위공직자범죄수사처 설치 및 운영에 관한 법률」에 따른 파견공무원을 포함)이 범한 범죄, ③ ①·②의 범죄 및 사법경찰관이 송치한 범죄와 관련하여 인지한 각 해당 범죄와 직접 관련성이 있는 범죄에 한한다(검찰청법 제4조 제1항 제1호). 2022년 개정법률은 구법이 열거하였던 공직자범죄, 선거범죄, 방위사업범죄, 대형참사 등에 관한 범죄를 검사의 수사 개시가 가능한 범죄에서 제외하였다. 이는 공소관의 직무를 수행하는 검사가 직접 수사를 개시함으로써 발생하는 문제점을 해소하고 검사로 하여금 수사에 대한 법치국가적 통제와 공소제기 및 유지라는 본래의 직무에 전념하도록 하기 위한 것이다. 2022년 개정법률이 검사는 자신이 수사개시한 범죄에 대하여는 공소를 제기할 수 없도록 하고(동법 제4조 제2항),[54] 검찰총장은 제4조 제1항 제1호 가목의 범죄에 대한 수사를 개시할 수 있는 부의 직제 및 해당 부에 근무하고 있는 소속 검사와 공무원, 파견 내역 등의 현황을 분기별로 국회에 보고하여야 한 것(동법 제24조 제4항)도 검사의 수사개시 범위가 부당하게 확대되는 것을 막기 위한 조치

---

54) 수사를 직접 개시한 검사가 당해 사건에 대한 공소를 제기할 수 없다는 규정은 검사의 직접수사를 제한할 수 있는 현실적인 의미를 지닌다고 보기는 어렵다. 다만, 검사가 수사와 공소제기의 권한을 동시에 보유함으로써 발생할 수 있는 확증 편향이나 재량권 남용을 경계해야 함을 입법적으로 확인하였다는 점에서 그 의의가 적지 않다.

의 일환이다.

수사를 하는 경우에는 피의자의 출석요구 등 임의수사는 물론이고 체포와 구속 그리고 압수·수색·검증 등 각종 강제수사를 할 수 있다(예컨대 제200조, 제200조의2 등). 특히 강제수사의 경우 영장의 청구는 검사의 고유권한이며, 영장의 집행은 검사의 지휘에 의하여 사법경찰관리가 행한다(제81조, 제209조, 제115조, 제219조 등 참조).

(2) 특별사법경찰관리 등에 대한 지휘·감독권

검사는 공익의 대표자로서 범죄수사에 관하여 특별사법경찰관리를 지휘·감독한다(동법 제4조 제1항 제2호). 또한 검찰청 직원으로서 사법경찰관리의 직무를 행하는 자도 검사의 지휘를 받아 수사하므로(제245조의9 제2항), 검사의 지휘·감독의 대상이 된다.

2020년 형사소송법 개정으로 검사와 일반사법경찰관리는 상호협력관계에 있으므로, 검사는 일반사법경찰관리에 대한 지휘·감독권이 없다.

(3) 수사견제권

검사는 사법경찰관이 행한 수사에 대하여 보완수사 요구(제197조의2 제1항), 시정조치 및 사건송치 요구(제197조의3 제3항, 제5항), 경합사건에 대한 송치 요구(제197조의4 제1항), 재수사요청(제245조의8 제1항) 등을 통해 적정한 수사가 행해지도록 견제할 수 있다.

2. 공소권의 주체

검사는 독점적 기소권(제246조), 기소 여부에 대한 결정권(제247조). 공소를 유지할 직무와 권한을 가진다(검찰청법 제4조 제1항 제1호). 검사는 그 밖에도 공판절차에서 소송의 주체로서 여러 가지 권한을 가진다.

절차형성에 대한 다양한 참여권(공판절차에의 출석, 증거조사·증인신문에의 참여, 증거조사에 대한 의견 진술 및 이의신청 등), 절차진행과 관련된 각종 신청권(공판기일변경 신청, 관할이전 신청, 관련사건에 대한 병합심리 신청, 변론의 분리·병합·재개에 대한 신청 등) 등이 공판절차에서 검사가 가지는 소송법적 권한에 해당한다.

3. 재판의 집행기관

재판의 집행지휘는 원칙적으로 검사의 권한이다(제460조, 검찰청법 제4조 제1항 제4호). 이러한 입법방식을 검사주의라고 부르기도 한다.

재판의 집행을 받은 자는 집행에 관한 검사의 처분이 부당할 경우 그 재판을 선고한 법원에 이의신청이 가능하므로(제489조 참조), 검사의 형집행처분에 대하여 형사소송법에 의한 구제방법인 이의신청을 함이 없이 곧바로 헌법소원을 제기하는 것은 보충성에 반한다.[55]

형집행에 관하여는 검사주의에 예외를 두어 법원에게 일정한 권한을 부여하고 있다(제460조 제1항 단서).

재판장·수명법관·수탁판사가 재판의 집행을 지휘할 수 있는 경우를 인정하고 있고(제81조 제1항 단서, 제115조 제1항 단서), 압수장물의 환부나 법정경찰권에 의한 퇴정명령은 법원의 권한으로 할 수 있도록 하고 있다.

4. 검사의 객관의무

(1) 의의

검사의 객관의무란 검사가 공익의 대표자로서의 지위에서 진실과 정의에 구속되어야 한다는 의무를 말한다. 즉, 검사는 독립한 법조기관으로서 법관과 마찬가지로 진실과 정의에 구속되고, 이를 위해 피고인의 정당한 이익을 보호해야 할 지위에 있다.[56]

탄핵주의하에서 검사는 소추기관으로서 공정한 재판을 실현하는 데 기여할 뿐만 아니라, 공익의 대표자로서 수사단계에서 피의자의 권리를 보호하고, 국가권력으로부터 국민의 자유와 권리를 보장하기 위해 경찰에 대한 법치국가적 통제장치로서 중요한 의미를 가진다. 특히 공판절차에서는 소추기관으로서의 지위와 공익적 지위가 충돌하는 경우가 생길 수 있다.
검사에게는 **공익적 지위**[57]에서 일정한 권한과 의무가 인정된다. 사법경찰관리의 수사에 대한 견제권, 전속적 영장청구권(헌법 제12조 제3항), 체포·구속장소 감찰(제198조의2) 등의 권한을 가지며, 인권보호의 기능을 수행하도록 하기 위해

55) 헌재 2011. 11. 1. 2011헌마614.
56) 헌재 2002. 12. 18. 2002헌마527; 헌재 2007. 7. 26. 2005헌마167.
57) 헌재 2007. 7. 26. 2005헌마167.

객관의무 외에 인권옹호의무, 공판절차에서 재판장의 소송지휘나 법정경찰권의 행사에 복종해야 할 의무를 진다.

(2) 근거

검사를 피고인과 대립하는 당사자로 이해할 때 객관의무를 긍정할 수 있는지에 대해 논의가 있으나, 검사의 객관의무는 단순히 소송주체로서의 소극적 지위에서 비롯되는 것이 아니라 법치국가에서 법률의 감시자 내지 피고인의 보호자라는 적극적 기능의 표현이다.

이 외에도 ① 검사의 객관의무는 객관적 진실추구활동을 과장한 것으로서 당사자주의하에서는 이러한 개념을 별도로 인정할 필요가 없다는 견해, ② 당사자주의하에서도 적법절차의 실현을 위해 준사법기관인 검사에게 객관의무가 인정되어야 한다는 견해, ③ 소송구조와 관계없이 객관의무는 검사가 소송주체의 소극적 지위를 가지는 데에서 비롯되는 것이라는 견해 등이 있다.

(3) 내용

검사의 객관의무는 공판절차에서뿐만 아니라 수사절차, 상소절차 등 형사절차 전반에서 요구된다.

① 수사절차에서도 수사강제주의, 적법절차의 원칙이 강조되며, ② 기소편의주의하에서도 공소제기 여부를 결정함에 있어서 객관의무를 준수하여야 하고, ③ 공판절차에서 피고인에게 불리한 사정들은 물론이고 유리한 사정들도 조사하거나 주장하고 필요한 경우에는 이를 위한 증거조사도 해야 할 의무[58]가 있으며, ④ 법치국가 원리 내지 적법절차의 감시자로서 다양한 권리를 가진다. 예컨대 죄에 상응하는 구형,[59] 피고인을 위한 상소[60]나 재심청구, 비상상고 등이 여기에 해당한다.

---

58) 대판 2002. 2. 22. 2001다23447 (강도강간의 피해자가 제출한 팬티에 대한 국립과학수사연구소의 유전자검사결과 그 팬티에서 범인으로 지목되어 기소된 원고나 피해자의 남편과 다른 남자의 유전자형이 검출되었다는 감정결과를 검사가 공판과정에서 입수한 경우 그 감정서는 원고의 무죄를 입증할 수 있는 결정적인 증거에 해당하는데도 검사가 그 감정서를 법원에 제출하지 아니하고 은폐하였다는 이유로 국가배상을 청구한 사안: 인용).

59) 서울고판 2014. 11. 6. 2014누45361. 「검사는 공익의 대표자로서 피고인의 정당한 이익을 옹호해야 할 객관의무를 부담하므로 죄에 상응하는 형을 구형하여야 하고, '법과 원칙에 의한 판단'('백지구형')을 구하는 것은 법적 근거가 없으므로, 백지구형을 위한 직무이전명령은 위법하다.」

60) 대결 1993. 3. 4. 92모21; 대판 2017. 2. 21. 2016도20488.

제4 피고인

Ⅰ. 피고인의 의의

1. 의의

피고인이란 당해 사건에 대하여 형사책임을 져야 할 자로서 입건된 후 검사에 의하여 공소가 제기된 자를 말한다. 경찰서장이 즉결심판을 청구한 자도 피고인에 포함된다.

피고인은 소송법상의 개념이라는 점에서 실체법의 개념인 '범인'과 구별되고, 공소제기 이후 확정판결 이전의 개념이라는 점에서 수사단계에서 범죄혐의를 받고 있는 '피의자'나 형이 확정된 '수형자'와 구별된다. 형사소송법에서 공동피고인이라는 개념은 실체법상 개념인 공범과 구별된다. 공동피고인은 개별적으로 소송관계가 진행되며 각자에 대해 소송계속의 효과가 발생한다. 공동피고인 1인에 대하여 다른 피고인을 상피고인이라고 한다. 공동피고인에게는 공통파기의 원칙이 적용된다(제364조의2).

2. 피고인의 특정

검사의 공소제기의 효력이 미치는 인적 대상은 '피고인'이므로(제248조 제1항), 공소장에 피고인을 특정해야 한다(제254조 제3항 제1호). 공소장에 피고인이 특정되지 않은 때에는 공소기각의 판결을 선고하여야 한다(제327조 제2호).

(1) 특정을 위한 기준

일반적으로 피고인이란 공소장에 피고인으로 표시된 자이다. 그러나 예외적으로 공소장에 기재된 사실만으로 피고인을 확정할 수 없는 경우들이 있다. 이 경우 피고인을 특정하기 위한 다양한 기준들이 제시되고 있다. 먼저 표시설에 따르면서 검사의 의사나 피고인의 행위를 함께 고려하는 **실질적 표시설**이 절차의 형식적 확실성을 유지하는 차원에서 타당하다.

일반적 기준으로 ① 의사설(검사의 소추의사를 기준하는 견해, 제246조, 제248조 제1항 참조), ② 표시설(공소장에 표시된 자를 기준하는 견해, 제254조 제3항 참조), ③ 행위설(피고인으로 행위하거나 취급된 자를 기준하는 견해, 제276조 참조)이 있고, 이를 결합한 견해로서, ④ 결합설(표시설과 행위설을 결합한 절충설), ⑤ 실질적 표시설(표시설과 의사설 그리고 행위설을 결합한 견해)이 있다. 그리고 실질적 표시설은 다시 표시기준설(절차의 형식적 확실성 유지를 위해 표시설을 중심으로 하면서도 의사설과 행위설을 함께 고려하는 견해)과 의사기준설 (검사의 의사를 우선으로 고려하면서 표시설과 행위설도 고려해야 한다는 견해) 이 있으나, 결론에 큰 차이는 없다.

(2) 성명모용의 경우

성명모용이란 피의자가 수사단계에서 타인의 성명이나 주소 등을 사칭하여 공소장에 피모용자의 성명 등이 기재된 경우를 말한다.

성명모용은 주로 서면심리로 진행되는 약식절차(제448조 이하 참조)에서 피모용인에게 약식명령이 고지됨으로써 성명모용사실이 드러나게 된다.[61]

성명을 모용한 경우라도 공소제기의 효력은 원칙적으로 모용자에게만 미치고 피모용자에게는 미치지 않는데,[62] 성명모용에 대한 구체적인 처리방법은 절차진행에 따라 달라진다.

㈎ **공판심리 중 드러난 경우** 검사는 공소장 정정절차를 통해 피고인 표시를 정정하면 족하다.[63] 검사가 – 변론종결시[64]까지 – 공소장정정을 통해 모용관계를 바로잡지 않으면 피고인의 불특정(제254조 참조)을 이유로 판결로써 공소를 기각한다.[65]

약식명령의 경우, 피모용자가 약식명령을 송달받고 정식재판을 청구한 때에는 피모용자에 대해서도 **형식적 피고인**으로서 소송계속이 발생하게 되었으므로 적법한 공소제기가 없었음을 밝혀주는 의미에서 제327조 제2호를 **유추적용**하여 공소기각의 판결을 하여 피모용자의 불안정한 지위를 해소시켜야 한다.[66]

모용자에게는 약식명령이 송달되지 않았으므로, 검사는 공소장에 기재된 피고인 표시를 정정하고 법원은 이에 따라 약식명령의 피고인 표시를 정정하여 본래의 약식명령과 함께 이 경정결정을 모용자인 피고인에게 송달하면 이때 비로소 위 약식명령은 적법한 송달이 있은 것이 되고, 이에 대하여 소정의 기간 내에 정식재판의 청구가 없으면 이 약식명령은 확정된다.[67]

---

61) 대판 1997. 11. 28. 97도2215.
62) 대판 1961. 3. 31. 4293형상637; 대판 1992. 4. 24. 92도490.
63) 대판 1993. 1. 19. 92도2554.
64) 대판 1985. 6. 11. 85도756; 대판 1991. 9. 10. 91도1689.
65) 대판 1982. 10. 12. 82도2078; 대판 1985. 6. 11. 85도756; 대판 1993. 1. 19. 92도2554.
66) 대판 1981. 7. 7. 81도182; 대판 1993. 1. 19. 92도2554.
67) 대판 1997. 11. 28. 97도2215.

(나) **판결확정 후 드러난 경우** 법원이 성명모용사실을 알지 못한 채 판결을 선고하거나 판결이 확정된 경우에도 그 효력은 모용자에 대해서만 미친다.

피모용자에 대한 유죄판결의 선고로 전과기록 등 발생한 불이익을 어떻게 처리할지가 문제된다.
학설은 ① 비상상고설(피고인의 특정이라는 소송조건의 결여를 간과한 위법이 법령위반에 해당하므로 비상상고로 판결을 파기해야 한다는 견해), ② 전과말소설(피모용자의 신청으로 검사가 전과를 말소하면 족하다는 견해)이 있으나, 전과말소의 문제만 해결하면 되므로 구태여 비상상고의 방법에 의할 필요는 없다는 점에서 후자가 타당하다.[68]

(3) 위장출석의 경우

위장출석이란 검사가 공소장에는 피고인을 제대로 기재하였으나 그 피고인 대신 다른 사람이 공판정에 출석하여 재판을 받는 경우를 말한다.

처음부터 진범인이 아닌 자가 피의자로 입건되어 수사가 진행되고 그에 대해 공소가 제기된 경우에는 이른바 '몸받이'로서 진정한 피고인이므로 피고인 특정의 문제가 생기지 않는다.

검사가 공소장에 기재한 사람이 소추대상이므로 실질적 피고인이 되고(표시설 내지 의사설 기준), 공판정에 출석한 위장출석자도 일단 형식적 피고인이 되지만(행위설의 입장), 공소제기의 효력은 실질적 피고인에 대해서만 발생한다.

구체적인 처리방법은 절차진행에 따라 달라진다.

(가) **공판심리 중 드러난 경우** ① **인정신문 단계**에서 위장출석이 밝혀진 경우에는 위장출석한 자를 퇴정시켜 소송절차에서 배제하고(사건에 대한 실질심리가 행하여지지 않았기 때문에 형식적 피고인에 대하여 형식재판을 통한 배제가 불필요하다) 실질적 피고인을 소환하여 절차를 진행하면 족하지만, ② **사실심리 단계**에서 위장출석이 밝혀진 경우에는 형식적 피고인에게도 사실상 소송계속이 발생하였으므로 형식적 소송조건의 흠결을 이유로 공소기각의 판결을 선고하고(제327조 제2호) 실질적 피고인을 소환하여 공판절차를 진행하여야 한다.

---

68) 민사소송에서는 피모용자가 상소 또는 재심의 소를 제기하여 판결의 취소를 구할 수 있다. 대판 1964. 11. 17. 64다328.

한편, ③ **판결이 선고된 경우**에는 판결의 효력이 형식적 피고인에게 미치므로 상소절차에서 공소기각의 판결을 선고하고, 실질적 피고인에 대하여는 - 별도의 공소제기 없이 - 제1심부터 새로 절차를 진행하여야 한다.

(나) **판결확정 후 드러난 경우** 법원이 위장출석사실을 알지 못한 채 유죄판결이 확정되면 그 효력은 '위장출석한' 피고인에 대해서 미친다.

다만 실질적 피고인 명의로 확정된 형, 가령 집행유예나 벌금형의 범죄전력이 실질적 피고인 명의로 기재가 되므로, 이를 시정하기 위해 실질적 피고인을 소환하여 공판절차를 다시 진행해야 한다.

형식적 피고인에 대한 잘못된 판결의 시정은 재심의 방법에 의하여야 한다.

① 비상상고설(형식적 소송조건의 흠결을 간과한 위법을 바로잡는다는 의미)과 ② 재심설('유죄의 선고를 받은 자에 대하여 무죄를 인정할 명백한 증거가 새로 발견된 때(제420조 제5호)'의 개념을 유추적용하여 재심에 의한다는 의미)이 대립하고 있으나, 피고인 보호의 차원에서 재심설이 타당하다.

Ⅱ. 피고인의 자격

1. 피고인의 당사자능력

당사자능력이란 소송법상 당사자가 될 수 있는 일반적·추상적 능력을 말한다.

검사는 일정한 법률적 자격을 갖춘 자에 한하므로 당사자능력은 별도로 문제되지 않고, 피고인이 될 수 있는 일반적 능력으로서 당사자능력이 문제된다.

당사자능력은 구체적인 특정 사건에서 당사자가 될 수 있는 자격인 당사자적격과 구별된다. 당사자능력은 형법상 책임능력과 달리 소송단계에서 문제되는 소송조건에 해당한다.

또한 14세 미만의 책임무능력자라도 일단 공소제기가 제기되면 당사자능력을 가지며, 소년법에 의해 처분도 가능하다.

(1) 당사자능력의 인정

(가) **자연인의 경우** 민법상 권리능력과 유사하므로 자연인은 책임능력 유무와 관계 없이 언제나 당사자능력이 인정된다. 따라서 형사미성년자나 책임

무능력자라도 공소가 제기되면 당사자로 된다.

사망한 자나 태아는 당사자능력이 부정되지만, 재심절차에서는 특칙이 인정된다(제424조 제4호, 제438조 제2항 제1호).

(나) **법인의 경우** 양벌규정이 있는 경우에는 법인이나 단체(법인격 없는 사단 또는 재단)에도 당사자능력이 인정된다.

법인에 대한 처벌규정이 없는 경우나 법인격 없는 사단이나 재단의 경우에도 민사소송의 경우와 마찬가지로 당사자능력을 인정할 것인지에 대해 학설 대립이 있다. 긍정설은 이 경우에도 일반적·추상적 능력이 인정되므로 당사자능력을 긍정해야 한다고 하고, 부정설은 법인의 형사책임은 예외이므로 명문규정이 없으면 이를 부정해야 한다고 한다. 공소가 제기된 경우 긍정설에 따르면 무죄판결을 선고하고, 부정설에 따르면 공소기각의 재판(판결 또는 결정)을 선고하게 된다.

(2) 당사자능력의 소멸

(가) **자연인** 사망으로 당사자능력이 소멸하고 따라서 결정으로 공소를 기각하여야 한다(제328조 제1항 제2호 전단).

(나) **법인의 경우** 법인이 존속하지 않게 되었을 때에는 결정으로 공소를 기각한다(동조 제1항 제2호 후단). 법인이 합병으로 해산하게 되면 합병시에 법인이 소멸하므로 당사자능력도 그 시점에서 소멸하는 데 비하여, 법인이 합병되지 않고 청산법인으로 존속하는 경우에는 청산이 완료되더라도 소송이 계속되는 한 당사자능력은 소멸하지 않는다.

학설로는 청산종료등기로 실질적인 청산이 완료되면 족하다는 견해(청산종결시점설)와 피고사건에 대한 소송이 계속 중인 한 청산은 종결된 것이 아니라는 견해(피고사건종결시점설)가 있으나, 판례는 후자의 입장을 취하고 있다.[69)]

(3) 당사자능력의 흠결

당사자능력 유무는 소송조건으로서 직권조사사항이며 당사자능력이 결여된 경우에는 결정으로 공소를 기각하여야 한다(제328조 제1항 제2호).

---

69) 대판 1982. 3. 23. 81도1450; 대판 1986. 10. 28. 84도693; 대판 2003. 2. 11. 99다66427; 대판 2021. 6. 30. 2018도14261.

공소제기 이전에 당사자능력이 결여되었음에도 공소가 제기된 경우에는 공소기각판결설과 공소기각결정설이 대립하지만, 공소제기 전후를 불문하고 당사자능력이 결여된 이상 제328조 제1항 제2호에 따라 결정으로 공소를 기각하는 것이 타당하다.

2. 피고인의 소송능력

소송능력이란 피고인이 소송의 주체로서 소송행위를 유효하게 할 수 있는 구체적인 능력을 말한다.

(1) 소송능력의 내용

소송능력은 의사능력을 기초로 한 소송행위능력이다. 당사자가 유효하게 소송행위를 할 수 있는 능력이며, 피고인이 자기의 소송상의 지위와 이해관계를 이해하고 이에 따라 방어행위를 할 수 있는 의사능력을 말한다.[70]

소송능력은 책임능력과 유사하지만 소송행위에 따른 이해관계를 판단하고 소송관계인들과 의사소통을 할 수 있는 능력으로서, 소송행위시에 존재해야 한다.

소송능력은 **변론능력**, 즉 공격방어를 할 수 있는 능력과 유사하지만, 일정한 경우에는 소송능력이 존재하더라도 법적으로 변론능력이 제한되는 경우가 있다. 이러한 의미에서 변론능력을 법적인 자격을 의미한다고 보기도 한다. 상고심에서 피고인의 변론능력이 부정되는 것(제387조)이 그 예라고 할 수 있다.

(2) 소송능력 흠결에 따른 효과

피고인의 소송능력 결여가 일정 기간 계속되는 경우에는 원칙적으로 공판절차를 정지하여야 한다(제306조 제1항). 그러나 무죄 등 피고인에게 유리한 재판을 하는 경우(제306조 제4항), 경미사건 등에 대해 피고인 출석 없이 대리인이 출석하는 경우(제277조, 제306조 제5항), 대리나 대표가 가능한 경우(제26조, 제27조)에는 예외가 인정된다.

다만 소송능력 결여 상태가 계속되고 회복될 가망이 없는 경우에는, 검사가 공소를 취소하지 않는 한 재판이 장기간 방치되는 결과가 되므로, 판결로써 공소를 기각하고 피고인에게 치료감호를 선고하는 방안을 검토할 필요가 있다.

---

70) 대판 2014. 11. 13. 2013도1228.

Ⅲ. 피고인의 지위

1. 소송구조와 관련

피고인은 규문주의하에서 소송의 객체에 머물렀으나, 탄핵주의로 이행하면서 헌법상·법률상 독자적인 권리를 가지는 소송의 주체가 되었다. 오늘날에도 피고인의 의사에 반하여 사생활의 영역과 신체의 완전성에 대한 광범위한 침해(압수·수색, 구속 등)가 이루어지기도 하지만, 규문주의하에서는 이것이 실체해명을 위한 전부이고 피고인은 심리의 객체로서 증거방법에 불과하였다.

당사자주의와 직권주의에 따라 피고인의 구체적인 지위에 차이가 있다. 당사자주의하에서 피고인은 검사와 대등한 당사자라고 하지만, 직권주의에서도 소송주체로서의 대등함이 강조되고 있다. 일반적으로는 당사자로서의 지위(방어권, 참여권), 증거방법으로서의 지위, 절차의 대상으로서의 지위로 구분하지만, 피고인의 지위는 소송주체로서의 지위와 소극적 지위로 구분할 수 있다.
피고인은 **소송주체**로서의 지위(적극적 지위)에서 방어권과 절차에의 참여권(법적 청문권, 수사절차에서의 변호인선임권, 증거조사 참여권, 증거신청권, 공판절차 출석권, 상소제기권 등)을 가진다. 한편 피고인은 소극적 지위에서 사실인정의 자료·수단인 **증거방법**이 되고, 체포·구속, 압수·수색·검증 등 국가강제력 행사의 대상인 **절차의 대상**이 될 수 있다. 그러나 피고인을 증거방법으로 삼는다고 하더라도 피고인의 기본권 내지 권리는 침해할 수 없으며(예컨대 진술거부권, 진술의 임의성 등), 피고인이 절차의 대상이 되는 경우에도 비례의 원칙이 준수되어야 한다.

2. 소송주체로서의 지위

(1) 방어권의 주체

피고인은 검사의 공격(소추)에 대해 자신의 권리를 방어할 권리를 가진다. 그러나 피고인의 방어권은 검사의 권리와 달리 소극적·수동적 권리이다.

㈎ **방어준비를 위한 권리** 피고인에게는 공소제기 후 공판절차에서 방어권 행사를 위해 필요한 방어준비를 위한 절차적 권리가 보장된다.

예컨대 공소사실의 특정, 공소장부본 송달, 증거개시신청 서류·증거물의 열람·복사, 제1회 공판기일의 유예, 공판기일변경신청, 공소장변경제도,[71] 공판조서열

71) 대판 1991. 10. 25. 91도2085; 대판 2015. 11. 12. 2015도6809. 구체적으로는 공소장변경에 따른 피고인의 방어권 보장을 위해 필요한 경우 공판절차를 정지하도록 하고 있다.

람·등사 등이 있으며, 변호인과의 접견교통도 방어준비에 필수불가결한 권리이다.

(나) **방어를 위한 권리** 피고인은 검사의 소추에 대응하여 자신에게 유리한 실체형성을 위한 권리를 가진다.

진술권 및 진술의 자유를 위한 진술거부권, 최후진술권, 자신에게 이익이 되는 사실을 진술할 권리, 증거신청권, 이의신청권, 증인신문권, 증거조사 결과에 대한 의견진술 등 증거조사에 관한 권리가 여기에 해당한다.

(다) **변호인을 통한 방어권의 보충** 피고인의 방어준비 및 방어권 행사를 위해 변호인의 조력을 받을 권리가 보장된다.

변호인의 조력을 받을 권리, 변호인선임권, 변호인선임의뢰권, 접견교통권, 국선변호인제도 등이 여기에 해당한다.

(2) 절차참여권

(가) **법원구성에 관여할 권리** 피고인은 법원의 구성과 관할에 관여하기 위한 각종 신청권을 가진다.

예컨대 토지관할위반, 관할이전, 관련사건의 병합심리, 변론의 분리·병합·재개 등의 신청, 기피신청 등이 여기에 해당한다.

(나) **공판절차 진행에 관여할 권리** 피고인은 공판절차의 출석 및 각종 절차에 대한 이의신청, 상소, 정식재판청구 등의 권리를 가진다.

(다) **증거조사 등에 참여할 권리** 피고인은 각 단계에서 다양한 증거조사 및 강제처분에 대한 참여권을 가진다.[72)]

예컨대 증인신문·검증·감정, 공판준비절차·증거보전절차의 증거조사, 검사에 의한 증인신문청구에 대한 증인신문, 압수·수색영장의 집행에 대한 참여 등이 여기에 해당한다.

(3) 권리행사의 한계

(가) **일반적 남용금지** 피고인은 방어권을 남용하지 않는 범위 내에서

---

72) 헌재 1996. 12. 26. 94헌바1 (제221조2 제5항이 '판사는 수사에 지장이 없다고 인정할 때에는 피고인, 피의자 또는 변호인을 제1항 또는 제2항의 청구에 의한 증인신문에 참여하게 할 수 있다'고 규정하여 공판전 피의자 등의 증인신문 참여를 판사의 재량으로 규정한 것; 위헌).

권리를 행사할 수 있다.

(나) **절차진행을 위한 제약** 피고인의 방어권은 신속한 재판이나 법정 질서의 유지, 법원의 직권에 의한 소송활동에 따른 제약을 받기도 한다. 그러나 방어권의 본질적인 내용을 침해하는 것은 금지된다.

예컨대 법원이 절차의 신속한 진행을 위해 일정한 범위에서 공소장변경 없이 공소장에 기재된 공소사실과 다른 범죄사실을 인정할 수 있지만, 인정한 범죄사실이 범행의 일시, 장소, 공모의 상대방, 실행행위의 내용 면에서 현저한 차이가 있어 피고인의 방어권 행사에 실질적인 불이익을 초래하였다면 위법한 사실인정으로서 허용되지 않는다.[73]

(다) **기타** 피고인의 방어권 행사에는 검사의 우월한 소추활동, 불충분한 변호, 권리행사에 따른 양형상 불이익에 대한 우려 등 현실적 제약이 따른다.

3. 소극적 지위

피고인은 사실해명과 절차유지를 위해 적법한 강제를 수인하거나 일정한 의무를 부담하게 된다. 그러나 피고인이 단순한 조사의 객체가 아님은 물론이다.

(1) 증거방법

(가) **인적 증거방법으로서의 지위** 피고인이 행한 임의의 진술은 증거로 할 수 있으며, 검사 또는 변호인은 증거조사 종료 후에 순차로 피고인에게 공소사실 및 정상에 관하여 필요한 사항을 신문할 수 있다(제296조의2 제1항).

(나) **물적 증거방법으로서의 지위** 피고인의 신체나 정신상태에 대해서 검증 또는 감정이 이루어질 수 있다.

(2) 절차의 대상

피고인은 강제처분의 대상이며, 소송지휘·법정경찰권 행사에 대한 복종의무가 있다.

소송법상 의무(송달영수인 선임신고 의무, 주소변경신고 의무, 출석의무, 재정의무, 복종의무 등)는 피고인의 고유한 지위에서 파생되는 의무가 아니다.

---

73) 대판 2017. 5. 31. 2016도21077 참조.

4. 무죄추정의 원칙

(1) 의의

무죄추정의 원칙이란 피고인이나 피의자를 유죄판결이 확정되기 전에 죄 있는 사람처럼 취급함으로써 법률적·사실적 측면에서 유·무형의 불이익을 주어서는 안 된다는 원칙을 말한다(헌법 제27조 제4항, 형소법 제275조의2). 무죄추정은 프랑스 인권선언 제9조에서 인정된 원칙으로 형사절차의 모든 과정에 적용되는 지도원리이다.

세계인권선언 제11조 제1항도 "형법상 범죄로 인하여 소추된 자는 누구든지 변호에 필요한 모든 보장이 확보되어 있는 공개재판에서 법에 의하여 유죄로 판명될 때까지는 무죄로 추정될 권리를 가진다"고 명시하고 있고, 우리나라에서도 1990년에 발효된 「시민적 및 정치적 권리에 관한 국제규약」(B규약) 제14조 제2항도 같은 취지의 규정을 두고 있다.

무죄추정의 원칙은 협의와 광의로 사용된다. 협의로는 형사재판에서 입증책임의 소재를 나타내는 원칙으로서, 「피고인은 유죄의 판결이 확정될 때까지는 무죄로 추정된다」(제275조의2)는 원칙에 따라, 검사가 피고인의 유죄를 증명하지 못하는 한 피고인에게 무죄판결이 내려지며, 피고인은 스스로 무고함을 증명할 책임을 부담하지 않는다는 의미이다. 한편, 광의로는 유죄판결이 확정되기까지 누구든지 형사절차로 인해 불이익하거나 부당한 처우를 받지 않는다는 것을 의미한다.

(2) 적용대상

㈎ **인적 범위** 피고인뿐만 아니라 피의자에 대해서도 적용된다. 현행법은 피고인에 대해서만 무죄추정을 명시하고 있지만, 공소제기 이전 단계에서 범죄의 혐의를 받고 있는 피의자에 대해서도 당연히 무죄추정의 원칙이 적용된다.[74)]

㈏ **시간적 범위** 무죄추정의 원칙은 수사절차부터 재판절차를 거쳐 유죄판결이 확정될 때까지 적용된다. 수사절차에서 강제처분이 제한되는 것도 무죄추정의 요청에 따른 것이며, 판결이 선고된 이후에도 불복절차가 종료할 때까지는 무죄로 추정된다. 형식재판이 확정된 경우에도 무죄추정은 유지된다.

재심사건의 경우 무죄추정의 원칙 적용에 대해 논의가 있으나, 재심개시결정(제435조 제1항)이 내려지기 이전에도 재심이유의 판단에 있어서는 청구인의 이

---

74) 헌재 2005. 5. 26. 2001헌마728 (검사조사실에서 피의자에 대해 수갑 및 포승을 계속사용한 채 조사를 받도록 한 조치는 무죄추정의 원칙에 반한다고 한 사안).

익을 위해 이를 적용할 필요가 있다는 견해도 있다.

(3) 내용

㈎ **증거법의 원칙** 무죄추정의 원칙은 증거법 분야에서 「의심스러운 때에는 피고인의 이익으로」(in dubio pro reo)라는 원칙으로 나타난다. 범죄사실의 인정은 합리적인 의심이 없는 정도의 증명에 이르러야 하는데(제307조 제2항), 법관이 이러한 정도의 심증을 얻지 못한 때에는 피고인에게 이익이 되도록 무죄판결을 선고하여야 한다.[75)]

㈏ **강제처분의 제한** 피의자나 피고인은 무죄추정을 받는 자이므로 강제처분은 예외적으로만 허용되어야 하고, 불구속수사(제198조 제1항) 및 불구속재판이 원칙이 되어야 한다. 이에 따라 임의수사를 원칙으로 하고 강제처분은 법률에 특별한 규정이 있는 경우에 한하여 필요한 최소한도의 범위 안에서만 허용되며(제199조 제1항), 피의자에 대해 체포·구속적부심사제도(제214조의2)를 두는 한편, 피고인에 대해서는 필요적 보석(제95조)을 원칙으로 하는 것도 이 원칙에서 출발한 것이다.

㈐ **부당한 처우의 금지** 무죄추정의 원칙은 피의자나 피고인을 일반인과 마찬가지로 취급할 것을 요구한다. 따라서 피의자나 피고인에게 형사절차로 인한 불필요한 고통을 부과하는 것은 금지된다. 수사단계에서 '피의자의 익명을 존중'하기 위하여 피의자의 신상공개보도는 제한되며, 형법은 피의사실공표죄(동법 제126조)를 처벌하고 있다.[76)]

무죄추정의 원칙은 피의자나 피고인에 대한 부당한 대우를 금지한다. 범죄사실의 인정 또는 유죄의 인정에서 비롯되는 불이익이나 유죄를 근거로 하는 사회윤리적 비난은 금지되며,[77)] 형사절차 외에서의 부당한 처우도 금지된다.[78)]

---

75) 대판 2017. 10. 31. 2016도21231 (공개 장소에서 어머니와 동행한 2세 여아의 손을 만지다가 그 가슴을 만져 미성년자강제추행죄로 기소된 사안에서 합리적인 의심을 할 여지가 없을 정도로 공소사실이 진실한 것이라는 확신을 갖게 하기에 부족한 것으로 본 사안).

76) 헌재 2014. 3. 27. 2012헌마652 (보험사기 피의자에 대한 보도자료 배포 직후 기자들의 취재요청에 응하여 피의자가 경찰서 조사실에서 양손에 수갑을 찬 채 조사받는 모습을 촬영할 수 있도록 허용한 사안: 인격권 침해).

77) 헌재 1999. 5. 27. 97헌마137 (미결수용자가 수감되어 있는 동안 수사 또는 재판을 받을 때에도 사복을 입지 못하게 하고 재소자용 의류를 입게 한 사안: 위헌); 헌재 2005. 5. 26. 2001헌마728 (검사조사실에서 피의자에 대해 수갑 및 포승을 계속 사용한 채 조사를 받도록 한 사안: 위헌).

78) 헌재 1990. 11. 19. 90헌가48 (변호사가 특경가법위반으로 기소되었다는 이유만으로 법무부장

제 5 변호인

Ⅰ. 변호의 개념

1. 변호인의 의의

변호인은 피의자나 피고인의 방어능력을 보충하는 임무를 가진 **보조자**를 말한다. 변호인제도는 피고인이 검사의 소추활동에 대해 실질적으로 대등한 지위에서 방어활동을 할 수 있게 함으로써 무기대등의 원칙을 실현하고 나아가 공정한 재판의 실현에 이바지하는 제도이다.

보조인(補助人)이란 변호인 이외에 일정한 신분관계로 인하여 피고인 등의 이익을 보호하는 자를 말한다. 피고인 또는 피의자의 법정대리인, 배우자, 직계친족과 형제자매는 보조인이 될 수 있다(제29조 제1항).

2. 변호의 의미

변호란 널리 피의자나 피고인의 정당한 이익을 보호하기 위한 일체의 소송활동을 말한다. 변호는 변호의 주체에 따라 실질적 변호와 형식적 변호로 구분할 수 있다. 실질적 변호는 법원·검사가 공익적 견지에서 담당하는 변호기능을 의미하며, 형식적 변호는 변호인에 의한 변호를 의미한다.

현재로는 형식적 변호가 강화되어, 변호인의 도움을 받을 권리가 기본권으로 보장되어 있고(헌법 제12조 제4항), 형사소송법도 피의자에 대한 변호인선임권 인정(제30조 제1항, 제243조의2), 피고인에 대한 국선변호인제도 확대(제33조), 신체구속을 당한 피의자나 피고인에 대한 접견교통권 보장(제34조) 등을 규정하고 있다.

Ⅱ. 변호인의 선임

1. 사선변호인

사선변호인은 피의자나 피고인이 자신의 방어능력을 보충하기 위해 선임하는 변호인을 말한다.

관의 일방적 명령으로 업무정지처분을 할 수 있도록 한 변호사법 제15조가 문제된 사안: 위헌).

(1) 선임의 법적 성격

변호인의 선임은 변호인선임(신고)서를 제출하여 법원이나 수사기관에 접수되어야 효력이 발생한다. 변호인의 선임은 선임의 기초가 되는 위임계약과는 별개이다.

(2) 선임권자

(가) **고유의 선임권자** 피고인 또는 피의자는 변호인을 선임할 수 있다(제30조 제1항).

체포·구속된 피의자나 구속된 피고인에게는 변호인 선임권이 헌법상 권리로 보장되고 있다(헌법 제12조 제4항). 피의자 또는 피고인을 체포 또는 구속하는 경우에는 즉시 피의사실 내지 공소사실의 요지와 변호인을 선임할 수 있음을 고지해야 하며(제87조, 제88조, 제200조의5, 제209조), 구속된 피의자나 피고인은 법원, 교도소장 또는 구치소장이나 그 대리자에게 변호인을 지정해서 변호인의 선임을 의뢰할 수 있고, 의뢰를 받은 법원 등은 급속히 피의자나 피고인이 지명한 변호사에게 그 취지를 통지해야 한다(제90조, 제209조).

피고인이나 피의자가 법인인 경우에는 법인의 대표자가 고유의 선임권자가 된다.[79)]

(나) **선임대리권자** 피의자나 피고인의 '법정대리인, 배우자(법률상의 배우자에 한함), 직계친족, 형제자매'도 '독립하여' 변호인을 선임할 수 있다(제30조 제2항).

선임대리권자는 피고인 등으로부터 선임을 위임받은 자라는 의미가 아니라 일정한 신분관계에 있는 자에 한정된다.[80)]

'독립하여'란 선임대리권자의 권한이 독립대리권임을 의미한다. 따라서 선임대리권자가 본인의 명시 또는 묵시의 의사에 반해 변호인을 선임한 경우에도 선임의 효과가 발생한다. 그러나 고유의 선임권자는 선임대리권자가 선임한 변호인을 해임할 수 있다.

---

79) 대결 1994. 10. 28. 94모25.

80) 대결 1994. 10. 28. 94모25 (회사정리결정이 내려져 있으나 대표이사가 적법하게 선임되어 있음에도 불구하고, 피고인의 대표자가 아닌 (이해관계인 단체의) 관리인이 선임한 변호인에 의하여 항고가 제기된 사안: 위법).

(3) 변호인의 자격과 인원(대표변호인)

(가) **자격** 변호인은 무기대등의 원칙을 실현하기 위하여 원칙적으로 변호사의 자격이 있는 자 중에서 선임하여야 한다(제31조). 다만 대법원 이외의 법원에서는 특별한 사정이 있으면 변호인 아닌 자를 변호인으로 선임하는 것을 허가할 수 있다(제31조 단서).

(나) **인원** 변호인의 수에는 제한이 없으나, 여럿인 경우 절차지연의 방지와 효율적 진행을 위해 3인 이내의 대표변호인을 지정할 수 있다(제32조의2).

재판장은 피고인·피의자 또는 변호인의 신청에 의하여 – 신청이 없는 경우에는 직권으로 – 대표변호인을 지정할 수 있고 그 지정을 철회 또는 변경할 수 있다(제32조의2 제1항, 제2항). 대표변호인은 3인을 초과할 수 없다(동조 제3항). 지정의 신청 및 대표변호인의 지정 등의 통지에 대해서는 형사소송규칙에서 정하고 있다(규칙 제13조의2, 제13조의3). 피의자에 대한 대표변호인 지정은 기소 후에도 효력이 있다(규칙 제13조의4).

(4) 선임의 방식

심급마다 변호인과 선임한 자가 연명·날인한 서면(변호인선임신고서)을, 공소제기 전에는 검사 또는 사법경찰관에게 그리고 공소제기 후에는 법원에 제출하여야 한다(제32조).

선임대리권자가 변호인을 선임하는 때에는 피고인 등과의 신분관계를 소명하는 서면을 첨부하여 제출하여야 한다(규칙 제12조). 변호인선임 자체는 소송행위로서, 그 기초가 되는 위임계약과는 별개이므로 위임계약의 무효·취소와 무관하게 효력을 가진다. 변호사가 수임제한규정을 위반한 경우라도 소송절차 자체가 무효로 되지는 않는다.[81]

(5) 선임의 효과

변호인선임에 따른 소송행위의 효력은 선임신고서 제출 이후에 발생하므로,[82] 선임신고서 제출 이전에 행한 변호인의 소송행위는 효력이 없으며, 사후

81) 대판 2009. 2. 26. 2008도9812 (피고인 1과 공소외 1, 2, 3 사이의 대여금사건에서 공소외 1 등의 소송대리인으로서 직무를 수행한 변호사 공소외 4가, 위 대여금사건 종결 후 그와 실질적으로 동일한 쟁점을 포함하고 있는 피고인들의 공소외 1 등에 대한 소송사기미수 범행 등에 대한 형사재판 제1심에서 피고인들의 변호인으로 선임되어 변호활동 등을 한 사안).

82) 대결 1969. 10. 4. 69모68 이후 판례의 일관된 입장이다.

보정을 통한 보완도 인정되지 않는다. 예컨대, 선임신고서를 제출하지 않은 상태에서 변호인이 피고인을 위하여 정식재판청구서를 제출하더라도 적법·유효한 정식재판청구로서의 효력이 없다.[83)]

㈎ **사건 단위** 변호인선임의 효력은 사건을 단위로 하므로 사건의 동일성이 인정되는 사건 전부에 대해 미친다. 공소장변경에 의해 공소사실이 변경된 경우라도 공소사실의 동일성이 인정되므로 변호인선임의 효력이 미친다. 사건의 가분적 일부(예컨대 구속영장 발부나 구속적부심사 등)에 대해서만 변호인을 선임한 경우는 조건부 소송행위로서 이를 부정하는 견해도 있으나, 일부 선임이 합리적이고 일부선임의 의사를 명백히 표시한 경우라면 그 부분에 대해서만 효력이 발생한다.

변호인선임 이후 공소제기 후에 다른 사건이 추가로 기소되어 병합된 경우에는 – 피고인 또는 변호인이 이와 다른 의사표시를 한 때를 제외하고 – 다른 사건에 대해서도 변호인선임의 효력이 미친다(규칙 제13조).

㈏ **심급 단위** 변호인의 선임은 '심급마다' 해야 한다(심급제한의 원칙. 제32조 제1항). 심급의 기준은 종국판결선고시가 아니라, '상소에 의하여 이심의 효력이 발생할 때까지'이므로, 원심판결이 선고된 이후에도 상소를 제기할 때까지 상소권은 원심 변호인에게 있다. 항소심에서 파기 환송·이송한 경우 원심법원에서 행한 변호인선임은 환송 또는 이송 이후에도 효력이 있다(규칙 제158조).

상소에 의해 원칙적으로 선임의 효과가 소멸하는 이상 예외규정을 두지 않은 **상고심**의 경우에는 변호인선임의 효력이 없고 따라서 상고심이 파기환송한 경우 원심에서 이미 행한 변호인선임의 효력이 미치지 않는다는 견해도 있다. 그러나 파기환송판결로 원심에서 판결의 선고가 없는 상태로 돌아간다는 점에서 상고심의 경우에도 동일하게 변호인선임의 효력이 인정된다고 보아야 한다(다수설). 다만 서류송달 등의 효력이 이미 선임의 효력이 상실한 원심 변호인에게 미치게 되

83) 대결 2005. 1. 20. 2003모429 (약식명령을 송달받은 피고인의 변호인이 정식재판청구기간 이후에 변호인선임신고서 사본을 첨부하여 정식재판청구서를 제1심법원에 제출하였으나 변호인선임신고서가 사본임을 이유로 접수담당공무원이 정식재판청구서의 접수를 거절하자, 피고인의 변호인이 변호인선임신고서 원본을 첨부하여 다시 정식재판청구서를 접수한 사안: 기각). 같은 취지로는, 대결 2017. 7. 27. 2017모1377 (재항고인이 제1심에서만 변호인선임신고서를 제출하고 원심과 재항고심에는 별도의 변호인선임신고서를 제출하지 않았는데, 재항고인의 제1심 변호인이 그 명의로 재항고장을 제출한 사안: 부적법).

면 피고인이 이 사실을 알지 못해서 기일을 놓치는 등 방어권 행사에 지장을 초래할 수도 있어 파기환송 등의 경우에 무조건 변호인선임의 효력을 인정하는 것에 대해서는 입법론상 보완이 필요하다.

공소제기 전, 즉 수사단계에서 변호인선임은 제1심까지 그 효력이 있다(제32조 제2항).

2. 국선변호인

(1) 의의

(가) **의의 및 성격** 국선변호인이란 사선변호인과는 달리 법원에 의하여 선정된 변호인을 말한다.[84)]

헌법이 보장한 형사피고인의 국선변호인선임의뢰권(제12조 제4항 단서)을 법률로 구체화한 것으로서, 사선변호제도를 보완하여 피고인의 변호권을 강화하기 위한 제도이다.[85)]

국선변호인제도는 변호인의 조력을 받을 권리의 실질적 보장을 위해 변호인선임권자에 의해 변호인이 선임되지 않은 경우에 법원이 직권으로 변호인을 선정하는 제도이다. 헌법상 보장되는 변호인의 조력을 받을 권리는 변호인의 **충분한 조력**을 받을 권리를 의미하므로, 국선변호인의 조력을 받을 권리를 보장하여야 할 국가의 의무는 단순히 국선변호인을 선정하여 주는 데 그치지 않고 피고인이 국선변호인의 실질적인 조력을 받을 수 있도록 필요한 업무 감독과 절차적 조처를 할 책무까지 포함된다는 것이 판례의 입장이다.[86)]

---

84) 입법론으로서 법원이 국선변호인과 국선전담변호인을 관리·감독함으로써 국선변호인의 독립성 확보가 어렵다는 점을 고려하여, 대한변호사협회가 국선변호인 선정권한을 가져야 한다는 지적도 있다.

85) 2022년부터 현행 국선변호제도의 문제점을 보완하여, 수사단계의 피의자에 대한 변호인 조력권을 보장하면서, 다른 국가기관으로부터 독립성을 가지면서 동시에 국선변호의 양과 질을 담보하는 제도로서 형사공공변호인제도(public defender)를 도입할 예정이다. 형사공공변호의 모델은 국가가 주도해 피의자의 방어를 위해 변론을 맡을 변호사를 공무원으로 고용하고 정부기관을 설치하는 유형(국가전담형)과 변호사단체가 주도해 법률구조를 하되 국가가 그 비용을 보조하는 유형(법률구조형)이 있다.

86) 대결 2012. 2. 16. 2009모1044 전합 (필요적 변호사건의 항소심에서, 원심법원이 피고인 본인의 항소이유서 제출기간 경과 후 국선변호인을 선정하고 그에게 소송기록접수통지를 하였으나 국선변호인이 법정기간 내에 항소이유서를 제출하지 아니했다는 이유로 항소를 기각한 사안; 위법). 같은 취지로는, 대판 2015. 12. 23. 2015도9951; 대판 2019. 7. 10. 2019도4221.

국선변호인 선정의 법적 성격은 재판의 일종이므로(재판설), 법원의 고지만으로 국선변호인 선정의 효력이 발생한다.

(나) **국선전담변호사** 법원은 기간을 정하여 법원의 관할구역 안에 사무소를 둔 변호사 중에서 국선변호를 전담하는 변호사를 지정할 수 있고(규칙 제15조의2), 법원행정처장은 변호사 또는 법무법인 등으로 하여금 각급 법원(이하 지원을 포함한다)의 국선변호사건을 전담하여 처리하도록 위촉할 수 있다(국선변호에 관한 예규 제21조 제1항).

(2) 선정사유

(가) 형사소송법에 의한 경우

변호인이 없는 피의자에게 국선변호인을 선정해야 하는 경우로는, 구속전 피의자심문 절차(제201조의2 제8항)와 체포·구속적부심사 절차(제214조의2 제10항)가 있다. 피고인의 경우에는 국선변호인 선정사유를 별도로 명시하고 있으며(제33조), 공판준비절차에서 공판준비기일이 지정된 사건에 관하여 변호인이 없는 때에는 국선변호인을 선정하여야 하고(제266조의8 제4항), 재심개시결정이 확정된 일정한 경우의 재심심판사건에서도 국선변호인을 선정하여야 한다(제438조 제4항). 재심개시결정을 구하는 재심청구절차에서는 적용되지 않는다. 제33조의 선정사유를 구체적으로 살펴보면 다음과 같다.

직권선정사유에 해당하지 않더라도 피고인에게 국선변호인을 선정해야 한다고 인정되는 경우에는 법원은 즉시 국선변호인을 선정하고, 소송기록에 나타난 자료만으로 그 해당 여부가 불분명한 경우에는 제1회 공판기일의 심리에 의하여 국선변호인의 선정 여부를 결정해야 한다.[87]

1) **직권선정** 피고인의 방어권 행사가 곤란하거나(피고인이 구속된 때), 방어능력이 불충분한 경우(피고인이 미성년자이거나, 70세 이상이거나, 듣거나 말하는 데 모두 장애가 있는 사람이거나, 심신장애가 있는 것으로 의심되는 때) 또는 중대한 사건인 경우(피고인이 사형, 무기 또는 단기 3년 이상의 징역이나 금고에 해당하는 사건으로 기소된 때)에는 법원은 직권으로 변호인을 선정하여야 한다(필요국선, 제33조 제1항).

제1호의 '피고인이 구속된 때'란 피고인이 당해 형사사건에서 이미 구속되어 재판을 받고 있는 경우를 의미하며, 별건으로 구속되어 있거나 다른 형사사건에서 유

---

87) 대판 2013. 7. 11. 2013도351.

죄로 확정되어 수형중인 경우 또는 구속이 예상되는 경우 등은 제외된다.88) 한편 제5호 '피고인이 심신장애가 있는 것으로 의심되는 때'란 진단서나 정신감정 등 객관적인 자료에 의하여 피고인의 심신장애 상태를 확신할 수 있거나 그러한 상태로 추단할 수 있는 근거가 있는 경우는 물론, 피고인의 의식상태나 사물에 대한 변별능력, 행위통제능력이 결여되거나 저하된 상태로 의심되어 피고인이 공판심리단계에서 효과적으로 방어권을 행사하지 못할 우려가 있다고 인정되는 경우를 포함한다.89)

2) 청구선정 직권선정사유에 해당하지 않더라도 피고인이 빈곤 그 밖의 사유로 변호인을 선임할 수 없는 경우에 피고인의 청구가 있는 때에는 법원은 변호인을 선정하여야 한다(청구국선, 제33조 제2항). 피고인이 빈곤으로 인하여 변호인을 선임할 수 없는 경우에 해당한다고 인정할 여지가 충분한데도 국선변호인 선정결정 없이 공판심리를 진행한 것은 국선변호인의 조력을 받을 피고인의 권리를 침해한 것이다.90)

소송기록만으로 그 사유가 소명되었다고 인정되는 경우가 아니면 피고인은 소명자료를 제출하여야 한다(규칙 제17조의2). 피고인의 선정청구가 있으면 법원은 반드시 결정을 해야 하지만,91) 기각결정을 하더라도 - 판결전 소송절차로서 - 불복(재항고 포함)은 허용되지 않는다.

3) 재정선정 법원은 직권이나 청구에 의한 선정사유에 해당하지 않더라도 '피고인의 권리보호를 위하여 필요하다고 인정하는 경우'에는 '피고인의 명시적 의사에 반하지 않는 범위 안'에서 변호인을 선정하여야 한다(재량국선, 제33조 제3항). 재정선정사유가 있음에도 피고인의 청구가 없는 때에는 법원은 재정선정 취지를 설명하고 피고인의 명시적 의사에 반하지 않는 범위 내에서 국선변호인을 선정해야 한다.

---

88) 대판 2011. 3. 10. 2010도17353 (변호인 없는 불구속 피고인에 대하여 국선변호인을 선정하지 않은 채 판결을 선고한 다음 법정구속한 사안: 적법).

89) 대판 2019. 9. 26. 2019도8531.

90) 대판 2016. 12. 29. 2016도16661 (피고인은 항소 이후 원심 제1회 공판기일 이전인 2016. 5. 11. 원심법원에 대하여 자신이 국민기초생활수급자에 해당한다는 수급자 증명서와 함께 보증금 100만원, 월차임 14만원의 주거지 임대차계약서를 첨부하여 서면으로 국선변호인 선정청구를 하였으나, 원심은 2016. 5. 13. 피고인의 국선변호인 선정청구를 기각하고, 그 후 공판기일에 피고인만 출석한 상태에서 심리를 진행한 다음 원심판결을 선고한 사안: 위법).

91) 대판 1995. 2. 28. 94도2880.

2급 시각장애인[92]이나 3급 청각장애인[93]은 농아자(제33조 제1항 제4호)는 아니므로 직권선정사유에는 해당하지 않는다. 하지만 그 장애의 정도를 비롯하여 연령·지능·교육 정도 등을 확인한 다음 권리보호를 위하여 필요하다고 인정하는 때에는 제33조 제3항에 따라 피고인의 명시적 의사에 반하지 아니하는 범위 안에서 국선변호인을 선정하여야 한다.

직권선정사유가 없더라도 향후에 그러한 사유가 나타날 것이 예상되는 사정이 있는 경우라면 사전에 재정선정을 하는 것이 바람직하다는 것이 판례의 태도이다.[94] 그러나 직권선정사유에 해당하지 않는 한 권리보호를 위하여 필요하다고 인정하지 않으면 국선변호인을 선정하지 않을 수 있으며, 이 경우에 국선변호인을 선정하지 않고 공판심리를 하더라도 피고인의 방어권이 침해되어 판결에 영향을 미쳤다고 인정되지 않으면 제33조 제3항 위반에 해당하지 않는다.[95]

4) 공판개정의 요건 　제33조 제1항의 직권선정사유에 해당하는 사건과 제33조 제2항, 제3항의 청구선정 또는 재정선정에 해당하여 국선변호인이 선정된 사건에 대해서는 변호인 없이 개정하지 못하고(제282조), 변호인이 출석하지 않으면 다시 직권으로 변호인을 선정하여야 한다(제283조).

(나) 특별법에 의한 경우

국민참여재판사건(「국민의 형사재판 참여에 관한 법률」 제7조), 군사재판사건(「군사법원법」 제62조 제1항), 치료감호청구사건(「치료감호 등에 관한 법률」 제15조 제2항), 특정범죄신고사건(「특정범죄신고자 등 보호법」 제11조 제6항), 전자장치부착명령 청구사건(「특정 범죄자에 대한 보호관찰 및 전자장치 부착 등에 관한 법률」(약칭: 전자장치부착법) 제11조)에서 피고인에게 변호인이 없는 때에는 법원은 직권으로 국선변호인을 선정하여야 한다.

(다) 소년보호사건의 국선보조인 제도

소년분류심사원에 위탁된 소년이 보조인이 없거나 일정한 사유에 해당하는 경우에는 법원은 변호사 등 적정한 자를 국선보조인으로 선정하여야 한다(소년법

92) 대판 2010. 4. 29. 2010도881; 대판 2014. 8. 28. 2014도4496.
93) 대판 2010. 6. 10. 2010도4629.
94) 대판 2016. 11. 10. 2016도7622 (제1심법원이 집행유예를 선고하였으나 검사만이 양형부당을 이유로 항소한 사안에서 항소심이 변호인이 선임되지 않은 피고인에 대하여 검사의 항소를 받아들여 형을 선고하면서 피고인을 법정구속한 뒤 국선변호인을 선정한 사안).
95) 대판 2013. 5. 9. 2013도1886; 대판 2016. 8. 30. 2016도7672 등.

제17조의2).

㈑ 피해자를 위한 국선변호사의 선정

성폭력범죄의 피해자 및 아동·청소년대상 성범죄의 피해자에게 변호사가 없는 경우 검사는 국선변호사를 선정하여 형사절차에서 피해자의 권익을 보호할 수 있다(성폭력처벌법 제27조 제6항, 청소년성보호법 제30조 제2항).

(3) 피선정자격과 인원수

㈎ 자격 국선변호인은 원칙적으로 관할구역 내 변호사나 공익법무관 또는 사법연수생에서 선정한다(규칙 제14조). 2006년에는 국선전담변호사(관할구역 내 변호사 중에서 지정)제도가 신설되었다(규칙 제15조의2).

처음에는 국선변호 전담계약을 체결하는 방식으로 지정하였으나, 2007년부터 위촉의 형식으로 지정하고 이를 위해 개인 변호사가 「대법원 국선전담변호사지원시스템」을 통해 지원신청을 하여야 하며, 위촉되면 2년간 활동하게 된다. 따라서 결국 계속하려면 2년마다 재위촉을 받아야 한다. 국선전담변호사 제도는 기존의 국선변호인 제도를 상당부분 개선하는 측면이 있음에도 불구하고, 국선전담변호인의 인사와 비용 등에 대한 권한을 법원이 독점적으로 행사함에 따른 법원 종속성이 비판의 대상이 되고 있다.

㈏ 숫자 피고인 또는 피의자마다 1인을 선정하는 것이 원칙이나(규칙 제15조 제1항), 사건의 특수성에 비추어 필요하다고 인정할 때에는 수인의 국선변호인을 선정할 수 있다(동조 제1항 단서). 수인의 피의자나 피고인 사이에 이해관계가 상반되는 경우, 즉 공소사실 기재 자체로 보아 어느 피고인에 대한 유리한 변론이 다른 피고인에게는 불리한 결과를 초래하는 경우에는 그 수인의 피고인 또는 피의자를 위하여 동일한 국선변호인을 선정할 수 없다(동조 제2항).[96]

(4) 선정절차

㈎ 공소제기 전 구속전 피의자심문이나 체포·구속적부심에서 피의자에게 변호인이 없으면(영장 청구 후에나 심사 청구 후에 변호인이 없게 된 경우도 동일)

---

96) 대판 2000. 11. 24. 2000도4398 (공범 중 1인이 다른 공범이 피해자에게 폭행을 당했다는 말을 듣고 이를 보복하기 위해 다른 공범과 강도상해를 하였다는 내용의 공소사실에 대해 공범의 국선변호인으로 선정된 자가 폭처법위반으로 공동피고인이 된 피해자의 국선변호인이 된 사안); 대판 2014. 12. 24. 2014도13797; 대판 2015. 12. 23. 2015도9951 (피고인을 위해 선임된 법무법인의 변호사를 이해가 상반되는 다른 피고인을 위한 국선변호인으로 선정한 사안).

법원 또는 지방법원 판사는 지체 없이 국선변호인을 선정하고 피의자와 변호인에게 그 뜻을 고지하여야 한다(규칙 제16조 제1항, 제4항).

고지는 서면 이외에 구술·전화·모사전송·전자우편·휴대전화 문자전송 그 밖에 적당한 방법으로 할 수 있으며, 국선변호인에게 피의사실의 요지 및 피의자의 연락처 등을 함께 고지할 수 있다(동조 제2항, 제3항).

(나) **공소제기 후** 공소가 제기된 사건에서 피고인에게 변호인이 없는 때에는 – 공소제기 후 변호인이 없게 된 때에도 동일 – 재판장은, ① 직권선정사유가 있는 때에는 변호인 없이 개정할 수 없는 취지와 피고인 스스로 변호인을 선임하지 아니할 경우에는 법원이 국선변호인을 선정하게 된다는 취지, ② 청구선정사유가 있는 때에는 법원에 대하여 국선변호인의 선정을 청구할 수 있다는 취지, ③ 재정선정사유에 해당하는 때에는 법원에 대하여 국선변호인의 선정을 희망하지 아니한다는 의사를 표시할 수 있다는 취지를 서면으로 고지한다(규칙 제17조 제1항, 제2항, 제4항).

(5) 선정결정

법원의 (직권 또는 선임권자의 청구에 기한) 선정결정에 의해 선정한다.

국선변호인 선정을 위한 고지를 받은 피고인이 ① 변호인을 선임하지 아니한 때 및 ② 제33조 제2항의 규정에 의하여 국선변호인 선정청구가 있거나 동조 제3항에 의하여 국선변호인을 선정하여야 할 때에는 지체 없이 국선변호인을 선정하여야 한다(규칙 제17조 제3항).

(가) **예정자명부의 기재에 따른 선정** 2003년 이후 임의적 국선변호인 선택제도를 도입하여 재판부별 국선변호인 예정자명부에 등재된 변호인 중에서 국선변호를 원하는 변호인을 임의적으로 선택하여 선정 청구를 할 수 있다. 이를 위해 지방법원 또는 지원은 국선변호를 담당할 것으로 예정한 변호사, 공익법무관, 사법연수생 등을 일괄 등재한 국선변호인 예정자명부를 작성할 수 있다(규칙 제16조의2).

(나) **법정에서의 선정 등** 이미 선임된 변호인 또는 선정된 국선변호인이 출석하지 아니하거나 퇴정한 경우에 부득이한 때에는 피고인 또는 피의자의 의견을 들어 재정 중인 변호사 등 국선변호인의 자격(규칙 제14조)을 가진 자를 국선변호인으로 선정할 수 있다(규칙 제19조).

(6) 선정의 취소와 사임

(가) 선정의 취소 사선변호인의 선임, 국선변호인의 자격상실 또는 사임의 경우에 이루어지는 필요적 취소(규칙 제18조 제1항)와 국선변호인의 불성실한 직무수행, 국선변호인의 변경신청이 상당한 때 등에 이루어지는 임의적 취소(동조 제2항)가 있다. 선정 취소시에는 지체 없이 국선변호인과 피의자 또는 피고인에게 통지하여야 한다(동조 제3항).

(나) 사임 국선변호인은 국선변호인으로서의 직무를 수행하기 어렵다고 인정할 만한 상당한 사유가 있을 때에는 법원 또는 지방법원 판사의 허가를 얻어 사임할 수 있다(규칙 제20조).

(7) 보수의 지급

국선변호인에게는 일당, 여비, 숙박료 및 보수(「형사소송비용 등에 관한 법률」 제2조 제3호, 제8조)를 대법원 규칙으로 정하는 범위에서 지급한다.

Ⅲ. 변호인의 소송법상 지위

1. 보호자로서의 지위

변호인은 전문적인 법률지식 등을 통해 피의자나 피고인의 **정당한 이익을 보호**하는 지위에 있다.

변호인이 의뢰인의 유죄를 확신하더라도 그 확신대로 행동할 필요나 의무는 없으므로, 피고인을 위해 무죄변론을 할 수 있다.

따라서 변호인은 피의자나 피고인에게 법적 조언을 하고 필요한 경우 피고인 등에게 유리한 증거를 수집하여 제출하며, 피고인 등을 위하여 변론하여야 한다.

변호인은 피의자·피고인의 보호자로서 ① 피의자·피고인에게 실체법과 절차법에 관한 법률지식을 알려주고 절차상 권리의 행사를 권고하는 등 적절한 법적 조언을 해야 하며, ② 유리한 사실을 조사하고 유리한 증거를 수집·제출하며 유리한 주장을 하고 법령에 의하여 허용된 권한을 적절히 행사하는 등 유리한 소송활동을 수행하여야 하고, ③ 업무상 지득한 비밀, 특히 피의자·피고인에 불리한 비밀을 누설하지 아니하고 피의자·피고인에게 불리한 행동을 하지 않아야 한다.
따라서 피고인이 변호인에게 진실을 자백하였지만 불리한 사실인 경우에 변호인은 그 사실을 능동적으로 수사기관이나 법원에 알릴 의무가 없고 만약 이에 위반하면 오히려 형법상 업무상비밀누설죄(제317조 제1항)가 성립하게 될 것이다.

형사소송에서 변호인은 민사소송에서와 같은 단순한 소송대리인이 아니다.[97] 따라서 변호인은 법률에 다른 규정이 없는 한 피고인의 의사에 종속되지 않고 독립하여 소송행위를 할 수 있다(제36조). 변호인은 보호자적 지위에서 직무를 성실히 수행할 의무를 짐과 동시에(변호사법 제1조 제2항) **비밀유지의무**와 **이익충돌 회피의무** 등을 진다.

2. 공익적 지위

변호인은 실체적 진실발견과 공정한 재판의 실현에 협력해야 할 지위를 가진다.

따라서 변호인은 ① 법령을 준수하고, ② 적법절차를 감시하며, ③ 진실발견을 방해해서는 안 된다. 그러나 실체적 진실발견에 적극적으로 협력해야 한다는 의미보다 진실발견이 방해받지 않도록 해야 한다는 소극적 의미가 강하다.

변호인은 법치국가적 형사사법을 보장하는 기능을 한다는 변호인의 공익적 지위에서 변호인의 진실의무가 도출된다. 진실의무란 변호인은 자신이 알고 있는 것을 모두 말할 의무는 없지만 자신이 말하는 것은 진실해야 한다는 것을 의미한다.

3. 양자의 조화

변호인에게는 보호자적 지위에 기한 성실의무(변호사법 제1조 제2항)와 비밀유지의무(동법 제26조)가 인정되는 반면, 공공성을 지닌 전문가로서 소극적 진실의무(동법 제2조, 제24조 제2항)가 있다. 양자가 충돌할 경우에는 원칙적으로 보호의무(성실의무)가 우선한다고 보아야 한다.

판례도 신체구속을 당한 사람이 변호인을 자신의 범행에 가담시키려고 한다는 이유만으로 변호인의 접견교통을 금지하는 것은 허용되지 않는다고 하여 보호의무가 우선됨을 간접적으로 시사하고 있다.[98]

---

97) 판례는 변호사 일반의 영리추구활동을 엄격히 제한하고 그 직무에 관하여 고도의 공공성과 윤리성을 강조하는 변호사법의 여러 규정에 비추어 보면, 변호사의 활동은 상인의 영업활동과는 본질적으로 차이가 있다고 전제하고, 변호인은 점포 기타 유사한 설비에 의하여 상인적 방법으로 영업을 하는 '의제상인'이 아니라고 판시하였다(대결 2007. 7. 26. 2006마334).

98) 대결 2007. 1. 31. 2006모656.

몸받이 사안(예컨대 '바지사장'이나 '바꿔치기 운전사' 등의 경우)처럼 변호인이 진범인(정범)이 따로 있음을 알게 된 사안에서, 변호인의 성실의무(비밀유지의무)와 진실의무의 충돌이 문제된다. 이에 관하여 정상(유죄)변론설, 무죄변론설, 사임설 등이 있으나, 판례는 형사변호인이 범인을 자처하는 의뢰인의 요청에 따라 수사기관이나 법원에 대하여 적극적으로 허위진술을 하거나 피고인 또는 피의자로 하여금 허위진술을 하게 하는 것은 허용되지 않는다는 점을 강조한다.[99] 적어도 무죄변론 자체가 부적법하다고 보기는 어렵지만, 변론행위가 범죄행위에 해당하지 않는다면 유죄변론도 가능하다고 할 수 있다. 변호인이 무죄변론을 한 경우라면 검사는 공소를 취소하고 법원은 결정으로 공소를 기각하게 될 것이다.

변호인이 피고인 또는 피의자로 하여금 허위의 진술을 하게 하거나 증거를 인멸하는 것은 허용되지 않지만,[100] 유죄임을 알면서 무죄를 변론하거나, 진술거부권을 행사하도록 권고하거나,[101] 피해자에게 합의나 고소의 취소를 권고하는 것은 가능하다.

Ⅳ. 변호인의 권리

변호인에게는 피고인의 방어권 행사를 보조하기 위해 다양한 권리가 인정된다. 변호인의 권리는 사선변호인과 국선변호인에 따른 차이는 없다. 변호인의 권리는 대리권과 고유권으로 나눌 수 있다.

제36조 본문은 "변호인은 독립하여 소송행위를 할 수 있다"고 규정하고 있다. 이 규정의 법적 성격에 대해서는, ① 고유권설(고유권보다 변호인의 권리가 약한 독립대리권 개념을 인정하는 것은 변호인의 지위를 약화시키게 되므로, 제36조(본문)를 고유권에 관한 근거규정으로 보아야 한다는 견해), 고유권과 독립대리권을 각기 별개의 것으로서 구분하는 입장에서 ② 독립대리권설(제36조는 '독립하여'라는 표현을 통해 독립대리권의 근거를 마련한 것이라는 견해)과 ③ 종합설(제36조는 고유권과 독립대리권을 함께 규정한 것이라는 견해)이 있다. 고유권 이외에 독립대리권을 인정하는 것이 법률관계를 명확히 하고 절차의 확실성을 도모하는데 도움이 되며, 고유권에 대해서는 개별적인 규정들을 두고 있으므로 제36조는 독립대리권을 규정한 것으로 보는 것이 타당하다.

---

99) 대판 2012. 8. 30. 2012도6027.

100) 대판 2012. 8. 30. 2012도6027 (범인은닉 사건에서 변호인이 사기죄의 공범들간의 합의에는 직접 관여하지는 않았으나 합의가 성사되도록 돕고 합의금 일부를 예치하고 합의서를 작성해 줌으로써 적극적으로 공범 중 1인이 허위자백을 유지하게 한 사안: 범인도피죄 종범).

101) 대결 2007. 1. 31. 2006모656.

1. 대리권

변호인은 피의자나 피고인이 할 수 있는 소송행위 가운데 성질상 대리가 허용되는 모든 소송행위에 대해 포괄적 대리권을 가진다.

(1) 종속대리권

피고인 등 본인의 명시적 혹은 묵시적 의사에 반해서 행사할 수 없는 경우로서, 당해 소송행위가 피고인의 권리로서 중요한 의미를 가지는 경우에 종속성이 인정된다.

관할이전 신청(제15조), 증거동의(제318조), 토지관할위반 신청(제320조), 상소취하(제351조), 정식재판청구 취하(제454조, 제458조, 제351조) 등이 여기에 해당한다.

(2) 독립대리권

피의자나 피고인의 의사에 반해서도 행사할 수 있으나, 성질상 본인의 권리가 소멸하면 변호인의 권리도 소멸하는 경우를 말한다.

(가) 명시적 의사에 반해서 행사할 수 있는 경우 법률이 명시적으로 대리권 행사에 제한을 두지 않은 경우는 일반적으로 여기에 해당한다.

구속취소 청구(제93조), 보석 청구(제94조), 증거보전 청구(제184조), 구속적부심 청구(제214조의2), 공판기일변경 신청(제270조 제1항), 증거제출·증인신문 신청(제294조, 제274조), 증거조사 및 재판장의 처분에 대한 이의신청(제296조), 공소장변경시 공판절차정지 청구(제297조 제4항), 변론의 분리·병합·재개 신청(제300조, 제305조), 피의자신문조서의 내용 인정(제312조 제1항, 제3항) 등이 여기에 해당한다.

(나) 묵시적 의사에 반해서만 행사할 수 있는 경우 기피신청(제18조 제2항), 상소제기(제341조 제2항)와 같이 법률에 명시적으로 '명시한 의사에 반하지 아니하는 때'라는 제한을 둔 경우가 여기에 해당한다.

판례는 **증거동의**도 피고인의 묵시적 의사에 반해서 행사할 수 있는 것으로 이해하고 있으나,[102] 증거동의는 유무죄의 인정과 직접 관련되고 피고인의 의사에 반

102) 대판 1988. 11. 8. 88도1628.「변호인은 피고인의 명시한 의사에 반하지 아니하는 한 피고인을 대리하여 증거로 함에 동의할 수 있으므로 피고인이 증거로 함에 동의하지 아니한다고 명시적인 의사표시를 한 경우 이외에는 변호인은 서류나 물건에 대하여 증거로 함에 동의할 수 있고 이 경우 변호인의 동의에 대하여 피고인이 즉시 이의하지 아니하는 경우에는 변호인의 동의로

해 증거동의의 효력이 있다는 명문규정이 없으므로 종속대리권으로 보는 것이 타당하다.

2. 고유권

고유권이란 변호인의 지위에 근거하여 독자적으로 인정되는 권리를 말한다. 고유권은 피고인이나 피의자의 권리가 소멸하더라도 변호인이 독자적으로 행사할 수 있다는 점에서 독립대리권과 구별된다.

(1) 협의의 고유권

피의자, 피고인에게는 인정되지 않고 변호인만 가지는 고유권을 협의의 고유권이라고 한다.

예컨대 접견교통권(제34조), 피의자신문참여권(제243조의2), 피고인 신문권(제296조의2), 상고심에서의 변론권(제387조) 등이 여기에 해당한다.

(2) 피의자·피고인과 중복해서 가지는 고유권

변호인뿐만 아니라 피의자나 피고인도 가지는 권리로는 각종 절차 참여권(예컨대 압수·수색영장의 집행에 대한 참여, 감정에 대한 참여, 증인신문에 대한 참여)과 공판 관여권(예컨대 서류나 증거물의 열람·등사, 공판기일 출석, 공판기일 전의 증거제출, 증거(조사)신청, 증인신문, 최종의견진술 등)이 있다.

3. 변호인의 접견교통권

(1) 접견교통권의 의의

변호인 등의 접견교통권은 변호인(변호인이 되려는 자 포함)이나 가족이 구속된 피의자·피고인과 만나서 대화하고 서류나 물건을 주고받을 수 있는 권리를 말한다(제34조, 제243조의2).

구속된 피의자나 피고인이 변호인과 접견교통할 권리는 헌법 제12조 제4항의 「변호인의 조력을 받을 권리」에서 도출되며, 변호인 아닌 자와의 접견교통할 권리는 헌법 제10조의 행복추구권에 근거하여 인정되는 일반적 행동자유권 또는 헌법 제27조 제4항의 무죄추정의 원칙에서 도출되는 기본권이다.

증거능력이 인정된다.」

변호인의 접견교통권은 법률상 보장된 권리로서, 법원의 결정이나 수사기관의 처분 등에 의해서는 제한할 수 없고 법령에 의한 제한만 가능하다.[103] 다만 변호인의 접견교통의 상대방인 피의자나 피고인이 가지는 접견교통권이 헌법상 보장된 기본권이므로, 피의자 등의 변호인의 조력을 받을 권리를 침해하지 않는 범위 내에서만 법률에 의한 제한이 가능하다는 점에서 헌법상 기본권으로서 보호를 받는다고 할 수 있다.

(2) 주체와 상대방

(가) 주체 변호인으로 선임되거나 국선변호인으로 선정된 자 또는 변호인이 되려는 자(선임의뢰를 받거나 변호인으로 활동하려는 자)이다. 피의자에게는 변호인은 물론 변호인이 되려는 자와의 접견교통권도 헌법상 기본권으로 보장되어야 하므로, 그와 표리관계에 있는 변호인이 되려는 자의 접견교통권도 헌법상 기본권으로 보호된다.[104] '변호인이 되려는 자'란 주관적으로 변호인이 되려는 의사를 표시한 자로서 객관적으로 변호인이 될 가능성이 있는 경우를 말한다.[105]

(나) 상대방 변호인의 접견교통권의 상대방은 '신체가 구속된 피고인 또는 피의자'이다(제34조). 사실상 체포 또는 구속 상태에 있는 모든 자를 포함(예컨대 임의동행으로 연행된 피의자나 피내사자)한다.[106]

피의자신문시 변호인참여권도 접견교통의 내용에 포함시키면, 체포·구속되지 않은 피의자도 접견교통권의 주체가 될 수 있다. 수형자와 **변호'사'**의 접견은 「형의 집행 및 수용자의 처우에 관한 법률」에 따라 수형자의 재판청구권 보장이라는 차원에서 별도로 규율한다.[107]

(3) 내용

미결수용자와의 접견교통 등에 대해서는 형집행법에서 부분적으로 규율하고 있다(동법 제84조).

---

103) 대결 2002. 5. 6. 2000모112.
104) 헌재 2019. 2. 28. 2015헌마1204.
105) 대판 2017. 3. 9. 2013도16162 (파업투쟁을 주도한 노조위원장이 파업투쟁으로 인한 대량 연행자 발생 시 신속한 변호사 접견이 이루어질 수 있도록 적절한 조치를 취해달라는 공문을 민변에 보낸 후 집회현장에서 변호인으로 아직 선임되지 않은 민변 소속 변호사가 조합원들과 면접을 요청하였으나 이를 제한한 사안: 위법).
106) 대결 1996. 6. 3. 96모18.
107) 대판 2004. 12. 9. 2003다50184; 헌재 2015. 11. 26. 2012헌마858 참조.

(가) **피고인이나 피의자와의 접견** 변호인의 피고인이나 피의자와의 접견은 절대적으로 보장된다. 즉, 자유로운 대화와 대화내용의 비밀이 보장된다. 따라서 접견시 교도관의 참여 및 내용의 청취 또는 녹취는 금지된다.[108] 다만, 가시거리에서 관찰은 가능하다(형집행법 제84조 제1항).

피의자 또는 피고인과의 접견은 변호인의 입장에서는 피의자 등의 인권보장, 충분한 방어준비 등을 위해 중요한 의미를 지닌다.

법률에 의한 제한은 가능하지만, 법원의 결정이나 수사기관의 재량에 의한 제한은 허용되지 않는다.[109] 피의자신문 중에 이루어지는 변호인의 접견신청에는 형집행법이 적용되지 않고, 수사기관이 그 허가 여부를 결정한다.[110] 수사기관은 변호인의 접견신청을 허용하지 않거나 제한할 수 없다(제243조의2 제1항 참조).

접견교통권의 침해는 접견의 금지나 제한 외에 다양한 형태로도 가능하다.

예컨대 구금장소의 임의적 변경,[111] 피의사실과 관련된 변호인에 대한 접견금지,[112] 접견 불허 내지 접견신청일 도과[113] 등도 접견교통권의 침해에 해당한다. 그러나 구치소의 변호인접견실에 CCTV를 설치하여 접견을 관찰하는 것은 가능하다.[114]

(나) **서류 또는 물건의 수수** 피의자 등의 방어준비, 기본생활 유지 및 심리적 고립감 해소를 위해 필요한 서류나 물품 등의 반입이 가능하다.

수용시설 내 질서유지를 위해 필요한 범위 내에서 금지물품 반입이 금지되고(형집행법 제92조), 신체 등에 대한 검사를 할 수 있다(동법 제93조).

변호인과 피의자 또는 피고인과의 서신에 대한 검열은 원칙적으로 금지된다(동법 제84조 제3항). 변호인접견실 근무자가 구속된 피고인과 접견을 마친 변호인

---

108) 헌재 1992. 1. 28. 91헌마111.
109) 헌재 2011. 5. 26. 2009헌마341; 대결 1990. 2. 13. 89모37; 대결 2002. 5. 6. 2000모112.
110) 헌재 2019. 2. 28. 2015헌마1204.
111) 대결 1996. 5. 15. 95모94 (구금장소가 특정 경찰서 유치장으로 되어 있었으나 조사를 위해 인도된 후 국가안전기획부 청사에 사실상 구금된 사안: 위법).
112) 대결 2007. 1. 31. 2006모656 (피의자가 변호인을 자신의 범죄행위에 공범으로 가담시키려고 하였다는 등의 사정만으로 변호인과 피의자의 접견교통을 금지한 사안: 위법).
113) 대결 1991. 3. 28. 91모24.
114) 헌재 2016. 4. 28. 2015헌마243.

이 피고인으로부터 받은 소송서류봉투를 열어 그 서류를 확인하고 소송관계서류 처리부에 서류의 제목을 기재한 뒤 변호인에게 돌려준 행위는 형집행법에 근거한 서류 등재행위로서 변호인의 조력을 받을 권리를 침해하는 것은 아니다.[115]

(다) **의사의 진료**(受診) 피의자 등의 건강상태를 확인하여 건강권을 확보하고 인권침해를 방지하기 위해 의사로 하여금 진료하게 할 수 있다. 법률에 의한 제한은 가능하다(형집행법시행령 제106조).

판례는 진료의 객관성 및 적정성 확보와 불법행위 예방을 위해 국정원이 추천하는 의사의 참여 아래 진료를 허용한 것을 적법하다고 보고 있다.[116]

(4) 수사기관의 협력의무

검사 또는 사법경찰관은 변호인과 피의자가 접견하게 하여야 하므로(제243조의2) 접견교통에 대한 협력의무를 지고 있다.

(5) 침해에 대한 불복과 증거능력

피고인과의 접견교통권이 침해된 경우에는 항고(제403조), 피의자와의 접견교통권의 경우에는 준항고(제417조)의 방법으로 불복할 수 있다.

수사기관에 의한 접견교통권 침해 자체만으로 항소이유가 되지는 않지만, 이로 인해 방어준비에 중대한 지장을 초래한 경우에는 항소이유로 된다(제361조의5 제1호).

수사기관이 아닌 교도소 직원 등에 의해 접견교통권이 침해된 경우에는 행정소송이나 국가배상청구가 가능하며, 헌법소원도 제기할 수 있다. 변호인의 접견이 부당하게 제한된 상태에서 작성된 피의자신문조서는 그 증거능력이 부정된다.[117]

4. 변호인의 서류 등 열람·복사권

(1) 의의

형사소송법은 피고인의 신속·공정한 재판을 받을 권리와 변호인의 조력을

---

115) 헌재 2016. 4. 28. 2015헌마243.
116) 대결 2002. 5. 6. 2000모112.
117) 대판 1990. 8. 24. 90도1285; 대판 1990. 9. 25. 90도1586.

받을 권리라는 헌법상 기본권을 실현하는 구체적인 수단으로서, 피고인과 변호인의 서류 등의 열람·복사권을 보장하고 있다.[118]

(2) 허용범위

(가) 공소제기 전 피의자나 변호인에게 서류 등의 열람·복사는 원칙적으로 허용되지 않는다.

수사 도중에 사건관계인의 진술과 증거물을 공개하면 피의사실공표로 피의자의 무죄추정권이 침해받게 될 뿐만 아니라 피해자나 참고인 등의 개인정보가 유출되는 등 사생활의 비밀과 자유도 침해되며 나아가 도주나 증거인멸 등의 염려로 수사가 방해받을 수 있어 비공개로 진행하고 있다. 그러나 검사가 수사기록 전부에 대해 개괄적 사유만을 들어 공개를 거부하는 것은 허용되지 않는다.[119]

다만 2003년 헌법재판소의 결정[120] 이후 형사소송규칙에서 구속전 피의자 심문절차와 체포·구속적부심사절차에서 일부 서류에 대한 열람을 부분적으로 허용하고 있다(규칙 제96조의21 제1항, 제104조의2).

피의자, 사건관계인 또는 그 변호인은 – 법정대리인, 배우자, 직계친족, 형제자매로서 피의자 또는 사건관계인의 위임장 및 신분관계를 증명하는 문서를 제출한 사람도 포함(수사준칙 제69조 제5항) – ① 검사 또는 사법경찰관이 수사 중인 사건에 관한 본인의 진술이 기재된 부분 및 본인이 제출한 서류의 전부 또는 일부에 대해 열람·복사를 신청할 수 있으며(수사준칙 제69조 제1항), ② 검사가 불기소 결정을 하거나 사법경찰관이 불송치 결정을 한 사건에 관한 기록의 전부 또는 일부에 대해 열람·복사를 신청할 수 있고(동조 제2항), ③ 피의자 또는 그 변호인은 필요한 사유를 소명하고 고소장, 고발장, 이의신청서, 항고장, 재항고장의 열람·복사를 신청할 수 있다(이 경우 열람·복사의 범위는 피의자에 대한 혐의사실 부분으로 한정하고, 그 밖에 사건관계인에 관한 사실이나 개인정보, 증거방법 또는 고소장등에 첨부된 서류 등은 제외. 동조 제3항). 한편 ④ 체포·구속된 피의자 또는 그 변호인은 현행범인체포서, 긴급체포서, 체포영장, 구속영장의 열람·복사를 신청할 수 있다(동조 제4항). 검사 또는 사법경찰관은 열람·복사의 신청을 받은 경우에는 해당 서류의 공개로 사건관계인의 개인정보나 영업비밀이 침해될

118) 헌재 1997. 11. 27. 94헌마60.

119) 대판 1999. 9. 21. 98두3426; 대판 2004. 9. 23. 2003두1370.

120) 헌재 2003. 3. 27. 2000헌마474 (구속적부심사절차에서 피의자의 변호인이 고소장과 피의자신문조서에 대한 열람 및 등사를 내용으로 하는 정보공개청구를 하였으나, 경찰서장이 비공개결정을 내린 사안: 위헌).

우려가 있거나 범인의 증거인멸·도주를 용이하게 할 우려가 있는 경우 등 정당한 사유가 있는 경우를 제외하고는 열람·복사를 허용해야 한다(동조 제6항).

(나) **증거보전절차** 증거보전절차에서는 판사의 허가를 얻어 서류와 증거물의 열람 또는 등사할 수 있다(제185조).

(다) **재정신청절차** 재정신청사건의 심리 중에는 관련 서류 및 증거물의 열람 또는 등사는 원칙적으로 허용되지 않지만, 법원은 증거조사과정에서 작성된 서류의 전부 또는 일부에 대한 열람 또는 등사를 허가할 수 있다(제262조의2).

(라) **공소제기 후** 공소제기 후에는 공판정에서의 증거조사 이전에 피고인의 방어준비를 위해 소송서류나 증거물의 열람·등사가 허용된다.

1) **소송계속 중 기록열람·복사** 소송계속 중, 즉 공소가 제기된 후에 법원이 보관하고 있는 관계서류나 증거물에 대해서는 피고인과 변호인은 열람·복사할 수 있다(제35조 제1항). 피해자나 증인이 보복범죄에 노출될 위험을 막기 위해 재판장은 소송계속 중에 있는 사건의 관계 서류의 열람·복사에 앞서 사건 관계인의 개인정보 공개를 제한할 수 있다(동조 제3항, 제4항).

2) **증거개시제도** 공소제기 후 검사가 보관하고 있는 서류 등의 열람·등사를 변호인뿐만 아니라 피고인에게도 인정하고(제266조의3), 검사가 이를 거부하거나 그 범위를 부당하게 제한한 경우에 법원의 결정으로 열람·등사할 수 있도록 하고 있다(제266조의4). 이에 대한 상세한 설명은 공판절차 부분에서 후술한다.

(3) 열람·복사권의 행사

(가) **열람·복사권 행사의 상대방** 공소제기 후에 법원이 보관하는 서류 등에 대해서는 수소법원에 신청하며, 검사가 보관하는 서류 등에 대해서는 그 기록을 보관하고 있는 검사에게 신청한다. 검사가 거부하는 경우에는 법원에 증거개시를 신청할 수 있다. 공소제기 전에는 조서 등을 보관하고 있는 수사기관에 신청한다.

(나) **열람·복사권 행사의 제한** 변호인의 수사기록에 대한 열람등사권도 기본권에 대한 일반적 법률유보조항에 따라 국가안전보장, 질서유지, 공공복리를 위해 제한이 가능하다.

검사는 국가안보, 증인보호의 필요성, 증거인멸의 염려, 관련사건의 수사에 장애를 가져올 것으로 예상되는 구체적인 사유 등 열람·등사 또는 서면의 교부를 허용하지 아니할 상당한 이유가 있다고 인정하는 때에는 열람·등사 또는 서면의 교부를 거부하거나 그 범위를 제한할 수 있다(제266조의3 제2항).

(다) **열람·등사의 대상** 피고인의 공격과 방어의 준비를 위하여 필요한 부분이 대상이 된다.[121]

증거개시제도에 따르면 '공소제기된 사건에 관한 서류 또는 물건의 목록과 공소사실의 인정 또는 양형에 영향을 미칠 수 있는 서류'의 목록에 대해서는 열람 또는 등사를 거부할 수 없도록 하고 있다(제266조의3 제5항).

제 2 절 소송절차의 일반이론

제 1 소송절차 일반

Ⅰ. 소송절차의 구조

1. 소송절차의 의미

소송절차란 재판의 확정을 목적으로 하는 소송주체들(법원, 검사, 피고인)의 소송행위의 총체를 말한다.

소송절차의 본질에 관해서 학설의 논의가 있다. ① 소송법률관계설은 형사절차를 법원과 검사, 피고인 사이에 존재하는 법률관계의 총체라고 한다. 바꾸어 말하면 형사절차는 각 단계에서 소송주체 상호간의 권리의무관계의 총체라는 입장이다. 이 입장에서는 법률관계가 형성·유지·발전되기 위한 기본조건으로서 소송조건이라는 개념을 설정하였다. ② 소송법률상태설은 형사절차를 유·무죄의 판결을 지향하여 형성·발전되는 여러 소송행위들의 집합체로 본다. 따라서 소송절차는 종국판결이 있을 때까지는 유동적인 상태에서 유리한 종국판결을 얻을 수 있는 가능성 내지 전망에 불과하다고 한다.
전자는 절차적 확실성을 중시하여 절차면을 파악하는 데 기여하지만, 소송을 지나치게 정적으로 파악해서, 절차의 진행과정에서 발생하는 사정의 변경을 이론적

121) 헌재 1997. 11. 27. 94헌마60 참조.

으로 반영하지 못한다는 비판이 있다. 한편 후자는 실체적인 유동적인 상태를 설명하는 데 기여하지만, 소송의 개별 단계가 가지는 독자성을 간과한다는 비판이 있다. 따라서 현재로는 소송절차가 이 두 가지 면을 함께 가지고 있다는 이면설(형사절차이분설)이 지배적이다.

2. 소송의 실체면과 절차면

(1) 실체면

소송의 실체면은 구체적 사건에서 실체적 법률관계가 형성·확정되는 과정을 말한다. 실체면에서 소송은 사실인정, 법령적용 그리고 양형을 명확히 해 나가는 과정이다.

다른 한편으로 소송의 실체면은 범죄혐의가 구체화·객관화되어 가는 과정이라고 할 수 있다. 수사기관의 주관적 혐의를 시작으로 객관적 혐의로 실체가 형성·발전되어 유·무죄에 대한 심증이 형성되기까지의 법률상태가 소송의 실체면이라고 할 수 있다.

(2) 절차면

소송의 절차면이란 실체면의 발전을 가능하게 하는 수단에 해당한다. 이러한 절차면은 소송주체들의 개별 소송행위의 질서 있는 연쇄로 이루어진다.

소송의 절차면은 소송의 형식 내지 수단을 의미하며, 연속되는 다양한 행위로 구성되고, 이전의 소송행위의 효력을 토대로 이후의 소송행위가 발전해가며, 실체에 변화가 생기더라도 종전의 소송행위에 영향을 미치지 않는 법률관계로 이루어진다고 할 수 있다.

(3) 상호관계

소송의 실체면과 절차면은 별개의 것이 아니라 동일한 소송절차의 양면에 불과하다. 양자는 상호 영향을 미치며 보완하는 관계에 있다. 소송의 실체와 관련된 사항은 소송의 절차에 영향을 미친다. 예컨대 사물관할, 고소의 요부, 필요적 변호사건 여부는 실체의 성격(주로 범죄의 중대성)에 따라 정해진다. 또한 소송의 절차도 일정한 범위에서 소송의 실체에 영향을 미치게 된다. 예컨대 자백배제법칙, 위법수집증거배제법칙, 전문법칙, 증거동의 등은 소송의 절차가 실체면에 영향을 미치는 대표적인 경우이다.

절차유지의 원칙이란 소송절차의 일부에 법률상 하자가 있는 경우라도 그 절차를 기초로 일단 소송절차가 진행된 이상, 가능한 한 절차 전체의 효력을 유지해야 한다는 원칙을 말한다. 실체가 절차에 영향을 미치는 것을 최소화해야 한다는 요청으로서, 절차가 당시의 실체형성에 근거해서 진행된 이상 후에 실체형성이 변경되더라도 그 절차를 번복해서는 안 된다는 원칙이라고 정의할 수도 있다. 절차유지의 원칙이 적용된 구체적인 경우로는 ① 하자 있는 소송행위의 효력 유지(예컨대, 관할권이나 재판권이 결여된 경우), ② 소송행위의 실효 제한(소송행위의 취소를 인정하지 않고 철회를 제한), ③ 소송행위 하자에 대한 치유 인정(하자의 보정적 추완 인정) 등의 세 가지 유형이 있다.

3. 소송절차 이분론

소송절차 이분론은 공판절차를 사실인정절차와 양형절차로 나누어 진행해야 한다는 주장을 말한다. 이 이론은 사실인정절차를 순화하고, 양형의 합리화를 도모하며, 피고인의 인격권을 보호하고 방어권(변호권)을 보장하기 위한 방안으로서 소송경제에도 기여한다는 데 주된 근거를 두고 있다.

소송절차이분론은 심리배심(대배심)에 의한 유죄평결(conviction)과 직업법관의 양형(Sentencing)을 구분하는 배심제도를 전제로 한 것이다. 현행 국민참여재판은 배심원이 (기속력 없는) 유죄평결뿐만 아니라 양형에 관해서도 판사와 토의하면서 의견을 밝힐 수 있어 이분론에 입각한 것이라고 보기 어렵다. 배심제도의 도입 및 사실인정에 있어서 편견 배제, 양형에서 철저한 인격조사(판결 전 조사) 및 비공개주의 필요, 무죄추정의 요청에 비추어 볼 때 소송절차 이분론의 도입 및 구체화가 필요하다.

제 2 소송조건

Ⅰ. 소송조건의 의의

소송조건이란 전체로서의 소송이 성립하고 장래에 계속 유지되기 위한 조건을 말한다.

실체법상 범죄성립요건이나 처벌조건과 구별하여, 절차법의 측면에서 소송추행을 위한 조건이라는 의미에서 소추조건이라는 표현을 사용하기도 한다.

소송조건은 공소제기의 유효요건이자 실체심판을 위한 전제조건이고, 소송의 존속과 발전을 위한 조건이다. 소송조건은 처벌조건, 개별 소송행위의 유효요건, 공판절차의 정지사유(제298조)와 구별되는 개념이다.[122]

Ⅱ. 소송조건의 종류

소송조건은 심판권 존재와 관련된 사항, 당해 사건에 대한 소추가능성과 관련된 사항, 당해 피고인에 대한 소추가능성과 관련된 사항을 내용으로 한다.

1. 일반적 소송조건과 특별소송조건

일반적 소송조건은 일반 사건에 공통으로 필요한 소송조건(법원의 재판권·관할권 등)을 말하며, 특별소송조건은 특정한 사건에 대해서만 요구되는 소송조건(친고죄에 있어서 고소 등)이다.

2. 절대적 소송조건과 상대적 소송조건

절대적 소송조건은 법원이 직권으로 조사해야 하는 소송조건으로서 대부분의 소송조건이 여기에 해당하며(예컨대 관할, 제1조), 상대적 소송조건은 당사자의 신청을 기다려 법원이 조사하는 소송조건(예컨대 토지관할, 제320조)을 말한다.

3. 적극적 소송조건과 소극적 소송조건

적극적 소송조건은 일정한 사실의 존재가 소송조건이 되는 경우(관할권이나 재판권 등)를 말하고, 소극적 소송조건은 일정한 사실의 부존재가 소송조건이 되는 경우(이중기소, 공소시효 완성, 반의사불벌죄에 있어서 처벌불원의사[123] 등의 부존재)를 말한다. 소극적 소송조건은 일정한 사실이 존재하면 소송이 종결된다는 의미에서 **소송장애사유**라고도 한다.

4. 형식적 소송조건과 실체적 소송조건

(1) 형식적 소송조건

형식적 소송조건은 소송의 절차면에 관한 사유를 소송조건으로 하는 경우

---

122) 소송조건에 관하여는, 조기영, 소송조건에 관한 연구 – 소송조건의 개념과 기능 –, 서울대학교 박사학위논문 (2006) 참조.

123) 대판 2009. 12. 10. 2009도9939; 대판 2001. 4. 24. 2000도3172 참조.

이다. 예컨대 재판권의 존재, 관할권의 존재, 친고죄에 있어서 고소의 존재, 이중기소의 부존재 등과 같이 사건의 절차적 요건이 문제로 되는 경우이다.

형식적 소송조건이 결여되면 공소기각의 결정(제328조), 공소기각의 판결(제327조), 관할위반의 판결(제319조) 등으로써 소송을 종결한다. 결여된 형식적 소송조건이 사후에 보완된 경우에는 동일한 범죄사실에 대하여 다시 공소를 제기할 수 있다.

(2) 실체적 소송조건

실체적 소송조건은 소송의 실체면에 관한 사유를 소송조건으로 하는 경우이다. 사건의 실체에 대해 심판하기 위해서는 절차적인 형식적 소송조건을 구비할 뿐만 아니라 실체형성을 수행할 이익이 존재하고, 실체형성을 진행시키기에 적당하지 않은 사유가 존재하지 않아야 한다. 확정판결, 사면, 공소시효 완성, 범죄 후의 법령개폐로 인한 형의 폐지 등이 존재하면 실체형성의 이익이 없어 실체적 소송조건을 결하게 된다.

실체적 소송조건이 결여되면 면소판결(제326조)을 선고함으로써 소송을 종결한다. 면소판결은 단순한 절차상의 하자를 이유로 하는 것이 아니라 중대한 내용상 하자라고 할 수 있는 실체형성의 이익의 결여를 이유로 하기 때문에 공소기각의 재판과 달리 일사부재리의 효력이 인정된다.

Ⅲ. 소송조건의 조사

1. 직권조사 원칙

법원은 절차의 단계마다 직권으로 소송조건의 존부에 대하여 조사할 의무가 있다.[124] 다만, 토지관할(제320조 제1항)의 조사는 피고인의 신청이 있는 때에 한한다(상대적 소송조건). 소송조건의 존부는 소송법적 사실에 해당하므로 자유로운 증명으로 족하며, 검사에게 거증책임이 있다.

---

124) 대판 2009. 12. 10. 2009도9939; 대판 2013. 6. 13. 2013도4737; 대판 2014. 7. 10. 2014도224; 대판 2015. 11. 17. 2013도7987; 대판 2018. 4. 12. 2018도1486 (강제추행죄에 대한 친고죄 규정이 폐지될 즈음에 범행이 행해졌고 그로부터 약 2년 이상이 경과한 후에 고소를 제기하였으나, 범행 당시 피해자가 19세 미만이었는지, 강제추행죄가 당시에 비친고죄로 되었는지를 살펴보지 않은 사안: 위법)

2. 소송조건의 판단

소송조건은 공소제기의 유효요건으로서 공소제기시부터 판결선고 전까지 계속해서 '소송의 전과정에 걸쳐' 심급을 불문하고 존재해야 한다. 따라서 법원은 소송의 전과정에서 소송조건의 존재 여부를 직권으로 조사하여야 한다. 예컨대 항소심은 당사자가 반의사불벌죄임을 항소이유로 주장하지 않은 경우라도 제1심판결선고 전에 처벌을 원치 않는다는 의사표시가 있었는지 여부를 직권으로 조사·판단하여야 한다.[125]

소송조건 존부의 판단은 공소장에 기재된 사실을 기준으로 하며, 공소장이 변경된 경우에는 변경된 사실을 기준으로 판단한다.[126]

> 법원은 검사가 공소를 제기한 범죄사실에 대해 심판하므로, 예컨대 친고죄인지 여부는 검사의 공소장 기재에 따라 정해지며, 비친고죄로 고소한 사건이라도 검사가 친고죄로 공소를 제기한 이상 법원은 고소 유무를 직권으로 조사해야 한다.[127] 공소장변경이 있는 경우 공소시효 완성 여부는 공소제기 시점을 기준으로 한다.[128]

Ⅳ. 소송조건 결여의 효과

1. 형식재판에 의한 종결

형식적 소송조건이 결여된 경우에는 관할위반의 판결(제319조) 또는 공소기각의 재판(제327조, 제328조 제1항)으로, 실체적 소송조건이 결여된 경우에는 면소판결(제326조)로 절차를 종결해야 한다. 소송조건은 실체재판의 전제조건이므로 소송조건을 결여한 경우에는 원칙적으로 무죄판결을 선고할 수 없고(**형식재판의 우선성**),[129] 형식재판에 대해 피고인이 무죄를 주장하여 상소하는 것도 원칙적으로 허용되지 않는다.[130]

2. 흠결의 경합

수개의 소송조건이 동시에 결여된 경우에는 논리상의 순서와 판단의 난이

---

125) 대판 2001. 4. 24. 2000도3172.
126) 대판 2011. 5. 13. 2011도2233 참조.
127) 대판 2015. 11. 17. 2013도7987.
128) 대판 1992. 4. 24. 91도3150.
129) 대판 1988. 3. 8. 87도2673; 대판 2002. 7. 12. 2001도6777; 대판 2003. 10. 24. 2003도4638.
130) 대판 1997. 8. 22. 97도1211.

도 등을 기준으로 형식재판의 내용을 결정한다. 일반적으로 실체적 소송조건과 형식적 소송조건의 부존재가 경합한 경우에는 형식적 소송조건의 결여를 이유로 형식재판을 하고, 형식적 소송조건 상호간에 경합이 있는 경우에는 하자의 정도가 중대하거나 하자가 발생한 순서에 따라 형식재판을 한다. 예컨대 공소기각의 사유와 관할위반의 사유가 경합한 경우에는 공소기각의 재판을 해야 하고, 공소기각의 판결과 공소기각의 결정 사유가 경합한 경우에는 공소기각의 결정을 해야 한다.

3. 소송조건의 추완

소송조건의 추완이란 공소제기 당시에는 소송조건이 결여되었지만, 소송계속 중 소송조건이 갖추어진 경우에 공소제기의 하자가 치유되는지 여부의 문제이다. 주로 고소의 추완이 문제되는데 이에 대해서는 이미 수사의 조건에서 설명한 것처럼 소극설이 지배적이다. 이에 관하여는 「소송행위의 추완」에서 다시 설명한다.

제3 소송행위

Ⅰ. 소송행위의 의의와 종류

1. 의의

소송행위란 소송주체나 소송관계인이 행하는 소송절차를 형성하는 행위로서 소송법에서 일정한 효과가 부여되는 행위를 말한다.

소송절차를 다수의 소송행위의 연속으로 파악해서 소송행위들에 공통되는 일반적·법적 성질을 규명하려는 시도를 소송행위론이라고 한다. 이 논의는 주로 소송법률상태설의 입장에서 제시되고 있다.

소송행위는 소송절차를 형성하는 행위이므로 사법행정상의 행위나 법원 직원이 행하는 개정 준비나 법정 정리 등의 사실행위는 소송행위에서 제외된다. 소송행위에는 소송경제를 고려하여 절차유지의 원칙이 적용되지만, 형사사법의 정형성에 따른 제약이 부과되고 있다.

2. 종류

소송행위는 협의의 소송행위와 광의의 소송행위로 나눌 수 있다. 형사소송법에서 소송행위는 일반적으로 광의의 의미로 사용된다.

좁은 의미로는 소송주체가 공소의 제기부터 판결의 확정에 이르기까지의 절차에서 행하는 소송행위만을 대상으로 하지만, 광의로는 수사와 재판의 집행 절차에서 각 주체들이 행하는 행위들도 포함시킨다. 다만 수사절차에서는 합목적성이 강조되므로 법적 안정성이 강조되는 협의의 소송절차와는 다른 특징을 가진다.

(1) 주체에 따른 구별

소송행위는 소송행위의 주체에 따라 법원의 소송행위(재판), 당사자의 소송행위(검사, 피고인 또는 변호인의 신청, 진술, 입증 등), 제3자의 소송행위(고소, 증언, 감정 등)로 구별할 수 있다.

(2) 성질에 따른 구별

소송행위는 그로 인한 소송법적 효과에 따라 법률행위적 소송행위, 사실행위적 소송행위 및 복합적 소송행위로 나눌 수 있다.

㈎ **법률행위적 소송행위** 일정한 소송법적 효과를 지향하는 의사표시를 내용으로 하면서 그에 상응하는 효과가 인정되는 소송행위, 예컨대 고소, 공소제기, 기피신청, 재판, 상소제기 등을 말한다.

㈏ **사실행위적 소송행위** 소송관계인의 의사와 관계없이 소송행위 자체에 의하여 일정한 소송법적 효과가 발생하는 경우, 예컨대 증인의 증언, 검사의 논고, 변호인의 변론 등을 말한다.

㈐ **복합적 소송행위** 법률행위적 소송행위와 사실행위적 소송행위가 결합된 소송행위를 말하며, 예컨대 영장 발부라는 법률행위적 소송행위와 영장 집행의 사실행위적 소송행위로 이루어지는 영장에 의한 강제처분이 여기에 해당한다.

(3) 목적에 따른 구별

소송행위는 그 목적 내지 역할에 따라 실체형성행위(증거조사 등)와 절차형성행위(공판기일 지정, 상소제기 등)로 구분할 수 있다.

(4) 기능에 따른 구별

소송행위는 그 소송법적 효과가 발생하기 위해 법원의 재판을 요하는가에 따라 여효적 소송행위(상소취하, 고소 취소, 정식재판청구 취하)와 취효적 소송행위(기피신청, 증거신청, 변론의 분리·병합·재개 등)로 구분할 수 있다.

> 법원 이외의 자의 소송행위에 대해 소송법적 효과가 발생하기 위해 법원의 개입을 요하는지 여부에 따른 구별이다. 여효적 소송행위는 행위자의 의사내용에 따라 직접 소송법적 효과가 나타나며, 별도의 재판을 요하는 경우를 취효적 소송행위라고 부른다. 취효적 소송행위의 경우에는 소송행위에 내재된 의사표시를 중심으로 그 효과를 판단할 수 없고, 행위의 형식적 요건과 실질적 요건을 단계적으로 심사해야 그 효과를 판단할 수 있다는 점에 특징이 있다.

Ⅱ. 소송행위의 일반적 요소

1. 소송행위의 주체

(1) 소송행위적격

소송행위적격이란 소송행위주체가 그의 이름으로 소송행위를 할 수 있는 자격(공소제기, 상소 등)을 말한다.

> 소송능력과 같이 일반적으로 요구되는 적격을 일반적 소송행위적격이라고 부르며, 법률이 일정한 자에게만 적격을 인정한 경우(예컨대 고소나 상소의 제기)를 특별소송행위적격이라고 부른다. 전자가 결여된 경우에는 소송행위로서 성립하지 않지만, 후자가 결여된 경우에는 무효원인에 해당한다.

(2) 소송행위의 대리

㈎ 의의　　소송행위의 대리는 제3자가 본인을 대신하여 소송행위를 하고, 그 효과가 본인에게 직접 미치도록 하는 것을 말한다.

> 법원과 검사 이외의 소송관계인의 소송행위가 문제로 되며, 본인의 이익과 절차의 안정을 조화시키는 해석이 필요하다. 특별한 규정이 있는 경우에 한하여 대리인에 의한 소송행위가 가능하다.

㈏ 허용범위　　소송행위의 대리는 원칙적으로 명문규정이 있는 경우에 포괄적 대리 혹은 개별적 대리의 형태로 허용된다.

1) 명문규정이 있는 경우　포괄적 대리에는 의사무능력자에 대한 법정대리인의 대리(제26조), 법인의 대표자의 대리(제27조, 제276조 단서), 특별대리인(제28조), 변호인·보조인에 의한 대리(제29조), 경미사건에 대한 피고인의 대리인에 의한 대리(제277조) 등이 있고, 개별적 대리는 변호인선임의 대리(제30조), 적부심사청구의 대리(제214조의2), 재정신청의 대리(제264조 제1항), 고소·고소취소의 대리(제236조, 고발은 제외), 상소의 대리(제341조) 등이 있다.

2) 명문 규정이 없는 경우　명문규정이 없더라도 소송행위의 대리가 허용되는지 여부에 관하여 논의가 있으나, 판례는 부정적인 입장을 취하고 있다.[131] 그러나 소송행위의 의미와 목적에 비추어 소송행위의 대리를 일반적으로 부정하는 것은 타당하지 않고, 절차의 형식적 확실성, 피고인의 이익, 소송행위의 특성을 고려해서 그 범위를 정해야 하고, 특히 절차형성행위에 대해서는 대리를 허용해도 좋을 것이다.

① 긍정설　형사소송법이 일정한 경우에 대리를 허용하는 규정을 두었다고 하더라도 명문의 규정이 없으면 언제나 대리가 허용되지 않는다고 해석할 수는 없다는 점, 대리인의 권한을 명확히 하면 형사소송의 형식적 확실성을 해할 염려가 없다는 점, 피고인의 이익을 위하여 절차형성행위에 대한 대리를 허용하는 것이 타당하다는 점 등을 논거로 한다.

② 부정설　형사소송법상 대리를 인정하는 명문의 규정을 둔 것은 이러한 규정이 없는 경우에는 대리가 허용되지 않는다는 취지로 해석하여야 한다는 점, 소송행위의 대리를 인정하게 되면 대리권의 유무와 관련해서 형사소송의 형식적 확실성을 해할 수 있다는 점 등을 그 논거로 하고 있다.

㈏ 대리권의 행사　대리권의 행사는 원칙적으로 본인의 의사에 따라야 한다. 그러나 독립대리권의 경우에는 본인에 대한 후견적 측면에서 본인의 명시적·묵시적 의사에 반하여 대리권을 행사할 수 있다.

대리권을 행사할 때에는 대리권 있는 자에 의한 대리행위임을 표시해야 한다. 대리권 없는 자의 소송행위는 무효이며, 본인의 의사에 반하는 대리권 행사도 동일하다. 그러나 본인의 명시 또는 묵시의 추인이 있으면 하자가 치유될 수 있다.

---

131) 대결 1953. 6. 9. 4286형항3. 「변호사 갑이 피고인 등의 대리인으로 본건 재항고를 한 것인바, 그 대리권을 증명할 하등 자료가 없을 뿐 아니라 본법상 특별한 규정이 있는 경우에 한하여 대리인에 의하여 소송행위를 할 수 있고 결정에 대한 재항고는 대리인에 의하여 할 수 있는 소송행위가 아니다.」 같은 취지로는, 대판 2014. 11. 14. 2013도1228.

2. 소송행위의 내용

(1) 형식적 확실성

소송행위의 내용은 형식적 확실성이 요구된다. 특히 표시를 요하는 소송행위에 대해서는 표시된 내용의 특정을 위해 형식적 확실성이 필요하다. 소송행위의 내용은 명확하고 특정되어야 하고 가능한 것이어야 한다.

다만 형식적 확실성과 절차의 진행을 해하지 아니하는 범위 내에서 다른 서면에 기재된 내용을 인용하는 것은 가능하다. 예를 들면, 상소심의 재판서를 기재할 때 원심판결에 기재된 사실과 증거를 인용할 수 있다(제369조, 제399조).

(2) 소송행위의 부관

소송행위의 형식적 확실성으로 인하여 소송행위의 부관(소송행위에 따른 효력의 발생 또는 소멸을 제한하기 위해 부가되는 제한으로서, 조건이나 기한 등)도 원칙적으로 금지된다. 다만, 형식적 확실성을 해하지 않고 피고인의 이익에 중대한 영향이 없는 범위에서 예외적으로 조건부 소송행위도 허용된다. 예를 들면, 공소장의 적용법조 기재에서 예비적·택일적 기재가 가능하며(제254조 제5항), 조건부·택일적 증거신청도 가능하다.

학설로는, 소송행위는 절차를 조성하고 진행시켜야 하므로 그 의미와 효과를 명백히 인식할 수 있어야 하고 장래에 나타날 사정에 좌우되어서는 안 되므로 법률이 명시적으로 허용하는 경우가 아니면 허용되지 않는다는 견해(부정설)도 있다. 그러나 취효적 소송행위의 경우에 형식적 확실성을 해하지 않고 피고인의 중대한 이익에 영향이 없다면 조건을 붙일 수 있다고 해야 한다(제한적 허용설).

3. 소송행위의 방식

소송행위는 법적 안정성과 절차의 형식적 확실성을 확보하고 자의적이거나 독선적인 소송절차를 방지하여 피고인을 보호하며 계획적인 절차진행을 통해 재판의 신뢰를 확보해야 한다. 이를 위해 형사소송법은 소송행위의 방식을 명확히 정하고 있다.

소송행위의 일반적 방식으로는 구두로 행하는 구두주의와 형식적 확실성을 위해 서면으로 하는 서면주의가 있으나 소송행위의 성격에 따라 그 방식을 달리한다.

(1) 구두주의

구두주의는 공판정에서의 소송행위 중 **실체형성행위**의 원칙적 방식에 해당한다(제275조의3). 검사의 모두진술(제285조), 피고인의 모두진술(제286조), 증인신문(제161조의2), 피고인신문(제296조의2), 검사의 의견진술(제302조), 변호인과 피고인의 최종의견진술(제303조) 등이 구두주의에 따르는 소송행위이다.

(2) 서면주의

절차형성행위는 형식적 확실성을 위해 서면주의에 따른다. 공소의 제기(제254조), 상소의 제기(제343조 제1항), 준항고의 제기(제418조), 재심청구(규칙 제166조), 비상상고(제442조), 변호인선임신고(제32조 제1항), 증거보전신청(규칙 제92조), 재정신청(제260조), 공소장변경신청(규칙 제142조 제1항) 등이 여기에 해당한다.

(3) 혼합주의

법률에 다른 명문규정이 없는 경우(규칙 제176조 참조) 또는 법률이 명시적으로 구두 또는 서면에 의하도록 규정한 때에는 구두와 서면 어느 방식이나 가능하다.

(가) 법률에 명시적인 규정이 있는 경우 고소·고발(제237조 제1항), 공소의 취소(제255조 제2항), 상소의 취하·포기(제352조 제1항), 정식재판의 청구·취하(제458조 제1항) 등이 여기에 해당한다.

(나) 명시적인 규정이 없는 경우(각종 신청이나 진술) 기피신청(제18조), 국선변호인 선정청구(제33조 제2항), 증거조사신청(제273조, 제294조), 증거조사 이의신청(제296조), 관할이전신청, 변론의 병합·분리 신청 등이 여기에 해당한다.

4. 소송행위의 일시와 장소

(1) 일시

일정한 소송행위는 당해 소송행위가 유효하게 성립하기 위해서는 원칙적으로 일정한 기일이나 기간 내에 행해져야 한다. '기일'은 소송관계인이 소송행위를 하기 위해 정해진 때로서 날짜(일)와 시간(시)으로 정해지는데, 공판기일, 검증기일, 증인신문기일 등이 여기에 해당한다. '기간'은 시기와 종기로 구획된 시간의 길이를 말하며, 24시간, 48시간, 7일, 10일, 3월 등이 사용되고 있다.

(가) **기간의 분류** 기간은 행위기간과 불행위기간(제한기간), 법정기간과 재정기간, 불변기간과 훈시기간(실권기간)으로 구분할 수 있다.

'행위기간'이란 적법하게 소송행위를 할 수 있는 일정한 기간을 말한다. 고소기간(제230조), 상소기간(제358조, 제374조) 등이 이에 해당한다. 이에 반하여 '불행위기간'이란 일정한 기간 내에는 소송행위를 할 수 없는 기간을 말한다. 제1회 공판기일 유예기간(제269조), 소환장송달의 유예기간(규칙 제123조) 등이 이에 해당한다. 한편 소송행위의 계속을 제한하는 기간을 '제한기간'이라고 부르기도 하는데, 고소기간(제230조), 구속기간(제92조, 제202조, 제203조), 감정유치기간(제172조 제2항) 등이 여기에 해당한다.

'법정기간'이란 기간의 길이가 법률에 정해져 있는 기간을 말한다. 고소기간, 구속기간, 재정신청기간(제260조 제3항), 상소제기기간(제358조, 제374조), 즉시항고 제기기간(제405조) 등이 이에 해당한다. 이에 반하여 재정기간이란 재판에 의하여 정하여지는 기간을 말한다. 구속기간의 연장(제205조), 감정유치기간(제172조 제3항, 제221조의3) 등이 이에 해당한다.

'불변기간'이란 기간의 경과 후에 행한 소송행위가 무효가 되는 경우의 기간을 말한다. 법정기간이나 재정기간은 원칙적으로 불변기간에 해당한다. 이에 반하여 훈시기간이란 기간이 경과한 후에 소송행위를 하더라도 그 효력에 영향이 없는 기간을 말한다. 검사의 사건처리기간(제257조), 재정결정기간(제262조 제2항), 판결선고기간(제318조의4) 등이 이에 해당한다.

(나) **기간의 계산** 기간의 계산에 관하여는 시(時)로 계산하는 것은 즉시부터 기산하고 일, 월 또는 연으로써 계산하는 것은 초일을 산입하지 아니한다. 따라서 상소제기기간의 기산일은 재판을 선고 또는 고지한 날 다음날부터이다. 다만 시효와 구속기간의 초일은 시간을 계산함이 없이 1일로 산정한다(제66조 제1항). 연 또는 월로 정한 기간은 연 또는 월 단위로 계산한다(동조 제2항). 기간의 말일이 공휴일이거나 토요일이면 그날은 기간에 산입하지 아니한다. 다만 시효와 구속기간에 관하여서는 예외로 한다(동조 제3항).

(다) **법정기간의 연장** 불변기간인 법정기간은 그 기간의 경과에 따라 소송행위를 할 수 있는 권리가 소멸되기 때문에 소송관계인의 지위에 중대한 영향을 미칠 수 있다. 이에 따라 법정기간은 소송행위를 할 자의 주거 또는 사무소의 소재지와 법원 또는 검찰청 소재지와의 거리 및 교통통신의 불편정도에 따라 대법원규칙으로 이를 연장할 수 있도록 하고 있다(제67조, 규칙 제44조). 법정기

간의 준수는 도달주의를 원칙으로 한다.[132)]

이러한 기간의 연장은 '피고인의 행위기간'에 대해서만 적용되는데, 즉시항고의 제출기간,[133)] 상고기간,[134)] 항소이유서의 제출기간[135)] 등이 이에 해당한다. 불행위기간이나 법원의 행위기간 등에 대해서는 연장이 허용되지 않는다.

(2) 장소

공판기일의 소송행위는 원칙적으로 법원 또는 지원의 건조물 내에 있는 법정(공판정)에서 행한다(제275조 제1항). 그러나 예외적으로 필요한 경우에는 법원장이 법원 이외의 장소에서 개정하게 할 수 있다(법원조직법 제56조 제2항).

기타의 소송행위도 법원 이외에 별도의 적당한 장소에서 할 수 있는데, 피고인의 지정장소에의 동행(제79조), 검증(제139조), 법정 외에서의 증인신문과 감정(제165조, 제172조 제1항) 등이 이에 해당한다.

Ⅲ. 소송행위에 대한 가치 판단

소송행위에 대한 가치판단이란 소송행위를 위해 필요한 법정요건이 결여된 경우, 즉 소송행위에 하자가 있는 경우에 당해 소송행위를 어떻게 평가하고 소송행위의 효력을 인정할 것인지 하는 문제를 말한다. 소송행위에 대한 가치판단의 기준으로는 **성립과 불성립, 유효와 무효, 적법과 부적법, 이유의 유무**가 있다.

소송행위에 대한 가치판단을 함에 있어서는 소송행위 자체의 표시나 형식에 구애받지 않고 행위자의 주관적 의도, 객관적 표시내용, 소송행위가 행해진 절차의 전후관계 등 제반 사정을 기초로, 절차의 형식적 확실성과 피고인의 이익 및 실체적 정의를 고려하여 개별 행위의 의미내용을 파악해야 한다.

1. 소송행위의 성립·불성립

소송행위에 요구되는 소송법상의 정형을 충족하기 위한 본질적 개념요소를 구비하였는지 여부의 문제이다. 소송행위의 유효·무효의 문제는 소송행위의 성립을 전제로 한 구체적·개별적 판단이라면, 소송행위의 성립·불성립은 소송행

132) 대결 2003. 6. 26. 2003도2008.
133) 대결 1983. 1. 22. 82모52.
134) 대결 1979. 9. 27. 76모58.
135) 대결 1985. 11. 27. 85모47.

위 자체에 대한 일반적·추상적 판단의 문제이다.

예컨대 공소제기라는 소송행위는 검사에 의한 공소장 제출이라는 본질적 요소가 결여되면 공소제기로서 성립되지 않는다.[136]

소송행위가 성립한 이상 무효라도 일정한 판단을 요하며, 이에 따라 일정한 소송법적 효과가 발생한다. 특히 신청과 같은 절차형성행위의 경우에는 일정한 판단을 요한다. 한편 소송행위로서 성립하지 않는 경우에는 별도의 법적 판단을 요하지 않고, 하자의 치유 문제도 발생하지 않는다. 다만, 추후에 적법하게 소송행위가 이루어지면 그때부터 소송행위가 성립할 수 있다.[137]

2. 소송행위의 유효·무효

(1) 의의

소송행위의 유효·무효란 소송행위의 성립을 전제로, 소송행위의 본래적 효력을 인정할 것인가 하는 문제이다. 소송행위의 성립 여부와 달리 구체적·개별적 판단의 문제로서, 무효라도 본래적 효력은 발생하지 않지만 그 외에 일정한 소송법적 효과가 발생한다.

예컨대 이미 공소가 제기된 사건에 대해 다시 공소가 제기된 경우 소송조건의 결여를 이유로 판결로써 공소를 기각해야 하지만(제327조 제3호), 일단 공소제기의 외관을 갖추고 있는 이상 공소시효의 진행정지라는 효력이 발생한다.

(2) 무효의 종류

무효에는 무효선언을 별도로 요하지 않는 당연무효와 무효선언을 필요로 하는 경우가 있다. 당연무효란 소송행위로서 성립하였지만 그 하자가 중대하여 별도의 무효선언 없이 효력이 인정되지 않는 경우를 말한다. 예컨대 공소장에 공소사실을 전혀 기재하지 않은 경우, 법원이 동일한 사건에 대해 이중으로 판결을 선고한 경우 또는 상소취하 후에 상소심판결을 선고한 경우 등이 여기에 해당한다.

무효인 소송행위라도 당연무효가 아니어서 일정한 소송법적 효과(공소시효의 정지, 소송계속 등)가 발생한 경우에는 법원의 판단(무효임을 선언하는 형식재판)이 필요하다.

---

136) 대판 2003. 11. 14. 2003도2735.
137) 대판 2003. 11. 14. 2003도2735.

(3) 무효원인

(가) **행위주체의 하자** 행위주체에게 행위적격이 없거나 하자 있는 의사표시를 한 경우가 문제된다.

1) **행위적격이 없는 경우** 고소권이 없는 자에 의한 고소나 대리권 없는 자의 소송행위처럼 소송행위의 주체에게 행위적격이 없는 경우에는 당해 행위는 무효이다. 다만 소송능력이 없는 자의 소송행위의 효력에 관하여는, ① 실체형성행위와 절차형성행위를 구별하지 않고 모두 무효로 된다는 견해, ② 절차형성행위는 무효이지만 실체형성행위는 경우에 따라 무효가 되지 않을 수도 있다는 견해가 있다. 증언능력이나 진술능력은 소송능력과 별개로 판단해야 한다는 점에서 후자가 타당하다.[138)]

2) **의사표시의 하자** 행위주체가 사기, 강박, 착오와 같은 하자 있는 의사표시에 기하여 소송행위를 한 경우, 실체형성행위는 행위자의 진의와의 합치 여부가 아니라 실체와의 합치 여부가 중요하므로 의사표시의 하자만으로 무효로 되지 않는다. 다만 절차형성행위에 대해서는 논의가 있으나, 적법절차의 원칙에 위반한 경우에만 무효로 된다고 보아야 할 것이다. 따라서 절차형성행위라도 착오에 기한 고소 취소나 상소포기, 증거동의 등은 형식적 확실성이 요청되므로 여전히 유효하고, 다만 수사기관의 기망이나 강박에 의한 의사표시는 예외적으로 무효로 된다.

> 학설로서, ① 무효설은 피고인의 이익이 소송행위의 절차적 확실성으로 인해 희생되어서는 안 되므로 착오가 책임 있는 사유로 인한 것이 아닌 때에는 무효로 보아야 한다는 견해이다. ② 유효설은 실체형성행위와 마찬가지로 형식적 확실성을 위해 외부에 표시된 바에 따라 판단하면 족하므로 착오나 사기·강박은 무효원인이 아니라는 견해이다. ③ 적법절차설은 하자 있는 의사표시에 기한 행위가 적법절차에 반하는 경우가 아니라면 절차의 확실성을 유지하는 차원에서 무효원

---

138) 대판 2006. 4. 14. 2005도9561 참조. 「전문의 진술을 증거로 함에 있어서는 전문진술자가 원진술자로부터 진술을 들을 당시 원진술자가 증언능력에 준하는 능력을 갖춘 상태에 있어야 할 것이다. 그런데 증인의 증언능력은 증인 자신이 과거에 경험한 사실을 그 기억에 따라 공술할 수 있는 정신적인 능력이라 할 것이므로, 유아의 증언능력에 관해서도 그 유무는 단지 공술자의 연령만에 의할 것이 아니라 그의 지적수준에 따라 개별적이고 구체적으로 결정되어야 함은 물론 공술의 태도 및 내용 등을 구체적으로 검토하고, 경험한 과거의 사실이 공술자의 이해력, 판단력 등에 의하여 변식될 수 있는 범위 내에 속하는가의 여부도 충분히 고려하여 판단하여야 한다.」

인이 되지 않는다는 견해로서, 이 견해에 따르면, 법원이 피고인의 명백한 착오를 알면서 석명권을 행사하지 않거나, 피고인의 진술이 기망이나 강박에 의한 경우에 의사표시의 하자가 중대한 경우라면 무효원인에 해당한다고 한다.

판례는 절차형성행위가 착오로 인하여 행하여진 경우, 절차의 형식적 확실성을 강조하면서도 피고인의 이익과 정의의 희생이 커서는 안 된다는 측면에서 그 소송행위의 효력을 고려할 필요가 있다고 전제하고, 착오에 의한 소송행위가 무효로 되기 위하여서는, 첫째 통상인의 판단을 기준으로 하여 만일 착오가 없었다면 그러한 소송행위를 하지 않았으리라고 인정되는 중요한 점(동기를 포함)에 관하여 착오가 있고, 둘째 착오가 행위자 또는 대리인이 책임질 수 없는 사유로 인하여 발생하였으며, 셋째 그 행위를 유효로 하는 것이 현저히 정의에 반한다고 인정될 것 등 세 가지 요건이 필요하다는 입장이다.[139)]

(나) **행위내용의 하자** 소송행위의 내용이 법률상 또는 사실상 불능인 때에는 무효이다. 예컨대 법정형을 넘는 형을 선고한 유죄판결은 법률상 불능인 경우에 해당하고, 허무인에 대한 공소제기 또는 존재하지 않는 재판에 대한 상소는 사실상 불능인 경우에 해당한다. 또한 이중기소와 같이 소송이익이 없는 소송행위라든가 공소사실을 특정하지 않은 경우와 같이 내용이 불분명하거나 불확정한 소송행위도 원칙적으로 무효이다.

(다) **행위방식의 하자** 행위의 방식에 하자가 있는 경우는 소송행위의 방식이 요구되는 목적과 필요성을 검토하여 개별적으로 결정한다. 예컨대 구두에 의한 공소제기, 재정신청, 상소의 제기 그리고 재판서에 의하지 않는 재판 등은 중대한 하자로서 무효사유에 해당한다. 필요적 변호사건에서 변호인의 출석 없이 이루어진 소송행위[140)]나 피고인의 국민참여재판을 받을 권리를 침해하여 위법한 공판절차에서 이루어진 소송행위도 무효이다.[141)]

3. 소송행위의 적법·부적법

소송행위의 적법·부적법이란 소송행위의 성립을 전제로 하면서, 당해 소송행위에 대해 법률이 구체적·객관적으로 정해 놓은 형식적 요건을 구비했는

---

139) 대결 1992. 3. 13. 92모1. 같은 취지로는, 대결 1995. 8. 17. 95모49; 대결 2000. 6. 20. 2000모69 참조; 대판 2006. 3. 16. 2005도9729.
140) 대판 1995. 9. 29. 95도1721; 대판 2006. 1. 13. 2005도5925; 대판 2008. 6. 12. 2008도2621.
141) 대판 2018. 7. 20. 2018도7036, 2018전도50(병합) 등.

지 여부에 대한 가치판단을 말한다. 소송행위 본래의 효력을 인정할 것인지 여부(유·무효)가 아니라 형식적 요건 구비 여부에 대한 판단의 문제이다. 취효적 소송행위의 경우 형식적 요건을 갖추지 못하면 법원은 부적법 각하의 판단을 내린다.

법률은 원칙적으로 적법한 소송행위의 효력만을 보호하므로, 일정한 소송행위가 유효하기 위해서는 원칙적으로 적법할 것을 요한다. 그러나 부적법한 소송행위라도 훈시규정에 위반한 데 그친 경우에는 유효하며, 법이 부적법한 소송행위를 유효로 인정한 경우도 있다(예컨대 관할권 없는 법원이 행한 소송행위, 제2조). 또한 효력규정에 위반하여 무효인 소송행위라도 추완에 의해 치유되는 경우도 있다.

4. 소송행위 이유 유무

소송행위의 이유 유무란 소송행위가 실질적 내용을 갖추고 있는지 여부에 대한 판단, 즉 의사표시의 내용이 정당한가 여부에 대한 판단을 말한다. 당사자의 소송행위만으로 소송법적 효과가 발생하지 않고 법원에 의한 판단이 필요한 '취효적 소송행위'의 경우에 주로 문제되며, 당해 행위가 적법한 경우에만 이유 유무를 판단하게 된다. 적법·부적법의 문제가 절차면에 대한 판단이라면 이유의 유무는 실체면과 관련된 판단으로서, 사실적·법률적·논리적 관점에서 판단하여야 한다.

Ⅳ. 소송행위 하자의 치유

1. 의의

소송행위의 하자란 소송행위에 대한 부정적 가치판단이 내려지는 경우를 말한다. 소송행위의 하자는 주로 소송행위가 **무효**인 경우에 문제로 된다(무효의 치유).

소송행위 하자의 치유는 적법절차의 원리, 소송의 동적·발전적 성격, 소송경제의 원칙 등을 고려하여 무효인 소송행위를 후발적 사정변화를 근거로 유효로 하는 것을 말한다. 실체형성행위에 하자가 있는 경우에는 당해 소송행위 자체는 그대로 두고 그로 인해 수집된 증거에 대해 증거배제 결정을 내리면 족하므로 하자나 그 치유가 문제되지 않는다. 소송행위의 하자 및 그 치유는 **절차형성행위**의 경우에서만(예컨대 공소제기나 재정신청 등에 대한 기각 등) 문제가 된다.

2. 허용범위

(1) 소송의 진행에 따른 치유

절차상의 하자에 대해 당사자의 이의신청 없이 일정한 단계에 이르면 소송행위의 무효를 주장할 수 없는 경우가 있다. 절차유지의 원칙에 따른 소송경제를 반영한 결과라고 할 수 있으며, '공격·방어방법의 소멸에 의한 하자의 치유' 또는 '책문권 상실을 이유로 실기한 공격·방어방법의 각하'라고도 부른다.

㈎ **명시규정이 있는 경우** 공판기일지정의 하자, 토지관할 위반 등은 피고인의 이의가 없으면 그 하자가 치유된다(제269조 제2항, 제320조). 판결이 확정된 경우에 소송절차에 하자가 있는 경우라도 비상상고나 재심에 의하지 않고는 다툴 수 없도록 한 것도 여기에 포함시키기도 한다.

㈏ **명시규정이 없는 경우** 당사자가 일정 기간 내에 절차위반에 대하여 이의를 제기하지 않으면 명문규정이 없더라도 소위 책문권의 포기(상실)에 해당한다고 보아 절차위반에 따른 무효가 취소된다는 견해가 있다. 판례도 공소장일본주의에 위배된 공소장 기재의 방식에 관하여 피고인 측으로부터 아무런 이의가 제기되지 아니하였고 법원 역시 그대로 공판절차를 진행한 결과 증거조사절차가 마무리된 단계에서는 공소장 기재 방식의 하자가 치유된다고 하여 같은 입장을 취하고 있다.[142]

> 판례는 이 외에도 공소장부본 송달의 하자,[143] 공판기일 통지의 하자,[144] 제1회 공판기일 유예의 하자,[145] 증인신문절차에서 기일통지나 신문순서의 하자[146]에 대해 피고인이나 변호인이 일정한 기간 내에 이의를 신청하지 않고 절차를 진행한 때에도 그 하자가 치유된다고 보고 있다.

책문권 내지 절차이의권이 기간의 경과로 상실될 수 있으나, 적법절차의 원리나 피고인 보호를 위해서는 이를 엄격히 제한할 필요가 있다. 따라서 실체해명과 관련된 절차에 대하여는 원칙적으로 이를 부정하는 것이 타당할 것이다.

---

142) 대판 2009. 10. 22. 2009도7436 전합.
143) 대판 2003. 11. 14. 2003도2735; 대판 1962. 11. 22. 62도155.
144) 대판 1967. 3. 21. 66도1751.
145) 대판 1969. 9. 29. 69도1218.
146) 대판 1974. 1. 15. 73도2967.

(2) 소송행위의 추완

소송행위의 추완이란 법정기간이 경과한 후에 이루어진 소송행위에 대해 사후적으로 법정기간 내에 행한 소송행위와 같은 효력을 인정하는 것을 말한다.

(가) **단순추완** 소송행위가 법정기간을 경과한 데 불가피한 사유가 있는 경우에는 기간 경과 후에 행해진 행위를 유효한 것으로 하는 경우를 말한다. 예컨대 상소권 회복(제345조), 약식명령에 대한 정식재판청구권 회복(제458조) 등과 같이 명문규정에 의해 인정되기도 한다. 명문규정이 없는 경우에도 소송절차의 형식적 확실성과 법적 안정성을 침해하지 않는 범위에서는 단순추완을 긍정할 수 있다. 예컨대 소송비용 집행면제를 재판확정 후 10일이 지나 신청한 경우(제487조) 기간 도과에 불가피한 사유가 있다면 신청이 유효한 것으로 보아야 한다.

법정기간의 경과로 소송관계인의 이해관계가 이미 확정되므로, 형사절차의 동적·발전적 성격과 소송관계인의 이익 보호라는 점을 고려하여, 명문의 규정이 없는 한, 단순추완은 허용되지 않는다는 부정설도 있으나, 피고인에게 귀책사유가 없고, 추완으로 인해 절차진행이 현저하게 곤란하게 될 경우가 아니면 추완을 인정하는 것이 타당하다. 독일 형사소송법은 법적 청문권 보장 차원에서 단순추완을 인정하는 일반규정을 두고 있다(동법 제44조 내지 제47조).

(나) **보정(적) 추완** 보정추완이란 사후의 일정한 소송행위(추완행위)를 통해 다른 소송행위의 하자를 보정(치유)하는 경우를 말한다. 무효원인 자체를 간접적으로 제거하거나 보정한다는 의미에서 본래의 치유가 문제로 된다.

소송경제와 소송의 동적·발전적 성격을 고려하여 일정한 범위 내에서 보정추완을 인정해야 한다는 점에는 학설이 일치하고 있으나 그 구체적인 범위에 대해서는 견해의 차이가 있다.

1) **변호인선임** 변호인이 선임신고를 하기 전에 변호인으로서 한 소송행위가 사후의 변호인선임 신고로 유효하게 되는가에 대해 학설이 대립하고 있으나, 피고인 이익보호를 위해 이를 긍정해야 한다는 것이 다수설이다.

그러나 변호인선임신고의 소송법적 효과의 중요성과 절차의 동적, 발전적 성격을 고려할 때 보정적 추완을 인정할 수 없다는 견해나 상소이유서 제출기간 내에 변호인선임신고서가 제출된 때에 한하여 보정적 추완을 인정하려는 견해 등도 있으며, **판례는 부정설**의 입장이다.[147)]

---

147) 대결 2005. 1. 20. 2003모429; 대결 2017. 7. 27. 2017모1377.

2) **공소장 보정** 공소사실이 처음부터 전혀 특정되지 않은 경우에는 공소기각의 판결을 해야 하지만, 어느 정도 특정이 되어 있고 일부가 불명확한 경우에는 공소장변경이나 보정의 절차를 통하여 공소장의 미비점을 보완할 수 있다.[148)]

학설로는, 공소제기시에 어느 정도 공소사실이 특정되고 피고인의 방어권보장에 특별한 영향이 없는 경우에는 공소장변경에 의하여 공소사실의 추완을 인정하는 긍정설과 공소사실의 특정은 소송조건으로 공소제기 시점에 존재해야 하므로 하자의 사후적 추완은 인정되지 않는다는 부정설이 있다.

판례는 구술에 의한 공소제기와 같이 공소제기의 방식에 현저한 위반이 있는 경우에는 피고인과 변호인이 이의를 제기하지 아니하고 변론에 응하였다고 해서 그 하자가 치유되지 않지만,[149)] 공소장에 검사가 기명날인 또는 서명을 하지 않았거나,[150)] 성명모용소송[151)] 등과 같이 현저한 방식위반이라고 볼 수 없는 경우에는 하자의 치유를 인정하고 있다.

3) **소송조건의 추완** 공소제기 당시에 소송조건이 구비되지 않았으나 소송계속 중에 소송조건이 구비된 경우에 공소제기의 하자가 치유되는가 하는 문제이다. 주로 친고죄의 경우 공소제기 후에 고소를 한 경우, 공소장변경에 의해 친고죄가 사후에 고소를 요하지 않는 비친고죄로 된 경우 등이 여기에 해당한다.

이미 「수사의 단서」에서 설명한 것처럼, 형식적 확실성과 피고인의 조속한 절차해방을 위하여 추완을 인정하지 않는 것이 지배적이다. 다만 비친고죄로 공소가 제기된 후 공판절차에서 친고죄임이 판명되거나 친고죄가 추가된 경우에는 고소의 추완을 인정할 수 있다는 견해도 있다. 판례도 소극설의 입장을 취하고 있다.[152)]

다만 친고죄에 대해 고소가 없거나 고소가 취소되었으나 비친고죄로 공소장변경이 허용된 경우에는 공소제기의 하자가 치유되며, 반의사불벌죄의 경우도 마

148) 대판 1983. 6. 14. 83도293 참조.
149) 대판 2009. 2. 26. 2008도11813 (검사가 공판기일에서 피고인 등이 특정되어 있지 않은 공소장변경허가신청서를 공소장에 갈음하는 것으로 구두진술하고 피고인과 변호인이 이의를 제기하지 않은 사안).
150) 대판 2012. 9. 27. 2010도17052.
151) 대판 1993. 1. 19. 92도2554.
152) 대판 1970. 7. 28. 70도942; 대판 1982. 9. 14. 82도1504.

찬가지이다.[153] 포괄일죄인 상습절도죄에 대하여 위법하게 이중기소가 이루어졌지만 사후에 공소장변경으로 장물알선 사실에 대한 소송계속이 있게 되면 이중기소의 위법상태가 계속된다고 할 수 없고,[154] 고소가 취소된 후 협박죄로 기소했으나 나중에 공갈미수로 공소장이 변경된 이상 공소제기의 하자가 치유된다.[155]

3. 소송행위의 취소·철회

(1) 철회

소송행위의 철회란 장래에 향하여 소송행위의 효력을 상실케 하는 것을 말한다. 형사소송법에 명문규정을 둔 경우로는, 고소의 취소(제232조), 공소의 취소(제255조), 재정신청의 취소(제264조), 상소의 취하(제349조), 재심청구의 취하(제429조), 정식재판청구의 취하(제454조) 등이 있다.

현행법이 명시적으로 취소를 허용하고 있는 경우에도 실제로는 철회에 해당하는 경우가 많다(예컨대 고소, 공소, 재정신청, 상소, 재심청구, 정식재판청구 등).

소송행위의 철회는 명문규정이 없더라도 소급효가 없으므로 소송의 동적·발전적 성격을 고려하여 널리 인정하는 것이 일반적이다. 예컨대 기피신청, 체포·구속적부심사청구, 보석청구, 증거보전신청, 증거조사신청, 증거동의 등이 여기에 해당한다.

(2) 취소

절차유지의 원칙상 소송행위의 효력을 소급하여 소멸시키는 소송행위의 취소는 원칙적으로 허용되지 않는다.

학설은 절차유지의 원칙상 취소를 허용하지 않는 불허설과 실체적 진실발견을 위해 실체형성행위에 대해서는 취소를 인정해야 한다는 허용설이 있으나, 다수설과 마찬가지로 피고인 보호나 적법절차의 원리에 비추어 실체형성행위(예컨대 증거동의나 증거신청 등)에 대해서는 소송행위의 취소를 인정할 필요가 있다. 판례는 최근에 예외적으로 허용하는 태도를 보이고 있다.[156]

---

153) 대판 2011. 5. 13. 2011도2233.
154) 대판 1989. 2. 14. 85도1435.
155) 대판 1996. 9. 24. 96도2151.
156) 대판 2008. 7. 10. 2007도7760 (성립의 진정을 인정한 진술에 중대한 하자가 있고 진술인에게 귀책사유가 없다는 이유로 그 진술의 취소를 긍정한 사안).

제4 소송서류

Ⅰ. 소송서류 일반

1. 개념

소송서류란 특정한 형사사건에 관하여 작성이 인정된 일체의 서류를 말한다. '특정한 소송에 관해서' 혹은 '특정한 소송에 사용하기 위해' 작성된 것(공소제기 전후를 불문)으로서 법원에서 작성한 서류뿐만 아니라 법원에 제출된 서류도 포함한다. 그러나 수사기관이 압수한 서류 등은 특정한 소송에 관하여 작성되거나 제출된 것이 아니므로 증거물이지 소송서류가 아니다.

법원이 소송절차의 진행순서에 따라 소송서류를 편철한 전체를 소송기록이라고 한다.

2. 비공개의 원칙

소송서류는 공판의 개정 전에는 공익상 필요 기타 상당한 이유가 없으면 공개하지 않는 것이 원칙이다(제47조). 피고인 또는 이해관계인의 명예를 보호하고 재판에 대한 외부의 영향을 방지하기 위한 것이다.

따라서 소송서류의 비공개 원칙이 피고인의 방어권을 제한하기 위한 방편으로 사용되어서는 안 된다. 이러한 이유에서 피고인에게는 소송계속 중 소송서류(제35조), 소송계속 중 검사보관서류(제266조의3), 공판조서 열람(제55조), 재판확정기록 및 판결서 등의 열람·등사(제59조의2, 제59조의3) 등 소송서류에 대한 광범위한 열람·복사가 허용된다. 한편 피해자 등도 공판기록을 열람·등사할 수 있다(제294조의4).

3. 소송서류의 분류

(1) 성질에 따른 분류

㈎ **의사표시적 문서** 소송행위자의 일방적 의사표시를 기재한 서류로서, 주관적인 것이므로 증거능력이 없다. 예컨대 공소장, 고소장, 고발장, 상소장, 변호인선임신고서 등이 여기에 속한다. 고소장·고발장의 내용 가운데 범죄사실을 신고하는 (보고)부분을 범죄사실의 입증에 사용하는 경우에는 피고인 아닌 자가 작성한 진술서로서 일정한 요건하에 증거로 사용할 수 있다.

(나) **보고적 문서** 일정한 사실의 보고를 내용으로 하는 서류로서, 일정한 요건하에 증거능력이 인정된다. 예컨대 공판조서, 검증조서, 각종 신문조서가 여기에 속한다.

(2) 작성주체에 따른 분류

(가) **공무원이 작성하는 서류** 서류의 정형성 확보를 위해 기재사항과 변경방법 등을 법률로 규율하고 있다(제57조).

> '법률에 다른 규정이 없는 때'에는 작성 연월일, 소속 공무소를 기재하고 기명날인 또는 서명을 해야 하며(제57조 제1항), 간인하거나 이에 준하는 조치를 하여야 한다(동조 제2항). 2007년 개정법률은 기명날인 또는 서명을 원칙으로 함으로써 서명은 날인과 분리하여 사용할 수 있게 되었다. 재판서에는 재판한 법관이 서명날인하여야 하지만(제41조 제1항), **판결서와 각종 영장**(감정유치장 및 감정처분허가장 포함)을 제외한 재판서에 대하여는 서명날인에 갈음하여 기명날인할 수 있다(제41조 제3항, 규칙 제25조의2). 기명날인이나 서명이 없는 서류는 무효이다.[157)]

공무원이 서류를 작성함에는 문자를 변개하지 못한다. 삽입·삭제 또는 난외기재를 할 때에는 그 곳에 날인하고 그 자수를 기재해야 하며, 삭제한 부분은 해득할 수 있도록 자체 존치하여야 한다(제58조).

(나) **비공무원의 서류** 연월일을 기재하고 기명날인 또는 서명하여야 하며, 인장이 없으면 지장으로 한다(제59조).

공무원 아닌 자가 서명날인하여야 할 경우에 서명을 할 수 없을 때에는 타인이 이를 대서하고, 대서한 자가 그 사유를 기재하고 기명날인 또는 서명하여야 한다(규칙 제41조).

Ⅱ. 조서

1. 의의 및 종류

조서란 일정한 절차나 사실을 인증하기 위해 소송법상 기관이 작성한 공권적 문서를 말한다(예컨대, 공판조서, 진술조서, 압수조서 등). 보고적 문서의 일종이다.

---

157) 대판 2001. 9. 28. 2001도4091; 대판 2021. 12. 16. 2019도17150.

절차형성행위의 진행과정을 명확히 기재함으로써 사후의 다툼에 대비하는 한편, 구두변론에 의해 진행되는 실체형성의 내용을 서면에 기록함으로써 심리의 효율성과 소송경제를 도모하기 위한 것이다.

조서는 그 작성주체에 따라 수사기관이 작성한 조서와 법원이 작성한 조서로 구분할 수 있다. 법원이 작성한 조서에는 공판기일의 소송절차의 진행경과와 내용을 기재한 공판조서(제51조 제1항)와 그 이외의 조서인 공판외 조서(각종 신문조서(제48조 제1항), 압수·수색·검증조서(제49조) 등)가 있다.

2. 신문조서

피고인, 피의자, 증인, 감정인, 통역인 또는 번역인을 신문하는 때에는 참여한 법원사무관등이 그 진술을 기재하여 조서를 작성하여야 한다(제48조 제1항).

조서의 기재사항은 법률로 정하고 있으며(제48조 제2항), 조서의 낭독 또는 열람을 통한 정확성 확인(동조 제3항), 증감변경청구의 경우 그 진술의 기재(동조 제4항), 정확성에 대한 이의진술시 그 진술의 요지 기재(동조 제5항) 및 그 진술에 대한 재판장이나 신문법관의 의견 기재(동조 제6항), 진술자의 간인 및 서명날인 등의 조치(동조 제7항)를 규정하고 있다.

공판기일 외의 증인신문조서(후술하는 공판조서도 동일)에는 제48조 제3항 내지 제7항의 규정에 의하지 아니하고, 다만, 진술자의 청구가 있는 때에는 그 진술에 관한 부분을 읽어 주고 증감변경의 청구가 있는 때에는 그 진술을 기재하여야 한다(제52조).

3. 검증 등의 조서

압수·수색·검증에 관하여는 조서를 작성하고(제49조 제1항), 검증조서에는 검증목적물의 현장을 명확히 하기 위해 도화나 사진을 첨부할 수 있으며(동조 제2항), 압수조서에는 품종, 외형상의 특징과 수량을 기재하여야 한다(동조 제3항).

4. 조서의 일반적 기재사항

조사 또는 처분의 연월일시와 장소를 기재하고 그 조사 또는 처분을 행한 자와 참여한 법원사무관등의 기명날인 또는 서명을 하여야 한다(제50조).

공판기일 외에 법원이 조사 또는 처분을 행한 때에는 재판장 또는 법관과 참여한 법원사무관등이 기명날인 또는 서명하여야 한다(동조 단서).

Ⅲ. 공판조서

1. 의의

공판조서란 공판기일의 소송절차에 관하여 기재한 조서를 말한다(제51조 제1항). 공판조서에는 제51조 제2항에 규정된 사항과 모든 소송절차를 기재하여야 한다.

공판조서는 당해 소송절차에서 절대적 증명력이 인정되므로(제56조) 그 정확성이 담보되어야 하고, 소송의 진행경과와 내용에 대한 자료를 제시하는 것으로 엄격한 기재요건이 법정되어 있다.

2. 공판조서의 작성

(1) 정확성의 담보

공판조서의 정확성을 담보하기 위해 제51조는 조서의 작성주체, 기재사항, 공판조서의 정리 등에 관한 상세한 규정을 두고 있다(형식적 기재사항: 제51조 제2항 제1호 내지 제5호, 실질적 기재사항: 동항 제6호 내지 제14호).

(2) 작성방법

공판조서에는 조서 일반의 작성방법이 적용되지 않고, 진술자의 청구가 있는 때에는 그 진술에 관한 부분을 읽어 주고 증감변경의 청구가 있는 때에는 그 진술을 기재하여야 한다(제52조). 공판조서에는 재판장과 참여 법원사무관등이 기명날인 또는 서명하여야 한다(제53조 제1항).

법률이 정한 작성방법에 위반한 공판조서, 예컨대 공판에 관여한 법관의 성명이 기재되어 있지 아니하거나[158] 공판기일에 열석하지 않은 법관이 재판장으로서 서명날인한 경우[159]에는 무효이지만, 서류가 제대로 작성되었음이 명백하면 소송경제를 고려하여 효력을 인정할 수 있다. 예컨대 판사의 서명만 있고 날인이 없는 경우라든가 간인 없는 공판조서 등이 여기에 해당한다.[160]

---

158) 대판 1983. 2. 8. 82도2940.

159) 대판 1970. 9. 22. 70도1312.

160) 대판 1960. 1. 29. 4292형상747.

3. 공판조서의 정리

공판조서는 각 공판기일 후 신속히 정리하여(제54조 제1항), 다음 회의 공판기일에 전회 공판심리의 주요사항의 요지를 조서에 의하여(조서가 정리되지 아니한 때는 예외) 고지하여야 한다(동조 제2항). 신속한 정리를 원칙으로 하면서도 집중심리주의의 도입에 따라 연일개정에 따른 조서정리의 어려움을 고려하여 완화를 인정한 것이다. 당사자는 공판조서의 기재에 대하여 변경을 청구하거나 이의를 제기할 수 있으며, 이러한 청구나 이의가 있는 때에는 이에 대한 재판장의 의견 등을 기재하여야 한다(동조 제3항, 제4항).

4. 공판정에서의 속기·녹음·영상녹화

공판조서와 별개로 법원의 직권 또는 검사, 피고인 또는 변호인의 신청으로 공판정에서의 심리에 대한 속기, 녹음·영상녹화를 할 수 있다(제56조의2).

형사소송규칙에서 속기 및 녹음·영상녹화의 녹취 그리고 속기록 등의 사본 교부 등에 관한 자세한 사항을 규율하고 있다(규칙 제30조의2(속기 등의 신청), 제33조(속기록에 대한 조치), 제34조(진술자에 대한 확인 등), 제39조(녹음·영상녹화한 내용의 녹취서 작성 등), 제38조의2(속기록, 녹음물 또는 영상녹화물의 사본 교부), 제39조(속기록 등의 보관과 폐기)).

5. 공판조서의 열람·등사 또는 낭독

피고인은 공판조서의 열람 또는 등사 내지 – 피고인이 공판조서를 읽지 못하는 때 – 낭독을 청구할 수 있다(제55조 제1항, 제2항). 공판조서 열람권 등을 변호인의 열람권이나 변호인의 선임 여부와는 별개로 피고인의 권리로 규정하고 있다. 이러한 청구에 응하지 아니한 때에는 그 공판조서를 유죄의 증거로 할 수 없다(동조 제3항).

그러나 판례는 공판조서 열람권을 침해한 경우에도 피고인의 방어권을 본질적으로 침해한 정도에 이르지 않으면 상소이유로 되지는 않는다는 입장이다.[161)]

6. 공판조서의 절대적 증명력

자유심증주의에 대한 예외로서, 공판기일의 소송절차에 관해서는 공판조서

---

161) 대판 2012. 12. 27. 2011도15869.

의 절대적 증명력이 인정된다(제56조). 이에 대해서는 「증거의 증명력」에서 다시 설명한다.

Ⅳ. 재판확정기록 및 확정판결서 등에 대한 열람·등사(복사)권

1. 의의

누구든지 당해 소송기록을 보관하고 있는 검찰청에 대하여 재판확정기록의 열람 또는 등사를 그리고 확정 판결서 등을 보관하고 있는 법원에 확정 판결서 등의 열람 및 복사를 각기 신청할 수 있다. 제59조의2와 제59조의3은 「공공기관의 정보공개에 관한 법률」에 대한 특별규정의 의미를 지닌다. 재판확정기록의 열람·등사 등 공개에는 정보공개법이 적용되지 않고 제59조의2가 적용된다.[162]

> 제59조의2는 검사가 보관하고 있는 재판이 확정된 사건의 소송기록에 대해서 그리고 제59조의3은 법원이 보관하고 있는 판결이 확정된 사건의 판결서 등에 대해서 각기 국민들의 열람 또는 등사(복사)를 규정하고 있다.

2. 재판확정기록의 열람·등사

누구든지 권리구제·학술연구 또는 공익적 목적으로 재판이 확정된 사건의 소송기록을 보관하고 있는 검찰청에 그 소송기록의 열람 또는 등사를 신청할 수 있다. 다만, 심리가 비공개로 진행된 경우 등 예외적인 경우에는 그러하지 아니하다(제59조의2). 국민의 알권리를 보장하고 사법에 대한 국민의 신뢰를 제고하기 위한 것이다.

여기서 '재판이 확정된 사건의 소송기록'이란 특정 형사사건에 관하여 법원이 작성하거나 검사, 피고인 등 소송관계인이 작성하여 법원에 제출한 서류들로서 재판확정 후 담당 기관이 소정의 방식에 따라 보관하고 있는 모든 서면을 말한다. 따라서 그러한 방식과 절차에 따라 보관되고 있는 이상, 예컨대 약식명령의 대상이 된 사건의 수사기록과 같이, 해당 형사사건에서 증거로 채택되지 아니하였거나 그 범죄사실과 직접 관련되지 아니한 서류도 여기에 포함된다.[163]

---

162) 대판 2016. 12. 15. 2013두20882 참조.

163) 대결 2012. 3. 30. 2008모481; 대결 2016. 7. 12. 2015모2747; 대결 2022. 2. 11. 2021모3175.

3. 확정판결서 등의 열람·복사

재판확정기록과 달리 법원이 보관하고 있는 판결서 또는 그 등본, 증거목록 또는 그 등본, 그 밖에 검사나 피고인 또는 변호인이 법원에 제출한 서류·물건의 명칭·목록 또는 이에 해당하는 정보에 대한 열람·복사도 허용된다(제59조의3). 판결서 등에 대한 접근성을 높여 재판의 공개원칙을 실질적으로 보장하는 한편, 개인의 정보보호를 위한 제한을 규정하고 있다.

V. 소송서류의 송달

1. 의의

송달이란 법원이 재판에 관한 서류를 법정의 방식에 따라 당사자 기타 소송관계인에게 교부하여 그 내용을 알리거나 알 수 있는 기회를 부여하고, 이를 공증하는 행위를 말한다.

송달은 재판권의 작용으로 행하는 명령적·공증적 통지행위이다. '특정인'에 대한 통지라는 점에서 불특정인을 상대로 한 '공시' 또는 '공고'와 구별된다.

재판의 선고나 고지는 공판정에서는 재판서에 의하나, 공판정 외에서 결정·명령의 고지는 법률에 다른 규정이 없는 한 재판서등본의 송달(또는 다른 적당한 방법)에 의한다(제42조).

피고인에 대하여 판결을 선고한 때에는 선고일로부터 7일 이내에 - 불구속 피고인과 제331조의 규정에 의하여 구속영장의 효력이 상실된 구속 피고인에 대하여는 피고인이 송달을 신청하는 경우에 한하여 - 피고인에게 그 판결서등본을 송달하여야 한다(규칙 제148조).

송달은 일정한 '법률효과'가 발생하므로 요식행위로 되어 있고, 이 점에서 특별한 방식을 요하지 않는 '통지' 등과 구별된다.

개별적으로 개개의 송달에 대해 특별한 소송법적 효과를 부여하기도 한다. 예컨대 공소장부본송달은 제1회공판기일의 개정에 유예기간을 발생시키고(제266조 본문), 재판서등본을 송달하는 방법으로 고지한 경우 적법한 송달이 있는 날로부터 상소제기기간이나 정식재판청구기간이 진행한다(제453조 제1항).

송달은 법원의 공권적 행위로서 적법하게 송달이 행해지면 송달받을 사람이 현실적으로 서류의 내용을 알았는지 여부와 상관없이 법적 효과가 발생한다.

2. 송달의 방법

법률에 다른 규정이 없으면 **민사소송법**(제175조 이하)을 준용한다(제65조).

(1) 송달대상　　본인송달(민소법 제178조 제1항, 제179조(소송무능력자에 대한 송달: 법정대리인), 제180조(공동대리인에게 할 송달: 그중 1인))이 원칙이다.

송달은 특별한 규정이 없으면 송달받을 사람, 즉 피고인이나 증인 등에게 서류의 등본 또는 부본을 교부하여야 한다(민사소송법 제178조 제1항). 그러므로 재판장은 피고인에 대한 인정신문을 마친 뒤 피고인에 대하여 그 주소의 변동이 있을 때에는 이를 법원에 보고할 것을 명하고, 피고인의 소재가 확인되지 않는 때에는 그 진술 없이 재판할 경우가 있음을 경고하여야 한다(소송촉진 등에 관한 특례법 제18조 제1항). 다만 송달받을 본인이 소송무능력자인 때에는 그 법정대리인에게 하며(민사소송법 제179조), 여러 사람이 공동으로 대리권을 행사하는 경우의 송달은 그 가운데 한 사람에게 하면 된다(민사소송법 제180조).

피고인 등이 법원소재지에 송달받을 주거 등이 없는 경우에는 그 소재지에 주거 등이 있는 자를 송달영수인으로 선임하여 신고하여야 한다(제60조 제1항). '당해 사건'으로 인해 신체구속을 당한 자의 경우에는 송달영수인 선임의무가 면제된다(동조 제4항).[164]

교도소·구치소 또는 국가경찰관서의 유치장에 체포·구속 또는 유치된 사람에게 할 송달은 교도소·구치소 또는 국가경찰관서의 장에게 하며(민사소송법 제182조), 군사용의 청사 또는 선박에 속하여 있는 사람에게 할 송달은 그 청사 또는 선박의 장에게 해야 한다(동법 제181조). 본인 전달 여부와 관계없이 송달의 효력이 발생하며,[165] 교도소 등의 장에게 송달하지 않으면 무효이다.[166] 수감자에 대해 법원이 체포·구속 또는 유치된 사실을 알지 못하고 체포 또는 구속된 날 소송기록접수통지서의 송달서류를 송달명의인의 종전 주·거소에 송달하더라도 그 송달은 무효이다.[167]

공소장 첨부서류 중 피의자 수용증명이 있으면 공소장 기재의 주소와 관계없이 그 증명된 구치소 또는 교도소에(수용증명이 한 피고인에 대하여 여러 통 첨부되

---

164) 대결 1976. 11. 10. 76모69.
165) 대판 1995. 1. 12. 94도2687.
166) 대결 2009. 8. 20. 2008모630.
167) 대결 2017. 11. 7. 2017모2162.

어 있으면 최후에 작성된 것에 따름), 피의자 수용증명이 없으면 구속영장에 기재된 구금장소에 각 소재하는 것으로 본다. 법원은 주거, 사무소, 현재지 등 소재가 확인되지 않는 피고인에 대하여 공시송달을 할 때에는 검사에게 주소보정을 요구하거나 기타 필요한 조치를 취하여 피고인의 수감 여부를 확인하여야 한다.[168]

검사에 대한 송달은 서류를 소속검찰청에 송부하여야 한다(제62조). 검사의 집행지휘를 요하는 재판의 재판서 등은 검사에게 송부하여야 한다(제44조).

공소장부본송달은 피고인 또는 변호인에게 제1회 공판기일 전 5일까지 송달하여야 한다(제266조). 제1심이 공소장 부본을 피고인 또는 변호인에게 송달하지 아니한 채 공판절차를 진행하였다면 이는 소송절차에 관한 법령을 위반한 경우에 해당하고, 그와 같은 위법한 공판절차에서 이루어진 소송행위는 효력이 없다.[169]

(2) 송달방법 **교부송달**이 원칙이며(민사소송법 제178조 제1항), 예외적으로 **보충송달·유치송달**(동법 제186조 제1항, 제2항)이 가능하다.

송달은 서류를 받을 자에게 교부하는 **교부송달**(交付送達)이 원칙이다(동법 제178조). 송달장소에서 송달받을 사람을 만나지 못한 경우에는 **보충송달**(補充送達)이 허용된다. 즉 근무장소 외의 송달할 장소에서 송달받을 사람을 만나지 못한 때에는 그 사무원, 피용자 또는 동거인으로서 사리를 분별할 지능이 있는 사람에게 서류를 교부할 수 있고(동법 제186조 제1항),[170] 근무장소(송달받을 사람이 고용·위임 그 밖에 법률상 행위로 취업하고 있는 다른 사람의 주소 등)에서 송달받을 사람을 만나지 못한 때에는 그 다른 사람 또는 그 법정대리인이나 피용자 그 밖의 종업원으로서 사리를 분별할 지능이 있는 사람이 서류의 수령을 거부하지 아니하면 그에게 서류를 교부할 수 있다(동법 동조 제2항). 이를 보충송달 또는 대리인송달이라고 하며, 보충송달을 받을 수 있는 사람을 **수령대행인**이라고 한다. 한편 서류를 송달받을 사람이나 근무장소 외에서 서류를 넘겨받을 사람이 정당한 사유 없이 송달받기를 거부하는 때에는 송달할 장소에 서류를 놓아둘 수 있는데(동법 동조 제3항), 이를 유치송달(遺置送達)이라고 한다.

---

168) 대판 2013. 6. 27. 2013도2714.

169) 대판 2014. 4. 24. 2013도9498.

170) 대결 2000. 2. 14. 99모225 (피고인의 어머니가 주거지에서 항소사건 소송기록접수통지서를 동거자로서 송달받았으나, 그 어머니가 문맹이고 관절염, 골다공증으로 인하여 거동이 불편한 사안: 적법); 대결 1995. 8. 16. 95모20 (8세 4월 정도의 여자 어린이에게 수송달능력이 있다고 본 사례); 대결 1996. 6. 3. 96모32 (10세 남짓된 아동에 대한 소송기록접수통지서 송달이 적법하다고 본 사례).

주거, 사무소 또는 송달영수인의 선임을 신고하여야 할 자가 그 주거나 선임의 신고를 하지 않은 경우에 법원사무관이 서류를 우체에 부치거나 기타 적당한 방법에 의하여 송달할 수 있다(제61조). 우편송달은 민사소송법(제189조: 발신주의)의 경우와 달리 도달주의를 채택하고 있다.

(3) 송달장소 송달할 장소는 송달받을 자의 주소, 거소, 영업소 또는 사무소이다. 다만 법정대리인에게 할 송달은 본인의 영업소나 사무소에서도 할 수 있다(민사소송법 제183조 제1항). 다만 송달받을 다른 장소를 미리 신고할 수 있으며(동법 제184조), 그 장소를 변경하는 경우에는 취지를 법원에 신고해야 한다(동법 제184조, 제185조).

3. 공시송달

(1) 의의 통상의 송달이 곤란한 경우에 직권 또는 당사자의 신청에 따라 재판장의 명에 의하여 법원게시판 게시 등의 방법으로 실시하는 공시송달을 할 수 있다(민사소송법 제194조 제1항). 공시송달에 의한 송달은 법원사무관등이 송달할 서류를 보관하고 그 사유를 법원게시판에 게시하거나 그 밖에 대법원규칙이 정하는 방법에 따라서 하게 된다(동법 제195조).

(2) 공시송달의 원인 피고인의 주거·사무소와 현재지를 알 수 없는 때 혹은 피고인이 법원의 재판권이 미치지 않는 장소에 있고 다른 송달방법이 없을 때에 공시송달을 할 수 있다(제63조 제1항, 제2항).

> 피고인에 대한 송달이 불능인 경우에 재판장은 그 소재를 확인하기 위하여 소재조사촉탁, 구인장의 발부 기타 필요한 조치를 취하여야 하며(소송촉진특례규칙 제18조 제2항), 공소장에 기재된 피고인의 주소가 특정되어 있지 아니하거나 그 기재된 주소에 공소제기 당시 피고인이 거주하지 아니한 사실이 인정된 때에는 재판장은 검사에게 상당한 기간을 정하여 그 주소를 보정할 것을 요구하여야 한다(동조 제3항). 피고인에 대한 송달불능보고서가 접수된 때로부터 6월이 경과하도록 제18조 제2항 및 제3항의 규정에 의한 조치에도 불구하고 피고인의 소재가 확인되지 아니한 때에는 그 후 피고인에 대한 송달은 공시송달의 방법에 의하며(동 규칙 제19조 제1항), 피고인이 공시송달의 방법에 의한 공판기일의 소환을 2회 이상 받고도 출석하지 아니한 때에는 피고인의 진술 없이 재판할 수 있다.

송달불능 여부를 확인하기 위해 필요한 조치를 다 취했음에도 소재가 파악

되지 않은 때에만 공시송달이 가능하다.171)

공시송달로 인하여 피고인의 재판청구권 행사에 중대한 제약을 초래하므로 그 사유의 존부를 엄격하게 판단하여야 한다.172) 송달불능보고서가 접수되지 않았거나173), 송달불능보고서만으로 공시송달결정을 한 경우174) 등은 위법하다. 피고인에게 거주지 변경신고를 하지 아니한 잘못이 있다 하여도 법원의 공시송달 절차가 명백히 위법하다면 위법한 공시송달절차에 기한 재판은 부적법하다.175)

(3) 공시송달의 절차 '법원'이 직권으로 결정하여 명한 경우에 한하여 공시송달이 가능하다.176) 공시송달은 재판장의 권한이 아니며, 검사의 신청권도 없다.

(4) 공시송달의 효력 발생 사유를 게시한 날로부터 2주간을 경과하면 효력이 생기며, 동일 당사자에 대한 그 이후의 송달은 게시한 다음날 그 효력이 생긴다.177) 다만 국외거주자는 2월이 경과한 후에 효력이 발생한다(민사소송법 제196조).

(5) 위법한 공시송달의 효과 제1심이 위법한 공시송달을 한 경우, 즉 주소보정요구의 결여, 소재탐지 등의 피고인 소재확인의 결여, 송달불능보고서 접수 후 6개월 미경과, 절차 누락의 사유 등 공시송달의 요건을 흠결한 경우에는 항소심은 제1심을 파기하고 공소장부본송달부터 소송행위를 새로이 한 후 진술과 증거조사 등 심리 결과에 기초하여 다시 판결하여야 한다.178)

---

171) 대판 2014. 5. 16. 2014도3037.

172) 대판 2011. 5. 13. 2011도1094; 대판 2012. 4. 26. 2012도986; 대판 2012. 4. 26. 2012도986; 대판 2015. 2. 12. 2014도16822.

173) 대판 1992. 1. 21. 91도1327.

174) 대결 1991. 1. 25. 90모70.

175) 대결 2006. 2. 8. 2005모507 (피고인이 소송이 계속된 사실을 알면서 법원에 거주지 변경 신고를 하지 않은 잘못을 저질렀으나, 위법한 공시송달에 터 잡아 피고인의 진술 없이 공판이 진행되고 피고인이 출석하지 않은 기일에 판결이 선고된 경우, 피고인이 자기 또는 대리인이 책임질 수 없는 사유로 인하여 상소제기기간을 준수하지 못한 것으로 볼 수 있는지 여부: 적극); 대판 2010. 1. 28. 2009도12430; 대결 2014. 10. 16. 2014모1557.

176) 대판 1966. 7. 26. 66도599.

177) 대판 2011. 7. 28. 2011도6762.

178) 대판 2014. 10. 27. 2014도11273 (피고인의 자동차할부거래신청서 상의 피고인 기재 주거지이자 당시 주민등록지로 송달이 가능한지 여부를 살펴보거나 자택 전화번호나 직장 전화번호로 연락하여 송달받을 장소를 확인하지 않은 채 공시송달결정을 하고 공판심리를 진행한 사안: 위법).

제 3 절 심판대상과 공소장변경

제 1 심판의 대상

Ⅰ. 논의의 기초

탄핵주의하에서는 불고불리의 원칙에 따라 검사가 공소장에 표시한 범죄사실에 대해서만 심판의 대상으로 삼을 수 있다. 공소장에 공소사실을 특정하도록 한 것도 불고불리의 원칙의 취지에 따른 것이다(제254조 제3항, 제4항).

심판대상이란 법원이 공소사실과 관련해서 무엇을 (현실적) 심판대상으로 할 것인가 하는 문제이다. 심판대상은 검사의 공소제기에 의하여 한정되므로 수사절차에서 수사의 대상보다는 상대적으로 고정적 의미를 가지지만, 소송의 동적·발전적 성격으로 인해 절차가 진행되는 과정에서 심판의 대상은 변경될 수도 있다.

Ⅱ. 심판대상에 관한 논의

1. 학설

(1) 공소사실대상설

공소장에 기재된 사실과 단일성·동일성이 인정되는 모든 사실을 (현실적) 심판대상으로 보는 견해이다. 공소불가분의 원칙(제248조 제2항)에 따라 범죄사실 일부에 대한 공소의 효력이 그 전부에 미치는 것도 범죄사실 전체가 법원의 현실적인 심판대상이 된다는 점을 밝힌 것이라고 본다.

이 견해에 의하면 현실적 심판대상과 잠재적 심판대상을 구별할 필요가 없고, 법원은 범죄사실 전체에 대하여 현실적으로 심판할 수 있게 되며, 공소제기의 효력범위, 공소장변경의 한계 및 기판력의 효력범위가 모두 범죄사실을 기준으로 하게 된다. 이 견해에 따르면 공소장변경절차란 심판대상을 변경시키는 것이 아니라 피고인의 방어권보장을 위한 절차적 담보장치에 불과하게 된다.

(2) 소인대상설

심판대상은 범죄가 되는 사실, 즉 검사가 공소장 기재를 통해 주장하는 구성요건에 해당하는 구체적 사실(訴因: 제254조 제4항에 따라 공소장에 기재된 사실)이고, 공소사실은 공소장변경의 한계를 설정하는 기능개념에 불과하다는 견해이다. 이 견해에 따르면 공소제기의 효력이나 기판력은 범죄사실 전부에 미치지만 법원의 심판대상은 소인에 국한된다. 따라서 법원의 현실적 심판대상은 공소제기의 효력, 공소장변경의 한계 및 기판력의 효력범위와 다르게 된다.

(3) 절충설

소인을 현실적 심판대상으로 보고, 잠재적 심판대상은 공소사실이라고 보는 견해이다. 이 견해는 공소장에 기재한 사실과 동일성이 인정되는 사실을 공소사실이라고 보아 소인과는 구별한다.

(4) 이원설

'공소장에 기재된 공소사실'(제298조 제1항)이 현실적 심판대상이고, 공소사실과 동일성이 인정되는 사실이 잠재적 심판대상이라는 견해로서, 다수설의 입장이다.

2. 판례의 태도

판례는 공소장에 기재된(변경된) 사실을 현실적 심판대상으로 보고, 그 사실과 단일하거나 동일한 사실은 잠재적 심판대상에 그친다고 보아 일찍부터 이원설의 입장을 취하고 있다.[179]

3. 검토

심판대상을 이원적으로 파악하는 이원설이 타당하다. 불고불리의 원칙에 따라 법원의 심판대상은 공소장에 기재된 피고인과 공소사실에 한정할 필요가 있다. 다른 한편 공소장에 기재되지 않은 사실이더라도 공소사실과 동일성이 인정되는 경우에는 법원이 심판할 가능성을 열어주고, 확정판결의 효력범위도 공소사실과 동일성이 인정되는 사실까지 미치도록 하는 것이 형벌권의 적정한 실현이나 피고인 보호를 위해서 타당하다.

---

179) 대판 1959. 6. 26. 4292형상36. 「현행 형사소송법하에서는 법원의 실체적인 심판의 범위는 잠재적으로는 공소 사실과 단일성 및 동일성이 인정되는 한 그러한 사실의 전부에 미칠 것이나 현실적 심판의 대상은 공소장에 예비적 또는 택일적으로 기재되었거나 소송의 발전에 따라 그 후 추가, 철회 또는 변경된 사실에 한한다고 해석하는 것이 동법 제254조 제5항, 제298조 제1항의 해석상 타당할 것이므로 공소사실과 동일성이 인정되는 사실일지라도 검사의 주장에 의하여 현실로 심판의 대상이 되지 아니한 이상 이것을 심판하지 아니하였다 한들 심판의 청구가 있는 사건을 판단하지 아니하였다고는 할 수 없다.」 최근 판례로는, 대판 2016. 1. 14. 2013도8118.

Ⅲ. 사건의 단일성·동일성

공소제기의 효력은 범죄사실의 전부, 즉 공소장에 기재된 사실뿐만 아니라 그것과 단일성 및 동일성이 인정되는 사실 전부에 대해서 미친다(제248조 제2항). 범죄사실은 '심판대상이 된 사건'(수사절차에서는 수사의 대상)을 의미하므로, 하나의 사건이라고 할 수 있는지, 하나의 사건으로서 동일성이 유지되고 있는지 여부가 문제된다.

형사소송에서 범죄사실은 이를 입증하기 위한 증거수집의 주체가 변경됨에 따라 그리고 증거수집활동과 수집된 증거의 양과 내용에 따라 그 내용이 바뀌고, 범죄사실에 대한 평가의 방향에 따라 변화하는 것으로서, 고정된 실체가 아니라 역동적 과정이라는 지적도 있다.

1. 사건의 단일성

(1) 의미

사건의 단일성이란 사건이 1개, 즉 '하나의 사건'이라는 의미이다.

사건의 단일성은 일정한 시점을 기준으로 범죄사실이 하나인지 여럿인지를 결정하는 문제(객관적 자기동일성)이다. 공소사실의 동일성은 사건의 단일성을 전제로 한다. 공소사실의 동일성이란 "단일한 사건이 시간의 변화에도 여전히 같은 사건인가?"하는 문제이다. 단일성 개념은 고소·고발, 구속, 공소, 기판력, 상소, 공소장변경, 공소시효의 완성 등에서 중요한 의미를 가진다.

(2) 판단기준

형사소송에서 사건 개념을 기준으로 하면서, 일반인의 생활경험에 비추어 하나의 역사적 사실이라고 할 수 있는지 여부가 판단기준이 된다.

사건의 단일성은 피고인의 단일성과 범죄사실의 단일성을 포함한다. 예컨대 공동피고인으로서 심리를 받는 경우에는 각 피고인마다 하나의 사건이 되며, 범죄사실이 수개이면 관련사건으로 병합심리하는 경우라도 수개의 사건이 존재한다.

사건의 단일성은 절차법의 특성을 고려하면서도 실체해명이라는 측면에서 형법상 죄수론이 그 출발점이 된다. 즉 형법상 죄수론을 기초로 하지만,[180] 소

---

180) 대판 2015. 6. 11. 2013도9330 참조.

송의 절차적 특성과 합목적성을 고려하면서 소송법의 지도원리와 목적에 따라 판단해야 한다. 형법상 죄수론에 따를 때 1죄에 해당하는 경우, 예컨대 단순일죄나 포괄일죄는 사건의 단일성이 인정되지만, 예외적으로 실체법상 수죄에 해당하는 경우라도 소송법상 하나의 '사건'이 될 수 있다. 예컨대 상상적 경합[181]은 물론이고, 연결효과에 의한 상상적 경합도 하나의 사건이 될 수 있고, 수죄에 해당하는 실체적 경합이 역사적 사실로서 하나로 인정될 경우, 택일관계[182] 내지 수단·목적 관계에서 행해진 경우[183]도 하나의 사건이 될 수 있다.

예컨대 2인이 합동하여 차량을 절취한 혐의로 검사가 특수절도죄로 기소하면서, 피고인이 합동해서 절취한 부분에 대한 공소유지가 어려울 것을 예상하고, 공범이 절취한 차량을 운전해 줌으로써 장물을 운반하였다는 사실을 예비적으로 기재한 경우, 특수절도와 장물운반은 수죄에 해당하지만 택일관계에 있다고 할 수 있으므로 하나의 사건이고 따라서 사건의 단일성이 인정된다. 구체적으로 그 시기와 장소의 근접성, 피해차량의 동일성 등을 고려할 때 사건의 동일성이 인정되는지 여부는 별개의 문제라고 할 수 있다.

2. 사건의 동일성

(1) 의미

사건의 동일성이란 시간의 경과에 따라 발생하는 사실관계의 증감변동에도 불구하고 그 사실이 동질성을 유지하는가 하는 문제(**시간적 자기동일성**)이다.

사건의 동일성이란 공소사실과 추후에 변경된 사실이라는 시점을 달리하는 수개의 사실을 비교할 때 동일한가 하는 문제로서, 변경되었지만 동일하다고 볼 수 있는 근거가 있는지, 그 근거는 무엇인지가 문제된다.

(2) 단일성과의 관계

단일성과 동일성의 관계에 대해 공소사실의 동일성이란 협의의 동일성에 한정된다는 견해와 단일성과 협의의 동일성을 포함하는 개념이라는 견해가 있으나, 양자가 각기 독자적인 의미를 가지므로 후자의 견해가 타당하다. 또한 협의

181) 대판 1989. 3. 14. 88도2428; 대판 1990. 1. 25. 89도1317 (이중간통 사례: 배우자가 있는 자들 사이의 이른바 이중간통의 경우 일방을 간통자로, 타방을 상간자로 기소하였다가 각각 간통과 동시에 상간한 것으로 공소장을 변경한 사안: 적법).

182) 대판 1999. 5. 14. 98도438.

183) 대판 1987. 2. 10. 85도897.

의 동일성은 단일성을 전제로 하는 개념이라고 할 수 있다.

(3) 판단기준에 관한 논의

동일성의 평가를 법적 관점에서 할 것인지, 사실적 관점에서 할 것인지에 대해 학설이 대립하고 있으나 다수설은 **기본적 사실관계동일설**의 입장이다.

① 기본적 사실관계동일설 공소사실을 그 기초가 되는 사회적 사실로 환원하여 그러한 사실에 다소 차이가 있어도 기본적인 점에서 동일하면 동일성을 인정해야 한다는 견해이다.
② 죄질동일설 공소사실은 자연적 사실이 아니라 일정한 죄명, 즉 구성요건의 유형적 본질에 의한 사실관계의 파악이므로 죄질의 동일성이 인정되어야 공소사실의 동일성을 인정할 수 있다는 견해이다.
③ 구성요건공통설 A사실이 甲구성요건에 해당하고 B사실이 乙구성요건에 해당하는 경우에 B사실이 甲구성요건에도 상당 정도 부합할 때에는 공소사실의 동일성을 인정할 수 있다는 견해로서 죄질동일설보다 규범적 평가를 완화하는 것이다.
④ 소인공통설 공소사실의 동일성은 소인과 소인의 비교에서 오는 사실상의 문제에 지나지 않으므로 소인의 기본적인 부분을 공통으로 할 때에 공소사실의 동일성이 인정된다는 견해이다.
⑤ 범죄행위동일설 구성요건적 평가 이전의 사회적 행위로서의 범죄행위의 동일 여부를 공소사실의 동일성을 판단하는 기준으로 삼고 있다는 점에서 기본적 사실관계동일설과 기본적 입장을 같이 하고 있으나, 기본적 사실관계의 동일성 여부를 그 기준으로 삼고 있지 않다는 점에서 차이가 있다.
⑥ 절충설 공소사실의 기초가 되는 사회적 사실관계가 기본적인 점에서 동일하면 공소사실의 동일성이 인정되지만, 기본적 사실관계의 동일성을 판단함에 있어서 자연적·사회적 사실관계의 동일성 외에 규범적 요소도 함께 고려해야 한다는 견해로서 판례와 기본적인 맥락을 같이하는 입장이라고 할 수 있다.

(4) 구체적 기준

시간적으로 떨어져 있는 두 개의 사실이 동일한지 여부는 일사부재리의 원칙이나 피고인 보호의 관점에서 사실적 접근이 필요하며, 하나의 범죄가 성립하면 다른 범죄가 성립할 수 없을 정도로 양자가 밀접한 관계에 있는 경우, 즉 밀접관계 내지 비양립관계가 인정되면 사건의 동일성이 긍정된다.

3. 판례의 태도

판례는 일관되게 기본적 사실관계동일설의 입장을 취해 왔다.[184] 따라서 하나의 범죄가 성립하면 다른 범죄가 성립할 수 없을 정도로 양자가 밀접한 관계에 있는 경우, 즉 밀접관계 내지 비양립관계가 인정되면 사건의 동일성이 긍정된다고 보고 있다.[185]

판례는 1994년 전원합의체 판결을 통해 공소사실의 동일성을 판단함에 있어 규범적 요소를 고려하고 있다.[186] 또한 이러한 규범적 요소에 대한 고려는 공소장변경제도의 취지, 즉 국가형벌권의 적정한 행사의 확보 및 피고인의 방어권 보장에 있음을 아울러 고려하는 것이라는 점을 지적하고 있다.[187] 한편 판례는 비교 대상이 되는 사실의 죄질 차이가 큰 경우에는 규범적 요소를 고려하는 경향을 보이고 있다.[188] 이에 비하여 죄질이 유사한 범죄에 대해서는 실질적으로 사실관계에 중점을 두어 판단하는 모습을 보이고 있다.[189]

---

184) 대판 1967. 3. 7. 66도1749.「공소사실의 동일성이 인정되자면 구체적 사실로서 지엽말단의 점까지 동일할 필요는 없다 할 것이고, 기본적 사실관계 즉 중요한 사실관계만 동일하면 족하다 할 것이며, 위 양 공소사실을 견주어 보면 하나는 위 물품을 양륙함으로서 관세를 포탈했다는 것이고, 하나는 관세를 포탈한 물품을 운반하였다는 것이나, 피고인이 거의 동일한 본건 밀수입품의 관세포탈 또는 운반에 관여하였다는 것으로 양 사실은 행위의 객체인 물품에 있어서, 또 선행행위와 후행행위로 서로 밀접한 관계가 있다할 것이어서, 공소사실의 동일성이 인정된다.」

185) 대판 2015. 5. 29. 2014도6320 (피고인이 소유 건물의 임차인인 피해자와 그 건물 1층에 있는 공동화장실의 수리비 문제로 다투던 중 왼쪽 팔꿈치 부위로 피해자의 가슴 부위를 1회 쳐 피해자를 바닥에 넘어뜨려 피해자에게 흉추 12번 압박골절 등의 상해를 가하였다는 혐의로 상해죄로 기소된 후 검사가 범죄 일시를 시간만 30분 뒤로 변경한 사안: 적법).

186) 대판 1994. 3. 22. 93도2080 전합 (장물취득죄로 유죄판결이 확정된 사건에 대해 범행일시가 근접하고 장물이 피해물품의 일부인 강도상해죄로 재차 기소한 사안: 적법).「공소사실이나 범죄사실의 동일성은 형사소송법상의 개념이므로 이것이 형사소송절차에서 가지는 의의나 소송법적 기능을 고려하여야 할 것이고, 따라서 두 죄의 기본적 사실관계가 동일한가의 여부는 그 규범적 요소를 전적으로 배제한 채 순수하게 사회적, 전법률적인 관점에서만 파악할 수는 없고, 그 자연적, 사회적 사실관계나 피고인의 행위가 동일한 것인가 외에 그 규범적 요소도 기본적 사실관계 동일성의 실질적 내용의 일부를 이루는 것이라고 보는 것이 상당하다.」

187) 대판 2009. 5. 14. 2008도10771.

188) 대판 1994. 3. 22. 93도2080 전합; 대판 2002. 11. 22. 2001도849; 대판 2006. 4. 27. 2006도514; 대판 2011. 4. 28. 2009도12249; 대판 2012. 6. 14. 2011도6858; 대판 2012. 9. 13. 2012도6612 (피고인이 경범죄처벌법상 '인근소란' 범칙행위로 범칙금 통고처분을 받아 이를 납부하였는데, 이와 근접한 일시·장소에서 피해자에게 상해를 가하여 생명에 대한 위험을 발생하게 하였다는 내용으로 기소된 사안: 적법).

189) 대판 1996. 6. 28. 95도1270; 대판 1999. 5. 14. 98도1438; 대판 2003. 7. 11. 2002도2642; 대판 2013. 9. 12. 2012도14097 (피해자가 가입한 보험을 이용해 필요한 자금을 마련하는 행위

공소사실의 동일성을 판단함에 있어서는 범행의 수단, 방법, 상대방 등 범죄사실의 내용, 행위의 별개성, 행위의 태양, 피해법익, 죄질,[190] 하나의 행위과정이나 그로 인한 결과에 통상적으로 포함된다거나 예상할 수 있다고 볼 수 있는지 여부,[191] 수단과 결과의 관계에 있는 일련의 행위인지 여부,[192] 두 사실의 양립가능성, 1죄 내지 상상적 경합인지 여부[193] 등을 고려하고 있다.

제2 공소장변경

Ⅰ. 의의 및 필요성

1. 의의 및 취지

(1) 의의

공소장변경이란 검사가 공소를 제기한 후 법원의 허가를 얻어서 공소장에 기재된 공소사실 또는 적용법조를 추가·철회 또는 변경하는 절차를 말한다(제298조 제1항).

(2) 취지

공소장변경제도의 취지는 소송절차의 동적·발전적 성격을 고려하여 형벌권의 적정한 실현과 소송경제를 도모하는 한편, 공소사실과 동일성이 인정되는 사실일지라도 공소장변경절차를 통해서만 심판할 수 있도록 함으로써 피고인의 방어권 보장을 도모하기 위한 것이다.[194] 따라서 피고인의 방어권 보장을 위해 필요한 때에는 공판절차를 정지할 수 있다(제298조 제4항).

2. 구별개념

공소장변경은 추가기소, 공소취소 또는 공소장 정정(보정)과 구별하여야 한다.

에 대해 컴퓨터등사용사기를 사기죄로 예비적 변경을 한 사안); 대판 2017. 1. 25. 2016도17679 (미성년자성추행 등의 일시 변경이 문제된 사안).

190) 대판 1994. 3. 22. 93도2080; 대판 2011. 1. 27. 2010도12375.

191) 대판 2011. 4. 28. 2009도12249.

192) 대판 2009. 11. 12. 2009도9189.

193) 대판 2010. 10. 28. 2010도11165.

194) 헌재 2012. 5. 31. 2010헌바128.

(1) 추가기소와의 구별

추가기소란 공소사실과 동일성이 없는 새로운 사실을 추가로 기소하는 것을 말한다.[195]

별개로 추가기소한 사안에 대해 심리과정에서 동일성이 인정되는 경우(예컨대 상습범)에는 추가기소한 사안에 대해서는 공소를 취소하는 것이 원칙이다.

(2) 공소취소와의 구별

공소취소는 수개의 공소사실 중 일부 또는 1개의 공소사실 전부를 철회하는 것으로서, 공소사실의 동일성이 인정되는 범위 내에서 일부 공소사실에 대해서 인정되는 공소장변경(공소사실의 철회)과 구별된다.

(3) 공소장정정과의 구별

공소장정정이란 공소장의 내용을 명확히 하기 위해 공소장에 명백한 오기나 누락이 있는 경우에 이를 바로잡는 것으로서 법원의 허가가 필요하지 않다.[196]

공소장정정은 검사의 신청이나 법원의 석명권 행사에 의하지만, 직권으로 판결이유에 표시를 정정할 수도 있다.[197] 단순한 오기나 누락이 아니라 공소사실에 중요한 사항에 관한 것은 공소장정정의 대상에서 제외된다. 또한 공소사실의 기재에 있어서 범죄의 일시와 장소는 범죄의 성립에 영향을 미치는 중요한 요소로서 그 일시와 장소가 변경되었다면 특별한 사정이 없는 한 그 심판대상도 변경되므로 공소장정정의 방법에 의할 수 없다.[198]

Ⅱ. 공소장변경의 주체와 내용

1. 주체

검사의 신청이 있어야 한다. 절차적으로는 검사가 먼저 신청하는 경우와 법원이 요구하는 경우가 있고, 검사의 신청이 있더라도 종국적으로는 법원의 허가를 받아야 한다.

---

195) 대판 2020. 12. 24. 2020도10814 (검사가 보이스피싱 범죄를 저지른 일당을 사기죄로 기소했다가 항소심에서 범죄단체 조직·가입·활동 혐의를 추가하는 내용의 공소장변경허가신청을 한 사안: 부적법).

196) 대판 1983. 5. 24. 82도1199.

197) 대판 1995. 9. 29. 95도489.

198) 대판 2015. 11. 12. 2015도12372; 대판 2017. 12. 22. 2017도14879.

현행법은 심판대상을 당사자인 검사의 신청을 통해서 변경할 수 있도록 함으로써 직권주의와 차별성을 가지며, 검사에게 소송물의 처분(변경)을 예외적으로 인정하는 측면이 있어 공소장변경을 당사자주의의 표현이라고 부르기도 한다.

2. 내용

(1) 추가

공소사실의 동일성을 해하지 않는 범위 내에서 새로운 공소사실이나 적용법조를 덧붙이는 것을 말한다. 예컨대, 항소심에서 상습절도와 포괄일죄 관계에 있는 다른 절도범죄사실을 추가할 수 있다.[199)]

(가) **예비적·택일적 추가** 추가는 단순추가 외에 예비적·택일적 추가도 가능하다.[200)]

(나) **포괄일죄의 일부에 대한 추가기소** 포괄일죄는 동일성이 인정되므로 포괄일죄 가운데 기소되지 않은 부분은 공소장변경에 의해 추가하여야 한다. 따라서 포괄일죄의 일부에 대해 추가기소를 한 경우는 적법하다고 할 수 없으나, 그 처리방법에 관하여는 견해의 대립이 있다. 동일성이 인정되는 사실에 대한 추가기소는 원칙적으로 이중기소금지에 반하므로 공소기각의 판결을 해야 하지만, 검사가 공소장변경의 취지임을 석명한 때에는 예외적으로 적법하다고 보아야 한다.

학설로는, ① 공소기각판결설(추가기소와 공소장변경신청을 서로 동일시할 법적 근거가 없고, 포괄일죄는 과형상 일죄로서 포괄일죄의 일부에 대한 공소제기는 전체에 미치므로 포괄일죄의 추가기소는 이중기소금지의 원칙에 반하므로 검사가 먼저 기소한 사건에 대한 공소장변경신청 및 추가기소한 사건에 대한 공소취소가 없으면 제327조 제2호에 따라 공소기각판결을 해야 한다는 견해), ② 석명 후 판단설(추가기소를 공소장변경으로 의제하게 되면 소송절차의 명확성 및 피고인의 방어권 보호에 반하게 되고, 이를 획일적으로 형식재판으로 종결시키면 실

---

199) 대판 1987. 7. 21. 87도1101, 87감도92; 대판 1992. 12. 22. 92도2047; 대판 2016. 1. 14. 2013도8118.

200) 대판 1969. 7. 22. 67도1117; 대판 1975. 10. 23. 75도2712; 대판 1985. 10. 8. 85도1915; 대판 1997. 1. 24. 96도2427; 대판 2008. 10. 23. 2006도736; 대판 2017. 7. 18. 2017도7709; 대판 2017. 12. 7. 2017도7514; 대판 2017. 12. 5. 2017도6510; 대판 2020. 8. 20. 2019도16263 (중고차 판매 사기단에 대해 검사가 항소심에서 사기죄 외에 예비적 공소사실로 범죄집단조직등의 죄를 추가한 사안).

체진실을 발견해야 하는 수소법원의 임무에 반하게 되므로 수소법원이 검사에게 석명을 요구하여 공소장변경신청의 취지임이 확인된 경우에 한하여 전체사실에 대한 실체판결로 나아가야 한다는 견해), ③ 공소장변경의제설(포괄일죄가 실질상 수죄이므로 포괄일죄의 추가기소는 (형식적으로만 이중기소일 뿐) 실질적으로는 이중기소가 아니고, 추가기소는 실질적으로 공소장변경신청에 해당하므로 별도의 공소장변경신청을 요하지 않아 수소법원은 전체사실에 대해 실체판결을 할 수 있다는 견해로서, '전체 범죄사실에 대한 실체판단설'이라고도 한다)이 있다.

판례는 포괄일죄의 일부에 대해 추가기소가 있는 경우, 원칙적으로 실체판단을 해야 한다고 하면서도 개별적으로는 공소장변경의제설에 가까운 입장[201]을 취한 것도 있고, 석명후 판단설의 입장[202]을 취한 것도 있다.

(2) 철회

철회란 공소장에 기재된 공소사실이나 적용법조의 일부를 심판대상에서 제외시키는 것을 말한다.

수개의 범죄사실 가운데 일부나 1개의 범죄사실 전부에 대한 소송계속을 종결시키는 공소의 취소와 구별된다. 핵심은 공소사실의 단일성 및 동일성이 인정되는지 여부에 있다. 주로 포괄일죄나 과형상 일죄의 경우에는 범죄사실의 일부 철회로 나타나며, 경합범의 경우 일부사실에 대한 철회는 공소취소의 방법에 의하여야 한다.[203]

공소사실의 일부 철회는 공소취소의 경우와 달리 재기소의 제한이 적용되지 않는다.[204]

---

201) 대판 1993. 10. 22. 93도2178 (유기기구를 사용하여 사행행위를 하게 한 범죄사실로 구속되었다가 보석으로 석방된 후 같은 영업을 계속한 포괄일죄(영업범)의 일부에 관하여 추가기소한 사안: 적법); 대판 2007. 8. 23. 2007도2595 (검사가 수 개의 협박 범행을 먼저 기소하고 다시 별개의 협박 범행을 추가로 기소하여 이를 병합심리하는 과정에서 전후에 기소된 각각의 범행이 포괄일죄로 밝혀진 사안); 대판 2012. 1. 26. 2011도15356 (검사가 존속상해 범행을 먼저 기소하고 다시 별개의 폭력행위 등 처벌에 관한 법률 위반(상습존속상해) 범행을 추가로 기소하여 병합심리하는 과정에서 전후에 기소된 각각의 범행이 포괄일죄로 밝혀진 사안).

202) 대판 1996. 10. 11. 96도1698 (검사가 단순일죄라고 하여 특수절도 범행을 먼저 기소하고 포괄일죄인 상습특수절도 범행을 추가기소하였으나 심리과정에서 검사의 석명으로 전후에 기소된 범죄사실이 모두 포괄하여 상습특수절도인 특정범죄가중처벌등에관한법률(절도)위반의 일죄를 구성하는 것으로 밝혀진 사안); 대판 2012. 6. 28. 2012도2087 (동일인에 대한 대출한도 초과로 상호저축은행법위반죄로 기소한 후 그 대출로 인한 특경법 위반(배임) 및 업무상배임죄로 재차 공소를 제기한 사안: 석명후 판단).

203) 대판 1982. 3. 23. 81도3073; 대판 1992. 4. 24. 91도1438.

204) 대판 2004. 9. 23. 2004도3203.

(3) 변경

변경이란 공소사실이나 적용법조의 내용을 바꾸는 것(일부 추가 및 일부 철회)을 말한다.[205)]

공소사실의 내용에 실질적인 영향을 미치는 경우만을 의미하므로, 단순한 오기나 하자를 보정하는 공소장정정은 변경에 해당하지 않는다.[206)]

Ⅲ. 공소장변경의 필요성

1. 논점

공소장변경의 필요성이란 공소사실과 적용법조에 변경이 생긴 경우 어느 한도까지 공소장변경절차를 요하느냐라는 문제이다. 공소장변경제도의 취지인 피고인의 방어권 보장과 소송경제를 조화시키는 영역이 된다.

공소장변경이 가능하더라도 공소사실의 사소한 변경까지 언제나 공소장변경절차를 거치게 한다면 이는 심리의 지연을 초래하고 소송경제에도 반하기 때문에, 명문규정은 없지만 피고인의 방어권 행사에 지장을 초래하지 않는 범위 내에서 법원이 직권으로 공소사실과 다른 사실을 인정할 수 있도록 할 필요가 있다는 고려에서 나온 것이다.

2. 학설과 판례

공소장변경이 필요한지 여부에 대해서는, 공소사실의 사실적 측면을 중시하여, 법률구성에 영향이 없더라도 공소장에 기재된 사실과 실질적으로 다른 사실을 인정할 때에는 공소장변경이 필요하다고 보는 **사실기재설**의 입장이 지배적이다.

과거에는 동일벌조설, 법률구성설 등도 있었다. ① 동일벌조설은 구체적 사실관계가 다른 경우에도 그 처벌규정이나 구성요건에 변경이 없는 한 공소장변경 없이 공소장에 기재된 사실과 다른 사실을 인정할 수 있다는 견해를 말하며(적용되는 구성요건이 동일한가를 기준으로 함), ② 법률구성설은 구체적 사실관계가 다르더라도 그 법률구성 전반에 변화가 없는 한 공소장변경 없이 공소장에 기재된

---

205) 대판 2009. 5. 14. 2008도10771 (범죄조직원임을 빙자하여 총 네 차례에 걸쳐 선금 일부만 지급하고 조직원임을 내세워 잔금에 대한 청구를 포기하게 하는 방식으로 피해자 양복점에서 일련의 의류대금 상당액을 갈취하였다는 공소사실을 위 시일과 다른 일시에 피해액을 줄여 공소장을 변경한 사안: 적법).

206) 대판 1993. 1. 19. 92도2554.

사실과 다른 사실을 인정할 수 있다는 견해이다(특별구성요건의 동일성 여부를 넘어 적용법조를 포함한 범죄사실의 법률적 구성 전반에 걸쳐 동일성을 판단함). 양자 모두 직권주의 소송구조에서 출발한 논의로서, 피고인의 방어권 행사에 실질적 불이익을 초래할 가능성이 크기 때문에 현재 이를 취하는 학자는 없다. 사실기재설은 공소사실을 구성요건에 해당하는 구체적 사실의 주장으로 이해하여 그 사실적 측면을 강조하는 견해라고 할 수 있다. 여기서는 사실의 변화가 가지는 사회적·법률적 의미가 동일한지가 기준이 된다.

판례도 피고인의 방어권 행사에 실질적인 불이익을 초래할 염려가 없는 경우에는 법원이 공소장변경절차 없이 일부 다른 사실을 인정하거나 적용법조를 수정하더라도 불고불리의 원칙에 위배되지 않는다는 입장으로,207) 1970년대 이후 일관되게 사실기재설의 입장을 취하고 있다.208)

3. 판단기준(실질적 불이익설)

(1) 피고인의 방어권 행사 기준

사실관계의 변화가 공소사실과 기본적 동일성을 가지는 것을 전제로, '피고인의 방어권 행사에 실질적 불이익을 초래할 염려가 없어야' 한다.209)

공소사실과 실질적으로 다른 사실인지 여부는 피고인의 방어권 행사에 미치는 영향을 기준으로 한다. 피고인의 방어권 행사에 영향을 주는 것인지 여부를 판단하는 기준에 대해, 현실적 불이익보다는 일반적이고 추상적 관점에서 피고인의 방어권 행사에 불이익의 가능성을 내포하고 있는지를 기준으로 판단해야 한다는 견해와 소송의 경과를 구체적으로 고려하여 피고인에게 현실적인 불이익이 되느냐 여부를 따져 사건마다 개별적으로 판단해야 한다는 견해가 있으나, 피고인의 방어권 보장 차원에서 보면 반드시 현실적인 불이익임을 요하지는 않는다고 보아야 한다.

(2) 구체적 기준

방어권 행사에 실질적으로 불이익한지 여부는 법정형의 경중 및 그러한 경

---

207) 대판 2019. 6. 13. 2019도4608.

208) 대판 1978. 2. 28. 77도3522 이래 일관된 입장이다. 대판 1968. 9. 19. 68도995 전합에서 법률구성설에 가까운 근거로 항거불능의 특수강도사실을 직권으로 외포상태에서의 특수공갈죄로 처단한 것은 위법한 것으로 보았으나, 반대의견에서 사실기재설의 입장을 개진한 후 그 논거가 지배적인 견해로 인정되었다.

209) 대판 1980. 3. 11. 80도217.

중의 차이에 따라 피고인이 자신의 방어에 들일 노력·시간·비용에 관한 판단을 달리할 가능성이 뚜렷한지 여부 등 여러 요소를 종합하여 판단한다.210)

4. 유형적 고찰

(1) 구성요건이 동일한 경우

동일한 구성요건 내에서 사실관계만 변화된 때에는 사실관계의 변경이 피고인의 방어권 행사에 실질적인 불이익을 줄 우려가 있는 경우라면 공소장변경이 필요하다.

범죄의 주체에 변화가 있는 경우도 피고인의 방어권 행사에 실질적인 불이익을 줄 우려가 있는지 여부를 개별적으로 판단한다.211)

㈎ **범행의 일시와 장소** 단순한 착오로 인한 기재가 아니고 방어권 행사에 불이익을 초래하는 경우에는 공소장변경이 필요하다.212) 예컨대 일시의 간격이 길고, 범죄의 인정 여부에 중대한 관계가 있는 경우에는 방어권 행사에 실질적 불이익을 줄 염려가 있으므로 공소장변경을 요한다.213)

㈏ **범행의 수단과 방법** 범죄행위의 내용 내지 태양은 공소사실의 특정에 중요한 사항으로서 그것이 달라지면 이에 대응할 피고인의 방어행위 역시 달라질 수밖에 없으므로 원칙적으로 공소장변경이 필요하다.214) 다만, 구체

---

210) 대판 2007. 12. 27. 2007도4749. 「일반법과 특별법이 동일한 구성요건을 가지고 있고 어느 범죄사실이 그 구성요건에 해당하는데 검사가 그 중 형이 보다 가벼운 일반법의 법조를 적용하여 그 죄명으로 기소하였으며, 그 일반법을 적용한 때의 형의 범위가 '징역 15년 이하'이고, 특별법을 적용한 때의 형의 범위가 '무기 또는 3년 이상의 징역'으로서 차이가 나는 경우에는, 비록 그 공소사실에 변경이 없고 또한 그 적용법조의 구성요건이 완전히 동일하다 하더라도, 그러한 적용법조의 변경이 피고인의 방어권 행사에 실질적인 불이익을 초래한다고 보아야 하며, 따라서 법원은 공소장변경 없이는 형이 더 무거운 특별법의 법조를 적용하여 특별법 위반의 죄로 처단할 수는 없다.」 같은 취지로는, 대판 2019. 6. 13. 2019도4608.

211) 대판 2000. 5. 12. 2000도745 (여동생을 강간한 피해자를 혼내주기 위해 부엌칼을 든 친구와 함께 피해자를 폭행하고 피해자가 부엌칼에 찔려 실혈로 사망한 사안에서 피고인이 한 것이라고 기소된 것을 피고인과 친구 중 누군가에 의한 것이라고 인정한 경우: 적법).

212) 대판 1982. 12. 28. 82도2156; 대판 1989. 5. 9. 87도1801; 대판 1992. 3. 31. 92도155; 대판 1992. 12. 22. 92도2596; 대판 2009. 5. 14. 2008도10771; 대판 2017. 1. 25. 2016도17679 (13세 미만 미성년자 위계등 추행 및 강제추행사건의 관련 증인들의 진술과 피고인의 알리바이 주장을 반영하여 그 주장과 모순되지 않도록 범죄 일시를 수정하는 공소장변경을 신청한 사안: 적법).

213) 대판 2019. 1. 31. 2018도17656.

214) 대판 2003. 7. 25. 2003도2252 (피해자의 예금계좌로 돈을 송금하게 하고 절취한 현금인출카

적으로 상세히 특정하거나 불명확한 점을 바로잡은 경우는 공소장변경을 요하지 않는다.

과실범이나 부작위범의 경우 의무위반의 내용을 다르게 인정하는 경우에는 피고인 방어권 행사에 불이익을 초래할 수 있으므로 공소장변경이 필요하다.[215]

(다) **범행의 객체와 결과** 공소사실을 특정하는 데 중요한 내용으로서 피고인의 방어권 행사에 실질적으로 영향을 미치므로 원칙적으로 공소장변경이 필요하다.[216]

범죄의 시일, 장소, 태양 등은 동일하고 피해자만 다른 경우에는 공소사실의 동일성이 인정되고 피고인의 방어권 행사에 실질적 불이익을 주지 않으면 공소장변경 없이 직권으로 실제 피해자를 적시하여 유죄를 인정할 수 있다.[217] 또한 기본적 사실관계가 동일한 범위 내에서 기수시점만 앞당겨 인정한 경우에도 공소장변경을 요하지 않는다.[218]

(라) **포괄일죄의 경우** 그 전체 범행의 시기와 종기, 범행방법, 범행횟수 또는 피해액의 합계 및 피해자나 상대방을 명시하여야 하므로, 범행횟수 등만 명시되고 개별 내용을 확인할 수 없는 경우 그 부분에 대한 사실인정은 허용되지 않는다.[219]

(2) 구성요건을 달리하는 경우

(가) **원칙** 구성요건이 달라지면 공소사실의 변경과 함께 죄명이나 적용법조도 달라지고(질적 변경), 따라서 피고인의 방어권행사에 실질적 불이익을 초래하게 되므로 원칙적으로 공소장변경이 필요하다.[220]

드로 인출한 혐의로 사기죄로 기소되었으나, 현금인출카드 절취 사실과 무관하게 사기가 인정된다고 검사가 주장한 사안: 공소장변경 필요); 대판 2009. 6. 11. 2008도11042; 대판 2011. 1. 13. 2010도5994.

215) 대판 1989. 10. 10. 88도1691; 대판 1991. 5. 28. 90도1977; 대판 2019. 4. 25. 2018도13708.

216) 대판 1984. 9. 25. 84도312; 대판 1984. 10. 23. 84도1803; 대판 1991. 9. 24. 91도1605 (다른 회사의 기계가 자신의 회사에 설치보관되어 있음을 기화로 소유자와 위탁자의 승인 없이 은행에 공동담보로 제공하고 대출을 받아 횡령죄로 기소된 사안에서 소유자(위탁자)와 보관자를 변경하고 이사회 결의를 거치지 않은 것으로 인정한 사안: 위법).

217) 대판 1987. 12. 22. 87도2168; 대판 2002. 8. 23. 2001도6876; 대판 2017. 6. 19. 2013도564.

218) 대판 2017. 3. 9. 2014도144.

219) 대판 1977. 1. 25. 76도3792.

220) 대판 1993. 4. 27. 92도3156 (채권회수를 위하여 해결사들에게 강도상해 및 특수감금을 교사하였다는 공소사실에 대해 감금과 공갈만을 인정한 사안: 위법). 「강도죄와 공갈죄는 그 죄질

살인죄의 공소사실로 기소되어 피고인이 폭행치사에 대한 예견가능성 등을 인정하고 있지 않은 경우에는 - 축소사실인 것처럼 보일 수 있지만 - 폭행치사죄를 인정하기 위해서는 공소장변경절차가 필요하다.[221] 일반법으로 기소된 사안에 대해 공소장변경 없이 특별법을 적용하여 형을 가중하는 것은 피고인에게 불리하므로 허용되지 않는다.[222] 동일한 특별법을 적용하는 경우에도 요건을 달리하는 경우에는 공소장변경이 필요하다.[223]

(나) **축소사실의 인정**(「大는 小를 포함한다」) 법원이 인정할 사실이 공소사실에 포함되는 경우에는, 행위태양이 동일하고 피고인의 방어권 행사에 지장을 주지 않는 한 공소장변경을 요하지 않는다.[224] 따라서 공소사실과 행위객체, 상대방의 상태, 행위의 내용과 방법 등을 달리하는 경우라면 경한 범죄사실을 인정하는 경우라도 공소장변경을 요한다.[225]

공소사실을 축소하는 것이 아니라 불법평가를 축소하거나 기본구성요건을 그 수정형식(미수, 협의의 공범, 과실 등)으로 변경하는 경우 등은 원칙적으로 공소장변경이 필요하다.

① 고의범을 과실범으로 인정한다거나[226] 미수와 예비·음모는 구성요건을 달리하고 방어방법에 차이가 있으므로 공소장변경 없이 미수를 예비나 음모로 처벌할 수 없다.[227] 그러나 기수의 공소사실을 미수로 인정하는 경우에는 축소사실의 인정에 해당하므로 공소장변경이 필요하지 않다.[228]

② 공동정범 또는 간접정범을 방조범으로 인정하는 경우나 단독범을 공동정범으

을 달리하는 것으로서 위 1항과 같은 강도상해교사죄의 공소사실을 공소장변경절차 없이 2항과 같은 공갈교사죄로 처단할 수는 없다.」

221) 대판 2001. 6. 29. 2001도1091.

222) 대판 2008. 3. 14. 2007도10601.

223) 대판 2005. 11. 25. 2005도6925.

224) 대판 1996. 6. 28. 96도1232 (성폭력처벌법위반(특수강도강간미수)의 공소사실에 대해 공소장변경 없이 특수강도만 인정한 사안); 대판 2010. 11. 11. 2010도10512 (성폭력처벌법상 특수강간사실에 대해 폭행만 인정한 사안).

225) 대판 2014. 3. 27. 2013도13567 (장애인에 대한 준강간으로 기소된 사안에 대해 공소장변경 없이 심신미약자간음죄 및 추행죄를 인정한 사안: 위법).

226) 대판 1981. 2. 28. 80도2824 (부정수표단속법상 고의범을 과실범으로 변경한 사안); 대판 1984. 2. 28. 83도3334 (장물보관을 업무상과실장물보관으로 변경한 사안).

227) 대판 1999. 11. 26. 99도2461.

228) 대판 1999. 11. 9. 99도3674 (필로폰 투약죄의 기수범으로 기소된 공소사실에 대하여 실행행위에 착수한 사실은 인정되나 기수에 이른 사실은 인정되지 않는다고 하여 법원이 필로폰 투약 미수의 유죄를 인정한 사안).

로 인정하는 경우는 피고인의 방어권 행사에 실질적인 불이익을 줄 우려가 있는지 여부를 개별적으로 검토할 필요가 있다.229) 공판심리과정에서 피고인이 공소사실을 인정하였으면 공소장변경절차를 거칠 필요가 없지만, 그렇지 않고 피고인이 공소사실을 부정하는 경우에는 공소장변경절차를 거쳐야 할 것이다.

③ 구법하의 판례로서, 비친고죄를 친고죄로 변경하는 경우에도 피고인의 행위가 친고죄로 처벌되는 경우까지 대비하여 고소인의 고소취소의 원용 등 일체의 방어행위를 할 수 있으므로 공소장변경이 불필요하다는 입장을 취한 것이 있다.230)

(다) **법률구성만 달리하는 경우** 사실관계의 변화 없이 그 사실에 대한 법률적 평가만 달리하는 경우에는 원칙적으로 공소장변경을 요하지 않는다.231) 죄수에 대한 법적 평가만을 달리하는 경우에도 원칙적으로 공소장변경을 요하지 않는다.232)

5. 법원의 심판

법원이 공소장변경 없이 다른 사실을 인정할 수 있는 경우에 이를 인정할 의무까지 지는지 여부에 대해서는 논의가 있다.

---

229) 단독범으로 기소된 것을 공소장변경 없이 공동정범으로 인정할 수 없다고 한 사안으로는, 대판 1997. 5. 23. 96도1185. 반면, 단독범을 일정한 요건 아래 공동정범으로 인정할 수 있다고 본 사안으로는, 대판 1991. 5. 28. 90도2977; 대판 2007. 4. 26. 2007도309; 대판 2013. 10. 24. 2013도5752; 대판 2018. 7. 12. 2018도5909. 공동정범으로 기소된 사실을 공소장변경 없이 방조사실로 인정할 수 있다고 한 사안으로는, 대판 1995. 9. 29. 95도456; 대판 2004. 6. 24. 2002도995; 대판 2011. 11. 24. 2009도7166; 대판 2018. 9. 13. 2018도7658, 2018전도54, 55, 2018보도6, 2018모2593. 공동정범의 표지를 갖추지 못했다는 점만으로는 부족하고 방조의 고의와 행위가 있었다는 점에 대한 적극적인 증명이 있어야 하며 그 점에 대하여 피고인에게 방어의 기회가 제공되는 등 심리의 경과에 비추어 피고인의 방어에 실질적인 불이익을 주지 아니한 경우여야 한다는 이유에서 공소장변경 없이 방조범을 인정한 것이 위법하다는 판례로는, 대판 2011. 11. 24. 2009도7166.

230) 대판 1999. 4. 15. 96도1922 전합; 대판 2006. 5. 25. 2004도3934.

231) 대판 2015. 10. 29. 2013도9481 (업무상횡령죄의 공소사실 중 회사에 대여금 명목으로 교부한 부분에 대하여 공소장변경 없이 업무상배임죄를 적용한 사안).

232) 대판 1987. 5. 26. 87도527. 「소론은 검사가 이 사건 범죄사실을 포괄일죄로 기소하였음에도, 원심이 공소장변경 (적용법조 변경)없이 실체적 경합범으로 처단한 것은 불고불리의 원칙에 위배되는 것이라고 하나, 법원이 동일한 범죄사실을 가지고 포괄일죄로 보지 아니하고 실체적 경합관계에 있는 수죄로 인정하였다고 하더라도 이는 다만 죄수에 관한 법률적 평가를 달리한 것에 불과할 뿐이지 소추대상인 공소사실과 다른 사실을 인정한 것도 아니고 또 피고인의 방어권행사에 실질적으로 불이익을 초래할 우려도 없다고 하겠으므로 불고불리의 원칙에 위반되는 것이 아니라 할 것(이다)」.

(1) 학설

의무설, 재량설, 예외적 의무설 등이 있으나, 법원의 재량일 뿐 의무는 아니라는 재량설이 다수설의 입장이다.

그러나 공소장변경이란 본래 공소사실과 다른 사실을 인정할 수 있도록 하기 위한 제도이고, 피고인의 방어권 행사에 실질적 불이익을 초래하지 않는다면 변경절차 없이도 다른 사실을 인정하는 것이 정의와 형평의 관점에 부합한다는 점을 고려하면, 원칙적으로 공소사실과 다른 사실을 인정해야 하고 오히려 예외적으로 재량이 인정된다고 보아야 할 것이다(예외적 재량설 내지 의무설).

(2) 판례

판례는 종래 재량설[233]로 일관했으나 최근에는 변화가 보인다. 즉, 다른 사실을 인정하지 않음으로써 처벌하지 않게 되면 형사소송의 목적에 비추어 현저히 정의와 형평에 반하게 되는 경우에 한하여 법원의 의무를 인정하는 경향을 보이고 있다.[234]

(3) 공소장변경 없이 인정할 수 있는 죄가 수개인 경우

이 경우에 어떤 사실을 인정할 것인지 문제되는데, 검사의 석명을 구하여 공소장을 보완하게 한 다음 이에 따라 심리·판단하여야 할 것이다.[235]

Ⅳ. 공소장변경의 한계

1. 공소사실의 동일성

공소장변경은 공소사실의 동일성을 해하지 않는 범위 안에서만 허용된다(제298조 제1항). 또한 동일성이 인정되는 경우에는 법원은 공소장변경을 허가하여야 한다.

---

233) 대판 1959. 11. 30. 4292형상429; 대판 1971. 1. 12. 70도2216; 대판 1984. 11. 27. 84도2089.

234) 대판 1990. 10. 26. 90도1229; 대판 1999. 11. 9. 99도3674; 대판 2010. 1. 14. 2009도11601; 대판 2015. 9. 10. 2014도12275; 대판 2017. 5. 30. 2017도4578; 대판 2003. 5. 13. 2003도1366 (장물취득의 공소사실이 인정되지 않으나 장물보관은 인정되는 사안에 대해 무죄를 선고한 것이 위법하다고 본 사안).

235) 대판 2005. 7. 8. 2005도279. 「공소사실 중에는 폭력행위등처벌에관한법률 제3조 제1항, 형법 제283조 제1항 위반죄(흉기휴대협박) 등 다른 죄의 공소사실이 포함되어 있으므로, 검사에게 공소사실 및 적용법조에 관한 석명을 구한 후 보완된 공소사실에 대하여 심리·판단하였어야 한다.」

2. 동일성의 판단

이미 심판대상에서 소개한 것처럼, 공소사실과 변경된 사실이 동일한지 여부는 기본적 사실관계를 기준으로 판단하여야 한다. 일사부재리의 원칙이나 피고인 보호의 관점에서 사실적 접근이 필요하기 때문이다.236)

V. 공소장변경의 절차

1. 검사가 신청한 경우

(1) 공소장변경의 신청

검사는 원칙적으로 서면(공소장변경허가신청서)을 법원에 제출하여야 하나(규칙 제142조 제1항), 피고인이 재정하는 공판정에서는 피고인에게 이익이 되거나 피고인이 동의하는 경우 구술에 의한 공소장변경 신청도 가능하다(동조 제5항).

(가) **서면방식** 변경하려고 하는 공소사실을 전자적 형태의 문서로 저장매체에 저장하여 제출한 경우에는 공소장변경허가신청으로 볼 수 없다.237)

(나) **부본의 첨부 및 송달** 공소장변경허가신청서에는 피고인의 수에 상응한 부본을 첨부하고(규칙 제142조 제2항), 법원은 이를 즉시 피고인 또는 변호인에게 송달하여야 한다(동조 제3항). 검사의 서면에 의한 공소장변경허가신청이 있는데도 법원이 피고인 또는 변호인에게 공소장변경허가신청서 부본을 송달·교부하지 않은 채 공소장변경을 허가하고 공소장변경허가신청서에 기재된 공소사실에 관하여 유죄판결을 하였다면, 공소장변경 내용이 피고인의 방어권과 변호인의 변호권 행사에 지장이 없는 것이거나 피고인과 변호인이 공판기일에서 변경된 공소사실에 대하여 충분히 변론할 기회를 부여받는 등 피고인의 방어권이나 변호인의 변호권이 본질적으로 침해되지 않았다고 볼 만한 특별한 사정이 없는 한, 부본을 송달·교부하지 않은 법원의 잘못은 판결에 영향을 미친 법령위반에 해당한다.238)

---

236) 대판 2009. 5. 14. 2008도10771.

237) 대판 2016. 12. 15. 2015도3682; 대판 2016. 12. 29. 22016도11138; 대판 2017. 2. 15. 2016도19027.

238) 대판 2021. 6. 30. 2019도7217 (피고인이 강제추행죄로 기소되어 제1심에서 무죄가 선고되자 검사가 항소심에서 공연음란죄를 예비적으로 추가하는 공소장변경허가신청서를 제출하였는데 항소심이 공소장변경허가신청서 부본을 피고인 또는 변호인에게 송달하거나 교부하지 않은 채

공소장변경허가신청서는 부본송달의 방법에 의하지만, 공판정에서 직접 교부하더라도 피고인이 변경된 공소사실에 대해 공판정에서 충분히 변론한 때에는 판결 결과에는 영향이 없다.[239] 부본송달은 피고인이나 변호인 중 어느 한쪽에만 송달하면 족하다.[240] 부본송달을 하지 않은 것은 법령위반에 해당하지만 피고인이 이를 다투지 않고 증거조사가 진행되어 변론이 종결된 경우에는 판결에 영향을 미친 위법은 아니다.[241]

(다) **신청시기** 　　공소장변경신청은 변론종결 전에 해야 하며, 변론종결 후에는 변론을 재개하고 공소장변경을 허가할 것인가는 법원의 재량이다.[242] 변론이 재개된 후에는 적법하게 공소장변경을 신청할 수 있다.

(2) 법원의 허가

법원은 검사의 공소장변경신청이 있으면 공소사실의 동일성을 해하지 아니하는 한도에서 이를 허가하여야 한다(제298조 제1항 제2문: 법원의 의무).[243] 다만 공소장변경을 해도 무죄를 선고해야 할 사유가 명백한 경우에는 법원이 공소장변경을 허가하지 않더라도 판결에 영향을 미친 위법은 아니라는 것이 판례의 입장이다.[244]

허가결정은 명시적으로 해야 하지만, 공판정에서 검사가 구술로 공소장변경을 신청한 경우에는 **묵시적**으로도 가능하다.[245] 허가결정은 판결전의 소송절

공판절차를 진행하여 기존 공소사실에 대하여 무죄로 판단한 제1심판결을 파기하고 예비적 공소사실을 유죄로 판단한 사안: 위법).

239) 대판 1986. 9. 23. 85도1041.

240) 대판 1985. 8. 13. 85도1193; 대판 2015. 2. 16. 2014도14843 (검사가 공소장변경허가신청서를 제출하였고, 피고인의 국선변호인이 공소장변경허가신청서 부본을 수령한 후 공판기일을 진행한 사안: 적법).

241) 대판 1985. 7. 23. 85도1003; 대판 1994. 11. 4. 94도129; 대판 2007. 6. 1. 2006도3983; 대판 2009. 6. 11. 2009도1830; 대판 2018. 12. 13. 2018도16117.

242) 대판 1981. 7. 28. 80도1603; 대판 1984. 5. 15. 84도564, 84감도90; 대판 2000. 4. 11. 2000도565; 대판 2007. 6. 29. 2007도984; 대판 2009. 8. 20. 2009도9; 대판 2010. 4. 29. 2007도6553.

243) 대판 1975. 10. 23. 75도2712 (야간주거침입절도로 기소되었으나 절도의 범의를 부인하여 주거침입으로 공소장변경신청을 하였으나 불허가한 사안: 위법); 대판 1999. 4. 13. 99도375; 대판 2010. 4. 29. 2010도1626, 2010전도3; 대판 2018. 10. 12. 2018도6252; 대판 2018. 10. 25. 2018도9810.

244) 대판 1999. 5. 14. 98도1438.

245) 대판 2002. 3. 29. 2002도587 (피고인이 재정하는 공판정에서 검사가 구술로 공소장변경신청을 하자 피고인이 이에 동의하였고 법원도 위 변경신청을 기각하지 아니한 채 바로 다음 공판절차를 진행한 사안).

차에 관한 결정으로서 별도의 규정이 없으므로 항고할 수 없고,[246] 다만 법원은 결정의 위법이 있는 경우에 스스로 취소할 수 있다.[247]

법원은 공소사실의 동일성이 인정되지 않으면 검사의 공소장변경신청을 기각하여야 한다.[248]

(3) 허가 후의 절차

(가) 피고인 등에 대한 고지 법원은 공소사실 또는 적용법조의 추가, 철회 또는 변경이 있을 때에는 그 사유를 신속히 피고인 또는 변호인에게 고지하여야 한다(제298조 제3항).

(나) 검사의 변경된 공소사실 등의 낭독 공소장의 변경이 허가된 때에는 검사는 공판기일에 공소장변경허가신청서에 의하여 변경된 공소사실·죄명 및 적용법조를 낭독하여야 한다. 다만, 재판장은 필요하다고 인정하는 때에는 공소장변경의 요지를 진술하게 할 수 있다(규칙 제142조 제4항).

(다) 공판절차의 정지 법원은 공소사실 또는 적용법조의 추가, 철회 또는 변경이 피고인의 불이익을 증가할 염려가 있다고 인정한 때에는 직권 또는 피고인이나 변호인의 청구에 의하여 피고인으로 하여금 필요한 방어의 준비를 하게 하기 위하여 결정으로 필요한 기간 공판절차를 정지할 수 있다(제298조 제4항).

공소장변경이 '피고인의 불이익을 증가시킬 염려가 있는지'는 법원이 직권으로 판단한다.[249] 대법원 판례들 가운데 불이익을 증가시킬 염려가 있다고 인정한 경우는 거의 찾기 어렵다. 공판절차가 정지된 기간은 구속기간에 산입하지 않지만(제92조 제3항), 미결구금일수에는 산입한다.

2. 법원이 요구한 경우

(1) 제도의 의의

법원은 심리의 경과에 비추어 상당하다고 인정할 때에는 공소사실 또는 적용법조의 추가 또는 변경을 요구하여야 한다(제298조 제2항).

---

246) 대결 1987. 3. 28. 87모17.

247) 대판 1989. 1. 24. 87도1978; 대판 2001. 3. 27. 2001도116.

248) 대판 2010. 4. 29. 2010도3092.

249) 대판 1967. 3. 7. 66도1749; 대판 1985. 6. 11. 84도1958; 대판 2005. 12. 23. 2005도6402; 대판 2015. 11. 12. 2015도6809 전합.

공소사실을 추가 또는 변경해야 함에도 검사가 공소장변경을 신청하지 않으면 법원이 이를 현실적으로 심판할 수 없고 이로 인해 형벌권의 적정한 실현이 어렵게 될 수 있다는 점을 고려한 것이다.

법원이 공소장변경을 요구하는 대상에서 공소사실의 일부철회는 제외되어 있는데, 이는 검사가 일부철회를 하지 않더라도 무죄를 선고해야 하는 불합리한 결과는 생기지 않기 때문에 결국 판결에 영향이 없다는 점을 고려한 것이다.

(2) 법적 성격

법원의 공소장변경요구는 형벌권을 적정하게 실현하고 당사자의 합리적인 소송활동을 유도하기 위한 **소송지휘권 행사**의 일종이다.

법원의 공소장요구가 법원의 권한인가 아니면 의무인가에 관하여 논의가 있다.

(가) 학설

의무설, 재량설, 예외적 의무설이 있으나 재량설이 다수설이다.

① 의무설 공소장변경요구가 법원의 의무라는 견해이다. 형사소송법 제298조 제2항에서 '요구하여야 한다'고 규정하고 있는 해석상 당연하고, 국가형벌권의 적정한 행사를 위하여 심판대상에 대한 법원의 보충적 직권개입을 인정한 제도의 취지에도 적합하다는 것을 논거로 하고 있다. 이 견해에 의하면 법원이 공소장변경에 의하여 유죄판결을 선고할 수 있음에도 공소장변경요구를 하지 않고 무죄판결을 선고하면 심리미진의 위법이 있다고 하게 된다.

② 재량설 공소장변경요구가 법원의 권리 내지 재량이라는 견해이다. 형사소송법이 당사자주의를 강화하여 검사가 제출한 공소장에 기재된 공소사실만을 심판의 대상으로 하면서 공소장변경제도를 인정하고 있는 취지를 고려하고, 공소사실의 변경은 검사의 권한에 속하므로 법원은 검사가 제기한 공소사실의 범위 내에서 판결하면 족하고 적극적으로 공소장변경을 요구할 의무가 없다는 것을 논거로 하고 있다. 이 견해에 의하면 법원이 공소장변경요구를 하지 않고 무죄판결을 선고하더라도 심리미진의 위법이 없으므로 검사는 이를 이유로 상소할 수 없다고 한다.

③ 예외적 의무설 공소장변경요구는 원칙적으로 법원의 재량이지만 공소장변경요구를 하지 않고 무죄판결을 선고하는 것이 현저히 정의에 반하는 경우에는 예외적으로 법원의 의무라는 견해이다. 이 견해는 현저히 정의에 반하는 기준으로 증거의 명백성과 범죄의 중대성을 들고 있으며, 범죄의 중대성은 법정형만을 기준으로 하지 않고 사건의 죄질, 태양, 결과 등을 고려해서 결정하여야 한다고 한다.

(나) **판례** 제298조 제2항이 '…요구하여야 한다'고 규정하고 있음에도 불구하고 재량설의 입장을 취하고 있다.[250][251]

(다) **검토** 공소장변경요구는 직권주의적 성격을 반영하는 것으로서 법원의 실체해명의무를 전제로 한 것이라고 보아야 하므로, 의무설에 따라 이해하는 것이 타당하다.

재량이나 예외적 의무로 보게 되면, 당해 사건에 대해서는 무죄판결이 선고되어 기판력이 발생하는 결과, 변경되어야 할 사실로 재차 공소제기도 허용되지 않아 실체적 진실발견에 반하는 결과를 초래하게 된다. 기소된 범죄사실에 적용될 형벌법규의 위헌 여부가 문제되는 경우, 이를 피하기 위해 공소장변경을 요구해야 할 경우도 있다.[252]

(3) 절차

구두로 고지하고, 보충적 성격상 심리가 상당한 정도로 진행된 이후(제1회 공판기일 이후)에 행해진다. 공소장변경요구는 판결전 소송절차에 관한 결정으로서 항고할 수 없다(제403조 제1항).

(4) 변경요구에 따른 효과

(가) **변경요구** 공소장변경요구만으로 공소장이 변경되는 형성적 효력이 발생하지는 않는다.

법원이 공소장변경요구를 하여도 검사가 이에 불응하여 공소장변경신청을 하지 않는다면 공소장변경에 대한 허가결정을 할 여지가 없어서 공소장변경의 효력이 발생하지는 않고 따라서 공소장변경요구 자체만으로는 형성력이 인정되지 않는다. 공소장변경요구에 따라 공소장변경의 효과를 의제하는 규정이 없고 공소사실을 결정하고 변경하는 권한은 검사에게 있기 때문이다.

(나) **검사의 복종의무** 공소장변경요구가 있는 경우에 검사가 이에 복

---

250) 대판 1974. 2. 26. 73도3007 (저수지에서 가물치를 낚아 수산업법에 따른 불법어로로 기소된 사안에서 어업이 아니라는 이유로 무죄를 선고하자, 공소장변경요구를 하지 않았다는 이유로 불복한 사안); 대판 2006. 9. 14. 2005도2518; 대판 2009. 5. 14. 2007도616 (살인죄의 공소사실을 상해치사 또는 감금치사로 공소장변경을 요구하지 아니한 사안: 적법); 대판 2012. 7. 12. 2010도5835; 대판 2013. 4. 11. 2012도14446.

251) 예외적 의무설의 입장에서 '공소사실의 축소사실에 대한 법원의 직권 인정의 의무성'과 관련된 판례를 예로 들면서 최근 판례가 예외적 의무설의 입장을 취하고 있다는 지적도 있다.

252) 대판 2015. 4. 23. 2015도4065 참조.

종할 의무가 있는지에 대해 명령적 효력설과 권고적 효력설 대립하고 있다.

① 명령적 효력설은 법원의 공소장변경요구는 법원의 소송지휘권에 의한 결정으로서 검사에게 복종의무가 있으므로 이에 따라야 한다는 견해이고, ② 권고적 효력설은 공소장변경을 강제할 방법이 없으므로 권고적 효력에 그치고 검사에게 복종의무가 있는 것은 아니라는 견해이다.

명력적 효력설과 권고적 효력설의 견해 대립은 서로 다른 차원의 문제이다. 법원의 공소장변경요구가 있으면 검사는 이에 복종해야 할 의무가 있으나(명령적 효력), 복종하지 않는 경우에는 공소장변경의 효과가 생기지 않고(권고적 효력), 따라서 현저히 정의와 형평에 반하지 않는 한 무죄판결을 하여야 한다.

3. 공소장변경과 사물관할

공소장변경으로 단독판사의 관할사건이 합의부 관할사건으로 변경된 경우에 법원은 결정으로 관할권이 있는 법원에 이송하여야 한다(제8조 제2항).

공소장변경 후에도 단독판사가 계속 실체심리를 했다면 소송절차에 관한 법령위반으로 항소이유가 된다. 반대로 합의사건이 단독사건으로 변경된 경우에는 명문규정이 없으므로 사건이송은 허용되지 않는다.[253]

4. 공소장변경이 허용되는 절차

(1) 간이공판절차 등 간이공판절차, 약식명령에 대한 정식재판절차,[254] 재정신청에 따른 공소제기 결정에 의한 공판절차[255] 등에서도 공소장변경이 허용된다.

(2) 항소심 항소심에서도 공소장변경이 인정된다. 그러나 법률심이자 사후심인 상고심에서는 공소장변경은 허용되지 않는다. 항소심에서 공소장변경을 허용할 것인지는 항소심의 구조에 대한 입장과 연관되어 있다.

① 불허설 기본적으로 항소심을 **사후심**으로 이해하는 입장으로서, 일단 범죄사실에 대하여 심판이 행해진 원판결을 대상으로 해서 그 판결의 당부를 검토하는 과정이 항소심이므로 원판결의 심판범위 자체에 변경을 초래하는 공소장변

253) 대판 2013. 4. 25. 2013도1658.
254) 대판 2013. 2. 28. 2011도14986.
255) 대판 1989. 3. 14. 88도2428.

경은 항소심에서 허용되지 않는다고 한다.

② 제한적 허용설 항소심을 사후심으로 이해하면서도 원심판결을 파기하는 때 또는 항소심에서 원심판결의 사실오인이 다투어지는 때에 한해서 공소장변경이 허용된다는 견해이다.

③ 허용설 항소심은 **속심**이고, 항소심의 사후심적 구조는 소송경제를 위하여 이를 제한하는 데 불과하며, 항소심이란 제1심에서 파악된 범죄사실과 그 사실의 심리를 위해 수집된 증거를 토대로 하면서 여기에 새로이 발견되는 사실과 증거를 추가하여 피고사건의 적정한 판단을 구하는 절차이므로, 항소심에서도 공소장변경을 허용해야 한다는 견해이다.

항소심에서 공소장변경이 이루어졌다고 하더라도 제1심에서 판단한 공소사실과 기본적 사실관계가 동일한 범위 내에서만 허용되기 때문에 그 변경된 공소사실의 기초를 이루는 사실관계는 제1심에서도 이미 심리된 것이라고 할 수 있으므로, 항소심에서의 공소장변경이 피고인의 심급의 이익을 박탈하는 것이라고 할 수 없다.[256] 또한 공판에 관한 규정은 특별한 규정이 없으면, 항소심의 심판에 준용되므로, 제1심 공판에 관한 규정인 제298조도 항소심에 준용된다[257]는 점에서 항소심에서도 공소장변경은 허용된다.[258]

상고심에서 파기환송한 사건에 대한 항소심의 심리에 있어서도 공소장변경이 가능하다.[259] 또한 항소심에서는 제1심에서 이미 변경된 공소사실을 다시 본래의 공소사실로 변경하는 형태의 공소장변경도 가능하다.[260]

(3) 재심 재심개시결정에 따른 재심공판절차에서도 일반 절차의 해당 심급에서 허용되는 소송행위를 할 수 있고 불이익변경금지의 원칙이 적용되는 이상, 피고인에게 유리한 공소장변경은 가능하다고 보아야 한다.

---

256) 헌법재판소도 항소심에서 공소장변경을 허용하는 것은 합리적인 입법재량의 한계를 일탈하여 재판청구권을 침해한다고 할 수 없다고 보았고(헌재 2012. 5. 31. 2010헌바128), 판례도 공소장변경을 허가한 항소심 법원의 조처로 피고인의 제1심판결을 받을 기회를 박탈하여 헌법 제27조 제1항의 법률에 의한 재판을 받을 권리를 침해한 위법이 있다고 할 수도 없다고 판시하고 있다(대판 1995. 2. 17. 94도3297).

257) 대판 1967. 3. 7. 66도1749.

258) 대판 2015. 9. 10. 2015도10243; 대판 2017. 1. 25. 2016도17679; 대판 2017. 12. 22. 2017도14879; 대판 2019. 6. 20. 2018도20698.

259) 대판 2001. 3. 9. 2001도192.

260) 대판 1984. 2. 28. 83도3074.

재심절차에서 공소장변경의 허용 여부에 대해서는 전면허용설과 제한적 허용설이 대립하고 있다. ① 전면허용설은 재심의 경우에는 원판결의 형보다 무거운 형을 선고하지 못하기 때문에(제439조) 공소장변경의 내용을 구태여 제한할 필요가 없으므로 재심절차에서의 공소장변경을 전면 허용해도 무방하다는 견해이며, ② 제한적 허용설은 재심절차에서 공소장변경은 허용하나 원판결보다 중한 죄를 인정하기 위한 공소사실의 추가·변경은 허용되지 않는다는 견해이다. 한편 **판례**는 재심의 취지와 특성, 형사소송법의 이익재심 원칙과 재심심판절차에 관한 특칙 등에 비추어 보면, 재심심판절차에서는 특별한 사정이 없는 한 검사가 재심대상사건과 별개의 공소사실을 추가하는 내용으로 공소장을 변경하는 것은 허용되지 않는다고 한다.[261)]

판례는 재심 이전의 원판결에서 공소장변경이 이루어졌더라도 재심절차에서 당연히 효력을 갖는 것은 아니라고 한다.[262)]

5. 공소장변경과 공소시효

공소장이 변경된 경우 공소시효의 기간은 변경된 공소사실을 기준으로 하지만, 시효기산은 공소제기시를 기준으로 한다는 점은 이미 언급한 바 있다.

---

261) 대판 2019. 6. 20. 2018도20698 전합.
262) 서울고판 2012. 2. 10. 2011재노52 참조.

제2장

공판절차

제 1 절 공판절차 일반

제 1 공판절차의 의의

공판절차란 공소가 제기되어 사건이 법원으로 넘어간 다음부터 그 소송절차가 종국적으로 종료될 때까지의 모든 절차를 말한다. 공판절차는 공판기일 외의 절차(공판준비절차)와 공판기일의 절차(협의의 공판절차)로 구성된다. 형사절차의 핵심을 이루는 공판기일의 절차는 모두절차, 사실심리절차, 판결선고절차로 구분할 수 있다. 공판절차는 '형사변호투쟁', '진실을 위한 투쟁', '권리를 위한 투쟁' 등을 위한 절차로 표현되기도 한다.

제 2 공판절차의 기본원칙

공판절차의 기본원칙이란 공판절차를 구성하고 지도하는 소송의 원칙을 말한다. 공판절차가 정치권력에 의해 타락되는 것을 방지하면서, 입법자의 경험과 철학에 따른 소송원칙을 어떻게 구성할지가 문제된다. '죄 있는 자를 유죄로 하고 죄 없는 자를 무죄로 하는 완벽한 이상에 접근'하기 위한 노력의 산물이 공판절차의 기본원칙이라고 할 수 있다. 공판절차의 기본원칙은 입법자의 선택에 의해 좌우되는 법정책적·역사적 성격을 지닌다. 오늘날 인정되고 있는 공판절차의 기본원칙은 19세기 서구(독일)의 절대주의와 규문주의에 대한 자유주의적 투쟁의 산물이라고 할 수 있다.

Ⅰ. 공판중심주의

1. 의의

공판중심주의란 공판심리절차가 형사절차의 중심을 이루고 있는 구조를 말한다. '조서'중심주의와 '수사'의존주의에 대비되는 표현이다. 공판중심주의는 '공개된 법정에서의 심리'를 통해 형사사건의 실체를 해명해야 한다는 원칙을 의미한다. 당사자의 구두변론을 토대로, 법관의 면전에서 직접 조사한 증거를 가지고 재판을 진행해야 한다는 공판중심주의는 배심제도나 참심제도의 필요불가결한 전제가 된다. 판례는 공판중심주의를 "형사사건의 실체에 대한 유죄·무죄의 심증 형성은 법정에서의 심리에 의하여야 한다는 원칙"으로서 실질적 직접심리주의를 주요 원리로 삼고 있다고 이해하고 있다.1)

2. 성격

공판중심주의는 헌법상 재판을 받을 권리, 즉 피고인의 공정한 재판을 받을 권리를 실질적으로 보장하기 위한 원칙이다. 헌법 제27조 제1항이 「모든 국민은 헌법과 법률이 정한 법관에 의하여 법률에 의한 재판을 받을 권리를 가진다」고 규정한 것은 법관과 법률에 의한 재판을 받을 기본권을 천명한 것으로서, 법관에 의한 재판을 받을 권리란 실질적으로 '법관의 면전에서 모든 증거자료가 조사·진술되고 이에 대하여 피고인이 공격·방어할 수 있는 기회가 실질적으로 부여되는 재판을 받을 권리'를 의미한다.2)

형사소송법 제정 당시 종래 예심판사가 직접 증거를 수집하는 예심절차를 폐지함으로써 공판절차를 통한 사실해명 및 심증형성을 원칙으로 삼았다. 예심절차에서는 피고인이 수사서류의 증거능력을 다툴 권리나 증인에 대한 반대신문권이 보장되지 않았었다. 제정 형사소송법은 이러한 폐단을 해소하고 법정에서 피고인의 생생한 유·무죄 공방이 이루어지는 재판을 상정한 것이라고 볼 수 있다.

공판중심주의를 실현하기 위해서는 법관의 과중한 업무부담, 피의자신문조

---

1) 대판 2006. 12. 8. 2005도9730 (원진술자의 법정 출석과 피고인에 의한 반대신문이 이루어지지 못한 경우, 수사기관이 원진술자의 진술을 기재한 조서는 원칙적으로 진정한 증거가치를 인정받을 수 없다고 한 사안); 대판 2012. 6. 14. 2011도5313; 대판 2019. 11. 28. 2015도12742.

2) 대판 2000. 6. 15. 99도1108 전합 (증인의 진술을 번복시켜 작성한 진술조서의 증거능력을 부정한 사안); 헌재 2013. 10. 24. 2011헌바79 (공범의 피고인진술조서를 제315조 제3호의 공판조서에 포함시키는 것이 공정한 재판을 받을 권리를 침해하지 않는다고 본 사안).

서나 참고인진술조서 등을 중심으로 한 서면재판, 소송경제의 강조 등으로 인해 국민의 재판을 받을 권리가 위협받지 않도록 할 필요가 있다. 또한 형사재판부 및 공판검사의 대폭 증원, 형사법정의 증설이 시급하다고 할 것이다.

공판중심주의를 통해 공판절차가 형사절차의 중심 내지 '정점'(頂点)이 되어야 한다. 공판중심주의를 실현하는 구체적인 공판절차의 기본원칙으로는 공개주의, 구두변론주의, 직접주의, 집중심리주의 등을 들 수 있다.

Ⅱ. 파생원칙

1. 공개주의

(1) 의의

공개주의란 수소법원의 심리와 판결은 '일반인'에게 '직접' 공개되어야 한다는 원칙을 말한다. 공개주의는 공정한 재판을 실현하고, 사법에 대한 신뢰를 확보하기 위한 원칙으로서, 밀행주의나 '당사자'공개주의와 구별된다. 공개재판을 받을 권리는 형사피고인의 권리(헌법 제27조 제3항 후문)이자 재판의 기본원칙(제109조 전문)으로 헌법에 규정되어 있으며, 법원조직법 제57조도 공개주의를 명시하고 있다.

(2) 내용

㈎ **직접공개주의** 누구든지 공판의 일시·장소에 대한 충분한 정보를 얻을 수 있어야 하고(**정보가능성의 보장**), 재판에 관심 있는 사람이라면 누구나 공판정에의 출입이 보장되어야 한다(**공판정 출입의 보장**).

㈏ **간접공개주의** 공익과 관련된 사건으로서 국민의 알 권리가 인정될 경우에는 심리와 재판의 결과를 구두 또는 서면으로 일반 국민에게 알리는 것을 말한다(**언론의 보도에 의한 전파가능성**).

> 공개주의는 초기에 국가권력으로부터 시민을 보호한다는 측면이 강조되었으나, 오늘날에는 일반 국민의 정보이익('알 권리' 보장)에 중점을 두고 있고, 이에 따라 간접공개주의(TV공개주의)가 중요한 의미를 가지게 되었다. 간접공개는 피고인의 인격권을 침해하고 사회복귀에 장애를 가져올 수 있을 뿐만 아니라 증인의 증언이나 법원의 판결이 매스컴에 의한 영향을 받아 실체해명에 지장을 줄 수 있기 때문에 제한적으로 허용되어야 한다.

법원조직법은 법정안에서의 녹화·촬영·중계방송 등은 재판장의 허가를 받아야 하며(동법 제59조),[3] 재판장의 허가와 함께 피고인의 동의가 있거나 공공의 이익이 인정되는 경우에만 가능하도록 하고 있다.

(3) 제한

(가) 내재적 제한 법정의 공간적 수용능력에 따른 제한이 있다(법정방청규칙 제2조 제1호).[4]

(나) 사실상 제한 판결은 반드시 (직접)공개하여야 하나, 심리는 국가의 안전보장 또는 안녕질서를 방해하거나 선량한 풍속을 해할 염려가 있을 때에는 법원의 결정으로 비공개로 할 수 있다(헌법 제109조 단서, 법원조직법 제57조 제1항 단서). 이들 공개제한사유들은 불특정개념으로서 가급적 제한적 해석이 필요하다. 비공개결정에 대해서는 이유를 밝혀 선고하여야 한다(법원조직법 제57조 제2항).

> 성폭력범죄에 대한 심리에 대해서도 사생활 보호, 피해자 증인의 재판 협조 유도 등을 위해 결정으로 비공개로 할 수 있도록 하고 있다(성폭력범죄처벌법 제31조). 소년보호사건에 대한 심리는 원칙적으로 비공개한다(소년법 제24조 제2항).

(다) 법정경찰권 행사를 통한 제한 재판장은 법정의 존엄과 질서를 해할 우려가 있는 자의 입정금지 또는 퇴정을 명할 수 있다(법원조직법 제58조 제2항, 법정에서의 방청 및 촬영 등에 관한 규칙 제2조 제2호, 제3호, 제3조).

> 재판장은 제297조에 따라 증인이 피고인의 면전에서 충분한 진술을 할 수 없다고 인정하는 때에는 피고인을 퇴정하게 하고 증인신문을 진행할 수 있다. 피고인의 직접적인 증인 대면을 제한하는 것은 증인보호를 위해 피고인을 공개주의로부터 배제하는 측면을 지닌다. 피고인의 공개재판을 받을 권리와 증인대면권을 보장하기 위해 피고인에 대한 공개주의 배제의 요건을 보다 명확히 할 필요가 있다. 판례는 제297조의 요건이 충족되었더라도 피고인의 반대신문권을 배제하는 것은

---

3) 독일 법원조직법 제169조 제2문은 법정심리에 대한 라디오·텔레비전 방송을 절대적으로 금지하고 있다. 이는 방송으로 인해 야기될 수 있는 진실발견의 위태화를 방지하기 위한 것이다. 즉 라디오·텔레비전 방송으로 인해 증인 및 감정인 진술을 방해하거나 이들의 진술태도에 영향을 미치지 않도록 해야 한다. 나아가 이를 통해 동시에 법관의 독립성 또한 보호될 수 있다.

4) 대판 1990. 6. 8. 90도646.「법원이 법정의 규모·질서의 유지·심리의 원활한 진행 등을 고려하여 방청을 희망하는 피고인들의 가족·친지 기타 일반 국민에게 미리 방청권을 발행하게 하고 그 소지자에 한하여 방청을 허용하는 등의 방법으로 방청인의 수를 제한하는 조치를 취하는 것이 공개재판주의의 취지에 반하는 것은 아니(다).」

허용될 수 없다는 입장이다.[5)]

(4) 공개주의 위반의 효과

공개주의 위반은 중대한 절차위반으로 절대적 항소이유(제361조의5 제9호)이자 상고이유(제383조 제1호)가 된다.

공개주의에 위반하는 비공개가 아니라 반대로 부당하게 공개한 경우, 즉 정당한 이유 없이 매스컴을 통해 공판절차를 공개하여 공개주의를 위반한 경우에는 상대적 항소이유(제361조의5 제1호)로 될 것이고, 따라서 판결이 매스컴 공개에 의해 영향을 받은 경우에만 항소이유가 된다. 또한 법원이 비공개결정을 하면서 그 이유를 설시하지 않은 경우에는 '판결에 이유를 붙이지 아니하거나 이유에 모순이 있는 때'(제361조의5 제11호)에 해당하지 않고 '공판의 공개에 관한 규정에 위반한 때'(동법 제9호)에 해당한다.

한편 법정에서 재판장의 허가 없이 몰래 사진촬영·녹화 등을 한 경우에는 법원조직법 제59조 위반으로서 법원조직법 제61조에 따라 20일 이내의 감치 또는 100만원 이하의 과태료에 처하거나 이를 병과할 수 있다.

2. 구두변론주의

(1) 의의

구두변론주의란 법원이 당사자의 구두에 의한 공격·방어를 기초로 심증을 형성하여야 한다는 원칙을 말한다(제275조의3). 구두주의와 변론주의를 포괄한다.

이에 따라 검사는 공소장에 의하여 공소사실·죄명 및 적용법조를 낭독하여야 하고(제285조), 피고인은 검사의 모두진술이 끝난 다음 공소사실의 인정 여부를 진술해야 하며(제286조 제1항), 재판장은 피고인의 모두진술이 끝난 후에 피고인 또는 변호인에게 쟁점의 정리를 위하여 필요한 질문을 할 수 있고, 검사 및 변호인으로 하여금 공소사실 등의 증명과 관련된 주장 및 입증계획 등을 진술하게 할 수 있도록 하는 등의 규정을 두고 있다(제287조).

구두주의는 연혁적으로 규문주의하에서 인정되었던 서면주의를 극복하기 위한 원칙으로서, 공개주의의 전제가 된다. 따라서 직권주의하에서도 구두주의는 중요한 원칙으로 자리잡고 있으며(독일 형사소송법 제261조 참조) 당사자주의하에서도 당연한 전제가 되고 있다. 한편 변론주의는 당사자주의의 요청이고 직권

---

5) 대판 2010. 1. 14. 2009도9344.

에 의한 사실해명을 제한하는 원리로 작용한다. 구두변론을 거쳐 심리하지 않은 경우에는 공판절차의 위법이 인정된다.[6)]

(2) 구두주의

구두주의란 진술증거의 경우 구술로 제공된 소송자료에 기하여 재판을 행하는 방식을 말한다.

(가) **취지** 소송참가자와 방청인들이 당사자들의 주장과 입증을 잘 알게 함으로써 공정한 재판을 가능하게 하고(공개주의의 기초), 법관에게도 자료에 대한 신선한 인상을 제공하고 진술자의 태도를 통하여 진술의 진의를 파악할 수 있게 되어 정확한 심증형성에 기여한다. 특히 실체형성행위의 경우 실체적 진실발견에 기여한다.

(나) **구두주의의 표현** 공판기일에서의 절차는 구두로 행하며, 특히 판결은 법률에 다른 규정이 없으면 구두변론을 거쳐서 하여야 한다(제37조 제1항).

(다) **서면주의에 의한 보충** 형식적 확실성이 요청되는 절차형성행위에 대해서는 서면주의를 취하고 있으며(공소제기, 상소제기 등), 상소심에서는 서면심리가 허용된다. 즉, 항소심에서는 예외적으로 서면심리가 허용되지만(제364조 제5항), 상고심은 서면심리가 원칙이다(제390조).

(3) 변론주의

변론주의란 사건의 심리와 판단을 당사자의 변론, 즉 당사자의 공격과 방어인 주장과 입증을 기초로 해야 한다는 원칙으로서, **직권탐지주의**와 대비된다. 변론주의는 당사자에게 심판대상의 처분권까지 인정하는 당사자처분(권)주의와 당사자에 의한 소송추행을 내용으로 하는 당사자소송주의로 구분될 수 있다.

> 당사자처분권주의에 입각하고 있는 민사소송에서는 변론주의가 ① 주장책임(당사자가 주장하지 아니한 사실을 판결의 기초로 삼아서는 안 된다는 원칙), ② 자백의 구속력(당사자간 다툼이 없는 사실은 그대로 판결의 기초로 해야 한다는 원칙), ③ 직권조사금지(당사자간에 다툼이 있는 사실을 인정함에 있어서 반드시 당사자가 제출한 증거에 의해야 한다는 원칙)를 내용으로 하지만, 형사소송에서

---

6) 대판 1994. 10. 21. 94도2078; 대판 2015. 12. 10. 2015도11696; 대판 2017. 8. 18. 2017도7134. 다만, 항소심은 항소이유에 포함된 사유를 심판하도록 되어 있으므로, 항소심에서 공소장에 의한 기소요지 진술은 불필요하다(대판 1966. 5. 17. 66도276).

는 법원의 직권 개입을 일정 부분 인정하고 있어 완전한 의미에서 변론주의라고 보기는 어렵다.

㈎ **변론주의의 표현** 당사자의 공판정 출석(제275조 제2항, 제276조), 검사의 모두진술(제285조)과 피고인의 모두진술(제286조), 당사자의 증거조사신청권(제294조), 증거조사에 대한 참여권(제163조, 제176조)과 이의신청권(제296조), 증인신문에 있어서 교호신문제도(제161조의2), 증거조사 종료후의 피고인신문(제296조의2), 공소장변경제도(제298조), 검사의 의견진술권(제302조)과 피고인 및 변호인의 최후진술권(제303조), 국선변호인제도(제33조) 등은 변론주의를 구체화하고 있는 제도라고 할 수 있다. 변론은 구체적이고 명료하게 이루어져야 한다(규칙 제125조).

㈏ **변론주의의 보충(소송지휘) 내지 제한** 현행법은 변론주의를 보충하는 취지에서 법원의 직권에 의한 증거조사(제295조), 법관에 의한 증인신문(제161조의2), 법원의 공소장변경요구제도 등을 인정하고 있다.

현행법이 수사기관의 조서 등 서면증거에 대해 예외적으로 엄격한 요건 아래 증거능력을 인정하는 것도 공판중심주의, 구두변론주의 및 직접심리주의의 요청에 따른 것이라고 할 수 있다.[7)]

㈐ **기일 외 주장 금지** 소송관계인은 심문 또는 공판기일 외에서 구술, 전화, 휴대전화 문자전송, 그 밖에 이와 유사한 방법으로 신체구속, 공소사실 또는 양형에 관하여 법률상·사실상 주장을 하는 등 법령이나 재판장의 지휘에 어긋나는 절차와 방식으로 소송행위를 해서는 안되며(규칙 제177조의2 제1항), 재판장은 이를 어긴 소송관계인에게 주의를 촉구하고 기일에서 그 위반사실을 고지할 수 있다(동조 제2항).

형사소송절차의 적법성과 투명성을 담보하고 국민의 사법신뢰도를 제고하기 위하여 소송관계인의 기일 외 주장 등 부적법한 소송행위를 금지하기 위해 2016년에 형사소송규칙에 신설한 규정이나, 피고인이나 변호인의 권리를 부당하게 침해할 우려가 있으므로 신중한 운영이 필요하다.

---

7) 대판 2013. 3. 14. 2011도8325 참조.

3. 직접(심리)주의

(1) 의의

직접주의 또는 직접심리주의란 법원이 공판기일에 공판정에서 직접 조사한 (원본)증거만을 기초로 심리·판단해야 한다는 원칙을 말한다. 직접주의는 법원이 공판정에서 직접 조사한 증거를 토대로 심증을 형성해야 한다는 형식적 직접주의와 가능한 한 증명의 대상이 되는 사실에 가장 가까운 증거방법, 즉 원본증거에 의해 증명하여야 한다는 실질적 직접주의를 포함한다.

직접주의는 법관이 법정에서 직접 원본증거를 조사하는 방법을 통하여 사건에 대한 신선하고 정확한 심증을 형성할 수 있도록 하고, 피고인에게 원본증거에 관한 직접적인 의견진술의 기회를 부여함으로써 실체적 진실을 발견하고 공정한 재판을 실현할 수 있도록 한다.[8)] 실질적 직접주의의 정신에 비추어 항소심은 제1심 증인이 한 진술의 신빙성 유무에 대한 판단을 함부로 뒤집을 수 없다.[9)]

(2) 제도적 표현

(가) **형식적 직접주의** 판사 등의 출석에 의한 개정(제275조), 판사의 경질에 의한 공판절차 갱신(제301조), 증거의 소송관계인에 의한 개별적 지시·설명(제291조), 법원에 의한 증거신청에 대한 결정(제295조) 등은 형식적 직접주의의 표현이라고 할 수 있다.

증인의 법정 외 신문(제165조), 수명법관, 수탁판사에 의한 증인신문(제167조), 법원 외의 감정(제172조) 및 통역·번역(제183조), 공판기일 전의 증거조사(제273조)는 형식적 직접주의의 예외라고 할 수 있다.

(나) **실질적 직접주의** 실질적 직접주의는 피고인신문, 증인신문, 감정인신문 등을 통해 보장되고 있다. 전문법칙(제310조의2)도 피고인의 반대신문권의 보장이 고려되고 있지만 실질적 직접주의를 뒷받침하는 증거법칙이기도 하다.

광범위한 전문법칙의 예외와 증거동의(제318조) 등은 실질적 직접주의의 예외를

---

8) 대판 2006. 11. 24. 2006도4994 (증인 진술의 신빙성에 대한 제1심의 판단을 뒤집은 항소심의 조치가 공판중심주의와 직접심리주의의 원칙에 어긋난다고 본 사안).

9) 대판 2006. 11. 24. 2006도4994; 대판 2009. 1. 30. 2008도7917; 대판 2012. 6. 14. 2011도5313; 대판 2019. 12. 12. 2019도14469. 제1심 증인이 한 진술의 신빙성 유무에 대한 판단을 항소심이 뒤집은 것을 정당하다고 본 판례로는, 대판 2016. 11. 25. 2016도7819.

인정한 것이다. 전문법칙의 예외 인정 여부는 전문증거인 조서나 진술서 등이 작성될 당시 그 사건을 직접 심리할 수소법원이 그 원진술자 등을 신문하여 직접 청취할 수 없었다는 직접주의의 취지에 비추어 엄격하게 적용되어야 한다.[10] 증거능력뿐만 아니라 증명력을 판단함에 있어서도 직접주의가 고려된다.[11]

4. 집중심리주의

(1) 의의

집중심리주의란 하나의 사건에 대한 공판심리는 한 번에 중단 없이 판결의 선고에 이르기까지 진행되어야 한다는 원칙을 말한다. 이 원칙은 심리기일의 분산으로 인하여 심증형성의 연속성이 약화되고, 기일간 간격으로 인하여 재판이 지연되는 것을 방지하는 데 기여한다.

종래의 실무는 피고사건을 심리한 후 기일간의 간격을 두어 조서검토 등을 하고 공판조서를 작성하는 데 필요한 시간만큼 절차가 지연되었기 때문에 이를 개선할 필요가 있었다.

집중심리주의는 헌법상 '신속한 재판을 받을 권리'의 실현에 기여할 뿐만 아니라 시간의 단절로 인한 심증형성의 장애를 제거함으로써 공정한 재판을 실현하고, 다른 원칙들과 결합하여 공판중심주의 실현에도 기여한다. 특히 1~2일 안에 재판이 진행되는 국민참여재판에서 집중심리주의는 배심원들의 심증형성에도 매우 중요한 의미를 가진다.

(2) 구체적 내용

㈎ 심리의 집중

공판기일의 심리는 집중되어야 한다(제267조의2 제1항). 심리에 2일 이상이 필요한 경우에는 부득이한 사정이 없는 한 매일 계속 개정하여야 한다(동조 제2항). 집중심리를 위해 재판장은 여러 공판기일을 일괄하여 지정할 수 있다(동조 제3항). 재판장은 부득이한 사정으로 매일 계속 개정하지 못하는 경우에도, 특별

---

10) 대판 2000. 6. 15. 99도1108 전합 [보충의견]; 대판 2014. 2. 21. 2013도12652 참조.

11) 대판 2001. 9. 14. 2001도1550. 「반대신문권의 보장은 형식적·절차적인 것이 아니라 실질적·효과적인 것이어야 하므로, 증인이 반대신문에 대하여 답변을 하지 아니함으로써 진술내용의 모순이나 불합리를 드러내는 것이 사실상 불가능하였다면, 그 사유가 피고인이나 변호인에게 책임 있는 것이 아닌 한 그 진술증거는 법관의 올바른 심증형성의 기초가 될 만한 진정한 증거가치를 가진다고 보기 어렵다.」

한 사정이 없는 한, 전회의 공판기일로부터 14일 이내로 다음 공판기일을 지정하여야 한다(동조 제4항).

(나) 즉일선고의 원칙(제318조의4)

특별한 사정이 있는 경우를 제외하고 판결의 선고는 변론을 종결한 기일에 하여야 한다(제318조의4 제1항). 즉일선고를 하는 경우에는 판결의 선고 후에 판결서를 작성할 수 있다(동조 제2항). 즉일선고를 하지 못하는 경우 선고기일은 변론종결 후 14일 이내로 지정되어야 한다(동조 제3항).

(3) 소송관계인의 협조

소송관계인은 기일을 준수하고 심리에 지장을 초래하지 아니하도록 하여야 하며(제276조의2 제4항), 증인을 신청한 자는 증인이 출석하도록 합리적인 노력을 할 의무가 있다(제150조의2 제2항). 법원은 검사, 피고인 또는 변호인이 고의로 증거를 뒤늦게 신청함으로써 공판의 완결을 지연하는 것으로 인정할 때에는 직권 또는 상대방의 신청에 따라 결정으로 이를 각하할 수 있다(제294조 제2항).

(4) 다른 제도적 표현

소촉법에 따라 소송경제의 차원에서 판결의 선고기간을 제한하고(제21조), 형사소송법에서 피고인에 대한 구속기간을 제한하는(제92조) 것도 집중심리주의의 실현에 기여한다. 공판준비절차도 집중심리의 실현에 목적이 있다(제266조의5 제1항 참조).[12)]

제 2 절　공판준비절차

제 1　공판준비절차의 의의

공판준비절차란 공판기일의 절차를 신속하고 적정하게 진행하기 위해 수소법원이 사전에 필요한 준비를 행하는 절차를 말한다. 실체면에 대한 공판준비는 공판중심주의에 입각하여야 하므로, 공판준비절차는 특히 절차면과 관련하여 중

---

12) 대판 2009. 10. 22. 2009도7436 전합 (공소장일본주의 위반 여부는 가능한 한 공판준비절차에서 점검하여 위법한 절차가 계속 진행되지 않도록 해야 한다고 본 사안).

요한 의미를 지닌다. 제1회 공판기일 이전의 절차뿐만 아니라 제2회 공판기일 이후의 공판기일 간의 절차도 포함된다. 수소법원 이외의 판사가 진행하는 증거보전절차나 증인신문절차, 영장발부 등은 여기에 포함되지 않는다.

공판준비절차는 광의의 공판준비절차와 협의의 공판준비절차로 나눌 수 있다. 전자는 공판기일의 절차를 준비하는 일련의 모든 절차를 의미하며, 후자는 공판기일의 집중심리를 위하여 마련된 정형화된 준비절차(제266조의5 이하)를 의미한다.

제 2 광의의 공판준비절차

공판절차에 앞서서 행해지는 공소장부본송달, 피고인의 의견서 제출, 국선변호인 선정, 공판기일 지정·변경, 증거조사 등은 광의의 공판준비절차에 해당한다. 공소장부본송달이나 피고인의 의견서 제출은 제1회 공판기일 전의 절차이며, 국선변호인 선정, 공판기일 지정·변경, 증거조사 등은 모든 공판기일 전 절차에서 행해질 수 있다.

Ⅰ. 절차적 공판준비

1. 공소장부본 송달

법원은 공소의 제기가 있는 때에는 지체 없이 – 제1회 공판기일 전 5일까지 – 공소장의 부본을 피고인 또는 변호인에게 송달하여야 한다(제266조). 송달방법은 민사소송법 제174조 이하에 따른다(제65조).

공소장부본을 송달하지 않거나 5일의 유예기간을 두지 않고 송달한 경우에는 피고인의 모두진술 시점까지 이의신청이 가능하다(제304조: 재판장의 처분에 대한 이의신청). 피고인이 제1심 법정에서 이의를 제기하지 않고 공소사실에 관하여 충분히 진술할 기회를 부여받았다면 판결에 영향을 미친 위법이 있다고 할 수 없어 적법한 상소이유가 되지 않으나,[13] 제1심이 공시송달의 방법으로 피고인을 소환한 후 피고인이 공판기일에 출석하지 아니한 가운데 제1심의 절차가 진행되었다면 그와 같은 위법한 공판절차에서 이루어진 소송행위는 효력이 없다.[14]

13) 대판 1992. 3. 10. 91도3272 (교도소 교도에게 구속된 피고인에 대한 공소장부본을 송달한 사안: 위법하나 판결에 영향을 미치지 않은 경우에는 적법한 상소이유가 되지 않음).

14) 대판 2014. 4. 24. 2013도9498.

국민참여재판의 대상인 경우에 피고인에 대하여 국민참여재판을 원하는지 여부에 관한 의사를 서면 등의 방법으로 반드시 확인하여야 한다(국민참여재판법 제8조 제1항).

2. 국선변호에 관한 고지와 선정

재판장은 공소제기가 있는 때에는 변호인 없는 피고인에게 국선변호인 선정사유 및 선정 등에 관한 사항을 서면으로 고지하여야 한다(규칙 제17조 제1항, 제2항). 법원은 제33조 제1항에 따른 직권선정사유에 해당하는 피고인이 변호인을 선임하지 아니한 때, 제33조 제2항에 의한 국선변호인 선정청구가 있거나 혹은 동조 제3항에 의하여 국선변호인을 선정해야 할 때에는 지체 없이 국선변호인을 선정하고 피고인 및 변호인에게 그 뜻을 고지하여야 한다(규칙 제17조 제3항).

국선변호에 관한 고지 및 선정에 관한 규정은 변호인의 조력을 받을 권리의 보장을 위해 규칙이 아닌 형사소송법에서 규정하는 것이 타당하다.

3. 의견서 제출

피고인 또는 변호인은 공소장 부본을 송달받은 날부터 7일 이내에 공소사실에 대한 인정 여부, 공판준비절차에 관한 의견 등을 기재한 의견서를 법원에 제출하여야 한다. 다만, 피고인이 진술을 거부하는 경우에는 그 취지를 기재한 의견서를 제출할 수 있다(제266조의2 제1항). 법원은 의견서가 제출된 때에는 이를 검사에게 송부하여야 한다(동조 제2항).

피고인 등은 공판기일에서 의견서 내용과 다른 진술이 가능하며, 의견서는 의사표시적 문서로서 유죄의 증거로 사용할 수 없다. 입법론으로, ① 공소사실 '인정 여부'에 관한 의견이 아니라 '공소사실'에 대한 의견을 기재하도록 함이 타당하다. 공소사실 인정 여부에 대한 의견을 요구하는 것은 무죄추정의 원칙에 반할 수 있다. ② 공소사실에 대한 의견 진술을 위해 변호인의 조력이 필요할 수 있으므로, 국선변호인 선정사유에 해당하는 경우에는 '공소장부본을 송달받은 후'가 아니라 국선변호인이 선정된 후 7일 이내 의견서를 제출하도록 개선이 필요하다.

4. 공판기일의 지정 및 변경

(1) 공판기일의 지정

재판장은 공소가 제기된 사건에 대하여 공판기일을 지정하여야 한다(제267

조).[15] 심리에 2일 이상이 필요한 경우에는 부득이한 사정이 없는 한 매일 계속 개정하여야 하며(제267조의2 제1항), 재판장은 여러 공판기일을 일괄하여 지정할 수 있고(동조 제2항), 부득이한 사정으로 매일 계속 개정하지 못하는 경우에도, 특별한 사정이 없는 한, 전회의 공판기일부터 14일 이내로 다음 공판기일을 지정할 수 있다(동조 제3항).

제1회 공판기일은 원칙적으로 소환장 송달 후 5일 이상 유예기간을 두어야 한다(제269조 제1항). 공판기일은 피고인에 대한 소환장 송달 등이 적법하게 이루어진 후의 기일로 지정되어야 한다.[16] 당사자가 공판기일의 통지를 받고 불출석함으로 인하여 공판정에서 다음 기일의 통지를 받지 못하였더라도 그 고지는 적법하다.[17]

(2) 공판기일의 변경

재판장은 '직권' 또는 검사, 피고인이나 변호인의 '신청'에 의하여 공판기일을 변경할 수 있다(제270조 제1항).

공판기일 변경신청에는 공판기일의 변경이 필요한 사유와 그 사유가 계속되리라고 예상되는 기간을 명시하여야 하며 진단서 기타의 자료로써 이를 소명해야 한다(규칙 제125조).

5. 피고인의 소환과 검사 등에 대한 통지

피고인은 공판기일에 출석의무가 있으므로 공판기일에 소환되며, 검사와 변호인은 출석의무가 없으므로 공판기일을 통지받는다(제267조 제2항, 제3항).

소환 또는 통지서를 받은 자가 질병 기타의 사유로 출석하지 못할 때에는 의사의 진단서 기타의 자료를 제출하여야 한다(제271조). 피고인의 소환에 대해서는 별도의 규정(제68조, 제74조, 제76조, 제268조)을 두고 있다.

피고인이 소환에 응하지 않으면 구인할 수 있다(제74조). 구인한 피고인을 법원에 인치한 경우에 구금할 필요가 없다고 인정한 때에는 그 인치한 때로부터

---

15) 통상 기소된 후 한 달 안에 제1회 공판기일이 열리고 있으며, 그 기일로부터 2, 3주 전에 기일 지정이 이루어지므로 기소된 후 2주일 정도 지나면 공판기일이 정해진다. 일단 개정해서 실질 심리에 들어간 다음 변론을 종결하지 않고 심리의 계속을 위해 새 공판기일을 지정하는 것을 '기일 속행'이라고 한다.

16) 대판 1955. 3. 4. 4287형상100 (소환장도 발신하기 전에 공판기일이 지정되어 피고인이 출석하지 않은 채 차회 기일을 추후 지정하기로 명한 사안: 위법).

17) 대판 1967. 2. 21. 66도1710.

24시간 내에 석방하여야 한다(제71조). 인치된 피고인에 대해 법원의 재판을 위해 일시적으로 유치할 필요가 있으면 – 인치한 때부터 – 24시간 이내의 범위에서 교도소·구치소 또는 경찰서 유치장에 유치할 수 있다(제71조의2).

Ⅱ. 실체적 공판준비

공판중심주의에 따라 실체심리는 공판정에서 이루어져야 하지만, 실체심리를 위해 필요한 준비로서 사실조회(제272조), 증거조사(제273조), 당사자의 증거제출(제274조)이 가능하다.

공소장일본주의와 관계에 비추어 제1회 공판기일 이전에는 실체적 소송준비는 허용하지 않는 것이 바람직하다. 필요한 경우에는 증거보전절차에 의하여 수소법원 이외의 판사가 행할 수 있으며, 복잡한 사건의 경우 효율적이고 집중적인 공판심리를 위해서 '협의의 공판준비절차'에 부칠 수 있으므로, 이와 별개로 실체적 공판준비를 인정할 실익은 더욱 축소되었다고 할 수 있다.

1. 사실조회

(1) 의의

사실조회란 관공서나 공사단체에게 그 업무에 속하는 특정 사항에 관한 보고 또는 그곳에 보관 중인 문서의 등본·사본의 송부를 촉탁함으로써 증거를 수집하는 절차(예: 전과사실, 형기종료일, 은행에 대한 계좌조회, 병원에 대한 입원기록 조회 등)를 말한다(제272조).

공판정에서 증거조사를 위한 준비행위의 성격을 가지며, 신청한 당사자가 송부받은 내용을 검토한 후 다시 증거조사를 청구하고 법원이 증거결정을 하는 것이 일반적이다.

(2) 내용

증거조사를 위해 필요한 사항의 보고 및 보관서류의 송부를 요구한다.

수사기관은 공무소 등에 조회하여 '필요한 사항의 보고'만 요구할 수 있지만(제199조 제2항), 법원은 공무소 등에 조회를 통하여 보관하고 있는 '서류의 제공'도 요구 가능하며(개인정보보호법에 따른 제3자 정보제공의 예외사유에 해당), 주로 통신사, 병원, 수사기관 또는 지방자치단체 등을 대상으로 통신자료, 진단서 내용에 관한 질의에 대한 답변서 제출, 범죄경력조회 등을 하는 방법으로 활용한다.

사실조회는 촉탁의 상대방이 용이하게 조사할 수 있는 사실에 대하여 조회하고, 조사할 내용이 촉탁의 상대방의 특별한 지식과 경험을 필요로 하거나 촉탁의 상대방의 전문적인 의견을 구하는 것일 때에는 감정촉탁의 방법으로 함이 상당하다.

(3) 직권 또는 신청에 대한 결정

법원이 직권 또는 당사자의 신청에 의하여 구두 내지 서면에 의한 보고 내지 송부를 요구한다. 당사자가 신청한 경우에는 신청의 기각은 결정에 의한다(제272조 제2항).[18]

(4) 상대방의 거부

사실조회의 요구를 받은 상대방은 송부요구 등에 대해 정당한 이유가 있는 경우에는 거절할 수 있다(규칙 제132조의4 참조). '정당한 이유'란 국가안보, 증인보호의 필요성, 증거인멸의 염려, 관련사건의 수사에 장애를 가져올 것으로 예상되는 구체적인 사유에 준하는 사유를 의미한다.[19] 특히 수사기관이 정당한 이유 없이 송부요구 등을 거절한 것은 피고인의 신속·공정한 재판을 받을 권리와 변호인의 조력을 받을 권리를 중대하게 침해하는 것으로서 위법하며, 이러한 거부가 유·무죄의 판단에 영향을 미칠 상당한 개연성이 인정되는 경우에는 공소사실이 합리적 의심의 여지없이 증명된 것으로 볼 수 없다.[20]

> 송부 등 명령에 대해 상대방의 보고 내지 송부 의무를 긍정하기도 하지만 위반하더라도 제재가 없어 실효성이 없고, 송부요구 등을 거부하는 경우에는 그 대상에 대해 압수수색의 방법을 취할 수밖에 없다. 민사소송의 경우에는 문서제출명령을 따르지 않을 경우 500만원 이하의 과태료에 처하도록 규정하고 있다(동법 제351조).

(5) 제한

예단배제의 원칙과 관련하여, 제1회 공판기일 전에는 사건의 실체에 관한 사항(예컨대 경찰에 대한 범죄경력회보서 요청)에 대해 보고나 송부 요구를 제한할 필요가 있다.

---

18) 대판 2009. 11. 12. 2009도8949.

19) 대판 2012. 5. 24. 2012도1284 참조.

20) 대판 2012. 5. 24. 2012도1284 (검찰청이 보관하고 있는 불기소처분기록에 포함된 불기소결정서의 송부 요구를 거부한 사안: 위법); 대판 2014. 6. 26. 2014도753.

(6) 증거능력

송부된 서류 등은 증거법이 정하는 바에 따라 증거능력이 인정될 수 있다.[21] 사실조회회보가 공문서인 경우에는 별도의 신빙성 있는 반대자료가 없는 한 법원은 그 기재와 어긋나는 사실을 인정할 수 없다.[22] 송부된 서류에 대해서는 다른 증거와 마찬가지로 공판정에서 별도의 증거조사를 거쳐야만 증거로 사용할 수 있음은 물론이다.

2. 증거조사 및 증거제출

(1) 의의

법원은 공판준비에 필요하다고 인정하는 때에는 공판기일 전에도 증거조사(피고인신문, 증인신문, 검증, 감정 또는 번역)를 할 수 있고(제273조 제1항), 당사자는 서류나 물건을 증거로 제출할 수 있다(제274조).

(2) 내용

'공판준비'에 필요하다고 인정한 때에 한하므로, 공판절차에서 이루어져야 할 실체심리를 위한 증거조사는 원칙적으로 허용되지 않는다. 법관의 예단배제와 관련하여 제1회 공판기일 이전에도 증거조사가 가능한지 그리고 법문에 명시되어 있는 피고인신문을 허용할 것인지에 대해 논의가 있다.

> 실무에서는 공판준비에 필요한 범위 내에서는 피고인신문도 가능하다고 보거나 아무런 제한 없이 허용하면서 피고인신문조서를 다음 공판기일에 서증으로서 증거조사하면 족하다고 본다. 그러나 공판기일 전 증거조사를 허용하더라도 공판기일 외에서 피고인신문을 포함시키는 것은 의문이다.

(가) 증거조사의 개시절차 증거신청을 하거나, 증거 채부(採否)에 관한 결정을 하고, 증거조사의 순서나 방법을 정하는 넓은 의미의 증거조사는 효율적인 공판심리를 위해 허용될 것이다. 예컨대 검사가 제출한 참고인진술조서에 대해 원진술자가 소재불명인 경우에 제314조에 따라 증거로 사용하려면 소재불명사실에 대한 소명이 필요할 것이다.

(나) 협의의 증거조사 공판준비절차에서 협의의 증거조사가 허용되는

---

21) 예컨대, 대판 2015. 7. 16. 2015도2625 전합.
22) 대판 1990. 11. 23. 90다카21022 참조.

지에 대해서는 논의가 있다.

학설로는, ① 전면허용설(공판준비절차에서 실체심리를 전면적으로 허용하는 견해), ② 전면불허설(제273조와 제274조는 공판중심주의적 법정심리절차와 확립과 국민참여재판을 실시로 사문화되었다고 보는 견해) 그리고 ③ 제한허용설(제1회 공판기일 전에는 공소장일본주의에 따른 예단배제의 원칙이 적용되어야 하므로 증거조사나 각종 강제처분이 허용되지 않지만, 제1회 공판기일 이후의 공판준비절차에서의 증거조사나 피고인신문이 허용된다는 견해)이 있고, 다수설은 제한허용설의 입장이다.

공판기일 전의 증거조사를 제1회 공판기일 전에도 허용하게 되면 법원의 예단을 배제하기 위하여 인정되고 있는 공소장일본주의가 형해화될 우려가 크므로, 증거조사나 피고인신문 등은 '제1회 공판기일 이후'의 공판기일 전(기일간 절차)에만 가능한 것으로 보아야 한다.

(다) **협의의 공판준비절차와 관련** 2007년 법률개정으로 협의의 공판준비절차가 신설되어 증거조사를 위한 개시절차가 폭넓게 허용된 점을 고려하면, 광의의 공판준비절차에서는 별도로 증거조사를 허용하지 않는 것이 타당할 것이다.

국민참여재판에서는 배심원이 공판준비절차에서 행해진 증거조사를 바탕으로 심증을 형성할 수 없으므로 증거조사 및 증거제출이 엄격히 금지되며, 일반적인 경우에도 새로 도입한 공판준비절차에서 증거신청 및 채택이 이루어지는 점을 고려하면, 제1회 공판기일 전후를 불문하고 광의의 공판준비절차에서 증거조사 자체는 허용되지 않는다고 보아야 한다.

제3 증거개시

Ⅰ. 의의 및 기능

1. 의의

증거개시(discovery)란 당사자가 자신의 수중에 있는 증거를 상대방에게 열람·등사하도록 하는 것을 말한다(제266조의3, 제266조의11).

증거개시제도는 검사나 피고인, 변호인이 상대방의 수중에 있는 사건에 관해 필요하거나 유용한 정보를 얻기 위해 이용하는 절차이다. 미국의 경우 증거개시제도가 1930·40년대에 민사소송에서 성공적으로 운영되자 형사소송에도 확대되었고, 1950·60년대부터는 증거개시 확대와 제한에 관한 논쟁이 전개되고 있다. 증거개시 제한론은 증거인멸·은닉, 증인보호, 일방성(one-way street)을 강조하고 있다. 미국에서는 피고인에게 유리한 증거를 은닉하는 것은 검사의 선의·악의를 불문하고 적정절차 위반이라는 Brady Rule(Brady v. Maryland, 1963)이 인정되고 있다. 한편 독일의 경우는 로마법, 게르만법의 사인소추주의에서는 없었던 검사제도가 확립되면서 피고인 측의 열람등사권이 보장되기 시작하였다. 독일에서의 열람등사권은 정보의 비대칭성(무기대등)에 근거를 둔 것으로 수사단계에서 일정한 대상에 대한 열람등사를 인정하는 것이 특징이다.

2. 기능

증거개시제도는 공소장일본주의의 도입으로 자료수집을 통한 방어계획의 수립이 곤란한 상태에서 **공판중심주의 실현**을 위해 사전에 상대방의 증거를 공개하도록 하는 제도이다. 쟁점 정리 및 효율적 변론준비를 통해 원활한 공판준비와 검사의 불의타를 막아 공정한 재판의 실현에 기여하도록 하고, 피고인의 방어권 보장을 위해 수사기록에 대한 실질적 접근을 보장하는 데 의의가 있다.

2007년 개정법률 이전에도 제35조에서 '소송계속 중의 관계서류 또는 증거물의 열람·등사'를 규정하고 있었으나, '소송계속 중'의 의미가 공소제기 후에 법원이 보관하는 것에 한하는가, 수사기관이 보관하고 있는 것도 포함하는가에 대해 논란이 있었고, 헌법재판소[23]가 공소제기 후에는 검사가 보관하고 있는 것도 포함한다는 점을 명백히 한 후 이를 명문화한 것이 제266조의3 이하의 규정이라고 할 수 있다.

Ⅱ. 증거개시 신청

1. 신청권자

피고인 또는 변호인은 검사에게(제266조의3 제1항), 검사는 피고인 또는 변호인에게(제266조의11 제1항) 일정한 서류 또는 물건의 열람·등사 또는 서면의 교부를 신청할 수 있다. 피고인에게 변호인이 있는 경우에는 피고인은 열람만 신청할 수 있다(제266조의3 제1항 단서).

검사에게 증거개시를 신청할 수 있도록 한 것은 무기대등의 차원이 아니라

---

23) 헌재 1997. 11. 27. 94헌마60.

공판절차의 지연 방지에 목적이 있다. 실질적으로는 형사사법 운영의 신속·효율을 도모한다는 소송경제적 사고를 반영한 것으로서 피고인의 진술거부권과 저촉될 위험이 크므로 특별한 사유가 없는 한 당연히 허용되는 것은 아니라고 보아야 한다. 검사는 피고인 또는 변호인이 공판기일 또는 공판준비절차에서 현장부재·심신상실 또는 심신미약 등 법률상·사실상의 주장을 한 때에 한하여 열람·등사 또는 서면의 교부를 요구할 수 있다(제266조의11 제1항).

검사의 증거개시 요구를 제한하는 취지에 비추어 위 세 가지 사유 이외의 법률상·사실상 주장을 한 경우도 포함되는지 논의가 있으나, 2007년 법률 개정 당시 법무부는 이에 반대하는 입장이었다.

2. 대상

(1) 피고인 등이 신청한 경우

공소제기된 사건에 관한 서류 또는 물건의 '목록'과 공소사실의 인정 또는 양형에 영향을 미칠 수 있는 아래의 '서류'가 대상이 된다(제266조의3 제1항).

㈎ 증거목록 공소제기된 사건에 관한 서류 또는 물건의 목록을 말한다.

수사기록에의 편철 여부를 불문하고 수사자료 전부에 대한 기록목록 내지 압수물 총목록이 대상이 된다. 제198조 제3항이 수사기관은 '수사과정에서 수사와 관련하여 작성하거나 취득한 서류 또는 물건에 대한 목록을 빠짐없이 작성하여야 한다'고 규정하고 있으므로, 검사가 법원에 제출할 증거목록에 한하지 않는다. 서류나 물건의 경우와는 달리 열람·등사를 거부할 수 없다(제266조의3 제5항).

㈏ 증거방법 공소사실의 인정 또는 양형에 영향을 미칠 수 있는 아래의 서류나 물건이다.

① 검사가 증거로 신청할 서류 또는 물건, ② 검사가 증인으로 신청할 사람의 성명·사건과의 관계 등을 기재한 서면 또는 그 사람이 공판기일 전에 행한 진술을 기재한 서류 등, ③ 위 ①과 ②에 해당하는 서면 또는 서류 등의 증명력과 관련된(증명력을 강화시키거나 약화시키는) 서류 등, ④ 피고인 또는 변호인이 행한 법률상·사실상 주장과 관련된 서류 등(관련 형사재판확정기록, 불기소처분기록 등을 포함)이다. 도면·사진·녹음테이프·비디오테이프·컴퓨터용 디스크, 그 밖에 정보를 담기 위하여 만들어진 물건으로서 문서가 아닌 특수매체도 포함된다. 특수매체에 대한 등사는 필요 최소한의 범위에 한한다(동조 제6항).

㈐ **변호인이 있는 피고인** 피고인에게 변호인이 있는 경우에는 피고인은 열람만 신청할 수 있다(제266조의3 제1항).

(2) 검사가 신청한 경우

아래 서류 등의 열람·등사 또는 서면의 교부를 요구할 수 있다(제266조의11 제1항).

> 열람·등사의 범위는, ① 피고인 또는 변호인이 증거로 신청할 서류 등, ② 피고인 또는 변호인이 증인으로 신청할 사람의 성명, 사건과의 관계 등을 기재한 서면, ③ 위 서류나 서면의 증명력과 관련된 서류 등, ④ 피고인 또는 변호인이 행한 법률상·사실상의 주장과 관련된 서류 등이다. 피고인의 경우와 마찬가지로 서류 외에 특수매체도 포함한다(제266조의11 제5항, 제266조의3 제6항).

3. 신청방법

피고인 또는 변호인이 목록이나 서면 등의 열람·등사 또는 서면의 교부를 신청할 때에는 서면에 의하여야 하나(규칙 제123조의2), 검사, 피고인 또는 변호인은 공판준비 또는 공판기일에서 법원의 허가를 얻어 구두로 상대방에게 서류 등의 열람 또는 등사를 신청할 수 있다(규칙 제123조의5 제1항).

4. 신청의 거부 및 제한

(1) 피고인 등이 신청한 경우

검사는 국가안보, 증인보호의 필요성, 증거인멸의 염려, 관련사건의 수사에 장애를 가져올 것으로 예상되는 구체적인 사유 등 열람·등사 또는 서면의 교부를 허용하지 아니할 상당한 이유가 있다고 인정하는 때에는 열람·등사 또는 서면의 교부를 '거부'하거나 '그 범위를 제한'할 수 있다(제266조의3 제2항).

검사는 단순히 열람·등사로 인해 폐해의 발생이 우려된다는 정도의 사유를 소명하는 것으로는 부족하고, 열람·등사에 따른 폐해의 유형·정도, 피고인의 방어 또는 재판의 신속한 진행을 위한 필요성, 해당 서류 등의 중요성 등을 종합적으로 고려하여 폐해 발생의 구체적 위험성에 대해 소명할 필요가 있으며, 거부시에는 구체적인 사유로서, 국가안보, 증인보호의 필요성, 증거인멸의 염려, 관련사건의 수사에 장애를 방지할 필요성 등을 명시해야 할 것이다.

> 검사는 열람·등사나 서면의 교부의 거부 또는 그 범위를 제한하는 때에는 지체

없이 그 이유를 서면으로 통지하여야 한다(동조 제3항). 2007년 법률 개정 당시 사개추위에서는 서면통지를 48시간 이내로 제한하였으나 입법화되지 못하였다. 이 외에도 통지대상이 청구인이나 변호인 또는 피고인 가운데 누구인지를 명확히 할 필요가 있다.

(2) 검사가 신청한 경우

원칙적으로 피고인 또는 변호인에 대해서는 거부사유를 명시하고 있지 않으나, 검사가 서류 등의 열람·등사 또는 서면의 교부를 거부한 때에는 – 법원이 개시신청을 기각한 경우를 제외하고 – 피고인 측에서도 서류 등의 열람·등사 또는 서면의 교부를 거부할 수 있다(제266조의11 제2항).

5. 남용 금지

피고인 또는 변호인(피고인 또는 변호인이었던 자를 포함)은 검사가 열람 또는 등사하도록 한 서면 및 서류 등의 사본을 당해 사건 또는 관련 소송의 준비에 사용할 목적이 아닌 다른 목적으로 다른 사람에게 교부 또는 제시(전기통신설비를 이용하여 제공하는 것 포함)하여서는 아니 된다(제266조의16 제1항). 피고인 또는 변호인이 이를 위반하는 때에는 1년 이하의 징역 또는 500만원 이하의 벌금에 처한다(동조 제2항).

Ⅲ. 법원에 대한 증거개시 신청

1. 취지

법원에 대한 증거개시 신청은 서류 등을 소지한 자의 부당한 열람·등사 거부에 대한 구제장치에 해당한다.

형사소송법이 행정처분에 대한 항고소송과 유사한 형태로 별도의 권리구제 절차를 마련한 것은 일반적인 행정소송에 의하여 권리구제를 받도록 하는 것이 신속한 권리구제의 필요성 등에 비추어 적당하지 않다는 입법자의 정책적 판단에 따른 것으로서, 피고인 측의 수사서류 열람·등사권이 헌법상의 신속·공정한 재판을 받을 권리 및 변호인의 조력을 받을 권리의 중요한 내용인 점을 감안하여 종전 헌법소원심판이나 정보공개법상의 행정쟁송 절차 등과 같은 우회적인 권리구제수단 대신 보다 신속하고 실효적인 권리구제 절차를 마련하기 위한 것이다.[24)]

---

24) 헌재 2010. 6. 24. 2009헌마257; 헌재 2017. 12. 28. 2015헌마632 참조.

원칙적으로 검사가 피고인 또는 변호인의 열람·등사 신청을 거부한 경우에 구제장치로서 의미를 가지지만(제266조의4 제1항), 현행법은 검사도 피고인 등의 열람·등사 거부에 대해 증거개시를 신청할 수 있도록 하고 있다(제266조의11 제3항). 법원의 심리·결정은 소송지휘권 행사의 일환에 해당한다.

2. 신청

(1) 신청사유

① 검사가 서류 등의 열람·등사 또는 서면의 교부를 거부하거나 그 범위를 제한한 때(제266조의4 제1항) 또는 ② 검사가 개시신청을 받고 48시간 이내에 거부나 범위제한의 사유에 대해 통지를 하지 아니하는 때(제266조의3 제4항)에 신청할 수 있다.

피고인 또는 변호인이 서류 등의 열람·등사 또는 서면의 교부 요구를 거부한 때에도 검사가 법원에 개시신청을 할 수 있다(제266조의11 제3항). 다만 피고인에게 개시의무를 인정하게 되면 피고인의 진술거부권과 저촉될 위험이 크므로 특별한 사유가 없는 한 개시결정을 내릴 수 없도록 할 필요가 있다.

(2) 신청절차

법원에 대한 열람·등사의 신청은 ① 열람 또는 등사를 구하는 서류 등의 표목, ② 열람 또는 등사를 필요로 하는 사유를 기재한 서면으로 하여야 하며(규칙 제123조의4 제1항), 신청서에는 ① 열람·등사 신청서 사본, ② 검사의 열람·등사 불허 또는 범위 제한 통지서(다만 검사가 서면으로 통지하지 않은 경우에는 그 사유를 기재한 서면), ③ 신청서 부본 1부를 첨부하여야 한다(동조 제2항).

검사가 신청한 경우에도 마찬가지로 서면에 의하여야 하며, 이 때 첨부서류는 ①, ③에 한한다(동조 제4항). 법원은 신청이 있는 경우 즉시 검사에게 - 검사가 신청한 경우에는 피고인 또는 변호인에게 - 신청서 부본을 송부하고, 검사는 - 검사가 신청한 경우에는 피고인 또는 변호인은 - 이에 대한 의견을 제시할 수 있다(동조 제3항, 제5항 참조).

3. 심리 및 결정

(1) 심문 등

법원은 필요하다고 인정하는 때에는 검사에게 해당 서류 등의 제시를 요구할 수 있고, 피고인이나 그 밖의 이해관계인을 심문할 수 있다(제266조의4 제4항).

(2) 개시 결정

법원은 열람·등사 또는 서면의 교부를 허용하는 경우에 생길 폐해의 유형·정도, 피고인의 방어 또는 재판의 신속한 진행을 위한 필요성 및 해당 서류 등의 중요성 등을 고려하여 검사에게 열람·등사 또는 서면의 교부를 허용할 것을 명할 수 있고, 열람 또는 등사의 시기·방법을 지정하거나 조건·의무를 부과할 수 있다(제266조의4 제2항).

법원은 결정을 하는 때에 검사에게 의견을 제시할 수 있는 기회를 부여하여야 한다(동조 제3항). 공판준비절차에서도 서류 등의 열람 또는 등사와 관련된 신청의 당부를 결정하는 행위를 할 수 있다(제266조의9 제1항 제10호).

(3) 개시결정에 대한 불복 금지

법원의 개시(허용)결정은 판결전 소송절차에 관한 것으로서 — 특히 즉시항고를 할 수 있는 명문규정이 없으므로 — 검사는 보통항고를 할 수 없다(제403조 제1항).[25]

4. 법원 결정의 효력

검사는 열람·등사 또는 서면의 교부에 관한 법원의 결정을 지체 없이 이행하지 아니하는 때에는 공판절차에서 해당 증인 및 서류 등에 대한 증거신청을 할 수 없다(제266조의4 제5항). 법원 결정의 실효성을 담보하기 위해 실권효를 인정한 것이다.

검사가 증거조사를 신청하거나 신청할 예정인 증인이나 서류 이외의 수사기록에 대한 법원의 열람·등사 허용결정에도 불구하고, 검사가 피고인 측에 열람·등사를 허용하지 않는 경우에는 증거가 법원에 제출되지 않았으므로 증거능력 배제라든가 실권효 규정은 명령을 이행시키는 수단이 되지 못하고 이로 인해 피고인의 방어권 행사가 침해될 수 있다. 한편 피고인 측이 증거개시명령을 이행하지 않는 경우에도 실권효를 긍정하고 있으나(제266조의11 제5항, 제266조의4 제5항), 피고인 측에 대해 증거신청권을 박탈하게 되면 피고인의 방어권을 침해할 수 있으므로, 기일연기나 법원의 직권에 의한 증거조사 등으로 대체하는 것이 바람직하다.

---

25) 대결 2013. 1. 24. 2012모1393.

법원 결정의 실효성을 담보하기 위한 방안으로, 형식재판에 의한 종결(공소기각 판결 등의 형식재판[26])과 실체법적 해결방안(공소사실이 합리적인 의심의 여지 없이 증명되었다고 보지 않는 방법)[27] 등이 논의되고 있다.

종국전 처분으로서 공판절차의 정지도 논의되고 있으나 현행법 해석상으로 지나친 확대해석이 되고, 당해 기록에 대한 압수수색(또는 검증)이나 작성주체에 대한 증인신문도 공무상 비밀 등에 따른 제한 등으로 실효성을 거두기 어렵다. 그러나 실체법적 해결방식 또한 중요 증거가 아니면 증명력 제한의 효과가 발생하지 않는 문제가 있다.

법원의 결정을 거부하여 검사가 직무상 의무를 위반한 과실이 있는 때에는 국가배상책임이 인정된다.[28]

제 4 (협의의) 공판준비절차

Ⅰ. 의의 및 성격

1. 의의

협의의 공판준비절차란 공판절차의 심리에 들어가기 전에 미리 **쟁점 및 증거를 정리**하고 **심리계획을 수립**하기 위한 절차를 말한다(제266조의5 제1항). 공판중심주의 실현을 위해 당사자의 공격·방어 준비와 신속한 공판절차를 진행하기 위한 사전절차로서의 의미를 지닌다.

구법하에서의 공판준비에 관한 규정과 별도로 (협의의) 공판준비절차를 추가·신설함으로써 형식적인 절차준비 외에 효율적이고 집중적인 공판심리를 위한 사전준비가 가능하도록 하고 있다.

공판준비절차는 '서면준비' 또는 '공판준비기일 지정'의 방식에 의하며(동조 제2항), 검사, 피고인 또는 변호인은 증거를 미리 수집·정리하는 등 공판준비절차의 원활한 진행을 위한 협력의무를 부담한다(동조 제3항). 공판준비절차의 유형

---

26) 조기영, 검사에 의한 증거개시 거부의 소송법적 효과, 형사법연구 제25권 제3호(2013. 9), 218면 이하
27) 대판 2012. 5. 24. 2012도1284 (송부명령 거부 사건) 참조.
28) 대판 2012. 11. 15. 2011다48452 (용산사건 기록공개거부 국가배상사건).

으로는 기일전 절차와 기일간 절차가 있다.

집중심리주의에 비추어 제1회 공판기일 전에 필요한 준비를 마치는 것이 바람직하므로 공판준비절차도 기일전 절차가 원칙이나, 심리에 2일 이상이 소요되는 경우에는 쟁점 및 증거 정리를 위해 다음 기일 이전에 준비절차를 거칠 필요가 있어 기일간 절차도 인정하고 있다. 기일간 절차에는 기일전 절차에 관한 규정이 준용된다(제266조의15).

2. 성격

공판준비절차는 **임의적 절차**이지만, 국민참여재판의 경우에는 필수적 절차로 규정하고 있다(국민참여재판법 제36조 제1항). **부인사건**에서 주로 활용되며, 자백사건의 경우에도 중요한 양형요소에 의문이 있거나 의견서 등에 자백의 취지가 표현되어 있더라도 범죄성립에 의문이 있는 경우 등에 한해 활용된다.

부인사건 중 쟁점이 복잡하여 쟁점정리가 필요한 사건, 증거관계가 복잡하여 증거조사계획을 미리 세울 필요가 있는 경우 등에 의미를 가진다.

공판준비절차 회부명령은 당사자의 동의나 신청을 요하지 아니하며, 이에 대해서는 불복할 수 없다.

Ⅱ. 서면제출에 의한 공판준비

1. 준비서면의 제출

검사, 피고인 또는 변호인은 법률상·사실상 주장의 요지 및 입증취지 등이 기재된 서면(입증계획서)을 법원에 제출할 수 있고, 재판장도 – 기한을 정하여(규칙 제123조의9 제2항) – 검사, 피고인 또는 변호인에 대하여 위 서면의 제출을 명할 수 있다(제266조의6 제1항, 제2항).

신속하고 원활한 공판심리를 위한 준비절차라는 성격에 비추어 재판장의 제출명령이 주된 기능을 하게 된다.

준비서면은 필요한 사항을 구체적으로 간결하게 기재하여, 반대 당사자의 숫자만큼의 부본과 함께 제출하여야 한다(규칙 제123조의9 제3항, 제4항).

2. 공판준비에 필요한 조치

법원은 당사자에 의해 서면이 제출된 때에는 그 부본을 상대방에게 송달하여야 한다(제266조의6 제3항). 재판장은 검사, 피고인 또는 변호인에게 공소장 등 법원에 제출된 서면에 대한 설명을 요구하거나 그 밖에 공판준비에 필요한 명령을 할 수 있다(동조 제4항).

3. 쟁점 등의 정리와 심증계획 수립

준비서면의 실무상 제출기한은 최대 2주를 넘지 않도록 해야 하며, 제출한 이후에 법원은 석명권 행사를 통해 서면의 불명확한 부분이나 추가를 요하는 부분에 대해 보완을 명할 수 있다.

주로 공소사실의 존부에 관해 다툼이 있는 부분과 다툼이 없는 부분을 명확히 구분하기 위한 조치로서 의미를 가진다.

Ⅲ. 공판준비기일

1. 공판준비기일의 지정, 변경 및 통지

법원은 직권 또는 검사, 피고인 또는 변호인의 신청에 의하여 별도로 공판준비기일을 지정할 수 있다(제266조의7 제1항, 제2항). 당사자의 신청에 의한 경우 당해 신청에 관한 법원의 결정에 대하여는 불복할 수 없다(동조 제2항 후문). 직권으로 기일을 지정하는 경우 당사자의 의견을 듣도록 하고 있는데, 이는 공판준비기일이 종료하면 실권효가 발생하는 점을 고려한 것이다.

법원은 검사, 피고인 및 변호인에게 공판준비기일을 통지하여야 한다(제266조의8 제3항). 필요적 변호사건이므로(제266조의8 제1항), 변호인이 없으면 공판준비기일을 개정할 수 없다는 취지 및 법원에 국선변호인의 선정을 신청할 수 있다는 취지도 함께 고지해야 한다. 검사·피고인 또는 변호인은 부득이한 사유로 공판준비기일을 변경할 필요가 있는 때에는 기일변경을 신청할 수 있다(규칙 제123조의10).

2. 공판준비기일의 진행

(1) 관할

수소법원 합의부가 관할한다.

합의부 전체가 공판준비기일을 열 수도 있으나, 실무상으로는 효율적인 절차 진행을 위해 합의부원을 수명법관으로 지정하여 공판준비기일을 열 수 있도록 하였다(제266조의7 제3항). 수명법관(실무상으로는 가급적 재판장)은 공판준비기일에 관하여 법원 또는 재판장과 동일한 권한이 있다. 따라서 공소장 변경이나 증거채부의 결정 등의 행위를 할 수 있다.

(2) 장소

법정에서 행하는 것이 원칙이나 준비절차실을 활용할 수 있으며, 구속피고인의 경우 계호 목적도 고려하여야 한다.

피고인의 출석권이 있으므로 판사실에서 진행함은 바람직하지 않고, 구속피고인이 출석하는 경우에는 호송교도관의 계호에 지장이 초래되지 않는 장소를 선택할 필요가 있다.

(3) 공개심리

기일의 절차는 공개함이 원칙이나, 공개하면 절차진행이 방해될 우려가 있는 때에는 비공개로 진행할 수 있다(동조 제4항).

(4) 당사자 등의 참석

검사 및 변호인이 출석하여야 하고, 법원사무관등이 참여한다(제266조의8 제1항, 제2항). 피고인의 출석은 의무사항이 아니지만, 필요한 경우 법원이 피고인을 소환할 수 있고, 반대로 피고인도 출석권을 가지며(동조 제5항), 출석한 경우 재판장은 진술거부권을 고지하여야 한다(동조 제6항).

공판준비기일이 지정된 사건에 대해 변호인이 없으면 직권으로 - 지체 없이 - 국선변호인을 선정하고(동조 제4항), 피고인 및 변호인에게 그 뜻을 고지하여야 한다(규칙 제123조의11 제1항). 기일 지정 이후 변호인이 없게 되거나, 있더라도 기일에 출석하지 않은 경우에도 기일을 연기하거나 공판준비절차를 종료하지 않는 한 직권으로 국선변호인을 선정하여야 한다(규칙 제123조의11 제2항). 공판준비기일에는 공판정 심리의 속기·녹음·영상녹화에 관한 형사소송법 제56조의2의 규정은 적용되지 않는다.

(5) 중계장치 등에 의한 공판준비

법원은 피고인이 출석하지 아니하는 경우 상당하다고 인정하는 때에는 검사와 변호인의 의견을 들어 비디오 등 중계장치에 의한 중계시설을 통하거나 인터넷 화상장치를 이용하여 공판준비기일을 열 수 있다(제266조의17 제1항). 이 경우 중계장치 등에 의한 기일도 법정에 출석하여 이루어진 공판준비기일로 본다(동조 제2항).

코로나 확산을 계기로 국민의 재판을 받을 권리를 보장하고 사법접근성을 확대하기 위해 2021년 신설한 제도이다. 소송관계인의 출석 없이도 준비절차를 진행할 수 있도록 하기 위함이다.

3. 공판준비의 내용

(1) 공판준비행위

법원은 공판준비절차에서 다음 행위를 할 수 있다(제266조의9 제1항).

(가) **공소장의 보완과 변경** 공소사실 또는 적용법조의 명확화(제1호)(공소사실의 특정 여부, 주위적 공소사실과 예비적 공소사실의 동일성 여부, 적용법조의 오기나 의율 오류, 별지에 기재된 사항에 대한 이해를 돕기 위한 설명 등 석명), 공소사실 또는 적용법조의 추가, 철회 또는 변경의 허가(제2호).

(나) **쟁점의 정리** 공소사실과 관련하여 주장할 내용을 명확하게 하여 사건의 쟁점을 정리하는 행위(제3호), 계산이 어렵거나 기타 복잡한 내용에 관하여 설명하도록 하는 행위(제4호).

(다) **증거신청 및 채부 결정** 증거신청(제5호), 신청된 증거와 관련하여 입증 취지 및 내용 등을 명확하게 하는 행위(제6호), 증거신청에 관한 의견 확인(제7호), 증거채부의 결정(제8호), 증거조사의 순서와 방법 결정(제9호).

(라) **기타** 증거조사 및 재판장의 처분에 관한 이의신청 및 결정(제266조의9 제2항, 제296조, 제304조), 서류 등의 열람·등사와 관련된 신청의 당부를 결정하는 행위(제10호), 공판기일의 지정 및 변경(제11호), 공판절차의 진행에 필요한 사항을 정하는 행위(제12호).

(2) 공판준비기일과 증거조사

공판준비기일에서는 증거신청과 그에 대한 의견진술 그리고 증거 채부까지만 하고 채택된 증거에 대한 증거조사는 공판기일에 하는 것이 원칙이다. 다만 예외적으로 증거 채부를 판단하기 위한 증거조사가 허용되는지가 문제된다.

법원은 증거 채부(採否)를 결정하기 전에 당해 증거의 증거능력 유무를 판단하여야 한다. 이 시점에서 증거능력에 대한 판단이 필요한 경우가 있다.

① 긍정설 증거채부를 판단하기 위한 증거조사는 실체에 관한 내용이 아니라 어떤 증거를 채택할 것인가 여부만을 조사하는 것이므로 공판준비기일에서도 할 수 있고, 오히려 공판기일에서 조사할 증거는 증거능력 있는 증거에 한정되어야 하며, 공판준비절차에서는 증거채부까지 결정하는 것이 원칙이므로 이를 위하여 필요한 증거조사는 공판준비기일에서도 당연히 할 수 있다는 견해이다.

② 부정설 공판준비절차는 공판기일의 심리준비를 위하여 법원이 행하는 절차에 불과하고, 제266조의9에서 공판준비행위의 하나로 명시적으로 규정하고 있지 않으므로 허용될 수 없다는 견해이다.

③ 제한적 허용설 피고인에 대한 조서의 성립의 진정이나 임의성 여부를 판단하기 위한 영상녹화물의 조사나, 배심원이 증거능력에 관한 심리에 참여할 수 없는 국민참여재판에서 증거서류의 증거능력을 결정하기 위하여 행하여지는 증거조사와 같이 제한적 범위 내에서 이루어지는 증거조사의 필요성은 인정할 수 있으나, 공판준비기일에서의 증거조사는 자칫 공판기일에서의 충실한 증거조사를 저해시키고, 이로 인해 공판중심주의의 실현에 장애가 될 수도 있으므로 보다 신중한 실무 운영이 바람직하다는 견해이다. 공판중심주의와 이를 위해 필요한 준비의 조화라는 차원에서 이 견해가 타당하다.

4. 공판준비기일의 종료

(1) 절차종결의 사유

공판준비기일의 목적을 달성했거나 달성할 수 없을 때, 즉 ① 쟁점 및 증거의 정리가 완료된 때, ② 공판절차에 부친 후 3개월이 지난 때, ③ 검사·변호사 또는 소환받은 피고인이 출석하지 아니한 때에는 공판준비절차를 종결하여야 한다(제266조의12). 다만, ②와 ③에 해당하는 경우에는 공판의 준비를 계속하여야 할 상당한 이유가 있는 때에는 절차를 종결하지 않을 수 있다(동조 단서).

법원은 필요하다고 인정한 때에는 직권 또는 검사, 피고인이나 변호인의 신청에 의하여 결정으로 종결한 절차를 재개할 수 있다(제266조의14, 제305조).

(2) 정리결과의 확인

법원은 공판준비기일을 종료할 때에는 검사, 피고인 또는 변호인에게 쟁점 및 증거에 관한 정리결과를 고지하고, 이에 대한 이의의 유무를 확인해야 한다(제266조의10 제1항).

(3) 조서의 작성

법원은 '쟁점 및 증거에 관한 정리 결과'를 공판준비기일조서에 기재하여야 한다(동조 제2항). 공판조서와 달리 자세한 기재를 요하지 않고, 논의과정보다 정리된 결과를 위주로 기재한다는 취지이다.

공판준비기일의 본안재판화를 막고, 피고인의 방어권 행사에 지장을 주지 않도록 해야 하며, 당사자 간 다툼이 없는 부분은 조서에 정리하여 증거조사를 간이화할 수 있도록 해야 한다.

5. 종결에 따른 효과

(1) 실권효

검사, 피고인 또는 변호인은 – 부득이한 사유로 공판준비기일에 신청하지 못한 증거가 아닌 한 – 공판기일에 새로운 증거를 신청할 수 없다(제266조의13 제1항 본문의 반대해석).

(2) 예외

공판준비기일에 신청하지 못한 증거라도, ① 그 신청으로 인하여 소송을 현저히 지연시키지 아니하는 때, ② 중대한 과실 없이 공판준비기일에 제출하지 못하는 등 부득이한 사유를 소명한 때에는 예외가 인정된다(동조 제1항). 효율적이고 집중적인 심리라는 절차의 목적을 달성하도록 하기 위해서 예외 인정의 요건은 엄격하게 해석할 필요가 있다.

또한 법원은 당사자가 새로 증거신청을 하지 못하는 경우라도 직권으로 증거를 조사할 수 있다(동조 제2항). 실체적 진실발견을 위해 예외를 인정한 것이다.

(3) 증거목록에 누락된 증거의 경우

검사가 일정한 증거를 증거목록에 누락시켜 증거개시가 이루어지지 못한 경우 공판준비기일이 종료된 후에 그 증거를 제출할 수 있는지 문제된다. 무죄증거의 경우에는 검사의 객관의무 위반으로 공소권 남용의 일종으로서 판결로써 공소를 기각해야 하지만, 유죄증거의 경우라도 공판준비절차의 취지에 비추어 제한적으로만 인정하는 것이 타당하다.

학설로는, ① 허용설(증거개시를 거부한 것이 아니므로 증거제출을 허용하되 반증의 기회를 부여하는 것이 필요하다는 견해로서, 반증기회보장설이라고도 한다), ② 불허설(증거채택을 거부한 것과 마찬가지라고 할 수 있으므로 증거신청을 불허해야 한다는 견해로서, 결정불이행설이라고도 한다) 그리고 ③ 제한설(공판준비기일이 도과된 후에 신청하는 것과 유사하므로 제266조의13에 명시한 예외사유에 해당하지 않는 한 증거신청이 허용되지 않는다는 견해)이 있다.
제한설이 타당하지만, 신청으로 인해 소송을 현저히 지연시키지 아니하는 경우라도 수사기관의 고의나 중대한 과실로 인해 증거목록에서 누락시킨 때에는 증거신청을 허용해서는 안 될 것이다.

제 3 절 공판심리

제 1 공판정의 심리

Ⅰ. 공판정의 개념

공판정(公判廷)이란 공판기일에 소송관계인이 출석하여 회동하는 공개된 장소를 말한다. 공판정은 공판기일에 심리가 행해지는 장소(제275조)로서 기능적·상태적 요소에 중점을 두고 있어, 물리적·공간적 요소에 중점을 둔 '법정'과는 구분된다. 그러나 일반적으로 공판이 행해지고 있는 법원청사 내의 법정이 공판정이라는 점에서 양자는 혼용되기도 한다.

Ⅱ. 공판정의 구성 및 개정

1. 공판정의 구성

공판정은 판사와 검사, 법원사무관등이 출석하여 개정하며(제275조 제2항), 소송관계인은 정해진 좌석에 위치해야 한다. 검사의 좌석과 피고인 및 변호인의 좌석은 대등하며, 법대의 좌우 측에 마주 보고 위치하고, 증인의 좌석은 법대의 정면에 위치한다. 다만, 피고인신문을 하는 때에는 피고인은 증인석에 좌석한다(동조 제3항).

공판정에서 법관, 서기관, 검사, 피고인, 변호인의 좌석과 증언대의 위치에 대해서는 민사공판과 형사공판을 구분해서 「법정 좌석에 관한 규칙」에서 구체적으로 정하고 있다. 법관의 좌석은 법정 단상 정면으로 하고 법원사무관등의 좌석은 법대 아래 중앙으로 하며(동 규칙 제2조 제1항), 검사와 변호인의 좌석은 법관을 향하여 검사는 좌측, 변호인은 우측에 배치하고(동조 제3항), 증언대는 검사석과 피고인석 및 변호인석과 피고인석 사이에 각 두되 법대 중앙의 재판장석을 향하게 한다(동조 제5항).

2. 사건의 호명

사건의 이름을 부르는 것으로서, 소송지휘권을 가진 재판장 등이 지정된 일시에 지정된 장소(법정에서 시행할 기일이면 그 법정, 법정 외에서 시행할 기일이면 그 장소)에서 사건번호(예컨대 형사1심 합의사건의 경우 2019고합114, 항소사건 '노', 상고사건 '도') 등을 부름으로써 심리가 시작됨을 선언한다.

민사소송법에는 명문규정이 있으며(제169조), 실무에서는 한 기일에 여러 사건을 계속 심리하기 위해 필요한 조치로서, 재판장이 호명하면 소송관계인이 공판정 구성의 방법에 따라 좌석에 자리를 잡는다(조서에는 기재하지 않음).

3. 공판정에서의 신체구속의 금지

공판정에서는 피고인의 신체구속이 원칙적으로 금지된다(제280조 본문). 다만, 재판장은 피고인이 폭력을 행사하거나 도망할 염려가 있다고 인정하는 때에는 피고인의 신체의 구속을 명하거나 기타 필요한 조치를 할 수 있다(동조 단서).

제 2 소송관계인의 출석

Ⅰ. 피고인의 출석 등

1. 피고인의 출석

피고인의 출석은 공판개정의 요건으로서 피고인의 권리이자 의무이다(재정의무: 제276조, 제281조 제1항 참조). 피고인이 출석하지 않은 때에는 원칙적으로 개정할 수 없고 공판기일을 연기하지만, 다른 한편으로 출석을 강제하기 위한 소환이 허용된다. 또한 재판장의 허가 없이 심리 도중 퇴정하지 못하고, 재판장은 피고인의 퇴정을 제지하거나 법정질서의 유지를 위해 필요한 처분을 할 수 있다(제281조).

2. 피고인의 출석 없이 재판이 가능한 경우

(1) 피고인의 출석의무가 없는 경우

㈎ **경미사건이나 피고인에게 유리한 재판** ① 다액 500만원 이하의 벌금 또는 과료에 해당하는 사건, ② 공소기각 또는 면소의 재판을 할 것이 명백한 사건, ③ 장기 3년 이하의 징역 또는 금고, 다액 500만원을 초과하는 벌금 또는 구류에 해당하는 사건에서 피고인의 불출석허가신청이 있고 법원이 피고인의 불출석이 그의 권리를 보호함에 지장이 없다고 인정하여 이를 허가한 사건(다만, 인정신문에 따른 절차를 진행하거나 판결을 선고하는 공판기일에는 출석을 요함), ④ 약식명령에 대한 정식재판청구에 따라 피고인만이 정식재판을 청구하여 판결을 선고하는 사건의 경우에는 피고인의 출석을 요하지 않는다. 이 경우에 피고인은 대리인을 출석하게 할 수 있다(제277조).

> 피고인의 심신상실 등 공판절차의 정지사유가 있는 경우라도 피고사건에 대하여 무죄, 면소, 형의 면제 또는 공소기각의 재판을 할 것이 명백한 때에는 공판절차를 정지하지 않고 피고인의 출석 없이 재판할 수 있다(제306조 제4항).

㈏ **특별한 절차** 상고심(제387조), 재심(제438조 제3항), 치료감호청구사건(치료감호법 제9조), 즉결심판절차(즉결심판절차법 제8조의2. 제277조 제1호, 제3호)에서는 피고인의 출석을 요하지 아니한다.

(2) 피고인이 출석하지 않은 경우

㈎ **구속된 피고인의 출석거부** 피고인이 출석하지 아니하면 개정하지 못하는 경우에 구속된 피고인이 정당한 사유 없이 출석을 거부하고, 교도관에 의한 인치가 불가능하거나 현저히 곤란하다고 인정되는 때에는 피고인의 출석 없이 공판절차를 진행할 수 있다(제277조의2 제1항). 구속된 피고인의 고의적인 출석거부로 인한 재판지연을 막기 위한 규정이나, 사실상 교도관에 의한 인치가 불가능한 경우가 거의 없고, 궐석재판을 악용할 소지도 있으므로 재판의 편의만을 고려한 규정으로서 입법론상 재검토를 요한다.

법원은 출석거부사유가 존재하는지 여부를 미리 조사하여야 하며(규칙 제126조의5 제1항), 이 경우에 출석거부사유뿐만 아니라 교도관에 의한 인치가 불가능하거나 현저하게 곤란한지 여부도 직권으로 조사하여야 한다.[29)]

---

29) 대판 2001. 6. 12. 2001도114 (구속된 피고인이 출석하지 아니하자 그 출석거부사유만을 조사

법원이 조사를 함에 있어서 필요하다고 인정하는 경우에는 교도관리 기타 관계자의 출석을 명하여 진술을 듣거나 그들로 하여금 보고서를 제출하도록 명할 수 있다(규칙 제126조의5 제2항, 제3항).

(나) 피고인의 소재불명 제1심 공판에서 - 중대한 범죄(사형, 무기 또는 장기 10년이 넘는 징역이나 금고에 해당하는 사건)를 제외하고 - 6월 이상 피고인의 소재불명으로 송달불능보고서가 제출된 때에는 공시송달 후 불출석재판을 할 수 있도록 하고 있다(소송촉진법 제23조). 미제사건의 적체를 방지하고 소송촉진을 위해 피고인이 소재불명인 경우에 피고인의 진술 없이 재판할 수 있도록 한 것이다.[30]

송달 가능성, 송달장소 확인 시도 등에 비추어 부적법한 송달이 있었다고 인정되는 경우에는 피고인의 귀책사유 없이 불출석재판을 한 것으로서 위법하게 된다.[31] 위법한 불출석재판에 기하여 재판이 확정된 경우라면 재심청구(동법 제23조의2)나 상소권회복청구가 가능하며, 재심청구를 한 경우 재심개시결정 이후에 재심청구인의 출석에 대해서도 불출석재판에 관한 규정이 적용된다.

(다) 항소심에의 불출석 항소심에서도 원칙적으로 피고인의 출석 없이 개정할 수 없으나(제370조, 제276조), 예외적으로 피고인이 2회에 걸쳐 공판기일에 적법한 소환을 받고도 정당한 사유 없이 출석하지 않은 때에는 불출석재판을 할 수 있다(제365조). 제365조는 사건에 대한 변론의 기회를 포기한 것으로 보는 일종의 제재적 규정이다.[32]

'적법한 소환'을 받고도 출석하지 않는 경우에 한하므로, 피고인 소환을 위한 송달에 관한 절차에 위반이 인정되는 경우에는 불출석재판이 허용되지 않는다.[33] 또한 '정당한 사유'라 함은 구금된 피고인이 질병으로 공판기일에 출석하지 못한 경우처럼 객관적으로 출석이 불가능하거나 곤란한 사정이 있었던 경우를 말하며, 계속해서 선고기일연기신청서나 탄원서만 제출한 것으로는 정당한 사유가 있다고 할 수 없다.[34]

한 후 교도관에 의한 인치가 불가능하거나 현저히 곤란하였는지 여부에 대한 조사를 하지 않고 바로 피고인의 출석 없이 공판절차를 진행한 사안: 위법).

30) 헌재 1998. 7. 16. 97헌바22; 대판 2018. 4. 26. 2017도19019 참조.
31) 대판 2003. 11. 14. 2003도4983; 대판 2013. 6. 27. 2013도2714; 대결 2014. 10. 16. 2014모155.
32) 대판 1988. 12. 27. 88도419.
33) 대판 1988. 12. 27. 88도419; 대판 2012. 6. 28. 2011도16166; 대판 2018. 11. 29. 2018도13377; 대판 2019. 5. 10. 2018도18934.
34) 대판 2000. 2. 22. 99도5046.

공판기일에 출정하지 않고 '다시 정한 기일에 출정하지 아니한 때'란 2회 이상 계속하여 출정하지 않은 경우를 말하며, 공판기일에 출정하지 않았다가 다음 기일에 출석한 후 다시 출정하지 않았다면 불출석재판이 허용되지 않는다.[35] 한편 적법하게 공판기일이 지정·고지되고 그 기일에 피고인이 출석하지 아니한 채 기일이 연기·고지되었더라도 그 고지는 출석하지 아니한 피고인에게도 효력이 미치므로, 다음 기일에 피고인이 출석하지 않았다면 불출석재판이 가능하다.[36]

상고심은 법률심이므로 피고인의 출석을 요하지 않지만, 상고심에서 사실오인에 대한 판단을 하는 경우에는 피고인의 출석을 명할 수 있고, 이 경우에는 항소심에서의 불출석재판에 관한 제365조의 규정이 제399조에 따라 상고심에도 준용된다고 볼 수 있다.

㈑ 약식명령에 대한 정식재판청구사건의 경우 피고인만이 정식재판을 청구하여 판결을 선고하는 사건의 경우에 불출석재판이 가능하고(제277조 제4호), 정식재판의 공판기일에 불출석한 때에는 항소심의 불출석재판에 관한 규정이 준용된다(제458조 제2항, 제356조). 정식재판절차에서도 피고인이 적법한 공판기일 소환장을 받고도 정당한 이유 없이 출정하지 않았을 것을 요건으로 한다. 따라서 정식재판절차에서 위법한 공시송달에 기하여 피고인의 출석 없이 개정하면 위법하다.[37]

약식명령에 대한 정식재판청구사건에서도 소송촉진법 제23조에 따른 불출석재판이 가능하지만,[38] 제458조 제2항에 따라 궐석재판의 요건이 완화되어 있어 형사소송법 제63조 제1항에 따라 소환장을 공시송달하고 피고인이 공판기일에 2회 불출석하면 궐석재판이 가능하므로 소촉법을 적용할 실익은 그리 크지 않다고 할 수 있다.

(3) 피고인의 출석권이 배제되는 경우

㈎ 임의퇴정·퇴정명령 피고인이 진술하지 아니하거나, 재판장의 허가 없이 퇴정하거나, 재판장의 질서유지를 위한 퇴정명령을 받은 때에는 피고인의 진술 없이 판결할 수 있다(제330조). 피고인의 진술 없이 '판결'할 수 있다고

35) 대판 2008. 6. 26. 2008도2876; 대판 2016. 4. 29. 2016도2210 판결; 대판 2019. 10. 31 2019도5426; 대판 2020. 10. 29 2020도9475.
36) 대판 2000. 9. 26. 2000도2879; 대판 2012. 6. 28. 2011도16166.
37) 대판 2011. 12. 8. 2011도11210; 대판 2012. 6. 28. 2011도16166.
38) 대판 2013. 3. 28. 2012도12843.

규정하고 있으므로, 판결의 전제가 되는 사실심리, 즉 증거조사나 최종변론과 같은 절차는 피고인의 출석 없이 재판할 수 없고, 따라서 증거동의도 의제되지 않는다. 그러나 다수설과 판례[39]는 기본적으로 사실심리를 허용하고 증거동의까지 의제된다고 한다.

㈏ **일시퇴정** 재판장은 증인 또는 감정인이 피고인 또는 어떤 재정인의 면전에서 충분한 진술을 할 수 없다고 인정한 때에는 그를 퇴정하게 하고 진술하게 할 수 있다. 피고인이 다른 피고인의 면전에서 충분한 진술을 할 수 없다고 인정한 때에도 같다(제297조 제1항).

증인 등이 피고인의 면전에서 충분히 진술할 수 없다고 인정한 때에 한하며, 진술이 종료한 후에는 피고인을 입정시켜 진술의 요지를 고지해야 하고(동조 제2항), 이러한 경우에도 피고인의 반대신문권을 배제하는 것은 허용되지 않는다.[40]

(4) 대리출석이 허용되는 경우

㈎ **피고인 등의 의사무능력** 형법상 책임능력에 관한 규정의 적용을 받지 않는 범죄사건에 관하여 피고인이 의사능력이 없는 때에는 그 법정대리인 또는 특별대리인이 출석할 수 있다(제26조, 제28조). '특별대리인'이란 피고인을 대리 또는 대표할 자가 없는 때에 법원이 직권 또는 검사의 청구로 선임하는 자를 말하며(제28조 제1항), 특별대리인은 피고인을 대리 또는 대표하여 소송행위를 할 자가 있을 때까지 그 임무를 행한다(동조 제2항).

형법상 책임능력 규정의 적용을 받지 아니하는 범죄사건(예: 담배사업법 제31조)에 한하여 법정대리인에 의한 대리가 허용되므로, 실제로 적용되는 경우는 거의 없다.

㈏ **피고인이 법인인 경우** 대표자, 대리인 또는 특별대리인이 출석한다(제27조 제1항, 제28조, 제276조 단서).

법인이 대표자나 대리인을 출석시키고자 할 때에는 그 대리권 수여 사실을 증명하는 서면을 법원에 제출하여야 한다(규칙 제126조).

(5) 증거조사 등의 경우

피고인이 압수·수색영장의 집행, 증인신문 또는 감정에 참여하지 아니한다

---

39) 대판 1991. 6. 28. 91도865.
40) 대판 2010. 1. 14. 2009도9344.

는 의사를 명시한 경우에는 당사자의 참여 없이 증거조사가 가능하므로, 당해 기일에는 피고인의 출석 없이 증거조사를 할 수 있다(제122조, 제163조 제2항, 제176조 제2항 단서). 피고인이 출석 없이 증거조사를 할 수밖에 없는 경우에는 피고인의 진의와 관계없이 증거동의가 의제된다.[41]

3. 신뢰관계 있는 자의 동석

사회적 약자인 피고인의 방어권을 보장하고 실체적 진실발견에 충실을 기하기 위해 일정한 피고인에게 그와 신뢰관계에 있는 자의 동석을 허용하고 있다(제276조의2).

장애인(제1호), 아동, 노인, 여성, 외국인 등(제2호)을 대상으로 한다. '신뢰관계에 있는 자'란 피고인의 배우자, 직계친족, 형제자매, 가족, 동거인, 고용주 그 밖에 피고인의 심리적 안정과 원활한 의사소통에 도움을 줄 수 있는 자를 말한다(규칙 제126조의2 제1항). 동석을 신청할 때에는 피고인과의 관계, 동석이 필요한 사유 등을 소명해야 하고(동조 제2항), 신뢰관계인은 재판의 진행을 방해해서는 안 되고 부당하게 방해하는 때에는 재판장이 동석을 중지시킬 수 있다(동조 제3항).

Ⅱ. 변호인의 출석

변호인은 소송주체가 아니므로 그 출석은 공판개정의 요건이 아니지만(보조인도 동일), 예외적인 경우에는 변호인이 출석해야 절차를 진행할 수 있다.

1. 상고심 및 재심의 심판

법률심인 상고심에서는 변호인이 피고인을 위해 변론하지만, 필요적 변호사건을 제외하고는 변호인을 선임하지 않거나 변호인이 공판기일에 출석하지 않으면 검사의 진술만 듣고 판결을 할 수 있다(제389조). 재심사건의 경우 피고인이 사망하거나 심신장애인이어서 출석할 수 없는 경우에는 변호인이 출정하지 아니하면 개정하지 못한다(제438조 제3항).

---

41) 대판 1991. 6. 28. 91도865.

2. 필요적 변호사건

(1) 의의

필요적 변호사건(제33조에 따라 국선변호인이 선정된 사건)에서 변호인이 없거나 출석하지 않은 경우에는 – 판결만 선고하는 경우를 제외하고 – 개정할 수 없으므로(제282조), 직권으로 변호인을 선정하여야 한다(제283조).

(2) 효과

(가) **소송행위의 무효** 필요적 변호사건에서 변호인 없이 심리가 이루어지면 위법하며, 이러한 위법한 절차에서 이루어진 소송행위, 예컨대 증인신문이나 피고인신문 등 일체의 소송행위가 무효로 되나, 다른 절차에서의 소송행위는 유효하다.[42] 병합심리를 진행하여 하나의 판결을 선고하는 경우 일부만 필요적 변호사건인 경우도 변호인 없이 개정하거나 심리하지 못한다.[43]

(나) **항소심의 조치** 제1심의 공판절차에서 변호인 없이 심리가 이루어져 판결이 선고되었다면, 항소심에서는 변호인이 있는 상태에서 소송행위를 새로 해서 위법한 제1심판결을 파기하고 자판하여야 한다.[44] 필요적 변호사건에서 변호인 없이 재판을 한 경우에는 실체심리를 하지 않은 것과 같으므로 항소심에서 **파기자판**하게 되는 것이다.[45]

(다) **청구국선이나 재량국선의 경우** 직권국선의 경우와 달리 국선변호인 선정 없이 공판심리를 진행하더라도 피고인의 방어권이 침해되어 판결에 영향을 미치지 않은 한 위법하지 않다.[46]

(3) 변호인이 임의퇴정하거나 퇴정명령을 받은 경우

제330조(피고인의 진술 없이 하는 판결) 및 제318조 제2항(피고인의 불출정시 증거동의)의 규정은 변호인에게도 준용된다. 판례는 피고인 측의 방어권 남용 또는

---

42) 대판 1999. 4. 23. 99도915.
43) 대판 2011. 4. 28. 2011도2279.
44) 대판 2011. 9. 8. 2011도6325.
45) 헌재 2010. 2. 25. 2008헌바67.
46) 대판 2013. 5. 9. 2013도1886 (필요적 변호사건이 아님에도 제1심이 국선변호인을 선정하여 준 후 피고인에게 징역형을 선고하면서 법정구속을 하지 않았는데, 피고인이 항소장만을 제출한 다음 국선변호인 선정청구를 하지 않은 채 법정기간 내에 항소이유서를 제출하지 아니하자 항소심이 피고인의 항소를 기각한 사안: 적법); 대판 2016. 8. 30. 2016도7672.

변호권의 포기로 보아 필요적 변호사건에서도 변호인 없이 개정할 수 있다고 보고 있다.[47]

그러나 필요적 변호사건에서 변호인 없이 심리하는 것은 적법절차에 위반되므로 위법하다. 따라서 판결만 선고할 경우에는 준용할 수 있지만, 그 이외의 경우에는 공판기일을 연기하고 새로운 변호인을 선정하는 것이 타당하다.

Ⅲ. 검사의 출석

1. 공판개정의 요건

검사의 출석은 공판개정의 요건(제275조 제2항)이므로 원칙적으로 검사의 출석 없이 개정할 수 없고 이에 위반한 경우에는 법령위반으로 인한 상소이유가 된다.[48]

2. 예외

검사가 공판기일의 통지를 2회 이상 받고 출석하지 아니하거나 판결만을 선고하는 때에는 검사의 출석 없이 개정할 수 있다(제278조). 검사가 1회 기일에 출석하지 않고 2회 기일에도 출석하지 않으면 그 기일에 검사의 출석 없이 개정이 가능하다.[49] 불출석이 연속해서 2회 이상임을 요하지 않고, 이미 불출석한 사실이 있으면 그 이후에 불출석한 때에는 언제든지 검사의 출석 없이 개정할 수 있다.

검사의 출석 없이 개정하는 경우 재판장은 공판정에서 소송관계인에게 그 취지를 고지하고(규칙 제126조의6), 공소장의 기재사항에 의하여 검사의 의견진술이 있는 것으로 간주한다(제302조 단서). 검사의 출석 없이 개정한 경우 그 다음 기일을 공판에서 고지하면 검사에게 별도로 기일을 통지할 필요는 없다.[50]

Ⅳ. 전문심리위원의 참여

사건의 심리과정에서 법원이 소송관계를 분명하게 하거나 소송절차를 원활하게 진행하기 위하여 특정 분야에 관한 전문적인 지식과 경험이 필요한 경우

---

47) 대판 1990. 6. 8. 90도646.
48) 대판 1966. 5. 17. 66도276.
49) 대판 1966. 11. 29. 66도875.
50) 대판 1967. 2. 21. 66도1710.

전문심리위원을 지정하여 공판준비 및 공판기일 등 소송절차에 참여하게 하고 특정 전문분야에 관한 설명 또는 의견을 진술하도록 하는 하고 있다(제279조의2). 형사재판에 대한 당사자의 신뢰의 기초가 될 '형사재판의 절차적 공정성과 객관성'을 확보하기 위한 취지이다.

현행법은 전문심리위원의 전문적 지식이나 경험에 기초한 설명이나 의견이 법원의 심증형성에 상당한 영향을 미칠 가능성이 있음을 고려하여, 전문심리위원이 지정되는 단계, 전문심리위원의 설명이나 의견의 대상 내지 범위를 정하는 과정, 그의 설명이나 의견을 듣는 절차에 피고인 등 당사자가 참여할 수 있도록 하고 있다(제279조의2 이하 참조). 법원은 전문심리위원과 관련된 절차 진행 등에 관한 사항을 당사자에게 적절한 방법으로 적시에 통지하여 당사자의 참여 기회가 실질적으로 보장될 수 있도록 세심한 배려를 하여야 한다.[51]

제 3 공판기일에 있어서 소송주체의 권한

Ⅰ. 법원의 권한

법원은 사실해명의무를 지고 있는 절차진행의 주체로서 공판기일에서 다양한 권한을 가지고 있다.

1. 소송지휘권

(1) 의의

소송지휘란 소송의 진행을 질서 있게 하고 심리를 원활하게 진행하기 위한 법원의 합목적적 활동을 말하며, 이러한 권한을 소송지휘권이라고 한다. 사법권에 내재하는 고유한 권한으로서 재판작용의 일환이며, 심리의 진행을 위한 모든 처분, 즉 심리의 개시·진행 그리고 종결과 관련된 모든 처분 및 법률에 특별히 정해지지 않은 절차의 진행순서 등을 대상으로 한다.

사법행정작용으로서 공판정의 질서유지를 위해서 행해지는 법정경찰작용(질서유지, 방해배제)과 구별되지만, 넓은 의미에서는 법정경찰권을 소송지휘에 포함시키기도 한다.

---

51) 대판 2019. 5. 30. 2018도19051.

소송지휘권은 원칙적으로 수소법원(재판부)의 권한이나, 신속하고 적정한 행사를 위해 재판장에게 포괄적으로 위임되어 있다(제279조).

(2) 구체적 내용

㈎ **법원의 소송지휘권** 피고인의 방어권이나 실체해명에 중요한 의미가 있는 사항에 대한 소송지휘는 법원의 권한이다.

국선변호인 선정(제283조), 특별대리인의 선임(제28조), 공판준비기일의 지정(제266조의7 제1항), 전문심리위원의 참여 및 그 취소에 대한 결정(제279조의2, 제279조의3), 간이공판절차의 결정 및 취소(제286조의2, 제286조의3), 피해자진술의 비공개(제294조의3), 증거신청에 대한 결정 및 취소(제295조, 규칙 제67조), 증거조사에 대한 이의신청에 대한 결정(제296조 제1항), 재판장의 처분에 대한 이의신청 결정(제304조 제2항), 공소장변경의 허가(제298조 제1항), 공소장변경시 공판절차의 정지신청에 대한 결정(제298조 제4항), 의사무능력 등으로 인한 공판절차의 정지(제306조), 변론의 분리·병합·재개(제300조, 제305조) 등이 여기에 해당한다.

㈏ **재판장의 소송지휘권** 법률에 법원의 권한으로 명시된 경우를 제외하고 포괄적으로 재판장이 소송지휘권을 가진다(제279조).

대표변호인의 지정·철회·변경(제32조의2 제1항, 제2항), 재판의 선고 또는 고지(제43조), 피고인의 소환·구속을 위한 요급처분(제80조), 증인의 선서 및 증언거부권 고지(제157조 제2항, 제160조), 증인신문순서의 변경(제161조의2 제3항), 공판준비절차에의 회부(제266조의5 제1항), 공판기일의 지정[52]·변경(제267조, 제267조의2, 제270조), 진술거부권 고지(제266조의8 제6항), 인정신문(제284조), 재정인의 퇴정(제297조, 규칙 제140조의3), 불필요한 변론의 제한(제299조), 석명권(규칙 제141조 제1항) 등이 여기에 해당한다.

수명법관이나 수탁판사도 수권된 사항에 관해 소송지휘권을 행사할 수 있다(제167조 제3항, 제266조의7 제3항, 제279조의6).

1) **불필요한 변론의 제한** 재판장은 진술이나 신문의 중복, 소송과 무관한 진술이나 신문을 소송관계인의 본질적 권리를 해하지 아니하는 한도에서

---

52) 대판 2002. 6. 25. 2002도45 (판결선고기간의 제한을 두고 있는 선거법 위반사건에 대해 재판장이 선고기일을 염두에 두고 공판기일을 정하여 진행한 것이 심리미진 내지 피고인의 방어권 내지 반대신문권을 침해한 것이라고 상고한 사안: 적법).

제한할 수 있다(제299조). 불필요한 변론의 제한인지 여부는 소송관계인의 본질적 권리를 해하지 않도록 실질적 판단이 필요하며, 신문의 의도 등을 확인해야 한다.[53)]

반대신문의 일부를 제한했다거나[54)] 피고인의 증인에 대한 신문을 제지한 사실이 있다는 이유[55)]만으로는 본질적 권리 침해에 해당하지는 않는다. 재판장이 제1심과 동일한 신문은 되도록 삼가해 달라고 하자 변호인이 그렇다면 더 이상 신문을 할 것이 없다고 하여 피고인 신문이 더 이상 진행되지 아니하였다면, 피고인의 방어권이나 변호인의 변론권을 침해한 것은 아니다.[56)]

2) 재판장의 석명권

가) 의의 　석명권이란 재판장이 소송관계를 명료하게 하기 위하여 검사, 피고인 또는 변호인에게 사실상과 법률상의 사항에 관하여 석명을 구하거나 입증을 촉구할 수 있는 권한을 말한다(규칙 제141조 제1항).

소송절차의 신속한 진행과 실체적 진실발견을 위해 법원이 후견적 지위에서 소송에 관여하는 제도로서 소송지휘권의 일종이다.[57)] 석명권의 행사는 원칙적으로 법원의 재량이지만,[58)] 실체관계를 명확히 하기 위해 불가결한 경우에는 의무가 된다.[59)]

나) 주체 　재판장의 권한에 속하지만(규칙 제141조 제1항) 합의부원도 재판장에게 고하고 석명권을 행사할 수 있다(동조 제2항).

다) 내용 　질문, 보충 또는 정정기회 부여, 입증촉구 등이 있다.

재판장은 당사자의 진술에 모순, 흠결이 있거나 애매하여 그 진술의 취지를 알 수 없을 때 이를 보완하여 명료하게 하기 위해 당사자에 대해 사실상 또는 법률

---

53) 대판 1980. 5. 20. 80도306 (김재규 내란음모사건) 참조.
54) 대판 1990. 6. 8. 90도646.
55) 대결 1995. 4. 3. 95모10.
56) 대판 2008. 3. 27. 2007도4116.
57) 대판 1999. 6. 11. 99도1238.
58) 대판 1983. 2. 8. 82도2401.
59) 대판 2011. 11. 10. 2011도10468; 대판 2015. 12. 23. 2014도2727; 대판 2017. 6. 15. 2017도3448 (14세 아동에게 모텔에서 옷을 벗게 한 다음 동물처럼 취급하면서 유사성교행위를 하는 등 성적 학대를 한 사안에 대해 검사가 '아동에게 음란한 행위를 시킨 것' 외에 '아동에게 성적 수치심을 주는 성희롱 등 성적 학대행위'도 기소한 것인지를 확인하지 않고 검사의 항소를 기각한 사안: 위법).

상의 사항에 관하여 질문을 하거나 그 진술 내지 주장을 보충 또는 정정할 기회를 부여하거나, 입증을 촉구할 수 있다(규칙 제141조 제1항). 당사자에게는 **발문권**이 인정된다. 당사자는 자신이 이미 주장한 내용을 명백히 하거나 아직 제시되지 않은 점을 주장하기 위해 석명이 필요하다고 인정되는 경우에 석명을 위한 발문을 요구할 수 있다(동조 제3항).

라) 한계 당사자의 진술에 모순·흠결이 있거나 애매하여 그 진술의 취지를 알 수 없을 때 또는 입증책임 있는 당사자에게 입증을 촉구하기 위하여 행사하여야 한다.

입증촉구도 소송의 진행 정도나 상태에 비추어 당사자가 무지, 부주의 또는 오해로 인하여 입증하지 아니한 것이 명백한 경우에 한해 인정되고, 다툼이 있는 사실에 관해 입증이 없는 경우 법원이 심증을 얻을 때까지 입증을 촉구해야 하는 것은 아니다. 민사소송에서는 "당사자가 주장하지 아니하는 공격·방어방법 특히 독립한 항변사유를 시사하여 그 제출을 권유함과 같은 행위는 변론주의의 원칙에 위배되는 것이어서 석명권의 한계를 일탈하는 것"이라는 판례[60]가 있으나, 형사소송에서는 직권에 의한 심증형성의 필요가 있으면 이러한 석명권 행사도 가능하다고 보아야 할 것이다.

(3) 소송지휘의 방법

통상 결정이나 명령과 같은 재판의 형식으로 이루어지지만 사실행위로도 가능하다. 소송관계인뿐만 아니라 방청인도 소송지휘에 복종할 의무가 있다. 소송지휘는 최종적 판단이 아니므로 부적당하거나 사정변경이 있는 경우 철회나 변경을 할 수 있다. 또한 경우에 따라서는 합의부원도 재판장의 소송지휘에 복종해야 한다.

(4) 소송지휘에 대한 불복

재판장의 소송지휘에 따른 처분에 법령위반이 있는 경우에 한하여(규칙 제136조) **이의신청**을 할 수 있고(제304조 제1항), 법원이 이에 대해 결정을 해야 한다(동조 제2항).

법원의 소송지휘는 판결 전 소송절차에 관한 결정이므로 – 증거결정의 경우(제296조 제1항)를 제외하고는 – 이에 대한 이의신청이나 항고가 허용되지 않는다(제403조 제1항 참조).

---

60) 대판 1990. 4. 27. 89다카7563.

2. 법정경찰권

(1) 의의

법정경찰권이란 법정의 질서를 유지하고 심판에 대한 방해를 예방·제지·배제함으로써 심리의 원활한 진행을 도모하기 위한 법원의 사법행정작용을 말한다(제281조).

실체와 무관한 절차진행에 대한 권한 행사로서, 본래 법원의 권한이나 신속하고 효과적인 행사를 위해 재판장의 권한으로 규정하고 있다.

(2) 적용범위

(가) 인적 적용범위 당해 심리절차와 관계있는 모든 사람이 대상이므로, 피고인과 검사 등 소송관계인은 물론이고, 방청인, 법원직원, 교도관 등에 대해서도 행사할 수 있다.

(나) 장소적 적용범위 심리가 진행되고 있는 법정 내에서 행사하는 것이 원칙이지만, 법관이 법정 외에서 직무를 행하는 경우에는 그 장소도 포함된다(법원조직법 제63조).

법정 내에 한하지만, 법정출입문 바로 앞의 복도에서 소란행위가 벌어진 경우처럼, 법원의 심리에 직접 영향을 미칠 수 있는 행위가 이루어지고 있는 장소도 법정과 마찬가지로 법정경찰권의 행사범위에 포함된다.

(다) 시간적 적용범위 심리를 개시할 때부터 종료할 때까지 행사할 수 있으나, 심리와 접착된 전후의 시점에도 행사할 수 있다.

(3) 내용

(가) 재판장의 권한 재판장은 법정의 존엄과 질서를 해할 우려가 있는 자의 입정금지 또는 퇴정을 명하거나 기타 법정의 질서유지에 필요한 명령을 발할 수 있다(제281조, 법원조직법 제58조).

입정금지, 증언을 위한 피고인의 일시퇴정, 방청인 제한을 위한 방청권 발행 및 소지품 검사, 소송관계인 및 방청인에 대한 제지 및 퇴정명령 등이 여기에 해당한다. 「법정 방청 및 촬영 등에 관한 규칙」에서 자세히 정하고 있다.

재판장은 법정질서를 유지하기 위해 개정 전후를 불문하고 관할 경찰서장에게 경찰관의 파견을 요구할 수 있고, 파견된 경찰관은 법정 내외의 질서유지에 관해 재판장의 지휘를 받는다(법원조직법 제60조).

(나) **법원의 권한** 절차진행에 현저한 지장을 초래할 경우에는 재판장이 아닌 법원이 과태료를 부과하거나 감치를 명할 수 있다(법원조직법 제61조).

> ① 형사소송법에 명시적 규정이 있는 경우로는, 보석허가결정에 따라 석방된 피고인이 기일에 불출석하는 경우에 출석보증인에 대한 500만원 이하의 과태료 부과(제100조의2), 정당한 사유 없이 보석조건을 위반한 피고인에 대한 1천만원 이하의 과태료 또는 20일 이내의 감치(제102조 제3항), 소환장을 송달받은 증인이 정당한 사유 없이 출석하지 아니한 때에 증인에게 500만원 이하의 과태료 부과(제151조 제1항), 과태료 재판을 받고 다시 출석하지 아니한 증인에 대한 감치(동조 제2항) 등이 있다.
> ② 법원조직법 제61조에 의하여 법정 질서유지를 위한 재판장의 명령, 녹화 등 금지에 위반한 경우 또는 폭언, 소란 등의 행위로 법원의 심리를 방해하거나 재판의 위신을 현저하게 훼손한 경우 20일 이내 감치 또는 100만원 이하의 과태료를 부과할 수 있다.

감치는 별도의 재판에 의한다.[61] 변호인도 소송관계인으로서 법원의 심리를 방해하거나 재판의 위신을 현저하게 훼손한 경우에는 감치의 대상이 될 수 있으나, 변호권 및 피고인 방어권 보장의 차원에서 엄격한 적용이 필요하다.[62]

3. 전문심리위원의 참여

법원은 직권이나 당사자의 신청에 따라 소송관계를 분명하게 하거나 소송절차를 원활하게 진행하기 위해 필요한 경우 전문심리위원을 지정하여 전문적인 지식에 의한 설명이나 의견을 기재한 서면을 제출하거나 기일에 전문적인 지식에 의해 설명이나 의견을 진술할 수 있도록 할 수 있다(제279조의2 이하).

---

61) 법원직원, 교도관 또는 경찰관은 법원조직법 제61조 제2항에 의하여 법원으로부터 위반자를 구속하도록 명령받은 경우 그 위반자를 법원이 지시하는 장소에 유치하여야 하고(「법정 등의 질서유지를 위한 재판에 관한 규칙」 제5조 제1항), 구속한 때로부터 24시간 이내에 감치에 처하는 재판을 한 때에는 그 재판의 집행을 개시하기까지 24시간을 초과하더라도 이를 구속할 수 있다(동조 제2항). 또한 감치의 결정을 할 때에는 감치할 장소를 지정하여야 하나, 구속영장 또는 감호영장에 의하여 구속되어 있는 위반자나 징역, 금고, 구류 또는 감호의 집행 중에 있거나 벌금 또는 과료에 관한 노역장유치 중에 있는 위반자에 대하여 감치의 결정을 할 때에는 그 구금시설을 감치장소로 지정하여야 한다(동 규칙 제7조의2).

62) 서울중앙지결 2004. 7. 13. 2003정로4 (변호인이 중복되고 상당하지 아니한 유도신문을 한 것에 대해 변호인이 부적절한 태도로 답변하자 감치명령을 한 사안: 위법).

Ⅱ. 당사자의 권한

1. 이의신청권

(1) 의의

이의신청이란 검사, 피고인 또는 변호인이 자신의 이익을 옹호하기 위해 법원이 주재하는 소송절차가 법령에 따라 행해지도록 감시하고, 법원 또는 상대방의 절차위반을 지적하여 그 효과를 다투는 것을 말한다(제296조, 제304조).

민사소송의 경우에는 상급법원이 아닌 원심법원에 대한 불복신청(이의권)을 의미하며, 수명법관 또는 수탁판사의 재판에 대하여 수소법원에 불복을 신청하는 경우, 변론의 지휘에 대하여 합의체에 불복을 신청하는 경우, 지급명령에 대하여 지방법원 단독판사에게 불복을 신청하는 경우, 보전처분에 대하여 보전처분을 한 법원에 불복을 신청하는 경우 등을 말한다.

변론주의에 입각하여 공정한 절차를 확보하기 위한 제도로서 절차유지나 소송경제의 요청에도 부합한다.

(2) 요건

㈎ **증거조사에 대한 이의신청** 증거조사절차뿐만 아니라 증거조사단계에서 행해진 모든 처분(예컨대 증거신청, 증거결정, 증거조사의 실시, 증거능력 유무 등)에 대해서 이의를 신청할 수 있으며(제296조), 법령위반이 있거나 상당하지 아니함을 이유로 이의신청을 할 수 있다(규칙 제135조의2).

㈏ **재판장의 처분에 대한 이의**(제304조) 재판장의 처분이라면 소송지휘에 관한 것이든 법정경찰에 관한 것이든 불문하며, 다만 법령위반이 있음을 이유로 하는 경우에 국한된다(규칙 제136조).

(3) 절차

어떤 경우이든 이의신청이 있으면 법원은 이에 대하여 결정을 하여야 한다(제296조 제2항, 제304조 제2항).

㈎ **신청의 방식 및 시기** 이의신청은 개개의 행위, 처분 또는 결정시마다 그 이유를 간결하게 명시하여 즉시 이를 하여야 한다(규칙 제136조).

㈏ **결정의 방식 및 시기** 결정은 이의신청이 있은 후 즉시 하여야 한다(규칙 제138조).

① 간이기각결정　　시기에 늦은 이의신청, 소송지연만을 목적으로 하는 것임이 명백한 이의신청은 결정으로 이를 기각하여야 한다. 다만, 시기에 늦은 이의신청이 중요한 사항을 대상으로 하고 있는 경우에는 시기에 늦은 것만을 이유로 하여 기각하여서는 아니된다(규칙 제139조 제1항).

② 기각결정　　이의신청이 이유 없다고 인정되는 경우에는 결정으로 이를 기각하여야 한다(동조 제2항).

③ 인용결정　　이의신청이 이유 있다고 인정되는 경우에는 결정으로 이의신청의 대상이 된 행위, 처분 또는 결정을 중지, 철회, 취소, 변경하는 등 그 이의신청에 상응하는 조치를 취하여야 한다(동조 제3항).

④ 증거배제결정　　증거조사를 마친 증거가 증거능력이 없음을 이유로 한 이의신청을 이유있다고 인정할 경우에는 그 증거의 전부 또는 일부를 배제한다는 취지의 결정을 하여야 한다(동조 제4항).

(4) 재신청 금지

이의신청에 대한 결정에 의하여 판단이 된 사항에 대하여는 다시 이의신청을 할 수 없다(규칙 제140조).

2. 피고인의 진술거부권

(1) 의의 및 연혁

진술거부권이란 피고인이 공판절차에서 일체의 진술을 하지 아니하거나 개개의 질문에 대하여 진술을 거부할 수 있는 권리를 말한다(제283조의2 제1항). 묵비권이라고도 한다.

넓은 의미의 자기부죄거부의 특권(Prinzip von nemo tenetur se ipsum accusare)에서 유래하며, 미국수정헌법 제5조가 자기부죄거부의 특권을 명시하고 있다.[63]

헌법 제12조 제2항은 「모든 국민은 … 형사상 자기에게 불리한 진술을 강요당하지 아니한다」고 규정함으로써 진술거부권을 기본권으로 보장하고 있다.

따라서 진술거부권은 법률에 의한 제한을 할 수 없으며[64] 형사소송법은 진술거

---

63) 미국수정헌법 제5조. 「어느 누구든지 동일한 범죄에 대하여 생명이나 신체의 위험에 거듭 처해져서는 아니되고, 어느 형사 사건에서도 자신의 증인이 될 것을 강요받아서는 아니되며, 적법절차에 의하지 아니하고 생명이나 자유 또는 재산이 박탈당해서는 아니된다.」

64) 헌재 1990. 8. 27. 89헌가118.

부권을 실질적으로 보장하기 위해 사전고지의무(제283조의2 제2항)를 명문화하고 있다. 피고인에 대해서는 인정신문에 관한 규정 앞에 별도로 명시하고(제283조의2), 피의자에 대해서는 피의자신문과 관련하여 진술거부권의 고지에 대해서만 명시하고 있다(제244조의3).

(2) 자백배제법칙과의 관계

양자는 진술에 관한 적법절차의 보장을 목적으로 하며, 자백배제법칙(제309조)을 통해 대부분 진술거부권이 보장되는 점에서 공통점이 있으나, 연혁, 원리, 실체적 효과 등에 차이가 있으므로 구별하는 것이 타당하다.

학설은 구별설과 일체설이 대립하고 있다.

① 구별설 역사적 연혁, 원리, 실체적 효과 및 대상이 서로 다르므로 엄격히 구별하여, 진술거부권의 침해로 얻은 자백은 임의성이 인정되는 경우라도 그 수집절차가 위법하므로, 위법수집증거배제법칙(제308조의2)이 적용되어 증거능력이 배제된다고 보는 견해이다. 증거법에서 후술하는 자백배제법칙의 이론적 근거를 이원적으로 구성하는 입장에서 주로 주장한다

② 일체설 양자 모두 피의자나 피고인 모두에게 인정되고, 국가의 위법행위를 억제해서 피의자나 피고인의 인간다운 지위를 보장하기 위한 것이며, 자백은 불이익한 진술의 핵심이므로 양자 사이에 본질적 차이는 없다는 견해(불구별설)이다. 진술거부권의 침해로 얻은 자백은 임의성에 의심이 있는 경우이므로 위법수집증거배제법칙의 특칙인 자백배제법칙(제309조)이 적용되어 증거로 할 수 없다고 보는 견해로서, 자백배제법칙의 이론적 근거를 위법배제설로 구성하는 입장에서 주로 주장한다.

진술거부권의 보장은 진술내용의 허위나 절차의 위법을 방지하는 데 그치지 않고 피고인이 소송절차에서 소송의 주체로서 진술의 자유를 누릴 수 있도록 보장하는 성격을 가진다.

(3) 진술거부권의 고지

재판장은 피고인에게 전부 또는 개개의 질문에 대하여 진술을 거부할 수 있음을 고지하여야 한다(제283조의2 제2항).

2007년 개정법률은 진술거부권을 인정신문 앞에 위치시켜 고지시기가 인정신문에 앞선다는 점을 명백히 하여 인정신문 자체에 대한 진술거부도 가능함을 시사하고 있다.

고지는 매 사건마다 필요하며 진술을 거부할 권리를 포기하고 진술을 할 수 있다는 취지와 그 진술은 유죄의 증거로 사용될 수 있다는 취지의 고지를 하여야 한다. 진술거부권을 고지하지 않는 때에는 진술 및 그 내용을 기재한 조서를 증거로 할 수 없다(제308조의2).

(4) 진술거부권의 내용

(가) 주체 피의자나 피고인은 물론 '모든 국민'에게 진술거부권이 보장된다. 외국인의 경우에도 마찬가지이다.

> 피의자 또는 피고인이 의사무능력자인 경우에는 법정대리인이나 특별대리인에게 그리고 피고인이 법인인 경우에는 그 대표자, 특별대리인에게도 진술거부권이 보장되며, 형사절차뿐만 아니라 행정절차나 국회에서의 조사절차 등에서도 보장된다.

(나) 범위

1) 진술 '진술'이란 언어나 문자를 통하여 자신의 생각이나 지식, 경험사실 등을 외부로 표출하는 것을 말한다. 구두에 의한 진술 외에 서면에 의한 진술도 포함(문서제출요구에 대한 거부도 가능)한다. 신체검사나 측정,[65] 사진촬영, 지문, 족형 채취, 성문(聲紋)검사는 진술에서 제외된다. 그러나 거짓말탐지기에 의한 검사, 마취분석 등은 진술거부권의 침해 문제가 발생한다.

2) 형사책임에 관한 진술 형사상 자기에게 불리한 진술의 강요가 금지된다(헌법 제12조 제2항 후문). 형사소송법은 진술내용을 피고인에게 불리한 진술에 국한하고 있지 않다.

> 증언거부권이 자기 또는 친족 등이 형사소추 또는 공소제기를 당하거나 유죄판결을 받을 사실이 발로될 염려가 있는 경우에 한하는 것과 구별된다.

행정상의 단속목적을 위하여 각종 행정법규가 규정하고 있는 신고·기록 등의 의무를 부과하는 것 자체는 진술거부권 침해에 해당하지 않는다.[66]

---

65) 헌재 1997. 3. 27. 96헌가11 (도교법 제41조 제2항이 주취운전혐의자에게 주취 여부의 측정에 응할 의무를 지우고 이에 불응한 사람을 처벌하는 것이 진술거부권을 침해하는 위헌인지 여부가 문제된 사안: 부정).

66) 헌재 1990. 8. 27. 89헌가118 (교통사고를 일으킨 운전자에게 신고의무를 부담시킨 것(도로교통법 제50조 제2항, 제111조 제3호)이 진술거부권을 침해한다는 이유로 헌법소원을 제기한 사안: 합헌).

3) **피고인신문과의 관련** 진술거부권을 행사하는 피고인에 대한 신문은 진술거부권을 침해하지 않는 범위 내에서만 제한적으로 허용된다.

영미법하에서는 진술거부권을 행사하면 어떤 신문도 불가능하고, 진술거부권을 포기하면 그 이후의 진술은 증인의 증언으로 증거로 사용할 수 있다.

소송절차가 분리된 공범인 공동피고인에 대하여 증인적격을 인정하고 그의 범죄사실에 대해 신문하는 것은 피고인으로서 진술거부권 내지 자기부죄거부의 특권을 침해하는 것은 아니다.[67)]

(5) 효과

진술거부권을 침해한 경우에는 진술의 증거능력이 부정된다.

(가) **이차적 증거** 원칙적으로 증거능력이 부정되며, 예외적으로 증거능력이 인정될 수 있는지 여부는 전체적·종합적으로 판단해야 한다.

(나) **불이익추정 금지** 진술거부권 행사를 이유로 피고인에게 불리한 심증형성을 하는 것은 금지된다(자유심증주의의 예외). 진술거부권의 행사를 양형상 고려하는 것도 허용되지 않는다. 판례는 진술거부나 거짓 진술이 피고인에게 보장된 방어권 행사의 범위를 넘어 객관적이고 명백한 증거가 있음에도 진실의 발견을 적극적으로 숨기거나 법원을 오도하려는 시도에 기인한 경우에는 가중적 양형의 조건으로 참작될 수 있다는 입장이다.[68)]

제 4 공판기일의 절차

Ⅰ. 모두절차

모두절차는 진술거부권 고지(제283조의2 제2항) → 인정신문(제284조) → 검사의 모두진술(제285조) → 피고인의 모두진술(제286조) → (간이공판절차의 결정, 제286조의2) → 쟁점정리와 입증계획 진술(제287조)의 순서로 이루어진다.

---

67) 대판 2012. 10. 11. 2012도6848, 2012전도143.

68) 대판 2001. 3. 9. 2001도192.

1. 진술거부권의 고지

(1) 고지방법

재판장은 피고인에게 전부 또는 개개의 질문에 대하여 진술을 거부할 수 있음을 고지해야 한다(제283조의2 제2항). 공판정에서 진술이 이루어지기 전에 '사전 고지'함으로써 피고인이 이를 알 수 있도록 해야 하며, 진술거부권의 의미를 이해할 수 있도록 명시적으로 고지해야 한다.

피고인에 대한 고지는 인정신문 이전 단계에서 진술을 하지 아니하거나 개개의 질문에 대해 진술을 거부할 수 있다는 사실과 이익이 되는 사실을 진술할 수 있음을 고지하여야 한다(규칙 제127조). 공판절차를 갱신하는 경우에도 인정신문을 하기 전에 진술거부권을 고지하여야 한다(규칙 제144조 제1항 제1호).

고지는 매 사건마다 필요하며 진술을 거부할 권리를 포기하고 진술을 할 수 있다는 취지와 그 진술은 유죄의 증거로 사용될 수 있다는 취지의 고지를 하여야 한다.

(2) 불고지의 효과

진술거부권을 고지하지 않는 때에는 진술 및 그 내용을 기재한 조서를 증거로 할 수 없다(제308조의2).

구법하에서 진술거부권 불고지 자체는 중대한 위법이 아니므로 법정 자백에 대해 증거능력을 부정할 수 없다는 견해도 있었으나 일반적으로는 증거능력을 부정하였다. 다만 그 근거에 대해서는 ① 위법수집증거로서 증거능력을 부정해야 한다는 견해와 ② 진술의 임의성이 의심되므로 자백배제법칙에 따라 증거능력을 부정해야 한다는 견해가 있었고, 판례는 수사절차에서 진술거부권을 고지하지 않은 사안에서 임의성이 인정되는 경우라도 진술거부권 불고지 자체는 위법수집증거배제법칙에 따라 증거로 사용할 수 없다고 하여 전자의 입장을 취하였다.[69]

2. 인정신문

인정신문이란 재판장이 공소장에 기재된 피고인과 출석한 피고인이 동일한 인물인지를 확인하는 절차(제284조)로서, 피고인이 출석하지 않은 상태에서 개정

---

69) 대판 2011. 11. 10. 2010도8294 (이미 사전조사를 거쳐 범죄혐의가 있다고 보이는 자를 참고인으로 소환하여 기업투자비자를 발급받기 위해 허위서류를 제출한 것에 관하여 신문하면서 진술거부권을 고지하지 않은 채 진술조서를 작성한 사안: 위법).

하는 경우에는 생략한다.

피고인은 인정신문단계에서도 진술거부권을 행사할 수 있으며, 이 경우에 재판장은 적당한 방법으로 피고인의 동일성을 확인하는 조치를 취하여야 하고, 진술을 거부한 사실과 재판장의 조치내용을 조서에 기재하여야 한다. 재판장은 피고인에 대한 인정신문을 마친 뒤 피고인에 대하여 그 주소의 변동이 있을 때에는 이를 법원에 보고할 것을 명하고, 피고인의 소재가 확인되지 않는 때에는 그 진술 없이 재판할 경우가 있음을 경고하여야 한다(소송촉진규칙 제18조 제1항).

3. 검사의 모두진술

검사의 모두진술이란 사실심리에 들어가기 전에 검사가 사건의 쟁점과 내용에 대해 밝히는 절차로서, 이를 통해 법원은 소송지휘를 하고 피고인은 방어준비를 하게 된다. 원칙적으로 공소사실·죄명 및 적용법조를 낭독하나, 재판장이 필요하다고 인정하면 공소의 요지를 진술하게 할 수 있다(제285조).

검사는 공소사실의 내용 외에 공소제기의 배경이나 사안의 중대성 등에 관한 진술도 할 수 있다. 피고인이 출석하지 않은 상태에서 개정하는 경우에도 검사의 모두진술은 필요하나, 검사의 출석 없이 개정하는 경우에는 공소장 기재사항으로 갈음한다(제302조 단서).

4. 피고인의 모두진술

피고인의 모두진술이란 진술거부권을 행사하는 경우가 아니면, 검사의 모두진술에 대응해서 공소사실의 인정 여부 등에 대해 진술하는 절차를 말하며(제286조 제1항), 이 절차를 포함해서 언제든지 피고인과 변호인은 이익이 되는 사실을 진술할 수 있다(동조 제2항).

구두변론주의의 실질적 보장을 위한 것임과 동시에 적법절차의 실현을 위해 피고인의 법적 청문권을 보장하는 의미를 가진다.

(1) 성격

제286조 제2항은 피고인에게 모두절차에서 진술을 할 수 있는 권한을 명시한 것이면서 동시에 사실심리절차에서도 언제든지 자신에게 이익이 되는 진술을 할 수 있는 권한을 가진다는 점을 명시한 것이다.

종래에는 ① 법관이 피고인에게 이익이 되는 진술을 할 수 있음을 고지하면 족하고, 실제로 그러한 진술을 할 수 있도록 보장할 것인지 여부는 법관의 재량이라고 보는 견해(권리보호규정설), ② 검사의 모두진술에 대응하는 독립한 절차로 보는 견해(독립절차규정설), ③ 두 가지 성격을 모두 가지고 있다고 보는 견해(결합설)가 있었으나, 규칙 제127조의2가 고지절차를 명시하면서 피고인의 진술권 보장을 명시하고 있는 것에 비추어 볼 때 **결합설**의 입장이 타당하다.

(2) 내용

피고인은 공소사실에 대한 자백이나 부인의 입장을 명백히 하는 등 공소사실에 관하여 전체적·개괄적인 진술의 기회를 가지며(이미 제출한 공소사실에 대한 의견서와 그 내용이 동일할 필요도 없다), 재판에 임하는 피고인의 입장이나 심경 등도 진술할 수 있다. 통상 모두진술을 통해 피고인이 공소사실에 대하여 자백하게 되면 법원은 그 공소사실에 한해 간이공판절차에 의한 심판을 결정하게 된다(제286조의2).

모두진술에서 공소사실을 인정하면서 '공소장대로 틀림없다'라고 진술하더라도 이러한 진술이 바로 자백과 동일시되는 것은 아니다. 다만 간이공판절차로 이행하는 계기가 될 뿐이다.

또한 피고인은 자기에게 이익이 되는 사실을 진술할 수 있다(제286조 제2항). 피고인은 신문절차를 비롯한 모든 절차에서 개별 신문에 대한 답변, 입증 또는 주장의 형태로 자신에게 이익이 되는 진술을 할 수 있다. 진술내용은 법률상의 가중·감경사유, 정상에 관한 사유 등 그 대상에 제한이 없으며, 공소기각이나 면소를 구하는 것도 가능하다.

피고인의 모두진술을 통해 국선변호인의 선정 청구, 기일변경신청 등 절차상 청구나 신청 또는 이전의 절차상의 하자를 다툴 수도 있다. 다만 관할위반신청(제320조 제2항), 유예기간을 지키지 아니한 공소장부본송달에 대한 이의신청, 유예기간을 지키지 아니한 공판기일 소환에 대한 이의신청(제269조)은 늦어도 피고인의 모두진술 단계까지 하여야 한다.

(3) 진술제한의 금지

재판장은 피고인의 진술이 중복된 사항이거나 그 소송에 관계없는 사항이 아니라면 진술을 제한할 수 없다(제299조 반대해석).

5. 쟁점의 정리 등

(1) 쟁점 정리를 위한 질문

재판장은 모두진술이 끝난 다음 피고인 또는 변호인에게 쟁점의 정리를 위하여 필요한 질문을 할 수 있다(제287조 제1항).

검사와 피고인 측의 모두진술만으로 법률적·사실적 쟁점사항이 전부 제시되지 않으며, 모두진술이 불명확하거나 장황한 경우에 이를 사항별로 정리할 필요가 있고, 피고인신문 전에 피고인의 정확한 입장을 파악하는 것도 필요하다는 점을 고려한 절차이다.

(2) 공소사실과 관련된 주장이나 입증계획의 진술

재판장은 증거조사를 하기에 앞서 검사 및 변호인으로 하여금 공소사실 등의 증명과 관련된 주장 및 입증계획 등을 진술하게 할 수 있다(동조 제2항). 다만, 증거로 할 수 없거나 증거로 신청할 의사가 없는 자료에 기초하여 법원에 사건에 대한 예단 또는 편견을 발생하게 할 염려가 있는 사항은 진술할 수 없다(동항 단서).

법원이 증거조사 이전에 증거능력 없는 자료에 의하여 부당한 심증형성을 하거나 예단이나 편견을 가지지 않도록 하기 위한 것이다.

Ⅱ. 사실심리절차

사실심리절차는 증거조사(제290조) → 피고인신문(제296조의2) → 최종변론(제302조, 제303조)의 순서로 이루어진다.

사실심리는 유·무죄의 사실인정에 관한 심증뿐만 아니라 양형에 관한 심증을 얻는 절차도 포함된다. 따라서 범죄사실 인정에 관한 증거조사와 함께 양형자료의 수집 및 양형사실의 확인도 이루어져야 한다.

1. 증거조사

증거조사절차는 증거신청(제294조, 제295조) → 증거결정(제295조 전단) → 협의의 증거조사 → 이의신청(제296조)의 순서로 진행된다. 증거결정은 증거의 적법성, 조사가능성, 사건과의 관련성, 증거조사의 필요성을 고려해서 이루어진다. 증거조사는 서류와 물건에 대한 개별적 지시설명(법원의 직권조사도 가능), 증거물

제시, 서류인 경우 요지의 고지 및 원본 제시로 이루지며, 검증, 증인신문, 피해자의 진술, 감정, 통역·번역 등도 증거조사에 해당한다. 상세한 내용은 절을 바꾸어 설명한다.

2. 피고인신문

피고인신문이란 피고인에 대하여 '공소사실 및 정상에 관하여 필요한 사항'을 묻고 답변을 듣는 절차를 말한다. 직권주의 소송구조를 반영한 절차로서, 이 절차에서 피고인은 인적 증거방법으로서의 지위를 가진다. 그러나 피고인에게는 진술거부권과 진술의 임의성이 보장되므로 단순한 심리의 객체는 아니라고 해야 한다.

(1) 신문의 개시

피고인신문은 증거조사 종료 후에 행해지나(제296조의2 제1항), 재판장은 필요하다고 인정하는 때에는 증거조사가 완료되기 전이라도 피고인신문을 허가할 수 있다(동항 단서).

피고인신문을 할 때에는 피고인은 증인석에 좌석한다(제275조 제3항 단서).

(2) 신문순서

당사자인 검사 또는 변호인이 순차로 신문하고(제296조의2 제1항), 재판장이 필요하다고 인정하는 때는 스스로 신문할 수 있다(동조 제2항).

피고인신문에는 증인신문의 방법이 준용된다(동조 제3항). 따라서 신청한 당사자가 먼저 신문하고 상대방이 그 다음에 신문하며, 재판장은 당사자에 의한 신문이 끝난 뒤에 신문할 수 있지만, 재판장은 필요하다고 인정하면 어느 때나 신문할 수 있고 신문순서를 변경할 수도 있다(제161조의2 제1항 내지 제3항 참조).

(3) 진술거부권 행사와 피고인신문

피고인이 모두절차에서 제283조의2에 따라 일체의 진술을 거부한다는 의사표시를 한 경우 검사나 법원이 피고인신문을 할 수 있는지가 문제되지만, 진술거부권 보장과 피고인 보호라는 측면에서 부정하는 것이 타당하다.

학설로는, ① 피고인이 이러한 의사를 표시하게 되면 피고인신문은 무용하므로 검사나 법원의 신문권은 배제된다는 불허설과 ② 검사나 법원은 고유한 신문권을 가지고 있고 피고인신문의 무용 여부는 신문권자의 판단사항이므로 이러한 경우에도 신문을 할 수 있다는 허용설이 대립하고 있다. 피고인이 일체의 진술을 거부하는 경우에도 검사가 피고인신문사항을 일방적으로 진술하는 것은 무용할 뿐만 아니라 피고인신문의 목적 외에 의도를 실현하는 수단으로 오·남용될 수 있으므로 허용되지 않는다고 보는 것이 타당하다.

(4) 신문방법

피고인을 신문함에 있어서 그 진술을 강요하거나 답변을 유도하거나 그 밖에 위압적·모욕적 신문을 하여서는 아니 되며(규칙 제140조의2), 재판장은 피고인이 어떤 재정인의 앞에서 충분한 진술을 할 수 없다고 인정한 때에는 그 재정인을 퇴정하게 하고 진술하게 할 수 있다(규칙 제140조의3).

(5) 신문내용

피고인신문의 내용은 증거조사를 토대로 한 사실인정, 정상에 관해 필요한 사항에 한정된다.

구법하에서는 공소사실의 인부에 관한 것이었으나, 2007년 개정법률에서 증거조사 이후에 피고인신문이 행해지게 됨에 따라 증거조사과정에서 밝혀진 사실 등과 피고인의 주장과의 차이, 피고인의 해명, 증거조사 이후의 피고인의 견해나 태도 변화 등에 관한 것이 주된 내용을 이루게 되며, 자백사건의 경우에는 주로 정상에 관한 사유가 주된 내용을 이루게 된다.

(6) 조서의 작성

피고인신문은 공판기일의 소송절차로 행해지므로 신문의 내용은 공판조서에 기재하여야 한다(제51조 제1항).

3. 최종변론

피고인신문과 증거조사가 종료한 때에는 검사는 사실과 법률적용에 관하여 의견을 진술하여야 하며(다만 검사가 불출석한 때에는 공소장의 기재사항에 의하여 검사의 의견진술이 있는 것으로 간주한다. 제302조), 재판장은 검사의 의견을 들은 후 피고인과 변호인에게 최종의 의견을 진술할 기회를 부여하여야 한다(제303조).

검사에게 의견진술의 기회를 준 이상 양형에 관한 의견을 진술하지 않았더라도 위법하지 않고, 법원은 검사의 영향에 관한 의견(구형)에 구속되지 않는다.[70]

---

70) 대판 2001. 11. 30. 2001도5225.

피고인이나 변호인의 최종의견 진술의 기회는 소송법상 권리로서 피고인과 변호인이 사실관계의 다툼이나 유리한 양형사유를 주장할 수 있는 마지막 기회이므로, 피고인 등에게 의견진술의 기회를 주지 않으면 위법하지만,[71] 필요적 변호사건의 경우가 아니면 변호인이 기일에 출석하지 않아 변호인 없이 변론을 종결하였더라도 위법하지는 않다.[72]

재판장은 당사자의 본질적인 권리를 해치지 않는 범위 내에서 의견진술의 시간을 제한할 수 있다(규칙 제145조). 불필요한 절차지연을 방지하기 위한 것이나, 제한규정의 방식보다 의견진술 시간의 제한이 원칙적으로 허용되지 않는다는 최종변론권 보장의 형태로 개정하는 것이 바람직하다.

Ⅲ. 판결의 선고

1. 심판의 합의

피고사건에 대한 심판의 합의는 공개하지 아니한다(법원조직법 제65조). 합의심판은 헌법 및 법률에 다른 규정이 없으면 과반수로 결정한다(동법 제66조).

2. 판결의 선고

(1) 선고기일

판결은 원칙적으로 변론종결기일에 선고하고(제318조의4), 14일 이내 피고인에게 판결서등본을 송달하여야 한다(규칙 제148조). 변론을 종결한 기일에 판결을 선고하는 경우에는 선고 후 5일 이내에 판결서를 작성해야 하나(규칙 제146조), 실무는 이를 훈시규정으로 보고 있다.[73]

(2) 소송관계인의 출석

원칙적으로 피고인이 출석하여야 하나 피고인이 진술하지 않거나, 퇴정 또는 퇴정명령을 받은 경우에는 출석 없이 판결을 선고할 수 있다(제330조).

---

71) 대판 2018. 3. 29. 2018도327.
72) 대판 1977. 2. 22. 76도4376.
73) 대판 1996. 2. 9. 95도2832.

(3) 선고의 방식

공판정에서 재판서(판결서)에 의해 선고한다(제42조).

재판서에는 법률에 다른 규정이 없으면 재판을 받는 자의 성명, 연령, 직업과 주거를 기재하여야 하고(제40조 제1항), 재판을 받는 자가 법인인 때에는 그 명칭과 사무소를 기재하여야 한다(동조 제2항). 판결서에는 기소한 검사와 공판에 관여한 검사의 관직, 성명과 변호인의 성명을 기재하여야 한다(동조 제3항). 수사기관의 책임감을 높이기 위해 재판서에 기소 검사의 신원도 명시하도록 하였다.

재판장은 판결을 선고할 때 ① 주문을 낭독하고, 이유의 요지를 말이나 판결서 등본 또는 판결서 초본의 교부 등 적절한 방법으로 설명하여야 하며(제43조, 규칙 제147조 제1항), ② 상소기간 및 상소할 법원을 고지하여야 하며(제324조), ③ 필요한 경우에는 피고인에게 적절한 훈계를 할 수 있다(규칙 제147조 제2항).

피고인은 위와 같은 절차가 종료될 때까지 법정에 재정하여야 할 의무가 있으며, 재판장의 허가 없이 퇴정할 수 없고(제281조 제1항), 재판장은 피고인의 퇴정을 제지하거나 법정질서를 유지하기 위하여 필요한 처분을 할 수 있다(동조 제2항).

판결의 선고는 재판장이 판결의 주문을 낭독하고, 이유의 요지를 설명한 다음 피고인에게 상소기간 등을 고지하고, 필요한 경우 피고인에게 훈계까지 마친 후 피고인의 퇴정을 허가하여 피고인이 법정 바깥으로 나가 선고를 위한 공판기일이 종료될 때까지는 끝난 것이 아니고, 따라서 그때까지는 발생한 모든 사정을 참작하여 일단 선고한 판결의 내용을 변경하여 다시 선고하는 것도 유효·적법하다는 하급심 판례가 있다.[74] 그러나 피고인이 욕설을 하며 난동을 부렸다는 이유로 징역 1년의 선고형을 징역 3년으로 변경하는 것이 허용된다고 보는 것은 의문이 아닐 수 없다.

법원은 피고인에 대하여 판결을 선고한 때에는 선고일부터 7일 이내에 피고인에게 그 판결서 등본을 송달하여야 하나, 피고인이 동의하는 경우에는 그 판결서 초본을 송달할 수 있다(규칙 제148조 제1항). 다만 불구속 피고인과 법 제331조의 규정에 의하여 구속영장의 효력이 상실된 구속 피고인에 대하여는 피고

74) 의정부지판 2017. 2. 14. 2016노2606 (징역 1년의 형이 선고된 후 피고인이 난동을 부리면서 법정을 떠나려 하자 구치감에 수감한 후 다시 법정으로 인치해 온 후, 재판장이 선고가 최종적으로 마무리되기까지 법정에서 이뤄진 사정 등을 종합하여 선고형을 정정한다는 취지로 말하면서 다시 '징역 3년'을 선고한 사안: 적법).

인이 송달을 신청하는 경우에 한하여 판결서 등본 또는 판결서 초본을 송달한다 (동조 제2항).

제 4 절 증거조사

제 1 증거조사

Ⅰ. 의의 및 성격

1. 의의

증거조사는 법원이 피고사건의 사실인정과 양형에 관해 심증을 얻기 위하여 각종 증거방법을 조사하여 그 내용인 증거자료를 얻어 내는 절차이다. 증거조사절차는 증거조사 개시절차와 협의의 증거조사로 구성된다.

2. 성격

증거조사는 실체해명을 위한 절차이면서 그 대상에게 작위의무나 수인의무를 부과하기 때문에 강제처분의 성격도 가진다.

> 당사자주의의 성격을 강조하게 되면 당사자가 수집한 증거를 중심으로 증거조사를 하지만, 직권주의하에서는 법원이 직권으로 수집한 증거를 중심으로 증거조사를 하는 것이 원칙이다. 현행법은 전자를 원칙으로 하면서도 법원의 사실해명의무를 중시하여 직권에 의한 증거수집을 인정하고 있다.

Ⅱ. 증거조사의 범위

1. 주체

증거조사의 주체는 법원이다. 형식적 직접주의의 요청에 따르면, 증거조사는 수소법원이 공판정에서 공판기일에 행함을 원칙으로 한다.

> 당사자가 증거를 제출·설명하거나 증인을 신문하는 경우에도 증거조사의 주체는 여전히 법원이다. 따라서 수사기관이 하는 증거수집이나 검증·감정 등은 증거조사에 해당하지 않는다.

2. 대상

법관의 심증형성의 대상이 되는 모든 증거가 증거조사의 대상이 된다. 물증·인증을 불문하며, 자유로운 증명이나 엄격한 증명의 자료 모두 포함된다. 증거방법을 원본으로 직접 공판기일에 현출시키는 것이 원칙이다. 적법한 증거조사 절차를 거치지 않은 증거는 증거로 사용할 수 없다.[75]

3. 방법

(1) 증거조사의 장소 및 시기

증거조사는 공판기일에 공판정에서 행하는 것이 원칙이다. 증거조사는 공판기일에 쟁점정리와 증명 관련 주장 및 입증계획 등의 진술이 끝난 후에 실시한다(제290조). 예외적으로 공판기일에 앞서 공판준비기일에도 증거조사를 할 수 있음은 이미 서술한 바와 같다(제273조).

증거보전(제184조), 증인신문(제221조의2), 공판기일 전 증인신문·검증·감정 또는 번역(제273조)이 이루어진 경우에는 조서 등을 공판기일에 현출시켜 다시 증거조사를 실시해야 한다.

(2) 증거조사의 순서

검사가 신청한 증거 → 피고인 또는 변호인이 신청한 증거 → 직권으로 결정한 증거의 순으로 조사하며, 법원이 직권 또는 당사자의 신청에 따라 순서를 변경할 수 있다(제291조의2).

다만 피고인 또는 피고인 아닌 자의 진술을 기재한 조서 또는 서류가 피고인의 자백 진술을 내용으로 하는 경우에는 범죄사실에 관한 다른 증거를 조사한 후에 이를 조사하여야 한다(규칙 제135조).

Ⅲ. 증거조사의 개시절차

1. 당사자의 증거신청

검사, 피고인 또는 변호인은 서류나 물건을 증거로 제출하거나 증인, 감정인, 통역인 또는 번역인의 신문을 신청할 수 있다(제294조 제1항).

---

75) 대판 1983. 7. 26. 83도1448, 83감도266; 대판 2005. 4. 29. 2005도70.

(1) 시기

증거신청의 시기에는 제한이 없지만 모두절차가 종료한 후 신청하는 것이 원칙이고, 필요하면 피고인신문 중에도 할 수 있고 예외적으로 공판기일 전이나 공판준비절차에서도 가능하다.

법원은 검사, 피고인 또는 변호인이 고의로 증거를 뒤늦게 신청함으로써 공판의 완결을 지연하는 것으로 인정할 때에는 직권 또는 상대방의 신청에 따라 결정으로 이를 각하할 수 있다(제294조 제2항). 공판준비기일에서 신청하지 못한 증거도 원칙적으로 공판기일에 증거신청을 할 수 없음은 언급한 바와 같다.

(2) 방식

검사·피고인 또는 변호인은 집중심리주의 및 공판중심주의의 실현을 위해 특별한 사정이 없는 한 필요한 증거를 **일괄신청**하여야 한다(규칙 제132조).

당사자들이 상대방의 입증 정도에 따라 순차적으로 입증하거나 추가로 반증하는 경향이 있어 불필요하게 기일속행이 이루어지는 것을 막기 위한 방안이다.

㈎ 서면 또는 구술 증거신청은 서면 또는 구술에 의한다.

다만 법원은 필요하다고 인정할 때에는 증거신청을 한 자에게, 신문할 증인, 감정인, 통역인 또는 번역인의 성명, 주소, 서류나 물건의 표목 및 제1항 내지 제3항에 규정된 사항을 기재한 서면의 제출을 명할 수 있다(제132조의2 제4항).

㈏ 증거 및 입증취지의 명시 증거신청을 함에 있어서는 그 증거와 증명하고자 하는 사실과의 관계, 즉 증거와 입증취지를 구체적으로 명시하여야 한다(규칙 제132조의2 제1항).

㈐ 일부 신청 서류나 물건의 일부에 대해 증거신청을 할 때에는 증거로 할 부분을 특정하여 명시하여야 한다(규칙 제132조의2 제3항).

증거로 할 수 있는 서류나 물건이 수사기록의 일부인 때, 수사기록의 일부인 서류나 물건을 자백에 대한 보강증거나 피고인의 정상에 관한 증거로 낼 경우 또는 공판기일 전에 서류나 물건을 낼 경우는 검사는 이를 특정하여 개별적으로 제출함으로써 증거조사를 신청하여야 하고(제132조의3 제1항), 이에 위반한 때에는 증거신청을 기각할 수 있다(동조 제2항).

㈑ 영상녹화물의 경우 검사는 피고인이 아닌 피의자의 진술을 영상

녹화한 사건에서 피고인이 아닌 피의자가 그 조서에 기재된 내용이 자신이 진술한 내용과 동일하게 기재되어 있음을 인정하지 아니하는 경우 그 부분의 성립의 진정을 증명하기 위하여 영상녹화물의 조사를 신청할 수 있다(규칙 134조의2 제1항).

규칙에서는 영상녹화물의 진정성을 확보하기 위해 엄격한 요건을 두고 있다(동조 제3항 내지 제5항)

(마) **신청의 철회** 증거를 신청한 검사, 피고인 등은 이미 채택결정을 한 후에도 증거조사를 마치기 전까지는 증거신청을 철회할 수 있고, 이 경우에 법원은 직권조사를 할 경우가 아니면 증거결정을 취소하여야 한다.

(3) 순서

검사에게 거증책임이 있는 점에 비추어, 증거신청은 검사가 먼저하고 피고인 또는 변호인이 이어서 증거를 신청할 수 있다(규칙 제133조).

증거의 제출방식은 증거물을 현실적으로 제출하지만 증거능력 없는 증거서류의 현출을 막기 위해 증거목록만 미리 제출하는 방식(열람등사권 보장, 증거결정 즉시 현실적 제출을 전제로 하여)도 허용할 필요가 있다.

(4) 증거신청의 각하

법원은 검사, 피고인 또는 변호인이 고의로 증거를 뒤늦게 신청함으로써 공판의 완결을 지연하는 것으로 인정할 때에는 직권 또는 상대방의 신청에 따라 결정으로 각하할 수 있다(제294조 제2항).

2. 직권에 의한 증거수집

(1) 의의

당사자의 증거신청 외에 법원도 직권으로 증거조사를 할 수 있다(제295조 후단). 예컨대 피고인이 철회한 증인을 법원이 직권으로 신문하더라도 위법하지 않다.[76]

(2) 성격

법원의 직권에 의한 증거조사는 실체적 진실발견을 위해 당사자의 입증활

76) 대판 1983. 7. 12. 82도3216.

동에만 의존하지 않도록 한 것으로서, 주로 피고인의 입증활동을 보충하기 위해 마련된 것이다(보충적·후견적 성격).[77] 그러나 법원이 보충적 직권조사가 필요한 사안에 대해 직권에 의한 증거조사의 책무를 다하지 않은 경우에는 심리미진의 위법이 인정된다.[78]

3. 증거결정

(1) 의의 및 성격

증거결정이란 법원이 당사자들이 신청한 증거에 대하여 증거로 채택하여 증거조사를 실시할 것인지 여부를 정하는 것을 말한다(제295조 전단). 증거신청에 대한 결정은 필요적이므로, 원칙적으로 인용 여부와 관계없이 내려야 한다.

재판부가 당사자의 증거신청에 대한 채부결정을 할 때에는 합의부의 경우에는 법정이나 법정 외에서 합의절차를 거쳐 결정·고지하는 것이 원칙이다. 공판기일에서 증거결정을 할 경우에는 재판장이 구두로 고지하고 그 내용을 증거목록이나 공판조서에 기재하면 족하고, 별도의 결정서를 작성할 필요가 없다. 공판기일 외에서 증거결정을 할 경우에는 결정서를 작성해야 한다. 다만 해당 증거조사나 사실조회, 서류송부촉탁, 감정인신문 등과 같은 사전절차를 공판기일 외에서 하기로 한 경우에는 별도의 채택결정서를 작성함이 없이 신청된 절차를 행하면 된다.

증거결정 없이 증거조사가 행해진 경우라도 그 조사가 적법하게 이루어졌다면 하자가 치유된다. 증거결정 여부는 법원의 소송지휘권에 기한 것으로서 법원의 재량에 속한다.

학설로는, ① 법원의 증거결정이 소송지휘권에 기한 것으로서 별도의 기준이 없으므로 자유재량에 속한다는 견해(자유재량설)와 ② 증거평가에 대한 자유심증처

---

77) 광주고판 1979. 7. 26. 79노127 (장물인 정을 알고 자전거를 취득한 상습장물취득의 공소사실의 일부에 대해 검사가 증거신청 하지 않은 증거를 법원이 직권으로 조사하지 않아 무죄를 인정했다고 항소한 사안: 기각).

78) 대판 2018. 6. 15. 2016도20406 (제조업신고를 하지 아니하고 다른 제조업자로부터 공급받은 멸균장갑 등 의약외품의 포장을 개봉하여 새로 포장한 후 피고인 회사에서 새로 제작한 것처럼 명칭, 유효기한 등을 임의로 기재하여 제조·판매한 사안). 「일반인의 입장에서 위와 같은 사정을 보았을 때 피고인 회사를 제조업체로 오인하거나 원래의 제품과의 동일성을 상실하여 별개의 제품으로 여길 가능성이 크다고 할 것이므로 피고인들의 재포장행위는 의약외품 제조행위로 볼 여지가 있다. 그럼에도 원심이 그 판시와 같은 이유만으로 의약외품의 제조행위에 해당하지 않는다고 단정한 것은, 약사법상 의약외품 제조행위에 관한 법리를 오해하여 필요한 심리를 다하지 아니함으로써 판결에 영향을 미친 위법이 있다.」

럼 일정한 한계가 있고 피해자 등의 증인신문신청의 경우 예외사유에 해당되지 않는 한 원칙적으로 채택해야 한다는 규정(제294조의2)을 근거로 기속재량에 속한다는 견해(기속재량설)가 있다.

판례는 증거신청의 채택 여부는 법원의 재량으로서 법원이 필요하지 아니하다고 인정할 때에는 이를 조사하지 아니할 수 있다고 하여 자유재량으로 이해하고 있는 듯하다.[79]

(2) 결정의 기준

공정한 재판의 이념과 무기대등의 원칙을 고려하면서 최량증거에 의하여 신속하고 경제적인 소송진행이 가능하도록 결정하여야 한다.[80] 결정은 원칙적으로 법원의 재량이나, 신청의 적법성 등을 고려하여 증거채택 여부를 결정하여야 한다.[81]

증거결정을 함에는 증거능력, 요증사실과의 관련성, 증거조사의 필요성 등에 관해 필요한 경우 소송관계인의 의견을 청취할 수 있다(규칙 제134조 제1항).

(가) 신청의 적법성 증거신청의 방식에 관한 규정(규칙 제132조의2 제1항 내지 제4항)에 위반한 경우에는 신청을 기각할 수 있다(동조 제5항). 법원의 증명력 판단을 오도할 유형적 위험이 있어 법률이 증거로서 허용하지 않는 증거(예컨대 임의성 없는 자백, 전문법칙의 예외에 해당하지 않는 전문증거, 위법수집증거 등)도 부적법한 증거신청으로서 기각결정을 하여야 한다.

공판준비기일에 의하여 실권효를 적용받는 증거에 대해서는 공판기일에 증거조사를 신청할 수 없으므로(제266조의13 제2항), 이러한 증거신청에 대해서는 기각할 수 있다.

---

79) 대판 1995. 6. 13. 95도826; 대판 2003. 10. 10. 2003도3282; 대판 2010. 1. 14. 2009도9963; 대판 2011. 1. 27. 2010도7947 등.

80) 헌재 2012. 5. 31. 2010헌바403.

81) 독일 형사소송법은 증거신청에 대한 기각사유를 명시하고 이에 해당하지 않는 경우에는 증거조사를 하도록 하고 있다. ① 증거수집이 허용되지 않는 경우(위법수집증거나 임의성 없는 자백 등), ② 공지의 사실에 대하여 증거신청이 있는 경우, ③ 요증사실과 관련이 없는 경우, ④ 요증사실이 이미 증명된 경우, ⑤ 당해 증거방법으로는 증거조사를 통해 기대되는 성과가 나타날 수 없는 경우(증언거부권을 가진 자에 대한 증인신문청구), ⑥ 증거방법을 공판정에 제출할 수 없는 경우(증인이 외국에 있는 경우), ⑦ 소송지연의 목적이 명백한 경우, ⑧ 피고인에게 유리한 사실이 다른 증거로는 더 이상 다투어질 수 없어 그 사실을 진실한 것으로 추정해야 하는 경우가 기각사유에 해당한다(제244조 내지 제245조).

(나) **사건과의 관련성** 요증사실을 증명하는 데 필요한 최소한의 증명력이 있는지를 판단하는 것이며('자연적 관련성'), 쟁점사항이나 사실인정과 아무런 관련이 없는 증거는 제외할 수 있다. 법률에 의해 증거능력을 부정하는 것은 '법률적 관련성'의 문제로서 '자연적 관련성'과 구별된다.

(다) **증거조사의 가능성** 멸실·손상, 소재불명이나 해외체류 등으로 사실상 증거조사가 불가능한 증거에 대해서도 기각결정을 하여야 한다.

(라) **증거조사의 필요성** 이미 증거조사가 이루어져서 조사가 불필요한 중복되는 증거(제294조의2 제1항 제2호 참조), 증명이 완료되었거나 명백한 사실에 대한 증거(민사소송법 제290조 참조)도 증거조사를 할 필요가 없다.

예컨대 공지의 사실이나 이미 입증된 사실에 관한 증거신청은 불필요하므로 신청을 기각한다.

(마) **소송경제의 고려** 증거조사로 인해 공판절차가 현저하게 지연될 경우에는 법원이 예외적으로 증거신청을 기각할 수 있다(제294조의2 제1항 제3호 참조).[82)]

(3) 증거의 제시 및 의견 진술

서류 또는 물건의 경우 – 증거동의가 있는 경우를 제외하고 – 제출한 자로 하여금 그 서류 또는 물건을 상대방에게 제시하게 하여 상대방으로 하여금 그 서류 또는 물건의 증거능력 유무에 관한 의견을 진술하게 하여야 한다(규칙 제134조 제2항).

임의성 없는 진술, 적법절차에 의하지 아니하고 수집된 증거는 증거능력이 없지만, 전문증거는 당사자가 동의하거나 진정성립이 인정되는 경우 등은 증거능력이 인정되므로 법원으로 하여금 반드시 상대방의 의견을 듣도록 한 것이다. 예컨대 위법수집증거 여부, 작성절차와 방식의 적법성 여부, 진정성립 여부, 내용인정 여부, 임의성 인정 여부, 증거동의 여부 등에 대한 의견을 말한다. 규칙에서는 영상녹화물에 대한 증거조사를 신청한 경우 작성, 봉인절차의 적법성에 대한 피고인이나 변호인의 의견진술을 명시하고 있다(제134조의4 제1항). 한편 실무상으로는 당연히 증거능력이 있는 서류나 동의 여부와 관계 없이 증거능력이 부정되는 서류의 경우에도 절차의 지연을 피하기 위해 의견을 진술하는 것이 일반적이다.

---

82) 대결 1996. 11. 14. 96모94.

변호인은 피고인의 의사에 반하는 의견을 진술할 수 없고, 피고인은 변호인의 의견을 취소할 수 있다.

(4) 증거 결정 및 고지

법원은 증거신청을 각하해야 할 사유에 해당하지 않으면(제294조 제2항 참조) 채부 결정의 기준에 따라 증거신청을 기각 또는 채택하는 결정을 내린다.

법원은 증거신청을 기각·각하하거나, 증거신청에 대한 결정을 보류하는 경우, 증거신청인으로부터 당해 증거서류 또는 증거물을 제출받아서는 안 된다(규칙 제134조 제4항). 채택결정에 대해서는 이유를 명시할 필요가 없으나(제39조 단서), 기각결정에 대해서는 이유를 명시할 필요가 있다. 다만, 판례는 기각결정에 대해서도 그 이유는 결론만 밝히면 족하다는 입장이다.[83]

(5) 이의신청 및 불복

(가) 원칙적 불복 금지 증거결정은 판결 전 소송절차에 관한 결정이고 즉시항고를 허용하는 별도의 규정이 없으므로 원칙적으로 항고가 허용되지 않는다(제403조 제1항). 다만 증거결정으로 인한 사실오인으로 판결에 영향을 미친 때에는 상소이유로 된다.[84]

(나) 이의신청 검사, 피고인 또는 변호인은 증거조사에 관하여 이의신청을 할 수 있는데(제296조 제1항), 증거결정에 대한 이의신청은 법령의 위반이 있음을 이유로 해서만 허용된다(규칙 제135조의2 단서).

법원은 이의신청에 대하여 결정을 하는데(제296조 제2항), 증거조사를 마친 증거가 증거능력이 없음을 이유로 한 이의신청을 이유있다고 인정할 경우에는 그 증거의 전부 또는 일부를 배제한다는 취지의 결정을 하여야 한다(규칙 제139조 제4항).

Ⅳ. 증거조사의 실시

1. 일반

(1) 취지

현행법은 증거조사에 있어 당사자주의의 취지를 강화하고 공판중심주의에

---

83) 대결 1996. 11. 14. 96모94.
84) 대판 1990. 6. 8. 90도646.

따라 공판정에서 증거조사가 실질적으로 이루어질 수 있도록 하고 있다.

구법하에서 재판장이 증거물의 제시와 증거서류 요지의 고지를 하도록 했던 것은 공소장일본주의에 반하고 증거능력 없는 증거를 사전에 파악하게 만드는 결과로 된다는 문제가 있었다. 2007년 개정법률은 증거서류의 제출을 증거신청인의 의무로 하고, 증거의 분리제출을 통해 공판중심주의를 실현하고자 하고 있다.

원칙적으로 법관이 법정에서 직접 원본증거를 조사하는 방법으로 행하며, 피고인에게 그 증거에 대한 의견진술의 기회를 부여해야 한다.85)

(2) 증거방법에 따른 구별

증거조사의 방법은 증거방법에 따라 차이가 있다. 인적 증거방법에 관하여는 제1편 총칙 제11장 내지 제14장에서, 물적 증거방법, 즉 서류나 물건의 증거조사에 관하여는 제291조 내지 제293조에서 규정하고 있다.

2. 물적 증거방법에 대한 조사

증거자료로 사용되는 모든 서류나 물건은 제출한 당사자 또는 직권으로 조사한 법원이 개별적으로 지시·설명하여 조사한다(제291조). 이 절차는 증거조사 자체는 아니고, 단지 증거조사의 대상으로 삼을 **서류나 물건의 표목을 특정**하는 절차로서, 증거조사의 대상을 명백히 한다는 의미를 가진다.

따라서 ① 공판기일 전후를 불문하고 모든 서류나 물건은 공판정에서 증거조사를 필요로 하며, ② 당사자주의에 따라 원칙적으로 당사자가 직접 지시·설명해야 하고, ③ 적정한 증거조사를 위해 개별적으로 지시·설명해야 하고 개괄적이고 일괄적 증거조사를 허용하지 않는다는 취지이다. 다만 소송관계인이 신청한 증거나 공무소 조회를 통해 수집한 서류나 물건이 처음 기대했던 것과 달라 증거조사에서 배제시킬 필요가 있으면 지시설명의 대상에서 제외할 수도 있다.

(1) 조사대상

사실인정의 자료로 될 서류나 물건은 모두 대상이 된다. 즉 소송관계인이 공판기일이나 공판기일 외에서 증거로 제출한 서류나 물건(제274조, 제294조), 공무소 등에 대한 조회 또는 서류송부요구에 의한 회보문서(제272조), 공판기일전 증거조사절차에 의해 작성된 피의자신문조서, 증인신문조서, 검증조서, 감정서

85) 대판 2011. 11. 10. 2011도11115.

또는 번역서(제273조), 증거보전절차에 의하여 작성된 증인신문조서, 검증조서, 감정서(제184조), 증거보전을 위한 증인신문절차에서 작성된 증인신문조서(제221조의2) 등을 포함한다. 또한 도면·사진 그 밖에 정보를 담기 위하여 만들어진 물건으로서 문서가 아닌 증거의 조사에 관하여는 특별한 규정이 없으면 증거물과 증거서류의 조사에 대한 규정을 준용한다(규칙 제134조의9).

2007년 개정법률은 제292조의2를 신설하여 증거물과 증거서류에 대한 조사방식을 별도로 규정하고 있다. 이는 각각에 대한 협의의 증거조사에서 요구되는 원칙을 설명한 것으로서, 특히 공판검사가 충실한 지시·설명을 할 것을 요구하는 취지라고 할 수 있다.

(2) 증거서류

(가) **낭독** 증거서류에 대한 원칙적인 조사방법은 낭독이다. 당해 증거를 신청한 신청인 내지 소지인 또는 재판장이 낭독한다(제292조 제1항, 제2항). 재판장은 법원사무관등으로 하여금 낭독이나 고지를 하게 할 수 있다(동조 제4항).

2007년 개정법률은 각종 조서 등 증거서류에 대한 증거조사를 원칙적으로 신청인이 '낭독'하는 방식으로 하고 예외적으로 사안에 따라 '내용의 고지'나 '열람'의 방식으로 하도록 규정하고 있다. 그러나 재판현실에서는 방대한 증거서류를 일일이 낭독하는 데 많은 시간이 소요되어 이 원칙이 제대로 지켜지지 못하는 실정이다.

(나) **내용의 고지** 재판장이 필요하다고 인정하면 '내용의 고지'도 가능하다(동조 제3항).

내용의 고지는 '요지의 고지'를 의미하고(규칙 제134조의6), '입증취지와 관련하여 본질적 부분'의 고지를 의미한다. 예컨대 폭행사건에서 목격자의 진술 중 폭행사실과 직접 관련되는 부분에 대한 조서 기재내용을 고지할 수 있다. 구법하에서는 요지의 고지가 원칙적인 방법이었다.

(다) **열람** 재판장은 열람이 다른 방법보다 적절하다고 인정하는 때에는 '증거서류를 제시하여 열람하게 하는 방법'으로 조사할 수 있다(동조 제5항).

예컨대 교통사고실황조사서, 재무제표, 영업장부와 같은 서류는 내용의 자세한 확인 등이 필요하므로 낭독이나 내용고지보다 열람에 의하는 것이 타당할 것이다.

(3) 증거물

신청인 또는 소지인이나 재판장이 상대방에게 **제시**하여야 한다(제292조의2

제1항, 제2항). 재판장은 법원사무관등으로 하여금 신청한 증거물이나 직권으로 조사한 증거물을 제시하게 할 수 있다(동조 제3항).

(4) 증거물인 서면

증거물인 서면은 증거서류인 동시에 증거물에 해당하므로, 양자의 조사방식을 겸용하여 조사하여야 한다. 원칙적으로 신청인으로 하여금 증거물인 서면을 제시하면서 이를 낭독하거나 내용을 고지 또는 제시하여 열람케 하는 방식으로 조사한다.

(5) 기타의 증거

정보를 담은 매체로서 문서가 아닌 증거, 예컨대 컴퓨터디스크, 음성·영상자료, 영상녹화물 등의 조사방법은 대법원규칙에 위임되어 있다(제292조의3).[86]

> ① 영상녹화물의 경우　　법원은 공판준비 또는 공판기일에서 봉인을 해체하고 영상녹화물의 전부 또는 일부를 재생하는 방법으로 조사하여야 한다. 이 때 영상녹화물은 그 재생과 조사에 필요한 전자적 설비를 갖춘 법정 외의 장소에서 이를 재생할 수 있다(규칙 제134조의4 제3항). 재판장은 조사를 마친 후 지체 없이 법원사무관 등으로 하여금 다시 원본을 봉인하도록 하고, 원진술자와 함께 피고인 또는 변호인에게 기명날인 또는 서명하도록 하여 검사에게 반환한다. 다만, 피고인의 출석 없이 개정하는 사건에서 변호인이 없는 때에는 피고인 또는 변호인의 기명날인 또는 서명을 요하지 아니한다(동조 제4항).
> 제318조의2 제2항에 따른 기억을 환기시키기 위한 영상녹화물의 재생은 검사의 신청이 있는 경우에 한하고, 기억의 환기가 필요한 피고인 또는 피고인 아닌 자에게만 이를 재생하여 시청하게 하여야 한다(규칙 제134조의5 제1항).
> ② 문자정보 등에 대한 증거조사　　컴퓨터용디스크 그 밖에 이와 비슷한 정보저장매체에 기억된 문자정보를 증거자료로 하는 경우에는 읽을 수 있도록 출력하여 인증한 등본을 낼 수 있다(제134조의7 제1항). 이 경우에 증거조사를 신청한 당사자는 법원이 명하거나 상대방이 요구한 때에는 컴퓨터디스크 등에 입력한 사람과 입력한 일시, 출력한 사람과 출력한 일시를 밝혀야 한다(동조 제2항). 컴퓨터디스크 등에 기억된 정보가 도면·사진 등에 관한 것인 때에도 동일하

86) 2021년 「형사사법절차에서의 전자문서 이용 등에 관한 법률」의 제정으로 2024년 10월 20일부터는 형사재판에서 전자문서가 사용됨으로써, 전자문서에 대한 증거조사방법이 별도로 규정되었다. ① 문자, 그 밖의 기호, 도면·사진 등의 경우에는 해당 전자문서를 모니터, 스크린 등을 통하여 열람하는 방법으로 그리고 ② 음성이나 영상정보에 대해서는 해당 전자문서의 음성을 청취하거나 영상을 재생하는 방법으로 증거조사를 할 수 있다(동법 제18조).

다(동조 제3항).

③ 음성·영상자료 등에 대한 증거조사 　녹음·녹화테이프, 컴퓨터용디스크, 그 밖에 이와 비슷한 방법으로 음성이나 영상을 녹음 또는 녹화하여 재생할 수 있는 매체에 대한 증거조사를 신청하는 때에는 음성이나 영상이 녹음·녹화 등이 된 사람, 녹음·녹화 등을 한 사람 및 녹음·녹화 등을 한 일시·장소를 밝혀야 한다(제134조의8 제1항). 이 경우에 녹음·녹화매체 등에 대한 증거조사를 신청한 당사자는 법원이 명하거나 상대방이 요구한 때에는 녹음·녹음매체 등의 녹취서, 그 밖에 그 내용을 설명하는 서면을 제출하여야 한다(동조 제2항). 녹음·녹화매체 등에 대한 증거조사는 녹음·녹화매체 등을 재생하여 청취 또는 시청하는 방법으로 한다(동조 제3항).

3. 증거조사에 대한 의견

재판장은 피고인에게 (검사가 신청한) 증거조사의 결과에 대한 의견을 묻고 권리를 보호함에 필요한 증거를 신청할 수 있음을 고지하여야 한다(제293조). 법원의 심증형성에 영향을 미칠 수 있는 변론의 기회를 보장하고 증거의 신빙성 판단을 위한 자료를 수집한다는 의미를 지닌다. 예컨대 검사가 증인을 신청하여 증언을 들은 경우, 피고인은 그 증언의 신빙성을 반박하기 위해 증인의 평소 기억력과 인지력을 확인하기 위해 감정을 신청할 수 있다. 이러한 신청을 할 수 있도록 법원이 증거조사의 결과에 대한 의견 문의와 증거조사 신청권을 고지해야 한다.

증거서류에 기재된 내용에 대해 진술내용을 확인하거나, 증언을 한 증인과 피해자와의 관계에 대한 피고인의 진술을 듣는 등 증거조사의 결과에 대한 의견을 참고하기 위한 것이므로, 증거조사 자체의 적부에 관한 의견진술이나 이의신청과 구별된다.

개별 증거조사가 끝날 때마다 묻는 것이 바람직하지만, 증거조사가 모두 종료한 후 일괄하여 의견을 물을 수도 있다. 제293조 후단의 '권리를 보호함에 필요한 증거조사를 신청할 수 있음을 고지'하는 것은 피고인의 증거조사신청권을 절차적으로 보장하기 위한 것으로서 생략해서는 안 된다. 변론종결 후 피해자에게 불리한 새로운 양형조건에 관한 자료가 법원에 제출된 경우에는 변론을 재개하여 피고인에게 의견진술 기회를 주는 등 필요한 양형심리절차를 거쳐 피고인의 방어권을 보장하도록 해야 한다.[87]

---

87) 대판 2021. 9. 30. 2021도5777 (아동·청소년의 성보호에 관한 법률 위반(강간등치상)죄로 1심

4. 증거조사에 대한 이의신청

(1) 이의신청

검사, 피고인 또는 변호인은 증거조사에 관해 이의신청을 할 수 있다(제296조 제1항). 증거조사절차뿐만 아니라 증거조사 단계에서 행해진 모든 처분(증거신청, 증거결정, 증거조사의 실시, 증거능력 유무 등)에 대해서 가능하다. 이의신청은 법령의 위반이 있는 경우 외에도 상당하지 아니함을 이유로 할 수 있다(규칙 제135조의2).

이의신청의 방식과 시기, 결정의 시기 및 방식, 중복신청 금지 등에 대해서는 일반적인 경우와 동일하다(규칙 제137조 내지 제140조 참조).

(2) 결정

법원은 이의신청에 대하여 결정을 하여야 한다(제296조 제2항). 이의신청이 이유있다고 인정되는 경우에는 결정으로 이의신청의 대상이 된 증거조사를 철회, 변경하는 등 그 이의신청에 상응하는 조치를 취하여야 한다.

이의신청에 대한 결정은 판결전 소송절차에 관한 결정으로 이에 대해 항고할 수 없다.

제2 증인신문

Ⅰ. 의의

1. 개념

증인신문이란 증인이 경험한 사실을 내용으로 하는 진술을 듣는 절차를 말한다. 증인이라는 증거방법에 대해 실시되는 증거조사절차라고 할 수 있다. 피고인의 경우는 피고인신문을 통해 임의의 진술을 증거로 할 수 있다.

에서 유죄가 인정되어 징역 4년을 선고받은 피고인의 항소심에서 변론종결 후 제출된 피해자의 사망진단서를 근거로 피해자가 피고인의 범행으로 인한 고통 때문에 자살하였다고 단정한 뒤, 변론을 재개하여 새로운 양형조건에 관하여 추가로 심리하지 않은 채 이를 가중적 양형조건의 중대한 변경 사유로 보아 제1심판결을 파기하고 양형기준의 권고형을 넘어 징역 9년을 선고한 사안: 위법).

공판중심주의에 따라 증거조사 자체가 증거서류라는 간접적인 물증에 대한 조사가 아닌 증인신문 위주로 진행되어야 하고, 집중심리의 취지에 비추어 모든 증인을 한 기일 내지 속행기일에 불러 일괄신문하는 것이 바람직하다.

2. 장소와 형태

증인신문은 공판기일에 공판정에서 행하는 것이 원칙이다. 기일 외 신문(제184조, 제221조의2, 제273조)이나 법정 외 신문(제165조)도 가능하나 그 경우에는 다시 공판정에서 당해 절차에서 작성한 조서에 대해 증거서류로서 증거조사를 실시해야 한다.

실무상으로 공판정에서의 신문은 통상 공판기일의 신문이지만, 공판정에서도 피고인의 불출석으로 공판기일을 연기하면서 출석한 증인에 대해서만 공판기일 외 증인신문을 하기도 한다.[88] 이 경우에도 다음 공판기일에 그 증인신문조서에 대한 서증조사가 이루어져야 한다.

공개주의에 따라 증인신문절차도 공개가 원칙이므로, 공개금지사유가 없거나 공개금지사유를 알 수 없음에도 불구하고 증인신문절차를 비공개로 진행한 경우, 변호인의 반대신문권이 보장되었다 하더라도 공개주의 위반으로 위법하며 그 절차에서 행한 증언은 증거능력이 부정된다.[89]

Ⅱ. 증인

1. 개념

증인이란 자기 이외의 자에 대한 형사피고사건에서 법원 또는 법관에 대하여 자신이 과거에 체험한 사실을 진술하는 제3자를 말한다. 수사기관에 대하여 진술하는 참고인이나 자신의 학식·경험을 바탕으로 그 지식이나 적용결과를 법원에 보고하는 감정인 등과 구별된다. 감정인은 대체성이 있으므로 구인할 수 없다.

2. 증인적격

증인이 될 수 있는 형식적 자격(선서 내지 증언 자격)을 증인적격이라고 한다. 증인적격은 원칙적으로 제한이 없으며, 누구든지 증인이 될 수 있다(제146조). 증

---

88) 대판 2000. 10. 13. 2000도3265.

89) 대판 2005. 10. 28. 2005도5854; 대판 2013. 7. 26. 2013도2511.

인적격은 증인거부권(제147조)과 구별되는데, 후자는 공무상 비밀에 속한 것으로 신고한 사항에 대해서는 공무소 등의 승낙 없이 공무원이나 공무원이었던 자를 증인으로 신문을 하지 못하도록 한 것이다.

증인거부권에 관한 규정은 표제어와는 달리 공무원의 '증인자격'을 제한한 것이 아니라, 증인자격은 있지만 증인신문을 거부할 수 있도록 한 것으로서, 공익과 사실해명의 조화를 도모하기 위한 것이다.

(1) 피고인의 증인적격

영미법하에서는 피고인의 진술거부권 포기를 인정하므로 피고인의 증인적격을 긍정하지만, 현행법상 피고인은 소송당사자로서 제3자가 아니고 진술거부권도 포기할 수 없는 권리이므로 피고인의 증인적격이 부정된다.

피고인의 법정대리인, 특별대리인, 대리인 그리고 피고인이 법인인 경우 법인의 대표자, 특별대리인 그리고 그 대리인 등도 그 직무를 수행하는 동안에는 피고인과 마찬가지로 증인적격은 부정된다.

자기 사건에 관한 피고인이면서 상피고인의 사건에 관해 제3자로서 이중적 지위를 가지는 공동피고인의 경우 동일한 절차 내에서 변론을 분리하지 않고 증인으로 신문할 수 있는지에 대해 논의가 있다. 이를 **공동피고인의 증인적격** 문제라고 한다.

㈎ **학설** 부정설(소극설), 긍정설(적극설) 그리고 절충설이 대립하고 있으나, 절충설이 다수설의 입장이다.

① 적극설(긍정설) 공범관계 여부를 불문하고 공동피고인은 피고인과의 관계에서 제3자이므로 병합심리 중이라도 증인적격이 있다는 견해이다. 공동피고인은 반드시 증인으로서 선서하고 진술해야 하고 단순히 공동피고인의 지위에서 행한 진술은 다른 피고인에 대한 관계에서는 증거로 사용할 수 없다고 본다. 변론의 병합이나 분리에 따라 공동피고인의 지위가 변경되는 것은 불합리하고, 진술거부권은 증언거부권을 통해 보호될 수 있다는 점을 논거로 한다.
② 소극설(부정설) 공범관계 여부를 불문하고 변론을 분리하지 않는 한 증인적격을 부정하는 견해이다(이 견해를 절충설이라고 부르기도 한다). 이 견해에 따르면, 공동피고인을 증인으로 신문하기 위해서는 변론을 분리하여 공동피고인을 피고인의 지위에서 배제해야 한다. 공동피고인도 병합심리되어 있는 이상 사건의 피고인으로서 진술거부권을 가지므로 증인적격을 인정하여 증인으로 신문하게 되면 진술거부권이 침해된다는 점을 논거로 한다.

③ 절충설(다수설) 공동피고인의 사건 상호간에 실질적 관련성을 기준으로 하여, 공범인 공동피고인은 증인적격이 부정되지만, 공범이 아닌 공동피고인인 경우에 대해서는 다시 ① 자기의 피고사건과 실질적인 관계가 없는 사건이거나 공동피고인 상호간에 이해관계가 상반되는 경우에 한해 증인적격이 인정된다는 견해(실질적 절충설)[90]와 ② 공범이 아닌 이상 이해관계를 불문하고 증인적격이 인정된다는 견해(형식적 절충설)로 나누어진다. 공범인 이상 변론을 분리하여 증언거부권을 알리고 신문하는 것이 바람직하다는 입장으로, 실질적 절충설을 취하는 경우에 증인적격을 인정하는 범위가 좁아지게 된다.

공동피고인은 공범관계에 있느냐를 불문하고 당해 소송절차에서는 진술거부권을 가지고 있으므로 이와 모순되는 증언의무(제161조 제1항)를 부과할 수 없고, 공범 여부는 공소제기 단계에서 이미 명백한 경우도 있지만 실체심리의 결과 비로소 밝혀질 수도 있어 공범관계 여부를 기준으로 증인적격을 정하는 것은 적절하지 않다는 지적도 있다.

④ 검토 공범인 공동피고인은 증인적격이 없지만 단순히 병합심리를 받을 뿐인 공범 아닌 공동피고인은 증인으로 신문할 수 있다는 절충설이 타당하다. 진술거부권을 가지는 공동피고인을 변론분리라는 형식적·기교적 소송기술에 의해 증인으로 지위를 전환시켜 증언의무를 부담시키는 것은 우회적인 자백강요의 우려가 있다는 점에서 소극설은 한계가 있다. 피고인의 지위가 증인으로 전환되더라도 증언거부권을 가질 수 있지만 진술거부권과 증언거부권을 같은 차원의 권리라고 보기 어렵다. 또한 공범인 공동피고인의 진술은 후술하는 바와 같이 다른 공동피고인의 공소사실에 대하여도 증거능력이 있으므로 구태여 증인으로 신문할 필요도 없다.

(나) **판례** 공동피고인의 증인적격 문제를 '공범이 아닌 공동피고인'의 경우와 '공범인 공동피고인'의 경우로 나누어 판단하고 있다.[91]

---

90) 실질적 절충설에 가까운 견해를 취한 하급심 판례(대법원에서 파기됨)로는, 수원지판 2008. 4. 1. 2008노869. 「공범인 공동피고인의 진술에 대하여는 다른 공동피고인의 반대신문권이 보장되어 있으므로 실체진실 발견을 위해 공범인 공동피고인을 증인으로 신문할 현실적인 필요가 없고, 공동피고인 상호간에 이해관계를 공통으로 하는 공범관계에 있는 피고인에게까지 증인적격을 인정하면 피고인의 방어권과 진술거부권이 침해되며, 동일한 공동피고인의 진술의 성격 내지 공동피고인의 증인적격이 변론의 병합 또는 분리라는 기술적인 절차에 의해 좌우되는 결과가 되는 것은 부당한 점 등에 비춰 보면, 적어도 공범인 공동피고인에게 자신의 공소사실과 밀접한 관련이 있는 부분에 관하여는 증인적격이 인정되지 않는다.」

91) 판례의 태도는 공범인 공동피고인과 공범 아닌 공동피고인을 모두 포함시켜 공범관계를 불문하고 공동피고인의 증인적격을 검토하는 학설과 논의의 출발점이 달라 판례의 입장을 부정설 또는 절충설로 이해하려는 종래 논의는 검토를 요한다. 판례의 입장은, 공범이 아닌 공동피고인의 경우 변론의 분리와 무관하게 증인적격을 가지고, 공범인 공동피고인은 변론을 분리하면

공범인 공동피고인과 공범 아닌 공동피고인을 구분하는 기준에 관하여는 다양한 견해가 있으나, 판례는 공동정범[92)]이나 대향범[93)]은 공범인 공동피고인에 해당하지만 절도범과 장물범[94)]은 공범 아닌 공동피고인으로서 증인의 지위에 있다고 보고 있다.

① 공범이 아닌 공동피고인의 경우　　피고인에 대한 관계에서는 증인의 지위에 있으므로 증인으로서 선서하고 증언할 수 있다는 입장으로(증인적격 인정), 선서 없이 한 공판정에서의 진술은 피고인에 대해 공소범죄사실을 인정하는 증거로 쓸 수 없다고 하여,[95)] 절충설과 결론을 같이한다. 공동피고인에 대한 피의자신문조서도 공동피고인의 증언에 의하여 성립의 진정이 인정되어야 한다.[96)]

② 공범인 공동피고인의 경우　　변론을 분리하고 각기 증인으로 채택하여 신문한 것은 서로의 공소사실에 대한 증인으로 각각 채택한 것이고 피고인들 자신의 공소사실에 대한 증인으로 채택한 것은 아니라고 하여 변론을 분리하면 공범인 공동피고인도 증인적격을 가진다고 하여,[97)] 부정설과 결론을 같이한다.

한편 공동피고인은 피고인의 지위에서 자백을 할 수 있으므로, 공범인 공동피고인이라도 증인신문절차가 아닌 피고인신문절차에서 자백을 한 때에는 – 상피고인과 이해관계가 상반되더라도 – 피고인의 자백으로서 증거능력이 인정

증인적격을 가진다는 것이어서 부정설 또는 절충설 어디에도 해당하지 않는다. 부정설은 공범관계를 불문하고 변론을 분리해야 증인적격을 가진다는 견해이고, 절충설은 공범인 공동피고인(실질적 이해관계가 있는 공범 아닌 공동피고인 포함)은 변론의 분리와 무관하게 증인적격을 부정하는 견해이기 때문이다. 다만, 판례의 결론이 공범이 아닌 공동피고인의 경우 절충설과 같고, 공범인 공동피고인의 경우 부정설과 같을 뿐이다.

92) 대판 2008. 6. 26. 2008도3300.

93) 대판 2012. 3. 29. 2009도11249.

94) 대판 2006. 1. 12. 2005도7601.

95) 대판 1979. 3. 27. 78도1031.「피고인과는 별개의 범죄사실로 기소되고 다만 병합심리된 것 뿐인 공동피고인은 피고인에 대한 관계에서는 증인의 지위에 있음에 불과하므로 선서 없이 한 그 공동피고인의 피고인으로서 한 공판정에서의 진술을 피고인에 대한 공소범죄 사실을 인정하는 증거로 쓸 수 없다.」같은 취지로는, 대판 1982. 6. 22. 82도898; 대판 1982. 9. 14. 82도1000.

96) 대판 2006. 1. 12. 2005도7601 (본범과 장물범인 공동피고인도 서로 증인의 지위에 있으므로 그에 대해 작성한 피의자신문조서가 공동피고인의 증언에 의해 진정성립이 인정되지 않으면 증거로 쓸 수 없다는 취지); 대판 2009. 10. 15. 2009도1889.

97) 대판 1983. 10. 25. 83도2295; 대판 2008. 6. 26. 2008도3300 (게임장의 종업원이 그 운영자와 함께 게임산업진흥에 관한 법률 위반죄의 공범으로 기소되어 공동피고인으로 재판을 받던 중, 운영자에 대한 공소사실에 관한 증인으로 증언하여 위증죄의 성립이 문제된 사안: 변론분리가 이루어지지 않아 증인적격이 없어 위증죄 불성립); 대판 2012. 10. 11. 2012도6848, 2012전도143; 대판 2012. 3. 29. 2009도11249.

된다.[98] 판례는 "공동피고인의 자백은 이에 대한 피고인의 반대신문권이 보장되어 있어 증인으로 신문한 경우와 다를 바 없으므로 독립한 증거능력"이 있다고 판시하고 있는데, 여기서 '증인으로 신문한 경우와 다를 바 없다'는 것은 공동피고인의 자백의 증거능력을 인정하는 '근거'로서 제시된 것이지 공동피고인이 '증인으로서' 진술하였다는 의미는 아니다.

(2) 법조기관의 증인적격

(가) 법관 법관은 당해 사건을 심리하는 동안 증인적격이 없고 증인이 된 경우에는 제척사유에 해당한다. 직무 탈퇴 후에는 증인이 될 수 있지만, 다시 사건에 관여하면 제척사유가 된다(제17조 제4호). 법원사무관등 공판절차에 관여한 법원직원도 동일하다.

(나) 공판검사 공판에 관여한 검사는 소송주체로서 제3자인 증인의 지위와 모순되므로 증인적격이 부정된다.

학설로는, ① 검사의 증인적격을 부정하는 명문규정이 없고 검사를 증인으로 신문할 필요성이 있는 경우가 있으며, 증언 후에도 공소유지의 직무수행이 가능하다는 점 등을 근거로 증인적격을 긍정하는 긍정설, ② 당해 사건의 공판관여 검사는 제3자가 아니고 검사를 공판관여 검사의 지위에서 물러나게 할 강제수단이 없다는 점 등을 근거로 이를 부정하는 부정설, ③ 소송주체의 지위와 증인의 지위는 서로 모순되므로 검사에게 증인적격이 인정되지 않지만 예외적으로 진실발견을 위해 검사를 증인으로 신문할 필요가 있는 때에 한해 증인적격을 인정해야 한다는 절충설이 있다.

수사기관으로서 검사와 소추기관으로서의 검사를 동일하게 볼 수 없고, 수사기관으로서 검사는 소송의 제3자이므로 당연히 증인적격이 인정된다(제316조 제1항 조사자증언 참조).

다만 수사검사가 증인으로 증언한 다음 다시 공소유지에 관여할 수 있는지에 대해 논의가 있으나 준사법기관인 검사에게는 객관의무가 인정되므로 일단 증언한 검사는 공소유지에서 제외시켜야 할 것이다(증언한 검사가 관여한 경우에는 판결

---

98) 대판 2006. 5. 11. 2006도1944 (피해자를 납치하여 돈을 빼앗는 행동을 직접적으로 하지 않았지만 강도상해의 공동정범으로 기소된 공동피고인의 자백의 증거능력을 긍정한 사안). 「공동피고인의 자백은 이에 대한 피고인의 반대신문권이 보장되어 있어 증인으로 신문한 경우와 다를 바 없으므로 독립한 증거능력이 있고, 이는 피고인들간에 이해관계가 상반된다고 하여도 마찬가지라 할 것이(다).」

에 영향을 미친 위법이 인정되므로 상소이유가 된다는 견해도 있다). 다만 검사에게 제척제도가 인정되지 않는 한 공판검사가 수사검사와 일치하는 경우에도 증인적격이 인정되고 따라서 조사자증언을 한 검사가 공판에 관여하는 경우에도 제척시킬 제도가 없는 한 공소유지에 관여할 수 있다는 견해도 있다.

검찰직원이나 사법경찰관[99]은 소송당사자가 아닌 제3자이므로 직무수행과 관련하여 당연히 증인적격이 인정된다. 조사자로서 증언도 할 수 있다.

(다) **변호인** 법률에 다른 규정이 없으면 누구든지 증인적격이 있고(제146조), 변호사는 그 업무상 위탁받은 관계로 알게 된 사실로서 타인의 비밀에 관한 것은 증언을 거부할 수 있다는 규정(제149조)의 취지에 비추어, 증인적격을 인정할 수 있다.

변호인의 증인적격을 부정하는 명문규정이 없고 실체적 진실발견과 피고인의 이익보호를 위해 변호인에 대한 증인신문이 필요한 경우도 있어 이런 경우에 굳이 증인이 되기 위해 변호인을 사임하게 할 필요가 없다는 이유로 이를 긍정하는 견해가 다수설이나, 변호인의 증인적격은 인정되지만 피고인에게 불리한 진술은 피고인의 동의가 없으면 허용되지 않는다는 견해도 있고, 변호인은 피고인의 보조자로서 당해 소송의 제3자가 아니고 변호인과 증인의 지위가 조화되기 어려우므로 변호인은 사임하지 않는 한 증인적격이 없다는 견해가 대립하고 있다.

3. 증인의 의무와 권리

(1) 증인의 의무

증인은 출석, 선서 및 증언의 의무가 있으며 위반시에는 구인, 과태료나 비용배상 등의 제재가 부과될 수 있다. 이 외에도 소송관계인으로서 법정경찰권과 소송지휘권에 복종해야 할 의무가 있다.

(가) **출석의무** 증인거부권(제147조)이 있는 자를 제외하고는 소환받은 모든 증인은 출석의무가 있고, 따라서 출석 자체를 거부할 수는 없다.

후술하는 증언거부권이 있는 자도 증언을 거부할 수 있을 뿐 이론적으로는 출석의무가 인정된다.

증인이 출석요구를 받고 기일에 출석할 수 없을 경우에는 법원에 바로 그

99) 헌재 2001. 11. 29. 2001헌바41.

사유를 밝혀 신고하여야 한다(규칙 제68조의2). 불출석증인에 대하여는 과태료 부과 및 감치가 가능하다(제151조 제1항, 제2항). 증인이 정당한 사유 없이 출석하지 않아 감치재판을 받고 감치시설에 유치되었더라도, 감치의 집행 중에 증언을 한 때에는 – 감치의 목적을 달성하였으므로 – 법원은 즉시 감치결정을 취소하고 증인에 대한 석방명령을 내려야 한다(동조 제7항).

(나) **선서의무** 증인은 신문 전에 선서서에 의해 선서할 의무가 있다(제156조, 제157조).

1) **선서능력** 증인이 선서의무를 질 수 있는 능력을 선서능력이라고 한다. 16세 미만의 자나 선서의 취지를 이해하지 못하는 자는 선서능력이 없으므로 선서 없이 신문해야 한다(제159조).

> 증인이 선서의 취지를 이해할 수 있는가에 대하여 의문이 있는 때에는 선서 전에 그 점에 대하여 신문하고, 필요하다고 인정할 때에는 선서의 취지를 설명하여야 한다(규칙 제72조).

선서무능력자에게 선서를 시키고 증인으로 신문을 하더라도 선서는 효력이 없고 따라서 위증을 한 경우에도 위증죄가 성립하지 않지만, '증언능력'이 있는 이상 증인신문에서 행한 증언의 효력은 인정된다.[100)]

2) **선서거부에 대한 제재** 증인이 정당한 이유 없이 선서를 거부한 때에는 결정으로 50만원 이하의 과태료에 처할 수 있고(제161조 제1항), 이 결정에 대해서는 즉시항고를 할 수 있다(동조 제2항).

(다) **증언의무** 증인은 증언거부권이 인정되는 경우가 아니면 원칙적으로 신문사항에 대하여 증언할 의무를 진다. 증언의무는 '양심에 따라 숨김과 보탬이 없이 사실 그대로 말할' 의무를 의미한다(제157조 제2항). 증인은 법원이나 법관의 신문뿐만 아니라 검사, 피고인 또는 변호인의 신문에 대해서도 증언의무가 있다.

> 증언거부시 과태료를 부과할 수 있으며(제161조 제1항), 과태료부과 결정에 대해서는 즉시항고할 수 있다(동조 제2항).

1) **증언능력** 증인적격과는 별개로, 자신이 과거에 체험한 사실에 대

---

100) 대판 1957. 3. 8. 4290형상23.

하여 기억에 따라 진술하고 표현할 수 있는 구체적이고 개별적인 정신적 능력을 말한다. 증인적격이 있더라도 증언능력이 없으면 그 증언은 증거로 할 수 없고, 선서무능력자라도 증언능력이 있으면 그 증언을 증거로 할 수 있다.[101] 증언능력은 증언의 증거능력 차원의 문제로서 증언의 증명력과 구별된다.

증언능력은 증언의무의 전제가 되며, 주로 성폭력범죄 등에서 피해자인 유아의 증언능력이 문제로 된다. 유아의 증언능력은 연령 외에 지적 수준, 진술태도 등에 따라 개별적·구체적으로 판단한다.[102]

2) **증언거부권** 증언의무가 인정된 증인이 법률이 정한 사유가 있는 경우에 그 의무의 이행을 거절할 수 있는 권리를 말한다.

증언거부권은 증언의무를 전제로 하므로, 증인적격 자체가 부정되는 증인거부권과 구별해야 한다. 전자의 경우에는 증언을 거부할 수 있을 뿐이고 출석의무가 있지만, 후자의 경우에는 출석 자체를 거부할 수 있다는 점에서 차이가 있다.

가) 거부사유

① **자기 또는 근친자의 형사책임** 누구든지 자신 또는 자신과 친족 또는 친족관계가 있었던 자나 법정대리인·후견감독인의 관계에 있는 자가 형사소추 또는 공소제기를 당하거나 유죄판결을 받을 사실이 발로될 염려 있는 증언을 거부할 수 있다(제148조). 자기부죄거부의 특권과 신분관계에 따른 정의를 고려하여 이러한 경우 진실한 증언을 기대하기 곤란하다는 점을 고려한 규정이다.

'형사소추 또는 공소제기를 당할 사실이 발로될 염려 있는 증언'이란 당해 사건에 증인으로 증언하게 되면 자기나 근친자에 대하여 수사가 개시되거나 공소가 제기되는 등 형사소추가 이루어질 가능성이 있거나 가능성을 높이는 자료를 제공하게 되는 경우를 말한다.

형사소추는 수사나 공소제기 외에 약식명령이나 즉결심판의 청구를 포괄하는 개

---

101) 대판 1984. 9. 25. 84도619.

102) 대판 1999. 11. 26. 99도3786 (사건 당시 만 4세 6개월, 제1심 증언 당시 만 6세 11개월 된 피해자인 유아의 증언능력을 인정한 사례). 「유아의 증언능력에 관해서도 그 유무는 단지 공술자의 연령만에 의할 것이 아니라 그의 지적수준에 따라 개별적이고 구체적으로 결정되어야 함은 물론 공술의 태도 및 내용 등을 구체적으로 검토하고, 경험한 과거의 사실이 공술자의 이해력, 판단력 등에 의하여 변식될 수 있는 범위 내에 속하는가의 여부도 충분히 고려하여 판단하여야 한다.」 같은 취지로는, 대판 2001. 7. 27. 2001도2891; 대판 2004. 9. 13. 2004도3161; 대판 2006. 4. 14. 2005도9561.

념이므로 별도로 공소제기를 규정한 것은 불필요하므로 삭제해도 좋을 것이다. 한편, '형사소추'란 아직 피의자로 되지 않은 경우를 말하고, '공소제기'는 피의자로 된 경우를 말한다는 견해도 있다. 형사소추는 이미 저지른 범죄사건으로 인해 소추를 당할 염려가 있는 경우를 말하며, 증언으로 인하여 비로소 범죄가 성립하는 경우에는 제외된다.[103)]

'유죄판결을 받을 사실이 발로될 염려가 있는 증언'이란 공소가 제기되었으나 판결이 선고되지 않은 상태에서, 타인의 사건에서 증언함으로써 자기 또는 근친자에게 유죄판결의 가능성이 있거나 가능성을 높이는 자료를 제공하게 되는 경우를 말한다.

유죄판결이 아직 확정되지 않은 경우에 한하고, 이미 유죄판결이 확정된 증인이라면 '공범의 형사사건에서 사실대로 자신의 범행을 시인하는 증언을 할 것이라는 기대가능성이 없는 경우'가 아니라면 기억에 반하는 허위의 진술을 한 경우 위증죄가 성립한다.[104)]

② 업무상 비밀 변호사, 변리사, 공증인, 공인회계사, 세무사, 대서업자, 의사, 한의사, 치과의사, 약사, 약종상, 조산사, 간호사, 종교의 직에 있는 자 또는 이러한 직에 있던 자가 그 업무상 위탁을 받은 관계로 알게 된 타인의 비밀에 관한 사실에 대해서는 증언을 거부할 수 있다(제149조 본문). 그러나 본인의 승낙이 있거나 중대한 공익상 필요가 있는 때에는 증언을 거부할 수 없다(동조 단서).

특정 업무 종사자의 업무뿐만 아니라 상대방인 의뢰인을 보호하면서 공익상의 필요를 조화시킨 규정이다.

나) 증언거부권의 고지 증인이 증언거부권자에 해당하는 경우에는 재판장은 신문 전에 증언을 거부할 수 있음을 설명하여야 한다(제160조). 증언거부권을 고지하지 않고 신문하면 증언의 증거능력이 부정된다(다수설).

학설로는 적법절차의 원칙에 비추어 증거능력을 부정해야 한다는 전면적 부정설(다수설)과 증언거부권의 불고지와 증언 사이에 인과관계가 존재하는 경우에만 판결이 그러한 불고지라는 위법을 기초로 한 것이므로 증거능력을 부정해야 한

103) 대판 2011. 12. 8. 2010도2816.

104) 대판 2011. 11. 24. 2011도11994 (피고인이 마약류관리에 관한 법률 위반(향정)죄로 이미 유죄판결을 받아 확정된 후 별건으로 기소된 공범에 대한 피고사건의 증인으로 출석하여 허위의 진술을 한 사안: 위증죄 성립).

다는 제한적 부정설이 있으며, 판례는 긍정설의 입장이다.[105)]

한편, 증언거부권을 고지하지 않은 상태에서 허위의 진술이 이루어졌더라도 불고지로 인해 증언거부권 행사에 사실상 장애가 있었던 경우에는 위증죄가 성립하지 않는다.[106)]

다) 증언거부의 방법 증언거부권의 행사는 자유이므로 거부권을 포기하고 증언할 수 있으나, 증언거부권자가 증언거부권을 포기하고 증언한 이상, 증인이 주신문에 대해서만 증언하고 반대신문에 대해 증언을 거부할 수 없고, 반대신문에 대한 증언을 거부한 경우에는 당사자의 반대신문의 기회를 박탈한 것으로서 당해 증언을 증거로 사용할 수 없다.

증언거부권은 증인거부사유가 있으면 증인신문 개시 전이나 도중에 언제든지 행사할 수 있으나, 증언을 거부하는 경우 그 사유를 소명하여야 한다(제150조).

(2) 권리

증인은 증언거부권 외에 비용상환청구권(제168조), 증인신문조서 열람·등사청구권(규칙 제84조의2), 신변보호청구권(특강법 제7조 제2항, 성폭력범죄처벌법, 특정범죄자신고법) 등의 권리를 가진다.

4. 증인의 보호

(1) 특정강력범죄와 성폭력범죄 사건의 증인 보호

검사는 특정강력범죄 사건의 증인이 피고인 또는 그 밖의 사람으로부터 생명·신체에 해를 입거나 입을 염려가 있다고 인정될 때에는 관할 경찰서장에게 증인의 신변안전을 위하여 필요한 조치를 할 것을 요청하여야 하며(특정강력범죄법 제7조 제1항), 이러한 조치는 증인이 검사에게 청구할 수도 있고 재판장이 검사에게 요청할 수도 있다(동조 제2항, 제3항).

「성폭력범죄의 처벌 등에 관한 특례법」도 성폭력범죄에 대한 처벌절차에서 「특

---

105) 대판 1957. 3. 8. 4290형상23 (위증교사 사건에서 15세인 소년에게 선서를 받고 증인신문을 하면서, 증인이 피고인과 위증죄의 공범으로서 형사소추를 받을 우려가 있음에도 증언거부권을 고지하지 않은 채 이루어진 증언의 증거능력: 유효).

106) 대판 2010. 1. 21. 2008도942 전합; 대판 2010. 2. 25. 2009도13257; 대판 2010. 2. 25. 2007도6273; 대판 2011. 11. 24. 2011도11994; 대판 2011. 12. 8. 2010도2816; 대판 2012. 3. 29. 2009도11249; 대판 2012. 12. 13. 2010도10028; 대판 2013. 5. 23. 2013도3284.

정강력범죄의 처벌에 관한 특례법」 제7조(증인에 대한 신변안전조치), 제8조(출판물 게재 등으로부터의 피해자 보호)를 준용하고 있다(동법 제22조).

(2) 특정범죄의 신고자 보호

특정범죄의 신고자 등으로 소환된 증인 또는 그 친족 등이 보복을 당할 우려가 있는 경우에는 해당 증인의 인적 사항이 증인신문의 모든 과정에서 공개되지 아니하도록 하여야 하며, 피고인이나 방청인을 퇴정시키거나 공개법정 외의 장소에서 증인신문 등을 할 수 있고(「특정범죄신고자 등 보호법」 제11조 제5항, 제6항 제1문), 필요한 경우 신변안전조치를 하여야 한다(동법 제13조 제1항 내지 제3항).

선거범죄나 성매매알선 등 사건 등의 경우에도 특정범죄신고자 등 보호법이 준용된다(「공직선거법」 제262조의2 제1항, 「성매매알선 등 행위의 처벌에 관한 법률」 제6조 제3항).

Ⅲ. 증인신문의 실시

1. 사전절차

증인 등의 안전을 위해 필요하다고 인정하는 경우 재판장은 증인신문을 청구한 자에 대하여 사전에 신문사항을 기재한 서면을 제출할 것을 명할 수 있다(규칙 제66조). 그 서면을 제출하지 않은 때에는 증거결정을 취소할 수도 있다(규칙 제67조). 이러한 절차가 피고인이나 변호인의 권리를 제한하는 측면이 있으나, 다른 한편으로는 교호신문권을 보장하여 공정한 재판을 받을 권리를 구현하는 효과도 가진다.107)

2. 소환 및 출석 후 선서

(1) 소환

증인의 소환은 증인신문을 위한 출석확보의 수단으로서, 출석의무를 부과한다는 점에서 강제처분의 일종이다. 증인신문의 필요가 커짐에 따라 출석확보를 위한 절차로서 의미가 증가하고 있다.

법원은 증인을 소환하거나(제150조의2) 지정 장소에 동행을 명할 수 있으며(제166조 제1항), 소환이나 동행명령에 불응 내지 거부하는 경우에는 구인할 수 있

---

107) 헌재 1998. 12. 24. 94헌바46.

다(제152조, 제166조 제2항).

증인의 소환을 위한 소환장 발부·방식·송달 그리고 구인을 위한 구인영장의 발부·방식, 구인의 촉탁, 구인영장의 집행, 수통의 구인영장의 작성, 관할구역 외에서의 구인영장의 집행과 그 촉탁, 구인영장의 사전제시, 수탁판사에의 인치에 대해서는 피고인의 소환과 구인에 관한 규정을 준용한다(제153조, 제155조).

증인이 법원의 구내에 있는 경우(구내증인)에는 소환하지 않고 신문할 수 있다(제154조). 증인이 소재불명인 경우에는 증인의 법정출석을 위한 가능하고도 충분한 노력을 다하였는데도 부득이 증인의 법정출석이 불가능하게 되었다는 사정이 증명된 경우에 한해 수사절차에서 작성된 진술조서의 증거능력 인정된다.[108)]

(2) 선서

법률에 다른 규정이 있는 경우가 아니면, 증인에게는 신문 전에 선서하게 하여야 한다(제156조). 재판장은 증인으로부터 주민등록증 등 신분증을 제시받거나 그 밖의 적당한 방법으로 증인임이 틀림없음을 확인하고, 먼저 선서능력의 여부에 대해 신문하고 필요하면 선서의 취지를 설명한다(규칙 제72조). 재판장은 선서할 증인에 대하여 선서 전에 위증의 벌을 경고한 다음(제158조), "양심에 따라 숨김과 보탬이 없이 사실 그대로 말하고 만일 거짓말이 있으면 위증의 벌을 받기로 맹세합니다"라고 기재된 선서서에 따라 선서하게 하여야 하며, 선서는 일어서서 엄숙하게 하여야 한다(제157조 제1항, 제2항, 제4항). 재판장은 증인에게 선서서를 낭독하고 기명날인하거나 서명하게 하여야 한다. 다만, 증인이 선서서를 낭독하지 못하거나 서명을 하지 못하는 경우에는 참여한 법원사무관등이 대행한다(동조 제3항).

(3) 증언거부권의 고지

증인으로 증언해야 할 자가 증언거부권을 가지는 경우에는 재판장은 신문 전에 증언을 거부할 수 있음을 설명하여야 한다(제160조).

---

108) 대판 2013. 10. 17. 2013도5001.

3. 신문의 실시

(1) 당사자 등의 참여

당사자가 불참의사를 명시한 경우가 아니면, 증인신문의 시일과 장소를 검사, 피고인 또는 변호인에게 고지하여 참여권을 보장하여야 한다(제163조). 당사자의 참여권을 침해한 경우에는 당해 증언의 증거능력은 부정된다.[109)]

당사자는 증인신문에 참여하지 않는 경우, 법원에 대하여 필요한 사항의 신문을 청구할 수 있고(제164조 제1항), 증인신문과정에서 피고인에게 예기치 아니한 불이익한 증언이 진술된 때에는 반드시 그 진술내용을 피고인이나 변호인에게 알려주어야 한다(동조 제2항).

피고인이 일시퇴정한 경우에도 피고인의 반대신문권을 배제하는 것은 허용되지 않으며, 다만 책문권 상실로 인해 참여권 침해의 하자가 치유될 수 있을 뿐이다.[110)]

(2) 신문장소

신문은 공개된 법정에서 행하는 것이 원칙이다.

㈎ **법정 외 신문** 증인의 연령, 직업, 건강상태 기타의 사정을 고려하여 검사, 피고인 또는 변호인의 의견을 묻고 법정 외에 소환하거나 현재지에서 신문할 수 있다(제165조).

㈏ **중계장치 및 가림 시설 등의 이용** 공개된 법정에서 행하는 경우에도 법정질서의 유지나 법정의 사정 등을 이유로 최소한의 제한은 가능하며, 비디오 등 중계장치에 의한 중계시설 또는 가림 시설 등을 활용하여 신문할 수 있다(제165조의2, 규칙 제84조의4).

비디오 등 중계장치에 의한 중계시설 또는 가림 시설을 통한 신문제도는 피고인의 증인대면권을 제한하면서도 반대신문권은 보장하는 방향으로 2007년 신설되었으며, 2020년 코로나 팬데믹을 계기로 재판지연사태의 발생을 미연에 방지하고 국민의 재판의 재판을 받을 권리를 보장하기 위해 영상재판을 진행할 수 있는 규정을 신설하였다(제165조의2 제2항). 즉 1) 법원은 ① 아동복지법 제71조 제1항

---

109) 대판 1955. 7. 15. 4288형상128; 대판 1967. 7. 4. 67도613; 대판 1969. 7. 25. 68도1481; 대판 1988. 11. 8. 86도1646; 대판 1992. 2. 28. 91도2337.

110) 대판 2012. 2. 23. 2011도15608.

제1호·제1호의2·제2호·제3호까지에 해당하는 죄의 피해자, ② 청소년성보호법 제7조, 제8조, 제11조부터 제15조까지 및 제17조 제1항의 규정에 해당하는 죄의 대상이 되는 아동·청소년 또는 피해자, ③ 범죄의 성질, 증인의 연령, 심신의 상태, 피고인과의 관계, 그 밖의 사정으로 인하여 피고인 등과 대면하여 진술할 경우 심리적인 부담으로 정신의 평온을 현저하게 잃을 우려가 있다고 인정되는 사람을 증인으로 신문하는 경우 상당하다고 인정할 때에는 법원은 검사와 피고인 또는 변호인의 의견을 들어 비디오 등 중계장치에 의한 중계시설을 통하여 신문하거나 가림 시설 등을 설치하고 신문할 수 있고(제165조의2 제1항), 2) 증인이 멀리 떨어진 곳 또는 교통이 불편한 곳에 살고 있거나 건강상태 등 그 밖의 사정으로 말미암아 법정에 직접 출석하기 어렵다고 인정하는 때에는 검사와 피고인 또는 변호인의 의견을 들어 비디오 등 중계장치에 의한 중계시설을 통하여 신문할 수 있다(동조 제2항).

증인신문을 결정할 때 중계시설 또는 가림 시설을 통한 신문 여부를 함께 결정하여야 하지만(규칙 제84조의4 제1항), 증인신문 전 또는 증인신문 중에도 비디오 등 중계장치에 의한 중계시설 또는 가림 시설을 통하여 신문할 것을 결정할 수 있다(동조 제2항).

형사소송규칙은 중계방법 및 증언실의 위치(규칙 제84조의5), 심리의 비공개(제84조의6), 신뢰관계 있는 자의 증언실 동석(제84조의7), 장난감 등의 도구를 통한 증인의 배려(제84조의8), 가림 시설(제84조의9), 증인지원시설의 설치 및 운영(제84조의10) 등에 대해 자세히 정하고 있다.

규칙 제84조의9는 '피고인과 증인'이 서로의 모습을 볼 수 없도록 필요한 조치를 취하도록 규정하고 있으나, 피고인 외에 검사, 변호인, 방청인 등에 대해서도 가림 시설을 설치할 수 있다.[111] 다만, 변호인에 대한 가림 시설의 설치는 예외적으로 허용될 수 있을 뿐이다.

비디오를 통한 증언을 녹음·녹화한 매체의 증거능력은 일반 진술서와 동일한 요건 아래 인정할 수 있다. 주로 다른 사건에서 증인신문을 녹음·녹화한 매체가 소송기록에 첨부되어 조서의 일부로 된 경우가 문제될 것이다. 전형적인 예로는, 증인신문의 실시 후에 공범이 별도로 기소된 경우에 문제되며, 동일 피고사건의 공판기일 또는 공판준비에서 신문의 기록은 일반진술서의 요건에 따르면 족하다.

(다) 신문하는 증인만 재정 증인신문은 개별적으로 이루어지므로(제162

---

111) 대판 2015. 5. 28. 2014도18006.

조 제1항), 신문하지 아니한 증인이 재정하면 퇴정을 명하여야 한다(동조 제2항).

(3) 신문방법

(가) **구두에 의한 개별신문** 각 증인에 대하여 구두로 개별신문하며, 필요한 때에는 다른 증인이나 피고인과 대질하게 할 수 있다(제162조 제1항, 제3항).

> 구두주의가 형식적 직접주의를 실현하기 위한 것이라는 설명도 있으나, 증인의 구두신문은 당사자의 효과적인 신문과 반대신문권 보장을 위한 것이라고 보아야 할 것이다.

신문을 위해 필요한 경우에는 사전에 신문사항을 기재한 서면을 제출하도록 할 수 있다(규칙 제66조). 또한 증인이 들을 수 없는 때에는 서면으로 묻고, 말할 수 없는 때에는 서면으로 답하게 할 수 있다(규칙 제73조).

재판장은 증인신문을 행할 때 증명할 사항에 관하여 가능한 한 증인으로 하여금 개별적이고 구체적인 내용을 진술하게 해야 한다(규칙 제74조 제1항: 일문일답의 방식). ① 서류나 물건에 관한 신문, ② 기억의 환기가 필요한 경우, ② 증언을 명확히 할 필요가 있는 경우에는 서류나 물건을 제시하거나 도면, 사진, 모형, 장치 등을 이용하여 신문할 수 있다(규칙 제82조 내지 제84조).

(나) **금지된 신문방법** 신문을 하는 자는, ① 위협적이거나 모욕적인 신문을 해서는 안 되며, 정당한 이유가 있는 경우가 아니면 ② 전의 신문과 중복되는 신문, ③ 의견을 묻거나 의논에 해당하는 신문, ④ 증인이 직접 경험하지 아니한 사항에 해당하는 신문을 해서도 안 된다(규칙 제74조 제2항).

(다) **변형된 교호신문** 교호신문제도란 증인신문에 있어서 법원이 직접 증인에게 신문하지 않고 당사자가 번갈아 가면서 신문하는 영미법의 신문방식을 말하지만, 우리나라에서는 법원의 직권에 의한 개입과 범죄피해자의 신청이라는 요소를 도입하고 있다.

> 주신문 → 반대신문 → 재주신문 → 재판장의 허가에 의한 재신문 및 직권에 의한 증인신문이라는 순서로 진행된다. '간이공판절차'에서는 교호신문방식에 의하지 않으며, 법원이 상당하다고 인정하는 방법으로 증거조사를 할 수 있다(제297조의2).

1) **주신문** 증명할 사항과 이에 관련된 사항에 관하여 증인을 신청한 당사자가 행하는 신문을 말한다(규칙 제75조 제1항). 직접신문이라고도 한다.

> 주신문에서는 유도신문이 금지되나 예외적으로 특별한 사정이 있는 경우에는 가

능하다(동조 제2항). 즉, ① 증인과 피고인과의 관계, 증인의 경력, 교우관계 등 실질적인 신문에 앞서 미리 밝혀 둘 필요가 있는 준비적인 사항에 관한 신문의 경우, ② 검사, 피고인 및 변호인 사이에 다툼이 없는 명백한 사항에 관한 신문의 경우, ③ 증인이 주신문을 하는 자에 대하여 적의 또는 반감을 보일 경우, ④ 증인이 종전의 진술과 상반되는 진술을 하는 때에 그 종전진술에 관한 신문의 경우 ⑤ 기타 유도신문을 필요로 하는 특별한 사정이 있는 경우가 그 예외사유이다. 예외사유에 해당하지 않으면 재판장은 유도신문을 제지해야 하고, 예외사유에 해당하는 경우에도 유도신문의 방법이 상당하지 아니하다고 인정할 때에도 제한할 수 있다(동조 제3항). 유도신문을 한 경우라도 증인신문 결과에 대해 이의를 제기하지 않으면 책문권 포기로서 당해 증언을 증거로 사용할 수 있다.[112]

2) 반대신문　주신문에 나타난 사항과 이에 관련된 사항에 관하여 다른 당사자가 행하는 신문을 말한다(규칙 제76조 제1항).

반대신문의 기회에 주신문에 나타나지 아니한 새로운 사항에 관하여 신문하고자 할 때에는 재판장의 허가를 받아야 하며(동조 제4항), 그 사항은 주신문으로 간주한다(동조 제5항). 반대신문의 경우에는 필요할 때에 유도신문을 할 수 있으나(동조 제2항), 유도신문의 방법이 상당하지 아니하다고 인정할 때에는 재판장이 제한할 수 있다(동조 제3항).

3) 재주신문　주신문을 한 당사자가 반대신문이 끝난 후 반대신문에 나타난 사항과 이와 관련된 사항에 관하여 다시 신문하는 것으로서(규칙 제78조 제1항), 주신문의 예에 의한다(동조 제2항). 재판장의 허가가 필요 없다.

반대신문에 나타나지 아니한 새로운 사항에 관하여 신문하고자 할 때에는 재판장의 허가를 받아야 하며, 그 사항은 주신문으로 간주한다(동조 제3항, 제76조 제4항, 제5항).

4) 재신문　당사자는 주신문, 반대신문 및 재주신문이 끝난 후에도 재판장의 허가를 얻어 다시 신문할 수 있다(규칙 제79조).

일반적으로 말하는 재반대신문도 여기에 속하며, 재주신문과는 달리 재판장의 허가가 필요하다.

5) 직권에 의한 신문 및 신문순서의 변경　① 재판장은 필요하다고 인정하면 주신문이나 반대신문과 관계없이 어느 때나 신문할 수 있고(제161조의2 제

---

112) 대판 2012. 7. 26. 2012도2937.

3항 전단), 재판장이 당사자에 앞서 신문을 한 경우에는 그 후 검사, 피고인 및 변호인의 신문에 관하여는 이를 신청한 자와 상대방의 구별에 따라 교호신문의 방식에 의한다(규칙 제80조 제1항). ② 재판장은 주신문과 반대신문의 순서를 변경할 수 있으며(제161조의2 제3항 후단), 이 경우의 신문방법은 재판장이 정하는 바에 의한다(규칙 제80조 제2항). ③ 법원이 직권으로 신문할 증인이나 범죄로 인한 피해자의 신청에 의하여 신문할 증인의 신문방식은 재판장이 정하며(제161조의2 제4항), 증인에 대하여 재판장이 신문한 후 검사, 피고인 또는 변호인이 신문하는 때에는 반대신문의 예에 의한다(규칙 제81조).

Ⅳ. 피해자의 진술권

1. 피해자 보호 및 절차적 권리 보장

현행법은 형사소송에서 피해자의 보호와 구제 및 피해자의 지위강화 등을 통한 형사사법의 적정한 실현을 도모하기 위한 제도들을 두고 있다.

특히 1987년 헌법 제27조 제5항이 「형사피해자는 법률이 정하는 바에 의하여 당해 사건의 재판절차에서 진술할 수 있다」고 규정하여 피해자의 진술권을 기본권으로 보장함에 따라, 범죄피해자 보호를 위한 다양한 입법을 마련하고 있다.

(1) 범죄피해자보호법

국가 및 지방자치단체는 범죄피해자의 명예와 사생활의 평온을 보호하기 위하여 필요한 조치를 하여야 하며(범죄피해자보호법 제9조 제1항), 범죄피해자가 형사소송절차에서 한 진술이나 증언과 관련하여 보복을 당할 우려가 있는 등 범죄피해자를 보호할 필요가 있을 경우에는 적절한 조치를 마련하여야 한다(동법 동조 제2항).

(2) 형사소송법

신뢰관계인의 동석, 비디오 등 중계장치 등에 의한 증인신문, 피해자의 고소권, 재정신청, 피해자 등의 진술권, 피해자 진술의 비공개, 피해자 등의 공판기록 열람·등사, 배상명령 등을 인정하고 있다.

(3) 기타의 법률

특정강력범죄처벌법, 특정범죄신고자보호법, 성폭력처벌법, 청소년성보호법,

성매매처벌법, 노인법 등이 피해자보호를 위한 제도를 두고 있다.

특정강력범죄로 수사 또는 심리 중에 있는 사건의 피해자나 특정강력범죄로 수사 또는 심리 중에 있는 사건을 신고하거나 고발한 사람에 대하여는 성명, 나이, 주소, 직업, 용모 등에 의하여 그가 피해자이거나 신고 또는 고발한 사람임을 미루어 알 수 있는 정도의 사실이나 사진을 언론에 공표하지 못한다(특정강력범죄법 제8조).

2. 피해자의 진술권

(1) 의의

법원은 범죄로 인한 피해자 또는 그 법정대리인(피해자가 사망한 경우에는 배우자·직계친족·형제자매를 포함)의 신청이 있는 때에는 그 피해자 등에게 당해 사건에 관한 의견을 진술할 기회를 보장하여야 한다(제294조의2 제1항).

증인과 달리 피고인과 대등하게 피해감정·심정 등에 관한 의견진술의 기회를 보장하고 있으나, 형사절차의 응보화 방지를 위한 제한도 고려할 필요가 있다.

(2) 진술권 보장을 위한 사전장치

(가) 공소제기 여부 등의 통지 검사는 범죄로 인한 피해자 또는 그 법정대리인(피해자가 사망한 경우에는 그 배우자·직계친족·형제자매를 포함한다)의 신청이 있는 때에는 당해 사건의 공소제기 여부, 공판의 일시·장소, 재판결과, 피의자·피고인의 구속·석방 등 구금에 관한 사실 등을 신속하게 통지하여야 한다(제259조의2).

범죄피해자보호법에 따르면, 국가는 범죄피해자가 해당 사건과 관련하여 수사담당자와 상담하거나 재판절차에 참여하여 진술하는 등 형사절차상의 권리를 행사할 수 있도록 보장하여야 하며(제8조 제1항), 범죄피해자가 요청하면 가해자에 대한 수사 결과, 공판기일, 재판 결과, 형집행 및 보호관찰 집행 상황 등 형사절차 관련 정보를 대통령령으로 정하는 바에 따라 제공할 수 있다(동조 제2항). 또한 국가는 수사 및 재판 과정에서 ① 범죄피해자의 해당 재판절차 참여 진술권 등 형사절차상 범죄피해자의 권리에 관한 정보, ② 범죄피해 구조금 지급 및 범죄피해자 보호·지원 단체 현황 등 범죄피해자의 지원에 관한 정보, ③ 그 밖에 범죄피해자의 권리보호 및 복지증진을 위하여 필요하다고 인정되는 정보를 범죄피해자에게 제공할 의무가 있다(동법 제8조의2 제1항).

(나) **공판기록의 열람·등사** 소송계속 중인 사건의 피해자 등은 소송기록의 열람·등사를 신청할 수 있고(제294조의4 제1항), 재판장은 피해자 등의 권리구제를 위하여 필요하다고 인정하거나 그 밖의 정당한 사유가 있는 경우 범죄의 성질, 심리의 상황, 그 밖의 사정을 고려하여 상당하다고 인정하는 때에는 열람 또는 등사를 허가할 수 있다(동조 제3항).

재판장은 소송기록의 사용목적을 제한하거나 적당하다고 인정하는 조건을 붙일 수 있다(동조 제4항). 소송기록을 열람·등사한 자는 열람 또는 등사로 알게 된 사항을 사용하여 부당히 관계인의 명예나 생활의 평온을 해하거나 수사와 재판에 지장을 주지 아니하도록 할 의무를 진다(동조 제5항).

(3) 진술절차

(가) **증인신문절차에 따른 진술기회의 제공** 피해자의 진술은 증인신문절차에 따라 행해지므로(제295조), 피해자의 증인신문 신청에 대한 기각이나 신청자 수 제한 등도 증거결정의 방법에 의한다.

범죄로 인한 피해자의 신청에 의하여 신문할 증인의 신문방식은 교호신문방식이 아니라 재판장이 정하는 바에 의한다(제161조의2 제4항).

법원이 피해자 등을 신문하는 경우 피해의 정도 및 결과, 피고인의 처벌에 관한 의견, 그 밖에 당해 사건에 관한 의견을 진술할 기회를 제공하여야 한다(제294조의2 제2항).

(나) **증인신문 외 의견진술 및 서면제출** 법원은 필요하다고 인정하는 경우에 직권 또는 피해자등의 신청에 따라 피해의 정도 및 결과 등에 관한 의견을 증인신문에 의하지 아니하고 진술하게 할 수 있고(규칙 제134조의10 제1항), 재판의 진행상황 그 밖의 사정을 고려하여 의견진술에 갈음하여 서면을 제출하게 할 수 있다(규칙 제134조의11 제1항).

1) **의견진술** 재판장은 피해자등이 진술할 사항과 시간을 미리 정할 수 있고(제134조의10 제2항), 재판장(합의부원 포함)은 피해자등의 의견진술에 대하여 그 취지를 명확하게 하기 위하여 피해자등에게 질문할 수 있고 설명을 촉구할 수 있다(동조 제3항, 제4항). 한편 검사, 피고인 또는 변호인은 피해자 등이 의견을 진술한 후에 그 취지를 명확하게 하기 위하여 재판장의 허가를 받아 피해자등에게 질문할 수 있다(동조 제5항). 재판장은 ① 피해자등이나 피해자 변호사

가 이미 해당 사건에 관하여 충분히 진술하여 다시 진술할 필요가 없다고 인정되는 경우, ② 의견진술 또는 질문으로 인하여 공판절차가 현저하게 지연될 우려가 있다고 인정되는 경우, ③ 의견진술과 질문이 해당 사건과 관계없는 사항에 해당된다고 인정되는 경우, ④ 범죄사실의 인정에 관한 것이거나, 그 밖의 사유로 피해자등의 의견진술로서 상당하지 아니하다고 인정되는 경우에 피해자등의 의견진술이나 검사, 피고인 또는 변호인의 피해자등에 대한 질문을 제한할 수 있다(동조 제6항). 법원은 피해자의 심리적 안정을 꾀하고 2차 피해에 의한 정신적 충격을 방지하거나 완화시키기 위하여 피해자등의 진술 시 피해자등이 의견진술하는 경우에 신뢰관계에 있는 자를 동석시킬 수 있다(동조 제7항, 제163조의2 제1항, 제3항, 규칙 제84조의3).

2) 서면제출 피해자등의 의견진술에 갈음하는 서면이 법원에 제출된 때에는 검사 및 피고인 또는 변호인에게 그 취지를 통지하여야 하며(제134조의11 제2항), 통지는 서면, 전화, 전자우편, 모사전송, 휴대전화 문자전송 그 밖에 적당한 방법으로 할 수 있다(동조 제4항). 서면이 제출된 경우 재판장은 공판기일에서 의견진술에 갈음하는 서면의 취지를 명확하게 하여야 하며, 재판장은 상당하다고 인정하는 때에는 그 서면을 낭독하거나 요지를 고지할 수 있다(동조 제3항).

3) 증거능력 제한 피해자등의 의견진술과 의견진술에 갈음하는 서면은 범죄사실의 인정을 위한 증거로 사용할 수 없다(제134조의12).

(다) **피해자 변호사와 진술조력인의 참여** 성폭력범죄나 아동·청소년대상 성범죄의 피해자와 그 법정대리인은 형사절차상 입을 수 있는 피해를 방어하고 법률적 조력을 보장하기 위하여 변호사를 선임할 수 있다(성폭력범죄처벌법 제27조 제1항, 청소년성보호법 제30조 제1항).

> 피해자 변호사는 형사절차 전과정에서 피해자 등의 대리가 허용될 수 있는 모든 소송행위에 대해 포괄적 대리권을 가지며(동법 제27조 제5항), 피의자에 대한 구속전 피의자심문, 증거보전절차, 공판준비기일 및 공판절차에 출석하여 의견을 진술할 수 있고(동조 제3항), 증거보전 후 관계 서류나 증거물, 소송계속 중의 관계 서류나 증거물을 열람하거나 등사할 수 있다(동조 제4항). 검사는 피해자에게 변호사가 없는 경우 국선변호사를 선정하여 형사절차에서 피해자의 권익을 보호할 수 있다(동조 제6항).

'진술조력인'이란 의사소통 및 의사표현에 어려움이 있는 성폭력범죄의 피해자를 형사사법절차에서 조력하는 자로서, 정신건강의학, 심리학, 사회복지학, 교육학 등 아동·장애인의 심리나 의사소통 관련 전문지식이 있거나 관련 분야에서 상당 기간 종사한 사람으로 법무부장관이 정하는 교육을 이수한 자를 말한다(성폭력범죄처벌법 제35조 제1항, 제2항).

법원은 성폭력범죄의 피해자가 13세 미만 아동이거나 신체적인 또는 정신적인 장애로 의사소통이나 의사표현에 어려움이 있는 경우 원활한 증인 신문을 위하여 직권 또는 검사, 피해자, 그 법정대리인 및 변호사의 신청에 의한 결정으로 진술조력인으로 하여금 증인신문에 참여하여 중개하거나 보조하게 할 수 있으며(동법 제37조 제1항), 신문 전에 피해자, 법정대리인 및 변호사에게 진술조력인에 의한 의사소통 중개나 보조를 신청할 수 있음을 고지하여야 한다(동조 제2항).

㈐ **진술의 비공개** 법원은 범죄로 인한 피해자를 증인으로 신문하는 경우 당해 피해자·법정대리인 또는 검사의 신청에 따라 피해자의 사생활의 비밀이나 신변보호를 위하여 필요하다고 인정하는 때에는 결정으로 심리를 비공개로 할 수 있다(제294조의3 제1항).

비공개결정은 이유를 붙여 고지하며(동조 제2항), 법원은 비공개결정을 한 경우에도 적당하다고 인정되는 자의 재정을 허가할 수 있다(동조 제3항).

(4) 진술권의 제한

피해자의 진술권은 헌법상의 권리이므로 최대한 보장되어야 한다. 다만, 피해자 등이 공판절차나 수사절차에서 이미 충분히 진술한 경우, 피해자등의 진술로 인하여 공판절차가 현저하게 지연될 우려가 있는 경우에는 소송경제를 고려하여 피해자 등을 증인으로 신문하지 않을 수 있다(제294조의2 제1항 단서).

법원은 동일한 범죄사실에서 신청인이 여러 명인 경우에는 진술할 자의 수를 제한할 수 있다(동조 제3항).[113)]

(5) 신뢰관계 있는 자의 동석

㈎ **임의적 동석** 법원은 범죄로 인한 피해자를 증인으로 신문하는 경우에 증인의 연령, 심신상태, 그 밖의 사정을 고려하여 증인이 현저하게 불안이나 긴장을 느낄 우려가 있다고 인정되면 직권 또는 피해자·법정대리인·검사의

113) 대결 1996. 11. 14. 96모94.

신청으로 피해자와 신뢰관계에 있는 자를 동석하게 할 수 있다(제163조의2 제1항).

(나) **필요적 동석** 법원은 범죄로 인한 피해자가 13세 미만이거나 신체적 또는 정신적 장애로 사물을 변별하거나 의사를 결정할 능력이 미약한 경우에 재판에 지장을 초래할 우려가 있는 등 부득이한 경우가 아닌 한 피해자와 신뢰관계에 있는 자를 동석하게 하여야 한다(동조 제2항).

성폭력범죄처벌법이나 청소년성보호법의 피해자를 증인으로 신문하는 경우에도 필요적 동석을 인정하고 있고, 특히 피해자에게 불리하거나 피해자가 원하지 않는 경우에는 동석하지 못하도록 하고 있다(성폭력범죄처벌법 제34조 제1항, 제3항: 청소년성보호법 제28조 제1항, 제3항). 한편 성매매알선 등의 처벌에 관한 법률은 임의적 동석과 필요적 동석사유를 모두 규정하고 있고(동법 제8조 제1항, 제3항), 노인복지법에서도 노인학대사건에 대해 피해자의 동석을 허가할 수 있도록 규정하고 있다(동법 제39조의8 제2항).

(다) **동석한 자의 의무** 피해자와 동석한 자는 법원·소송관계인의 신문 또는 증인의 진술을 방해하거나 그 진술의 내용에 부당한 영향을 미칠 수 있는 행위를 하여서는 아니된다(제163조의2 제3항).

제3 검증

Ⅰ. 의의

검증이란 법원 또는 법관이 사실을 발견하기 위하여 필요한 경우에 감각기관을 이용하여 사람의 신체나 물건 또는 장소의 존재, 형태, 성질, 형상 등을 실험·관찰하여 인식하는 처분을 말한다(제139조).

공판정에서 행하는 증거물에 대한 증거조사도 넓은 의미에서는 검증으로 볼 수 있다. 그러나 검증은 대개 범죄현장 등 법원 이외의 장소에서 행해진다(현장검증, 실지검증). 증거물의 증거조사방법인 '제시'는 증거로 채택된 증거물의 정적이고 외형적인 존재와 상태를 감각기관을 통해 감지하는 것이며, 제시하는 대상물의 동적인 상태 자체를 감지하며 그 인식의 결과 자체를 증거로 하기 위해서는 제시 외에 검증의 절차가 필요하게 된다.
문서의 경우 그 기재 내용을 확인하는 것은 법원의 판단작용에 의하므로 서증조사에 해당하지만, 어떤 필기도구에 의하여 또는 어떤 활자에 의하여 기재되었는지, 지질, 인쇄 상태 등은 어떠한지를 확인하는 것은 오관의 작용에 의하여 인식하는 것이므로 검증에 해당한다.

검증은 증거조사이면서 강제처분에 속하므로, 검증 결정이 있으면 그 대상의 소유자, 소지자, 보관자 등은 검증에 응할 의무가 있으나, 법원이 직접 시행하기 때문에 영장주의가 적용되지 않는다.

Ⅱ. 주체와 대상

1. 주체

검증은 원칙적으로 법원의 권한이다(제139조).

검증은 합의부원에게 명하거나 그 목적물 소재지를 관할하는 지방법원 판사에게 촉탁할 수도 있다(제145조, 제136조). 증거보전절차(제184조 제1항)나 공판준비절차(제273조 제1항)에서도 검증을 할 수 있다. 검증에 필요한 경우에는 사법경찰관의 보조를 명할 수 있다(제144조). 검증의 보조란 검증 중의 간수(제145조, 제127조)나 법원이 하는 실험행위, 측정행위 등의 사실상 보조를 포함하지만, 검증현장 또는 검증관계자의 경비·경호 등은 일반 경찰관의 본래의 직무이므로 여기에 포함되지 않는다.

2. 대상

검증의 목적물에는 아무런 제한이 없고, 물건의 존재, 형태, 성질, 형상이 증거자료로 되는 경우라면 모두 검증의 객체가 된다.

고정물이건 유동물(물, 기름, 가스 등)이건 불문하며, 인체나 사체도 대상이 되고 일정한 장소(범죄현장 등)도 대상이 되며, 조명도나 시계(視界)와 같은 사물의 상태 또는 자연적·과학적 현상이라든가 제동거리의 측정 등 실험 결과를 목적으로 하는 것도 가능하고, 검증의 목적물이 누구의 소유 또는 소지에 속하는 것이건 관계없다.

녹음테이프나 비디오테이프는 그 존재 자체가 증거로 되는 경우가 아니면 검증의 방법으로 그 내용을 인식하여야 한다.[114] 녹음된 내용이 녹취록의 기재와 일치하고 그 음성이 진술자의 음성임을 확인하였더라도 동일성의 증명이 없으면

---

114) 대판 2004. 9. 13. 2004도3161.

검증 결과만으로 녹음테이프의 증거능력이 인정되지 않는다.[115] 녹음 또는 녹화된 내용이 진술내용 그대로 녹취된 것인지 혹은 그 내용이 편집, 조작되었는지 여부가 문제되는 경우는 전문가의 판단을 요하므로 감정의 방법에 의한다.[116]

압수와 경우와 마찬가지로 군사상 비밀을 요하는 장소에 대해서는 검증이 제한된다. 책임자의 승낙 없이는 검증할 수 없고 다만 책임자는 국가의 중대한 이익을 해하는 경우가 아니면 승낙을 거부할 수 없다(제145조, 제110조).

Ⅲ. 절차

1. 준비절차

당사자에 의한 검증의 신청 또는 직권에 의한 결정에 의한다.

공판기일에서 증거조사를 위한 검증의 신청에 관하여 명문의 규정이 없으나, 공판기일 전에도 검증을 신청할 수 있으므로(제273조 제1항), 공판준비기일이나 공판기일에서의 증거신청에 검증도 당연히 포함된다.

(1) 증거 신청

검증의 대상이 되는 증거방법을 명시하고 증명하고자 하는 사실과의 관계를 구체적으로 명시하여야 한다(규칙 제132조의2 제1항).

검증의 신청에는 검증의 대상, 즉 사람이나 물건 또는 장소 등을 명시하고, 그에 의하여 입증할 사항, 즉 검증사항(예컨대 현장의 상황, 설비의 구조와 기능 등)을 명시해야 한다. 검증의 결과는 유무죄를 가리는 관건이 되는 경우가 적지 아니하므로 검증을 신청함에 있어서는, 사전에 실험 또는 답사를 하여 확인하고 입증취지에 가장 적합한 방법과 범위를 선택할 필요가 있다.

(2) 기일의 지정 및 통지

검증기일의 지정에 관한 명시적인 규정은 없으나, 재판장이 기일을 지정하며, 수명법관·수탁판사가 검증을 행하는 경우에는 당해 법관이 기일을 지정한다.

검사, 피고인, 변호인은 검증에 참여할 권리가 있으므로, 그들이 참여하지 않겠다는 의사를 명시한 경우나 급속을 요하는 경우가 아니면 미리 그들에게 검증의 일시와

---

115) 대판 2008. 12. 24. 2008도9414; 대판 2014. 8. 26. 2011도6035.
116) 대판 2012. 9. 13. 2012도7461.

장소를 통지하여야 한다(제145조, 제121조, 제122조). ① 공무소, 군사용의 항공기 또는 선박·차량 내에서 검증을 함에는 그 책임자에게 참여할 것을 통지하여야 하고(제145조, 제123조 제1항), ② 그 외의 타인의 주거, 간수자 있는 가옥, 건조물, 항공기, 선박, 차량 내에서 검증을 함에는 주거주, 간수자 또는 이에 준하는 자를 참여하게 하여야 하며, 참여하게 할 수 없을 때에는 이웃 사람 또는 지방공공단체의 직원을 참여하게 하여야 한다(제145조, 제123조 제2항, 제3항). 이 경우에는 미리 주거주 등에게 통지할 필요 없이 검증현장에서 주거주 등이 없더라도 이웃 사람 등을 참여시키고 시행하면 족하다. ③ 검증을 위하여 사체의 해부 또는 분묘의 발굴을 하는 경우에는 미리 유족에게 통지하여야 한다(제141조 제4항).

2. 검증절차

(1) 검증의 개시

검증현장에서는 참여권을 가진 자의 참여 여부를 확인한 다음 재판장이 검증의 개시를 선언한다.

검사, 피고인, 변호인은 참여권이 있으나 참여의무는 없으므로, 불출석하더라도 검증을 개시할 수 있다. 일반적인 검증장소의 경우 참여자를 부르기 어려운 사정이 있으면 참여 없이도 검증을 할 수 있다. 검증의 목적을 달성하기 위해서는 그 기초가 되는 검증대상(물건, 장소 등)의 현황을 정확히 파악할 필요가 있으므로, 이를 위해 검증대상의 위치, 형태, 보관상황 등을 정확히 인식하고, 참여자 기타 현장에 있는 자로부터 적절한 지시·설명을 청취해야 한다.
참여인 등으로 하여금 검증의 목적물, 위치 등에 관한 지시·설명을 하게 하는 것이 필요하나, 검증조서 가운데 기재된 그 취지나 진술은 원칙적으로 독자적인 진술증거가 되는 것이 아니라 검증의 결과와 일체를 이룬다.

(2) 검증 시기

공판정 외에서 검증을 하는 경우, 주간(일출 후, 일몰 전)에 행하는 것이 원칙이다. 검증시기가 야간이고 그 장소가 타인의 주거나 간수자 있는 가옥, 건조물, 항공기, 선박, 차량인 때는 가주, 간수자 또는 이에 준하는 자의 승낙이 있어야만 출입할 수 있다(제143조 제1항 본문). 검증은 강제처분이므로 가주 등의 의사에 반하여 들어갈 수 있지만, 야간에 들어가는 것은 사생활의 평온을 해친다는 점을 고려한 것이다.

예외로서, ① 야간이 아니면 검증의 목적을 달성할 수 없는 경우(제143조 제1항 단서), ② 일몰 전에 검증을 개시하여 일몰 후까지 계속하는 경우(동조 제2항),

③ 도박 기타 풍속을 해치는 행위에 상용된다고 인정되는 장소나 음식점, 여관처럼 야간에도 공중이 출입할 수 있는 장소(동조 제3항, 제126조)는 야간에도 가주 등의 승낙 없이 검증을 할 수 있다.

(3) 검증에 필요한 처분

검증을 함에는 자물쇠를 열거나 개봉 기타 필요한 처분을 할 수 있고(제145조, 제120조), 신체의 검사, 사체의 해부, 분묘의 발굴, 물건의 파괴 기타 필요한 처분을 할 수 있다(제140조).

검증에 필요한 처분으로서 신체의 검사는 신체검사 자체를 목적으로 하는 검증이 아니라, 다른 목적물을 검증하는 과정에서 신체의 검사가 필요한 경우를 말하며, 이 경우에도 신체검사에 관한 특례가 그대로 적용된다. 한편 시체의 해부 또는 분묘의 발굴을 할 때에는 예에 어긋나지 아니하도록 주의해야 한다(제141조 제4항).

그 밖에도 검증에는 집행 중 출입금지(제119조), 영장집행과 당사자의 참여(제121조), 영장의 집행과 책임자의 참여(제122조), 집행중지와 필요한 처분(제127조), 압수·수색의 촉탁(제136조) 등 압수·수색의 집행에 따른 규정이 준용된다(제145조).

법원은 검증을 방해한 자에 대하여는 감치 또는 과태료의 제재를 과할 수 있다(법원조직법 제61조 제1항). 또한 검증을 중지한 경우에 필요한 때에는 검증이 종료될 때까지 그 장소를 폐쇄하거나 간수자를 둘 수 있는데(제145조, 제127조), 여기서 중지란 일시적 정지를 말하며, 전후를 통하여 1개의 검증이라고 할 수 있는 경우에 적용된다.

검증 현장에서 필요한 경우에는 압수가 가능하고, 이 경우에는 법원이 스스로 집행의 주체가 되므로 영장을 요하지 않는다.

(4) 신체검사에 관한 특례

사람의 신체도 당연히 검증의 대상이 되므로 신체검사도 검증의 일종이지만, 피검사자의 인권을 고려하여 별도의 규정을 두고 있다.

피고인뿐만 아니라 피고인 이외의 자에 대하여도 신체검사를 할 수 있다. 다만 피고인 아닌 자의 신체검사는 증적, 즉 필요한 증거를 발견할 수 있다고 인정되는 사유를 확인할 수 있는 현저한 사유가 있는 경우에 한해 허용된다(제141조 2항).

신체검사를 위하여 피고인 아닌 자를 법원 기타의 장소에 소환할 수 있다(제142조). 신체검사를 하기 위한 소환장에는 신체검사를 하기 위하여 소환한다는 취지를 기재하여야 하며(규칙 제64조), 피고인이 아닌 자에 대한 신체검사를 하기 위한 소환장에는 그 성명 및 주거, 피고인의 성명, 죄명, 출석일시 및 장소와 신체검사를 하기 위하여 소환한다는 취지를 기재하고 재판장 또는 수명법관이 기명날인하여야 한다(규칙 제65조). 다만 법에 명문의 규정이 없으므로 소환에 불응한다 하더라도 구인하거나 과태료 등의 제재를 과할 수는 없다.

신체검사를 할 때에는 피검사자의 성별, 나이, 건강상태 그 밖의 사정을 고려하여 그 사람의 건강과 명예를 해하지 아니하도록 주의하여야 한다(제141조 제1항). 여자의 신체를 검사하는 경우 의사나 성년의 여자를 참여하게 해야 한다(동조 제3항). 신체검사 거부에 대한 강제는 허용되지 않는다.

3. 검증조서 작성

검증에 관하여는 조서를 작성하여야 하며(제49조 제1항), 검증조서에는 검증목적물의 현상을 명확하게 하기 위하여 도화나 사진을 첨부할 수 있다(동조 제2항). 공판기일의 소송절차로서 공판정에서 행한 검증에 대해서는 공판조서에 기재한다(제51조 제1항 제10호).

수소법원이 공판기일에 검증을 한 때에는 그 자체가 증거조사이므로 바로 증거로 사용할 수 있지만, 공판기일 외에서 검증이 행해지고 검증조서가 작성된 경우에는 검증조서에 대한 증거조사가 필요하며(제292조 제2항: 낭독), 적법한 증거조사가 이루어진 때에는 바로 증거로 사용할 수 있다(제311조).

제4 감정

Ⅰ. 의의

감정이란 특수한 지식이나 경험을 가진 제3자가 그의 지식이나 경험에 의해서만 알 수 있는 법칙 또는 그 법칙을 적용하여 얻은 의견이나 판단을 법원에 보고하는 증거조사방법을 말한다.

예컨대 작품의 음란성 내지 이적성 등에 대한 판단, 신체나 정신상태에 대한 판단, 제품에 대한 분석, 필적이나 성문 등 과학적 증거의 경우에 감정의 방법이 필요하다.

Ⅱ. 감정인

1. 감정인의 자격

감정인은 학식·경험 있는 자이어야 한다(제169조).

감정인은 감정사항, 예컨대 사체, 문서, 성문, 물질성분 등에 대한 전문가를 말한다. 감정인의 선정은, 법원이 일정한 자격의 전문감정인을 등재해 두고 필요할 경우 「감정인선정전산프로그램」을 이용하여 일정한 수를 무작위로 추출·선정하는 방법에 의한다(감정인 등 선정과 감정료 산정기준 등에 관한 예규). 증인과는 달리 대체성이 있으므로 구인은 허용되지 않으며(제177조), 다만 대체성 없는 감정증인은 '증인'으로 규율한다. 수사기관이 수사에 필요하여 위촉한 경우는 「감정수탁자」라고 부른다.

2. 감정인적격

법원은 감정을 할 만한 학식·경험이 있다고 인정하면 누구에게나 감정을 명할 수 있다.[117] 감정인에도 증인적격 제한 및 증언거부권 등 증인에 관한 규정이 준용된다(제177조, 제147조 내지 제149조).

감정인은 소송의 제3자이어야 하므로 당해 사건의 법관은 물론이고 검사나 피고인 그리고 변호인은 감정인적격이 없다. 법관이 사건에 관하여 감정인으로 된 때에는 제척사유로 된다(제17조 제4호).

3. 감정인에 대한 제재

감정인이 정당한 이유 없이 출석하지 않거나 감정을 거부한 때에는 과태료 등의 제재를 부과할 수 있다(제177조, 제151조, 제161조).

감정인으로 지명된 자가 감정사항이 자기의 지식, 경험 또는 능력의 범위를 넘는 것이라고 판단한 때에는 정당한 이유가 있다고 볼 수 있으므로 감정을 거부할 수 있고 제재의 대상이 되지 않는다.

117) 대판 1983. 12. 13. 83도2266 (관세법위반 사건에서 서울세관 소속 공무원이 작성한 감정서가 범행 4개월 이후에 작성된 그 작성 당시를 기준으로 한 수입물품표준가격표라고 하여 이를 배척하고 사법인에 속한 감정인의 감정서에 의하여 범칙 당시의 범칙물건의 시가를 계산한 사안: 적법).

Ⅲ. 감정준비절차

1. 감정인의 지정

법원은 학식 경험 있는 자에게 감정을 명하며, 이를 감정인 지정이라고 한다.

감정인은 어디까지나 법원을 보조하는 자이며, 감정인의 전문적 판단은 하나의 증거자료에 불과하므로, 법원은 감정인의 감정결과에 구속되지 않고 독자적 입장에서 그 증명력을 판단한다.

일정한 사항에 대하여 감정을 명할 것인지 여부, 누구를 감정인으로 지정할 것인지 여부는 원칙적으로 법원의 재량이다.

법원이 심리의 대상이 된 전문분야에 대해 충분한 지식을 가지고 있다면 감정인이 없더라도 판단이 가능하며, 다만 판결을 선고하는 데 감정인의 판단이 결정적으로 중요한 사항에 대하여 법관이 자신의 전문지식에만 의존하면 심리미진의 위법이 인정된다.[118)]

법원의 일방적 지정에 따른 폐단을 완화하기 위해 소송관계인의 신청이나 이의제기를 인정할 필요가 있다. 또한 민사소송법(제336조)과 달리 형사소송법에는 감정인에 대한 기피제도가 마련되어 있지 않아 기피신청이 불가능하나 형사소송에서도 감정인에 대한 기피제도를 인정할 필요가 있다.

소송관계인의 신청을 형사소송법에 명문으로 규정하고 있지 않지만, 소송관계인은 감정인 지정을 신청할 수 있고, 이 경우에도 법원은 증거결정의 일반적 기준에 따라 감정인 지정 여부를 결정하면 족할 것이다(소송관계인의 의사에 구애되지 않음). 한편 감정인의 능력이나 중립성에 의문이 있는 경우에는 소송관계인이 증거조사에 대한 이의신청의 규정에 따라 이의제기도 가능하다.

2. 감정인 촉탁

법원은 필요하다고 인정하는 때에는 공무소·학교·병원 기타 상당한 설비가 있는 단체 또는 기관에 대하여 감정을 촉탁할 수 있다(제179조의2 제1항). 이 경우에는 선서에 관한 규정이 되지 않으므로(동항 단서), 감정기관이 허위감정에

---

118) 대판 1998. 4. 10. 98도549. 「원심은 피고인의 정신상태 등에 관한 감정에 나아가지 아니한 채 막연히 그 심신장애의 정도가 심신미약의 상태에 있었던 것으로 보고 징역형을 선택하여 심신미약의 법률상 감경을 하는 데에 그쳤는바, 거기에는 심신장애의 정도에 대한 심리미진의 위법이 있다고 할 것이(다).」

따른 부담을 지지 않게 된다.

법원은 당해 공무소·학교·병원·단체 또는 기관이 지정한 자로 하여금 감정서의 설명을 하게 할 수 있다(동조 제2항).

Ⅳ. 감정절차

1. 감정인의 소환

감정인이 지정되면 감정인의 신문을 위하여 감정인을 출석시켜야 하며, 이 경우 감정인에 대해서도 증인과 마찬가지로 소환, 동행명령을 할 수 있고, 이에 불응할 때에는 과태료 및 비용배상을 명할 수 있으나 구인을 할 수는 없다(제177조).

감정인을 소환한 후 기일이 변경된 때에는 감정인에게도 통지하여야 한다. 필요한 경우에는 법원 외 감정을 할 수 있다(제172조 제1항). 감정이 법정에서 행해지기도 하지만 통상 법정 외에서 행해지므로 그 근거규정을 둔 것이며, 법원은 합의부원으로 하여금 감정에 필요한 처분을 하게 할 수 있다(제175조).

2. 감정인의 신문(선서)

법정 내외를 불문하고 감정을 하기 전에 감정인에게는 선서서(「양심에 따라 성실히 감정하고 만일 거짓이 있으면 허위감정의 벌을 받기로 맹세합니다」라고 기재)에 의해 선서하게 하여야 하며(제170조 제1항 내지 제3항), 선서에 관해서는 증인의 선서에 관한 규정(낭독 후 서명날인 등, 기립·엄숙)을 준용한다(동조 제4항).

3. 법원 외 감정

(1) 감정물의 교부

법원 외에서 감정을 하게 하는 경우 법원은 감정을 요하는 물건을 감정인에게 교부할 수 있다(제172조 제2항).

(2) 감정유치

감정유치란 피고인의 정신 또는 신체에 관한 감정에 필요한 때에는 법원이 기간을 정하여 병원 기타 적당한 장소에 피고인을 유치하게 하는 처분을 말한다.

4. 감정인의 권한

(1) 필요한 처분

감정인은 감정에 관하여 필요한 때에는 법원의 허가를 얻어 타인의 주거, 간수자 있는 가옥, 건조물, 항공기, 선박·차량 안에 들어갈 수 있고 신체의 검사, 사체의 해부, 분묘발굴, 물건의 파괴를 할 수 있다(제173조 제1항).

(2) 소송서류 등의 열람·등사, 신문에의 참여 및 발문권

감정인은 감정에 관하여 필요한 경우에는 재판장의 허가를 얻어 서류와 증거물을 열람 또는 등사하고 피고인 또는 증인의 신문에 참여할 수 있고(제174조 제1항), 감정인은 피고인 또는 증인의 신문을 구하거나 재판장의 허가를 얻어 직접 발문할 수 있다(동조 제2항).

5. 당사자의 참여

검사, 피고인 또는 변호인은 감정에 참여할 수 있으며(제176조 제1항), 감정을 실시함에는 – 참여권자가 참여하지 아니한다는 의사를 명시한 때 또는 급속을 요하는 때가 아니면 – 미리 그 실시의 일시와 장소를 그들에게 통지하여야 한다(동조 제2항, 제122조).

V. 감정 후 조치

1. 감정보고

감정은 서면보고를 원칙으로 한다(제171조 제1항). 필요한 때에는 감정인에게 설명하게 할 수 있다(동조 제4항).

2. 감정인의 소환과 신문(법원 외 감정)

(1) 감정인 소환

증인의 경우와 마찬가지로 소환이나 동행명령을 할 수 있다(제177조, 제151조).

(2) 감정인신문

감정인에게 설명을 하게 할 수 있으나, 이 경우에는 그 전에 선서하게 한 다음, 직권으로 감정인의 적격을 확인한 후, 증인신문순서와 마찬가지로 신문을 진행한다(제177조, 제161조의2).

감정인신문시에는 검사, 피고인 또는 변호인은 신문에 참여할 수 있다(제177조, 제163조).

Ⅵ. 감정서의 증거능력

공판기일에 감정인신문을 하는 경우 감정인의 진술 자체가 공판기일의 진술로서 증거로 되며, 공판기일 외에서 감정인신문이 행해진 경우에는 그 과정에서 작성된 감정인신문조서(제48조 제1항)는 증거조사를 거쳐 법관 면전조서에 준하여 증거로 사용되고(제311조), 감정인이 제출한 감정서(감정의 경과와 결과를 기재한 서류)는 성립의 진정함이 증명된 경우에 한해 증거로 사용할 수 있다(제313조 제3항).

제5 통역·번역

Ⅰ. 통역과 번역

1. 통역

법정에서는 국어를 사용하므로(법원조직법 제62조 제1항), 소송관계인이 국어가 통하지 아니하는 경우에는 통역에 의한다(동조 제2항). 형사소송법은 국어에 통하지 아니하는 자의 진술뿐만 아니라 듣거나 말하는 데 장애가 있는 사람의 진술에 대해서도 통역인으로 하여금 통역하게 할 수 있다(제180조, 제181조).

2. 번역

국어 아닌 문자 또는 부호는 번역하게 하여야 한다(제182조).

Ⅱ. 감정에 관한 규정의 준용

통역과 번역은 전문가에 의해 이루어지므로, 감정인에 의한 감정과 유사하다는 점에서 감정에 관한 규정이 준용된다(제183조).

다만 감정과 달리 유치나 통역과 번역에 필요한 처분은 허용되지 않으며, 당사자의 참여에 관한 규정도 준용될 여지가 없을 것이다.

제 5 절 수소법원에 의한 강제처분

형사소송법은 공판절차를 원활히 진행하고 판결의 집행을 확보하는 한편 사건의 실체해명을 위해 법원에 일정한 강제처분의 권한을 인정하고 있다. 법원의 강제처분은 절차를 확보하는 데 목적이 있다는 점에서 증명을 주된 목적으로 하는 증거조사와 구별된다. 법원의 강제처분에는 피고인이나 증인의 신병확보 차원에서 인정되는 소환·구속과 증거의 수집·보전 차원에서 인정되는 압수·수색이 있다.

제 1 피고인 구속

Ⅰ. 개관

구속은 피고인의 신체의 자유를 제한하는 강제처분이다. 구속에는 구인과 구금이 있다(제69조). 구인은 불구속기소된 피고인을 법정 등에 인치하여 조사나 심리를 진행하기 위해 독자적 의미를 지닌다(제71조, 제71조의2). 구인과 구금은 모두 절차확보를 위한 성격을 지니지만, 수소법원의 구금은 특히 형집행의 확보라는 의미도 지닌다.

피고인 구속의 요건(제70조)은 피의자의 경우와 동일하다. 즉 범죄의 상당한 혐의가 있어야 하고, 구속사유가 있어야 하며, 비례의 원칙이 준수되어야 한다.

Ⅱ. 구속절차

1. 구속의 결정

피고인에 대한 구속은 수소법원의 권한이다(제70조 제1항).

(1) 직권에 의한 구속

수소법원은 피고인을 직권으로 구속할 수 있으며, 검사의 영장청구를 요하지 않는다.

(2) 구속의 촉탁

수소법원은 피고인의 현재지를 관할하는 지방법원의 판사에게 피고인의 구속을 촉탁할 수 있고, 수탁판사는 피고인이 관할구역 내에 현재하지 아니한 때에는 현재지의 지방법원 판사에게 전촉할 수 있다(제77조 제1항, 제2항).

(3) 원심법원에 의한 결정

상소기간 중 또는 상소 중의 사건에 관하여 구속기간의 갱신, 구속의 취소, 보석, 구속의 집행정지와 그 정지의 취소에 대한 결정은 소송기록이 원심법원에 있는 때에는 원심법원이 하여야 한다(제105조). 규칙 제57조 제1항은 법률에 명시하지 않은 구속 자체에 대한 결정도 원심법원이 할 수 있도록 규정하고 있다.[119]

'상소기간 중' 원심법원이 구속에 관한 결정을 하도록 한 것은 상소기간이 남아 있으면 이심의 효력이 발생하지 않아 여전히 원심법원에 소송이 계속되어 있기 때문이다. 상소제기 후라도 소송기록이 원심법원에 있거나 상소법원에 아직 도달하지 않은 때에는, 기록이 없는 상소법원이 구속의 요건이나 필요성 등을 판단할 수 없으므로, '상소 중'이라도 마찬가지로 원심법원이 구속에 관한 결정을 하도록 한 것이다.

2. 구속전 피고인심문

법원은 피고인에 대하여 범죄사실의 요지, 구속의 이유와 변호인을 선임할 수 있음을 말하고 변명할 기회를 준 후가 아니면 구속할 수 없다. 다만, 피고인이 도망한 경우에는 그러하지 아니하다(제72조).

(1) 취지

제72조 본문은 영장'집행'에 따른 절차규정이 아니라 **영장'발부'의 절차적 요건**에 해당한다. 즉 이 규정은 피의자에 대한 구속전 심문제도의 동일한 취지를 가지는 사전청문절차로서, 피고인에 대한 구속심문을 요구한 것이다.

제72조에 따른 사전청문절차를 거치지 않으면 구속영장의 발부결정은 원칙적으로 위법하나, 예외적으로 사후의 소송과정을 통해 절차적 권리가 사전청문과 동일한 정도로 실질적으로 보장되었다고 볼 수 있는 경우에는 위법하지 않다는 것이 판례의 입장이다.[120] 그러나 2007년 개정법률이 피고인이 도망한 경우를 예외로 규

---

119) 대결 2007. 7. 10. 2007모460 (제105조의 명문규정이 없음에도 불출석상태에서 징역형을 선고받고 항소한 피고인에 대하여 제1심법원이 소송기록이 항소심법원에 도달하기 전에 구속영장을 발부한 사안: 적법).

120) 대결 2000. 11. 10. 2000모134; 대결 2016. 6. 14. 2015모1032.

정하고 있는 취지에 비추어 보면 단지 절차적 권리가 사후에 실질적으로 보장되었다는 이유만으로 피고인에 대한 고지 및 심문의무를 배제한 것은 의문이다.

(2) 단서의 의미 피고인이 도망하면 구금영장을 발부하기 위해 사전청문절차를 밟게 하는 것이 사실상 불가능한 점을 고려하여 예외를 둔 것이다.

피고인이 도망한 경우에는 구속전 심사를 위해 구인영장을 발부하여 주소지에서 구인을 시도하더라도 집행불능이 될 것이 거의 명백하고, 도망한 피고인은 법적 청문 청구권을 포기하였다고 볼 수 있는 점 등을 고려하여 피고인이 도망한 경우에는 제72조 본문의 사전청문절차를 거치지 않고도 구금영장을 발부할 수 있도록 한 것이다.

(3) 고지의 방법 법원은 합의부원으로 하여금 고지절차를 이행하게 할 수 있다(제72조의2 제1항). 또한 법원은 피고인이 출석하기 어려운 특별한 사정이 있고 상당하다고 인정하는 때에는 검사와 변호인의 의견을 들어 비디오 등 중계장치에 의한 중계시설을 통하여 고지절차를 진행할 수 있다(동조 제2항). 중계시설을 통한 고지절차를 위한 기일의 통지는 서면 이외에 전화·모사전송·전자우편·휴대전화 문자전송 그 밖에 적당한 방법으로 할 수 있고, 이 경우 통지의 증명은 그 취지를 조서에 기재하는 방법으로 할 수 있다(규칙 제45조의2 제1항).

3. 영장의 발부 및 집행

(1) 영장의 발부

피고인을 구인 또는 구금함에는 구속영장을 발부하여야 한다(제73조).

영장발부는 수소법원의 권한(급속을 요하는 경우에는 재판장이 하거나 합의부원으로 하여금 하게 할 수 있다. 제80조)으로 검사의 영장청구절차를 요하지 않는다.[121)]

영장발부는 재판의 일종(결정)으로서 명령장의 성격을 가지고 집행기관에 집행의무를 부과한다.

영장발부와 관련된 규정으로 구속의 촉탁(제77조) 및 촉탁에 따른 절차(제78조), 출석 및 동행명령(제79조) 그리고 재판장의 요급처분(제80조) 등이 있고, 자세한 내용은 피의자에 대한 구속절차에서 설명한 바와 같다.

---

121) 대결 1996. 8. 12. 96모46; 헌재 1997. 3. 27. 96헌바28, 31, 32.

(2) 영장의 집행

검사가 집행을 지휘하는 것이 원칙이고, 급속을 요하는 경우 재판장, 수명법관 또는 수탁판사가 그 집행을 지휘할 수 있다(제81조 제1항).

급속을 요하는 경우(예컨대 법정구속의 경우) 법원사무관등이 단독으로 집행할 수 있고, 교도관이나 법정경위의 보조를 받을 수 있도록 하고 있다(동조 제2항). 영장집행과 관련된 규정으로는 관할구역 외에서의 구속영장의 집행 및 촉탁(제83조), 고등검찰청 또는 지방검찰청 검사장에 대한 수사촉탁(제84조), **구속영장의 사전제시** 및 사본 교부(제85조), 호송중의 가유치(제86조) 등은 피의자에 대한 구속절차에서 설명한 바와 같다.

(3) 집행 후 절차

(가) **사후고지** 피고인을 구속한 때에는 즉시 공소사실의 요지와 변호인을 선임할 수 있음을 고지하여야 한다(제88조). 사후고지는 원칙적으로 집행기관의 의무이다. 법원 또는 법관에게 고지의무가 인정되는 경우는 재판장 등이 요급처분으로 구속영장을 집행하는 경우에 한한다(규칙 제52조 참조).

판례는 이러한 고지절차를 사후청문절차로 보아 이를 위반하였더라도 이후의 절차에 영향을 미치지 않는다고 한다.[122] 그러나 사후청문이 방어준비를 위한 전제가 된다는 점에서 의문이다.

(나) **구속통지제도** 피고인을 구속한 때에는 변호인 또는 가족 등에게 피고인의 구속사실을 알려야 한다(제87조). 일차적으로 변호인의 조력을 받을 권리를 보장하기 위한 취지이다(헌법 제12조 제5항 제2문 참조).

(4) 구속영장의 실효

법원이 피고인에 대하여 무죄, 면소, 형의 면제, 형의 선고유예, 형의 집행유예, 공소기각 또는 벌금이나 과료를 과하는 판결을 선고하면, 구속영장은 효력을 잃는다(제331조). 따라서 피고인을 석방해야 한다.

이 외에도 피의자의 경우와 마찬가지로 구속이 취소되면 영장의 효력도 실효되며, 사형이나 자유형이 확정된 경우에도 형의 집행을 위하여 구속영장은 효력을 상실한다.

---

122) 대결 2000. 11. 10. 2000모134.

피의자의 경우(제208조)와는 달리 피고인에 대해서는 재구속 제한이 적용되지 않는다.[123]

Ⅲ. 구속기간 및 형기산입

1. 구속기간

수소법원의 구속기간은 2개월이며(제92조 제1항), 구속기소된 피고인은 기소된 날부터 그리고 불구속피고인의 경우에는 사실상 구속한 날부터 기산한다(호송 중 가유치 기간 포함).

실무상으로 구속기간을 사실상 수사나 심리를 위해 허용되는 기간으로 이해하여 특히 피고인의 방어권 보장을 위해 구속기간이나 갱신기간을 더 늘려야 한다는 지적도 있지만, 헌법재판소는 구속기간 제한은 미결구금의 부당한 장기화로 인하여 피고인의 신체의 자유가 침해되는 것을 방지하기 위한 목적에서 미결구금기간의 한계를 설정하고 있는 것임을 분명히 하고 있다.[124]

2. 구속기간의 갱신

특히 구속을 계속할 필요가 있는 경우 구속기간을 '갱신'할 수 있다(동조 제2항).

공소제기 전에는 구속기간의 연장이라고 부르나, 공소제기 이후에는 구속기간의 갱신이라고 부른다.

처음 구속기간 2개월에 심급마다 2개월 단위로 2차에 한하여 갱신할 수 있고(1심 6개월, 항소심과 상고심 4개월로 최장 14개월), 상소심에서는 추가심리가 필요한 부득이한 경우에 3차 갱신이 가능하므로(항소심 2개월, 상고심 2개월) 최장 18개월이 된다.[125]

대행갱신, 즉 원심판결이 선고된 후에 구속기간이 만료되면, 원심법원 판사가 상소심을 대신하여 구속기간 갱신을 결정하는 것도 가능하다(제105조 참조).[126]

---

123) 대결 1985. 7. 23. 85모12.

124) 헌재 2001. 6. 28. 99헌가14.

125) 구법하에서는 상소심의 경우 전심의 나머지 구속기간을 제외하고 각각 최장 4월이었지만, 상소기간, 기록송부기간, 이유서 제출기간 등으로 실제 심리할 수 있는 기간이 3개월 미만이어서 졸속재판으로 피고인의 방어권 행사에 지장을 주었다는 지적이 있어 한 차례 더 갱신할 수 있도록 보완하였다.

126) 대판 2001. 11. 30. 2001도5225. 「대법원의 파기환송 판결에 의하여 사건을 환송받은 법원은

3. 구속기간의 도과

구속기간이 도과되면 구속영장의 효력은 당연히 실효된다. 그러나 판례는 구속기간을 넘어서 구속한 때라도 구속영장의 효력이 당연히 실효되는 것은 아니라는 입장이다.[127]

4. 미결구금일수의 산입

판결선고 전 구금일수는 그 전부를 유기징역, 유기금고, 벌금이나 과료에 관한 유치 또는 구류에 산입한다(형법 제57조 제1항).

미결구금일수의 전부 또는 일부를 재량으로 통산하도록 했던 구형법 제57조 제1항에 대한 헌법재판소의 위헌결정[128]이 있은 후 2014년 미결구금일수를 전부 통산하도록 형법이 개정되었다.

Ⅳ. 보석

1. 의의

보석이란 법원이 보증금의 납부 등을 조건으로 구속의 집행을 정지하고 피고인을 석방하는 제도를 말한다. 보석제도는 무죄추정의 원칙, 공정한 재판의 원칙, 비례성의 원칙을 그 이론적 근거로 한다.[129]

보석으로 인해 구속영장의 효력이 상실되는 것이 아니라 정지될 뿐이며, 보석의 취소와 함께 영장이 다시 효력을 가진다.

보석은 구속영장의 효력을 유지하면서 구속의 집행만을 정지시키는 제도라는 점에서 구속의 취소,[130] 구속의 당연실효(기간만료, 무죄판결선고(제331조), 자유형 등 확정) 등과 구별된다.

형사소송법 제92조 제1항에 따라 2월의 구속기간이 만료되면 특히 계속할 필요가 있는 경우에는 2차(대법원이 형사소송규칙 제57조 제2항에 의하여 구속기간을 갱신한 경우에는 1차)에 한하여 결정으로 구속기간을 갱신할 수 있는 것이(다).」

127) 대결 1963. 9. 24. 63도256.

128) 헌재 2009. 6. 25. 2007헌바25.

129) 헌재 1993. 12. 23. 93헌가2 (보석허가결정에 대한 검사의 즉시항고를 허용하는 것은 위헌).

130) 대판 2000. 9. 7. 99초355, 99도3454.

2. 보석의 종류

보석은 보석청구의 유무에 따라 청구보석과 직권보석으로 구분된다. 제96조에서 직권보석을 인정하고 있으나 실무상으로는 청구가 있는 경우에 보석결정을 한다. 또한 보석결정의 재량 유무에 따라 필요적 보석(권리보석)과 임의적 보석(재량보석)으로 구분하기도 한다.

(1) 필요적 보석의 원칙

보석의 청구가 있는 때에는 일정한 제외사유가 있는 경우를 제외하고 보석을 허가하도록 하여 필요적 보석을 원칙으로 하고 있다(제95조).

보석이 취소된 후 다시 보석을 청구하는 경우에도 필요적 보석이 원칙이지만, 보석조건 위반으로 인한 것이 아니라 도망 등으로 인한 경우에는 제외사유에 해당하므로 보석청구가 무의미해질 것이다.

필요적 보석의 제외사유는, ① 피고인이 사형, 무기 또는 장기 10년이 넘는 징역이나 금고에 해당하는 죄를 범한 때, ② 피고인이 누범에 해당하거나 상습범인 죄를 범한 때, ③ 피고인이 죄증을 인멸하거나 인멸할 염려가 있다고 믿을 만한 충분한 이유가 있는 때, ④ 피고인이 도망하거나 도망할 염려가 있다고 믿을 만한 충분한 이유가 있는 때, ⑤ 피고인의 주거가 분명하지 아니한 때, ⑥ 피고인이 피해자, 당해 사건의 재판에 필요한 사실을 알고 있다고 인정되는 자 또는 그 친족의 생명·신체나 재산에 해를 가하거나 가할 염려가 있다고 믿을 만한 충분한 이유가 있는 때이다(제95조 각호).

제외사유에 대한 판단은 구속영장에 기재된 범죄사실을 기준으로 한다. 다만 제외사유를 판단함에 있어서 여죄도 고려할 수 있는지에 관해 논의가 있지만, 병합심리되고 있는 여죄의 경우에는 불필요한 절차의 회피 등을 위해 이를 긍정할 필요가 있을 것이다.

학설로는, ① 구속은 구속영장 기재 범죄사실에만 미치므로 여죄를 고려해서는 안된다는 소극설, ② 보석의 제외사유는 종합적으로 판단해야 하므로 여죄도 당연히 고려해야 한다는 적극설, ③ 병합심리되고 있는 경우에 한해 여죄를 고려할 수 있다는 절충설이 있다. 다수설은 소극설의 입장이나, 적어도 병합심리된 사건의 경우에 여죄 사실에 대해 제외사유가 있음에도 이를 고려하지 않으면 보석결정을 한 후에 다시 여죄를 이유로 피고인을 구속해야 하는 절차의 혼란을 가져올 수 있고, 형의 양정에서도 경합범에 대해 특례가 인정된다는 점을 고려하면 예외적으로 여죄를 고려할 필요가 있다.

(2) 임의적 보석 허용

법원은 필요적 보석의 제외사유에 해당하더라도 '상당한 이유가 있는 때에는' 직권 또는 보석청구권자의 청구에 의하여 보석을 허가할 수 있다(제96조).[131)]

3. 보석의 절차

(1) 청구

(가) **청구권자** 직권보석의 경우를 제외하고는 청구권자의 청구를 요한다(제94조). 보석청구권자는 체포·구속적부심사의 청구권자와 동일하다.

피고인은 구속이 집행 중인 자와 구속집행이 정지 중인 자를 포함하며, 피고인 이외의 자(변호인·법정대리인·배우자·직계친족·형제자매·가족·동거인 또는 고용주)의 청구권은 독립대리권이다. 보석청구권 행사를 위해 구속된 피고인이나 보석청구권자에게 보석을 청구할 수 있음을 사전에 고지하도록 명시할 필요가 있다.

(나) **청구의 방식** 보석의 청구는 구두 또는 서면에 의하나(규칙 제176조) 일반적으로 서면에 의하며, 보석청구서에는 사건번호, 청구인, 청구취지 등 일정한 사항을 기재하여야 한다(규칙 제53조 제1항).

(다) **청구시기** 보석의 청구는 공소제기 후 재판이 확정될 때까지 할 수 있으며, 상소기간 중에도 청구할 수 있다.

(2) 검사의 의견 청취

재판장은 보석에 관한 결정을 하기 전에 검사의 의견을 물어야 하며(제97조 제1항), 검사는 지체 없이 의견을 표명하여야 한다(동조 제3항). 검사의 의견을 듣지 않고 보석결정을 하더라도 보석 취소사유로 되지는 않는다.[132)]

제97조 제3항이 검사에게 지체 없이(특별한 사정이 없는 한 의견요청을 받은 다음날까지. 규칙 제54조 제1항) 의견을 표명하도록 한 것은 법원의 직권보석의 경우에도 의견을 묻는 절차가 의무화되어 법원의 심증이 사전에 외부에 알려지게

---

131) 대결 1990. 4. 18. 90모22 (집행유예기간 중에 있어 집행유예 결격자인 피고인의 보석을 허가한 사안: 적법).

132) 대결 1997. 11. 27. 97모88.

되는 문제점이 있고, 검사의 의견을 기다리는 과정에서 신속한 보석결정이 이루어지지 않는다는 점을 고려해 2007년 개정법률이 신설한 것이다.

(3) 심리

보석청구를 받은 법원은 – 기각사유가 명백한 경우나 기존의 자료로 결정이 가능한 경우를 제외하고 – 지체 없이 심문기일을 정하여 구속된 피고인을 심문하여야 한다(규칙 제54조의2 제1항). 심문기일을 정한 법원은 이를 당사자와 청구인, 구금시설에 통지하여야 한다(동조 제2항).

피고인심문은 원칙적으로 필요적이지만, 결정에 대한 항고 절차에서는 구속된 피고인을 심문할 필요는 없다.[133]

(4) 법원의 결정

법원은 특별한 규정이 없는 한 보석의 청구를 받은 날부터 7일 이내에 결정을 하여야 한다(규칙 제55조).

보석을 허가하는 경우 피고인을 석방하고, 보석을 허가하지 않는 결정을 할 때에는 결정이유에 제95조 각호 중 어느 사유에 해당하는지 명시하여야 한다(규칙 제55조의2). 보석 기각결정에 대하여는 항고할 수 있다(제403조 제2항).

보석으로 인하여 석방된 기간은 미결구금일수에 포함하지 않는다. 다만, 석방된 당일, 그 취소로 인하여 재구속된 당일 및 도망한 당일은 모두 구금일수에 포함한다.

4. 보석의 조건

법원은 보석을 허가하는 경우에는 필요하고 상당한 범위 안에서 제98조에 정한 조건 중 하나 이상의 조건을 정해야 한다(제98조).

구속의 목적이 절차 및 형집행의 확보에 있으므로 구속에 갈음하는 보석의 조건도 이러한 목적을 달성하기 위한 실효성 있는 수단이면서 아울러 그 목적을 달성하기 위해 필요한 범위를 벗어나지 않도록 해야 한다.

(1) 보석조건

본래 보석보증금에 한정되어 있었지만, 2007년 개정법률은 비금전적 보석

---

133) 대결 1991. 8. 13. 91모53 (보석허가취소결정에 대한 항고심에서 피고인심문 없이 행한 결정을 내린 사안: 적법).

조건 등 보석조건을 다양화하고 있다. 이로 인해 보석과 구속의 집행정지와 구별이 상대화되었다고 할 수 있다.

보석조건으로 서약서 제출(제1호), 보증금 납입약속 약정서 제출(제2호), 주거 제한(제3호), 피해자 등에 대한 위해 및 접근 금지(제4호), 보호자 등의 출석보증서 제출(제5호), 출국금지 서약(제6호), 피해자권리회복금 공탁 또는 상당한 담보 제공(제7호), 보증금 납입 또는 담보의 제공(제8호)을 열거하고 있으나(둘 이상의 조건 부과도 가능), 그 외에도 피고인의 출석을 보증하기 위하여 법원이 정하는 적당한 조건(제9호), 예컨대 공범 기타 법원이 특정하는 사람들과 만나거나 접촉하지 않도록 하는 것을 이행하게 할 수도 있도록 하고 있다(제98조).

법원은 피고인의 출석을 보증하기 위하여 법원이 정하는 적당한 조건을 이행할 것을 보석조건으로 할 수 있는데(제98조 제9호), 그러한 보석허가조건으로 피고인에게 전자장치 부착을 명할 수 있도록 하였다(전자장치부착법 제31조의2). 이를 전자보석제도라고 부르며, 본인이나 변호인이 청구할 수 있으며, 법원이 직권으로 결정할 수도 있다. 법원은 전자장치부착 조건부 보석 결정 때 대상자의 도주 우려 차단, 피해자 접근 방지 필요성 등을 고려하여 재택 구금이나 외출 제한 등 조건을 부과할 수 있다. 보석 허가 결정을 받은 피고인에 대해서는 보호관찰관이 전자장치를 통해 24시간 365일 위치를 확인하고, 대상자가 준수 사항을 위반할 경우 즉시 법원에 통보한다. 법원이 전자장치부착 조건부 보석을 취소하면 대상자는 재구속된다.

(2) 보석조건시 고려사항

보석의 조건을 정할 때에는 ① 범죄의 성질 및 죄상, ② 증거의 증명력, ③ 피고인의 전과·성격·환경 및 자산, ④ 피해자에 대한 배상 등 범행 후의 정황에 관련된 사항을 고려해야 하며(제99조 제1항), 법원은 피고인의 자금능력 또는 자산 정도로는 이행할 수 없는 조건을 정할 수 없다(동조 제2항).

(3) 보석조건 위반에 대한 제재

피고인이 정당한 사유 없이 보석조건을 위반한 경우에는 법원은 결정으로 1천만원 이하의 과태료를 부과하거나 20일 이내의 감치처분을 할 수 있다(제102조 제3항).

이 결정에 대해서는 피고인은 즉시항고할 수 있다(동조 제4항). 과태료 부과나 감치처분의 신설로 경미한 석방조건 위반이나 조건 위반의 고의성이 약한 경우에 보석을 취소하지 않고 석방조건 준수를 경고하는 수단으로 활용하면서 불구속재판의 원칙을 실현하기 위한 것이다.

5. 불복

피고인 또는 청구인은 보석허가결정(보석조건에 대한 다툼) 또는 청구기각결정에 대하여 보통항고를 할 수 있으며(제403조 제2항), 검사도 보통항고를 할 수 있다.[134] 보석허가결정 대해서는 구속의 취소와는 달리 검사는 즉시항고를 할 수 없다(제97조 제4항 참조).

1995년 개정 전에는 검사의 즉시항고를 인정했으나, 적법절차의 원칙, 영장주의, 과잉금지의 원칙에 반한다는 헌법재판소의 결정[135]에 따라 개정되었다.

6. 보석의 집행

(1) 보석조건의 이행

법원이 보증금 등 일정한 조건을 부과한 경우에는 그 조건을 이행한 이후에만 보석허가결정을 집행할 수 있다(제100조 제1항).

(2) 보증금의 대납 또는 보증서 제출

법원은 보석청구자 이외의 자에게 보증금의 납입을 허가하거나(동조 제2항) 유가증권 또는 피고인 외의 자가 제출한 보증서로써 보증금에 갈음함을 허가할 수 있다(동조 제3항).

보증서에는 보증금액을 언제든지 납입할 것을 기재하여야 한다(동조 제4항). 대납이나 갈음이 보석조건으로 정해지지 아니한 경우에도 따로 법원에 그러한 허가를 구할 수 있다.

(3) 보석조건 이행을 위한 부가적 조치

법원은 결정에 따라 석방된 피고인이 보석조건을 준수하는 데 필요한 범위 안에서 관공서나 그 밖의 공사단체에 대하여 적절한 조치를 취할 것을 요구할 수 있다(동조 제5항).

---

134) 대결 1997. 4. 18. 97모26.

135) 헌재 1993. 12. 23. 93헌가2; 헌재 2012. 6. 27. 2011헌가36 참조 (구속의 집행정지에 대해 검사의 즉시항고를 허용한 구법에 대한 동일한 근거에 기한 위헌 결정).

예컨대 법원은 주거제한(제3호)을 보석조건으로 정한 경우에 그 준수 여부를 감독하기 위해 피고인의 주거지를 관할하는 경찰서장에게 피고인이 주거제한을 준수하고 있는지 여부 등에 관하여 조사할 것을 요구하는 등 보석조건의 준수를 위하여 적절한 조치를 취할 것을 요구할 수 있고(규칙 제55조의3 제1항), 출국금지(제6호)를 보석조건을 정한 경우에는 출입국사무를 관리하는 관서의 장에게 피고인에 대한 출국을 금지하는 조치를 취할 것을 요구할 수 있다(동조 제2항).

보석조건 준수에 필요한 조치를 요구받은 관공서 그 밖의 공사단체의 장은 그 조치의 내용과 경과 등을 법원에 통지하여야 한다(동조 제3항).

(4) 보석조건의 변경

보석허가결정 후 법원은 직권 또는 보석청구권자의 신청에 따라 결정으로 보석조건을 변경하거나 일정기간 동안 당해 조건의 이행을 유예할 수 있다(제102조 제1항).

보석조건의 변경은 보석허가결정 당시에 부과한 보석조건이 사정변경에 따라 적합하지 않게 되거나 보석조건의 이행을 유예할 필요가 나타난 경우에 대처하기 위한 것이다.

보석조건을 변경하거나 보석조건의 이행을 유예하는 결정을 한 경우에는 그 취지를 검사에게 지체 없이 통지하여야 한다(규칙 제55조의4).

(5) 보석조건의 실효

구속영장의 효력이 소멸되거나 보석이 취소된 경우에는 보석조건은 즉시 그 효력을 상실한다(제104조의2 제1항). 다만, 보증금 납입(제98조 제8호)의 조건은 예외로 한다(동조 제2항).

7. 보석의 취소

보석에 기한 절차진행이 곤란한 사유가 발생한 때에는 법원은 직권 또는 검사의 청구로 결정으로 보석을 취소할 수 있다(제102조 제2항).

(1) 취소사유

법원은 피고인이 ① 도망한 때, ② 도망하거나 죄증을 인멸할 염려가 있다고 믿을 만한 충분한 이유가 있는 때, ③ 소환을 받고 정당한 사유 없이 출석하지 아니한 때, ④ 피해자, 당해 사건의 재판에 필요한 사실을 알고 있다고 인정되는 자 또는 그 친족의 생명·신체·재산에 해를 가하거나 가할 염려가 있다고 믿을 만한 충분한 이유가 있는 때, ⑤ 법원이 정한 조건을 위반한 때에 결정으로 보석을 취소할 수 있다(제102조 제2항).

(2) 청구 및 결정

보석취소는 직권 또는 검사의 청구에 의하며, 수소법원의 결정에 의한다.

상소·이송·파기환송 또는 파기이송 등의 경우에 보석취소는 보석에 준하여 상소 및 환송법원 등에 기록이 도달하기까지는 이송 또는 환송한 법원이 이를 하여야 한다(규칙 제57조).

보석을 취소할 때에는 결정으로 보증금 또는 담보의 전부 또는 일부를 몰취할 수 있다(제103조 제1항). 보석취소 결정에 대하여는 피고인·변호인이, 청구기각결정에 대하여는 검사가 보통항고를 할 수 있다(제403조 제2항).

(3) 취소에 따른 재구금

보석취소의 결정이 있는 때에는 검사는 그 취소결정의 등본에 의하여 피고인을 재구금하여야 한다(규칙 제56조 제1항 본문). 보석허가로 구속영장의 효력이 상실된 것은 아니기 때문에 재구금을 위해 재차 구속영장을 발부받아야 할 필요는 없다.

제1심 법원이 행하는 경우는 보석취소결정에 대해서 보통항고만 가능하므로 원칙적으로 집행정지의 효력이 없다. 항소법원이 보석취소결정을 한 경우에는 법령위반을 이유로 대법원에 즉시항고를 할 수 있다(제415조). 다만 이 경우에 집행정지의 효력이 있는지에 대해 논란이 있으나, 판례는 집행정지의 효력이 즉시항고의 본질적인 속성이 아니고, 제1심 법원이 행한 경우와 형평을 고려하여 이를 부정하면서 구속의 집행이 정지되지 않는다고 한다.[136]

8. 보증금의 처리

보석을 취소한 때에는 보증금을 임의적 또는 필요적으로 몰취하거나 환부하여야 한다(제103조, 제104조).

(1) 몰취

임의적 몰취와 필요적 몰취가 있다.

---

136) 대결 2020. 10. 29. 2020모633.

(가) **임의적 몰취** 법원은 보석을 취소하는 때에는 직권 또는 검사의 청구에 따라 결정으로 보증금 또는 담보의 전부 또는 일부를 몰취할 수 있다(제103조 제1항).

보증금의 몰취는 반드시 보석취소와 동시에 하여야 하는 것은 아니다.[137] 보증금 몰수사건은 법원조직법 제7조 제4항에 따라 형사본안사건 기록이 존재하는 법원이나 그 기록을 보관하는 검찰청에 대응하는 법원의 단독판사 관할이다.[138]

(나) **필요적 몰취** 법원은 보증금의 납입 또는 담보제공을 조건으로 석방된 피고인이 동일한 범죄사실에 관하여 형의 선고를 받고 그 판결이 확정된 후 집행하기 위한 소환을 받고 정당한 사유 없이 출석하지 아니하거나 도망한 때에는 직권 또는 검사의 청구에 따라 결정으로 보증금 또는 담보의 전부 또는 일부를 필요적으로 몰취하여야 한다(제103조 제2항).

(2) **환부** 보석을 취소한 때에는 몰취하지 아니한 보증금 또는 담보를 청구한 날로부터 7일 이내에 환부하여야 한다(제104조).

9. 보석제도의 개선방안

보석제도는 무죄추정의 원칙, 비례의 원칙에 따라 불구속재판의 원칙을 실현하고 피고인의 방어권을 보장하기 위한 제도로서 의미를 지닌다. 보석제도의 활성화 및 바람직한 운영을 위하여는 ① 보석청구권자에게 보석권을 사전 고지하는 것을 명문화하고, ② 필요적 보석의 제외사유를 중대범죄나 도망의 염려가 있는 경우로 한정하고, ③ 법원으로 하여금 보석불허결정을 할 때 그 이유를 실질적으로 적시하도록 하며, ④ 공사단체 협조 외에 자체 사법보좌관제를 활용하여 보석조건 준수에 대한 감시가 실질적으로 이루어지게 할 필요가 있다.

제2 압수와 수색

Ⅰ. 의의 및 대상

수소법원이 행하는 압수에는 협의의 압수(압류), 영치 및 제출명령의 세 가

---

137) 대결 2001. 5. 29. 2000모22 전합.
138) 대결 2002. 5. 17. 2001모53.

지 형태가 있다. 제출명령(제106조 제2항)은 수사기관에게는 인정되지 않는 법원의 고유권한이라고 할 수 있다.

압수·수색의 대상 등은 수사절차에서와 거의 동일하다.

Ⅱ. 절차

1. 공판정에서의 압수·수색

공판정에서의 압수는 대개 임의제출의 형식을 취한다. 공판정에서는 협의의 압수·수색을 하는 경우에도 영장을 요하지 않는다(제113조의 반대해석). 공판정에서 압수·수색을 한 경우에는 이를 공판조서에 기재하여야 한다(제51조 제2항 제10호). 영장집행을 제외한 규정은 공판정 외의 압수에도 준용된다.

2. 공판정 외에서의 압수·수색

공판정 외에서 압수·수색을 하는 경우에는 법원이 발부한 영장에 의하여야 한다(제113조). 공판정 외에서는 임의제출물 등의 압수(제108조), 피고인의 구속을 위한 수색(제137조)을 제외하고는 영장이 필요하다.

수사기관이 피고인에 대한 구속영장 집행과정에서 압수·수색·검증(제216조 제2항)을 하는 때에는 사후영장을 발부받아야 한다(제217조 제2항). 영장 발부, 집행지휘 및 집행기관, 집행절차, 집행에의 참여, 집행제한, 증명서 및 압수목록의 교부, 조서의 작성 및 압수물의 제출 등의 절차는 수사절차에서와 유사하다.

Ⅲ. 압수물의 처리

압수물 관리(자청보관, 위탁보관, 환가보관, 폐기처분 등), 환부 및 가환부 등도 수사절차와 유사하다.

Ⅳ. 불복

압수나 압수물의 환부에 관한 법원의 결정에 대해서는 보통항고를 할 수 있으며(제403조 제2항), 압수 또는 압수물환부에 관한 재판장 또는 수명법관의 재판에 관하여 불복이 있으면 준항고를 할 수 있다(제416조 제1항 제2호).

제 6 절 공판절차의 특칙

제 1 간이공판절차

Ⅰ. 의의 및 성격

간이공판절차란 피고인이 공판정에서 자백한 경우에 그 공소사실에 한하여 형사소송법이 규정한 증거조사를 간편하게 하고 증거능력에 대한 제한을 완화함으로써 심리를 신속히 진행하는 제도를 말한다. 약식절차(비공개, 서면심리), 즉결심판절차(시·군법원판사 관할)는 부인사건을 포함하고 경미한 사건을 대상으로 하는 점에서 간이공판절차와 구별된다.

1973년 법률개정으로 도입한 제도로서, 1995년 개정시에 단독사건 이외에 자백사건 일반에 확대 적용하였다.

신속한 재판의 원칙 및 소송경제를 실현하고 사법자원의 합리적 배분을 통해 자백사건에 대한 간단한 처리로 복잡한 부인사건에 대한 충분한 심리를 보장하려는 취지를 가지고 있다. 미국의 기소사실인부절차(Arraignment)가 유죄답변을 한 피고인에게 사실심리절차(배심절차) 자체를 생략하는 것과는 달리, 간이공판절차는 증거조사 방식과 증거능력의 제한이 완화될 뿐 공판절차를 여전히 진행하는 점에서 양자는 구별된다.

Ⅱ. 간이공판절차의 대상

1. 제1심 관할사건

간이공판사건은 단독·합의사건을 포함하며, 명시적인 규정은 없으나 공판절차의 정형성에 비추어 항소심은 제외된다.

합의사건의 경우 신속한 재판보다 적법절차의 이념이 중요하다는 이유에서 합의사건을 대상에서 제외해야 한다거나, 사건의 신중한 심리를 위해서는 적어도 **필요적 변호사건**은 제외할 필요가 있다는 지적도 있다(일본 형소법 제291조의2 참조).

2. 공판정에서 피고인의 신빙성 있는 자백

(1) 자백의 주체

자백의 주체는 피고인이므로, 변호인이 자백하거나 피고인의 출석 없이 재판할 수 있는 경우에 대리인이 자백한 경우 등은 간이공판절차의 대상이 될 수 없다.

피고인인 법인의 대표자(제27조), 의사무능력자인 피고인의 법정대리인(제26조)이나 특별대리인(제28조)이 피고인을 대신하여 자백한 경우에는 피고인의 자백으로 보는 것이 일반적이나, 자백은 피고인의 재판 받을 권리에 대한 본질적 침해라는 이유로 부정하는 것이 타당하다.

(2) 자백의 내용

공소사실 전부를 인정하고 위법성이나 책임도 다투지 않는 경우를 의미한다. 위법성조각사유나 책임조각사유의 부존재는 사실상 추정되므로 명시적으로 유죄임을 자인(인정)할 필요는 없으며, 위법성이나 책임의 조각사유가 되는 사실을 진술하지 않으면 족하다.[139]

공소사실 중 일부를 부인하거나 범행의 습벽을 부인하는 경우,[140] 범의를 부인하거나 범행 당시에 심신장애상태에 있었다고 주장하는 경우[141]는 간이공판절차에 따라 심판할 수 없다.

그러나 공소사실을 인정하면서 죄명이나 적용법조만 다투거나 형 면제 또는 정상에 관한 사정만을 주장하는 경우는 자백에 해당하는 것으로 본다.

경합범의 경우 일부 공소사실만 자백했다면 그 부분에 대해서만 – 대개 심리를 분리해서 – 간이공판절차를 개시할 수 있다.

이론상으로 가능하다는 의미이고 실제로는 공소사실 전체에 대해 통상의 공판절차에 의하는 것이 타당하다. 또한 상상적 경합범, 포괄일죄나 예비적·택일적 기재의 경우 일부사실에 대해서만 자백한 경우는 절차의 분리가 곤란하고 간이공판절차의 취지에 맞지 않으므로 일반적으로 일부에 대해서만 간이공판절차를 개시할 수 없다.[142]

---

139) 대판 1987. 8. 18. 87도1269.
140) 대판 2006. 5. 11. 2004도6176.
141) 대판 1981. 6. 9. 81도775; 대판 2004. 7. 9. 2004도2116.
142) 대판 2006. 5. 11. 2004도6176.

(3) 공판정의 자백

공판기일에 공판정에서 행한 자백에 한한다. 따라서 수사절차나 공판준비절차에서 행한 자백만으로는 간이공판절차를 개시할 수 없다.

피고인의 의견서 제출제도(제266조의2)의 취지에 비추어, 자백은 일차적으로 모두절차에서 의견서의 내용을 확인하는 방법으로 이루어지게 된다.

자백은 간이공판절차에 의할 실익이 있는 시점, 즉 간이한 증거조사가 가능한 시점까지 이루어져야 하므로, 증거조사절차가 종료될 때까지 가능하다.

학설로는, ① 모두진술이 종료될 때까지라는 견해, ② 변론이 종결될 때까지라는 견해가 있다. 개정법률의 취지에 따를 때(제286조 제1항) 쟁점정리에 들어가기 전에 피고인의 모두진술 단계에서 공소사실의 인정 여부를 진술하게 되므로 통상 모두진술단계에서 자백이 이루어지게 되지만, 증거조사과정에서도 자백으로 인해 간이한 증거조사가 가능하다면 간이공판절차를 개시할 수 있을 것이다. 판례도 제5회 공판기일에 공소사실 전부를 자백하여 간이공판절차에 의하여 심판한 사안을 적법한 것으로 보고 있다.[143)]

(4) 신빙성 있는 자백

자백이 신빙성이 없으면 간이공판절차를 개시할 수 없으며, 현행법은 이를 간이공판절차의 취소사유로 규정하고 있다(제286조의3).

3. 간이공판절차 개시결정

개시결정 여부는 법원의 재량이다(제286조의2). 간이공판절차의 대상사건이라도 법원이 사건의 내용이나 공판진행상황에 비추어 간이공판절차에 회부하는 것이 적절한지를 구체적·개별적으로 판단하여 개시결정을 내리게 된다.

(1) 결정 전 고지

재판장은 간이공판절차에 의하여 심판하기로 결정하고자 할 때에는 미리 피고인에게 간이공판절차의 취지를 설명해야 한다(규칙 제131조).

(2) 개시결정

개시결정은 공판정에서 구술로 고지하고, 그 취지를 공판조서에 기재하여

---

143) 대판 1987. 8. 18. 87도1269.

야 한다(제38조, 제51조 제2항 제14호).[144)]

(3) 결정의 효력 및 불복

개시결정은 피고인과 당해 공소사실에 대해서만 효력이 미친다. 개시결정은 판결 전 소송절차에 관한 것이므로 항고할 수 없다(제403조 제1항).

다만 간이공판사건이 아님에도 간이공판절차에 의하여 심판한 경우에는 판결에 영향을 미친 법령위반을 이유로 상소할 수 있다.

(4) 위법한 개시결정의 효과

간이공판절차 개시요건을 갖추지 못하였는데도 간이공판절차로 재판을 진행한 때에는 피고인의 법정진술을 제외한 나머지 증거들은 증거능력이 인정되지 않으므로, 증거능력 없는 증거로 공소사실에 대해 유죄를 인정한 법령위반이 인정된다.[145)]

4. 간이공판절차의 특칙

공소장변경, 재판서 작성, 재판의 종류 등에 있어서는 통상의 공판절차와 동일하고 증거능력 및 증거조사에 대한 특칙만 인정된다.

(1) 증거동의의 의제

간이공판절차에서는 전문증거로서 증거능력이 부정되거나(제310조의2) 일정한 요건하에 증거능력이 긍정되는(제312조 등) 경우라도 증거동의가 있는 것으로 간주되어 바로 증거로 사용할 수 있다(제318조의3). 피고인이 자백한 이상 공소사실을 증명하기 위한 개별 증거에 대해서도 다툴 의사가 없는 것으로 보고 증거동의를 의제하도록 한 것이다.

간이공판절차에서 증거동의가 의제된 이상, 제1심에 불복하여 항소한 경우 항소심에서도 그 효력이 인정되므로 이미 증거능력이 있었던 증거는 그대로 증거로 사용할 수 있다.[146)]

개별적으로 증거동의에 대한 이의제기는 가능하다(제318조의3 단서). 전문증거

---

144) 대판 1990. 10. 12. 90도1755.
145) 대판 1996. 3. 12. 95도1883.
146) 대판 1998. 2. 27. 97도3421.

이외의 다른 증거의 경우에는 증거법의 규정(위법수집증거배제법칙, 자유심증주의, 자백보강법칙 등)이 그대로 적용된다.

(2) 상당한 방식의 증거조사

간이공판절차라 하더라도 증거조사 자체가 제외되는 것은 아니며, 그 방법을 완화하여 형사소송법에 규정된 증거조사방식이 아니라도 상당한 방법으로 증거조사를 하면 족하다(제297조의2). '상당한 방법'이란 공개주의의 원칙상 당사자와 방청인에게 증거내용을 알 수 있도록 하는 것을 의미한다.

판례는 증거방법을 표시하고 증거조사를 거쳤음을 확인할 정도면 족하다는 입장이나,[147] 이러한 태도는 사실상 증거조사를 배제하는 결과로 되므로 타당한지 의문이다.

간이공판절차에서 적용이 배제되는 증거조사 관련 규정은 증인신문의 방식(제161조의2), 증거조사의 시기와 방식(제290조 내지 제292조), 증거조사결과와 피고인의 의견(제293조), 증인신문시의 피고인의 퇴정(제297조) 등이다.

따라서 간이공판절차에서는 교호신문방식, 서류 등에 대한 개별적 지시설명, 증거조사결과에 대한 의견 문의, 증거신청권 고지 등을 할 필요가 없으나, 증인의 경우 선서라든가 당사자의 증거조사 참여, 증거신청, 이의신청 등은 동일하게 적용된다.

(3) 피고인신문

모두진술에서 공소사실을 모두 인정하고 간이공판절차에 의해 증거조사를 마친 사건에서 다시 공소사실에 따라 피고인을 신문하는 것은 원칙적으로 불필요하다. 따라서 피고인신문을 하더라도 변호인의 양형에 관한 신문 위주로 진행하여야 할 것이다.

5. 간이공판절차의 취소

(1) 취소사유

간이공판절차 개시결정 이후 일정한 사유가 있는 경우에는 그 결정을 취소하여야 한다(제286조의3).

---

147) 대판 1980. 4. 22. 80도333.

법률에 명시적인 규정은 없지만 간이공판을 위한 요건의 원시적 흠결(처음부터 요건을 구비하지 아니한 경우) 또는 후발적 흠결(사후의 사정변경, 예컨대 공소장 변경에 의한 새로운 공소사실에 대하여 피고인이 자백하지 않는 경우)에도 취소가 가능하다.

(가) **자백의 신빙성 결여** 자백 자체가 신빙성이 없는 경우를 말한다. 자백의 신빙성은 증명력 판단의 대상이다.

자백에 대한 보강증거가 없거나 소송조건의 흠결이 있어 무죄나 면소 또는 공소기각의 재판을 하여야 할 경우는 자백 자체의 신빙성이 없는 경우는 아니므로 간이공판절차를 취소해야 하는 것은 아니다. 간이공판절차에서도 무죄나 면소 또는 공소기각의 재판을 하는 것은 허용되기 때문이다.

(나) **간이공판절차에 의하는 것이 현저히 부당하다고 인정되는 경우** 간이공판절차의 대상이 되지 않거나 제도의 취지에 맞지 않는 경우를 말한다.

예컨대 수인의 공동피고인 중 일부에 대해서만 또는 1인의 피고인에 대한 여러 개의 공소사실 중 일부에 대해서만 간이공판절차 개시결정을 하였는데, 그 때문에 증거조사 절차가 극히 복잡하게 되어 불편한 경우를 들 수 있다.

(2) 절차 및 효과

법원의 직권에 의해 결정으로 취소하며, 검사의 의견을 들어야 한다(제286조의3).

원칙적으로 공판절차를 갱신하여야 하나, 검사, 피고인 또는 변호인이 이의가 없는 때에는 갱신할 필요가 없다(제301조의2).

제 2 공판절차의 정지와 갱신

Ⅰ. 공판절차의 정지

1. 의의

공판절차의 정지란 심리를 계속 진행할 수 없을 만큼 중대한 사유가 발생한 경우에 법원이 결정으로 그 사유가 없어질 때까지 공판절차를 법률상 진행할 수 없도록 하는 것을 말한다. 피고인의 방어권 보장을 위한 제도이다.

소송절차의 정지도 공판절차를 정지해야 하는 점에서는 동일하지만, 소송절차의 정지는 특정한 사유의 발생으로 당연히 절차의 진행이 정지된다는 점에서 차이가 있다. 예컨대 기피신청(제22조), 토지관할의 병합심리, 관할의 지정·이전의 신청(규칙 제7조, 급속한 경우는 예외), 위헌법률심판의 제청(헌법재판소법 제42조 제1항), 재심청구의 경합(규칙 제169조, 상고법원의 결정 필요) 등이 여기에 해당한다.

2. 정지사유

(1) 피고인의 심신상실 또는 질병

피고인이 소송(추행)능력이 없는 상태에 있는 때에는 법원이 검사와 변호인의 의견을 들어서 결정으로 – 그 상태가 계속하는 기간 또는 출정할 수 있을 때까지 – 공판절차를 정지하여야 한다(제306조 제1항, 제2항).

공판절차를 정지함에는 의사의 의견을 들어야 한다(동조 제3항)

실무에서는 이 경우에 공판절차의 정지를 법원의 재량으로 보아 피고인에게 소송능력이 없더라도 피고인 보호에 지장이 없거나 절차를 계속 진행해야 할 필요가 있는 때에는 공판절차를 정지하지 않을 수 있다고 한다.

이 외에도 피고인에게 유리한 판결을 하는 경우(무죄, 면소, 형의 면제, 공소기각의 재판)에는 정지사유가 있더라도 피고인의 출정 없이 재판할 수 있으며(동조 제4항), 제277조에 따라 대리인의 출석이 가능한 경우도 마찬가지이다(동조 제5항).

(2) 공소장변경

공소장변경으로 피고인의 불이익을 증가시킬 염려가 있다고 인정한 때에는 법원이 직권 또는 신청에 따라 필요한 기간 공판절차를 정지할 수 있다(제298조 제4항).

직권 또는 피고인이나 변호인의 청구에 의하며, 정지 여부는 '피고인의 불이익을 증가할 염려가 있다고 인정'되는지 여부에 대한 법원의 재량에 따른다.[148]

---

148) 대판 1991. 10. 25. 91도2085 (변론종결 후 선고기일이 지정되었다가 검사의 변론재개신청에 따라 변론이 재개되어 속행된 공판기일에 검사가 공소사실 중 범죄단체의 구성일시만 바꾸는 공소장변경을 신청하고 법원이 이를 허가하자, 변호인이 공판절차 정지신청을 하였으나 기각된 사안: 적법); 대판 1995. 1. 12. 94도2687; 대판 1997. 9. 26. 97도1594; 대판 2005. 12. 23. 2005도6402.

3. 정지의 절차 및 결정

(1) 정지의 절차

심신상실이나 질병의 경우에는 법원이 직권으로, 공소장변경의 경우에는 직권 또는 피고인이나 변호인의 청구에 의한다. 심신상실이나 질병의 경우에는 검사와 변호인 그리고 의사의 의견을 들어야 한다(제306조 제1항 내지 제3항).

(2) 정지의 효과

공판절차를 정지하기로 결정한 경우, 주문에 기간이 명시된 경우에는 그 기간이 만료될 때까지 그리고 명시되지 않은 경우에는 정지결정이 취소될 때까지 공판절차를 진행할 수 없다.

정지되는 절차는 '협의의 공판절차'에 한하므로, 구속취소나 보석에 관한 재판, 공판준비를 위한 행위는 정지기간 중에도 가능하다. 피고인의 심신상실을 이유로 공판절차가 정지된 경우에는 정지사유가 소멸한 후 공판절차를 갱신해야 한다(규칙 제143조).

심증형성의 연속성을 위해 정지기간을 한정하고 필요한 경우에는 연장을 허용할 필요가 있다(독일 형사소송법 제229조 참조).

Ⅱ. 공판절차의 갱신

1. 의의

공판절차의 갱신이란 법원이 판결선고 전에 이미 진행된 공판절차를 일단 무시하고 다시 절차를 새롭게 진행하는 것을 말한다.

실체해명을 위해 소송경제를 양보하는 제도이다. 판결이 선고되면 구속력이 발생하여 법원도 이를 번복할 수 없으므로 공판절차의 갱신은 판결선고 전에 이루어지는 절차이다. 파기환송 또는 이송의 판결에 따른 재판이나 동급법원간의 사건의 이송 등과 구별된다.

2. 갱신사유

판사의 경질, 간이공판절차결정의 취소, 심신상실 등으로 공판절차가 정지된 후 재개할 때에는 공판절차를 갱신하여야 한다(필요적 갱신).

(1) 판사의 경질

공판개정 후 판사의 경질이 있는 때에는 공판절차를 갱신하여야 한다(제301조 본문).

> 직접 심증을 형성한 법관이 계속해서 심리를 할 필요가 있다는 점을 고려한 것으로서, 직접주의와 구두주의의 요청에 따른 것이다. 공판기일 이후에 장기간 개정하지 않은 경우도 동일하게 보아야 한다는 지적도 있다.

단독사건에서 판사가 경질된 경우는 물론이고, 합의사건에서 합의부 구성원 일부가 경질된 경우에도 공판절차의 갱신이 필요하다. 공판절차의 갱신은 공판조서에 기재해야 하고, 기재가 없으면 갱신절차가 없었던 것으로 인정되어 그 이후에는 증거조사 등을 다시 진행하여야 한다.149) 공판절차 외에서 새로운 판사가 구속을 취소한 경우에는 갱신절차가 필요하지 않다.150)

위반시에는 절대적 항소이유(제361조의5 제8호) 내지 상대적 상고이유(제383조 제1호)가 된다. 새로운 판사가 판결의 선고만을 하는 경우는 예외이다(제301조 단서).151)

(2) 간이공판절차의 취소

간이공판절차에 따른 심리가 부적법하거나 상당하지 않아 취소되었다면, 정식공판에 따른 실체심리방법의 변경이 있으므로 새로운 심리가 필요하다(제301조의2). 이 경우에도 위반시에는 상소이유로 된다.

(3) 피고인의 심신상실로 인한 공판절차의 정지

심신상실로 인해 피고인이 방어권 행사를 제대로 하지 못했거나 이전의 소송행위가 무효로 될 가능성도 크므로, 심신상실의 상태가 회복되면 공판절차를 갱신하여야 한다(규칙 제143조).

3. 갱신 이후의 절차

공판절차가 갱신되면 재판장은 원칙적으로 모두절차부터 다시 진행한다(규

---

149) 서울고판 1977. 5. 26. 77노434 (판사의 경질이 있었으나 공판조서에 공판절차 갱신의 기재가 없는 사례: 위법).

150) 대판 1986. 4. 30. 86모10.

151) 대판 2005. 5. 26. 2004도1925 (변론종결 후 판사의 경질을 이유로 공판절차를 갱신하여야 하는데 이를 하지 않았으나 필요한 증거조사 등을 변론종결 이전에 모두 마친 사안: 적법).

칙 제144조).

모두절차 및 사실심리절차를 새롭게 진행해야 하므로, 갱신 전에 증거조사된 서류나 물건에 대해서도 - 증거로 하는 것이 상당하지 않고 당사자가 이의를 제기하지 않는 경우를 제외하고 - 다시 증거조사를 해야 한다(규칙 제144조 제1항 제5호). 다만 당사자의 증거동의가 있는 경우에는 적법한 증거조사 대신 상당하다고 인정하는 방법으로 증거조사를 할 수 있다(동조 제2항).

사건이 이송된 경우의 절차나 파기환송 후의 절차도 공판절차의 갱신과 유사하다. 그러나 원심절차의 일부나 전부가 위법한 경우가 아니면 제1심 소송절차의 효력은 그대로 유지된다.

4. 갱신 전 소송행위의 효력

갱신 전 소송행위는 원칙적으로 효력을 상실하지만, 갱신사유에 따라 개별적인 검토가 필요하다.

(1) 판사가 경질된 경우

갱신 전 실체형성행위는 효력을 상실하지만, 증거신청과 결정 등 절차형성행위에는 영향이 없다.

예컨대 증인신문의 결과인 증언 자체는 증거로 사용할 수 없지만, 증인신문 자체는 유효하므로 이전에 작성된 증인신문조서에 대해 서증으로 증거조사를 한 후 증거로 사용할 수 있다. 또한 증인에 대한 신청이 있었던 경우에는 경질된 판사가 당해 증인에 대해 증인채택 여부를 결정하여야 한다.

(2) 간이공판절차가 취소된 경우

실체형성행위는 물론이고 – 증거동의와 증거조사 방법 등 절차형성의 방법이 바뀌게 되므로 – 절차형성행위도 그 효력을 상실한다.

검사, 피고인 또는 변호인의 이의가 없는 때에는 공판절차를 갱신할 필요가 없으므로(제301조의2 단서), 이미 행한 증거조사도 유효하게 된다.

제3 변론의 병합·분리

Ⅰ. 변론의 병합·분리

1. 의의

변론의 병합·분리란 법원이 필요하다고 인정할 때 직권 또는 검사·피고인이나 변호인의 신청에 의하여 결정으로 공판정에서 심리를 분리하거나 병합하는 것을 말한다(제300조). 소송경제 또는 심리의 편의를 도모하기 위한 것이다.

'동일한' (수소)법원 내에 수개의 사건이 계속된 경우를 전제로 하므로, 별개의 법원에 기소된 사건에 대해 법률이 정한 바에 따라 심리를 병합 또는 분리하는 관련사건의 병합·분리와 구별된다.

(1) 변론의 분리

변론의 분리란 변론이 병합된 수개의 (관련)사건을 각각 나누어 별도의 공판절차에서 심리하는 것을 말한다.

변론의 분리는 공동피고인 중 1인이 공판기일에 불출석하였으나 증인이 출석한 경우 또는 공동피고인 중 어느 피고인이 다른 공동피고인으로부터 영향을 받아 심리에 지장을 초래하는 경우에 주로 행하게 된다.

수개의 사건이 계속된 것을 전제로 하므로, 과형상 일죄나 포괄일죄의 일부에 대한 분리는 허용되지 않는다. 변론의 분리에는 종국적 분리와 편의적 분리가 있다. 후자는 어느 공판기일에 공동피고인 중 일부가 출석하지 않은 경우나 증인신문시에 피고인이 출석하지 않은 경우에 기록의 분리 없이 임시로 변론만 분리하는 것을 말한다.

(2) 변론의 병합

변론의 병합이란 사물관할을 같이하는 동일한 수소법원에 계속된 수개의 사건을 병합해서 심리하는 것을 말한다.

수개의 사건이 동일한 법원 내의 수개의 재판부에 소송이 계속된 경우에 이루어지는 병합심리는 본래의 변론의 병합은 아니지만 제300조를 유추적용한다.

주로 피고인과 공범관계에 있는 피고인이 추가기소된 경우 또는 동일한 피고인에 대하여 동일한 법원에 추가기소가 있는 경우에 변론의 병합이 이루어진다.

병합은 경합범의 양형과 관련하여 중요한 의미를 가지므로(형법 제38조 참조), 1인이 범한 수개의 사건에 대해서는 특별한 사정이 없는 한 변론을 병합할 필요가 있다.

2. 절차

소송관계인의 신청 또는 법원의 직권에 의한 결정에 의한다.

검사가 동일한 피고인에 대해 추가로 기소하는 때에는 실무상 변론병합신청서를 첨부하고 있다.

(1) 법원의 재량

동일한 피고인이나 피고사건에 대해 별도로 공소가 제기된 경우 반드시 병합심리를 하거나 피고인의 병합심리신청을 받아들여야 하는 것은 아니고 법원의 재량으로 병합 여부를 결정한다. 따라서 1인이 범한 2개 이상의 사건[152]이나 2인 이상이 범한 1개의 사건[153]을 병합하지 않았더라도 위법한 것은 아니다.

병합기소가 있는 경우 병합결정 없이 병합심리를 하더라도 법원의 묵시적 병합결정이 있는 것으로 간주된다.

(2) 병합과 분리 대상의 특정

병합결정시 병합사건과 피병합사건의 관계, 즉 어느 사건을 어느 사건에 병합한다는 점을 명시해야 하고 분리의 경우에도 분리할 부분을 특정해야 한다.

(3) 항소심에서 병합심리

제1심법원에서 사건별로 별개의 형이 선고되었으나 그 사건이 모두 항소되어 항소심법원이 병합심리하게 된 경우, 병합사건의 일부에 대해 항소이유서가 제출되지 않았더라도 항소심 법원은 사건 전부에 대해 직권으로 파기한 후 경합범 처벌례에 따라 판단하여야 한다.[154]

---

152) 대판 1984. 2. 14. 83도3013; 대판 1994. 11. 4. 94도2354; 대판 2005. 12. 8. 2004도5529.
153) 대판 1987. 6. 23. 87도706; 대판 1990. 6. 22. 90도764.
154) 대결 1998. 10. 9. 98모89.

Ⅱ. 변론의 재개

1. 의의

변론의 재개란 법원이 필요하다고 인정한 때에 직권 또는 검사, 피고인이나 변호인의 신청에 의하여 결정으로 일단 종결한 변론을 다시 여는 것을 말한다(제305조).

변론의 속행은 공판기일에 변론을 종결하지 않고 다음 기일에 변론을 계속 진행하는 것으로서, 기일에 절차 진행 없이 기일만 미루는 변론(기일)의 연기와 구별된다. 다음 공판기일 또는 공판 외의 기일에 증거조사 기타의 필요한 절차를 행하기로 예정한 경우에는 변론종결을 할 수가 없으므로 다음 기일을 지정하여 속행할 뜻을 고하고 그 공판기일의 절차를 마무리하게 된다. 기일 속행을 위한 준비절차로서 앞 기일에 출석하지 않은 당사자에 대한 소환 또는 기일통지, 채택된 증인·감정인·통역인 등의 소환, 검증준비, 사실조회 등이 이루어진다.

2. 절차

직권 또는 당사자의 신청으로 법원이 결정한다. 변론의 재개는 판결의 선고가 완료되지 않은 상태에서만 가능하다. 일단 판결이 선고되면 법원도 자신의 판결에 기속되며, 경정이 허용되는 경우가 아니면 상소의 방법으로만 다툴 수 있다.

변론의 재개 여부는 법원의 재량이다.[155] 따라서 변론종결 후에 이루어진 변론재개신청을 불허하더라도 원칙적으로 위법하지 않고,[156] 변론종결 후에 검사가 변론재개신청과 동시에 공소장변경 신청을 하더라도 반드시 변론을 재개하여 공소장변경을 허가해야 하는 것은 아니며,[157] 반대로 변론종결 후 공소장변경신청을 허가하였더라도 피고인의 방어권을 침해한 것은 아니다.[158] 마찬가지로 변론종결 후 피고인의 증인신청을 받아들이지 않았다고 하여 피고인의 방어권을 침해한 것은 아니다.[159]

---

155) 대판 1967. 5. 16. 67도437.

156) 대판 1986. 6. 10. 86도769; 대판 2014. 4. 24. 2014도1414.

157) 대판 2010. 4. 29. 2007도6553; 대판 2018. 10. 12. 2018도11229. 다만 공소장변경 신청의 경우에는 공소사실의 동일성이 인정되는 한 법원은 변론을 재개하여 허가하여야 한다는 견해가 있다. 실체적 진실의 발견을 위해서 공소장변경을 위한 변론재개가 필요하고, 공소사실의 동일성이 인정되는 경우에는 공소장변경신청에 대한 법원의 허가가 의무임을 근거로 한다.

158) 대판 1996. 4. 9. 96도173.

159) 대판 2011. 1. 27. 2010도7947; 대판 2014. 2. 27. 2013도12155; 대판 2017. 4. 13. 2016도

3. 효과

변론의 재개로 변론은 종결 이전의 상태로 돌아가서 이미 행한 변론과 일체를 이루게 된다. 변론재개 전 공판심리는 유효하므로 공판심리절차를 갱신할 필요는 없다.

변론이 재개되면 검사의 의견진술 이전의 상태로 돌아가게 되므로, 검사의 의견진술부터 피고인의 최종진술까지의 절차가 다시 이루어지게 되고, 공판조서의 말미에 '변론재개'라고 기재하게 된다.

변론재개 후에 증거조사, 피고인신문, 공소장변경이 허용된다. 변론재개 후에 증인신문, 피고인신문이 행해진 경우에는 당사자에게 최종변론의 기회를 주어야 하지만, 당사자는 종전의 변론을 원용할 수 있다.

제 4 국민참여재판

Ⅰ. 의의

1. 의의 및 도입취지

국민참여재판이란 일반인 가운데 선정된 배심원이 참여하는 형사재판을 말한다(국민참여재판법 제2조 제2호). 국민의 사법참여를 통한 실질적 법치주의를 실현하기 위한 제도이다.

국민참여재판은 사법의 민주적 정당성을 강화하고, 사법에 대한 국민의 신뢰를 제고함과 동시에 재판에 일반 국민의 다양한 가치관과 상식을 반영할 수 있도록 함으로써 공정하고 신중한 재판을 도모하기 위한 것이다. 또한 사법작용이 이루어지는 과정에 대해 일반 시민들이 숙지하고 참여할 수 있는 직·간접의 기회를 제공함으로써 시민의 법의식을 향상시키고, 민주주의를 교육하는 실질적인 장으로 기능할 수 있다.

국민참여재판은 「국민의 형사재판 참여에 관한 법률」(2007. 6. 1. 제정)에 따라 2008. 1. 1.부터 5년간 시범실시를 거쳐 2013년부터 본격 시행되고 있다. 배심원의 평결에 권고적 효력만 부여함으로써(동법 제46조 제5항) 배심제와 참심제를

19380 등.

동시에 실험하는 의미를 부여하고 있다.

2. 헌법적 문제

직업법관 이외에 일반 국민이 배심원으로 참여하는 점이 헌법 제27조 제1항의 '헌법과 법률의 정한 법관에 의한 재판을 받을 권리'를 침해하는 것은 아닌가라는 지적이 있으나, 국민주권주의 실현을 위한 제도라는 점에서 헌법에 반하는 것은 아니다.

학설로서, ① 위헌설은 법관이 아닌 국민이 법률 문제를 판단하고 있는 이상 헌법 제27조 제4항 위반이라는 입장이고, ② 합헌설은 직업법관이 주도하면서 국민참여가 보장되는 형태를 국민이 원할 경우에는 허용할 수 있고, 국민참여는 오히려 국민주권주의의 실현을 위한 제도로서 합헌이라는 입장이다. 국민참여재판법상 피고인의 의사에 따라 국민참여재판이 아닌 통상 재판을 통해 재판을 받는 것도 가능하며, 배심원은 사실판단을 주로 하고, 배심원단의 평결에 권고적 효력만 인정하고 있으므로 헌법상 재판을 받을 권리를 침해하는 것이라고 보기 어렵다.

국민참여재판법은 누구든지 법률이 정한 바에 따라 국민참여재판을 받을 권리와 국민참여재판에 참여할 권리와 의무를 규정하고 있다(동법 제3조 제1항, 제2항).

대한민국 국적을 가지지 않은 외국인도 국민참여재판을 받을 권리가 있지만, 배심원으로서 참여할 권리와 의무는 인정되지 않는다. 국민의 재판참여가 권리이자 의무임을 보장하기 위해, 여기에 참여한 것을 이유로 불이익한 처우를 하는 것을 금지하고 있으며(제50조), 또한 배심원·예비배심원·배심원후보자가 정당한 이유 없이 출석에 불응하는 경우에는 법원의 결정으로 200만원 이하의 과태료에 처할 수 있도록 하고 있다(제60조 제1항 제1호).

국민참여재판을 받을 권리는 헌법이 보장하는 '재판을 받을 권리'(재판청구권)로서 보장되는 것은 아니다.[160)]

160) 헌재 2009. 11. 26. 2008헌바12; 대결 2019. 1. 18. 2018모3457.

Ⅱ. 대상사건과 실시방식

1. 대상사건의 제한

대상사건은 제1심 관할사건으로서 합의부 관할 사건 및 그와 관련된 사건이다. 국민의 관심사가 집중되고 피고인의 선호도가 높은 중죄 사건이 주로 대상이 되는데, 그 대상사건을 한정한 것이 평등권을 침해한 것은 아니다.[161)]

국민참여재판법 제정 당시에는 강력범죄, 부정부패범죄 등 대상사건의 죄명을 법률에 직접 규정하고 일정한 범위를 정하여 대법원규칙에 위임하는 이원적 방식을 취하고 있었으나, 2012년 개정법률에서 법원의 재판에 대한 국민의 건전한 상식과 사법신뢰의 향상이라는 국민참여재판의 취지를 제고시키기 위하여 대상사건을 법률에 직접 명시하고, 대상사건을 합의부 관할사건으로 확대하였다.

(1) 대상사건

「법원조직법」 제32조 제1항(제2호 및 제5호는 제외)에 따른 합의부 관할 사건, 그 사건의 미수죄·교사죄·방조죄·예비죄·음모죄에 해당하는 사건, 위 사건들과 「형사소송법」 제11조에 따른 관련사건으로서 병합하여 심리하는 사건이 대상사건이다(동조 제5조 제1항).

헌법재판소는 법원조직법이 중대한 사건 가운데 일부를 합의부 관할사건에서 제외함으로써 결과적으로 국민참여재판의 대상사건에서 제외시켜 다른 합의부 관할사건과 다르게 취급한 것이 평등권을 침해하는 것은 아니라고 한다.[162)]

(2) 제외

국민참여재판 대상사건이라도 피고인이 국민참여재판을 원하지 아니하거나 법원의 배제결정(동법 제9조 제1항)이 있는 경우 국민참여재판을 하지 아니한다(동법 제5조 제2항).

(3) 공소장 변경의 경우

국민참여재판 대상사건이 공소사실의 일부 철회 또는 변경으로 인하여 대

---

161) 헌재 2009. 11. 26. 2008헌바12; 헌재 2015. 7. 30. 2014헌바447.

162) 헌재 2016. 12. 29. 2015헌바63 (폭처법상 흉기상해죄(법정형 징역 3년 이상)로 기소된 피고인에 대해 법원조직법 제32조가 폭처법 위반사건 가운데 제3조 집단적 폭행 등을 합의부 관할사건에서 제외함으로써(재정합의사건은 가능) 국민참여재판법이 대상범죄를 제외하게 된 것이 평등권을 침해한 것이라고 헌법소원을 제기한 사안: 기각).

상사건에 해당하지 않게 된 경우에도 원칙적으로 국민참여재판으로 계속 진행한다(동법 제6조 제1항 본문). 다만, 심리의 상황이나 그 밖의 사정을 고려하여 국민참여재판으로 진행하는 것이 적당하지 아니하다고 인정하는 때에는 법원은 결정으로 당해 사건을 지방법원 본원 합의부가 통상의 재판으로 심판하게 할 수 있으며(동조 제1항 단서), 이 결정에 대해서는 불복할 수 없다(동조 제2항).

통상절차에 의하기로 결정한 경우, 당해 국민참여재판에 참여했던 배심원과 예비배심원은 해임된 것으로 보며(동조 제3항), 그 결정 전에 행한 소송행위는 그 결정 이후에도 그 효력에 영향이 없다(동조 제4항).
한편 공소장변경 또는 재정합의결정으로 대상이 된 사건에 대해서는 - 재정합의결정으로 대상사건이 된 사건에 대하여 피고인의 의사를 미리 확인한 경우가 아니면 - 법원은 피고인 또는 변호인에게 국민참여재판에 관한 안내서를 지체 없이 송달하여야 한다(참여규칙 제5조 제1항).

2. 피고인의 의사 확인

피고인이 국민참여재판을 원하지 않는 경우에는 국민참여재판을 할 수 없으므로(동법 제5조 제2항), 국민참여재판 대상사건에 대해서는 피고인에게 국민참여재판을 원하는지 여부를 반드시 확인하여야 한다(동법 제8조 제1항).

국민참여재판 대상사건에 대해 피고인에게 국민참여재판을 원하는지를 확인하지 않고 통상의 공판절차에 따라 재판을 진행하면 그 절차는 위법하고 그 절차에서 이루어진 소송행위는 무효이다.[163] 피고인의 의사를 확인하지 않은 경우 항소심에서 하자의 치유가 인정되기 위해서는 사전에 국민참여재판절차 등에 관한 충분한 안내와 그 희망 여부에 관하여 숙고할 수 있는 상당한 시간이 부여되어야 한다.[164]

---

163) 대판 2012. 4. 26. 2012도1225; 대판 2014. 6. 12. 2013도10776; 대판 2018. 7. 20. 2018도7036, 2018전도50.

164) 대판 2012. 4. 26. 2012도1225 (항소심이 국민참여재판에 대한 안내와 숙고의 기회를 부여하지 않고 단지 피고인과 변호인이 원심 제1회 공판기일에 제1심에서 통상의 공판절차에 따라 재판을 받은 것에 대하여 '이의가 없다'고 진술한 사안: 위법). 항소심에서 충분한 안내와 숙고의 기회를 부여하고 피고인이 국민참여재판을 원치 않으며 제1심의 절차적 위법을 문제 삼지 않겠다는 의사를 명백히 밝힘으로써 하자가 치유되었다고 본 사안으로는, 대판 2012. 6. 14. 2011도15484.

(1) 국민참여재판안내서의 송달

법원은 공소가 제기된 사건이 국민참여재판의 대상인 경우에 피고인에 대하여 국민참여재판을 원하는지 여부에 관한 의사를 서면 등의 방법으로 반드시 확인하여야 한다(동법 제8조 제1항).

법원은 대상사건에 대한 공소의 제기가 있는 때에는 공소장 부본과 함께 피고인 또는 변호인에게 ① 국민참여재판의 절차, ② 국민참여재판법 제8조 제2항에 따른 서면(국민참여재판을 원하는지 여부에 관한 의사가 기재된 서면)의 제출, ③ 동법 제8조 제4항에 따른 의사번복의 제한(배제결정 또는 회부결정이있거나 공판준비기일이 종결되거나 제1회 공판기일이 열린 이후에는 종전의 의사를 바꿀 수 없다는 취지), ④ 그 밖의 주의사항이 기재된 국민참여재판에 관한 안내서를 송달하여야 한다(참여규칙 제3조 제1항).

(2) 서면에 의한 의사표시

피고인은 공소장 부본을 송달받은 날부터 7일 이내에 국민참여재판을 원하는지 여부에 관한 의사가 기재된 서면을 제출하여야 한다(동법 제8조 제2항 제1문).

피고인이 서면을 우편으로 발송하는 경우 교도소 또는 구치소에 있는 피고인이 서면을 교도소장·구치소장 또는 그 직무를 대리하는 자에게 제출한 때에 법원에 제출한 것으로 간주한다(동항 제2문).

피고인이 의사확인서를 제출하지 않으면 국민참여재판을 원하지 아니하는 것으로 간주된다(동조 제3항).[165] 다만 피고인이 기일 내에 의견서를 제출하지 않았더라도 공판절차에서 국민참여재판을 다시 신청하는 것은 가능하다(참여규칙 제4조 제1항 참조).[166]

피고인의 의사확인서가 제출된 때에는 법원은 검사에게 그 취지와 서면의 내용을 통지하여야 한다(참여규칙 제3조 제3항).

(3) 의사철회의 제한

피고인은 배제결정 또는 회부결정이 있거나 공판준비기일이 종결되거나 제

---

165) 대판 2013 9. 12. 2013도6424, 2013전도134; 대판 2014. 1. 23. 2013도9690.

166) 대결 2009. 10. 23. 2009모1032 (공소장 부본을 송달받은 날로부터 7일 이내에 의사확인서를 제출하지 아니한 피고인이 제1회 공판기일이 열리기 전까지 국민참여재판을 신청하여 국민참여재판으로 진행한 사안: 적법).

1회 공판기일이 열린 이후에는 종전의 의사를 바꿀 수 없다(동법 제8조 제4항).

의사의 철회는 착오로 인한 경우, 국민참여재판이 실익 없다고 판단한 경우, 국민참여재판이 자신에게 유리하지 않다고 여긴 경우, 피해자가 출석할 우려가 있는 경우에 이루어질 수 있다.

3. 법원의 결정

(1) 법원의 배제결정

법원은 국민참여재판으로 진행하는 것이 적절하지 아니하다고 인정되는 경우에 국민참여재판을 하지 아니하기로 결정을 할 수 있다(동법 제9조)

(가) **배제사유** ① 배심원·예비배심원·배심원후보자 또는 그 친족의 생명·신체·재산에 대한 침해 또는 침해의 우려가 있어서 출석의 어려움이 있거나 국민참여재판법에 따른 직무를 공정하게 수행하지 못할 염려가 있다고 인정되는 경우, ② 공범관계에 있는 피고인들 중 일부가 국민참여재판을 원하지 아니하여 국민참여재판의 진행에 어려움이 있다고 인정되는 경우, ③ 「성폭력범죄의 처벌 등에 관한 특례법」 제2조의 범죄로 인한 피해자 또는 법정대리인이 국민참여재판을 원하지 아니하는 경우, ④ 그 밖에 국민참여재판으로 진행하는 것이 적절하지 아니하다고 인정되는 경우이다(동법 제9조 제1항 각호).

2012년 개정법률은 성폭력범죄의 경우 피해자 등이 원치 않는 경우를 배제사유로 추가하였으나, 판례는 국민참여재판의 도입 취지나 국민참여재판을 받을 피고인의 권리 등에 비추어 이러한 사유로 배제결정을 하기 위해서는 신중하게 판단하여야 한다는 입장을 취하고 있다.[167]

(나) **절차** 공소제기 후부터 공판준비기일이 종결된 다음날까지 배제결정을 하여야 하며(동법 제9조 제1항), 결정을 하기 전에 검사·피고인 또는 변호인의 의견을 들어야 한다(동조 제2항). 피고인이 법원에 국민참여재판을 신청하였는데도 법원이 배제결정 없이 통상의 공판절차로 재판을 진행하면 중대한 절차적 권리의 침해로서 위법하다.[168]

(다) **불복방법** 배제결정에 대해서는 즉시항고를 할 수 있다(동조 제3항).

---

167) 대결 2016. 3. 16. 2015모2898.

168) 대판 2011. 9. 8. 2011도7106; 대판 2018. 7. 20. 2018도7036, 2018전도50.

배제결정은 재판절차에 관한 법원의 공권적 판단으로 법원의 재판에 해당하므로 헌법소원심판의 청구대상이 되지 않는다.[169]

(2) 회부결정

㈎ **관할** 피고인이 국민참여재판을 원하는 의사를 표시하고, 지방법원 지원 합의부가 배제결정을 하지 않은 경우에는 국민참여재판절차 회부결정을 하여 사건을 지방법원 본원 합의부로 이송하여야 한다(동법 제10조 제1항).

지방법원 지원 합의부가 심판권을 가지는 사건 중 지방법원 지원 합의부가 회부결정을 한 사건에 대하여는 지방법원 본원 합의부가 관할권을 가진다(동조 제2항).

지방법원 본원 합의부는 대상사건을 피고인의 의사에 따라 국민참여재판으로 진행하면 족하고 별도의 개시결정을 요하지 않는다. 다만 검사가 국민참여재판으로 진행하는 것에 대해 이의를 제기하여 법원이 공판준비기일에 피고인과 검사의 의견을 들은 후 국민참여재판으로 진행하기로 결정하였다면, 판결전 소송절차에 관한 결정으로서 검사는 이에 대해 항고할 수 없다.[170]

㈏ **필요적 변호** 국민참여재판에 관하여 변호인이 없는 때에는 법원은 직권으로 변호인을 선정하여야 한다(동법 제7조).

국민참여재판은 공판준비절차에서 공판준비기일을 지정해야 하는데(동법 제37조 제1항), 법원은 공판준비기일이 지정된 사건에 관하여 변호인이 없는 때에는 직권으로 변호인을 선정해야 하므로(제266조의8 제4항), 국민참여재판 전 공판준비절차는 필요적 변호사건이 된다.

㈐ **통상절차에의 회부** 법원은 ① 피고인의 질병 등으로 공판절차가 장기간 정지되거나, ② 피고인에 대한 구속기간의 만료, ③ 성폭력범죄 피해자의 보호, ④ 그 밖에 심리의 제반 사정에 비추어 국민참여재판을 계속 진행하는 것이 부적절하다고 인정하는 경우에는 법원은 직권 또는 검사·피고인·변호인이나 성폭력범죄 피해자 또는 법정대리인의 신청에 따라 결정으로 지방법원 본원 합의부가 통상절차에 따라 심판하게 할 수 있다(동법 제11조 제1항).

회부결정을 하기 전에는 소송관계인의 의견을 들어야 한다(동조 제2항). 회부결정에 대하여는 불복할 수 없다(동조 제3항). 통상절차로 회부하는 결정도 법원의

---

169) 헌재 2009. 1. 13. 2008헌마759; 헌재 2015. 10. 6. 2015헌마947.
170) 대결 2009. 10. 23. 2009모1032.

재판이므로, 이로 인해 기본권 침해를 주장해서 헌법소원심판을 청구하는 것도 허용되지 않는다.[171)]

Ⅲ. 배심원

1. 의의

배심원이란 국민참여재판법에 따라 형사재판에 참여하도록 선정된 사람을 말한다(동법 제2조 제1호).

배심원의 구성과 평결절차 등이 영미법의 배심제를 따르고 있어, 직업법관 이외의 재판부의 자격으로 형사재판에 참여하는 사람을 배심원으로 규정한 것이다.

2. 배심원의 일반적 권한과 의무

(1) 권한

배심원은 국민참여재판을 하는 사건에 관하여 사실의 인정, 법령의 적용 및 형의 양정에 관한 의견을 제시할 권한이 있다(동법 제12조 제1항).

사실인정, 법령적용이나 형의 양정에 관여한다는 점에서 유·무죄의 평결만 행하는 배심제의 경우와 구별되며, 배심원의 의견이 법관을 기속하지는 않는다는 점에서 직업법관과 동등한 권한을 가지는 참심제와도 구별된다.

배심원은 의견을 제시하는 데 그치지만, 피고인이나 증인에 대해 필요한 사항을 신문해 줄 것을 재판장에게 요청할 수 있고, 필요하다고 인정되는 경우에는 재판장의 허가를 받아 각자 필기를 하여 이를 평의에 사용할 수 있다(동법 제41조 제1항).

한편 평결이 유죄인 경우에 양형에 관하여 토의하고 그에 관한 의견을 개진할 수 있도록 함으로써(동법 제46조 제2항 내지 제4항) 참심제적 요소를 도입하였으나 법관이 사실상 주도함에 따라 무의미하다는 지적도 있다.

(2) 의무

㈎ **일반적 의무** 법령준수 및 성실한 독립적인 직무수행 의무(동법 제12조 제2항), 비밀누설 및 재판의 공정을 행하는 행위의 금지의무(동조 제3항)가 있

---

171) 헌재 2017. 9. 19. 2017헌마983.

다. 비밀 누설이나 금품 수수 등의 행위는 형사제재의 대상이 된다(동법 제58조, 제59조).

(나) **절차상 의무** 출석의무, 선서의무, 질문서 기재 및 진술의 허위 금지의무가 있다(동법 제60조).

3. 배심원 수

(1) 배심원의 수

중대사건의 경우에는 9인이 원칙이고 그 외의 사건은 7인으로 하며, 공소사실의 주요내용을 인정한 사건에 대해서는 법원이 5인으로 결정할 수 있다(동법 제13조 제1항).

합리적 토론과 안정적 평결이라는 측면과 운영의 효율성을 고려하면서, 배심과 참심을 혼합한 실험적 성격을 고려한 것이다. 배심제를 채택한 미국, 영국, 러시아는 12명, 참심제를 채택한 독일은 지방법원 법관 3명과 참심원 2명, 프랑스는 법관 3명과 배심원 9명, 일본은 법관 3명과 재판원 6명으로 구성된다.

법원은 사건의 내용에 비추어 특별한 사정이 있다고 인정되고 검사·피고인 또는 변호인의 동의가 있는 경우에 한하여 결정으로 배심원의 수를 7인과 9인 중에서 달리 정할 수 있다(동조 제2항).

우리나라의 경우 실무상으로는 7명인 경우가 60% 이상을 차지하고 그 다음으로 9명인 경우가 30% 내외, 5명인 경우는 6% 내외에 그치고 있다.

(2) 예비배심원의 선정

배심원의 결원 등을 대비해서 5인 이내의 예비배심원 선정할 수 있다(동법 제14조 제1항).

예비배심원은 배심절차에 관여하지 못한다는 점을 제외하면 배심원과 동일한 권리와 의무를 가지므로 배심원에 대한 사항은 그 성질에 반하지 아니하는 한 예비배심원에 대하여 준용한다(동조 제2항).

4. 배심원의 자격

(1) 원칙

만 20세 이상 대한민국 국민은 배심원으로 선정될 수 있다(동법 제16조).

선거권자보다 연령을 높인 것은 배심원이라는 공무 수행과 판단 업무가 필요하다는 점을 고려하여 고교 졸업 후의 연령대로 한 것이다.

(2) 배제사유

국민참여재판법은 배심원에서 배제되는 경우를 결격사유, 제외사유, 제척사유, 면제사유로 구분하여 개별적으로 규정하고 있다.

㈎ **결격사유** 법률상 공무수행자격이 없는 경우를 말하며, 피성년후견인 또는 피한정후견인 등을 말한다(동법 제17조 제1호 내지 제6호 참조).

㈏ **제외사유** 직업상 제외되는 경우로서, 관련 공무원, 경찰이나 군인 등을 말한다(동법 제18조 제1호 내지 제8호 참조).

㈐ **제척사유** 사건과 관련이 있는 사람으로서, 피해자나 피고인과 신분관계 있는 사람 기타 법관의 제척사유와 유사한 경우이다(동법 제19조 제1호 내지 제7호).

㈑ **면제사유** 직무수행이 어려운 사람으로서 만 70세 이상이거나 중병에 걸린 사람 등을 말한다(동법 제20조 제1호 내지 제7호).

5. 배심원의 선정

(1) 선정기일 이전의 절차

지방법원장은 매년 주민등록자료를 활용해서 배심원후보자가 될 수 있는 예정자의 명부를 작성하고(동법 제22조), 그중에서 필요한 수의 배심원후보자를 정하며, 배심원과 예비배심원의 선정기일을 통지한다(동법 제23조 제1항). 통지를 받은 배심원후보자는 선정기일에 출석하여야 한다(동조 제2항).

(2) 선정기일의 절차

선정기일에는 검사와 변호인이 출석해야 하고, 피고인은 법원의 허가를 받아 출석할 수 있다. 선정기일은 공개하지 않고, 선정기일에 배심원후보자의 명예가 손상되지 아니하고 사생활이 침해되지 아니하도록 배려하여야 한다(동법 제24조 제2항, 제3항).

법원은 출석한 배심원후보자 중에서 당해 재판에서 필요한 배심원과 예비배심원의 수에 해당하는 배심원후보자를 무작위로 뽑고, 이들을 대상으로 직권, 기피신청 또는 무이유부기피신청에 따른 불선정결정을 한다(동법 제31조 제1항).

법원은 배심원후보자가 법이 정한 배제사유(동법 제17조 내지 제20조)에 해당하는지 여부 또는 불공평한 판단을 할 우려가 있는지 여부 등을 판단하기 위하여 배심원후보자에게 질문할 수 있고(동법 제28조 제1항 제1문), 검사·피고인 또는 변호인은 법원에 대해 발문권을 가지고, 법원은 검사 또는 변호인으로 하여금 직접 질문하게 할 수 있다(동조 제1항 제2문).

> 배심원후보자는 질문에 대하여 정당한 사유 없이 진술을 거부하거나 거짓 진술을 하여서는 아니된다(동조 제2항).

(3) 기피절차

(가) 기피에 따른 불선정결정 법원은 배심원후보자에게 기피사유, 즉 배제사유에 해당하거나 불공평한 판단을 할 우려가 있다고 인정되는 때에는 직권 또는 당사자의 신청에 따라 당해 배심원후보자에 대하여 불선정결정을 하여야 한다(동법 제28조 제3항 제1문).

(나) 무이유부 기피신청 검사와 변호인은 일정 수 이내의 배심원후보자에 대하여 이유를 제시하지 아니하는 기피신청을 할 수 있다(동법 제30조 제1항).

> 이 제도는 편견 없는 공평한 배심을 확보하기 위한 것이나, 반대로 특별한 이유 없이 배심원후보자를 배제하는 것은 오히려 편견이나 의도적 차별을 조장할 수 있어, 참여규칙을 통해 일정한 제한을 하고 있다(참여규칙 제21조).

(4) 배심원과 예비배심원의 선정

(가) 선정절차 기피에 따른 불선정결정이 있는 경우에는 그 수만큼 선정절차를 반복한다(동법 제31조 제2항).

(나) 배심원과 예비배심원의 선정 선정절차를 거쳐 필요한 수의 배심원과 예비배심원 후보자가 확정되면 법원은 무작위로 배심원과 예비배심원을 선정하고(동조 제3항 제1문), 예비배심원이 2인 이상인 경우에는 그 순번을 정해야 한다(동항 제2문).

㈐ **선정결과의 비공개** 법원은 배심원과 예비배심원에게 누가 배심원으로 선정되었는지 여부를 – 변론종결시까지(참여규칙 제22조) – 알리지 않을 수 있다(동조 제4항).

6. 배심원 등의 해임, 사임과 임무종료

(1) 배심원 등의 해임

배심원 또는 예비배심원이 의무를 위반하거나 부당한 직무수행을 한 경우에 법원은 해임할 수 있다(동법 제32조).

해임사유로서, ① 선서를 하지 아니한 때, ② 절차상 의무를 위반하여 그 직무를 담당하게 하는 것이 적당하지 않다고 인정되는 때, ③ 출석의무에 위반하고 계속하여 그 직무를 행하는 것이 적당하지 않은 때, ④ 배제사유에 해당하는 사실이 있거나 불공평한 판단을 할 우려가 있는 때, ⑤ 질문표에 거짓 기재를 하거나 선정절차에서의 질문에 대하여 정당한 사유 없이 진술을 거부하거나 거짓의 진술을 한 것이 밝혀지고 계속하여 그 직무를 행하는 것이 적당하지 않은 때, ⑥ 법정에서 재판장이 명한 사항을 따르지 아니하거나 폭언 또는 그 밖의 부당한 언행을 하는 등 공판절차의 진행을 방해한 때를 들고 있다(동법 제32조 제1항).

법원이 배심원 등에 대해 해임결정을 할 때에는 검사·피고인 또는 변호인의 의견을 묻고 출석한 당해 배심원 또는 예비배심원에게 진술기회를 부여하여야 한다(동조 제2항). 해임결정에 대해서는 불복할 수 없다(동조 제3항).

(2) 배심원의 사임

배심원과 예비배심원이 직무를 계속 수행하기 어려운 사정이 있는 때에는 법원에 사임을 신청할 수 있고(동법 제33조 제1항), 법원은 신청이 이유 있다고 인정하는 때에는 당해 배심원 또는 예비배심원을 해임하는 결정을 할 수 있다(동조 제2항).

배심원 등의 사임신청에 따른 해임결정을 할 경우에도 검사·피고인 또는 변호인의 의견을 들어야 하며, 그 결정에 대하여는 불복할 수 없다(동조 제3항, 제4항).

(3) 해임·사임에 따른 추가 선정

법원에 의한 배심원의 해임결정 등(동법 제32조, 제33조)으로 배심원이 부족하게 된 때에는 예비배심원이 미리 정한 순서에 따라 배심원이 된다(동법 제34조 제1항 제1문).

배심원이 될 예비배심원이 없는 경우에는 배심원을 추가로 선정한다(동항 제2문). 다만 국민참여재판 도중 심리의 진행 정도에 비추어 배심원을 추가선정하여 재판에 관여하게 하는 것이 부적절하다고 판단되는 경우, - 배심원이 5인 미만이 되는 경우가 아니면 - ① 1인의 배심원이 부족한 때에는 검사·피고인 또는 변호인의 의견을 듣고, ② 2인 이상의 배심원이 부족한 때에는 검사·피고인 또는 변호인의 동의를 받아 남은 배심원만으로 계속해서 국민참여재판을 진행하는 결정을 할 수 있다(동조 제2항).

(4) 배심원 등의 임무종료

법원이 종국재판을 고지하거나, 통상절차 회부결정(동법 제6조 제1항 단서 또는 제11조)을 고지한 때에는 배심원과 예비배심원의 임무는 종료한다(제35조).

7. 배심원의 절차상 권리와 의무

(1) 배심원의 권리

㈎ **신문요청권** 배심원과 예비배심원은 피고인·증인에 대하여 필요한 사항을 신문하여 줄 것을 재판장에게 요청할 수 있다(동법 제41조 제1항 제1호).

㈏ **필기 사용** 배심원과 예비배심원은 필요하다고 인정되는 경우 재판장의 허가를 받아 각자 필기를 하여 이를 평의에 사용할 수 있다(동항 제2호).

(2) 배심원 등의 의무

배심원과 예비배심원은 ① 심리 도중에 법정을 떠나거나 평의·평결 또는 토의가 완결되기 전에 재판장의 허락 없이 평의·평결 또는 토의 장소를 떠나는 행위, ② 평의가 시작되기 전에 당해 사건에 관한 자신의 견해를 밝히거나 의논하는 행위, ③ 재판절차 외에서 당해 사건에 관한 정보를 수집하거나 조사하는 행위, ④ 국민참여재판법에서 정한 평의·평결 또는 토의에 관한 비밀을 누설하는 행위를 해서는 안 된다(동법 제41조 제2항).

8. 배심원 등의 보호

국민참여재판법은 배심원, 예비배심원 또는 배심원후보자의 신변을 보장하고, 직무를 보호하기 위해 불이익취급 금지(동법 제50조), 접촉 제한(동법 제51조), 개인정보 공개금지(동법 제52조), 신변보호조치(동법 제53조) 등에 대해 규정하고 있다.

Ⅳ. 공판절차

1. 공판의 준비

(1) 필요적 공판준비

재판장은 피고인이 국민참여재판을 원하는 의사를 표시한 경우에는 배제결정이 있는 때가 아니면 사건을 공판준비절차에 부쳐야 한다(동법 제36조 제1항).

공판준비절차에 부친 이후 피고인이 국민참여재판을 원하지 아니하는 의사를 표시하거나 배제결정이 있는 때에는 공판준비절차를 종결할 수 있으며(동조 제2항), 지방법원 본원 합의부가 지방법원 지원 합의부로부터 이송받은 사건(동법 제10조 제1항)에 대하여는 이미 공판준비절차를 거친 경우에도 필요한 때에는 공판준비절차에 부칠 수 있다(동조 제3항).

법원은 – 기일간 공판준비절차의 경우를 제외하고 – 배심원 선정기일 이전에 공판준비절차를 마쳐야 한다(참여규칙 제27조). 검사·피고인 또는 변호인은 증거를 미리 수집·정리하는 등 공판준비절차가 원활하게 진행되도록 협력할 의무를 진다(동법 제36조 제4항).

(2) 공판준비기일의 지정

법원은 주장과 증거를 정리하고 심리계획을 수립하기 위하여 공판준비기일을 지정해야 한다(동법 제37조 제1항). 기일지정에 의한 공판준비를 필요적인 것으로 규정한 것이다.

법원은 합의부원으로 하여금 공판준비기일을 진행하게 할 수 있고, 이 경우 수명법관은 공판준비기일에 관하여 법원 또는 재판장과 동일한 권한이 있다(동조 제2항).

(3) 공판준비기일의 공개 및 배심원 배제

공판준비기일은 공개가 원칙이나, 법원은 공개함으로써 절차의 진행이 방해될 우려가 있는 때에는 공판준비기일을 비공개로 할 수 있다(동법 제37조 제3항). 공판준비기일에는 배심원이 참여하지 아니한다(동조 제4항).

2. (협의의) 공판절차

(1) 공판기일의 지정과 통지

재판장은 특별한 사정이 없는 한 배심원 선정기일이 종료된 후 연속하여 제1회 공판기일이 진행되도록 기일을 지정하여야 하며(참여규칙 제29조), 공판기일은 배심원과 예비배심원에게 통지하여야 한다(동법 제38조).

(2) 공판정의 구성 등

공판정은 판사·배심원·예비배심원·검사·변호인이 출석하여 개정한다(동법 제39조 제1항).

검사와 피고인 및 변호인은 대등하게 마주 보고 위치하며(다만, 피고인신문을 하는 때에는 피고인은 증인석에 위치한다. 동조 제2항), ③ 배심원과 예비배심원은 재판장과 검사·피고인 및 변호인의 사이 왼쪽에 위치하고(동조 제3항), 증인석은 재판장과 검사·피고인 및 변호인의 사이 오른쪽에 배심원과 예비배심원을 마주 보고 위치한다(동조 제4항).

법원은 특별한 사정이 없는 한 공판정에서의 심리를 속기사로 하여금 속기하게 하거나 녹음장치 또는 영상녹화장치를 사용하여 녹음 또는 영상녹화하여야 한다(동법 제40조 제1항).

속기록·녹음테이프 또는 비디오테이프는 공판조서와는 별도로 보관되어야 하며, 검사·피고인 또는 변호인은 비용을 부담하고 속기록·녹음테이프 또는 비디오테이프의 사본을 청구할 수 있다(동조 제2항).

(3) 모두절차

㈎ **배심원 선서** 재판장은 피고인에게 진술거부권을 고지하기 전에 배심원과 예비배심원으로 하여금 법률에 따라 공정하게 그 직무를 수행할 것을 다짐하는 취지의 선서를 하도록 한다(동법 제42조 제1항, 참여규칙 제35조 제1항 참조).

㈏ **재판장 모두설명** 재판장은 배심원과 예비배심원에 대하여 배심원과 예비배심원의 권한·의무·재판절차, 그 밖에 직무수행을 원활히 하는 데 필요한 사항을 설명하여야 한다(동법 제42조 제2항).[172] 재판장이 설명을 할 때에는

---

172) 대판 2014. 11. 13. 2014도8377 (공판준비기일이 종결된 이후 예비적 공소사실을 추가한 공소장변경허가신청을 하자, 재판장이 제1회 공판기일에서 배심원들에게 필요한 사항을 설명하면

배심원 등이 법률이 정한 행위(제41조 제1항)를 할 수 있음을 알려야 한다(참여규칙 제35조 제2항).

(4) 사실심리

통상적인 공판절차와 동일하지만 배심원이 공판절차에 참여하는 데 따른 특징이 있다. 특히 판사, 검사 및 변호인은 신속하고 이해하기 쉽게 심리를 진행하여 배심원과 예비배심원의 부담을 최소화하도록 노력하여야 한다(참여규칙 제28조).

(가) 공판정 외 증거조사 출석 배심원과 예비배심원은 공판정 외에서 검증, 증인신문 등 증거조사가 이루어지는 경우에도 출석하여야 하며(참여규칙 제36조 제1항), 이를 위해 법원은 배심원과 예비배심원에게 공판정 외 증거조사기일의 일시와 장소를 통지하여야 한다(동조 제2항).

(나) 공판기일의 속행 재판장은 공판기일을 속행하는 경우에는 배심원과 예비배심원에게 ① 평의가 시작되기 전에 당해 사건에 관한 자신의 견해를 밝히거나 의논하는 행위(동법 제41조 제2항 제2호), ② 재판절차 외에서 당해 사건에 관한 정보를 수집하거나 조사하는 행위(동조 제2항 제3호)를 하지 않도록 주지시켜야 한다(참여규칙 제32조).

(다) 공판조서 기재사항 국민참여재판의 공판조서에는 형사소송법이 정한 기재사항 이외에 법원이 배심원과 예비배심원에게 부여한 번호와 그 출석 여부를 기재하여야 한다(참여규칙 제31조).

(라) 특칙 ① 국민참여재판에서는 간이공판절차에 의하여 심판할 수 없으며(동법 제43조), ② 배심원 또는 예비배심원은 법원의 증거능력에 관한 심리에 관여할 수 없고(동법 제44조), ③ 공판절차가 개시된 후 새로 재판에 참여하는 배심원 또는 예비배심원이 있는 때에는 판사의 경질과 마찬가지로 공판절차를 갱신하여야 한다(동법 제45조 제1항).

갱신절차는 새로 참여한 배심원 또는 예비배심원이 쟁점 및 조사한 증거를 이해할 수 있도록 하되, 그 부담이 과중하지 아니하도록 해야 한다(동조 제2항).

서 공소사실에 대해서는 설명 없이 공소장변경신청을 허가한 사안: 적법). 「재판장의 최초 설명은 재판절차에 익숙하지 아니한 배심원과 예비배심원을 배려하는 차원에서 국민의 형사재판 참여에 관한 규칙 제35조 제1항에 따라 피고인에게 진술거부권을 고지하기 전에 이루어지는 것으로, 원칙적으로 설명의 대상에 검사가 아직 공소장에 의하여 낭독하지 아니한 공소사실 등이 포함된다고 볼 수 없다.」

3. 평의·평결 및 양형토의

(1) 변론 종결과 재판장의 최종 설명의무

재판장은 변론이 종결된 후 법정에서 배심원에게 공소사실의 요지와 적용법조, 피고인과 변호인 주장의 요지, 증거능력, 그 밖에 유의할 사항에 관하여 설명해야 하며, 이 경우 필요한 때에는 증거의 요지에 관하여 설명할 수 있다(동법 제46조 제1항).

재판장이 배심원에게 설명할 '그 밖에 유의할 사항'에는 ① 형사소송법 제275조의 2(피고인의 무죄추정), 제307조(증거재판주의), 제308조(자유심증주의)의 각 원칙, ② 피고인의 증거제출 거부나 법정에서의 진술거부가 피고인의 유죄를 뒷받침하는 것으로 해석될 수 없다는 점, ③ 형사소송법 제2편 제3장 제2절의 각 규정에 의하여 증거능력이 배제된 증거를 무시하여야 한다는 점, ④ 국민참여재판법 제41조 제2항 제1호 및 제4호의 각 의무, ⑤ 평의 및 평결의 방법, ⑥ 배심원 대표를 선출하여야 하는 취지 및 그 방법을 포함한다(참여규칙 제37조 제1항). 검사·피고인 또는 변호인은 재판장에게 당해 사건과 관련하여 설명이 필요한 법률적 사항을 특정하여 그 설명에 포함하여 줄 것을 서면으로 요청할 수 있다(동조 제2항).

재판장의 설명의무 위반은 위법하나, 그것이 판결에 영향을 미쳤는가 여부는 구체적·개별적으로 판단한다.[173)]

(2) 배심원 대표의 선출(지정)

배심원은 평의를 진행하기에 앞서 호선으로 배심원 대표를 선출하여야 하며, 호선되지 않는 경우에는 재판장이 배심원 대표를 지정한다(참여규칙 제40조 제1항).

배심원 대표는 ① 배심원 평의의 주재, ② 평의실 출입 통제의 요청, ③ 판사에 대한 모두 의견 및 최종 의견 진술의 요청, ④ 증거서류 등의 제공 요청, ⑤ 평결 결과의 집계, ⑥ 유무죄에 대한 배심원의 평결 결과를 집계한 서면(평결서)의 작성, ⑦ 평결서의 전달의 임무를 수행한다(동조 제2항).

---

173) 대판 2014. 11. 13. 2014도8377 (재판장이 예비적 공소사실에 대해서 평의와 평결을 할 필요가 없었던 국민참여재판의 최종 설명에서 예비적 공소사실의 요지에 관한 설명을 누락한 사안: 적법).

(3) 평의 및 평결, 양형의 토의

평의란 배심원이 유·무죄의 판단을 위해 서로 의견을 교환하며 논의하는 토론절차를 말하고, 평결이란 평의를 거쳐 당해 사건에 대해 배심원이 내리는 최종적인 판단이다. 평의와 평결은 국민참여재판의 핵심에 해당한다.

(가) 별도의 기일지정 등 평의·평결 및 양형에 관한 토의는 변론이 종결된 후 연속하여 진행해야 하나, 재판장은 평의 등에 소요되는 시간 등을 고려하여 필요하다고 인정하는 때에는 변론 종결일로부터 3일 이내의 범위 내에서 평의·평결 및 양형에 관한 토의를 위한 기일을 따로 지정할 수 있다(참여규칙 제39조 제1항).

(나) 비공개 및 비밀보장 평의·평결 및 양형에 관한 토의는 공개하지 않는다(동조 제4항). 평의·평결 및 양형에 관한 토의는 평의실에서 행하고, 재판장의 허가를 받지 아니하고는 배심원 이외의 누구도 평의실에 출입할 수 없으며(동조 제2항), 재판장은 법원경위 등으로 하여금 평의실의 출입을 통제하도록 하여야 한다(동조 제3항).

(다) 방식

1) 배심원의 평의 배심원 대표는 평의를 주재하면서 배심원 각자가 충분하게 의견을 진술할 수 있는 기회를 동등하게 부여하여야 한다(참여규칙 제41조 제1항). 심리에 관여한 배심원은 위의 설명을 들은 후 유·무죄에 관하여 평의하고(동법 제46조 제2항 제1문 전단), 평의를 진행하는 도중 필요한 경우에는 배심원 대표를 통하여 재판장에게 공소장 사본, 재판장 설명서가 존재하는 경우 그 사본, 증거서류 사본 및 증거물의 제공을 요청할 수 있고(참여규칙 제41조 제2항), 재판장은 필요하다고 인정하는 경우에는 그 요청에 의하여 배심원에게 공소장 사본, 재판장 설명서 사본, 증거서류 사본 및 증거물을 제공할 수 있다(동조 제3항).

재판장은 평의가 시작된 후 예비배심원이 배심원으로 추가 선정된 경우에는 배심원들로 하여금 평의를 처음부터 다시 시작하도록 하여야 한다(동조 제4항).

2) 판사의 의견 진술 배심원의 평의에서 전원의 의견이 일치하면 그에 따라 평결하지만, 배심원 과반수의 요청이 있으면 심리에 관여한 판사의 의견을 들을 수 있고(동법 제46조 제2항), 전원의 의견이 일치하지 아니하는 때에는 평결을 하기 전에 심리에 관여한 판사의 의견을 들어야 한다(동조 제3항). 다만

심리에 관여한 판사가 의견을 진술하는 경우에도 유·무죄에 관한 의견을 진술하여서는 아니된다(참여규칙 제41조 제5항).

3) 배심원의 평결 배심원 대표는 평의가 종료되면 배심원 전원에 대하여 개개인의 의사를 명확하게 확인한 후 유죄의견의 수, 무죄의견의 수로 구분하여 전원의 의견 일치 또는 불일치에 따른 평결서를 작성한 후 배심원들의 서명 또는 날인을 받아 즉시 이를 재판장에게 전달하여야 한다(참여규칙 제42조).

4) 양형토의 배심원의 평결이 유죄인 경우 배심원은 심리에 관여한 판사와 함께 양형에 관하여 토의하고 그에 관한 의견을 개진하며(동법 제46조 제4항 제1문), 재판장은 양형에 관한 토의 전에 처벌의 범위와 양형의 조건 등을 설명하여야 한다(동항 제2문).

양형에 관한 의견 개진을 위한 토의에 심리에 관여한 판사가 함께 참여함으로써 배심원들이 영향을 받을 수밖에 없으므로, 판사는 가능한 한 구체적인 양형방법을 설명하고, 양형사례를 제시·설명하는 정도로만 개입해야 할 것이다.

(4) 평결과 의견의 효력

배심원의 평결과 의견은 법원을 기속하지 아니한다(동법 제46조 제5항). 따라서 배심원의 평결과 양형의견은 권고적 효력을 가지는 데 그친다.174)

그러나 재판장은 판결선고시 피고인에게 배심원의 평결결과를 고지하여야 하며, 배심원의 평결결과와 다른 판결을 선고하는 때에는 피고인에게 그 이유를 설명하여야 한다(동법 제48조 제4항).

배심원의 평결과 법원의 판단이 불일치하는 경우는 10% 미만(불일치 판결 가운데 배심원의 무죄평결에 대해 유죄판결이 선고된 경우가 90% 이상)이며, 불일치 사건은 항소심에서 유·무죄가 바뀐 사례이므로 평결이 사실상 구속력을 가지는 경향이 있다. 한편 양형의견과 선고형량의 차이는 2년 정도인 것으로 나타나 있다.

4. 판결선고 및 판결서의 작성

(1) 판결의 선고

판결의 선고는 변론을 종결한 기일에 하여야 하나, 특별한 사정이 있는 때에는 따로 선고기일을 지정할 수 있고(동법 제48조 제1항), 이 경우 선고기일은 변

174) 대판 2020. 1. 9. 2019도10140.

론종결 후 14일 이내로 정하여야 한다(동조 제3항).

(2) 판결서의 작성

판결서에는 배심원이 재판에 참여하였다는 취지를 기재하여야 하고, 배심원의 의견을 기재할 수 있다(동법 제49조 제1항). 배심원의 평결결과와 다른 판결을 선고하는 때에는 판결서에 그 이유를 기재하여야 한다(동조 제2항).

변론을 종결한 기일에 판결을 선고하는 경우에는 판결서를 선고 후에 작성할 수 있다(동법 제48조 제2항).

Ⅴ. 상소절차

국민참여재판에 대한 상소절차는 일반적 공판사건에 대한 상소절차와 동일하다. 국민참여재판에 대한 항소율이 높고 파기율은 낮은 편으로 나타나고 있다.

Ⅵ. 문제점 및 개선방안

국민참여재판은 피고인의 저조한 신청율, 법원의 높은 배제율, 검찰의 높은 항소율이라는 문제를 안고 있다.

국민참여재판의 개선방안으로서, ① 선택적 실시에서 필요적 실시로의 전환(선결과제로서 인적·물적 자원의 확보), ② 배제결정제도의 폐지 내지 축소, ③ 충분한 공판기일 확보, ④ 배심원 평결에의 구속력 부여[175] ⑤ 항소심 성격의 변화(사후심 내지 법률심으로의 변경)[176] 등이 제시되고 있다.

---

175) 배심원의 역할을 유·무죄의 사실인정으로만 국한하고, 유·무죄에 관한 배심원의 평결에 대해서는 기속력을 부여함으로써 배심원의 형사재판에 대한 실질적 참여를 보장할 필요가 있다.

176) 대판 2010. 3. 25. 2009도14065 참조 (국민참여재판에서 강도상해 공소사실을 무죄로 판단한 것을 항소심에서 피해자에 대한 증인신문을 추가로 실시한 다음 제1심 판단을 뒤집어 이를 유죄로 인정한 사안). 국민참여재판에서 증인의 신빙성을 부정하여 다수결로 무죄를 선고한 제1심에 대하여 항소심이 제1심에서 증인이 한 진술의 신빙성 유무에 대한 제1심의 판단을 그대로 유지하는 것이 현저히 부당하다고 인정되는 예외적인 경우에 해당한다고 본 사안으로는, 대판 2013. 4. 26. 2013도1222; 대판 2014. 11. 13. 2014도8377.

제3장

증거

제 1 절 증명의 일반이론

제 1 증거법과 소송절차

증거법이란 증거를 기초로 합리적으로 사실을 해명하는 과정을 규율하는 법률체계를 말한다. 증거법은 증명에 대한 일반이론과 법원칙, 증거조사, 증거의 허용성과 신용성이라는 세 가지 영역으로 이루어진다. 증거법은 올바른 사실인정을 통해 실체적 진실을 발견하기 위해 존재하지만, 오판의 방지, 공평한 재판의 유지, 신속한 심리 그리고 증명활동과 대립하는 다양한 이익들과의 교량이 필요한 분야이다.

'증거법'이라는 용어는 영미법적 표현이다. 미국은 민사와 형사에 공통되는 증거법(연방증거규칙)을 형사소송규칙과 별개로 가지고 있다. 우리나라의 경우 증거법은 형사소송법의 일부(제2편 제3장 제2절 등)를 구성하고 있으나, 증거 관련 규정들을 증거법이라고 부르는 관행이 정착되어 있다.

제 2 증거의 의의와 종류

Ⅰ. 증거의 의의

증거란 사실관계를 인정하는 데 사용되는 객관적인 자료를 말한다.

증거를 통한 증명의 대상이 되는 사실을 '요증사실'이라고 하며, 증거와 요증사실의 관계를 '입증취지'라고 한다.

1. 증거방법과 증거자료

(1) 증거방법

증거방법이란 법관이 감각기관의 작용을 통하여 조사할 수 있는 유형물을 말한다. 예컨대 증인, 감정인, 증거물, 증거서류 등과 같이 사실의 인정에 사용될 수 있는 수단 자체, 즉 사실인정의 자료인 정보를 전달하는 매체로서 증거조사의 대상이 된다.

(2) 증거자료

증거자료는 증거방법을 조사하여 얻어진 내용 자체를 말한다. 예컨대 증인신문에 의하여 얻게 된 증언, 감정인의 감정의견, 증거물의 조사에 의하여 알게 된 증거물의 성질과 상태, 증거서류의 의미내용, 피고인의 진술 등이 여기에 속한다.

증거방법으로부터 증거자료를 획득·감지하는 절차를 증거조사라고 한다.

예컨대 증인은 증거방법이고 증언 그 자체는 증인으로부터 얻어 낸 증거자료이며, 증언은 증인신문이라는 증거조사방법을 통해 획득하게 된다.

2. 증거능력과 증명력

(1) 증거능력

증거능력이란 증거가 엄격한 증명의 자료로 사용될 수 있는 법률상의 자격을 말한다. 증거능력은 증거의 허용성(admissibility)에 관한 문제이다. 증거능력은 법률이 정한 형식적 기준에 따라 증거로서 사용될 수 있는 자격으로서 소극적 의미를 지닌다. 현행법상 증거능력이 제한되는 증거로 대표적인 경우로는 임의성 없는 자백, 위법수집증거, 전문증거 등이 있다.

(2) 증명력

증명력이란 증거가 심증형성의 자료로 사용될 수 있는 실질적 가치를 의미한다. 증거의 증명력은 법관의 자유판단의 대상이 된다(자유심증주의, 제308조).

Ⅱ. 증거의 종류

1. 직접증거 · 간접증거(정황증거)

증거자료와 요증사실의 관계를 기준으로 당해 사실을 직접 증명하는 데 사용하는 증거인지에 따른 구분이다.

직접증거는 요증사실을 직접 증명하는 데 사용되는 증거로서, 예컨대 범행현장을 목격한 증인의 증언이나 범행을 행한 범인의 자백이 직접증거에 해당한다. 한편 간접증거는 요증사실을 간접적으로 추론하게 하는 사실, 즉 간접사실을 증명하는 데 사용하는 증거로서, 예컨대 피고인의 옷에 묻은 혈흔이나 범행현장에 남아 있는 지문은 간접증거가 된다.

증명력 판단은 법관의 자유판단에 의하므로, 간접증거와 직접증거가 증명력에 있어서 반드시 차이가 나는 것은 아니다. 그러나 간접증거는 간접사실, 즉 요증사실을 간접적으로 추론케 하는 근거가 되는 사실을 증명하는 데 사용되는 것으로서, 그 증거가 간접사실과 관련성을 가지고 또한 간접사실이 주요사실에 대해 중요성을 가져야 한다.

> 전체 증거를 상호 관련하에 종합적으로 고찰할 경우 종합적 증명력이 인정되면 간접증거를 통해서도 범죄사실을 증명할 수 있다.[1] 간접증거에 의하여 주요사실을 인정하는 경우에는 ① 간접증거로부터 법관의 자유로운 심증에 의하여 간접사실을 인정하는 단계와 ② 하나 또는 그 이상의 간접사실로부터 논리와 경험칙에 따라 주요사실을 추론하는 2단계 사고과정을 거치게 되며, 이 과정에는 신중한 판단이 필요하다.[2]

---

1) 대판 2001. 11. 27. 2001도4392 (여러 간접사실을 증명하는 증거를 통해 저수지 추락에 의한 살해의 범의를 긍정한 사안). 「형사재판에 있어 유죄의 인정은 법관으로 하여금 합리적인 의심을 할 여지가 없을 정도로 공소사실이 진실한 것이라는 확신을 가지게 할 수 있는 증명력을 가진 증거에 의하여야 하고, 이러한 정도의 심증을 형성하는 증거가 없다면 피고인이 유죄라는 의심이 간다 하더라도 피고인의 이익으로 판단할 수밖에 없으나, 그와 같은 심증이 반드시 직접증거에 의하여 형성되어야만 하는 것은 아니고 경험칙과 논리법칙에 위반되지 아니하는 한 간접증거에 의하여 형성되어도 되는 것이며, 간접증거가 개별적으로는 범죄사실에 대한 완전한 증명력을 가지지 못하더라도 전체 증거를 상호 관련하에 종합적으로 고찰할 경우 그 단독으로는 가지지 못하는 종합적 증명력이 있는 것으로 판단되면 그에 의하여도 범죄사실을 인정할 수 있다.」

2) 대판 2010. 12. 9. 2010도10895 (청산가리 살인 사건).

2. 인적 증거·물적 증거

증거방법의 물리적 성질에 따른 구분이다.

(1) 인적 증거 인적 증거는 구술증거라고도 하며, 사람의 진술내용이 증거로 되는 경우를 말한다. 증언, 피해자의 진술, 피고인의 진술, 감정, 통역, 번역 등이 여기에 해당한다.

진술내용을 증거로 하는 경우를 널리 진술증거라고 부르는데, 여기에는 구술증거 뿐만 아니라 진술을 기재한 서면도 포함된다. 진술증거 가운데 원진술자가 아닌 타인의 진술이나 서면을 통해 원진술의 내용을 알리는 경우가 전문증거이다.

(2) 물적 증거 물적 증거는 증거물(물증)이라고도 하며, 물건의 존재나 상태(형상)가 증거로 되는 경우를 말한다. 예컨대 물건, 범행현장의 지문, 증적이나 표지, 문서와 서류, 혈중알코올농도 등이 여기에 해당한다.

서류가 절취의 대상이 된 경우에는 내용과 관계없이 그 존재나 상태만으로 증거로 된다는 점에서 후술하는 증거서류나 증거물인 서면이 아니라 통상의 증거물(물증)에 불과하다.

(3) 서증의 구별 물적 증거 가운데 서면이 증거로 되는 경우를 서증이라고 한다. 서증은 일반적인 물증의 경우와 달리, 그 존재나 상태와 함께 혹은 그것과는 별개로 그 내용이 증거로 되는 경우를 말하는데, '증거물인 서면'과 서류에 기재된 내용만이 증거로 되는 '증거서류'로 구별된다.

증거서류와 증거물인 서면은 증거능력과 증거조사의 방법에 차이가 있으므로 양자를 구별해야 한다. 증거서류는 그 내용만 증거가 되므로 낭독(원칙적)의 방법으로 증거조사를 하며, 증거물인 서면은 내용과 함께 존재 자체도 증거로 되므로 서류의 제시를 요한다. 양자의 구별기준에 대해서는, ① 절차기준설(당해 형사절차에서 법령에 기하여 작성된 것으로서 그 보고적 내용이 증거로 되는 서류가 증거서류라는 견해), ② 내용기준설(서면의 내용만을 증거로 하는 서류인 보고적 문서가 증거서류이고, 그 존재나 상태도 증거로 되는 처분문서가 증거물인 서면이라는 견해: 실무의 입장), ㉢ 작성자기준설(당해 절차에서 법원 또는 법관(또는 수사기관)의 면전에서 작성된 것이 증거서류라는 견해)이 대립하고 있다.

증거물인 서면과 증거서류는 내용을 기준으로 구분하는 것이 타당하다(내용기준설). 예컨대 공판절차에서 작성된 공판조서·증인신문조서·검증조서뿐만 아니라 수사절차에서 작성된 각종 조서, 감정서, 의사가 작성한 진단서 등 **보고적**

문서는 증거서류에 해당하고, 문서위조죄의 위조문서, 무고죄의 허위고소장, 협박죄 또는 공갈죄의 협박편지, 명예훼손죄의 명예훼손 문서 등 **처분문서**[3]는 증거물인 서면에 해당한다.

> 어느 서류에 기재된 내용이 진실임을 전제로 하여 그 내용이 의미하는 특정한 사실을 증명하려고 하는 경우, 즉 서류의 내용을 증거로 하는 것이 증거서류이며, 서류에 기재된 내용의 진실성 여부를 묻지 않고 특정한 사항이 서류에 기재되었다는 사실(서류의 내용) 자체와 그 서류의 존재 자체 또는 서류에 기재된 필적(서류의 상태) 등을 증명하고자 하는 경우는 증거물인 서면이라고 할 수 있다. 그러나 당해 서면이 언제 생성되었는지도 중요하므로, 범죄와 관련하여 생성된 것인지 아니면 형사절차 이후에 실체해명을 위해 생성된 것인지에 따라 양자를 구별할 수도 있다.

증거서류는 원진술자의 진술을 대체하는 것이므로 전문법칙이 적용되지만, 증거물인 서면은 그 기재내용이 직접 주요사실을 증명하는 증거방법이 되므로 전문법칙이 적용되지 않는다.

3. 본증과 반증

거증책임을 지는 당사자가 제출하는 증거인지 여부에 따른 구분으로서, 검사가 제출하는 증거가 본증이고 피고인 측이 제출하는 증거가 반증이다.[4] 예컨대 알리바이 증명은 반증에 해당한다.

4. 실질증거와 보조증거

주요사실을 증명하기 위해 사용되는지 여부에 따른 구별이다.

(1) 실질증거 실질증거는 주요사실의 존부를 직접 또는 간접으로 증명하기 위해 사용되는 증거를 말하며, 직접증거와 간접증거를 포함한다.

---

3) 참고로 민사소송법상 '처분문서'란 증명하고자 하는 법률적 행위가 그 문서 자체에 의하여 이루어진 문서로서, 각종 계약서·유언서·어음·수표·해약통고서 등을 말하며, 보고적 문서는 문서작성자가 보고 듣고 느끼고 판단한 내용을 기재한 문서로서 영수증·장부·일기·진단서·등기사항증명서·가족관계등록부 등을 말한다.

4) 판례는 탄핵증거뿐만 아니라 반대증거의 경우에도 증거능력을 요하지 않는다는 입장이다. 대판 1994. 11. 11. 94도1159. 「검사가 유죄의 자료로 제출한 증거들이 그 진정성립이 인정되지 아니하고 이를 증거로 함에 상대방의 동의가 없더라도, 이는 유죄사실을 인정하는 증거로 사용하는 것이 아닌 이상 공소사실과 양립할 수 없는 사실을 인정하는 자료로 쓸 수 있다.」

(2) **보조증거** 보조증거는 실질증거의 증명력에 영향을 미치기 위해 사용되는 증거를 말하며, 증강증거(보강증거 포함)와 탄핵증거를 포함한다.

예컨대 검찰 측 증인에 대하여 변호인이 증인과 피고인이 평소 사이가 좋지 않았다는 증언을 통해 검찰 측 증인의 증언의 신빙성을 탄핵하는 경우가 여기에 해당한다.

제3 증거재판주의

Ⅰ. 의의

1. 역사적 의미

제307조 제1항은 「사실의 인정은 증거에 의하여야 한다」고 규정하여 증거재판주의를 선언하고 있다. 증거재판주의는 공정한 재판을 실현하기 위해 규문방식에 의한 자의적인 사실인정을 배제하고, 합리적인 사실인정을 위해 객관적 자료에 의해 사실을 인정할 것을 요구한다는 역사적 의미를 지닌다.

증거재판주의는 자백을 얻어 내기 위한 고문의 금지와 자유심증주의 확립을 위한 전제조건이 된다.

2. 규범적 의미

증거재판주의는 주요사실을 인정하는 증명의 방법을 명문화한 것이라는 규범적 의미를 지닌다. 즉 국가형벌권의 존부 및 범위에 관한 사실은 엄격한 증명, 즉 증거능력이 있고 적법한 증거조사를 거친 증거에 의한 증명에 의하여야 한다는 것이다.

증거재판주의는 공정한 재판, 적법절차, 진실발견, 인권보장을 위해 법관의 자의나 재량을 제한하는 기능을 수행한다.

Ⅱ. 증명

1. 증명의 의의

(1) 개념

증명이란 법관이 요증사실의 존부에 대하여 합리적 의심이 없을 정도로 확실한 심증을 얻은 상태 또는 법관이 이러한 심증을 얻도록 증거를 제출하는 소송관계인의 활동을 의미한다.

'사실의 인정'(제307조)은 법관의 입장에서는 심증을 형성하는 것이며, 소송관계인의 입장에서는 증명활동을 하는 것이다. 증거를 통해 일정한 사실을 밝히는 것을 **입증**이라고 한다. 법률문제는 사실문제와 달리 증명의 대상이 되지 못한다. 법률문제는 법을 해석하고 인식하는 법관의 임무에 해당한다.

(2) 소명과 구별

소명이란 법관이 요증사실에 대하여 확신할 정도는 아니지만 대강의 심증을 얻어 그 사실을 추측케 하는 것 또는 이를 위한 소송관계인의 활동을 말한다.

주로 소송절차에서는 명시적인 규정이 있는 경우에 한해 증명 없이 소명만으로 족하다. 기피사유(제19조 제2항), 증언거부사유(제150조), 증거보전청구사유(제184조 제3항), 증인신문청구사유(제221조의2 제3항), 상소권회복청구의 원인된 사유(제346조 제2항) 등 특별히 신속한 처리가 요구되는 사항에 대해서 소명이 허용된다. 소명에는 엄격한 형식이나 절차를 요하지 않는다.

2. 불요증사실

(1) 개념

불요증사실이란 증명의 대상이 되는 사실 자체의 성격에 비추어 별도의 증명을 요하지 않는 사실을 말한다. 재판의 기초가 되는 사실은 원칙적으로 모두 요증사실이므로 불요증사실은 예외적으로만 인정된다.

불요증사실은 **거증금지사실**과 구별된다. 거증금지사실은 증명으로 인해 얻는 소송법적 이익보다 소송법 외의 다른 이익이 더 크기 때문에 증명이 금지된 사실을 의미한다.

예컨대 공무원 또는 공무원이었던 자가 그 직무에 관하여 알게 된 사실에 관하여 본인 또는 당해 공무소가 직무상 비밀에 속한 사항임을 신고한 때에는 그 소속공무소 또는 감독관공서의 승낙 없이는 증인으로 신문하지 못한다(제147조). 따라서 공무원이 직무에 관해 알게 된 사실은 공무소가 직무상 비밀에 속한 사항으로 신고한 경우에는 증명이 금지되는 거증금지사실이 된다. 거증금지사실은 당해 사실을 증명의 대상에서 제외한다는 의미이므로, 증명을 요하지 않고 일정한 사실이 인정되는 불요증사실과는 구별된다.

(2) 공지의 사실

공지의 사실이란 일반인에게 널리 알려진 사실, 즉 보통의 지식과 경험을 가진 사람이라면 이미 알고 있거나 직·간접으로 쉽게 알 수 있어서 누구나 의심하지 않는 사실을 의미한다.

예컨대 역사적으로 명백한 사실, 자연계의 현저한 사실 등을 말하며, 반드시 모든 사람에게 알려져 있어야 하는 것은 아니고 일정한 시점에서 일정한 범위의 사람들에게 알려져 있으면 족하다. 공지의 사실은 어느 구체적인 공동사회를 전제로 해서 그 사회의 구성원이 일정한 사실에 대하여 가지고 있는 인식내용에 좌우된다는 점에서 상대적 개념이라고 할 수 있다.

공지의 사실이라도 반증은 허용되며, 반증이 된 경우에는 공지의 사실에서 제외된다. 공지의 사실은 **법원에 현저한 사실**과 구별된다. 법원에 현저한 사실이란 법원이 직무상 명백히 알고 있는 사실(예컨대 법원이 이전에 판단하였던 사건의 결과 등)로서, 공지의 사실과는 달리 일반인이 알 수 없으면 증명이 필요하다.

다만 판례는 법원에 현저한 사실도 공지의 사실과 마찬가지로 불요증사실로 보고 있으나,[5] 구체적인 사안에서는 공지의 사실에 해당하는 것을 용어만 바꾸어서 법원에 현저한 사실이라고 부르는 경우도 있다.[6]

(3) 추정된 사실

추정된 사실이란 전제사실로부터 다른 사실을 추론하여 인정하는 것이 논리적으로 합리적인 경우를 말한다. 예컨대 구성요건해당성이 인정되면 위법성 및 책임은 추정된다. 사실상 추정된 사실은 별도로 증명을 요하지 않으나, 추정된 사실

---

5) 대판 1966. 9. 27. 66도990.

6) 대판 2003. 2. 11. 2002도6766 (치사량에 해당하는 마약을 복용했다는 피고인의 자백의 신빙성이 문제된 사안). 「피고인은 당심에 이르러 이는 허위자백으로 메스암페타민 1g을 물에 타서 마신다면 치사량에 해당되어 있을 수 없는 일이라고 주장하는바, 본래 마약이나 향정신성의약품을 과다하게 투약하면 사망에 이를 위험이 있음은 법원에 현저한 사실이라 할 것(이다).」

을 다투는 경우에는 추정이 깨지게 되므로 별도의 증거에 의한 증명이 필요하다.

추정된 사실은 **법률상 추정**과 구별된다. 법률상 추정이란 전제사실이 증명되면 다른 사실이 증명된 것으로 인정하도록 법률에 규정되어 있는 경우를 말한다.

예컨대 「환경범죄 등의 단속 및 가중처벌에 관한 법률」 제11조에 따른 인과관계의 추정, 「마약류 불법거래 방지에 관한 특례법」 제17조에 따른 불법수익의 추정 등이 여기에 해당한다. 법률상 추정은 법률에 의해 사실인정을 강제한다는 점에서 실체적 진실발견, 자유심증주의에 반하고 무죄추정의 법리에도 어긋나므로 이를 인정해서는 안 된다는 지적도 있다.

3. 증명의 방법

엄격한 증명과 자유로운 증명이 있다(후술). 증명의 방법은 증명의 정도에 관한 문제가 아니므로, 어떤 방법에 의하든 요증사실의 경우에는 합리적인 의심을 넘어서는 증명을 요한다.

4. 증명의 정도

(1) 의의

형사재판에서 주요사실인 공소범죄사실에 대해서는 유죄판결을 받을 수 있는 정도로 충분한 증명이 이루어져야 한다. 제307조 제2항은 「범죄사실의 인정은 합리적인 의심이 없는 정도의 증명에 이르러야 한다」는 기준을 제시하고 있다.

거증책임의 관점에서 보면 증명의 정도는 거증책임을 벗어나기 위해서, 즉 주장이 사실이라고 법원이 확신할 수 있도록 하기 위해서 형사소송에서 요구되는 증명의 수준을 말하며, 주장의 사정에 따라 좌우된다.

참고 미국법에 있어서 증명(proof)의 정도에 대한 유형

① 가장 낮은 수준으로는 **증거의 우위**(preponderance of evidence=balance of probabilities)가 있다. 확률이 50% 이상으로 "주장이 진실이 아니라기보다 진실일 것 같다"는 판단이 내려지는 경우이다. 주로 민사소송에서 요구되며, 어느 당사자 일방에게 유리하게 결정을 내리기 위해서는 보다 설득력 있는 증거로서 진실이거나 정확할 가능성이 있는 것에 기초해야 하며, 반드시 증거가 양적으로 많다는 의미는 아니다(한 명의 확실한 증인이 10명의 애매한 증인보다 낫다).

② 중간 수준(주로 미국 민사소송)으로 **명백하고 설득력 있는 증거**(clear and convincing evidence)가 있다. Colorado v. New Mexico, 467 U.S. 310 (1984)에서 미국연방대법원이 제시한 기준으로서, "그 주장은 아마도 허위보다 진실일 가능

성이 충분하다"는 판단이며, 민사와 형사 모두에서 원용된다. 확률은 60~70% 정도에 해당한다.

③ 가장 높은 수준으로 **합리적 의심을 넘어서는 증명**(proof beyond a reasonable doubt)이 있다. "합리적인 의심이란 근거와 상식에 기한 의심이며, 이러한 의심을 배제시킬(exclude) 만큼 증명이 되어야 한다." 확률로는 90% 정도에 해당한다. 주로 형사소송에서 유죄를 선고하기 위해 요구되는 것으로, "완전히 납득이 되는"(fully satisfied) 또는 "아주 확실한"(entirely convinced)과 같은 용어를 사용하여 그 정도를 표현하기도 한다. 피고인이 죄가 있음이 100% 확실해야 한다는 의미는 아니므로 절대적 확실성이 아니고, 모든 합리적인 의심을 배제시키는 상태라면 족하며(고도의 개연성), 일반적인 수준보다 상대적으로 높은 수준의 증명을 요구한다는 정도의 의미로 이해하기도 한다. 이 개념은 양적 개념이라기보다 질적 개념이다.

(2) 기준

'합리적인 의심이 없는' 정도의 증명이 이루어져야 한다. 객관화할 수 있는 정도의 증명이 아니므로 '보다 강한 설득력이 있는지' 여부가 문제된다.

상당한 의심(substantial doubt)을 넘어서는 증명을 의미하며, 그것은 일정 수준 이상의 의심을 말하는 것이 아니라 의심이 존재하는 상태 자체를 말하므로, 1%라도 수긍할 만한 의심이 있으면 유죄판결을 선고할 수 없다.

논리와 경험칙에 비추어 볼 때, 요증사실과 양립할 수 없는 사실의 개연성에 대한 합리적인 의문이 없어야 하나, 이성적 추론에 근거해야 하므로 단순히 관념적인 의심이나 추상적인 가능성에 기한 의심은 제외된다.[7)]

(3) 기준 미달의 경우

후술하는 거증책임이 문제된다. 합리적인 의심이 없는 증명의 정도에 이르

---

7) 대판 2004. 6. 25. 2004도2221; 대판 2005. 3. 11. 2004도7554; 대판 2011. 1. 27. 2010도12728; 대판 2012. 5. 24. 2010도5948; 대판 2016. 8. 29. 2016도7849; 대판 2017. 1. 25. 2016도15526 (이태원 살인사건 재심판결: 피해자가 피고인과 공소외 1만 있었던 화장실 안에서 칼에 찔려 사망한 사건에서 피고인과 공소외 1(이전 재판에서 무기징역, 징역 20년이 선고되었다가 이후 대법원에서 증거불충분으로 무죄 확정)이 서로 상대방이 가해자라고 주장하였으나 범행 현장에 남아 있는 혈흔 등 범행 이후의 정황에 나타난 여러 사정들을 토대로 공소외 1의 진술이 신빙성이 있다고 본 사안: 증명). 「합리적 의심이란 모든 의문이나 불신을 말하는 것이 아니라 논리와 경험법칙에 기하여 증명이 필요한 사실과 양립할 수 없는 사실의 개연성에 대한 합리적인 의문을 의미한다. 따라서 단순히 관념적인 의심이나 추상적인 가능성에 기초한 의심은 합리적 의심에 포함되지 않는다.」

지 못한 때에는 무죄추정의 원칙에 따라 피고인의 이익으로 판단한다.[8)]

Ⅲ. 엄격한 증명과 자유로운 증명

1. 엄격한 증명

(1) 개념

엄격한 증명이란 「법률상 증거능력」이 있고 「적법한 증거조사」를 거친 증거에 의해 증명하는 것을 말한다.

엄격한 증명 또는 자유로운 증명은 「증명의 방법」의 문제이다. 그럼에도 불구하고 종래 판례는 「합리적인 의심을 넘어서는 정도의 증명」을 요구하는 용어로서 엄격한 증명이라는 표현을 사용하기도 하며,[9)] 범의나 공모 등에 대해서는 간접사실을 증명하는 방법을 포괄하는 사실증명의 방법으로 「엄격한 증명」을 사용하기도 한다.[10)] 형사소송법의 기본개념을 혼동하는 이와 같은 용어 사용법이 바람직하지 않음은 물론이다.

(2) 엄격한 증명의 대상

주요사실, 즉 **형벌권의 존부 및 범위와 관련된 사실**은 엄격한 증명의 대상이 된다.

㈎ 공소범죄사실 　범죄의 성립과 관련된 사실로서 공소장에 기재된 구체적 사실은 엄격한 증명이 필요하다.

1) 구성요건해당사실 　객관적 구성요건해당성을 인정하기 위한 사실(범행의 일시, 주체와 객체, 행위, 결과발생, 인과관계 등)[11)]과 주관적 구성요건해당성을 인정하기 위한 사실(고의, 과실, 목적, 공모 등)을 포함한다.

범행의 일시(장소, 방법)는 구성요건표지는 아니지만 범죄사실의 동일성을

---

8) 대판 2018. 6. 19. 2015도3483.

9) 예컨대, 대판 2008. 5. 29. 2006도6625 (아파트건설사업자들이 공동으로 특정 지역 동시분양 아파트의 분양가격 및 분양조건에 관하여 부당하게 경쟁을 제한하는 행위를 할 것을 합의하여 독점규제법 위반으로 기소된 사안). 「부당한 공동행위의 '합의'는 그 행위의 속성상 직접증거의 확보가 어렵기 때문에 간접사실이나 정황사실을 입증함으로써 그 범죄행위를 입증하는 방법을 취할 수밖에 없는 경우에도, 그 입증의 정도는 법관으로 하여금 합리적 의심을 할 여지가 없을 정도로 엄격한 증명을 요한다 할 것이다.」

10) 대판 1998. 11. 24. 98도2654; 대판 2003. 12. 12. 2001도606; 대판 2005. 6. 24. 2004도8780.

11) 대판 2013. 11. 14. 2013도8121.

인정하기 위한 주요사실로서 엄격한 증명이 필요하다.[12] 객관적 구성요건에 해당하는 사실인 범행의 객체도 엄격한 증명의 대상이 된다.[13] 주관적 구성요건에 해당하는 사실(범의 등)은 엄격한 증명을 요하지만, 범의를 부인하는 경우에는 간접사실을 증명하는 방법으로 입증할 수밖에 없다.[14] 초과주관적 요소인 목적,[15] 불법영득의사[16]나 공모관계[17]를 인정하기 위해서도 엄격한 증명이 필요하다. 공범의 경우에 교사[18]나 방조[19]한 사실도 엄격한 증명의 대상이다.

2) 위법성과 책임의 기초가 되는 사실 구성요건해당성이 입증되면 위법성과 책임은 추정되지만, 피고인이 위법성이나 책임의 조각을 주장하면, 그 부존재에 대한 증명이 필요하고 이 경우에는 엄격한 증명을 요한다.

3) 처벌조건 처벌조건(예컨대 친족상도례와 범인은닉죄, 증거인멸죄에 있어서 일정한 친족관계의 존재, 파산범죄에 있어서 파산선고의 확정 등)은 범죄성립요건은 아니지만 형벌권의 존부에 영향을 미치는 사유로서 엄격한 증명의 대상이 된다.

(나) 형벌권의 범위와 관련된 사실 범죄의 성부나 형벌권의 존부뿐만 아니라 형벌권의 범위도 피고인의 이익에 중대한 영향을 미치므로 엄격한 증명의 대상이다.

1) 법률상 형의 가중·감면의 이유되는 사실 누범가중사유로서 전과나 상습범 가중사유로서 상습성, 법률상 형의 감경 또는 감면의 이유되는 심신미약 또

---

12) 대판 2011. 5. 13. 2010도16628; 대판 2012. 12. 13. 2012도8724; 대판 2013. 4. 26. 2012도10829; 대판 2013. 9. 26. 2012도3722; 대판 2014. 4. 24. 2012도5722; 대판 2014. 6. 26. 2013도9866; 대판 2017. 3. 30. 2013도10100 (응급의료기금 지원 청탁과 관련하여 전현직 보건복지부 공무원과 부안군 소재 종합병원 원장 및 병원의 뇌물수수 사건에서 피고인들이 만난 시점, 선물박스를 발송·수령한 시점 등이 증명되지 않은 사안).

13) 대판 2011. 5. 26. 2009도2453. 「뇌물죄에서의 수뢰액은 그 다과에 따라 범죄구성요건이 되므로 엄격한 증명의 대상이 되고, 특정범죄 가중처벌 등에 관한 법률 소정의 범죄구성요건이 되지 않는 단순 뇌물죄의 경우에도 몰수·추징의 대상이 되는 까닭에 역시 증거에 의하여 인정하여야 하며, 수뢰액을 특정할 수 없는 경우에는 그 가액을 추징할 수 없다.」

14) 대판 2002. 3. 12. 2001도2064; 대판 2005. 6. 24. 2004도8780; 대판 2006. 10. 27. 2006도4659; 대판 2014. 5. 29. 2014도1324; 대판 2017. 12. 22. 2017도11616; 대판 2021. 3. 25. 2020도18285.

15) 대판 2014. 9. 26. 2014도9030; 대판 2015. 1. 22. 2014도10978 전합.

16) 대판 2013. 6. 27. 2013도2510.

17) 대판 2018. 4. 19. 2017도14322; 대판 2021. 3. 25. 2020도18285.

18) 대판 2000. 2. 25. 99도1252; 대판 2014. 1. 23. 2013도13295.

19) 대판 2021. 9. 9. 2017도19025 전합.

는 장애미수, 중지미수, 불능미수, 자수 및 자복 등도 엄격한 증명의 대상이 된다.

다만 판례는 심신장애의 유무에 대해서는 엄격한 증명을 요하지 않는다고 판시한 것이 있고,[20] 누범 전과에 대해서도 소극적인 태도를 보인 것이 있다.[21] 누범 전과나 상습성에 대한 판례 가운데 엄격한 증명을 요하지 않는 것처럼 보이는 것도 있지만,[22] 이는 단지 별도의 보강증거를 요하지는 않는다는 취지로 보아야 한다. 또한 하급심 판례 가운데에는 누범 전과는 물론 경합범 전과도 엄격한 증명을 요한다고 판시한 것이 있다.[23]

2) 몰수·추징에 관한 사실 몰수나 추징도 부가형으로서 형벌의 일종이므로 엄격한 증명의 대상이 된다.

다만 판례[24]와 일부 학설은 범죄구성요건 사실에 관한 것이 아니라는 이유로 자유로운 증명으로 족하다고 한다.

(다) 간접사실과 보조사실 요증사실의 존부를 간접적으로 추인케 하는 간접사실이나 증거의 증명력에 영향을 미치는 보조사실도 주요사실이 엄격한 증명을 요하면 엄격한 증명이 필요하다.[25] 한편 알리바이 증거는 실질증거로서 보조증거에 해당하는 탄핵증거와 구별되므로, 간접사실인 알리바이의 증명이 증거능력이 있는 증거에 의한 증명을 요하지 않는다는 견해는 부당하다.

알리바이(현장부재) 증명도 주요사실에 대한 간접적인 반대증거(反證)로서 간접사실의 증명에 속하나 피고인에게 유리한 증거로서 자유로운 증명으로 족하다는 것이 실무의 입장이다. 범죄성립을 조각하는 사유와 달리 범죄사실의 증명이 없는 때에 해당하므로 이를 주장하는 피고인이 엄격한 증명을 해야 한다는 견해도 있다.

피고인 측이 자신의 범행현장 부재 사실을 스스로 엄격한 증명에 의하여 입증하

---

20) 대판 1961. 10. 26. 4294형상590; 대판 1971. 3. 31. 71도212; 대판 1996. 5. 10. 96도638.

21) 대판 1973. 3. 20. 73도280. 「전과에 관한 사실은 엄격한 의미에서의 범죄사실과는 구별되는 것으로서 피고인의 자백만으로서도 이를 인정할 수 있다고 할 것(이다).」

22) 대판 1979. 8. 21. 79도1528; 대판 1981. 6. 9. 81도1353.

23) 대전고판 2000. 9. 22. 2000노337.

24) 대판 1973. 4. 17. 73도279; 대판 1982. 2. 9. 81도3040; 대판 1993. 6. 22. 91도3346; 대판 2006. 4. 7. 2005도9858 전합; 대판 2007. 3. 15. 2006도9314; 대판 2008. 1. 17. 2006도455; 대판 2014. 7. 10. 2014도4708; 대판 2015. 4. 23. 2015도1233; 대판 2015. 8. 19. 2013도5808; 대판 2017. 4. 26. 2016도13602.

25) 대판 2006. 12. 8. 2006도6356; 대판 2008. 12. 11. 2008도7112; 대판 2009. 5. 28. 2008도10787; 대판 2010. 5. 27. 2008도2344; 대판 2015. 1. 22. 2014도10978 전합.

도록 하는 것은 불합리하므로, 피고인의 알리바이 주장을 구성요건해당사실에 대한 다툼으로 보아, 피고인이 아닌 검사가 구성요건해당사실 자체에 대해 엄격한 증명을 하도록 하여야 한다.

(라) 경험법칙과 법규

1) 경험법칙 경험법칙은 사실 그 자체가 아니라 사실판단의 전제가 되는 지식으로서, 여기에는 사회일반인이면 누구나 아는 일반적인 경험법칙과 전문지식을 요하는 특별한 경험법칙이 있다. 전자는 공지의 사실에 해당하여 증명을 요하지 않으나, 후자는 그 법칙을 적용하여 주요사실을 증명하려는 경우에는 경험법칙도 엄격한 증명의 대상이 된다.

범죄구성요건사실의 존부를 알아내기 위해 과학공식 등의 경험칙을 이용하는 경우 그 법칙 적용의 전제가 되는 개별적이고 구체적인 사실에 대하여는 엄격한 증명이 필요하다.[26]

2) 법규 법규의 존부와 그 내용은 법원의 직권조사사항이므로 원래 증명의 대상이 되지 않지만, 외국법·관습법·자치법규와 같이 법규의 내용이 명백하지 아니한 때에는 법규도 증명을 요하고, 법규를 근거로 주요사실을 증명하려고 하는 경우에는 엄격한 증명이 필요하다.[27]

2. 자유로운 증명

(1) 개념

자유로운 증명이란 증거능력이 없는 증거에 의한 증명이 가능하고 '상당한 방법'으로 증거조사를 거치면 증명이 가능한 경우를 말한다.

자유로운 증명의 경우에 적법한 증거조사를 요하는지에 대해 논의가 있다. 다수설은 당사자가 제출된 증거가 어떠한 증거인지를 알고 의견을 진술할 기회를 가질 수만 있다면 충분하고 엄격한 증명에서 요구되는 것과 같은 법정의 증거조사 방식을 반드시 취할 필요는 없고 법원이 상당하다고 인정하는 방법으로 하면 된

---

26) 대판 2010. 2. 11. 2009도2338. 예컨대, 주취상태를 판단하는 혈중알코올농도를 보정하는 소위 위드마크 공식의 경우에 그 법칙을 적용하기 위한 자료로서 섭취한 알코올의 양, 음주 시각, 체중 등 개별적이고 구체적인 사실에 대해서는 엄격한 증명이 요구된다(대판 2000. 6. 27. 99도128; 대판 2008. 8. 21. 2008도5531).

27) 대판 2011. 8. 25. 2011도6507; 대판 2017. 3. 22. 2016도17465.

다고 하는 데 비하여, 일부 학설은 피고인의 방어권을 충실히 보장하기 위해서는 자유로운 증명이라 하더라도 적법한 증거조사로부터 해방될 수는 없다고 한다. 판례는 전자의 입장을 취한다.[28)]

(2) 대상

요증사실에 대해 모두 엄격한 증명을 요구하게 되면 소송의 지연이나 입증의 곤란을 초래하게 되므로, 공소범죄사실을 비롯한 주요사실이 아닌 경우에는 자유로운 증명만으로 족하다.

(가) 정상관계사실 형벌권의 범위와 관련된 사항이지만 그러한 사정을 고려할 것인지 여부가 법관의 재량사항이고 그 내용도 비유형적이므로 소송경제의 차원에서 자유로운 증명으로 족하다.

'정상(관계)사실'이란 피고인의 경력, 성격, 환경, 범죄 후의 정황 등 양형의 자료가 되는 사실로서, 예컨대 누범전과나 상습범가중의 사유가 되는 전과는 법률상 형의 가중사유로서 엄격한 증명을 요하지만, 나머지 전과사실은 양형자료에 그친다. 후자에 대해서는 결심 이후에 송부되는 전과조회서에 따라 사실을 인정해도 무방하다. 그러나 일부 학설은 피고인에게 불리한 사정은 엄격한 증명을 요하지만 유리한 사정은 상당한 증명으로 족하다는 견해도 있다.

(나) 소송법적 사실 실체법적 사실이 아니라 소송절차와 관련된 사실에 대해서는 자유로운 증명으로 족하다.

실체형성에 영향을 미치는 소송조건의 존부나 절차진행의 적법성에 관한 사실이라도 피고인 보호와 직접 관련이 없으므로 자유로운 증명으로 족하다. 친고죄에 있어서 고소의 유무,[29)] 반의사불벌죄에 있어서 처벌불원 의사표시의 유무,[30)] 피고인의 구속기간, 증거조사나 피고인신문의 적법성 등이 여기에 해당한다. 다만 이러한 사실에 대해서는 수사기관이 일방적으로 작성한 수사보고서 등의 기재만으로 섣불리 인정해서는 안 되고 관련 증인의 신문 등을 통해 그 의사표시의 효력 여부를 신중하게 조사·판단해야 할 것이다.[31)]

---

28) 대판 2016. 12. 15. 2016도11306. 「위 동의서와 확인서는 형사절차와 관련된 소송법적 사실로 이메일 출력물의 임의제출 여부를 증명하기 위한 것인데, 이는 자유로운 증명으로 족하므로 법원이 상당한 방법으로 증거조사를 하면 된다.」

29) 대판 2011. 6. 24. 2011도4451, 2011전도76.

30) 대판 2010. 10. 14. 2010도5610, 2010전도31.

31) 대판 2010. 10. 14. 2010도5610, 2010전도31.

증거능력의 요건에 해당하는 사실도 자유로운 증명의 대상이다.[32] 디지털증거의 무결성, 동일성도 소송법적 사실로서 자유로운 증명으로 족하다.[33] 한편 자백(진술)의 임의성도 소송법적 사실이지만 증명의 방법에 대하여는 다툼이 있다.

자백의 임의성 등에 관한 사실도 소송법적 사실이므로 자유로운 증명으로 족하다는 견해가 다수설이나, 자백이나 진술의 임의성에 관한 사실에 한해서는 피고인의 이익보호를 위해 엄격한 증명을 요한다는 견해도 유력하다. 판례는 전자의 입장에서 자유로운 증명으로 족하다고 한다.[34]

Ⅳ. 거증책임

1. 의의

(1) 개념

거증책임이란 법원의 심리와 증거조사를 거친 후 종국적으로 사실이 증명되지 않은 경우에 불이익한 판단을 받게 되는 일방 당사자의 법적 지위 또는 그 위험부담을 말한다. 실무상으로는 증명책임,[35] 입증책임[36]이라는 개념을 사용하기도 한다.

(2) 구별개념

거증책임을 실질적 거증책임이라고 부르며, 입증의 부담을 의미하는 형식적 거증책임과 구별하고 있다.

㈎ 실질적 거증책임 소송종결시에 존재하는 위험부담으로서 소송의 개시부터 종결시까지 고정되어 있으며, 소송의 진행에 따라 일방에서 타방으로

---

32) 대판 2001. 9. 4. 2000도1743 (수사기관에서 작성한 진술조서에 대해 증거로 함에 부동의하여 진술조서에 기재된 내용이 특신상태에서 작성된 것인지 문제된 사안: 자유로운 증명); 대판 2012. 7. 26. 2012도2937.

33) 서울고판 2013. 2. 8. 2012노805.

34) 대판 2014. 12. 11. 2012도15405. 「피고인이 피의자신문조서에 기재된 피고인의 진술 및 공판기일에서의 피고인의 진술의 임의성을 다투면서 그것이 허위자백이라고 다투는 경우, 법원은 구체적인 사건에 따라 피고인의 학력, 경력, 직업, 사회적 지위, 지능 정도, 진술의 내용, 피의자신문조서의 경우 그 조서의 형식 등 제반 사정을 참작하여 자유로운 심증으로 위 진술이 임의로 된 것인지의 여부를 판단하면 된다.」

35) 대판 2017. 5. 30. 2016도9027; 대판 2021. 9. 9. 2020도12630.

36) 대판 2016. 2. 18. 2015도1185.

이전되지 않는다.

(나) **형식적 거증책임** 소송의 전개과정에서 어떤 사실이 증명되지 않으면 자기에게 불이익한 판단을 받을 가능성이 있는 당사자가 그 불이익을 면하기 위하여 당해 사실을 증명할 증거를 제출할 부담을 말한다. **입증의 부담** 또는 **증거제출책임**이라고도 한다.

참고 영미법상의 거증책임

실질적 거증책임과 유사한 **설득책임**과 **증거제출책임**으로 나누어진다. 증거제출책임은 배심의 판단에 붙이기 위하여 일응의 증거를 제출할 책임을 말한다. 따라서 검사는 범죄의 요소에 관하여 배심이 그것을 인정할 정도의 증거를 제출하지 않으면 안 되고, 적극적 항변(예: 정당방위, 심신상실, 함정수사의 항변 등)에 대하여도 피고인이 증거를 제출하지 않으면 검사가 부존재의 증명을 요하지 않는다. 이러한 증거제출책임은 일정한 사실의 존부에 대한 배심의 판단을 가능하게 하기 위하여 일응의 증거를 제출하여야 할 책임을 말하며, 배심재판을 전제로 하는 쟁점형성의 책임을 본질로 한다. 증명의 정도도 설득책임과 달리 합리적 의심 없는 정도의 증명을 요하는 것이 아니라 증거의 우월로 족하다고 한다. 우리 형사소송법상으로도 거증책임의 전환에까지 미치지 않는 증거제출책임을 인정할 필요가 있고 이에 의하여 피고인의 무책임한 주장의 남용에 의한 절차의 혼란을 억제할 수 있다는 견해가 있으나, 통설은 입증의 부담을 넘어 쟁점형성책임을 본질로 하는 증거제출책임을 인정하는 것은 피고인의 방어권을 제약하는 결과를 가져오고, 법원의 직권증거조사의무를 인정하는 현행법의 입장과 배치된다는 점에서 이를 입증의 부담으로 해결하면 족하다고 한다.

(3) 소송구조와의 관련

당사자주의 소송구조를 취하는 영미에서는 공소범죄사실 등 주요사실에 대하여 검사에게 거증책임이 있다고 보므로 거증책임의 개념을 긍정하게 된다. 직권주의 소송구조를 취하는 독일에서는 법원이 사실확정을 위한 조사를 하고 확신이 없을 때에는 '의심스러운 때에는 피고인의 이익으로'(in dubio pro reo)의 원칙을 적용·판단하면 족하므로 거증책임의 개념을 별도로 인정할 실익이 없게 된다.

한편 당사자주의하에서도 당사자의 입증부담으로 인해 실질적 거증책임이 가지는 비중이 그리 크지는 않다.

2. 거증책임의 소재

형사소송의 대원칙인 '의심스러운 때에는 피고인의 이익으로'(in dubio pro reo)의 원칙에 따라 거증책임이 확정된다. 형사소송에서 거증책임은 '**검사**'가 지는 것이 원칙이다.[37]

헌법 제27조 제4항과 제275조의2(무죄추정의 원칙 선언), 제325조 '범죄사실의 증명이 없는 때에는 판결로서 무죄를 선언하여야 한다' 등이 그 근거가 된다.

(1) 공소범죄사실

검사는 객관적 구성요건에 해당하는 사실[38]뿐만 아니라 고의[39]와 과실,[40] 목적,[41] 불법영득의사 등 주관적 구성요건에 해당하는 사실에 대해서도 거증책임을 진다.

(가) 알리바이에 대한 거증책임 범죄가 발생한 시기에 피고인이나 피의자가 범죄현장 이외의 장소에 있었다는 현장부재의 증명도 검사에게 거증책임이 있으나, 알리바이는 반증으로서 이를 주장하는 피고인에게 있다는 견해도 있다.

학설로는, ① 피고인 부담설(알리바이가 주요사실과 반대되는 간접사실의 증명이며, 알리바이에 대한 증명 자체는 반증에 해당하고 그것이 증명된 때에 한하여 의미가 있는 것이므로 이를 주장하는 피고인에게 거증책임이 있다고 보는 견해)과 ② 검사 부담설(피고인의 알리바이 주장은 공소범죄사실의 부인에 해당하므로 알리바이가 인정되지 않는다는 사실에 대해 검사에게 거증책임이 있다는 견해)이 있다.
알리바이는 공소사실의 적극적 부인에 불과하고 항변이 아니며, 피고인이 알리바이를 주장하였으나 그 입증을 충분히 못했더라도 범죄사실의 존재에 대하여 합리적 의심이 생기도록 한 이상, 검사가 알리바이가 없다는 점에 대하여 거증책임을 져야 할 것이다.

---

37) 대판 1996. 3. 8. 95도3081 (피고인이 용도를 입증하지 못한 금액을 피고인이 횡령한 것이라고 인정한 사안: 위법); 대판 2003. 12. 26. 2003도5255 등.

38) 대판 2017. 9. 21. 2017도7687 (폭처법상 우범자에 대한 형 가중사유로서 흉기 휴대의 점에 대한 검사의 거증책임을 인정한 사안); 대판 2018. 1. 25. 2017도12537 (가습기 살균제 사건: 주의의무 위반에 대한 검사의 거증책임을 인정한 사안); 대판 2017. 11. 9. 2016도6066 (인과관계에 대한 검사의 거증책임을 인정한 사안).

39) 대판 2015. 11. 12. 2015도6809 전합 (세월호 사건: 고의에 대한 검사의 거증책임을 인정한 사안); 대판 2017. 11. 9. 2014도15129.

40) 대판 2018. 1. 25. 2017도12537.

41) 대판 2018. 7. 12. 2015도464 (목적범의 목적에 대한 검사의 거증책임을 인정한 사안).

(나) **위법성과 책임에 대한 거증책임** 위법성과 책임은 구성요건해당성에 대한 증명으로 추정되지만, 이를 다투는 경우에 검사가 위법성조각사유나 책임조각사유의 부존재에 대하여 거증책임을 진다.

당사자주의에서는 위법성조각사유에 대해서는 피고인이 거증책임을 진다는 견해도 있으나, 「의심스러운 때에는 피고인의 이익으로」라는 원칙에 반하며 위법성조각사유도 범죄사실의 일종이고, 따라서 「의심스러운 때에는 피고인의 이익으로」라는 원칙이 적용되므로 위법성조각사유의 부존재에 대해 검사가 거증책임을 진다.

다만 검사가 위법성조각사유의 부존재를 모두 입증하게 되면 쟁점이 불명확해지므로, — 쟁점이 이미 분명해진 경우가 아니라면 — 피고인이 증거제출책임(입증의 부담)을 지고, 따라서 먼저 정당방위의 존재를 의심케 할 만한 증거를 제출해야 할 것이다.

(2) 처벌조건인 사실

인적 처벌조각사유(친족상도례에 있어서 친족관계)이든 객관적 처벌조건(파산죄에 있어서 파산선고)이든 불문하고 형벌권 발생의 요건으로서 검사에게 거증책임이 있다.

(3) 형의 가중·감면의 사유가 되는 사실

형의 가중사유가 되는 사실(누범전과사실 등)은 물론 형의 감면사유가 되는 사실(심신미약, 농아자 등)에 대해서도 형벌권의 범위에 영향을 미치는 사유로서 그 부존재에 대하여 검사에게 거증책임이 있다.

친족상도례나 자수의 경우처럼 정책적으로 감면사유로 한 경우에는 '의심스러운 때에는 피고인의 이익으로'(in dubio pro reo)의 원칙이 당연히 적용되는 것은 아니므로 피고인 측에 거증책임이 있다는 견해도 있다.

(4) 소송법적 사실

소송법적 사실은 소송조건이든 증거능력의 전제가 되는 사실이든 주요사실이 아니므로 원칙적으로 주장하는 측에 거증책임이 인정된다.

다만 소송법적 사실은 자유로운 증명으로 족하므로, 거증책임을 긍정하는 입장에 따르더라도 실제 거증책임의 문제가 발생하는 경우가 드물고, 소송조건의 경우에는 직권조사사항이므로 거증책임의 문제가 아니라는 지적도 있다.

(가) **소송조건에 관한 사실** 소송조건은 직권조사사항이므로, 거증책임이 문제되는 경우는 거의 없지만, 예컨대 공소시효 완성 여부가 문제된 경우 시효의 기산을 위한 범행의 종료시점이 명확하지 않은 경우처럼 증명이 필요한 경우가 있고, 이 경우에는 검사에게 거증책임을 인정하는 것이 타당하다. 친고죄에 있어서의 고소·고발과 같은 소송수행을 위한 적극적 요건은 물론 공소시효의 완성·사면 또는 공소의 취소 등의 소극적 소송조건의 경우도 마찬가지이다.

법치국가 원리에 비추어 보면 공소제기의 적법 여부를 가름하는 소송조건의 존부에 대해서는 실체법적 사실과 마찬가지로 in dubio pro reo의 원칙을 확대 적용하는 것이 타당하다는 점을 근거로 제시하기도 한다.

(나) **증거능력의 전제되는 사실** 진술이나 조서 작성의 임의성(예컨대 고문 기타 가혹행위 등이 있었는지 여부) 내지 특신상태 등 증거능력의 전제되는 사실의 경우에도, 임의성의 전제가 되는 진술 자체를 증거로 하는 것은 검사이므로 그 진술의 임의성에 대한 거증책임도 검사에게 있다고 보아야 할 것이다.

판례는 서증, 진단서 등에 대해 검사의 증거제출책임을 긍정하면서[42] 진술서의 진정성립, 임의성 등에 대한 증명과 관련하여 검사의 거증책임을 인정하고 있다.[43]

3. 거증책임의 전환

(1) 의의

거증책임의 전환이란 검사에게 인정되는 거증책임을 법률의 명문규정을 통해 피고인에게 전가하는 것으로서, 결과적으로 증명불가능한 상태에서 피고인에게 불리한 사실을 인정하게 된다. 거증책임의 전환을 인정할 것인지에 대해 학설의 대립이 있다.

---

42) 대판 1970. 11. 24. 70도2109.

43) 대판 2015. 9. 10. 2012도9879.「임의성 없는 진술의 증거능력을 부정하는 취지는, 허위진술을 유발 또는 강요할 위험성이 있는 상태하에서 행하여진 진술은 그 자체가 실체적 진실에 부합하지 아니하여 오판을 일으킬 소지가 있을 뿐만 아니라 그 진위를 떠나서 진술자의 기본적 인권을 침해하는 위법·부당한 압박이 가하여지는 것을 사전에 막기 위한 것이므로, 그 임의성에 다툼이 있을 때에는 그 임의성을 의심할 만한 합리적이고 구체적인 사실을 피고인이 증명할 것이 아니고 검사가 그 임의성의 의문점을 없애는 증명을 하여야 하고, 검사가 그 임의성의 의문점을 없애는 증명을 하지 못한 경우에는 그 진술증거는 증거능력이 부정된다.」

법률에 명문규정이 있고 예외에 대한 합리적 근거가 인정된다는 전제 아래 예외적으로 이를 인정할 수 있다는 견해가 있으며, 거증책임의 전환은 헌법상 무죄추정의 원칙에 반하므로 위헌이라는 견해가 있다.

(2) 상해죄의 동시범

독립행위가 경합하여 상해의 결과를 발생하게 한 경우에 원인행위가 판명되지 않으면 각자를 공동정범으로 처벌한다(형법 제263조). 검사의 입증 곤란을 구제하고 일반예방의 효과를 도모하는 정책적 고려에서 독립행위의 경합(형법 제19조)에 대한 예외를 둔 것이다.

(가) **법적 성격** 　형법 제263조의 법적 성질에 대해서는 거증책임을 전환하는 규정이라고 보는 것이 일반적이다.

학설로는, ① 거증책임전환설(피고인이 자신의 행위에 의하여 상해의 결과가 발생하지 않았다는 사실을 증명할 거증책임을 부담하고 만일 자신의 행위와 상해의 결과 사이에 인과관계가 없음을 증명하지 못하면 공동정범으로 처벌된다고 보는 견해: 다수설), ② 이원설(형법 제263조를 이원적 관점에서 파악하여 실체법적으로는 공동정범의 성립을 위한 의사연락을 의제하는 것이고, 소송법적으로는 거증책임의 전환을 규정한 것으로 보는 견해), ③ 위헌설(형법 제263조는 헌법상 무죄추정의 원칙에 반하므로 위헌이며, 상해죄의 동시범에 대해서만 형법 제19조의 예외를 인정해야 할 필연적인 이유도 없다는 견해)이 있다.
자신의 행위가 원인행위가 아니라는 것을 피고인이 증명하기 어렵고, 그 결과 독립행위가 경합하여 상해의 결과가 발생하기만 하면 누구의 행위로 상해의 결과가 발생한 것인지를 불문하고 가해행위자는 모두 상해의 결과에 대하여 책임을 부담하게 될 위험이 있다는 점에서 이 규정은 책임주의에 반한다고 보아야 한다.[44]

(나) **소송법적 효과** 　다수설과 판례에 따르면, 거증책임이 전환되므로 피고인이 자신의 행위가 상해의 결과에 대한 원인행위가 아님을 증명해야 할 책임을 지게 된다. 형법 제263조가 검사의 입증곤란을 구제하기 위해 법률상 책임추정을 허용한 규정이라면, 피고인이 입증의 부담(증거제출책임)을 지지 않을 수 없지만, 거증책임까지 전환된다고 보는 것이 타당한지는 의문이다.

---

44) 헌법재판소는 동시범에 관한 특례규정이 거증책임의 전환을 인정한 것이라고 보면서, 책임주의에 반하는 것은 아니라는 입장이다(헌재 2018. 3. 29 2017헌가10).

(3) 형법 제310조

공연히 사실을 적시하여 사람의 명예를 훼손한 경우라도 그 사실이 진실한 사실이고 공공의 이익에 관한 때에는 처벌하지 않는다(형법 제310조).

(가) 법적 성격 형법 제310조의 법적 성질에 대해서는 거증책임을 전환하는 규정이라고 보는 것이 종래의 견해이다.

학설로는, ① 위법성조각사유설(형법 제310조는 명예훼손죄의 경우 위법성조각의 요건을 규정하고 있을 뿐이고 (일본 형법의 경우와는 달리) 증명에 관하여는 아무런 규정도 없으므로 명예훼손죄에 대한 특수한 위법성조각사유를 규정한 것에 불과하고, 따라서 이 경우에도 검사가 위법성조각사유의 부존재에 대하여 거증책임이 있다는 견해이다), ② 이원설(형법 제310조를 이원적으로 파악하여 실체법적으로는 명예훼손죄에 대한 특수한 위법성조각사유를 규정한 것이고, 소송법적으로는 명예훼손죄에 있어서 적시된 사실의 진위를 증명하는 것이 현실적으로 어렵다는 점을 고려하여 거증책임의 전환을 규정한 것으로 보고, 따라서 피고인이 위법성조각의 요건에 대하여 거증책임이 있다는 견해로서 '거증책임전환 긍정설'이라고도 한다)이 있다.
일반적으로 위법성조각사유가 존재하는 경우 피고인이 이를 주장함으로써 입증의 부담을 지게 되지만 거증책임이 전환되지는 않는 것처럼, 형법 제310조의 경우에도 별도의 규정이 없는 한 거증책임의 전환을 인정할 이유가 없다고 보는 것이 타당하다.

(나) 소송법적 효과 거증책임의 전환을 인정하게 되면 피고인이 사실의 진실성과 공공의 이익을 위한 것임을 증명해야 한다. 판례는 거증책임의 전환을 긍정하면서 증명의 정도는 자유로운 증명으로 족한 것으로 보고 있다.[45]

판례는 결과적으로 위법성조각사유의 부존재에 대한 증명을 자유로운 증명으로 족하다고 보는 점에서도 일반적인 학설과 차이를 보이고 있다.

---

45) 대판 1996. 10. 25. 95도1473. 「공연히 사실을 적시하여 사람의 명예를 훼손한 행위가 형법 제310조의 규정에 따라서 위법성이 조각되어 처벌대상이 되지 않기 위하여는 그것이 진실한 사실로서 오로지 공공의 이익에 관한 때에 해당된다는 점을 행위자가 증명하여야 하는 것이나, 그 증명은 유죄의 인정에 있어 요구되는 것과 같이 법관으로 하여금 의심할 여지가 없을 정도의 확신을 가지게 하는 증명력을 가진 엄격한 증거에 의하여야 하는 것은 아니라고 할 것이므로, 이때에는 전문증거에 대한 증거능력의 제한을 규정한 형사소송법 제310조의2는 적용될 여지가 없다고 보아야 한다.」

(4) 양벌규정에서의 사업주 책임

종래 양벌규정에서 종업원의 위반행위만 있으면 사업주도 동일하게 처벌하도록 한 것이 책임주의 위반이라는 지적[46]에 따라 오늘날의 양벌규정들은 사업주에 대한 면책조항을 두고 있다. 양벌규정의 적용과 관련하여 기업이 부당하게 면책되는 것을 제한하기 위해 거증책임의 전환을 인정하여, 사업주가 과실이 없음을 증명해야 한다는 견해도 있다. 그러나 양벌규정의 면책조항은 법인이나 사업주에 대한 책임주의(과실책임)를 명시한 것이므로, 과실 유무에 대한 거증책임은 여전히 검사에게 있다고 보아야 한다. 판례도 같은 입장이라고 할 수 있다.[47]

제 2 절 증거능력

증거능력제도는 영미법에서 유래한 제도이다. 처음에는 증명력의 문제로 다루어지던 신용성이 의심되는 유형의 증거들이 배심원에게 제시될 수 없는 증거로 취급되면서 증거능력제도가 발전하게 되었다. 일정한 유형의 증거들에 대한 증거능력을 부정하는 근거에 관하여는 법률문외한인 배심원에 대한 불신에서 비롯되었다는 견해(배심원불신 가설)가 영미법에서 전통적인 입장이나, 18세기 말 형사절차에서 형사변호인의 역할이 증대되면서 증거능력제도가 전개되었다는 견해도 유력하다.[48]

증거능력제도는 배심재판뿐만 아니라 직업법관에 의한 재판에서도 동일한 의미를 지닌다. 증거능력의 제한은 검사의 무분별한 증거수집·제출을 통제하고, 검사의 편견과 최량증거 제출의무 위반으로부터 법관과 배심원을 보호하는 기능을 지닌다.[49]

---

46) 헌재 2007. 11. 29. 2005헌가10 (종업원의 위반행위에 대하여 양벌조항으로서 개인인 영업주에게도 동일한 법정형으로 처벌하도록 규정하고 있는 '보건범죄단속에 관한 특별조치법' 제6조 중 제5조에 의한 처벌 부분이 형사법상 책임원칙에 반하는지 여부가 문제된 사안: 위헌).

47) 대판 2010. 7. 8. 2009도6968.

48) John H. Langbein 저/조기영 역, 증거법의 역사적 기초, 형사법연구 제28권 제2호(2016. 6), 231면 이하 참조.

49) 조기영, 증거능력과 직업법관, 비교형사법연구 제19권 제3호(2017. 10), 89면 이하 참조.

제 1 위법수집증거배제법칙

Ⅰ. 의의 및 연혁

1. 의의

위법수집증거배제법칙이란 위법한 절차에 따라 수집한 증거는 원칙적으로 증거로 할 수 없다는 원칙을 말한다. 주로 수사기관이 법정절차에 위반하여 증거를 수집한 경우가 대상이 되며, 진술증거와 비진술증거를 포함한다. 특히 최근에는 압수·수색 등 대물적 강제수사의 과정에서 법정절차를 위반한 경우가 주로 문제된다.

이 원칙이 출발한 미국에서는 연방헌법의 구체적 기본권(프라이버시 보호)을 위법수집증거배제법칙의 적용기준으로 삼았다면, 우리나라는 포괄적 기본권인 적법절차를 적용기준으로 채택함으로써 적용범위에 대한 폭넓은 해석의 여지를 남기고 있다.

2. 논의의 연혁

(1) 미국의 경우

보통법하에서는 증거수집절차상 위법을 문제로 삼지 않았으나, 1961년 Mapp 사건에서 증거법의 원칙으로 확립되었다.

참고 미국에서 위법수집증거 배제법칙의 등장

1886년 Boyd사건(Boyd v. U.S., 116 U.S. 61(1866))에서 업무서류를 강제로 제출하게 한 것을 프라이버시 침해로 인정하기도 하였지만, 1904년 Adams사건(Adams v. New York, 192 U.S. 585(1904))을 계기로 증거수집방법보다 증거 자체의 적격(competency)을 고려하는 방향으로 회귀하였다. 1914년 Weeks사건(Weeks v. U.S., 232 U.S. 383(1914))에서 압수절차를 위반한 연방사건에 대해 수정헌법 제4조 위반을 인정하여 연방법칙으로 확립되었다. 은(쟁)반의 원칙(silver platter doctrine)에 의해서 연방사건이라도 주정부 공무원이 위법하게 수집해서 연방정부 공무원에게 전달한 증거는 사용이 가능하다는 제한을 받았으나(Byars v. United States and Gambino v. United States(1927)), 1960년 Elkins사건(Elkins v. U.S., 364 US 206, 234(1960))을 통해 연방사건에서는 절차위반의 주체가 주공무원이든 연방공무원이든 불문하고 증거로 사용할 수 없다고 하여 은반의 원칙이 파기되었다.

1961년 Mapp사건(Mapp v. Ohio, 367 U.S. 643(1961))에서는 연방헌법 제14조의 적법절차의 원칙에 따라 Weeks Rule이 주의 사건에 대해서도 적용된다고 판시함으로써 증거법의 원칙으로 확립되었다.

(2) 독일의 경우

대륙법계 형사소송법에서는 전통적으로 실체적 진실발견에 중점을 두어 증거수집절차의 위법을 문제삼지 않다가 20세기 초 벨링(Beling)에 의해 실체적 진실발견의 한계로서 증거금지(Bewiesverbot)의 개념이 주장되었다. 1950년 형사소송법 개정으로 「금지된 신문방법」[50]을 규정하면서 진술증거와 관련하여 증거금지가 논의된 후 명문규정이 없더라도 불문의 법적 한계로서 그 적용범위가 확대되었다.

3. 위법수집증거배제법칙의 동향

위법수집증거의 증거능력의 인정 여부 및 그 범위에 관한 문제는 ① 실체적 진실의 발견 내지 범인의 처벌이라는 측면에 중점을 두는지 아니면 절차의 공정과 기본적 인권의 보장에 중점을 두는지 하는 소송관의 차이에 따라, ② 형사소송절차가 행하여지는 각국의 역사적·법문화적 경험에 따라 그 결론이 달라진다.

미국에서도 불법수사를 행한 수사관에 대한 형사적·민사적 제재는 효과가 미약하고 활용이 저조하였고, 위법수집증거배제법칙도 수사기관에 대한 제재로서는 부수효과에 불과하였다. 1961년 Mapp사건 이래 위법수집증거배제법칙은 위법수사의 억제와 법원이 위법행위에 가담하지 않는다는 사법의 염결성을 확보하여 적법절차를 보장하기 위한 원칙으로 자리 잡게 되었다. 1970년대 이후에는 범죄의 증가와 사회의 보수화 경향에 맞물려 적법절차의 강조가 사법에 대한 국민의 신뢰를 저하시킬 수 있다는 주장이 강력하게 대두되었다.[51] 이에 따라 적

---

50) 독일 형사소송법 제136조의a(금지된 신문방법) 「① 피의자의 의사결정 및 의사활동의 자유는 학대, 피로하게 함, 신체상의 침해, 약물의 투여, 강요, 기망 또는 최면에 의하여 침해되어서는 안 된다. 강제는 형사절차법이 이를 인정하고 있는 경우에 한하여 사용할 수 있다. 형사절차법의 제규정에 의하여 허용되지 않는 처분으로써 행하는 위협 및 법률상 규정되어 있지 아니한 이익의 약속은 금지한다.
② 피의자의 기억력 또는 판단력을 침해하는 조치는 허용되지 않는다.
③ 전항에 규정한 금지는 피의자의 동의가 있어도 적용한다. 이러한 금지에 위반하여 획득된 진술은 피의자가 그 이용을 동의한 경우에도 이용해서는 안 된다.」

51) 위법수집증거배제법칙의 적용이 범죄의 증가를 가져올 것이라는 우려가 있으나 미국의 통계를

법절차의 보장이라는 측면이 후퇴하고 위법수사의 억제라는 정책적 관점에서만 배제법칙을 적용하려는 제한적 입장이 우세해지고, 미국연방대법원도 Mapp 판결의 소급효 부정, 심리배심에의 적용 배제, 예외이론(선의의 예외이론, plain view 이론, open fields 이론, 긴급한 상황의 이론, 동의 이론 등)의 확립을 통해 위법수집증거 배제법칙을 제한적으로 운용하는 경향을 보이고 있다.

한편 독일의 경우 판례가 1960년 녹음테이프(Tonband) 사건과 1964년 일기장(Tagebuch) 사건(일기장의 기재사항이 사적인 핵심영역이라고 판시한 것 – 1989. 9. 14. 헌법재판소 결정과 2008. 6. 26. 헌법재판소 결정 그리고 연방대법원 BGHSt 34, 397에서는 일기장의 기재사항이 사적인 핵심영역이라는 기존 입장을 바꾸어 이를 증거로 사용할 수 있다고 변경함)에서 개인의 인격권과 사생활의 보호라는 헌법적 권리에 근거한 증거금지를 인정하였다.[52] 그러나 1980년대 후반부터 테러범죄 등에 대한 형사사법의 기능적 효율성이 강조됨에 따라 공익을 앞세워 증거배제의 범위를 축소시키는 경향을 보이고 있다.

Ⅱ. 위법수집증거배제법칙의 도입

1. 종래의 논의

종래 우리나라에서 위법수집증거배제법칙은 미국식 논의를 토대로 전개되었다. 반대론은 실체적 진실발견 및 위법수사에 대한 개별적 규제장치를 근거로 했고,[53] 찬성론은 적법절차의 준수 및 위법수사에 대한 현실적 견제의 한계를

보면 연방사건에서 이 법칙이 적용되는 경우가 10% 정도에 불과하고 증거능력이 부정되는 경우는 1%를 상회하는 정도에 그쳐 실증되지 않고 있다.

52) 독일 헌법재판소는 기본권을 침해하는 증거수집방법에 대해 삼단계 이론을 채택하였는데(BVerfGE 34, 238: 사생활의 불가침한 핵심영역의 침해(사용금지) – 핵심영역 이외의 사생활의 권리와 인격권에 대한 침해(피고인의 권리를 보호하는 이익과 형사소추에 대한 이익의 비교형량) – 그 이외의 영역(사용금지가 문제되지 않음)), 1989. 4. 12. 독일 제3형사부 판결(BGHSt 36, 167ff)은 사적인 핵심영역에 관계되지 않는 한 보호할 가치 있는 사적인 이익과 범죄진압이라는 공익을 비교형량하여 후자가 우월한 경우에는 비밀녹음테이프가 증거로 사용될 수 있다고 판시하였다.

53) 반대론은 압수물은 압수절차가 위법하더라도 물건 자체의 성질, 형태에 변경을 가져오는 것은 아니고, 형태, 성질 등에 관한 증거가치에는 변함이 없으므로 그 증거능력은 인정되어야 한다고 주장하였다(이른바 성질·형상불변론). 범죄사실 인정의 명백하고 유용한 증거인 압수물의 증거능력을 압수절차의 위법을 이유로 배제하는 것은 실체적 진실발견을 어렵게 하여 범인을 방면하는 결과를 초래할 수 있으며, 이는 사법에 대한 일반인의 신뢰를 손상시키는 결과로 이어지게 된다는 것이다. 위법수사의 억지효과는 그로 인한 압수물의 증거능력 배제를 통하지

근거로 하였다.

학설은 진술증거나 비진술증거를 불문하고 위법수집증거배제법칙을 적용하는 입장이 지배적이었으나, 과거의 판례는 진술증거[54]에 대해서만 위법수집증거배제법칙의 적용을 긍정하고 비진술증거인 증거물에 대해서는 위법수집증거배제법칙을 적용하지 않고 그 증거능력을 긍정하였다.[55]

2. 대법원의 판례변경

2007년 법률개정으로 위법수집증거배제법칙이 시행되기 직전 대법원이 비진술증거에 대해 위법수집증거배제법칙을 처음으로 적용하였다.[56] 여기서 대법원은 적법절차의 원칙에 입각하여 위법수집증거 및 이를 기초로 획득한 2차적 증거의 증거능력을 원칙적으로 부정하였다.

3. 원칙의 명문화

헌법 제12조 제7항과 제309조에서 임의성 없는 자백의 증거능력을 부정하고, 불법검열이나 불법감청에 의하여 수집한 증거에 대해 통신비밀보호법 제4조

않고 다른 방법으로도 얼마든지 더 효과적으로 달성할 수 있다고 한다.

54) 대판 1990. 9. 25. 90도1586 (위법한 변호인접견불허 기간 중에 작성된 검사 작성의 피의자신문조서의 증거능력 부정); 대판 1992. 6. 23. 92도682 (공범으로서 별도로 공소제기된 다른 사건의 피고인 갑에 대한 수사과정에서 검사가 피의자인 갑과 대화하는 내용과 장면을 녹화한 비디오테이프에 대한 법원의 검증조서의 증거능력 부정); 대판 2002. 6. 11. 2000도5701 (위법한 긴급체포에 기하여 작성한 피의자신문조서의 증거능력 부정).

55) 비진술증거에 대해 위법수집증거배제법칙을 적용하지 않았던 판례로는 예컨대, 대판 2005. 10. 28. 2004도4731. 「군산경찰서 방범과 소속 경찰관들이 2002. 5. 2. 주류 판매 여부를 확인하기 위하여 무단으로 피고인의 노래연습장을 검색하면서 적법한 압수절차를 거치지 아니하고 플라스틱 통에 들어 있던 음료를 취거한 사실은 인정되나, 압수물은 압수절차가 위법하다 하더라도 그 물건자체의 성질, 형태에 변경을 가져오는 것은 아니어서 그 형태, 성질 등에 관한 증거가치에는 변함이 없어 증거능력이 있다고 할 것이(다).」 그 외에도 대판 1968. 9. 17. 68도932; 대판 1987. 6. 23. 87도705; 대판 1994. 2. 8. 93도3318; 대결 1996. 5. 14. 96초88; 대판 2002. 11. 26. 2000도1513; 대판 2006. 7. 27. 2006도3194.

56) 대판 2007. 11. 15. 2007도3061 (제주도지사실 압수수색사건). 「기본적 인권 보장을 위하여 압수수색에 관한 적법절차와 영장주의의 근간을 선언한 헌법과 이를 이어받아 실체적 진실 규명과 개인의 권리보호 이념을 조화롭게 실현할 수 있도록 압수수색절차에 관한 구체적 기준을 마련하고 있는 형사소송법의 규범력은 확고히 유지되어야 한다. 그러므로 헌법과 형사소송법이 정한 절차에 따르지 아니하고 수집한 증거는 기본적 인권 보장을 위해 마련된 적법한 절차에 따르지 않은 것으로서 원칙적으로 유죄 인정의 증거로 삼을 수 없다. 수사기관의 위법한 압수수색을 억제하고 재발을 방지하는 가장 효과적이고 확실한 대응책은 이를 통하여 수집한 증거는 물론 이를 기초로 하여 획득한 2차적 증거를 유죄 인정의 증거로 삼을 수 없도록 하는 것이다.」

가 구체적으로 위법수집증거 배제를 명시한 이후, 2008년부터 시행된 개정법률 제308조의2가 「적법한 절차에 따르지 아니하고 수집한 증거는 증거로 할 수 없다」고 하여 위법수집증거배제법칙 일반에 관한 명문규정을 두게 되었다.

위법수집증거배제법칙의 적용범위와 관련하여 '적법한 절차'의 해석이 문제된다. '위법하게 수집한 증거'라고 하지 않고 '적법한 절차에 따르지 아니하고 수집한 증거'라고 규정하게 된 것은, 전자는 증거배제의 기준에서 어떠한 절차의 위법이라도 있으면 증거로서 모두 배제한다는 의미로 해석될 수 있어 이 원칙을 엄격하게 적용할 여지를 가지고 있지만, 후자는 적법절차라는 추상성과 모호성을 유지하면서 해석을 통한 종합적인 비교형량을 요하는 것으로 해석할 수 있다는 점을 고려한 것이다.

Ⅲ. 적용기준

제308조의2는 '적법한 절차에 따르지 아니하고 수집한 증거'를 증거로 사용할 수 없다고 규정하고 있다. 여기서 '적법한 절차에 따르지 않고 수집한' 것인지 여부를 판단하는 기준이 문제된다.

증거수집활동에 있어서 위법과 적법의 한계가 불분명하고 절차의 적법 여부를 일률적으로 확정하는 것이 곤란하기 때문에 다양한 입장이 전개되고 있다.

1. 학설

(1) 예외적 허용설

헌법과 형사소송법이 정한 절차에 따르지 않고 수집한 증거는 기본적 인권 보장을 위해 마련된 적법한 절차에 따르지 않은 것으로서 원칙적으로 유죄 인정의 증거로 할 수 없고, 예외적으로 적법절차의 실질적 내용을 침해하지 않고 증거능력을 부정하는 것이 형사사법의 정의를 실현하려는 취지에 반하는 결과로 되는 경우에만 증거능력을 긍정하는 견해이다. 2007년 대법원 판례의 다수의견이기도 한다.

수사기관의 증거수집활동이 형벌법규에 저촉되거나 헌법규정에 위반되는 경우에는 그것만으로도 위법하다는 판단이 가능하고 이에 기하여 수집된 증거는 배제되어야 하며, 법령위반이 실질적으로 헌법상 권리를 침해하거나 형사소송법상의 효력규정에 위반하여 무효인 때에도 이에 기하여 수집된 증거는 배제하여야 한다는 입장이다.

(2) 중대위법설

위법의 정도가 경미한 경우까지 증거능력을 부정할 이유가 없기 때문에 침해된 이익과 위법의 정도를 고려하여 구체적·개별적으로 판단하되, 일반적으로는 단순한 훈시규정의 위반만으로는 족하지 않고 증거에 관한 본질적인 절차규정을 위반한 때, 즉 중대한 위법이 있는 때에 한하여 증거능력이 부정된다는 견해이다. 여기서 중대한 위법이란 'due process의 기본이념에 반하는 경우' 또는 '정의감에 반하고 문명사회의 양심에 충격을 주는 것'을 의미한다고 한다. 2007년 대법원 판례에서 별개의견의 입장이기도 하다.

단순히 객관적인 위법의 정도만을 기준으로 배제 여부를 결정할 것이 아니라 이와 함께 위법의 의도성, 다발성, 당해 증거의 중요성, 사건의 중대성 등의 제반 사정을 함께 고려하여 현실적으로 증거배제 여부를 결정해야 한다는 입장이다.

그러나 정책적 고려(위법수사의 억제)를 바탕으로 공익과 사익의 이익형량에 따라 위법수집증거배제법칙의 적용 여부를 판단하는 것은 적법절차 원칙의 위반 여부가 아닌 위법의 정도에 중점을 두는 것으로서 제308조의2의 취지에 반하고, 공익과 사익의 이익교량으로 인해 개인의 기본권 보호가 소홀히 될 염려가 있다.[57]

2. 판례의 태도

판례는 비진술증거에 대해서는 허용설을 취하다가 2007년 대법원 판결을 통해 원칙적 배제로 태도를 변경하였다.

일단 절차위반이 있으면 원칙적으로 그 중대성 여부를 묻지 않고 해당 증거를 위법수집증거로 보아 그 증거능력을 배제하는 구조이나(예외적 허용설), 별개의견은 제반 사정을 고려하여 절차적 위법의 정도가 중대하다고 인정되지 않으면 원칙적으로 그 증거를 위법수집증거 배제의 영역으로부터 제외함으로써 그 증거능력을 당연히 인정하는 구조를 취한다.

판례는 예외의 인정을 '적법절차의 실질적인 내용을 침해하는 경우에 해당하지 아니하고, 오히려 증거의 증거능력을 배제하는 것이 적법절차의 원칙과 실체적 진실 규명의 조화를 도모하고 이를 통하여 형사사법정의를 실현하려 한 취

57) 신양균, 우리나라 형사소송법상 위법수집증거배제법칙, 형사법연구 제26권 제2호, 460면.

지에 반하는 결과를 초래하는 것으로 평가되는 경우'로 엄격히 제한하고',[58] 예외를 인정할 수 있는 사정에 대한 입증책임이 검사에게 있음을 명확히 하고 있다.[59] 판례 중에는 이러한 예외 인정의 기준을 통해 형사소송법규정을 위반하여 수집된 압수물[60] 및 진술증거[61]의 증거능력을 인정한 것이 있다.

Ⅳ. 적용범위

영장제도나 적법절차를 규정하고 있는 헌법규정이나 형사소송법의 효력규정에 위반한 경우, 수사기관의 수사활동이 형벌법규에 저촉되는 경우 등은 적법절차의 실질적 내용을 침해하는 것으로서 원칙적으로 증거능력이 배제된다.

1. 영장주의 위반

영장주의는 헌법 제12조 제3항 및 제16조 제2문에 따라 신체의 자유, 주거의 자유 등을 보장하기 위한 제도이므로 이에 위반해서 수집한 증거는 증거로 사용할 수 없다.

따라서 영장 없이 압수·수색·검증한 경우는 물론이고, 영장 자체에 중대한 하자가 있는 경우, 영장에 기재되지 않은 다른 증거물, 영장이 발부되었으나 압수 대상물로 특정되지 아니한 증거 등은 증거능력이 부정된다. 영장주의 위반이 인정되는지 여부에 대해 구체적인 사안에서 객관적 판단기준이 문제되는데, 대개 중대범죄에 대한 효율적 대처, 인권침해의 정도, 부수처분의 성격, 강제처분권의 남용 우려 등이 고려되고 있다.

---

58) 대판 2007. 11. 15. 2007도3061.

59) 대판 2009. 3. 12. 2008도763; 대판 2011. 4. 28. 2009도10412(공소제기 후 검사의 강제처분의 적법성); 대결 2015. 7. 16. 2011모1839 전합; 대판 2017. 9. 21. 2015도12400; 대판 2021. 12. 30. 2019도10309.

60) 대판 2017. 11. 29. 2017도9747.「피고인 명의의 오토바이에 대한 압수·수색은 비록 형사소송법 제123조 제3항에 따른 참여인 없이 진행되었으나 피고인과 피고인의 처에게 참여의 기회를 보장하였고 그 압수·수색의 전체적인 진행 과정에 비추어 이러한 절차 위반행위가 적법절차의 실질적인 내용을 침해하는 경우에 해당한다고 보이지는 아니하므로, 그 압수·수색과정에서 수집된 증거들은 유죄 인정의 증거로 사용할 수 있는 예외적인 경우에 해당(한다).」같은 취지로는, 대판 2015. 1. 22. 2014도10978 전합; 대판 2012. 11. 29. 2010도9007 (송수신이 완료된 이메일의 내용을 당사자의 동의 없이 개봉한 사안: 증거능력 인정).

61) 대판 2009. 4. 23. 2009도526 (구속영장 집행 당시 구속영장이 사전에 제시된 바 없지만 구속적부심사 심문 당시 영장을 제시받고 행한 제1심 법정진술의 증거능력: 인정).

종래 제308조의2가 신설되기 이전에도 판례는 진술증거(조서)가 영장주의에 위배되는 중대한 위법에 기한 체포 중에 작성된 경우에만 유죄의 증거로 할 수 없다고 보았으나,[62] 현재는 진술증거와 비진술증거를 불문한다. 문제되는 경우는 다음과 같다.

(1) 영장 없는 압수·수색·검증 영장주의 자체에 위반한 경우[63]뿐만 아니라 영장주의의 예외의 요건을 갖추지 못한 상태에서 영장 없이 압수 등을 한 경우[64]를 포함한다.

(2) 사후영장을 발부받지 않은 사안 범행 직후 범행장소에서 긴급을 요하여 영장 없이 실시한 검증에 대하여 사후영장을 발부받지 아니한 경우(제216조 제3항 참조) 등을 말한다.[65]

---

62) 대표적으로, 대판 2002. 6. 11. 2000도5701.

63) 대판 2013. 3. 28. 2012도13607 (수사기관이 영장 없이 사실조회의 방법으로 신용카드회사로부터 금융거래정보를 확인한 사안: 위법). 「신용카드에 의하여 물품을 거래할 때 '금융회사 등'이 발행하는 매출전표의 거래명의자에 관한 정보 또한 금융실명법 제4조 제1항에서 정하는 '거래정보 등'에 해당하므로, 수사기관이 금융회사 등에 그와 같은 정보를 요구하는 경우에도 법관이 발부한 영장에 의하여야 함에도 수사기관이 영장에 의하지 아니하고 매출전표의 거래명의자에 관한 정보를 획득하였다면, 그와 같이 수집된 증거는 원칙적으로 형사소송법 제308조의2에서 정하는 '적법한 절차에 따르지 아니하고 수집한 증거'에 해당하여 유죄의 증거로 삼을 수 없다.」
임의제출로 적법하다고 본 사안으로는, 대판 2008. 5. 15. 2008도1097 「교도관이 재소자가 맡긴 비망록을 수사기관에 임의로 제출한 경우, 그 비망록의 증거사용에 대하여도 재소자의 사생활의 비밀 기타 인격적 법익이 침해되는 등의 특별한 사정이 없는 한 반드시 그 재소자의 동의를 받아야 하는 것은 아니므로, 검사가 교도관으로부터 보관하고 있던 피고인의 비망록을 뇌물수수 등의 증거자료로 임의로 제출받아 이를 압수한 경우, 그 압수절차가 피고인의 승낙 및 영장 없이 행하여졌다고 하더라도 이에 적법절차를 위반한 위법이 있다고 할 수 없다.」

64) 대판 2009. 12. 24. 2009도11401 (위법한 긴급체포 후에 그에 수반하여 압수한 압수물에 대하여 사후영장도 발부받지 않고 반환하지도 않은 사안); 대판 2015. 5. 28. 2015도364 (체포현장에서 2km 떨어진 피고인의 주거에서 사전영장 없이 칼을 압수한 사안).

65) 대판 1984. 3. 13. 83도3006 (긴급검증을 하였으나 사후영장을 발부받지 않은 사안: 검증조서 증거능력 부정); 대판 2009. 5. 14. 2008도10914 (음란물 유포의 범죄혐의를 이유로 압수수색영장을 발부받은 사법경찰관이 피고인의 주거지를 수색하는 과정에서 대마를 발견하자, 피고인을 마약류관리에 관한 법률 위반죄의 현행범으로 체포하면서 대마를 압수하였으나 그 다음 날 피고인을 석방하고도 사후 압수수색영장을 발부받지 않은 사안: 증거능력 부정); 대판 2011. 5. 13. 2009도10871 (영장 또는 감정처분허가장을 발부받지 않고 피의자의 동의 없이 채혈을 하고 사후영장 발부 없이 혈액에 대한 알코올농도에 관한 감정이 이루어져 감정결과보고서를 증거로 제출한 사안: 증거능력 부정); 대판 2012. 11. 15. 2011도15258 (음주운전 중 교통사고를 내고 의식불명 상태에 빠져 병원으로 후송된 운전자에 대하여 수사기관이 영장 없이 강제채혈을 한 다음 사후 압수영장을 발부받지 않은 사안: 증거능력 부정).

(3) 영장에 기재되지 않은 물건에 대한 압수 영장에 압수물로 특정되지 않거나 기재되지 않은 물건[66]이나 정보[67]를 압수한 경우도 영장주의 위반이다.

(4) 별건에 대한 증거물의 압수·수색 압수·수색영장 집행과정에서 별건에 대한 증거물을 영장 없이 압수한 경우도 영장주의 위반이다. 영장 발부의 사유로 된 범죄 혐의사실과 무관한 별개의 증거라면 위법한 압수·수색이 된다.[68]

2. 적법절차 위반

(1) 진술거부권 불고지 진술거부권의 고지는 헌법 제12조 제2항이 보장하는 진술강요금지를 사전적으로 담보하기 위한 제도적 장치이므로 이를 고지하지 않아 불리한 진술을 하게 되었다면 그 진술은 증거로 사용할 수 없다.[69] 피의자신문조서를 작성하는 경우뿐만 아니라 다른 형태의 진술조서를 작성하는 경우에도 피의자신문이 이루어지는 한 진술거부권을 고지해야 한다.[70] 진술거부권을 고지하지 않은 경우 진술 자체뿐만 아니라 이를 기초로 획득한 이차적 증거도 제반 사정을 전체적·종합적으로 고려하여 증거능력이 부정될 수 있다.[71]

피고인 이외의 제3자의 절차적 권리를 침해한 경우에도 위법수집증거배제

---

66) 대판 2009. 3. 12. 2008도763. 「이 사건 압수·수색영장에서 압수할 물건을 '압수장소에 보관중인 물건'이라고 기재하고 있는 것을 '압수장소에 현존하는 물건'으로 해석할 수 없다고 한 원심의 판단은 옳고, 압수·수색영장의 효력에 관한 법리오해 등의 위법은 없다.」

67) 대결 2015. 7. 16. 2011모1839 전합. 「수사기관 사무실 등으로 반출된 저장매체 또는 복제본에서 혐의사실 관련성에 대한 구분 없이 임의로 저장된 전자정보를 문서로 출력하거나 파일로 복제하는 행위는 원칙적으로 영장주의 원칙에 반하는 위법한 압수가 된다.」

68) 대판 2018. 4. 26. 2018도2624; 대판 2021. 8. 26. 2021도2205 (압수수색영장에 기재된 사실과 동종의 다른 혐의사실과 관련된 증거를 압수한 사안: 위법).

69) 대판 1992. 6. 23. 92도682.

70) 대판 2009. 8. 20. 2008도8213; 대판 2019. 8. 29. 2018도2738. 다만, 수사기관에 의해 범죄혐의를 인정받아 수사가 개시된 피의자의 지위에 있었다고 할 수 없는 경우에는 참고인조사를 받으면서 수사기관에게서 진술거부권을 고지받지 않았다는 이유만으로 그 진술조서가 위법수집증거로서 증거능력이 없는 것은 아니다(대판 2011. 11. 10. 2011도8125). 한편 국가인권위원회는 참고인으로 조사하더라도 피조사자의 범죄혐의에 대해 실질적으로 조사하는 경우에는 진술거부권을 고지하지 않으면 진술거부권을 침해한 것으로 본 것이 있다(국가인권위원회 2019. 7. 9. 19진정0451100. 같은 취지로는, 국가인권위원회 2016. 11. 25. 16진정0411500). 예컨대 기업 내부의 조직적인 횡령 또는 배임 범죄의 내사사건을 수사하기 위해 수사기관이 기업 임원을 조사하기에 앞서 실무자를 조사하면서 진술거부권을 고지하지 않으면 적법절차 원칙 위반으로 신체의 자유를 침해한 것이라고 결정하였다.

71) 대판 2009. 3. 12. 2008도11437.

법칙이 적용된다.[72)]

미국에서는 제3자법리(standing법리: 위법수집증거배제법칙은 연방 수정헌법 제4조의 권리를 직접 침해당한 자만이 신청할 수 있고, 사생활에 대한 합리적 기대가 침해된 경우에만 적용된다는 법리)가 확립되어 배제법칙이 제한적으로 적용되고 있다.[73)]

(2) 변호인의 조력을 받을 권리 침해 헌법 제12조 제4항이 규정한 변호인의 조력을 받을 권리를 침해한 상태에서 얻어진 진술이나 그 기재서면은 증거로 사용할 수 없다.[74)] 변호인의 피의자신문참여권을 침해한 경우에도 피의자신문조서의 증거능력이 부정된다.[75)]

(3) 기타 적법절차에 위반한 경우 영장주의 자체에 위반한 경우가 아니더라도 법률주의에 위반하거나 적법한 절차에 의하지 아니하고 증거를 수집한 경우에는 증거능력이 부정된다.

다만 실체적 진실발견을 통한 정당한 형벌권의 실현이라는 또 다른 목표를 고려하여 구체적·개별적인 이익형량이 필요하다. 제312조에서는 전문증거의 경우 별도로 '적법한 절차(와 방식)'을 증거능력 인정의 요건으로 규정한 점에 비추어, 절차규정에 위반한 경우가 모두 여기에 포함되는 것은 아니다. 따라서 제308조의2는 진술거부권이나 변호인조력권과 같은 기본권과 밀접한 관련을 가지거나 위법의 정도가 중대한 경우에만 적용되고, 그 이외의 절차규정 위반에 대해서는 제312조가 적용되어 증거능력이 부정된다고 보아야 할 것이다.

---

72) 대판 1992. 6. 23. 92도682 (공범으로서 별도로 공소제기된 다른 사건의 피고인 갑에 대한 수사과정에서 검사가 피의자인 갑과 대화하는 내용과 장면을 녹화한 비디오테이프에 대한 법원의 검증조서의 증거능력); 대판 2011. 6. 30. 2009도6717 (유흥주점 종업원과 손님의 티켓영업과 관련하여 식품위생법 위반 혐의로 기소된 유흥주점 업주와 영업실장에 대해 손님에 대한 강제연행으로 얻어진 자술서와 제1회 진술조서를 증거로 사용한 사안).

73) 올슨 사건(Minnesota v. Olson, 495 U.S. 91(1990))에서 연방대법원은 "연방 수정헌법 제4조에 따른 보호를 청구할 수 있는지 여부는 청구권자가 침해를 당한 장소에서 사생활의 정당한 기대를 가지고 있는지 여부에 달려 있다"고 판시하면서 집주인이 없는 동안 주택 내에 머물러 있는 심야고객은 사생활의 합리적인 기대를 가지고 있었기 때문에 배제법칙을 적용할 수 있는 적법한 권리를 가진다고 판시한 반면, 카터 사건(Minnesota v. Carter, 525 U.S. 83(1998))에서는 잠시 방문을 하여 임차인과 함께 약품을 포장하는 사업목적으로 아파트를 사용한 피고인은 아파트에서 적법한 사생활보호권을 가질 수 없다고 판시하였다.

74) 대판 1990. 8. 24. 90도1285 (변호인의 접견신청을 부당하게 불허한 사안).

75) 대판 2013. 3. 28. 2010도3359 (피고인이 "피의자는 변호인의 조력을 받을 권리를 행사할 것인가요"라는 사법경찰관의 물음에 "예"라고 답변하였음에도 사법경찰관이 변호인이 참여하지 아니한 상태에서 피고인을 상대로 계속하여 혐의사실에 대한 신문을 행한 사안: 위법).

이러한 경우 판례는 적법절차의 실질적 내용의 침해 여부에 대한 판단을 요구하고 있다.[76)]

주로 수사절차에서 당사자의 참여권 침해, 사전고지 또는 야간집행 등 절차규정을 위반한 경우가 문제로 되며, 널리 진술거부권이나 접견교통권 침해, 변호인의 피의자신문 참여권 침해 그리고 영장의 사전제시의무도 여기에 포함될 수 있다.

㈎ **당사자 등의 참여권을 침해한 경우** 검사, 피고인(피의자) 또는 변호인은 압수·수색·검증영장의 집행이나 영장 없는 압수·수색·검증에 참여할 수 있고(제121조, 제145조, 219조), 이를 위해 – 참여권자가 참여하지 아니한다는 의사를 명시하거나 급속을 요한 때가 아니면 – 미리 집행의 일시와 장소를 참여권자에게 통지하여야 하므로, 피의자 등을 참여시키지 않거나 압수 등의 일시와 장소를 통지하지 않은 경우에는 위법하다.

특히 전자정보의 경우, 저장매체를 압수한 시점뿐만 아니라 압수 이후의 탐색과정에도 당사자의 참여권을 보장해야 하므로, 이를 위반한 경우에 전자정보의 증거능력은 부정된다.[77)]

㈏ **영장사전제시의무의 위반** 영장주의의 요청에 따라 영장은 사전제시가 원칙이고, 이를 위반한 경우에는 적법절차 위반에 해당하게 된다.[78)] 영장의 제시는 피압수자가 그 내용을 충분히 알 수 있도록 이루어져야 한다.[79)]

㈐ **기타 영장집행에 관한 절차규정 위반** 참여권자에의 통지(제122조), 여자의 수색과 성년 여자의 참여(제124조), 야간집행의 제한(제125조), 수색증명서 교부(제128조), 압수목록 교부(제129조) 등의 규정을 위반한 경우는 개별적 검토를 요한다.

판례는 압수조서 및 목록의 작성, 교부의 미이행 등은 그 자체만으로 적법절차의 실질적인 내용을 침해하는 경우에 해당하지 않으나,[80)] 이와 함께 영장 원본도 제시하지 않은 사안에 대해서는 적법절차의 실질적인 내용을 침해하는 것으로 보

76) 대판 2007. 11. 15. 2007도3061 전합 참조.

77) 대결 2011. 5. 26. 2009모1190; 대판 2012. 3. 29. 2011도10508; 대결 2015. 7. 16. 2011모1839 전합 (종근당 압수·수색사건); 대판 2017. 11. 14. 2017도3449; 대판 2017. 9. 21. 2015도12400; 대판 2020. 11. 26. 2020도10729.

78) 대판 2009. 3. 12. 2008도763.

79) 대판 2017. 9. 21. 2015도12400; 대결 2020. 4. 16. 2019모3526.

80) 대판 2011. 5. 26. 2011도1902.

았다.[81] 영장기재사항(제114조 제1항 본문, 제219조)에 하자가 있는 경우에도 위반의 내용과 정도가 중대하지 않고 절차 조항이 보호하고자 하는 권리나 법익을 본질적으로 침해하였다고 볼 수 없으면 증거로 사용할 수 있다.[82]

(라) 신문과정의 영상녹화 절차에 위법이 있는 경우에도 원칙적으로 그 증거능력이 부정된다.[83]

3. 증거조사절차의 위법

수사절차에 중대한 위법이 있는 경우뿐 아니라 법원의 증거조사절차, 법관의 증거보전절차·증인신문절차에 중대한 위법이 있는 경우에도 위법수집증거배제법칙이 적용된다. 증언거부권을 고지 않은 증인신문이 여기에 해당한다.

다만 증인의 소환절차에 위법이 있거나 증인에게 위증의 벌을 경고하지 않고 선서하게 한 다음 증언한 경우에는 절차위반의 하자가 크지 않으므로 증거능력을 인정해도 무방하다는 견해가 있다.

4. 개별적 기본권의 침해가 문제되는 경우

(1) 일기장

일기장의 내용은 기본권의 핵심영역에 해당하므로 이익교량 없이 증거로 사용할 수 없다는 것이 종래의 견해이나, 최근에는 인격권의 본질적 내용을 침해한 것인지에 따라 구분하는 경향이 있다.[84] 그러나 판례는 일반적인 진술서와

---

81) 대판 2017. 9. 7. 2015도10648 (피의자의 국가보안법 위반사건을 수사할 당시 주식회사 네이버에 대하여 압수수색영장을 집행하면서 팩스로 영장 사본을 송신하기만 하고 영장 원본을 제시하거나 압수조서와 압수물 목록을 작성하여 피압수·수색 당사자에게 교부하지도 않은 채 피고인의 이메일을 압수한 후 이를 증거로 제출한 사안: 위법).

82) 대판 2019. 7. 11. 2018도20504 (판사의 날인이 누락된 압수수색영장에 기초하여 수집한 증거가 위법수집증거에 해당하는지 여부: 부정).

83) 대판 2014. 10. 15. 2011도3509 (선관위 직원들이 농협 조합장 후보자와 그의 처가 조합원에게 금품을 제공하였다는 혐의를 조사하기 위해 조합원의 집을 방문하여 조사하면서, 그에게 진술을 녹음한다는 사실을 알리지 아니한 채 이를 녹음하고 후에 녹취록을 작성한 사안: 증거능력 부정).

84) 독일 헌법재판소는 진술내용의 사적 성격, 즉 프라이버시 침해의 정도를 세 단계로 나누어(이를 삼단계 이론(Drei-Stufen-Theorie)이라고 부르기도 한다), 기본권의 핵심영역 외곽에 있는 사적 영역에 대해서는 피고인의 인격권과 형사소추의 필요라는 개인의 이익과 실체해명에 대한 공익을 교량하여 중대한 범죄사실을 해명하기 위해서는 당해 진술내용을 증거로 사용할 수 있다는 입장을 취하고 있다(모살 사건에 대한 BGHSt. 34, 397 참조).

마찬가지로 보는 듯하다.

> 제3자의 동의 아래 그의 일기장을 피고인의 유죄 또는 무죄를 입증하기 위한 증거로 사용하는 것은 일반적인 진술서와 마찬가지 요건 아래 가능하다는 판례[85]나 국가보안법 위반사건에 대하여 일기장을 반국가단체에 대한 찬양·고무죄를 심리하기 위한 증거로 채택한 판례[86]가 있다.

(2) 비밀촬영

초상권은 헌법 제10조 제1문이 보장하는 인격권의 내용으로서 이를 침해하여 수집한 증거는 이익교량을 통하여 보호이익이 더 큰 경우에는 이를 증거로 할 수 없다. 그러나 판례는 수사기관이 공공장소나 주거 외에서의 현장을 촬영한 사진은 일정한 요건하에 일반적인 검증과 마찬가지로 영장 없이 허용하고 있다.[87]

(3) 공개재판을 받을 권리의 침해

헌법 제27조 제3항에 따라 신속한 공개재판을 받을 권리가 보장되므로, 이를 침해하는 경우에도 원칙적으로 증거사용이 금지된다.[88]

V. 수사기관 이외의 자에 의한 절차위반

1. 사인에 의하여 수집된 증거

사인이 위법한 절차에 따라 수집한 증거도 증거능력이 부정되는지 여부는 헌법상 적법절차 준수의무가 사인에게도 요구되는지라는 문제와 관련되는데, 이에 대해 다양한 논의가 있다.

(1) 학설

사인이 위법하게 수집한 증거에 대해서도 배제법칙이 그대로 적용되는지에 대해 학설의 대립이 있으나 제한적 허용설이 지배적이다.

---

85) 대판 1985. 2. 26. 84도2900.
86) 대판 1983. 2. 22. 82도2658.
87) 대판 1999. 9. 3. 99도2317.
88) 대판 2005. 10. 28. 2005도5854 (증인신문시에 증인이 피고인과 그의 가족들 면전에서 충분한 진술을 할 수 없다고 판단한 데 그쳤음에도 불구하고 법원조직법 제57조에 제1항에 따라 국가의 안녕질서를 방해할 우려가 있다는 이유로 증인신문절차의 공개를 금지한다는 결정을 선고한 후 재정한 방청객의 퇴정을 명한 상태에서 공소외인에 대한 증인신문을 실시한 사안).

① 부정설 위법수사의 억제라는 측면이 무의미한 사인의 경우에는 수사기관이 사인을 교사한 경우를 제외하고는 위법수집증거배제법칙을 적용할 필요 없이 증명력의 문제로 다루면 족하다는 견해이다.

② 긍정설 국가의 기본권 보호의무는 사인에 의한 침해의 경우에도 긍정해야 하고, 사인이 수집한 증거라도 국가가 사용한다는 점에서 이 법칙을 적용해야 한다고 보는 견해이다(동일기준설). 이 견해에 따르면 수사기관에 의한 경우와 비교해서 위법성이 조각되는 정당한 사유의 범위를 상대적으로 넓게 인정할 수 있다고 한다.

③ 절충설 기본권의 핵심영역에 해당하거나(권리영역(범위)설), 실체적 진실발견이라는 공익과 침해된 기본권에 대한 개인의 사익을 교량한 결과 후자가 우선하는 경우에 한해 이를 침해하는 것을 금지할 필요가 있다는 견해이다. 제한적 적용설 또는 이익형량(교량)설이라고도 한다.

사인이 위법하게 수집한 증거라도 절차의 위법이라는 점에서 수사기관에 의한 경우보다 경미하다고 보기는 어렵다. 사인관계에 대해서도 위법수집증거배제법칙을 적용하되, 단계적으로 나누어 적용할 필요가 있다. 즉 ① 국가나 타인의 개입이 절대로 허용되지 않는 불가침의 사적 영역, 즉 헌법이 절대적으로 보장하는 핵심 영역(인격의 자유로운 발현과 인간의 존엄)에 해당하는 경우에는 사인에 의한 침해도 절대적으로 금지되고, ② 이러한 핵심 영역 외곽에 있는 사적 영역은 절대적으로 보호되지는 않지만 비례성의 원칙에 따라 사생활의 권리보다 우월한 공공의 이익이 있는 경우에는 사인에 의한 침해가 가능하며, ③ 핵심 영역의 외곽에도 속하지 않는 일상생활의 영역에서는 개인의 사생활보호의 이익이 침해되지 않기 때문에 증거로 사용이 가능하다고 할 수 있다. 학설과 판례가 사인에 의한 절차위반을 일률적으로 이익형량의 문제로만 파악하는 것은 의문의 여지가 있다.

(2) 판례

이익형량설의 입장에 따라 개별적으로 판단하고 있다.

구법하에서는 피고인 아닌 자의 진술을 비밀녹음한 녹음테이프 및 이에 대한 검증조서의 증거능력을 인정하기 위한 요건이 문제된 사안에서 비밀녹음 자체를 문제로 삼지 않고 **전문진술**로서 증거능력 여부만을 검토하였다.[89)]

---

89) 대판 1997. 3. 28. 96도2417.

(가) **비밀녹음** 헌법 제17조는 사생활의 비밀과 자유를 보호하고 있으므로, 공개되지 아니한 대화내용을 녹음하거나 기계적인 방법으로 몰래 청취하는 것은 프라이버시의 침해로서 그 지득 또는 채록한 내용은 통신비밀보호법이 정하는 바에 의하지 아니하고는 이를 증거로 사용할 수 없다(동법 제3조 제1항, 제4조).

통신비밀보호법에서 '대화'는 원칙적으로 현장에 있는 당사자들이 육성으로 말을 주고받는 의사소통행위를 의미하므로, 강연이나 토론·발표를 듣기만 하고 녹음하는 것도 대화에 포함되지만,[90] 단순히 목소리를 녹음하거나 청취하는 것은 제외된다.[91]

대화당사자의 일방이 녹음한 경우에는 통신비밀보호법이 적용되지 않으므로 위법이라고 할 수 없으나, 그 녹음한 내용을 증거로 할 수 있는지는 다툼이 있다. 원칙적으로 증거로 할 수 없으며, 사생활의 핵심영역에 해당하는 내용인지 여부에 따라 구분할 필요가 있다.[92]

판례는 대화 당사자 일방이 상대방과의 대화내용을 몰래 녹음하였더라도, 이를 위법하게 수집된 증거라고 할 수 없다고 전제하고, 전문증거의 예외의 요건을 충족하면 증거로 사용할 수 있다는 입장이다.[93] 반면 ① 제3자가 당사자들의 동의 없이 비밀녹음을 하거나,[94] ② 당사자 일방의 동의만을 얻어 당사자들간의 대화를 몰래 녹음한 경우[95]에는 통신비밀보호법이 적용되므로 이를 증거로 사용할 수 없다. 또한 ③ 수사기관이 사인에게 불법감청을 하게 한 경우도 마찬가지로

---

90) 대판 2015. 1. 22. 2014도10978 (국가보안법위반 사건 대상자들이 참석한 가운데 이루어진 강연과 토론·발표 등을 녹음한 사안: 적법).

91) 대판 2017. 3. 15. 2016도19843.

92) BGHSt. 14, 358. 「비밀리에 녹음한 녹음테이프는 피고인의 동의가 없는 한 그에 대한 유죄의 증거로 사용할 수 없다. 이에 대한 법적 근거로서 불가침인 인간의 존엄성(기본법 제1조 제1항), 인격의 자유로운 발현권(기본법 제2조 제1항)과 인권 및 자유권보호에 관한 협약 제8조에 따른 사생활과 가족생활의 존중요구를 들고 있다. 특히 인격의 자유로운 자기결정권에는 저작권과 마찬가지로 자신이 행한 발언에 대한 권리도 포함된다. 따라서 화자는 누가 자신의 발언을 들을 수 있고 녹음할 수 있는지 또는 청취자의 기억에서 지워야 할 것인지 등을 결정할 권리를 갖는다. 발언과 음성을 녹음해도 되는지, 녹음테이프를 재생시켜도 되는지 등을 결정할 권리는 화자에게 있다. 녹음은 언어를 화자로부터 분리시켜 객체로 독립시키기 때문에 양도가 능한 물건처럼 바꾸어 버린다. 또한 자신의 발언이 녹음되어 재생될 수 있다고 생각한다면 사상의 자유로운 표현과 자유로운 언어구사가 제한되거나 방해받아 인격의 자유로운 발현이 저해되고 인간관계를 해치게 된다.」

93) 대판 1997. 3. 28. 97도240 (피고인과 대화내용을 몰래 녹음한 사안); 대판 1999. 3. 9. 98도3169 (피고인 아닌 자와 대화내용을 몰래 녹음한 사안).

94) 대판 2001. 10. 9. 2001도3106.

95) 대판 2002. 10. 8. 2002도123.

증거능력이 없다.[96]

(나) **비밀촬영** 사인에 의한 비밀촬영은 개인의 사생활보호의 이익과 공익의 실현을 교량하여 허용 여부를 결정하여야 한다.

사진촬영에 대해 동의한 경우 피촬영자의 의사에 반해 다른 사건의 증거로 사용한 것을 허용한 판례가 있다.[97]

(다) **범죄행위가 개입한 경우** 증거물을 절취한 경우에도 이익교량을 통해 개인의 재산권 내지 사생활 보호보다 공익의 실현이 우선하는 경우에는 증거로 사용할 수 있다.[98]

2. 행정조사의 경우

순수한 사인이나 사적 단체는 아니지만 수사기관이 아닌 공공기관이 행정조사의 차원에서 수집한 조사결과가 범죄혐의의 증거로 제출되는 경우 그 증거능력이 문제된다.

예컨대 선거관리위원회의 선거범죄 조사, 공정거래위원회의 독점규제 및 공정거래에 관한 법률 위반행위 조사, 국세청이나 각급 세무서의 세금부과 관련 조사 등이 여기에 속한다.

행정조사 자체는 수사가 아니므로 수사절차에서 요구되는 절차(예컨대 영장

---

96) 대판 2010. 10. 14. 2010도9016.

97) 대판 1997. 9. 30. 97도1230 (간통사건의 공판절차에 제출된 수사기록에 피고인(여성)의 나체사진이 첨부되었는데, 이 사진은 상간자인 공동피고인(남성. 공소제기 후 사망)이 피고인으로부터 금원을 갈취할 목적으로 촬영한 것으로서 타인이 이를 피고인에 대한 공갈 범행의 수단으로 이미 사용한 적이 있던 사안: 적법).

98) 대판 2008. 6. 26. 2008도1584 (회사 직원이었던 자가 피고인을 상대로 민사소송을 제기하기 위해 피고인이 경영하는 회사에 보관되어 있던 문서위조를 위해 미리 연습한 흔적이 남아 있는 계약서들을 통째로 가져갔고 사기피해자들이 그 직원으로부터 이를 수사기관에 제출하기 위해 대가를 지급하고 입수하여 증거로 제출한 사안); 대판 2010. 9. 9. 2008도3990 (간통의 고소인인 남편이 실제 거주를 종료하였고 별거 중인 부인의 주거에 침입하여 혈흔이 묻은 휴지 등 증거물을 수집한 후 사설감정원에 유전자분석을 의뢰한 후 증거물과 감정의뢰회보를 수사기관에 제출한 사안: 허용); 대판 2013. 11. 28. 2010도12244 (지자체 동장의 직무대리인 D가 단체장인 시장 Y에게 시청 전자문서시스템을 통해 D가 통장 X에게 Y를 도와달라고 부탁하는 내용의 이메일을 보냈는데, 시청 소속공무원이 권한 없이 전자우편에 대한 비밀보호조치를 해제해서 위 이메일을 수집하였고, 수사기관이 이메일과 이를 기초로 얻어진 참고인진술조서를 D의 공직선거법 위반사건의 증거로 제출한 사안: 허용).

주의)를 위반했다는 이유로 바로 수사기관에 제출된 증거의 증거능력을 부정하기는 어렵지만, 헌법상 보장된 기본권을 침해하는 경우에는 배제법칙을 적용할 필요가 있다. 판례는 행정조사에는 영장주의가 적용되지 않지만,[99] 행정조사의 형식을 빌었더라도 실질상 수사에 해당하는 때에는 영장주의가 적용된다는 입장이다.[100] 또한 수사기관이 아닌 선관위 직원이 진술녹음 사실을 사전에 고지하지 않은 경우에도 조사의 목적과 이유를 설명해야 하는 공직선거법 위반에 해당하므로 그 녹취록은 증거로 사용할 수 없다.[101]

행정법상 신고의무가 진술거부권을 침해하는 경우에는 신고의무 위반으로 처벌할 수 없다.[102]

Ⅵ. 위반에 따른 효과

1. 증거능력의 배제

위법수집증거는 원칙적으로 증거로 사용할 수 없다.

2. 증거동의의 문제

위법수집증거는 증거동의의 본질인 반대신문권의 포기와 무관하므로 애당초 증거동의의 객체가 될 수 없고 증거동의가 있더라도 증거로 사용할 수 없다.

제한적 긍정설에 따르면, 증거수집절차의 위법이 본질적인 위법에 해당하는 경우에는 피고인이 증거로 동의해도 증거로 사용할 수 없지만, 그 위법이 본질적이지 않고 단순히 개인의 이익보호를 목적으로 하는 절차에 대한 위반인 경우(진술거부권이나 증언거부권의 불고지, 증인신문참여권 침해 등)에는 증거동의가 있으면 증거로 사용할 수 있다고 한다. 그러나 절차위법이 본질적인지 여부의 구별이 모

99) 대판 2013. 9. 26. 2013도7718. 한편 대통령을 보좌하는 대통령비서실이 이미 재판이 진행 중인 사건에서 피고인에게 불리한 증거를 특별검사에게 제공한 사안에서 공소권 침해나 특별검사의 정치적 중립성 내지 독립성 침해에 해당하지 않는다는 판례(대판 2020. 1. 30. 2018도2236 전합)가 있다.

100) 대판 2017. 7. 18. 2014도8719.

101) 대판 2014. 10. 15. 2011도3509. 구법하에서 진술거부권 고지규정이 없는 상태에서 진술거부권 불고지만으로는 절차의 위법이나 문답성의 증거능력이 당연히 부정되지는 않는다는 판례로는, 대판 2014. 1. 16. 2013도5441.

102) 대판 2015. 5. 28. 2015도3136 (새마을금고 임직원이 장차 특정경제범죄 가중처벌 등에 관한 법률에 규정된 죄로 처벌받을 수도 있는 사항에 관한 질문을 받고 거짓 진술을 한 사안: 진술거부권 보장을 위해 벌칙규정 적용 배제).

호하고, 근본적으로 적법절차의 실질적 내용을 침해한 경우에만 위법수집증거가 된다는 점에서 보면 비본질적인 침해가 어떤 경우인지는 의문이다.

판례는 과거에 절충적인 입장에 가까웠으나[103] 최근에 부정설의 입장을 명확히 하고 있다. 즉 2007년 개정법률 이후에는 영장주의에 위반한 압수는 적법절차의 실질적인 내용을 침해한 경우에 해당하므로, 압수물에 대해서 증거동의가 있더라도 증거로 사용할 수 없다는 판례가 지배적이다.[104]

3. 탄핵증거의 문제

위법수집증거배제법칙은 절대적 배제의 효과를 가지므로, 위법수집증거는 탄핵증거로도 사용할 수 없다. 현행법이 전문증거에 대해서만 탄핵증거로 사용할 수 있다고 규정한 것에 비추어 볼 때도 위법수집증거를 탄핵증거로 사용할 여지는 없다고 보아야 한다.

---

103) 예컨대 증거보전절차에서 당사자에게 참여의 기회를 주지 아니한 경우라도 피고인과 변호인이 증인신문조서를 증거로 할 수 있음에 동의하여 별다른 이의 없이 적법하게 증거조사를 거친 경우에는 위 증인신문조서는 증인신문절차가 위법하였는지의 여부와 관계없이 증거능력이 부여된다고 판시한 것(대판 1988. 11. 8. 86도1646)이나 공판준비 또는 공판기일에서 이미 증언을 마친 증인을 검사가 소환한 후 피고인에게 유리한 그 증언 내용을 추궁하여 이를 일방적으로 번복시키는 방식으로 작성한 진술조서의 증거능력에 대해 '헌법 제27조가 보장하는 기본권, 즉 법관의 면전에서 모든 증거자료가 조사·진술되고 이에 대하여 피고인이 공격·방어할 수 있는 기회가 실질적으로 부여되는 재판을 받을 권리를 침해하는 것이므로, 이러한 진술조서는 피고인이 증거로 할 수 있음에 동의하지 아니하는 한 그 증거능력이 없다고 하여야 할 것'이라고 판시한 것(대판 2000. 6. 15. 99도1108 전합; 대판 2004. 3. 26. 2003도7482)은 위법수집증거라도 증거동의가 있으면 증거로 사용할 수 있다는 취지로 보이지만, 피해자의 의사에 반해 촬영한 나체 사진에 대해 '이 사건 사진이 위법하게 수집된 증거로 볼 수 없는 이상 형사소송법 제318조 제1항에 의한 증거동의의 대상이 될 수 있다'고 한 것(대판 1997. 9. 30. 97도1230)은 부정설에 가까운 것처럼 보인다.

104) 대판 2009. 12. 24. 2009도11401; 대판 2010. 1. 28. 2009도10092 (소유·소지·보관자가 아닌 자로부터 임의제출을 받은 압수물에 증거동의를 한 사안); 대판 2010. 10. 14. 2010도9016 (불법감청한 녹음에 기하여 작성된 녹취록 첨부 수사보고에 대해 변호인이 증거동의를 한 사안); 대판 2011. 4. 28. 2009도2109; 대판 2011. 5. 13. 2009도10871 (강제채혈에 기한 감정결과보고서가 피고인이나 변호인의 증거동의 여부를 불문하고 증거로 사용할 수 없다고 한 사안); 대판 2013. 3. 14. 2010도2094 등. 참고로 대판 2010. 1. 14. 2009도9344 (피고인에게 실질적인 반대신문의 기회를 부여하지 아니한 채 이루어진 증인의 법정진술에 대해 다음 기일에서 재판장이 증인신문 결과 등을 증인신문조서에 의하여 고지하자 피고인이 이의를 제기하지 않은 사안)을 증거동의가 있으면 증거로 사용할 수 있다고 한 판결로 보기도 하나, 이 사안은 절차위법의 하자가 사후에 책문권 포기로 치유된 경우로서 위법수집증거에 대해 증거동의를 한 사안이라고 보기 어렵다.

① 피고인에게 이익이 되는 경우에는 증거로 사용할 수 있다는 견해나 ② 위법수집증거배제법칙은 증명력 문제와는 무관하므로 중대한 인권침해에 의한 진술과 같이 예외적인 경우가 아니면 일반적으로 위법수집증거는 탄핵증거로 사용할 수 있다는 견해도 있다. 그러나 탄핵증거는 자유심증주의를 보강하기 위해 법률적 차원에서 입법정책적으로 도입된 제도이므로, 위법수집증거를 탄핵증거로서 사용하게 하면 이것을 법원에 현출시킴으로써 법관의 심증형성에 부당한 영향을 주게 된다는 점에서 부정설이 타당하다.

4. 이차적 증거의 문제

일정한 증거가 그 이전에 위법하게 수집된 증거의 직·간접의 결과인 때에는 원칙적으로 이를 증거로 할 수 없도록 하는 것이 원칙이다. **독수과실**(독수독과)**이론**이라고도 부른다.

일차적 증거의 증거능력을 부정하더라도 그것을 토대로 발견한 이차적 증거의 증거능력을 긍정한다면 위법수집증거배제법칙이 무의미해질 수 있다는 점을 고려한 것이다.

미국의 경우 **독수과실이론**(principle of fruit of the poisonous tree)의 확립으로 일정한 증거가 그 이전에 위법하게 수집된 증거의 직·간접의 결과인 때에는 원칙적으로 이를 증거로 할 수 없도록 하고 있다. 1920년 Silverthorne사건에서는 피고인의 전화를 도청하여 비밀장부를 보관한 장소를 알아내어 그 장부를 압수한 경우에 당해 상업장부는 위법수집증거에 의하여 발견·수집된 파생증거(derivative evidence)로서 증거로 사용할 수 없다고 판시한 바 있으며, 1939년 Nardone사건에서 처음으로 독수과실이라는 용어를 사용하였다. 1963년 Wong Sun사건에서 위법한 압수수색 외에 위법한 체포로 얻은 자백과 증거물의 증거능력을 부정하였고, 1964년 Escobedo사건에서 수정헌법 제6조에 의한 변호권 침해로 얻은 진술을 토대로 수집한 증거의 증거능력을 부정하였다.

그러나 근자에는 미국에서 독수과실 이론이 위법수사를 억제하는 데 도움이 되지 않고 오히려 적법한 수사에 지장을 초래한다는 지적에 따라 광범위한 예외[105]를 인정하고 있다.

① **불가피한 발견의 예외**(inevitable discovery exception): 수사관이 불법한 행위로 취득한 증거라도 그 불법행위와는 별도로 다른 경찰관이 합법적으로 증거를 수집

105) 여기에 '선의의 예외'를 포함시키기도 하나, 이것은 독수과실의 예외가 아니라 위법수집증거배제법칙의 예외라는 측면이 강하므로 제외한다.

하였을 것임이 증명되는 경우에는 증거로서 허용된다. 예를 들면, 살인사건을 수사하던 경찰관이 피의자를 체포한 후 피의자의 동의 없이, 그리고 피의자에 대하여 신문을 하지 말아 달라는 변호인의 요구에도 불구하고, 변호인의 입회가 없는 상황에서 피의자를 신문함으로써 피의자의 권리를 침해하고 신문한 결과, 시체의 소재를 알게 된 때에도 피의자의 진술 자체는 증거로 할 수 없지만, 경찰수색팀이 이미 시체의 소재를 찾고 있던 중이어서 조만간 시체가 발견되었을 것임이 증명된 때에는 시체나 옷, 시체에 대한 부검결과 등은 증거로 할 수 있다.

② **독립한 정보원에 의한 예외**(independent source exception): 위법한 압수·수색으로 획득한 증거물이지만, 위법한 압수·수색과 관련 없는 다른 독립된 정당한 정보에 기초하여 같은 내용의 증거물을 확보할 수 있었음을 입증한 경우에는 그 증거물은 증거로 할 수 있다. 불법적으로 용의자를 체포한 후 촬영한 사진을 피해자에게 보여주어 범인이라는 진술을 확보한 뒤에 피의자를 기소한 경우, 위 사진 자체는 증거로 할 수 없지만, 법정에서 피고인의 얼굴을 보고 범인이라고 진술한 피해자의 증언은 불법한 체포와 별개로 수집된 정보이므로 증거로 할 수 있다.

③ **오염순화(희석)에 의한 예외**(The purged taint exception): 최초의 위법한 수사행위와 최후의 증거발견 사이에 충분한 다른 사정이 개입되어 있어서 더 이상 위법수집증거배제법칙이 실현하고자 하는 위법수사억제효과(deterrence)나 사법의 공정성(judicial fairness) 달성에 영향이 없을 때에는, 비록 위법수사가 없었더라면 그 증거를 발견할 수 없었다고 하더라도 발견된 증거의 증거능력이 인정된다. 경찰관이 어느 범죄에 대하여 수사를 하면서 위법행위로 전혀 다른 범죄인의 범죄에 대한 증거를 발견한 경우라도 그 증거는 경찰관이 불법적 수사를 하여 증거를 얻어 내려고 의도하였던 원래 범죄에 대한 것이 아니라서 이를 증거로 할 수 있다. 경찰관이 불법으로 용의자를 체포한 현장에 돌아와서 공범을 찾으려고 수색하던 중에, 전혀 다른 범죄에 대한 단서가 되는 신문을 오려둔 쪽지를 발견하고, 이를 토대로 수사하여 증거를 발견한 경우에도 오염순화의 예외에 따라 위 증거의 증거능력이 있다. 불법적 수사로 인하여 증인의 존재를 알게 되어 증인의 증언을 획득한 경우 그 증언도 대개 증거능력이 있다. 증거물과 달리 증인의 증언은 자발성이 있는 경우가 많고, 따라서 대개 오염이 순화된다고 보기 때문이다.

한편, 미란다 원칙을 침해해서 얻은 자백을 근거로 해서 얻은 증거물에 대하여 독수과실이론을 적용하지는 않는 것이 연방법원의 입장이다(**미란다 원칙의 예외**). Quarles사건(New York v. Quarles, 467 U.S. 649 (1984))에서는 슈퍼마켓에서 피해자로부터 강간죄의 범인으로 지목된 피의자에 대해 미란다 원칙을 고지하지 않고 총의 위치에 관한 진술을 얻은 다음 그 총을 압수해 불법무기소지죄의 증거물로 제출하자 그 증거능력을 인정하였다.

(1) 적용요건

절차위반에 기한 증거수집이 전제로 되므로, 절차위반 이전에 이미 증거수집이 이루어졌다면 그 이후에 증거방법에 대한 증거수집절차가 위법한 경우에도 증거로 사용할 수 있다.[106)]

(2) 적용범위

위법수집증거에 기하여 수집한 이차적 증거도 원칙적으로 증거로 사용할 수 없으며(독수과실이론), 다만 위법수집증거배제법칙과 마찬가지로 예외가 인정된다. 즉 위법수집증거와 이차적 증거 사이에 인과관계가 희석 또는 단절되었다고 평가할 수 있는 경우에는 예외적으로 이차적 증거를 증거로 사용할 수 있다.

여기서 인과관계가 희석 또는 단절되었는지 여부는, 영미법에서 말하는 ① 다른 방법으로 어차피 발견되었을 증거인 경우(불가피한 발견의 예외), ② 위법수집증거와 별개로 수집한 증거인 경우(독립한 정보원의 예외), ③ 위법수사 이후에 피고인이 자유의사에 따라 증거를 제공한 경우(오염순화의 예외) 등을 말한다.

판례는 2007년 개정법률 이전에는 절차위법의 연장선상에서 수집된 증거의 증거능력을 부정하기도 하였지만,[107)] 2007년 전원합의체 판결[108)] 이후에는 절차에 따르지 아니한 증거 수집과 이차적 증거 수집 사이의 **인과관계의 희석 또는 단절** 여부를 중심으로 2차적 증거 수집과 관련된 모든 사정을 전체적·종합적으로 고려하여 이차적 증거의 증거능력 유무를 판단하고 있다.

> 오염순화의 예외를 인정한 경우로는, ① 강도 현행범으로 체포된 피고인에게 진술거부권을 고지하지 아니한 채 강도범행에 대한 자백을 받고, 이를 기초로 여죄에 대한 진술과 증거물을 확보한 후 진술거부권을 고지하여 피고인의 임의자백 및 피해자의 피해사실에 대한 진술을 수집한 사안,[109)] ② 강제연행은 위법하지만 그 이후 법관이 발부한 구속영장에 의해 적법하게 구금된 이후 압수영장에 의해

---

106) 대판 2008. 10. 23. 2008도7471 (피해자의 신고를 받고 현장에 출동한 경찰관이 피해자가 범인과 함께 술을 마신 테이블 위에 놓여 있던 맥주컵에서 지문 6점을, 물컵에서 지문 8점을, 맥주병에서 지문 2점을 각각 현장에서 직접 채취하였고, 그 후 맥주컵 등을 피해자 등의 명시적 의사 없이 수거한 사안: 적법).

107) 대판 1977. 4. 26. 77도210 (임의성이 의심되는 자백에 기해 증거물을 획득한 사안: 위법); 대판 2006. 11. 9. 2004도8404 참조 (위법한 강제연행에 기한 음주측정을 요구한 사안: 위법).

108) 대판 2007. 11. 15. 2007도3016 전합.

109) 대판 2009. 3. 12. 2008도11437; 대판 2009. 4. 23. 2009도526; 대판 2009. 5. 14. 2008도10914.

2차 채뇨 및 채모가 이루어져 작성된 각 감정서의 증거능력을 긍정한 사안,[110] ③ 사전에 구속영장을 제시하지 아니한 채 구속영장이 집행되어 위법한 구속 중에 진술을 수집하였으나 피고인이 공판절차에서 그 구속 중 이루어진 진술증거의 임의성이나 신빙성에 대하여는 전혀 다투지 않았고, 변호인과 충분한 상의를 거친 후 동일한 내용의 자백을 한 경우,[111] ④ 수사기관이 법관의 영장 없이 위법하게 압수한 신용카드 매출전표 거래명의자 정보에 기초하여 수집한 2차적 증거, 예컨대 피고인이 법정에서 한 자백진술이나, 피해자들이 제출한 진술서의 증거능력을 인정한 사안,[112] ⑤ 판사의 서명만 있고 날인이 없이 적법하게 발부되지 않은 압수수색영장에 따라 압수한 파일 출력물에 기초하여 획득한 2차적 증거인 피의자신문조서 및 법정진술의 증거능력을 인정한 사안[113] 등을 들 수 있다. 반면, 오염순화의 예외를 부정하고 증거능력을 부정한 경우로는, ① 체포의 이유와 변호인 선임권의 고지 등 적법한 절차를 무시한 채 지구대로 강제연행한 위법한 체포상태에서의 음주측정결과에 피고인이 이의를 제기하자 혈액채취 방법의 결과 작성된 혈중알코올농도 감정서 및 주취운전자 적발보고서를 불법체포의 연장선상에서 수집된 증거로 기초로 한 2차적 증거로 보아 인과관계의 단절을 부정한 사안,[114] ② 조세포탈 사건을 수사하면서, 영장기재 혐의사실과 무관한 관련 서류와 USB 등을 위법하게 압수하여 보관하던 중 이미 구속되어 재판을 받고 있던 피고인의 동생을 불러 사업상 불이익을 위협하면서 임의제출하도록 하여 USB에 저장된 영업실적표를 증거로 제출한 사안의 증거능력을 부정한 사안,[115] ③ 영장에 기재되지 않은 전자정보를 위법하게 수집한 후 이에 터잡아 수집한 2차적 증거인 피고인의 검찰 진술과 법정진술의 증거능력을 부정한 사안[116] 등을 들 수 있다. 한편, 판례 중에는 독립된 증거원의 예외[117]와 선의의 예외[118]를 다룬 것으로 볼 수 있는 사안들도 있다.

110) 대판 2013. 3. 14. 2012도13611.
111) 대판 2009. 4. 23. 2009도526.
112) 대판 2013. 3. 28. 2012도13607.
113) 대판 2019. 7. 11. 2018도20504.
114) 대판 2013. 3. 14. 2010도2094.
115) 대판 2016. 3. 10. 2013도11233.
116) 대판 2018. 4. 26. 2018도2624.
117) 대판 2017. 11. 14. 2017도3449.
118) 대판 2013. 3. 14. 2012도13611; 대판 2019. 7. 11. 2018도20504.

제 2 자백배제법칙

Ⅰ. 자백의 개념

자백이란 피의자나 피고인이 자신의 범죄사실의 전부 또는 일부를 인정하는 진술을 말한다.

1. 자백의 주체

자신의 범죄사실의 전부 또는 일부를 인정하는 진술을 하는 자를 포괄하며, 그의 진술이 어떠한 절차와 지위에서 이루어졌는지 여부는 불문한다. 수사개시나 공소제기의 전후를 불문하며, 피고인·피의자, 참고인이나 증인 또는 일반인의 지위에서 행해진 것도 자백에 해당할 수 있다.

2. 자백의 형식

자백은 그 방식이나 시기를 불문한다. 구두 진술(피고인신문시에 이루어진 자백), 서면 기재(예컨대 피의자신문조서에 기재된 범죄를 인정하는 진술)를 포함하며, 공판정 내외를 불문한다. 상대방이 누구인지를 불문하고 상대방 없이 행해진 경우도 포함하며, 수사개시 전에 상대방 없이 피고인 스스로 일기장이나 상업장부 등에 기재해 놓은 경우도 자백에 해당한다.

다만 판례는 통상의 업무과정에서 작성된 문서는 제외되는 것으로 본다.[119] 수첩이나 장부와 같이 업무상 통상으로 작성하는 문서는 그 작성의 계속성·반복성으로 인하여 작성주체의 개성이 고도로 약화되며, 피고인 자신이 기재하는 것이나 다른 업무보조자가 기재하는 것이나 차이가 없다는 점에 주목한 판결이라고 할 수 있다.

---

119) 대판 1996. 10. 17. 94도2865 전합 (뇌물공여죄로 기소된 피고인이 업무수행에 필요한 지출을 하면서 지출한 자금내역을 자료로 남겨 두기 위해 뇌물자금과 기타 자금을 구별하지 않고 지출일시, 금액, 상대방 등 내역을 기재한 수첩을 증거로 제출한 사안). 「상법장부나 항해일지, 진료일지 또는 이와 유사한 금전출납부 등과 같이 범죄사실의 인정 여부와는 관계없이 자기에게 맡겨진 사무를 처리한 사무 내역을 그때그때 계속적, 기계적으로 기재한 문서 등의 경우는 사무처리 내역을 증명하기 위하여 존재하는 문서로서 그 존재 자체 및 기재가 그러한 내용의 사무가 처리되었음의 여부를 판단할 수 있는 별개의 독립된 증거자료이고, 설사 그 문서가 우연히 피고인이 작성하였고 그 문서의 내용 중 피고인의 범죄사실의 존재를 추론해 낼 수 있는, 즉 공소사실에 일부 부합되는 사실의 기재가 있다고 하더라도, 이를 일컬어 피고인이 범죄사실을 자백하는 문서라고 볼 수는 없다.」

3. 자백의 내용

(1) 내용

자백은 범죄사실의 전부 또는 일부를 인정하는 진술로 족하다. 자인 또는 승인(admission. 범죄사실을 시인하는 자백과 달리 피고인 자신에게 불리한 사실을 인정하는 것), 위법성조각사유나 책임조각사유를 주장하는 경우도 포함한다.

> 예컨대 절도죄의 피고인이 자신의 죄책은 인정하지 않으면서 피해자가 절취당한 액수만큼의 돈을 배상하겠다고 진술하는 경우 이는 유죄를 입증하는 경향이 있는 진술로서 자인(승인)에 해당한다. 영미법의 경우와는 달리 이 경우도 자백에 해당한다.

'공소사실대로'라고 진술한 것[120]이나 항소이유서에 기재된 추상적 문구[121]만으로는 자백을 인정할 수는 없다.

(2) 자백의 양면성

자백은 자기에게 불리한 사실을 인정한다는 점에서 진실가능성이 높다. 한편, 허위로 자백을 하게 될 많은 원인이 존재하고 실체해명을 위한 수사기관의 인위적인 노력의 결과 자백이 이루어질 수 있다는 점에서 자백의 허위가능성을 배제할 수 없다. 피고인의 기본권을 강조하는 현행법은 자백 위주의 실체해명을 지양하고 자백에 따른 인권침해를 방지하기 위하여 자백배제법칙(제309조)과 자백보강법칙을(제310조) 인정하고 있다.

> 최근까지도 경찰과 검찰에 의한 가혹행위가 자백을 얻어 내는 수단으로 사용된 경험이 있고, 따라서 적법절차를 강조하는 입장에서는 자백의 허위가능성이라는 측면을 강조하여 자백을 증거로 사용할 수 있는 경우를 엄격히 제한하는 입장을 취할 필요가 있다. 제309조, 제310조는 이 점을 반영하고 있는 제도라고 할 수 있다.

---

120) 대판 1982. 6. 8. 81도790.
121) 대판 1999. 11. 12. 99도3341.

Ⅱ. 자백배제법칙의 의의

1. 의의 및 연혁

(1) 의의

자백배제법칙이란 임의성이 의심스러운 자백은 증거로 사용할 수 없다는 원칙을 말한다.

자백 편중의 형사절차를 지양하고, 허위자백의 야기와 자백에 따른 인권침해를 최소화하여 적법절차를 실현하기 위한 원칙이다. 위법수집증거배제법칙이나 전문법칙이 자백을 내용으로 하는 경우라도 주로 진술을 기재한 진술서면에 초점을 맞추어 객관적인 측면에 비중을 둔 증거법칙이라면 자백배제법칙은 피고인의 진술 그 자체에 초점을 맞춘 증거법칙이라고 할 수 있다.

(2) 연혁

영미의 보통법은 국가기관에 의한 자백강요를 금지하기 위해 자백배제법칙과 자기부죄거부의 특권을 인정하였다.

영국의 초기 보통법시대에는 아무런 제한이 없었으나, 18세기 이후에 유인이나 강요에 의한 자백을 불허하면서 19세기 중반 허위배제의 차원('임의성이 의심되는 자백은 거짓의 위험이 많다')에서 자백배제법칙이 확립되었고 이후 미국의 증거법에 영향을 주었다.

미국은 초기에 보통법의 전통에 따라 자백의 신뢰성 내지 진실성 보장을 위해 자백의 임의성 법칙을 수용하였으며, 1960년대 이후 적법절차의 원리에 기초한 자백배제법칙을 확립하였다.

1897년 Bram사건(Bram v. U. S., 168 U.S. 532(1897))에서 임의성을 요구하는 근거가 자기부죄거부의 특권을 규정한 수정헌법 제14조에 있다고 판시한 이래, 1936년 Brown사건(폭력에 의한 자백이 피고인의 due process에 대한 권리를 침해하는 것으로 봄), 1936년 McNabb사건과 1957년 Mallory사건(구금 후 즉시 법관에 인치하지 않고 얻어진 자백의 증거능력 부정), 1961년 Rogers사건, 1966년 Escobedo사건(변호인과의 접견교통권을 침해한 상태에서 얻어진 진술의 증거능력 부정), 1967년 Miranda사건(진술거부권을 고지하지 아니한 상태에서 이루어진 자백은 증거로 할 수 없다는 Miranda법칙이 확립)을 통해 위법배제를 기초로 하는 자백배제법칙이 확립되었다.

대륙법계에서는 프랑스 혁명 후에도 자유심증주의에 의하여 자백의 증명력을 법관의 자유판단에 맡기는 방법을 통해 자백편중의 문제에 접근하였으며, 자백의 증거능력은 문제삼지 않았다.

독일 형사소송법은 1950년 개정을 통하여 증거금지의 하나로 제136조의a에서 '금지된 신문방법'을 규정하여 피고인의 진술의 자유를 보장하고 있다. 여기서 증거금지는 피고인의 진술거부권을 보장하기 위한 것이며, 이러한 의미에서 독일 형사소송법 제136조의a는 피고인의 인권옹호에 그 근거를 두고 있다고 할 수 있다.

우리나라는 형사소송법 제정 당시 제309조에 「의제자백의 증거능력」으로 규정된 후, 1962년 5차 개헌을 통해 헌법상 기본권으로 정착되고(제12조 제7항), 형사소송법도 「강제등 자백의 증거능력」으로 표제어를 변경하였다.

2. 이론적 근거

임의성이 의심스러운 자백은 증거로 사용할 수 없다는 자백배제법칙의 근거에 대해서 다양한 견해가 제시되고 있다.

(1) 학설

현재로는 절충설, 위법배제설, 종합설이 유력하다.

① 허위배제설　　임의성이 의심되는 자백은 허위일 가능성이 많으므로 허위배제의 차원에서 증거능력을 부정한 것이라는 견해이다.
② 인권옹호설　　자백강요로 인해 헌법상 보장된 진술거부권을 중심으로 한 피의자 등의 인권이 침해되는 것을 막기 위해 증거능력을 부정한 것이라는 견해이다. 자백배제법칙이 자기부죄거부의 특권과 관련된다고 본다.
③ 절충설　　임의성 없는 자백은 허위일 가능성이 많고 피의자 등의 인권을 침해할 수 있으므로 증거능력을 부정해야 한다는 견해로서, 경합설이라고도 한다.
④ 위법배제설　　헌법 제12조 제1항에 따른 적법절차 원리를 실현하기 위한 것으로서, 자백획득의 수단이 위법하기 때문에 이를 억지하기 위해 증거능력을 부정해야 한다는 견해이다.
⑤ 종합설　　전통적인 절충설과 위법배제설의 근거들을 종합적으로 고려하는 견해를 말한다.

절충설, 위법배제설 내지 종합설 어떤 견해에 따르더라도 자백의 증거능력을 제한하는 범위는 유사하며 다만 제한근거에 대해서만 입장의 차이를 보이고 있다. 절충설이 타당하다.

헌법이 적법절차의 원리(헌법 제12조 제1항 제2문)와는 별개로 자백 자체의 임의성에 중점을 두어 제12조 제7항을 명문화하고 있는 점에 비추어 보면, 자백배제법칙은 자백과 관련된 절차의 위법 자체를 규율하는 것이 아니라 절차의 위법으로 인해 나타날 수 있는 진술의 자유를 비롯한 기본권 침해와 허위유발을 막기 위한 독자적인 성격을 가진다고 이해하는 것이 타당하다. 제308조의2에 위법수집증거배제법칙에 대한 명문근거를 둔 점을 고려하면, 자백이라도 절차의 위법으로 인한 경우와 임의성이 없는 경우는 구별하여 후자에 대해서만 제309조(자백배제법칙)를 적용하는 것이 타당하다.

(2) 판례의 입장

판례는 전체적으로 절충설의 입장을 취하고 있는 것으로 보인다.

초기에는 허위배제설에 가까운 입장을 취하였으나,[122] 그 후에는 증거능력과 증명력의 문제를 엄격히 구별하면서 이를 극복하려는 경향에 따라 인권옹호설과 유사한 것도 나타났다.[123] 최근 일부 판례는 위법배제의 의미를 내포하기도 하나,[124] 전체적으로는 절충설의 입장이라고 평가할 수 있다.[125]

3. 위법수집증거배제법칙과의 관계

제308조의2에 규정된 위법수집증거배제법칙은 자백 등 진술증거와 압수물 등 비진술증거 모두에 대해 적용되는 데 비하여, 제309조의 자백배제법칙은 자백만을 대상으로 하여 임의성이 의심되는 경우에만 적용된다는 점에서 별개의 것처럼 보이지만, 자백의 임의성이 결여된 경우에는 절차의 위법이 인정되는 경우가 대부분이므로 이 경우에 어느 법칙에 따라 증거능력을 부정할 것인지 문제된다.

---

122) 대판 1968. 5. 7. 68도379; 대판 1977. 4. 26. 77도210.

123) 대판 1981. 10. 13. 81도2160; 대판 1983. 9. 13. 83도713; 대판 1986. 8. 19. 86도1075.

124) 대판 1983. 3. 8. 82도3248; 대판 1985. 2. 26. 82도2413; 대판 1997. 10. 10. 97도1720.

125) 대판 1998. 4. 10. 97도3234; 대판 1999. 1. 29. 98도3584; 대판 2000. 1. 21. 99도4940; 대판 2002. 10. 8. 2001도3931; 대판 2005. 11. 10. 2004도42; 대판 2006. 1. 26. 2004도517; 대판 2006. 11. 23. 2004도7900; 대판 2012. 11. 29. 2010도3029; 대판 2013. 7. 11. 2011도14044; 대판 2014. 12. 11. 2012도15405; 대판 2015. 9. 10. 2012도9879.

(1) 특별관계설

제309조에 근거한 자백배제법칙은 헌법 제12조 제1항 및 제3항과 제308조의2를 근거로 한 위법수집증거배제법칙에 대해 특별관계에 있다고 하는 견해이다.

즉 피고인의 자백진술을 위법하게 수집한 경우에 헌법 제12조 제7항은 독자적인 증거배제를 규정하고 있으며, 이를 구체화하기 위해서 제309조로 자백배제법칙을 다시 한번 규정하고 있다는 것이다. 이 경우 자백배제법칙에 의하여 증거능력이 배제되는 것은 피고인의 '자백' 그 자체라고 할 수 있다.

(2) 병립관계설

제308조의2가 신설된 개정법률 하에서는 자백배제법칙은 제308조의2에서 규정한 위법수집증거배제법칙의 일부인 '위법자백'배제법칙과 제309조에서 규정하고 있는 '임의성 없는 자백'배제법칙을 포괄하는 것으로서, 양자는 병립한다는 견해이다.

자백의 내용 자체도 조사자 증언 등을 통하여 법정 외 자백이 현출될 때 위법수집증거배제법칙이 적용될 수 있고, 자백이 기재된 서류도 자백배제법칙이 적용될 수 있으며, 이를 통하여 획득한 2차적 증거는 독수과실이론이 적용될 수 있다는 점에서 양자는 병립이 가능하다고 한다. 이를 '신종합설'이라고 부르기도 한다.

(3) 절충설과 병립관계

자백의 임의성과 자백획득절차의 위법이 별개라고 보는 절충설에 따르는 한 양자는 병립관계에 있다고 보아야 할 것이다.

Ⅲ. 적용범위

자백의 임의성에 대해서는 자백이 이루어진 상황을 전체적으로 고려하여 판단한다(**전체상황의 원칙**). 판례도 피고인이 주장한 자백배제사유에 국한하지 않고 전체적 상황을 고려하여 임의성을 판단한다는 입장이다.[126] 자백하는 내용의 의미와 그에 따른 효과를 충분히 인식하면서, 자발적으로 이루어졌는가 하는 점 등이 함께 고려되어야 한다(freely, knowingly, voluntarily and intelligently).

자기부죄거부의 특권을 보장한다는 의미에서 기소사실인부절차에서 이루어진 유

126) 대판 1977. 4. 26. 77도210.

죄답변이 유효하기 위해서는 알코올이나 마약, 약물의 영향을 받지 않고 절차를 이해하기 어렵게 만드는 의학적이거나 지적인 문제를 안고 있지 않아야 한다는 점을 네 가지 요소로 표현한 것이다.

1. 고문·폭행·협박에 의한 자백

고문은 사람의 정신 또는 신체에 대하여 비인도적·비정상적인 위해나 고통을 가하는 것을 말한다. 폭행과 협박은 고문의 한 수단으로 병행되는 경우가 대부분이어서 넓은 의미의 고문이라고 할 수 있다. 헌법 제12조 제2항, 세계인권선언 제5조, 1984년 「고문 및 그 밖의 잔혹한, 비인도적 또는 굴욕적 대우나 처벌의 방지에 관한 협약」(고문방지협약, 1995년 비준)은 고문을 금지하고 있다.

여기서 고문은 물고문, 전기고문, 관절뽑기, 통닭구이, 구타, 광선투시, 연속신문을 포함하고, 정의관념에 대한 반역 내지 야만성의 충격적 표현(a shocking display of barbarism)에 해당하는 경우를 포괄하며, 대상자에게 직접 가해지는 경우에 한하지 않는다.

판례에 나타난 고문 사안들은 다음과 같다. 검찰수사과정에서 피고인에 대하여 철야조사를 하면서, 속칭 "원산폭격"을 시키고 뺨을 때리고 자신보다 15세 이상 연하인 검찰주사 앞에서 무릎을 꿇게 하여 조사를 진행한 사안,[127] 본인 자신이 직접 고문을 당하지 않았다 할지라도 다른 피의자가 고문당하는 소리를 듣게 하여 고문가능성을 느끼게 한 경우,[128] 자백을 거부하는 피고인에게 검찰수사관들이 "지하에 내려가서 손을 봐야겠다", "의자에서 일어나라. 상의를 벗고 입을 꽉 다물어라"라고 말하며 때리려는 시늉을 하여 자백을 얻은 사안,[129] 검사가 교도소에 수감 중인 피고인을 경찰관과 같이 방문하여 신문하면서 경찰관이 피고인을 폭행하는 것을 방치함은 물론 공판과정에서 자백을 번복하면 좋지 않을 것이라고 위협한 사안,[130] 경찰에서 고문을 당하고 검찰에 송치된 피고인이 고문을 호소하자 피고인을 다시 경찰로 되돌려 보낸 사안[131] 등이 있다.

---

127) 대판 1993. 9. 28. 93도1843.
128) 대판 1978. 1. 31. 77도463.
129) 대판 2000. 1. 21. 99도4940.
130) 대판 1981. 7. 28. 80도2688.
131) 대판 1984. 3. 13. 84도36.

2. 신체구속의 부당한 장기화

(1) 의의

부당하게 장기간에 걸친 구금상태(체포, 구속 불문)에서 자백이 이루어진 경우로서, 위법한 구금이 인정되는 경우는 제외된다.

제308조의2의 신설로 신체구속이 불법하게 이루어진 경우(예컨대 형법상 불법체포감금죄에 해당하는 경우라든가 구속기간이 만료된 경우 등)에는 위법수집증거로서 증거능력이 부정되어야 하므로, 여기서는 위법한 정도에 이르지 않고 '부당한 경우'에 한정할 필요가 있다.

법률이 허용하는 범위 내에서 장기구금으로 인해 진술의 자유가 침해될 수 있는 상태에 있거나 구속의 필요성이 없는 상태에서 계속 구금하는 경우 등이 문제로 된다.

종래에는 영장 없이 임의동행으로 연행되어 조사를 받던 중 17일만에 자백을 내용으로 하는 자술서와 피의자신문조서를 작성하고 이틀 후 구속영장이 발부된 사안,[132] 임의동행의 형식으로 영장 없이 연행되어 외부와의 연락이 차단된 채 적게는 75일, 많게는 116일 동안 불법구속된 상태에서 자백을 얻은 사안,[133] 구속영장 없이 13일간 보호실에 불법구속하면서 가혹행위를 가하여 자백을 받아낸 사안[134]에서 신체구속의 부당한 장기구금을 이유로 자백의 임의성을 부정했지만, 개정법률하에서는 신체구속이 불법하게 이루어진 경우로서 위법수집증거로 보아 증거능력을 배제해야 할 것이다.

(2) 판단

단순히 구속기간이 장기라는 이유만으로는 여기에 해당하지는 않고,[135] 피의자의 심신상태, 구속의 필요성 내지 비례성을 기준으로 개별적으로 판단하여야 한다.

---

132) 대판 1982. 5. 25. 82도716.
133) 대판 1983. 8. 23. 83도1578.
134) 대판 1985. 2. 26. 82도2413.
135) 대판 1950. 12. 11. 4283형상89.

3. 기망에 의한 자백

(1) 의의

조사자나 그의 사주를 받은 타인의 적극적인 위계·사언·술책 등으로 착오에 빠져 자백한 경우로서(위계에 의한 자백), 본인이 착오에 빠지지 않았더라면 자백을 하지 않았을 경우를 말한다.

예컨대 공범자의 자백, 피해자의 지목, 목격자 존재, 물증 발견, 거짓말탐지기 검사결과 등을 빙자하거나 적극적으로 증거를 조작하거나 신분을 위장한 후 자백을 유도하는 경우 등을 말한다.

사실 외에 법률문제에 대한 기망은 여기에 포함되지만, 단순 착오나 논리모순의 이용은 제외된다.

(2) 판단

기망 자체가 위법한 것이라고 보기는 어렵고, 기망의 종류와 정도, 기망이 발생한 상황을 고려하여 개별적으로 판단해야 한다.

자백의 임의성을 결정하는 데 판단자료가 되는 증거는 단순히 하나의 요소에 국한하지 않고 자백을 하게 된 모든 정황을 포함해야 한다는 이른바 전체 상황(the totality of circumstances) 이론에 근거한 것이다. 그러나 위법배제설에서는 기망 자체가 국가기관에 의한 불공정한 신문방법이라고 보아 증거능력을 부정하는 태도를 취한다. 같은 취지에서 헌법과 법률에 명시적인 규정이 있는 기망에 대하여 기망의 종류와 정도, 기망이 발생한 상황을 검토하여 자백배제 여부를 검토하는 것은 부당하다는 견해도 있다.

4. 기타의 방법에 의한 자백

임의성을 의심할 만한 사유가 있으면 고문, 폭행, 협박, 신체구속의 부당한 장기화, 기망 등의 방법에 한하지 않고 자백의 증거능력을 배제하려는 취지로서, 비정형적 배제사유이다.

위법배제설에 따르면 모든 형태의 위법수사에 기한 자백이 여기에 포함되지만, 절충설에 따르면 임의성과 무관한 단순한 절차위반은 제외되어야 한다.

(1) 약속에 의한 자백

자백을 하면 그 대가로 일정한 이익을 제공하겠다고 약속하고 이 약속을 믿은 피의자 등이 자백을 한 경우이다(이익과 결부된 자백, 권유에 의한 자백).

자백을 하면 앞으로의 형사절차에서 유리한 처분을 해 주겠다고 약속하는 경우가 전형적이나 가족의 보호, 약물중독자에 대한 약물의 제공 등도 포함된다. 연혁적으로 미국에서는 Bram사건(Bram v. U. S., 168 U.S. 532(1897))에서 자백은 "어떠한 직접적 또는 암시적 약속 - 그것이 아무리 사소하다 할지라도 - 에 의해서 획득되어서는 안 된다"고 판시하여 엄격한 입장을 취했으나 점차 완화되어, '전체 상황'을 기준으로 하다가(Arizona v. Fulminate, 499 U.S. 279, 285(1991)), '신빙성' 기준과 결합시키는 경향도 있고, 대부분은 금지되는 약속의 범주를 완화시키는 방향을 취하고 있다.

자백에 영향을 미치기에 적합한 것이라면 형사처벌과 관련된 것일 필요는 없고, 일반적·세속적 이익도 포함되지만, 통상의 편의제공은 제외된다.

자백을 하면 담배나 커피를 제공하겠다는 정도는 통상의 편의제공으로서 특별한 사정이 없는 한 여기서 제외된다.

이익을 약속하는 자가 약속내용에 대해 처분권을 가지지 않는 경우에는 기망에 해당하고, 처분권을 가지거나 가진 것으로 생각될 수 있는 경우(기소유예, 죄명 변경, 선처 등)에 국한된다.

판례도 불기소나 경한 죄의 소추 등 이익과 교환조건으로 획득한 자백은 배제되어야 한다는 취지로 판시하고 있다.[136)]

법률상 허용되는 이익의 제공을 약속하는 것이 아니라 단순한 약속만으로는 임의성을 의심할 만한 사유가 있다고 보기 어렵다.

검사의 강요나 위계에 의한 것이 아니고 불기소나 경한 죄의 소추 등 이익과 교환조건으로 된 것으로 인정되지 않는 경우에는 약속에 따른 자백이 이루어졌다 하더라도 바로 임의성 없는 자백이 되는 것은 아니다.[137)]

---

136) 대판 1984. 5. 9. 83도2782 (가벼운 형으로 처벌받도록 하여 준다는 약속을 하고 자백을 유도한 것으로 보여지는 사안: 임의성 부정).

137) 대판 1983. 9. 13. 83도712 (거짓말탐지기의 조사결과로 인해 자신의 말이 거짓이면 자백하겠다고 약속한 후 조사결과 허위라고 나오자 이제는 도리가 없다고 생각하여 자백을 하게 되었고, 그때의 심정으로는 도와줄 사람도 없이 영영 범인이 되는구나 생각되었으며 구속까지 되었으니 어찌할 수 없구나 하는 생각이 들어 허위자백을 한 것이라는 취지로 진술한 사안). 이 사안에서 거짓말탐지기 검사결과가 불리하게 나오면 자백하겠다고 약속한 다음 자백한 점은 약속에 의한 자백의 문제이지 검사결과가 자백의 임의성에 영향을 미친 경우는 아니다.

(2) 위법·부당한 신문방법

거짓말탐지기의 사용, 밤샘(심야)조사와 같이 그 위법성이 명백하지 않은 경우에 제309조의 적용이 문제로 된다.

종래 불법구금 중의 자백, 진술거부권을 고지하지 않은 채 행해진 자백, 변호인 선임권을 침해하여 얻은 자백, 변호인과의 접견교통권을 위법하게 제한한 상태에서 얻는 자백 및 마취분석에 의한 자백 등을 여기에 포함시켰으나, 이러한 경우는 위법수집증거의 문제로 다루어야 할 것이다.

(가) **거짓말탐지기 사용** 거짓말탐지기가 진술을 강요하기 위한 수단으로 사용된 경우에는 자백의 임의성이 부정된다.

판례는 자백의 임의성에 관한 문제가 아니라 거짓말탐지기의 검사결과의 신빙성에 관한 문제로서 자연적 관련성을 부정하고 있다. 자연적 관련성이 긍정된 이후에 자백의 임의성이 문제로 되는데, 진술을 강요하기 위한 수단으로 이루어졌다면 증거능력을 부정해야 할 것이다.

(나) **심야조사 등** 심야조사, 장시간 조사는 제한되며 조사 도중 휴식시간을 제공하여야 한다(수사준칙 제21조 내지 제23조). 따라서 심야조사나 장시간 조사 또는 휴식시간 미제공으로 인해 정상적인 진술을 할 수 없었던 경우가 아니라도 수사준칙에 위반한 경우에는 그 과정에서 작성된 조서는 증거로 사용할 수 없다고 해야 할 것이다. 자백을 얻어 내기 위해 의도적으로 이루어진 경우에는 가혹행위(고문)에 해당하여 위법하다.[138]

(다) **유도신문** 피고인의 의사를 억압하는 것과 같은 방법을 취했다는 의심을 할 만한 구체적 자료가 없으면 임의성 없는 자백이라고 보기 어렵다.

(라) **수갑을 채운 상태에서의 신문** 신문 중에 수갑을 채우는 것은 진술의 자유를 침해할 수 있으므로 수갑을 해제하는 것이 타당하지만, 수갑을 채웠다는 이유만으로 자백에 임의성이 의심되는 것은 아니다. 따라서 고문 등에 해당하지 않는 경우라도, 수갑을 채운 상황, 수갑의 필요성, 조사시간, 피의자에 대한 휴식의 제공 등의 사정을 고려하여 개별적으로 판단할 필요가 있다.

---

138) 대판 1997. 6. 27. 95도1964 (30여 시간 동안 잠을 재우지 않은 채 교대신문하면서 회유에 의해 자백이 이루어진 것으로 의심이 가는 사안: 위법).

Ⅳ. 인과관계와 임의성의 입증

1. 인과관계의 문제

고문·폭행·협박 등 임의성이 의심스럽게 된 사유와 피고인의 자백 사이에 인과적 관련이 존재해야 하는지 여부가 문제된다.

(1) 학설

임의성의 의미에 대한 이해에 따라 견해가 대립하고 있으나 다수설은 임의성을 의심하게 할 만한 사유의 존재와 피고인의 자백 사이에 인과관계를 요하지 않는다는 입장이다.

① 적극설(인과관계필요설) 임의성을 의심하게 할 만한 사유로 인해 자백이 있었던 것이므로 그 사유와 자백 사이에 인과관계를 요하며, 인과관계가 없으면 자백의 증거능력이 인정된다는 견해이다. 자백배제법칙을 엄격히 적용하는 입장으로 허위배제설, 인권옹호설 또는 절충설의 입장에서 주장되고 있다.

② 소극설 임의성을 의심하게 할 만한 사유가 있으면 자백과의 인과관계를 묻지 않고 자백의 증거능력을 부정해야 한다는 견해이다. 제309조 자체를 정책적 규정으로 보아 양자의 존재로 족하다고 보며, 위법배제설에서 주장되고 있다. 한편 종합설에서는 국가기관의 중대한 위법활동 이외의 사유에 대해서는 인과관계를 요한다고 한다.

(2) 판례

판례는 인과관계 추정설에 따라 기본적으로는 인과관계를 요하지 않는다는 입장에 따르고 있다.[139)]

(3) 검토

제309조 자체가 임의성이 없는 경우에 국한하지 않고 임의성이 없다고 의심할 만한 사정이 존재하면 증거로 사용할 수 없도록 규정하고 있는 점을 고려하면, 임의성이 없게 된 사유와 자백의 인과관계는 원칙적으로 추정된다고 보아야 하고, 양자 사이에 인과관계가 존재하지 않음이 명백한 경우에만 예외적으로 자백의 증거능력을 인정할 수 있다.

---

139) 대판 1984. 4. 24. 84도135.

2. 임의성의 연쇄효과

경찰관의 고문 등으로 자백을 한 피의자가 검찰에 송치된 후 검사에게 동일한 내용의 자백을 한 경우 검사가 진술을 강요한 사실이 없더라도 임의성 없는 자백이라고 할 수 있는지가 문제된다.

자백간의 시간적 간격과 사후 신문의 태양 등이 중요한 결정기준으로 작용하며, 임의성 없는 심리상태가 계속되어 동일한 내용의 자백을 한 경우에는 증거능력이 부정된다.[140] 임의성 없는 심리상태가 검사의 조사단계에까지 계속된 경우뿐만 아니라 제1심 법정에서의 자백에까지 계속된 경우도 증거능력이 부정된다.[141]

> 연쇄효과가 문제되는 경우로는 피고인이 검찰 송치 이전에 수사기관(국가정보원 등 포함)에서 고문 등 가혹행위로 인하여 임의성 없는 자백을 하고 그 후 검사의 조사단계에서도 임의성 없는 심리상태가 계속되어 동일한 내용의 자백을 한 경우[142]나 피고인이 수사기관에서 임의성 없는 자백을 한 후 법정에서도 임의성 없는 심리상태가 계속되어 동일한 내용의 자백을 한 경우[143]가 있다.

3. 임의성의 입증

(1) 임의성의 기초가 되는 사실에 대한 증명방법

자백은 피고인에게 불이익한 증거로 되므로 엄격한 증명을 요한다는 견해도 있으나, 소송법적 사실로서 피고인에게 불리한 것인지 여부에 따라 구분하는 것은 타당하지 않으므로 **자유로운 증명**으로 족하다고 보아야 한다.

---

140) 대판 1984. 5. 15. 84도472. 「피고인이 비록 검사 앞에서 조사받을 당시는 자백을 강요당한 바 없다고 하여도 검사 이외의 수사기관에서 조사받을 당시에 고문에 의하여 임의성이 없는 허위자백을 하고 그 임의성 없는 심리상태가 검사의 조사단계에까지 계속된 경우에는 검사앞에서의 자백은 임의성이 없다.」

141) 대판 2004. 7. 8. 2002도4469. 「제1심 법정에서의 자백은 피고인들이 군사법원에 기소된 후에도 헌병대 영창에 계속 수감되어 있으면서 포승에 묶인 채 수갑까지 차고 일상생활을 하는 등 가혹한 대우를 받아왔을 뿐 아니라 제1심 법정에 이 사건 수사에 참여하였던 거의 모든 수사관들이 방청을 하는 등 임의성이 없는 심리상태가 계속된 상태에서 한 것이므로 그 자백 역시 임의성이 없어 결국 피고인들의 자백은 모두 증거능력이 없(다).」

142) 대판 1981. 10. 13. 81도2160; 대판 1982. 2. 23. 81도3324; 대판 1982. 5. 21. 82도716; 대판 1983. 9. 27. 83도1953; 대판 1983. 11. 8. 83도2436; 대판 1984. 5. 15. 84도472; 대판 1992. 3. 10. 91도1; 대판 1992. 11. 24. 92도2409; 대판 2011. 10. 27. 2009도1603; 대판 2012. 11. 29. 2010도11788; 대판 2013. 7. 11. 2011도14044.

143) 대판 2004. 7. 8. 2002도4469; 대판 2012. 11. 29. 2010도3029; 대판 2015. 9. 10. 2012도9879 등.

피고인의 이익보호와 소송경제의 요청을 합목적적으로 고려해서 결정해야 한다는 전제 아래 위법사유의 정도에 따라 고문, 폭행, 협박, 신체구속의 부당한 장기화 등의 사유로 인한 경우에는 엄격한 증명을 요하고 기망 기타의 사유로 인한 경우에는 자유로운 증명으로 족하다는 견해도 있다.

판례는 자유로운 증명으로 족하다고 보고, 여러 사정을 종합하여 판단해야 한다는 입장이다.[144)]

(2) 거증책임

소송법적 사실이라도 검사에게 거증책임이 있으므로, 검사가 임의성에 의문이 없다는 사실을 입증해야 한다. 판례는 초기[145)]에 임의성이 추정된다는 취지로 판시했으나, 근자에는 검사에게 거증책임이 있음을 명백히 하고 있다.[146)]

V. 자백배제법칙의 효과

1. 증거능력의 절대적 제한

임의성이 없거나 그러한 의심이 있는 자백은 증거로 사용할 수 없다. 임의성 없는 자백의 증거능력 제한은 절대적이므로,[147)] 이러한 자백을 피고인의 부인 진술의 증명력을 감쇄시키기 위한 탄핵증거로도 사용할 수 없다.[148)]

또한 임의성이 없는 자백은 증거동의가 있어도 증거로 사용할 수 없다.[149)] 다만 임의성 없는 자백이라도 피고인에게 유리한 반증으로 사용하는 것은 가능하다.[150)]

---

144) 대판 2001. 2. 9. 2000도1216; 대판 2006. 10. 26. 2004도8106.

145) 대판 1983. 3. 8. 82도3248 (제317조의 임의성에 대한 판례).

146) 대판 1998. 4. 10. 97도3234. 「임의성 없는 진술의 증거능력을 부정하는 취지는, 허위진술을 유발 또는 강요할 위험성이 있는 상태하에서 행하여진 진술은 그 자체가 실체적 진실에 부합하지 아니하여 오판을 일으킬 소지가 있을 뿐만 아니라 그 진위를 떠나서 진술자의 기본적 인권을 침해하는 위법·부당한 압박이 가하여지는 것을 사전에 막기 위한 것이므로, 그 임의성에 다툼이 있을 때에는 그 임의성을 의심할 만한 합리적이고 구체적인 사실을 피고인이 증명할 것이 아니고 검사가 그 임의성의 의문점을 없애는 증명을 하여야 하며, 검사가 그 임의성의 의문점을 없애는 증명을 하지 못한 경우에는 그 진술증거는 증거능력이 부정된다.」 같은 취지의 판례로는, 대판 2012. 11. 29. 2010도3029.

147) 대판 1990. 9. 25. 90도1586.

148) 대판 2014. 3. 13. 2013도12507.

149) 대판 2013. 7. 11. 2011도14044.

150) 대판 1985. 2. 26. 82도2413.

2. 이차적 증거의 사용금지

일반적인 위법수집증거의 경우와 마찬가지로, 독수과실이론 내지 원격효과[151]의 문제로 해결해야 한다(통설). 따라서 수사기관의 절차위반행위가 적법절차의 실질적 내용을 침해하는 경우가 아니라면 예외적으로 증거능력이 인정될 수 있으며, 그 점은 인과과계의 희석 또는 단절 여부에 따라 판단하게 된다.[152]

과거 일부 학설은 자백배제법칙에 대해서는 임의성이 문제되어 위법한 것과는 별개이므로 그에 기해 수집한 증거라도 증거사용이 가능하다는 견해가 있었으나 현재로는 이러한 견해를 찾기 어렵다. 판례도 부정적 입장이다.[153]

별건구속 중의 자백에 기하여 수집한 증거, 예컨대 피의자신문조서의 증거능력은 부정된다. 별건구속이 여죄수사를 넘어 영장주의 위반으로 인정되는 경우에는 임의성 여부와 관계없이 위법수집증거로 되므로, 그 상황에서 자백이 이루어졌다면 독수과실의 이론에 따라 예외적 상황이 존재하지 않는 한 증거로서 사용할 수 없다.

제 3 전문법칙

Ⅰ. 전문법칙의 의의

1. 전문증거의 의의

전문증거란 요증사실을 직접 체험한 자의 진술을 내용으로 하는 타인의 진술이나 진술을 기재한 서면을 말한다. 전문증거는 진술증거 가운데 원본증거(original evidence)가 아닌 증거를 말하며, 원진술자의 진술이 간접적인 형태로 법원에 전달되는 증거이다.[154]

---

151) 독일법상 개념인 '원격효과'(Fernwirking)란 위법수집된 증거에 기초하여 수집한 증거는 그 자체로는 적법하게 수집되었더라도 위법수집증거의 증거사용금지의 효력이 미친다는 이론이다. 이 이론에 따르게 되면 인과관계의 증명이 어렵게 될 수 있어 그 적용범위를 제한하기 위한 이론으로 인과관계 단절론, 독자적 인지론, 가정적 개연성 이론 등이 제시되고 있다.

152) 대판 2009. 3. 12. 2008도11437 참조.

153) 대판 1977. 4. 26. 77도210.

154) McCormick은 "전문증거란 그 요증사실의 진실성을 입증하기 위하여 제출된 진술로서, 그 가치가 법정 외의 진술자의 신빙성에 의존하는 법정 외에서의 증언 또는 서증을 말한다"고 정의한 바

전문증거에는 전문진술과 전문서류가 있다. (1) 전문진술은 제3자가 구두로 원진술자의 진술을 전달하는 형태의 전문증거이고, (2) 전문서류는 서류의 형태로 원진술자의 진술을 전달하는 전문증거이다. 전문진술은 영미법의 관심이 되었고, 전문서류는 대륙법의 주된 관심대상이다. 전문서류에는 ① 원진술자가 서면에 기재하는 경우와 ② 제3자가 서면에 기재하는 경우가 있다. 피고인의 자술서와 피고인 아닌 자의 진술서가 전자에 속하고, 진술녹취서와 진술조서가 후자에 해당한다.

2. 전문법칙

(1) 의의

전문법칙이란 전문증거는 증거로 할 수 없다는 원칙을 말한다(Hearsay is no evidence). 진술증거는 공판중심주의에 따른 구두주의, 직접주의의 요청에 의하여 공판정에서 경험한 자가 직접 진술하는 형태로 제출하는 것이 원칙이다. 전문법칙은 전문의 형태로 제출하는 진술증거는 원칙적으로 허용되지 않는다는 취지를 명백히 한 것이다.

일반적으로 진술증거는 지각(Perception) → 기억(Memory) → 진정성(Sincerity) → 진술(Narration)의 과정을 거쳐 법관에게 도달하는데, 각 단계에서 오류가 개입되기 쉽다. 이를 막기 위해 ① 증인에게 선서·진실의무를 부과하고, ② 법정에서 법관이 진술의 태도와 모습을 관찰하도록 하고 있으며, 가장 유효한 검증 수단은 ③ 당사자의 반대신문이다. 전문증거는 법정 외의 진술을 내용으로 하므로 반대신문을 할 기회가 없고,[155] 그 정확성이 보장되지 않아, 이를 증거로 하여 사실을 인정하면 오류가 있을 수 있기 때문에 원칙적으로 그 증거능력을 부정하는 것이다.

(2) 이론적 근거

전문법칙은 반대신문권 보장을 포함한 신용성 보장이라는 측면과 직접주의의 실현이라는 측면을 함께 고려한 것이다.

있다.

155) 예컨대, 공판정에 출석한 원진술자가 아닌 증인은 ① 당신은 피고인이 피해자를 폭행하는 장면을 목격한 사실이 있는가, ② 당신이 목격했다는 위치에서는 범행 장소를 제대로 볼 수 없지 않은가, ③ 당시 야간이었는데 당신은 야맹증이 있지 않은가, ④ 당신은 최근 피고인과 다투어 피고인에 대해 좋지 않은 감정이 있지 않은가 라는 식으로 피고인 측이 다양한 반대신문을 계속하더라도 '나는 원진술자로부터 그렇게 들었다'라는 진술만 반복할 뿐이므로, 실질적이고 효과적인 반대신문이 이루어질 수 없다.

학설로는, ① 반대신문권의 보장에 있다는 견해, ② (반대신문권의 보장을 포함한) 신용성의 결여에 있다는 견해, ③ 주된 근거는 반대신문권의 보장이지만 직접주의 등 다른 근거도 부수적으로 인정하는 견해(종합설) 등이 있다.

영미법에서는 자백배제법칙과 함께 배심의 합리적 심증형성을 위해 발달한 원칙이라는 점에 특징이 있다. 그 결과 영미법에서는 ① 선서의 결여와 부정확한 전달의 위험, ② 원진술자의 공판정 불출석, ③ 반대신문(examination)의 결여, ④ 신용성(trustworthiness) 결여 등을 전문법칙의 근거로 제시하지만 전문진술을 중심으로 전개된 연유로 반대신문의 결여에 주된 이유가 있다고 본다. 특히 미국에서는 배심재판의 경우 체험사실의 보고를 내용으로 하는 진술증거는 진술자의 기억이나 표현에 오류가 개입될 가능성이 많기 때문에 검사와 피고인 측은 주신문과 반대신문을 통하여 진술자의 진술내용을 비판적으로 배심원에게 전달하게 되는데, 전문증거를 증거로 사용하게 되면 문제된 사실이 증명됨으로써 불이익을 입게 될 당사자가 원진술자에 대하여 반대신문을 통하여 그 진술의 오류를 시정할 기회를 박탈당하게 되므로 전문증거의 증거능력을 부인해야 한다고 한다.

전문법칙은 당사자의 반대신문권을 보장하는 데 주된 근거가 있다. 그러나 현행법이 규정한 전문증거 중에는 당사자의 반대신문권과는 무관한 것들도 있어 반대신문권의 보장만으로 전문법칙을 설명하기는 어렵다. 전문법칙은 공판정에서 진술내용의 진위를 확인할 수 없는 증거, 즉 요증사실과 관련하여 신용성이 결여된 증거를 유형적으로 배제하기 위한 원칙으로 이해할 수 있다.

제310조의2가 '전문'법칙을 규정한 것이라고 보는 것이 일반적이지만, 나아가 법관이 직접 조사한 증거만을 재판의 기초로 할 수 있다는 직접주의도 그 근거로 포함해야 현행법상 조서들(특히, 피의자신문조서, 참고인진술조서 등)에 대해 증거능력을 인정한 취지를 이해할 수 있다. ① 피고인의 경우 반대신문권이 의미가 없으며(미국의 경우 피고인의 자백은 전문법칙 대상이 아니다), ② 성립의 진정은 영미법의 전문법칙 예외인정의 요건이 아니고, ③ 제310조의2 도입 이전에 제312조 이하에 조서의 증거능력을 인정하는 조문이 이미 규정되어 있었기 때문이다. 직접주의는 증거와 법관의 관계를 문제 삼는 직권주의적 원리이고, 전문법칙은 당사자와 증거의 관계(반대신문)를 문제 삼는 당사자주의적 원리에 해당한다.

직접주의란 법원이 공판정에서 직접 조사한 증거에 따라 사실을 인정해야 하고(형식적 직접주의), 증명은 원본증거에 의하며 다른 증거대용물로 대체 할 수 없다는 원칙(실질적 직접주의)을 말한다. 영미법계의 전문법칙이나 대륙법계의 직접주의는 신용성이 떨어지는 파생증거 내지 2차적 증거가 아닌 **원본증거**를 우선시킨다는 점에서 유사한 측면을 지니고 있다. 현행법은 대륙법계를 계수한 후

영미적 요소를 가미시키고 있는 연혁적 이유로 인해 전문법칙과 직접주의를 통합하고 있다고 할 수 있다.

(3) 현행법의 태도

제정 형사소송법은 진술증거에 대해 제한적으로 증거능력을 인정하는 규정을 두었으나, 1961년 개정을 통해 이를 전문법칙으로 포섭하여, 전문증거의 개념과 전문법칙을 명시하면서(제310조의2) 제311조부터 제316조에 따른 예외를 인정하고 있다.

현행법은 전문진술뿐만 아니라 전문기재서류도 전문법칙의 대상으로 하고 있고, 다른 한편으로 1961년 법률개정으로 전문법칙에 관한 제310조의2를 신설하기 전부터 진술증거의 사용을 일정한 요건하에서만 허용하고 있었던 점을 고려하면, 전문법칙은 피고인의 반대신문권 보장과 직접심리주의를 실현하기 위한 증거법칙으로 이해해야 할 것이다. 물론 전문법칙을 통해 진술증거에 오류가 개입될 여지를 최소화하여 그 신용성을 담보하려는 취지도 있으나, 전문법칙에서는 신용성의 담보가 반대신문권의 보장과 직접주의를 통해 이루어진다는 점에 특징이 있다고 할 수 있다.

헌법재판소도 전문법칙은 '공개법정에서의 적법절차에 의한 공정한 재판을 받을 권리를 보장하기 위한 것'이라고 보고, 이를 위해 피고인의 반대신문권 보장과 직접심리주의 실현을 근거로 한 것이라고 보고 있다.[156)]

Ⅱ. 전문법칙의 적용대상

현행법은 진술기재서류나 타인의 진술을 내용으로 하는 진술을 증거로 할 수 없다고 명시하고 있을 뿐, 구체적으로 요증사실과 관련하여 어떠한 진술에 대해 전문법칙이 적용되는지에 대해서는 학설과 판례에 위임하고 있다.

미국 연방증거법 제801조(a)는 진술(statement)이란 어떤 주장을 하기 위한 (1) 구두 또는 서면에 의한 주장(an oral or written assertion. 'assert' means 'to say that something is so') 혹은 (2) 사람의 비언어적 행동(nonverbal conduct of a person)이라고 규정하고 있다.

---

156) 헌재 1994. 4. 28. 93헌바26. 같은 취지로는, 헌재 2005. 12. 22. 2004헌바45.

1. 진술증거

진술증거는 진술의 신용성 검토 및 반대신문이 필요하므로, 요증사실을 직접 체험한 자의 진술을 내용으로 하는 진술증거만이 전문법칙의 대상이 된다.

따라서 문자정보가 범행의 직접적인 수단이 될 뿐 경험자의 진술에 갈음하는 대체물에 해당하지 않는 경우에는 전문법칙이 적용되지 않는다.[157] 이 경우는 증거물인 서류와 마찬가지로[158] 문자정보 자체가 범행의 수단이 되는 경우로서 진술증거가 아니기 때문이다. 반면, 문자정보가 경험자의 진술내용인 경우에는 전문법칙이 적용된다.[159]

(1) 비언어적 행동

비언어적 행동(nonverbal conduct)이란 행동 자체는 진술증거가 아니지만, 그 행동이 일정한 주장을 대신하는 성격을 가지게 되어 진술증거로 인정되는 경우를 말한다.

예컨대 피해자가 경찰의 line up에서 피의자를 손으로 가리키거나, 가해자가 누구인지 묻는 질문에 대해 피고인을 범인으로 지적하는 몸짓을 하면 그것은 "그가 가해자이다"라는 언어와 동등한 성질을 가진다.

침묵이나 도망처럼 특정한 의사를 표현하려는 의도를 가지지 않은 행동은 실질적으로 진술이라 하더라도 다의적 의미를 내포하고 있어 증거가치가 낮으므로 원칙적으로 진술증거가 아니며, 다만 정황증거로 사용할 수 있을 뿐이다.

(2) 언어적 행동

언어적 행동(verbal conduct)이란 외형상 일정한 진술이 있더라도 그것이 행동에 부수된 진술에 그치는 것이어서 진술증거로 인정되지 않는 경우를 말한다. 어떤 행동을 하면서 한 말이 경험사실의 진술이 아니라 그 행동의 의미를 보충하거나 명확하게 해 주는 데 그치는 경우를 말하며, 정황증거 내지 재전문증거

---

157) 대판 2008. 11. 13. 2006도2556 (문자메시지를 통해 상대방에게 공포심이나 불안감을 유발하는 글을 상대방에게 보낸 사안).

158) 대판 2015. 4. 23. 2015도2275 (전자복사기를 사용하여 복사한 수표 사본을 발행한 사안) 참조.

159) 대판 2010. 11. 25. 2010도8735. 「이 사건 문자메시지는 피해자가 피고인으로부터 풀려난 당일에 남동생에게 도움을 요청하면서 피고인이 협박한 말을 포함하여 공갈 등 피고인으로부터 피해를 입은 내용을 문자메시지로 보낸 것이므로, 이 사건 문자메시지의 내용을 촬영한 사진은 증거서류 중 피해자의 진술서에 준하는 것으로 취급함이 상당할 것(이다).」

가 되는 데 그친다.

예를 들면, 범행 현장을 목격한 증인이, "피고인이 피해자를 세게 껴안고 흔들면서 '한 번 혼나 볼래'라고 말했다"고 진술한 경우, 그 진술내용은 포옹이 우정의 표현이 아니라 폭행의 일환이었음을 증명하는 것이므로, 전문진술이 아니라 정황증거에 불과하다.

(3) 사진이나 녹음 등 기계적 기록

기계적 기록은 원칙적으로 사람의 의사에 의해 작동될 뿐 진술 자체가 있는 것은 아니므로 진술증거에 포함되지 않는다.

예컨대 현장의 사진이나 녹음, 컴퓨터의 로그기록, 전자출입증에 의해 전자적으로 기록된 출입상황 기록 등은 진술증거가 아니다.

다만 이러한 기계적 기록을 증거로 사용하기 위해서는 증거물로서 진정성에 대한 입증이 필요하다. 진술서류의 사본으로 촬영된 사진이나 진술을 녹음한 녹음테이프(또는 그것을 재생하여 작성한 검증조서) 등의 경우에는 진술증거가 될 수 있다.[160]

(4) 원진술자의 정신상태를 증명하기 위한 진술

외관상 진술증거처럼 보이지만 단순히 원진술자의 정신상태를 보여주기 위해 제출되는 증거는 주장을 포함하지 않으므로 진술증거가 아니다.

예컨대 증인이 범행현장을 목격한 원진술자로부터 '나는 당시에 술에 취해 정신이 없었다'고 말하는 것을 들었다고 진술하는 경우, 그 증언은 원진술자의 심신장애를 증명하는 정황증거로 사용될 수 있을 뿐이다.[161]

2. 요증사실과의 관련

진술증거라 하더라도 그 속에 포함된 진술내용의 진실성이 요증사실로 되는 경우에만 전문증거가 된다. 진술의 존재 자체가 증거로 되거나 진술내용의

160) 대판 2010. 11. 25. 2010도8735 (공갈 등 피해내용을 담은 문자메시지를 피해자가 촬영한 사진); 대판 2012. 5. 17. 2009도6788 (전자문서를 출력한 변호사의 법률의견서).

161) 대판 2008. 7. 10. 2007도10755 (사기피의사건에서 피해자가 공소외 1과의 통화내용을 녹음한 녹음테이프를 제출했고 그 공소외 1이 술에 취한 상태에서 통화했다는 사실을 증명하기 위해 검증을 실시한 사안: 증거능력 인정).

진실성과 무관한 경우에는 전문증거가 아니다.

예를 들면, 甲이 乙에게 A를 협박하라고 교사하여 乙이 A에게 신체에 위해를 가할 뜻을 드러내며 甲이 지시한 내용을 A에게 전달했다면, 乙의 진술내용은 乙이 협박한 점에 대해서는 직접증거가 되고 또한 그 내용이 甲이 진술한 내용을 전달하는 것이었다면 전문증거가 되지만, 甲이 협박을 교사한 점에 대해서는 乙이 그러한 진술을 하였다는 것 자체가 甲이 乙에게 협박을 교사하였다는 점(요증사실)에 대한 정황증거로 사용되므로 전문증거가 아니다.[162] 또한 피고인의 알선수재사실이 요증사실인 사안에서, 증인이 피고인과 통화하면서 '공무원에게 사례를 해야 한다'는 말을 들었다는 증언을 법정에서 한 경우라면 그 진술의 내용이 요증사실이므로 전문증거가 아닌 본래증거에 해당한다.[163] 마찬가지로 대통령의 지시사항을 청와대 정책조정수석이 자신의 업무수첩에 기재한 경우 대통령이 정책조정수석에 지시한 사실을 증명하기 위한 것이라면 원진술의 존재가 요증사실인 경우에 해당하여 업무수첩에 기재된 지시사항은 본래증거이고 전문증거가 아니지만, 대통령이 제3자와 대화한 내용을 전해 듣고 업무수첩에 기재한 내용은 요증사실인 대통령과 제3자 사이의 대화 내용을 증명하기 위한 진술증거로서 전문법칙이 적용된다.[164]

다만 일정한 서류를 진술의 존재 자체에 대한 정황증거로서 사용한 다음, 다시 진술 내용이나 그 진실성을 증명하는 간접사실로 사용하게 되면 그 서류는 전문증거에 해당하고, 따라서 전문법칙의 예외에 해당하지 않으면 증거로 사용할 수 없다.[165]

진술증거가 포함된 정보저장매체(컴퓨터디스켓이나 하드디스크)나 그 매체를 하드카피한 매체로부터 출력한 문건도 요증사실에 따라 전문법칙의 적용 여부가 결정된다.[166]

예컨대 선거운동원들을 모집·관리하여 공직선거법을 위반한 혐의로 피고인들이 기소된 경우, 그 관리내용을 기재한 USB가 피고인들이 그러한 내용의 문서나 문서파일이 들어있는 저장매체를 소지 또는 보관하고 있었음을 증명하기 위해 사용할 때에는 전문법칙이 적용되지 않는다.[167] 또한 반국가단체의 구성원과 문건

162) 대판 2000. 2. 25. 99도1252.
163) 대판 2008. 11. 13. 2008도8007.
164) 대판 2019. 8. 29. 2018도13792 전합.
165) 대판 2019. 8. 29. 2018도2738 전합; 대판 2019. 8. 29. 2018도14303 전합.
166) 대판 1999. 9. 3. 99도2317.
167) 대판 2013. 6. 13. 2012도16001.

을 주고받는 방법으로 통신을 하여 반국가단체로부터 지령을 받고 국가기밀을 탐지·수집하였다는 것이 공소사실인 경우, 반국가단체로부터 수령한 지령 및 탐지·수집하여 취득한 국가기밀이 문건의 형태로 존재하는 경우나 편의제공의 목적물이 문건인 경우 등도 문건 내용의 진실성이 문제되는 것이 아니라 그러한 내용의 문건이 존재하는 것 자체가 증거가 되는 것이므로 전문법칙이 적용되지 않는다.[168] 반면, 문서파일 또는 문서파일에서 출력한 문서를 진술증거로 사용하는 경우에는 그 기재 내용의 진실성에 관하여는 전문법칙이 적용된다.[169]

III. 전문법칙 예외의 일반이론

1. 예외인정의 필요성

소송경제와 실체적 진실발견을 위해 예외적으로 전문증거의 증거능력을 인정할 필요가 있다. 다만, 진술의 신빙성, 진술기재서면의 증거사용 필요성에 대하여는 개별적인 검토가 필요하다.

증거로서 형식적인 자격이 없는 전문증거는 증거조사 이전에 증거결정을 통해 배제하는 것이 타당하지만, 전문법칙을 예외 없이 적용하게 되면, 신속한 재판실현이라는 소송경제와 실체적 진실에 합치하는 또다른 면의 공정한 재판실현이라는 헌법적 요청에 반하는 결과가 초래될 수 있음을 고려한 것이다.[170]

2. 예외인정의 기준

영미법의 판례를 통해 형성된 대표적인 예외인정의 기준은 **신용성의 정황적 보장**과 **필요성**이다.

(1) 신용성의 정황적 보장

신용성의 정황적 보장이란 원진술이 공판정의 법관 면전에서 행하여지지 않았어도 그 진술의 진실성(Trustworthiness)이 여러 정황에 의하여 보장되는 경우를 말한다.

㈎ **진술이 이루어진 상황의 신용성** 진술 자체의 신용성이 아니라 '진술이 이루어진 구체적이고 외부적인 상황의 신용성'이 기준이 된다. 제312조

168) 대판 2013. 7. 26. 2013도2511 (왕재산 사건).
169) 대판 2015. 8. 27. 2015도3467.
170) 헌재 2005. 12. 22. 2004헌바45.

등에서도 '특히 신빙할 수 있는 상태하에서 행하여졌음이 증명된 때'라는 요건을 통해 신용성의 정황적 보장을 예외인정의 요건으로 명시하고 있다.[171)]

(나) **구체적·개별적 판단** 신용성의 정황적 보장의 존재 및 그 강약은 구체적 사안에 따라 달라진다.

> 영미법에서는 신용성의 정황적 보장이 인정되는 대표적인 경우로, ① 사건 중 또는 사건 직후의 충동적 진술, ② 죽음에 직면한 자의 임종의 진술, ③ 진술자의 이익에 반하는 진술, ④ 공문서 또는 업무상 통상과정에서 작성된 문서 등을 든다.

반대신문권의 보장 없이 신용성의 정황적 보장을 근거로 증거능력을 인정하려면, '굳이 반대신문의 기회 부여 여부가 문제되지 않을 정도로 진술이 이루어진 정황이 믿을 만하다고 인정할 수 있어야 한다. 예컨대 제315조 제3호에 해당하는 '특히 신용할 만한 정황에 의하여 작성된 문서'가 여기에 해당한다.

(2) 필요성

필요성이란 요증사실에 대한 원진술자의 진술이 법관의 면전에서 직접 이루질 수 없고 피고인에게 반대신문의 기회를 줄 수도 없으나, 달리 대체성 있는 증거를 구할 수 없어 이를 이용해야 할 부득이한 사정이 있는 경우를 말한다. 원진술자의 사망, 질병, 행방불명 등이 필요성이 인정될 수 있는 경우에 해당한다.

> 제314조는 '공판준비 또는 공판기일에 진술을 요하는 자가 사망·질병·외국거주·소재불명 그 밖에 이에 준하는 사유로 인하여 진술할 수 없는 때'에는 조서 및 그 밖의 서류 등을 증거로 할 수 있다고 명시함으로써 필요성을 예외의 요건으로 명시하고 있다.

(3) 양자의 관계

전문법칙의 예외가 인정되기 위해서는 신용성의 정황적 보장과 필요성 양자가 모두 존재해야 하지만, 양자는 **상호보완관계** 내지 **반비례관계**에 있으므로 어느 하나의 기준을 높게 충족하는 경우에는 다른 하나의 기준은 낮은 경우라도 예외가 인정될 수 있다.

---

171) 대판 1987. 3. 24. 87도81.

3. 현행규정의 개관

전문증거	전문법칙 예외 규정		증거능력 인정요건	전문법칙의 근거
진술기재 서면	제311조 (법원 또는 법관의 면전조서) • 공판준비 또는 공판기일에서 진술을 기재한 서류, 법원(법관)의 검증조서(동조 제1문) • 증거보전절차와 증인신문절차에서 작성된 조서도 포함(동조 제2문)		별도 요건 없이 증거능력 인정	직접주의
	제312조	검사 작성 피신조서(피고인으로 된 경우)(제1항)	작성절차와 방식의 적법성+내용 인정	직접주의
		검사 이외의 수사기관 작성 피신조서(제3항)	적법성+내용인정	직접주의
		피고인 아닌 자의 진술기재조서(피신조서 포함)(제4항)	적법성+원진술자에 의한 (실질적) 진정성립(진술 또는 객관적 방법에 의한 증명)+반대신문 가능+특신상태	직접주의+반대신문권 보장
		수사과정에서 작성한 진술서(제5항)	수사단계와 진술자에 따라 제1항, 제3항, 제4항 적용	직접주의+반대신문권 보장
		수사기관 작성 검증조서 (제6항)	적법성+진정성립	직접주의
	제313조	기타의 진술서나 진술기재서류(제1항 본문, 제2항)	(형식적+실질적) 진정성립 증명(진정성립을 부인하는 경우 과학적 분석결과에 기초한 디지털포렌식 자료, 감정 등 객관적 방법에 의한 증명+피고인 아닌 자가 작성한 진술서의 경우 피고인 측에 의한 반대신문 가능)	직접주의(+반대신문권 보장)

전문증거	전문법칙 예외 규정		증거능력 인정요건	전문법칙의 근거
		피고인의 진술을 기재한 서류 (제1항 단서)	작성자에 의한 진정성립 증명+특신상태	직접주의
		감정서(수사기관에 의한 감정촉탁의 경우도 포함) (제3항)	진정성립	직접주의
	제314조 (제312조와 제313조의 요건을 충족하지 못한 경우)		필요성+특신상태	직접주의+ 반대신문권 보장
	제315조 제1호 내지 제3호 (당연히 증거능력이 있는 서류)		당연히 증거능력 인정	직접주의+ 반대신문권 보장
전문진술	제316조	피고인의 진술을 내용으로 하는 전문진술(조사자 증언 포함) (제1항)	특신상태	직접주의
		피고인 아닌 자의 진술을 내용으로 하는 전문진술 (조사자 증언 포함) (제2항)	필요성+특신상태	직접주의+ 반대신문권 보장

4. 진술의 임의성

(1) 의의 및 성격

(가) **의의** 진술증거가 증거능력을 가지기 위해서는 자백의 경우와 마찬가지로 임의성이 전제되어야 한다. 허위진술 및 진술자의 인권 침해를 막아 진술의 자유를 보장하기 위한 것이다. '피고인 또는 피고인 아닌 자의 진술'뿐만 아니라, 그 진술을 기재한 '서류'(검증조서 포함)의 작성 및 내용에 대해서도 임의성이 요구된다.

(나) **성격** 제317조는 진술증거에 대해 '임의성'이라는 증거능력의 요건을 별도로 규정하고 있다.

종래의 다수설은, 제317조가 진술의 임의성이 증거능력의 요건이라는 점과 진술의 임의성에 대한 조사의무를 함께 규정한 것이라고 보았다(결합설). 그러나 진술의 임의성이라는 증거능력의 요건은 일반적으로 법원의 직권조사사항이므로, 이를 명시한 일본의 경우(일본 형사소송법 제325조 참조)와 달리, 임의성에 대해서만 별도로 직권조사의무를 명시했다고 볼 필요는 없다.

한편 일부 학설은 임의성을 증거능력이 아닌 증명력의 요건으로 보기도 한다. 즉 임의성의 정도가 낮기 때문에 증명력이 없거나 미흡한 진술증거 등을 증거로 조사함으로써 부당한 심증형성을 가능한 한 방지하려고 하는 규정이라고 본다. 그러나 자백의 경우와의 관계를 고려하면 타당하다고 보기 어렵다.

(2) 적용대상

자백 이외의 일체의 진술증거는 제317조에 의해 임의성이 요구된다(광의설).

학설로는, ① 광의설(제309조와의 관계에서 자백 이외의 일체의 진술증거(법관면전조서나 진술 포함)에 대해 임의성이 요구된다는 견해), ② 협의설(제317조의 위치를 고려할 때 전문증거, 즉 법관면전진술 이외의 진술에 한정된다는 견해), ③ 제한설(피고인의 진술은 특신상태의 요건을 통해 임의성이 간접적으로 판단되므로, 피고인의 진술을 제외한 진술증거로 보는 견해) 등이 있다.

판례도 진술증거 일반에 대해 임의성을 요구함으로써 광의설의 태도를 취하고 있다.[172] 제317조는 진술증거의 신용성을 확보하기 위한 것으로서 자백 이외의 모든 진술증거에 대해 적용된다고 보아야 할 것이다.

법관면전진술의 경우에도 임의성의 요건을 제외할 이유가 없으며, 특신상태와 임의성은 별개의 것이므로 피고인의 진술 또한 제외해서는 안 되고, 특히 개정법률이 피고인 이외의 자의 진술에도 특신상태를 요건으로 하고 있다는 점에서도 제한설은 설득력이 약하다.

광의설과 협의설은 임의성 없는 증거에 대해 증거동의가 인정되는지에 대해서도 입장의 차이를 보인다. 협의설은 전문증거에 한하므로 증거동의가 있으면 임의성 조사가 필요 없지만, 광의설에 따르면 자백의 경우처럼 증거동의가 허용되지 않는다고 보게 되며 판례도 동일한 입장이다.[173]

---

172) 대판 2006. 1. 26. 2004도517 (별건으로 수감 중인 자를 약 1년 3개월의 기간 동안 무려 270회나 검찰청으로 소환하여 밤늦은 시각 또는 그 다음날 새벽까지 조사를 하였거나, 국외로 출국하여야 하는 상황에 놓여 있는 자를 심리적으로 압박하여 조사하면서 진술조서를 작성하였을 가능성이 충분한 사안: 진술조서의 증거능력 부정); 대판 2013. 7. 25. 2011도6380.

173) 대판 2006. 11. 23. 2004도7900 (참고인에 대한 검찰 진술조서가 강압상태 내지 강압수사로

(3) 의미내용

(가) 자백의 임의성과의 관련 제309조에서 말하는 임의성과 동일한 취지(절충설: 허위배제 및 인권옹호)로 이해하는 것이 일반적이다.

일부 학설은 진술의 자유를 의미한다고 보기도 하지만(헌법상 진술거부권 보장과 관련), 판례는 결합설 내지 절충설의 입장에 따라 판시하고 있다.[174)]

(나) 진술기재서류의 경우 진술기재서류('전항의 서류', 제317조 제2항)의 경우에는 – 그 작성 '또는' 내용인 진술이 임의로 된 것임을 요한다는 표현에도 불구하고 – 진술 자체의 임의성과 함께 작성의 임의성도 필요하다(통설). '작성의 임의성'이란 서류를 작성하면서 외부의 부당한 영향이나 압력이 강해진 사실이 없어야 한다는 의미이다. 검증조서도 진술기재서류의 성격을 가지는 경우에는 임의성을 요구함을 명시하고 있다(동조 제3항).

(4) 임의성 조사 및 증명

(가) 직권조사사항 진술의 임의성은 증거능력의 요건이므로 법원의 직권조사사항이며, 증거동의가 있어도 임의성 조사는 필요하다.[175)]

증거동의가 있는 경우에는 '증거능력 유무에 관한 의견을 진술하게' 할 필요가 없으므로(규칙 제134조 제2항 참조), 임의성 조사도 불필요하다는 견해가 일반적이나, 증거동의가 있더라도 임의성이 결여된 경우에는 증거로 사용할 수 없게 되므로 임의성 조사는 필요하다는 견해도 있다.

(나) 조사시기 임의성은 증거능력의 문제이므로, 임의성에 대한 조사 역시 증거결정 이전의 증거조사 개시절차에서 이루어져야 한다(규칙 제134조 제2항 참조). 다만 증거조사에 들어간 이후에 임의성에 의심이 생겼다면 사후조사를 통해 증거배제 여부를 결정하여야 할 것이다(규칙 제139조 제4항).[176)]

인한 정신적 강압상태가 계속된 상태에서 작성된 것으로 의심되는 사안: 임의성 부정).

174) 대판 2006. 1. 26. 2004도517. 「임의성 없는 진술의 증거능력을 부정하는 취지는, 허위진술을 유발 또는 강요할 위험성이 있는 상태하에서 행하여진 진술은 그 자체가 실체적 진실에 부합하지 아니하여 오판을 일으킬 소지가 있을 뿐만 아니라 그 진위를 떠나서 진술자의 기본적 인권을 침해하는 위법 부당한 압박이 가하여지는 것을 사전에 막기 위한 것이(다).」 같은 취지로는, 대판 2012. 11. 29. 2010도3029; 대판 2013. 9. 12. 2011도12918.

175) 대판 2006. 11. 23. 2004도7900; 대판 2013. 7. 11. 2011도14044.

176) 대판 2008. 7. 10. 2007도7760.

한편 임의성을 증명력의 문제로 보는 입장에서는, 자백의 임의성에 대한 조사와는 달리 증거능력이 인정되고 증거조사가 가능하게 된 상태에서 '최소한도의 증명력을 가지는가' 하는 관점에서 조사가 이루어지게 된다. 따라서 (임의성이 증거능력과도 관계되는 경우가 있으므로, 임의성 조사가 통상 당해 서면 또는 진술의 증거조사에 앞서 증거능력의 요건을 조사하면서 함께 행해지는 경우가 많기는 하지만) 반드시 증거조사에 앞서서 행해져야만 하는 것은 아니고, 증거조사 후에 증명력을 조사할 때에 행해져도 상관없는 것이라고 한다.

㈐ **조사방법** 임의성이 다투어지는 경우, 소송법적 사실이므로 그 증명은 자유로운 증명으로 족하며, 증거조사방법에 대해서도 별도의 명문규정이 없으므로, 법원이 적당하다고 인정하는 방법으로 임의성을 조사한다.[177)]

㈑ 거증책임 및 증명의 정도

1) 증명의 정도 임의성도 증거능력의 전제가 되는 사실을 인정하기 위한 것으로서 '합리적인 의심이 없을 정도'로 증명해야 한다(제307조 제2항). 합리적이고 구체적인 사실을 들어 그 의문을 해소함으로써 법관이 임의성에 대해 합리적인 의심을 가지지 않을 정도로 확실한 증명을 해야 한다.[178)]

피고인이 진술의 임의성을 인정하였다가 나중에 이를 부인한 경우에도 법원은 어느 진술이 신빙성이 있는지를 판단하여 임의성을 긍정할 수 있다.[179)]

2) 거증책임 피고인이 행한 진술이 임의성이 있다는 전제 아래 당해 진술조서를 증거로 제출한 검사가 거증책임을 진다. 국가기관인 검사의 소추능력과 피고인의 방어능력은 차이가 크므로 형평성의 관점에서 볼 때에도 검사에게 거증책임을 인정하는 것이 타당하다,

학설이나 실무에서는 소송법적 사실로서 증거제출책임이 있는 당사자가 거증책임을 지며, 특히 임의성이 문제되는 진술은 피의자의 진술에 한하지 않으므로 원칙적으로 이를 다투는 자가 거증책임을 진다고 보아야 한다는 견해가 유력하다. 다만 수사절차에서 이루어진 피의자의 진술의 경우에는 임의성을 다투는 주체가 아니라 진술을 요구한 주체인 검사에게 거증책임이 있다는 점에서 이를 제한하기도 한다.

---

177) 대판 1986. 11. 25. 83도1718; 대판 2003. 5. 30. 2003도705; 대판 2012. 11. 29. 2010도3029; 대판 2015. 9. 10. 2012도9879.

178) 대판 2006. 1. 26. 2004도517; 대판 2012. 11. 29. 2010도3029.

179) 대판 1994. 8. 9. 94도1318; 대판 1995. 5. 12. 95도484; 대판 2001. 4. 27. 99도484; 대판 2005. 8. 19. 2005도3045; 대판 2007. 6. 28. 2005도8317.

판례는 진술의 임의성이 원칙적으로 추정된다고 하면서도,[180] 피고인이 임의성을 다투는 경우에는 검사에게 거증책임이 있다는 입장을 취하고 있다.[181]

(5) 임의성 결여의 효과

진술증거의 임의성이 결여되면, 전문법칙의 예외에 해당하더라도 증거로 사용할 수 없다.

진술의 임의성을 위법배제의 차원에서 이해하면, 임의성이 없는 경우 제317조 위반에 해당하므로 위법수집증거배제법칙이 적용되고 따라서 증거능력 인정 여부는 이익형량에 따라 판단해야 한다는 주장도 가능하나, 임의성을 진술획득절차의 위법성과 별개로 보는 한 이러한 전제 없이 증거능력을 부정해야 한다.

Ⅳ. 전문서류에 대한 예외

1. 법원 또는 법관의 조서

(1) 개관

제311조는「공판준비 또는 공판기일에 피고인이나 피고인 아닌 자의 진술을 기재한 조서와 법원 또는 법관의 검증의 결과를 기재한 조서는 증거로 할 수 있다. 제184조 및 제221조의2의 규정에 의하여 작성한 조서도 또한 같다」고 규정하여, 법원 또는 법관이 행하는 절차에서 작성된 조서는 전문서류의 형식에도 불구하고 그 증거능력을 인정하고 있다.

법관면전조서나 법관이 작성한 검증조서(별도 설명)는 법관이 직접 진술을 청취하고 그 결과로 작성된 서류이므로, 성립의 진정이 인정되고 신용성의 정황적 보장도 높다는 점을 고려하여 별도의 요건 없이 증거능력을 인정한 것이다.

㈎ **성격** 피고인이 출석하거나 참여한 상태에서 작성된 것이므로 반대신문권이 문제되지는 않지만, 신용성의 관점에서 전문법칙의 예외를 인정한 것이다.

---

180) 대판 1983. 3. 8. 82도3248.

181) 대판 2015. 9. 10. 2012도9879.「그 임의성에 다툼이 있을 때에는 그 임의성을 의심할 만한 합리적이고 구체적인 사실을 피고인이 증명할 것이 아니고 검사가 그 임의성의 의문점을 없애는 증명을 하여야 하고, 검사가 그 임의성의 의문점을 없애는 증명을 하지 못한 경우에는 그 진술증거는 증거능력이 부정된다.」 같은 취지로는, 대판 2006. 1. 26. 2004도517.

학설로는 ① 전문법칙이 적용되지 않는다는 견해, ② 직접주의의 예외라는 견해, ③ 전문법칙의 예외라는 견해(다수설) 등이 있다. 법관면전조서는 당해 심급이 아니라 상소심이나 파기환송(이송)심에서 사용하게 되므로 법관이 직접 진술을 듣거나 증거를 조사하는 경우와 구별되고 따라서 직접주의의 예외이며, 전문증거로서의 성격을 가진다.

(나) 대상 각종 진술이 기재된 공판조서, 별도의 진술조서, 검증조서, 증거보전절차나 증인신문절차에서 작성된 조서 등이다. 명문규정은 없으나 조서 작성 등의 절차가 적법하고[182] 증거조사과정을 거친 것이어야 함은 물론이다. 예컨대 증인신문절차에서 신문 도중 증인의 소재불명 등으로 피고인의 반대신문권이 실질적으로 보장되지 않은 경우에는 당해 증인신문조서의 증거능력이 부정된다.[183] 피고인의 공판조서열람·등사권이 보장되지 않은 때에는 그 공판조서의 증거능력은 부정된다(제55조 제3항).[184]

(2) 공판준비 또는 공판기일의 진술조서(제311조 제1문)

'공판준비'란 공판기일 전 또는 기일간의 절차를 말하며, 당해 절차에서 증거조사가 이루어지고 조서에 일정한 진술이 기재된 다음 공판기일 등에 증거로 제출되는 경우를 말한다.

'공판기일'의 진술은 공판조서에 기재되지만 진술 자체가 법관의 심증형성의 대상이 되어 공판조서가 별도로 증거능력이 문제되지 않으므로, 여기서는 그 진술을 기재한 공판조서 자체가 당해 심급 이외의 절차에서 증거로 사용되는 경우를 말한다.

다시 말하면 **동일한 법관이 심리하지 않는 경우**, 즉 ① 상소심에서 원심의 공판조서, ② 공판절차 갱신 전에 작성된 공판조서, ③ 관할위반의 재판이 확정된 후 재기소된 경우에 그 이전 재판에서 작성된 조서, ④ 상소심에 의한 파기환송 전의 공판조서, ⑤ 이송된 사건에서 이송전 공판조서 등을 말한다.

---

182) 대판 1983. 2. 8. 82도2940 (공판기일에 열석하지 아니한 판사가 재판장으로서 서명날인한 공판조서의 증거능력을 부정한 사안).

183) 대판 2022. 3. 17. 2016도17054.

184) 대판 2003. 10. 10. 2003도3282; 대판 2012. 12. 27. 2011도15869. 다만 피고인이 원하는 시기에 공판조서를 열람·등사하지 못하였더라도 변론종결 이전에 이를 열람·등사한 경우에는, 그로 인해 피고인의 방어권 행사에 지장이 있었다는 등의 특별한 사정이 없는 한, 공판조서의 열람·등사청구권이 침해되었다고 볼 수 없다(대판 2007. 7. 26. 2007도3906).

(가) **피고인의 진술을 기재한 조서** 공판기일의 조서는 (다른 사건이 아닌) 다른 절차에서 사용되는 경우에 한한다. 공판준비기일의 조서는 ① 공판준비기일 절차에서 행한 피고인의 진술을 기재한 공판기일준비조서(제266조의10 제2항), ② 공판준비절차에서 행한 피고인신문(제273조 제1항)을 기재한 조서 또는 ③ 공판준비절차에서 행한 증거조사에서 작성된 조서 가운데 피고인의 진술이 기재되어 있는 경우를 말한다.

(나) **피고인 아닌 자의 진술을 기재한 조서** 이 경우에도 공판기일의 조서는 당해 사건에 대한 공판조서 가운데 증인 등의 진술을 기재한 부분이 다른 절차에서 사용되는 경우를 말한다. 공판준비기일의 조서는 공판기일 전에 증인, 감정인, 통역인, 번역인 등을 신문하여(제273조 제1항) 그 결과를 기재한 조서(제48조 제1항), 즉 증인신문조서나 감정인신문조서 등이 여기에 해당한다.

'피고인 아닌 자'란 증인, 감정인 등의 경우를 말하며, **공동피고인**(증인적격 있는 경우 제외)도 포함한다.

공동피고인의 경우, ① 공범(필요적 공범 포함)인 공동피고인의 진술을 기재한 조서는 피고인의 동의가 없더라도 - 피고인에 의한 반대신문이 가능하므로 증인인 경우와 동일하게 - 증거로 사용할 수 있으나,[185] ② 공범이 아닌 공동피고인의 진술을 기재한 조서는 상피고인에 대하여 증인의 지위를 지니므로, 증인선서 등 적법한 증인신문절차를 거쳐 그 진술을 기재한 공판조서가 아니면 피고인에 대한 공소사실을 인정하는 증거로 사용할 수 없다.[186]

(다) **당해 사건에 관한 조서** 피고인 또는 피고인 아닌 자(공범 등)의 진술이 기재된 (공판)조서는 당해 사건에 관한 조서에 한한다.

'피고인의 진술'을 기재한 공판조서는 당해 사건에서 작성된 경우에 한하지 않는다는 견해도 있으나, 법관면전조서라도 증거보전절차 또는 증인신문절차에서 작성한 조서를 별도로 규정한 점이나 직접주의의 관점에서 보면 당해 사건에 관한 조서로 한정하는 것이 타당하다. 같은 취지에서 수사절차에서 작성된 법관면전조서에 대해서도 판례는 본조가 적용되지 않고, 제315조 제3호에 의해 증거능력이 인정된다고 한다.[187]

---

185) 대판 1963. 7. 25. 63도185; 대판 1966. 5. 17. 66도316; 대판 1985. 6. 25. 85도691; 대판 1992. 7. 28. 92도917; 대판 2006. 5. 11. 2006도1944.

186) 대판 1979. 3. 27. 78도1031; 대판 1982. 6. 22. 82도898; 대판 1982. 9. 14. 82도1000; 대판 2006. 1. 12. 2005도7601.

187) 대판 2004. 1. 16. 2003도5693.

다른 사건에서 작성된 조서에 대해서 판례는 제315조 제3호에 따라 '기타 특히 신용할 만한 정황에 의하여 작성된 문서'로서 증거능력을 긍정한다.[188] 또한 다른 피고인에 대한 형사사건의 공판조서의 일부를 이루는 '증인신문조서' 역시 제315조 제3호에 정한 서류로 당연히 증거능력이 있다는 입장이다.[189]

다른 사건에서 작성된 조서의 경우에는 수소법원의 법관에 의한 심증형성을 거치지 않은 것으로서 별도의 요건 없이 직접주의의 예외를 인정하는 것에 대해서 의문이 제기되기도 한다.

(3) 증거보전절차나 증인신문절차에서 작성한 조서(제311조 제2문)

수소법원에 의한 절차는 아니지만 제184조에 따른 증거보전절차나 제221조의 2에 따른 증인신문절차는 법관의 면전에서 행해지므로, 그 절차에서 이루어진 진술을 기재한 조서는 신용성이 높다는 점에서 증거능력을 인정하도록 한 것이다.[190]

공동피고인에 대해서도 수사단계에서 증거보전절차를 통해 증인으로 신문할 수 있으므로 그의 진술을 기재한 조서도 증거로 사용할 수 있다.[191]

다만 공범인 공동피고인은 피고인의 범죄사실에 관해 증인적격이 없고 증거보전절차에서 증인으로 신문하더라도 변론이 분리된 것도 아니므로 증거능력을 부정해야 한다는 견해도 있다.

증인이 아니라 당사자로서 참여한 피의자가 자신의 범행을 시인하면서 증인에게 반대신문을 행한 경우에 그 진술을 기재한 조서 부분은 제외된다.[192]

공판정에서 피고인이 증인을 신문한 경우에 그 신문이나 진술내용이 증거로 되지 않는 것과 같은 이유라고 할 수 있다.

2. 당연히 증거능력이 있는 서류

(1) 취지

제315조는 원래 제313조의 적용대상인 진술서에 해당하지만, 특히 신용성

---

188) 대판 1964. 4. 28. 64도135.
189) 대판 1964. 4. 28. 64도135; 대판 1966. 7. 12. 66도617; 대판 2005. 4. 28. 2004도4428.
190) 대판 1976. 9. 28. 76도2143.
191) 대판 1988. 11. 8. 86도1646.
192) 대판 1984. 5. 15. 84도508.

이 높고 그 작성자나 진술자를 증인으로 신문하는 것이 적절하지 않거나 의미가 없어서 그 자체만으로 증거로 할 필요성이 인정되는 일정한 서류에 대해, '진정성립의 증명 없이' 증거능력을 인정하고 있다.

(2) 대상

(가) 공권적 증명문서 가족관계기록사항에 관한 증명서(가족관계증명서 등), 공정증서등본 기타 공무원 또는 외국공무원의 직무상 증명할 수 있는 사항에 관하여 작성한 문서를 말한다(제315조 제1호).

1) 취지 이러한 문서들은 성질상 고도의 신용성(기술의 의무성과 공시성)이 보장되고, 공익적 차원에서 원본 제출이 곤란하고 담당공무원을 증인으로 신문하는 것이 부적당하거나 실익도 없기 때문에 증거로 할 필요성이 크다는 점에서 증거로 사용할 수 있도록 한 것이다.

제1호에 예시된 것 외에도 예컨대, 등기부 등·초본, 인감증명, 전과조회회보, 신원증명서, 판결문 사본, 공증한 차용증서 등이 공권적 증명문서에 해당한다.

2) 판례가 인정한 경우 보건복지부장관의 마약에 관한 시가보고서,[193] 세관공무원이 작성한 범칙물자 시가감정서,[194] 국립과학수사연구원의 감정의뢰 회보서,[195] 외국공무원의 공권적 증명문서,[196] 판결문 사본[197] 등이 있다. 그러나 해외공관에 근무하는 영사가 발행한 **영사증명서**에 대해서는 판례도 소극적인 입장을 취하고 있다.[198]

다만 영사증명서가 법원의 공조요청에 의하여 작성된 경우에는 법관면전조서와 같은 것으로 보아 제311조를 유추적용한다는 견해와 피고인 이외의 자가 작성한 서면으로서 진술서에 대한 제313조가 적용되어 성립의 진정함이 증명되면 증거

---

193) 대판 1967. 6. 13. 67도544.

194) 대판 1985. 4. 9. 85도225.

195) 대판 1982. 9. 14. 82도1504. 다만 필적감정의 사례에서 증명력을 문제삼은 판례도 있다. 대판 2015. 5. 14. 2014도2946.

196) 대판 1984. 2. 28. 83도3145 (일본 시모노세키 세관 총괄심리관 작성 범칙물건감정서등본과 분석의뢰서 및 분석 회답서등본).

197) 대판 1981. 11. 24. 81도2591 (교도소장이 교도소에 보관 중인 군법회의판결 등본의 사본).

198) 대판 2007. 12. 13. 2007도7257 (일심회 사건: 대한민국 주중국 대사관 영사가 공인 부분을 제외한 나머지 부분이 공적인 증명보다는 상급자 등에 대한 보고를 목적으로 작성한 사실확인서(영사증명서)의 증거능력: 부정).

로 할 수 있다는 견해가 있으나, 이 경우에도 판례는 성립의 진정이 증명되지 않았고, '외국거주'라는 필요성의 요건을 충족하지 못하여 제314조도 적용되지 않으므로 증거로 할 수 없다고 판시하였다.[199)]

한편 판례는 군의관(공무원)이 작성한 진단서도 '공권적 증명문서'로 보고 있으나,[200)] 일반 진단서와 마찬가지로 진술서의 일종으로 보아야 한다는 견해가 지배적이다.

3) 수사기관이 작성한 문서 공권적 증명문서라도 수사기관이 작성한 것은, 공소장과 같은 작성자의 주관적 의견이나 가치판단을 기재한 의사표시적 문서[201)]는 물론이고 보고적 문서도 당해 사건에 관한 서류로서 신용성이 낮으므로 제315조 제1호 적용대상에서 제외된다. 수사보고서는 단지 수사의 경위 및 결과를 내부적으로 보고하기 위하여 작성된 보고적 문서로서 원칙적으로 전문법칙이 적용되지 않는다.[202)]

4) 외국 수사기관이 작성한 문서 외국공무원이 작성한 공권적 증명문서와 달리, 외국의 수사기관이 작성한 조서나 서류는 당해 사건에 관한 것이라도 제315조가 적용되지 않고,[203)] 제312조 내지 제313조의 전문서류로서 제314조의 적용이 가능하다.[204)]

(나) 업무상 통상문서 상업장부, 항해일지 등 업무상 필요로 일상적인 업무과정에서 작성된 문서를 말한다(제315조 제2호).

1) 취지 업무담당자가 일상적·무작위적·계속적으로 기술하는 문서는 일반적인 경험칙상 진술의 태도와 내용이 자연스럽고, 진술도 양심에 반하지 않을 뿐만 아니라, 사건과 무관하게 작성되고 진술자가 기재내용을 사실대로 작성할 의무가 있는 경우가 많고, 내부의 결재 등으로 작성의 허위나 오류가 다른

---

199) 대판 2013. 5. 9. 2011도13603.
200) 대판 1972. 6. 13. 72도922.
201) 대판 1978. 5. 23. 78도575.
202) 대판 1999. 2. 26. 98도2742; 대판 2001. 5. 29. 2000도2933.
203) 제315조 제3호의 특신문서에도 해당하지 않는다는 판례로는, 대판 1979. 9. 25. 79도1852.
204) 대판 1997. 7. 25. 97도1351 (피고인이 미합중국 뉴저지주에 거주하던 당시 공범인 공소외 1과 함께 피해자를 상대로 저지른 것이라는 이 사건 공소범행에 대한 유죄의 증거로서, 검사가 미합중국 뉴저지주 버겐카운티 검찰청 수사관이 작성한 위 피해자 및 공소외 1에 대한 질문서(interrogatory)를 제출한 사안: 제314조 적용).

업무관계자에게 쉽게 발각되고 그에 따른 징계나 형사처벌의 위험성을 고려해야 하는 등 허위가 개입할 여지가 적고 정확한 기재를 기대할 수 있다는 점을 고려한 결과이다(미국 연방증거법 §803(6) 참조).

한편 필요성의 측면에서도 작성자를 일일이 소환하는 것이 번거롭고 불편하며 소환하더라도 서면에 기재된 것 이상의 사실을 밝히기 어렵다는 점 등을 들기도 한다.[205)]

2) 구체적 내용 상업장부와 항해일지를 예시하고 있으나, '기타 업무상 필요로 작성한 통상문서'에 한한다.

가) 상업장부 영업상의 재산 및 손익의 상황을 명백히 하기 위하여 작성하는 회계장부(외부거래와 내부거래에 관해 작성된 거래증거서류. 전표 포함) 및 대차대조표(상법 제29조 제1항) 외에 매입대장, 판매대장, 금전출납부 등을 포함한다.

상업장부 가운데 피고인이 작성한 것은 사후에 조작가능성이 있다는 이유로 본조를 적용하지 않고 제313조의 진술서로 보아야 한다는 견해도 있으나, 제315조가 이를 구분하지 않고 있고 타인이 작성한 경우라도 조작가능성은 있으므로, 작성자가 피고인인지 여부에 따라 증거능력을 달리하는 것은 타당하지 않다. 중요한 것은 피고인의 범죄사실을 인정하는 진술이 기재되어 있는 경우에 이를 자백과 별개의 것으로 볼 것인지 여부라고 할 수 있다.[206)]

이중장부의 경우에는, 의도적으로 조작한 '표면장부'는 상업장부 일반이 가지는 신용성이 없고, '비밀장부'는 업무과정에서 일상적으로 작성되는 것이 아니므로 업무상 통상문서라고 볼 수 없다. 다만, 올바르게 작성된 비밀장부에 대해서는 제315조 제2호를 적용할 수 있을 것이다.

나) 항해일지 항해할 때 선박의 중요한 사항, 예컨대 기관의 조작, 침로, 항주 거리, 기상, 해상(海象), 배의 위치 등을 기록하는 일지를 말한다(선원법 제20조 제1항 제3호에 따른 선내 비치의무). 특히 세월호 사건과 같은 해난사고의 경우에 항해 관련 로그 기록을 항해일지와 비교하면 사고 당시의 상황을 파악하는데 중요한 증거가 된다.

다) 업무상 통상문서 상업장부, 항해일지 이외에 업무상 필요로 작성

---

205) 대판 2015. 7. 16. 2015도2625 전합.

206) 이를 긍정하는 판례로는, 대판 1996. 10. 17. 94도2865.

한 통상문서도 당연히 증거능력이 인정된다.

① **의의** 업무상 통상문서란 업무수행과정에서 규칙적·기계적·연속적으로 작성되어 신용성과 필요성이 높은 서류로서, 적어도 상업장부나 항해일지와 같은 정도로 허위가 개입될 여지가 없는 정형적인 것이어야 하며, 특정인을 상대로 작성된 것이 아니어야 한다.

> 일과를 그때그때 기록하는 서면으로서, 정확히 적어 두지 않으면 작성자 자신이 곤란한 처지에 빠지게 될 것으로 생각할 만한 문서라고 할 수도 있다. 의사의 진료기록카드, 차량의 운행일지, 공장의 작업일지, 어선의 조업위치에 관한 무선수신기록, 각종 업무 관련 통계표, 전산자료 등이 여기에 해당한다.
> **의사의 진단서**는 업무상 작성되는 것이긴 하지만 환자 등의 요청으로 개별적으로 작성되므로 신용성의 정황적 보장이 낮아 일반적인 진술서와 동일하게 취급한다. 또한 영수증도 개별 상대방에 대해 발행된 것이므로 같은 이유에서 업무상 통상문서에 해당하지 않는다.

② **판단기준** 전문법칙의 예외이론에 따라 유형적인 신용성 및 필요성이 인정되는가 하는 관점에서 판단해야 한다. 구체적으로는, ㉠ 당해 문서가 정규적·규칙적으로 이루어지는 업무활동으로부터 나온 것인지 여부, ㉡ 당해 문서를 작성하는 것이 일상적인 업무 관행 또는 직무상 강제되는 것인지 여부, ㉢ 당해 문서에 기재된 정보가 취득된 즉시 또는 그 직후에 이루어져 정확성이 보장될 수 있는 것인지 여부, ㉣ 당해 문서의 기록이 비교적 기계적으로 행하여지는 것이어서 기록 과정에 기록자의 주관적 개입의 여지가 거의 없다고 볼 수 있는지 여부, ㉤ 당해 문서가 공시성이 있는 등으로 사후적으로 내용의 정확성을 확인·검증할 기회가 있어 신용성이 담보되어 있는지 여부 등을 종합적으로 고려하여 판단해야 한다.[207] 또한 서면 자체뿐만 아니라 작성자의 증언 등도 고려하여 판단한다.

③ **업무의 범위** 적법한 업무임을 요하지 않으므로 범죄조직의 활동일지 등도 여기에 포함된다.[208] 업무에 관한 것만 기록한 경우뿐만 아니라 업무와 무관한 개인적 필요로 수집된 정보를 포함한 경우에도 그 주된 내용이 업무에 관한 것이면 통상문서에 해당한다고 보아야 한다.

---

207) 대판 2015. 7. 16. 2015도2625 전합 참조.
208) 대판 2007. 7. 26. 2007도3219 (성매매업소에서 영업에 참고하기 위하여 성매매 상대방에 관한 정보를 입력하여 작성한 메모리카드의 내용이 문제가 된 사안: 제315조 제2호 적용).

④ **문서의 범위** 종이문서서류의 형태로 된 것뿐만 아니라 업무의 성격상 수첩의 형태로 된 것도 포함한다.[209] 전자문서도 포함되므로 메모리카드에 저장된 파일도 적용대상이 된다.[210]

(다) **특신문서** '기타 특히 신용할 만한 정황에 의하여 작성된 문서'란 공권적 증명문서나 업무상 작성된 통상문서에 준할 정도로 그 자체가 고도의 신용성이 보장되는 문서를 말한다(제315조 제3호).

예컨대 정기간행물, 공공기관의 통계와 연감, 스포츠 기록, 학술논문 등이 여기에 포함된다. 다만 **신문기사**에 나온 내용이 명예훼손 등 범죄에 해당하는 경우(예를 들면, 검찰총장의 직권남용 보도)는 직접증거로서 본조 적용대상이 아니며, 범죄사건에 대한 기자의 의견을 게재한 경우도 의사표시적 문서로서 제외된다. 따라서 공공성과 업무성이 높은 사실을 전달하는 경우에 예외적으로 적용이 가능할 뿐이다.

1) **취지** 제313조, 제314조 등의 요건 아래 증거능력이 인정될 수도 있는 증거 가운데 특히 신용성이 높고 그 작성자를 증인으로 신문하는 것이 부적당하여 증거로 할 필요성이 인정되어 성립의 진정을 추정하는 것이다. '특히 신용할 만한 정황에 의하여 작성'되었는지에 대해서는 공공성과 업무성에 상응할 정도의 엄격한 제한해석이 필요하다.

예컨대 법관이 작성한 조서라도 제311조에 해당하지 않는 한 반대신문권이나 피고인의 방어권 보장을 침해하지 않는 범위 내에서만 본조에 따라 증거능력을 인정하는 것이 타당하다.

2) **판단기준** 제1호, 제2호 문서와 마찬가지로 '유형적으로 특신상황이 존재하는지 여부'라는 판단기준과 그 판단에 사용되는 자료의 범위를 어떻게 볼 것인지는 별개의 문제이므로, 판단에 사용되는 자료의 범위는 작성자의 증언 등 개별적 사정도 고려해서 판단해야 한다.

서면 자체가 유형적으로 제1호, 제2호 서면에 준할 정도의 고도의 신용성의 정황

---

209) 대판 1996. 10. 17. 94도2865 (피고인이 업무추진 과정에서 뇌물자금과 기타 자금을 구별하지 아니하고 그 지출 일시, 금액, 상대방 등 내역을 그때그때 계속적, 기계적으로 기입한 수첩).

210) 대판 2007. 7. 26. 2007도3219; 대판 2013. 6. 13. 2012도16001 (등록된 선거운동원을 초과한 사람들에게 실비, 수당의 지급을 약속하거나 이를 실제로 지급하기 위해 작성한 선거운동원들의 출결부를 파일로 저장한 USB의 내용이 문제된 사안).

적 보장이 인정되는 것에 한정할 필요가 있으므로, 그 판단기준은 **유형적 판단**이며, 개별 구체적인 사정에 따라 고도의 신용성이 인정되더라도 여기에 포함되지 않는다. 특신상황에 대한 판단은 일률적으로 할 수 없지만, 즉시성, 계속성, 정확성, 피고인이 작성한 경우에는 혐의를 받기 전에 사건과 무관하게 작성되었는지 여부가 기준이 될 수 있을 것이다.

제3호 문서의 해석 기준은 **'굳이 반대신문의 기회를 부여할 필요가 없을 정도로 고도의 신용성의 정황적 보장이 있는 문서'**인지 여부이다.[211] 따라서 공무원이 사무처리의 편의를 위해 자신이 경험한 사실 등을 기재해 놓은 업무수첩도 이러한 고도의 신용성에 관한 정황적 보장이 있는 문서라고 볼 수 없다.[212]

3) 문제되는 경우

가) 수소법원 이외의 법관이 작성한 조서 수사절차에서 피고인의 진술을 기재한 조서, 예컨대 영장실질심사에 따른 피의자심문조서나 구속적부심문조서 등에 대해서 다수설과 판례는 특신문서에 해당한다고 본다.

학설로는, ① 제311조설(법원의 조서라는 점을 고려한 견해), ② 제315조설(법원이 작성한 조서로서의 신용성을 고려한 견해), ③ 제313조 제1항설(진술조서로서 엄격한 요건하에 증거능력 인정하는 견해), ④ 부정설(법원의 조서에 대한 지나친 예외 허용을 제한하려는 견해) 등이 있으나, 판례는 제315조를 적용하면서 신빙성에 대한 신중한 판단을 요구하고 있다.[213]

이러한 조서의 내용은 수사절차에서 피의자의 지위에서 행한 진술로서 신빙성이 없을 수 있고 다른 한편으로 증거능력을 제한 없이 인정함으로써 구속적부심이나 영장심사를 통해 검사가 피의자의 법관면전진술을 확보하는 결과로 되어 제315조를 적용하는 것은 의문이다. 제313조 제1항에 따라 일반적인 진술조서로 취급하는 것이 타당하다.

한편 다른 피고사건에서 작성된 (공판)조서의 경우에도 다수설과 판례는 제

---

211) 헌재 2013. 10. 24. 2011헌바79; 대판 2015. 7. 16. 2015도2625 전합; 대판 2017. 12. 5. 2017도12671.

212) 대판 2019. 8. 29. 2018도14303 (청와대 정책조정수석이 대통령의 지시사항과 전달사항을 자신의 업무수첩에 기재한 사안: 제315조 제3항 적용 부정).

213) 대판 2004. 1. 16. 2003도5693; 대판 1981. 11. 24. 81도2591 (교도소장이 교도소에 보관 중인 판결등본을 사본한 군법회의 판결사본에 대해 증거부동의나 진정성립의 증명 없음을 이유로 한 증거능력 부인은 잘못한 것으로 본 사안).

315조 제3호의 특신문서에 해당하는 것으로 보나, 일부 학설은 제311조가 법관면전조서를 당해 사건에 한정하고 있지 않으므로 제311조에 따라 증거능력이 인정된다고 보기도 한다. 전자가 타당하다.

판례는 다른 사건에서 공범이 피고인으로서 진술을 기재한 공판조서[214]나 다른 피고인에 대한 형사사건의 공판조서 중 일부인 증인신문조서,[215] 공범 중 1인에 대한 외국경찰의 피의자신문조서의 복사본[216] 등을 제315조 제3호의 특신문서로 보고 있다.

나) 자연적 진술이나 임종의 진술 영미법과는 달리 명문규정이 없고, 제315조가 예시한 **공공성과 업무성**이 인정되지 않으므로 이에 준하는 특신문서로 증거능력을 인정하기는 어렵고, 일반적인 진술서로서 필요성이 인정되는 경우에 제314조에 따라 특신상태를 요건으로 증거능력을 인정할 수 있다.

다) 체포구속인접견부 등 체포구속인접견부[217]나 주민들의 진정서 사본[218]도 유형적으로 고도의 신용성이 보장되지 않으므로 특신문서라고 보기 어렵다. 그리고 건강보험심사평가원이 수사기관의 의뢰에 따라 그 보내온 자료를 토대로 입원진료의 적정성에 대한 의견을 제시하는 내용의 '건강보험심사평가원의 입원진료 적정성 여부 등 검토의뢰에 대한 회신'도 사무처리 내역을 계속적, 기계적으로 기재한 문서가 아니라 범죄사실의 인정 여부와 관련 있는 어떠한 의견을 제시하는 내용을 담고 있는 것으로 여기에 포함되지 않는다.[219]

---

214) 대판 1964. 4. 28. 64도135.

215) 대판 2005. 4. 28. 2004도4428.

216) 서울고판 1985. 5. 15. 84노321.

217) 체포·구속인접견부란 체포·구속장소의 간수자가 접견자와 피접견자의 대화를 기록한 장부로서 작성자인 간수자가 피고인으로부터 전문한 진술을 기재한 서류이다. 판례는 접견시 통상적으로 작성되는 장부라도 기재내용의 객관성이 담보되지 않고, 반대신문의 기회를 부여할 필요가 없을 만큼 고도로 신용성이 보장되는 상황하에서 작성된 것이라고 할 수 없다는 이유로 제315조 제2호, 제3호에 해당하지 않는다고 보았다. 대판 2012. 10. 25. 2011도5459 (검사가 피고인의 부인진술을 탄핵하기 위해 체포·구속인접견부 사본을 증거로 제출한 사안: 증거능력 부정).

218) 대판 1983. 12. 13. 83도2613.

219) 대판 2017. 12. 5. 2017도12671; 대판 2018. 4. 12. 2017도20843.

3. 피의자신문조서

(1) 개념 및 적용대상

(가) **개념** 피의자신문조서란 피의자의 진술을 기재한 조서를 말한다(제244조 제1항). 현행법은 피의자신문의 규문적 성격을 고려하여 엄격한 요건 하에 전문법칙의 예외를 인정하고 있다. 검사가 작성한 경우와 검사 이외의 사법경찰관 등이 작성한 경우에 증거능력 인정을 위한 요건을 나누어 규정하고 있으나 내용은 동일하다.[220)]

> 2020년 개정법률(2022년 1월 1일 시행 후 공소제기된 사건부터 적용)은 작성주체에 따라 증거능력의 인정 요건에 차등을 두지 않고, 검사작성 피의자신문조서도 피의자가 내용을 인정한 경우에만 증거로 할 수 있도록 하여, 사법경찰관 작성은 물론 검사 작성의 피의자신문조서에 의한 유죄인정을 사실상 차단하고 있다. 이로 인해 조사자증언 내지 영상녹화물의 독립증거로서의 사용, 구속전 피의자심문이나 구속적부심사절차에서 작성된 피의자심문조서의 활용 등이 새로운 쟁점으로 떠오르게 되었다.

(나) **적용대상** 형사소송법은 제312조에서 피의자신문조서의 작성주체에 따라 나누어서 규정하고 있다.

1) **제312조 제1항** 검사가 작성한 피의자신문조서는 적법한 절차와 방식에 따라 작성된 것으로서 공판준비, 공판기일에 그 피의자였던 피고인 또는 변호인이 그 내용을 인정할 때에 한정하여 증거로 할 수 있다.

가) 검사가 작성한 피의자신문조서 검사뿐만 아니라 검사의 직무대리가 작성한 경우도 검찰청법 제32조에 따라 적법한 절차에 따라 법률의 범위 내에서 피의자신문조서를 작성한 경우에는 본조가 적용된다.[221)]

나) 당해 사건에 관한 피의자신문조서 2020년 개정법률 이전에는 그 대상을 '피고인이 된 피의자의 진술을 기재한 조서'라고 규정하고 있었던 것을

---

220) 2020년 개정법률 이전 헌법재판소는 조서의 증거능력을 작성 주체에 따라 차등을 둔 것(헌재 1995. 6. 29. 93헌바45)이나 검사 작성의 피의자신문조서의 증거능력을 인정한 것(헌재 2005. 5. 26. 2003헌가7)이 합헌이라는 입장이었다.

221) 대판 2010. 4. 15. 2010도1107 (검사가 일부 공소사실에 관한 증거로 제출한 사법연수생인 검사 직무대리 작성의 피고인에 대한 피의자신문조서에 대해 피고인이 그 내용을 부인하면서도 성립의 진정은 인정한 사안: 증거능력 인정).

근거로 본조의 적용대상은 당해 사건에 한정되는 것으로 보았다. 그러나 개정법률은 그 대상을 검사가 작성한 '피의자신문조서'라고만 규정하여 반드시 당해 피고사건에 한정하는 것으로 볼 필요는 없다. 증거능력의 요건이 동일한 사법경찰관이 작성한 피의자신문조서의 경우에도 반드시 당해 사건에서 작성된 것에 한하지 않는다는 것이 지배적인 견해이다.

2020년 개정법률 이전에는 피고인이 다른 사건의 피의자로서 수사기관의 신문을 받으면서 작성된 피의자신문조서는 '피고인이 된 피의자'의 진술을 기재한 것이 아니므로 본조가 적용되지 않고, '피고인이 아닌 자의 진술을 기재한 조서'로서 제312조 제4항이 적용된다고 보았다.

다) 공범 또는 공동피고인의 경우 공범이나 공동피고인은 문언상 '그 피의자였던 피고인'이 아니므로 이들에 대한 검사 작성 피의자신문조서는 제312조 제1항이 아닌 '피고인 아닌 자의 진술'로서 제312조 제4항에 의해 증거능력이 인정되는 것으로 해석될 여지가 있다. 그러나 공범이나 공동피고인에 대한 검사 작성 피의자신문조서는 공범인 경우와 공범 아닌 공동피고인의 경우를 구별하여 그 증거능력의 인정 요건을 달리하여야 한다. 공범 아닌 공동피고인은 절차만 병합되어 있을 뿐 당해 피고사건과 무관한 제3자이기 때문에 그 피의자신문조서는 '피고인 아닌 자의 진술'을 기재한 조서로서 제312조 제4항이 적용된다. 반면 공범인 경우에는 피고사건과 밀접한 이해관계를 가지고 있으므로 공범에 대한 피의자신문조서는 제312조 제1항을 적용하여 엄격한 요건 하에 증거로 인정할 필요가 있다. 따라서 공범에 대한 검사 작성 피의자신문조서는 당해 피고인이 그 내용을 인정한 경우에 한하여 증거로 사용할 수 있다.

① 공범에 대해서 제312조 제4항을 적용하는 것은 2020년 개정법률이 검사 작성 피의자신문조서도 사법경찰관 작성 피의자신문조서와 마찬가지로 '내용의 인정'이라는 엄격한 요건 하에 증거능력을 인정하도록 한 취지에 반하고, ② 현행법상 검사 작성 피의자신문조서와 사법경찰관 작성 피의자신문조서의 증거능력이 인정되기 위해서는 모두 피고인의 내용의 인정이 필요하므로, 공범에 대한 사법경찰관 작성 피의자신문조서는 당해 피고인이 그 내용을 인정하여야 증거능력이 인정된다는 판례 법리[222]가 검사가 공범에 대해 작성한 피의자신문조서에도 동일하게 적용되어야 하며, ③ 2020년 개정법률 이전 검사 작성 피의자신문조서에 구법 제312조 제1항을 적용하지 않고 증거능력 요건이 더 엄격한 제312조 제4항을

---

222) 대판 1986. 11. 1. 86도1783.

적용해야 하는 것으로 보아 피고사건과 밀접한 이해관계를 가지고 있는 공범에 대한 피의자신문조서의 증거능력을 엄격하게 인정하고자 했던 다수설과 판례[223]의 취지도 존중되어야 하기 때문이다. 따라서 제312조 제1항의 '피의자신문조서'는 피고사건의 피고인뿐만 아니라 공범에 대해 작성된 것도 포함되는 것으로 보는 것이 타당하다. 공범에 대한 검사 작성 피의자신문조서의 증거능력을 인정하기 위한 요건을 구법에서와 다르게 해석하는 것은 입법자의 결단의 결과로 이해해야 할 것이다.

라) 공소제기 후에 작성된 피고인진술조서 검사가 공소제기 후의 수사에서 피고인신문을 한 경우[224] 그 신문내용을 기재한 조서는 비록 공소제기 후이긴 하지만 수사과정에서 작성된 것으로서 엄격한 요건하에 증거능력을 인정할 필요가 있으므로 제312조 제1항이 준용된다.

학설은 검사에 의한 피고인신문을 부정하지만, 피고인이 자발적으로 원한 경우에는 피고인신문이 가능하므로 그 한도에서 논의의 실익이 있다. ① 제313조 제1항이 규정한 '피고인의 진술을 기재한 서류'로 볼 수도 있으나 비록 공소제기 후라도 수사기관이 작성한 조서에 대해 공소제기 전과 달리 증거능력의 요건을 완화하는 것은 타당하지 않다. ② 개정법률하에서는 수사기관이 피고인의 진술을 기재한 조서도 - 피고인은 이미 피의자가 아니므로 - 피의자신문조서가 아니라 진술조서에 해당된다는 견해도 있으나, 공소제기 후라도 실질은 범죄혐의를 두고 피의자로 취급하여 조사한 경우를 참고인에 대한 조서와 같이 보는 것은 인위적인 해석일 수 있고 진술조서로 보더라도 반대신문의 요건만 추가될 뿐이고 피고인 자신에 대한 반대신문은 특별한 의미가 없으므로 타당하지 않다.

2) 제312조 제3항 검사 이외의 수사기관이 작성한 피의자신문조서는 적법한 절차와 방식에 따라 작성된 것으로서 공판준비 또는 공판기일에 그 피의자였던 피고인 또는 변호인이 그 내용을 인정할 때에 한하여 증거로 할 수 있다.

검사 이외의 수사기관이 작성한 피의자신문조서란 사법경찰관이 작성한 경우를 말하며 특별사법경찰관리가 작성한 경우도 포함된다. 판례는 사법경찰리가 작성한 것도 포함한다.[225]

---

223) 대판 2014. 8. 26. 2011도6035.

224) 판례는 공소제기 후에 검사의 피고인신문을 긍정하고 있다. 대판 1982. 6. 8. 82도754; 대판 1984. 9. 25. 84도1646.

225) 대판 1981. 6. 9. 81도1357; 대판 1982. 12. 28. 82도1080.

가) 검사 이외의 수사기관 외국의 권한 있는 수사기관도 '검사 이외의' 수사기관에 포함되므로, 외국의 권한 있는 수사기관이 작성한 피의자신문조서에 대해서도 본조가 적용된다.[226)]

나) 당해 사건에 한하지 않음 이미 설명한 것처럼 그 대상이 '피의자신문조서'이면 족하므로 당해 사건에 국한되지 않고, 따라서 전혀 별개의 사건에서 피의자였던 피고인에 대한 피의자신문조서도 포함된다.[227)]

다) 공동피고인의 경우

① 공범인 경우 공범인 공동피고인에 대해 작성된 피의자신문조서의 경우에도 이해관계가 있는 공범에 대해서는 엄격한 요건을 적용할 필요가 있으므로 제312조 제3항을 적용하여 '당해 피고인'이 내용을 인정한 경우에 한해 증거능력을 긍정해야 한다.

> 학설로는 ① 공범이라면 공동피고인인지 여부를 불문하고 제312조 제3항이 적용된다는 견해와 ② 공범은 피고인이 아니므로 피의자신문조서라도 '피고인 아닌 자의 진술을 기재한 조서'로서 제312조 제4항이 적용된다는 견해가 대립하고 있으나, 제312조 제3항의 입법취지에 비추어 볼 때 제312조 제3항을 적용하는 것이 타당하다.

판례도 이미 구법하에서 같은 태도를 취하였으며[228)] 공범이 아니라 당해 피고인이 내용을 인정하지 않으면 제314조도 적용되지 않는다고 보았고,[229)] 2007년 개정법률하에서도 같은 입장을 유지하고 있다.[230)]

> 다만 판례는 공범인 공동피고인의 진술조서라도 그 내용이 피고인과 공범관계에 있는 공소사실에 관한 부분만 제312조 제3항이 적용되고, 그 외의 부분에 대해서는 특신상태를 요구함으로써 일반적인 진술조서와 마찬가지로 제312조 제4항이 적용되어야 한다는 입장이다.[231)]

---

226) 대판 2006. 1. 13. 2003도6548.

227) 대판 1995. 3. 24. 94도2287.

228) 대판 1986. 11. 1. 86도1783.

229) 대판 2004. 7. 15. 2003도7185 전합.

230) 대판 2009. 5. 28. 2008도10787; 대판 2009. 7. 9. 2009도2865; 대판 2009. 10. 15. 2009도1889; 대판 2010. 1. 28. 2009도10139; 대판 2010. 2. 25. 2009도14409; 대판 2014. 4. 10. 2014도1779.

231) 대판 2015. 10. 29. 2014도5939 (서울시 공무원 간첩조작사건). 「원심은, 그 판시와 같은 이유를 들어, 공소외 1에 대하여 특별사법경찰관이 작성한 각 진술조서 중 피고인과 공범관계에

② **공범 아닌 공동피고인** 이 경우에는 단순히 변론만 병합된 경우로서 그 조서는 일반적인 진술조서와 마찬가지로 취급하여 제312조 제4항을 적용하는 것이 당해 피의자신문조서의 증거능력을 다른 진술조서와 획일적으로 확정한다는 점에서 타당하다. 따라서 제312조 제4항을 적용하여 일단 공동피고인을 증인으로 신문하여 조서를 작성하고 그 조서에 대해 진정 성립을 긍정하면 피고인의 반대신문을 거친 경우에 증거로 사용할 수 있다.

3) **제312조 제5항** 피의자신문조서와 진술조서에 관한 규정(제312조 제1항부터 제4항)은 피고인 또는 피고인이 아닌 자가 수사과정에서 작성한 진술서에 관하여 준용한다.

수사과정에서 조서의 형태가 아니라 진술서의 형태로 작성된 경우라도 피고인의 진술을 내용으로 하는 때에는 제1항, 제3항이 준용된다. 제312조 제5항은 2007년 개정법률 이전의 판례의 입장[232]을 입법화한 것으로서 개정법률하에서 판례도 이러한 입법취지를 충실히 따르고 있다.[233]

> '수사과정'에서 작성한 이상 진술서의 형태로 된 것이라도 진술조서와 같이 취급하므로(제312조 제5항), 사법경찰관이 피의자에게 자필로 진술서를 쓰게 한 경우라도 제313조 제1항이 적용되지 않고 제312조 제3항에 따라 '내용을 인정'한 경우에 한해 증거능력을 인정한다. '수사과정'의 의미에 관하여는 후술한다.

판례는 피의자 조사과정을 녹취한 녹음테이프 등도 피의자신문조서에 준하여 증거능력을 판단하고 있다.[234] 그러나 영상녹화물을 독립증거로서 허용하고 있지 않은 현행법하에서는 녹음·녹화한 테이프 등을 재생하여 작성한 검증조서를 피의자신문조서로 취급할 수 없다는 지적도 있다.

있는 공소사실에 관한 부분을 제외한 나머지 부분과 검사가 작성한 각 진술조서는, 공소외 1이 부당하게 장기간 계속된 사실상의 구금 상태에 있었음에도 변호인의 조력을 받을 권리도 보장받지 못한 채 심리적 불안감과 위축 속에서 수사관의 회유에 넘어가 진술한 것으로서 그 진술이 특히 신빙할 수 있는 상태하에서 행하여졌다고 보기 어려워 증거능력이 없다고 판단하였다. 원심판결 이유를 위 법리와 기록에 비추어 살펴보면, 원심의 위와 같은 판단은 정당한 것으로 수긍이 (간다).」

232) 대표적으로, 대판 1982. 9. 14. 82도1479 전합 (김시훈 사건).

233) 대판 2015. 10. 29. 2014도5939 (서울시 공무원 간첩조작 사건); 대판 2011. 11. 10. 2010도8294; 대판 2013. 7. 25. 2012도8698 등.

234) 대판 2007. 10. 25. 2007도6129.

(2) 검사 작성 피의자신문조서

개정법률에 따라 검사 작성 피의자신문조서와 사법경찰관 작성 피의자신문조서의 증거능력 인정요건이 동일하게 되었으므로, 이미 사법경찰관이 피의자신문조서를 작성하고 사건을 검찰로 송치한 후에 그 사건에 대해 다시 피의자를 신문할 필요성은 크게 줄어들게 되었다. 따라서 검사가 수사를 개시할 수 있는 특정 사건에 대해서만 피의자신문조서의 증거능력이 독자적인 의미를 가지게 되었으나, 이 경우에도 피고인의 내용 인정을 요건으로 해서만 증거능력이 인정되므로 사실상 증거방법으로서의 의미는 크게 약화되었다고 할 수 있다.

(가) 적법한 절차와 방식에 따른 작성 2007년 개정법률에서 새로 추가된 요건이며, 구법과는 달리 기명날인 또는 서명의 존재(형식적 진정성립)뿐만 아니라 조서작성의 절차와 방식이 적법할 것을 요구하고 있다.

1) 제308조의2와의 관련 위법수집증거배제법칙의 경우에는 영장주의 위반 등 중대한 절차위반을 의미하는 데 비하여, 이 경우에는 조서 작성과 관련된 절차적 위법에 한정된다.

> 제312조 제1항의 '적법한 절차와 방식'과 제308조의2 '적법한 절차'의 관계에 관하여는, ① 제312조 제1항이 우선 적용된다는 견해(특별관계설), ② 기본권 관련성 및 중대한 절차위반은 제308조의2가, 조서작성과 관련된 절차적 위법은 제312조가 적용된다는 견해(택일관계설), ③ 법원칙(제308조의2)과 법규칙(제312조)으로 구분되나, 중복 적용이 가능하다는 견해가 있다(중복적용설).
> 변호인의 피의자신문참여권, 진술거부권 등 신문절차 가운데 적법절차의 원리와 관련이 있는 것(이익이 되는 사실의 진술 기회 부여(제242조 후문), 변호인참여권 보장(제243조의2), 진술거부권 고지(제244조의3) 등)은 위법수집증거의 문제로 다루고, 피의자신문조서의 작성방법(제244조), 영상녹화(제244조의2), 수사과정의 기록(제244조의4)은 전문법칙의 문제에 포함시키는 것이 타당하다. 그러나 학설에 따라서는 변호인 참여, 조서의 작성, 진술거부권 고지 등도 여기에 포함시키기도 한다.

판례는 피의자에게 미리 진술거부권을 고지하지 않고 작성된 피의자신문조서는 위법수집증거로 보면서,[235] 진술거부권의 고지절차와 관련된 제244조의3 제2항 제3문의 규정을 위반한 경우(답변이 자필이 아니거나 답변 부분에 대한 피의자의 기명날인 또는 서명이 없는 경우)에 제312조 제3항 위반으로 증거능력을 부정하는

---

235) 대판 2009. 8. 20. 2008도8213.

한편, 변호인이 참여의사를 표시하였음에도 정당한 사유 없이 변호인 참여 없이 피의자를 신문한 경우에 제312조 제3항 및 제308조의2에 위반한 것으로서 증거로 할 수 없다고 본 것이 있다.[236)]

2) 절차의 적법성에 대한 증명 작성 절차 및 방식의 적법성에 대해서도 원진술자의 진술에 의해 증명되어야 한다는 견해도 있으나, 작성절차 및 방식은 진술내용이 문제되는 경우와는 달리 원칙적으로 법원이 직권으로 판단할 문제이므로 증명을 요하지 않는다고 보아야 할 것이다.

3) 개별적 검토

가) 검사에 의한 신문 및 조서의 작성 제312조 제1항이 '검사가 작성한 피의자신문조서'를 대상으로 하므로, 검찰주사 등이 신문하여 작성한 조서는 제312조 제1항의 조서가 아니다. 검사가 피의사실에 관하여 피의자를 직접 개별적으로 신문하고 그 신문내용에 따라 작성하여야 한다.[237)]

다만, 검사가 피의사실에 관하여 전반적이고 핵심적 사항을 질문하고 이를 토대로 그 신문에 참여한 검찰주사보가 검사가 신문한 사항 중에 다소 불분명한 사항이나 또는 보조적 사항(행위일시, 장소 등)에 관하여 피의자에게 직접 질문하여 이를 조서에 기재하는 경우는 검사가 작성한 조서라고 할 수 있다.[238)] 검찰주사 등이 신문하여 작성한 조서는 '검사 이외의 수사기관이 작성한 피의자신문조서'(제312조 제3항)에 해당하여 그 내용을 부인하면 증거능력이 없다.[239)]

나) 검사의 기명날인 또는 서명 검사의 피의자신문조서도 공무원의 서류이므로 작성자의 기명날인 또는 서명이 필요하고(제57조 제1항), 이러한 서류 작성의 중요한 형식요건을 결한 때에는 증거능력이 부정된다.[240)]

다) 검찰 송치 후 신문 및 작성 검찰 송치 전에 구속피의자로부터 검사가 피의자신문을 하고 조서를 작성한 때에는 제312조 제1항이 적용되지 않는다.[241)]

---

236) 대판 2013. 3. 28. 2010도3359.

237) 대판 1990. 9. 28. 90도1483; 대판 2003. 10. 9. 2002도4372.

238) 대판 1984. 7. 10. 84도846.

239) 대판 2003. 10. 9. 2002도4372.

240) 대판 2001. 9. 28. 2001도4091 (검사 작성의 피의자신문조서에 검사의 서명날인이 없는 경우: 무효).

241) 대판 1994. 8. 9. 94도1228. 검사인지사건에서 검사가 범죄를 인지한 후 범죄인지서를 작성하지 않은 상태에서 피의자신문을 했더라도 그 조서의 증거능력은 긍정된다(대판 2001. 10. 26.

객관의무를 지고 있는 검사의 지위를 고려할 때 신용성에 차이가 없는 이상 검찰송치 전에 작성한 조서에 대해서도 제312조 제1항을 적용해야 한다는 견해도 있으나, 적법절차와 신용성의 관점에서 작성주체 외에 작성단계도 중요하다는 점에 비추어 검찰송치 전 작성된 조서는 제312조 제1항의 적용대상에서 제외해야 한다.

라) 등초본의 경우 피의자신문조서의 원본 대신 등초본이 제출된 경우, ① 조서의 원본이 존재하거나 존재하였을 것, ② 조서의 원본 제출이 불능 또는 곤란한 사정이 있을 것, ③ 원본을 정확하게 전사하였을 것이라는 세 가지 요건을 전제로 – 특히 초본의 경우에는 나머지 부분이 발췌 부분과 분리 가능하고 당해 공소사실과 무관한 경우에만 – 증거능력이 인정된다.[242)]

마) 신문 및 작성 절차의 적법성 작성절차 가운데 특히 형식적 진정성립의 내용이 되는 피의자의 서명·날인 및 간인과 조서에 대한 열람 및 낭독 등이 필요하다.[243)]

(나) 내용의 인정 검사가 작성한 피의자신문조서는 공판준비 또는 공판기일에 그 피의자였던 피고인 또는 변호인이 그 내용을 인정할 때에 한하여 증거로 할 수 있다(제312조 제1항). 여기서 '그 내용을 인정할 때'란 피의자신문조서의 기재 내용이 진술 내용대로 기재되어 있다는 의미가 아니라 조서에 기재된 진술내용이 실제 사실과 부합한다는 의미이다.[244)] 피고인이 법정에서 공소사실을 계속 부인하고 있다면 이는 공소사실에 대하여 자백하는 듯한 취지가 포함되어 있는 피의자신문조서의 진술 내용을 인정하지 않는 것이라고 보아야 한다. 따라서 증거목록에 피고인이 공판기일에서 피의자신문조서의 내용을 인정한 것으로 기재되었다면 이는 착오로 기재한 것이거나 피고인이 그와 같이 진술한 사실이 있었다는 것을 '내용 인정'으로 조서를 잘못 정리한 것으로 보아야 하며 피의자신문조서가 증거능력을 가지는 것은 아니다.[245)]

2000도2968).

242) 대판 2002. 10. 22. 2000도5461.

243) 대판 1999. 4. 13. 99도237 (피고인의 서명만 있고 날인이나 간인이 없는 경우: 증거능력 부정). 조서 열람 및 낭독 절차가 행해지지 않은 것만으로는 피의자신문조서의 증거능력이 부정되지 않는다는 판례(대판 1988. 5. 10. 87도2716)가 있지만, 적법한 절차와 방식이 강조되는 현행법에서 유지되기 어려운 태도이다. 열람 등의 절차의 중요성에 비추어 볼 때 증거능력이 부정된다고 보아야 할 것이다.

244) 대판 2006. 5. 26. 2005도6271; 대판 2010. 6. 24. 2010도5040 참조.

245) 사법경찰관 작성 피의자신문조서에 대한 대판 2013. 3. 28. 2010도3359.

2020년 개정법률 이전에는 검사 작성 피의자신문조서를 피고인으로 된 피의자의 피고사건에서 증거로 사용하기 위해서는, 공판준비 또는 공판기일에서의 피고인의 진술에 의하여 그 성립의 진정함이 인정되어야 하고, 그 진술이 특히 신빙할 수 있는 상태하에서 행하여질 것을 요구하였다. 개정법률은 이보다 요건을 강화하여 피고인 또는 변호인에 의한 내용의 인정을 요구하고 있으므로, 진정성립이나 특신상태는 당연히 전제로 하고 있다고 볼 수 있다. 피의자가 조서에 기재된 내용이 자신이 진술한 것과 다르다고 진술하거나 조서를 작성할 당시에 허위가 개입되거나 임의로 진술한 것이 아니라고 의심할 만한 정황이 있다고 주장한다면 내용을 인정하는지 여부와 상관 없이 증거로 사용할 수 없기 때문이다. 이들 요건에 대해서는 진술조서 부분에서 자세히 설명한다.

내용의 인정은 피의자였던 피고인이나 변호인의 법정진술에 의하여야 한다. 피고인이나 그 변호인이 피의자신문조서에 대하여 공판정에서의 피고인의 진술내용과 배치되는 기재부분은 부인한다고 진술한 때에는 내용을 인정한 것으로 볼 수 없다.

피고인을 피의자로 조사했던 검사나 조사과정에서 조서의 기재내용을 들었던 사람이 증인으로 출석하여 피의자신문조서에 기재된 대로 진술한 사실을 증언했더라도 피의자신문조서의 증거능력은 인정되지 않는다.[246] 그러한 진술만으로 그 진술이 진실이라는 점을 입증할 수 없고 진술 자체는 후술하는 제316조 제1항의 전문진술로서 증거능력을 가질 뿐이다.

㈑ 제314조의 적용 문제

원칙적으로 피고인의 출석이 공판정 개정의 요건이므로 피의자신문조서를 증거로 사용할 '필요성'(피고인이 진술할 수 없을 때)이 인정되지 않고 또한 피고인이 진술을 거부하는 경우는 필요성이 인정되지 않는다는 것이 학설과 판례의 입장이므로 결국 제312조 제1항의 요건을 충족하지 못한 경우에는 제314조도 적용될 여지가 없다.

피고인이 출석하지 않으면 원칙적으로 공판을 개정할 수 없고, 피고인이 질병 등으로 출정할 수 없을 때에는 공판절차를 정지해야 하며(제306조), 피고인의 출정 없이 증거조사를 할 수 있는 경우에는 증거동의가 의제되므로(제318조 제2항), 그 외의 경우에 한해 예외적으로 제314조의 적용여지가 남을 것이다. 그러나 위법수사의 억제라는 관점에서 보면 피고인이 내용을 인정하지 않는 한 필요성이 있더라도 증거로 사용할 수 없도록 하는 것이 타당하다.

---

246) 대판 1994. 9. 27. 94도1905; 대판 2001. 3. 27. 2000도4383; 대판 2002. 8. 23. 2002도2112.

공범이 출석하지 않거나 진술을 거부하는 경우에 공범의 피의자신문조서에 대해 제314조를 적용하여 증거로 할 수 있는지가 문제된다. 공범의 피의자신문조서에 대해서도 제312조 제1항이 적용된다고 보는 한 그 내용을 인정해야 할 주체는 공범이 아니라 피고인이므로 피고인이 진술할 수 없는 경우라는 필요성의 요건이 충족되지 않으므로 제314조가 적용될 여지가 없다.[247)]

(3) 사법경찰관 작성 피의자신문조서

(가) 적법한 절차와 방식에 따른 작성 검사 작성의 경우와 동일하다. 원칙적으로 사법경찰관(사법경찰리도 포함)이 작성한 조서이어야 하며, 작성자인 사법경찰관과 진술자인 피의자의 서명 또는 기명날인, 신문 및 조서작성의 절차와 방식의 적법성이 인정되어야 한다.[248)]

(나) 실질적 진정성립과 특신상태의 증명 내용의 인정이 가중요건이라는 점을 감안하면, 그 전제로서, 일반적인 진술조서의 증거능력을 인정하기 위한 요건인 실질적 진정성립이 인정되고 특신상태도 증명되어야 한다.

(다) 내용의 인정 내용의 인정은 조서의 기재내용이 '실제 사실과 부합한다'고 인정하는 피고인 또는 변호인의 진술을 말한다. 피고인 자신이 진술한 대로 조서에 기재되어 있다고 인정하더라도 그 진술이 사실이 아니라고 주장하는 때에는 내용을 인정한 경우라고 볼 수 없다. 또한 피고인이 법정에서 공소사실을 부인하고 있다면, 이는 공소사실에 대하여 자백하는 듯한 취지가 포함되어 있는 피의자신문조서의 진술내용을 인정하지 않는 것이라고 할 수 있다. 따라서 공판조서에 피고인 본인이 경찰 작성의 피의자신문조서의 내용을 인정한 것으로 기재되어 있다 하더라도 그것은 착오 기재이었거나 아니면 피고인이 그와 같이 진술한 사실이 있었다는 것을 내용인정으로 조서를 잘못 정리한 것으로 보아야 한다.[249)]

---

247) 다만 구법하의 판례는 제314조의 적용을 전제로 (구법하에서) 특신상태의 요건이 결여되었음을 이유로 증거능력을 부정한 사안이 있다(대판 2014. 8. 26. 2011도6035 참조).

248) 대판 2012. 5. 24. 2011도7757 참조.

249) 대판 1995. 5. 23. 94도1735 (피고인이 사법경찰리의 피의자신문과정에서 사건 범행을 자백하였다가, 그 후 검찰 이래 원심법정에 이르기까지 피고인이 그 자백을 번복하여 범행사실을 부인하면서 사법경찰리 앞에서의 자백진술은 그와 같이 진술한 사실은 있지만 그 진술은 진실에 부합되지 않는 허위 진술이었다고 주장한 사안: 내용 부인); 대판 2001. 9. 28. 2001도3997; 대판 2004. 9. 24. 2004도4389; 대판 2006. 5. 26. 2005도6271; 대판 2010. 6. 24. 2010도5040; 대판 2013. 3. 28. 2010도3359.

증거로 함에 동의하지 않는다는 진술은 그 내용을 인정하지 않는다는 취지라고 할 수 있다.[250] 내용을 인정하지 않는 한 수사과정에 참여한 제3자가 피의자의 진술 내용을 인정하더라도 증거능력은 부정된다.[251] 다만, 피고인을 피의자로 조사하였거나 그 조사에 참여하였던 자가 피의자의 진술내용을 증언한 때에는 제316조에 따라 증거로 사용될 수 있다.

공범에 대한 피의자신문조서의 내용 인정의 주체는 공범이 아니라 당해 피고인이라는 점은 이미 앞에서 설명하였다.

공범은 피고인이 아니므로 '피고인 아닌 자의 진술'을 기재한 조서로서 원진술자인 공범이 내용을 인정하면 족하다는 견해도 있으나, '내용 인정'은 진술주체가 누구인가에 따라 달라지는 것이 아니라 당해 피고인 자신이 수사기관 앞에서 행한 진술과 마찬가지로 볼 수 있는 것에 대해서 피고인의 내용 인정을 요구하는 것으로 보아야 한다. 판례도 통설과 같은 입장이다.[252]

㈑ 제314조의 적용 문제

검사 작성 피의자신문조서의 경우와 마찬가지로, 사법경찰관 작성 피의자신문조서의 경우에도 원칙적으로 제314조가 적용될 여지가 없고, 피고인 아닌 자에 대하여 작성된 당해 사건 이외의 피의자신문조서(주로 공범의 경우)도 당해 피고인이 내용을 인정해야 하므로, 필요성의 요건을 충족할 수 없어 제314조의 적용이 배제된다.

판례도 과거 공범에 대한 피의자신문조서에 대해 제314조가 적용될 수 있다는 입장을 취했으나,[253] 2004년 전원합의체 판결을 통해 제314조가 적용되지 않는다는 점을 명확히 하였다.[254]

---

250) 대판 1986. 11. 1. 86도1783; 대판 1987. 12. 22. 87도1020; 대판 1993. 1. 19. 92도2636; 대판 1996. 7. 12. 96도667; 대판 2004. 7. 15. 2003도7185 전합. 최근 판례로는 대판 2015. 10. 29. 2014도5939.

251) 대판 2001. 3. 27. 2000도4383.

252) 대판 1986. 11. 1. 86도1783.

253) 대판 1967. 4. 25. 67도332 등.

254) 대판 2004. 7. 15. 2003도7185 전합. 「당해 피고인과 공범관계가 있는 다른 피의자에 대한 검사 이외의 수사기관 작성의 피의자신문조서는 그 피의자의 법정진술에 의하여 그 성립의 진정이 인정되더라도 당해 피고인이 공판기일에서 그 조서의 내용을 부인하면 증거능력이 부정되므로 그 당연한 결과로 그 피의자신문조서에 대하여는 사망 등 사유로 인하여 법정에서 진술할 수 없는 때에 예외적으로 증거능력을 인정하는 규정인 형사소송법 제314조가 적용되지 아니한다.」

4. 진술(기재)조서

(1) 의의

진술조서란 수사기관(검사 또는 사법경찰관 등)이 피의자 아닌 자를 조사하여 그 진술을 기재한 조서를 말한다. 진술조서는 수사기관이 작성한 진술기재서 내지 진술녹취서에 해당한다.

(2) 적용대상

수사기관이 '피고인 아닌 자의 진술을 기재한 조서'로서, 참고인진술조서가 전형적인 예이다.

제312조 제4항은 '피고인 아닌 자'로 규정하고 있으나, 수사절차에서는 '피의자 아닌 자'를 의미한다. 다만 피의자로서 조사한 경우라도 당해 피의자에 대해 공소를 제기하지 않고 다른 사건에서 그 진술조서를 증거로 사용하는 경우라면 '피고인 아닌 자'의 진술을 기재한 것으로서 본조의 적용대상이 된다.

㈎ **피고인 아닌 자의 진술** 실질적으로 피고인의 진술을 기재한 경우에는 제외된다. 예컨대 사법경찰관이 피의자의 진술을 진술조서의 형식으로 작성했더라도 제312조 제4항이 아니라 제312조 제3항이 적용된다.[255] 따라서 실질적으로 피의자의 지위에서 행한 진술을 조서로 작성하면서 진술거부권을 고지하지 않은 때에는 전문법칙의 적용 이전에 위법수집증거로서 증거능력이 부정된다.[256]

같은 취지에서 피고인의 진술을 내용으로 하는 조사자 등의 전문진술을 기재한 조서도 형식적으로는 재전문증거에 해당하지만, 실질적으로 피고인의 진술을 기재한 것이므로 피의자신문조서와 동일한 요건 아래 증거능력이 인정된다.[257]

㈏ **피의자신문에 동석한 제3자의 진술** 제3자의 진술을 기재한 조서로서 피고인의 진술을 내용으로 하는 것이 아니라면 진술조서에 해당한다.

---

255) 대판 2015. 10. 29. 2014도5939 등 참조.
256) 대판 2013. 7. 25. 2012도8698.
257) 대판 1994. 7. 29. 94도1905 (피해자의 시어머니와 피고인의 회사동료의 진술을 기재한 사경작성 진술조서가 수사과정에서의 피고인의 진술을 내용으로 하고 있으나 피고인이 진술내용을 부인한 사안: 증거능력 부정).

피의자신문에 동석한 피의자와 신뢰관계 있는 자가 피의자를 대신하여 진술한 부분이 조서에 기재되어 있다면 그 부분은 동석한 사람의 진술을 기재한 진술조서에 해당한다.[258] 성폭력범죄의 경우 피해자의 진술을 촬영한 영상녹화물에 수록된 피해자의 진술은 동석했던 신뢰관계 있는 자의 진정성립 인정으로도 증거로 사용할 수 있다고 규정하고 있으나(성폭력범죄처벌법 제30조 제6항),[259] 최근 헌법재판소는 신뢰관계인 등에 대한 증인신문을 거쳐 진정성립이 인정된다는 이유만으로 피해자의 진술내용과 조사과정을 영상녹화한 영상물에 수록된 피해자의 진술을 증거로 사용할 수 있도록 하는 것은 피해자에 대한 2차 피해를 방지하기 위한 것이나 진술증거의 왜곡이나 오류를 탄핵할 수 있는 반대신문권을 보장하지 않고 이를 대체할 만한 수단도 마련되지 않은 상태에서 피고인의 방어권이 중대하게 제한받게 된다고 하여 동법 제30조 제6항이 19살 미만의 성폭력범죄 피해자에 적용되는 한 위헌이라고 결정했다.[260]

(다) **공범이 아닌 공동피고인** 공동피고인도 피고인에 대해서는 '제3자'이므로 검사나 사법경찰관이 작성한 공범 아닌 공동피고인에 대한 피의자신문조서도 진술조서에 해당한다.[261]

따라서 공동피고인에 대한 피의자신문조서에 대해 피고인이 증거동의를 하지 않는 이상, 원진술자인 제3자에 의한 진정성립을 요하고, 공동피고인이 다른 절차에서 당해 조서의 진정성립을 인정한 것으로는 부족하고 현재 사건의 증인으로 출석하여 진정성립을 인정해야 한다.[262]

(라) **증인에 대한 참고인진술조서** 이미 설명한 것처럼, 증언을 한 증인을 소환하여 검사가 피고인에게 유리한 증언내용을 번복시키는 방식으로 작성된 진술조서는 위법수집증거로서 본조가 적용되지 않고 증거능력이 부정된다.[263]

---

258) 대판 2009. 6. 23. 2009도1322.
259) 대판 2010. 1. 28. 2009도12048.
260) 헌재 2021. 12. 23. 2018헌바524.
261) 대판 2014. 8. 26. 2011도6035 참조.
262) 대판 1999. 10. 8. 99도3063. 「공범이나 제3자에 대한 검사 작성의 피의자신문조서등본이 증거로 제출된 경우 피고인이 위 공범 등에 대한 피의자신문조서를 증거로 함에 동의하지 않는 이상, 원진술자인 공범이나 제3자가 각기 자신에 대한 공판절차나 다른 공범에 대한 형사공판의 증인신문절차에서 위 수사서류의 진정성립을 인정해 놓은 것만으로는 증거능력을 부여할 수 없고, 반드시 공범이나 제3자가 현재의 사건에 증인으로 출석하여 그 서류의 성립의 진정을 인정하여야 증거능력이 인정된다.」(구법하에서 검사작성 공범에 대한 피의자신문조서에 대해 진술조서에 관한 제312조 제4항이 적용된다는 전제 아래 나온 판결).
263) 대판 2000. 6. 15. 99도1108 전합; 대판 2017. 5. 31. 2017도1660.

(3) 증거능력 인정의 요건

(가) 적법한 절차와 방식에 따라 작성되었을 것 수사기관이 피고인 아닌 자의 진술에 대한 조서작성 과정에서 형사소송법이 정한 절차와 방식을 준수해야 한다.

예컨대 제3자에 대한 출석요구(제221조), 수사과정의 기록(제244조의4 제3항),[264] 조서의 작성(제48조) 등이 필요하다. 특히 조서에는 진술자로 하여금 간인한 후 서명날인하게 하여야 하므로(제48조 제7항), 진술자의 서명날인이 없으면 형식적 진정성립이 인정되지 않기에 증거로 할 수 없다. 진술자인 피해자가 화상을 입어 함께 입회한 제3자가 피해자에게 조서를 낭독해준 후 자신이 서명, 날인한 경우에도 위법하다.[265] 그러나 진술자의 성명을 가명으로 기재했더라도 상당한 이유가 있으면 적법성이 인정된다.[266]

(나) 실질적 진정성립의 증명 피고인이 아닌 자의 진술을 기재한 조서가 검사 또는 사법경찰관 앞에서 진술한 내용과 동일하게 기재되어 있음이 ① 원진술자의 공판준비 또는 공판기일에서의 진술이나 ② 영상녹화물 또는 그 밖의 객관적인 방법에 의하여 증명되어야 한다.

실질적 진정성립의 증명이란 조서 작성 당시 원진술자가 진술한 대로 기재되었다는 것, 즉 진술내용과 기재내용이 일치한다는 것을 인정하는 것을 말하며, 진술하게 된 연유나 그 진술의 신빙성 여부는 고려하지 않는다. 이러한 요건은 법관이 법정에서 원진술자의 진술을 통해 조서의 내용을 확인하고(직접주의의 요청), 피고인에게 반박의 기회를 부여하는 의미를 가지고 있다.

실질적 진정성립이 인정되지 않는 이상 후술하는 특신상태의 요건이 인정되더라도 증거능력은 부정된다. 원진술자가 일단 진정 성립을 인정하는 진술을 한 후에 착오 등을 이유로 철회 또는 취소할 수 있으나 이 경우에 바로 진정성립을 부인할 것이 아니라 법원은 어느 진술이 신빙성이 있는가를 판단하여 증거

---

264) 대판 2015. 4. 23. 2013도3790. 「피고인이 아닌 자가 수사과정에서 진술서를 작성하였지만 수사기관이 그에 대한 조사과정을 기록하지 아니하여 형사소송법 제244조의4 제3항, 제1항에서 정한 절차를 위반한 경우에는, 특별한 사정이 없는 한 '적법한 절차와 방식'에 따라 수사과정에서 진술서가 작성되었다 할 수 없으므로 그 증거능력을 인정할 수 없다.」 같은 취지로는, 대판 2017. 7. 18. 2015도12981, 2015전도218.

265) 대판 1997. 4. 11. 96도2865.

266) 대판 2012. 5. 24. 2011도7757 ('특정범죄신고자 등 보호법'의 적용대상이 아닌 공갈죄의 피해자인 참고인에 대한 진술조서를 작성하면서 진술자 인적 사항의 전부 또는 일부를 기재하지 아니하고 참고인의 성명을 '가명'으로 기재한 사안; 적법).

능력 인정 여부를 결정해야 한다.[267]

1) 진술에 의한 인정　　원진술자에 대한 증인신문과정에서 당해 진술조서의 내용을 직접 열람하거나 고지받고 진술조서에 기재된 내용과 자신이 진술한 대로 작성된 사실을 인정해야 한다. 실질적 진정성립의 인정은 조서에 기재된 내용이 실제 사실과 부합한다는 '내용의 인정'과 구별된다. 원진술자의 진술은 명시적이어야 하므로, 단지 실질적 진정정립에 대해 이의를 제기하지 않았다거나 조서의 작성절차와 방식의 적법성을 인정했다는 것만으로는 실질적 진정성립을 인정했다고 볼 수 없다.[268]

진술한 내용이 그 진술대로 기재되어 있어야 한다는 것뿐 아니라 진술하지 아니한 내용이 진술한 것처럼 기재되어 있지 아니함을 적극적으로 인정하여야 한다.

> 수사기관에서 진술한 내용이 틀림없다는 취지의 증언만으로는 부족하고,[269] 수사기관에서 진술한 내용을 확인하고 서명날인했다는 취지의 증언만으로도 실질적 진정성립을 인정할 수 없다.[270]

조서의 일부에 대해서만 진정성립을 인정하는 경우에는 그 부분을 특정해야 하며, 그 외의 부분에 대해서는 증거능력이 부정된다.[271]

피고인 아닌 자인 원진술자가 진정성립을 인정해야 하므로, 피고인이 진정성립을 인정하더라도 – 증거동의를 한 경우가 아니면 – 증거로 사용할 수 없다.[272]

> 진술에 의한 진정성립의 인정은 피고인이나 변호인이 공판준비 또는 공판기일에 그 기재내용에 대해 원진술자를 신문할 수 있도록 하기 위한 것이기 때문이다.

원진술자가 진정성립을 인정한 이상 조서의 기재내용을 부인하거나 그 내용과 다른 진술을 하더라도 증거능력은 긍정된다.[273]

---

267) 대판 1992. 6. 23. 92도954 참조.
268) 대판 2013. 3. 14. 2011도8325 참조.
269) 대판 1979. 11. 27. 76도3962; 대판 1982. 10. 12. 82도1865, 82감도383; 대판 1994. 11. 11. 94도343; 대판 1994. 9. 9. 94도1384.
270) 대판 1996. 10. 15. 96도1301 (공갈사건에 대한 검사 작성 피해자진술조서에 대해 피해자가 공판기일에 사실대로 진술하고 내용을 확인한 다음 서명날인했다고만 진술한 사안: 진정성립 부정).
271) 대판 2005. 6. 10. 2005도1849.
272) 대판 1983. 8. 23. 83도196.
273) 대판 2000. 8. 18. 2000도2943.

2) 대체 증명 원진술자가 진술로써 진정성립을 인정하지 않는 경우에는 영상녹화물 또는 그 밖의 객관적인 방법에 의한 진정성립의 증명도 가능하다. 영상녹화물은 실질적 진정성립의 대체증명 수단으로 사용할 수 있을 뿐이며, 이를 독립증거로 사용할 수는 없다.[274]

가) 영상녹화물에 의한 증명 영상녹화는 '피고인 아닌 자의 진술'을 녹화한 것에 한하며, 녹화를 위해서는 피의자 아닌 자의 동의를 얻어야 한다(제221조 제1항 후문).

영상녹화물을 통해 증명하는 경우에도 참고인 등이 계속 성립의 진정을 부인한다면 별도로 영상녹화물의 무결성 등이 "객관적"인 방법으로 입증되어야 한다. 이때에는 봉인 등 증거보관의 물리적 연속성 확인, 편집 흔적에 대한 디지털 포렌식 결과 등을 종합하여 객관적 입증방법으로 사용될 수 있다.

나) '그 밖의 객관적인 방법'에 의한 증명 영상녹화물은 아니더라도 그것에 준할 정도로 피고인 아닌 자의 진술을 과학적·기계적·객관적으로 재현해 낼 수 있는 방법을 의미한다.

① 조사자 등의 증언 조사자나 조사에 참여하였던 자(예컨대 통역인이나 신뢰관계인 또는 진술조력인)의 증언은 그들의 주관적 기억에 의존하므로 '객관적' 방법이라고 하기 어렵고, 특히 조사자는 조서의 내용과 동일한 진술을 하는 것이 일반적이므로 – 비록 위증의 부담을 지고 증언한다 하더라도 – 여기서 제외하는 것이 타당하다. 뿐만 아니라 조사자 등의 증언은 제316조에 따라 전문진술의 형태로 제출될 수도 있으므로, 굳이 조서의 증거능력을 인정하기 위한 객관적 방법으로 사용할 필요가 없다는 점도 고려해야 한다. 판례도 검사가 피고인으로 된 피의자를 신문할 당시 피고인의 진술을 통역한 통역인의 증언이 객

---

274) 대판 2014. 7. 10. 2012도5041 (참고인의 진술조서 작성이 없는 상태에서 수사기관이 참고인의 진술을 영상녹화한 영상녹화물(및 그 녹취록)을 증거로 제출하였으나 증거로 채택하지 아니한 사안: 적법). 「2007. 6. 1. 법률 제8496호로 개정되기 전의 형사소송법에는 없던 수사기관에 의한 참고인 진술의 영상녹화를 새로 정하면서 그 용도를 참고인에 대한 진술조서의 실질적 진정성립을 증명하거나 참고인의 기억을 환기시키기 위한 것으로 한정하고 있는 현행 형사소송법의 규정 내용을 영상물에 수록된 성범죄 피해자의 진술에 대하여 독립적인 증거능력을 인정하고 있는 성폭법 제30조 제6항 또는 아청법 제26조 제6항의 규정과 대비하여 보면, 수사기관이 참고인을 조사하는 과정에서 형사소송법 제221조 제1항에 따라 작성한 영상녹화물은, 다른 법률에서 달리 규정하고 있는 등의 특별한 사정이 없는 한, 공소사실을 직접 증명할 수 있는 독립적인 증거로 사용될 수는 없다고 해석함이 타당하다.」

관적 방법에 해당하지 않는다고 판시한 것이 있다.[275)]

영상녹화물 이외에 절대적 객관성 내지 자연과학적 객관성이 담보되는 방법을 발견하기 어렵다는 이유로 '객관적' 방법이라는 점에 초점을 맞추어 '주장하는 자로부터 독립된' 방법, 즉 제3자의 증언을 통한 입증도 가능하다는 견해도 있다. 같은 맥락에서 객관적 방법이란 과학적·기계적 방법에 한하지 않고 원진술자와 수사기관 이외의 객관적인 제3자의 행위를 의미하므로 조사자는 제외하더라도 변호인은 여기에 포함될 수 있다고도 한다. 그러나 '객관적인 방법'은 영상녹화물에 준하여 진술을 과학적·기계적으로 재현해내는 방법을 의미하고, 진술자의 주관적 기억에 따라 진술내용이 달라질 수 있는 경우는 객관적인 방법이라고 할 수 없다. 변호인의 진술도 주관적 기억에 따라 좌우된다는 점에서 차이가 없고, 피고인에 대한 보호자적 지위로 인하여 객관적인 지위에 있다고도 볼 수 없기 때문에 이에 포함되지 않는다고 보아야 한다.

② 녹음테이프 등의 사용 사진이나 녹음테이프도 과학적·기계적·객관적으로 진술을 재현해 내는 방법으로서 객관적 방법에 포함된다는 견해가 있으나, 영상녹화물만큼 상세하고 구체적인 정보를 제공하지 못하고 조작가능성이 크므로 일률적으로 긍정하기 어렵다.

객관적 방법은 '조서 기록과정에서 내용의 왜곡이 없었음을 확인할 수 있을 정도의 상세한 정보를 제공하는 것'이어야 하며, 또한 '수사과정에서 적법절차를 위반하여 부당한 인권침해가 발생하지 않았음을 입증할 수 있는 수준의 구체적인 정보가 명확하게 제공되는 것'이어야 한다. 사진이나 녹음은 제공되는 정보의 양이 영상녹화물에 비하여 극히 적을 뿐만 아니라 적법절차 위반 사실을 숨기기 위한 조작이 용이한 면이 있다. 따라서 자연과학적으로 객관적인 방법은 현재로는 영상녹화만이 가능하다고 보아야 할 것이다.

다) 증명방법 진술에 대신하여 객관적인 방법에 의해 증명하는 경우 증명의 대상이 되는 사실은 '진정 성립'이라는 소송법적 사실이므로, '자유로운 증명'으로 족하다. 다만 증거조사와 관련하여 상당한 방법이여야 하므로 적어도 법관의 면전에서 조사가 이루어져야 할 것이다.

(다) 반대신문권의 보장 피고인이나 변호인이 공판준비 또는 공판기일

---

275) 대판 2016. 2. 18. 2015도16586. 피해자를 조사한 경찰관의 진술을 피해자진술조서의 진정성립을 인정하기 위한 객관적 방법으로 인정하지 않은 하급심판례로는, 부산지법 2008. 4. 15. 2008노131.

에 그 기재내용에 대해 원진술자를 신문할 기회가 보장되어야 한다.[276)]

증거능력은 증거결정 단계에서 판단해야 하므로 참고인진술조서를 증거로 사용하기 위해서는 공판준비절차를 열어 - 피고인의 반대신문을 하기 위해 - 원진술자를 법정에 출석시켜야 하고, 공판준비절차에서 반대신문을 거치지 않은 증거는 제314조에 해당하지 않는 한 증거로 제출할 수 없다(제266조의13 참조).

1) 취지 　2007년 개정법률 이전에는 반대신문권의 보장을 진술조서의 증거능력 인정요건으로 규정하고 있지 않았으나, 진정성립이 원진술자의 진술 이외에 객관적 방법으로 증명할 수 있게 된 점과 진정성립을 인정하는 것만으로는 원진술자의 진술의 신빙성을 확보할 수 없다는 점을 고려하여 피고인 등에게 반대신문의 기회를 보장한 것이다.

구법하에서는 반대신문의 기회가 보장되지 않더라도 진술조서의 증거능력이 인정되었으며,[277)] 다른 한편으로 반대신문의 기회가 보장되지 아니한 조서에 대해 증명력 평가의 단계에서 신용성을 부정한 판례도 있다.[278)] 구법하에서 피고인의 반대신문의 기회보장은 '증명력 평가(제한)'의 문제로 다루어졌으나, 현행법하에서는 '증거능력' 인정요건으로 규정되었다. 다만 '증언번복 진술조서'의 경우에는 반대신문의 기회가 부여되었더라도 진술조서의 증거능력이 부정된다는 점은 이미 설명한 바 있다.

2) 반대신문권의 실질적 보장 　피고인 측이 현실적으로 반대신문을 할 필요는 없지만, 단순히 반대신문의 기회를 준 데 그치지 않고 실제로 피고인 측이 반대신문권을 행사할 수 있었을 것을 요한다. 다수설은 반대신문의 기회를 제공한 것만으로 충분하다고 하여 소극적인 태도를 취하고 있다. 판례는 반대신

---

276) 전문증거가 본래 반대신문권이 보장되지 않기 때문에 증거능력을 인정하지 않는다는 점을 고려하면, 전문기재서류에 대해 반대신문권의 보장을 요구하는 것이 적절하지 않은 것처럼 보일 수도 있다. 그러나 전문기재서류에 대해 증거능력을 제한하는 것은 서증의 제한을 통한 직접주의의 실현이라는 측면이 있으므로 예외의 인정의 요건으로서 반대신문기회 부여를 추가적으로 요구하는 것도 부적절한 것은 아니다.

277) 대판 2001. 9. 14. 2001도1550 (원진술자가 공판기일에서 진술조서의 진정성립을 인정하면서도 검사의 질문과 변호인의 반대신문에 대하여 아무런 답변을 하지 아니한 사안: 증명력만 제한).

278) 대판 2006. 12. 8. 2005도9730 (유흥주점 업주들이 2002. 7. 하순 내지 8. 초순 그들이 운영하는 유흥주점을 방문한 보도방 소속 접객원인 공소외 1 또는 공소외 2로 하여금 부근 숙박업소에서 각 윤락행위를 하도록 직접 알선하였다는 혐의로 기소된 사안에서, 접객원들의 소재불명 등으로 인하여 법정출석과 피고인들에 의한 반대신문이 이루어지지 못한 채 접객원들이 수사절차에서 행한 진술을 기재한 조서를 증거로 한 사안: 참고인진술조서의 증명력 제한 – 원칙적 부정).

문의 기회가 실질적으로 부여될 것을 요구하는 입장이다.

제312조 제4항이 '원진술자를 신문할 수 있었을 때'라고 규정하고 있으므로 피고인 측에 반대신문의 기회를 부여한 이상 실제로 반대신문이 행하여졌을 것까지 요구하고 있지 않다고 보아야 한다는 견해가 다수설이다. 그러나 반대신문권의 보장이 실질적이고 효과적이기 위해서는 반대신문을 통하여 원진술자의 진술을 탄핵하게 함으로써 법관이 그 진위 여부를 음미할 수 있도록 해야 한다. 원진술자가 공판정에 증인으로 출석하여 피고인 또는 변호인의 반대신문에 대하여 의도적으로 증언을 회피하거나 묵묵부답으로 일관하면서 증언을 거부하는 경우에는 '원진술자를 신문할 수 있었을 때'라고 볼 수 없으므로 반대신문의 기회가 보장되지 않았다고 보아야 한다.[279] 피해자가 변호인의 반대신문을 절반가량 남겨둔 상황에서 속행된 증인신문기일에 출석하지 않고 이후 소재불명이 되어 피고인 측에 반대신문의 기회는 제공되었으나 반대신문사항을 모두 신문하지 못한 때에도 실질적 반대신문권의 기회가 부여되지 아니하였으므로 수사기관이 작성한 진술조서의 증거능력이 인정되지 않는다.[280]

㈑ **특신상태** 조서에 기재된 진술이 '특히 신빙할 수 있는 상태'하에서 행하여졌음이 증명된 때에만 증거로 할 수 있도록 하여 직접심리주의와 구두변론주의를 강화하고 있다. 특신상태의 요건은 특히 진술조서의 내용과 법정진술이 일치하지 않는 경우에 진술조서를 증거로 하기 위한 요건으로서 의미를 가지며, 진술 자체의 신용성이나 진실성이라는 증명력의 문제와는 구별해야 한다.

특신상태는 일차적으로 전문법칙 예외의 기준인 '신용성의 정황적 보장'을 의미하는 것으로 볼 수 있으나, 수사기관에 의해 작성된 것이라는 점에서 조서 작성과정에서의 적법절차의 준수가 중요한 의미를 가진다. 따라서 영상녹화의 존재, 휴식의 제공, 심야조사 제한 등 조사의 구체적 태양도 중요한 기준이 된다는 의미에서 '적법절차 준수 여부'도 함께 고려할 필요가 있다(결합설).

학설로는, ① 전문법칙 예외의 기준인 신용성의 정황적 보장과 동일한 의미라는 견해(다수설: 원진술자의 진실성이 여러 정황으로 미루어 보장되어 있는 경우를 의미한다는 견해), ② 적법절차의 관점에서 법관 앞에서 행한 진술에 준하는 것

---

279) 대판 2019. 11. 21. 2018도13945 전합 참조.

280) 대판 2022. 3. 17. 2016도17054 (실질적 반대신문권의 기회가 부여되지 아니하였다는 이유로 증인의 법정진술을 위법한 증거로서 증거능력을 부정하고, 참고인(피해자)에 대한 진술조서의 증거능력을 부정한 후 제314조의 적용도 부정한 사안).

으로 취급될 수 있는 객관성과 적법성을 갖춘 상황으로 보는 견해, ③ 제한적 해석을 위해 신용성의 정황적 보장이 없거나 피의자신문이 적법절차를 위반한 경우에 모두 특신상태가 부정된다는 결합설(절충설) 등이 있다.

판례는 진술 내용이나 조서의 작성에 허위개입의 여지가 거의 없고, 진술 내용의 신빙성이나 임의성을 담보할 구체적이고 외부적인 정황이 존재할 것을 요구한다.[281)]

판례는 또한 진술조서 작성 당시의 상황이 공판정 진술에 준할 정도의 신빙성이 있을 것을 요구하고, 임의성이 있더라도 진술이 이루어진 상황이 보여주는 신빙성을 더 신중하게 판단할 것을 요구하면서, 군검찰관이 형사사법공조절차를 거치지 않고 과테말라에 현지출장하여 해병대 부대와 공사계약을 맺으면서 중대장에게 뇌물을 공여한 건설사 사장을 상대로 참고인 진술조서를 작성한 사안[282)]에서 특신상태를 부정한 바 있다.

특신상태의 존재는 증거능력의 요건에 해당하므로 검사가 그 존재에 대하여 구체적으로 주장·입증하여야 하며, 이는 소송법적 사실에 관한 것이므로 자유로운 증명으로 족하다. 특신상태는 진정성립의 증명이나 반대신문권의 보장과 함께 별도로 요구되는 가중요건이므로 진정성립이 증명되었다 하더라도 특신상태에 대한 증명을 추정해서는 안 된다.

(4) 적용배제

진술조서의 형태를 취하고 있는 경우라도, 재전문진술을 기재한 진술조서, 피의자의 경찰자백을 내용으로 하는 참고인진술조서, 공소제기 후 작성된 피고인진술조서, 공소제기 후 증언을 번복시켜 작성한 참고인진술조서 등에 대해서는 제312조 제4항이 적용되지 않는다.

(5) 제314조의 적용

㈎ 취지 제314조는 영미법상 전형적인 전문법칙의 예외로서, 제312조 내지 제313조의 요건을 충족하지 못한 경우라도 당해 진술서나 진술조서를 증거로 사용할 필요가 있고, 조서의 내용인 진술과 조서의 작성이 이루어진 상

281) 대판 2012. 7. 26. 2012도2937; 대판 2015. 10. 29. 2014도5939 (공범이 부당하게 장기간 계속된 사실상의 구금 상태에 있으면서도 변호인의 조력을 받을 권리도 보장받지 못한 채 심리적 불안감과 위축 속에서 수사관의 회유에 넘어가 진술한 사안: 특신상태 부정).

282) 대판 2011. 7. 14. 2011도3809.

황이 매우 믿을 만한 경우에 예외적으로 증거능력을 부여할 수 있도록 한 것이다. 제314조는 진술조서의 경우에 특히 적용될 가능성이 크다.

진술조서나 진술서의 내용인 진술을 행한 원진술자가 진정성립을 부정하거나 피고인에게 반대신문의 기회가 보장되지 않아 증거로 사용할 수 없는 경우라도 실체적 진실발견과 소송경제의 측면에서 증거로 할 수 있는 이중의 예외를 인정한 규정이라고 할 수 있다.[283]

(나) **적용대상** 　제314조는 반대신문권의 결여를 필요성과 신용성의 정황적 보장을 매개로 상쇄하는 규정이므로, 반대신문과 무관한 진술조서는 적용대상에서 제외된다.

(다) **적용요건**

1) **필요성** 　공판준비 또는 공판기일에 진술을 요하는 자가 일정한 사유로 인하여 진술할 수 없어야 한다.

2007년 개정법률은 필요성이 있는 경우를 예시하면서 구법하의 판례에서 '기타 사유'로 인정되었던 소재불명을 새로 추가하는 한편 '기타의 사유'를 '그 밖에 이에 준하는 사유'로 변경함으로써 예외인정의 사유를 엄격히 제한하였다. 판례도 2007년 개정법률 이후에는 제314조의 적용에 점차 엄격한 경향을 보이고 있다.[284]

가) 사망, 질병, 외국거주 　구법하에서부터 예시된 '필요성'이 인정되는 사유로서, 엄격한 해석이 필요하다.

① 사망 　원진술자가 사망한 경우에는 법관 면전에서 진술을 할 수 없고 당해 진술조서에 대해 법관과 피고인의 반대신문이 불가능하여, 조서 자체를 예외적으로 증거로 할 필요성이 인정된다.

② 질병 　신체적·정신적 질환을 불문하지만, 공판이 계속되는 기간 동안 법정에 출석할 수 없는 정도의 정신적·신체적 고장으로 증인에 대하여 출장신문이나 임상신문도 불가능할 정도의 중병이어야 한다.

---

283) 대판 2017. 12. 22. 2016도15868.

284) 대판 2007. 1. 11. 2006도7228. 「법원이 증인에 대한 구인장 집행불능 상황을 형사소송법 제314조의 '기타 사유로 인하여 진술할 수 없는 때'에 해당한다고 인정할 수 있으려면, 형식적으로 구인장 집행이 불가능하다는 취지의 서면이 제출되었다는 것만으로는 부족하고, 증인에 대한 구인장의 강제력에 기하여 증인의 법정 출석을 위한 가능하고도 충분한 노력을 다하였음에도 불구하고 부득이 증인의 법정 출석이 불가능하게 되었다는 사정을 검사가 입증한 경우여야 한다.」

사망의 경우와 마찬가지로 법원이나 수사기관의 의사와 무관하게 법관 면전에서의 진술이 불가능하기 때문에 피고인의 반대신문을 거칠 수 없는 사정이 있어야 한다. 노인성 치매로 인해 기억력에 장애가 있고 분별력을 상실한 경우 등이 여기에 해당한다.[285] 약 10세 남짓 성추행 피해자가 만 5세 무렵에 당한 성추행으로 인하여 외상 후 스트레스 증후군을 앓고 있는 상태에 있으나 국내에서 정상적으로 생활하고 있었다면 필요성이 부인된다.[286] 이 외에도 판례는, 증인으로 소환 받고도 출산을 앞두고 있다는 이유로 불출석하거나,[287] 증인을 수차례 소환하였으나 계속하여 관절이 좋지 않아 거동이 자유롭지 못하다는 등의 이유로 출석하지 아니한 경우[288]에도 필요성을 부인하고 있다.

③ **외국거주** 진술을 요하는 자가 외국에 체류하고 있고 그의 소환을 위해 취할 수 있는 모든 조치를 취하더라도 법정에 출석시킬 수 없는 경우를 말한다.

오늘날 교통·통신의 발달로 외국과의 교류가 활발해지고 입·출국이 자유롭고 용이해졌지만, 외국은 대한민국의 주권이 미치지 아니하는 곳으로 증인의 소환 및 송달 등의 재판권 행사가 불가능하거나 어렵고, 설사 사법공조조약이 체결된 국가에 원진술자가 거주하여 사법공조가 가능하더라도 공조의 범위가 한정적이고 이를 강제할 방법이 없어 원진술자를 국내의 법원으로 소환하여 진술을 듣는 것이 불가능하거나 어려운 경우가 발생할 수 있다는 점을 고려한 것이다.[289]

판례는 외국거주의 요건에 대해 '진술을 요할 자가 외국에 있다는 것만으로는 부족하고, 가능하고 상당한 수단을 다하더라도 그 진술을 요할 자를 법정에 출석하게 할 수 없는 사정'이 있을 것을 요구하고 있다.[290]

진술을 요하는 자가 외국에 거주하고 있어 공판정 출석을 거부하면서 출석할 수 없는 사정을 밝히고 있으나, 거주하는 외국의 주소나 연락처 등이 파악되고 해당 국가와 대한민국 간에 국제형사사법공조조약이 체결된 상태인 경우, 우선 사법공조의 절차에 의하여 증인을 소환할 수 있는지 여부를 검토해 보아야 하고, 소환

285) 대판 1992. 3. 13. 91도2281.
286) 대판 2006. 5. 25. 2004도3619.
287) 대판 1999. 4. 23. 99도915.
288) 대판 2006. 6. 15. 2006도1958.
289) 헌재 2005. 12. 22. 2004헌바45.
290) 대판 2008. 2. 28. 2007도10004 (참고인의 출입국 현황과 협의이혼 후 국내외 연락처 탐지 불능 상황 등 여러 사정을 종합하여 참고인에 대한 검찰 진술조서의 증거능력이 있다고 판단한 사안).

을 할 수 없는 경우라고 하더라도 외국의 법원에 사법공조로 증인신문을 실시하도록 요청하는 등의 절차를 거쳐야 한다.[291]

나) 소재불명 2007년 개정법률 이전의 '행방불명'보다는 완화된 개념이지만, 단순한 소환불능만으로 미흡하다는 점을 명시하였다는 점에서 의미가 있다. 구법하에서는 소재확인이 불가능한 경우를 '기타의 사유'에 포함시켜 필요성을 인정하였으나,[292] 2007년 개정법률 이후에는 소재불명의 판단을 엄격히 해석하는 방향으로 변화하여 '증인의 법정출석을 위한 가능하고도 충분한 노력'을 기울였음에도 불구하고 소재를 확인할 수 없는 경우에만 예외적으로 필요성을 인정하고 있다.[293]

적어도 소재불명에 해당하려면 단순히 소환장이 주소불명으로 송달불능된 것만으로는 부족하고 소재수사(소재탐지촉탁)를 통해서도 그 소재를 확인할 수 없어 출석하지 아니한 경우여야 한다.[294] 단순한 소재불명, 증인소환 후 구인신청도 하지 않은 경우, 소재탐지촉탁에 대해 회보가 오지 않은 경우 등은 제외된다. 한편 「특정범죄신고자 등 보호법」에 따라 보호되는 범죄신고자라도 사건의 핵심 증인이라면 소재탐지나 구인장을 발부하여 소재 여부를 확인한 다음 제보자에 대한 경찰진술조서 등에 대해 제314조를 적용할 것인지 여부를 판단해야 한다.[295]

제314조에 의하여 증거능력이 인정되어 증거조사가 이루어졌다면 그 이후에 원진술자의 소재가 파악되었다고 하더라도 그 증거능력에 영향을 미치지 않는다.

다) 그 밖에 이에 준하는 사유 사망이나 질병, 외국거주, 소재불명 등에 준하는 부득이한 사유로 인하여 원진술자의 공개법정에서의 진술이 방해받는 경우를 말한다.

피고인의 방어권이나 반대신문권이 침해당할 우려가 있으므로 증거능력 인정에 대한 예외요건으로서 엄격한 해석이 필요하다.

---

291) 대판 2016. 2. 18. 2015도17115.

292) 구법하에서는 무단전출 또는 주민등록 미등재로 인하여 피해자의 소환이 불능한 경우(대판 1983. 6. 28. 83도931)나 진술을 요할 자가 일정한 주거를 가지고 있더라도 소환에 계속 불응하고 그에 대한 구인장 집행이 안 되는 경우(대판 1986. 2. 25. 85도2788 등) 등도 필요성의 요건이 충족된다고 보아 비교적 넓게 해석해 왔다.

293) 대판 2007. 1. 11. 2006도7228.

294) 대판 2013. 4. 11. 2013도1435; 대판 2013. 10. 17. 2013도5001; 대판 2016. 2. 18. 2015도17115.

295) 대판 2020. 12. 10. 2020도2623.

'원진술자의 기억상실'은 반대신문을 기대할 수 없거나 현저히 곤란한 경우 등 객관적 상황이 분명한 경우에 한해 제한적으로 필요성이 인정된다.

학설은 원진술자가 기억력을 상실한 경우는 원진술자가 공판기일에 증인으로 진술할 수 없는 경우에 해당한다는 적극설과 증인의 기억상실은 증명이 곤란하고 작위가 개입할 여지가 크므로 제외해야 한다는 소극설이 대립하고 있다. 판례는 적극설을 취하고 있다.296) 이전의 판례는 기억이 나지 않아 진술 일부가 재현불가능한 경우도 여기에 포함시키고 있는데,297) 불완전한 진술을 이유로 조서에 의해 유죄인정의 가능성을 인정하는 것은 직접주의나 구두변론주의에 반한다는 지적이 있었다.

원진술자의 진술 내지 증언 거부도 그 자체만으로는 필요성이 인정되지 않는다.

학설로는, ① 적극설(증언을 거부할 경우에는 실질적으로는 증인이 국외에 있는 경우 이상으로 증언을 얻기 어려운 경우에 해당하며, 제314조는 확실한 범죄인을 처벌하지 못할 우려가 있다는 점을 고려한 규정이므로 여기에 포함된다는 견해), ② 소극설(증인이 진술을 거부하면 별도의 제재규정이 마련되어 있고(제161조), 증언거부에는 작위가 개입할 우려가 크며, 피고인의 반대신문권을 해할 우려가 있고, 전문법칙의 예외규정은 가능한 한 제한적으로 해석하여야 하므로 제외된다는 견해), ③ 절충설(증언거부를 일률적으로 기타 사유에 포함시키는 것은 피고인의 반대신문권을 부당하게 제한하므로 원진술자의 진술을 대신할 만한 같은 가치의 증거를 얻을 수 없는 경우에 한하여 필요성을 인정해야 한다는 견해)이 있다.
2007년 개정법률이 필요성의 요건을 엄격히 제한하고 있는 점이나, 증언거부에도 불구하고 그 대상이 되는 조서의 증거능력을 인정하게 되면 증언거부권의 취지가 몰각될 우려가 있으므로, 증언거부권 등을 이유로 증언을 거부한다는 사유만으로 필요성을 긍정하는 것은 의문이다(소극설).

판례는 과거에 증인이 증언거부권을 행사하여 증언을 거절한 경우도 제314조를 적용하였으나,298) 2012년 전원합의체 판결을 통해 "법정에 출석한 증인이 형사소송법 제148조, 제149조 등에서 정한 바에 따라 정당하게 증언거부권을 행사하여 증언을 거부한 경우는 형사소송법 제314조의 '그 밖에 이에 준하는 사유

---

296) 대판 1992. 3. 13. 91도2281 (증인으로 소환당할 당시부터 노인성 치매로 인한 기억력 장애, 분별력 상실 등으로 진술할 수 없는 상태에 있었던 경우: 특신상태도 인정되어 증거능력 긍정).
297) 대판 1999. 11. 26. 99도3786; 대판 2006. 4. 14. 2005도9561.
298) 대판 1992. 8. 14. 92도1211.

로 인하여 진술할 수 없는 때'에 해당하지 않는다고 판시함으로써 소극설로 변경하였다.[299] 최근에는 증인이 '정당한 이유 없이' 증언을 거부한 경우에도 – 피고인이 증인의 증언거부 상황을 초래하였다는 등의 특별한 사정이 있는 경우가 아니면 – 제314조의 '그 밖에 이에 준하는 사유로 인하여 진술할 수 없는 때'에 해당하지 않는다고 판시하였다.[300]

2) 특신상태 진술이나 서류작성에 허위개입의 여지가 거의 없고 진술내용의 신빙성이나 임의성을 담보할 만한 구체적이고 외부적인 정황이 존재하는 것을 말한다.[301] 진술을 요하는 자가 진술할 수 없는 사정이 있는 경우라도, 당해 진술조서에 기재된 진술이나 조서의 작성이 특히 신빙할 수 있는 상태에서 작성된 것이어야 한다. 특신상태란 판례에 따르면 제312조 제4항의 경우와 마찬가지로 신용성의 정황적 보장과 동일한 의미이며, 원진술자 등에 대한 반대신문의 기회 없이 증거능력을 부여할 수 있도록 함으로써 보다 중대한 예외를 인정한 것이므로 그 요건을 엄격히 해석·적용하여야 한다.[302]

가) 특신상태의 증명 법원이 구체적인 사건에 따라 '조서 작성 당시를 기준으로' 당해 조서의 형식과 내용, 원진술자의 학력, 경력, 직업, 사회적 지위, 지능 정도 등 제반 사정을 참작하여 자유로운 심증으로 판단하며, 검사가 거증책임을 진다.[303]

---

299) 대판 2012. 5. 17. 2009도6788 전합.

300) 대판 2019. 11. 21. 2018도13945 전합 (증인이 증언거부사유를 소명하지 않은 채 선서 및 증언을 거부한 경우, 증인의 진술이 기재된 검찰 진술조서의 증거능력을 부정한 사안).

301) 대판 1995. 12. 26. 95도2340; 대판 1999. 11. 26. 99도3786; 대판 2004. 3. 11. 2003도171; 대판 2006. 5. 25. 2004도3619 (성추행으로 인한 PTSD 증후군을 앓은 피해자에 대해 피고인 처벌에 몰두하던 모와 정신과 의사의 참여하에 작성된 진술조서: 특신상태 부정); 대판 2012. 7. 26. 2012도2937; 대판 2014. 4. 30. 2012도725; 대판 2017. 12. 22. 2016도15868 (피고인이 국회의원 재보궐선거 당시 정치자금 3,000만원을 기부받아 정치자금법위반으로 기소된 사안에서, 자금을 제공한 공소외인이 자신에 대한 영장실질심사가 예정된 날 새벽에 기자와의 전화 인터뷰에서 재보궐선거 당시 피고인에게 3,000만원을 주었다는 취지의 진술을 한 후 자살하였고, 피고인을 포함한 8명의 이름 또는 직책이 기재된 메모를 작성해 두었던 사안: 특신상태 부정).

302) 대판 2014. 2. 21. 2013도12652; 대판 2017. 12. 22. 2016도15868; 대판 2022. 3. 17. 2016도17054 (특수상해 피고사건에서 피고인이 반대신문을 통하여 피해자의 진술을 탄핵할 필요성이 인정됨에도 피해자인 증인이 신문 도중 소재불명이 된 경우 피해자 진술조서를 제314조에 따라 증거로 할 수 있는지가 문제된 사안: 특신상태 부정).

303) 대판 2014. 8. 26. 2011도6035 (오산 시장 뇌물수수 사건: 이○○ 전 오산시장은 오산시장이던 2006년 공장부지를 아파트부지로 용도변경해 주는 대신 아파트 시행사 M사 임원 홍(사망)

특신상태의 증명은 법정에서의 반대신문 등을 통한 검증을 굳이 거치지 않더라도 진술의 신빙성과 임의성을 충분히 담보할 수 있는 구체적이고 외부적인 정황이 있어 그에 기초하여 법원이 유죄의 심증을 형성하더라도 증거재판주의의 원칙에 어긋나지 않는다고 평가할 수 있는 정도에 이르러야 한다.

나) 증명의 정도　제314조는 직접심리주의 등 공판절차의 기본원칙에 대한 예외(제312조)를 인정한 데 대하여 다시 중대한 예외를 인정하여 원진술자 등에 대한 반대신문의 기회조차 없이 증거능력을 부여할 수 있도록 한 것이므로, 그 경우 참고인의 진술 또는 작성이 '특히 신빙할 수 있는 상태하에서 행하여졌음에 대한 증명'은 단지 그러할 개연성이 있다는 정도로는 부족하고 합리적인 의심의 여지를 배제할 정도에 이르러야 한다.[304]

5. 진술서와 진술기재서

(1) 의의

㈎ 진술서　진술서란 서류의 작성자가 스스로 자기의 의사, 사상, 관념 및 사실관계를 기재한 서면(녹음테이프 포함)을 말한다(원진술자=작성자). 자술서, 시말서, 의견서, 각서 등 명칭을 불문하며, 자필이나 부동문자도 포함한다. 당해 사건의 수사절차나 공판절차에서 작성된 것임을 요하지 않으며, 사건과 직접 관계없이 작성된 것도 진술서에 포함된다.

메모, 일기, 편지, 자술서,[305] 고소장,[306] 의사의 진단서,[307] 변호사가 작성한 법률의견서[308] 등이 여기에 해당한다.

씨로부터 20억원을 받기로 약속한 뒤 실제 2억원을 받은 혐의로 기소되었고, 홍씨에 대한 피의자신문조서와 영상녹화물이 증거로 제출되었으나 피의자신문조서와 영상녹화물 사이에 핵심 정황의 차이가 있었던 사안: 특신상태 부정).

304) 대판 2014. 2. 21. 2013도12652 (피고인은 성매매를 한 사실로 기소가 되었는데, 증거는 성매매 상대 여성이 경찰과 검찰에서 행한 참고인진술이었으나, 공소제기 이후 참고인은 소재가 파악되지 않게 되고, 피고인이 성매매를 한 것으로 인정될 위험에 처하게 되자 인터넷 메신저로 참고인과 연락한 후 직접 만나서 참고인이 진술을 번복하는 내용의 동영상을 촬영하여 법원에 제출한 사안: 특신상태 부정).

305) 대판 1992. 4. 10. 91도2560.

306) 대판 2012. 7. 26. 2012도2937.

307) 대판 1967. 4. 18. 67도231.

308) 대판 2012. 5. 17. 2009도6788 전합.

진술서는 작성주체에 따라 '피고인이 작성한 것'과 '피고인 아닌 자가 작성한 것'으로 구분되며, 작성단계에 따라 수사과정에서 작성한 것과 그 외의 단계에서 작성한 것으로 구분된다.

수사과정에서 작성된 진술서에 대해서는 본조가 아닌 제312조 제5항이 적용되며, 수사과정과는 별개로 작성된 것에 대해서만 제313조 제1항이 적용된다.

(나) **진술기재서** 진술기재서(진술녹취서 또는 진술기재서류)란 제3자(변호인 포함)가 피고인 또는 피고인 아닌 자의 진술을 기재한 서면이나 녹음테이프[309] 등을 말한다(원진술자≠작성자).

진술기재서는 수사기관 아닌 자가 작성했다는 점에서 수사기관이 작성한 '진술조서'와 구별되며, 제3자가 진술자의 진술을 기재하였다는 점에서 진술자가 스스로 작성한 '진술서'와 구별된다. 공직선거법 위반사건에서 선거관리위원회 직원이 공직선거법위반 혐의를 받고 있는 피조사자의 진술을 듣고 작성한 문답서도 여기에 포함된다.[310]

(다) **전자정보** 2016년 개정법률은 피고인 또는 피고인 아닌 자가 작성하였거나 진술한 내용이 포함된 문자·사진·영상 등의 정보로서 컴퓨터용디스크, 그 밖에 이와 비슷한 정보저장매체에 저장된 것, 예컨대 이메일이나 컴퓨터 문서파일 등도 제313조의 적용대상임을 명시하였다.

정보저장매체에 저장된 진술서의 경우 증거방법의 성격상 작성자나 진술자의 자필이나 서명 또는 날인이 있을 수 없으므로 당해 저장매체로부터 출력된 문서는 원본과의 동일성 확인 등으로 작성자가 특정되기만 하면 (형식적) 진정성립이 긍정된다는 특징이 있다.[311] 이와 함께 제313조 제2항이 증거능력의 요건으로서 디지털 포렌식 자료 등 객관적 방법에 의한 대체증명을 인정함으로써, 전자정보의 경우에 소추기관과 피의자나 피고인 및 변호인 사이에 전문법칙의 예외 요건 구비 여부와 별개로 그 진정성과 무결성이 다투어지게 된다.

(2) 증거능력 인정요건

진술서나 진술기재서는 원칙적으로 진정성립이 인정되는 경우에 한해 전문

---

309) 대판 2001. 10. 9. 2001도3106.

310) 대판 2014. 1. 16. 2013도5441.

311) 대판 2012. 9. 13. 2012도7461; 대판 2015. 1. 22. 2014도10978 전합; 대판 2018. 2. 8. 2017도13263.

법칙의 예외가 인정된다. 진술서나 진술기재서는 상이한 상황에서 다양한 방식으로 작성되므로 각종 조서의 경우와는 달리 적법한 절차와 방식에 따라 작성된 것임을 요하지 않는다.

㈎ 피고인 아닌 자의 진술을 내용으로 하는 경우 성립의 진정함이 인정되어야 한다. 형식적 진정성립을 위해서는 자필이거나 – 부동문자나 타이핑에 의해 작성된 경우 – 서명 또는 날인이 있어야 한다. 실질적 진정성립은 공판준비 또는 공판기일에서 (원)진술자의 진술에 의하여 성립의 진정함이 증명되어야 함을 말한다.

작성자의 진정성만 확인되면 신용성이 높고 필요성도 크므로, 어느 단계에서 누가 작성한 것인지와 관계없이 진정성립의 인정만으로 증거능력을 인정하는 것이다. 신설된 제313조 제2항이 규정한 '증명'은 진술을 통해 진정성립을 부인하는 경우에 필요한 것이므로, 제1항에서의 진정성립의 '증명'이라는 표현은 '진술을 통한 진정성립 인정'의 의미이다.

제313조에서 진술서와 진술기재서 모두에 대해, 진정성립을 인정해야 할 자로서 작성자와 진술자라고 규정하고 있어 구체적인 의미가 불분명하다. 작성자는 진술서면의 작성자, 진술자는 진술서면의 내용을 진술한 자를 의미하지만, 원칙적으로 '원진술자'에 의한 진정성립이 필요하다는 의미에서 보면, 진술서의 경우에는 작성자와 진술자가 동일하므로 이를 작성자라고 표현한 것으로 보아야 한다.

1) 진술서 진술서의 경우 작성자와 진술자가 동일하므로, 진술자가 별도로 자신이 작성한 내용이 진술내용과 일치함을 인정할 필요가 없다. 즉, 진술서에 대해서는 실질적 진정성립의 요건이 불필요하며, 만일 진술자가 자신이 진술한 대로 기재되어 있지 않다고 주장한다면 그것은 실질적 진정성립이 아니라 진술서의 진정성(원본성)을 다투는 것으로 보아야 한다. 따라서 진술서의 경우에는 진술자인 '작성자'의 자필이나 서명 또는 날인이 있는지, 즉 형식적 진정성립만 확인되면 진정성립은 인정된다.

제313조 제1항은 '공판준비나 공판기일에서의 그 작성자 또는 진술자의 진술에 의하여 그 성립의 진정함이 증명'될 것을 요구하고 있으므로, 자필이나 서명 또는 날인을 인정하는 확인절차가 필요하다. 진술자가 기명한 다음 날인하지 않고 서명만 되어 있는 경우라도 형식적 진정성립은 인정된다.

압수된 디지털 저장매체로부터 출력한 문건을 진술증거로 사용하는 경우, 그 기재내용의 진실성에 관하여는 전문법칙이 적용되므로 제313조 제1항에 따른 증거능력 인정요건을 갖추어야 한다.[312] 따라서 출력문건을 작성한 자가 그 성립의 진정함을 인정한 때에 한하여 그 문건을 증거로 사용할 수 있다.[313]

2) 진술기재서　　진술기재서의 경우 작성자와 진술자가 다르므로 진술자의 자필이거나 그 서명 또는 날인의 존재 외에 '원진술자'가 (실질적) 진정성립을 인정해야 한다.

진술기재서의 실질적 진정성립을 누가 인정해야 하는지에 대해 논의가 있다. 작성자가 실질적 진정성립을 인정하게 되면 법관이 원진술자의 진술을 음미할 기회를 갖지 못하게 되어 직접심리주의에 반하고 원진술자의 불출석으로 피고인의 반대신문권이 침해될 수 있으므로 원진술자에 의한 진정성립의 인정이 필요하다는 것이 다수설과 판례의 입장이다.[314]

정보저장매체에 저장된 문자·사진·영상 등이 피고인 아닌 자의 진술을 포함하고 있는 경우에도 원칙적으로 원진술자가 자신이 작성한 것과 저장된 정보가 동일하다는 점을 인정하여야 한다.[315]

3) 객관적 방법에 의한 증명　　진술자나 각종 정보저장매체 작성자가 공판준비 또는 공판기일에 그 성립의 진정을 부인하는 경우라도 과학적 분석결과에 기초한 디지털포렌식 자료, 감정 등 객관적 방법으로 성립의 진정함이 증명되는 때에는 증거로 할 수 있다(제313조 제2항).

제313조 제2항은 '진술서의 작성자'가 진정성립을 부인하는 경우로 한정하고 있으나, '진술기재서'도 그 대상에서 제외할 이유가 없으며 이 경우에도 '원진술자'가 진정성립을 부인하면 대체증명이 가능하다.[316]

---

312) 대판 2007. 12. 13. 2007도7257.

313) 대판 2010. 11. 25. 2010도8735. 「이 사건 문자메시지는 피해자가 피고인으로부터 풀려난 당일에 남동생에게 도움을 요청하면서 피고인이 협박한 말을 포함하여 공갈 등 피고인으로부터 피해를 입은 내용을 문자메시지로 보낸 것이므로, 이 사건 문자메시지의 내용을 촬영한 사진은 증거서류 중 피해자의 진술서에 준하는 것으로 취급함이 상당할 것인바, 진술서에 관한 형사소송법 제313조에 따라 이 사건 문자메시지의 작성자(원진술자)인 피해자 공소외 1이 제1심 법정에 출석하여 자신이 이 사건 문자메시지를 작성하여 동생에게 보낸 것과 같음을 확인하고, 동생인 공소외 3(문자메시지 수령인)도 제1심 법정에 출석하여 피해자 공소외 1이 보낸 이 사건 문자메시지를 촬영한 사진이 맞다고 확인한 이상, 이 사건 문자메시지를 촬영한 사진은 그 성립의 진정함이 증명되었다고 볼 수 있으므로 이를 증거로 할 수 있다.」

314) 대판 1997. 3. 28. 96도2417; 대판 2004. 9. 13. 2004도3161 등.

315) 대판 2015. 7. 16. 2015도2625 전합.

316) 원진술자와 작성자가 다른 진술기재서류의 경우 양자의 진술이 불일치하는 경우라면 객관적 방

원진술자가 진정성립을 부인한다면 작성자가 진정성립을 인정하였다 하더라도 그것으로 객관적 방법에 의한 증명이 이루어진 것으로 볼 수는 없다.

대체증명은 제312조의 경우와는 달리 '과학적 분석결과에 기초한 디지털 포렌식 자료, 감정 등 객관적 방법'에 의하여야 한다. 제312조는 진술조서를 대상으로 하므로 조서 작성 당시의 상황을 촬영한 영상녹화물을 통한 증명이 가능하지만, 진술서나 진술기재서의 경우에는 영상녹화 등이 이루어진 경우가 드물기 때문에 서면 자체의 진정성을 확인하기 위해 다른 과학적 방법을 사용할 수 있도록 한 것이다. 예컨대 진술서의 경우 아이디와 비밀번호의 소유자, 로그기록, IP주소, 작성자만의 고유한 암호 사용 등으로 그 진정성립을 판단할 수 있다.

4) 피고인의 반대신문권 보장　객관적 방법으로 진정성립이 증명되는 때라도 '피고인 아닌 자가 작성한 진술서'는 피고인 또는 변호인이 공판준비 또는 공판기일에 그 기재 내용에 관하여 작성자를 신문할 수 있었을 것을 요한다(동조 제2항 단서). 객관적 방법에 의해 증명하는 경우에 피고인이 작성자에 대한 신문 등을 통해 이를 다툴 수 있도록 할 필요가 있기 때문이다.

반대신문권 보장의 필요성이라는 측면에서 보면, 피고인 아닌 자가 작성한 진술서에 대해서는 대체증명을 하는 경우뿐만 아니라 원진술자가 진정성립을 인정한 경우라도 피고인의 반대신문권을 보장하는 것이 제312조 제4항과의 균형상 타당할 것이다. 따라서 제313조 제2항 단서는 일반적으로 피고인 아닌 자가 작성한 진술서의 경우에 피고인의 반대신문을 요한다는 의미로 해석할 필요가 있다.

㈏ 피고인의 진술을 내용으로 하는 경우

1) 대상　피고인이 직접 작성한 진술서(자술서, 시말서, 편지 등)나 변호인이나 제3자가 작성하여 법원에 제출한 피고인의 진술을 기재한 서류를 말한다.

법에 의한 진정성립의 증명이 당연히 필요하고, 제312조 제2항이 조서를 객관적 증명의 대상으로 하고 있다는 점을 고려하면 진술기재서류도 포함된다고 보는 것이 타당하기 때문이다. 이 경우 제313조 제2항의 규정대로 '작성자'가 공판준비나 공판기일에서 그 성립의 진정을 부인하는 경우에 객관적 방법에 의한 증명이 필요하다는 의미로 이해할 수도 있으나, 이 규정은 진술서를 전제로 한 규정이므로, 진술기재서류의 경우에는 오히려 원진술자가 진정성립을 부인하는 경우를 의미한다고 보아야 한다. 한편 디지털포렌식 등 객관적 방법에 따라 피고인의 진술을 기재한 서류의 '작성자'까지는 특정할 수 있다 하더라도, 원진술자에 의한 진술이 실제로 있었는지 문제가 되는 경우에 이를 인정하기 위한 다른 방법을 같이 규정해야 할 필요가 있다.

2) 진정성립 원진술자인 피고인에 의한 형식적 진정성립과 실질적 진정성립이 인정되어야 한다. 진술서의 경우에는 피고인 아닌 자의 진술을 기재한 경우와 마찬가지로 형식적 진정성립만 인정되면 족하고, 객관적 방법에 의한 증명도 가능하다. 따라서 자필에 의한 진술서의 경우에는 형식적 진정성립도 인정되므로 후술하는 특신상태의 요건을 갖추었는지 여부만이 문제된다.

피고인 아닌 자의 진술을 기재한 경우와 마찬가지로 적법한 절차와 방식에 따라 작성된 것일 필요는 없다.

제313조 제1항 단서는 피고인이 진술기재내용을 다투는 경우에 '작성자'에 의한 진정성립의 인정과 특신상태의 존재를 요건으로 진술기재서류의 증거능력을 긍정하고 있다. 진술서의 경우에는 작성자와 진술자가 동일하므로 문제가 없다. 그러나 **진술기재서**에 대해서는 법문대로 '작성자'만 진정성립을 인정하면 족하고, 원진술자인 피고인의 진정성립 인정을 요하는지 여부에 관한 논의가 있다. 단서에 규정된 "피고인의 … 진술에 불구하고"를 어떻게 이해하는가에 대한 견해의 대립으로서, 판례는 작성자에 의한 진정성립과 특신상태의 존재만으로 족하다는 완화요건설을 취하고 있다.[317]

학설로는, ① 완화요건설(원진술자인 피고인이 진정성립을 부인하는 경우라도 작성자가 진정성립을 인정하고 특신상태가 인정되면 증거로 사용할 수 있다는 견해), ② 가중요건설(법문에도 불구하고 별도로 원진술자인 피고인이 진정성립을 인정해야 한다는 견해)이 있다. 후자는 다시 '원진술자가 내용을 부인하는 경우라도' 원진술자와 작성자의 진정성립 인정 그리고 특신상태의 존재로 증거로 사용할 수 있다는 견해(내용부인설)와 '작성자의 진술에 의하여'를 진술기재서의 경우에는 '원진술자의 진술에 의하여'로 이해하고 작성자의 진정성립은 별도로 요하지는 않는다는 견해로 구분된다.
제313조에 의한 증거능력 인정은 직접주의의 예외로서 엄격하게 해석해야 하고, 특신상태를 이유로 실질적 진정성립 요건을 완화하는 것은 서면 위주의 재판을 조장할 우려가 있으므로 가중요건설이 타당하다.

---

317) 대판 2012. 9. 13. 2012도7461. 「녹음테이프에 녹음된 피고인의 진술 내용을 증거로 사용하기 위해서는 형사소송법 제313조 제1항 단서에 따라 공판준비 또는 공판기일에서 그 작성자인 상대방의 진술에 의하여 녹음테이프에 녹음된 피고인의 진술 내용이 피고인이 진술한 대로 녹음된 것임이 증명되고 나아가 그 진술이 특히 신빙할 수 있는 상태하에서 행하여진 것임이 인정되어야 한다.」 같은 취지로는, 대판 2015. 8. 27. 2015도3467.

3) **특신상태** 공판정 외에서의 진술이 법관 면전에서 진술에 준할 정도로 믿을 만해야 한다는 것으로서, 진술조서의 경우에 설명한 것처럼, '신용성의 정황적 보장'을 의미한다.

가) **적용대상** 단서에서 규정한 '피고인의 진술을 기재한 서류'에 진술기재서 외에 진술서가 포함되는지 여부에 대해 논의가 있으나 진술서도 신빙성에 대한 담보가 필요하다는 측면에서 진술서도 포함된다고 보아야 할 것이다. 따라서 피고인이 직접 작성한 진술서(자술서, 시말서, 편지 등)의 경우라도 변호인이나 제3자가 작성하여 법원에 제출한 피고인의 진술을 기재한 서류와 마찬가지로 특신상태가 요구된다.

학설로는, ① 제1항 단서의 문언이 진술기재서류로 한정하고 있고 진술서는 타인의 개입 없이 스스로 작성된 것으로서 제3자가 작성하는 진술기재서에 비해 신빙성이 높다는 이유로 제외하는 견해(불포함설)와 ② 객관성을 담보할 장치(예컨대, 진술거부권의 고지, 조서작성절차 등)가 없는 피고인의 진술로 인한 오판의 우려가 있다는 이유로 - 제313조 제1항 단서는 가중요건이라는 전제하에 - 진술서를 포함해야 한다는 견해(포함설)가 있다.

판례는 전자의 입장을 취한 경우도 있고,[318] 피고인의 자필 진술서의 증거능력이 문제된 사안에서 진정성립 외에 특신상태가 요구된다고 하여 후자의 입장을 취한 것도 있다.[319]

나) **특신상태의 증명** 특신상태는 검사가 그 존재에 대하여 구체적으로 주장·입증하여야 하는 것이지만, 이는 소송상의 사실에 관한 것이므로, 엄격한 증명을 요하지 아니하고 자유로운 증명으로 족하다.[320]

(3) 수사과정에서 작성된 진술서

(가) **취지** 수사과정에서 작성된 진술서는 피의자 또는 참고인이 작성한 것인지를 불문하고 제312조 제5항이 적용된다.

따라서 검사 앞에서 작성한 피의자의 진술서는 제312조 제1항에 따라 작성의 절차와 방식의 적법성, 실질적 진정성립, 특신상태 등이 인정되면 증거로 사용할 수 있다.

---

318) 대판 1982. 9. 14. 82도1479 전합.
319) 대판 2001. 9. 4. 2000도1743.
320) 대판 2001. 9. 4. 2000도1743.

제312조 제5항은 진술서라는 우회적 방법으로 제312조의 적용을 배제하려는 시도를 원천적으로 막기 위해 신설된 규정이다.[321)]

수사과정에서 작성된 진술서는 수사기관의 부당한 영향력 행사로 인하여 신용성의 정황적 보장이 미약하고, 그러한 진술서는 피고인에 대한 증거로 사용할 목적으로 만들어지는 것이므로 조서와 같이 취급하는 것이다.

(나) **적용대상** '수사과정'이란 수사기관의 영향력이 미치는 시간·공간에서 작성된 진술서로서, 행정기관에 제출된 진술서, 수사 이전에 이미 작성되어 있는 진술서, 공판 계속 중에 작성되어 법원에 제출된 진술서는 제외된다.

제312조 제5항에 따른 요건이 본조의 경우에 비하여 엄격한 점을 고려하면, '수사과정'의 의미와 관련하여 한계가 불분명한 경우에는 제312조 제5항을 우선 적용하는 것이 타당하다. 수사과정에서 작성된 진술서는 제313조에 의하여 증거능력이 부여되지 않고, 작성주체와 진술자에 따라 제312조 제1항 내지 제4항의 요건을 충족하여야 한다.[322)]

(4) 제314조의 적용

진술서나 진술기재서에 대해서는 제313조에 따른 요건을 충족하지 못한 경우에도 – 특신상태의 요건을 갖추지 못한 경우를 제외하고 – 제314조가 적용될 수 있다.

다만 원진술자에 대한 반대신문이 가능한 경우에 한하므로 '피고인 아닌 자의 진술서나 진술기재서류'에 한하는 것으로 해석하여야 한다. 피고인의 진술을 기재한 경우에 피고인이 출석하지 않으면 공판절차가 정지되거나 증거동의가 의제되므로 필요성의 요건을 충족시키지 못하여 적용될 여지가 없기 때문이다.

앞에서 설명한 것처럼, 정당한 증언거부권의 행사는 필요성의 요건을 충족시키지 못하며,[323)] 진술조서의 경우와 마찬가지로 증언거부권의 행사가 정당하지 않더라도 제314조를 적용할 수 없다고 보아야 한다.[324)]

---

321) 대판 1982. 9. 14. 82도1479 전합 참조.
322) 대판 2015. 4. 23. 2013도3790.
323) 대판 2012. 5. 17. 2009도6788 전합.
324) 대판 2019. 11. 21. 2018도13945 전합 참조.

6. 검증조서

(1) 의의 및 법적 성격

검증조서란 법원이나 수사기관이 검증의 경과나 결과를 기재한 서면을 말한다(제49조 제1항). 검증이란 사람의 신체, 장소, 물건의 성질과 형상을 감각기관을 통해 인식하는 것을 말한다. 수사기관의 검증은 강제처분에 해당하고 조서를 작성해야 한다. 검증조서에는 검증목적물의 현상을 명확하게 하기 위하여 도화나 사진을 첨부할 수 있다(동조 제2항).

검증조서는 그 조서가 적법한 절차에 따라 작성되었을 것을 전제로 하여 일정한 요건하에 증거능력이 인정된다.

(2) 법관의 검증조서

(개) 취지 법관의 검증조서는 별도의 요건 없이 증거능력이 인정된다(제311조 제1문). 공평한 제3자인 법원이 검증하여 작성한 조서이므로 신용성이 높고 당사자의 참여권도 보장되어 있으며, 절차상으로도 법관이 그 결과를 증인으로서 보고하는 것은 적절하지 않다는 점을 고려한 것이다.

> 수소법원이 공판기일에 공판정에서 검증을 행한 때에는, 그 자체가 증거조사로서 '검증의 결과'가 바로 증거가 되는 원본증거이므로 제311조가 적용되지 않는다. 이 경우에 검증의 경과와 결과는 '공판조서'에 기재되므로 이를 증거로 사용하는 경우에는 검증조서가 아니라 공판조서로서 제311조가 적용된다.

(나) 대상 법관이 검증한 경우, 즉 공판기일 외에 공판정 외에서 행한 경우, 수명법관이나 수탁판사가 검증한 경우, 증거보전절차에서 검증한 경우가 그 대상이다.

1) 당해 사건 당해 사건에 관한 검증조서에 한하여 적용된다. 다른 사건의 검증조서는 당해 사건의 당사자에게 참여권이 보장되지 않으므로 당연히 증거능력이 인정되지는 않는다(다수설).

> 다른 사건의 검증조서의 증거능력에 관하여는 다른 사건의 공판조서와 마찬가지로 제315조 제3호에 따라 증거능력이 인정된다는 것이 실무의 입장이나, 일반적인 진술기재서로서 제313조에 따라 증거능력이 인정된다는 견해도 가능하다.

당해 사건에 관한 것이라도, 예컨대 법원이 녹음테이프에 대하여 실시한 검증 결과가 녹음테이프에 녹음된 대화내용이 녹취서에 기재된 것과 같다는 데 그치는 경우, 증거자료가 되는 것은 녹음테이프에 녹음된 대화 내용에 그치므로 일반적인 진술기재서류로서 증거능력이 인정될 뿐이다.[325]

2) 검증절차의 적법　검증절차가 적법한 경우에 한한다. 검증절차나 조서작성과정(조서에 기명날인 또는 서명, 당사자의 참여권 보장 등)에 위법이 있으면 증거능력이 부정된다.

(다) 검증조서에 기재된 피고인 등의 진술　검증조서에는 작성자가 검증의 결과를 기재한 것 외에 검증현장에 참여한 피고인이나 제3자에게 질문한 것에 대한 진술내용이 기재되는 경우가 있다.

여기에는 현장지시와 현장진술이 있다. 현장지시는 현장에 있는 자가 검증의 대상인 목적물이나 장소 등을 지적·설명하는 진술을 말하며, 현장진술은 검증의 기회에 검증현장에서 이루어진 현장지시 외의 진술을 말한다.

학설로는, ① 현장지시와 현장진술을 구별하지 않고 검증조서와는 별개로 진술기재서류로 보는 견해(제313조 제1항 적용설), ② 독립한 증거가 아니라 검증조서의 구성부분에 불과하므로 검증조서로서 증거능력을 인정해야 한다는 견해(제311조 제1문 후단 적용설), ③ 현장지시가 비진술증거로 이용되는 경우에는 검증조서와 일체가 되어 검증조서로서 증거능력이 인정되고, 범죄사실을 인정하기 위한 진술증거로 이용되는 때에는 현장진술과 마찬가지로 취급되며 현장진술이 법원 또는 법관의 면전에 이루어진 것이므로 증거로 사용할 수 있다는 견해(제311조 제1문 전단 적용설) 등이 있다.

1) 현장지시설명　현장에서 검증물 자체 또는 검증물과 증명할 사항 내지는 주장사실과의 관계에 관하여 설명을 듣는 경우에 이는 검증조서의 구성부분으로서 조서와 일체를 이루고 있으므로 검증조서로서 증거능력이 인정된다(제311조 제1문 후단).

현장지시 가운데 법원의 검증활동의 동기를 설명하는 비진술증거로 이용되는 때에는 검증조서와 일체성을 가지므로 검증조서와 일체가 되지만, 진술 자체가 범죄사실을 인정하기 위한 진술증거로 이용되는 때에는 현장진술과 같이 취급해야 한다는 견해도 있으나, 후자는 현장진술에 해당하므로 별도로 구분할 실익은 없을 것이다.

---

325) 대판 1992. 6. 23. 92도682; 대판 1996. 10. 15. 96도1669; 대판 1997. 3. 28. 96도2417; 대판 2005. 2. 18. 2004도6323; 대판 2008. 7. 10. 2007도10755; 대판 2008. 12. 24. 2008도941; 대판 2012. 9. 13. 2012도7461; 대판 2014. 8. 26. 2011도6035.

2) **현장진술** 현장에서 당사자 등이 현장 상황과 관련하여 자신의 주장을 하고 이를 증명하려는 경우 그 진술은 검증의 결과 자체와는 구별해야 하므로 '공판준비에 있어서 피고인 또는 피고인 아닌 자의 진술'에 속하고 검증조서로 볼 수 없다. 제3자의 진술에 대해서는 수사기관이 검증을 하는 경우에도 일정한 요건하에서만 증거능력이 인정되는 점을 고려하면, 법원이 검증을 하는 경우에도 일반적인 진술기재서류와 같은 요건 하에 증거능력을 인정할 필요가 있을 것이다.

학설로는, ① 현장진술이 법원 또는 법관의 면전에서 이루어진 이상 제311조 제1문 전단에 따라 증거능력이 인정된다는 다수설, ② 검증조서에 기재된 이상 검증조서와 일체를 이루어 제311조 제1문 후단에 따라 증거능력이 인정된다는 견해, ③ 피의자나 피고인의 현장진술은 제311조 제1문 전단에 따라 증거능력이 인정되지만, 제3자의 진술은 증인과 달리 선서도 없고 당사자의 반대신문권도 보장되지 않으므로 증거능력이 없다는 견해(실무의 입장)도 있다.

㈑ **검증조서에 첨부된 사진이나 도화** 검증 목적물의 형상을 명확히 하기 위해 첨부된 그림이나 사진은 검증조서와 일체를 이루는 것이므로 검증조서로서 증거능력이 인정된다.

(3) 검사 또는 사법경찰관의 검증조서

㈎ **취지** 강제처분으로서 검증의 적법성을 전제로 하면서 검증이 실체해명을 위한 수단으로서의 성격을 가지는 점을 고려하여, — 법원에 의한 검증에 비하여 신용성이 낮다는 점도 감안하여 — 작성자에 의한 진정성립을 전제로 증거능력을 인정하고 있다(제312조 제6항). 현행법상 증거능력의 인정요건에 관한 명문의 규정이 없는 압수·수색조서도 검증조서에 준하여 증거능력이 인정된다.

검증 이외의 강제처분으로서 압수·수색의 경우에도 조서를 작성하고(제49조), 이러한 조서가 압수 당시 압수물의 존재상황을 증명하기 위해 사용되는 경우(예컨대 피고인이 압수물을 소지하고 있었다는 사실이 공소사실 내지 간접사실인 경우)에 그 조서의 증거능력이 문제될 수 있는데, 판례도 검증조서와 압수·수색조서가 그 작성주체도 동일하고 일종의 체험사실을 기재하고 있다는 점에서 유사하다는 이유로 무엇을 양자를 동일하게 취급하고 있다.[326]

---

326) 대판 1995. 1. 24. 94도1476; 대판 1999. 10. 22. 99도3273.

(나) 요건

1) **조서작성 절차와 방식의 적법성** 검증조서는 적법한 절차와 방식에 따라 작성되어야 한다. 형식적 진정성립(조서작성자의 서명·날인·간인의 존재)을 포함하여 검증절차 및 조서작성에 관한 규정을 준수해야 한다.

수사의 경위 및 결과를 내부적으로 보고하기 위하여 작성된 **수사보고서**에 검증의 결과에 해당하는 기재가 있더라도 이를 검증조서라고 할 수 없다.[327] 또한 제216조 제3항을 근거로 긴급검증을 한 후 사후영장을 발부받지 않은 경우에는 그 검증조서는 유죄의 증거로 할 수 없다.[328]

2) **진정성립의 증명** 진정성립이란 검증의 대상인 검증현장 등의 객관적 상황에 관한 검증조서의 기재와 검증 당시 검증을 실시한 자의 체험이 일치함을 인정하는 것을 말한다. 검증조서의 '작성자'인 수사기관이 공판기일에 증인신문절차에서 진정성립에 대한 증언을 해야 하며, 단순한 참여자는 여기에 포함되지 않는다.[329] 다른 사건에 대한 검증조서의 경우에도 엄격한 요건을 요구하는 본조가 적용된다.

(다) 검증조서에 기재된 진술 또는 첨부된 도화나 사진의 경우

1) **검증조서에 기재된 진술** 법원의 경우와 마찬가지로 **진술증거**인 경우에는 작성주체와 진술자에 따라 제312조 제1항 내지 제5항을 적용하는 것이 타당하다(비구분설).

학설은, ① 양자의 구별에 대한 명확한 기준을 정하기 어렵다는 점을 근거로 검증조서에 기재된 진술의 내용인 현장지시와 현장진술을 구별하지 않고, 검증조서에 기재된 진술을 작성주체를 기준으로 증거능력을 판단하는 부정설(비구분설, 예컨대 검사 작성의 검증조서에 기재된 피고인의 진술에는 제312조 제1항, 사법경찰관 작성의 검증조서는 진술자가 피의자인 경우에는 제312조 제3항에 의하여, 진술자가 참고인인 경우에는 제312조 제4항에 의하여 증거능력을 판단한다), ② 수사기관의 검증조서에 기재된 진술내용이 현장지시인지 현장진술인지를 구별하여, 현

327) 대판 2001. 5. 29. 2000도293 (검증조서에 의하지 아니하고 수사보고서에 검증결과를 기재한 사안: 위법).

328) 대판 1984. 3. 13. 83도3006; 대판 1989. 3. 14. 88도1399 (긴급실황조사에서 사후영장을 발부받지 않은 사안: 위법).

329) 대판 1976. 4. 13. 76도500 (폭행치사사건의 현장을 직접 검증한 사법경찰관이 아닌 참여경찰관이 검증조서의 진정성립을 인정한 사안: 진정성립의 증명 부정); 대판 1990. 2. 13. 89도2567.

장지시는 검증조서와 일체를 이루므로 제312조 제6항에 따라 증거능력을 판단하고, 현장진술은 진술증거로서 실질적으로는 참고인진술조서 또는 피의자신문조서에 해당하므로 검증조서의 작성주체와 진술자에 따라 제312조 제1항 내지 제312조 제4항을 적용하여 증거능력을 판단하는 긍정설(구분설), ③ 구분설을 수정한 것으로서, 현장지시가 검증활동의 동기를 설명하는 비진술증거로 이용될 때에는 검증조서와 일체를 이루므로 제312조 제6항을 적용하지만, 현장지시가 범죄사실을 인정하기 위한 진술증거로 이용되는 때(예컨대 범행재연)에는 현장진술과 같이 취급하여 검증주체와 진술자에 따라 법 제312조 제1항 내지 제312조 제4항이 적용된다고 보는 수정(구분)설이 있다.

판례는 사법경찰관이 작성한 검증조서에 기재된 피고인의 현장진술에 대해 검증조서에 관한 규정을 적용한 것이 있으나,[330] 그 이후에는 작성주체와 진술자에 따라 구분하는 태도를 보이고 있다.[331] 최근에는 조서에 기재된 진술을 '수사과정에서 작성된 진술서'에 준하는 것으로서 제312조 제5항이 적용된다고 본 판례가 있다.

현행범 체포의 현장에서 임의제출 방식으로 휴대전화기를 압수하면서 압수조서의 '압수경위'란에 현장을 목격한 사람의 진술이 기재되었다면 그 진술은 '피고인이 아닌 자가 수사과정에서 작성한 진술서'에 준하는 것으로서 독립한 증거로서 증거능력을 가진다.[332]

검증조서에 기재된 진술 부분이 조서로서 증거능력이 인정되려면, 제312조 제1항 내지 제4항의 요건에 의해 **절차와 방식의 적법성이 전제**되므로 서명 또는 기명날인이 없거나 피고인의 진술의 경우 진술거부권이 고지되지 않았다면 증거로 사용할 수 없다.

2) 검증조서에 첨부된 도화나 사진 검증목적물의 현상을 명확히 하여 검증의 결과를 쉽게 이해할 수 있도록 첨부한 사진이나 도화는 검증조서와 일체로서 증거로 사용이 가능하다.

---

330) 대판 1981. 4. 14. 81도343.

331) 대판 1998. 3. 13. 98도159. 「원심이 적법하게 조사하여 채택한 것으로 본 제1심 채용의 '사법경찰관이 작성한 검증조서'에는 이 사건 범행에 부합되는 피의자이었던 피고인의 진술기재 부분이 포함되어 있고 또한 범행을 재연하는 사진이 첨부되어 있으나, 기록에 의하면 피고인이 위 검증조서에 대하여 증거로 함에 동의만 하였을 뿐 공판정에서 검증조서에 기재된 진술내용 및 범행을 재연한 부분에 대하여 그 성립의 진정 및 내용을 인정한 흔적을 찾아 볼 수 없고 오히려 이를 부인하고 있으므로 그 증거능력을 인정할 수 없(다).

332) 대판 2019. 11. 14. 2019도13290.

진술기재부분 외에 범행재연사진은 일반적인 사진과 달리 행동적 진술로서 진술증거에 해당하므로, 피고인의 진술에 해당하는 경우에는 작성주체에 따라 제312조 제1항 내지 제3항이 적용된다.[333]

3) 검증조서만 증거동의한 경우 조서의 진술기재부분과 범행재연사진에 대해서는 진정성립이나 내용을 인정한 흔적이 없는 경우에는 이 부분을 제외한 검증조서의 나머지 부분만 증거로 사용할 수 있다.[334]

(4) 실황조사서의 증거능력

(가) 개념 수사기관이 범행 직후에 범죄 현장이나 기타 장소에서 실황을 조사하고 그 조사결과를 기재한 조서를 말한다. 실황조사는 임의처분으로서 영장을 요하지 않고 당사자의 참여권도 보장되지 않으며, 상대방의 승낙을 전제로 하지 않는 점에서 승낙검증과도 구별된다. 실무상으로는 인권침해적 성격이 적은 교통사고나 각종 사고시에 활용되고 있다.

(나) 증거능력 실황조사가 임의수사로서의 적법성을 갖춘 경우에 한해 증거로 사용할 수 있다. 개인의 신체나 주거에 대한 침해 등 실질적으로 강제수사에 해당하는 경우에는 증거능력이 부정된다.

학설로는, ① 임의수사로서 정확성 면에서 검증조서와 유사하므로 그 조서에 대해서도 제312조 제6항이 준용된다는 긍정설(준용설), ② 실황조사서는 '조서'가 아니므로 조서에 관한 규정을 준용할 수 없고, 기재의 정확성에 대한 제도적 보장이 미흡하고 당사자의 참여권 등이 보장되지 않으므로 제312조 제6항을 준용할 수 없다는 부정설, ③ 긴급검증에 해당하는 경우에 한하여 사후영장을 발부받아야 제312조 제6항이 준용된다는 견해(실질적으로 부정설)가 있으나 다수설은 긍정설의 입장이다.

판례가 직접 실황조사서의 증거능력을 인정한 경우는 많지 않지만, 실황조사서의 기재내용을 사실인정의 자료로 원용하고 있는 경우가 적지 않아[335] 증거

---

333) 대판 2006. 1. 13. 2003도6548. 「사법경찰관이 작성한 검증조서에 피의자이던 피고인이 검사 이외의 수사기관 앞에서 자백한 범행내용을 현장에 따라 진술·재연한 내용이 기재되고 그 재연 과정을 촬영한 사진이 첨부되어 있다면, 그러한 기재나 사진은 피고인이 공판정에서 그 진술내용 및 범행재연의 상황을 모두 부인하는 이상 증거능력이 없다.」

334) 대판 1998. 3. 13. 98도159.

335) 대판 1982. 9. 14. 82도1504. 「위 실황조사서는 원작성자인 최○○의 공판기일에서의 진술에 의하여 그 성립의 진정함이 인정되었으므로 위 각 서류를 유죄 인정의 증거로 채택한 것은 적

능력을 긍정하는 것으로 보인다. 실황조사의 방식으로 긴급검증을 한 경우 사후 영장 등 긴급검증의 요건을 충족하지 못한 때에는 증거로 사용할 수 없다.[336]

(다) **실황조사서에 기재된 진술이나 첨부된 도화나 사진** 진술증거에 해당하는 경우에는 작성주체와 진술자에 따라 제312조 제1항 내지 제4항이 적용된다.[337]

(5) 수사보고서의 증거능력

(가) **수사보고서의 개념** 수사보고서란 수사개시의 단서나 그 단서의 입수상황, 수사의 경과나 결과 등 수사에 관련되는 사항을 상사에게 보고하기 위하여 내부적으로 작성되는 서류를 말한다.

수사보고서는 조직적 수사를 가능하게 하고 영장청구시에 소명자료로 기능한다. 증거법 차원에서 주요사실이 아닌 소송법적 사실 등을 증명하기 위한 증거로 사용하는 것은 가능하나, 엄격한 증명을 요하는 자료로 사용되는 경우가 문제된다.

(나) **유형** 수사기관 자신의 **의견진술형** 수사보고서는 의사표시적 문서로서 증거능력이 부정되지만,[338] 수사보고서에 기재된 피의자나 참고인 등의 진술이 진술증거로서의 성격을 가지는 경우(CD 등 자료를 첨부한 수사보고서, 실황조사 또는 검증을 내용으로 하는 수사보고서, 참고인(전화통화) 또는 피의자의 진술을 청취하고 작성한 수사보고서 등)에는 일정한 요건하에 증거능력이 긍정된다.

(다) **증거능력** 수사보고서 작성의 방식과 절차가 적법해야 한다. ① 피고인이 수사과정에서 범행을 자백하였다는 내용의 경찰 작성 수사보고서는 피의자에 대한 진술 청취형 수사보고서로 볼 수 있고 제312조 제5항에 따라 조서 작성의 방식과 절차의 적법성에 상응하는 절차적 적법성이 인정되고 내용의 인정과 같은 예외 요건을 갖춘 경우에 한하여 증거로 사용할 수 있다.[339] ② 수사보고서의 참고인 진술 기재 부분은 진술기재서로서 참고인의 서명 또는 날인이

법하(다).」 최근 판례로는, 대판 2016. 11. 24. 2016도12407.

336) 대판 1989. 3. 14. 88도1399.

337) 대판 1984. 5. 29. 84도378.

338) 대판 2001. 5. 29. 2000도2933 (검증형 수사보고서의 경우 실황조사서나 검증조서가 아니고, 진술기재서의 요건도 충족하지 못하였으므로 증거로 할 수 없다고 본 사안); 대판 2011. 7. 14. 2011도3809.

339) 대판 2006. 1. 13. 2003도6548.

필요하고,[340] 피고인의 진술 기재 부분도 마찬가지로 피고인의 자필이나 서명 또는 날인이 필요하다.[341] 한편, ③ 수사보고서에 유인물의 내용이 기계적으로 복사되어 첨부된 때에는 '기타 특히 신용할 만한 정황에 의하여 작성된 문서'(제315조 제3호)로서 증거능력이 인정된다는 판례[342]도 있으나, 수사기관이 주관적으로 그 내용을 분석한 유인물에 대해 단순이 기계적으로 복사·첨부되었다는 이유로 당연히 증거능력을 인정하는 것은 의문이다.

7. 감정서

(1) 감정서의 개념

감정서란 학식과 경험이 있는 감정인(감정수탁자)이 감정을 하고 그 경과와 결과를 기재한 서면을 말한다. 감정인은 법원이 감정을 명한 자와 수사기관이 감정을 위촉한 자를 포함한다.

> 사인의 의뢰로 의사가 작성한 진단서는 감정서와는 달리 일반적인 진술서로 보아 제313조 제1항 내지 제2항에 따라 증거능력이 인정된다.[343] 다만 군의관이 작성한 진단서는 공무원이 직무상 증명할 수 있는 사항에 관하여 작성한 문서이므로 당연히 증거능력이 있다는 판례[344]가 있으나 의문이다.

(2) 감정서의 증거능력

통상 감정인은 감정서의 제출로 족하지만, 피고인이 증거로 함에 부동의한 때에는 감정인의 설명을 듣기 위해 감정인을 소환하여 심문하게 되고, 감정인이 공판정에서 진정성립을 인정해야 한다(제313조 제3항).

㈎ **적법한 절차** 감정절차가 위법한 경우에는 위법수집증거로서 증거능력이 부정된다. 예컨대 영장주의에 위반하여 채취한 혈액에 대한 감정의뢰회보는 위법수집증거로서 증거능력이 없다.[345] 그러나 감정대상물이 제218조에 의

---

340) 대판 1999. 2. 26, 98도2742; 대판 2007. 9. 20. 2007도4105; 대판 2010. 10. 14. 2010도5610, 2010전도31 (참고인과의 전화대화 내용을 문답형식으로 기재한 것으로서 진술자인 참고인의 서명날인이 없어 증거능력을 부정한 사안).

341) 대판 2011. 9. 8. 2009도7419.

342) 대판 1992. 8. 14. 92도1211.

343) 대판 1960. 9. 14. 4293형상247; 대판 1972. 1. 31. 71도2073.

344) 대판 1972. 6. 13. 72도922.

345) 대판 2012. 11. 15. 2011도15258.

한 임의제출물에 해당되는 경우는 영장주의 위반이 아니다.[346)]

감정인이 감정에 관하여 필요하여 타인의 주거, 간수자 있는 가옥, 건조물, 항공기, 선박, 차량 안에 들어가거나 신체의 검사, 사체의 해부, 분묘발굴, 물건의 파괴를 할 때에는 법원의 허가를 요하므로(제173조 제1항, 제2항), 허가 없이 이러한 처분을 하는 경우에도 증거로 사용할 수 없다.

그러나 감정 자체에 수반하는 행위, 예컨대 감정인이 강판조각을 두드려 펴 형상에 변경을 가한 행위나 페인트의 성분을 비교분석한 행위는 별도로 제173조 제1항에 따른 법원의 허가를 요하는 사항이 아니다.[347)]

㈏ **진정성립의 인정** 진술서와 마찬가지로, 감정인의 자필이거나 그 서명 또는 날인이 있고, 공판준비 또는 공판기일에 감정인의 진술 등에 의하여 그 성립의 진정함이 인정되는 때에 증거로 할 수 있다. 감정수탁자가 제출한 감정보고서의 경우에도 고도의 신용성 및 정확성이 인정된다는 점에서 감정서와 동일하다는 것이 통설이다. 그러나 감정수탁자가 제출한 감정보고서는 진정성립 외에 특신상태를 추가로 요구할 필요가 있다.

㈐ **감정서에 기재된 진술** 감정서에 피의자나 참고인으로부터 청취한 진술이 기재되어 있는 경우에는 '피고인 또는 피고인이 아닌 자의 진술을 기재한 서류'로서 제313조 제1항이 적용된다. 따라서 원진술자의 진정성립이 필요하며, 피고인의 진술을 내용으로 하는 때에는 특신상태의 요건도 필요하다.

(3) 감정인을 신문한 조서의 증거능력

법원이 감정인을 신문한 때에는 공판조서에 기재하며 그 진술내용도 전문증거가 아닌 원본증거로서 바로 증거능력이 인정된다. 조서가 다른 법원에 제출

---

346) 대판 2011. 5. 26. 2011도1902 (D는 V와 오랜 불화 끝에 이혼소송을 제기당하여 별거상태로 지내면서 양가와 관련된 민사분쟁 중에 있었는데, 어느 날 D가 V를 차에 태우고 진행하다 대전차 방호벽을 들이받는 교통사고를 내어 V가 사망하였고, 검사는 D에 대해 이혼과정의 불화 등으로 교통사고를 가장하여 피해자를 살해하기로 마음먹고 2번의 교통사고를 일으켜 피해자를 살해한 혐의로 기소하였는데, 공판정에서 D는 단순 과실에 의한 1회의 교통사고에 의해 V가 사망한 것으로 다투어 이에 대한 입증여부가 쟁점이 되자 검사가 그 증거로 임의제출된 사고 후 방호벽 안쪽 벽면에 부착된 철제구조물에 끼어 있다가 발견되었다는 강판조각과 사고 후 공업사에 보관 중이던 사고차량 우측 앞 펜더에서 탈거한 강판을 비교하고 또한 철제구조물에서 채취한 페인트가루를 비교하여, 이 강판조각이 그 강판의 일부이고 페인트도 동일한 것이라는 취지의 감정서를 제출한 사안: 적법).

347) 대판 2011. 5. 26. 2011도1902.

된 경우, 법원이 작성한 조서는 제311조의 법원의 면전에서 작성된 조서에 해당하며, 수사기관이 작성한 조서는 제312조 제4항의 진술조서에 해당한다.

(4) 제314조의 적용

감정인이 진정성립을 위한 진술을 할 수 없는 사정이 있고, 그 작성이 특히 신빙할 수 있는 상태에서 이루어진 경우에는 증거로 사용할 수 있다.

V. 전문진술에 대한 예외

1. 개관

제316조는 전문진술, 즉 피고인 아닌 자의 진술이 타인의 진술을 내용으로 하는 경우에 일정한 요건 아래 증거로 사용할 수 있도록 하고 있다.

제정 형사소송법은 피고인 아닌 자의 진술을 내용으로 하는 경우만 대상으로 하였다가,[348] 1961년 개정에서 피고인의 진술을 내용으로 하는 경우(제1항 신설)도 포함시켰다. 이와 같이 서로 이질적인 두 개의 유형을 결합시켜 놓음으로써 전문법칙의 예외로서의 성격이 모호하게 되고, 피고인의 법정진술을 공판정 외의 타인의 진술로 탄핵하게 된다는 점에서 입법론상 의문이다.

제316조는 피고인 아닌 자의 진술이 타인의 진술을 내용으로 하는 전문증거인 경우에만 적용된다. 현행범을 체포한 경찰관의 진술이라 하더라도 범행을 목격한 부분에 관한 진술은 타인의 진술을 내용으로 하는 것이 아니므로 전문증거가 아니며 일반적인 목격자의 진술과 다름없이 증거로 사용할 수 있다.[349]

2. 피고인의 진술을 내용으로 하는 경우

(1) 성격

법정 외 진술이라도 특신상태로 인해 신용성이 높다는 이유로 전문법칙의 예외를 인정한 것이다. 이미 지적한 것처럼 법정진술과 일치하지 않는 진술을

---

348) 1954년 형사소송법 제316조(증거능력의 제한) 「피고인 아닌 자의 공판준비 또는 공판기일에 있어서의 진술이 피고인 아닌 자의 진술을 그 내용으로 하는 것인 때에는 원진술자가 사망, 질병 기타 사유로 인하여 진술할 수 없는 때에 한하여 증거로 할 수 있다. 단, 그 진술이 특히 신빙할 수 있는 상태하에서 행하여진 때에 한한다.」

349) 대판 1995. 5. 9. 95도535.

신용성이 높다는 이유로 증거로 사용할 수 있도록 한 것은 입법론상 의문이다.

제316조 제1항의 이론적 근거에 대해서는, ① 원진술자가 피고인이므로 당사자의 반대신문권 행사가 무의미하기 때문에 직접주의의 예외로 보는 견해, ② 전문법칙 예외설 가운데 검사의 반대신문권을 보장하기 위한 것이라는 견해, ③ 제3자에 대한 피고인의 반대신문권을 보장하기 위한 것이라는 견해 등이 있으나, 검사의 반대신문이나 피고인의 반대신문 모두 무의미하거나 타당하지 않다. 근본적으로 전문진술의 예외에 포함시켜서는 안 될 것을 포함시킴으로써 기존의 전문법칙의 예외에 대한 이론을 가지고 설명하기 어렵다고 보아야 한다.

(2) 전문진술의 주체

(가) 피고인 아닌 자 피고인 아닌 자로서 법정에서 진술할 수 있는 자, 즉 증인, 피해자와 신뢰관계 있는 자, 감정인 등을 의미한다. 여기서 피고인은 당해 피고인만을 의미한다. 공범이나 공동피고인도 피고사건과 관련하여 '피고인 아닌 자'에 해당한다. 따라서 공범이나 공동피고인이 법정에서 자신의 사건과 관련하여 피고인의 진술내용을 전하는 경우에는 전문진술로서 제316조 제1항이 적용된다.

(나) 조사자 등의 증언 공소제기 전에 피고인을 피의자로 조사하였거나 그 조사에 참여하였던 자가 공판준비 또는 공판기일에 피고인의 진술을 내용으로 하는 진술을 하는 경우도 제316조 제1항이 적용된다.[350)]

구법하의 판례는 조사자 증언에 대하여 특신상태를 부정하는 경우도 있었고,[351)] 제312조 제3항의 취지에 반한다는 이유로 증거능력을 부정하는 경우도 있었다.[352)] 그러나 2007년 개정법률에서 명시적으로 조사자를 피고인 아닌 자에 포함시킴으로써, 사법경찰관리가 수사과정에서 획득한 피의자의 진술도 간접적인 방법으로 법정에 현출될 수 있는 통로가 마련되었다.

1) 취지 조사자 등의 증언의 증거능력을 인정할 수 있도록 한 것은 피의자신문조서와는 달리 조사자 등에 대한 피고인의 반대신문이 가능하고, 진술

---

350) 구법하에서는 조사자증언은 증거로 할 수 없다는 것이 학설과 판례의 태도였다. 이 경우 조사자나 조사참여자의 증언은 피고인에 대한 조사 당시 작성된 (피의자신문)조서의 내용과 크게 다르지 않을 것이므로 그 증언을 특신상태만을 조건으로 증거로 사용할 수 있게 하면 조서의 경우에 비하여 증거능력에 차등을 두는 결과로 될 수 있기 때문이다.

351) 대판 1968. 11. 19. 68도1366.

352) 대판 1974. 3. 12. 73도2123.

자는 위증죄의 부담을 안고 증언하므로 신용성이 높다는 점을 고려한 것이다.[353]

그러나 동일한 사법경찰관이 획득한 피의자의 진술을 조서 형태로 제출하면 '내용인정'을 조건으로 하여 증거로 사용하는 것을 사실상 배제하면서, 사법경찰관이 직접 진술하는 형태로 제출하면 특신상태라는 보다 유리한 조건하에 증거로 사용할 수 있도록 하는 것은 모순이다.

2) 적용대상 직접 조사한 자뿐만 아니라, 조사에 참여하였던 검찰청 수사관 또는 서기관이나 서기 혹은 사법경찰관리를 포함한다. 그러나 피해자나 목격자 등이 조사에 참여한 경우는 여기서 제외된다. 이들의 진술도 위증의 벌을 감수하고 이루어진 이상 증거로 사용할 수 있다고 볼 수도 있으나, 공판중심주의나 직접주의의 취지에 비추어 볼 때 제외하는 것이 타당하다.

(3) 전문진술의 내용

피고인의 진술을 내용으로 한 것이어야 한다. 피고인의 진술이 어떤 지위에서 이루어진 것이든 불문한다. 그러나 공동피고인의 법정진술은 공범 여부를 불문하고 '피고인 아닌 자의 진술'을 내용으로 하는 경우로 보아야 하므로, 제316조 제2항에 따라 필요성의 요건도 충족하는 경우에 한하여 증거로 할 수 있다.

(4) 증거능력 인정요건

피고인의 원진술이 **특신상태**에서 행해졌음이 증명되어야 한다. 증인의 증언은 원본증거로서 별도의 요건을 요하지 않지만 그 내용이 피고인의 원진술이면 일정한 제한을 받게 되는 것이다. 제316조 제1항은 피고인의 진술을 내용으로 하는 피고인 아닌 자의 진술이 피고인의 법정진술과 모순되는 경우 특신상태를 요건으로 증거로 사용할 수 있도록 한 것이라는 의미도 지닌다.

'그 진술이 특히 신빙할 수 있는 상태하에서 행하여진 때'라 함은 그 진술을 하였다는 것에 허위 개입의 여지가 거의 없고, 그 진술 내용의 신빙성이나 임의성을 담보할 구체적이고 외부적인 정황이 있는 경우를 말한다.[354] 다만 조

353) 조사자 증언을 통해 법관이 수사과정에서 이루어진 진술의 증거능력을 판단하도록 함으로써 직접주의, 구두변론주의 그리고 공판중심주의를 선언한 입법적 결단으로 평가하기도 한다 (대구고판 2008. 11. 27. 2008노293). 제316조를 직접주의의 관점에서 이해하고 그 결과 조사자 증언이 인적 증거 우선의 원칙과 부합된다는 점을 고려한 견해라고 할 수 있다.

354) 대판 2007. 7. 27. 2007도3798; 대판 2010. 11. 25. 2010도8735; 대판 2012. 5. 24. 2010도5948.

사자 증언의 경우에는 조서의 경우와 마찬가지로 적법한 절차에 따라 조사가 이루어졌는지 여부가 특신상태를 판단하는 데 중요한 기준이 된다.[355] 예컨대 피고인이 그 진술 경위나 과정에 관하여 치열하게 다투고 있고, 진술이 체포된 상태에서 변호인의 동석 없이 이루어졌다면 피고인의 진술이 특히 신빙할 수 있는 상태하에서 이루어졌다고 볼 수 없다.[356]

3. 피고인 아닌 자의 진술을 내용으로 하는 경우

(1) 성격

공판준비 또는 공판기일에서의 진술이 피고인 아닌 자의 진술을 내용으로 하는 때에는 반대신문권의 침해를 이유로 전형적인 **영미법상의 전문법칙**이 적용되는 경우로서, 예외적으로 필요성이 있고 특신상태가 인정되어야 증거로 사용할 수 있다.

(2) 전문진술의 주체

'피고인 아닌 자'가 진술한 경우만 명시되어 있다. '피고인 아닌 자'는 증인이든 신뢰관계 있는 자이든 불문한다. 피고인의 진술을 내용으로 하는 경우와 마찬가지로 '조사자 등'도 포함된다.[357]

(3) 전문진술의 내용

'피고인 아닌 타인의 진술'을 내용으로 한다. 제3자는 물론 당해 피고인이 아닌 공범이나 공동피고인의 진술도 피고인 아닌 타인의 진술에 해당한다.[358]

---

355) 대판 2007. 7. 2. 2007도3798.

356) 대판 2012. 10. 25. 2011도5459.

357) 대판 2008. 9. 25. 2008도6985. 「형사소송법 제316조 제2항은 같은 조 제1항에 따르면 위 '피고인 아닌 자'에는 공소제기 전에 피고인 아닌 타인을 조사하였거나 그 조사에 참여하였던 자(이하 '조사자'라고 한다)도 포함된다. 따라서 조사자의 증언에 증거능력이 인정되기 위해서는 원진술자가 사망, 질병, 외국거주, 소재불명, 그 밖에 이에 준하는 사유로 인하여 진술할 수 없어야 하는 것이라서, 원진술자가 법정에 출석하여 수사기관에서 한 진술을 부인하는 취지로 증언한 이상 원진술자의 진술을 내용으로 하는 조사자의 증언은 증거능력이 없다.」

358) 대판 1984. 11. 27. 84도2279 (간통사건에서 상피고인이 함께 방실에 있다가 피고인이 욕실에 간 사이에 집으로 돌아가 성교를 하지 못하였다고 주장하고, 상피고인으로부터 이 말을 들은 제3자들의 법정 증언 및 진술이 문제된 사안).

(4) 증거능력 인정요건

원진술자가 사망, 질병, 외국거주, 소재불명 그 밖에 이에 준하는 사유로 인하여 진술할 수 없고 그 진술이 특히 신빙할 수 있는 상태하에서 행하여졌음이 증명된 때에 한하여 이를 증거로 할 수 있다.[359] 필요성은 "요증사실에 대하여 원진술자의 진술이 법관의 면전에서 직접 진술될 수 없고 피고인에게 반대신문의 기회를 줄 수도 없으나 달리 대체성 있는 증거를 구할 수 없어 이를 이용하여야 할 필요가 있는 사유"를 말하며,[360] 특신상태란 "원진술이 공개한 법정에서의 법관의 면전에서 행하여지지 아니하였어도 그 원진술의 진실성이 제반 사정에 의하여 담보되는 것"을 말한다.[361]

4. 피고인의 전문진술

피고인의 공판준비 또는 공판기일에서의 진술이 피고인 아닌 타인의 진술을 내용으로 하는 경우에 대해서는 명문규정이 없어, 제316조를 유추적용할 것인지가 문제로 된다.

> 예를 들면, 피고인이 법정에서 "A가 증인으로 출석하여 범행장소에서 나를 보았다고 했지만, A가 전에 나를 개인적으로 만나서 대화할 때에는 '사실 범행장소에서 본 것은 당신이 아니라 B였다'고 말했었다"고 진술하는 경우가 여기에 해당한다.

(1) 학설

(가) 구분설 피고인의 전문진술이 피고인에게 불이익한 내용인 경우에는 피고인이 반대신문권을 행사할 실익이 없어 당연히 증거능력이 인정되지만, 반대로 이익이 되는 경우에는 당사자인 검사의 반대신문권 보장을 위해 제316조 제2항을 유추적용하는 견해이다.

(나) 유추적용설 형사소송법이 진술내용의 이익 여부에 따라 증거능력에 차등을 두고 있지 않으므로, 피고인의 이익 여부를 불문하고 제316조 제2항을 유추적용해야 한다는 견해이다(다수설).[362]

---

359) 대판 2019. 11. 14. 2019도11552.

360) 대판 2008. 9. 25. 2008도6985.

361) 대판 2006. 4. 14. 2005도9561.

362) 피고인 스스로 자신에 관한 진술을 하든 제3자의 진술을 빌려와 자신에 관한 진술을 하든 모두 피고인의 진술일 뿐이며 그 타인의 진술을 피고인의 자백진술에 대한 보강증거로 삼을 수도 없

(2) 검토

증인이 공판정에서 증언을 한 이상, 처음부터 제316조 제2항에 따라 진술할 수 없는 사정이 존재하지 않으므로 피고인의 전문진술이 증거로 될 가능성은 거의 없다고 보아야 할 것이다. 다만 원진술자가 법정에 출석할 수 없거나 증인으로 증언한 후에 진술불능의 사정이 발생한 경우에는 원진술자의 진술을 내용으로 하는 피고인의 전문진술을 증거로 사용할 수 있을지가 문제된다. ① 원진술이 피고인에게 유리한 경우에는 증인의 증언과 불일치하는 진술의 신용성을 확보하기 위해 제316조 제2항을 유추적용하여 신용성 및 필요성을 요건으로 증거능력을 긍정하고, ② 원진술이 피고인에게 불리한 경우에도 결과적으로 피고인에게 불이익한 결과로 된다는 점에서 일정한 제한이 필요하므로, 제316조 제2항을 유추적용하는 것이 타당하다.

Ⅵ. 재전문증거

1. 의의 및 성격

(1) 의의 　전문증거의 진술내용이 타인의 전문진술을 내용으로 하는 경우를 말한다.

> 예컨대 강도강간 피해자가 사법경찰관에게 자신의 경험사실을 진술하면서 다른 피해자의 피해사실에 대해서도 진술하여 이를 조서에 기재하고 법정에서 동일한 증언을 한 사안의 경우,[363] 증인이 법정에서 다른 피해자로부터 전해들은 내용을 진술한 때에는 그 진술은 전문증거이고, 증인이 다른 피해자로부터 전해들은 내용을 기재한 검사 및 사법경찰관 작성의 진술조서의 해당 기재부분은 재전문증거에 해당한다. 다만 서면에 기재된 진술에 원진술자의 서명날인이 있는 경우, 제3자가 그 진술을 듣고 다시 서면으로 작성한 경우라도 전문서류에 해당할 뿐 재전문증거는 아니다.

재전문증거를 법정외 진술이라는 전문증거의 문제가 중복되어 발생하는 경우로 넓게 이해하기도 한다. 이 경우에 두 번 반복되면 재전문증거, 세 번 반복되면 재재전문증거라고 부르며, 전문증거 문제가 여러 번 반복되는 경우를 널리

는 것이므로 피고인의 전문진술이라 하더라도 피고인의 진술로 보아야 하고 따라서 제316조 제2항의 유추적용 문제는 발생하지 않는다는 견해도 있다.

363) 대판 1981. 7. 7. 81도1282.

중복적 전문증거라고 부르기도 한다.

(2) **성격** 　　전문증거는 원진술자를 반대신문함으로써 그 진실성을 음미할 수 있지만, 재전문증거는 진술자를 반대신문하더라도 원진술자의 존재나 진술정황 등이 확인될 수 없다는 점에 특징이 있다. 그리고 일반적으로 전문에 전문을 거듭함에 따라 증명력의 측면에서 신빙성이 낮아지게 되므로, 재전문진술이나 전문진술을 기재한 서면 외에 재재전문진술, 재전문진술을 기재한 서면 등도 증거로 사용할 수 있는지에 대해 논의가 있다.[364)]

한편 재전문증거인지 여부도 요증사실에 따라 달라지게 된다. 즉, 전문진술을 재전문하는 경우라도 전문진술의 내용이 아니라 전문진술의 존재 자체가 증거로 되는 경우에는 당해 증거는 재전문진술이 아니라 전문진술에 해당한다.[365)]

2. 재전문증거의 증거능력

(1) 학설

(가) **부정설** 　　재전문은 이중의 예외로서 오류가능성이 크고 이를 인정하는 명문규정도 없으므로 재전문진술이나 재전문진술을 기재한 조서 등은 증거능력을 부정해야 한다는 견해이다. 형사소송법이 진술녹취서에 대하여 원진술자의 서명날인이라는 조건하에 증거능력을 인정하고 있는 것은 재전문의 이용을 제한하려는 취지이며, 재전문은 단순한 전문증거에 비하여 관련성과 증명력이 불충분하고 이를 증거로 허용하는 것은 전문법칙을 무의미하게 만든다는 점을 근거로 한다.

(나) **긍정설** 　　각각의 법정 외 진술이 전문법칙의 예외의 요건(필요성과 신용성의 정황적 보장)을 충족하는 경우에는 증거로 사용할 수 있다는 견해이다. 전문진술이 기재된 조서와 재전문진술은 이중의 전문이라는 점에서 차이가 없고, 증거능력을 인정하는 요건에 차이를 둘 필요가 없으므로, 전문진술이 기재된 조서가 조서의 증거능력과 진술의 증거능력을 가지는 것을 조건으로 증거가 될 수 있다면, 재전문진술도 원진술자의 진술에 필요성과 신용성의 정황적 보장

---

364) 영미법의 전문법칙에 따르면, 각 단계의 전문증거는 이를 증거로 할 수 있는 예외사유를 충족하면 증거로 사용할 수 있는 것이 원칙이다(미국연방증거규칙 제806조 참조).

365) 대판 2018. 5. 15. 2017도19499 (입시비리사건에서 대학 총장의 지시에 따라 입학처장이 면접위원들에게 '총장이 ㅇㅇ를 뽑으라고 했다'고 진술한 것을 법정에서 면접위원이 총장과 입학처장의 공모관계에 관한 증거로서 증언한 사안).

이 인정되면 증거능력을 인정해야 한다는 점을 근거로 한다.

(다) **제한적 긍정설** 전문법칙이나 직접주의의 취지에 반하지 않는 경우에 한해 예외적으로 증거능력이 인정된다는 견해이다. 여기에는 ① 전문진술이 기재된 조서에 한해 증거로 할 수 있다는 견해[366]와 ② 공판중심주의를 전제로, 최초의 원진술자가 공판정에서 원진술의 주체가 자신임을 확인시키고 진술사실을 인정한 다음, 특신상태의 존재가 증명되면 증거로 사용할 수 있다는 견해가 있다.

(2) 판례

재전문진술이나 재전문진술을 기재한 조서에 대하여는 현행법이 달리 그 증거능력을 인정하는 규정을 두고 있지 아니하므로, 피고인이 증거로 하는 데 동의하지 아니하는 한 원칙적으로 증거능력을 부정한다.[367] 다만 **전문진술을 기재한 조서**에 대해서는 재전문증거임에도 불구하고 제312조 내지 제314조의 요건과 제316조의 요건을 충족하면 예외적으로 증거능력을 긍정하고 있다.[368]

---

366) 재전문진술은 실질에 있어서도 이중의 전문이고 전과정에서 왜곡될 가능성이 높으므로 증거능력을 부정하되, 재전문서류는 형식 자체로 전문성을 갖게 되지만 진정성립이 인정되는 경우에는 실질상 단순한 전문으로 환원되는 측면이 있음을 근거로 한다. 다만, 재전문진술의 경우도 최초의 원진술자에 의한 확인 또는 그에 준하는 절차가 필요하다고 한다.

367) 대판 2012. 5. 24. 2010도5948 (공동폭행치사 사건에서 피고인이 주거지 빌라 2층 계단에서 피해자를 계단 아래쪽으로 밀쳐 피해자를 사망하게 한 점과 관련하여, 피고인으로부터 "하도 때려서 내가 밀었어"라는 말을 들었다는 공소외 1의 진술을 전해들은 공소외 2, 3, 4의 법정진술과 수사기관에서의 진술을 기재한 조서의 증거능력이 문제된 사안: 부정). 재전문진술을 기재한 조서의 증거능력을 부정한 사안으로는, 대판 2000. 3. 10. 2000도159. 재진문진술인 법정증언의 증거능력을 부정한 사안으로는, 대판 2003. 12. 26. 2003도5255.

368) 대판 2000. 9. 8. 99도4814 (특수절도 피고사건에서 피고인의 진술을 내용으로 하는 참고인진술을 기재한 조서의 증거능력을 원심과는 달리 긍정한 사안). 「전문진술이나 전문진술을 기재한 조서는 형사소송법 제310조의2의 규정에 의하여 원칙적으로 증거능력이 없으나, 다만 피고인 아닌 자의 공판준비 또는 공판기일에서의 진술이 피고인의 진술을 그 내용으로 하는 것인 때에는 형사소송법 제316조 제1항의 규정에 따라 그 진술이 특히 신빙할 수 있는 상태하에서 행하여진 때에 한하여 이를 증거로 할 수 있고, 그 전문진술이 기재된 조서는 형사소송법 제312조 내지 314조의 규정에 의하여 그 증거능력이 인정될 수 있는 경우에 해당하여야 함은 물론 나아가 형사소송법 제316조 제1항의 규정에 따른 위와 같은 조건을 갖춘 때에 예외적으로 증거능력을 인정하여야 할 것이다.」 같은 취지의 판례로는, 대판 2001. 7. 27. 2001도2891; 대판 2001. 9. 4. 2001도3081; 대판 2001. 7. 27. 2001도2891; 대판 2002. 5. 10. 2002도1187; 대판 2004. 4. 27. 2004도482; 대판 2005. 11. 25. 2005도5831; 대판 2006. 4. 14. 2005도9561; 대판 2017. 7. 18. 2015도12981, 2015전도218.

(3) 예외적 허용

전문증거의 증거능력을 원칙적으로 부정하고, 예외적으로 형사소송법에 명시적인 규정이 있는 경우에만 그 증거능력을 인정하고 있는 점에 비추어 볼 때, 재전문까지 증거능력을 확장하는 것은 원칙적으로 타당하지 않다. 하지만 반대신문권 보장과 특신상태의 증명이 가능한 경우에는 예외적으로 증거능력을 인정할 수 있을 것이다.[369] 예컨대 범행현장을 목격한 W로부터 그 말을 전해들은 X가 사법경찰관으로부터 참고인으로 조사를 받으면서 참고인진술조서가 작성되었다면, X가 W로부터 전해 들었다고 진술한 부분은 전문진술을 기재한 서면(조서)으로 재전문증거에 해당한다. 이 경우 원진술자인 W가 법정에 출석하여 진술할 수 없으며 W의 진술이 특히 신빙할 수 있는 상태에서 행하여졌음이 증명되고(제316조 제2항), X의 진술 등에 의해 위 조서의 성립의 진정함이 증명되며, 피고인의 X에 대한 반대신문권이 보장되고 X의 사법경찰관 앞에서의 진술이 특히 신빙할 수 있는 상태에서 행하여졌음이 증명된 때에는(제312조 제4항) 이 조서에 기재된 X의 진술 부분을 증거로 사용할 수 있다.

Ⅶ. 명문 규정이 없는 전문증거

1. 녹음테이프

(1) 의의

녹음테이프는 사람의 음성 기타 음향을 기계적 장치를 통하여 기록하여 재생시킬 수 있는 증거방법을 말한다. 녹음테이프나 녹음파일에 녹음된 진술이나 소리와 같은 녹취내용은 녹음기 등을 통하여 재생되어 검증조서에 옮겨지게 된다. 녹취내용은 양면성을 지닌다. 기계적 재생으로서 정확성이 높지만 다른 한편, 녹음과 편집과정에서의 인위적 조작 가능성을 배제할 수 없다.

따라서 증거로 사용하기 위해 '진정성'이 요구된다. 판례도 "대화 내용을 녹음한 파일 등 전자매체는 성질상 작성자나 진술자의 서명 또는 날인이 없을 뿐만 아니라, 녹음자의 의도나 특정한 기술에 의하여 내용이 편집·조작될 위험성이 있음을 고려하여, 대화 내용을 녹음한 원본이거나 원본으로부터 복사한 사본일 경우

369) 조사자증언을 통해 구술증거의 증거능력을 강화하는 현실을 고려하면, 재전문진술은 제외하고 재전문증거인 조서에 대해서만 증거로 할 수 있다고 보는 것은 부당하고, 오히려 특신상태의 요건에 대한 엄격한 해석이나 증명력을 통해 규제하는 것이 타당하다는 지적도 있다.

에는 복사과정에서 편집되는 등의 인위적 개작 없이 원본의 내용 그대로 복사된 사본임이 증명되어야 한다"는 입장을 일관하고 있다.[370]

녹음된 내용을 증거로 사용하려면, 적법하게 녹음되었을 것을 전제로 하며(대화당사자의 동의 없는 비밀녹음은 통비법 제3조 위반), 재생 등의 검증을 통한 내용 인식에 따른 특징(진술→녹음→재생→검증조서의 작성)을 고려하여야 한다.

이미 진술조서와 진술서의 증거능력에 관한 설명에서 부분적으로 다루었지만, 녹음테이프의 증거능력 문제는 진술녹음과 현장녹음으로 나누어 살펴볼 수 있다. 진술녹음은 대화의 내용이 요증사실을 증명하기 위하여 사용되는 경우이고, 현장녹음은 법정 외에서 행해진 사실이나 상황을 객관적으로 입증하기 위해 사용되는 경우이다.

(2) 진술녹음

녹음테이프에 녹음된 진술내용의 진실성이 증명의 대상이 된 때에는 진술증거로서 전문법칙이 적용된다. 따라서 공갈피고사건에서 피해자가 협박하는 내용의 진술을 녹취한 것은 진술의 존재 자체가 증거로 되는 경우로서 전문법칙이 적용되지 않는다.[371]

㈎ 진술증거로 사용된 경우 진술증거라도 진술내용의 진실성이 아니라 진술 당시의 진술자의 상태를 확인하는 데 그치는 경우에는 진술증거가 아닌 검증조서로서 증거능력이 인정된다.

예컨대, 전화통화가 녹음되었으나 피고인이 진술내용은 다투지 않고 진술 당시에 술에 취해 착각하여 잘못 진술한 것이라고 주장하여 녹음테이프에 대해 검증을 실시한 경우는 당해 검증은 피고인의 진술 당시의 상태 등을 확인하기 위한 것이므로 전문법칙은 적용되지 않고 검증조서로서의 증거능력이 문제될 뿐이다.[372]

---

370) 대판 1999. 3. 9. 98도3169; 대판 2005. 12. 23. 2005도2945; 대판 2011. 9. 8. 2010도7497; 대판 2012. 2. 9. 2011도17658; 대판 2012. 9. 13. 2012도7461; 대판 2014. 8. 26. 2011도6035.

371) 대판 2012. 9. 13. 2012도7461 참조. 피해자가 디지털 녹음기로 피고인과의 대화를 녹음한 다음 저장된 녹음파일 원본을 컴퓨터에 복사하고 디지털 녹음기의 파일 원본을 삭제한 뒤 대화를 다시 녹음하는 과정을 반복하여 작성한 녹음파일 사본과 해당 녹취록의 증거능력이 문제된 사안이다. 판례는 이를 피고인의 진술을 기재한 서류로 보아 제313조 제1항에 따라 전문법칙이 적용된다고 보았으나, 진술의 진실성이 문제되는 것이 아니라 진술의 존재 자체가 증거로 되는 경우이므로 전문법칙이 적용되지 않는다.

372) 대판 2008. 7. 10. 2007도10755.

(나) **전문법칙의 적용** 진술내용의 진실성이 요증사실인 진술증거인 경우, 즉 진술내용 그대로 사실을 인정하기 위한 증거인 경우에는 원진술이 아니므로 반대신문권이 보장되지 않아 전문법칙이 적용되고 진술기재서에 준하여 증거로 사용할 수 있다.

예외인정의 근거에 대해서는 학설의 대립이 있다. ① 진술녹음은 실질에 있어서 진술녹취서에 해당하므로 제313조 제1항을 적용할 수가 있고, 다만 사법경찰관이 피의자의 진술을 녹음한 경우에는 제312조 제3항을 적용해야 한다는 견해, ② 원진술자와 녹음의 주체에 따라 제311조 내지 제313조를 적용해야 한다는 견해가 있다. 녹음주체와 진술자에 따라 전문법칙 예외의 요건을 달리하고 있는 현행법의 태도를 고려할 때 후자의 견해가 타당하다.

1) **녹음주체와 원진술자의 성격**에 따라 제311조 내지 제313조가 준용된다. 즉 사인이 피고인이나 피고인 아닌 자의 진술을 녹음한 때에는 제313조가 적용되며,[373] 사법경찰관이 수사과정에서 피의자의 진술을 녹음한 때에는 제312조 제5항에 따라 제312조 제3항이 준용된다.[374]

녹음테이프는 '조서'가 아니므로 제311조 내지 제312조가 적용되지 않고, 진술기재서류와 유사하다는 점에서 일률적으로 제313조를 적용해야 한다는 견해도 있으나, 공판정에서의 녹음 및 영상녹화(제56조의2) 그리고 수사절차에서의 영상녹화도 가능하므로, 서면의 형식과 관계없이 녹음주체와 원진술자에 따라 전문법칙의 예외를 인정하는 것이 타당하다.

2) **적법한 절차와 방식** 진술증거로서 녹음테이프는 증거서류의 일종으로 규칙 제134조의8에 따른 증거조사 방법을 거쳐야 한다. 녹음테이프 자체는 특성상 서명·날인에 적합하지 않은 증거방법이므로 서명·날인은 요하지 않는다.

다만, 증거조사과정에서 녹음주체, 진술자, 녹음의 일시와 장소 등을 밝혀야 하고(규칙 제134조의8 제1항), 녹취서 기타 내용을 설명하는 서면을 제출하고(동조 제2항), 녹음매체를 재생해서 청취하여야 한다(동조 제3항).

서명·날인이 없고 편집 내지 조작의 위험성이 있음을 고려하여 대화내용을

---

373) 대판 1997. 3. 28. 96도2417; 대판 2001. 10. 9. 2001도3106.

374) 대판 2007. 10. 25. 2007도6129. 다만 수사절차에서 피의자의 진술을 녹화한 영상녹화물을 독립증거로 사용할 수 없다는 점을 고려하면, 수사과정에서 피의자의 진술을 녹취한 녹음테이프도 전문법칙의 적용 여부와 관계없이 증거로 사용할 수 없다고 보는 것이 타당할 것이다.

녹음한 원본이거나 편집 중의 인위적 개작 없이 원본의 내용 그대로 복사된 사본임을 입증해야 한다는 점은 이미 설명하였다.[375]

(3) 현장녹음

(가) **의의** 객관적 상황을 입증하는 데 사용되는 범행현장의 음성이나 소리를 말한다. 현장녹음도 진술의 내용이나 진실성이 문제되는 경우에는 진술증거의 일종이다.

학설로는 ① 비진술증거설(현장녹음은 범행현장 상황을 그대로 녹음한 것이므로 현장사진과 같이 비진술증거에 해당한다는 견해), ② 진술증거설(현장녹음도 현장사진과 같이 사실을 보고하는 기능면에서 진술증거와 동일하다는 견해), ③ 검증조서유추(적용)설(현장녹음 자체는 비진술증거이지만 그 작성과정의 오류나 조작가능성을 고려하여 예외적으로 검증조서에 준하여 증거능력을 인정할 수 있다는 견해)이 있다. 비진술증거설에 따르면 현장녹음은 전문법칙이 적용되지 않고 요증사실과의 관련성만 증명되면 증거능력이 인정된다.

판례는 진술내용의 진실성이 증명대상이 되는 때에는 진술증거로서 전문칙의 적용대상이 되지만, 진술이 존재하는 것 자체가 증명의 대상이 되는 경우에는 전문법칙이 적용되지 않는다는 입장을 취하고 있다.[376]

(나) **전문법칙의 적용** 수사기관의 현장녹음인 경우에는 검증조서에 준하여 형사소송법 제312조 제6항을 적용하고, 일반 사인의 현장녹음인 경우에는 진술서에 준하여 형사소송법 제313조 제1항을 각기 적용해야 한다.

검증조서유추설에 따르게 되면, 현장녹음은 보고적 성격을 가지는 검증과 유사한 것으로서 진술증거에 해당하고 따라서 촬영자의 구분 없이 제312조 제6항에 따라 증거능력이 인정된다. 그러나 사인에 의한 경우까지 검증조서를 준용하는 것은 의문이다.

2. 사진

(1) 개관

과거에 발생한 역사적 사실을 렌즈에 비친 대로 필름 등에 기계적으로 재생

---

375) 대판 2005. 12. 23. 2005도2945.

376) 대판 2013. 7. 26. 2013도2511; 대판 2015. 1. 22. 2014도10978 전합.

시킨 증거방법을 말한다. 사진은 기계적 재생으로 신용성이 높음에 반하여 인위적 조작이 가능하다는 위험성이 있어 진정성에 대한 판단이 중요한 의미를 가진다.

(2) 사본인 사진

사본인 사진이란 문서 또는 증거물의 사진과 같이 원래 증거로 제출되어야 할 문서나 증거물의 대용물로 제출되는 사진을 말한다. 사본인 사진은 원본증거의 종류에 따라 증거능력의 요건이 달라지지만, 어느 경우이든 원본과 동일성이 인정되어야만 원본과 동일하게 취급된다. 즉, 원본이 존재해야 하고 원본을 제출할 수 없거나 곤란한 사정이 이어야 하며, 사본 자체가 원본을 정확히 옮긴 것이어야 한다.

학설로는 ① 진술증거설(사진은 촬영자나 작성자가 대상에 대한 실험결과를 보고하는 진술로 환원될 수 있으며, 조작 등 허위의 가능성도 있고 사실의 보고라는 측면에서 진술증거와 동일하므로 전문법칙이 적용된다는 견해), ② 비진술증거설(그 자체가 비진술증거이기 때문에 자연적 관련성만 인정되면 증거능력이 인정된다는 견해로서, 최량증거법칙에 따라 원본증거를 공판정에 제출하기 불가능하거나 곤란한 사정이 있고 사진과 사건의 관련성이 증명된 경우에 증거로 사용할 수 있다는 견해) 그리고 ③ 구별설(원본증거가 진술증거인지 비진술증거인지에 따라 구별해야 한다는 견해)이 있다.

(가) 원본증거가 비진술증거인 경우 물증(서류나 증거물) 대신 이를 촬영한 사진이 증거로 제출되는 경우에는 그 자체가 비진술증거이므로, ① 촬영한 대상인 원본이 존재하거나 존재하였고, ② 원본의 제출이 불가능하거나 곤란한 사정이 있으며, ③ 원본을 정확하게 옮겼을 것 등 세 가지 요건을 갖추어 사건과의 관련성만 긍정되면 증거로 사용할 수 있다.

판례도 휴대전화기의 문자정보를 사진으로 촬영하여 제출한 사안에서, 문자정보 자체가 정보통신망법 위반 사실의 존재를 증명하는 것이라면 직접증거로서 자연적 관련성만 긍정되면 증거로 할 수 있다고 하면서, 문자정보가 저장된 휴대전화기의 화면을 촬영한 사진을 증거로 사용하려면 문자정보가 저장된 휴대전화기를 법정에 제출할 수 없거나 그 제출이 곤란한 사정이 있고, 그 사진의 영상이 휴대전화기의 화면에 표시된 문자정보와 정확하게 같다는 사실이 증명되어야 한다고 판시하였다.[377]

---

377) 대판 2008. 11. 13. 2006도2556 (공포심이나 불안감을 유발하는 글을 반복적으로 도달하게 하여 휴대폰에 저장된 문자정보); 대판 2015. 4. 13. 2015도2275.

(나) **원본증거가 진술증거인 경우** 진술내용을 촬영한 사진(예컨대 피의자 신문조서[378]나 진술서의 사본[379])은 그 사진도 진술증거로서 전문법칙이 적용되므로, 비진술증거의 경우에 요구되는 자연적 관련성 외에도 작성주체와 진술자에 따라 제312조 내지 제313조의 요건을 충족하는 경우에 한해 증거능력이 인정된다.

(3) 진술의 일부인 사진

진술자의 진술내용을 보충하기 위해 사진을 진술증거의 일부로 사용하는 경우, 예컨대 검증조서나 감정서에 첨부된 사진은 진술증거의 일부를 이루는 보조수단이므로 진술증거인 검증조서나 감정서와 일체로서 증거능력이 판단된다.[380] 다만 검증조서에 기재된 범행재연사진과 같은 경우에는 후술하는 현장사진과 동일하게 보아야 한다.

(4) 현장사진

범인의 행동에 중점을 두어 범행 당시 및 범행과 이어진 전후 상황을 촬영한 사진이 독립증거로 제출된 경우를 말한다. 특히 수사기관이 집회 현장 등에서 촬영한 **채증사진**의 경우에는 오류나 조작의 가능성을 고려하여 자연적 관련성을 위해 진정성의 확인이 필요하다.

> 종래 공개된 장소에서 피의자가 촬영된 채증사진만 있으면, 그 증거능력에 대한 엄격한 판단 없이 원본이 없고 촬영자도 불분명하여 원본과의 동일성이 입증되지 않는 사진도 쉽게 유죄의 증거로 인정하는 경향이 있었다.[381] 그러나 판례는 최근 디지털증거의 무결성을 위한 조치 등 최소한의 신뢰성 확보장치가 미흡한 채증사진의 증거능력을 부인하고 있다.[382]

---

378) 대판 2002. 10. 22. 2000도5461. 「피의자신문조서초본은 피의자신문조서원본 중 가려진 부분의 내용이 가려지지 않은 부분과 분리 가능하고 당해 공소사실과 관련성이 없는 경우에만, 그 피의자신문조서의 원본이 존재하거나 존재하였을 것, 피의자신문조서의 원본 제출이 불능 또는 곤란한 사정이 있을 것, 원본을 정확하게 전사하였을 것 등 3가지 요건을 전제로 피고인에 대한 검사 작성의 피의자신문조서원본과 동일하게 취급할 수 있다.」

379) 대판 2010. 11. 25. 2010도8735 (피해자가 피고인으로부터 풀려난 당일에 남동생에게 도움을 요청하면서 피고인이 협박한 말을 포함하여 공갈 등 피고인으로부터 피해를 입은 내용을 보낸 문자메시지: 진술서로서 증거능력 판단).

380) 대판 1998. 3. 13. 98도159.

381) 예컨대, 대판 2013. 9. 26. 2013도6003.

382) 대판 2017. 4. 24. 2017도1691 (채증사진 파일은 원촬영자가 누구인지 불분명하고 최소한의 신뢰성 확보장치도 미흡해 증거능력을 인정할 수 없고 이를 그대로 출력한 채증 사진의 증거능력도 인정할 수 없다고 한 원심판단(서울중앙지판 2017. 1. 19. 2016노4093)이 정당하다는

현장사진은 말 그대로 현장이라는 상황을 촬영한 것이므로 그 자체는 비진술증거에 해당한다. 판례도 비진술증거설에 가깝다고 할 수 있으나,[383] 사진 가운데 촬영자의 진술을 나타내는 촬영일자 부분은 전문법칙이 적용된다는 입장이다.[384]

학설로는, ① 현장사진은 사람의 지각에 의한 진술이 아니므로 비진술증거이고 따라서 요증사실과의 관련성만 증명되면 증거로 사용할 수 있다는 견해(비진술증거설), ② 현장사진도 촬영한 사실의 보고라는 기능면에서 진술증거와 동일하므로, 촬영주체에 따라 검증조서 내지 진술서에 준하여 증거능력을 인정해야 한다는 견해(진술증거설), ③ 현장사진이 진술증거는 아니지만 그 작성과정의 오류나 조작가능성을 고려해서 예외적으로 검증의 결과를 기재한 조서에 준하여 증거로 할 수 있다는 견해(검증조서 유추적용설)가 있다. 현장사진이 진술은 아니고 그 조작 내지 오류 가능성은 진정성의 문제로 해소하는 것이 타당하므로 비진술증거로 보아 자연적 관련성만 인정되면 증거로 사용할 수 있다고 보아야 한다.

3. 영상녹화물

(1) 의의

영상녹화물이란 비디오테이프, 컴퓨터용 디스크 기타 이와 유사한 방법으로 영상과 음향을 동시에 녹음·녹화하여 재생할 수 있는 매체이다.

형사소송법은 수사기관이 피의자나 참고인의 진술을 영상녹화하여 기록해 놓은 것에 한정하여 영상녹화물이라고 부르고 있다(제244조의2, 제312조 제4항, 제318조의2 제2항). 판례는 수사기관이 아닌 사인이 대화 내용을 촬영한 경우는 비디오테이프로 칭하고 있다.[385] 법원이 공판정에서의 심리의 전부 또는 일부를 영상녹화할 수 있으나(제56조의2), 이러한 영상녹화물은 당해 사건에서 전문증거로서의 증거능력이 문제되지는 않는다.

이유로 검사의 상고를 기각한 사안).

383) 대판 1969. 8. 19. 69도938 (우범자 사진첩에 게시된 사진이 피고인의 사진이 틀림없다고 진술하고 이를 증거로 함에 동의한 사안: 증거능력 긍정).

384) 대판 1997. 9. 30. 97도1230.「피고인이 이 사건 사진의 촬영일자 부분에 대하여 조작된 것이라고 다툰다고 하더라도 이 부분은 전문증거에 해당되어 별도로 증거능력이 있는지를 살펴보면 족한 것(이다).」

385) 대판 2004. 9. 13. 2004도3161 참조.

영상녹화물에 녹화된 영상은 사진과 녹음이 결합된 복합적 성격을 지니고 있다. 녹음·녹화에 의한 시청각감시는 녹음에 의한 청각감시보다 기본권의 침해 정도가 크다는 점에서 엄격한 제한 아래 증거로 인정할 필요가 있다.

(2) 증거능력의 요건

(가) 일반적 요건 영상녹화물도 녹음테이프와 마찬가지로 자연적 관련성이 인정되어야 하므로, ① 원본이거나 ② 원본으로부터 복사한 사본일 경우에는 복사과정에서 편집되는 등의 인위적 개작 없이 원본의 내용 그대로 복사된 사본임이 증명되어야 한다.

(나) 진술녹화의 경우

1) 수사과정의 영상녹화 수사기관은 수사과정을 영상녹화할 수 있으며, 이 경우에 법률이 정한 방식과 절차(제244조의2, 제221조 제1항)를 준수하여야 하고, 수사기관이 작성한 영상녹화물은 조서와는 달리 독립적인 증거로 사용할 수 없다. 판례도 참고인의 진술에 대한 영상녹화물의 독립적인 증거능력을 부정하고 있음은 이미 설명한 바 있다.[386]

영상녹화물의 독립적인 증거능력 인정 여부에 관하여는 견해의 대립이 있다. ① 긍정설은 증거능력을 부정하는 규정이 없는 한 모든 증거는 증거능력을 가지는데 영상녹화물의 증거능력을 부정하는 규정이 없다는 점, 제244조를 강행규정으로 보아 조서작성을 강제할 이유가 없다는 점, 진실발견에 유용한 과학적 증거방법이라는 점, 기록매체만 다를 뿐 공판정 외의 진술을 기재한 조서와 다를 바 없다는 점, 모든 사건의 영상녹화물을 상영하는 것이 아니므로 공판절차를 지연시키지 않고 오히려 공판중심주의를 보완할 수 있다는 점 등을 논거로 제시하고 있다. ② 부정설은 영상녹화물의 독립적인 증거능력을 인정하던 개정안이 입법과정에서 삭제되었다는 점, 형사소송법의 문리해석상 진정성립의 대체증명이나 기억환기용으로만 사용 가능하다는 점, 법정이 영상녹화물의 상영장소화되고, 직접주의와 공판중심주의에 반한다는 점 등을 논거로 제시하고 있다.

다만 특별법에 의해 피해자 또는 범죄신고자의 진술의 영상녹화가 의무로 되어 있거나 재량으로 할 수 있도록 규정하면서 일정한 요건하에 독립증거로 허용한 경우가 있다.[387]

---

386) 대판 2014. 7. 10. 2012도5041.

387) 앞에 소개한 것처럼, 최근 헌법재판소는 성폭력처벌법 제30조 제6항 중 '제1항에 따라 촬영한

2) 사인의 영상녹화 사인이 자기 또는 타인과의 대화내용을 녹화한 경우는 피고인이나 피고인 아닌 자의 진술이 기록되어 있는 매체라는 점에서 그 실질이 진술서나 진술기재서와 같으므로 제313조 제1항을 적용하여 증거능력 인정 여부를 판단하게 된다.[388] 이 경우에도 영상녹화에 인위적인 조작이 가해지지 않는 등의 진정성이 전제되어야 할 것이다.

㈐ 범행현장의 녹화

1) 수사기관에 의한 경우 수사기관이 촬영 대상자의 의사에 반해 영상녹화물을 녹화하려면, 긴급검증에 해당하지 않는 한, 검증영장을 발부받아야 하며 촬영의 절차와 방식이 적법해야 한다.[389]

판례는 1999년 이른바 '영남위원회' 사건에서 이러한 긴급검증이 허용되기 위한 요건으로서, ① 범행이 행하여지고 있거나 행하여진 직후에(현재성), ② 증거보전의 필요성이 있으며(필요성), ③ 긴급성이 인정되는 경우(긴급성)에 한하여, ④ 일반적으로 허용되는 상당한 방법에 의한 촬영(상당성)이 가능하다고 하였다.[390]

2) 사인이 녹화한 경우 현장사진과 마찬가지로 비진술증거의 일종이므로 자연적 관련성이 인정되면 증거로 사용이 가능하다. 사인이 위법한 방법으로 영상녹화를 한 경우에는 이익형량을 통해 위법수집증거로서 증거능력을 부정할 것인지 여부를 판단해야 한다.

영상물에 수록된 피해자의 진술은 공판준비기일 또는 공판기일에 조사과정에 동석하였던 신뢰관계에 있는 사람 또는 진술조력인의 진술에 의하여 그 성립의 진정함이 인정된 경우에 증거로 할 수 있다' 부분 가운데 19세 미만 성폭력범죄 피해자에 관한 부분은 피고인의 반대신문권을 일률적으로 제한한 것으로서 과잉금지원칙을 위반하여 공정한 재판을 받을 권리를 침해한다는 이유로 헌법에 위반된다고 판시하였다. 헌재 2021. 12. 23. 2018헌바524.

388) 대판 2004. 9. 13. 2004도3161 (미성년자의제강제추행치상사건에서 유아인 피해자들과의 상담내용을 촬영한 비디오테이프의 증거능력이 문제된 사안: 진정성립 인정). 「비디오테이프는 촬영대상의 상황과 피촬영자의 동태 및 대화가 녹화된 것으로서, 녹음테이프와는 달리 피촬영자의 동태를 그대로 재현할 수 있기 때문에 비디오테이프의 내용에 인위적인 조작이 가해지지 않은 것이 전제된다면, 비디오테이프에 촬영, 녹음된 내용을 재생기에 의해 시청을 마친 원진술자가 비디오테이프의 피촬영자의 모습과 음성을 확인하고 자신과 동일인이라고 진술한 것은 비디오테이프에 녹음된 진술내용이 자신이 진술한 대로 녹음된 것이라는 취지의 진술을 한 것으로 보아야 한다.」

389) 대판 2013. 7. 26. 2013도2511 (피고인들이 일본 또는 중국에서 북한 공작원들과 회합하는 모습을 동영상으로 촬영한 것의 적법성을 인정한 사안).

390) 대판 1999. 9. 3. 99도2317. 같은 취지의 판례로는, 대판 1999. 12. 7. 98도3329 (과속차량 무인단속 카메라 사건); 대판 2013. 7. 26. 2013도2511 (북한공작원 회합장면 촬영 사건).

4. 전자기록(전자문서)

(1) 의의

(가) 개념 전자기록이란 정보처리능력을 가진 정보처리시스템에 의하여 전자적으로 작성되어 저장·송신·수신되고 있는 상태인 것을 말하며, 그 가운데 인간의 관념이나 의사표시를 내용으로 하는 경우를 전자문서라고 한다. 전자기록은 그 자체로는 가시성 내지 가독성이 없으므로 그 내용을 인식하기 위해서는 모니터나 프린터를 통한 출력 및 검증이 필요하다. 전자기록은 저장된 정보가 음성, 영상 또는 문자정보인지에 따라 구분될 수 있다.

전자정보가 음성이나 영상인 경우에는 사진, 녹음테이프 또는 비디오테이프의 예에 따라 증거능력이 인정된다. 한편 문자정보인 경우에는 증명대상이 문자정보의 존재 자체인지 아니면 내용을 증거로 하는 것인지에 따라 구분된다.

(나) 증거로서의 유형 전자기록의 존재 자체가 증거로 되는 경우(예컨대 손괴죄의 행위객체로서 문서)와 그 내용이 증거로 되는 경우가 있다. 일정한 내용을 담은 전자기록의 존재 자체가 요증사실인 경우에는 전문법칙의 적용이 배제된다.[391]

(2) 증거능력의 인정요건

전자기록의 내용이 증거로 되는 경우 전자기록을 수록한 파일의 증거능력이 문제가 된다.

(가) 진정성 전자문서를 수록한 파일이 원본이거나 원본과의 동일성이 인정되어야 한다. 동일성은 무결성, 신뢰성, 전문성의 요건이 충족될 때 인정될 수 있다.[392]

(나) 전문법칙의 예외 요건 충족 출력문서에 기재된 내용의 진실성이 요증사실인 때에는 전문법칙이 적용된다. 진술주체, 출력문서의 성격, 출력주체 등에 따라 증거능력 인정요건이 달라진다.[393] 저장매체에 저장된 정보가 '피고인 또는 피고인 아닌 자가 작성하였거나 진술한 내용이 포함된 문자·사진·영상 등의 정보'인 때에는 제313조 제1항에 따라 진술서 내지 진술기재서로서 증거능

---

391) 대판 2013. 2. 15. 2010도3504; 대판 2015. 1. 22. 2014도10978 전합.
392) 대판 2007. 12. 13. 2007도7257.
393) 대판 1999. 9. 3. 99도2317.

력이 인정된다.

(다) **과학적 분석결과에 기초한 진정성립의 증명 가능** 작성자가 성립의 진정을 부인하는 경우에는 과학적 분석결과에 기초한 디지털포렌식 자료, 감정 등 객관적 방법으로 성립의 진정을 증명할 수 있다(제313조 제2항).

(3) 제315조의 적용 여부

전자증거는 업무수행과 관련하여 기계적·반복적으로 작성되는 경우가 많으므로 일정한 요건하에 업무상 통상문서 내지 특신문서로서 증거능력이 인정될 수 있다. 예컨대 공무원의 전자결재시스템에서 이루어진 기안이나 결재와 같이 직무상 증명할 사항에 관해 작성한 전자문서나 업무상 통상과정에서 업무의 원활한 수행을 위해 컴퓨터로 작성한 전자문서나 이에 준하는 컴퓨터기록 등이 여기에 해당한다.[394)]

5. 거짓말탐지기 검사결과

(1) 의의

거짓말탐지기를 사용하여 진술의 진위나 인식 유무를 판단한 결과를 증거로 사용할 수 있는지 여부가 문제된다. 거짓말탐지기 사용 자체는 감정이므로 제출 서면은 감정서와 동일한 의미를 지닌다.

(2) 허용성

(가) **허용 여부** 검사 자체는 허용하는 것이 일반적이나, 대상자의 동의 또는 요구가 전제되어야 한다는 견해가 지배적이다.

> 수사기관이 피의자나 참고인의 동의 또는 요구에 의하여 거짓말탐지기 검사를 하는 것은 수사의 효율성을 높이는 동시에 수사의 신속한 종결로 피의자가 불안한 지위에서 벗어날 기회를 가질 수 있다는 점을 근거로 한다. 그러나 거짓말탐지기 검사 자체가 인격권 침해에 해당하므로 허용되지 않는다는 견해와 금지할 필요는 없지만 허용하는 경우 수사와 재판에 혼란을 줄 염려가 있으므로 실시하지 않는 것이 바람직하다는 지적도 있다.

---

394) 대판 2007. 7. 26. 2007도3219 (성매매 고객 등을 기록한 메모리카드의 내용이 증거로 된 사안).

(나) **진술거부권의 고지** 학설의 대립이 있으나 진술을 강요하는 측면이 있으므로 진술거부권의 고지가 필요하다.

피검사자의 동의를 전제로 하는 한 진술거부권이 적용될 여지가 없으므로 진술거부권을 고지할 필요가 없다는 견해도 있으나, 동의 자체가 진술거부권 행사를 보장하는 것은 아니므로 진술강요를 방지하기 위해 진술거부권 고지가 필요할 것이다.

(3) 증거능력

인격권 침해로서 증거로 사용할 수 없다는 견해도 있으나 일반적으로는 신빙성의 결여를 이유로 증거능력을 부정한다.

일부 학설은 피검사자의 명시적인 동의나 적극적 요구가 있으면 거짓말탐지기의 검사결과에 대한 증거능력을 긍정하기도 하며, 이 경우에는 감정서로서 제313조 제3항의 요건을 충족하면 증거로 사용할 수 있다고 한다.

판례는 거짓말탐지기 검사결과의 증거능력을 원칙적으로 부정한다.[395] 거짓말탐지기 검사결과의 증거능력이 인정되기 위해서는, 「거짓말로 인한 심리상태의 변화→생리적 반응 야기→생리적 반응을 통한 피검사자 진술의 진위에 대한 정확한 판정」이라는 요건을 충족시켜야 하는데, 특히 세 번째 요건에서 장치의 정확성, 질문 및 검사 기술의 합리성, 검사자의 판독능력 등이 전제되어야 한다.[396]

이러한 요건을 충족시킨 경우라도 감정서로서의 예외요건을 충족해야 하며, 정황증거로만 사용이 가능하다.[397] 즉, 거짓말탐지기 검사결과는 정확성을 확보하는 데 필요한 전제요건을 모두 갖추었다고 보기 어려우므로, 피고인의 진술과 이와 상반되는 다른 진술 가운데 어느 하나를 채택하거나 배척하는 결정적

---

395) 대판 2005. 5. 26. 2005도130 (화물차 백미러로 보행인을 접촉·상해를 입히고 도주한 사건을 수사하면서 피고인을 상대로 한 거짓말탐지기 검사에서 부정적 대답 혹은 긍정적 대답을 하도록 한 결과 모두 거짓반응이 나온 사안: 증거능력 부정).

396) 대판 1983. 9. 13. 83도712.

397) 대판 1987. 7. 21. 87도968. 「거짓말탐지기의 검사는 그 기구의 성능, 조작기술 등에 있어 신뢰도가 극히 높다고 인정되고 그 검사자가 적격자이며, 검사를 받는 사람이 검사를 받음에 동의하였으며 검사서가 검사자 자신이 실시한 검사의 방법, 경과 및 그 결과를 충실하게 기재하였다는 등의 전제조건이 증거에 의하여 확인되었을 경우에만 형사소송법 제313조 제2항에 의하여 이를 증거로 할 수 있는 것이고 위와 같은 조건이 모두 충족되어 증거능력이 있는 경우에도 그 검사결과는 검사를 받는 사람의 진술의 신빙성을 가늠하는 정황증거로서의 기능을 하는데 그치는 것이다.」

인 근거로 삼을 수 없다.[398]

(4) 관련 문제

(가) **검사결과를 이용한 자백의 증거능력** 임의성이 없는 경우가 아니면 증거능력을 긍정하는 견해와 위법한 수사방법에 기한 것이라거나 임의성이 의심된다는 이유로 증거능력을 부정하는 견해가 있다. 판례는 임의성에 대한 개별적 판단에 따라 증거능력 인정 여부를 정하고 있다.[399]

(나) **탄핵증거로의 사용** 거짓말탐지기 검사결과의 증거능력을 인정하는 입장에 따르더라도, 신빙성 없는 증거로 증명력을 탄핵하도록 하는 것은 타당하지 않으므로 탄핵증거로 사용할 수 없다고 보아야 한다.

학설로는, ① 거짓말탐지기 검사결과의 정확성과 신뢰성의 요건이 충족되는 경우에는 탄핵증거로 사용할 수 있다는 견해와 ② 거짓말탐지기 검사결과는 정확성이 결여되어 있으므로 증거로 사용할 수 없다거나 거짓말탐지기 검사는 위법한 수사이므로 탄핵증거로 사용할 수 없다는 견해가 있다.
판례는 거짓말탐지기의 증거능력 부여요건을 충족하는 적법한 검사임이 인정되는 경우에는 탄핵증거로 사용할 수 있다는 입장이다.[400]

---

398) 대판 2016. 6. 9. 2016도4618 (피고인에게 유리한 거짓말탐지기 검사결과를 증거로 채택하지 않은 사안).

399) 대판 1983. 9. 13. 83도71 (거짓말탐지 검사시 3번째 옷으로부터 4번째 옷 검사로 넘어갈 때 떨린다고 한 것이 사실로 밝혀지거나 피고인의 몸 또는 주위에서 피해자의 소지품 기타 피해자와 관계된 자료 등이 발견되거나 피해자의 몸이나 주위에서 피고인의 소지품이나 흔적이 남아 있을 경우에는 범행을 자백하겠다는 약속을 한 사안). 「자백의 약속이 검사의 강요나 위계에 의하여 이루어졌다던가 또는 불기소나 경한 죄의 소추 등 이익과 교환조건으로 된 것이라고 인정되지 아니하므로 위와 같은 자백의 약속하에 된 자백을 곧 임의성이 없는 자백이라고 단정할 수는 없(다).」

400) 대판 2003. 2. 26. 2001도1314. 「피고인과 망 공소외 1의 갈등관계 등 나머지 간접증거를 모두 종합하여 보더라도 공소사실을 뒷받침할 수 있는 증명력이 있다고 볼 수 없으므로, 여기에 피고인에 대한 거짓말탐지기 검사결과 등 피고인의 진술에 신빙성이 부족하다는 점을 더하여 보아도 이 사건에 제출된 증거만으로는 합리적인 의심의 여지 없이 공소사실을 유죄로 판단할 수 없다.」 탄핵증거로 사용할 수 있음을 명시적으로 인정한 하급심 판결로는, 광주고판 2009. 10. 1. 2009노153.

제 4 당사자의 동의

Ⅰ. 의의 및 성격

1. 개념

검사와 피고인이 증거로 할 수 있음을 동의한 서류 또는 물건은 진정한 것으로 인정한 때에는 증거로 할 수 있다(제318조 제1항).

본래 합의서면은 영미법에서 일종의 당사자처분주의의 표현인 소송상 합의(stipulation)에서 유래하는 것이다. 미국의 경우 stipulation이란 당사자 쌍방의 소송대리인이 사실심리의 준비단계에서 다툼이 없는 사실에 대해 입증의 부담을 경감하기 위해 서면으로 합의하는 것을 말한다.

증거동의란 증거로 할 수 없는 서류나 물건을 증거로 사용해도 좋다는 당사자의 의사표시로서 변론주의의 표현이다. 당사자가 증거로 동의한 증거는 원진술자나 서류작성자를 공판기일에 소환하여 신문할 필요 없이 증거로 사용할 수 있도록 함으로써 적법절차의 원리 내에서 신속한 재판, 소송경제를 실현하기 위한 제도라고 할 수 있다.

당사자의 동의에 의한 증거능력 부여라는 점에서 당사자처분주의의 성격을 가지면서, 동시에 법원에 의한 진정성 인정을 요구하는 것은 직권주의의 성격을 반영한 것이다.

2. 증거동의의 본질

동의의 본질이 무엇인지 또한 현행법이 증거동의를 서류 외에 물건에 대해서도 인정하고 있는 점을 어떻게 설명할 것인지와 관련하여, 증거동의의 본질에 관한 논의가 이루어지고 있다.

(1) 학설

처분권설, 반대신문권포기설, 권리포기설, 병합설 등 다양한 견해가 대립하고 있으나 다수설은 반대신문권의 포기에 중점을 두고 있다.

① 처분권설　　제318조 제1항에서 동의의 대상을 '서류 또는 물건'이라고 규정하고 있으므로, 동의는 전문진술에 대한 반대신문권의 포기에 그치는 것이 아니라 영미법상의 당사자주의에 충실하여 당사자에게 증거에 대한 처분권을 인정

한 규정이라고 해석하는 견해이다. 이 견해에 따르면 위법수집증거나 물건도 증거동의의 대상이 된다.

② 반대신문권포기설 동의에 의하여 증거능력이 인정되는 것은 반대신문권의 보장과 관련된 진술증거에 한정되며, 임의성 없는 자백은 물론 위법하게 수집된 증거도 동의의 대상이 될 수 없다는 견해이다. 전문법칙의 근거가 반대신문권을 보장하는 데 있지만 반대신문권은 포기할 수도 있는 권리이므로, 당사자가 반대신문권을 행사할 필요를 못 느껴 포기하는 경우에는 해당 서류에 증거능력을 인정하여도 그 당사자에게 불이익이 없을 뿐만 아니라 소송경제 및 신속한 재판을 위하여 유익하다는 견해로서 다수설의 입장이다. 이 견해에 따르면 현행법이 '물건'을 대상으로 규정한 것은 입법의 오류에 해당한다.

③ 권리포기설 피고인이 무죄입증을 위하여 제출한 증거에 대하여 검사가 증거로 함에 동의하는 사례가 실무상 없다는 전제하에, 피고인이 증거로 함에 동의한다는 것은 그 증거의 증거능력과 증명력을 다툴 권리를 포기한다는 의미라고 보는 견해이다. 이 견해는 증거동의의 대상에는 제한이 없고, 특히 위법수집증거와 관련하여 증거수집절차의 위법이 본질적 위법에 해당하는 때에는 피고인이 증거동의를 하더라도 증거능력이 부정되고, 본질적 위법에 해당하지 않는 경우에는 피고인의 증거동의에 의하여 증거능력이 인정된다고 한다.

④ 병합설 제310조의2를 전문법칙뿐만 아니라 직접심리주의에 대한 근거규정으로 보는 전제하에, 제318조 제1항은 소송경제와 신속한 재판의 관점에서 소송관계인에게 증거동의권을 준 것으로서, 전문증거에 대하여는 반대신문권의 포기를 그리고 물건에 대하여는 직접심리주의의 예외를 의미하는 것으로 보는 견해이다. 경우에 따라서는 직접주의의 예외이자 증거에 대한 소극적 처분권주의를 규정한 것으로 보기도 한다.[401]

(2) 판례

판례는 증거동의를 반대신문권을 포기한다는 의사표시로 이해하면서도 물건에 대한 증거동의를 인정함으로써 병합설에 가까운 태도를 취하고 있다.[402]

---

401) 이흔재, 증거동의의 본질에 대한 역사적 고찰과 현대적 의의, 형사법연구 제28권 제1호(2016. 3), 147면 이하.

402) 대판 1983. 3. 8. 82도2873. 「형사소송법 제318조 제1항은 전문증거금지의 원칙에 대한 예외로서 반대신문권을 포기하겠다는 피고인의 의사표시에 의하여 서류 또는 물건의 증거능력을 부여하려는 규정이므로 피고인의 의사표시가 위와 같은 내용을 적극적으로 표시하는 것이라고 인정되면 증거동의로서의 효력이 있다.」

(3) 검토

현행법이 증거동의의 대상을 서류와 물건으로 넓게 인정한 점을 고려하면 본래 반대신문권의 보장을 전제로 한 증거동의를 폭넓게 해석할 필요가 있기에 반대신문권의 포기와 직접심리주의의 예외를 인정한 취지로 이해할 수 있다.

다만 처분권설과 같이 모든 증거에 대해 증거동의를 인정하는 것은 타당하지 않고, 위법수집증거나 임의성 없는 자백은 대상에서 제외해야 할 것이다.

3. 전문법칙과의 관련

증거동의가 있으면 전문법칙의 예외인정 요건을 충족했는지 여부와 관계없이 증거능력을 인정하게 되므로, 증거동의는 전문법칙의 적용 자체가 처음부터 배제되는 경우라고 보아야 한다.

제318조가 규정한 '진정성'을 신용성의 정황적 보장과 같은 의미로 보아 증거동의도 제311조 내지 제316조의 규정과 마찬가지로 전문법칙의 예외로 보는 견해도 있으나, 제318조는 전문법칙의 예외에 해당하지 않아 증거능력이 없는 증거에 대해 증거능력을 부여하는 규정이므로 전문법칙의 적용 자체가 배제되는 경우로 보아야 한다(다수설).

Ⅱ. 동의의 주체와 대상

1. 동의의 주체와 상대방

(1) 동의의 주체

당사자인 검사와 피고인이 증거동의의 주체가 된다.

(가) 증거신청의 상대방 일방 당사자가 신청한 증거에 대해서는 상대방 당사자가 동의하면 족하고, 법원이 직권으로 수집한 증거는 양 당사자의 동의가 필요하다.

(나) 변호인의 동의 변호인의 증거동의권에 관해 명시적인 규정은 없지만, 변호인은 피고인의 소송행위에 대해 포괄적 대리권을 가지므로 피고인을 대리하여 증거동의가 가능하다.[403]

---

403) 대판 2016. 3. 10. 2015도19139 (변호인은 피고인을 대리하여 증거동의에 관한 의견을 낼 수 있을 뿐이므로 피고인이 변호인과 함께 출석한 기일의 공판조서에 증거동의가 기재되어 있다

이 경우에 변호인의 대리권의 성질에 관하여는 종속대리권설(피고인이 증거로 함에 동의하지 아니한다고 명시 또는 묵시의 의사를 표시한 경우가 아니면 변호인의 동의가 가능하다는 견해), 독립대리권설(피고인의 명시적 의사에 반하지 않는 한 동의가 가능하다는 견해)이 있다. 어느 견해에 의하든 피고인의 명시적 의사에 반하는 증거동의는 허용되지 않는다.

판례는 독립대리권설의 입장에서 명시적 의사에 반하지 않는 한 증거동의가 가능하다고 한다.[404] 그러나 피고인이 변호인과 달리 법적 지식을 가지고 있지 않다는 점을 고려하면 피고인이 동의에 대한 명시적인 반대의사를 표시하지 않았다고 해서 변호인의 동의만으로 증거동의를 인정하는 것은 의문이다. 법원은 변호인과는 별개로 피고인에 대해 증거조사청구에 대한 의견 및 서류를 증거로 함에 대한 동의의 유무를 확인해야 할 것이다. 변호인이 동의한 다음 피고인이 즉시 이의를 제기하거나 증거조사가 완료되기 전에 동의를 취소 또는 철회한 때에는 증거동의는 효력이 없고,[405] 피고인이 출석한 공판기일에서 증거로 함에 부동의한다는 의견을 진술한 경우, 그 후에 피고인이 출석하지 않은 공판기일에 변호인만 출석하여 종전의 의견을 번복하여 증거로 함에 동의하였더라도 특별한 사정이 없는 한 효력이 없다.[406]

(2) 동의의 상대방

증거동의의 상대방은 법원이다.

증거동의는 증거능력 없는 증거에 증거능력을 부여하는 법원을 상대방으로 하는 당사자의 여효적 소송행위이므로, 피고인이 공판준비 또는 공판기일 외에서 검사에게 증거동의를 하더라도 그 효력이 발생하지 않는다.

2. 동의의 대상

증거동의의 대상은 서류나 물건이다.[407]

서류나 물건이 증거로 제출되면 증거결정을 위해 그 제출자가 상대방에게 제시하고, 증거능력 유무에 관한 의견을 진술하게 되는데(규칙 제134조 제2항), 이때

면 피고인이 증거동의를 한 것으로 보아야 한다고 한 사안).

404) 대판 1988. 11. 8. 88도1628; 대판 1999. 8. 20. 99도2029; 대판 2005. 4. 28. 2004도4428; 대판 2013. 3. 28. 2013도3.

405) 대판 2005. 4. 28. 2004도4428.

406) 대판 2013. 3. 28. 2013도3.

407) 실무상 피고인이 범죄성립을 인정하는 사건의 비율이 대단히 높고 그 경우 수사절차에서 수집된 증거의 증거능력에 대하여도 크게 다투지 않아 증거동의로 처리되거나 간이공판절차에 의하여 증거동의가 의제되는 경우가 매우 많다. 따라서 증거동의의 대상이 되는 증거의 범위를 어디까지로 볼 것인가 하는 것은 실제로도 대단히 중요한 문제이다.

증거동의 여부를 표시하게 된다.

(1) 서류

증거능력이 없는 전문증거를 말하므로, 전문서류 외에 전문진술[408]도 포함된다. 증거동의는 반대신문권의 포기를 의미하므로 전문진술도 동의의 대상이 된다.

(가) 동의의 대상이 되는 서류 예컨대, 진술서, 진술조서,[409] 공동피고인에 대한 피의자신문조서,[410] 검증조서, 압수·수색조서, 감정서, 수사보고서,[411] 진단서 등이 모두 증거동의의 대상이 된다. 피고인이 작성한 진술서나 피고인이 된 피의자에 대한 피의자신문조서도 포함된다.

> 학설에 따라서는 피고인의 진술을 기재한 서류는 반대신문과 무관하다는 이유로 증거동의의 대상이 아니라는 견해도 있으나, 판례는 증거동의의 대상이 된다는 입장이다.[412]

문서의 사본[413]이나 일부, 진술자의 서명은 있으나 날인이 착오로 누락된 진술조서[414] 등도 증거동의의 대상이 된다.

(나) 증거능력이 없는 증거 동의의 대상이 되는 것은 증거로 할 수 없는 진술증거에 한한다.

> 증거동의는 증거로 사용할 수 있도록 하는 의사표시이므로, 이미 증거능력을 가진 증거에 대해서는 별도의 의미를 가지지 못하기 때문이다.

반대증거의 경우에도 주요사실을 증명하기 위한 경우에는 증거능력을 요하므로 증거능력이 없다면 동의에 의해 증거로 사용할 수 있다.

> 다만, 판례는 탄핵증거뿐만 아니라 반대증거의 경우에도 증거능력을 요하지 않는다고 보기 때문에, 진정성립이 증명되지 않거나 상대방의 동의가 없더라도 증거자료로 사용이 가능하다고 한다.[415]

---

408) 대판 1983. 9. 27. 83도516.
409) 대판 1999. 10. 22. 99도3273.
410) 대판 1982. 9. 14. 82도1000.
411) 대판 2011. 7. 14. 2011도3809.
412) 대판 1990. 10. 26. 90도1229.
413) 대판 1986. 7. 8. 86도893; 대판 1996. 1. 26. 95도2526.
414) 대판 1982. 3. 9. 82도63.
415) 대판 1994. 11. 11. 94도1159. 「검사가 유죄의 자료로 제출한 증거들이 그 진정성립이 인정되

(2) 물건

제318조 제1항이 '물건'을 증거동의의 대상으로 명시하고 있음에도 불구하고 증거물이 증거동의의 대상이 되는지에 대해서는 적극설과 소극설이 대립되고 있으나, 다수설과 판례는 이를 긍정한다.

학설은 ① 적극설(문언에 명시하고 있으므로 당연히 증거동의의 대상에 포함된다는 견해로, 물건 포함설이라고도 한다)과 ② 소극설(물건은 반대신문과 관계가 없는 것으로서 전문법칙의 제한도 받지 않으므로 제외함이 타당하고 제318조는 입법의 오류라고 보는 견해로, 물건 불포함설이라고도 한다)이 대립하고 있다. 판례는 증거동의를 이유로 압수물[416]이나 사진[417]의 증거능력을 인정하여 전자의 입장을 취하고 있다.

Ⅲ. 동의의 시기와 방식

1. 동의의 시기

동의는 공판준비 또는 공판기일에서의 증거조사 전에 이루어져야 한다. 증거능력이 있는 증거에 대해서 증거조사가 행해지므로, 증거능력을 부여하는 증거동의는 증거결정 단계에서 확정되어야 하기 때문이다.

다만 증거조사 이후에 증거능력이 없는 증거임이 밝혀진 경우에는 사후동의도 가능하다. 늦어도 변론종결시점까지 가능하고 사후동의로 당해 증거는 소급하여 증거능력이 인정된다.

공판준비절차에서 증거신청에 대한 의견진술을 통해서도 증거동의가 가능하다(제266조의9 제1항 제7호).

지 아니하고 이를 증거로 함에 상대방의 동의가 없더라도, 이는 유죄사실을 인정하는 증거로 사용하는 것이 아닌 이상 공소사실과 양립할 수 없는 사실을 인정하는 자료로 쓸 수 있다.」 이 판례와 관련하여서는 피고인이 자신의 무죄를 주장하기 위해 반드시 증거능력이 있는 증거를 제출할 필요가 없고 접근가능한 모든 증거를 사용할 수 있다는 견해도 있다.

416) 대결 1996. 5. 14. 96초88.

417) 대판 2007. 7. 26. 2007도3906 (피해자의 상해부위를 촬영한 사진에 대해 피고인이 증거동의한 사안: 증거능력 인정); 대판 1969. 8. 19. 69도938 (피고인이 우범자 사진첩에 게시된 사진이 자신의 사진이 틀림없다고 진술하고 이를 증거로 하는 데 동의한 사안: 증거능력 인정); 대판 2015. 4. 13. 2015도2275.

2. 동의의 방식

(1) 명시적 동의

증거동의는 공판기일에 수소법원에 대해 **명시적**인 의사표시로 행해지는 것이 원칙이다.[418]

증거동의가 묵시적 의사표시로도 가능한지에 대해 학설의 대립이 있다. 피고인의 발언태도에 비추어 반대신문권을 포기한 것으로 해석할 수 있을 정도면 증거동의가 유효하다는 견해와 증거동의는 증거능력을 부여하는 중요한 소송행위이므로 그 의사표시는 반드시 동의라는 용어를 사용하지는 않더라도 반대신문권을 포기하거나 증거능력을 부여하는 명시적 의사표시를 요한다는 견해(다수설)가 있다. **판례**는 **묵시적 동의**로도 족하다는 입장이다.[419]

증거동의는 서면뿐만 아니라 구두로도 가능하지만, '이견 없음'이라는 진술만으로는 미흡하다.[420] 증거동의는 동의의 의미내용과 효과를 이해하면서 법원을 상대로 하여 행해져야 한다(증거능력을 구하는 소송행위).

(2) 개별적 동의

증거동의는 원칙적으로 개개의 증거에 대해 개별적인 동의를 요하나, 증거가 가분적인 경우에는 일부에 대한 동의도 가능하며, 이 경우에는 동의하는 부분을 명시해야 한다.

학설로는 ① 포괄적 동의는 직접주의를 포기하는 결과로 되고 법원의 실체해명의무에도 반하기 때문에 개별적 동의를 요한다는 견해와 ② 검사가 제시한 모든 증거에 대하여 포괄적인 동의가 가능하다는 견해가 있으나, 판례는 포괄적 동의도 가능하다는 입장이다.[421]

각 진술조서에 관하여 "공판정진술과 배치부분 부동의"라고 피고인의 의견진술이 있는 것으로 증거목록에 기재되어 있는 경우에는 원칙적으로 증거부동의

---

418) 대판 2007. 7. 13. 2004도3995.

419) 대판 1983. 9. 27. 83도516.「제1심 증인 고소인의 증언은 피고인 아닌 타인의 진술을 그 내용으로 하는 전문진술임은 소론과 같으나 피고인은 그가 신청한 증인의 증언에 대하여 별 의견이 없다고 진술하였으니 위 증인의 증언을 증거로 함에 동의한 것으로 볼 수 있는 터인 즉, 이를 증거능력없는 증거라 할 수 없(다).」

420) 그러나 판례는 긍정하는 입장이다. 대판 1983. 6. 28. 83도1019.

421) 대판 1983. 3. 8. 82도2873.

취지로 해석해야 한다고 한다.[422)]

Ⅳ. 동의의 의제

1. 피고인의 불출석

피고인의 출정 없이 증거조사를 할 수 있는 경우에 피고인이 출정하지 아니한 때에는 – 대리인 또는 변호인이 출정한 때에는 예외로 하고 – 증거동의가 있는 것으로 간주한다(제318조 제2항). 항소심의 경우 불출석재판(제365조)이나 이 규정을 준용하고 있는 약식명령에 대한 정식재판청구사건에서 불출석재판(제458조 제2항)의 경우에도 증거동의가 의제된다.[423)]

> 피고인의 불출석으로 변론권을 포기한 것으로 볼 수 있고, 전문증거의 증거능력 유무가 정해지지 않아 소송이 지연되는 것을 막기 위한 조치라고 할 수 있으나, 피고인의 방어권 보장이라는 차원에서 입법론상 재검토가 필요하다.

'피고인의 출정 없이 증거조사를 할 수 있는 경우'란 법률에서 피고인의 출석 없이 공판절차를 진행할 수 있도록 허용하고 있는 경우를 의미한다. 이와 관련하여 소송촉진법에 의해 불출석재판이 가능한 경우(동법 제23조) 증거동의가 의제되는지에 대해서는 논의가 있다. 동법 제23조는 중대사건을 제외하고 소송지연을 방지하기 위해 불출석재판을 인정한 것으로서, "피고인의 진술 없이 재판할 수 있다"고 규정한 점을 고려하면 이 경우에도 증거동의가 의제된다고 보아야 할 것이다.

> 이 경우에도 학설은, ① 소극설(피고인이 반대신문권을 포기한 것으로 볼 수 없으므로 증거동의를 의제할 수 없다는 견해)과 ② 적극설(증거동의가 반대신문권의 포기를 의미할 뿐만 아니라 중대사건을 제외한 취지에 비추어 증거동의가 의제된다는 견해)이 있으나, 판례는 적극설의 입장을 취하고 있다.[424)]

2. 피고인의 출석권이 배제되는 경우

피고인이 진술하지 아니하거나 재판장의 허가 없이 퇴정하거나 재판장의 질서유지를 위한 퇴정명령을 받은 때에는 피고인의 진술 없이 판결할 수 있으나

---

422) 대판 1984. 10. 10. 84도1552.

423) 대판 2010. 7. 15. 2007도5776.

424) 대판 2011. 3. 10. 2010도15977.

(제330조), 이 경우 증거동의가 의제되는지 문제된다. 피고인의 진술 없이 '판결' 할 수 있다고만 규정하고 있으므로, 판결의 전제가 되는 사실심리, 즉 증거조사나 최종변론과 같은 절차는 피고인의 출석 없이 재판할 수 없고 따라서 증거동의도 의제되지 않는다.

학설로는, ① 방어권 남용에 해당하므로 판결의 선고 외에 심리도 가능하고 증거동의도 의제된다는 견해(임의퇴정에 한해서 긍정하고 퇴정명령의 경우에는 허용하지 않는 견해도 있다), ② 공정성의 관점에서 판결의 선고 외에 심리는 가능하지만 증거동의는 의제되지 않는다는 견해, ③ 법문에 따라 판결선고에 한해 허용되고 따라서 증거동의도 의제되지 않는다는 견해, ④ 위법한 방어전략에 기한 때에는 심리가 가능하지만 증거동의는 의제되지 않는다는 견해 등이 있다. 생각건대, 제330조가 판결의 선고 가운데 위치해 있는 점, 필요적 변호사건에 대해서 변호인 없이 개정할 수 있는 경우로서 '판결만을 선고할 경우'라고 언급한 점(제282조), 판사의 경질에 의한 공판절차의 갱신에 대해서도 '판결의 선고만을 하는 경우'를 예외로 규정한 점(제301조)을 고려하면 본조의 경우에도 판결의 선고만 가능하다고 보는 것이 타당하다. 물론 증거동의를 의제하더라도, 간이공판절차의 경우처럼, 피고인 또는 변호인이 증거로 함에 이의를 제기한 때는 예외를 인정할 필요가 있다. 판례는 피고인과 변호인들이 출석하지 않은 채 증거조사를 할 수밖에 없는 경우에는 피고인의 방어권 내지 변호권의 포기로 보아 피고인 등의 재정 없이도 심리, 판결할 수 있고, 제318조 제2항에 따라 피고인의 진의와는 관계없이 제318조 제1항의 동의가 간주된다는 입장이다.[425]

3. 간이공판절차의 경우

간이공판절차에 의하는 결정이 있는 사건의 증거에 관하여는 전문법칙에 의하여 증거능력이 없는 증거에 대해서 증거동의가 있는 것으로 간주된다(제318조의3 본문).

피고인이 공소사실에 대해 자백하였으므로 공소사실을 증명하기 위한 개별 증거에 대해 다툴 의사가 없는 것으로 보아 증거동의를 의제하여 증거로 할 수 있도록 한 것이다.

다만, 피고인 또는 변호인이 증거로 함에 이의가 있는 때는 예외가 인정된다(동조 단서).

---

425) 대판 1991. 6. 28. 91도865.

자백사건에서 증거에 대해 이의를 제기하는 경우는 공소사실보다 양형과 관련된 사유 등에서 주로 문제가 될 것이다. 그러나 실무에서는 양형사유는 자유로운 증명으로 족하여 증거능력이 있는 증거를 요하지 않으므로 실제로 예외에 해당하는 경우는 거의 없다고 보아야 할 것이다.

V. 진정성 조사와 증거동의의 효과

1. 진정성 조사

(1) 의의

증거동의가 있는 경우에도 법원이 그 서류 또는 물건의 진정성을 인정한 경우에만 증거능력이 인정된다(제318조 제1항).

증거동의에 의한 당사자 간의 거래를 방지하고 법원이 직접 동의대상인 증거의 진정성을 조사하도록 함으로써 직접주의 실현에 기여하는 제도이다.

(2) 진정성의 의미

증거 자체의 신용성에 관한 것인지 아니면 증거수집과정의 임의성에 관한 것인지에 대해 논의가 있으나, 서류나 물건의 신용성을 의심할 만한 유형적 상황이 있었는지 여부의 문제이다.

진술서의 기재내용이 진실과 다르다는 것은 증명력의 문제이므로, 증거능력의 요건으로서 진정성이란 유형적 신용성을 의미한다는 견해, 즉 서류 또는 물건의 신용성을 의심스럽게 하는 유형적 상황이 없음을 의미한다고 보는 견해(유형적 상황설)와 증거수집과정의 임의성을 의심할 만한 특별한 사정이 없음을 의미한다는 견해(임의성설)가 대립하고 있다.

(3) 증명

증거동의가 있으면 진정성은 일반적으로 추정되며, 신뢰성을 의심할 만한 예외적인 특별한 상황이 존재하는 경우만 증명을 요하며 자유로운 증명으로 족하다.[426]

---

426) 대판 2008. 9. 11. 2008도6136; 대판 2015. 8. 27. 2015도3467.

2. 증거동의의 효과

(1) 증거능력 인정

검사와 피고인이 증거로 할 수 있음을 동의한 서류 또는 물건은 제311조 내지 제316조의 요건을 갖추지 못하여 전문법칙의 예외에 해당하지 않는 경우라도 법원이 진정한 것으로 인정한 때에는 증거능력이 인정된다. 임의성 없는 자백[427]이나 위법수집증거[428]는 증거동의가 있더라도 증거로 사용할 수 없다.

증거동의에 의해 반대신문권이 상실되는 것이므로, 동의한 증거에 대한 증거신청을 할 수는 없지만, 증명력을 다투는 것은 가능하다.

학설로는, ① 긍정설(증거능력과 증명력은 별개의 문제이고 증거동의가 반대신문권의 포기만을 의미하지 않으므로 동의한 당사자라도 반대신문을 통해 증명력을 다툴 수 있다는 견해(확장적 긍정설)), ② 제한적 긍정설(동의는 증거능력에 관한 문제이므로 당사자가 자신이 동의한 증거의 증명력을 다투는 것은 가능하지만 동의의 본질은 반대신문권의 포기에 있으므로 동의한 당사자가 반대신문의 방법으로 증명력을 다투는 것은 허용되지 않는다는 견해), ③ 부정설(증거동의는 증명능력과 증명력을 다툴 권리를 포기한다는 의미이므로 당사자는 동의한 증거의 증명력도 다툴 수 없다는 견해)이 있다.

(2) 동의의 효력범위

증거동의는 동의를 한 피고인에 대해서만 미치고, 동의대상으로 특정된 서류나 물건 전부에 대해 미치는 것이 원칙이다. 피고인이 수인인 경우 공동피고인은 각자 독립하여 반대신문권을 가지므로 그중 1인이 증거동의하더라도 다른 공동피고인에 대해서는 효력이 미치지 않는다.[429] 동의한 서류나 물건의 내용이 가분적인 경우에는 일부에 대한 증거동의도 가능하다.[430] 적법하게 증거동의가 이루어진 이상 공판절차의 갱신이나 심급을 달리하여도 그 효력이 상실되지 않는다.[431]

---

427) 대판 2006. 11. 23. 2004도7900.
428) 대판 1997. 9. 30. 97도1230.
429) 대판 1984. 10. 10. 84도1552.
430) 대판 1990. 7. 24. 90도1303; 대판 1998. 3. 13. 98도159; 대판 2007. 4. 26. 2007도1794.
431) 대판 1994. 7. 29. 93도955.

Ⅵ. 동의의 취소와 철회

1. 철회

증거동의는 원칙적으로 절차형성행위이므로 장래에 향하여 철회가 가능하다.

다만 그 근거에 대해서는, 증거동의는 절차형성행위이므로 절차의 안정성을 해하지 않는 범위 내에서 철회가 가능하다는 견해와 증거동의는 사건의 실체를 좌우하는 실체형성행위의 하나이고 형사절차의 실체는 유동적이므로 원칙적으로 철회가 가능하다는 견해가 있다.

철회는 종래 '증거조사 완료 전'까지 가능하다는 것이 다수설이나, 증거조사가 끝난 후에 피고인신문이 이루어질 수 있는 점을 감안하면 '구두변론종결 전'까지는 철회가 가능하다고 보는 것이 타당하다.

다수설은 절차의 확실성과 소송경제를 고려하여 증거조사가 완료될 때까지만 증거동의를 철회할 수 있다고 보고 있으며, 판례도 같은 입장이다.[432]

제1심에서 유효한 증거동의가 있으면 항소심에서는 철회가 허용되지 않는다.[433]

2. 취소

증거동의에 대해 소급효가 있는 취소는 예외적으로 가능하다.

취소가능성에 대해 학설은, 소송절차의 안정성·소송행위의 형식적 확실성을 강조하는 입장에서 착오나 강박에 의한 경우라도 원칙적으로 취소가 허용되지 않는다는 부정설, 피고인의 이익 보호를 위해 중대한 착오나 수사기관의 강박에 의한 경우에는 가능하다는 견해, 증거동의를 한 자가 귀책사유 없이 착오한 경우와 수사기관의 강박에 의한 경우에는 가능하다는 견해가 있다.

판례는 취소와 철회를 구별하지 않고 증거조사 완료 후에는 허용되지 않는다고 하여 취소가 금지되는 것은 아니라는 입장을 취하는 한편, 절차형성행위 일반에 대한 엄격한 요건 아래 예외적으로 허용하는 입장이다.[434] 변호인이 피

---

432) 대판 1983. 4. 26. 83도267 이래 일관된 입장이다. 최근 판례로는, 대판 2019. 3. 28. 2018도13685.

433) 대판 1999. 8. 20. 99도2029; 대판 2004. 6. 25. 2004도2611; 대판 2007. 7. 26. 2007도3906.

434) 대결 1992. 3. 13. 92모1 참조.

고인의 의사에 반해 증거동의를 한 경우에도 피고인은 변호인의 동의를 취소할 수 있다.

제5 탄핵증거

Ⅰ. 탄핵증거의 의의 및 성격

1. 탄핵증거의 개념

(1) 의의

탄핵증거란 진술의 '증명력'을 다투기 위한 증거를 말한다.

범죄사실을 인정하기 위한 증거가 아니므로 엄격한 증명을 요하지 않고 따라서 증거능력 없는 증거라도 탄핵증거로 사용할 수 있으며, 주로 전문증거가 그 대상이 된다.

탄핵증거는 주로 증인의 **자기모순진술**을 다투기 위해 사용된다. 탄핵증거에는 전문법칙의 적용이 배제된다.

예컨대, 甲의 A에 대한 폭행치사 피고사건과 관련하여, 경찰조사과정에서 참고인 W가 '甲이 A와 다투는 것을 내 두 눈으로 똑똑히 보았다'고 진술하였으나, 공판정에 증인으로 출석하여 'A와 다투는 사람이 甲처럼 보였지만 甲이 아닐 수도 있다'고 증언했다면, W에 대한 참고인진술조서는 W가 진정성립을 부인하여 증거로 할 수 없다 하더라도, 그 조서에 기재된 내용이 법정증언의 내용과 다르므로 검사는 당해 조서를 W의 증언이 신빙성이 없다는 점을 증명하기 위한 (증명력을 다투는) 목적으로 사용할 수는 있다.

(2) 존재이유

탄핵증거는 증거재판주의의 틀 내에서 증거능력 있는 증거에 의한 증명이라는 방법에 의하지 않고 증거가치를 판단할 수 있는 통로를 제공해 준다.

증거개시제도가 도입되고 구두변론주의가 강조되면서 특히 배심원이 사실심리에 관여하게 되면 신빙성 없는 증거에 대한 탄핵의 필요성이 강조된다.

탄핵증거는 반대당사자의 반대신문권을 효과적으로 보장하고, 반증의 곤란을 구제해 줌으로써 증명력 판단의 합리성을 도모해 준다. 탄핵증거도 증명력 판단의 대상에 포함시킴으로써 증명력 판단의 합리성을 도모하여 자유심증주의를 보강하는 의미도 가진다.

2. 구별개념

탄핵증거는 진술의 증명력을 다투는 다른 전형적인 방법들, 즉 반대신문 및 반증과 구별된다.

(1) 반대신문

증인신문시에 주신문에 이어지는 반대당사자에 의한 신문이다. 반대신문은 증언의 증명력을 다투기 위해 구술로 행해진다는 점에서 서증 또는 전문진술만을 대상으로 하는 탄핵증거와 구별된다.

(2) 반증

본증에 의해 증명하려는 사실의 존재를 다투기 위해 제출하는 증거이다. 증거능력이 있고 적법한 증거조사를 거친 증거여야 한다는 점에서, 이러한 요건을 필요로 하지 않는 탄핵증거와 구별된다.

판례는 반증과 탄핵증거를 엄격히 구별하고 있지는 않지만,[435] 탄핵증거도 그 자체로서 탄핵증거로서의 상당한 증거조사는 거쳐야 한다고 보고 있다.[436]

3. 성격

탄핵증거는 다른 증거의 '증명력'을 탄핵한다는 점에서 증명력과 관련되고, 따라서 전문법칙의 예외가 아니라 전문법칙의 적용이 없는 경우이다. 전문법칙 예외의 기준인 신용성의 정황적 보장이나 필요성의 요건을 충족하지 않은 증거라도 탄핵증거로 사용하는 것은 가능하다.

---

435) 대판 1996. 1. 26. 95도1333.「주백림 총영사에 대하여 한 사실조회의 회신은 그 내용이 공무소의 직무범위를 벗어난 것으로서 증거능력이 없다는 것이나, 형사소송법 제318조의2에 규정된 이른바 탄핵증거는 범죄사실을 인정하는 증거가 아니어서 엄격한 증거능력을 요하지 아니하는 것이므로, 원심이 이를 유죄 증거의 증명력을 다투기 위한 반대증거로 채택함에는 아무런 잘못이 없다.」

436) 대판 1998. 2. 27. 97도1770.「탄핵증거는 범죄사실을 인정하는 증거가 아니므로 엄격한 증거조사를 거쳐야 할 필요가 없음은 형사소송법 제318조의2의 규정에 따라 명백하다고 할 것이나, 법정에서 이에 대한 탄핵증거로서의 증거조사는 필요하다.」

Ⅱ. 허용범위

1. 탄핵증거의 범위

증거능력이 없는 증거를 '진술의 증명력을 다투기 위하여' 사용한다는 것이 어떤 의미를 가지는지, 어디까지 가능하지에 대한 논의이다.

(1) 학설

탄핵의 주된 대상인 자기모순의 진술에 한정할 것인지에 대해 학설의 대립이 있으나, 다수설은 종래 제한적인 입장을 취하고 있다.

학설로는, ① 한정설(동일인의 법정진술과 법정 외 진술이 일치하지 않는 경우에 한하며, 타인의 진술은 신용성이 전제되어야 법정진술의 증명력을 탄핵할 수 있으므로 제외해야 한다는 견해), ② 비한정설(법문에서 아무런 제한을 두지 않고 있고, 요증사실의 증명이 아니라 반대당사자의 주장사실과 모순되는 사실을 증명하려는 것이므로 제한 없이 허용해야 한다는 견해), ③ 절충설(자기모순의 진술과 함께 진술자의 신빙성에 관한 보조사실(원진술자의 성격, 이해관계, 전과사실, 평판 등)을 입증하는 증거도 포함한다는 견해로, 진술의 신빙성을 다투기 위한 목적에서 출발한 개념이므로 신빙성에 관한 보조사실도 대상으로 해야 하며, 주요사실 및 간접사실에 관한 증거는 제외된다고 한다), ④ 이원설(검사는 자기모순의 진술만을 제출할 수 있지만 피고인은 제한 없이 모든 증거를 제출할 수 있다는 견해)이 있다.

(2) 판례

판례의 입장에 대해서는 다양한 해석이 있으나 실무는 이원설을 따른 것으로 보고 있다. 그 근거로서 유죄의 증거를 탄핵하기 위한 증거를 자기모순의 진술에 한정하지 않고 있는 점을 들고 있다.[437]

(3) 검토(이원설)

증거재판주의와 당사자주의, 특히 실질적 무기평등주의를 위해 탄핵증거의 허용범위를 제한하는 것이 원칙이다. 그러나 피고인 보호의 측면에서 검사제출 증거에 대해서는 탄핵증거의 사용을 광범위하게 인정할 필요가 있다.

---

437) 대판 2006. 5. 26. 2005도6271 (피고인의 집에서 폭행당했다는 피해자의 진술을 탄핵하기 위해 피고인이 범행 시각에 다른 장소에서 신용카드를 이용해서 현금서비스를 받았다는 신용카드 사용내역승인서 사본 및 현금서비스 취급내역서 사본을 탄핵증거로 제출한 사안: 적법).

검사제출 증거와 피고인제출 증거는 형사소송의 구조상 단순히 신청인만 다른 것이 아니다. 검사가 제출한 증거는 범죄사실을 입증하기 위한 것인 데 비하여 피고인이 제출한 증거는 그 반대사실을 입증하기 위한 것이어서 서로 입증취지를 달리하므로 양자를 구별하더라도 불합리하다고 할 수 없다. 피고인의 증거제출로 공판절차 지연의 우려가 있고 직권에 의한 증거조사의 경우는 어느 기준에 따라야 하는지 의문을 제기하기도 하지만, 피고인의 권리보호가 우선해야 하고, 직권조사는 그 실질에 따라 구별하면 족하다.

2. 탄핵증거의 자격

전문증거로서 증거능력이 없는 증거가 모두 탄핵증거로 사용될 수 있는 것은 아니고, 일정한 경우에는 탄핵증거로도 사용할 수 없다.

(1) 임의성 없는 진술

임의성 없는 자백이나 진술은 그 자체가 신빙성이 문제되므로, 법정진술의 신빙성을 다투는 탄핵증거로 사용할 수 없다.

판례도 내용을 부인하는 사경작성 피의자신문조서나 자술서를 탄핵증거로 사용할 수 있다고 하면서, '그것이 임의로 작성된 것이 아니라고 의심할 만한 사정이 없는 한'이라는 단서를 붙임으로써 같은 입장을 취하고 있다.[438]

(2) 절차의 위법이 인정되는 진술기재서류

위법수집증거에 해당하는 경우는 전문증거가 아니므로 당연히 탄핵증거로 사용될 수 없지만, 그 외에 조서작성의 방법이나 절차가 위법한 경우(예컨대 서명 또는 날인의 결여)에 탄핵증거로 사용할 수 있는지 여부가 논의되고 있다.

① 제318조의2가 '제312조부터 제316조까지의 규정에 따라 증거로 할 수 없는' 증거를 탄핵증거로 허용하고 있으므로, 형식적 진정성립(서명날인)이 부인된 경우라도 탄핵증거로 사용할 수 있다는 긍정설과 ② 조서로서의 형식적 확실성이 결여되면 진술내용의 정확성과 신용성도 확인할 수 없으므로 이중의 오류가능성이 있어 탄핵증거로도 사용할 수 없다는 부정설(다수설)이 대립하고 있다. 판례는 긍정설의 입장이라고 할 수 있다.[439]

---

438) 대판 1998. 2. 27. 97도1770.

439) 대판 1994. 11. 11. 94도1159. 「검사가 유죄의 자료로 제출한 증거들이 그 진정성립이 인정되지 아니하고 이를 증거로 함에 상대방의 동의가 없더라도, 이는 유죄사실을 인정하는 증거로 사용하는 것이 아닌 이상 공소사실과 양립할 수 없는 사실을 인정하는 자료로 쓸 수 있다고

이 경우에는 절차위반의 종류와 내용에 따라 개별적으로 검토하는 것이 타당하다(개별적 검토설). 조서작성의 절차와 방식이 위법하여 형식적 진정성립 자체에 영향을 미치는 경우에는 다른 증거를 탄핵할 만한 신빙성이 결여되므로 탄핵증거로도 사용할 수 없지만, 실질적 진정성립이 부정되거나 객관적인 방법에 의하여 증명되지 않은 진술은 탄핵증거로 사용이 가능할 것이다.

(3) 증언번복 진술조서

검사가 피고인에게 유리한 증언을 한 증인을 소환하여 증언내용을 번복시키는 방식으로 작성한 진술조서는 증거로 사용할 수 없는데,[440] 이는 전문법칙을 적용한 결과가 아니고 공판중심주의나 직접주의에도 반하기 때문이므로, 이러한 조서는 탄핵증거로도 사용할 수 없다.

(4) 기억환기용 영상녹화물

수사기관이 조사과정을 녹화한 영상녹화물은 기억환기용(제318조의2 제2항)으로만 사용이 가능하고, 탄핵증거로는 사용할 수 없다.

학설로는, ① 긍정설(제2항은 제1항과 별도로 영상녹화물을 신문방법으로 사용하는 것을 제한하는 규정이므로 탄핵증거로 쓰는 것을 제한하는 취지는 아니라는 견해)과 ② 부정설(제2항이 '제1항에도 불구하고'라고 규정한 것은 탄핵증거가 예외적으로 허용되지만 영상녹화물은 기억환기용 신문방법으로만 사용할 수 있다는 의미이므로 탄핵증거로 쓸 수 없다는 견해, 다수설)이 대립하고 있다. 다만 입법론으로는 영상녹화물도 탄핵증거로 사용할 수 있도록 해야 한다는 견해도 있다.

제318조의2 제2항은 영상녹화물을 진술의 증명력을 탄핵하기 위한 것이 아니라, 진술의 신빙성을 확인하기 위한 보조자료로 사용할 수 있다는 취지로 규정하고 있다. 따라서 영상녹화물은 본증은 물론 탄핵증거로도 사용할 수 없다고 보아야 한다.

"제1항에도 불구하고 … 기억을 환기시켜야 할 필요가 있다고 인정되는 때에 한하여 … 재생하여 시청하게 할 수 있다"에서 '제1항에도 불구하고'란 '탄핵증거가 증거능력 있는 증거임을 요하지 않지만' 탄핵증거로 사용할 수 없고 기억환기용으로만 사용할 수 있다는 의미이며, 제2항의 영상녹화물을 원진술자에게만 시청

보아야 한다.」

440) 대판 2013. 8. 14. 2012도13665 참조.

하게 한 규정(규칙 제134조의5 제1항)이 법관의 심증형성에 영향을 미치는 것을 차단하는 취지라는 점에서도 탄핵증거로 사용할 수 없다고 보아야 한다.

Ⅲ. 탄핵의 대상과 범위

1. 탄핵의 대상

탄핵의 대상은 공판준비 또는 공판기일에서의 피고인 또는 피고인이 아닌 자(조사자 또는 참여자 포함)의 '진술의 증명력'이다. 공판정 외의 진술도 전문서류인 경우에는 탄핵의 대상이 된다.

일반적으로 피고인 아닌 자, 특히 증인의 증언을 공소제기 전의 진술조서나 진술기재서 등을 통해 탄핵하는 것이 대표적이라고 할 수 있다.

(1) 피고인의 진술

제318조의2 제1항은 '피고인의 진술'을 탄핵의 대상으로 명시하고 있으나, 학설은 대립하고 있다.

① 적극설은 현행법이 명문으로 피고인의 진술을 포함하고 있으므로, 예컨대 피의자신문시에 자백하였지만 공판정에서 범행을 부인하는 피고인의 진술을 탄핵하기 위해 사경작성 피의자신문조서를 증거로 사용할 수 있다고 한다(위법수사의 방지를 이유로 이 경우를 제외하기도 한다). 한편 ② 소극설은 피고인 보호의 관점에서 피고인의 법정진술을 증거능력이 없는 법정 외의 진술증거로 다투게 하는 것은 부당하고, 법정 외 진술을 얻으려는 수사를 조장하는 결과로 되므로 피고인의 진술은 탄핵의 대상에서 제외하여야 한다고 한다. 판례는 법문의 취지에 따라 적극설의 입장을 취하고 있다.[441]

현행법 해석상 피고인의 진술을 탄핵의 대상으로 포함시키더라도, 증거분리제출의 취지에 따라 엄격한 제한이 필요하다. 따라서 알리바이 진술 등 새로운 사실을 적극적으로 주장하는 경우에 한해 예외적으로 허용하고 임의성에 대한 조사를 보다 신중히 할 필요가 있다. 입법론으로는 피고인의 진술을 탄핵의 대상에서 제외할 필요가 있다.

---

441) 대판 2005. 8. 19. 2005도2617.

(2) 조사자 증언의 탄핵

제316조에 따라 전문진술인 조사자 증언을 증거로 사용할 수 있게 됨에 따라, 그에 대한 대응으로서 탄핵증거를 가지고 조사자 증언의 증명력을 탄핵하는 것도 가능하다.

구법하의 판례는 피고인이 공판정에서 부인하는 경우 조사자 증언이나 조사자에 대한 참고인진술조서는 증거로 사용할 수 없다고 보았다. 그러나 제316조의 개정으로 위증죄 부담과 반대신문권 보장을 근거로 조사자 증언을 증거로 사용할 수 있게 되었으므로, 반대로 그 증언을 조사자에 대한 참고인진술조서로 탄핵할 수 있게 되었다.

(3) 자기측 증인의 탄핵

증인이 자기에게 반드시 유리한 진술을 하는 것은 아니므로 자기 측 증인이라도 적대적인 증인인 경우에는 증인의 의도나 반대편 당사자의 탄핵 여부에 좌우되지 않도록 탄핵할 필요가 있다(통설).442)

(4) 의견 형식의 진술에 대한 탄핵

그 진술내용이 서로 모순될 때에는 탄핵이 가능하다.

2. 탄핵의 범위

탄핵증거는 '증명력을 다투기 위하여', 즉 실질증거의 증명력을 감쇄(減殺)시키기 위해 사용할 수 있다. 증명력의 감쇄 외에 다른 증거에 의해 이미 감쇄된 자기 측 증거의 증명력을 지지·보강하는 경우(회복증거)도 포함한다.443)

증명력이 탄핵된 소송관계인에게 적어도 증명력 회복의 기회를 부여하는 것이 공평의 원칙에 부합하기 때문이다. 그러나 범죄사실에 관한 심증형성에 영향을 미치지 않도록 유의해야 하며, 탄핵증거와 관련성이 없는 다른 증거를 회복증거로 제출하지 않도록 제한할 필요가 있다.

피고인이나 피고인 아닌 자의 진술이 신빙성이 없다는 점에 한정되므로, 탄핵증거는 범죄사실이나 간접사실을 인정하기 위한 증거로 사용할 수 없다.

---

442) 미국 연방증거규칙 제607조도 자기측 증인에 대한 탄핵을 허용하고 있다.
443) 대판 1998. 2. 27. 97도1770 참조.

판례도 검사가 제출한 탄핵증거에 대해 범죄사실이나 간접사실을 인정하기 위한 증거로는 허용되지 않음을 명백히 하고 있다.444)

Ⅳ. 탄핵증거의 제출

탄핵증거는 탄핵의 대상이 되는 증거가 제출된 이후에는 언제든지 제출할 수 있다.

1. 입증취지의 명시

탄핵증거를 증거로 신청할 때에는 탄핵증거임과 동시에 증명하고자 하는 사실과의 관계를 구체적으로 명시하여야 한다(규칙 제132조의2 참조).

입증취지의 구속력이 없으므로, 실질증거로서 능력을 갖춘 경우에는 유죄의 증거로 전환해서 사용해도 좋으나(증거공통의 원칙), 피고인 측에 변명의 기회를 제공해야 할 것이다.

증거와 요증사실과의 관계, 즉 입증취지를 미리 구체적으로 명시해야 하므로, 탄핵의 대상이 된 증거의 어느 부분을 어떤 증거로 다툴 것인지를 미리 상대방에게 고지해야 한다.445)

증거제출 당시 탄핵증거라는 입증취지를 명시하지 아니하였더라도 피고인의 법정 진술에 대한 탄핵증거로서의 증거조사절차가 대부분 이루어진 것으로

---

444) 대판 2012. 10. 25. 2011도5459.「탄핵증거는 진술의 증명력을 감쇄하기 위하여 인정되는 것이고 범죄사실 또는 그 간접사실의 인정의 증거로서는 허용되지 않는다. 원심은 검사가 탄핵증거로 신청한 체포·구속인접견부 사본은 피고인의 부인진술을 탄핵한다는 것이므로 결국 검사에게 입증책임이 있는 공소사실 자체를 입증하기 위한 것에 불과하므로 형사소송법 제318조의2 제1항 소정의 피고인의 진술의 증명력을 다투기 위한 탄핵증거로 볼 수 없다는 이유로 그 증거신청을 기각하였다. 관련 법리와 기록에 비추어 살펴보면 원심의 이 부분 판단은 정당한 것으로 수긍이 가고, 거기에 탄핵증거에 관한 법리를 오해하거나 채증법칙을 위반한 위법이 없다.」

445) 대판 2006. 5. 26. 2005도6271 (남편이 부인을 폭행하여 폭처법위반으로 기소된 사안에서 피해자인 부인의 진술을 탄핵하기 위해 피고인이 집에서 부인을 폭행하였다는 시점에 피고인이 모텔에 투숙해 있었거나 다른 지방에 놀러가 있었다는 사실을 증명할 수 있는 신용카드 사용내역 승인서 사본 및 현금서비스취급내역서 사본을 제출한 사안).「변호인은 항소이유서에 현금서비스취급내역서 사본을 첨부하여 제출하면서 2004. 4. 2.자 공소사실을 탄핵하였고, 원심 제1회 공판기일에는 피고인반대신문을 하면서 신용카드 사용내역승인서 사본과 함께 다시 이를 제시하여 2004. 3. 15.자 공소사실까지 아울러 탄핵하였는바, 비록 증거목록에 기재되지 않았고 증거결정이 있지 아니하였다 하더라도 공판과정에서 그 입증취지가 구체적으로 명시되고 제시까지 된 이상 위 각 서증들에 대하여 탄핵증거로서의 증거조사는 이루어졌다고 보아야 할 것이다.」

볼 수 있다면 탄핵증거로 사용할 수 있다.[446]

2. 증거조사의 방식

탄핵증거는 실질증거가 아니므로 엄격한 증명을 요하지는 않는다.[447] 그러나 각 증거방법에 따른 적법한 절차에 의한 것은 아니라도 적어도 상대방에게 공격방어의 수단을 강구할 수 있도록 법정에 제출되어 증거조사가 이루어져야 한다.

> 따라서 당해 증거가 증거목록에 기재되지 않았고 증거결정이 되지 않았다 하더라도 공판과정에서 그 입증취지가 구체적으로 명시되고 제시까지 되었다면 탄핵증거로서 증거조사가 이루어진 것이라고 할 수 있다.[448] 그러나 공판정에 제출되지 않아 전혀 증거조사를 거치지 않고 수사기록에만 편철되어 있는 서류는 탄핵증거로 사용할 수 없다.[449]

피의자신문조서는 검사가 제출하고, 피고인이 열람한 후 의견을 제시할 기회를 주는 방식으로 증거조사가 필요하다.[450]

제 3 절 증명력

제 1 자유심증주의

Ⅰ. 자유심증주의의 의의

1. 개념

자유심증주의란 증거의 증명력(실질적 가치)을 법관의 자유로운 판단에 맡긴다는 원칙을 말한다(제308조). 증거평가 자유의 원칙이라고도 한다. 법정증거주의와 달리 증명력 판단에 있어서 구체적 합리성을 추구하기 위한 원칙이다. 법관

---

446) 대판 2005. 8. 19. 2005도2617.
447) 대판 1996. 1. 26. 95도1333.
448) 대판 2006. 5. 26. 2005도6271.
449) 대판 1998. 2. 27. 97도1770.
450) 대판 2005. 8. 19. 2005도2617.

은 이러한 자유심증을 토대로 합리적인 의심이 없는 정도의 증명을 통해 범죄사실을 인정하여야 한다(제307조 제2항).

법정증거주의란 증거의 증명력을 미리 법률로 정해서 법관의 심증과 관계없이 자백이나 신뢰할 만한 2인 이상의 증인과 같이 일정한 증거의 유무에 따라 증명 여부를 결정함으로써 법관의 주관적인 증명력 평가를 제한하는 방식을 말한다.

판례는 자유심증주의를 실체적 진실발견에 적합한 원칙으로 이해하고 있다.[451] 형사소송에서 자유심증주의는 민사소송법과는 달리 증거조사를 거친 증거에 대한 판단에 적용되는 원칙이다.

2. 연혁

근대 초기까지의 규문절차 하에서는 법정증거주의를 취하여 자의배제를 통한 법적 안정성을 추구하였으나,[452] 1808년 프랑스 치죄법에서 법관의 이성에 대한 신뢰를 바탕으로 자유심증주의를 채택하였다.

영미법에서도 증거의 허용성(admissibility)과는 달리 신빙성(reliability)은 논리적 문제로서 사실심에 맡겨져 있다.

우리나라도 형사소송법 제정 당시부터 합리적 심증 도모를 위한 자유심증주의를 채택했고, 국민참여재판의 도입으로 시민의 건전하고 합리적인 자유심증을 재판에 반영할 필요가 있어 자유심증주의가 더욱 의미를 가지게 되었다.

---

451) 헌재 2009. 11. 26. 2008헌바25. 「자유심증주의는 법관으로 하여금 증명력 판단에 있어서 형식적 법률의 구속을 받지 않고 논리법칙과 경험법칙에 따라 합리적인 사실인정을 가능하게 함으로써 과거의 법정증거주의의 획일성을 극복하고 사실인정의 구체적 타당성을 도모할 수 있게 하며 형사소송이 지향하는 이념인 실체적 진실 발견에 가장 적합한 방책이 되는 것이다. 또한 자유심증주의를 통하여 합리적인 사실인정을 담보할 수 있도록 증거능력의 제한, 증거조사과정의 합리화를 위한 당사자의 참여, 유죄판결의 증거설시 등 여러 가지 제도적 보완 장치가 마련되어 있다. 따라서 자유심증주의는 법정증거주의의 불합리성을 극복하기 위하여 수립된 형사증거법의 기본원리로서 실체적 진실을 발견하기에 적합한 제도라고 할 것이므로, 형사피고인의 공정한 재판을 받을 권리를 침해하는 것이라고 볼 수 없다.」
대판 2019. 8. 29. 2018도2738 전합. 「자유심증주의를 규정한 형사소송법 제308조가 증거의 증명력을 법관의 자유판단에 의하도록 한 것은 그것이 실체적 진실발견에 적합하기 때문이지 법관의 자의적인 판단을 인용한다는 것은 아니다.」

452) 법정증거인 자백에 의한 유죄인정을 위해 강요나 고문 등이 자행됨으로써 형사절차의 비인도적 성격이 지적되고, 획일적인 증명력 평가가 실체적 진실발견에도 지장이 될 수 있다는 인식에 따라 증명력 판단에 변화가 초래되었다.

Ⅱ. 자유심증주의의 내용

1. 자유판단의 주체

개별 법관 및 배심원이 주체가 된다. 이들은 이성적 주체로서 실체해명의무를 진다. 개별 법관의 판단에 기초하며, 합의부인 경우 과반수를 통해 결론을 내린다.

국민참여재판의 경우에 배심원의 평결에 의하지만, 평결결과는 법원을 구속하지는 않고(국민참여재판법 제46조 제5항), 유·무죄에 관하여 전원의 의견이 일치하면 그에 따라 평결하지만 전원의 의견이 일치하지 아니하는 때에는 평결을 하기 전에 심리에 관여한 판사의 의견을 들어야 한다. 이 경우 유·무죄의 평결은 다수결의 방법으로 한다(동법 동조 제2항, 제3항).

2. 자유판단의 대상

증거의 증명력에 대한 판단이 자유심증의 대상이 된다.

(1) 증거

모든 요증사실에 대한 직접 또는 간접의 증거를 포함하며, 실질증거, 보조증거 등 그 종류를 불문한다.

(2) 증명력

증명력이란 증거의 실질적 가치로서 법률적·형식적 자격인 증거능력과 구별된다.

증명력 판단을 잘못 한 경우에는 사실오인을 이유로 상소가 가능한 데 비하여, 증거능력을 잘못 인정한 경우에는 법령위반을 이유로 한 상소가 가능하다.

증명력 판단의 내용은 증거의 신용력과 추인력을 판단하는 것이다. 증거의 신용력(신빙성)은 증거 자체의 신빙성을 말하며, 증거의 추인력(협의의 증명력)은 신용력을 전제로 증거가 요증사실을 인정할 수 있는 힘, 바꾸어 말하면 (그 증거 자체만으로 혹은 다른 증거와 함께) 범죄사실이 합리적인 의심이 없는 정도로 증명될 만한 증거로서의 실질적 가치를 말한다.

신용력은 요증사실과 관계없이 증거 자체가 신뢰할 만한가의 문제이며, 증거능력 단계에서 문제되는 진술이 이루어진 상황의 신빙성이나 진술의 임의성과 구별해야 한다. 예컨대 피고인에게 불리한 증언을 한 증인이 평소 피고인과 관계가 매우 나빴다면 그 증언이 적법하게 이루어지고 증거로 사용할 수 있다고 해도 신빙성에 문제가 있을 수 있다. 판례는 물로 입안을 헹구지 않고 이루어진 호흡측정만으로 혈중알코올농도를 인정한 경우[453]나 국립과학수사연구원의 감정물이 피고인으로부터 채취한 것과 동일하다고 단정하기 어려운 경우[454] 및 피고인이 참고인 진술조서의 내용을 부인하고 법정에서 참고인에 대한 반대신문이 이루어지지 못한 경우[455] 그 증거의 신빙성이 없다고 하여 그 증명력을 부인하였다.

민사소송과 달리 심리의 전과정에서 얻어진 심증을 포함하는 '변론의 전취지'는 증명력 판단에서 제외된다.

3. 자유판단의 의미

법관이 증명력을 판단할 때 형식적인 법률의 제한을 받지 않는다는 의미이다. 증거의 종류를 불문하고 증거방법 자체의 신빙성을 토대로 취사선택의 자유가 있으며, 증거의 일부만 취신하거나 단독으로는 증명력이 없는 수개의 증거가 불가분적으로 결합하여 증명력을 가지게 되는 종합증거에 의한 사실인정도 가능하다. 증거공통의 원칙이 적용되어 입증취지의 구속력은 인정되지 않으나, 상대방의 동의가 없는 한 별도의 증거조사는 필요하다.

민사소송에서는 증거가 어느 쪽 당사자에 의하여 제출되든지 또는 상대방이 이를 원용하는지 여부와 관계없이 이를 당사자 어느 쪽에 유리한 사실인정을 하는 증거로 할 수 있으나,[456] 형사소송에서는 상대방의 동의가 없는 한 별도의 증거조사(진정성립 인정, 피고인 및 변호인의 의견과 변명의 기회 제공)를 거쳐야 증거로 사용이 가능하다.[457] 그 결과 형사재판에서는 다른 형사사건의 확정판결에서 인정된 사실이라도 당해 형사재판에서 제출된 다른 증거 내용에 비추어 그대로 채택하기 어렵다고 인정될 경우에는 이를 배척할 수 있다.[458]

---

453) 대판 2010. 6. 24. 2009도1856.

454) 대판 2018. 2. 8. 2017도14222 (DNA 감정에서 감정물이 피고인으로부터 채취한 것과 동일하다고 단정하기 어려운 사례: 증명력 부인).

455) 대판 2006. 12. 8. 2005도9730.

456) 대판 2004. 5. 14. 2003다57697.

457) 대판 2014. 2. 27. 2013도12155 (피고인이 범행에 가담하지 아니하였음을 증명하기 위해 반대증거로 제출한 통화내용을 녹음한 녹음파일 및 그 녹취록의 일부를 검사가 유죄의 증거로 원용하고 그에 대한 증거조사가 이루어진 사안).

458) 대판 2002. 10. 25. 2002도3328; 대판 2012. 6. 14. 2011도15653.

4. 자유판단의 기준

법관의 자유판단은 합리적 심증을 통한 실체적 진실발견을 위한 것이므로 자의나 재량이 아니라 논리칙과 경험칙이라는 객관적 기준(채증법칙)에 합치해야 한다.[459] 이런 의미에서 경험칙과 논리칙은 자유심증주의의 내재적 한계라고도 할 수 있다.

사실인정의 합리성은 추론과정에서의 논리칙과 그 추론과정을 매개하는 경험칙에 좌우된다고 할 수 있다. 논리칙은 하나의 간접사실로부터 출발해서 하나 또는 그 이상의 간접사실을 거쳐 요증사실을 추론하는 구조에 작용하는 원리이므로, 실제로는 경험칙이 합리적인지 여부가 중요한 관건이 된다.

(1) 논리칙

논리법칙(논리칙)은 논리학상의 공리로서 선험적으로 자명한 사고법칙이며, 이성적 사고를 통해 획득할 수 있는 것이다. 인간의 추론능력으로 사고나 추리 등을 통해 얻은 귀결을 말하며, 일관성과 객관적 합리성의 근거가 된다. 법관이 증거의 추인력을 판단함에 있어서 일관성이 있고 논리적인 모순이 없어야 한다는 요청이 나오게 된다.

(2) 경험칙

경험법칙(경험칙)은 개별적인 체험의 관찰과 그 일반화를 통해 경험적으로 얻어진 통찰의 총체로서 귀납적 사고의 결과이다.

경험적인 검증과정을 통해 밝혀낸 객관적이고 보편적인 법칙을 말하며, 귀납적 방법, 즉 자연과학이 실험으로 밝혀낸 법칙이 대표적인 예이지만, 그것은 확률과 통계적인 수준에서만 객관성을 확보할 수 있다.

과학적 경험칙(물리학상의 원리)은 필연적인 것으로 특히 증거의 신빙성을 판단함에 있어서 법관의 심증형성을 구속하므로 법관이 합리적인 근거 없이 이를 배척해서는 안 되며,[460] 일반적 경험칙[461](사회심리학적 법칙)은 일반인이 가지는

---

459) 대판 2015. 8. 20. 2013도11650 전합; 대판 2018. 4. 19. 2017도14322.

460) 대판 2007. 5. 10. 2007도1950.

461) 일반적인 경험칙이 문제된 사안으로는, 대판 2018. 10. 25. 2018도7709 (성폭행 피해 부부 자살 사건: 조폭 조직원이 친구의 아내를 모텔로 유인하여 자기 말을 듣지 않으면 남편과 자녀들에게 위해를 가할 것처럼 협박하고 성폭행하여 기소된 사안에서 자살한 피해자의 진술의 신빙성을 인정); 대판 2016. 6. 23. 2016도2889 (인천공항 금괴통관 수뢰 사건: 인천공항 휴대품

통념 내지 관념적 차원이 아니라 고도의 개연성을 가지는 명제여야 하지만, 개연성 내지 가능성의 정도에 그치므로 그 자체로서 구속력이 없고 법관의 합리적 판단이 필요하다.[462] 과학적 증거의 경우 자연과학적 경험칙에 의한 합리적 심증이 필요하며, 이를 위반하면 채증법칙 위반으로서 상소이유가 된다.[463]

(3) 완전평가의 원칙

법관은 사실인정을 할 때 공판절차에서 획득된 인식과 조사된 증거를 남김없이 고려하여야 한다.[464] 공판정에서 증거조사의 대상이 된 모든 증거들을 빠짐없이 증명력 평가의 대상으로 삼아야 하므로 합리적인 근거 없이 일정한 증거를 배척하면 위법하게 된다.

Ⅲ. 구체적 적용

1. 인적 증거의 경우

(1) 증인의 증언

증인의 연령이나 책임능력의 유무와 관계없이 증언내용, 증언의 정황 등을 전체적으로 고려하여 구체적·개별적으로 판단하며, 진술의 주요부분에 일관성이 있는 경우에는 그 밖의 사소한 사항에 관한 진술에 다소 일관성이 없다는 등의 사정만으로 진술의 신빙성을 부정해서는 안 된다.

통관국장이 브로커로부터 뇌물을 받고 금괴를 통관시켜 주었다는 혐의로 기소된 사안에서 뇌물 수수 혐의에 대해서는 직접 증거가 없고 직접 돈을 줬다는 브로커의 진술이 사실상 유일한 증거였으나 그 진술의 신빙성이 인정되지 않는다는 이유로 무죄 취지로 파기환송).

462) 이러한 일반적 경험칙을 법관이 변경하려면 가능한 한 전원합의체의 판결을 통하는 것이 바람직하다. 대법원판례는 특히 성범죄와 관련하여, ① 피고인과 피해자가 성적 행위에 이른 사정 관련 내용, ② 성적 행위 당시의 정황 관련 내용, ③ 성적 행위 이후의 정황 관련 내용, ④ 신고, 고소 또는 진술 관련 내용, ⑤ 피고인의 언동 관련 내용, ⑥ 그 밖의 내용에 대해 경험칙을 원용하는 경우가 많아지고 있다.

463) 대판 2009. 3. 12. 2008도8486; 대판 2011. 5. 26. 2011도1902.

464) 대판 2004. 6. 25. 2004도2221; 대판 2005. 4. 15. 2004도362; 대판 2006. 11. 23. 2006도5407; 대판 2007. 3. 15. 2004도5742; 대판 2007. 5. 10. 2007도1950; 대판 2010. 3. 11. 2009도5858; 대판 2011. 11. 10. 2011도8125; 대판 2013. 5. 23. 2011도9501; 대판 2017. 6. 8. 2016도21389; 대판 2018. 1. 25. 2016도6757; 대판 2019. 8. 29. 2018도2738 전합; 대판 2019. 10. 31. 2018도2642.

법관이 13~14세인 증인의 증언에 의하여 사실을 인정하였더라도 바로 위법이라 고 할 수 없고, 선서한 증인의 증언이 선서하지 않은 증인의 증언보다 증명력이 높은 것도 아니다.

피해자 등의 진술은 논리칙이나 경험칙에 비추어 모순이 없고 허위진술의 동기나 이유가 명백하지 않으면 그 밖의 사소한 사항에 관한 진술에 다소 일관성이 없다는 등의 사정만으로 그 진술의 신빙성을 특별한 이유 없이 함부로 배척해서는 안 된다.[465]

마약류 매매나 뇌물 수수의 경우와 같이 피고인과 이해관계가 있는 자의 진술의 경우에는 합리적인 의심을 배제할 만한 신빙성이 있어야 한다. 신빙성 유무를 판단할 때에는 그 진술 내용 자체의 합리성, 객관적 상당성, 전후의 일관성뿐만 아니라 그의 인간됨, 그 진술로 얻게 되는 이해관계 유무 등을 고려하여야 하며, 특히, 그에게 어떤 범죄의 혐의가 있고 그 혐의에 대하여 수사가 개시될 가능성이 있거나 수사가 진행 중인 경우에는, 이를 이용한 협박이나 회유 등의 의심이 있어 그 진술의 증거능력이 부정되는 정도에까지 이르지 않는 경우에도, 그로 인한 궁박한 처지에서 벗어나려는 노력이 진술에 영향을 미칠 수 있는지 여부 등도 살펴보아야 한다.[466] 또한 그 진술이 법정에서 번복된 경우에 법정증언보다 검찰에서 행한 진술에 신빙성을 인정할 수도 있다.[467]

한편 범인식별절차에서 목격자의 진술은 객관적 검증절차를 거쳐야 하므로, 일대일 대면이나 피의자 사진제시의 방법은 신빙성이 낮지만, 목격자의 생생하고 정확한 식별의 가능성이 열려 있고 범죄의 신속한 해결을 위한 즉각적인 대면의 필요성이 있는 경우에는 예외적으로 신빙성이 인정된다.

참고인이 항소심 법정에 증인으로 출석하여 수사기관이 그 참고인에 대하여 작성한 증거능력 없는 진술조서에 기재된 취지로 피고인에게 불리한 내용의

465) 대판 2019. 9. 9. 2019도2562 (충남지사 강제추행 등 사건). 「피해자 등의 진술은 그 진술 내용의 주요한 부분이 일관되며, 경험칙에 비추어 비합리적이거나 진술 자체로 모순되는 부분이 없고, 또한 허위로 피고인에게 불리한 진술을 할 만한 동기나 이유가 분명하게 드러나지 않는 이상, 그 진술의 신빙성을 특별한 이유 없이 함부로 배척해서는 아니된다.」 같은 취지로는, 대판 2006. 11. 23. 2006도5407; 대판 2008. 3. 14. 2007도10728; 대판 2020. 6. 25. 2020도2473.

466) 대판 2014. 4. 10. 2014도1779; 대판 2018. 7. 11. 2018도6352.

467) 대판 2015. 8. 20. 2013도11650 전합 (정치자금수수와 관련하여 회사 대표이사가 검찰조사에서 정치자금을 제공하였다고 진술하였다가 제1심 법정에서 이를 번복하여 자금을 조성했지만 국회의원인 피고인에게 제공한 사실을 부인하고 자금의 사용처를 달리 진술한 사안); 대판 2020. 5. 14. 2020도2433.

진술을 한 경우 그 진술의 신빙성을 판단하는 데 신중을 기해야 한다.[468]

(2) 감정인의 감정결과

감정결과 자체는 전문가의 판단을 내용으로 하므로 신빙성이 매우 높지만, 반드시 법원을 구속하는 것이 아니고, 감정의견이 상충된 경우 다수의견이 아닌 소수의견에 따르거나 여러 의견 가운데 각기 일부를 채용해도 무방하다.[469]

(3) 피고인의 진술

피고인의 진술은 일반적으로 증명력이 강하지만 그 법정진술이 절대적 증명력을 가지는 것은 아니며, 반드시 증인의 증언보다 우월한 것은 아니고 진술내용과 구체적 진술정황을 고려해서 판단해야 한다. 검찰에서 행한 피고인의 자백이 법정진술과 다르다거나 피고인에게 지나치게 불리한 내용이라는 사유만으로는 그 자백의 신빙성이 의심스럽다고 할 수 없다.[470]

증인의 불리한 증언에도 피고인의 주장이 충분히 반박되지 않은 것으로 판단되면 피고인에게 유리한 판단이 가능하고, 공판정 외의 진술이 공판정의 진술보다 우선할 수도 있다.

2. 물적 증거의 경우

물적 증거도 자유판단의 대상이 되며, 인적 증거와 물적 증거 사이에 증명력의 일반적 우열도 없다. 결정적인 물증이라도 피고인이 그 사용을 부인하는 경우 등은 판단대상에서 제외할 수 있고, 증거서류도 자유판단의 대상이 된다.

검사작성 피의자신문조서나 검사의 증인신문청구에 의한 증인신문조서의 기재내용이 법관의 조서기재 내용보다 증명력이 약하지 않다.

3. 간접증거의 경우

주요사실을 추론케 하는 간접사실을 증명하는 증거도 역시 자유판단의 대상이 되므로, 직접증거보다 우선할 수 있고, 경험칙과 논리법칙에 위반되지 아

468) 대판 2019. 11. 28. 2013도6825.

469) 대판 1994. 9. 13. 94도1335 (범행현장에서 발견된 메모지에 기재된 글씨의 필적과 장물인 수표 이면에 기재된 필적 그리고 피고인의 필적의 동일성이 문제된 사안).

470) 대판 2003. 6. 24. 2000도5442; 대판 2017. 6. 29. 2017도2567; 대판 2018. 10. 25. 2018도7709; 대판 2019. 10. 31. 2018도2642.

니하는 한 간접증거만으로도 사실인정이 가능하다.[471] 간접증거에 의해 사실인정을 하는 경우라도(간접사실에 의한 증명) 직접증거에 의하는 경우와 마찬가지로 법관으로 하여금 합리적인 의심을 할 여지가 없을 정도로 공소사실이 진실한 것이라는 확신을 가지게 할 수 있어야 한다.

간접증거만으로 심증을 형성하는 경우에도 경험칙과 논리칙에 위반되지 않아야 하며, 간접증거가 개별적으로는 범죄사실에 대한 완전한 증명력을 가지지 못하더라도 전체 증거를 상호 관련하에 종합적으로 고찰할 경우 그 단독으로는 가지지 못하는 종합적 증명력이 있는 것으로 판단되면 그것으로 범죄사실을 인정할 수 있다.[472] 특히 피고인이 고의를 부인하는 경우, 그 자체를 객관적으로 증명할 수는 없으므로 사물의 성질상 범의와 관련성이 있는 간접사실 또는 정황사실을 증명하는 방법으로 이를 증명할 수밖에 없다. 이 경우 무엇이 관련성이 있는 간접사실 또는 정황사실에 해당하는지를 판단할 때에는 정상적인 경험칙에 바탕을 두고 치밀한 관찰력이나 분석력으로 사실의 연결상태를 합리적으로 판단하는 방법으로 하여야 한다.[473] 피고인이 범인이 아니라면 합리적으로 설명할 수 없거나 적어도 설명이 극히 곤란하다고 할 만한 사실관계가 포함되어 있어야 한다.

직접증거를 뒷받침할 수 있는 간접 또는 정황증거가 있는 경우에 그 직접증거를 배척하려면 이를 배척할 수 있는 상당한 합리적인 이유가 존재해야 한다.[474] 상해진단서는 간접증거로서 신빙성이 있고 특별한 사정이 없는 한 유력한 증거가 될 수 있다.[475] 다만 다른 사정의 고려 없이 피해자의 주관적 호소 등에 의존하여 의학적 가능성만으로 발급된 경우라면 상해진단서만으로 상해죄의 유죄를 인정해서는 안 될 것이다.[476]

---

471) 대판 1993. 3. 23. 92도3327; 대판 2001. 11. 27. 2001도4392; 대판 2018. 3. 29. 2018도1662.

472) 대판 2001. 11. 27. 2001도4392; 대판 2008. 6. 26. 2008도3012; 대판 2010. 2. 25. 2009도14263; 대판 2014. 9. 26. 2014도8869; 대판 2015. 5. 14. 2015도119; 대판 2017. 1. 25. 2016도15526; 대판 2018. 3. 29. 2018도1662; 대판 2019. 10. 31. 2018도2642; 대판 2021. 12. 16. 2015도11567.

473) 대판 2003. 1. 24. 2002도6103; 대판 2006. 2. 23. 2005도8645; 대판 2017. 1. 25. 2016도15526; 대판 2019. 3. 28. 2018도16002 전합; 대판 2021. 10. 14. 2018도10327.

474) 대판 1986. 3. 25. 85도1572 (은행 현금자동지급기에서 여러 차례 고객의 현금이 인출된 사건에서 은행 전산처리과 직원인 피고인이 온라인 현금카드를 무단으로 발급받아 현금을 인출하였다는 목격자 2명의 증언이 있음에도 목격시간과 목격거리에 관하여 일관성이 없다는 이유로 원심이 증언을 배척한 사안: 채증법칙 위반).

475) 대판 2011. 1. 27. 2010도12728.

476) 대판 2016. 11. 25. 2016도15018; 대판 2017. 4. 7. 2017도1286.

Ⅳ. 합리적 심증의 제도적 보장

법관의 이성, 즉 '합리성에 대한 기대'가 깨지지 않도록 사전·사후의 제도적 보장을 통해 합리적 심증을 유도할 필요가 있다.

자유심증주의는 법관이 이성에 따른 합리적 판단에 반하는 재판을 하지 않도록 하기 위한 원칙으로서 확립된 것이지만, 대륙법계에서는 규문주의하에서 법관들의 자의적 판단을 경험했기 때문에 판결을 하는 법관들의 자의적 판단에 대한 통제 또한 필요하다는 인식을 가지게 되었고, 배심제도와 상소제도 등이 등장하게 되었다.

1. 배심제와 참심제

법관에 의한 심증형성이 가지는 한계를 고려하여, 자유심증주의의 남용가능성을 통제하는 데 영미법계의 배심제도가 유용하다고 판단하여, 대륙법계에서도 이를 부분적으로 받아들여 참심제를 운용하고 있다. 한편 현행 국민참여재판의 경우 재판부는 배심원의 평결과 의견에 기속되지 않지만, 제도의 취지에 비추어 사실상 법관의 자유심증을 제한하는 역할을 한다(국민참여재판법 제48조 제4항, 제49조 제2항 참조).

배심제하에서 부당한 증거에 의한 심증형성을 제한하기 위해 마련되었던 증거능력의 제한(제309조 내지 제318조)도 합리적 심증을 위한 장치라고 할 수 있다.

2. 상소제도

재판에 대하여 상급심에서 다시 심사할 수 있도록 하는 상소제도는 법관의 자의적인 판단을 억제하는 수단이 된다. 현행법도 제1심법원의 법령위반뿐만 아니라 사실판단에 대해서도 항소심을 통해 다시 판단할 수 있도록 하여 제1심법원의 자유심증을 제한하고 있다(제361조의5 제11호, 제14호, 제383조 제4호).

배심제를 전제로 하여 사실판단의 전권을 배심원들이 행사하는 영미법계에서는 법령위반에 해당하지 않으면 사실판단에 대해 상소를 인정하지 않는데 비하여, 직업법관에 의한 판단에 중점을 두는 대륙법계에서는 사실판단 자체를 다시 심사하는 상소제도를 두었다. 같은 맥락에서 상급심 재판의 기속력(법원조직법 제8조)도 하급법원의 재판의 합리성 도모를 위한 장치라는 성격을 가진다.

3. 증거 요지의 명시

상소에 의한 구제를 법률상 보장하기 위해, 유죄판결에 명시할 이유로서 '증거의 요지'를 들고 있다(제323조). 이러한 취지에 따라 증거의 요지는 어떤 증거에 의해 어떤 사실을 인정하였는지는 짐작할 수 있을 정도로 기재해야 한다.

유죄판결에 이유를 명시하도록 하는 것은 영미법계와 구별되는 대륙법계의 특징이다. 배심재판을 전제로 한 영미법계에서는 판결의 이유를 따로 기재하지 않는다.

4. 합의제의 운용

법관에 의한 재판을 하는 경우에도 단독사건은 경죄에 한정하고 원칙적으로 합의부에 의한 심판을 하도록 하는 것도 법관 상호간의 통제를 통해 자유심증주의의 남용을 억제하는 역할을 한다. 현행법은 단독판사의 사물관할을 매우 넓게 인정하고 있어 자유심증주의 남용 통제라는 측면에서 바람직하지 않으므로 단독사건을 경죄에 한정하고 합의부를 사물관할의 원칙적 형태로 명시할 필요가 있다.

V. 자유심증주의의 예외

현행법은 자유심증주의를 원칙으로 하면서도 일정한 경우 증명력 판단을 법률로 제한하고 있다.

1. 자백의 증명력

피고인의 자백이 있더라도 독립한 보강증거가 없는 때에는 법관은 유죄의 심증을 얻었더라도 유죄를 인정할 수 없다(제310조)는 점에서 자유심증주의의 예외가 된다.

2. 공판조서의 증명력

공판기일의 소송절차로서 공판조서에 기재된 것은 법관의 심증 여하를 불문하고 기재된 대로 인정해야 한다(제56조)는 점에서 자유심증주의의 예외가 된다.

3. 진술거부권 등의 보장

피고인이 진술을 거부하였다는 사실 자체를 불리한 간접증거로 사용하게 되면 사실상 진술이 강요되는 결과로 된다. 따라서 피고인의 진술거부권 행사나 그 동기를 심증형성의 대상으로 삼아서는 안된다. 증언거부권을 가진 증인이 증언을 거부한 때에도 마찬가지이다. 이러한 범위에서 피고인의 진술거부권과 증언의 증언거부권은 자유심증주의의 예외가 된다.

Ⅵ. 관련 문제

1. 법률상 추정

법관의 심증형성 여하와 관계 없이 법률을 통해 일정한 사실을 인정한다는 점에서 자유심증주의의 예외라고 할 수도 있으나, 법률상 추정은 불요증사실로서 요증사실을 전제로 하는 자유심증주의가 적용될 여지가 없다.

2. 자유심증주의와 in dubio pro reo

법관의 증거평가의 결과 합리적인 의심이 없는 정도의 증명에 이르지 못한 때에는 '피고인의 이익으로' 판단하여야 한다. in dubio pro reo 원칙은 합리적인 의심이 없는 증명을 하지 못한 경우의 판단기준으로서, 법률문제가 아니라 법률적용에 관한 문제이며, 사실판단에만 적용되고 법률판단에는 적용되지 않는다.

그러나 범죄성립요소인 사실 외에 형벌가중요소인 사실이나 범죄성립조각사유, 형면제사유의 존재 등에 대해서도 적용된다.

제 2 자백보강법칙

Ⅰ. 자백보강법칙의 의의

1. 의의

자백보강법칙이란 임의성 있는 자백의 증명력을 제한하는 원칙이다. 자백에 대한 보강증거가 없으면 유죄를 인정할 수 없다는 점에서 법관의 심증형성을 제약하는 것으로서 자유심증주의의 예외에 해당하며, 헌법상 기본권 보장을 위한 제도로 정착되어 있다.

헌법 제12조 제7항은 「정식재판에 있어서 피고인의 자백이 그에게 불리한 유일한 증거일 때에는 이를 유죄의 증거로 삼거나 이를 이유로 처벌할 수 없다」고 규정하고 있다.

2. 자백보강법칙의 필요성

자백의 진실성을 담보함으로써 허위자백으로 인한 오판을 방지하고 자백편중의 수사 및 재판으로 인한 인권침해를 방지하기 위한 것이다.

다른 한편으로는 다른 증거보다 자백의 증명력을 낮게 평가함으로써 자백편중의 수사에서 벗어나도록 유도한다는 정책적 고려도 포함되어 있다.

3. 자백의 신빙성

보강법칙의 적용을 위해서는 증거능력의 요건으로서 자백 자체의 임의성과 함께 자백의 신빙성이 전제되어야 한다. 자백의 신빙성(신용성)은 증명력의 문제로서, 이 점이 부정되면 다른 증거와 마찬가지로 유죄의 증거로 사용할 수 없다. 즉 자백의 임의성과 신빙성이 인정된 후 보강증거가 있어야 자백을 이유로 유죄를 인정할 수 있다.

자백의 신빙성은 ① 자백의 진술 내용 자체의 합리성과 객관적 상당성, 전후의 일관성, ② 자백의 동기나 이유 및 자백에 이르게 된 경위, ③ 자백 외의 정황증거 중 자백과 저촉되거나 모순되는 것의 유무 등을 고려하여 자백의 동기나 과정에 합리적인 의심을 갖게 할 상황이 있었는지를 판단한다.[477] 이와 함께 진술자의 인간됨, 그 진술로 얻게 되는 이해관계 유무 등도 고려의 대상이 된다.[478]

Ⅱ. 자백보강법칙의 적용범위

1. 형사소송법에 의한 절차

헌법 제12조 제7항은 '정식재판'에 있어서 자백을 대상으로 규정하고 있으며, 정식재판이란 검사의 공소제기에 의해 진행되는 형사소송법에 의한 절차를 의미한다. 자백사건만을 대상으로 하는 간이공판절차나 경미한 사건을 대상으로 하는 약식절차에서도 자백보강법칙이 적용되지만, 즉결심판절차법에 의한 즉결

---

477) 대판 1983. 9. 13. 83도712 (자백은 있었지만 수사의 단계마다 진술내용에 서로 차이가 있고 진술변경이 있었으며, 피의자가 외부와 격리된 상황에서 자기를 진범이라고 확신하는 수사관들로부터 집중적인 조사를 받아 진술의 자유를 침해하는 정도의 위법성을 띤 것은 아니지만 방어의사를 포기하고 허위자백을 한 것으로 의심되는 사안: 신빙성 부정). 최근 판례로는, 대판 2015. 5. 29. 2015도1022; 대판 2016. 10. 13. 2015도17869; 대판 2017. 12. 28. 2017도17628; 대판 2019. 10. 31. 2018도2642.

478) 대판 2018. 7. 11. 2018도6352.

심판절차, 소년법에 의한 소년보호사건 처리절차[479]는 제외되므로 자백만으로 유죄를 인정할 수 있다.

2. 피고인의 자백

자백보강법칙은 피고인의 자백에 대해서만 적용되므로, 증인이나 참고인의 진술은 별도의 보강증거 없이도 그것만으로 유죄를 인정할 수 있다. 피고인의 지위는 불문한다. 피의자는 물론 참고인이나 증인의 지위에서 행한 자백도 자신의 피고사건에서 증거로 사용되면 자백보강법칙이 적용된다. 자백의 방식(구두나 서면), 자백의 횟수(공판정에서만 여러 기일에 자백한 경우, 수사절차에서 신문을 받으면서 자백하여 피의자신문조서에 기재되고 그 조서가 증거로 제출된 경우, 수사절차와 공판절차에서 계속해서 자백한 경우)도 불문한다.

피고인의 자백을 내용으로 하는 타인의 진술에 대해서는 보강법칙이 적용되지 않지만 자백에 대한 보강증거로 될 수는 없다(후술).[480]

3. 공판정의 자백

제310조는 피고인의 자백이 공판정 내외 어디에서 이루어졌는지를 구분하고 있지 않으므로, 피고인이 공판기일에 공판정에서 행한 자백에 대해서도 자백보강법칙이 적용된다. 이 점에서 영미법과 차이가 있다.

영미법에서는 피고인이 기소사실인부절차에서 유죄의 답변을 하면 배심에 의한 유죄평결과 동일한 효력을 가지게 되어, 피고인이 공판정에서 자백하면 사실심리 없이 바로 양형절차로 넘어가게 되므로 공판정에서의 자백에 대해서는 보강증거를 요하지 않는다. 그러나 현행법상 자백보강법칙은 자백의 임의성이나 신빙성과는 별개로 오판의 위험을 배제하기 위해 정책적으로 증명력을 제한하는 것이므

---

479) 대결 1982. 10. 15. 82모36.

480) 대판 2008. 2. 14. 2007도10937. 「공소외 1에 대한 검찰 진술조서의 진술기재는 피고인이 이 사건 범행을 자인하는 것을 들었다는 진술로서 전문증거이기는 하나 간이공판절차에 의하여 심판할 것을 결정한 이 사건에 있어서는 같은 법 제318조의3의 규정에 의하여 피고인의 동의가 있는 것으로 간주되어 증거능력이 인정되고, 또한 이러한 진술조서는 자백자 본인의 진술 자체를 기재한 것은 아니므로 같은 법 제310조의 자백에는 포함되지 않는다 할 것이지만, 피고인의 자백을 내용으로 하고 있는 이와 같은 진술기재 내용을 피고인의 자백의 보강증거로 삼는다면 결국 피고인의 자백을 피고인의 자백으로서 보강하는 결과가 되어 아무런 보강도 하는 바 없는 것이니 보강증거가 되지 못하고, 오히려 보강증거를 필요로 하는 피고인의 자백과 동일하게 보아야 할 성질의 것이라고 할 것이므로 피고인의 자백의 보강증거로 될 수 없(다).」

로, 어떤 지위에서 행해진 것인지를 불문하고 따라서 공판정에서의 자백도 당연히 포함된다. 판례도 법정자백이 제310조의 자백에 포함된다는 입장이다.[481]

4. 공범의 자백

공판정에서 공범이 자백한 경우에 ① 그 자백을 피고사건에 대한 증거로 사용할 수 있는지 여부, ② 그 자백이 피고인의 자백에 포함되는지, 따라서 유죄 인정을 위해 그 자백 이외에 별도의 보강증거를 요하는지 (그리고 ③ 피고인이 자백한 경우 공범의 자백을 보강증거로 사용할 수 있는지) 여부가 문제된다.

(1) 법정자백의 증거능력 문제

공범인 공동피고인의 진술도 증거로 사용할 수 있다. 공범이 피고사건에 관해 공판정에서 자백한 경우에도 증거능력이 인정되는지에 대해 논의가 있다.[482] 공동피고인에 대한 피고인의 **반대신문권의 보장**을 전제로 증거로 사용할 수 있다고 보아야 한다.

공범이 공동피고인이 아닌 경우에는 당해 피고사건에 관하여 제3자에 불과하므로 증인의 지위에 있고(증인적격), 따라서 공범을 증인으로 신문하지 않는 한 그 자백은 증거로 사용할 수 없고 결국 피고인의 범죄사실에 대한 증거로 될 여지가 없다. 따라서 주로 공범인 공동피고인이 공판정에서 자백한 경우가 문제된다.

㈎ **학설의 검토** 공범인 공동피고인의 증인적격을 부정하는 일반적인 견해를 전제로 할 때, 변론을 분리하지 않고 증인이 아닌 피고인의 지위에서 공판정에서 행한 공범의 자백이 피고사건에 대한 증거로 사용될 수 있는지에 대해 견해의 대립이 있다.

1) **적극설** 공동피고인의 공판정에서의 자백은 다른 공동피고인인 피고인의 범죄사실에 관하여 당연히 증거능력이 인정된다는 견해이다. 피고인에게

---

481) 대판 1966. 7. 26. 66도634 전합; 대판 2008. 2. 14. 2007도10937.

482) ① 공범의 증인적격을 인정하게 되면 공범인 공동피고인도 피고인에 대하여 증인의 지위에 있으므로 증인신문 또는 피고인신문의 방법에 의해서 법정자백에 해당하는 진술 또는 법정자백을 획득할 수 있다. 공범인 공동피고인이 피고인의 지위에서 자백을 한 경우 상피고인에 대한 유죄의 증거로 사용될 수 있는지가 문제된다. 한편 ② 공범의 증인적격을 부인하는 견해도 자신의 피고사건과 실질적 관련이 없는 사건에 대하여 병합심리되고 있는 공동피고인은 증인적격이 있다는 절충설과 공동피고인이라면 공범관계 여부를 불문하고 변론을 분리하지 않는 한 증인적격이 부정된다는 부정설로 나누어지는데, 이 경우에 공범이 증인이 아닌 피고인의 지위에서 행한 자백이 피고사건에 대한 범죄사실의 증거로 사용될 수 있는지가 문제되는 것이다.

공동피고인에 대한 반대신문권이 보장되어 있고, 공동피고인의 자백도 법관 앞에서 행해지는 것이므로 공동피고인 자신에게도 유죄의 증거로 사용된다는 점을 논거로 한다.

2) 소극설 변론을 분리하여 신문하지 않는 한 공동피고인의 공판정에서의 자백은 피고인의 범죄사실에 관하여 증거로 사용할 수 없다는 견해이다. 피고인이 공동피고인에 대해 반대신문을 해도 공동피고인이 진술을 거부하면 반대신문권의 보장이 무의미하게 되고, 공동피고인의 자백은 증언과 달리 선서에 의해 그 진실성이 담보되지 않는다는 점을 논거로 한다.

3) 절충설 피고인이 공동피고인에 대해 **공판정에서 충분히 반대신문을 하였거나 반대신문의 기회가 주어진 경우에 한해** 공동피고인의 자백에 대해 증거능력을 인정할 수 있다는 견해이다. 현행법상 피고인신문절차에서 피고인이 다른 공동피고인에 대하여 반대신문을 할 수 있는 권리가 법적으로 보장되어 있지 않고, 사실상 반대신문의 기회가 주어지더라도 공동피고인이 진술거부권을 행사하면 반대신문이 사실상 의미가 없게 된다는 점을 논거로 한다. 이 견해가 타당하다.

(나) **판례의 태도** 판례는 반대신문권의 보장을 '조건'으로 하지 않고 이미 반대신문권이 보장되어 있다는 '전제' 아래 적극설을 취한다.[483] 공범들 사이에 이해관계가 상반되는 공동피고인이 자백한 경우에도 반대신문권이 보장되어 있다는 전제 아래 독립한 증거능력을 인정한다.[484]

(2) 공범의 자백에 대한 보강증거의 요부

공범의 자백의 증거능력이 인정되더라도 그 자백이 실질적으로 제310조가 규정한 '피고인의 자백'에 포함되어 별개의 독립적인 보강증거가 요구되는지 여부가 문제된다.

(가) 학설

1) 보강증거 필요설 공범의 자백도 피고인의 자백에 포함되므로 공범

---

483) 대판 1985. 6. 25. 85도691. 「공동피고인의 자백은 이에 대한 피고인의 반대신문권이 보장되어 있어 증인으로 신문한 경우와 다를 바 없으므로 독립한 증거능력이 있다는 것이 당원이 견지해 온 견해(이다).」 같은 취지의 판례로는, 대판 2007. 10. 11. 2007도5577.

484) 대판 2006. 5. 11. 2006도1944.

의 자백에 대해서도 보강증거가 필요하다는 견해이다.

공범은 다른 공범에게 책임을 전가하기 위해 허위진술을 할 위험이 있으므로 오판의 위험성을 배제하기 위해 보강증거를 요구할 필요가 있고, 공범의 자백을 피고인의 자백에 포함시키지 않으면 불합리한 결과가 생길 수도 있다고 한다. 즉 공범 가운데 한 사람만 자백한 경우, 보강증거가 없다면 자백한 공범은 무죄로 되고 부인한 공범만 오히려 유죄로 되는 불합리한 결과가 생긴다는 것이다.

2) **보강증거 불요설** 공범도 피고사건에 대한 제3자이므로 공범의 자백은 피고인의 자백과 별개로서 보강증거를 요하지 않는다는 견해이다. 현재 지배적인 입장이다.

공범의 자백은 피고인의 자백과의 관계에서 제3자의 진술에 불과하고, 자백보강법칙은 자유심증주의에 대한 예외로서 엄격히 해석해야 하므로 제310조의 '피고인의 자백'을 공범의 자백까지 확장해서는 안 되고, 보강증거가 없는 경우 공범의 자백으로 인하여 부인한 피고인만 유죄로 되는 것은 법관의 자유로운 증명력 평가의 결과이고 반대로 자백한 공범이 보강증거가 없어 무죄로 되는 것은 보강법칙이 적용된 결과일 뿐이므로 불합리한 것은 아니라는 점을 논거로 한다.

3) **절충설**(공판정자백기준설) 공범의 자백이 공판정에서 행해진 경우에는 보강증거를 요하지 않지만 공판정 외에서 행해진 경우에는 보강증거가 필요하다는 견해이다.

공범이 공동피고인으로서 심리받고 있는 절차에서 자백을 한 경우에는 법관 면전에서 행해진 것이므로 법관이 그 진술태도를 관찰하고 피고인은 반대신문권을 행사할 수 있어 보강증거를 요하지 않지만, 공범이 공판정 외에서 자백한 때에는 이러한 보완장치가 없어 법관이 보다 신중한 심증형성을 할 수 있도록 보강증거를 요구해야 한다는 점을 논거로 한다.

㈏ **판례의 태도** 공범의 자백은 피고인의 자백에 포함되지 않으므로 피고사건에 대해 피고인의 자백 유무를 불문하고 별도의 보강증거를 요하지 않는다는 입장이다.[485] 따라서 공범인 피고인의 진술을 근거로 그 진술에 대한 보

---

485) 대판 1963. 7. 25. 63도185. 「본조에서 말하는 피고인의 자백이라 함은 문리해석상으로도 다른 공동피고인(공범인 경우이건 아니건 가리지 않는다)의 자백을 포함한다 하는 취지로 되어 있지 않을 뿐 아니라 실지 문제로서도 이 공동피고인의 자백에 대하여는 반대신문권도 충분히 보장되어 있는 것이므로 증인으로 신문한 경우나 다를 바가 없으므로 이러한 의미에서 공동피고인의 자백도 증거능력이 있다 할 것이다.」

강증거 없이 다른 피고인의 범죄사실을 인정할 수 있다.[486]

(다) **검토** 공범의 자백은 피고인 자신의 자백과는 별개의 것이므로 공범의 자백에 대하여는 보강증거가 필요하지 않다. 공범의 자백이 공판정 외에서 행해졌다는 이유로 공판정에서의 자백과 구별하여 일률적으로 보강증거를 필요로 한다고 볼 수도 없다. 따라서 공범의 자백에 대하여는 보강증거가 필요하지 않다고 보아야 한다.

다만, 증명력 단계에서는 공범의 자백에 대한 신빙성을 엄격히 판단하여야 한다. 공범의 진술만으로 유죄를 인정하기 위해서는 공범의 진술이 합리적인 의심을 배제할 만한 신빙성이 있어야 한다. 신빙성 유무를 판단할 때에는 그 진술 내용 자체의 합리성, 객관적 상당성, 전후의 일관성뿐만 아니라 그의 인간됨, 그 진술로 얻게 되는 이해관계 유무 등을 고려하여야 하고, 특히, 공범에게 어떤 범죄의 혐의가 있고 그 혐의에 대하여 수사가 개시될 가능성이 있거나 수사가 진행 중인 경우에는, 이를 이용한 협박이나 회유 등의 의심이 있어 그 진술의 증거능력이 부정되는 정도에까지 이르지 않는 경우에도, 그로 인한 궁박한 처지에서 벗어나려는 노력이 진술에 영향을 미칠 수 있는지 여부 등도 아울러 살펴보아야 한다.[487]

Ⅲ. 보강증거의 자격

일정한 증거가 자백에 대한 보강증거가 되기 위한 자격(성질 내지 능력)에 관한 논의이다.

1. 독립증거

보강증거는 자백의 범위에 포함되지 않는 것, 즉 자백 이외의 독립한 증거이어야 하며, 서류이든 진술이든 불문한다.

피고인의 자백이 다른 형태로 반복된 것에 불과한 때에는 독립적인 보강증거가 될 수 없다. 수사절차에서 작성된 피의자신문조서에 포함된 자백은 공판정에서의 자백에 대한 보강증거가 될 수 없으며, 제1심에서 행한 자백은 항소심에서의 자

---

486) 대판 1992. 7. 28. 92도917.

487) 대판 2002. 6. 11. 2000도5701; 대판 2014. 4. 10. 2014도1770; 대판 2017. 3. 30. 2013도10100; 대판 2018. 7. 11. 2018도6352.

백에 대한 보강증거가 될 수 없다. 또한 범행재연사진이나 녹음도 실연에 의한 자백(confession of demonstration)에 불과하므로 독립증거가 될 수 없다.

(1) 업무상 통상문서

수사개시 이전에 피고인이 업무처리내역이나 거래내용을 계속적, 기계적으로 상업장부, 일기장, 수첩 등에 기입한 경우 그 기재내용도 보강증거가 될 수 있다.

학설로는, ① 피고인이 사인의 지위에서 범죄혐의와 무관하게 작성한 것이라도 범죄사실을 인정하는 피고인의 진술에 해당하는 경우에는 자백과 실질적으로 차이가 없으므로 보강증거가 될 수 없다는 견해(부정설)와 ② 범죄사실의 인정 여부와 관계없이 자신의 사무를 처리한 사무내역을 계속적, 기계적으로 기재한 문서는 그 신용성이 매우 높으므로 독립증거로 보아야 한다는 견해가 있으며, 판례는 긍정설을 취하고 있다.[488]

(2) 정황증거

범죄사실을 직접 증명하는 직접증거가 아니라도 요증사실과 관련성이 인정되면 간접증거도 독립증거로서 보강증거가 될 수 있다.[489]

피고인이 업무상 횡령을 한 사실을 자백한 경우 '부동산등기부등본', '수사보고(압수수색검증영장 집행 결과 보고), 횡령 및 반환 일시 거래내역', '수사보고(공소외인 계좌 영장집행 결과 보고), 계좌거래내역', '사실확인서'는 피고인의 자백이 진실함을 뒷받침하기에 충분한 보강증거들에 해당한다.[490] 피고인이 절취한 봉고차를 타고 범행장소에 가 합동하여 손가방 1개를 낚아채어 절취한 혐의를 자백한 경우 봉고차를 도난당했다는 내용이 기재된 피해자에 대한 진술조서는 봉고차 절취사실의 보강증거는 될 수 있어도, 봉고차를 이용한 손가방 절취 사실과는 직접·간접적으로 아무런 관계가 없어 이에 대한 보강증거는 될 수 없다.[491]

정황증거가 공소사실과 직접 관련이 없고 범행동기에 관한 것이면 보강증거가 될 수 없다.[492]

---

488) 대판 1996. 10. 17. 94도2865 전합.

489) 대판 2018. 3. 15. 2017도20247 (마약 투약 및 거래에 관한 자백에 대하여 마약(러미라)을 피고인에게 건네준 공소외인에 대한 진술조서와 마약을 제공받은 공소외인에 대한 진술조서가 보강증거로 인정된 사안); 대판 2021. 7. 29. 2021도3756; 대판 2021. 8. 26. 2021도2205.

490) 대판 2017. 12. 28. 2017도17628.

491) 대판 1986. 2. 25. 85도2656.

492) 대판 1990. 12. 7. 90도2010.

(3) 공범의 자백

공범의 자백이 피고인의 자백에 포함되지 않는다는 견해에 따르게 되면 공범의 자백도 독립한 증거로서 자백에 대한 보강증거로 사용하는 것도 가능하다. 판례도 긍정설의 입장에서 공범의 자백이 보강증거가 될 수 있다는 입장이다.[493]

학설로는 ① 긍정설(보강증거불요설은 공범의 자백은 피고인의 자백이 아닌 독립증거이므로 당연히 피고인의 자백에 대한 보강증거가 될 수 있다고 하며, 보강증거필요설을 취하면서도 피고인이 자백한 경우에는 공범에 의한 책임전가의 위험이 없으므로 공범의 자백을 보강증거로 할 수 있다는 견해가 있다), ② 부정설(보강증거필요설은 공범의 자백을 피고인의 자백으로 보는 이상 공범의 자백을 독립증거라고 볼 수 없고, 보강증거불요설이 공범의 자백을 보강증거로 사용하려는 것은 필벌주의에 따라 실체해명의무를 지나치게 강조한 것이라고 비판한다)이 있다.

(4) 전문진술

피고인의 자백을 내용으로 하는 타인의 진술은 자백을 자백으로 보강하는 결과로 되므로 그 자체가 보강증거로 되지 않는다.[494]

2. 증거능력

보강증거도 독립한 증거로서 사용될 수 있는 것이어야 하므로 증거능력이 없는 증거는 제외된다.[495] 공범의 자백도 독립한 증거능력이 있다는 적극설(판례)의 입장에 따르는 경우에만 보강증거로서 사용이 가능하다.

3. 증명력

보강증거는 자백과 종합하여 범죄사실을 인정할 수 있는 정도의 증명력을 가지면 족하며, 자백과 보강증거의 증명력은 법관의 자유판단에 의한다.

보강증거 자체만으로 범죄사실을 증명할 수 있어야 한다는 견해도 있으나, 그런 경우에는 구태여 보강증거로 사용될 필요 없이 실질증거가 될 것이므로, 보강증

---

493) 대판 1985. 7. 9. 85도951; 대판 1990. 10. 30. 90도1939; 대판 1997. 1. 21. 96도2715.

494) 대판 2008. 2. 14. 2007도10937.

495) 대판 1983. 7. 26. 83도1448 (합동절도사건에서 공소사실을 인정한 피고인과 공모한 자에 대한 피의자신문조서 사본이 추송서류로 법원에 접수되었으나 공판정에서 증거조사를 거치지 않은 사안: 증거능력 부정).

거는 자백과 함께 범죄사실을 인정할 수 있으면 족하다.[496] 구체적으로는 보강의 대상(범위)이 문제된다.

Ⅳ. 보강증거의 증명대상

1. 보강의 대상

보강증거가 자백과 독립한 증거로서 자백의 어떤 부분을 보강해야 하는지에 대해 논의가 있다.

(1) 학설

죄체설과 진실성담보설로 나누어지나, 실질설(진실성담보설)이 지배적이다.

① 죄체설 적어도 자백한 범죄사실의 객관적 구성요소, 즉 **죄체**[497]의 전부 또는 **중요부분**을 인정할 만한 보강증거가 필요하다는 견해이다. 보강을 요구하는 정도에 따라 침해행위나 손해발생에만 보강증거가 있으면 족하다는 입장과 그것이 범죄행위로 인하여 초래된 것이라는 부분에 대해서도 보강증거가 필요하다는 입장이 있다.
죄체의 중요부분이 증명되었는지 여부는 결국 자백과 보강증거를 종합하여 판단할 수밖에 없으므로 실질적으로 실질설과 큰 차이는 없다. 그리고 죄체의 개념이나 중요 부분의 의미 등이 불명확하다는 단점이 지적되고 있다.
② 진실성담보설(실질설) 자백보강법칙이 오판의 위험을 배제하기 위한 것이므로, 범죄사실의 전부 또는 중요부분을 인정할 수 있는 정도가 아니더라도 **자백한 사실이 가공적인 것이 아니고 진실한 것이라고 인정할 수 있는 정도**의 증거이면 족하다는 견해이다.

(2) 판례

피고인의 자백이 가공적인 것이 아닌 진실한 것임을 인정할 수 있을 정도

---

496) 대판 2017. 6. 8. 2017도4827 (피고인이 마약류를 투약하고 일부는 A에게 교부한 사안에서, 피고인이 자백하고 A의 피의자신문조서 사본과 진술조서가 보강증거로 제출된 사안: 유죄 인정). 「자백에 대한 보강증거는 범죄사실의 전부 또는 중요 부분을 인정할 수 있는 정도가 되지 않더라도 피고인의 자백이 가공적인 것이 아닌 진실한 것임을 인정할 수 있는 정도만 되면 충분하다. 직접증거가 아닌 간접증거나 정황증거도 보강증거가 될 수 있고, 자백과 보강증거가 서로 어울려서 전체로서 범죄사실을 인정할 수 있으면 유죄의 증거가 된다.」

497) 죄체란 본래 공판정의 자백과 공판정외의 자백을 구분하여 후자에 대해서만 보강증거를 필요로 하는 미국증거법의 개념이다.

이면 족한 것으로 보고 있다(실질설의 입장).[498]

2. 개별적 검토

(1) 보강의 대상

종래 죄체설의 입장에 따라 어느 부분에 대한 보강이 필요한지가 논의되어 왔으나, 진실성담보설에 따르면 개별 요소에 대한 보강 여부가 중요한 논점이 아니라 구체적인 사례에서 자백내용의 진실성을 담보하기에 족한지 여부가 중요하다고 할 수 있다.

(가) 범죄의 주관적 요소 입증의 현실적 곤란을 고려해서 고의나 목적 등은 보강을 요하지 않고 피고인의 자백만으로 족하다. 고의는 범죄성립의 중요한 요소이므로 고의를 추정케 하는 정황증거를 통해 보강되어야 한다는 견해도 있다.

> 주관적 범죄구성요소에 대해 보강증거를 수집할 수 있는지는 우연에 좌우되는 일이 많으므로, 주관적 범죄성립요소에 대해서까지 보강증거를 요하게 되면 결국 자백 사건의 유·무죄가 보강증거의 형식적 존부라는 우연에 좌우될 우려가 있다는 문제가 지적되기도 한다.

(나) 범인과 피고인의 동일성 자백만으로 범인과 피고인의 동일성을 인정할 수 없다고 하는 것은 자백의 증명력을 부인하는 것이나 다름없고, 목격자 없는 범죄의 경우에 범인과 피고인의 동일성을 확인할 수 있는 보강증거를 구하는 것은 극히 곤란하다는 점에서 보강을 요하지 않는다.

> 학설로는, ① 범인과 피고인의 동일성은 범죄사실의 핵심이므로 피고인의 자백에 대한 보강증거를 요한다는 견해와 ② 범죄사실에 대한 보강증거가 있는 이상 범인과의 동일성에 대해서는 자백만으로 족하다는 견해가 있다.

(다) 범죄구성요건사실 이외의 사실 예컨대 객관적 처벌조건이나 누범가중, 전과 및 정상에 관한 사실은 범죄사실 자체는 아니므로 피고인의 자백만으로 인정할 수 있다.

---

498) 대판 1967. 12. 18. 67도1084 이래 판례의 일관된 입장이다. 최근 판례로는, 대판 2018. 3. 15. 2017도20247; 대판 2021. 10. 28. 2019도18970.

판례도 '전과'나 '확정판결'에 대해서는 피고인의 자백만으로 이를 인정할 수 있다고 한다.[499)]

(2) 죄수와의 관련

실체적 경합범의 경우에는 각 범죄사실에 대해 보강증거가 필요하다.[500)] 상상적 경합범도 실체법상 수죄이므로 각 범죄에 대하여 보강증거가 필요하다.

상상적 경합범에 관한 학설로서, ① 상상적 경합범이 소송법상 일죄라는 점을 고려하면 보강증거라는 절차법상 문제에 대해서도 중한 죄에 대해서만 보강증거가 있으면 족하다는 견해와 ② 상상적 경합범도 실체법상 수죄이므로 개별 범죄사실에 대해 각기 보강증거가 필요하다는 견해가 있다. 처벌의 관점에서 보면 중한 죄에 대해서만 보강증거가 있으면 족하지만, 오판 방지라는 차원에서 보면 각각에 대해 보강증거를 요한다고 보아야 한다.

포괄일죄의 경우 포괄적으로 평가되는 개별 행위가 구성요건상 독립한 의미를 가지는 때에는 각 행위별로 보강증거가 필요하다. 판례도 광의의 포괄일죄인 상습범에 대하여 개별 행위별로 보강증거를 요한다는 입장이다.[501)]

포괄적으로 평가되는 각 행위의 상당부분에 대해서 보강증거가 있으면 족하다는 견해도 있으나, 다수설은 포괄일죄를 유형별로 나누어 검토하고 있다. 즉 협의의 포괄일죄(침해법익과 범죄행위의 유사성 등으로 인하여 다수의 행위가 일죄로 파악되는 경우)는 개별적 행위가 독립적 의미를 가지지 아니하므로 개별 행위별로 보강증거를 요하지 않지만, 광의의 포괄일죄(침해법익과 범죄행위의 유사성이 없음에도 불구하고 행위자의 인격적 특성인 범죄의 상습성 등을 근거로 다수의 행위가 일죄로 포괄되는 경우)는 개개의 행위가 독립적으로 의미를 가질 수 있으므로 그 행위 별로 보강증거를 요한다고 한다.

V. 보강법칙 위반의 효과

보강법칙을 위반하여 자백만을 유일한 증거로 유죄를 인정한 때에는 법령위반(헌법 제12조 제7항, 형사소송법 제310조)에 따른 상소사유가 된다(제361조의5 제1호, 제383조 제1호). 유죄판결이 확정되더라도 비상상고를 통한 구제가 가능하다(제441조).

---

499) 대판 1996. 2. 13. 95도1794.
500) 대판 2008. 2. 14. 2007도10937.
501) 대판 1996. 2. 13. 95도1794.

자백만을 이유로 유죄를 인정했다 하더라도 무죄의 증거가 새로 발견된 경우에 해당하지 않으므로 재심사유로 보기는 어렵다.

제3 공판조서의 증명력

Ⅰ. 공판조서의 성격

공판조서는 공판기일에 법원의 면전에서 작성된 것으로 소송절차에 관한 한 가장 객관적으로 기술된 것이므로 증거법상 특칙이 인정된다. 제56조는 「공판기일의 소송절차로서 공판조서에 기재된 것은 그 조서만으로써 증명한다」고 규정하고 있다.

소송관계인들이 공판기일의 소송절차의 적법성 여부를 쉽게 입증할 수 있도록 하는 한편 상소법원의 심사의 편의를 위한 규정이다.

당해 사건의 공판조서는 제311조, 다른 사건의 공판조서는 제315조 제3호 내지 제313조에 의해 그 증거능력이 긍정된다.

Ⅱ. 배타적 증명력

'그 조서만으로써 증명'하므로 공판조서 이외의 자료에 의한 반증이 허용되지 않는다.[502] 일종의 법정증거주의의 표현이라고 할 수 있다.

공판조서의 기재가 명백한 오기인 경우를 제외하고는 공판기일의 소송절차로서 공판조서에 기재된 것은 조서만으로써 증명하여야 하고, 그 증명력은 공판조서 이외의 자료에 의한 반증이 허용되지 않는 절대적인 것이다.[503]

공판조서의 유효성과 정확성이 전제되어야 하므로 법정기재사항, 피고인 등의 열람·등사권이 보장되어야 한다. 이를 위반한 때에는 증거능력이 부정된다.[504]

---

502) 대판 1990. 2. 27. 89도2304.

503) 최근 판례로는, 대판 2018. 4. 26. 2017도19019; 대판 2018. 5. 11. 2018도4075; 대판 2018. 8. 1. 2018도8651; 대판 2019. 3. 28. 2018도13685.

504) 대판 2003. 10. 10. 2003도3282.

Ⅲ. 적용범위

1. 공판기일의 절차

공판기일의 절차에 한하여 배타적 증명력이 인정되므로,[505] 공판기일 전의 증인신문청구, 증거보전절차, 공판준비기일의 증인신문이나 검증 등은 제외된다.

2. 소송절차

공판기일의 소송절차에 관한 것에 한하므로, 실체면(예컨대 진술내용)은 배타적 증명력이 인정되지 않고 다른 증거로 얼마든지 다툴 수 있다.[506] 소송절차에 관한 것이라면 소송절차의 적법성 및 존부의 문제를 포괄한다. 검사가 제출한 증거에 관하여 동의 또는 진정성립 여부 등에 관한 피고인의 의견이 증거목록에 기재된 경우 그 증거목록의 기재도 공판조서의 일부로서 명백한 오기가 아닌 이상 절대적인 증명력을 가지게 된다.[507]

> 필요적 변호사건에서 변호인의 출석 여부, 진술거부권의 고지 여부, 검사의 공소장낭독 여부, 피고인의 모두진술 여부, 증거조사결과에 대한 피고인의 의견조회 및 피고인에 대한 증거조사신청권 고지 여부, 진술조서의 진정성립 및 임의성 인정 여부[508] 및 증거동의 여부,[509] 변호인 및 피고인에 대한 최종의견 진술기회 부여 여부, 변론분리의 여부,[510] 상소기간의 고지 여부, 판결선고의 유무 및 일자 등 당해 사건의 공판기일에서의 소송절차에 관한 사실을 포괄한다.

3. 공판조서에의 기재

통상의 소송절차로서 공판조서에 기재된 것은 실제 절차의 여부와 관계없이 그 절차가 행해진 것으로 본다(적극적 증명력).

(1) 통상의 소송절차로서 공판조서에 기재된 것

통상의 절차라도 조서에 기재되지 않은 것은 반증이 허용되며, 소송법적 사

---

505) 대판 2017. 6. 8. 2017도5122.

506) 실체에 관한 공판조서의 기재는 제311조 또는 제315조 제3호에 따라 증거능력이 인정되고, 증명력은 자유판단의 대상이 된다는 의미이다.

507) 대판 1998. 12. 22. 98도2890; 대판 2019. 3. 28. 2018도13685.

508) 대판 2012. 5. 10. 2012도2496.

509) 대판 2016. 3. 10. 2015도19139.

510) 대판 2017. 5. 17. 2017도3780.

실로서 자유로운 증명에 의한다.

> 공판조서에 기재되지 않은 사항에 대해서는 원칙적으로 다른 자료에 의한 (자유로운) 증명이 가능할 것이다.

당해 사건의 공판조서에 한하며, 필요적 기재사항인지 여부를 불문한다(제51조 참조). 통상의 소송절차라면 공판조서에 기재되지 않은 것이라도 다른 기재에 비추어 당해 절차의 존재를 추정할 수 있다.[511]

(2) 명백한 오기인 경우

배타적 증명력은 배제되고, 그 올바른 내용에 따라 배타적 증명력이 인정된다. 공판조서의 일부에 명백한 오기가 있는 사안에서 공판조서 전체가 무효로 되거나 배타적 증명력을 잃는 것은 아니고 오기된 부분만이 올바른 내용에 따라 증명력을 가진다.[512] 명백한 오기인지 여부는 공판조서의 기재만으로 판단한다(이설 있음).

> '명백한' 오기라는 것 자체가 공판조서만으로 판단이 가능하다는 의미를 내포하고 있고, 다른 자료의 참고를 허용하는 것은 피고인의 실체판단과 관련이 없는 별도의 분쟁을 방지하려는 본조의 취지에 반하기 때문이다. 다만 공판조서가 아니더라도 당해 공판절차에 제출되어 공판기록에 편철되거나 법원이 직무상 용이하게 확인할 수 있는 자료 중에서 신빙성 있는 객관적 자료에 의하여 판단을 할 수는 있으므로 학설의 대립이 큰 의미를 가지지는 않는다.

(3) 불명확한 기재나 모순된 기재는 제외

공판조서에 기재된 것이라도 기재가 불명확하거나 모순이 있는 경우에는 배타적 증명력이 부정된다.

> 그 외에도 소송관계인이 공판조서에 대해 제54조에 따라 이의신청을 하거나 신청이 방해된 경우도 배타적 증명력이 부정된다.[513]

---

511) 대판 1972. 12. 26. 72도2421 (공판조서에 인정신문에 대한 기재가 없는 경우: 추정).

512) 대판 1995. 4. 14. 95도110; 대판 2010. 6. 24. 2010도5040.

513) 대판 1988. 11. 8. 86도1646 (경찰관 D가 D2로부터 진정사건을 불구속으로 처리해 주어 고맙다는 인사와 함께 현금 450만원을 교부받아 특가법위반으로 기소된 사안에서 제1회 공판조서에 'D가 그 공소사실을 부인하였다'고 기재되어 있으나, 검사는 '뇌물수수를 약속하였다'는 취지로 진술하면서 공판조서기재의 정확성에 대해 이의를 진술한 사안).

Ⅳ. 공판조서의 무효 또는 멸실

공판조서의 배타적 증명력은 증거능력이 있는 유효한 공판조서의 존재를 전제로 하므로, 공판조서가 무효이거나 멸실된 경우에는 적용되지 않는다. 이 경우는 다른 자료로 증명이 가능하다.

공판조서가 유효한 조서임을 전제로 하고 있고, 항소심에서 파기자판을 원칙적으로 하고 있으므로 다른 자료에 의한 사실인정을 부정할 이유가 없기 때문이다.[514)]

---

514) 대판 1950. 12. 4. 4283형상9 참조.

제4장

재판

제1절 재판 일반

제1 재판의 의의와 종류

Ⅰ. 의의

재판이란 협의로는 법원이 피고사건에 법령을 적용하여 그 실체에 대하여 내리는 공권적 판단, 즉 유·무죄의 실체재판을 말한다. 형사소송법에서 재판은 보다 넓은 의미로 사용된다. 광의의 재판이란 법원 또는 법관의 의사표시에 기한 법률행위적 소송행위를 말한다. 예컨대 영장발부, 보석허가, 공판기일 지정, 증거결정, 증인신문, 공소기각 등이 여기에 해당한다.

재판은 법원의 소송행위라는 점에서 수사기관의 행위와 구별되고, 증거조사나 피고인신문과 같은 사실행위적 소송행위와도 구별된다.

Ⅱ. 재판의 종류

1. 재판의 내용에 따른 분류

(1) 실체재판

실체재판이란 법원이 사건의 실체를 심리하고 그 실체관계에 구체적인 형벌법규를 적용하여 내리는 공권적 판단, 즉 협의의 재판을 의미한다. 실체재판에 대해서는 **일사부재리의 효력**(기판력)이 발생한다.

(2) 형식재판

형식재판이란 사건의 실체면을 제외한 부분, 즉 피고사건의 형식면과 절차면에 대한 법원의 공권적 판단을 말한다. 판결 전 소송절차에서 행해지는 종국 전 재판은 모두 형식재판이나 예컨대 공소기각, 면소, 관할위반의 재판과 같은 종국재판의 형식을 취하기도 한다.

2. 재판의 기능에 따른 분류

(1) 종국재판

종국재판이란 피고사건의 소송을 당해 심급에서 종결시키는 재판을 말한다.

> 유·무죄 판결, 공소기각의 재판(판결·결정), 면소판결, 관할위반 판결 그리고 상소심에서의 상소기각, 파기자판, 파기환송, 파기이송 등의 재판도 종국재판에 속한다.

종국재판은 원칙적으로 '판결'의 형식을 취한다(유·무죄 판결, 면소판결, 공소기각 판결, 관할위반 판결 등). 종국재판은 법적 안정성의 관점에서 법관이 스스로 취소 또는 변경할 수 없고, '상소를 통한 구제'만 가능하다. 종국재판에 대하여는 원칙적으로 상소가 허용된다.

(2) 종국전 재판

종국전 재판은 종국재판에 이르기까지 판결 전에 행해지는 절차에 관한 재판을 말한다. 중간재판이라고도 한다.

> 예컨대 관할에 관한 병합·분리·이송 등의 결정, 기피신청에 대한 결정, 보석에 관한 결정, 구속의 취소 또는 집행정지에 관한 결정, 압수물의 환부에 관한 결정, 증인의 동행명령에 대한 결정, 소송비용부담에 관한 결정, 공소장변경허가결정, 증거신청에 대한 결정 등이 종국전 재판에 해당한다.

종국전 재판은 '결정'이나 '명령'의 형식을 취한다. 종국전 재판은 합목적성이 강조되므로 '법원 스스로 취소나 변경이 가능'하지만(예컨대 보석, 증거결정의 경우), 원칙적으로 상소는 허용되지 않는다.

3. 재판의 형식에 따른 분류

(1) 판결

판결은 **수소법원**이 행하는 **종국재판**의 원칙적 형식이다. 유·무죄의 실체재판과 함께 형식재판으로서 관할위반, 공소기각, 면소가 있다. 판결은 구두변론을 거쳐서 하여야 하고(제37조 제1항),[1] 이유를 명시해야 하며(제39조 본문), 공판정에서 판결서에 의해 선고하는 것이 원칙이다(제38조, 제42조).

판결에 대한 불복방법은 항소(제357조)와 상고(제371조)가 있고, 재심(제420조)과 비상상고(제441조)도 판결에 대해서만 허용된다.

(2) 결정

결정은 **수소법원**이 행하는 **종국전 재판**의 원칙적 형식이며, 절차에 관한 재판은 원칙적으로 결정에 의한다.

(가) **종국전 재판의 경우** 사건의 병합·이송, 보석허가(제95조, 제96조), 구속취소(제93조) 및 집행정지(제101조 제1항), 증거신청에 대한 결정(제295조 전단), 증거조사에 대한 이의신청에 대한 결정(제296조 제2항), 공소장변경허가(제298조 제1항) 등이 여기에 속한다.

(나) **종국재판의 경우** 공소기각의 결정(제328조 제1항), 원심법원 또는 상소법원의 상소기각 결정(제360조, 제361조의4, 제376조, 제380조) 등이 여기에 속한다.

결정은 구두변론을 거치지 아니할 수 있고 필요하면 사실을 조사할 수 있다(제37조 제2항, 제3항). 결정은 재판서 작성 없이 조서에 의한 기재로 가능하고(제38조 단서), 상소를 불허하는 결정이나 명령은 이유를 명시하지 않을 수 있다(제39조 단서). 결정에 대한 불복방법은 항고(제402조) 및 재항고(제415조)이나, 대법원의 결정에 대해서는 항고할 수 없다.[2]

(3) 명령

명령은 수소법원 자체가 아니라 그 구성원인 재판장이나 수명법관 또는 수소법원의 촉탁을 받은 수탁판사가 행하는 **종국전 재판**의 형식이다.

> 공판준비명령(제266조의6 제2항, 제4항), 공판기일의 지정·변경(제267조 제1항, 제270조 제1항) 등이 여기에 속한다. 약식명령은 명칭에도 불구하고 독립된 형식의 재판이다(제448조 이하).

명령의 방식 등은 결정의 경우에 준한다. 구두변론을 거치지 아니할 수 있

---

1) 법원이 변론을 거치지 않고 판결을 한 때에는 그 판결은 위법하다. 대판 1981. 7. 28. 81도1482 (항소심에서 제1심판결을 파기하면서 무변론항소기각 사유에 해당하지 않음에도 변론 없이 항소를 기각한 사안: 위법).

2) 대결 1967. 2. 20. 67로1; 대결 1987. 1. 30. 87모4.

고 필요하면 사실을 조사할 수 있으며(제37조 제2항), 상소이유를 명시할 필요가 없고(제39조 후단), 재판서 없이 조서에 기재 가능하며 적당한 방법으로 고지를 할 수 있다. 명령에 대한 불복은 원칙적으로 허용되지 않고 예외적인 경우에 이의신청(제304조)이나 준항고(제416조)를 할 수 있다.

■ 요약

	판결	결정	명령
의의	수소법원에 의한 종국재판의 원칙적 형식	수소법원에 의한 종국전 재판의 원칙적 형식	재판장, 수명법관, 수탁판사로서 법관이 하는 재판의 원칙적 형식
변론	구두변론	구두변론 불요. 필요한 경우 사실조사 가능	
이유 명시의 요부	이유 명시	상소를 불허하는 결정을 제외하고 원칙적으로 이유 명시	이유 명시 불요
재판의 방식	법관이 작성한 재판서	재판서 없이 조서에만 기재 가능	
상소방법	항소, 상고	항고, 재항고	상소 불가 → 이의신청, 준항고
해당되는 경우	① 실체재판인 유·무죄 판결, 형식재판인 관할위반, 공소기각, 면소 ② 실체재판은 모두 종국재판이나, 형식재판은 종국재판과 종국전 재판 모두 가능	① 보석허가결정, 증거신청에 대한 결정, 공소장변경허가결정 등 절차에 관한 재판 ② 공소기각결정, 재정신청에 대한 결정과 같이 종국재판도 결정에 의할 수 있음	① 명령은 모두 종국전 재판 ② 공판기일의 지정·변경 등 ③ 약식명령은 명령이 아니고 독립된 형식의 재판임

제 2 재판의 성립

Ⅰ. 의의

재판은 법원 또는 법관의 의사표시적 소송행위이므로 재판의 성립은 ① 의사의 내부적 결정(내부적 성립)과 ② 결정된 의사의 외부적 표시(외부적 성립)라는 두 단계를 거쳐 이루어진다.

Ⅱ. 내부적 성립

내부적 성립이란 재판의 내용인 의사표시(실체재판의 경우에는 심증형성)가 당해 사건의 심리에 관여한 재판기관 내부에서 형성되는 것을 말한다. 내부적 성립은 비공개가 원칙이다. 심리에 관여하지 않은 법관이 내부적 성립에 참여하면 절대적 항소이유 또는 상대적 상고이유가 된다.[3)]

내부적 성립 이후에는 판사가 경질되어도 공판절차의 갱신이 필요하지 않다(제301조 단서).

1. 합의부 재판의 경우

구성원인 법관들의 **합의**가 있으면 내부적으로 성립한다. 「소송조건 존부 → 사실인정 → 양형 → 소송비용」 순으로 합의한다. 구체적인 합의 방법에 대해서는 법원조직법 제66조에서 규정하고 있다.

2. 단독판사의 경우

합의과정이 없으므로 스스로 **재판서를 작성**할 때 내부적 성립이 된다. 재판서를 작성하지 않고 재판을 선고 또는 고지하는 경우에는 재판의 선고 또는 고지(외부적 성립)와 동시에 재판이 내부적으로도 성립한다.

Ⅲ. 외부적 성립

재판의 외부적 성립이란 재판의 내용인 의사표시가 외부적으로 재판을 받는 자에게 인식될 수 있는 상태에 이른 것을 말한다. 외부적 성립의 방법은 **선고 또는 고지**에 의한다. 선고 또는 고지는 소송관계인에게 재판의 내용을 알려주는 법률행위이다.

판결은 선고의 방법에 의하며, 결정과 명령은 통상 고지의 방법에 의한다.

1. 선고 또는 고지의 방법

선고는 공판정에서 재판의 내용을 구술로 선언하는 행위이며, 고지는 선고

---

3) 대판 1963. 5. 15 63도5 ((구)군법회의 관할사건에서 공판심리에 관여하지 않은 심판관이 서명날인을 한 사안: 위법).

외의 적당한 방법으로 재판의 내용을 소송관계인에게 알리는 행위를 말한다. 선고된 형과 판결원본에 기재된 형이 다를 경우에는 선고된 형에 따라 집행된다.[4)]

대법원 판결은 판결정정 신청기간을 기다릴 필요 없이 판결이 선고되면 외부적 성립과 동시에 확정된다.[5)]

(1) 선고 등의 방식

선고나 고지는 재판장이 공판정에서 재판서에 의하여야 하고, 기타의 경우에는 재판서등본의 송달 또는 다른 적당한 방법[6)]으로 하지만(제42조, 제43조 제1문), 다만 결정이나 명령은 재판서를 작성하지 않고 조서에만 기재하여 할 수 있다(제38조 단서).

(2) 선고 내용

판결을 선고함에는 주문을 낭독하고 이유의 요지를 설명하여야 한다(제43조 제2문). 재판장은 판결을 선고할 때 피고인에게 이유의 요지를 말이나 판결서 등본 또는 판결서 초본의 교부 등 적절한 방법으로 설명하며(규칙 제147조 제1항), 필요한 때에는 피고인에게 적절한 훈계를 할 수 있다(동조 제2항).

(3) 선고기일

판결은 변론을 종결한 기일에 선고하는 것을 원칙으로 하고(즉일선고), 특별한 사정이 있을 때에는 따로 선고기일을 지정할 수 있으나, 변론종결 후 14일 이내로 지정되어야 한다(제318조의4 제1항, 제3항). 즉일선고의 경우에는 판결서를 선고 후에 작성할 수 있다(동조 제2항).

2. 외부적 성립의 효과

재판이 확정되기 이전에 일단 외부적으로 성립하기만 하면 그 자체로서 — 주

---

4) 대결 1981. 5. 14. 81모8 (제1심에서 단기와 장기의 부정기형을 선고한 후 항소심에서 형을 각기 6개월씩 감경·선고하였으나 판결서에는 제1심의 형을 그대로 기재하였고 검사가 판결서에 기재된 대로 형을 집행한 사안: 위법); 대결 2019. 3. 21. 2015모2229 전합 (재심대상판결의 판결서는 발견되지 않았지만 판결의 선고와 확정 사실은 판결집행명령서, 당시의 언론보도, 진실·화해를 위한 과거사 정리위원회의 여순사건 진실규명결정서 등 다른 자료를 통하여 인정할 수 있다는 이유로 판결의 성립을 인정하는 데에는 영향이 없다고 본 사안).

5) 대판 1967. 6. 2. 67초22.

6) 대결 2004. 8. 12. 2004모208 (재판서 등본을 모사전송의 방법으로 송부하는 것도 재판을 고지하는 '다른 적당한 방법'에 해당한다고 한 사안).

로 종국재판의 경우에 소송계속의 종결과 함께 – 일정한 효력이 발생한다.

(1) 구속력

법적 안정성의 요구에 따라 재판을 한 법원도 재판의 내용을 임의로 철회·변경할 수 없다.

다만 공소기각의 결정에 대하여 항고한 경우 원심법원은 항고가 이유 있다고 인정한 때에는 그 결정을 경정하여야 한다(제408조 제1항). 또한 재판의 선고 또는 고지가 있은 뒤에 재판서에 명백한 형식상의 오기가 있는 경우에는 민사소송법 제211조에 준하여 경정결정이 허용되지만, 판결주문의 경정은 원칙적으로 허용되지 않는다.

대법원판결의 경우에는 그 판결내용에 오류가 있음을 발견한 때에는 직권이나 당사자의 신청에 의하여 **판결**로써 정정할 수 있다(제400조 제1항). 비종국(종국전) 재판의 경우에는 법적 안정성보다 합목적성이 더 강하게 요청되므로 재판의 철회 및 변경이 허용된다.

예컨대 증거결정의 취소, 보석허가, 구속의 취소, 보석조건의 변경 등이 여기에 해당한다.

(2) 예외적 집행력

재판의 내용에 따른 집행은 원칙적으로 재판이 확정되어야 발생하지만, 결정·명령의 경우에는 – 즉시항고의 경우를 제외하고 – 불복에 따른 집행정지의 효력이 없으므로(제409조 본문) 그 내용의 고지에 따라 즉시 집행력이 발생하고, 형의 선고와 동시에 판결로써 선고되는 재산형에 대한 가납판결도 즉시로 집행할 수 있다(제334조 제3항).

(3) 상소기간의 진행 등

상소의 제기기간은 재판을 선고 또는 고지한 날로부터 진행되므로(제343조 제2항), 재판의 외부적 성립과 함께 상소기간이 진행된다.

한편 무죄, 면소, 형의 면제, 형의 선고유예, 형의 집행유예, 공소기각 또는 벌금이나 과료를 과하는 판결이 선고된 때에는 구속영장은 효력을 잃고(제331조), 압수한 서류 또는 물건에 대하여 몰수의 선고가 없는 때에는 압수를 해제한 것으로 간주한다(제332조).

제3 재판서의 구성과 방식

Ⅰ. 재판서의 의의

재판서란 재판의 의사표시 내용을 기재한 문서를 말한다. 법관이 직접 작성한다는 점에서 법원서기관 등이 작성하는 각종 조서와 구별된다.

재판서는 소송관계인과 일반인들에게 재판의 공정성을 검토할 기회를 제공하고, 상소심에서 원심재판의 당부를 판단하는 자료가 되며, 재판의 집행지휘(제461조)의 근거가 되는 '증거적 문서'이다. 재판서는 재판의 선고·고지 이전에 작성하는 것이 원칙이지만(사전작성의 원칙, 제42조 전단 참조), 즉일선고(제318조의4 제2항)의 경우에는 사후에 작성할 수 있다.

Ⅱ. 재판서의 구성

재판서는 문장 구성의 명확성, 문체나 언어의 정확성, 사고과정의 명료성 및 논리성을 갖추어야 한다.

1. 주문

주문(Tenor, Urteilsformel)이란 재판의 대상이 된 사실에 대한 최종적 결론으로서 반드시 재판서에 표시하여야 한다. 판결 주문은 확정력, 판결 집행 및 전과의 기초가 된다. 형을 선고하는 경우에는 구체적인 선고형을 기재해야 하고, 형의 집행유예, 노역장 유치기간, 재산형의 가납명령 및 소송비용의 부담 등도 주문에 기재한다.

구법하에서는 **미결구금일수**도 재정통산의 결과 주문의 기재사항으로 되어 있었으나 형법 제57조 제1항에 대한 헌법재판소의 위헌결정[7]으로 미결구금일수는 당연히 통산해야 하므로 별도로 주문에 기재할 필요가 없게 되었다.[8]

2. 이유

이유(ratio decidendi, Urteilsgründe)는 주문의 결론에 이르게 된 논리적 과정을 설명하는 것으로서, 주문에 대한 법률적·사실적 근거를 말한다. 상소를 불허하

---

7) 헌재 2009. 6. 25. 2007헌바25.

8) 대판 2009. 12. 10. 2009도11448.

는 결정이나 명령이 아니면 재판에는 이유를 명시하여야 한다(제39조).

한편 판결서에 **방론**(obiter dictum)이라고 해서 주문에 영향을 미치지 않는 법리를 지나가는 말처럼 기재하기도 하는데, 판결이유와는 달리 구속력이 없지만 이론적으로는 중요한 의미를 가질 수 있다.

(1) 취지

재판의 이유는 법관의 자의적인 판단을 억제하여 재판의 공정성을 담보하는 의미가 있다.

구체적으로는 재판을 받는 자에게 재판의 당부를 심사할 기초를 제공하여 상소제기 여부에 대한 정당한 판단을 가능하게 하고, 상소심으로 하여금 판결의 당부를 심사할 기초를 제공하는 한편, 일사부재리의 효력이 미치는 범위를 명백히 하고, 집행기관에게 유죄판결을 받은 수형자의 처우에 대한 단서를 제공하는 기능을 한다.

(2) 내용

재판의 이유에는 **판결의 기초가 된 사항에 대한 판단**을 표시하여야 한다. 유죄판결에 대해서는 명시해야 할 이유를 법률로 규정하고 있다(제323조). 양형조건인 사유에 대한 설시는 필요하지 않다.[9)]

항소심이 자신의 양형판단과 일치하지 않는다고 하여 양형부당을 이유로 제1심 판결을 파기하는 경우에도 양형조건이 되는 사유를 명시하지 않아도 된다.[10)]

종국전 재판의 경우에는 이유를 설시하는 경우에도 신청 등의 당부에 대한 이유를 간단히 설시하면 족하다.[11)]

(3) 이유불비 내지 모순

판결에 이유를 붙이지 아니하거나 이유에 모순이 있는 때에는 절대적 항소이유(제361조의5 제11호)이자 상대적 상고이유(제383조 제1호)가 된다.

---

9) 대판 1975. 10. 25. 75도2580; 대판 1994. 12. 23. 94도2584.

10) 대판 2015. 7. 23. 2015도3260 전합.「원심의 판단에 그 근거가 된 양형자료와 그에 관한 판단 내용이 모순 없이 설시되어 있는 경우에는 양형의 조건이 되는 사유에 관하여 일일이 명시하지 아니하여도 위법하다고 할 수 없다.」

11) 대결 1996. 11. 14. 96모94.

Ⅲ. 재판서의 방식

1. 재판서의 작성

재판은 법관이 작성한 재판서에 의하며(제38조 본문), 재판의 형식에 따라 판결서(문), 결정서(문), 명령서(문)로 구분된다.

결정이나 명령의 고지는 편의상 재판서(결정문이나 명령문)를 작성하지 않고, 조서에 기재할 수 있으나(제38조 단서), 그 조서 자체가 재판서를 갈음하는 것은 아니다.

2. 재판서의 기재사항

재판서에는 주문과 이유 이외에 형식적인 기재사항으로서 법원의 표시, 사건과 소송관계인의 표시 등을 하여야 한다.

(1) 법원의 표시와 표제

재판서 첫머리에 재판을 한 법원의 명칭을 기재하고 재판의 종류에 따라 법원 표시 다음 줄에 재판의 형식(판결, 결정, 명령)과 같은 표제를 기재한다.

(2) 사건과 소송관계인의 표시

사건의 접수순서에 따라 그 사건에 붙여지는 사건번호와 사건명을 기재하고, 법률에 다른 규정이 없으면 재판을 받는 자의 성명, 연령, 직업과 주거를 기재하여야 한다(제40조 제1항). 재판을 받는 자가 법인인 때에는 그 명칭과 사무소를 기재하여야 한다(동조 제2항).

판결서에는 기소한 검사와 공판에 관여한 검사의 관직, 성명과 변호인의 성명을 기재하여야 한다(동조 제3항: 기소검사실명제). 변호인의 성명 앞에는 변호인의 자격을 표시해야 하며, 변호사가 아닌 특별변호인 또는 국선변호인이 변호한 경우에는 그 취지를 기재한다.

(3) 작성연월일

공무원의 서류로서 필요한 기재사항(제57조 제1항, 제2항)인 재판서의 작성연월일을 기재하여야 한다.

(4) 법관의 서명·날인

재판서에는 재판한 법관이 서명날인하여야 하며(제41조 제1항), 재판장이 서명날인할 수 없는 때에는 다른 법관이 그 사유를 부기하고 서명날인하여야 하고 다른 법관이 서명날인할 수 없는 때에는 재판장이 그 사유를 부기하고 서명날인하여야 한다(동조 제2항).[12] 판결서 기타 대법원규칙이 정하는 재판서를 제외한 재판서에 대하여는 서명날인에 갈음하여 기명날인할 수 있다(동조 제3항). 판결과 각종 영장(감정유치장 및 감정처분허가장 포함)은 서명날인에 갈음하여 기명날인을 할 수 없다(규칙 제25조의2).

3. 재판서의 송부 및 송달

공판정에서 재판을 선고 또는 고지한 때에는 원칙적으로 재판서의 송달을 요하지 않으나, ① 판결의 경우에는 7일 이내에 피고인에게 판결서 등본을 – 피고인이 동의한 경우에는 판결서 초본을 – 송달하고(규칙 제148조 제1항), ② 검사의 집행지휘를 요하는 재판의 경우에도 재판서 또는 재판을 기재한 조서의 등본 또는 초본을 10일 이내에 검사에게 송부해야 한다(제44조).

피고인과 일정한 소송관계인(규칙 제24조 제1항)은 자기부담으로 재판서나 재판을 기재한 조서의 - 원본(부득이한 경우에는 등본)에 의해 작성된 - 등본 또는 초본을 청구할 수 있다(제45조, 제46조, 규칙 제26조 내지 제28조 참조).

4. 재판서의 경정

재판서의 경정이란 재판서의 기재에 사소한 오기 기타 이와 유사한 오류가 있음이 명백한 경우에 이를 바로잡는 것을 말한다(규칙 제25조 제1항).

(1) 구별개념

대법원판결의 경우에는 그 판결내용에 오류가 있음을 발견한 때에는 직권이나 당사자의 신청에 의하여 판결로써 이를 정정할 수 있다(제400조 제1항).

정정주체가 상고법원인 대법원이고, 그 대상이 원칙적으로 판결에 한정된다는 점에서 일반적인 재판서 경정과 구별된다.

---

12) 대판 1990. 2. 27. 90도145. 「재판장의 서명날인이 누락되어 있고 재판장이 서명날인을 할 수 없는 사유의 부기도 없는 재판서에 의한 판결은 형사소송법 제383조 제1호 소정의 판결에 영향을 미친 법률위반으로서 파기사유가 된다.」

(2) 대상

원칙적으로 판결이유에 대한 것이나 주문에 대한 경정도 가능하다.[13)]

(3) 절차

법원의 직권 또는 당사자의 신청에 따라 법원이 결정으로 경정한다.

경정결정은 재판서의 원본과 등본에 덧붙여 적어야 하지만, 등본에 덧붙여 적을 수 없을 때에는 경정결정의 등본을 작성하여 재판서의 등본을 송달받은 자에게 송달하여야 한다(규칙 제25조 제2항).

(4) 불복

경정결정에 대하여는 즉시항고를 할 수 있으나, 재판에 대하여 적법한 상소가 있는 때에는 즉시항고의 방법에 의할 수 없다(규칙 동조 제3항).

따라서 상소심의 심리를 통해 원심판결의 주문에 오류가 있음이 밝혀진 경우에는 상소심판결 주문에 경정내용을 표시하게 된다.[14)]

제 2 절 종국재판

종국재판은 피고사건에 대한 소송을 그 심급에서 종결시키는 재판을 말한다. 종국재판은 원칙적으로 판결의 형태로 이루어지고, 구두변론의 방식에 의한다.

종국재판은 실체재판과 형식재판으로 구분된다. 실체재판에는 유죄판결과 무죄판결이 있고, 형식재판에는 관할위반의 판결, 면소의 판결, 공소기각의 판결, 공소기각의 결정이 있다. 사건의 이송결정(제8조, 제16조의2)도 사건의 실체에 대한 심리 없이 당해 사건을 다른 법원으로 이송한다는 점에서 형식재판이지만 종국재판의 일종이다.

---

13) 대판 2004. 10. 15. 2004도5035 (항소심이 그 판결주문에서 제1심판결에 대한 파기범위를 오기하였음이 명백한 때에 해당하여 상고심이 형사소송규칙 제25조에 따라 재판서를 경정한 사안).
14) 대판 2018. 2. 8. 2017도10469.

제 1 유죄판결

Ⅰ. 의의

유죄판결이란 **피고사건**의 실체에 관하여 **범죄의 증명**이 있는 경우에 법원이 선고하는 종국재판을 말한다(제321조 제1항). '피고사건'이란 공소장에 특정되어 있는 공소범죄사실을 말하며, '범죄의 증명이 있는 때'란 법관이 범죄사실의 존재에 대하여 심증을 형성한 것을 말한다. 즉 법원이 구두변론의 방식에 따라 공판정에서 직접 조사한 적법한 증거에 의하여 범죄사실의 존재에 대하여 합리적인 의심을 할 여지가 없을 정도로 확신을 가진 경우를 말한다.

현행법상 유죄판결에는 형의 선고(제321조 제1항. 집행유예 포함), 형의 면제[15) 그리고 형의 선고유예의 판결(제322조)이 있다.

Ⅱ. 주문

1. 형을 선고하는 경우

형을 선고하는 것은 피고인에게 가장 불리한 유죄판결이므로 판결의 형식을 취한다. 집행유예의 판결은 형을 선고하면서 집행만 유예하는 것이므로 여기에 포함되지만, 선고유예는 유죄판결의 일종이지만 형을 선고하지 않기 때문에 여기에 포함되지 않는다.

(1) 주형의 표시

'피고인을 … (선고)형에 처한다'는 형식으로 주형(主刑)을 표시한다. 형은 형법 제41조에 명시된 것을 말하며, 병과형이나 부가형도 표시하여야 한다.

몰수는 부가형이지만 피고인에게 유죄의 재판을 하지 않을 때라도 몰수의 요건

---

15) 형을 면제할 수 있는 경우로는, 과잉방위(형법 제21조 제2항), 과잉긴급피난(형법 제22조 제3항), 과잉자구행위(형법 제23조 제2항), 중지범(형법 제26조), 친족간의 재산범죄(형법 제328조 제1항), 자수나 자복(형법 제52조, 제90조 제1항 단서, 제101조 제1항 단서, 제175조, 국가보안법 제9조 제2항 단서, 제10조와 제11조단서, 제16조 등) 등이 있다. 이 외에도 형법 제39조 제1항은 경합범 중 판결을 받지 아니한 죄가 있는 때에는 그 죄와 판결이 확정된 죄를 동시에 판결할 경우와 형평을 고려하여 그 죄에 대하여 형을 선고하되, 이 경우 그 형을 감경 또는 면제할 수 있다고 규정하고 있다. 즉결심판의 대상이 되는 경범죄의 경우에 사정과 형편을 헤아려서 형을 면제할 수 있다(경범죄처벌법 제5조).

이 있으면 몰수만 선고할 수 있고, 몰수에 갈음하여 추징만 선고할 수도 있다. 다만 공소가 제기된 때에 한하므로 공소사실과 별개의 범죄사실에 대한 몰수나 추징의 선고는 허용되지 않는다.[16]

경합범에 해당하는 수개의 공소사실 전부에 대해 범죄의 증명이 있으면, 1개의 형이 선고되지만, 경합범 사이에 확정판결이 있는 때에는 별도로 주문에 형을 선고한다.

(2) 형의 선고와 동시에 판결로써 선고해야 할 사항

(가) **형의 집행유예** 형의 집행을 유예하는 경우, 주문은 '피고인을 … 형에 처한다. 다만 이 판결 확정일로부터 …년(월)간 위 형의 집행을 유예한다'로 표시한다(제321조 제2항).

형의 집행을 유예하는 경우에는 보호관찰을 받을 것을 명하거나 사회봉사 또는 수강을 명할 수 있으므로(형법 제62조의2), 이 경우에 주문에는 집행을 유예한다는 표시와 함께 보호관찰과 사회봉사명령 및 수강명령의 기간을 표시한다.

(나) **판결 전 구금의 산입일수** 미결구금일수는 전부 산입되므로(형법 제57조) 별도로 판단이 불필요하다.[17] 병과형 또는 수개의 형이 선고된 경우 어느 형에 미결구금일수를 산입하여 집행하느냐는 형집행 단계에서 형집행기관이 결정할 문제이다.[18]

(다) **노역장의 유치기간 등** 노역장의 유치기간(제321조 제2항), 압수장물의 피해자 환부(제333조 제1항), 가납명령(제334조 제2항), 치료감호(치료감호법 제12조), 소송비용의 부담(제186조 제1항), 배상명령(소송촉진법 제25조), 판결공시 취지(형법 제58조 제1항) 등도 주문에 표시하여야 한다.

(3) 일부 유죄·일부 무죄의 경우

경합범의 일부에 대해서만 유죄를 선고하는 경우에는 주형과 함께 무죄 부분을 따로 선고해야 한다. 그러나 과형상 일죄나 포괄일죄의 경우 일부에 대해

---

16) 대판 2010. 5. 13. 2009도11732 (피고인이 변호사가 아니면서 공소외인 등을 대리하여 변호사를 선임하고 자기 주도 아래 소송을 수행하여 소송사건을 대리하였을 뿐이고 그 대가로 금품 등을 받은 사실이 공소장에 적시되어 있지 않았음에도 원심이 변호사법 제116조를 적용하여 금원을 추징할 것은 명한 사안: 위법).

17) 대판 2009. 12. 10. 2009도11448.

18) 대판 2010. 9. 9. 2010도6924.

서만 유죄를 인정하더라도 주문에는 원칙적으로 유죄 부분만 표시하고, 무죄 부분은 판결이유에 설시하면 족하다.[19]

판례는 무죄 부분을 주문에 표시하더라도 판결에 영향을 미친 위법이 있는 것은 아니며,[20] 포괄일죄의 경우에 무죄 부분을 이유에도 설시하지 않은 사안도 위법은 아니라고 한다.[21]

2. 기타의 경우

(1) 형의 면제

범죄의 증명은 있지만 형면제 사유가 있는 경우에는 그 주문은 '피고인에 대한 형을 면제한다'는 형식을 취한다. 형의 면제는 형의 집행만을 면제하는 경우(예컨대 형법 제1조 제3항에 의한 법률변경으로 인한 경우 등)와 구별해야 한다.

형벌 자체를 면제함에 따라 나중에 면제한 형을 다시 선고하는 경우는 없으므로 면제할 형의 종류나 양은 판결에 기재할 필요가 없다는 것이 실무의 입장이다. 다만 유죄판결의 일종이므로 유죄판결에 명시할 이유로서 형이 면제되는 범죄사실, 증거요지와 근거규정 등을 명시하여야 한다.

(2) 형의 선고유예

형의 선고를 유예해야 할 사유가 있는 경우, 주문에는 '피고인에 대한 형의 선고를 유예한다'는 형식을 취한다(제322조). 주문에서는 선고를 유예하는 형의 내용을 표시하지 않지만, 판결이유에서는 유예하는 형의 종류와 양, 환형처분 등을 표시해야 한다.[22]

선고유예 판결의 경우 이유에 대해 별도로 명시하고 있지 않지만 나중에 선고유예의 실효로 형을 선고할 경우(형법 제61조)에 대비해서 유예한 형 및 부수처분(보호처분 등)을 명시해 놓아야 한다. 주형의 선고를 유예하는 경우에도 몰수의 요건이 있으면 몰수형만 선고할 수 있으므로, 이 경우에는 몰수의 내용을 주문에 명시해야 한다.[23]

---

19) 대판 1985. 9. 24. 85도842.
20) 대판 1993. 10. 12. 93도1512.
21) 대판 1969. 5. 27. 69도250.
22) 대판 1975. 4. 8. 74도618.
23) 대판 1973. 12. 11. 73도1133 전합; 대판 1981. 4. 14. 81도614.

선고를 유예할 형이 벌금형일 경우에는 벌금액 외에 환형유치처분까지 정해야 한다(제321조 제1항 참조).[24)]

Ⅲ. 유죄판결에 명시할 이유

1. 취지

재판에는 이유를 명시해야 하나(제39조), 특히 유죄판결은 피고인에게 가장 불리한 판결이라는 점을 고려하여 형을 선고하는 경우에 명시해야 할 사항을 별도로 법률에 명시하고 있다(제323조). '형의 선고를 하는 때'에 한하므로 유죄판결이라도 형의 면제나 형의 선고를 유예하는 경우에 대해서는 본조가 적용되지 않는다. 유죄판결을 위해 필요한 사항들에 대해서는 상급법원에 의한 사후통제가 가능하도록 충분한 명시가 필요하다.[25)] 실무는 규정의 범위 내에서 관대하게 해석하는 경향을 보이고 있다.

2. 범죄될 사실

(1) 의의

범죄될 사실이란 범죄의 특정한 범죄구성요건에 해당하는 구체적 사실로서, 법원이 '공소사실의 범위 내에서 인정한 사실'을 의미한다. 형벌법규의 적용대상 및 일사부재리의 효력범위를 명시하려는 취지이다.

범죄될 사실은 엄격한 증명을 거친 사실 가운데 공소사실의 동일성 및 일사부재리의 효력범위를 확정하는 데 필요한 사실이라고도 할 수 있다. 범죄될 사실은 실체형성의 결과라면 엄격한 증명을 요하는 사실은 실체형성 자체의 문제라는 점에서 구별된다.

(2) 구체적 내용

㈎ **구성요건해당사실** 객관적 구성요건에 해당하는 사실은 물론이고, 그러한 사실들을 특정하는 데 필요한 사실들도 포함된다.

---

24) 대판 1988. 1. 19. 86도2654; 대판 1994. 6. 28. 94도904; 대판 2014. 6. 12. 2014도2234; 대판 2015. 1. 29. 2014도15120.

25) 대판 1990. 3. 13. 89도1688.

① 객관적 구성요건표지 행위의 주체, 객체, 수단과 방법, 결과, 인과관계 등에 관한 사실을 구체적으로 명백하게 표시하여야 한다. 예컨대 폭행의 경우에는 구체적인 수단과 과정,[26] 상해죄에서 상해의 부위[27] 및 정도, 증뢰죄에서 공무원의 직무범위, 문서위조죄의 경우에 그 수단과 방법, 살인의 경우에 사망의 경과 등을 구체적으로 명시해야 한다.

② 범죄의 일시·장소와 방법 범죄구성요소는 아니므로, 공소사실을 특정하는 경우처럼 범죄사실을 특정하기 위해 필요한 정도의 개괄적 기재를 하면 족하다.[28] 그러나 피고인이 상습으로 교도소에서 복역한 기간을 제외한 나머지 기간 동안에 매달 2, 3회 가량 자기 어머니와 여동생에게 폭행을 가하였다는 정도의 기재는 피고인이 교도소에서 복역한 기간이 얼마인지(몇 개월인지, 몇 년인지) 또 입소날짜와 출소날짜가 언제인지도 알 수 없어 유죄판결 이유에 범죄될 사실을 명시하였다고 볼 수 없다.[29]

③ 주관적 요소 고의, 과실, 불법영득의사, 목적 등도 범죄구성요소로서 명시하는 것이 원칙이지만, 고의와 같은 일반적인 주관적 요소들은 객관적 사실로부터 추론되지 않는 경우에만 명시하면 족하다. 미필적 고의에 불과한 경우에는 확정적 고의와 구별되는 특징(용인하는 내심의 의사 등)을 기술해야 한다. 목적은 고의 외에 초과주관적 구성요건표지로서 그러한 목적이 있었음을 기술해야 한다. 과실은 주의의무의 내용, 주의의무 발생의 전제가 되는 구체적 상황을 명시해야 한다.

④ 특수한 범죄발현형태 예비·음모, 미수와 공범 등도 구성요건적 사실이므로 구체적으로 명시해야 한다. 예비·음모의 경우에는 본범의 죄를 범할 목적으로 이루어졌음을 명시해야 하고, 미수의 경우에는 실행에 착수했으나 미수에 그쳤다는 점을 명백히 기술해야 한다. 한편 공범의 경우 공모공동정범은 실행행위의 분담을 요하지 않으므로 주관적 요소로서 공모나 모의를 한 사실에 대해 구체적이고 상세하게 특정하여야 하며, 합동범이나 공동정범의 경우에는 실행의 분담을, 그리고 교사와 방조의 경우에는 정범의 범죄구성요건이 되는 사실 전부[30]에 대한 적시와 함께 교사나 방조의 구체적 태양을 명시하여야 한다.

(나) **위법성과 책임** 위법성과 책임은 구성요건해당성이 인정되면 추정되므로 원칙적으로 특별한 판단을 요하지 않는다. 다만 이를 다투는 경우에는 후술하는 '소송관계인의 주장에 대한 판단'(제323조 제2항)으로 명시하게 된다.

---

26) 대판 1999. 12. 28. 98도4181.
27) 대판 2002. 11. 8. 2002도5016.
28) 대판 1971. 3. 9. 70도2536; 대판 1986. 8. 19. 86도1073.
29) 대판 1981. 4. 28. 81도809.
30) 대판 1981. 11. 24. 81도2422.

㈐ **처벌조건** 처벌조건을 요하는 범죄의 경우에 그 조건이 구성요건에 명시되어 있으므로 그 조건을 충족시키는 사실에 대한 명시가 필요하다.

㈑ **형의 가중·감면사유** 범죄구성사실은 아니지만 형벌권의 범위와 관련하여 중요한 사실이므로, 적어도 **필요적 가중감면사유**의 경우(예컨대 누범, 청각 및 언어 장애인, 중지미수, 위증죄와 무고죄에서 자수·자백 등)에는 범죄사실에 준하여 명시하여야 한다.

임의적 감면사유(장애미수, 불능미수, 과잉방위, 과잉긴급피난, 과잉자구행위, 자수·자복 등)도 당사자의 주장을 신중히 고려하여 판결의 객관적 공정성을 확보하기 위해 포함시키는 것이 타당하지만, 판례는 소극적인 입장이다.[31]

단순한 양형사유인 정상에 관한 사실은 명시할 필요가 없다.[32] 다만 법원조직법에 따르면, 대법원에 설치한 양형위원회가 마련한 양형기준은 그 자체가 법적 구속력은 없지만(동법 제81조의7 제1항), 법원이 약식절차나 즉결심판절차에 따라 심판하는 경우가 아니면, 영향기준을 벗어난 판결을 하는 경우에는 판결서에 양형의 이유를 적도록 하고 있다(동조 제2항).

판례는 항소심에서 양형부당을 이유로 원심을 파기하는 경우 - 원심의 판단에 근거가 된 양형자료와 그에 관한 판단내용이 모순 없이 설시되어 있는 경우에는 - 양형의 조건이 되는 사유에 관하여 일일이 명시할 필요가 없다는 입장이다.[33] 다만, 판례는 사형을 선고하는 경우에는 양형이유를 밝히도록 하고 있으며,[34] 하급심에서 이를 밝히는 경우가 종종 나타나고 있다. 양형의 의미 내지 비중 그리고 재판실무를 통하여 양형기준이 설정되고 있는 점 등을 고려하면 양형기준이 될 수 있는 사실들은 제39조를 근거로 판결이유에 명시하는 것이 타당하다(독일 형사소송법 제267조 참조).

---

31) 대판 2013. 11. 28. 2013도9003. 「피고인이 자수하였다고 하더라도 자수한 사람에 대하여는 법원이 임의로 형을 감경할 수 있을 뿐이어서 원심이 자수감경을 하지 아니하였다거나 자수감경 주장에 대하여 판단을 하지 아니하였다고 하여 이를 위법하다고 할 수 없다.」

32) 대판 1975. 10. 25. 75도2580.

33) 대판 1994. 12. 13. 94도2584; 대판 2010. 12. 9. 2010도7410, 2010전도44; 대판 2015. 7. 23. 2015도3260 전합.

34) 대판 2000. 7. 6. 2000도1507; 대판 2001. 3. 9. 2000도5736; 대판 2002. 2. 8. 2001도6425; 대판 2015. 8. 27. 2015도5785, 2015전도105; 대판 2016. 2. 19. 2015도12980 전합; 대판 2017. 4. 28. 2017도2188.

(마) **죄수의 문제** 경합범의 경우 범죄사실이 수개이므로 죄질의 동일성과 관계없이 개별 사건별로 범죄될 사실을 구체적으로 명시하여야 한다. 상상적 경합범의 경우에도 실체법상 수죄에 해당하므로 각 범죄사실별로 구체적으로 명시하여야 한다. 포괄일죄는 실체법상 일죄이므로 그 일죄의 일부를 구성하는 개별 행위를 구체적으로 특정할 필요는 없고, 전체 범행의 시기와 종기, 범행방법, 범행횟수 또는 피해액의 합계 및 피해자나 상대방을 명시하여 포괄적으로 기재할 수 있다.35)

(3) 적시의 방법

특정 형벌법규를 적용하기에 족할 만큼 구체적이면서 사건의 동일성을 인식할 수 있을 정도로 표시되어야 한다.36) 범죄사실을 택일적(선택적)으로 기재하는 것은 원칙적으로 허용되지 않는다.

다수설은 공소사실의 기재의 경우와 달리 유죄판결의 이유에 대해서는 예비적·택일적 기재를 인정하는 명문규정이 없고, 법원의 공권적 판단의 명확성을 기할 필요가 있기 때문에 이를 허용하지 않는다. 그러나 in dubio pro reo 원칙으로 인해 무죄를 선고하는 것을 피하기 위해 어느 한쪽으로 사실 확정이 가능한 것으로 의제해 버릴 가능성을 고려한다면, 서로 다른 종류의 선택확정에 대해서도 이를 긍정할 필요가 있다. 판례는 원칙적으로 소극설의 입장을 취하면서 특별한 사정이 있으면 택일적 기재의 가능성을 열어두고 있다.37)

---

35) 대판 1990. 6. 26. 90도833.

36) 대판 1999. 12. 28. 98도4181.

37) 대판 1993. 5. 25. 93도558 (종중재산인 임야를 신탁관리하던 자가 이를 임의로 매도한 사안에서, 임야의 실질적 소유로 기재되어 있는 두 종중 가운데 어느 종중으로부터 소유자 명의를 신탁받은 것인지 불분명한데도 원심이 공소장을 변경하는 절차를 거치지도 아니한 채 피고인들이 남평문씨 40세손인 공소외 1을 공동선조로 하는 종중과 공소사실에 기재되지도 아니한 남평문씨 39세손인 공소외 2를 공동선조로 하는 종중 가운데 어느 한 종중으로부터 이 사건 임야의 소유자명의를 신탁받아 보관하다가 횡령하였다는 식으로 범죄될 사실을 택일적으로 인정하여 피고인들에게 형을 선고한 사안: 위법). 「우리 형사소송법은 공소장에 기재할 공소사실과 적용법조에 관하여는 수개의 범죄사실과 적용법조를 예비적 또는 택일적으로 기재할 수 있도록 허용하고 있지만(제254조 제5항), 유죄판결의 이유에 명시하여야 할 범죄될 사실과 법령의 적용에 관하여는 택일적으로 기재하는 것을 허용하고 있지 아니하므로(제323조 제1항), 특별한 사정이 없는 한 유죄판결의 이유에 명시하여야 할 범죄될 사실을 택일적으로 기재할 수 없을 것임에도 불구하고, 원심은 유죄판결을 선고하면서 이유에 범죄될 사실을 택일적으로 기재하였으니, 원심판결에는 유죄판결의 이유에 명시하여야 할 범죄될 사실에 관한 법리를 오해한 위법도 있다고 하지 않을 수 없다.」

3. 증거의 요지

(1) 의의

증거재판주의의 요청에 따라 어떤 증거에 의해 사실을 인정했는가를 밝히도록 하기 위해서, 판결이유에 나타난 범죄사실을 인정하는 자료가 된 증거의 요지를 기재하도록 하고 있다.

증거의 요지를 명시하게 하는 것은 법관에게 증거들에 대한 합리적인 가치판단을 요구하고, 소송당사자와 일반인에게 재판의 신뢰성을 담보하며 상급심에 의한 통제를 가능하게 한다.[38)]

판결이유에 표시된 증거로부터 범죄사실을 인정하는 것이 객관적으로 불합리한 경우에는 '판결이유에 모순이 있는 때'에 해당하므로 절대적 항소이유가 된다(제361조의5 제11호).

(2) 표시의 범위

범죄될 사실의 내용을 이루는 사실에 대해서만 **적극적 증거**의 요지를 기재하여야 한다. 당해 증거는 주요사실을 증명하기 위한 것이므로, 증거능력이 있고 적법한 증거조사를 거친 것이어야 한다. 범죄사실과 배치되는 소극적 증거들에 대해서는 적극적으로 이를 배척한다는 취지의 판단이나 이유를 적시할 필요는 없다.[39)]

판례는 알리바이를 내세우는 증인들의 증언에 관하여 판단을 하지 아니하였다고 하여 위법이라고 할 수는 없다고 한다.[40)]

㈎ 범죄사실 이외의 요소들 범죄의 원인과 동기는 범죄사실이 아니므로 증거를 명시할 필요가 없지만, 범죄의 일시와 장소는 범죄사실은 아니지만 공소범죄사실을 특정하기 위해 중요한 요소이므로 증거를 명시해야 한다(다수설은 반대).

고의는 통상 객관적 사실로부터 추론되므로, 별도로 증거의 명시를 요하지 않지만, 간접사실에 의한 고의를 인정하는 경우에는 간접사실에 대한 증거의 명시가 필요하

---

38) 헌재 2009. 11. 26. 2008헌바25 참조.

39) 대판 1960. 1. 29. 4292형상802; 대판 1973. 3. 13. 73도181; 대판 1979. 10. 16. 79도1384; 대판 1981. 4. 28. 81도459; 대판 1982. 9. 28. 82도1798, 82감도368; 대판 1986. 10. 14. 86도1606; 대판 1987. 10. 13. 87도1240; 대판 1989. 6. 27. 88도2381; 대판 1989. 10. 10. 89도1123.

40) 대판 1982. 9. 28. 82도1798, 82감도368.

다. 한편 과실은 주의의무의 내용 등과 같은 순수한 법률적인 판단이 범죄사실에 기재된 때라도 법적 판단 자체에 대해서는 증거요지를 명시할 필요가 없다. 양형에 관한 사실도 증거요지를 명시할 필요가 없다.

㈏ **전과** 누범의 요건인 전과는 범죄사실에 준하는 사실로서 증거를 명시하여야 하고, 일반적인 전과도 범죄사실에 기재된 경우(예컨대 유예기간 중에 있는 집행유예 전과, 형법 제37조 후단의 경합범의 전과 등)에는 증거요지를 명시하여야 한다.

㈐ **소송법적 사실** 진술의 임의성이나 신빙성 또는 소송조건의 존부 등에 관한 사실은 범죄사실이 아니므로 증거요지를 명시할 필요가 없다. 또한 소송비용의 부담이나 미결구금일수의 산입에 대해서도 동일하다.

(3) 표시방법

법원이 인정한 범죄사실의 내용과 적시된 증거의 요지를 대조하여 어떤 증거자료를 가지고 어떤 범죄사실을 인정하였는가를 알 수 있을 정도로 증거의 중요부분을 표시해야 한다.[41]

일반적으로 유죄판결에 증거를 표시하는 방법으로는, ① 개별 증거의 내용을 구체적으로 명시하든가 증명의 경과를 기재하는 방법, ② 증거의 요지만을 기재하는 방법 그리고 ③ 증거의 표목(標目)만 기재하는 방법(일본 형사소송법 제335조 참조) 등을 들 수 있다. 구법에서는 「증거에 의하여 범죄를 인정한 이유를 설명하는 것」을 요구함으로써 개별 증거의 내용을 구체적으로 설시함을 요했으나, 현행법은 당사자주의를 기초로 법관의 부담을 경감시킨다는 취지에서 - 특히 다툼이 있는 복잡미묘한 사안이 아니면 - 증거의 요지만을 설시하도록 하고 있다. 그러나 판결이유가 상소의 기초가 된다는 점을 고려하면 첫 번째 방법이 바람직하다.

개별 증거의 구체적인 내용을 명시하여 어느 증거의 어느 부분에 의하여 어느 범죄사실을 인정한다고 구체적으로 명시할 필요는 없지만, **증거의 중요부분**을 표시해야 하며 증거요지의 표목만 기재하거나 '피고인의 법정진술과 적법하게 채택되어 조사된 증거들'이라고만 기재하는 것은 허용되지 않는다.[42]

범죄사실마다 증거요지를 명시하는 것이 원칙이지만, 수개의 범죄사실에

---

41) 대판 1961. 7. 13. 4294형상194; 대판 1971. 2. 23. 70도2529; 대판 2000. 3. 10. 99도5312; 대판 2015. 6. 11. 2015도2435.

42) 대판 2000. 3. 10. 99도5312; 대판 2010. 2. 11. 2009도2338.

공통되는 증거들이나 상호 밀접불가분의 관계에 있는 경우(예컨대 재산범죄와 장물죄, 위조범죄와 행사죄 등)에는 일괄하여 명시할 수 있다. 실무에서도 상상적 경합범, 포괄일죄, 본범과 장물범 등은 증거를 일괄해서 명시하고 있다.

4. 법령의 적용

(1) 의의

'법령의 적용'이란 인정된 범죄사실에 대하여 실체형벌법규를 적용하는 것을 말한다. 죄형법정주의에 따라 유죄를 인정하려면 인정된 범죄사실에 대하여 적용한 구체적인 형벌법규를 밝히도록 하여 법적용의 정당성을 확보하기 위한 것이다.

법치국가원리에 따라 적용법령의 명확성을 요청한 결과이며, 반드시 공소장에 기재된 적용법조에 종속되지는 않는다.

판결이유에 법령의 적용이 없거나 착오가 있어 그 위법이 판결의 결과에 영향을 미친 때에는 상소이유가 된다(제361조의5 제1호, 제383조 제1호).

(2) 명시의 기준

형법 각 본조와 처벌의 근거가 되는 법령의 해당 조문(행위 당시의 법이 개정된 경우에는 구법임을 명시)을 기재하며, 조문이 항과 호로 구분되어 있으면 구체적으로 항과 호를 특정해야 한다.

예컨대 흉기를 휴대한 특수강도에 해당하는 경우에는 '형법 제334조 제2항'으로 표기하고, 선거운동에 이용할 목적으로 동창회 등에 재산상의 이익을 제공하여 공직선거법위반에 해당하는 경우에는 '공직선거법 제230조 제1항 제3호'로 표기한다. 다만 판례는 각 본조만 기재하고 항을 기재하지 않았더라도 판결에 영향이 없으면 위법은 아니라고 한다.[43]

(가) **형법총칙의 규정** 형사책임의 기초를 명확히 하는 데 필요한 경우(예컨대 미수와 공범에 관한 규정, 누범, 심신미약, 작량감경 등 형의 가중감면에 관한 규정, 상상적 경합과 같은 죄수에 관한 규정, 처단형 산출에 대한 근거 규정 등)에는 명시하여야 한다.

---

43) 대판 1971. 8. 31. 71도1334.

판례는 공동정범의 성립을 인정하면서 형법 제30조를 적시하지 않더라도 실제로 이를 적용한 이상 위법하지 않다고 한다.[44] 소년범에 대한 부정기형을 선고하면서 소년법의 근거규정을 표시하지 않은 사안에 대해서도 동일하다.[45]

고의, 과실, 인과관계, 부작위에 관한 규정 등은 특별구성요건의 내용을 통해 명백해지고, 징역이나 금고의 기간, 벌금 등에 관한 총칙규정도 당해 법정형을 통해 명백해지므로 별도로 명시할 필요는 없다.

(나) 형벌 이외의 부수처분 판결 주문의 순서에 따라 해당 법령을 명시한다.

노역장유치, 집행유예·보호관찰·사회봉사명령, 몰수와 폐기·추징·피해자환부, 가납판결, 치료감호, 배상명령, 소송비용의 부담 등에 대한 법령이 여기에 해당하나, 판례는 몰수와 피해자환부에 대한 적용법령을 명시하지 않더라도 그 규정을 적용한 취지가 명백하다면 위법하지 않다고 한다.[46]

(3) 명시의 방법

명시의 방법은 문장식과 조문나열식이 있으나, 실무는 기재의 정확성보다 편의성을 고려하여 조문을 열거하면서 그 적용 이유와 결과를 간략하게 기재하는 후자의 방식을 취하고 있다. 범죄사실에 대한 실체법의 특별구성요건의 조문과 함께, 형의 가중감면 및 죄수에 관한 규정, 벌금형의 경우 가납판결과 노역장유치, 집행유예 등에 대해 근거조문을 명시한다.

나열식은 기재가 간단해서 편리하지만 표현이 불충분해서 논리적 관련을 명확히 하기 어려운 경우가 있으므로, 적용법조와 범죄사실의 형식적 관련성을 밝히고, 처단형에 대한 필요한 설명 등이 추가될 필요가 있다.

5. 소송관계인의 주장에 대한 판단

소송관계인 중에서 특히 피고인 및 변호인으로부터 법률상 범죄의 성립을 조각하는 이유 또는 형의 가중감면의 이유가 되는 사실의 진술이 있을 때에는 이에 대한 판단을 명시하여야 한다(제323조 제2항). 피고인의 소송주체로서의 성

---

44) 대판 1983. 10. 11. 83도1942; 대판 1990. 4. 27. 90도527; 대판 1992. 10. 27. 92도2196; 대판 1994. 12. 23. 93도1002; 대판 1997. 2. 28. 96도3247; 대판 1997. 7. 11. 97도1180.

45) 대판 1991. 3. 12. 90도2869.

46) 대판 1971. 4. 30. 71도510.

격을 분명히 하고 재판의 공정성을 확보하고자 하는 취지이다.

(1) 법률상 범죄의 성립을 조각하는 이유되는 사실

위법성이나 책임을 조각하는 이유가 되는 사실을 말한다.[47] 따라서 단순한 범죄사실의 부인[48]이나 범의의 부인[49] 또는 공소권 소멸 등의 주장은 제외된다. 구성요건해당성이 조각되는 사유의 진술이 특수한 사정을 주장하는 것이 아니고 범행을 부인하는 데 불과하다면 범죄될 사실의 기재를 통해 이에 대한 판단이 이루어지게 되므로 별도로 판단을 요하지 않지만, 특수한 사정이 존재하는 때에는 그에 대한 판단이 필요하다.

예컨대 주거침입죄로 기소된 피고인이 주거권자의 승낙이 있었다고 주장하거나, 도박죄의 경우 피고인이 일시오락(형법 제246조 제1항 단서)에 불과했다고 주장한다면, 이에 대해서는 판단이 필요할 것이다.
학설로는, ① 긍정설(구성요건해당성을 조각시키는 특수한 사정을 주장하는 경우도 포함시켜 판단하여야 한다는 견해)과 ② 부정설(구성요건해당성조각사유의 진술은 범죄의 부인에 불과하여 판단이 필요하지 않다는 견해)이 대립하고 있다. 판례는 법률상 범죄의 성립을 조각하는 이유되는 사실의 주장이란 범죄구성요건 이외의 사실로서 법률상 범죄의 성립을 조각하는 이유되는 사실상의 주장이라고 하여 부정설의 입장에 서 있다.[50]

(2) 형의 가중, 감면의 이유되는 사실

범죄될 사실 가운데 가중감면사유가 포함되지 않은 경우라도 당사자가 그러한 사실을 진술·주장한 경우에는 판단을 요한다. 이 경우에도 범죄될 사실의 경우와 마찬가지로 누범·중지미수와 같은 필요적 가중감면사유가 되는 사실을 주장한 경우에만 판단하면 족한가에 대해 논의가 있다.

학설로는 ① 제한설(재판의 객관적 명확성을 담보하고 당사자의 이익을 보호하는 데 필요한 한도에서 간명한 이유 설시가 필요하다는 이유에서, 농아자(형법 제11조), 중지미수(형법 제26조), 누범(형법 제35조), 내란죄의 자수(형법 제90조

---

47) 대판 2007. 2. 22. 2006도8750; 대판 2010. 5. 13. 2010도1784.
48) 대판 1987. 12. 8. 87도2068.
49) 대판 1983. 10. 11. 83도594.
50) 대판 1997. 7. 11. 97도1180 (공정증서원본불실기재 및 동 행사죄의 공소사실에 대하여 종중이 임야를 20년 이상 점유해 와서 그 소유권의 취득시효가 완성되어 위 종중 명의로 마쳐진 소유권보존등기는 실체권리관계에 부합하여 유효라고 주장한 사안: 명시적 판단 불요).

제1항), 위증·모해위증의 자백·자수(형법 제153조), 무고죄의 자백·자수(형법 제157조) 등과 같은 필요적 가중·감면사유만을 의미한다는 견해)과 ② 무제한설(심신미약자(형법 제10조 제2항), 과잉방위(형법 제21조 제2항), 과잉피난(형법 제22조 제3항), 불능미수(형법 제27조), 자수·자복(형법 제52조)의 경우와 같은 임의적 감면사유도 포함해야 한다는 견해)가 있으나, 다수설은 후자의 입장을 따르고 있다.

판례는 임의적 감경사유에 대하여 법원이 판단하지 않았더라도 위법하지 않다고 하여 제한설의 입장이다.[51] 나아가 필요적 감경사유에 해당하는 진술이 있는 경우를 범행을 부인하는 취지의 진술로 본 것도 있다.[52]

(3) 소송관계인의 주장

소송관계인이 공판절차에서 사실에 대한 진술을 한 경우에 한한다. 피고인의 진술이 전혀 없다면 범죄성립을 조각하는 사유가 있는지 여부를 법원이 직권으로 심리해야 하는 것은 아니다.[53]

㈎ 공판절차에서의 진술 소송관계인의 공판절차에서의 진술에 한하며 진술의 단계를 불문한다.

수사단계에서의 진술이나 조서 기재 또는 변론종결 후 제출된 변론요지서는 제외되며, 공판절차에서의 진술이라면 모두진술, 변론, 피고인신문, 최후진술 등을 불문한다.

---

51) 대판 2001. 4. 24. 2001도872.「피고인이 자수하였다 하더라도 자수한 자에 대하여는 법원이 임의로 형을 감경할 수 있음에 불과한 것으로서 원심이 자수감경을 하지 아니하였다거나 자수감경 주장에 대하여 판단을 하지 아니하였다 하여 위법하다고 할 수 없다.」 대판 2004. 6. 11. 2004도2018; 대판 2006. 9. 22. 2006도4883; 대판 2011. 12. 22. 2011도12041; 대판 2013. 11. 28. 2013도9003.

52) 대판 1988. 9. 13. 88도1284.「피고인은 1심 공판기일에서 피해자와 같이 포장마차에 술마시러 간 것은 기억하지만 칼을 집어던진 일은 술에 취해 기억이 없다고 진술하고 있으나, 그 직후에 포장마차를 나와 근처 다방후문 앞 노상에서 피해자의 얼굴 등을 때려 상처를 입힌 사실은 이를 소상히 기억하여 그대로 시인하고 있음이 인정되므로, 결국 피고인이 칼을 던진 행동을 술에 취하여 기억이 없다고 진술하고 있는 것은 그 진술의 전후 맥락에 비추어 볼 때 칼을 던진 행위에 대하여 심신장애로 인한 형의 감면을 주장하는 취지가 아니라 단순히 범행을 부인하는 취지에 지나지 않는다고 할 것이다.」

53) 대판 1987. 2. 10. 86도2530, 86감도276 (피고인 겸 피감호청구인의 이 사건 범행이 술을 과음한 나머지 병적인 정신상태에서 저지른 것이어서 형법 제10조에 해당한다는 취지의 주장을 한 적이 없음에도 원심이나 제1심이 그와 같은 사실의 유무를 심리판단하지 아니한 것을 위법이라고 주장하는 사안: 적법).

㈏ **사실에 대한 주장** 일정한 사실을 주장하는 형식이면 족하고, 증거신청 등 입증을 요하지 않는다.

피고인의 진술이 법률적으로 반드시 적극적이고 명시적일 필요는 없고 변론의 전취지에 비추어 사실을 주장하는 진술이 있는 것으로 보이면 법원이 그 주장 유무에 대해 석명권 행사 등을 통하여 주장 여부를 분명히 해야 한다.

(4) 주장을 배척하는 판단

소송관계인이 범죄성립조각사유 등을 주장하더라도 유죄판결을 하면서 그 주장을 배척하고 받아들이지 않을 때에는 별도의 판단이 필요하다.

법원이 소송관계인의 주장을 인용하는 경우에는 무죄판결을 선고하거나 유죄판결에서도 그 판결이유 및 법령적용 등에 기재하게 되므로 별도로 판단을 요하지 않기 때문이다.

소송관계인의 주장을 배척하는 경우 법원은 주장사실에 대한 사실적·법률적 측면을 빠짐없이 검토하고, 판단의 결론뿐만 아니라 판단에 대한 이유까지 설명하여야 한다.

판단의 정도에 대하여, ① 판단의 결론만을 명시하면 된다는 견해, ② 판단의 이유 설명까지 필요하다는 견해가 있고, 나아가 피고인이 증거를 들어서 주장하는 경우가 아니라면 법원이 증거를 들어 설명할 필요까지는 없다는 견해와 증거의 제시, 설명이 필요하다는 견해로 나뉘어 있다. 실무는 이유를 설명하지 않아도 위법하지 않다는 입장이다.

6. 위반에 따른 효과

(1) 제323조 제1항 위반

유죄판결에 명시해야 할 이유의 전부 또는 일부를 명시하지 않으면 '판결에 이유를 붙이지 아니하거나 이유에 모순이 있는 때'에 해당하므로 절대적 항소이유(제361조의5 제11호)가 되나, 상고심에서는 별도의 상고이유로 규정하고 있지 않으므로 '판결에 영향을 미친 법령의 위반이 있는 때'에 한해 상대적 항소이유(제383조 제1호)가 된다.

판례도 유죄판결에 명시할 이유 가운데 어느 하나의 전부나 일부 누락한 경우, 예컨대 법령적용만 기재하고 범죄사실이나 증거요지가 기재되지 않은 경우에 법

령위반에 해당한다고 하였다.[54)]

(2) 제323조 제2항 위반

소송관계인의 주장을 판단하지 않은 경우에는 제323조 제2항 위반에 해당하므로 소송절차의 법령위반(이유불비가 아닌 판단유탈)으로 상대적 항소이유가 된다.

피고인의 방어권 보장에 특별히 중요한 사실에 관하여 이유 명시를 규정한 것이므로 이유불비와 마찬가지로 절대적 항소이유로 된다고 보아야 한다는 견해도 있다.

제 2 무죄판결

Ⅰ. 의의

무죄판결은 피고사건이 범죄를 구성하지 아니하거나 범죄사실의 증명이 없는 경우에 법원이 선고하는 실체적 종국재판을 말한다(제325조). 피고인에게 가장 유리한 판결로서 형사절차를 통하여 추정되었던 무죄를 확인하는 의미를 지니는 형성판결이 아닌 **확인판결**이다.

Ⅱ. 무죄판결의 사유

1. 피고사건이 범죄로 되지 아니하는 때(전단 무죄)

공소사실의 증명에도 불구하고 그것이 범죄를 구성하지 아니하거나(구성요건해당성 없음) 위법성조각사유 내지 책임조각사유에 해당하여 범죄가 성립하지 않는 경우를 말한다.

(1) 소송조건이 결여된 경우와의 구별

실체심리를 거치지 않고 공소장 기재 자체만으로 이미 범죄로 되지 않음이 명백한 때에는 '공소장에 기재된 사실이 진실하다 하더라도 범죄가 될 만한 사실이 포함되지 아니한 때'에 해당하므로 결정으로 공소기각을 하여야 한다(제328조 제1항 제4호).

54) 대판 2014. 6. 26. 2013도13673 (경합범에 대한 유죄판결에서 식대 관련 요양급여 편취로 인한 사기 부분에 대해 증거요지를 기재하지 않은 사안: 위법).

(2) 헌법재판소의 위헌결정이나 헌법불합치결정

형벌법규가 (정해진 기간 후에) 소급하여 효력을 상실하게 되므로(헌법재판소법 제47조 제2항), 당해 법령을 적용하여 공소가 제기된 사건도 범죄로 되지 아니한다.[55)]

헌법불합치결정이 있으나 개정시한 내 법률개정이 이루어지지 않은 경우도 변형된 형태지만 법률조항에 대한 위헌결정에 해당하므로, 당해 조항을 적용하여 공소가 제기된 피고사건은 범죄로 되지 않고 따라서 무죄를 선고하여야 한다.[56)] 재심이 개시된 사건에서 형벌에 관한 법령이 재심판결 당시 이미 위헌결정을 받아 폐지된 경우도 제325조 전단의 '범죄로 되지 아니한 때'의 무죄사유에 해당한다.[57)]

2. 범죄사실의 증명이 없는 때(후단 무죄)

공소사실의 부존재가 적극적으로 증명되거나 그 존부에 대하여 증거가 불충분해서 합리적인 의심을 넘어서는 정도로 증명되지 못한 경우에도 무죄판결을 한다. 무죄추정의 원칙에 따른 귀결이다.

범죄사실의 부존재가 적극적으로 증명된 경우(예컨대 피고인이 알리바이를 증명한 경우, 진범인이 나타난 경우)는 물론이고, 구성요건해당사실이 증명되었지만, 법률상 범죄의 성립을 조각하는 이유가 되는 사실의 존부가 불명확한 경우도 포함되며, 자백을 통하여 유죄의 심증을 얻었지만 보강증거가 없는 경우도 여기에 해당한다.

Ⅲ. 무죄판결의 주문

무죄판결의 주문은 '피고인은 무죄'라는 형식을 취한다.

유죄판결의 경우 구체적인 판결내용에 따라 다양한 형식을 취하는 것과는 달리, 무죄판결의 경우에는 단일한 형식을 취하며, 무죄판결을 하는 이유, 예컨대 무혐의 입증, 증거 불충분, 죄가 안됨 등과 같은 부가적 사유는 기재하지 않는다.

---

55) 대판 1992. 5. 8. 91도2825; 대판 2011. 5. 13. 2009도9949; 대판 2011. 9. 29. 2009도12515.

56) 대판 2011. 6. 23. 2008도7562 전합 (피고인이 야간옥외집회를 주최하였다는 취지의 공소사실에 대하여 원심이 집회 및 시위에 관한 법률 제23조 제1호, 제10조 본문을 적용하여 유죄를 인정하였는데, 원심판결선고 후 헌법재판소가 위 법률조항에 대해 헌법불합치결정을 선고하면서 개정시한을 정하여 입법개선을 촉구하였는데도 위 시한까지 법률개정이 이루어지지 않은 사안); 대판 2018. 10. 25. 2015도17936.

57) 대판 2013. 5. 16. 2011도2631 전합 (대통령 긴급조치 제4호 위반 사건).

1. 일부만 무죄인 경우

(1) 일부 유죄, 일부 무죄인 경우 주문에는 유죄부분만 명시하고, 무죄부분은 판결이유에서 그 취지를 판단하면 족하다.[58] 그러나 포괄일죄의 경우에 일부무죄 부분을 판결주문에 표시하였더라도 판결에 영향을 미친 위법은 아니다.[59] 또한 일부가 유죄로 인정되는 이상, 유죄를 인정하지 아니한 부분에 관한 판단을 이유에 반드시 명시하지 않더라도 위법하지 않다.[60]

(2) 일부 무죄, 일부 형식재판의 경우 주문에서 무죄를 선고하고 판결이유에서 형식재판의 사유를 명시하면 족하다.

예컨대 상상적 경합범이나 포괄일죄의 경우, 일부에 대해 공소기각 또는 면소의 사유가 있고 나머지 부분에 대해 무죄로 해야 할 경우, 일부에 대해 소송조건이 갖추어진 이상 판결은 전체로서 실체재판으로서의 성격을 가지므로, 주문에서 무죄를 선고하고 판결이유에서 공소기각이나 면소의 사유를 명시하면 족하다.[61]

2. 경합범의 경우

경합범의 경우 모두 무죄이면 전체로써 '피고인은 무죄'로 기재하고, 일부 무죄이면 유죄판결과 함께 **주문에 무죄 부분을 명시**한다.[62]

(1) 일죄를 인정한 경우 수죄로 공소가 제기되었으나 법원이 일죄로 판단하여 일부 유죄, 일부 무죄를 인정한 경우에는, 일부 무죄 부분에 대해서는 주문에 기재하지 않고 이유에 기재하면 족하다.[63]

(2) 죄수판단을 잘못한 경우 일죄(예컨대 흡수관계)를 경합범으로 잘못 기소한 경우라도 일부 사실이 인정되지 않는다면 그 부분에 대해서는 별도로 무죄를 선고하고 주문에 기재한다.[64] 무죄와 함께 치료감호 등을 선고하는 경우에

---

58) 대판 1961. 8. 9. 4293형상459.
59) 대판 1975. 2. 10. 74도2479. 상상적 경합에 대하여 동일한 취지의 판례로는, 대판 1982. 9. 28. 82도1656.
60) 대판 1985. 9. 24. 85도842 등.
61) 대판 1977. 7. 12. 77도1320; 대판 1983. 8. 23. 83도1288; 대판 1988. 10. 11. 88도4; 대판 1996. 4. 12. 95도2312 등.
62) 대판 1968. 5. 28. 68도487.
63) 대판 1980. 6. 24. 80도726.
64) 대판 1978. 9. 26. 78도1787.

는 주문에 함께 명시하여야 한다.

3. 예비적·택일적 판단의 경우

예비적·택일적 기재나 공소장 변경으로 예비적 공소사실이 추가된 경우에는 유형별로 차이가 있다.

(1) **예비적 기재의 경우** 주위적 공소사실을 유죄로 인정한 경우에는 후순위인 예비적 공소사실에 대해서는 판단을 요하지 않는다. 그러나 예비적 공소사실만 유죄로 인정한 경우에는 예비적 공소사실에 대해서만 판결 주문과 이유에서 명시하고 주위적 공소사실의 무죄 부분은 판결이유에서 명시하면 족하다. 한편 모두 무죄인 경우에는 판결주문에서 무죄를 명시하고, 이유에서는 모두에 대해 판단을 명시해야 한다.

(2) **택일적 기재의 경우** 어느 하나의 사실에 대해 유죄가 인정되면 나머지 무죄 부분에 대한 판단을 요하지 않지만, 모두 무죄인 때에는 주문에 무죄로 표시하고 이유에서 유죄와 무죄 부분을 모두 명시해야 한다.[65]

Ⅳ. 무죄판결의 이유

무죄판결도 실체재판이므로 일반적인 수준에서 이유를 명시한 다음(제39조) 죄로 되지 않는다거나 범죄의 증명이 없다는 법률판단을 제시하면 족하다. 유죄판결의 경우와는 달리 명시해야 할 이유에 대한 별도의 명문규정은 없다.

1. 이유명시의 기준

검사의 주장, 즉 공소사실에 부합하는 증거들이 있는 경우에 이를 배척하는 취지를 합리적인 범위 내에서 기재할 필요가 있다.[66]

> 학자들에 따라서는 무죄판결이 피고인에게 가장 유리한 판결이라는 점을 고려하여 유죄판결에 비하여 그 정도를 완화하여 법률전문가인 검사가 상소제기 여부를 검토할 수 있을 정도로 기재하면 족하다는 입장도 있다. 그러나 이유불비로 인한 상소가능성을 고려하면 오히려 피고인을 위하여 구체적 이유명시가 필요하다고 봄이 타당하다.

---

65) 대판 2006. 12. 22. 2004도7232.
66) 대판 2014. 11. 13. 2014도6341.

2. 명시의 방법

공소사실의 요지를 기재하고, 어떠한 이유와 근거로 무죄판단을 내렸는지에 대해 밝힌 다음, 무죄판결에 대한 법률적 판단, 즉 제325조 전단을 적용한 것인지 후단을 적용한 것인지를 밝혀야 한다.

(1) '범죄로 되지 아니하는 때'(제325조 전단)에 해당하는 경우

이 경우에는 어떠한 법적 근거에서 무죄로 되는가를 명시하면 족하므로, 예컨대 심신상실로 인한 책임무능력을 이유로 무죄를 선고하는 경우에는 심신상실에 대한 법리적 해석을 거쳐 형법 제10조에 해당함을 명시하면 된다. 법적 근거와 관련 없는 증거에 대해서는 이를 명시할 필요가 없다.

(2) '범죄사실의 증명이 없는 때'(제325조 후단)에 해당하는 경우

이 경우에는 사실관계를 명시하고, 증거요지를 설명해야 하며, 증거능력의 유무를 판단한 다음 증거능력이 있는 증거에 따라 이를 배척하는 이유를 개별적·구체적으로 적시하여야 한다.

V. 무죄판결의 효과

실체판결로서 선고와 함께 구속력이 발생하며(불가변력), 구속영장의 효력이 상실된다(제331조). 판결선고시에 판결공시의 취지를 선고할 수 있고(형법 제58조 제2항), 재심판결에서는 판결내용을 공고하여야 한다(제440조).

1. 상소

무죄판결에 대하여 검사는 항소할 수 있으나, 피고인은 항소할 수 없다. 무죄판결은 피고인에게 가장 유리한 판결이므로 피고인에게 **상소의 이익이** 없어 – 무죄판결의 이유를 다투는 형태로도(예컨대 심신상실을 이유로 한 무죄판결에 대하여 범죄사실의 증명이 없다는 이유로 무죄를 주장하는 것) – 상소할 수 없다.

2. 확정력 등

무죄판결이 확정되면 일사부재리의 효력이 발생하나 집행력은 발생하지 않고, 따라서 무죄판결이 확정된 후에 동일한 사실로 재차 공소가 제기되더라도 면소판결을 선고해야 한다.

무죄판결이 확정된 후에도 심신상실을 이유로 치료감호를 청구하는 것은 가능하다.67)

무죄판결이 확정되면 구금이나 형집행에 대한 보상으로서 형사보상을 청구할 수 있으며(형사보상 및 명예회복에 관한 법률 제2조), 재판에 소요된 비용에 대한 보상도 청구할 수 있다(제194조의2 제1항). 주문에서 무죄가 선고되지 않고 판결이유에서 무죄로 판단된 경우에도 재판에 소요된 비용 가운데 무죄판단 부분의 방어권 행사에 필요하였다고 인정된 부분에 대해서는 보상청구가 가능하다.68)

제3 관할위반의 판결

Ⅰ. 의의

관할위반의 판결은 피고사건이 법원의 관할에 속하지 아니한 때에 실체심리 없이 소송을 종결시키는 형식적 종국재판을 말한다(제319조 본문). 관할권의 존재는 법원의 직권조사 사항이다(제1조). 관할권은 재판권의 존재를 전제로 하므로, 관할의 전제가 되는 재판권이 없는 경우에는 판결로써 공소기각을 하여야 한다(제327조 제1호).

실무에서는 검사가 토지관할을 위반하여 공소를 제기하는 경우는 거의 생각하기 어렵고, 사물관할을 위반한 경우에도 사건 재배당절차를 통해 해결하므로 관할위반의 판결을 하는 경우는 그리 많지 않다.

Ⅱ. 사유

피고사건이 법원의 관할에 속하지 아니하는 경우이다. 관할은 사물관할과 토지관할을 포함한다.

1. 사물관할의 경우

사물관할은 공소사실에 기재된 공소사실을 기준으로 하며, 예비적·택일적 기재의 경우에는 형이 가장 중한 공소사실을 기준으로 사물관할의 유무를 결정한다.

---

67) 대판 1999. 8. 24. 99도1194.
68) 대결 2019. 7. 5. 2018모906.

공소장을 변경한 때에는 변경된 사실을 기준으로 사물관할의 유무를 결정한다.

제8조 제2항에 따르면, 단독판사의 관할사건이 공소장변경에 의하여 합의부 관할 사건으로 변경된 경우에 법원은 결정으로 관할권이 있는 법원에 이송한다(항소심의 경우에도 동일). 반대로 합의사건이 단독사건으로 변경된 경우에는 합의부가 관할하더라도 문제가 없으므로 관할위반의 판결이나 사건의 이송이 필요하지 않다.[69]

2. 토지관할의 경우에 있어서 특칙

'공소제기시'에만 존재하면 족하고, 공소제기 후에 변경되더라도 관할의 존부에 영향을 미치지 않으며, '피고인의 신청'이 없으면 법원이 관할위반의 선고를 하지 못한다(제320조 제1항). 토지관할은 피고인의 편의와 법원의 업무분담을 위한 것이므로 관할의 취지에 반하지 않는 범위 내에서 광범위하게 예외를 인정한 것이다.

관할위반의 신청을 하는 경우에도 '피고사건에 대한 진술 전'에 하여야 한다.

'피고사건의 진술'이란 모두진술(제286조)을 의미하므로, 관할위반의 신청은 늦어도 피고인의 모두진술 단계까지 하여야 하고, 피고사건에 대해 일단 진술하면 관할권 결여의 하자가 치유되어 법원은 더 이상 관할위반의 판결을 선고할 수 없다.

Ⅲ. 주문과 이유

1. 주문

관할위반의 판결의 주문은 '이 사건은 관할위반' 또는 '이 사건은 이 법원의 관할에 속하지 아니한다'는 형식을 취한다.

원심법원의 관할인정이 잘못된 경우에 상소법원은 원심을 파기하고 판결로써 사건을 관할이 있는 법원에 이송하여야 한다(제367조, 제394조). 이 경우에 주문은 '이 사건을 … 법원에 이송한다'는 형식을 취하게 된다.

2. 이유

관할위반의 판결을 한 경우 명시해야 할 이유에 대해 별도의 명문규정이 없으므로, 재판의 일반원칙에 따라 간단히 이유를 명시하면 족하다.

---

69) 대판 2013. 4. 25. 2013도1658.

따라서 반드시 공소사실의 요지에 대해 기재할 필요 없이 관할에 관한 법해석을 토대로 관할위반이 되는지를 간단하게 명시하면 족하다.

Ⅳ. 효과

판결의 선고와 함께 형식재판에 따른 구속력이 발생하고, 판결이 확정되면 내용적 확정력이 발생한다.

다른 형식재판과는 달리 피고인의 불출석 특례(제277조), 공판절차 정지와 관련된 특례(제306조 제4항)가 인정되지 않고, 구속영장의 실효사유(제331조)가 되지도 않는다.

소송행위는 관할위반인 경우에도 그 효력에는 영향이 없다(제2조).

관할위반의 판결을 선고한 법원이 공판절차에서 작성한 공판조서, 검증조서 등은 당해 사건에 대하여 다시 공소가 제기된 후에 수소법원의 공판절차에서 증거로 사용할 수 있다.

일사부재리의 효력이 인정되지 않으므로, 판결 확정 이후에도 관할권 있는 법원에 재차 공소제기가 가능하며, 판결의 확정과 함께 공소제기로 정지된 공소시효가 다시 진행한다(제253조 제1항). 관할위반의 판결에 대해서도 상소는 가능하며, 상소심에서는 상소가 이유 있는 경우 원심법원(또는 제1심법원)에 파기환송하여야 한다(제366조, 제395조).

제4 면소의 판결

Ⅰ. 의의

면소판결이란 피고사건에 대하여 소송을 계속 추행할 이익이 없는 경우에 소송을 종결시키는 형식재판을 말한다.

구체적 형벌권의 존부를 판단대상으로 하지 않는다는 점에서 유·무죄의 실체판결과 구별되며, 소송추행이익의 결여를 이유로 한다는 점에서 형식적 소송조건의 결여를 이유로 하는 관할위반이나 공소기각의 재판과 구별된다.[70]

---

70) 대판 1963. 3. 21. 63도22. 「구 군법회의법(1987.12.4. 법률 제3993호 전면개정 전) 제372조

Ⅱ. 면소판결의 본질

1. 학설 및 판례

(1) 학설

과거에 실체관계적 형식재판설이 일반적이었으나 현재에는 형식재판설이 지배적이다.

이외에 면소판결의 본질에 대해서 아래와 같은 견해도 있다.

① 실체재판설 범죄에 의하여 일단 발생한 형벌권이 그 후 일정한 사정에 따라 소멸한 경우에 선고하는 재판이라는 견해이다. 특히 구 형사소송법하에서는 면소사유가 있어도 실체심리를 진행하여 범죄사실이 증명되지 않으면 무죄판결을 하고, 범죄사실이 인정되면 공소권 소멸을 이유로 면소판결을 함으로써 면소판결을 실체재판으로 이해하고 따라서 기판력도 인정된다고 보았다. 그러나 이러한 태도는 피고인에게 실체에 대한 응소를 강요하여 당사자주의에 반하고 동일사건에 관하여 무죄판결이 확정된 경우에도 실체심리를 거쳐 면소를 선고하게 되어 이중위험금지의 정신에도 배치된다는 비판을 받았다.

② 이분설 확정판결로 인한 면소판결만을 형식재판으로 보고 나머지 사유에 의한 경우에는 모두 실체재판으로 보는 견해를 말한다.

③ 신이분설 면소판결은 일반적으로 형식재판이지만, 확정판결로 인한 경우가 아니면 특히 피고인으로부터 무죄의 주장이 있었던 경우에는 실체심리를 하여 공소사실이 인정되면 실체재판으로서의 면소판결을 선고하고 그렇지 않은 경우에는 무죄를 선고해야 한다는 견해이다.

㈎ 실체관계적 형식재판설 면소판결은 **실체적 소송조건**이 결여되는 경우에 선고되는 형식재판으로서, 그 조건의 존부를 심사하기 위해서는 필연적으로 어느 정도 사건의 실체에 대한 심리에 들어가지 않을 수 없지만, 실체심리를 끝까지 진행하지 않고 도중에 종결시킨다는 점에서 실체관계적 형식재판이라는 견해이다. 면소판결은 실체에 대한 심리를 전제로 하므로 실체재판처럼 일사

소정의 각 사유는 그 사건의 실체적 관계에 대한 판단을 하는 데 있어서의 장해가 되는 사유가 개별적이며 그 장해는 제거할 수 있는 사유이며 또 제거된 때에는 다시 공소를 제기할 수 있는 사유임에 반하여 같은 법 제371조 소정의 면소사유는 그 성질상 동일사건에 관한 한 모든 소송관계에 있어서 실체적 판단을 할 수 없는 일반적 장해 사유이고 그 장해는 제거할 수 없는 사유이며 또 다시 제소할 수 없는 성질의 사유라는데 차이가 있는 바 병역법 부칙 제30조에 의한 공소권소멸은 후자의 성질을 가지므로 원심이 같은 법 제371조에 의하여 면소판결을 하였음은 정당하다.」

부재리의 효력이 인정된다고 한다.

이 견해에 따르면, 법원은 면소사유가 있는 경우라도 무죄를 선고할 수 있고, 피고인은 면소판결에 대하여 무죄를 주장하여 상소할 수 있다고 본다.

(나) **형식재판설** 면소판결은 공소권 소멸을 이유로 사건의 실체에 대한 심리 없이 소송을 종결시키는 형식재판이라는 견해이다. 이 견해는 소송조건의 부존재로 소송추행의 이익이 없기 때문에 일사부재리의 효력을 인정한다. 면소판결도 형식재판이므로, 법원은 면소사유가 있으면 무죄를 선고할 수 없고, 피고인은 면소판결에 대하여 무죄를 주장하여 상소할 수 없다.

(다) **입법정책설**(형사정책설) 실체재판이나 다른 형식재판과는 달리 별도로 면소판결을 규정하여 일사부재리의 효력을 인정한 것은 판결의 본질에 따른 것이라기보다 입법정책적 고려의 결과라는 견해이다. 이에 대해서는 면소판결의 본질에 대한 규명을 단념하고 단순히 법규정의 취지를 설명하고 있을 뿐이라는 비판이 있다.

(2) 판례

판례는 실체적 형식재판설[71]을 취한 것도 있으나 대부분은 "면소판결은 공소권의 소멸을 이유로 하여 소송을 종국시키는 형식적 재판"이라고 하여 형식재판설을 따르고 있다.[72]

2. 법적 성격

면소판결을 위해서 실체심리를 요하는가, 면소판결이 있는 경우에 무죄를 주장하여 상소할 수 있는가 그리고 면소판결이 확정되면 일사부재리의 효력이 인정되는가가 쟁점이 된다.

(1) 실체심리의 요부

면소판결을 위해 일정한 범위에서 실체심리가 필요한 경우가 있지만 본격

---

71) 대판 1959. 7. 31. 4292형상368.

72) 대판 1964. 3. 31. 64도64; 대판 1997. 7. 22. 96도2153. 최근의 판례가 면소사유가 있으면 실체재판을 하기에 앞서 면소판결을 해야 한다든가(대판 2011. 6. 23. 2008도7562), 면소판결에 대하여 피고인이 무죄를 구하는 상소를 할 수 없다(대판 2005. 9. 29. 2005도4738)고 판시한 것도 같은 취지로 이해할 수 있다.

적으로 실체 자체를 판단하는 것이 아니고, 공소기각의 재판과 같은 다른 형식재판의 경우에도 정도의 차이는 있지만 실체심리가 필요하다.

예컨대 당해 사건이 친고죄인지 여부(모욕인지 명예훼손인지)라는 실체적 측면에 대한 심리와 판단이 이루어져야 비로소 친고죄에서 고소가 결여되었다는 이유로 공소기각의 판결을 할 수 있다.

(2) 무죄상소의 여부

면소판결을 형식재판으로 보는 이상 면소사유가 존재하면 소송추행의 이익 내지 실체심리의 필요성이 없으므로 면소사유가 있어도 무죄를 선고하거나[73] 면소판결에 대해 무죄를 주장하는 상소는 허용되지 않는다.[74]

무죄를 구하는 상소가 허용되지 않는 이유에 대해서는 실체판결청구권이 없다는 판례와 공소권이 소멸되기 때문이라는 판례가 있다.

(3) 일사부재리의 효력

면소판결은 형식재판이지만, 소송추행의 이익이 없기 때문에 일사부재리의 효력이 인정된다.

일사부재리의 효력이 인정되는 근거에 대해서는, ① 형식적 본안재판설(형식재판이지만 동시에 형벌권 존부의 판단을 내리는 본안재판이라는 견해), ② 소송추행이익결여설(면소판결은 단순한 절차의 하자를 이유로 하는 것이 아니라 소송조건의 흠결을 보완할 수 없고 보완할 수 있더라도 소송추행의 이익이 없음을 이유로 하는 것이기 때문에 동일한 공소사실에 대하여 다시 소추하는 것을 금지하는 것이라는 견해) 그리고 ③ 동시소추필요설(소인개념을 전제로 소인에 대해 보완을 하더라도 소송을 추행할 수 없는 사유로 인한 것으로서, 피고인에게 동시소추요구권이 있어 당해 소인으로 소추되지 않을 권리를 종국적으로 보장하기 위한 것이라는 견해)이 있다.

Ⅲ. 면소판결의 사유

제326조에서 면소사유를 규정하고 있다. 이 외에 법률로 명시되지 않은 소

73) 대판 1964. 4. 28. 64도134.

74) 대판 1964. 4. 7. 64도57; 대판 1964. 6. 16. 64도249; 대판 1984. 11. 27. 84도2106; 대판 1986. 12. 9. 86도1976; 대판 1996. 6. 25. 96도1069; 대판 2004. 9. 24. 2004도3532; 대판 2005. 9. 29. 2005도4738.

송장애사유가 존재하는 경우에 면소판결을 할 수 있는지에 대해 다수설과 판례는 소극적이다(한정적 열거규정).

예시규정설에 따르면, 제326조에 명시한 것 외에도 공소권남용, 중대한 위법수사에 의한 소추, 검사의 부당한 소추, 신속한 재판의 위반 등 법률상 유형화되지 않은 소송장애사유가 존재하는 경우에도 구체적 사유의 성질에 따라 면소판결을 할 수 있다고 한다.

1. 확정판결이 있은 때(제1호)

공소사실과 동일성이 인정되는 사건에 대하여 이미 일사부재리의 효력이 미치는 재판이 확정되어 있는 경우를 말한다.

(1) 취지

헌법 제13조 제1항("모든 국민은 … 동일한 범죄에 대하여 거듭 처벌받지 아니한다")이 명시한 이중처벌금지에 따른 재소차단을 위한 것이다.

(2) 대상

유·무죄의 실체판결 그리고 면소판결이 확정된 경우를 말하며, 일사부재리의 효력이 없는 공소기각이나 관할위반의 재판은 제외된다.

(가) 정식재판 불문 유·무죄 등이 정식재판을 통해 확정된 경우뿐만 아니라, 약식명령(제457조),[75] 즉결심판(즉결심판법 제16조)으로 확정된 경우, 경범죄처벌법이나 도로교통법에 따라 통고처분을 받고 범칙금을 납부한 경우(경범죄처벌법 제8조 제3항, 도로교통법 제164조 제3항)도 포함된다.

다만 범칙금 납부의 경우에는 범칙행위와 같은 시간과 장소에서 이루어진 행위라 하더라도 범칙행위와 동일성이 없는 형사범죄행위에 대해서는 범칙금을 납부하더라도 확정판결에 준하는 일사부재리의 효력이 발생하지 않는다.[76]

(나) 소년에 대해 보호처분 보호처분이 확정된 경우에도 동일한 사건에 대하여 다시 공소제기를 하거나 소년부에 송치할 수 없으나(소년법 제53조), 보호처분 자체가 확정판결은 아니므로 재차 공소가 제기되면 공소제기의 절차가

---

75) 대판 2014. 2. 13. 2012도10864.

76) 대판 2002. 11. 22. 2001도849; 대판 2007. 4. 12. 2006도4322; 대판 2012. 9. 13. 2011도6911 참조.

법률의 규정에 위반하여 무효인 때에 해당하므로 **판결로써 공소를 기각**하여야 한다(제327조 제2호).

소년법 제53조의 성격에 대해 보호처분을 확정판결의 일종으로 보아 면소판결을 해야 한다는 견해와 보호처분의 확정이 단순한 소송장애에 불과하므로 공소기각의 판결을 해야 한다는 견해가 있으며, 판례는 후자의 입장을 취하고 있다.[77]

가정폭력처벌법에 따른 보호처분의 결정이 확정된 경우에도 다시 공소가 제기된 때에는 면소가 아닌 공소기각의 판결을 하여야 한다.[78]

(다) **과태료 등** 행정벌에 지나지 않는 과태료의 부과처분은 확정판결에 포함되지 않는다.[79]

(라) **외국에서의 확정판결** 외국에서 동일한 행위에 대해 이미 형사재판이 확정된 경우라도 재판권을 달리하므로 여기에 포함되지 않고 따라서 재차 소추가 가능하다.[80]

(3) 면소의 대상

확정판결의 기판력이 미치는 범위까지가 면소판결의 대상이 된다(후술하는 기판력의 범위 참조).

따라서 시간적으로는 사실심리의 가능성이 있는 최후의 시점인 '사실심판결 선고시까지' 행해진 범죄에 대해 이미 확정판결이 있으면 면소판결을 해야 한다.

확정판결이 있는 이상 형의 실효(형의 실효 등에 관한 법률 제7조)가 되었더라도 면소판결의 대상이 된다.

2. 사면(제2호)

사면이란 형사사법절차에 의하지 않고 유죄 선고나 형 선고의 효과 또는 공소권을 소멸시키거나 형집행을 면제시키는 비사법적 행위이다.

사면에는 일반사면과 특별사면이 있다. 일반사면의 경우 죄를 범한 자가 형을 선고받은 경우에는 형선고의 효력이 상실되고, 형을 선고받지 않은 경우에는 공소

---

77) 대판 1985. 5. 28. 85도21; 대판 1996. 2. 23. 96도47.
78) 대판 2017. 8. 23. 2016도5423.
79) 대판 1989. 6. 13. 88도1983; 대판 1992. 2. 11. 91도2536; 대판 1996. 4. 12. 96도158.
80) 대판 2017. 8. 24. 2017도5977 전합.

권이 상실되며, 특별사면은 형을 선고받아 확정된 자를 대상으로, 형선고의 효력을 상실시키는 경우를 제외하고, 원칙적으로 형의 집행을 면제한다.

(1) 대상

형을 선고받지 않은 **일반사면**만이 대상이 된다.[81]

특별사면은 형을 선고받은 자를 대상으로 그 집행만을 면제시키는 데 그치므로 면소판결의 여지가 없기 때문에 제외된다.

(2) 적용범위

사면이 된 공소사실을 기준으로 하며, 공소사실과 동일성이 있는 경우라도 다른 죄에 대해서는 사면의 효과가 미치지 않는다.

사면법에 따라 사면되는 죄가 연속범인 경우에는 그 일부의 행위가 사면되지 않는 다른 죄명에 저촉되어 사면되지 않더라도 나머지 행위는 사면되지만, 사면 전후에 걸쳐 있는 계속범에 대해서는 모두 사면되지 않는다. 또한 사면되는 죄와 그렇지 않은 죄가 경합범의 관계에 있는 경우에 경합범 중 하나는 징역형이, 다른 죄에 대해서 벌금형이 각각 병과되어 징역 및 벌금의 선고가 있은 후 벌금형에 대해서 사면이 있을 때는 벌금을 선고한 부분만이 면소의 대상이 된다.[82]

3. 공소시효의 완성(제3호)

공소시효가 완성되면 공소권 내지 미확정 형벌권이 소멸되어 소송추행의 이익이 소멸된 경우에 해당한다.

소송계속 중에는 공소시효의 진행이 정지되므로(제253조 제1항) 공소시효가 완성될 수 없고, 따라서 원칙적으로 공소제기 당시에 이미 공소시효가 완성된 경우를 말한다.[83] 공소장변경으로 변경된 공소사실에 대하여 공소제기 시점에서 이미 공소시효가 완성된 때에도 동일하다.

공소제기 이후에도 공소시효 완성이 의제된 경우에는 면소판결의 대상이

---

81) 대판 2000. 2. 11. 99도2983; 대판 2015. 10. 29. 2012도2938.

82) 대판 1996. 1. 26. 95도2619.

83) 대판 2021. 2. 25. 2020도3694 (아동학대처벌법의 적용대상인 아동학대범죄의 공소시효는 피해아동이 성년에 달한 날부터 진행하므로(동법 제34조), 아직 성년에 달하지 않은 피해아동의 경우에는 범죄행위가 종료되어 공소시효기간이 도과하였더라도 공소시효가 정지되어 면소의 대상이 되지 않는다고 본 사안).

된다(제249조 제2항).

4. 형의 폐지(제4호)

입법자가 범죄 후에 당해 행위의 가벌성에 대한 가치판단을 변경하여 소송 추행의 실익이 없게 된 경우이다.

(1) 범죄 後 법령의 개폐

'범죄 후'에 한하므로, 범죄 전에 이미 형이 폐지되었다면 '범죄로 되지 아니하는 때'에 해당하므로 무죄를 선고하여야 한다.

> 결과범에서 '범죄 후'란 행위 시점 이후를 의미한다는 견해도 있으나, 범죄로 인한 '결과발생의 시점'을 기준으로 판단하는 것이 다수설이다. 따라서 결과범의 경우 실행행위 이후에 형이 폐지되더라도 아직 결과가 발생하지 않았다면 '범죄 후'라고 할 수 없으므로 무죄를 선고해야 하고, 계속범의 경우에도 범행 도중에 형의 폐지가 있었더라도 면소판결의 대상이 아니다.

'법령의 개폐'가 있어야 하며, 법령 자체가 아니라 위임입법에 따른 보충규범이 개폐된 경우도 포함된다.[84]

> 학설은 법령개폐의 동기를 묻지 않고 모두 추급효를 인정해야 한다는 견해가 지배적이지만, 판례는 동기설의 입장에 따라 국가의 법률이념의 변경으로 종래의 처벌 자체가 부당하였다거나 형이 과중하였다는 반성적 고려에서 법령을 개폐한 경우에 한해 면소판결을 해야 한다는 입장이다(동기설).[85]

위헌결정으로 인해 형벌법령의 효력이 상실되면 당해 법령이 소급해서 무효로 되므로, '범죄 이전'부터 죄가 되지 않는 것이고 따라서 법령이 개폐된 경우와는 달리 면소가 아니라 무죄를 선고해야 한다.

(2) 형의 폐지

법령의 개폐로 인해 '형이 폐지'되어야 하므로, 법령이 개폐되더라도 경과규정을 두어 구법 시행 당시의 행위를 처벌하는 규정을 둔 경우는 제외된다.

---

84) 대판 2000. 6. 9. 2000도764.

85) 대판 2011. 9. 8. 2011도7635; 대판 2014. 4. 24. 2012도14253; 대판 2021. 12. 30. 2017도15175.

형의 폐지에는 법령상 명문으로 벌칙이 폐지된 경우, 법령에 규정된 유효기간이 경과된 경우, 구법과 신법의 저촉에 의해 실질적으로 구법의 효력이 상실된 경우 등이 있다.

범죄 후 법률의 변경에 의하여 그 행위가 범죄를 구성하지 아니하는 경우 신법에 의한다고 규정하고 있으나(형법 제1조 제2항), 신법에 경과규정을 두어 신법의 적용을 배제하는 것도 가능하다.

Ⅳ. 심리 및 특칙

1. 실체심리

면소사유를 확인하기 위한 실체심리가 가능하며, 실체심리를 통해 사건의 동일성이 인정되는 범위 내에서 면소사유에 해당하지 않는 공소사실로 공소장을 변경하는 것도 허용된다. 실체심리를 통해 유·무죄에 대한 심증을 형성한 경우라도 면소사유가 존재하면 실체판결을 할 수 없다.

2. 심리의 특칙

(1) 구두변론의 방식

면소판결도 '판결'의 형식을 취하므로 구두변론을 거쳐서 하여야 한다(제37조 제1항).

(2) 불출석재판

면소판결은 실체재판은 아니지만 피고인에게 유리한 재판이므로, ① 면소의 재판을 할 것이 명백한 사건에 대해서는 피고인의 출석을 요하지 않고 대리인을 출석하게 할 수 있으며(제277조 제2호), ② 공판절차 정지사유가 있는 경우라도 피고인의 출정 없이 재판할 수 있다(제306조 제4항).

3. 면소판결의 주문과 이유

(1) 주문

면소판결의 주문은 '피고인은 면소'라는 형식을 취한다. 주문은 피고사건의 죄수를 기준으로 판단하므로, 경합범의 경우에는 피고사건별로 면소사유의 존부를 판단하여야 한다.

경합범의 경우 공소사실 전부가 면소에 해당하면 일죄의 경우처럼 주문에 '면소'라고 표시하고, 일부만 면소에 해당하면 이를 특정하여 판결주문에 기재한다.

일죄의 일부 유죄, 일부 면소에 해당하는 경우, 주문에서는 유·무죄에 대한 실체판단을 하고 면소사유에 대해서는 판결이유에 기재하면 족하다.[86] 상상적 경합범이나 포괄일죄의 일부가 면소사유에 해당하고 나머지 부분은 공소기각사유에 해당하는 경우에는 주문에서 면소만 표시하고, 공소기각사유에 대해서는 재판이유에서 언급하면 된다.

(2) 이유

면소도 판결의 형식을 취하므로 재판의 이유를 명시하여야 한다(제39조).

면소판결의 이유는 공소사실의 요지를 기재하고 면소사유 가운데 어디에 해당하는지를 간단하게 명시하는 방식으로 하면 족하고, 필요한 경우에는 증거를 인용하여 사실을 확정한다.

V. 면소판결의 효과

1. 선고 및 확정에 따른 효과

(1) 구속력 발생 　면소판결도 종국재판의 일종이므로 사건은 당해 심급에서 종결되고 형식재판에 따른 구속력이 발생한다.

(2) 공소시효 　면소판결이 확정되면 일사부재리의 효력이 발생하므로, 형식재판의 경우(제253조 제1항 참조)와는 달리 공소제기로 진행이 정지되었던 공소시효가 다시 진행되지 않는다.

(3) 구속영장의 실효 등 　면소판결은 일정한 경우에 **무죄판결과 동일한 효력**을 가진다.

면소판결이 선고된 때에는 구속영장은 효력을 잃고(제331조), 유죄의 선고를 받은 자에 대하여 면소를 인정할 명백한 증거가 새로 발견되면 재심을 청구할 수 있다(제420조 제5호). 또한 고소 또는 고발에 의하여 공소를 제기한 사건에 관하

86) 대판 1977. 7. 12. 77도1320. 상상적 경합범의 관계에 있는 두 죄 중 하나의 죄는 사면되어 면소판결의 대상이고, 나머지 죄는 무죄일 경우, 주문에서 따로 면소를 선고하지 않는다고 한 판례(대판 1996. 4. 12. 95도2312)도 있다.

여 피고인이 면소의 판결을 받은 경우에 고소인 또는 고발인에게 고의 또는 중대한 과실이 있는 때에는 그 자에게 소송비용의 전부 또는 일부를 부담하게 할 수 있다(제188조).

2. 상소의 제한

피고인은 면소판결에 대하여 무죄를 이유로 상소할 수 없으나, 검사는 상소가 가능하다.

면소사유를 간과하고 유죄 또는 무죄의 실체판결을 한 경우는 상소이유가 된다(제361조의5 제1호, 제383조 제1호).

제 5 공소기각의 재판

Ⅰ. 의의

공소기각의 재판은 피고사건에 대하여 관할권 이외에 형식적 소송조건이 결여된 경우에 절차상의 하자를 이유로 사건의 실체에 대한 심리 없이 소송을 종결시키는 형식재판을 말한다. 절차상의 하자가 중대하고 명백하여 변론 없이도 소송조건의 존부를 판단할 수 있는 경우에는 결정의 형식을 취하고, 그렇지 않은 때에는 판결의 형식을 취한다.

Ⅱ. 공소기각의 사유

공소기각의 판결이나 결정 모두 그 사유를 법률에 열거하고 있으므로(한정적 열거사유), 열거되지 않은 사유로 공소기각의 재판을 할 수 없다.[87]

87) 대판 1986. 9. 23. 86도1547 (수사기관의 불법수사를 이유로 공소를 기각해야 한다고 주장한 사안: 기각). 「공소기각의 재판은 절차상의 하자를 이유로 공소를 부적법하다고 할 때 하는 형식적 재판이며 형식적 소송조건이 흠결한 경우로서 형사소송법 제327조, 제328조에 그 사유들을 규정하고 있고 이 사유들은 한정적으로 열거한 것이라 해석된다.」

1. 공소기각판결의 사유(제327조)

(1) 재판권의 결여(제1호)

'피고인에 대하여 재판권이 없을 때'란 형법의 장소적 적용범위(제2조 내지 제6조) 밖에 있는 외국인의 사건에 대해서 공소가 제기된 경우를 말한다. 공소제기 전후를 불문하고 재판권이 없는 때에는 판결로써 공소를 기각한다.

여기서 재판권이 없는 경우란 공소제기 후에 재판권이 없게 된 경우에 한하고, 공소제기 전부터 재판권이 없었던 때에는 '공소제기의 절차가 법률의 규정에 위반하여 무효인 때'에 해당하므로 제2호에 따라 공소기각의 판결을 해야 한다는 견해도 있다. 그러나 재판의 형식이 동일하다면 굳이 공소제기 전후를 구별할 필요는 없을 것이다. 판례도 양자를 구별하지 않고 있다.[88]

일반법원은 군인에 대하여 재판권이 없으나, 일반법원에 공소가 제기된 경우에도 소송경제의 측면에서 공소기각의 판결이 아니라 재판권이 있는 같은 심급의 군사법원에 **사건을 이송**하도록 하고 있다(제16조의2).

(2) 공소제기절차의 위법(제2호)

'공소제기의 절차가 법률의 규정에 위반하여 무효인 때'란 단순한 절차규정 위반만 의미하는 것이 아니라 공소를 제기하는 시점에 유효하고 적법한 공소제기를 위한 요건을 충족하지 못한 경우를 말한다. 다른 사유들과는 달리 일반조항으로서 성격을 가지고 있다.

공소제기절차의 위법이 문제되는 경우로는 ① 제254조 제4항에 따라 공소사실이 특정되지 않은 경우[89]와 ② 소송조건이 결여된 경우(과거에는 고소가 주로 문제되었으나,[90] 성범죄 등에 대해 친고죄가 대폭 축소됨에 따라 최근에는 다양한 필요적 고발사건에서 고발이 없었던 경우[91] 또는 반의사불벌죄의 경우에 처벌불원 의사가 있었던 경우,[92] 교특법상 공소제기의 요건이 결여된 경우[93]가 문제된다)

---

88) 대판 2011. 8. 25. 2011도6507.
89) 예컨대 대판 2017. 2. 21. 2016도19186.
90) 최근에도 대판 2018. 1. 25. 2016도6757 (비동거친족의 사기미수에 대해 피해자의 고소가 없거나 고소기간이 경과한 사안: 부적법); 대판 2020. 7. 29. 2017도1430 (고소기간이 지난 후에 저작권법위반으로 고소한 사안: 부적법).
91) 예컨대 대판 2014. 11. 13. 2014도10900.
92) 대판 2021. 6. 10. 2020오7.
93) 대판 2017. 5. 31. 2016도21034.

이며, 그 외에도 ③ 공소장일본주의에 위반한 경우,[94] ④ 적법한 공소장 제출이 없는 경우[95](검사의 기명날인 또는 서명이 누락된 공소장을 제출하거나[96] 전자문서만 제출하고 공소장을 제출(제254조 제1항)하지 않은 경우[97] 또는 경찰서장이 제출한 즉결심판청구서를 검사가 법원에 제출한 경우[98]), ⑤ 공소권남용에 해당하는 경우[99]와 ⑥ 위법한 함정수사가 인정되는 경우,[100] ⑦ 국회의원의 면책특권이 인정되는 경우,[101] ⑧ 성명모용사건에서 피모용자가 정식재판을 청구한 경우[102] 등을 들 수 있다.

(3) 이중기소(제3호)

'공소가 제기된 사건에 대하여 다시 공소가 제기되었을 때'란 공소사실의 동일성을 기준으로 하여, 이미 공소가 제기된 사건에 대해 동일한 법원에 재차 기소가 된 경우를 말한다.

이중기소로 인한 이중처벌의 위험을 방지하고 법원이 동일한 사건에 관하여 중복된 재판을 하지 않도록 하기 위한 것이다. 이미 선행기소로 인해 확정판결이 내려진 경우는 면소사유에 해당한다.

즉결심판이 이미 청구된 사건에 대해 검사가 약식명령을 청구한 경우에도 이중기소에 해당하므로 판결로써 공소를 기각하여야 한다.[103] 그러나 하나의 공소장에 동일한 사건이 중복으로 기재된 경우는 공소장기재의 착오에 불과하므로 공소장정정의 절차를 거치면 족하다.[104]

㈎ **판단기준** 이중기소에 해당하는지 여부는 객관적으로는 공소사실의 동일성을 기준으로, 그리고 시간적으로는 사실심리의 가능성이 있는 최후의

---

94) 대판 2015. 1. 29. 2012도2957; 대판 2021. 8. 26. 2020도12017.
95) 대판 2021. 12. 16. 2019도17150.
96) 다만 검사가 공소장에게 기명날인 또는 서명을 추후 보완하는 등의 방법으로 공소제기가 유효하게 될 수 있다. 대판 2007. 10. 25. 2007도4961; 대판 2012. 9. 27. 2010도17052; 대판 2021. 12. 16. 2019도17150.
97) 대판 2017. 2. 15. 2016도19027.
98) 대판 2003. 11. 14. 2003도2735 등.
99) 대판 2012. 7. 12. 2010도9349.
100) 대판 2007. 7. 13. 2007도3672.
101) 대판 2011. 5. 13. 2009도14442.
102) 대판 1997. 11. 28. 97도2215.
103) 대결 2019. 11. 29. 2017모3458.
104) 대판 1983. 5. 24. 82도1199.

시점인 사실심의 판결선고시를 기준으로 판단한다.[105)]

공소제기 당시에는 이중기소에 해당하였으나 상습절도의 일부분이 장물알선으로 공소장변경이 이루어져 상습절도사건과 포괄일죄의 관계에 있지 않거나 공소사실의 동일성이 없게 된 때에는 공소기각을 하지 않고 변경된 공소사실에 대하여 실체심리를 하여야 한다.[106)]

(나) **심판방법** 이중기소에 해당하는 경우에는 먼저 공소가 제기된 사건에 대해 심판하고 뒤에 공소가 제기된 사건에 대해서는 판결로써 공소를 기각한다.[107)] 후소사건에 대해 판결이 선고되었더라도 판결이 확정되기 이전이라면 선소사건에 대해 심판하며, 판결이 확정된 경우에 한해 선소사건에 대해 판결로써 공소를 기각한다.

(다) **포괄일죄의 일부에 대한 추가기소** 이미 기소된 일죄의 일부에 대해 추가기소한 경우도 이중기소에 해당하므로 원칙적으로 판결로써 공소를 기각하여야 한다.[108)] 그러나 판례는 추가기소 이후에 포괄일죄임이 밝혀진 경우 공소를 기각하지 않고 석명후 판단설 또는 공소장변경의제설을 취한 것이 있다(「공소장변경」에서 추가기소 부분 설명 참조).

(4) 공소취소 후의 재기소(제4호)

검사의 공소취소로 법원이 결정으로 공소를 기각한 경우라도 다른 중요

---

105) 대판 2004. 8. 20. 2004도3331. 「이중기소의 경우 공소기각판결을 하도록 규정한 형사소송법 제327조 제3호의 취지는 동일 사건에 대하여 피고인으로 하여금 이중위험을 받지 아니하게 하고 법원이 2개의 실체판결을 하지 아니하도록 함에 있는 것이고, 상습범에 있어서 공소제기의 효력은 공소가 제기된 범죄사실과 동일성이 인정되는 범죄사실 전체에 미치는 것이며, 또한 공소제기의 효력이 미치는 시적 범위는 사실심리의 가능성이 있는 최후의 시점인 판결선고시를 기준으로 삼아야 할 것이므로, 검사가 일단 상습사기죄로 공소제기한 후 그 공소의 효력이 미치는 위 기준시까지의 사기행위 일부를 별개의 독립된 상습사기죄로 공소제기를 하는 것은 비록 그 공소사실이 먼저 공소제기를 한 상습사기의 범행 이후에 이루어진 사기 범행을 내용으로 한 것일지라도 공소가 제기된 동일사건에 대한 이중기소에 해당되어 허용될 수 없는 것이다.」 같은 취지의 판례로는, 대판 2007. 8. 23. 2007도2595; 대판 2012. 1. 26. 2011도15356.

106) 대판 1989. 2. 14. 85도1435.

107) 대판 1969. 6. 24. 68도858.

108) 대판 2007. 1. 11. 2006도6620 (게임장에서 게임의 결과로 상품권을 지급해서는 아니됨에도 불구하고 상품권을 지급하였다는 공소사실로 기소된 후 약 5개월 후에 동일한 공소사실로 다시 기소된 사안: 이중기소).

한 증거를 발견한 때에는 다시 공소를 제기할 수 있으나, 이러한 재기소의 요건이 충족되지 않았음에도 공소를 제기한 경우에는 판결로써 공소를 기각하여야 한다.[109)]

공소취소 후에 범죄사실의 내용을 추가, 변경하여 재기소하더라도 변경된 사실에 대해 다른 중요한 증거가 발견되지 않은 때에는 판결로써 공소를 기각하여야 한다.[110)]

(5) 고소의 취소(제5호)

고소가 있어야 공소를 제기할 수 있는 사건에서(친고죄의 경우) 고소가 취소되었을 때에는 판결로써 공소를 기각하여야 한다.

(가) 파기환송사건 환송 후의 제1심판결선고 전에 고소가 취소된 경우에도 아직 제1심판결선고 전에 해당하므로 고소가 취소되면 판결로써 공소를 기각해야 한다.[111)]

(나) 공소제기 전의 취소 공소제기 전에 이미 고소가 취소되었거나 유효한 고소가 없었던 경우에는 법령에 위반한 공소제기로서 제327조 제2호에 따라 판결로써 공소를 기각한다. 공소제기 후라도 제1심판결선고 후에 고소를 취소했다면 취소의 효력이 없기 때문에 공소기각의 판결을 할 수 없고 실체판결을 하여야 한다.[112)]

(6) 처벌희망의사의 철회(제6호)

피해자의 명시한 의사에 반하여 공소를 제기할 수 없는 사건(반의사불벌죄의 경우)에서 처벌을 원하지 아니하는 의사표시를 하거나 처벌을 원하는 의사표시를 철회하였을 때 판결로써 공소기각을 하여야 한다.[113)] 이러한 의사표시는 제1심판결선고시까지 할 수 있으므로 그 후의 의사표시는 효력이 없다.[114)]

---

109) 대판 1977. 12. 27. 77도1308; 대판 2004. 12. 24. 2004도4957.

110) 대판 2009. 8. 20. 2008도9634.

111) 대판 2011. 8. 25. 2009도9112.

112) 대판 2012. 2. 23. 2011도17264 (모욕죄에 대한 고소를 취소하는 내용의 합의서가 작성되었으나 제1심판결선고 전에 제출된 적이 없고 피해자가 증인으로 출석하여 합의서는 사건과 별도의 문제라고 주장한 사안).

113) 대판 2012. 2. 23. 2011도17264; 대판 2020. 2. 27. 2019도14000; 대판 2021. 2. 4. 2020도16460.

114) 대판 2021. 6. 10. 2021도3992.

포괄일죄의 일부에 대해서만 처벌불원의사를 표시한 경우에는 그 일부에 대해서만 공소를 기각할 수 없다.[115]

2. 공소기각결정의 사유(제328조 제1항)

(1) 공소의 취소(제1호)

적법하게 하나의 공소사실 전부가 철회된 경우를 말하며, 일부가 철회 또는 변경된 경우에는 공소장변경에 해당하므로 제외된다.[116]

(2) 당사자능력의 상실(제2호)

피고인이 사망하거나[117] 피고인인 법인이 존속하지 아니하게 되었을 때를 말한다. 당사자능력의 상실시점은 공소제기 전후를 불문한다.

당사자능력의 상실시기에 대하여 ① 공소제기 전후를 불문한다는 견해, ② 공소제기 후에 한하며 공소제기 전에 이미 당사자능력을 상실한 때에는 공소제기의 절차가 법률의 규정에 위반하여 무효인 때에 해당하므로 판결로써 공소를 기각해야 한다는 견해, ③ 피고인이 사망한 경우는 공소제기 전후를 불문하지만, 피고인이 법인의 경우에는 공소제기 후에 한한다는 견해가 있다. 공소제기 전에 당사자능력이 상실되었더라도 소송조건의 하자가 더 명백하고 중대한 경우에 해당하므로 피고인의 사망이나 피고인인 법인의 해산을 불문하고 결정으로 공소를 기각한다고 보는 것이 타당하다.

청산종료의 등기가 경료되어 법인이 해산되었더라도 그 피고사건이 종결되기까지는 피고인 회사의 청산사무는 종료되지 않으므로 당사자능력도 그대로 존속한다.[118]

법인이 합병한 경우 합병으로 인해 소멸한 법인이 양벌규정에 따라 그 종업원 등의 위법행위에 대해 부담하던 형사책임은 합병으로 존속한 법인에게 승계되지 않으므로, 법인이 해산된 경우 소멸한 법인에 대해서는 공소를 기각해야 하고, 합병으로 존속한 법인에 대해 공소가 제기되었다면 무죄를 선고하여

115) 대판 2018. 4. 24. 2017도10956 (상습으로 타인을 폭행하고, 자신의 어머니도 존속폭행하여 기소된 사안에서 어머니가 처벌을 원치 않는다는 의사를 밝혔다는 이유로 존속폭행부분에 대해 공소를 기각한 사안: 위법).

116) 대판 2003. 10. 9. 2002도4372.

117) 대판 2019. 4. 3. 2014도2754; 대판 2021. 3. 11. 2020도12583; 대판 2021. 9. 30. 2020도3996.

118) 대판 1982. 3. 23. 81도1450; 대판 1986. 10. 28. 84도693; 대판 2021. 6. 30. 2018도14261.

야 한다.[119)]

(3) 관할의 경합(제3호)

관할의 경합에 따라 수개의 법원이 관할권을 가지는 사건에서 제12조 내지 제13조의 규정에 따라 '관할권이 있지만 심판할 수 없게 된 법원'이 생긴 경우를 말한다. 제12조에 따른 단독판사나 제13조에 따른 후순위법원 또는 직근상급법원의 결정으로 심판할 수 없게 된 선소법원은 결정으로 공소를 기각하여야 한다.

그러나 동일 사건이 동일한 법원에 이중으로 기소된 경우에는 판결로써 공소를 기각하여야 한다(제327조 제3호).

(4) 범죄사실의 결여(제4호)

'공소장에 범죄가 될 만한 사실이 포함되지 아니하는 때'란 공소장 기재사실 자체만 보더라도 범죄를 구성하지 않음이 명백한 경우로서, 공소장변경 등의 절차에 의하더라도 공소가 유지될 여지가 없는 형식적 소송조건의 흠결이라고 볼 수 있는 경우를 말한다.[120)]

예컨대 부정수표단속법 위반사건에서 일정 수표에 대하여 각기 그 제시기일에 제시되지 아니한 사실이 공소사실 자체에 의하여 명백한 경우가 여기에 해당한다.[121)]

3. 공소기각재판 사유의 경합

(1) 실체재판 사유와의 경합

공소기각의 사유가 있으면 유·무죄의 실체재판을 해야 할 사유가 존재하는 경우라도 소송조건의 흠결을 이유로 공소기각의 재판을 해야 한다.

다만 판례는 교통사고처리특례법상 특례적용(반의사불벌죄, 보험특례) 예외사유에 해당하지 않는 경우, 종래에는 무죄사유가 존재하더라도 동법 제3조 제1항 본

---

119) 대판 2007. 8. 23. 2005도4471; 대판 2009. 12. 24. 2008도7012; 대판 2015. 12. 24. 2015도13946; 대판 2019. 11. 14. 2017도4111.

120) 대판 1977. 9. 28. 77도2603 참조.

121) 대판 1973. 12. 11. 73도2173. 한편 공소사실 기재만으로는 범죄가 되지 않음이 명백하다고 볼 수 없다고 본 판례로는, 대판 2014. 6. 26. 2013도16368 (전교조 교사와 공무원들이 민주노동당에 가입하여 당비 명목으로 회비를 낸 사안); 대판 1990. 4. 10. 90도174; 대판 2014. 5. 16. 2012도12687; 대판 2014. 5. 16. 2012도12867; 대판 2014. 5. 16. 2013도929; 대판 2014. 5. 16. 2013도828.

문 내지 제4조 제1항 본문에 위반한 공소제기를 이유로 판결로서 공소를 기각해야 한다는 입장이었으나,[122] 최근에는 '실체심리가 완료되어 무죄가 인정되는 경우'에는 '피고인의 이익을 위해 무죄를 선고할 수 있다'는 입장을 취하고 있다.[123]

(2) 형식재판 사유들의 경합

공소기각의 사유와 면소의 사유가 경합한 경우에는 하자의 정도가 중한 공소기각의 재판으로 소송을 종결한다. 한편 공소기각의 사유 가운데 결정을 할 사유와 판결을 할 사유가 경합하는 경우에는 하자의 정도가 상대적으로 더 큰 경우에 해당하는 공소기각의 결정을 해야 하고, 동일한 재판을 해야 할 사유들이 병존하는 경우에는 먼저 발생한 사유나 하자가 중대한 사유를 이유로 공소기각의 재판을 한다.

Ⅲ. 공소기각재판의 주문과 이유

1. 공소기각재판의 주문

공소기각의 재판은 판결이든 결정이든 동일하게 '이 사건 공소를 기각한다'라는 형식을 취한다. 일죄의 일부 유죄 또는 무죄, 일부 공소기각에 해당하는 경우 주문에서는 유죄 또는 무죄의 실체재판만을 명시하고, 공소를 기각하는 부분에 대해서는 이유에서 그 취지를 판단하면 족한 것은 다른 형식재판의 경우와 동일하다.[124] 그러나 그것을 판결주문에 표시하였더라도 판결에 영향을 미친 위법사유가 되는 것은 아니다.[125]

한편 수죄의 경우 수개의 공소사실의 일부만이 공소기각의 사유에 해당하는 경우에는, 실체재판을 먼저 명시한 다음, 해당되는 공소사실에 대해서 '이 사건 공소사실 중 … 에 관한 공소를 기각한다'고 기재한다.

2. 공소기각재판의 이유

면소판결의 경우와 마찬가지로 명시해야 할 이유에 대해 별도의 명문규정이 없으므로 일반적인 수준에서 재판의 이유를 명시해야 한다(제39조). 따라서

---

122) 대판 2004. 11. 26. 2004도4693.

123) 대판 2015. 5. 14. 2012도11431; 대판 2015. 5. 28. 2013도10958.

124) 대판 1988. 10. 11. 88도4.

125) 대판 1983. 8. 23. 83도1288; 대판 1999. 12. 24. 99도3003.

공소사실의 요지를 기재하고 공소기각의 사유 가운데 어디에 해당하는지에 대해 간단히 판단하는 방식으로 하며 필요한 경우에는 증거를 인용하게 된다.

결정으로 공소를 기각하는 경우에도 즉시항고의 형태로 불복이 가능하므로(제328조 제2항) 제39조 본문이 적용되어 재판의 이유를 명시해야 한다.

Ⅳ. 심리상의 특칙

공소기각의 판결도 구두변론을 거쳐서 하여야 하나(제37조 제1항), 공소기각의 결정은 구두변론을 거치지 않을 수 있고 필요하면 사실조사를 할 수 있다(동조 제2항, 제3항). 공소기각의 재판도 실체재판은 아니지만 피고인에게 유리한 재판이므로 심리의 특칙이 인정된다.

따라서 ① 공소기각의 재판을 할 것이 명백한 때에는 피고인의 출석을 요하지 않고(제277조), ② 공판절차 정지사유가 있는 경우에도 공소기각의 재판을 할 것이 명백한 때에는 피고인의 출정 없이 재판할 수 있다(제306조 제4항).

Ⅴ. 공소기각재판의 효과

1. 재판의 방식

공소기각의 판결은 판결서에 의하여야 하므로, 법관의 서명날인이 필요하지만, 공소기각의 결정은 결정서에 법관의 기명날인으로 족하다(제41조 제1항, 제3항). 또한 공소기각의 판결은 재판이 공판정에서 구두로 선고하여야 하나, 공소기각의 결정은 구두로 고지하고 재판서 등본의 송달에 의해 고지하는 것도 가능하다(제42조, 제43조).

2. 재판의 효과

공소기각의 판결이 선고되거나 공소기각의 결정이 고지되면 당해 심급에서 소송이 종결되며 선고에 따른 구속력이 발생하고, 구속영장도 실효된다(제331조).

공소기각의 결정의 경우에는 판결의 경우와는 달리 구속영장의 실효사유로 명시되어 있지 않으나(제331조), 실효가 무의미한 제328조 제2호, 제3호의 경우를 제외하면 공소기각의 결정도 실효사유에 해당한다고 보아야 할 것이다.

공소기각의 재판이 확정되면 내용적 확정력이 발생하지만 면소판결과는 달리 일사부재리의 효력이 생기지 않는다. 즉 동일한 사건에 대해서도 소송조건의 흠결을 보완하면 재차 공소제기가 가능하다. 다만 공소기각의 재판이 확정되면 공소의 제기로 정지되었던 공소시효가 다시 진행되며(제253조 제1항), 형사보상 청구도 가능하다(형사보상 및 명예회복에 관한 법률 제26조).

3. 상소

공소기각의 재판에 대해서도 상소가 가능하다. 즉 공소기각의 판결에 대해서는 항소(제357조)와 상소(제371조)가 그리고 공소기각의 결정에 대해서는 즉시항고(제328조 제2항)와 재항고(제415조)가 가능하다. 재소차단의 효과를 얻기 위해서 피고인도 공소기각의 재판에 대해 무죄를 주장하면서 상소할 수 있으나, 다수설과 판례[126]는 소극적인 입장이다.

제 6 종국재판의 부수효과와 부수처분

Ⅰ. 종국재판의 부수효과

1. 구속영장의 실효

실형을 선고하는 경우가 아니한 판결이 선고되면 판결이 아직 확정되지 않았더라도 구속영장의 효력이 상실된다(제331조). 따라서 구속된 피고인은 석방된다.[127]

구 형사소송법 제331조 단서는 검사가 사형, 무기 또는 10년 이상의 징역이나 금고의 형에 해당한다는 취지의 의견진술이 있는 사건은 구속영장 실효의 예외를 인정하고 있었으나, 헌법재판소의 위헌결정[128] 이후 1995년 개정법률에서 삭제되었다.

---

126) 대판 2008. 5. 15. 2007도6793. 「피고인을 위한 상소는 피고인에게 불이익한 재판을 시정하여 이익된 재판을 청구함을 그 본질로 하는 것이므로 피고인은 재판이 자기에게 불이익하지 아니하면 이에 대한 상소권이 없다고 할 것인바, 공소기각의 재판이 있으면 피고인은 유죄판결의 위험으로부터 벗어나는 것이므로 그 재판은 피고인에게 불이익한 재판이라고 할 수 없어서 이에 대하여 피고인은 상소권이 없다.」

127) 헌재 1997. 12. 24. 95헌마247.

128) 헌재 1992. 12. 24. 92헌가8 참조.

2. 압수물의 처리

종국재판이 선고되면 압수대상 가운데 몰수하지 않는 것은 압수를 해제하고, 압수장물은 피해자에게 환부 내지 교부하는 판결을 선고하여야 한다(제332조, 제333조).

압수장물의 환부 또는 대가교부에 관한 판결의 선고는 이해관계인이 민사소송절차에 의하여 그 권리를 주장함에 영향을 미치지 않는다(제333조 제4항).

압수장물을 처분하였을 때에는 판결로써 그 대가로 취득한 것을 피해자에게 교부하는 선고를 해야 하며, 가환부한 장물에 대하여 별도의 선고가 없으면 환부의 선고가 있는 것으로 간주한다(제333조 제2항, 제3항).[129)]

환부도 판결의 형태로 이루어지므로 이에 대한 불복은 종국판결에 대한 항소 또는 상고의 형태로 한다.

3. 가납판결

(1) 의의

가납판결이란 벌금, 과료 또는 추징의 선고를 하는 경우 판결이 확정된 후에는 집행할 수 없거나 집행하기 곤란할 염려가 있다고 인정한 때에는 법원이 직권 또는 검사의 청구에 의하여 피고인에게 벌금, 과료 또는 추징에 상당한 금액을 미리 납부하도록 명하는 것을 말한다(제334조). 민사소송법상 가집행선고(제213조)와 유사하다.

재산형 집행의 효율성을 위한 제도로서, 확정 이후에 납부하는 본납과 달리, '판결확정 전'에 국가형벌권의 신속한 집행을 가능하게 하며, 피고인의 재산은닉·매매·증여·허위양도·가장매매 등으로 집행이 곤란하거나 형의 집행을 방해할 염려가 있을 경우에 효과적으로 이용할 수 있는 제도이다. 2003년 이전에는 벌금납부의 효율화를 위해 검사가 약식기소를 할 때 우편으로 벌금 예납고지서를 발송하면 법원의 약식명령 이전에 이를 납부케 하는 예납제도가 실시되었으나 이 제도가 폐지되면서 가납제도가 실질적인 기능을 가지게 되었다. 그러나 무죄추정에 반한다는 비판도 있다. 판례는 가납판결은 헌법에 위배되지 않는다는 입장이다.[130)]

---

129) 대판 2000. 1. 21. 97다58507.
130) 대판 1977. 9. 28. 77도2288.

약식명령이나 즉결심판절차에서도 가납을 명할 수 있다(제448조 제2항, 즉결심판절차법 제17조 제3항).

가납재판은 원래 판결로써 해야 하지만 확정된 약식명령은 확정판결과 동일한 효력을 가질 뿐만 아니라 재산형의 효율적 집행을 위하여 약식명령에도 가납재판이 필요하기 때문이다. 한편 즉결심판절차에서 판사가 벌금 또는 과료를 선고하였을 때에는 가납재판에 관한 규정을 준용하도록 하고 있다.

(2) 요건

벌금, 과료, 추징을 선고하는 경우에 한한다. 일정 금액의 납부를 명하는 재판이므로 가납부된 후 상소심 등에서 재판이 변경되더라도 원상회복이 용이하기 때문이다.

'판결확정 후에 집행불능 또는 집행곤란의 염려가 있다고 인정된 때'란 주로 피고인의 재산상태의 급격한 악화가 예상되는 경우를 의미하나, 재산은닉 또는 도망의 염려가 현저한 경우에도 인정된다.

(3) 절차

법원의 직권 또는 검사의 청구에 의하며, 가납재판은 임의적이다. 다만 부정수표단속법에 의하여 벌금을 선고하는 경우에는 필요적으로 가납판결을 하여야 한다(부정수표단속법 제6조). 재판은 판결의 형식을 취하며, 본안재판의 주문에서 선고한다(제334조 제2항).

가납의 재판을 선고하는 경우에도, 벌금 또는 과료에 관하여 노역장유치의 선고를 하여야 하지만(형법 제70조), 노역장유치는 판결확정 후가 아니면 집행할 수 없다.

가납의 재판은 즉시 집행할 수 있다(제334조 제3항).

법원의 가납명령이 있으면 검찰청에서 가납벌금납부의무자에게 가납벌금납부명령서를 발송하는 방식으로 집행하지만 이를 강제하기 어려워 가납금에 상당하는 금액을 공탁하거나, 가납금 이행을 위한 보증보험서 등을 제출하게 하는 등의 효율적인 집행방안의 보완이 필요하다.

(4) 가납금 환급

제1심에서 가납이 명하여진 재판이 상급심에서 변경되어 집행할 금액이 없게 된 때(무죄 등), 가납된 금액이 확정된 금액을 초과할 때, 벌과금이 이중납부된 경우 등은 피고인에게 가납금을 환급하여야 한다.

Ⅱ. 종국재판에 대한 부수처분

1. 형의 집행유예의 취소

(1) 취지

집행유예의 형을 선고한 다음(종국판결) 결격사유의 발각 등으로 집행유예를 취소하는 경우에는 유예한 형을 선고, 집행한다.

(2) 취소사유

㈎ **필요적 취소사유** 집행유예 판결이 확정된 후 형법 제62조 제1항 단서에 따른 결격사유(금고이상의 형을 선고한 판결이 확정된 때로부터 그 집행을 종료하거나 면제된 후 3년까지의 기간에 죄를 범했을 경우)가 발각된 때에는 집행유예를 취소해야 한다(형법 제64조 제1항).[131]

㈏ **임의적 취소사유** 보호관찰이나 사회봉사 또는 수강을 명한 집행유예(제62조의2)를 받은 자가 준수사항이나 명령을 위반하고 그 정도가 무거운 때[132]에는 집행유예의 선고를 취소할 수 있다(형법 제64조 제2항).

(3) 절차

㈎ **검사의 취소 청구** 검사가 피고인의 현재지 또는 최후의 거주지를 관할하는 법원에 취소를 청구한다(제335조 제1항).

청구는 취소사유를 구체적으로 기재한 서면으로 하여야 하며(규칙 제149조), 취소의 사유가 있다는 것을 인정할 수 있는 자료를 제출해야 한다(규칙 제149조의2). 또한 임의적 취소사유에 해당하는 경우에 검사가 취소청구를 한 때에는 청구와 동시에 청구서의 부본을 법원에 제출하여야 하며(규칙 제149조의3 제1항), 법원은 부본을 받은 때에는 지체 없이 집행유예의 선고를 받은 자에게 송달하여야 한다(동조 제2항).

㈏ **법원의 결정** 법원은 피고인 또는 그 대리인의 의견을 물은 후에 결정을 하여야 한다(제335조 제2항).

---

131) 대결 2001. 6. 27. 2001모135.

132) 대결 2010. 5. 27. 2010모446.

법원은 의견을 묻기 위하여 필요하다고 인정할 경우에는 집행유예의 선고를 받은 자 또는 그 대리인의 출석을 명할 수 있다(규칙 제150조). 법원은 검사가 제출한 자료와 집행유예의 판결기록 등을 검토하고 피고인 등으로부터 의견을 들은 후에 취소사유가 있다고 인정하는 경우에 결정으로 집행유예를 취소하고, 청구가 이유 없다고 인정하는 경우에는 결정으로 청구를 기각한다. 또한 집행유예기간을 경과한 후 결격사유가 발각되어 취소를 청구한 경우에도 기각결정을 한다.[133]

(다) **즉시항고** 법원의 취소결정에 대해서는 즉시항고할 수 있다(제335조 제3항).

취소결정에 대해 즉시항고를 제기한 후 그 계속 중에 유예기간이 만료한 때에는 집행유예기간의 만료로 취소의 효과가 발생하지 않고 따라서 형을 집행할 수 없다고 보아야 한다.

2. 형을 다시 정하는 절차

(1) **취지** 확정된 형을 정해야 할 사유가 발생한 경우에 검사가 그 범죄사실에 대한 최종판결을 한 법원에 형을 다시 정하도록 청구하는 절차를 말한다(제336조).

당해 사건에 대한 재판을 다시 하는 것이 아니라, 집행해야 할 형의 내용을 새로 정하는 것에 그친다.

(2) **사유** ① 판결선고 후 누범인 것이 발각된 때(선고한 형의 집행을 종료하거나 그 집행이 면제된 후에는 예외, 형법 제36조), ② 경합범의 일부에 대한 사면 또는 형의 집행이 면제된 때(형법 제39조 제3항), ③ 선고유예의 실효사유가 발견된 때(형법 제61조)에 검사가 청구할 수 있다(제336조 제1항).

선고유예의 실효사유도 집행유예의 경우와 마찬가지로 필요적 실효사유(형법 제61조 제1항: 형의 선고유예를 받은 자가 유예기간 중 자격정지 이상의 형에 처한 판결이 확정되거나 자격정지 이상의 형에 처한 전과가 발견된 때)와 임의적 실효사유(동조 제2항: 보호관찰을 명한 선고유예를 받은 자가 보호관찰기간 중에 준수사항을 위반하고 그 정도가 무거운 때)가 있다. 다만 형의 선고유예를 받은 날

---

133) 대결 1999. 1. 12. 98모151 (사기 사건에 대하여 1993. 9. 1. 법원이 징역 10월에 집행유예 2년을 선고하였으나, 1990. 9. 19. 인천지방법원에서 절도죄로 징역 1년의 형을 선고받고 1991. 일자불상경 집행종료되었음을 간과한 것이 드러나 결격사유가 존재하였으나, 취소신청이 그 이후에 이루어진 사안).

로부터 2년을 경과한 때에는 면소된 것으로 간주되므로(형법 제60조), 유예한 형을 다시 선고할 수 없고, 선고유예한 형을 정하는 결정에 대해 불복절차가 진행되는 도중에 선고유예 기간이 경과한 경우도 마찬가지이다.[134]

(3) 절차 확정된 형을 다시 정해야 할 경우에 검사만 청구권을 가지며, 관할법원은 범죄사실에 대한 최종판결을 한 법원이다.

'최종판결을 한 법원'이라 함은 피고사건에 대해 실체판결을 한 법원을 말하고, 상소기각 등에 의해 제1심판결이 확정된 경우에 그 판결법원이 주로 여기에 해당하지만, 파기환송 또는 파기이송 후에 실체판결을 한 제1심법원, 파기자판으로 판결이 확정된 경우에 당해 상소법원 등도 여기에 해당한다.

선고유예가 실효된 경우 유예한 형을 다시 선고할 때에는 '형을 선고하는 판결'이므로 제323조(유죄판결에 명시될 이유)에 의하여야 하고 선고유예를 해제하는 이유도 명시해야 한다(제336조 제1항 단서). 법원은 '결정'을 위해 필요한 때에는 사실조사를 할 수 있고, 피고인 또는 그 대리인의 의견을 물은 후에 결정을 해야 한다(제336조 제2항, 제335조 제2항).

3. 형 소멸의 재판

형의 실효(형법 제81조) 및 복권(형법 제82조)을 위한 재판은 당해 사건에 관한 기록이 보관되어 있는 검찰청에 대응한 법원이 관할하며(제337조 제1항), 그 재판은 결정의 형식으로 하고(동조 제2항), 신청을 기각하는 결정에 대해 즉시항고할 수 있다(동조 제3항).

제 3 절 재판의 확정과 효력

제 1 재판의 확정

Ⅰ. 의의

재판의 확정이란 재판이 통상의 불복방법(상소, 준항고, 정식재판의 청구, 이의신청 등)으로는 더 이상 다툴 수 없게 되어 그 내용을 변경할 수 없게 된 상태를

134) 대판 2007. 6. 28. 2007모348; 대결 2018. 2. 6. 2017모3459.

말한다. 이러한 상태에 이른 재판을 확정재판이라고 한다.

재판의 확정은 법적 안정성을 위해 일정 단계 이후에는 실체해명을 제한한다는 의미를 지닌다. 「확정된 재판은 진실한 것으로 본다」(res judicata pro veritate habetur)는 법격언도 이를 반영하는 것이다.

재판의 확정으로 재판 본래의 효력이 발생하게 된다. 이를 확정력이라고 부른다.

Ⅱ. 재판확정의 시기

재판의 확정시기는 언제 더 이상 불복할 수 없게 되는가 하는 문제로서, 당해 재판에 대한 불복방법의 존부나 태양에 따라 달라진다.

1. 불복신청이 허용되지 않는 재판의 경우

재판의 외부적 성립, 즉 선고 또는 고지와 동시에 재판이 확정된다. 개별적으로 살펴보면 아래와 같다.

(1) 법원의 관할 또는 판결 전 소송절차에 관한 결정, 법관의 명령

즉시항고할 수 있는 경우나 준항고를 할 수 있는 경우(제416조) 외에는 원칙적으로 항고할 수 없으므로(제403조 제1항), 고지와 동시에 확정된다.

예컨대 공소장변경을 허가하는 결정의 경우에도 즉시항고가 허용되지 않으므로 결정의 고지와 동시에 확정된다.

(2) 항고법원 또는 고등법원의 결정

재판에 영향을 미친 헌법, 법률, 명령 또는 규칙의 위반이 있음을 이유로 하는 때에 한하여 즉시항고를 할 수 있으므로(제415조), 이러한 경우가 아니면 고지와 동시에 확정된다.

(3) 대법원의 판결·결정

대법원은 최종심이므로 '판결'의 선고와 동시에 확정되고,[135] '결정'의 경우

---

135) 대판 1967. 6. 2. 67초22. 과거에는 정정신청기간이 경과한 때라는 견해가 지배적이었으나 상고심판결의 정정은 오기, 오산과 같은 오류의 정정에 불과하므로 정정신청기간의 경과를 기다려 재판이 확정된다고 볼 필요가 없다는 것이 학설과 판례의 입장이다.

도 불복이 허용되지 않으므로 고지와 동시에 확정된다.

2. 불복신청이 허용되는 재판

불복신청이 허용되는 재판은 **불복방법을 더 이상 원용할 수 없을 때** 비로소 확정된다.

약식명령이나 즉결심판의 경우에도 고지를 받은 날로부터 7일의 정식재판청구기간을 경과하면 확정된다.

(1) 판결의 경우

상소의 제기 없이 상소제기기간(판결을 선고한 날로부터 7일. 제358조, 제374조)이 경과함으로써 확정된다.

상소제기가 반드시 적법한 것임을 요하지 않고, 부적법한 상소라도 상소기각의 재판이 있을 때까지는 원판결은 확정되지 않는다. 다른 한편 상소제기기간이 경과하더라도 상소권회복의 청구에 따라 회복결정이 내려지면 확정판결의 효력은 소급하여 취소되고 피고사건은 상소심에 계속된다.

상소를 제기한 경우에도, ① 상소를 기각하는 재판이 확정된 경우(예컨대 상소가 법률상 방식에 위반하거나 상소권 소멸 후인 것이 명백한 때(원심법원의 항소기각결정(제360조 제1항), 항소법원의 항소기각결정(제362조 제1항), 원심법원의 상고기각결정(제376조 제1항), 상고법원의 상고기각결정(제381조), 원심법원의 항고기각결정(제407조 제1항), 항고법원의 항고기각결정(제413조) 등), ② 상소의 취하나 포기(제349조)가 있는 경우에는 바로 확정된다.

(2) 결정·명령의 경우

즉시항고를 할 수 있는 결정의 경우에는 즉시항고 제기기간(재판을 고지받은 날로부터 7일. 제405조)[136]의 경과, 항고기각결정의 확정, 항고의 포기·취하, 항고에 대한 재판의 확정으로 확정된다. 보통항고만 허용되는 결정은 항고기간의 제한이 없으므로('언제든지') 결정을 취소해도 실익이 없게 된 때에 비로소 확정된다(제404조).

---

136) 구법하에서 즉시항고 제기기간은 3일이었으나, 헌법재판소 불합치결정(헌재 2018. 12. 27. 2015헌바77)에 따라 2019. 12. 31. 형사소송법 개정으로 7일로 변경되었다.

제 2 재판확정의 효력

재판이 확정되면 재판 본래의 효력인 재판의 확정력이 발생한다. 재판의 확정력은 형식적 확정력과 내용적 확정력으로 구분할 수 있다.

Ⅰ. 형식적 확정력

1. 의의

형식적 확정력은 형식적 확정, 즉 재판이 통상의 불복방법으로 다툴 수 없는 상태에 이른 데 따른 효력을 말한다.

본래 소송관계인 누구도 다툴 수 없게 된 상태, 즉 절대적 확정을 의미하지만, 소송관계인 가운에 일부만 다툴 수 없는 상태(예컨대 피고인만 항소를 포기한 경우), 즉 상대적 확정을 포함하기도 한다.

(1) 불가변력과 불가쟁력

법원의 입장에서는 스스로 변경할 수 없고(불가변력), 당사자의 입장에서는 다툴 수 없게 되는 효력(불가쟁력)을 말하며, 내용적 확정력을 인정하기 위한 전제가 된다.

불가변력은 재판의 외부적 성립에 따른 구속력보다 강하지만, 불가쟁력의 반면이거나 불가쟁력의 부수적 효과로서의 의미를 가지므로, 형식적 확정력은 불가쟁력이 주된 효력이 된다.

(2) 적용대상

형식적 확정력은 종국재판·종국전 재판, 실체재판·형식재판 등 재판의 종류를 불문하고 모든 재판에 대해 발생하는 효력이다.

2. 형식적 확정에 따른 효과

일반적인 불가쟁력 외에 종국재판의 경우 당해 사건에 관한 소송계속이 종결되고, 재판집행(기간계산)의 기준(제459조)이 된다.

예컨대 유죄판결이 확정되면, 경합범 가중(형법 제37조), 선고유예의 실효(동법 제61조 제1항), 집행유예의 요건(동법 제62조 제1항), 집행유예의 실효 및 취소(동법 제63조, 제64조 제1항), 벌금과 과료의 납입(동법 제69조 제1항), 가석방의 실효(동법 제74조), 형의 시효(동법 제78조), 형기의 기산(동법 제84조) 등이 형식적 확정을 기준으로 한다.
누범가중(동법 제35조)은 형의 확정이 아니라 집행종료 또는 면제를 요건으로 하므로 형식적 확정이 기준이 되지 않는다.

지방검찰청 및 그 지청과 보통검찰부에서는 자격정지 이상의 형을 선고한 판결이 확정되면 지체 없이 그 형을 선고받은 수형인을 수형인명부에 기재하여야 한다(형의 실효 등에 관한 법률 제3조).

Ⅱ. 내용적 확정력

1. 의의

재판의 형식적 확정으로 현실적 심판대상에 대한 법원의 의사표시의 내용, 즉 판단내용도 확정되며, 이를 내용적 확정력 또는 실질적 확정력이라고 한다.

내용적(실질적) 확정력은 **실체적 확정력**과 구별해야 한다. 후자는 특히 실체재판의 내용적 확정에 따른 효력(광의의 기판력)을 의미하며, 실체재판의 확정에 따른 사실의 존부 및 구체적인 형벌권의 존부 내지 범위가 확정되는 것을 말한다. 기판력 또는 일사부재리의 효력은 실체적 확정에 따른 효력이라고 할 수 있다.

재판의 내용인 의사표시에 따른 법률관계 확정으로 그 내용이 변경되지 않는다는 점에서 **불가변력**이라고도 부른다. 실체재판뿐만 아니라 형식재판의 경우에도 내용적 확정력이 인정된다.

2. 내용적 확정에 따른 효과

(1) 대내적(내부적) 효과

확정된 내용을 임의로 변경할 수 없게 되고, 집행을 요하는 재판의 경우에는 확정된 내용에 따라 집행할 수 있다. 형을 선고하는 판결의 경우 형을 집행할 권한, 즉 **집행력**이 발생한다. 집행력은 판결에 나타난 집행할 내용을 국가권력에 의해 강제로 실현하는 권한으로서, 집행을 요하는 재판에 대해서만 발생하므로, 원칙적으로 '무죄판결'이나 '형식재판'에 대해서는 문제되지 않는다.

그러나 '형식재판'이라도 구속영장 발부나 보석허가, 구속취소의 경우에는 구속 또는 석방이라는 집행력이 발생할 수 있다. 그 외에도, 앞에서 설명한 것처럼, 즉시항고가 허용되지 않는 결정이나 명령 그리고 가납판결(제334조)의 경우에는 확정 전이라도 선고나 고지에 의하여 바로 집행력이 인정된다.

(2) 대외적(외부적) 효과

확정된 재판의 판단내용이 후소법원을 구속하여 후소법원이 동일한 사건에 대해 동일한 사정하에서 확정재판과 다른 판단을 할 수 없게 된다. 이러한 효과를 **내용적 구속력**이라고 한다. 내용적 구속력은 확정력과 구속력을 포함하며, 원칙적으로 종국재판에 대해서만 인정되고, 형식재판인가 실체재판인가는 불문한다.

당해 사건뿐만 아니라 다른 사건에 대해서도 동일한 사안에 대해 확정재판의 판단내용과 다른 판단을 할 수 없게 된다(동일성이 인정되는 사실 외에도 실체면에 대해 미치는 효과). 다수설은 구속력을 확정력과 구속력으로 구분하지 않고 단순히 형식재판의 경우에 인정되는 차단효로 이해하고, 실체재판(면소판결 포함)의 경우에는 재소금지가 일사부재리의 효력으로 포섭된다고 한다.

㈎ 확정력 판결의 중요한 사실적 기초에 대해 – **사정변경이 없는 한** – 후소에 의한 다른 판단을 차단하는 효력(**후소 차단효과**)을 말한다.

형식재판의 경우, 학설은 후소법원이 확정판결과 동일한 판단을 하도록 판단내용을 구속한다는 구속효설과 동일 사항에 대한 판단을 금지한다는 차단효설이 있다. 관할위반의 재판이 확정된 사건에 대해 다시 공소가 제기된 경우 구속효설에 따르면 관할위반의 재판을 그리고 차단효설에 따르면 공소기각의 판결을 하게 된다. 차단효설이 일반적인 견해이다.

1) 예외 형식재판이 확정된 경우라도 구체적인 사정변경이 있는 경우는 확정력이 발생하지 않는다.

예컨대 관할위반의 판결이 확정된 경우라도 관할권 있는 다른 법원에 공소를 제기하는 것은 당연히 허용되며, 친고죄에 대해 유효한 고소가 없어 공소기각의 판결이 확정된 후 다시 고소기간 내에 유효한 고소가 있으면 재차 공소를 제기할 수 있다.

'사정변경'이란 새로운 증거의 발견을 말하는 것이 아니라 사실의 변화 내지 소송조건의 구비를 의미한다.[137] 사정변경이 없다면 피고인의 기망으로 인한

137) 따라서 공소취소의 경우처럼 다른 중요한 증거가 발견된 경우에 재기소할 수 있도록 한 것은 내용적 구속력에 대한 일종의 예외라고 할 수 있다.

재판의 오류가 있는 경우에도 재소는 허용되지 않는다.

예컨대 피고인의 사망으로 공소기각의 결정이 확정된 후 피고인이 생존해 있음이 드러난 경우에도 - 피고인의 생존이 이미 존재했던 사실이므로 새로운 사실이나 사정변경이 아니므로 - 재소는 허용되지 않는다. 그러나 다수설은 오류가 명백하고 피고인의 적극적 기망행위로 인한 경우에는 피고인에게 금반언의 원칙을 적용해서 예외적으로 확정력을 배제해야 한다고 하는데, 이는 불이익재심을 허용하는 것과 동일한 결과로 되므로 타당하지 않다.

2) **효력범위** 확정력은 판결 주문뿐만 아니라 판결이유에 설시된 사실관계 전부에 대하여 효력이 미친다. 실체판결의 경우에는 후소차단효과가 일사부재리의 효력(재소금지의 효과)을 통해 나타나므로 별도로 인정할 실익이 적고 주로 형식재판에서 의미를 가진다.

예컨대 합의사건이 단독판사에게 공소제기되어 관할위반의 판결이 선고된 경우 - 합의부에 다시 공소가 제기되거나 당해 사건이 단독사건이라는 점이 사후에 확인된 경우가 아니면 - 단독판사에게 공소를 제기하는 것은 금지되고, 일단 공소가 제기되었다면 공소제기절차가 위법한 경우로서 제327조 제2호에 따라 공소기각의 판결을 해야 한다.

(나) **구속력** 다른 법원은 확정판결로 확정된 사실관계에 대하여 그 판결내용에 구속되는 효력(**후소 구속효과**)을 말한다. 효과상으로 파기판결의 구속력과 유사하며, 실체판결이 확정된 경우에도 무죄판결의 경우에 별도의 의미를 가진다.

실체재판의 경우에도 별개의 범죄사실로 기소된 경우에 그 이전의 확정판결로 확정된 사실관계는 구속력을 가지게 된다는 의미이다. 특정한 사건에 대해 이미 확정판결이 선고된 후에 확정판결에 반하는(확정판결과 다른) 별개의 사건으로 공소를 제기하는 것이 허용되는지 여부에 대해 판례는 '별개의 사건'에서 다투는 것은 허용되는 것으로 보는 듯하다.[138] 한편, 후속재판은 확정된 선행재판과 내

---

138) 교특법위반(과실치상)에 대해 확정판결이 있으면, 그 구속력을 인정하는 이상 '고의'에 의한 교통사고로 보험금을 청구하는 보험사기는 성립할 수 없으므로 보험사기로 인한 공소제기에 대해 면소판결을 해야 할 것이나, 판례는 수정된 기본적 사실동일성을 기초로 양자를 별개의 사건으로 보아 보험사기를 유죄로 인정한 원심을 유지하여 구속력 개념을 부정하고 있다. 대판 2010. 2. 25. 2009도14263. 「위 각 교통사고처리 특례법 위반죄의 행위 태양은 과실로 교통사고를 발생시켰다는 점인 데 반하여, 이 사건 사기 및 사기미수죄는 고의로 교통사고를 낸 뒤 보험금을 청구하여 수령하거나 미수에 그쳤다는 것으로서 서로 행위 태양이 전혀 다르고, 각 교통사고처리 특례법 위반죄의 피해자는 교통사고로 사망한 사람들이나, 이 사건 사기 및 사

용적으로 모순된 판단을 할 수 없다는 구속력 개념을 전제로 하고 있는 판례도 있다.[139)]

제 3 일사부재리의 효력

Ⅰ. 의의와 성격

1. 의의

일사부재리의 효력이란 유·무죄의 실체판결이나 면소판결이 확정되면 동일한 범죄사실에 대하여 다시 심리·판단하는 것이 허용되지 않는다는 것을 말한다. 일사부재리의 효력은 동일성이 인정되는 사실에 미친다. 헌법 제13조 제1항은 「모든 국민은 동일한 범죄에 대하여 거듭 처벌받지 아니한다」고 하여 일사부재리의 원칙을 명문으로 규정하고 있다. 일사부재리의 효력은 동일한 범죄사실에 국한된다는 점에서 내용적 구속력과 구별된다.

실체적 확정력이 가지는 대외적 효과를 고유한 의미의 기판력(res judicata)이라고 부르기도 하며, 기판력의 내용을 다수설은 일사부재리의 효력이라고 본다.

일사부재리의 효력은 무용한 재판의 반복 방지, 모순된 판결 방지, 불명확한 법률상태의 해결, 중복소추로 인한 국민의 부담 제거 등을 위해 인정된다.

2. 기판력과의 관계

실체재판의 내용적 확정에 따른 외부적 효과를 기판력이라고 부른다. 특히 실체재판의 기판력이 헌법상 인정되는 일사부재리의 효력과 어떤 관계를 가지는지에 대해 견해가 대립하고 있다.

기미수죄의 피해자는 피고인과 운전자보험계약을 체결한 보험회사들로서 역시 서로 다르다. 따라서 위 각 교통사고처리 특례법 위반죄와 이 사건 사기 및 사기미수죄는 그 기본적 사실관계가 동일하다고 볼 수 없으므로, 위 전자에 관한 확정판결의 기판력이 후자에 미친다고 할 수 없다.」

139) 대판 1986. 9. 23. 86감도152. 「감호요건인 범죄사실, 즉 이 사건 상습절도행위에 대하여 이미 유죄판결이 확정되었다면 보호감호사건에서 그 절도범행이나 상습성은 다툴 수 없다 할 것이니, 이 사건 특정범죄 가중처벌 등에 관한 법률위반죄로 징역 2년을 선고한 판결에 대하여 피고인이 상소권을 포기하여 원심형이 확정한 이상 채증법칙을 위반하였다거나 상습성의 법리를 오해했다는 논지는 적법한 상고이유가 되지 못한다.」

(1) 학설

(가) **일치설**(동일설, 실체적 확정력설)　　기판력은 실체재판과 면소판결의 내용적 확정에 따른 외부적 효과(재소금지)로서, 동일한 사건에 대해 다시 심판이 허용되지 않는 일사부재리의 효과와 동일한 의미라는 견해이다.

실체재판의 내용이 그대로 확정된다는 의미에서 실체적 확정력은 광의의 기판력이고, 일사부재리 효력을 고유한 의미의 기판력이라고 한다. 그러나 기판력과 달리 일사부재리의 효력이 사건의 동일성이 인정되는 사실에 대해서까지 미치는 점을 설명하기 어렵다.

(나) **구별설**(분리설, 이중위험금지설)　　기판력은 확정판결의 내용적 확정에 따른 외부적 효력(후소에 대한 구속력: 형식재판의 경우에 주로 의미를 지닌다)을 의미하는 데 그치지만, 일사부재리의 효력은 형사절차에서 피고인 보호를 위해 영미법의 이중위험금지의 법리에서 파생된 것(실체재판의 경우에 의미)으로서 양자는 별개의 것이라는 견해이다.

고유한 의미의 기판력은 실체재판의 확정으로 당연히 인정되는 것으로서 실정법 규정의 유무와 관계없이 발생하므로, 피고인 보호를 근거로 하는 헌법 제13조는 기판력의 실정법상의 근거는 아니라고 한다.

(다) **포함설**　　기판력은 형식재판과 실체재판을 불문하고 확정재판의 내용적 확정에 따른 외부적 효력으로서 내용적 구속력을 말하며, 그 효과는 실체재판의 경우에 동일한 사건에 대한 재소금지를 내용으로 하는 일사부재리의 효력을 포함한다는 견해이다.

실체재판에서도 일사부재리의 효력과 별개로 내용적 구속력이 독자적 의미를 가진다고 보는 점에서 동일설과 구별되며, 일사부재리의 효력은 피고인 보호를 위해 이중위험금지를 내용으로 하고 있다고 한다.

(2) 판례

판례는 실체적 확정력과 일사부재리의 효력을 동일한 선상에서 언급함으로써 일치설의 입장과 유사한 태도를 보이고 있다.[140]

---

140) 대판 2014. 1. 16. 2013도11649. 「형사재판이 실체적으로 확정되면 동일한 범죄에 대하여 거듭 처벌할 수 없고, 확정판결이 있는 사건과 동일사건에 대하여 공소의 제기가 있는 경우에는 판결로써 면소의 선고를 하여야 하는 것(이다).」

(3) 검토

일사부재리의 효력은 확정재판의 내용적 확정에 따른 외부적 효력(동일사건에 대한 구속력)을 의미하는 기판력보다 그 적용범위가 넓어 양자를 동일하게 보기는 어렵고, 내용적 구속력(기판력)은 형식재판에 따른 효력을 포괄하는 개념이라는 점을 고려할 때 포함설의 입장이 타당하다. 정확히 말하면 양자는 서로 부분적으로 겹치는 두 원과 같은 관계에 있다고 할 수 있다.

일사부재리의 효력은 이중위험금지와 실체재판의 내용적 확정에 따른 외부적 효과로서 기판력이라는 두 가지 의미를 가진다. 무죄판결이 선고된 경우 이를 전제로 다른 사실에 대해 재판을 하는 경우에 피고인의 법적 안정성을 보호하기 위해 내용적 구속력(실체재판의 경우에 일사부재리의 원칙과 독립한 효과)을 인정할 필요가 있다.

Ⅱ. 기판력의 본질

1. 학설

(1) 실체법설 기판력을 확정판결에 의하여 실체법률관계를 형성·변경하는 효력으로 보는 견해로서, 확정판결이 새로운 실체적 법률관계를 만들어 낸다는 입장이다.

실체적 진실 여부를 떠나 잘못된 판결이라도 일단 확정되면 판결내용에 따라 국가형벌권이 발생하는 등의 실체적 법률관계가 형성된다고 본다.

(2) 구체적 규범설 확정판결을 통해 추상적인 실체법규범이 구체적 규범으로서 개별적이고 구체적 법률관계를 형성하게 되고, 이러한 구체적 규범을 형성하는 힘(집행력과 구속력)이 기판력이라는 견해이다.

이 견해에 따르면, 법원이 심판한 사실이 공소사실을 넘어 그와 동일성이 인정되는 범위까지 미치는 점을 설명하기 어려우며, 법원의 재판이 구체적 규범을 창설하는 효력을 가진다고 보는 것은 법질서의 통일성에 반한다.

(3) 소송법설 실체적 확정력은 소송법 자체의 효력(후소법원의 실체심리를 차단)으로서 실체적 법률관계와 무관하다는 견해이다(제도적 효력설).

유죄판결이 실체법적으로 무죄를 유죄로 변경하는 힘을 가지는 것은 아니지만, 소송법적으로는 재심 등의 비상구제절차에 의하지 않고는 다시 다툴 수 없게 된다(후소에 대한 불가쟁력).

2. 검토

소송법설이 타당하다. 기판력은 법적 안정성과 신뢰보호를 위해 실질적 정당성과 확정재판의 불일치를 '공소사실의 동일성'이라는 범위 내에서 인정한 재판제도 자체의 요청이라고 할 수 있다. 재심이나 비상상고를 통해 기판력이 배제되는 것도 소송법적 성격을 반영하는 것이다.

Ⅲ. 일사부재리의 효력(기판력)이 인정되는 재판

1. 실체재판

유·무죄의 판결은 실체재판으로서 당연히 일사부재리의 효력이 발생한다. 유·무죄의 판결이 확정된 후 동일한 범죄사실에 대하여 재차 공소가 제기된 경우에는 법원은 면소판결을 선고하여야 한다(제326조 제1호). 약식명령(제457조)이나 즉결심판(즉결심판법 제16조)이 확정된 경우[141] 및 (경범죄처벌법이나 도로교통법에 따른) 범칙금 납부도 확정판결에 준하는 효력을 가진다.[142] 그러나 행정법상 과태료 부과처분은 확정판결에 포함되지 않는다.[143]

기판력 있는 본안판결에서 소송비용 상환의무의 실체관계 판단이 확정된 후에 그에 근거하여 법원이 소송비용확정결정을 하였다면 그 결정은 본안판결의 소송비용 부담의 실체관계 판단에 대한 종국적 판단으로서 기판력이 인정된다.[144]

2. 면소판결

이미 설명한 것처럼, 면소판결은 형식재판의 일종임에도 불구하고 일사부재리의 효력이 발생한다.

면소사유에 해당하는 경우에는 당해 소송조건의 흠결을 보완할 수 없을 뿐만 아니라 공소사실에 내재하는 소송추행의 가능성 내지 이익이 없어지므로 영구적으

141) 대판 1992. 2. 11. 91도2536.

142) 대판 2002. 11. 22. 2001도849; 대판 2007. 4. 12. 2006도4322; 대판 2011. 1. 27. 2010도11987; 대판 2012. 9. 13. 2012도6612; 대판 2020. 4. 29. 2017도13409; 대판 2021. 4. 1. 2020도15194.

143) 대판 1992. 2. 11. 91도2536.

144) 대결 2002. 9. 23. 2000마5257.

로 재소를 차단하는 효과로서 일사부재리의 효력이 인정된다.

형의 선고유예 판결은 그 판결 자체의 확정으로 기판력이 발생하므로, 유예기간이 경과해야 면소판결로서의 기판력이 발생하는 것은 아니라고 보아야 한다.

3. 당연무효의 판결

(1) 의의

판결로써 성립하였으나 중대한 절차위반으로 인하여 상소 기타 불복신청을 하지 않아도 당연히 그 본래의 (내용적) 효력이 발생하지 않는 재판을 말한다.

판결의 성립을 전제로 하므로, 판결이 처음부터 존재하지 않아 그 효력을 논할 필요가 없는 경우인 '판결의 불성립'(예컨대 법관이 아닌 사인에 의한 재판이나 선고하지 아니한 판결초고 등)과 구별된다. 예컨대 사망한 자나 형사미성년자에 대하여 형을 선고하는 경우, 동일한 사건에 대해 이미 확정판결이 있음에도 불구하고 다시 실체판결을 선고한 경우, 법률상 전혀 인정되지 않는 형벌을 선고한 경우, 위장출석한 자에 대하여 형을 선고한 경우, 항소를 취하한 후에 행해진 항소심판결 등이 여기에 해당한다.

(2) 효과

당연무효의 재판에 대해서는 집행력이 발생하지는 않지만, 일단 판결로써 성립한 것이므로 일사부재리의 효력은 발생하며, 비상상고에 의해 일사부재리의 효력을 배제할 수 있다.

학설로는 ① 적극설(당연무효의 판결도 일단 확정되면 그 판결은 법원이 심리를 종결하여 최종적인 판단을 한 결과이고 또 그 절차에서 피고인은 처벌의 위험에 처해 있으므로 다른 재판으로부터 보호할 필요가 있다는 이유로 이를 인정하는 견해로서 다수설의 입장이다), ② 소극설(기판력은 확정판결의 본질적 효력인데 당연무효의 판결에 기판력이 발생한다는 것은 이론적으로 모순이고, 법률상 인정되지 않는 형벌을 피고인에게 선고한 판결이 확정된 경우에는 피고인에게 다시 판결을 해야 하고 사망자나 형사미성년자에 대하여 형을 선고한 판결이 확정된 경우에는 다시 심판이 행해지지 않는다는 이유로 부정하는 견해)이 있다. 그러나 당연무효의 판결에 대해 확정판결에 따른 본질적 효력을 인정할 여지는 없지만, 피고인이 다시 심판받게 할 위험으로부터 보호한다는 취지에서 긍정설이 타당하다.

Ⅳ. 일사부재리효력(기판력)의 적용범위

1. 인적(주관적) 범위

일사부재리의 효력은 공소가 제기된 피고인에 대해서만 발생한다.

공소의 제기가 '검사가 피고인으로 지정한 사람'에게만 미치는 것과 마찬가지로 (제248조 제1항), 기판력도 당해 피고인에 대해서만 미치는 것이다.

(1) 공동피고인의 경우

피고인에 대한 판결의 효력은 다른 공동피고인에게 미치지 않는다.

공범인 공동피고인 1인에 대한 무죄판결은 다른 공범에게 유리한 증거로 사용할 수 있지만 이것은 법관의 심증형성에 사실상 미치는 영향에 불과하고 별도로 심증을 형성해야 한다. 판례는 형사재판에서 관련 형사사건의 확정판결에서 인정된 사실이 절대적 증명력을 가지는 것은 아니라는 입장이다.[145)]

(2) 피고인 특정과의 관련

성명모용의 경우 피모용자에게는 확정판결의 효력이 미치지 않지만, 위장출석의 경우에는 형식적 피고인인 위장출석자에 대해서도 확정판결의 효력이 미치고, 실질적 피고인에 대해서는 공소제기 이후의 절차를 다시 진행해야 한다.

2. 물적(객관적) 범위

(1) 원칙 및 근거

공소사실과 동일성이 인정되는 범죄사실 전부에 대해서 일사부재리의 효력이 발생한다. 일사부재리의 효력은 법원의 현실적 심판대상 외에 잠재적 심판대상에도 미친다. 공소사실 외에 그것과 동일성이 인정되는 범죄사실 전부에 대해서까지 효력이 미치는 근거에 대해서는 학설의 논의가 있다.

---

145) 대판 2012. 6. 14. 2011도15653 (상해치사의 공동정범으로 기소되어 유죄판결이 선고된 피고인이 공동피고인에 대한 공판절차의 증인으로 출석하여 범죄사실을 부인하는 내용의 진술을 하여 위증죄로 기소된 사안: 신빙성 결여를 이유로 위증죄의 성립을 부정); 대판 2014. 3. 27. 2014도1200 (약사면허증을 대여하였다는 약사법위반 혐의로 기소된 피고인에 대하여, 공소외인이 대여받은 약사면허로 의약품을 제조, 판매하여 약사법 위반으로 확정판결이 받은 사건에서 행한 진술이 신빙성이 없다는 이유로 유죄의 증거로 채택하지 않은 사안).

학설로는, ① 공소불가분의 원칙상 공소사실과 동일성이 인정되는 사실 전체가 법원의 현실적 심판대상이 되기 때문이라는 견해(범죄사실대상설을 전제로 함), ② 피고인의 이익보호를 위해 이중위험을 금지하고자 하는 일사부재리 원칙의 취지에 비추어 공소사실과 동일성이 인정되는 범위에서 피고인이 유죄로 처벌될 위험성이 있기 때문이라는 견해, ③ 공소사실과 동일성이 인정되는 사실 전부에 대하여 공소제기의 효력이 미치고 법원의 잠재적 심판대상이 되기 때문이라는 견해, ④ 1개의 형벌권이 인정되는 사실은 1회의 절차에서 해결해야 한다는 견해 등이 있다.
공소장변경의 한계가 공소사실의 동일성까지라는 이유로 잠재적 심판대상도 거기까지로 국한시킬 논리필연적 이유는 없고, 실체법상 단일한 형벌권이 인정되는 사실에 대해서는 그 형벌권을 구체화하고 실현시키기 위한 절차로서의 소송절차도 단일해야 한다는 형사소추 일회성의 원칙에서 구하는 것이 타당하다.

(2) 판단기준

공소사실의 동일성에 대한 판단기준과 마찬가지로 다수설과 판례는 기본적 사실동일설의 입장을 취한다.

또 다른 학설로서 죄질동일설, 구성요건공통설과 같은 규범적 기준에 따르는 견해와 소인(주요부분)공통설, 범죄행위동일설과 같이 사실적 기준을 따르는 견해가 있다.

(가) 일반인의 생활경험 기본권 보장의 주체인 사회 일반인의 관점, 즉 일반적인 생활경험에 비추어 볼 때 공소사실과 동일하다고 볼 수 있는 사실에 대해서 일사부재리의 효력이 인정된다. 자연적 행위단일성이 인정되는 경우, 공소사실과 동시 또는 수단·결과의 관계에 있는 경우 등도 포함된다.

(나) 규범적 고려 기본적 사실관계가 동일한가를 **사회적, 전법률적 관점에서만 파악할 수 있는지**에 대해 학설과 판례의 입장이 대립하고 있다. 판례는 규범적 요소도 고려해야 한다는 입장이다.[146)]

판례는 행위태양 외에 피해법익과 죄질을 고려할 것을 요구하고 있다.[147)] 그 외

---

146) 대판 1994. 3. 22. 93도2080 전합.

147) 최근 판례로는, 대판 2019. 4. 25. 2018도20928 (병원 시술상품을 판매하는 배너광고를 허위로 게시하여 표시·광고의 공정화에 관한 법률위반죄로 약식명령을 받아 확정되었는데, 배너광고의 게시로 병원에 환자들을 소개, 유인, 알선하고 그 대가로 진료비 중 일정 비율을 의사들로부터 지급받아 의료법 위반으로 재차 기소된 경우, 약식명령의 기판력이 공소사실에 대해 미치지 않는다고 본 사안); 대판 2017. 12. 5. 2013도7649.

에 ① 범행 일시와 장소, 수단과 방법 및 범행의 목적물의 동일성을 요구한 판례,[148] ② 행위객체의 동일성, 범행의 밀접성, 범죄성립의 택일성(비양립성)을 기준으로 한 판례,[149] ③ 상호 수단과 결과의 관계 등 밀접한 인과관계가 있는지를 기준으로 한 판례,[150] ④ 행위태양, 피해자의 동일성을 요구한 판례[151] 등이 있다. 즉결심판의 경우에는 확정된 즉결심판도 재판의 일종이므로 기판력을 인정하지만, 통고처분에 대해서는 동일성을 인정한 판례[152]도 있으나, 그 자체가 재판이라고 보기 어려우므로 기판력을 부정한다.[153]

(3) 구체적 적용

㈎ **포괄일죄** 포괄일죄는 수개의 행위가 포괄하여 1개의 구성요건에 해당하여 1죄를 구성하는 경우로서 그 보호법익도 동일하므로, 포괄일죄의 일부에 대한 확정판결의 효력은 포괄일죄 전부에 미친다.

동일 죄명에 해당하는 여러 개의 행위나 연속된 행위라도 범의의 단일성과 계속성이 인정되지 아니하거나 범행방법 및 장소가 동일하지 않은 경우에는 각 범행은 실체적 경합범에 해당한다. 예컨대 자신의 건물을 성매매장소로 제공하여 약식명령을 받고, 다른 기회에 다른 사람에게 성매매장소로 제공하였더라도 포괄일죄가 아니고 따라서 기판력이 미치지 않는다.[154] 상습범이나 연속범의 일부에 대한 확정판결의 기판력은 법원의 현실적 심판대상이 되지 않은 부분에 대해서도 미친다.[155]

다만 포괄일죄의 일부에 대해 이미 유죄판결이 있는 경우라도 나머지 부분이 포괄일죄로 단일성이 인정되기 위해서는 이전의 확정판결에서 상습범으로서

---

148) 대판 2002. 1. 22. 2001도5920.
149) 대판 1998. 6. 26. 97도3297.
150) 대판 2009. 11. 12. 2009도9189.
151) 대판 2010. 2. 25. 2009도14263.
152) 대판 2003. 7. 11. 2002도2642.
153) 대판 2002. 11. 22. 2001도849 (도교법상 안전의무불이행으로 범칙금을 납부한 피고인을 중앙선침범으로 사고를 일으켜 피해자에게 부상을 입게 하여 교특법 제3조 위반으로 처벌한 사안: 적법). 대판 2011. 1. 27. 2010도11987 (음주소란 → 업무방해 및 공무집행방해: 기판력 부정); 대판 2011. 4. 28. 2009도12249 (음주소란 → 흉기휴대상해: 기판력 부정); 대판 2012. 6. 14. 2011도6858 (음주소란 → 공무집행방해: 기판력 부정); 대판 2012. 9. 13. 2011도6911 (음주소란 → 중상해: 기판력 부정); 대판 2012. 9. 13. 2012도6612 (음주소란 → 폭처법위반(흉기휴대협박): 기판력 부정).
154) 대판 2020. 5. 14. 2020도1355. 같은 취지로는, 대판 2010. 11. 11. 2007도8645.
155) 대판 1976. 1. 30. 75도1123; 대판 1978. 2. 14. 77도3564 전합; 대판 1991. 10. 8. 91도1874; 대판 2002. 10. 25. 2002도1736 등.

판결이 확정되어야 한다.

> 확정판결의 기판력이 미치는 범위는 확정된 사건 자체의 범죄사실과 죄명을 기준으로 정하는 것이 원칙이므로 후에 기소된 범죄와 동일성이 인정되더라도 범죄사실이나 죄명이 다른 경우에는 기판력이 미치지 않는다는 취지라고 할 수 있다.[156] 그러나 이러한 판례의 입장에 대하여는 전소의 기판력이 후소에 미치기 위한 요건을 추가하여 기판력의 범위를 제한하는 것으로서, 결과적으로 상습범이 아닌 범죄에 대한 판결확정 이후에 나중에 발견된 상습범을 처벌하기 위한 논리이며 피고인의 법적 지위의 안정성을 해치게 된다는 비판이 있다. 또한 상습범 이외의 포괄일죄(영업범이나 계속범)의 경우는 적용이 배제되는지 의문이다.

(나) **과형상 일죄** 과형상 일죄는 실질적으로 수죄이지만 행위가 하나인 경우로서, 그 일부에 대한 확정판결은 현실적 심판의 대상이 되지 않은 나머지 부분까지 기판력이 미친다.[157]

(다) **보충소송**(수정소송) 확정판결이 행위의 불법내용을 모두 판단하지 않은 경우에 그 판단하지 않은 부분에 대하여 새로운 공소를 제기하는 것을 보충소송이라고 한다. 예컨대 상해사실로 무죄판결이 확정된 후 피해자가 사망하자 상해치사죄로 재차 공소를 제기하는 것을 말한다. 판결이 행위의 불법내용을 모두 판단하지 않은 경우라도 동일성이 있는 사실 전부에 일사부재리의 효력이 미치므로 미처 판단하지 않은 부분에 대해서는 별도의 공소제기가 허용되지 않는다.[158]

다만, 공소사실의 동일성 판단에 있어서 판례처럼 규범적 요소를 고려하게 되면 규범적 평가를 달리한다는 이유로 기판력이 미치는 범위가 축소되고 그 범위에서 보충소송이 허용되는 결과로 될 수 있다. 또한 공소가 제기되지 않은 여죄사실의 경우에는 동일성이 인정되지 않으므로 기판력이 미치지 않는다는 것이 일반적이므로 ― 그 여죄가 양형의 자료로 되는 경우라도 ― 재차 공소제기를 할 수 있다.

---

156) 대판 2015. 6. 23. 2015도2207 참조 (조세범 처벌법 위반죄로 확정판결이 있은 후에 공소가 제기된 사건이 포괄일죄에 해당하는 경우라도 위 확정판결의 기판력은 특가법위반(조세)을 적용하여 공소 제기된 이 사건 법률조항 위반 범죄사실 부분에는 미치지 아니한다고 본 사안).

157) 대판 2017. 9. 21. 2017도11687 (동일한 기회에 동일한 장소에서 서로 다른 직원들의 업무를 방해하여 업무방해의 상상적 경합으로 인정된 사안: 기판력 긍정). 명예훼손죄가 이미 확정판결이 있는 업무방해죄와 상상적 경합관계에 있어 면소판결을 선고한 사안으로는, 대판 2007. 2. 23. 2005도10233.

158) 대판 1990. 3. 9. 89도1046 (포장마차에서 시비가 붙어 경범죄처벌법 위반으로 구류처분을 받아 확정된 후 다툼을 했던 피해자가 사망하자 상해치사죄로 재차 기소한 사안: 면소).

3. 시간적 범위

일사부재리의 효력은 "사실심리가 가능한 최후의 시점까지" 미친다(사실심판결선고시설).

학설로서, 변론종결시설, 판결선고시설, 판결확정시설이 있지만, 변론이 종결되더라도 직권 또는 신청에 의한 변론재개가 가능하고, 사실심리까지 마쳤는데도 판결이 확정될 때까지 기판력이 미치게 하는 것은 적절하지 못하다는 점에서 사실심리가 가능한 최후의 시점인 **(최종 사실심) 판결선고시**를 기준으로 하는 것이 타당하다.

따라서 사실심판결선고 이전에 범해진 공소사실과 동일성이 있는 범죄사실 전부에 대해 일사부재리의 효력이 미치고, 그 범위에 속하는 사실에 대해 공소가 제기되면 면소판결을 선고하여야 한다.[159]

(1) 포괄일죄의 경우

포괄일죄라도 '동일성이 인정되는 다른 범죄사실에 관해 확정판결이 있는 경우'에는 판결선고의 시점을 기준으로 포괄일죄에 해당하는 일련의 범죄사실들은 전후로 분리되어, 확정된 판결의 판결선고 시점 이후의 범죄사실에 대해서는 일사부재리의 효력이 미치지 않는다.[160]

다만 동종범죄에 대한 확정판결을 전제로 하므로, 포괄일죄 이전에 별개의 범죄로 확정판결이 있는 경우에 포괄일죄는 그로 인해 분단되지 않고 전부에 대해 일사부재리의 효력이 미치게 된다.[161] 예컨대 확정판결에서 상습범이 아닌 기본 구성요건의 범죄로 처단되는 데 그친 경우에는, 설령 뒤에 기소된 사건에서 비로소

159) 대판 1973. 8. 31. 73도1366.

160) 상습범에 관한 판례로는, 대판 2000. 3. 10. 99도2744; 대판 2014. 1. 16. 2013도11649. 영업범에 관한 판례로는, 대판 2017. 4. 28. 2016도21342; 대판 2017. 5. 17. 2017도3373 (허위과장광고에 따른 식품위생법 위반으로 확정판결을 받은 후, (공소장변경으로) 확정판결일 다음 날부터 6개월간에 걸쳐 동일한 사실로 식품위생법을 위반한 혐의로 공소가 제기된 사안에서 누범가중에 대한 특별규정(동일한 죄명으로 형이 확정된 후 5년 이내 다시 죄를 범한 경우 형을 가중하도록 한 식품위생법 제94조 제2항)을 적용하여 유죄를 선고한 사안: 적법).

161) 대판 1986. 2. 25. 85도2767; 대판 2001. 3. 13. 2000도4880; 대판 2001. 8. 21. 2001도3312; 대판 2002. 7. 12. 2002도2029; 대판 2004. 9. 16. 2001도3206 전합; 대판 2008. 11. 27. 2008도7270; 대판 2010. 2. 11. 2009도12627; 대판 2010. 5. 27. 2010도2182; 대판 2012. 5. 10. 2011도12131; 대판 2015. 6. 23. 2015도2207; 대판 2017. 12. 13. 2017도16223; 대판 2019. 6. 20. 2018도20698.

드러났거나 새로 저질러진 범죄사실과 전의 판결에서 이미 유죄로 확정된 범죄 사실 등을 종합하여 모두가 상습범으로서의 포괄일죄에 해당한다고 판단되더라도 뒤늦게 앞서의 확정판결을 상습범의 일부에 대한 확정판결이라고 보아 일사부재리의 효력이 이후의 범죄에 미친다고 볼 수 없다.[162]

(2) 약식명령

약식명령의 경우에도 사실심리가 가능한 최후의 시점을 기준으로 해야 하나 그 시점에 대해서는 발령시라는 견해와 고지시라는 견해가 대립하고 있다.

약식명령의 경우 판결의 선고에 해당하는 것은 발령이 아니라 명령의 고지(재판서 송달)이므로 피고인에게 유리한 고지시로 보는 것이 타당하다. 다수설과 판례는 사실심리가 가능한 최후의 시점을 기준으로 해야 한다는 이유에서 발령시를 기준으로 한다.[163]

(3) 항소심의 경우

항소심도 사실심이므로 제1심판결에 대하여 항소가 제기된 경우 항소심판결의 확정력은 제1심판결선고시가 아니라 항소심판결선고시까지로 보아야 한다.[164] 항소이유서 미제출로 결정으로 항소를 기각한 경우 제1심판결의 확정력은 제1심판결선고시까지가 아니라 항소기각 결정시까지 미친다.[165]

---

162) 대판 2017. 12. 13. 2017도16223 (판결이 확정된 종전 사건의 범죄가 상습사기죄가 아니라 특경가법 위반(사기)죄, 사기죄인 경우, 그 이후에 특경가법 위반(사기)죄에 대해 그 기판력이 미치지 않는다고 본 사안).

163) 대판 1984. 7. 24. 84도1129 (상해사실로 1983. 8. 18. 벌금형의 약식명령이 발령되고(고지는 9 .9.까지), 9. 17. 정식재판청구기간의 도과로 확정된 후 폭력습벽으로 9. 7. 폭행행위를 한 사안: 포괄일죄로서 분리). 「상습범 등 포괄 1죄의 관계에 있는 범행 일부에 유죄의 확정판결이 있었다면 그 확정판결의 효력은 포괄 1죄의 관계에 있는 나머지 범행 전부에 미치는 것이나 그 판결의 기판력의 시적 범위, 즉 어느 때까지의 범죄사실에 관하여 기판력이 미치느냐의 기준시점은 사실심리의 가능성이 있는 최후의 시점인 판결선고시를 기준으로 하여 가리게 되고 판결절차가 아닌 약식명령은 그 고지를 검사와 피고인에 대한 재판서의 송달에 의하여 하고 따로 선고를 하지 않으므로 약식명령에 있어서는 그 기판력의 시적범위를 약식명령의 송달시를 기준으로 할 것인가 또는 그 발령시를 기준으로 할 것인가에 관하여 이론의 여지가 있을 수 있다고 할 것이나 그 기판력의 시적범위를 판결절차와 달리하여야 할 이유가 없으므로 약식명령에 있어서도 그 발령시를 기준으로 한다고 풀이함이 당원의 견해이다.」; 대판 1994. 8. 9. 94도1318; 대판 2013. 6. 13. 2013도4737.

164) 대판 1983. 4. 26. 82도2829, 82감도612 (항소심을 원칙적으로 속심으로 보는 것을 전제로 항소심에서 기판력의 시간적 효력범위를 항소심 판결선고시로 본 사안); 대판 2021. 2. 4. 2019도10999.

165) 대판 1993. 5. 25. 93도836 (상습범에 대하여 유죄를 선고한 제1심판결에 대한 피고인의 항소가

(4) 파기환송에 의한 항소심의 경우

상고심의 파기환송에 의해 항소심에 다시 소송계속이 이루어진 경우, 당해 판결의 기판력은 환송 후 항소심(최종사실심) 판결선고시가 기준이 된다.

V. 일사부재리 효력의 적용배제

확정판결에 중대하고 명백한 오류가 있는 경우에는 법적 안정성과 신뢰보호의 측면보다 실질적 정당성을 우선시켜야 할 필요가 있으므로, 일사부재리효력의 적용을 배제할 수 있도록 하고 있다.

1. 상소권 회복

상소권자가 자기 또는 대리인이 책임질 수 없는 사유로 인하여 상소의 제기기간 내에 상소를 하지 못한 때에는 상소권회복의 청구를 할 수 있다(제345조). 상소권회복청구에 대한 인용결정이 확정되면 이미 확정된 재판의 일사부재리의 효력이 배제된다.

2. 재심 및 비상상고

확정된 재판의 일사부재리의 효력이 배제되는 경우로 재심과 비상상고가 있다. 재심은 사실의 오인을 시정하여 유죄판결을 받은 자의 불이익을 구제하는 제도이고(제420조), 비상상고는 확정판결의 법령위반을 시정하여 법령해석의 통일을 기하기 위한 제도이다(제441조). 재심개시결정 이후 재심판결이 확정된 때[166] 또는 비상상고절차에서 원판결을 파기하는 판결이 선고된 때에는 원판결의 일사부재리의 효력이 배제된다.

기판력과 관련해서 재심판결의 특수성을 어느 정도 인정할 것인지 명시적으로 판시한 선례가 없었다. 확정된 재심판결도 형법 제37조 후단의 확정판결에 포함

피고인의 항소이유서 미제출로 인하여 결정으로 항소기각되고 확정된 사안: 항소기각결정시까지 기판력이 미침).

166) 대판 2019. 6. 20. 2018도20698 전합. 「재심 개시 여부를 심리하는 절차의 성질과 그 판단 범위, 재심개시결정의 효력 등에 비추어 보면, 유죄의 확정판결 등에 대해 재심개시결정이 확정된 후 재심심판절차가 진행 중이라는 것만으로는 확정판결의 존재 내지 효력을 부정할 수 없고, 재심개시결정이 확정되어 법원이 그 사건에 대해 다시 심리를 한 후 재심의 판결을 선고하고 그 재심판결이 확정된 때에 종전의 확정판결이 효력을 상실한다.」 같은 취지로는, 대판 2019. 4. 11. 2018도17909.

된다는 이유로, 재심판결이 확정되었으면 후행범죄에 대하여 후단 경합범 감경을 하여야 한다는 취지의 판례가 있었으나,[167] 2019년 전원합의체 판결을 통하여 이를 변경하였다.[168]

제 4 절 소송비용

제 1 소송비용의 의의 및 성격

Ⅰ. 의의 및 성격

1. 의의

소송비용이란 형사사건을 처리하기 위한 일련의 소송절차가 진행되는 과정에서 발생하는 비용을 말한다. 광의로는, ① 공판절차에 소요되는 비용, ② 구속적부심사나 증거보전절차 등에서 소요되는 비용, ③ 수사과정에서 발생하는 비용, ④ 형사소송 진행 과정에서 일정한 서비스를 제공하는 국가기관이나 시설 등의 설립·유지에 소요되는 비용 및 소속 직원의 급여 등이 포함된다. 협의의 소송비용은 공판과정에서 발생한 비용으로서, ① 재판과정에서 전문서비스를 제공받으면서 지불하게 되는 보수와 법원에 의해 부과되는 각종 수수료, ② 증인 등에게 지급되는 수당과 여비 등을 말한다.

현행법상 소송비용의 범위는 공판절차를 진행하는 과정에서 발생한 비용에 한정된다. 「형사소송비용 등에 관한 법률」 제2조는 소송비용을 ① 증인·감정인·통역인 또는 번역인의 일당, 여비 및 숙박료, ② 감정인·통역인 또는 번역인의 감정료·통역료·번역료, 그 밖의 비용, ③ 국선변호인의 일당, 여비, 숙박료 및

---

167) 대판 2013. 9. 12. 2012도12190; 대판 2016. 2. 8. 2015도17440 등.

168) 대판 2019. 6. 20. 2018도20698 전합. 「상습범으로 유죄의 확정판결(이하 앞서 저질러 재심의 대상이 된 범죄를 '선행범죄'라 한다)을 받은 사람이 그 후 동일한 습벽에 의해 범행을 저질렀는데(이하 뒤에 저지른 범죄를 '후행범죄'라 한다) 유죄의 확정판결에 대하여 재심이 개시된 경우, 동일한 습벽에 의한 후행범죄가 재심대상판결에 대한 재심판결선고 전에 저지른 범죄라 하더라도 재심판결의 기판력이 후행범죄에 미치지 않는다. … 유죄의 확정판결을 받은 사람이 그 후 별개의 후행범죄를 저질렀는데 유죄의 확정판결에 대하여 재심이 개시된 경우, 후행범죄가 그 재심대상판결에 대한 재심판결 확정 전에 범하여졌다 하더라도 아직 판결을 받지 아니한 후행범죄와 재심판결이 확정된 선행범죄 사이에는 형법 제37조 후단 경합범이 성립하지 않는다.」

보수로 규정하고 있다.

> 1999년 이전의 법률과는 달리 무죄 또는 면소판결의 공시비용을 제외하고, 국선 변호인의 비용을 추가하였다. 법원에 의해 부과되는 각종 수수료는 제외되어 범위가 제한적이다.

2. 법적 성격

소송비용의 부담은 비용부담을 통한 재산적 법익의 박탈이라는 점에서 형사제재의 성격이 있으나, 형법 제41조에 따른 형벌의 종류에 포함되지 않는 특수한 처분에 해당한다. 따라서 불이익변경금지원칙의 적용이 없다.[169)]

Ⅱ. 법적 규율

형사소송법 제1편 제16장에서 비용부담의 원칙, 비용부담 결정방식, 부담액 산정 등에 대해서만 규정하고, 구체적인 소송비용의 범위와 지급 기준 등은 「형사소송비용 등에 관한 법률」로 정하고 있다.

> 「형사소송비용 등에 관한 법률」은 소송비용의 범위와 함께 법원의 형사절차에 참여한 증인이나 감정인, 통역인, 번역인 및 국선변호인에 대한 비용의 지급기준 등에 관하여 필요한 사항을 규정하고 있다.

법원의 형사절차에서 지급하는 비용에 관하여 필요한 사항은 「형사소송비용 등에 관한 규칙」에서 정하고 있다.

제2 소송비용의 부담자

Ⅰ. 소송비용부담의 원칙

소송비용은 책임이 있는 자에게 부담시키는 것이 원칙이다. 형사소송법은 피고인 기타 고소인·고발인 등의 비용부담에 관한 규정만 두고, 검사의 책임으로 발생한 비용은 국가가 지게 된다. 무죄판결에 따른 비용보상도 같은 성격을 지닌다.

---

169) 대판 2001. 4. 24. 2001도872; 대판 2018. 4. 10. 2018도1736.

Ⅱ. 피고인의 소송비용부담

1. 피고인 소송비용부담의 원칙

형의 선고를 하는 때에는 피고인에게 소송비용의 전부·일부를 부담하게 하여야 한다(필요적 부담). 다만, 경제적 사정으로 납부할 수 없는 때에는 그러하지 아니하다(제186조 제1항). 「형을 선고하는 때」여야 하므로 집행유예에 대해서는 소송비용을 부담시킬 수 있으나, 유죄판결이라도 선고유예나 형의 면제를 하는 경우에는 제외된다.

피고인의 방어권 행사의 적정성, 경제적 능력 등을 종합적으로 고려하여 피고인에 대한 소송비용 부담 여부 및 그 정도를 재량으로 정함으로써 사법제도의 적절한 운영을 도모하기 위한 것이나,[170] 법원은 그동안 대부분의 재판에서 피고인의 부담능력을 불문하고 소송비용부담의 재판을 거의 하지 않아 '피고인의 소송비용 부담 원칙'을 규정한 법조항이 사문화되었다는 지적을 받아왔다. 이와 관련하여 입법론적으로 찬성론과 반대론이 대립하고 있다. 찬성론은 한정된 사법자원의 효율적인 배분이라는 측면에서 부당하게 지출된 소송비용은 이에 대한 책임이 있는 자가 부담하는 것이 정의의 관념에 부합하고, 특히 공판중심주의가 강화된 이후에 문제되고 있는 증인이나 감정 신청의 남발을 막을 수 있다고 한다. 따라서 소송비용액이 다액이고(예컨대 각종 전문가의 감정을 실시한 경우) 피고인의 자력이 있다면 (감정비용 등에 대해) 필요적 부담을 명하는 것이 바람직하다고 한다. 이에 대해 반대론은 피고인이 증인이나 감정을 신청하는 것은 경찰이나 검찰에 의해 일방적으로 이루어진 수사 내용을 탄핵하는 것으로서 피고인의 방어권 행사의 핵심내용이라 할 수 있는데, 이 과정에서 발생하는 비용을 피고인이 부담하게 되면 방어권에 대한 실질적인 제약이 될 수 있고, 이미 형사처벌의 대상이 된 피고인에게 형사소송비용까지 부담시키는 것은 이중처벌이 될 수 있다고 한다. 또한 국선변호인의 보수처럼 변호인의 조력을 받을 권리의 보장이라는 차원에서 국가가 부담해야 할 경우나 증인의 여비처럼 비교적 소액이어서 이를 회수하기 위해 국가권력을 동원하는 것이 비례의 관점에서 지나친 경우 등은 제외할 필요가 있다고 주장한다.

2. 특수한 경우

(1) 피고인에게 귀책사유가 있는 경우 　피고인에게 책임지울 사유로

170) 헌재 2021. 2. 25. 2018헌바224.

발생된 비용은 '형의 선고를 하지 아니하는 경우'에도 피고인에게 부담하게 할 수 있다(제186조 제2항).

(2) **공범의 소송비용** 공범의 소송비용은 공범인 피고인에게 연대부담하게 할 수 있다(제187조).

(3) **검사만 상소한 경우는 제외** 검사만이 상소 또는 재심청구를 한 경우에 상소 또는 재심의 청구가 기각되거나 취하된 때에는 그 소송비용을 피고인에게 부담하게 하지 못한다(제189조).

3. 불구속피고인에 대한 제재로서 소송비용부담

불구속 피고인이 정당한 사유 없이 불출석하는 경우 양형상 불리하게 고려하는 방법과 소송비용의 부담 등의 제재 방법이 언급되고 있다. 불구속 피고인에게 소송비용의 부담을 주지시키는 방법으로 어느 정도 심리적 강제 효과를 거둘 수 있을 것이지만, 송달료나 증인여비 등이 대부분 소액이어서 피고인에게 큰 심리적 강제를 가하기 어렵고, 이를 집행하는 데에도 많은 비용과 노력이 소요된다는 난점이 있다.

Ⅲ. 피고인 이외의 자의 소송비용부담

1. 고소인 등의 소송비용부담

고소, 고발에 의해 공소가 제기된 사건의 경우 피고인이 무죄 또는 면소의 판결을 받은 경우에 고소인·고발인에게 '고의 또는 중과실'이 있는 때에는 고소인 또는 고발인에게 소송비용의 전부 또는 일부를 부담하게 할 수 있다(제188조).

2. 제3자의 소송비용부담

검사 아닌 자가 상소·재심청구를 하였으나 상소·재심의 청구가 기각되거나 취하된 때에는 그 자에게 부담하게 할 수 있다(제190조 제1항). 피고인 아닌 자가 피고인이 제기한 상소·재심의 청구를 취하한 경우에는 취하한 자에게 부담하게 할 수 있다(동조 제2항). 법원은 소환장을 송달받은 증인이 정당한 사유 없이 출석하지 아니한 때에는 당해 불출석으로 인한 소송비용을 증인이 부담하도록 명할 수 있다(제151조 제1항).

제3 소송비용부담의 절차

Ⅰ. 재판으로 소송절차가 종료되는 경우

1. 피고인에게 소송비용을 부담하게 하는 경우

재판으로 소송절차가 종료되는 경우 피고인에게 소송비용을 부담하게 하는 때에는 법원은 직권으로 재판해야 한다(제191조 제1항). 본안(공소사실에 대한 판단인 종국재판)의 주문에서 형과 함께 선고한다. 소송비용부담재판은 상소절차에서도 본안과 불가분적으로 취급된다(동조 제2항).[171]

따라서 본안에 대한 부분을 파기할 때에는 소송비용부담에 대한 부분까지 함께 파기하여야 한다.[172]

2. 피고인 아닌 자에게 소송비용을 부담하게 하는 경우

재판으로 소송절차가 종료되는 경우 피고인 아닌 자에게 소송비용을 부담하게 하는 때에는 직권으로 결정을 하여야 한다(제192조 제1항). 이 결정에 대해서는 즉시항고를 할 수 있다(동조 제2항).

Ⅱ. 종국재판에 의하지 아니하고 소송절차가 종료되는 경우

재판에 의하지 않고 소송절차가 종료되는 경우, 즉 상소·재심 또는 정식재판청구의 취하에 의해 소송절차가 종료되는 때에는 사건의 최종계속법원이 직권으로 결정을 하여야 한다(제193조 제1항). 이 결정에 대해서는 즉시항고를 할 수 있다(동조 제2항).

제4 소송비용부담액의 산정

소송비용은 「형사소송비용 등에 관한 규칙」이 정한 범위 내에서 법원이 정한다. 법원은 소송비용의 구체적인 부담액을 확정하여 선고할 필요는 없고 비용 중의 일부 또는 전부를 부담하게 한다는 점만 밝히면 족하다. 소송비용부담재판

---

171) 대판 2008. 7. 24. 2008도4759.
172) 대판 2009. 4. 23. 2008도11921.

에 금액을 표시하지 아니한 때에는 집행을 지휘하는 검사가 금액을 산정한다(제194조). 소송비용의 부담을 명하는 재판의 집행을 받은 자는 검사의 처분이 부당함을 이유로 재판을 선고한 법원에 이의신청을 할 수 있다(제489조).

제5 소송비용부담재판의 집행

Ⅰ. 소송비용부담재판의 집행

소송비용부담재판은 재산형 등의 경우와 마찬가지로 검사의 명령으로 집행하며(제477조 제1항), 이 명령은 집행력 있는 채무명의와 동일한 효력이 인정된다(동조 제2항).

Ⅱ. 소송비용집행면제 신청

소송비용부담의 재판을 받은 자가 '빈곤으로 인하여 이를 완납할 수 없는 때'에는 그 재판 확정 후 10일 이내에 재판을 선고한 법원에 소송비용의 전부 또는 일부에 대한 집행면제를 신청할 수 있다(제487조). 법원은 소송비용집행면제 신청이 있는 때에는 결정을 하여야 한다(제491조 제1항). 이 결정에 대하여는 즉시항고를 할 수 있다(동조 제2항). 소송비용집행면제 신청은 법원의 결정이 있을 때까지 취하할 수 있다(제490조 제1항). 신청 및 취하에는 재소자특칙(제344조)이 준용된다(동조 제2항).

제6 무죄판결과 비용보상

Ⅰ. 필요적 비용보상

국가는 무죄판결이 확정되면 당해 사건의 피고인에게 재판에 소요된 비용을 보상의무를 진다(제194조의2 제1항).

종래에는 무죄판결이 확정된 사람에게 구금에 대한 보상과 형집행에 대한 보상을 규정해 왔으나, 2007년 형사소송법 개정으로 기존의 형사보상제도와는 별개로 무죄판결이 확정된 피고인이 구금 여부와 상관없이 재판에 들어간 비용의 보상을 법원에 청구할 수 있도록 하는 내용의 비용보상청구권을 인정한 것이다.

이 제도는 국가의 잘못된 형사사법권 행사로 인하여 피고인이 무죄를 선고받기 위하여 부득이 변호사 보수 등을 지출한 경우, 국가로 하여금 피고인에게 그 재판에 소요된 비용을 보상하도록 함으로써 국가의 형사사법작용에 내재한 위험성 때문에 불가피하게 비용을 지출한 비용보상청구권자의 방어권 및 재산권을 보장하려는 데 목적이 있다.[173)]

구금을 전제로 하는 형사보상청구권(헌법 제28조)이나 국가의 귀책사유를 전제로 하는 국가배상청구권(헌법 제29조)과는 달리 법률적 차원에서 보장된 권리이다.

Ⅱ. 보상대상 및 제외사유

확정된 무죄판결을 대상으로 한다. 판결 주문에서 무죄가 선고된 경우뿐만 아니라 판결 이유에서 무죄로 판단된 경우에도 재판에 소요된 비용 가운데 무죄로 판단된 부분의 방어권 행사에 필요하였다고 인정된 부분에 관해서는 보상을 청구할 수 있다.[174)]

자발적 피고인(수사 또는 재판을 그르칠 목적으로 거짓 자백을 하거나 다른 유죄의 증거를 만들어 기소된 것으로 인정된 경우), 경합범의 일부에 대한 무죄판결, 책임무능력으로 인한 무죄판결, 피고인에게 귀책사유가 있는 경우에는 비용의 전부 또는 일부를 보상하지 아니할 수 있다(제194조의2 제2항).

Ⅲ. 보상의 절차

1. 보상청구

보상청구는 무죄판결이 확정된 사실을 안 날부터 3년, 무죄판결이 확정된 때부터 5년 이내에 하여야 한다(제194조의3 제2항).

종래 6개월의 제척기간을 두었으나 2014년에 현행과 같이 개정되었다.[175)]

---

173) 대결 2019. 7. 5. 2018모906.

174) 대결 2019. 7. 5. 2018모906. 다만 법원은 이 경우에 제외사유에 관한 규정을 유추적용하여 재량으로 보상청구의 전부 또는 일부를 기각할 수 있다.

175) 헌재 2015. 4. 30. 2014헌바408 참조 (2014년 개정 이전에 제척기간을 6월로 했던 점에 대한 합헌 결정).

2. 관할

비용의 보상은 피고인이었던 자의 청구에 따라 무죄판결을 선고한 법원의 합의부에서 결정으로 한다(동조 제1항).

3. 즉시항고 가능

법원의 결정에 대해서는 즉시항고를 할 수 있다(동조 제3항).

Ⅳ. 보상의 범위

비용보상의 범위는 ① 피고인이었던 자 또는 그 변호인이었던 자가 공판준비 및 공판기일에 출석하는 데 소요된 여비·일당·숙박료와 ② 변호인이었던 자에 대한 보수에 한한다(제194조의4 제1항 전문). 이 경우 보상금액에 관하여는 「형사소송비용 등에 관한 법률」을 준용하되, 피고인이었던 자에 대하여는 증인에 관한 규정을, 변호인이었던 자에 대하여는 국선변호인에 관한 규정을 준용한다(동조 제1항 후문).[176] 변호인이 2인 이상이었던 경우에는 사건의 성질, 심리 상황, 그 밖의 사정을 고려하여 변호인이었던 자의 여비·일당 및 숙박료를 대표변호인이나 그 밖의 일부 변호인의 비용만으로 한정할 수 있다(동조 제2항).

비용보상청구, 비용보상절차, 비용보상과 다른 법률에 따른 손해배상과의 관계, 보상을 받을 권리의 양도·압류 또는 피고인이었던 자의 상속인에 대한 비용보상에 관하여는 형사소송법에 규정한 것을 제외하고는 「형사보상법」에 따른 보상의 예에 따른다(제194조의5).

---

176) 헌재 2012. 3. 29. 2011헌바19 (무죄판결이 확정된 피고인의 변호인이었던 자에 대한 보수를 국선변호인의 보수를 기준으로 한 제194조의4 제1항이 평등원칙에 위반되는지 여부가 문제된 사안: 소극).

제5편

상소·비상구제절차·특별형사절차·재판의 집행과 형사보상

제 1 장

상소

제 1 절 상소 일반

제 1 상소의 의의와 종류

Ⅰ. 개념

상소란 법원의 **미확정재판**에 대하여 **상급법원**에 구제를 구하는 **불복신청**의 제도를 말한다. '미확정'재판을 전제로 한다는 점에서 확정판결에 대한 비상구제 절차인 재심이나 비상상고는 상소에 포함되지 않는다. '재판'에 대한 불복신청이라는 점에서 검사의 처분에 대한 불복(예컨대 불기소처분에 대한 항고나 재정신청, 검사의 집행처분에 대한 이의신청(제489조))은 상소에 포함되지 않는다. '상급법원'에 대한 것이라는 점에서 동일법원 또는 동급법원에 대한 불복신청(예컨대 약식명령이나 즉결심판에 대한 정식재판의 청구(제453조, 즉결심판절차법 제14조), 법원의 증거결정이나 재판장의 처분에 대한 이의신청(제296조, 제304조, 제320조), 상고심판결에 대한 정정신청(제400조))은 상소가 아니다.

법관의 재판이나 수사기관의 처분에 대한 준항고(제416조, 제417조)도 상급법원에 대한 불복이 아니므로 엄밀히 말하면 상소가 아니나 실질적으로 항고에 준하는 성질이 있으므로 입법의 편의상 상소의 장에 함께 규율하고 있다.

Ⅱ. 제도적 의의

상소제도는 오판을 시정하는 데 주된 목적이 있다. 상소는 사실인정 오류, 소송절차 불준수, 법령의 해석·적용의 오류 등 다양한 측면에서 나타날 수 있는 오류를 시정하여 피고인의 불이익을 구제하는 제도이다(항소제도의 중점). 상소제도는 상소심 법관의 법률지식과 경험을 활용한 중복된 심사를 통해 실체적 진실 발견을 보완한다. 또한 상소제도는 법령의 해석·적용의 통일을 목적으로 하기도 한다(상고제도의 중점).

Ⅲ. 상소의 종류

1. 항소 및 상고

항소와 상고는 법원의 판결에 대한 불복방법으로, 항소는 제1심판결에 대한 상소(심급관할: 지방법원 본원 합의부나 고등법원)를 말하며, 상고는 제2심판결에 대한 상소(심급관할: 대법원)를 말한다. 비약적 상고는 제1심판결에 대해 예외적으로 허용되는 상고이다(제372조).

2. 항고

항고는 법원의 결정에 대한 불복방법이다.

(1) 일반항고 　일반항고는 대상, 항고기간, 효력 등에 따라 보통항고와 즉시항고로 구분된다.

(2) 재항고 　재항고는 항고법원 또는 고등법원의 결정이 헌법·법률·명령 또는 규칙의 위반이 있을 때 그리고 불복할 수 없는 결정에 대해 예외적으로 허용되는 불복방법이다(제415조). 재항고는 모두 **즉시항고**이다.

형사소송법의 경우 특별항고는 없지만, 법원조직법상 법정경찰권 행사에 따른 감치 및 과태료 처분에 대해 불복할 수 있고, 그 결정에 법령위반이 인정되는 경우에 행하는 불복방법을 특별항고라고 부르기도 한다. 이 경우에는 집행정지의 효력이 없다.

제2 상소권

Ⅰ. 상소권 및 상소권자

1. 상소권

상소권이란 형사재판에 대하여 상소할 수 있는 소송법상의 권리(항소권, 상고권, 항고권 등)를 말한다.

2. 상소권자

상소권을 행사할 권한이 있는 자를 상소권자라고 한다.

(1) 고유의 상소권자

검사와 피고인은 상소할 수 있다(제338조 제1항).

상소가 허용되는 재판이라면 재판의 종류(판결, 결정)를 불문하고, 당사자인 검사와 피고인은 상소를 할 수 있다.

(가) **피고인** 피고인은 자신에게 불이익한 재판에 대해서만 상소권이 있고, 따라서 무죄·면소·공소기각의 재판에 대해서는 상소할 수 없다(상소의 이익 결여).

(나) **검사** 검사는 피고인에게 이익이 되는지 여부를 불문하고 상소권을 가진다.

예컨대 판결이 검사의 구형과 동일한 내용대로 선고되었더라도 검사는 피고인의 이익을 위하여 상소할 수 있다. 판결선고 후 확정 전에 피고인이 사면(일반사면) 된 경우라든가 판결선고 전에 적용한 법률에 대하여 위헌결정이 내려졌는데도 원심에서 이를 간과한 경우 등이 여기에 해당한다.

원심재판에 관여한 검사가 상소를 하는 것이 일반적이나, 경우에 따라서는 상소법원에 대응하는 검찰청 소속 검사가 상소를 제기하는 것도 가능하다.[1)]

피해자, 고소인, 고발인은 상소권이 없고, 검사의 상소권 행사를 촉구하는 역할에 하는 데 그친다.[2)]

(다) **항고권자** 상소권자와 달리 검사 또는 피고인 아닌 자도 처분의 결정을 받은 때에는 고유의 항고권자가 된다(제339조).

예컨대 과태료의 결정을 받은 증인·감정인(제151조, 제161조, 제177조), 소송비용 부담의 재판을 받은 피고인 이외의 자(제188조, 제190조), 보석보증금의 몰수결정을 받은 피고인 이외의 자(제103조) 등이 여기에 속한다.

---

1) 대결 2003. 6. 26. 2003도2008 참조.
2) 헌재 1998. 10. 29. 97헌마17 (형사피해자에게 상소권을 인정하지 아니한 것은 입법재량의 문제라고 본 사안).

(2) 상소대리권자

피고인의 법정대리인(제340조), 피고인의 배우자, 직계친족, 형제자매 또는 원심의 대리인이나 변호인(제341조)도 피고인을 위하여 상소할 수 있다. 당사자 이외의 상소대리권자가 피고인을 위하여 상소한 경우에도 상소인은 '피고인'으로만 표시된다.

상소대리권자의 상소권은 독립대리권으로서, 피고인의 특별한 수권 없이도 '자신의 이름으로'(피고인과의 신분관계는 표시) 상소권을 행사할 수 있다. 다만 법정대리인은 피고인의 명시한 의사에 반해서도 상소할 수 있으나, 배우자나 원심 변호인 등은 상소권자의 '명시한 의사에 반하여' 상소할 수 없다는 점에서 차이가 있다(제340조 및 제341조 제2항 참조).

피고인이 상소권을 포기한 경우나 상소기간 경과 전에 피고인이 사망한 경우에는 상소대리권자의 상소권도 소멸한다.[3]

(가) 피고인의 법정대리인 피고인을 위하여 상소할 수 있으며, 피고인의 명시한 의사에 반해서도 상소할 수 있다(제340조, 제341조 제2항의 반대해석).

법정대리인의 상소권에 대해서는 고유권이라는 견해와 독립대리권이라는 견해가 있으나, 피고인의 상소권이 소멸된 후에는 별개로 법정대리인의 상소를 허용하는 것은 불합리하므로 후자의 입장이 타당하다.

피고인의 직계친족이라도 법정대리인으로서 상소를 제기하는 경우에는 본조가 적용된다.

피고인이 의사능력이 없는 때에는 그 법정대리인이 소송행위를 대리하고(제26조) 피고인을 대리할 자가 없는 때에는 법원은 특별대리인을 선임하여야 하는데(제28조 제1항), 이 경우에 특별대리인은 일반 대리인과는 달리 법정대리인을 대신하는 것이므로 본조에 따라 상소대리권을 가지게 된다.

(나) 피고인의 배우자, 직계친족, 형제자매 피고인과 일정한 신분관계에 있는 자로서 그 범위를 열거하고 있으며(제339조. 임의대리 불허), 피고인의 의뢰나 수권이 없더라도 피고인의 명시한 의사에 반하지 않는 한 상소할 수 있다(제341조).

---

3) 대판 1998. 3. 27. 98도253 (피고인의 상고권 포기 이후에 변호인이 상고장을 제출하고, 피고인도 상소포기취하서와 함께 상고장을 제출한 사안: 부적법).

배우자는 법률상 배우자에 한하며, 형제자매는 동거 여부를 불문한다. 피고인의 법정대리인·배우자·직계친족·형제자매가 상소를 제기하는 때에는 피고인과의 신분관계를 소명하여야 한다(규칙 제12조 참조).

㈐ **원심의 대리인 또는 변호인** 원심의 변호인과 원심의 대리인(제276조 단서, 제277조 단서)은 '피고인의 명시한 의사에 반하지 않는 한' 상소할 수 있다(제341조). '원심'이란 불복의 대상이 된 재판을 한 심급을 의미한다. '원심의 대리인'은 피고인이 소송능력이 없는 경우, 법인인 경우, 경미사건의 경우에 소송행위를 대리하는 자를 의미한다.

2007년 법률개정에 의해 경미사건의 범위가 확대되어(제277조 참조) 대리인의 상소권이 가지는 의미가 커지게 되었다.

'원심의 변호인'은 원심재판이 선고 내지 고지될 당시 변호인의 지위에 있었던 자로서, 그 이전에 변호인을 사임한 자는 제외된다.

물론 원심판결선고 후 상소심에서 변호를 위해 선임된 변호인도 변호인선임서 제출과 함께 포괄적 대리권을 가지므로 상소장을 제출하면 그 상소는 유효하다 (상소기간도과 이후에 변호인선임신고서가 제출된 경우는 제외).

3. 상소권자의 권한

(1) 상소 이외의 권한

재판서 등 교부청구권(제45조), 감호청구사건에 대한 상소권(치료감호법 제14조 제1항), 상소의 포기(제349조) 내지 취하(제351조)의 권한을 가진다.

(2) 권한행사의 제한

일단 상소를 포기한 자는 물론 상소포기에 동의한 자는 상소를 하지 못한다(제354조). 피고인이 상소를 포기하면 법정대리인이나 상소대리권자(제341조)는 상소를 할 수 없다.

Ⅱ. 상소권의 발생·소멸

1. 상소권의 발생

상소권은 '재판의 선고 또는 고지'에 의해 발생한다(제343조 제2항 참조). 상소가 허용되지 않는 재판(결정)은 고지가 있더라도 상소권이 발생하지 않는다.

2. 상소권의 소멸

상소기간의 경과, 상소의 포기 또는 취하, 피고인이 원판결선고 후 상소제기기간 내에 사망한 때에 상소권이 소멸한다. 상소권 소멸은 당해 심급에 대한 상소에 한하지만, 후술하는 '상소의 이익이 없는 경우'에는 상급심에 대해서도 상소권이 소멸한다.

따라서 검사만 항소한 사건에 대해 항소가 기각된 경우 피고인은 불이익하지 않은 항소심에 대해 상고의 이익이 없으므로 상고권이 인정되지 않는다.[4] 검사만 항소한 사건에서 항소를 기각하지 않았으나 원심보다 경한 형을 선고한 때에도 피고인에게 불이익하지 않으므로 상고권이 소멸한다.[5]

Ⅲ. 상소권회복

1. 의의

상소권회복이란 상소권자가 자기 또는 대리인의 책임 없는 사유로 인하여 상소기간 내에 상소할 수 없었던 경우에 구체적 타당성을 고려하여 상소권자에게 상소의 기회를 다시 주는 제도를 말한다(제345조).

당사자가 책임질 수 없는 사유가 있는 경우에 예외적으로 소송절차의 안정보다 당사자의 권리구제를 우선시키는 제도라고 할 수 있다.

항소나 상고의 경우는 물론 준항고의 경우에도 회복청구가 가능하다. 약식명령에 대한 정식재판청구의 경우에도 정식재판청구기간이 도과한 후에 정식재판청구권 회복의 청구를 할 수 있다(제458조 제1항, 제345조).

상소권회복청구는 **소송촉진법** 제23조의2에 따른 **재심청구**와 유사하다.

소송촉진법에 의한 재심청구는 상소권회복청구와 달리 원칙적으로 제1심 유죄판결만을 대상으로 하고,[6] 허가되는 경우 원판결을 한 제1심법원에서 절차가 다시

---

4) 대결 1981. 8. 25. 81도2110; 대결 1983. 12. 27. 83도2936; 대판 1986. 5. 27. 86도479, 86감도67; 대판 2005. 9. 15. 2005도4866; 대판 2007. 7. 27. 2007감도11; 대판 2013. 10. 24. 2013도5752 등.

5) 대판 2015. 2. 26. 2013도13217; 대판 2019. 2. 14. 2018도15109.

6) 예외적으로 항소심판결에 대해서도 소송촉진법에 따른 재심을 청구할 수 있다. 대판 2015. 6. 25. 2014도17252 전합 참조. 「이 사건 특례 규정과 재심 규정의 내용 및 입법 취지, 헌법 및 형사소송법에서 정한 피고인의 공정한 재판을 받을 권리 및 방어권의 내용, 적법절차를 선언

진행되고 재판의 확정력이 배제되지 않으며 따라서 그 집행력을 배제하기 위해서는 별도의 집행정지결정을 요한다는 점에서 차이가 있다.

2. 청구권자

'상소할 수 있는 자', 즉 고유의 상소권자(제338조) 및 상소대리권자(제340조, 제341조)를 포함한다.

검사도 상소권자로서 청구권을 가지지만, 검사가 상소권회복청구를 하는 경우는 거의 없다.

3. 청구사유

상소권자가 **자기 또는 대리인의 '책임질 수 없는 사유'로 인하여** 상소제기기간 내에 상소를 제기하지 못한 경우에 한한다.

(1) 상소제기기간의 경과

상소제기기간 내에 상소하지 못한 경우에 한하므로, 상소의 포기로 인하여 상소권이 소멸된 경우는 제외된다.

상소권회복은 피고인 등이 책임질 수 없는 사유로 상소제기기간을 준수하지 못하여 소멸한 상소권을 회복하기 위한 것일 뿐이고 상소의 포기로 인하여 소멸한 상소권까지 회복하는 것은 아니다.[7]

다만 상소포기 후 상소제기기간이 도과한 때에는 상소포기의 효력을 다투면서 상소제기기간 도과에 대해 상소권회복청구를 동시에 할 수 있다.[8] 상소심판결이 선고된 이후에는 원심재판에 대해 상소권회복 청구사유가 있다는 이유로 더 이상 상소권회복을 청구할 수 없다.[9]

한 헌법 정신, 귀책사유 없이 불출석한 상태에서 제1심과 항소심에서 유죄판결을 받은 피고인의 공정한 재판을 받을 권리를 실질적으로 보호할 필요성 등의 여러 사정들을 종합하여 보면, 이 사건 특례 규정에 따라 진행된 제1심의 불출석 재판에 대하여 검사만 항소하고 항소심도 불출석 재판으로 진행한 후에 제1심판결을 파기하고 새로 또는 다시 유죄판결을 선고하여 그 유죄판결이 확정된 경우에도, 이 사건 재심 규정을 유추 적용하여, 귀책사유 없이 제1심과 항소심의 공판절차에 출석할 수 없었던 피고인은 이 사건 재심 규정이 정한 기간 내에 항소심 법원에 그 유죄판결에 대한 재심을 청구할 수 있다고 해석함이 타당하다.」

7) 대결 1999. 5. 18. 99모40; 대결 2002. 7. 23. 2002모180; 대결 2004. 1. 13. 2003모451.

8) 대결 2004. 1. 13. 2003모451.

9) 대결 2017. 3. 30. 2016모2874.

(2) 귀책사유가 없을 것

본인 또는 대리인에게 귀책사유가 없어야 한다.

(가) **주체** '본인'이란 상소권자인 청구인을 말하며, '대리인'은 상소대리권자가 아니라 상소권자의 보조기관으로서 필요한 사실행위를 대행하는 자, 즉 표시대리인을 의미한다.

예컨대 변호인의 사무원이나 피고인의 종업원 등이 상소권자의 부탁을 받고 상소장을 작성하는 경우가 여기에 해당한다.[10)]

교도소장이 결정정본을 송달받고 1주일이 지난 뒤에 그 사실을 피고인에게 알렸기 때문에 피고인이나 그 배우자가 소정 기간 내에 항고장을 제출할 수 없게 된 경우, 교도소장은 대리인이 아니어서 상소권자 등에게 귀책사유가 있는 경우가 아니므로 상소권회복신청을 할 수 있다.[11)]

(나) **귀책사유의 부존재** '책임질 수 없는 사유'란 상소제기기간의 도과가 상소권자나 대리인의 고의 또는 과실에 기하지 아니한 경우를 의미한다.

판례가 책임질 수 없는 사유에 해당한다고 본 사안들로는, ① 공시송달의 요건이 갖추어지지 않았음에도 제1심법원이 피고인의 소환을 공시송달의 방법으로 하고 피고인의 진술 없이 공판절차를 진행하여 판결이 선고되고 판결등본이 공시송달되는 바람에 피고인이 항소제기기간 내에 항소를 하지 못한 경우,[12)] ② 공시송달의 방법으로 피고인이 불출석한 가운데 공판절차가 진행되고 판결이 선고되어, 피고인으로서는 공소장부본 등을 송달받지 못한 관계로 공소가 제기된 사실은 물론이고 판결선고사실에 대하여 알지 못한 나머지 항소기간 내에 항소를 제기하지 못한 경우,[13)] ③ 피고인이 출석한 가운데 제1심 재판이 변론종결되어 판결선고기일이 고지되었으나 선고기일에 피고인이 불출석한 후 공시송달로 피고인을 소환한 최초의 공판기일에 곧바로 피고인의 불출석상태에서 판결을 선고하여 피고인이 상소제기기간 내에 상소하지 못한 경우,[14)] ④ 교도소장이 피고인에 대한 형집행유예취소결정을 송달받고서도 피고인에게는 1주일이 지난 후에 그 결정등본을 교부하는 바람에 그 결정에 대한 즉시항고기간을 준수할 수 없었던 경

---

10) 대결 1986. 9. 17. 86모46.
11) 대결 1991. 5. 6. 91모32.
12) 대결 1984. 9. 28. 83모55.
13) 대결 2004. 1. 30. 2003모447; 대결 2007. 1. 12. 2006모691; 대판 2017. 5. 17. 2017도4267; 대판 2017. 6. 8. 2017도3606.
14) 대결 1991. 12. 17. 91모23.

우[15] 등이 있다. 본인 또는 대리인에게 귀책사유가 전혀 없는 경우뿐만 아니라, 본인 또는 대리인의 귀책사유가 있더라도 그와 상소제기기간의 도과라는 결과 사이에 다른 독립한 원인이 개입된 경우도 포함된다.[16]

판례가 책임질 수 없는 사유에 해당하지 않는다고 본 사안들로는, ① 피고인 또는 대리인이 질병으로 입원하였거나 거동불능으로 인하여 상소하지 못한 경우,[17] ② 피고인이 재판계속 중에 새로운 주소지에 대한 신고 등의 조치를 취하지 않음으로써 소송서류 등이 송달되지 않아 공판기일에 출석하지 못하거나 판결선고사실을 알지 못하여 상소하지 못한 경우,[18] ③ 피고인이 상피고인의 기망에 의하여 항소권을 포기하였다는 사실을 항소제기기간이 경과한 후에 알게 된 경우,[19] ④ 피고인에게 교도소 담당직원이 상소권회복청구를 할 수 없다고 하면서 형사소송규칙 제177조에 따른 편의를 제공해 주지 않아 법률을 알지 못하는 바람에 상소제기기간을 경과한 경우,[20] ⑤ 피고인에게 징역형의 실형이 선고되었으나 형의 집행유예를 선고받은 것으로 잘못 전해 듣고 또한 판결주문을 제대로 알아들을 수가 없어서 항소제기기간 내에 항소하지 못한 경우,[21] ⑥ 피고인이 1심에서 실형과 항소심에서 항소기각판결을 받은 다음 위 판결 이전에 이미 다른 사건으로 확정되어 있던 징역형의 집행유예 판결의 선고일을 잘못 안 나머지 상고포기서를 제출한 경우[22] 등이 있다.

4. 청구절차

상소를 제기할 수 없었던 사유가 해소된 날로부터 상소제기기간에 상당한 기간 내에 – 원인된 사유를 소명하여 – 서면으로 **원심법원**에 제출하여야 한다(제346조 제1항, 제2항). 청구대상인 원심판결이 선고되고 상소제기기간이 기산되므로, 책임질 수 없는 사유로 대상판결이 선고된 사실을 몰랐다면, 그 이후에 '대상판결이 선고된 사실을 알았던 날'부터는 상소제기를 할 수 있으므로 '해소

15) 대결 1991. 5. 6. 91모32.

16) 대결 2006. 2. 8. 2005모507 (피고인이 소송이 계속된 사실을 알면서 법원에 거주지 변경 신고를 하지 않은 잘못이 있지만, 위법한 공시송달에 터 잡아 피고인의 진술 없이 공판이 진행되고, 피고인이 출석하지 않은 기일에 판결이 선고된 이상, 피고인은 자기 또는 대리인이 책임질 수 없는 사유로 인하여 상소제기기간 내에 상소를 하지 못한 것으로 보아야 한다고 한 사안); 대결 2014. 10. 16. 2014모1557.

17) 대결 1986. 9. 17. 86모46.

18) 대결 1986. 7. 23. 86모27; 대결 2008. 3. 10. 2007모795.

19) 대결 1984. 7. 11. 84모40.

20) 대결 1986. 9. 27. 86모47.

21) 대결 2000. 6. 15. 2000모85.

22) 대결 1996. 7. 16. 96모44.

된 날'로부터 기산한다는 의미이다.

(1) 청구기간

상소를 제기할 수 없었던 사유가 '해소된 날' 다음날부터 기산한다(제66조 제1항 본문).[23] 청구사유가 발생하기 전에 상소기간 일부가 경과된 경우라도 청구기간은 사유가 끝난 날부터 다시 기산한다.[24] 상소심 판결이 선고된 이후에는 원심재판에 대해 상소권회복 청구사유가 있다는 이유로 더 이상 상소권회복을 청구할 수 없음은 이미 언급하였다.

(2) 청구방식

원인된 사유를 소명하여 원심법원에 제출하며, 재소자 특칙(제344조)이 준용된다(제355조).

> 기록이 원심법원에 있는 경우, 이미 검찰청으로 인계된 경우 그리고 상소로 인해 상소법원에 있는 경우를 불문하고 회복청구는 항상 원심법원에 하여야 한다.

원인된 사유를 소명해야 하므로(제346조 제2항), 청구서에 '책임질 수 없는 사유'에 대한 소명자료를 첨부하여야 한다.

청구와 동시에 상소를 **제기**하여야 한다(제346조 제3항).

> 상소장을 함께 제출함으로써 상소권회복결정과 함께 이미 제기된 상소가 적법한 것으로서 효력을 발생하게 된다.[25]

소송촉진법 제23조에 따라 피고인의 진술 없이 제1심판결이 확정되었으나 불출석에 대해 피고인에게 귀책사유가 없었던 경우, 소송촉진법 제23조의2에 따른 재심청구를 하지 않고 항소권회복을 청구하여 인용되었다면, 소송촉진법상의 재심청구사유에도 해당하게 되므로 항소심에서 항소이유로서 재심청구사유(제361조의5 제13호)를 주장한 것으로 본다.[26]

---

23) 대결 2017. 9. 22. 2017모2521 (불출석재판으로 판결이 선고·확정된 후 검거되어 수용된 경우, 그 판결에 의한 형의 집행으로 수용된 날이 기준이 됨). 같은 취지로는, 대판 2019. 2. 14. 2018도15109.

24) 대결 1983. 11. 24. 83모50.

25) 대결 1983. 12. 29. 83모48 (정식재판청구 없이 정식재판청구권 회복청구만 한 사안에 대해 부적법한 것으로 허가하지 않은 사례).

26) 대판 2015. 11. 26. 2015도8243 (① 제1심법원은 소송촉진법 특례 규정에 따라 공시송달의 방법으로 공소장 부본과 소환장 등을 송달하고 피고인이 불출석한 상태에서 심리를 진행하여 징

반의사불벌죄의 경우 소송촉진법 제23조의2에 따라 재심청구사유가 있는 경우에 제1심법원에 재심을 청구하는 대신 항소권회복청구를 함으로써 항소심 재판을 받게 된 경우에는 재심심판의 경우와는 달리 항소심을 제1심이라고 할 수 없으므로 항소심 절차에서는 처벌을 희망하는 의사표시를 철회할 수 없다.[27)]

(3) 청구의 취하

법원의 결정 이전에는 **청구**를 **취하**할 수 있다. 그러나 취하 후 재청구는 허용되지 않는다.

5. 법원의 조치

(1) 상대방에 대한 통지

상소권자의 청구가 있으면 법원은 지체 없이 상대방에게 그 사유를 통지하여야 한다(제356조).

(2) 원재판의 집행정지

법원은 청구에 관한 결정을 할 때까지 재판의 **집행을 정지하는 결정**을 할 수 있다(제348조 제1항).[28)]

실무상으로는, ① 상소권회복의 청구서와 첨부자료에 의하더라도 상소권회복의 사유에 해당하는 것이 비교적 명백한 경우, ② 공시송달로 진행되어 벌금형이 선고 또는 고지된 피고인이 주거가 분명하게 된 경우 등은 재판의 집행을 정지하는 결정을 할 수 있다. 그러나 입법론으로는 상소권회복이 상소권자가 아닌 국가기

역 1년을 선고하였고, ② 피고인은 형식적으로 확정된 위 제1심판결에 의한 형집행으로 검거되자 곧바로 상소권회복청구를 하면서 자신은 공소장 부본 등을 송달받지 못해 공소가 제기된 사실조차 알지 못하였다는 취지로 주장을 하였으며, ③ 이에 법원은 피고인이 책임질 수 없는 사유로 항소기간 내에 항소하지 못한 것으로 인정하여 항소권회복결정을 한 사안: 항소심의 심판방법). 「위의 경우에 항소심으로서는 이 사건 재심 규정에 의한 재심청구의 사유가 있는지를 살펴야 하고 그 사유가 있다고 인정된다면 다시 공소장 부본 등을 송달하는 등 새로 소송절차를 진행한 다음 제1심판결을 파기하고 새로운 심리 결과에 따라 다시 판결하여야 할 것이다.」 같은 취지로는, 대판 2016. 6. 9. 2016도3675; 대판 2016. 10. 27. 2016도11969 (상고권회복청구를 한 사안); 대판 2020. 4. 9. 2020도2194.

27) 대판 2016. 11. 25. 2016도9470.

28) 2007년 개정법률 이전에는 재판집행을 필요적으로 정지하도록 규정되어 있었고, 이로 인해 재판(특히 약식명령)이 확정되었으나 벌금을 납부하지 아니하여 노역장 유치가 집행된 자가 재판에 대한 상소권회복의 청구를 하여 형집행정지결정을 받아 석방된 후 소재불명이 되는 폐단이 있어 이를 반영하여 임의적 정지사유로 한 것이다.

관의 귀책사유로 청구되는 것이라는 점을 고려하면 그로 인한 형집행의 부담을 상소권자에게 지우는 것은 타당하지 않다는 비판이 있다.

(3) 집행정지와 구속

집행정지결정으로 형집행이 정지되어 피고인을 석방한 경우라도 원심법원은 피고인을 구금할 필요가 있으면 구속영장을 발부하여야 한다(제348조 제2항).

일반적으로 실형이 선고된 경우 상소권회복청구를 하게 되면 형집행이 정지되고 피고인(형집행대상자)이 석방되어 형집행의 확보가 곤란할 수 있으므로, 이 점을 고려하여 구속영장을 발부할 수 있도록 한 것이다. 구속하는 경우 영장발부 및 집행의 절차는 일반적인 피고인 구속의 경우와 동일하다. 따라서 구속을 위해서는 피고인에게 의견진술을 할 기회를 주어야 한다.
한편 상소권회복에 관한 결정이 신속히 이루어지지 않을 경우에 피고인의 구속이 장기간 지속될 수 있어 재판을 받을 권리와 신체의 자유가 부당하게 침해받을 수 있다. 따라서 구속기간을 별도로 제한하거나, 구속영장을 발부한 때부터 30일 이내에 상소권회복청구에 대한 인용 여부를 결정하도록 보완할 필요가 있다.

6. 법원의 결정

(1) 법원의 결정

법원은 결정으로 상소권회복청구의 인용 여부를 판단한다(제347조 제1항).

상소권회복사유의 심리를 위해 본안기록이 필요한 경우 소송기록이 원심법원을 이미 떠나 있으면 기록이 있는 검찰청(확정사건의 경우)이나 상소법원(미확정 상소사건의 경우)에 기록송부촉탁 또는 출장서증조사를 실시할 수 있다.

(가) **인용결정** 청구가 이유 있는 때에는 회복결정을 하게 되고, 형식적으로 발생한 재판의 확정력이 배제된다.

상소권회복결정과 함께 검사는 (재판의 확정으로 효력이 발생한) 형의 집행을 당연히 정지해야 하므로 법원이 별도로 형집행정지결정을 할 필요는 없다. 다만 회복결정 이후에 계속 형이 집행되는 상태를 중단시키기 위해 집행정지결정을 할 수는 있다. 이 경우에도 제348조 제2항에 따라 구속영장을 발부할 필요가 있으나, 이에 대해서는 명문규정이 없다.
상소권회복청구가 인용된 경우에 상소권회복청구의 심리와 결정을 위한 구속기간은 상소심에서의 구속기간에 포함된다. 따라서 상소권회복청구의 심리를 위한 구속기간이 길어지면 상소심에서의 심리를 위한 구속기간이 그만큼 짧아지게 된다.

(나) 기각결정 청구가 부적법하거나 이유가 없는 경우에는 청구를 기각한다.

청구가 부적법한 경우란 청구기간을 도과하거나,[29] 귀책사유가 없음에 대한 소명자료를 제출하지 않은 경우 그리고 이미 항소심판결이 선고된 이후에 제1심판결에 대한 항소권회복을 청구한 경우 등이 포함된다.

이때 별도로 제기한 상소에 대하여 기각결정을 내릴 필요는 없다.

이미 상소장의 제출로 형식적으로 상소가 제기되어 있으므로 원칙적으로 결정으로 상소를 기각하여야 하나, 실무에서는 그 상소제기는 상소권회복청구의 인용을 정지조건으로 하는 소송행위라고 보아 상소권회복청구 기각결정 외에 이미 제기된 상소에 대해서는 별도의 상소기각결정을 하지 않는다. 다만 판례는 상소포기의 효력을 다투면서 상소권회복청구를 한 경우에는 상소기각의 결정을 해야 한다는 입장이다.[30]

기각결정 이후의 구금일수는 구속기간에 산입되지 않는다.

구속영장 집행 전의 구금은 형의 집행에 해당하므로 별도로 산입할 필요가 없고, 상소권회복청구결정시까지 형의 집행을 정지하였다가 상소권회복청구에 대한 기각결정을 하였다면 그 결정 후에는 형 집행정지의 효력은 상실되어 바로 형의 집행으로 들어가므로, 위 기각결정에 대한 즉시항고를 기각하는 경우에도 위 기각결정 후의 구금일수는 별도로 산입할 필요가 없다.[31]

(2) 결정에 대한 불복

결정에 대해서는 청구권자 또는 그 상대방이 **즉시항고**를 할 수 있다(제347조 제2항).

Ⅳ. 남상소의 억제

원판결이 정당함에도 불구하고 당사자가 상소권을 행사하는 경우, 즉 상소이유가 없음이 명백함에도 상소를 한 경우를 상소권의 남용이라고 하며, 형사소송법은 남상소로 인한 절차지연을 방지하기 위한 제도를 두고 있다. 상소이유

29) 대결 1983. 11. 24. 83모50.
30) 대결 2004. 1. 13. 2003모451.
31) 대결 1997. 5. 23. 97모56.

제한(제361조의5, 제383조), 상소이유서 제출(제361조의3, 제379조), 무변론항소기각(제364조 제5항), 소송비용부담(제190조) 등이 여기에 해당한다.

제3 상소의 이익

Ⅰ. 의의

1. 개념 및 필요성

(1) 개념

상소의 이익이란 상소권자가 상급법원에 구제를 구할 실익이 있는가, 즉 상소가 상소권자에게 이익이 되는가 하는 문제를 말한다.

(가) 상소제기의 적법요건　상소제도가 원판결의 잘못을 시정하여 당사자의 불이익을 구제하는 데 주된 목적이 있으므로, 구제의 실익이 있어야 상소가 의미를 가진다는 점에서 상소의 이익은 **상소제기의 적법요건**이다.

(나) 상소이유와의 구별　원판결의 잘못(사실인정, 법령적용, 양형 등의 오류)을 지적하는 **상소이유**와 구별되나, 상소이유가 **상소의 이익을 판단하는 자료**가 된다는 점에서 양자는 밀접한 관련이 있다.

(다) 항고 또는 준항고의 경우　법원의 결정이나 명령에 대한 피고인의 (준)항고도 (준)항고의 이익이 있는 경우에 한하여 인정된다.

예컨대 피고인의 항소·항고를 기각하는 결정, 피고인의 기피신청·보석청구·압수물환부청구 등을 기각하는 결정, 피고인에 대한 접견금지결정 등에 관한 피고인의 항고 등이 여기에 포함된다.

(2) 필요성

상소권자가 상소를 하기 위해서는 상소의 이익이 있어야 하고, 바꾸어 말하면 불이익한 원판결에 대해서만 상소가 허용된다.[32)]

---

32) 대판 2005. 9. 15. 2005도4866; 대판 2015. 2. 26. 2013도13217; 대판 2019. 8. 14. 2019도1626.

2. 이론적 근거

상소는 전심에 대한 불복신청이므로 그 재판이 자기에게 불이익한 것이어야 한다는 점은 상소권 자체에 대한 내재적 요청이라고 할 수 있다.

법률에 명시적 근거가 없어 구체적으로 어떤 법적 근거에 따른 것인지에 대해서는 논의가 있는데, ① 불이익변경금지의 원칙에 근거가 있다는 견해, ② 원심재판에 '불복이 있으면'이라고 한 상소에 관한 규정(제357조, 제371조, 제402조)에 근거가 있다는 견해, ③ 불이익변경금지의 원칙과 함께 상소에 관한 규정에 근거가 있다는 견해가 있다.

민사소송에서 「이익이 없으면 소권이 없다」는 원칙이 여기서도 적용된다. 또한 불이익변경금지의 원칙(제368조)도 상소의 이익을 전제로 한 것이다.

Ⅱ. 상소권자와 상소의 이익

상소의 이익은 (고유의) 상소권자에게 존재해야 한다.

1. 검사 아닌 상소권자의 경우

피고인 및 피고인의 상소대리권자(그리고 제339조의 항고권자)는 피고인(또는 결정에 불복하는 자)에게 불이익한 상소를 할 수 없다. 이 경우에 상소의 이익이 주로 문제된다.

2. 검사의 경우

피고인에게 불이익한 상소는 물론 피고인에게 이익이 되는 상소도 할 수 있다. 그러나 검사의 경우 자신에게 불이익한 상소란 있을 수 없으므로 이 경우에 별도로 상소의 이익이라는 개념을 인정할 필요는 없을 것이다. 피고인을 위한 상소도 공익의 일부로서 피고인의 이익을 보호하기 위한 것에 불과하여 양자 모두 상소제도의 목적에 비추어 인정된다고 할 수 있다.

다만 피고인 보호를 위해서는 피고인을 위해서 상소한 경우에는 불이익변경금지의 원칙을 적용할 필요가 있다는 점에서는 상소의 이익을 논할 실익이 있을 것이다. 한편 공소사실의 예비적·택일적 기재의 경우 법원이 인정하지 않은 공소사실에 대해 상소를 허용할 것인가 하는 문제를 상소의 이익의 문제로 다루기도 하나, 이것은 상소의 이익이 아니라 상소권 보장의 차원에서 검토할 문제이다.

(1) 피고인에게 불이익한 상소

검사는 공익적 지위에서 무죄판결에 대한 상소나 유죄판결에 대해 보다 중한 죄나 형을 구하는 상소를 할 수 있다.

검사의 불이익한 상소를 인정하는 근거에 대해서는, ① 피고인과 대립되는 검사의 당사자로서의 지위에서 구하는 견해, ② 공익의 대표자로서 법령의 정당한 적용을 청구하여야 할 검사의 기본적 직무에서 구하는 견해, ③ 당사자로서의 지위와 공익의 대표자로서의 직무 양자 모두에서 그 근거를 구하는 견해가 있다. 판례는 검사의 공익적 지위에 근거하여 불이익한 상소가 허용된다는 취지로 판시하고 있다.[33]

(2) 피고인의 이익을 위한 상소

검사는 공익의 대표자로서 법원에 대해 법령의 정당한 적용을 청구할 직무와 권한이 있으므로 피고인의 이익을 위한 상소도 할 수 있다. 검사가 상소를 한 경우라도 피고인의 이익을 위해 한 경우에는 불이익변경금지의 원칙이 적용된다.

검사의 상소이익은 국가가 상소제도를 둔 목적에 합치되고 상소이유에 해당할 때 인정되는 것으로 피고인의 상소이익과는 구별되므로 검사가 피고인의 이익을 위하여 상소한 경우에는 불이익변경금지의 원칙이 적용되지 않는다는 견해도 있으나, 피고인의 이익을 위하여 항소한 경우에 불이익변경금지의 원칙이 적용된다는 현행법(제368조 참조)의 취지에 비추어 보면 피고인의 이익을 위한 경우에는 검사의 상소도 당연히 포함된다고 보아야 한다는 것이 다수설의 입장이다.

Ⅲ. 판단기준

피고인에게 이익이 되는가를 판단하는 기준에 대해 다양한 논의가 있다.

1. 학설

(1) 주관설 상소는 오판을 받은 당사자의 구제를 목적으로 하므로 당사자인 피고인의 주관적 측면을 고려하여야 한다는 견해이다.

피고인의 주관을 기준으로 하면 형집행만을 지연시키기 위한 상소도 상소의 이익으로 인정하여야 하고 피고인이 이익이라고 생각하고 상소하면 언제나 상소이

33) 대결 1993. 3. 4. 92모21; 대판 2004. 3. 26. 2003도8249; 대판 2017. 2. 21. 2016도20488.

익이 있다고 인정해야 하는 결과가 된다는 비판이 있다.

(2) **사회통념설** 형사재판의 본질에 비추어 사회윤리적 입장에서 사회통념에 따라 판단해야 한다는 견해이다.

사회윤리적으로 파렴치한 범죄에 대해서는 법정형이 오히려 중한 비파렴치범죄를 주장하여 상소하는 것도 허용되고 파렴치범죄와 비파렴치범죄라는 불명확한 판단기준에 따르게 되는 문제점이 있다는 비판이 있다.

(3) **객관설** 법률적·객관적으로 법익박탈의 대소를 기준으로 판단해야 한다는 견해로서 지배적인 입장이다.

객관설에 따르면 무죄판결에 대해 판결이유를 문제 삼아 불복하는 것은 허용되지 않는다. 예컨대 위법성이 조각되는지 책임이 조각되는지 혹은 범죄의 증명이 없는 경우인지 여부는 주관적 이익 내지 사회통념상 이익에 불과하고 객관적 이익에 해당한다고 볼 수 없기 때문이다.

2. 일반적 기준

상소의 이익이 있는지 여부는 원판결로 인하여 피고인의 권리와 이익이 침해되었는지에 따라 판단할 문제이므로 **객관설**이 타당하다. 이 견해에 따르면, 형법 제50조(형의 경중)와 형사소송법 제368조(불이익변경금지의 원칙)가 중요한 판단기준이 된다. 피고인의 개인적 사정, 주관적 의사는 물론이고 사회윤리적 기준에 따른 사회통념은 부차적인 의미를 가지는 데 불과하다.

예컨대 고액의 벌금형을 선고받은 피고인이 경제적 형편을 이유로 징역형의 집행유예를 구하는 상소를 하는 경우에는 객관적으로 불이익한 상소로서 상소의 이익이 인정되지 않는다.

Ⅳ. 유형별 고찰

1. 유죄판결의 경우

유죄판결(형의 면제 판결 포함)에 대해서는 피고인이 무죄를 주장하는 경우는 물론이고, 형을 선고한 경우 선고된 형보다 가벼운 형의 선고를 주장하거나 집행유예, 선고유예 또는 형의 면제 등을 주장하여 상소할 수 있고, 소송조건의 결여를 이유로 형식재판을 주장하는 상소도 가능하다.

(1) **무거운 형의 선고를 구하는 상소** 전형적으로 불이익한 상소로서 허용되지 않는다.

예컨대 벌금형의 약식명령에 불복하여 자유형 및 그 집행유예를 원하는 정식재판을 청구한 경우,[34] 원심에서 누범에 해당하는 전과가 있음에도 누범가중을 하지 않은 위법이 있다고 주장하는 경우,[35] 원심에서 인정된 죄보다 무거운 죄에 해당한다고 주장하는 경우 등은 허용되지 않는다.[36]

(2) **죄수의 변경을 구하는 경우** 개별적으로 죄수의 변경이 피고인에게 이익이 되는 경우만 허용된다.

예컨대 단순일죄나 상상적 경합에 대한 실체적 경합을 주장하는 상소는 허용되지 않고, 포괄일죄에 대하여 실체적 경합을 주장하는 경우도 원칙적으로 허용되지 않지만 구체적 사안에 따라 피고인에게 유리한 경우에 한해서 허용된다(예컨대 특별법의 포괄일죄에 대하여 일반법의 실체적 경합을 주장하는 경우).

(3) **부가형에 대한 상소** 몰수 또는 추징의 재판에 대하여도 상소의 이익이 인정된다.[37]

(4) **소송비용부담의 재판** 본안재판에 관하여 상소하는 경우에만 불복할 수 있으므로, 소송비용부담의 재판 자체에 대해서만 상소하는 것은 허용되지 않는다.[38]

2. 무죄판결의 경우

무죄판결은 피고인에게 가장 유리한 재판이므로 검사에게는 상소의 이익이 있지만, 피고인에게는 상소의 이익이 없어 상소할 수 없다. 유죄판결은 물론이고 형식재판(관할위반, 면소, 공소기각)을 구하는 상소도 허용되지 않는다.[39]

---

34) 헌재 2005. 3. 31. 2004헌가27, 2005헌바8(병합) 참조.
35) 대판 1994. 8. 12. 94도1591.
36) 대판 1968. 9. 17. 68도1038.
37) 대판 2008. 11. 20. 2008도5596 전합. 「몰수 또는 추징에 관한 부분만을 불복대상으로 삼았다는 이유로 그 상소의 제기가 부적법하다고 보아서는 아니되고, 그 부분에 대한 상소의 효력은 그 부분과 불가분의 관계에 있는 본안에 관한 판단 부분에까지 미쳐 그 전부가 상소심으로 이심되는 것이다.」
38) 대판 2008. 7. 24. 2008도4759.
39) 대판 1994. 7. 29. 93도1091 (공소사실의 일부는 방실침입에 대하여 무죄를 선고한 원심에 대해 심판대상이 아니었기 때문에 실체판단을 한 것이 위법하다고 하여 공소기각의 판결을 구하

무죄판결의 이유만을 다투는 상소의 경우, 불복 자체가 주문에 대한 것일 뿐만 아니라 무죄판결의 이유에 따라 법익박탈에 차이를 가져오는 것은 아니기 때문에 허용되지 않는다. 판례도 부정설의 입장이다.[40]

학설로는, ① 판결이유가 피고인의 이익에 대한 기대불가능한 침해를 가져오고 그로 인해 기본권이 침해될 수 있는 한 무죄판결에 대한 상소도 허용된다는 긍정설, ② 상소는 판결주문에 대해서만 허용되고 무죄판결로 인한 법익박탈이 없기 때문에 판결이유만을 대상으로 상소가 허용되지는 않는다는 부정설, ③ 심신상실을 이유로 무죄판결이 선고되면서 동시에 치료감호가 선고된 경우(치료감호법 제12조 제1항)에는 상소의 이익이 인정되지만 단순히 무죄판결만 선고된 경우에는 상소의 이익을 부정해야 한다는 제한적 긍정설 등이 있다. 무죄선고와 함께 치료감호가 선고된 경우라도 두 개의 절차는 서로 별개의 것으로서, 무죄선고에 대해서는 법익의 박탈이 없으므로 상소가 허용되지 않지만, 치료감호에 대해서만 별도로 상소할 수 있다(치료감호법 제14조 제1항 참조). 따라서 제한적 긍정설의 입장은 이러한 차이점을 간과한 것으로 보인다.

3. 형식재판의 경우

(1) 면소판결의 경우

학설(과거에는 반대견해가 있었음)과 판례가 일치하여 유죄판결은 물론 무죄판결을 구하는 상소도 허용되지 않는다는 입장이다.

다만 그 근거에 대해서는 상소의 이익이 없다는 입장(피고인의 주관적 이익이나 사회통념에 따른 이익이 아니라 객관적 이익이 없음)과 소송조건의 결여로 이미 **실체판결청구권**이 없다는 입장이 있으며, 판례는 후자의 입장을 취하고 있다.[41]

다만, 위헌결정 등으로 법령이 소급하여 무효로 된 경우에는 제326조 제4호의 면소사유에 해당하지 않으므로, 이 경우 면소판결을 한 원심에 대해 무죄를 구하는 상소를 할 수 있다.[42]

(2) 공소기각·관할위반의 재판의 경우

면소판결의 경우처럼 상소의 이익이 없으므로 무죄판결을 주장하여 상소할

여 상고한 사안: 부적법).

40) 대판 2017. 2. 21. 2016도20488.

41) 대판 1986. 12. 9. 86도1976; 대판 2004. 9. 24. 2004도3532; 대판 2005. 9. 29. 2005도4738.

42) 대판 2010. 12. 16. 2010도5986 전합.

수 없다. 판례도 상소의 이익이 없음을 이유로 공소기각의 판결에 대하여 무죄를 구하는 상소를 할 수 없다는 입장에 서있다.[43]

다만 학설에서는 다양한 논의가 있다. ① 형식재판보다는 무죄판결이 객관적으로 피고인에게 유리하며 무죄판결이 확정되면 기판력이 발생하고 형사보상 등을 받을 수도 있어서 상소의 이익이 인정되므로 무죄를 주장하여 상소할 수 있다는 **긍정설**, ② 형식재판에 대하여 무죄를 주장하여 상소할 수 없다는 **부정설**(이 견해는 다시 구체적으로 상소를 허용하지 않는 근거에 대하여 소송조건이 결여되어 법원이 실체판결을 할 수 없으므로 상소이익을 논할 필요도 없이 실체판결청구권이 없기 때문이라는 견해와 형식재판도 무죄판결과 같이 피고인에게 유리한 재판이므로 상소의 이익이 없기 때문이라는 견해로 나누어진다), ③ 면소판결에는 기판력이 발생하여 무죄판결과 같이 피고인에게 유리한 재판이므로 상소의 이익이 인정되지 않는 반면에 공소기각의 재판에는 기판력이 발생하지 않아 상소의 이익이 인정되므로 상소가 허용된다는 **구분설**이 있다.

(3) 검토

형식재판의 경우에는 기판력의 인정 여부를 기준으로 무죄판결을 구하는 상소 허용 여부를 결정하는 것이 타당하다.

형식재판에 대해 무죄판결을 구하는 상소는 피고인의 주관적 이익이나 사회윤리적 평가에 비추어 보면 피고인에게 이익이 된다고 할 수 있다. 그러나 형사보상과 같은 법률적 이익과 관련해서 보면, 공소기각이나 면소의 판결을 받은 경우에도 무죄의 재판을 받을 만한 현저한 사유가 있었을 때에는 형사보상을 청구할 수 있으므로(형사보상법 제25조 제1항) 무죄판결보다 불리하다고 보기 어렵다. 또한 면소판결의 경우 무죄판결과 마찬가지로 일사부재리의 효력도 인정되므로, 피고인이 절차로부터 조속히 벗어날 수 있는 점에서 별도로 상소의 이익을 인정할 필요는 없다.
다만 일사부재리의 효력이 인정되지 않는 관할위반이나 공소기각의 재판의 경우에 무죄를 이유로 한 상소가 허용되는지가 문제된다. 먼저 관할위반의 판결의 경우에는 상소가 이유 있는 것으로 받아들여지는가 여부와 관계없이 결국 관할권 있는 법원에서 다시 심판을 하게 되므로, 상소의 이익을 논할 여지가 없다. 그러나 공소기각의 판결의 경우에는 재기소의 위험이 남아 있다는 점에서 (특히 당해 소송조건의 결여가 사후에 보완될 수 있는 경우) 무죄판결을 구하는 상소를 하는 것이 재소차단의 효과를 얻을 수 있다는 점에서 법률적 이익이 있다. 따라서 구분설의 입장이 타당하다.

---

43) 대판 1983. 5. 10. 83도632; 대판 2008. 5. 15. 2007도6793; 대판 2015. 9. 10. 2015도9566.

4. 항소이유에 따른 상고이익의 제한

피고인이 항소하였으나 항소기각의 판결이 선고된 경우 피고인에게는 당연히 상고의 이익이 인정되지만, 양형부당만을 이유로 항소한 경우에는 항소심판결에 대하여 법리오해나 사실오인의 위법이 있다는 이유로 상고할 수 없다.[44)]

제1심판결에 대해 피고인은 항소를 하지 않고 검사만 양형부당을 이유로 항소하였으나 항소심에서 인용된 경우에도 피고인이 사실오인 등을 이유로 하는 상고는 허용되지 않는다.[45)] 항소심에서 기각된 경우에도 불이익이 없으므로 동일하다.

그러나 이러한 법리는 제1심 및 원심의 소송절차에서 위법한 공시송달결정 등으로 인하여 피고인이 부당하게 배제되어 공격·방어권을 전혀 행사할 수 없었던 경우에는 적용되지 않고 따라서 피고인의 상소권이 긍정된다.[46)]

V. 상소이익 결여의 효과

상소의 이익이 결여된 경우 상소를 기각하여야 하나, 상소기각의 방식에 차이가 있다.

1. 상소장의 기재만으로 명백한 경우

무죄판결이나 형식재판에 대한 상소의 경우에는 대개 상소장 기재만으로 상소이익의 유무가 드러나므로 '법률상 방식에 위반'하여 무효인 경우에 해당하여 원심법원 또는 상소법원이 '결정'으로 상소를 기각하여야 한다(제360조 제1항, 제362조 제1항, 제376조 제1항, 제381조, 제407조, 제413조).[47)]

다만 무죄판결에 대한 상소의 경우에는 원심재판으로 인해 피고인의 상소권이 소멸되어 상소권소멸 후인 것이 명백한 경우이므로 상소를 기각해야 한다는 견해도

---

44) 대판 1995. 2. 3. 94도2134; 대판 2000. 12. 8. 99도214; 대판 2003. 2. 11. 2002도7115; 대판 2005. 9. 9. 2005도3244; 대판 2005. 9. 30. 2005도3345, 2005감도14; 대판 2006. 10. 26. 2005도9825; 대판 2007. 4. 27. 2006도5579; 대판 2020. 12. 10. 2020도13700. 항소심에서 피고인의 항소를 일부 인용한 경우에도 동일하다. 대판 1995. 2. 3. 94도2134; 대판 2007. 5. 31. 2007도1419.

45) 대판 2009. 5. 28. 2009도579.

46) 대판 2003. 11. 14. 2003도4983.

47) 대판 2008. 5. 15. 2007도6793.

있다. 그러나 피고인에게 가장 유리한 재판이므로 상소권이 없음에도 상소를 제기한 것이 '상소제기의 방식이 법률상의 방식에 위반한 경우'로 보아야 한다.

2. 상소이유를 통해 밝혀진 경우

유죄판결에 대한 상소의 경우에는 상소의 이익이 있는지 여부가 상소이유를 검토해야 나타나게 되므로, 상소이유를 통해 상소의 이익이 없음이 밝혀진 경우에는 '상소이유 없음이 명백한 때'에 해당하므로 '판결'로써 상소를 기각하여야 한다(제364조 제5항, 제399조).

제4 상소제기의 방식과 효과

Ⅰ. 상소제기의 방식

상소는 상소제기기간 내에 서면으로 원심법원에 제출하여야 한다.

1. 서면 제출의 원칙

상소의 제기는 서면(상소장: 항소장·상고장·항고장)에 의하여야 한다(제343조 제1항). 원심법원의 공판정에서 구두로 상소하는 것도 허용되지 않으며, 전신·전화에 의한 상소도 허용되지 않는다. 교도소 또는 구치소에 있는 피고인이 상소장을 작성할 수 없는 때에는 교도소장 또는 구치소장은 소속공무원으로 하여금 대서하게 하여야 한다(제344조 제2항).

2. 원심법원에의 제출

불복대상이 된 판결을 한 법원(제359조, 제375조, 제406조)에 상소장을 제출하여야 한다.

상소장을 원심법원이 아닌 상소법원에 제출하면 법률상 방식에 위반한 상소에 해당하지만, 상소권자의 이익 보호를 위해 결정으로 상소를 기각하지 않고 상소장을 원심법원에 송부하며, 이 경우 상소제기기간 준수 여부는 상소장이 원심법원에 접수된 때를 기준으로 한다.

3. 상소제기기간

(1) 기산점과 기간

상소제기기간은 재판을 선고 또는 고지한 날로부터 진행하며(제343조 제2항), 판결선고절차에 위법이 있어도 기산일에 영향을 미치지 않는다. 피고인이 불출석한 상태에서 재판한 경우에도 마찬가지이다.[48] 항소 및 상고의 기간은 판결선고일로부터 **7일**이다(제343조 제2항, 제358조, 제374조). 보통항고의 기간은 **제한 없이** 취소할 실익이 존재하는 한 항고할 수 있다(제404조). 즉시항고 및 (법관의 재판에 대한) 준항고의 기간은 재판고지일로부터 **7일**이다(제343조 제2항, 제405조, 제416조 제3항).

기간의 계산에 관하여는 초일(初日)을 산입하지 아니하고 기간의 말일이 공휴일에 해당하는 날은 기간에 산입하지 아니한다(제66조 제1항, 제3항).

(2) 기간의 연장

상소기간은 법정기간으로 소송행위를 할 자의 주거 또는 사무소의 소재지와 법원과의 거리, 교통통신의 불편 정도에 따라 형사소송규칙이 정한 기준에 따라 연장이 가능하다(제67조, 규칙 제44조).

(3) 도달주의

상소는 상소장이 상소기간 내에 제출처인 원심법원에 도달하여야만 효력이 있다. 상소기간 경과 후에 도달하게 되면 상소권 소멸 후의 상소로 되어 원심법원에서 결정으로 상소를 기각하게 되나(제360조 제1항, 제376조 제1항, 제407조 제1항), 그 결정에 대하여는 즉시항고할 수 있다(각 동조 제2항).

(4) 재소자에 대한 특칙

교도소 또는 구치소에 있는 피고인이 상소기간 내에 상소장을 교도소장, 구치소장 또는 그 직무대리자에게 제출한 때에는 상소기간 내에 상소를 한 것으로 간주한다(제344조 제1항). 경찰서 유치장의 경우도 동일하다. 교도소 등 수용시설 안에서 교도소장 등에게 제출하는 경우에 적용되므로, 면회 온 가족이나 변호인에게 부탁하여 법원에 제출한 경우에는 제외된다.

---

48) 대결 2002. 9. 27. 2002모6.

교도소장 등은 상소장을 제출받은 연월일을 상소장에 명기한 다음 즉시 이를 원심법원에 송부해야 한다(규칙 제152조 제1항).

재소자 특칙은 상소장을 제출하는 경우뿐만 아니라 상소이유서를 제출하는 경우에도 준용된다.[49)]

4. 상소장의 기재사항

상소장에 기재해야 할 사항에 대해 별도의 명문규정은 없으나 상소제기의 목적이나 상소이유서의 별도 제출 등을 고려하면 불복의 대상과 취지만 명시하면 족하다.

(1) **원심법원의 표시** 판결을 선고한 법원, 즉 원심법원의 표시는 원판결 특정을 위해 중요하다.

(2) **원판결의 특정** 불복의 대상인 원판결을 특정해야 하나, 판결의 주문, 판결선고의 연월일, 사건번호 등을 모두 기재할 필요는 없다.

(3) **일부상소의 경우** 일부상소의 취지와 불복 부분을 상소장에 명시하여야 한다. 특별히 명시하지 않으면 전부상소로 간주된다.

주문의 일부만 기재한 경우라도 상소이유에서에 다른 부분에 대해 상소이유를 기재한 때에는 전부상소를 한 것으로 보아야 한다.[50)]

5. 위반시 효과

상소제기의 방식에 위반한 때에는 원심법원이나 상소법원은 결정으로 상소를 기각하여야 한다(제360조, 제362조, 제376조, 제381조, 제407조, 제413조).

Ⅱ. 상소제기의 효과

원심법원에 상소장이 제출되면 상소제기의 효과가 발생한다. 상소제기의 효과에는 정지의 효력과 이심의 효력이 있다.

---

49) 대판 2006. 3. 16. 2005도9729 전합.

50) 대판 2004. 12. 10. 2004도3515.

1. 정지의 효력

상소를 제기하면 재판의 선고 또는 고지에도 불구하고 원심재판의 확정과 집행이 정지된다. '확정의 정지'의 효력은 상소제기와 동시에 예외 없이 발생한다. '집행의 정지'의 효력은 항고(제409조)와 가납판결(제334조 제3항)의 경우에는 예외적으로 그 효력이 발생하지 않는다.

한편 무죄, 면소, 형의 면제, 형의 선고유예, 형의 집행유예, 공소기각 또는 벌금이나 과료를 과하는 판결이 선고된 경우 구속영장은 효력을 잃는데(제331조), 이러한 구속영장의 실효는 상소의 제기로 영향을 받지 않는다.

2. 이심의 효력

상소의 제기로 피고사건에 대한 소송계속이 원심법원에서 상소법원으로 넘어간다. 이를 이심의 효력이라고 한다. 상소는 상급법원에 의한 구제를 목적으로 하는 것이라는 점에서 이심의 효력은 **상소제기의 본질적 효력**이다. 이심의 효력의 발생시기에 대해서는 다툼이 있으나 '상소제기시'를 기준으로 함이 타당하며, 판례도 같은 입장에 서 있는 것으로 보인다.[51)]

학설로는, ① 재판이 선고 또는 고지된 때라는 견해, ② 상소장이 원심법원에 제출된 때라는 견해(상소제기기준설), ③ 상소장과 소송기록이 상소법원에 송부된 때라는 견해(소송기록송부기준설) 등이 있다. 상소의 정형성을 확보하기 위해서는 상소장이라는 서면 제출을 전제로 해야 하며, 기록의 송부는 상소심의 심리를 위한 내부절차에 불과하므로, 상소제기기준설이 타당하다.[52)]

---

51) 대결 1985. 7. 23. 85모12.「형사사건에 있어 항소법원의 소송계속은 제1심판결에 대한 항소에 의하여 사건이 이심된 때로부터 그 법원의 판결에 대하여 상고가 제기되거나 그 판결이 확정되는 때까지 유지된다.」

52) 소송기록송부기준설은 소송기록이 송부되기 전에는 원심법원이 상소기각의 결정(제360조, 제376조)이나 구속에 관한 결정을 하는 점(규칙 제57조 제1항 참조) 그리고 항고사건의 경우에는 '재도의 고안'(제408조 제1항: 원심법원 스스로에 의한 재판의 당부 심사)을 인정하고 있는 것을 그 근거로 하고 있으나, 이러한 제도는 기술적이거나 예외적인 성격을 가지며, 소송기록 송부라는 우연한 사정에 의해 상소제기의 효력발생을 좌우하게 하는 것은 타당하지 않고, '구속기간의 대행갱신'과 같은 표현은 이미 상소장의 제출로 이심의 효력이 발생한다는 점을 시사하고 있다.

Ⅲ. 상소의 포기·취하

1. 의의

(1) 상소의 포기

상소의 '포기'란 상소권자가 '상소의 제기기간 내'에 법원에 대하여 상소권을 소멸시키는 적극적 의사표시를 하는 것을 말한다. 소극적으로 상소기간 내에 상소권을 행사하지 않아 기간경과로 상소권이 소멸되는 경우('상소권의 불행사')와 구별되며, 상소기간 만료 후에 포기하면 이미 상소권이 소멸한 후이므로 포기의 의미가 없게 된다.

상소의 포기로 상소제기기간이 경과되기 전에 재판을 확정시킬 수 있다는 점에 의미가 있다.

> 엄격히 말하면, 상소의 포기는 상소기간 만료 전에 당해 재판을 확정시키려는 의사를 가진 자에게 이를 가능하게 하는 제도로서, 상소권자가 모두 상소를 포기하지 않는 한 일방의 상소포기가 있더라도 재판은 확정되지 않는다.

(2) 상소의 취하

상소의 '취하'란 상소권자가 일단 '상소를 제기한 다음' 이를 철회한다는 의사표시를 법원에 하는 것을 말한다. 상소제기 후의 소송행위라는 점에서 상소의 포기와 구별되며, 상소제기 후의 상소포기는 상소취하의 효력이 있다고 보아야 한다.

2. 상소의 포기 및 취하권자

(1) 고유의 상소권자

고유의 상소권자인 검사나 피고인 그리고 항고의 경우에는 검사 또는 피고인 아닌 자로서 결정을 받은 자도 상소를 포기 또는 취하할 수 있다.

(2) 법정대리인이 있는 피고인

법정대리인이 있는 피고인, 즉 미성년자, 피성년후견인, 피한정후견인이 상소의 포기 또는 취하를 함에는 – 법정대리인의 사망 기타 사유로 인하여 그 동의를 얻을 수 없는 때가 아니면 – 법정대리인(후견인)의 동의를 얻어야 한다(제350조).

피고인이 상소의 포기 또는 취하를 할 때에는 법정대리인이 이에 동의하는 취지의 서면을 제출하여야 하며(규칙 제153조 제1항), 법정대리인의 동의 없이 한 상소의 포기나 취하는 그 효력이 없다.[53)]

(3) 법정대리인 등의 경우

피고인의 법정대리인 또는 제341조에 규정한 자(상소대리권자)는 피고인의 동의를 얻어 상소를 취하할 수 있다(제351조).

따라서 법정대리인 등이 상소를 취하하기 위해서는 피고인이 이에 동의하는 취지의 서면을 제출하여야 한다(규칙 제153조 제1항).

(4) 상소포기의 제한

피고인과 상소대리권자는 **사형·무기징역·무기금고가 선고된 판결**에 대하여는 상소를 포기할 수 없다(제349조 단서).

(가) 취지 중형이 선고된 경우에 상소권을 경솔하게 포기할 수 없도록 하여 상소제기기간 동안 상소제기 여부를 숙고할 수 있도록 하기 위한 것이다.

상소를 포기할 수 없도록 한 것일 뿐 자동상소가 되는 것은 아니므로, 상소제기기간이 경과하면 상소권이 소멸하고 따라서 원심판결이 확정된다.

(나) 범위 피고인의 법정대리인도 명시적인 규정은 없으나 중형이 선고된 경우에는 상소의 포기를 할 수 없다.

피고인의 법정대리인은 피고인을 위하여 상소할 수 있을 뿐이므로(제340조 참조), 피고인에게 허용되지 않는 상소포기를 그 법정대리인에게 허용할 이유가 없기 때문이다. 한편 상소대리권자는 상소의 취하만 가능하므로(제351조) 중형 판결에 대하여 상소를 포기하지 못하도록 규정한 것은 불필요하다는 지적이 있으나, 이들의 경우에는 취하의 경우와 달리 피고인의 동의가 있더라도 상소를 포기할 수 없음을 명시하려는 의미일 것이다.

3. 포기 및 취하의 방식

(1) 기간의 제한

상소포기는 재판의 선고 또는 고지 이후에 가능하며, 상소제기기간 내에 해

---

53) 대판 1983. 9. 13. 83도1774; 대판 2019. 7. 10. 2019도4221.

야 하는 데 비하여, 상소취하는 상소제기 후에 상소심의 종국재판 전까지 가능하다. 이 경우에도 도달주의가 적용되지만, 상소제기의 경우와 마찬가지로 재소자에 대한 특칙이 적용된다(제355조, 제344조).

(2) 관할법원

상소포기는 '원심법원'에 하여야 하고, 상소취하는 '상소법원'에 하여야 하나 상소제기 후에도 기록이 아직 원심법원에 있다면 상소취하도 원심법원에 할 수 있다(제353조).

기록이 원심법원을 떠나 송부 중인 때에는 상소취하는 상소법원에 하여야 하고, 원심법원에 제출된 때에는 즉시 상소법원에 송부하여야 한다.

(3) 서면 방식

상소의 포기 또는 취하는 **서면**으로 하여야 하나, 공판정에서는 구술로도 가능하고, 다만 이 경우에는 그 사유를 공판조서에 기재하여야 한다(제352조).

포기 또는 취하에 동의를 요하는 경우에는 법정대리인 또는 피고인이 동의하는 취지의 서면을 제출하여야 한다(규칙 제153조 제1항, 제2항). 다만 판례는 피고인의 상소 취하가 구술로 가능한 것처럼, 변호인의 상소취하에 대한 피고인의 동의도 명시적으로 이루어지기만 하면 공판정에서 구술로 가능하다고 한다.[54)]

서면에 의하는 경우 그 형식에는 아무런 제한이 없으나, 법원에 대한 소송행위로서 그 의사표시가 명시되어야 하므로, 다른 서면에 상소 포기 등의 의사를 기재된 것만으로는 미흡하다.[55)]

(4) 재판의 일부에 대한 포기나 취하

수개의 사건이 병합심판된 경우에 재판의 일부에 대해 상소를 포기 또는 취하할 수 있으나, 그 범위를 명시하여야 한다.

---

54) 대판 2015. 9. 10. 2015도7821 (변호인이 구술로써 항소를 취하한다고 진술하였으나 피고인이 이에 대하여 아무런 의견도 진술하지 아니한 상태에서 원심이 피고인에게 변호인의 항소취하에 대하여 동의하는지 여부에 관한 명시적인 의사를 확인하지 아니한 채 변론을 종결한 사안: 위법).

55) 대판 1984. 2. 28. 83도3087 (검사가 보석허가청구에 대한 의견서에서 상고포기의사를 밝힌 다음 상고장을 원심에 접수한 사안: 적법).

4. 상대방에 대한 통지

상소의 포기나 취하가 있으면 법원은 지체 없이 상대방에게 그 사유를 통지하여야 한다(제356조).

5. 상소의 포기·취하의 효력

(1) 상소권 소멸

상소의 포기 또는 취하에 대한 서면의 접수 또는 구두의 진술로 상소권자 및 상소대리권자의 **상소권**이 **소멸**한다. 피고인이 상소를 취하하면 변호인의 상소권도 소멸하므로, 변호인의 상소는 효력이 없다.[56)]

(가) 개별적 효력 검사와 피고인 모두 상소권을 가지고 있으므로 당사자 일방의 상소 포기나 취하만으로는 재판이 확정되지 않는다.

상소제기기간 내에 검사나 피고인 중 어느 일방만이 상소를 포기하거나 상소제기 후에 검사나 피고인 중 어느 일방이 상소를 취하하더라도 재판은 확정되지 않는다.

(나) 심급 제한 상소의 포기 또는 취하로 **당해 심급의 재판에 관한 상소권**만 소멸하는 것이 원칙이다.

따라서 피고인이 제1심판결에 대해 항소를 포기 또는 취하했더라도 검사가 항소하여 항소심에서 중한 형이 선고되었다면 피고인은 당연히 항소심판결에 대하여 상고할 수 있다. 그러나 상소권의 소멸에서 언급한 것처럼, 상급심에서 불이익하게 변경되지 않는 경우에는 (상소권포기로 인한 효과가 아니라) 상소의 이익이 없으므로 상급심의 재판에 대한 상소권도 소멸한다. 즉, 제1심판결에 대하여 피고인은 항소를 포기하고 검사만 항소를 제기하였으나 검사의 항소가 기각된 경우에는 그 항소심판결에 대하여 피고인의 상고가 허용되지 아니한다.[57)]

(다) 의사표시의 하자 '강박'에 의하여 상소를 포기 또는 취하한 경우는 **무효**이다. 강박이 없었더라면 그러한 소송행위를 하지 않았을 것이라고 인정되고, 상소권 소멸을 인정하는 것이 현저히 정의에 반한다고 인정될 것을 요건

---

56) 대판 1974. 4. 23. 74도762; 대결 1983. 8. 31. 83모41; 대결 1986. 7. 12. 86모24; 대결 1991. 4. 23. 91도456; 대판 1998. 3. 27. 98도253.

57) 대판 1987. 8. 31. 87도1702.

으로 한다. '착오'에 의한 경우는 원칙적으로 **유효**하므로 상소권이 소멸되지만, 예외적으로 엄격한 요건하에 무효가 될 수 있고,[58] 이 경우에는 후술하는 상소절차속행신청을 할 수 있다.

(2) 재상소 금지

상소의 포기 또는 취하로 상소권이 소멸하므로, 일단 상소를 포기하거나 취하한 자 또는 상소의 포기나 취하에 동의한 자는 그 사건에 대하여 재상소를 하지 못한다(제354조).

상소를 '포기'한 경우에 재상소 금지에 대해 명시적인 규정이 없으나 상소의 포기도 상소권 소멸이라는 동일한 효과를 가지므로 재상소가 금지된다는 것이 학설과 판례의 입장이다.[59]

6. 상소절차속행의 신청

(1) 의의

상소절차속행신청이란 상소의 포기 또는 취하로 상소절차가 종결된 후에 그 부존재 또는 무효임을 주장하여 상소절차를 속행시키는 제도를 말한다(규칙 제154조 제1항).

상소제기기간 내에 상소를 제기하지 못한 경우의 구제방법인 상소권회복청구와 달리, 일단 상소의 포기나 취하로 **재판 없이** 상소절차가 종결된 경우의 구제방법이라고 할 수 있다.[60]

(2) 적용범위

규칙 제154조는 상소절차속행신청을 상소의 포기 또는 취하가 부존재 또는 무효임을 다투는 절차로 규정하고 있으나, 판례는 절차속행신청이 허용되는 경우를 '상소가 제기된 후' 피고인 등이 상소를 포기하거나 취하하는 경우로 한정하고 있다.[61] 또한 '상소포기 후 상소기간이 경과'한 경우에는 상소제기가 없어

58) 대결 1992. 3. 13. 92모1.

59) 대결 1992. 3. 13. 92모1; 대결 2001. 10. 16. 2001초428.

60) 대결 2004. 1. 13. 2003모451 (제1심에서 징역 6월을 선고받고 항소하였다가, 항소심에서 항소기각의 판결을 선고받고, 원심법원에 상고포기서를 제출하였다가 상고제기기간이 지난 후에 구치소장에게 상고장과 함께 상소권회복신청서를 제출한 사안).

61) 판례에 따르면, ① 상소가 제기된 후 절차속행신청을 할 수 있으므로 규칙 제154조가 말하는

절차속행의 신청을 할 수 없고, 단지 상소권회복청구의 대상이 되므로,[62] 결국 규칙 제154조에 따른 상소절차속행신청은 **상소제기 후 상소를 취하한 경우**에 한해 적용된다.

(3) 요건

상소의 포기 또는 취하가 부존재 또는 무효인 경우여야 한다.

예컨대 법정대리인의 동의 없이 미성년자가 상소를 포기한다든가 상소대리권자가 피고인의 동의 없이 상소를 취하한 경우 또는 사형 등이 선고된 판결에 대해 상소를 포기한 경우 등은 상소의 포기 또는 취하가 무효인 경우에 해당할 것이다. 이 외에도 상소의 포기나 취하가 착오에 의한 경우도 예외적으로 무효인 경우가 있음은 이미 소개한 바 있다.[63]

(4) 절차

포기 또는 취하를 한 당사자는 포기 또는 취하 당시 소송기록이 있었던 법원에 상소절차속행을 신청하여야 한다(규칙 제154조 제1항). 법원의 직권에 의한 판단도 가능하다.

법원은 신청이 이유 있다고 인정하는 때에는 신청을 인용하는 결정을 하고 절차를 속행하여야 하며, 신청이 이유 없다고 인정하는 때에는 결정으로 신청을 기각하여야 한다(동조 제2항). 신청을 기각한 결정에 대하여는 즉시 항고할 수 있다(동조 제3항).

'상소의 포기'는 통상 상소의 취하에 해당하게 되고, ② '상소포기 후 상소기간이 경과하기 전에 상소제기'한 경우에는 그 상소에 의하여 계속된 상소절차나 상소기각결정에 대한 즉시항고절차에서 구제받을 수 있기 때문에 절차속행의 신청을 할 수 없다. 대결 1999. 5. 18. 99모40.

62) 대결 2004. 1. 13. 2003모451. 「상소권회복은 자기 또는 대리인이 책임질 수 없는 사유로 인하여 상소제기기간 내에 상소를 하지 못한 사람이 이를 청구하는 것이므로, 상소권을 포기한 후 상소제기기간이 도과하기 전에 상소포기의 효력을 다투면서 상소를 제기한 자는 원심 또는 상소심에서 그 상소의 적법 여부에 대한 판단을 받으면 되고, 별도로 상소권회복청구를 할 여지는 없다고 할 것이나, 상소권을 포기한 후 상소제기기간이 도과한 다음에 상소포기의 효력을 다투는 한편, 자기 또는 대리인이 책임질 수 없는 사유로 인하여 상소제기기간 내에 상소를 하지 못하였다고 주장하는 사람은 상소를 제기함과 동시에 상소권회복청구를 할 수 있고, 그 경우 상소포기가 부존재 또는 무효라고 인정되지 아니하거나 자기 또는 대리인이 책임질 수 없는 사유로 인하여 상소제기기간을 준수하지 못하였다고 인정되지 아니한다면 상소권회복청구를 받은 원심으로서는 상소권회복청구를 기각함과 동시에 상소기각결정을 하여야 한다.」

63) 대결 1992. 3. 13. 92모1.

Ⅳ. 일부상소

1. 원칙 및 개념

상소는 재판 전부에 대하여 제기하는 것이 원칙이다. 따라서 일부유죄·일부무죄를 선고한 제1심판결에 대해 검사가 항소하면서 일부유죄 부분만 인용한 경우라도 항소이유서에 무죄부분에 대한 항소이유를 밝혔다면 전부항소로 보아야 하고, 항소심은 그 부분에 대해서도 판단해야 한다.[64] 일부상소란 수개의 재판(주문) 중 일부에 대해서만 상소를 하는 것(제342조 제1항)으로서, 상소심의 심판대상을 축소시켜 소송경제를 도모하려는 제도이다. '재판'은 판결의 주문을 기준으로 하여 수개인 경우를 말하므로, 판결이유나 상소이유 가운데 일부만을 대상으로 하는 상소는 상소심의 심리범위만 제한하는 데 그친다.

> 재판의 내용인 사실의 인정, 법령의 적용, 형의 양정 가운데 일부만을 선별하여 불복한 경우(예컨대 사실오인을 이유로 한 상소), 불복하지 않은 부분도 상소심으로 이심되고 다만 심리범위만 원칙적으로 개별적인 상소이유에 한정되게 된다.

재판의 '일부'란 수 개의 사건이 병합된 경우에 그 가운데 일부의 주문에 포함된 부분을 다른 부분과 분리하여 상소하는 것을 의미한다. 재판의 '객관적' 일부를 의미하므로, 공동피고인 가운데 일부가 상소하는 것은 일부상소가 아니다.

2. 일부상소의 허용범위

「재판의 일부」에 대한 상소는 원심재판의 내용이 **가분적이고** 각각에 대하여 **독립된 판결이 가능한 경우**에만 허용된다.

(1) 경합범의 일부 상소

수개의 재판을 선고할 수 있는 경합범에 대해서만 일부상소가 가능하다.[65]

㈎ **서로 다른 형이 병과된 유죄판결** 경합범 전부에 대해 유죄가 선고되었으나, 주문에 2개 이상의 '형종이 다른 형'이 병과된 때(형법 제38조 제1항 제3호 참조)가 가장 전형적이라고 할 수 있다.[66]

---

64) 대판 1991. 11. 26. 91도1937; 대판 2004. 12. 10. 2004도3515.
65) 대판 1992. 1. 21. 91도9402 전합; 대판 2010. 11. 25. 2010도10985; 대판 2020. 3. 12. 2019도18935.
66) 대판 1992. 1. 21. 91도9402 전합.

예컨대 경합범 중 일부에 대해서는 징역형이 선고되고, 다른 일부에 대해서는 벌금형이나 형의 면제 또는 선고유예 판결이 선고된 경우가 여기에 해당한다. 다만 어느 죄에 대하여 어떤 형이 선택되었는지 알 수 없는 경우에는 불가분성이 인정되므로 일부상소가 허용되지 않는다(형의 선택이 누락된 경우).[67]

(나) 일부 유죄, 일부 무죄 또는 형식재판 경합범의 일부에 대해 유죄, 다른 일부에 대해 무죄[68] 또는 면소, 공소기각,[69] 관할위반의 재판이 선고된 경우도 포함한다.

(다) 수개의 무죄 또는 형식재판 경합범의 관계에 있는 공소사실의 전부에 대해 무죄나 형식재판이 선고된 때에도 일부상소가 허용된다.

주문에는 하나만 표시되지만 범죄될 사실은 수개이므로 실질적으로 수개의 무죄 판결 내지 형식재판이 있는 경우이고 따라서 각각을 불가분적으로 취급할 필요가 없기 때문에 일부상소가 가능하다. 물론 피고인에게는 상소의 이익이 없으므로 검사에 의한 일부상소만 가능하다.[70]

(라) 사후적 경합범 수개의 공소사실이 금고 이상에 처한 판결이 확정된 죄와 동시에 심판할 수 있었던 확정판결 이전에 범한 죄(사후적 경합범)로서 수개의 형이 선고된 때[71]에도 일부상소가 허용된다. 다만 수개의 공소사실이 또 다른 확정판결 전후에 걸쳐 동시에 심판할 수 없었던 경우도 별도로 형이 선고되므로 일반적인 경합범으로서 일부상소가 허용된다.[72]

(2) 일부상소가 허용되지 않는 경우

(가) 한 개의 형이 선고된 경합범 형법 제37조 전단의 경합범의 관계에 있는 죄들의 전부에 대해 유죄를 인정하면서 한 개의 형을 선고한 경우에는 재판의 내용이 불가분적이므로 일부상소는 허용되지 않는다.

---

67) 대판 2004. 9. 23. 2004도4727.

68) 대판 2000. 2. 11. 99도4840.

69) 대판 1984. 2. 28. 83도216.

70) 대판 1973. 7. 10. 73도142 (수산업법 위반과 횡령 사실로 공소가 제기된 후 모두 무죄가 선고되자 검사만 횡령 사실에 대해서만 항소를 제기하였으나 항소심에서 검사의 항소를 기각하면서 직권으로 수산업법위반죄 부분을 파기하고 유죄를 인정한 사안: 위법).

71) 대판 2001. 3. 23. 2000도486; 대판 2018. 3. 29. 2016도18553.

72) 대판 2010. 11. 25. 2010도10985.

일부상소가 허용되지 않는 것은, 경합범에 대하여 하나의 전체형을 선고하면 수개의 범죄사실들이 개별적으로 상호작용을 일으켜 불가분의 관계를 이루기 때문이다. 일부상소가 허용되지 않음에도 경합죄 중의 일부죄에 대하여서만 상소한 때에는 상소불가분의 원칙이 적용되어 경합죄 전부에 대한 상소가 있는 것이 된다.[73]

(나) **일죄의 일부** 단순일죄,[74] 포괄일죄,[75] 과형상 일죄[76] 등 일죄의 일부에 대한 상소의 제기는 허용되지 않는다. 다만 불가분의 관계에 있거나 사후적으로 불가분의 관계에 있는 것으로 드러난 재판의 일부만 상소한 경우라도 일부상소가 부적법한 것으로 되는 것은 아니며 상소불가분의 원칙상 **재판 전부에 대해 상소의 효력**이 미치게 된다(제342조 제2항).

일죄 전부에 대해 상소의 효력이 미쳐 전부에 대해 이심의 효과가 발생하더라도 당사자 사이에 공방대상에서 벗어난 부분은 상소심의 심판대상에서 제외될 수 있다(후술하는 일부상소의 심판범위 참조). 예비적 또는 택일적 기재의 경우, 무죄로 인정된 주위적 공소사실에 대해 검사만 상소하거나, 유죄로 인정된 예비적 공소사실에 대해 피고인만 상소하여도 나머지 공소사실에 대해 모두 상소의 효력이 미친다.[77]

(다) **주문 내용이 불가분적 관련을 가지는 경우** 주형과 일체가 된 병과형(자격정지·벌금), 부가형(몰수·추징), 환형유치, 압수물환부, 집행유예 등에 관해서는 주형과 분리하여 상소할 수 없고, 일부상소를 한 경우에는 주형과 함께 전부에 대하여 상소의 효력이 미친다.

---

73) 대판 1961. 10. 5. 4293형상403.

74) 대판 2001. 2. 9. 2000도5000 (부실한 담보를 제공 받고 일괄적인 대출한도와 대출기간의 한도 내에서 불량대출을 함으로써 1개의 배임죄로 기소된 사안에서 일부만을 유죄로 인정하자 피고인이 항소한 사안: 전부 이심).

75) 대판 1985. 11. 12. 85도1998; 대판 1989. 4. 11. 86도1629.

76) 대판 1980. 12. 9. 80도384 전합 (판매의 목적으로 휘발유에 솔벤트, 벤젠 등을 혼합하여 그 품질을 저하시켜 판매한 석유사업법 위반과 사기에 대해 각기 무죄와 유죄가 선고되자 검사가 무죄부분에 대해 상소하였으나, 양자가 상상적 경합관계에 있음이 드러난 경우: 전부 이심); 대판 1995. 6. 13. 94도3250; 대판 2003. 5. 30. 2003도1256; 대판 2005. 1. 27. 2004도7488; 대판 2007. 6. 1. 2005도7523.

77) 대판 2006. 5. 25. 2006도1146 (검사가 주위적으로 뇌물공여죄, 예비적으로 배임증재죄로 기소한 사안에서, 항소심이 뇌물공여죄 부분은 무죄로 판단하고 배임증재죄 부분을 유죄로 인정한 경우, 피고인만 예비적 공소사실 부분에 대하여 상고한 사안: 전부 이심); 대판 2017. 2. 16. 2016도13362 전합.

판례는 병과형이나 부가형만을 분리하여 상소한 경우 종전에는 상소가 부적법하다고 보았으나,[78] 최근에는 분리될 수 없는 부분까지 상소의 효력이 미친다는 입장으로 변경하였다.[79] 따라서 상소심에서 원심의 주형 부분을 파기하는 경우 부가형인 몰수 또는 추징 부분도 함께 파기하여야 하고, 몰수 또는 추징을 제외한 나머지 주형 부분만을 파기할 수는 없다.[80]

〈특별규정이 있는 경우〉

① 소송비용부담의 재판　　소송비용부담의 재판에 대해서는 본안재판에 관하여 상소하는 때에 한하여 불복할 수 있으므로(제191조 제2항), 본안의 상소가 이유가 없으면 소송비용의 재판에 대해서 독립하여 불복할 수 없고,[81] 따라서 소송비용의 재판에 대한 독립한 상소는 부적법하다.

② 배상명령　　피고인은 유죄판결에 대해서는 상소하지 않고 배상명령에 대해서만 형사소송법의 규정에 따른 즉시항고를 할 수 있다(소송촉진법 제33조 제5항 본문). 이 규정은 형사절차에서의 민사판결이라는 배상명령의 성격을 고려하여 배상명령에 대해 상소불가분의 원칙에 대한 예외를 인정한 것이다. 이 규정에 따른 배상명령에 대한 즉시항고를 일부상소로 보기도 한다.

③ 등록신상정보의 공개 및 고지　　법원은 성범죄자에 대한 등록대상사건의 판결과 동시에 성폭력처벌법에 따른 등록기간 동안 정보통신망을 통하여 공개정보를 공개하거나 고지정보를 고지하도록 하는 명령을 선고한다(청소년성보호법 제49조, 제50조, 성폭력처벌법 제47조, 제49조). 따라서 등록대상사건과 신상정보의 공개 내지 고지는 불가분적으로 다루어지므로 공개 및 고지 명령에 대해서만 따로 분리하여 상소할 수 없다고 보아야 한다.

④ 전자장치부착　　성폭력범죄, 미성년자 대상 유괴범죄, 살인범죄 및 강도범죄와 같은 특정범죄사건의 판결에 대하여 상소(상소의 포기·취하, 상소권회복 또는 재심의 청구나 비상상고 포함. 아래도 같음)가 있는 때에는 부착명령 청구사건의 판결에 대하여도 상소가 있는 것으로 보지만(전자장치부착법 제9조 제8항), 검사 또는 피부착명령청구자 등은 부착명령에 대하여 독립하여 상소를 할 수 있으므로(동조 제9항), 일부상소가 허용된다고 할 수 있다.

---

78) 대판 1959. 10. 16. 4292형상209 (압수물의 피해자 환부결정에 대해서만 상소한 사안); 대판 1984. 12. 11. 84도1502; 대판 2007. 11. 15. 2007도6775 (추징 부분에 대해서만 상소한 사안).

79) 대판 2008. 11. 20. 2008도5596 전합 (마약류취급자가 아니면서 다른 사람들 사이의 향정신성의약품 매매를 중간에서 알선하였다는 공소사실로 마약류 관리에 관한 법률 위반으로 공소가 제기되었는데, 원심이 이를 유죄로 인정하여 징역형을 선고하면서도 매매 알선의 대상이 된 향정신성의약품을 몰수하거나 그 가액을 추징하는 조치는 전혀 취하지 아니하자, 검사가 원심판결 중 몰수나 추징을 하지 아니한 부분만을 불복대상으로 삼아 상고를 제기한 사안: 전부 이심).

80) 대판 2009. 6. 25. 2009도2807.

81) 대판 2008. 7. 24. 2008도4759.

3. 일부상소의 방식

(1) 원칙

일부상소의 취지를 명시하고 불복부분을 특정해야 하며, 불복부분을 특정하지 않으면 전부상소로 간주된다.[82] 다만 불복부분이 명시되지 않더라도 판결주문의 구성상 일부상소가 명백한 경우는 일부상소의 효력을 인정할 수 있다. 일부상소인지 여부가 불분명한 때에는 상소장의 기재에 따라 판단한다.

상소장 외에 상소이유를 참고하여 판단할 수 있는지에 대해서는 피고인에게 특별히 불리하지 않다거나 상소장에 기재된 의사내용을 명확히 하는 한도 내에서 상소이유도 고려할 수 있다는 긍정설과 상소이유서가 제출될 때까지 일부상소인지 여부를 확인할 수 없으므로 타당하지 않다는 부정설(다수설)이 있으나 판례는 긍정설의 입장이다.[83]

(2) 예외

일부유죄·일부무죄의 경우 불복 부분의 특정 없이도 일부상소를 인정할 수 있다.

피고인의 상소는 무죄판결 부분에 대해서는 피고인에게 상소의 이익이 없으므로 유죄부분에 대해서만 일부상소한 것으로 간주한다.[84] 다만 검사가 상소한 경우에도 무죄부분에 대해서만 상소한 것으로 간주한 **판례**가 있으나,[85] 검사의 경우에는 유죄부분에 대해서도 상소의 이익이 있으므로 원칙적으로 전부상소로 보아야 한다.[86]

4. 일부상소와 상소심의 심판범위

(1) 원칙

일부상소의 경우 원칙적으로 상소가 제기된 부분만 상소심에 계속되고 상소하지 않은 부분은 상소제기기간의 경과 등으로 분리되어 원심대로 확정된다.

---

82) 대판 1991. 11. 26. 91도1937. 군사법원법 제399조 제3항은 이에 대한 명시적인 규정을 두고 있다.

83) 대판 1991. 11. 26. 91도1937; 대판 2004. 12. 10. 2004도3515.

84) 대판 1960. 10. 18. 4293형상659.

85) 대판 1959. 9. 18. 4292형상142.

86) 대판 1991. 11. 26. 91도1937 참조.

상소심이 일부상소된 사건을 파기하는 경우에도 상소된 부분에 대해서만 파기할 수밖에 없고,[87] 파기환송을 받은 법원도 이미 확정된 부분을 심판할 수 없게 되며,[88] 피고인도 이미 확정된 부분에 대해 다시 불복할 수 없다.[89]

(2) 경합범의 일부상소

경합범에 대하여 일부유죄·일부무죄가 선고되어 어느 일부에 대해서만 상소한 경우에 상소심의 심판범위에 대해서는 견해의 대립이 있다.

경합범의 일부상소는 상소불가분의 원칙에 따른 상소의 효력범위, 원심판결의 확정범위, 상소심의 심판범위, 상소심의 파기범위가 유기적으로 연관되는 문제이다. 다만 위에서 언급한 것처럼 일부상소가 허용된다면 형의 선고가 분리되어 양형에 있어서 피고인이 사실상 불이익을 받을 우려가 있으므로 예외를 인정할 것인지 여부가 문제되며, 학설로는 전부파기설, 일부파기설, 구별설 등이 대립하고 있다.

(가) 유죄부분에 대한 피고인의 일부상소 유죄부분만 상소심으로 이심되어 심판대상은 유죄부분에 한하고 무죄부분은 그대로 확정된다. 상소심에서 유죄부분을 파기하는 경우에도 유죄부분에 한한다(일부파기).

(나) 무죄부분에 대한 검사의 일부상소 유죄부분은 상소기간의 경과로 확정되므로 무죄부분에 대해서만 상소심으로 이심되어 심판대상이 된다. 상소심에서 무죄부분을 파기하는 경우에도 무죄부분만 파기해야 한다(일부파기). 판례는 일부파기설을 취한 것과 전부파기설을 취한 것이 있었으나, 1992년 전원합의체 판결을 통해 일부파기설로 정리하였고,[90] 이러한 판례의 입장은 현재까지 일관되게 유지되고 있다.[91]

---

87) 대판 1992. 1. 21. 91도1402 전합; 대판 2000. 2. 11. 99도4840; 대판 2001. 6. 1. 2001도70; 대판 2006. 9. 28. 2004도6371; 대판 2007. 12. 14. 2006도4662; 대판 2010. 11. 25. 2010도10985; 대판 2013. 6. 20. 2010도14328 전합; 대판 2014. 1. 23. 2013도7952; 대판 2022. 1. 13. 2021도13108.

88) 대판 1990. 7. 24. 90도1033.

89) 대판 1991. 5. 28. 91도371.

90) 대판 1992. 1. 21. 91도1402 전합 (부녀매매죄 공소사실과 윤락행위방지법 위반 공소사실 모두를 유죄로 인정하고 형법 제38조 제1항 제2호에 의하여 징역 1년을 선고한 제1심판결에 대하여 피고인만 항소한 사건에서 항소심이 제1심판결을 파기하고 윤락행위방지법위반 공소사실은 유죄로 인정하여 징역 1년에 집행유예 3년을 선고하고 부녀매매죄 공소사실에 대하여는 무죄를 선고하자, 피고인은 상고하지 아니하고 검사가 무죄판결부분에 대하여 일부상고를 한 사안: 일부파기).

91) 대판 2010. 11. 25. 2010도10985; 대판 2020. 3. 12. 2019도18935; 대판 2022. 1. 13. 2021도13106.

학설로는, 상소심에서 무죄부분에 대해 상소이유가 있다고 인정한 경우 일부파기설과 전부파기설이 대립하고 있다. ① **일부파기설**은 상소가 제기되지 않은 부분은 상소제기기간이 경과하여 확정되고 상소가 제기된 부분만 상소심이 심판할 수 있으므로 원심을 파기하는 경우에도 검사가 상소한 무죄부분만 파기하여야 한다는 견해(다수설)이며, ② **전부파기설**은 검사가 상소한 무죄부분만 파기하게 되면 이미 확정된 유죄판결과 함께 2개의 유죄판결을 받게 되어 피고인에게 불이익이 초래될 수 있으므로 검사만 무죄부분에 대하여 상소하였어도 원심을 파기하는 경우에는 상소심이 유죄부분까지 전부를 파기하여야 한다는 견해이다.

판결을 받지 아니한 경합범에 대해 동시에 판결할 경우와 형평을 고려하여 형을 감면할 수 있고 일부상소의 효력은 현실적으로 상소가 이루어진 부분에 대해서만 미친다는 점에서 일부파기설이 타당하다. 다만 일부파기설을 취함으로써 결과적으로 2개의 형이 선고되고 그 결과 피고인에게 불이익이 생긴다는 비판과 관련하여, 이 경우에는 – 비록 검사만 상소한 경우이지만 – **불이익변경금지의 원칙**을 적용함으로써 과형상 불이익을 막을 필요가 있고, 이로 인해 형을 선고하지 않는 유죄판결이 생기는 것도 불이익변경금지에 따른 결과라고 보아야 할 것이다.

한편 일부유죄·일부무죄를 선고한 제1심판결에 대해 검사만 항소하면서 항소범위를 무죄가 아니라 '전부'로 표시했다면 일부유죄 부분도 포함하여 전부이심이 되므로 무죄부분을 유죄로 인정하는 경우에도 제1심판결 전부를 파기하고 경합범 관계에 있는 공소사실 전부에 대하여 하나의 형을 선고해야 한다.[92] 다만 경합범 관계에 있는 경우라도 하나의 형을 선고하기 위해 파기하는 경우가 아니라면 개별적으로 파기되는 부분과 불가분의 관계에 있는 부분만 파기하게 된다.[93]

(다) 검사와 피고인의 무죄부분과 유죄부분에 대한 일부상소 각자의 입장에서는 일부상소이지만 전체적으로는 전부상소가 되므로, 판결 전부가 상소심으로 이심되고 재판의 확정이 차단된다.

상소심이 피고인의 유죄부분에 대한 상소는 이유가 없다고 인정하고 검사의 무죄부분에 대한 상소만 이유가 있다고 인정한 때에는 양자가 양형상 불가분의 관계에 있으므로 피고인 보호의 차원에서 유죄부분도 무죄부분과 함께 **전부 파기**해야 한다는 것이 학설과 판례[94]의 입장이며, 따라서 불이익변경금지의 원칙은

---

92) 대판 2011. 3. 10. 2010도17779; 대판 2014. 3. 27. 2014도342.
93) 대판 2022. 1. 13. 2021도13106.
94) 최근 판례로는, 대판 2018. 3. 15. 2017도20247.

적용되지 않는다고 한다.[95]

(3) 일죄의 일부상소

경합범과 달리 일죄의 일부에 대해 검사 또는 피고인이 상소하더라도 상소불가분의 원칙에 따라 일죄 전부가 상소심에 계속되고 상소심의 심판대상이 된다는 점은 이미 기술한 바와 같다.[96] 그러나 일죄의 일부의 경우에도 실질적으로 일부상소의 효과를 인정하는 이론으로 공방대상론이 있다.

㈎ **공방대상론**의 개념 일죄의 일부에 대해 제1심에서 일부 유죄를 선고하고 나머지 부분에 대해 판결이유에서 무죄로 판단한 경우에, 검사와 피고인 쌍방이 항소하지 아니한 부분은 공격과 방어의 대상에서 벗어났으므로 항소심의 심판범위에 속하지 않는다는 이론을 말한다. 피고인의 실질적 이익을 고려하여 일죄의 경우에도 일부상소의 효과를 인정하는 입장이라고 할 수 있다.

㈏ 판례의 태도 1991년 대법원 판결을 통해 처음으로 공방대상론을 전개하였다.[97] 판례는 ① 피고인만이 포괄일죄의 유죄부분에 대하여 상소하고 검사는 공소기각부분에 대하여 상소하지 않거나,[98] ② 검사가 상상적 경합관계에 있는 수죄에 대한 무죄부분 전부에 대하여 상소하였으나 그중 일부 무죄부분에 대해서는 상고이유로 삼지 않은 경우,[99] 공소기각부분과 일부 무죄부분은 상소심에 이심되기는 하지만 그 부분은 이미 당사자 사이에 공격·방어의 대상으로부터 벗어나 사실상 심판대상에서 제외되어 상소심으로서는 그 부분에 대해서 판단할 수 없다고 한다.

㈐ 학설의 입장 누가 상소했는지를 불문하고 공방대상론을 적용하여 당사자가 주장한 부분만 심판대상이 된다는 견해, 피고인만 항소한 경우에만 피고인 보호를 위해 일부상소를 허용하는 견해(편면적 공방대상론), 그리고 소송계속을 인정하면서 심판할 수 없다는 것은 이론상 모순일 뿐 아니라 누가 상소하였는가에 따라 상소의 효과가 미치는 범위가 달라진다는 것도 편면적인 이론구성으로서 논리적으로 일관성이 없다는 견해 등이 있다.

---

95) 대판 2007. 6. 28. 2005도2807.

96) 대판 2017. 4. 13. 2016도20518.

97) 대판 1991. 3. 12. 90도2820. 과거에는 검사만 무죄 부분을 다투어 상소한 사안에 대해 전부 이심되고 전부 심판의 대상이 된다는 판결이 있었으나(대판 1989. 4. 11. 86도1629), 검사만 상소한 사안이라는 점에서 피고인 방어권·이익 보호라는 측면에서도 동일한 방향성이 인정된다.

98) 대판 2004. 10. 28. 2004도5014; 대판 2008. 9. 25. 2008도4740; 대판 2010. 1. 14. 2009도12934; 대판 2013. 7. 25. 2011도12482.

99) 대판 2008. 12. 11. 2008도8922.

(4) 죄수판단의 변경으로 일죄가 된 경우

원심이 두 개의 공소사실을 경합범으로 판단하여 각각에 대하여 유죄, 무죄를 선고하였고 이에 검사만 무죄부분에 대해 상소하거나 피고인만 유죄부분에 대해 상소한 경우, 상소심에서의 심리 결과 두 개의 사실이 과형상 일죄 또는 단순일죄로 밝혀진 경우에 상소심의 심판범위가 문제된다.

상소불가분의 원칙과 이심의 효력의 우선순위에 대한 입장의 차이에서 제기되는 문제로서, 피고인 보호, 구체적 타당성, 소송의 동적·발전적 성격 등에 비추어 피고인만 상소한 경우에는 유죄부분만 심판의 대상이 되지만, 검사가 무죄부분을 상소한 경우에는 피고인의 보호의 측면을 고려하여 유죄부분도 상소심의 심판대상이 된다고 보는 것이 타당하다(이원설). **판례**는 검사가 무죄부분을 상소한 경우에 피고인의 보호의 측면을 고려하여 유죄부분도 상소심의 심판대상이 된다고 보고 있다(전부이심설).[100)]

학설로는, ① 면소판결설(확정된 무죄판결에 중점을 두어 상소심이 유죄부분에 대해 면소의 판결을 해야 한다는 견해), ② 전부심판(이심)설(상소가 제기된 부분에 중점을 두어 수개의 공소사실이 일체를 이루게 되므로 무죄부분도 상소심에 계속된다는 견해), ③ 분리확정설(일부이심설. 소송의 동적·발전적 성격을 고려하여 상소되지 않은 부분의 확정으로 유죄부분과 무죄부분은 소송법상 두 개의 사실로 나누어지므로 상소심의 심리 결과 과형상 일죄로 밝혀졌다 하더라도 유죄부분만이 상소심의 심판대상이 된다는 견해), ④ 이원설(피고인만 유죄부분에 대해 상소한 경우에 대해서는 일부이심설을 취하나, 검사만 무죄부분에 대해 상소한 경우에 대해서는 전부이심설을 취하는 견해) 등이 있다.

---

100) 대판 1980. 12. 9. 80도384 전합 (휘발유에 벤젠 등을 혼합하여 판매함으로써 석유사업법위반죄와 사기방조죄의 실체적 경합으로 기소되었으나, 항소심에서 상상적 경합을 인정한 사안). 「본건에 있어서와 같이 원심이 위 두죄를 경합범으로 보고, 일부는 유죄, 일부는 무죄를 각 선고하였고 또 검사만이 원심판결 중 무죄된 부분만을 불복 상고하였다 하더라도 위 두죄가 상상적 경합관계에 있는 것인 이상 공소불가분의 원칙이 적용되어, 원심에서 유죄된 사기방조죄의 점도 상고심에 이심되고 따라서 심판의 대상이 된다.」; 대판 2003. 5. 30. 2003도1256; 대판 2004. 6. 25. 2004도1751; 대판 2007. 12. 14. 2006도4662.

제 5 상소심의 심판

Ⅰ. 불이익변경금지의 원칙

1. 의의 및 근거

(1) 의의

불이익변경금지의 원칙이란 피고인이 항소 또는 상고한 사건이나 피고인을 위하여 항소 또는 상고한 사건에 대해서는 상소심이 원심판결의 형보다 무거운 형을 선고하지 못한다는 원칙을 말한다. 판결내용에 대한 일체의 불이익한 변경을 금지하는 것이 아니라 불이익한 형의 변경만을 금지하는 것이므로 중형변경금지의 원칙이라고 부르기도 한다. 상소심에 대한 강제적 양형규정의 성격을 가진다.

(2) 근거

피고인의 상소권 보장을 위한 정책적 배려의 결과이다.

학설로는, ① 정책적 배려설(피고인이 중형변경의 위험 때문에 상소를 단념하는 것을 방지함으로써 피고인의 상소권을 보장한다는 정책적 이유라는 견해: 다수설), ② 적법절차설(피고인이 중형변경의 위험이라는 심리적 위축상태로부터 벗어나서 충분히 자신의 상소권을 행사할 수 있도록 하기 위한 것으로 헌법이 규정한 적법절차원칙의 구체적 표현이라는 견해), ③ 당사자주의 귀결설(상소심에서의 피고인의 주체적 방어권행사를 보장한다는 정책적 이유와 당사자주의 요청의 복합에서 그 근거를 찾는 견해), ④ 상대적 확정력설(피고인만 상소하거나 피고인의 이익을 위하여 상소한 사건은 검사의 상소가 없는 한도 내에서 상대적 확정력이 생기기 때문이라는 견해) 등이 있다. 판례는 정책적 배려설의 입장이다.[101]

불이익변경금지의 원칙은 피고인의 남상소 및 소송지연을 초래할 수 있지만, 이는 남상소 일반에 대한 억제장치를 통해 해결할 문제이다.

---

101) 대판 1964. 9. 17. 64도298 전합.「원래 이 불이익변경금지의 원칙은 피고인 측의 상소결과 오히려 피고인에 불이익한 결과를 받게 되어서는 피고인 측의 상고권행사에 지장이 있을 것이라는 데 그 이유가 있는 것이다.」 같은 취지로는, 대판 1999. 11. 26. 99도3776; 대판 2004. 11. 11. 2004도6784; 대판 2007. 7. 13. 2007도3448.

2. 적용범위

(1) 피고인이 상소하거나 피고인을 위하여 상소한 사건

(가) 피고인이 상소한 경우 피고인만 상소한 경우를 의미하며, 상소이유는 양형부당에 한하지 않고 사실오인이나 법령위반을 이유로 한 경우도 포함한다. 검사만 상소한 사건이나 검사와 피고인이 모두 상소한 사건[102]에 대해서는 이 원칙이 적용되지 않는다.

① 검사도 함께 상소한 경우라도 검사의 상소가 기각된 때에는 피고인만 상소한 것과 같은 결과로 되므로 이 원칙이 적용되며, 쌍방 상소를 모두 기각하고 직권으로 양형부당을 이유로 파기하는 경우도 동일하다.[103]
② 제1심판결에 대해 피고인만 항소한 사건에서 항소심의 판결에 대해 검사가 다시 상고한 경우에는 이 원칙이 적용되고, 따라서 상고심에서도 제1심판결보다 무거운 형을 선고할 수 없다.[104]
③ 일부 유죄, 일부 무죄가 선고된 제1심판결 전부에 대하여 검사가 항소하면서 유죄부분에 대하여는 아무런 항소이유도 주장하지 않은 경우나 항소이유에 대한 주장이 구두변론을 거치지 않은 경우에는, 양형부당의 이유가 인정된다 하더라도 항소심이 제1심판결의 형보다 무거운 형을 선고할 수 없다.[105]
④ 한미행정협정사건의 경우 검사가 상소한 경우나 검사와 피고인 쌍방이 상소한 경우에도 이 원칙이 적용된다(합의의사록 제22조).[106]

(나) 피고인을 위하여 상소한 경우 당사자 이외의 상소권자, 즉 상소대리권자(제340조, 제341조)가 피고인을 위해 상소한 경우를 말한다.

검사가 피고인의 이익을 위하여 상소한 경우에도 다수설과 판례[107]는 이를 긍정하고 있으며, 독일 형사소송법 제331조는 검사가 피고인을 위하여 상소한 경우에도 이 원칙이 적용됨을 명시하고 있다. 검사가 비록 공익적 지위에서 피고인의 이익을 위해 상소한 경우라도 상소대리권자에 의한 상소와 다를 바 없으므로, 적

---

102) 대판 2005. 9. 29. 2005도4205; 대판 2018. 4. 19. 2017도14322 전합.
103) 대판 1965. 12. 10. 65도826 전합; 대판 1969. 3. 31. 68도1870; 대판 1998. 9. 25. 98도2111.
104) 대판 1957. 10. 4. 4290형비상1.
105) 대판 2015. 12. 10. 2015도11696. 같은 취지에서 제1심판결 유죄 부분에 대한 검사의 양형부당 항소이유를 받아들였더라도 적법한 양형부당의 항소이유가 기재되지 않은 경우에는 상소심이 무죄 부분에 대한 항소를 기각하면서 피고인에 대해 제1심보다 무거운 형을 선고할 수 없다. 대판 2020. 7. 9. 2020도2795.
106) 대판 1973. 1. 30. 72도1864.
107) 대판 1971. 5. 24. 71도574.

극설이 타당하다.

(2) 상소심에서 형을 선고하는 경우

항소심 또는 상고심에서 피고사건에 대해 형을 선고하는 경우에만 적용된다(제368조).

예컨대 항소심의 경우 항소법원이 파기자판(제364조 제6항)하면서 형을 선고하는 경우에 이 원칙이 적용된다. 따라서 상소심에서 상소를 기각하거나 파기환송 또는 파기이송하는 경우 그리고 파기자판을 하더라도 무죄, 면소, 공소기각 등의 재판을 하는 경우에는 이 원칙이 적용되지 않는다.
한편 관할 인정이 법률에 위반됨을 이유로 파기하는 경우 항소법원이 그 사건의 제1심 관할권이 있는 때에는 그대로 제1심으로 재판하게 되는데(제367조 단서), 이론상 원심판결 없이 새롭게 제1심으로 재판을 시작하는 것이므로, 관할에 위반하여 선고한 판결에 대하여는 불이익변경금지 원칙이 적용되지 않는다.

(가) 항고사건의 경우 항고심에서는 형을 선고하는 경우가 없으나, 소년법상 보호처분결정에 대한 항고와 같이 형벌과 유사한 처분을 선고한 경우에 한하여 항고사건에 대해서도 이 원칙이 적용된다.

학설로는, ① **적극설**(불이익변경금지의 원칙의 존재이유는 상소의 일종인 항고에서도 요청되므로 항고사건에도 이 원칙이 적용된다는 견해), ② **소극설**(항고사건에 대해서는 불이익변경금지의 원칙을 준용하는 명문규정이 없고 항고심에서는 형을 선고하는 경우도 없으므로 이 원칙이 적용되지 않는다는 견해: 다수설), ③ **제한적 적극설**(집행유예취소결정이나 선고유예의 실효에 따라 유예한 형을 선고하는 결정에 대해서 항고하는 경우처럼 예외적으로 형의 선고에 준하는 경우에 이 원칙이 적용된다는 견해와 판결선고 후 누범인 것이 발각되거나 경합범에 의한 판결의 선고를 받은 자가 경합범 중의 어떤 죄에 대하여 사면 또는 형의 집행이 면제되어 다시 형을 정한 경우에 대한 항고(형법 제36조, 제39조 제3항, 법 제336조)나 소년법상 보호처분결정에 대한 항고(소년법 제43조)와 같이 형의 선고와 마찬가지로 볼 수 있는 결정에 대한 항고에 대해서는 이 원칙이 적용될 필요가 있다는 견해)이 있다.

(나) 재심사건의 경우 재심에는 원판결의 형보다 무거운 형을 선고하지 못한다(제439조).[108] 다만 이 경우에는 이익재심의 취지를 고려해서 확정판결

---

108) 대판 2016. 3. 24. 2016도1131 (피고인이 재심대상판결(1년 6월, 집행유예 3년) 후 다른 사건으로 징역형의 실형(2년)을 선고받아 그 판결이 확정되어 집행유예가 실효될 처지에 놓이게

의 오류로부터 피고인을 보호하기 위한 성격을 가지며, 재심청구권을 보장하는 성격을 가진다고 보기는 어렵다.

(다) **정식재판청구의 경우** 즉결심판에 대해 정식재판을 청구하는 경우에도 즉결심판절차에 형사소송법의 규정이 준용되고(즉결심판절차법 제19조 참조) 약식절차에 대한 불복과 성질이 공통된다는 이유로 불이익변경금지의 원칙이 적용된다.[109] 다만, 약식명령의 경우에는 '**형종상향금지**의 원칙'(제457조의2)으로 변경되었다.[110] 즉결심판이나 약식명령에 대해 피고인만 정식재판을 청구하여 형이 경하게 변경되자 검사가 항소한 경우에도, 즉결심판이나 약식명령의 형보다 중한 종류의 형을 선고할 수 없다.[111]

(라) **파기환송 등의 경우** 파기환송 또는 파기이송을 받은 법원이 피고사건에 대해 형을 선고하는 경우는 원판결을 계속 심리하는 것이므로 상소심이라고 할 수 없지만, 피고인의 상소권 보장을 위해서 – 제368조 또는 제396조 제2항을 유추적용하여 – 불이익변경금지의 원칙이 적용된다.

1964년 대법원 전원합의체 판결[112]은 파기환송 후의 원심에 대해 불이익변경금지의 원칙이 적용되지 않는다면 피고인의 이익을 위해 원판결을 파기하여 환송한 취지에 어긋난다고 하여 파기환송심에서도 불이익변경 금지의 원칙이 적용된다고 판시하였고, 그 이후의 판례도 마찬가지이다.[113]

되자 재심법원이 징역형의 집행유예를 선고한 원판결보다 주형이 경한 징역형의 실형(1년)을 선고한 사안: 불이익변경).

109) 대판 1999. 1. 15. 98도2550. 다만 약식명령의 경우 형종상향금지의 원칙으로 변경된 점을 고려하면, 절차나 효력이 유사한 즉결심판에 대해서도 명문규정이 없는 이상 향후 판례가 즉결심판에 대해 정식재판을 청구한 경우 형종상향금지만 적용된다고 해석할 여지가 크다.

110) 1995년 형소법 개정으로 약식사건에 대한 정식재판청구사건(사건번호가 '2018고정○○○'이라는 형식을 취하기 때문에 실무에서는 '고정'사건이라고 부름)의 경우에도 이 원칙이 적용되었으나, 2017년 개정으로 '약식명령의 형보다 중한 형을 선고하지 못한다'로 개정되어 이른바 형종상향금지의 원칙으로 변경하였다(제457조의2). 그 결과 약식명령에 대한 정식재판청구사건에서는 불이익변경금지의 원칙은 적용되지 않고, 따라서 약식명령과 동일한 형, 예컨대 벌금형을 선고하면서 벌금액수를 높여 선고하는 것은 가능하게 되었다. 정식재판청구권 남용을 억제하기 위한 방안으로 신설된 것이나 지나치게 소송경제나 재판의 효율성에 중점을 둔 개정이라는 비판이 있다.

111) 대판 2017. 2. 21. 2016도19186. 구법하에서 형종상향금지의 원칙이 아니라 불이익변경금지의 원칙을 적용한 판례이다.

112) 대판 1964. 9. 17. 64도298 전합.

113) 최근의 판례로는, 대판 2006. 5. 26. 2005도8607; 대판 2014. 8. 20. 2014도6472; 대판 2021. 5. 6. 2021도1282 등.

(마) **병합사건의 경우** 제1심에서 별개의 사건으로 2개 이상의 형이 선고된 후 항소심에서 병합되어 경합범으로 처단되는 경우에는 제1심의 각 형량보다 무거운 형을 선고하더라도 불이익변경에 해당하지 않는다.[114]

1) **경합범 처벌례에 따른 제한** 제1심에서 선고된 2개의 형을 합산한 형의 범위 내에서 형법상 경합범의 처벌례(형법 제38조)에 따라 형량이 정해져야 하고 만일 합산한 형의 범위를 초과하는 때에는 불이익변경금지에 반한다(전체적·실질적 고찰). 하나의 판결을 선고할 경우에 불이익 여부의 판단기준에 대해 가중설과 합산설이 있으나 원칙적으로 합산설이 타당하다. 따라서 병합하여 징역형만 선고하는 것도 가능하지만 실질적 불이익에 해당하면 불이익변경금지의 원칙이 적용된다.

2) **정식재판청구사건과 병합사건** 정식재판청구사건과 다른 사건이 병합된 경우에는 약식명령의 형보다 무거운 종류의 형을 선고하더라도 불이익변경에 해당하지 않는다.[115] 병합하여 징역형과 벌금형 또는 벌금형만 선고할 수도 있다.[116]

3. 불이익변경금지의 내용

(1) 중형변경의 금지

불이익변경이란 원심판결보다 무거운 형을 선고하는 것을 의미한다. 동일한 형종이라도 무겁게 내용을 변경하는 경우에는 불이익변경에 해당한다.

(가) **형의 무거운 변경** 사실인정이나 법령적용 등이 원심보다 무겁게 변경되었더라도 선고한 형이 중하게 변경되지 않은 한 불이익변경이 아니다.

> 예컨대 원심에서 단순일죄로 인정한 것을 항소심에서 공소장변경을 허가하여 경합범을 인정하여 적용법조를 중하게 변경하더라도 선고형이 동일하다면 이 원칙에 반하지 않는다.[117] 반대로 상소심에서 원심보다 경한 사실을 인정하면서 원심

---

114) 대판 2001. 9. 18. 2001도3448 (별개의 사건으로 수개의 형이 선고된 사건을 경합범으로 처단하면서 징역과 추징금을 상향조정한 사안: 적법).

115) 대판 2003. 5. 13. 2001도3212.「피고인이 약식명령에 대하여 정식재판을 청구한 사건에서 다른 사건을 병합심리한 후 경합범으로 처단하면서 약식명령의 형량보다 중한 형을 선고한 것은 형사소송법 제457조의2가 규정하는 불이익변경금지의 원칙에 어긋나지 아니한다.」

116) 대판 2016. 5. 12. 2016도2136.

117) 대판 1984. 4. 24. 83도3211; 대판 2013. 2. 28. 2011도14986.

과 동일한 형을 선고했더라도 불이익변경에 해당하지 않는다.[118]

(나) **원판결의 오류** 원판결의 내용에 명백한 법률상의 오류가 있는 경우라도 피고인에게 불이익한 변경은 허용되지 않는다. 다만 판결을 선고한 법원이 당해 판결서의 명백한 오류를 판결서의 경정을 통하여 시정하는 것은 피고인에게 유리 또는 불리한 결과를 발생시키거나 피고인의 상소권 행사에 영향을 미치는 것이 아니므로 불이익변경금지의 원칙이 적용될 여지가 없다.[119]

예컨대 폭행이나 협박을 한 사실이 인정되어 항소심에서 절도죄를 강도죄로 공소장변경을 한 경우라도 원판결보다 무거운 형을 선고할 수 없고 전과가 발견되어 집행유예를 할 수 없는 경우라도 원판결이 집행유예를 선고한 이상 실형으로 변경할 수 없다.

(다) **불이익한 처분** 불이익변경이 금지되는 「형」이란 형법 제41조가 규정한 「형의 종류」를 의미하지만, 실질적으로 「피고인에게 형벌과 같은 불이익을 주는 처분」도 여기에 포함된다.

예컨대 추징,[120] 노역장유치기간,[121] 보안처분 등을 중하게 변경하는 것을 말한다. 소송비용의 부담에 대해서도 금전형과 동일한 불이익을 초래한다는 점에서 이 원칙이 적용된다는 견해도 있으나, 실질적으로 형에 준하는 것은 아니므로 제외하는 것이 타당하다.[122] 판례는 형의 부수처분으로서 환부처분도 이 원칙의 적용대상에서 제외하고 있다.[123]

(라) **공소장변경의 경우** 공소사실과 적용법조가 추가, 변경된 경우에도 피고인만 상소한 경우에는 불이익변경 금지의 원칙이 적용된다.[124]

---

118) 대판 2021. 5. 6. 2012도2182 (항소심이 배임과 사기에 대하여 징역 4년을 선고한 후 피고인만 상고하여 상고심이 파기환송하자 원심인 항소심이 파기환송의 취지에 따라 배임 부분을 무죄로 판단하면서 사기 부분만 유죄로 판단하면서 동일하게 징역 4년을 선고한 사안).

119) 대판 2007. 7. 13. 2007도3448 (판결 선고 전의 구금일수가 전혀 없음에도 이를 산입한 판결을 판결서 경정으로 시정한 사안).

120) 그러나 벌금형을 감경하면서 노역장유치기간만 길어진 것은 불이익변경에 해당하지 않는다. 대판 2006. 11. 9. 2006도4888.

121) 대판 1981. 10. 24. 80도2325; 대판 2000. 11. 24. 2000도3945.

122) 판례도 소송비용을 형이나 실질적인 의미에서 형에 준하여 평가할 수 없어 불이익변경금지의 대상이 아니라고 한다. 대판 2008. 3. 14. 2008도488; 대판 2018. 4. 10. 2018도1736.

123) 대판 1990. 4. 10. 90도16.

124) 대판 1980. 3. 25. 79도2105; 대판 2002. 10. 25. 2002도2453; 대판 2014. 8. 20. 2014도6472; 대판 2015. 2. 26. 2014도16495; 대판 2020. 10. 22. 2020도4140 전합; 대판 2021. 4. 15.

(2) 불이익변경의 판단기준

상소심에서 선고된 형이 피고인에게 불이익하게 변경되었는지에 관한 판단은 먼저 형법상 형의 경중을 기준으로 하되, 병과형이나 부가형, 집행유예, 노역장 유치기간 등 주문 전체를 고려하여 피고인에게 실질적으로 불이익한가의 여부에 따라 판단한다(실질설).

(가) **법정형** 선고형의 경중에 관해서는 법정형의 경중에 관한 형법 제50조의 규정을 유추적용한다. 따라서 징역보다 사형, 벌금보다 금고, 구류보다 징역, 과료보다 벌금이 각기 중한 선고형에 해당한다(형법 제41조 참조). 다만 징역과 금고는 형기를 기준으로 경중을 판단한다(제50조 제1항 단서). 동종의 형은 장기의 긴 것과 다액이 많은 것이 중한 선고형에 해당한다(동조 제2항).

군사법원의 판결의 경우에는 선고형을 기준으로 하지 않고 관할관의 확인을 마친 판결을 기준으로 형의 경중을 판단한다.

부정기형을 정기형으로 변경하는 경우 종래 판례는 단기형을 기준으로 선고형의 경중을 판단하였으나,[125] 최근 판례를 변경하여 부정기형과 실질적으로 동등하다고 평가될 수 있는 정기형은 부정기형의 장기와 단기의 정중앙에 해당하는 중간형이라고 보고 있다.[126] 그러나 형벌이 범행 당시의 책임을 기준으로 한다는 점을 고려하면, 항소심에서 성년이 된 후에 형을 과하는 경우라도 단기를 기준으로 불이익 여부를 판단하는 것이 타당할 것이다.

(나) **전체적·실질적 고찰** 형법 제50조에 의해 선고형의 경중을 판단할 수 없는 때에는 원심판결과 상소심판결의 「**주문을 전체적·실질적으로 고찰**」하여, 자유의 구속이나 법익박탈의 대소 등과 관련하여 어떤 형이 피고인에게 실질적으로 불이익한가를 판단한다.

예컨대 제1심이 징역형의 집행유예를 선고한 후 피고인만 항소하자, 항소심이 형기를 단축하면서 선고를 유예하였고, 상고심은 원심을 파기하였으며, 환송 후 원심이 벌금형과 함께 추징의 선고를 유예하였더라도 전체적·실질적으로 볼 때 불이익변경금지의 원칙에 반하지 않는다.[127]

2021도1140.

125) 대판 1959. 8. 21. 92형상242; 대판 1969. 3. 18. 69도114.

126) 대판 2020. 10. 22. 2020도4140.

127) 대판 1998. 3. 26. 97도1716 전합.

특히 상소심에서 다른 사건이 병합된 경우에는 당해 사건에 대하여 고지받은 형과 병합심리되어 선고받은 형을 단순 비교하는 데 그치지 않고, 병합된 다른 사건에 대한 법정형, 선고형 등 피고인의 법률상 지위를 결정하는 객관적 사정을 전체적·실질적으로 고찰하여 병합심판된 선고형이 불이익한 변경에 해당하는지를 판단하여야 한다.[128)]

㈐ **병과형 등의 고려** 주형은 물론이고 병과형, 부가형, 집행유예, 노역장유치일수 등도 판단기준이 된다.[129)] 예컨대 원심의 금고형에 대해 집행유예를 붙이면서 보호관찰 및 수강명령을 선고하였더라도 불이익변경금지의 원칙에 반하지 않지만,[130)] 동일한 벌금형에 수강명령만 병과한 것은 불이익변경금지의 원칙에 반한다.[131)]

(3) 개별적 검토

㈎ **형의 추가와 형종의 변경** 동종의 형을 선고하면서 형을 추가하거나 무거운 형으로 형종을 변경하는 것은 불이익변경에 해당한다. 예컨대 상소심에서 자격정지를 병과하거나 유기징역을 무기징역으로 변경하는 것은 허용되지 않지만, 징역형을 금고형으로 변경하면서 형기를 단축하는 것은 허용된다.

> 벌금형을 자유형으로 변경하는 것은 불이익변경에 해당하지만, 자유형을 벌금형으로 변경한 경우에는 노역장유치일수가 자유형의 형기를 초과한 경우라도 - 노역장유치가 벌금을 완납하지 아니한 경우에 집행되는 형의 집행방법에 불과하므로 - 불이익변경에 해당하지 않는다.[132)] 벌금액수를 줄이고 노역장유치기간을 늘린 경우도 주형이 경하게 변경된 이상 불이익변경이라고 볼 수 없다.[133)] 또한 원심판결에서 치료감호만 선고되었으나 상소심이 징역형을 선고한 경우 징역형이

---

128) 다만 약식사건에 대한 정식재판청구사건이 병합심리된 경우 다른 사건에 대해 항소심에서 무죄가 선고된 때에는 약식명령의 형과 선고형을 단순 비교하면 족하다. 대판 2009. 12. 24. 2009도10754.

129) 대판 2005. 10. 28. 2005도5822; 대판 2013. 12. 12. 2103도6608; 대판 2016. 5. 12. 2016도2136.

130) 대판 2013. 12. 12. 2013도6608.

131) 대판 2014. 8. 20. 2014도3390; 대판 2015. 9. 15. 2015도11362; 대판 2018. 11. 29. 2018도15804; 대판 2019. 10. 17. 2019도11540; 대판 2019. 10. 17. 2019도11609; 대판 2019. 10. 17. 2019도11728. 다만 부정기형의 장단기를 모두 줄이고 위치추적 전자장치 부착명령기간만 늘린 경우에 대해 불이익변경이 아니라고 한 사안도 있다. 대판 2010. 11. 11. 2010도7955.

132) 대판 1980. 5. 13. 80도765. 반대하는 견해도 있다.

133) 대판 1981. 10. 24. 80도2325; 대판 1994. 1. 11. 93도2894; 대판 2000. 11. 24. 2000도3945.

치료감호보다 피고인에게 실질적으로 불이익하므로 불이익변경에 해당한다.[134]

(나) **집행유예와 선고유예** 형의 유예는 그 자체가 형의 종류는 아니지만 형의 내용을 실제로 좌우하는 것이므로 형의 경중을 판단하는 데 중요한 자료가 된다.

원심판결이 자유형에 대해 선고유예나 집행유예를 붙인 경우에 상소심이 이것을 없애거나 유예기간만 연장한 경우에는 불이익변경에 해당하며,[135] 징역형을 줄이면서 집행유예를 박탈하거나[136] 징역형을 늘리면서 집행유예를 붙인 경우[137]도 불이익변경에 해당하지만, 형기를 줄이면서 집행유예기간을 늘리는 것은 허용된다. 형기의 변경 없이 금고형을 징역형으로 바꾸면서 집행유예를 선고하는 것도 불이익변경에 해당한다.[138]

자유형에 대한 집행유예를 벌금형으로 변경하는 것은 원칙적으로 불이익변경이 아니지만,[139] 자유형의 선고유예를 벌금형으로 변경하는 것은 불이익변경에 해당한다.[140]

(다) **부가형과 미결구금일수** 주형을 기준으로 함이 원칙이나, 주형이 동일하면 부가형 자체의 추가나 증가는 불이익변경이고 주형이 경해진 경우에는 부가형의 추가나 증가는 원칙적으로 불이익변경에 해당하지 않는다.

주형을 그대로 둔 채 몰수나 추징을 새로 추가하거나 추징액수를 늘린 경우에는 불이익변경에 해당하지만[141] 주형을 가볍게 하면서 몰수나 추징을 추가하거나 액수를 늘린 경우는 원칙적으로는 불이익변경에 해당하지 않는다.[142] 이 경우 액수가 현저하게 증가함으로써 피고인에게 실질적으로 불이익한 결과로 되는 때에는 불이익변경에 해당한다는 견해도 있다. 벌금을 줄이고 추징액만 늘린 경우도 동일하다.

---

134) 대판 1983. 6. 14. 83도765.

135) 대판 1983. 10. 11. 83도2034.

136) 대판 1965. 12. 10. 65도826 전합; 대결 1986. 3. 25. 86모2; 대판 2016. 3. 24. 2016도1131.

137) 대판 1966. 12. 8. 66도1319 전합; 대판 2012. 4. 13. 2011도11700; 대판 2019. 7. 24. 2018도9342; 대판 2020. 10. 22. 2020도4140. 징역형을 늘리고 집행유예를 붙인 경우는 불이익변경이 아니라는 견해도 있으나 집행유예의 취소나 실효가 가능하다는 점을 고려한 것이다.

138) 대판 2013. 12. 12. 2013도6608.

139) 대판 1966. 9. 27. 66도1026; 대판 1990. 9. 25. 90도1534.

140) 대판 1966. 4. 6. 65도1261. 선고유예는 현실적으로 형을 선고하는 것이 아니고 기간이 경과하면 면소로 간주됨에 반하여 벌금형은 금전의 납부를 내용으로 하는 형을 선고하는 것이고 완납치 않으면 노역장에 유치될 수 있기 때문이다.

141) 대판 1961. 11. 9. 4294형상572; 대판 1992. 12. 8. 92도2020.

142) 대판 1977. 3. 22. 77도67; 대판 1998. 5. 12. 96도2850.

4. 위반 및 효과

불이익변경에 해당하는 경우에는 판결내용의 법률위반으로서 상고이유가 된다(제383조 제1호). 상고심판결이 불이익변경에 해당하는 경우는 확정판결이 법령에 위반한 것을 이유로 비상상고를 할 수 있다(제441조).

Ⅱ. 파기판결의 구속력

1. 의의 및 필요성

파기판결의 구속력(기속력)이란 상소심이 원심판결을 파기하여 사건을 환송 또는 이송하는 경우에 상급심의 판단이 환송 또는 이송을 받은 하급심을 기속하는 효력을 가지는 것을 말한다. 법원조직법 제8조는 「상급법원의 재판에 있어서의 판단은 당해 사건에 관하여 하급심을 기속한다」고 규정하고 있다.

파기판결의 구속력은 파기환송 또는 이송된 판결의 하급심에 대한 구속력의 문제로서, 판결을 선고한 법원이 그 판결의 내용을 철회 또는 변경할 수 없음을 의미하는 일반적인 '재판의 구속력'의 문제와 구별된다.

상급심과 하급심의 불필요한 절차반복으로 심급제도가 무의미해지는 것을 방지하기 위한 것으로서 심급제도의 본질에 기초해서 인정된 제도이다.[143)]

심급제도의 본질뿐만 아니라 법령의 해석적용의 통일, 소송경제, 법률관계의 안정 등도 고려되고 있다.

2. 구속력의 법적 성격

(1) 학설

중간판결설, 기판력설, 특수효력설 등이 있으나 심급제도의 유지를 위해 정책적 견지에서 인정한 특수한 효력이라고 보는 것이 지배적이다.

① 중간판결설은 파기판결을 일종의 중간판결로 보아 환송받은 하급심의 심리는 환송판결을 한 상급심절차의 속행에 해당하므로 상급법원의 판단에 구속된다는 견해이며, ② 기판력설은 파기판결의 기속력을 확정판결의 기판력으로 보고 하급심은 물론이고 파기판결을 한 법원과 그 상급심도 모두 기속된다고 보는 견해이

---

143) 대판 2001. 3. 15. 98두15597 전합.

다. 한편 ③ 특수효력설은 파기판결의 기속력을 심급제도를 합리적으로 유지하기 위하여 정책적 견지에서 인정한 특수한 효력이라는 견해이다.

(2) 검토

상급심의 소송이 종결되었음에도 이를 중간판결로 보거나, 동일 소송 내의 심급간 효력을 기판력의 문제로 이해하는 견해는 적절치 않으므로 특수효력설이 타당하다.

무죄판결에 대한 기판력은 새로운 증거가 발견된 경우에도 배제되지 않지만 파기판결의 경우에는 새로운 증거가 발견된 경우에는 구속력이 배제된다는 점에서 차별성이 있다.

3. 구속력의 범위

(1) 구속력이 발생하는 재판

'상소심의 파기판결'로서, 항소심이나 상고심을 불문하며, 파기한 이상 환송한 경우나 동급법원에 이송한 경우를 포함한다.

다만 현행법상 항소심은 파기자판이 원칙이므로(제364조 제6항), 파기환송이 원칙인 상고심의 대법원 판결의 경우에 주로 구속력의 문제가 발생한다.

파기'판결'이 아닌 원심법원의 결정에 대해 파기결정을 한 경우에도 구속력이 인정된다.

재항고심에서는 대법원에 의한 파기환송 또는 파기이송이 가능하므로 기속력은 또한 파기판결의 경우뿐만 아니라 파기결정의 경우에도 발생할 수 있다.

(2) 구속력이 미치는 법원

파기판결에 의해 사건을 환송 또는 이송받은 하급심의 판단에 구속력이 미친다.

(가) 하급심 심급을 불문하고 상급법원이 파기판결을 하게 되면 그 판결은 하급법원을 기속한다. 따라서 상고법원이 항소심 판결을 파기하여 제1심으로 환송한 경우, 제1심판결뿐만 아니라 다시 제1심판결에 항소가 제기된 경우 항소심법원도 상고법원의 판단에 구속된다.

또한 제1심에서 공소기각판결을 선고하고 항소심에서 검사의 항소를 기각하였는데 상고심인 대법원에서 항소심과 제1심의 판결을 모두 파기한 경우, 제1심과 항소심 모두 파기판결에 기속된다.

(나) **구속력의 확장** 파기판결을 한 상소법원도 사후에 그 판결에 기속된다.[144] 상소심의 판단을 존중하여 이루어진 하급심의 판결을 상소법원이 다시 변경하는 것을 허용한다면 구속력을 인정한 취지가 무의미해지기 때문이다.

대법원의 판례변경의 경우는 예외적으로 구속력이 배제된다.

대법원에서 한 파기환송판결은 파기환송 후의 대법원의 판단을 구속하지만, 전원합의체가 파기환송판결의 판단을 변경할 필요가 있다고 인정하는 경우(법원조직법 제7조 제1항 제3호)에는 구속력이 배제된다.[145]

(다) **환송 또는 이송 이후의 상급심** 항소법원이 제1심판결을 파기환송한 후 제1심판결에 대해 다시 항소가 제기되고 재차 상고가 이루어진 경우 – 재항소법원은 항소법원의 파기판결에 구속되지만 – 심급제도의 성격상 상고법원을 구속하지는 않는다.

현행법의 규정이나 법령해석의 통일이라는 상고심의 기능에 비추어 볼 때 당연한 귀결이며, 파기판결의 구속력이 기판력과는 달리 하급법원의 재판에 대해서만 효력을 가진다는 점을 보여주는 것이다.

(3) 구속력의 내용

파기이유로 된 상급심의 판단에 대해서 발생한다.

(가) **법률판단과 사실판단 포함** 법률판단이 원칙적인 대상이지만 현행법이 사실오인을 상소이유로 하고 있는 점을 고려하면 사실판단도 구속력이 발생한다(민사소송법 제436조 제2항 후문 참조).

학설로는, ① 무제한설(현행법상 항소심뿐만 아니라 상고심도 일정한 경우 사실오인을 상소이유로 하고 있으므로(제383조 제3호, 제4호), 사실판단에 대하여도 당연히 기속력이 미친다는 견해), ② 제한설(사실판단에 관하여 구속력을 인정하는 것은 자유심증주의와 실체적 진실발견의 관점에서 의문이 있고, 상고심이 행하는 원심법원의 사실오인에 대한 판단은 독자적인 증거조사에 의해 새로운 심

---

144) 대판 2006. 1. 26. 2004도517.
145) 대판 2001. 3. 15. 98두15597 전합.

증형성을 하는 것이 아니라 원심법원의 사실인정에 규범적 하자의 유무를 확인하는 것이므로 파기판결의 기속력은 사실인정에서 규범적 하자에 대한 판단에 한정해야 한다는 견해)이 있다. 판례는 **무제한설**의 입장을 취하고 있다.[146)]

(나) **소극적·부정적 판단과 적극적 판단** 파기판결의 기속력은 원칙적으로 파기의 직접적인 이유인 소극적·부정적 판단 부분에 미친다. 예를 들어 '원심에 이르기까지 조사한 증거들만에 의해서는 공소사실이 인정되지 아니한다'고 하는 판단 부분에 대해서는 기속력이 미치게 된다.

적극적·긍정적 판단이 직접적 파기이유와 일체불가분의 관계에 있거나 필연적인 논리적 전제관계에 있는 때에는 구속력이 미친다는 긍정설이 있으나, 직접적 파기이유의 이면에 있는 적극적·긍정적 판단은 단지 파기이유의 연유에 불과하므로 구속력이 미치지 않는다(다수설). 주로 구속력이 문제되는 상고심의 판단은 사후심으로서 상고심에서 새로운 증거를 제출하거나 증거조사를 하는 것이 허용되지 않고 파기자판을 하는 경우에도 소송기록과 원심법원 및 제1심법원이 조사한 증거만을 기초로 제한적인 사실판단을 행하므로 적극적·긍정적 판단은 독자적인 의미를 가지지 않는다고 볼 수 있다. 판례도 후자의 입장이다.[147)]

(다) **경합범에 대한 판단** 상소심에서 실체적 경합관계에 있는 범죄사실 일부에 대해서만 상소가 이유있다고 인정하였으나 피고인을 위하여 1개의 판결이 선고되도록 경합범에 해당하는 범죄사실 전부를 파기한 경우라도, 상소이유가 인정되지 않는다고 판단된 부분에 대해서는 더 이상 다툴 수 없고 환송받은 법원도 이와 배치되는 판단을 할 수 없다.[148)]

4. 위반의 효과

법령위반으로 항소이유(제361조의5 제1호) 또는 상고이유(제383조 제1호)가 되며, 상소심에서 원심판결을 파기하게 된다.[149)]

---

146) 대판 2009. 4. 9. 2008도10572 (동업자 부인 공갈 사건: 술에 취한 동업자의 처를 추행한 후 남편에게 알리겠다고 협박해서 성관계를 지속하면서 금원을 갈취한 사안에서 투자금 명목으로 교부받은 것이라는 피고인의 주장을 이유로 유죄판결을 한 항소심을 파기환송한 사안); 대판 2017. 7. 11. 2016도10447; 대판 2020. 12. 10. 2020도13668; 대판 2021. 7. 8. 2021도4885.

147) 대판 2004. 4. 9. 2004도340.

148) 대판 2012. 5. 10. 2012도2496.

149) 대판 1987. 11. 24. 87도1804; 대판 1994. 12. 22. 93도2023.

5. 구속력의 배제

(1) 상소심이 판단하지 않은 부분

상소심에서 파기판결을 하면서 판단을 하지 않은 부분은 파기판결의 기속력이 미치지 않는다. 상소심에서 판단을 하지 않았다면 그 부분은 파기판결의 선고로 실체적으로 확정되는 것이 아니므로 환송받은 법원은 그 부분에 대해서 다시 판단할 수 있다.[150)]

(2) 사실관계의 변동

파기판결의 기속력은 사실관계가 동일하다는 것을 전제로 하므로 파기판결의 환송 또는 이송 후에 새로운 사실과 증거에 의하여 사실관계와 증거관계에 변동이 있는 경우에는 구속력이 인정되지 않는다. 환송 후 원심판결이 환송 후의 새로운 증거를 채택하여 환송 전의 증거와 종합하여 환송 전의 판결과 동일한 판단을 할 수 있다.[151)] 환송 또는 이송 후에 공소장변경이 이루어진 경우에도 변경된 사실에 대한 증거판단 등이 달라질 수 있으므로 구속력이 미치지 않는다.[152)]

(3) 법령과 판례의 변경

파기판결의 기속력은 재판에 적용되는 법령이 동일하다는 것을 전제로 하므로 파기판결의 환송 또는 이송 후에 적용법령이 변경된 경우에는 그 기속력이 배제되며, 판례의 변경도 법령의 변경에 준하는 효과가 있으므로 다른 사건에서 판례가 변경된 경우에도 기속력이 배제된다.

파기판결 이후 별개의 사건에서 판례가 변경되면 결국 파기환송사건에 대한 상고심에서 변경된 내용에 따라 판결을 함으로써 구속력이 배제되기 때문에 하급

150) 대판 2009. 8. 20. 2007도7042 (국가보안법 위반으로 기소된 피고인들의 범죄사실 가운데 이적단체구성의 점과 이적표현물 제작·반포·취득·소지의 점을 유죄로 하면서 하나의 형을 선고하였으나, 피고인이 이적단체 구성의 점에 대해서만 상고이유를 제출하자 환송판결에서도 전부 파기환송하면서 피고인들이 상고이유로 삼지 않은 이적표현물 제작·반포·취득·소지의 점에 대하여는 그 상고가 이유 없다고 하여 이를 배척하는 판단을 하지는 않은 사안: 적법).

151) 대판 1984. 9. 11. 84도1379; 대판 2003. 2. 26. 2001도1314; 대판 2009. 4. 9. 2008도10572; 대판 2020. 3. 12. 2019도15117 (반의사불벌죄에 대해 처벌희망의사의 철회로 공소를 기각해야 한다는 이유로 유죄를 선고한 원심을 파기하였으나, 환송 후 원심은 폭행 장소가 군사시설이고 피해자가 군인이므로 반의사불벌죄에 대한 형법조항이 적용되지 않는다는 이유로 폭행죄의 실체판결을 한 사안: 적법).

152) 대판 2004. 4. 9. 2004도340; 대판 2004. 7. 22. 2003도8153.

심에서도 구속력이 배제된다고 보는 것이 타당하다. 피고인에게 유리한 경우에만 구속력이 배제된다는 견해도 있다.

제 2 절 항소

제 1 항소심의 의의 및 구조

Ⅰ. 항소의 의의

항소란 제1심판결에 불복하여 제2심 법원에 제기하는 상소를 말한다. 제2심판결에 대한 상소인 '상고'나 결정이나 명령에 대한 불복방법인 '항고' 또는 '준항고'와 구별되며, 제1심판결에 대하여 대법원에 상소하는 '비약적 상고'와도 구별된다. 항소는 제1심판결의 사실오인, 법리오해, 양형부당 등의 잘못을 시정함으로써 당사자의 불이익을 구제하는 것을 주된 목적으로 한다.

Ⅱ. 항소심의 구조

1. 입법방식

		복심제	속심제	사후심제
의의		제1심의 심판이 없었던 것처럼 피고사건 자체에 대하여 처음부터 뒤집어(覆) 심판	제1심의 심리절차와 소송자료를 이어받아 피고사건의 실체에 대해 계속(續) 심리(복심과 사후심의 중간형태)	원판결 당시를 기준으로 하여 원심에 나타난 자료에 따라 원판결의 당부를 사후(事後)에 심사
특징	심판대상	피고사건 자체	실질적으로 피고사건 자체	원판결시 표준으로 원판결의 당부만 심사
특징	항소이유	제한 없음 (불복취지만 기재)	제한 없음 (항소이유서 제출 불요)	항소이유의 법률적 제한 항소이유서 제출 요

	복심제	속심제	사후심제
심리방식	기소요지의 진술부터 새롭게 시작. 사실심리나 증거조사에 제한을 받지 않음	변론재개의 경우처럼 사실심리나 증거조사를 행하고 제1심판결 이후에 나타난 사실이나 새로운 증거도 판단자료로 삼음	항소이유서에 기재된 것에 한함. 증거조사 등 사실심리 불허. 제1심 판결 이후 나타난 자료 고려 불가
공소장변경	허용	허용	불허
판결주문의 형식	피고사건에 대한 파기자판	원칙적 파기자판	원판결의 파기 여부만 판단(이유 있으면 파기환송)
기판력	항소심판결선고시를 기준으로 하여 발생	항소심판결선고시를 기준으로 하여 발생	제1심판결선고시를 기준으로 하여 발생
장단점	장: 항소심의 심리 철저를 통한 실체적 진실발견과 당사자의 권리구제에 기여 단: 소송경제에 반하고 제1심을 소홀히 할 염려, 남상소의 위험	장: 복심에 비해 신속한 재판과 소송경제에 기여 단: 제1심의 심증인계로 구두변론주의와 직접주의에 반하며, 절차지연과 남상소의 위험(현행 민소법의 구조)	장: 신속한 재판과 소송경제에 기여 단: 상소제도 본래의 취지(당사자 구제와 실체적 진실발견) 무시

2. 현행법의 태도

일제 강점기에 항소심을 복심법원이라고 불렀던 것처럼, 해방 이후에도 항소심은 여전히 복심적 성격을 가지고 있었지만, 1961년 개정법률을 계기로 제1심 공판절차를 강화하면서 항소심이 **사후심**의 성격을 가지게 되었다. 그러나 형사소송법 제364조 제6항이 파기자판을 규정하면서 '다시 판결을 하여야 한다'는 표현을 통해 복심의 성격을 여전히 나타내고 있었고, 이에 1963년 개정법률은 제364조 제3항에서 "제1심법원에서 증거로 할 수 있었던 증거는 항소법원에서도 증거로 할 수 있다"는 규정을 둠으로써 항소심을 복심에서 **속심**으로 변경하려는 태도를 보였다. 이후 현행법의 태도에 대한 논의는 속심과 사후심을 중심으로 전개되었다.

(1) 학설

현행법에는 사후심 성격의 규정들과 속심 성격의 규정들이 혼재되어 있어 기본적으로 어떤 입장을 취한 것인지에 대해 (원칙적) 사후심설과 (원칙적) 속심설이 대립하고 있으나, 사후심적 성격이 가미된 속심으로 보는 것이 통설과 판례의 입장이다.

㈎ **사후심설** 현행 항소심의 구조는 원칙적으로 사후심이나, 예외적으로 항소심이 파기자판하는 경우에는 속심의 성질을 가진다고 보는 견해이다. 그 근거로는, ① 제정 당시의 형사소송법과는 달리 제1심 절차가 진술조서를 중심으로 한 공판심리방식에서 증인신문을 중심으로 하는 공판심리방식으로 전환함으로써 공판중심주의, 직접주의, 구술주의가 강화되었으므로 항소심을 제1심처럼 심리하는 것은 불필요하고, 소송경제와 신속한 재판에 반한다는 점, ② 항소이유를 원칙적으로 원심판결의 법령위반·사실오인·양형부당으로 제한하고 있으며, 이유불비·이유모순을 항소이유로 하고 있는 점(제361조의5), ③ 항소법원은 항소이유에 포함된 사유에 대해서만 심판하여야 한다는 점(제364조 제1항), ④ 항소법원은 항소이유 없음이 명백한 때에는 변론 없이 항소를 기각할 수 있다는 점(동조 제5항), ⑤ 항소이유가 없으면 판결로써 항소를 기각하고 항소이유가 있으면 원심판결을 파기한다는 점(동조 제4항, 제6항)을 든다.

㈏ **속심설** 현행 항소심의 구조는 속심을 원칙으로 하고 있다는 견해이다(다수설). 그 근거로는, ① 이념적으로 항소심은 제2의 사실심이어야 하고, 사실심은 실체적 진실발견에 그 본질이 있으므로 항소심은 속심이어야 한다는 점, ② 제1심에서 공판중심주의와 직접주의가 강화되었다 하더라도, 제1심판결에서 실체적 진실을 빠짐없이 발견하기를 기대하기 어렵다는 점, ③ 항소이유 중 판결 후 형의 폐지나 변경 또는 사면이 있을 때(제361조의5 제2호)와 재심청구의 사유가 있을 때(동조 제13호)는 명백히 속심적 성격에 해당한다는 점, ④ 형사소송법이 인정하고 있는 가장 중요한 항소이유인 사실오인(동조 제14호)과 양형부당(동조 제15호)은 순수한 사후심에서는 찾아보기 어려운 항소이유라는 점, ⑤ 항소심의 심판범위는 원칙적으로 항소이유에 포함된 사유에 국한되지만, 항소법원은 판결에 영향을 미친 사유에 관하여 항소이유에 포함되지 아니한 경우에도 직권으로 심판할 수 있다는 점(제364조 제2항), ⑥ 제1심판결 이후 발생한 사실(예컨대 피해보상이나 피해자와의 합의 등)이나 나타난 자료에 대해서도 자유롭게 사실심리나 증거조사를 할 수 있으며(제370조 참조), 제1심에서 증거로 할 수 있었던 증거는 항소심에서도 증거로 할 수 있다는 점(제364조 제3항), ⑦ 항소심이 항소이유가 있다고 인정한 때에 파기자판을 원칙으로 하고 있는 것(동조 제6항)이 속심적 성격에 해당한다고 한다.

(2) 판례

판례는 현행법이 양자의 성격을 함께 가지고 있음을 인정하면서도 기본적으로는 속심으로 파악하고 있다.

> 항소심의 구조에 관하여 판례는 초기에 항소심이 사후심과 속심의 성격을 모두 가지고 있다고만 보았으나, 그 후에는 항소심의 구조가 원칙적 속심, 예외적 사후심 성격을 가지는 것으로 보고 있다.[153]

Ⅲ. 제도의 평가

연혁적으로는 복심제를 폐지하여 소송경제를 추구했다는 점에서 사후심의 성격이 강하지만, 항소심의 기능과 관련해서 「제2의 사실심」으로서 당사자의 구제라는 기능에 중점을 두어야 한다는 점에서 원칙적 속심으로 보는 것이 타당하고, 따라서 원판결 이후에 나타난 사실도 판단자료로 사용할 수 있다.

> 일부 학설은 소송경제나 제1심의 소송부담 경감 및 제1심 재판을 중시하도록 하는 정책적 견지에서 사후심으로 운영하는 것이 바람직하다는 입장도 있으나, 당사자의 이익보호라는 차원에서 보면 신중한 검토를 필요로 한다.[154]

종래 제1심 공판절차의 형식적 운용으로 항소심이 제2의 사실심으로서의 기능이 강조되어 왔다. 그러나 현행법이 구두변론주의 및 직접심리주의를 강조하고 국민참여재판을 도입함으로써 항소심의 기능이 상대적으로 약화될 수 있다. 현실적으로는 제1심에서 항소심판결을 고려한 사실인정이나 양형을 하는 경향이나 항소심이 제1심법원의 심증에 의존하는 경향을 경계해야 한다. 실무의

---

153) 항소심이 원칙적으로 속심이고, 사후심적 요소를 가진 조문들은 남상소의 폐해를 억제하고 소송경제상의 필요에서 항소심의 속심적 성격에 제한을 가한 것에 불과하다고 본 것(대판 1983. 4. 26. 82도2829), 사후심적 성격이 가미된 속심이라고 본 것(대결 2002. 12. 3. 2002모265) 그리고 속심을 기반으로 하되 사후심적 요소도 상당 부분 들어 있는 이른바 사후심적 속심의 성격을 가지므로 항소심에서 제1심판결의 당부를 판단할 때에는 그러한 심급구조의 특성을 고려하여야 한다는 지적한 판례(대판 2017. 3. 22. 2016도1803)가 있다.

154) 한편 2007년 개정 형사소송법은 신청인이 고의로 증거를 뒤늦게 신청함으로써 공판의 완결을 지연하는 것으로 인정할 때에는 법원은 결정으로 이를 각하할 수 있고(제294조 제2항), 공판준비절차를 거친 경우에는 그 신청으로 인하여 소송을 현저히 지연시키지 아니하고 중대한 과실 없이 공판준비기일에 제출하지 못하는 등 부득이한 사유를 소명한 때에 한하여 공판기일에 증거를 신청할 수 있는데(제266조의13 제1항), 이 제도는 항소심의 소송절차에도 준용되므로(제370조), 항소심에서 사후심적 요소가 오히려 강화된 측면이 있다.

운영에 있어서는 제1심과 항소심이 정확한 사실해명이나 피고인 보호를 위한 두 개의 수레바퀴로서 역할을 해야 할 것이다.

제 2 항소이유

Ⅰ. 의의

항소이유란 항소권자가 적법하게 항소를 제기할 수 있는 법률상의 근거로서, 현행법은 11가지를 열거하고 있다. 항소이유를 제한적으로 열거하고 있는 것은 소송경제를 도모하고 항소권남용을 억제하려는 취지이다.155)

Ⅱ. 항소이유의 분류

1. 내용에 따른 분류

법령위반을 이유로 하는 항소이유(제361조의5 제1호, 제3호 내지 제11호)와 법령위반 이외의 사유를 이유로 하는 항소이유(동조 제2호, 제13호 내지 제15호)로 나눌 수 있다. 후자는 항소심의 속심적 성격을 반영한 것이라고 할 수 있다.

2. 요건에 따른 분류

일정한 객관적 사유만 있으면 바로 항소이유로 되는 절대적 항소이유(제2호 내지 제13호, 제15호)와 당해 사유가 '판결에 영향을 미친 경우에 한하여' 항소이유가 되는 상대적 항소이유(제1호, 제14호)로 나눌 수 있다.

Ⅲ. 법령위반의 항소이유

법령위반은 일반적으로 상대적 항소이유에 해당하지만(제1호), 판결에 미치는 영향이 중대하거나 그 영향 여부의 입증이 곤란한 경우에는 별도로 절대적

155) 항소심의 구조와 관련해서 항소이유의 제한은 기본적으로 사후심의 성격을 반영한 것이라고 할 수 있지만, 속심제 구조하에서도 원판결을 토대로 하면서 필요한 범위 내에서 심리를 속행하는 것이므로 항소이유를 한정할 수 있고, 현행법이 항소이유를 폭넓게 인정한 것이나 항소이유 가운데에는 사실오인이나 양형부당과 같은 속심의 성격을 반영한 것도 있어, 항소이유의 제한적 열거만으로 사후심이라고 판단할 수 없다.

항소이유로 규정하고 있다(제3호 내지 제11호).

1. 상대적 항소이유

'판결에 영향을 미친 헌법·법률·명령 또는 규칙의 위반이 있는 때'를 말한다(제1호).

(1) 법령위반

헌법, 법률, 명령 또는 규칙 등 모든 법령위반을 대상으로 한다. 법령위반이라도 제3호 내지 제11호에 별도로 규정된 것은 절대적 항소이유로서 여기에서 제외된다. 법령위반은 판결내용의 법령위반과 소송절차의 법령위반으로 구분할 수 있다.[156)]

다수설은 항소이유로서의 법령위반을 **법령적용의 착오**와 **소송절차의 법령위반**으로 구분하고 전자는 실체법규의 위반을, 후자는 절차법규의 위반을 의미한다고 보고 있다. 이러한 입장에 따르면, 자백을 유일한 증거로 하여 유죄판결을 선고한 경우, 피고사건에 대하여 소송조건이 없음에도 불구하고 유죄판결을 선고한 경우, 증거능력이 없는 자백을 유죄의 증거로 사용한 경우와 같이 판결의 내용이 형사소송법의 규정을 위반한 경우는 소송절차의 법령위반에 해당하게 된다.

㈎ 판결내용의 법령위반 판결내용과 관련된 것이라면 실체법규 위반이나 절차법규 위반을 불문한다. 이 경우에는 일반적으로 판결에 영향을 미친 법령위반에 해당하게 된다.

실체법령의 해석과 적용을 잘못한 예로는, 개별 범죄에 대한 해석·적용 외에 누범전과와 같은 형벌과 관련된 규정에 대한 해석·적용을 잘못한 경우를 들 수 있다.[157)] 한편 절차법규에 위반한 경우로서, 별개의 공소사실에 대해 공소제기가 없음에도 병합심판을 한 경우,[158)] 피고인이 내용을 부인한 사경작성 피의자신문조서를 증거로 사용한 경우, 고문을 해서 자백을 얻거나 확정판결이 있는 사건에

---

156) 1963년 개정법률이 항소이유 가운데 법령의 적용이 없거나 적용에 착오가 있어 판결에 영향을 미친 때(제6호)와 소송절차가 법령에 위반되어 판결에 영향을 미칠 때(제12호)를 삭제하고 이를 상대적 항소이유로서 법령위반을 통해 규율하려고 한 것을 고려하면 절차법규 위반이 판결내용에 영향을 미친 것은 소송절차 자체의 법령위반과 구별하는 것이 타당하다. 특히 판결내용이 법령에 위반된 경우와 달리 소송절차가 법령에 위반된 경우에는 판결에 영향을 미쳤는지 여부가 독자적으로 검토되어야 한다는 점에서 양자의 구별에 실익이 인정된다.

157) 대판 1969. 1. 14. 68도201; 대판 1977. 5. 18. 77도541; 대판 2020. 7. 16. 2019도13328 전합.

158) 대판 1977. 5. 18. 77도541.

대해 다시 유죄판결을 한 경우 또는 자백을 유일한 증거로 해서 유죄판결을 한 경우 등을 들 수 있다.

실체법규에 위반된 경우라도 예외적으로 판결에 영향을 미치지 않은 경우라면 상소이유가 될 수 없다.159)

예컨대 배임죄와 횡령죄는 동일법조에 규정된 죄로서 그 죄질과 처벌이 동일하므로 횡령죄에 해당하는 사실에 대하여 원심이 배임죄로 의율한 잘못이 있더라도 판결에 영향이 없어 상고이유가 될 수 없다.160)

(나) **소송절차의 법령위반** 판결 전 소송절차 또는 판결절차가 법령에 위반한 경우를 말한다.

예컨대 제1심이 공소장부본을 피고인 또는 변호인에게 송달하지 아니한 채 공판절차를 진행한 경우가 여기에 해당한다.161)

절차에 관한 법령위반은 바로 판결에 영향을 미치는 것은 아니므로, 절차위반으로 인해 판결 결과에 영향을 미쳤는가라는 인과관계가 독자적인 의미를 가진다.

일반론으로는 절차법령 가운데 훈시규정에 불과한 법령에 위반한 경우에는 판결에 영향을 미치지 않지만, 효력규정에 위반한 경우에는 판결에 영향을 미친 인과관계가 인정된다. 예컨대 필요적 변호사건에서 변호인 없이 심리를 진행한 경우나 판결을 선고하지 않고 판결서를 송부한 경우는 효력규정위반에 해당하지만, 재정결정을 훈시기간인 20일이라는 기간 내에 하지 않았다고 하더라도 위법은 아니다.162)

판례는 소송절차의 법령위반은 그로 인해 피고인의 방어권, 변호인의 변호권이 본질적으로 침해되고 판결의 정당성마저 인정하기 어렵다고 보여지는 경우에 한하여 그 위법이 판결에 영향을 미친 것으로 보고 있다.163)

---

159) 대판 1989. 12. 26. 89도1557; 대판 2005. 4. 29. 2005도741; 대판 2013. 7. 11. 2011도15056; 대판 2017. 10. 26. 2017도10601.

160) 대판 1990. 3. 27. 89도1083. 같은 취지에서 형법 제347조 제2항(제3자이득사기죄)이 아닌 같은 조 제1항의 죄가 성립하는 것이라고 하더라도 형법 제347조 제1항의 죄와 제2항의 죄는 그 형이 같아 제347조 제2항을 적용하였더라도 판결에 영향을 미친 것은 아니다(대판 2005. 4. 29. 2005도741).

161) 대판 2014. 4. 24. 2013도9498.

162) 대결 1990. 12. 13. 90모58.

163) 대판 1985. 7. 23. 85도1003. 「판결내용 자체가 아니고, 피고인의 신병확보를 위한 구속 등 조

피고인의 신병확보를 위한 구속 등의 절차가 법령에 위반된 것 자체만으로는 판결에 영향을 미친 위법은 아니지만,[164] 추가된 공소사실이 당초의 공소사실과 전혀 다른 것이고 제1심에서 한 번도 다투어지지 않은 내용임에도 불구하고 공소장변경허가신청서 부분을 송달하지 않은 채 판결을 선고한 것은 피고인의 방어권을 본질적으로 침해한 것이다.[165] 또한 피고인이 국민참여재판을 신청하였음에도 불구하고 통상의 공판절차에 의해 재판을 진행한 것도 국민참여재판을 받을 권리를 침해한 것으로서 판결에 영향을 미친 위법에 해당한다.[166]

(2) 판결에 영향을 미친 때

'판결내용'에 영향을 미쳤는가는 주문뿐만 아니라 판결이유도 포함하여 판단한다. 일정한 사유가 존재하더라도 그 사유가 판결에 영향을 미친 경우에 한해 항소이유가 되는 경우를 말하고, 따라서 항소이유로 된 법령위반과 원심판결의 결과 사이에 인과관련이 존재해야 한다. 여기서 인과적 관련성은 항소를 통한 당사자의 구제가능성을 폭넓게 인정하기 위해 당해 법령위반이 판결결과에 영향을 미쳤을 가능성이 있다고 인정되면 족하다.

실체법령의 적용에 오류가 있는 경우[167]뿐만 아니라 절차법령의 적용에 오류가 있는 경우[168]도 포함한다.

2. 절대적 항소이유

판결에 대한 영향 여부를 불문하고 법령위반 자체가 항소이유가 되는 경우

치와, 공판기일의 통지, 재판의 공개 등, 소송절차가 법령에 위반되었음에 지나지 아니하는 경우에는, 그로 인하여 피고인의 방어권, 변호권이 본질적으로 침해되고, 판결의 정당성 마저 인정하기 어렵다고 보여지는 정도에 이르지 아니하는 한, 그것 자체만으로 판결에 영향이 있어 상고이유가 되는 경우는 없다.」; 대판 1990. 6. 8. 90도646; 대판 1994. 11. 4. 94도129; 대판 2007. 6. 1. 2006도3983; 대판 2013. 7. 26. 2013도2511; 대판 2015. 4. 23. 2015도3792; 대판 2018. 12. 13. 2018도16117.

164) 대판 2019. 2. 28. 2018도19034 (구속전 심문을 실시하지 않고 구속영장을 발부했던 법원이 구속취소결정을 하고 다시 구속전 심문을 실시한 후 구속영장을 새로 발부한 사안).

165) 대판 2009. 6. 11. 2009도1830.

166) 대판 2011. 9. 8. 2011도7106.

167) 대판 2017. 6. 29. 2015도12137.

168) 대판 2007. 11. 29. 2007도7835. 「피고인의 자백이 그 피고인에게 불이익한 유일의 증거인 때에는 이를 유죄의 증거로 하지 못하는 것이므로(형사소송법 제310조), 보강증거가 없이 피고인의 자백만을 근거로 공소사실을 유죄로 판단한 경우에는 그 자체로 판결 결과에 영향을 미친 위법이 있는 것으로 보아야 한다.」

를 말한다.

(1) **관할규정의 위반**(제3호)

'관할 또는 관할위반의 인정이 법률에 위반한 때'란 관할권 없이 원심판결을 한 경우[169]나 반대로 관할권이 있음에도 관할위반의 판결을 한 경우를 말한다. 여기서 '관할'이란 토지관할과 사물관할을 의미한다.

관할위반의 재판이 법률에 위반됨을 이유로 원심판결을 파기하는 때에는 판결로써 사건을 원심법원에 환송하여야 하고(제366조), 관할인정이 법률에 위반됨을 이유로 원심판결을 파기하는 때에는 – 항소심이 관할권이 있는 때가 아니면 – 판결로써 사건을 관할법원에 이송하여야 한다(제367조).

(2) **법원구성의 위법**

원심법원의 구성이 위법하여 항소이유가 있다고 인정한 때에는 항소법원은 공판심리를 처음부터 다시 진행한 후 원심판결을 파기하고 피고사건에 대하여 다시 판결을 하여야 한다(제364조 제6항).

(가) **판결법원의 구성이 법률에 위반한 때**(제4호) '판결법원'이란 판결의 기초가 되는 심리를 행한 법원으로서 소송법상의 법원을 말하며, 그 구성이 잘못된 경우, 예컨대 소송법상 의미의 법원인 합의부가 법적 구성원을 충족하지 못한 경우나 결격사유가 있는 법관이 포함된 경우 등을 말한다.

(나) **법률상 그 재판에 관여하지 못할 판사가 그 사건의 심판에 관여한 때**(제7호) 불공정한 재판을 할 염려가 있는 법관이 관여한 경우로서, 예컨대 제척사유에 해당하거나 기피결정이 내려진 법관이 심판에 관여한 경우를 말한다.

(다) **사건의 심리에 관여하지 아니한 판사가 그 사건의 판결에 관여한 때**(제8호) 예컨대 심리 도중에 판사의 경질이 있음에도 공판절차를 갱신하지 않은 경우 등을 말하며, 사건의 내부적 성립에 관여한 때를 의미한다.

(3) **공개주의 위반**(제9호)

'공판의 공개에 관한 규정'이란 헌법 제107조, 법원조직법 제57조를 말하며, 이 규정에 위반하여 비공개로 재판을 하는 경우를 말한다.

---

169) 대판 1999. 11. 26. 99도4398.

예컨대 판결의 선고를 공개하지 않거나(법원조직법 제57조 제1항), 심리비공개의 결정 없이 심리를 공개하지 않거나 심리비공개의 결정이 이유가 없는 경우[170]를 말한다(동조 제2항). 비공개결정을 하고도 재판을 공개한 경우도 법령위반에 해당한다.

공개주의 위반에 해당하면 항소법원은 공개한 법정에서 공판심리를 진행한 후 원심판결을 파기하고 피고사건에 대하여 다시 판결하여야 한다(제364조 제6항).

(4) 이유불비 또는 이유모순(제11호)

'판결에 이유를 붙이지 아니한 때'란 판결에 이유를 전혀 기재하지 않은 경우뿐만 아니라 이유가 일부만 기재된 경우, 예컨대 유죄판결의 경우에 범죄될 사실과 적용법조만 기재하고 증거의 요지를 기재하지 않은 경우를 말한다(제39조, 제323조 참조).

'이유에 모순이 있는 때'란 주문과 이유 사이 또는 이유 상호간에 모순이 있는 경우를 말한다.

이유모순이란, 예컨대 이유 중에 형의 집행을 유예하는 취지의 판시를 하면서 주문에는 그 선고가 없는 경우라든가 이유 중에 상호 모순이 있는 경우, 예컨대 판결이유에 표시된 증거만으로는 도저히 판시 범죄사실을 인정할 수 없는 경우이다. 다만 판결에 표시된 증거만으로 보면 범죄사실을 인정할 수 있다 하더라도(예컨대 증거로써 피고인의 자백과 상당한 보강증거가 인용되어 있는 경우) 소송기록에 나타난 전 증거에 의하면 판시범죄사실이 인정되지 아니하는 경우(예컨대, 판결에 인용되지 아니한 다른 증거에 의하면 자백의 임의성에 의심이 있다고 인정되는 경우)에는 「이유의 모순」이 아니고 「사실오인」의 항소이유로 된다.

원심판결에 이유가 없거나 이유가 모순된다고 인정한 때에는 항소심은 처음부터 공판심리절차를 다시 진행한 후 원심판결을 파기하고 피고사건에 대하여 다시 판결하여야 한다(제364조 제6항).

---

170) 대판 2005. 10. 28. 2005도5854 (공개금지사유가 없음에도 비공개로 진행된 증인신문절차에서의 증언의 증거능력을 부정한 사안); 대판 2013. 7. 26. 2013도2511; 대판 2015. 10. 29. 2014도5939.

Ⅳ. 법령위반 이외의 항소이유

1. 상대적 항소이유

'사실의 오인이 있어 판결에 영향을 미친 때'(제14호), 즉 원심법원이 인정한 사실과 객관적 사실이 다른 경우로서 사실인정이 **논리법칙이나 경험법칙에 어긋난 경우**를 말한다.

'사실'이란 실체법적 사실, 즉 형벌권의 존부 및 범위에 관한 사실, 즉 엄격한 증명을 요하는 사실을 말한다.

예컨대 범죄구성사실, 처벌조건으로 되는 사실, 형의 가중감면의 이유가 되는 사실, 범죄성립을 조각시키는 사유에 관한 사실 등이 대상이 된다. 정상관계사실이나 소송법적 사실은 제외되며, 이러한 사실에 대한 오인은 양형부당이나 법령위반으로 항소이유가 될 수 있다.

사실'오인'이란 원심법원이 증명력 평가를 잘못한 경우, 즉 사실인정이 채증법칙(논리칙과 경험칙)에 위반한 경우를 말한다.

증거에 의하지 않은 사실인정, 증거능력이 없거나 적법한 증거조사를 거치지 않은 증거에 의한 사실인정, 자백의 경우 보강증거 없는 사실인정 등은 여기에 포함되지 않고 소송절차의 법령위반(제1호)에 해당한다. 또한 판결이유에 설시된 증거로부터 판결이유에 적시된 사실을 인정하는 것이 불합리한 경우는 이유모순(제11호)에 해당한다고 할 수 있다.

'판결에 영향을 미친 때'에 한한다. 여기에는 판결의 주문에 영향을 미친 경우와 범죄에 대한 구성요건적 평가에 직접 또는 간접으로 영향을 미친 경우가 있다.[171]

예컨대 피해자를 목 졸라 살해한 범행의 도구가 양말임에도 불구하고 스카프라고 인정한 것은 공소사실의 동일성의 범위 내에 속하는 것으로서 피고인의 방어권 행사에 아무런 지장이 없고 범죄의 성립이나 양형조건에도 영향이 없는 것이므로 판결에 영향을 미친 때에 해당하지 않는다.[172]

---

171) 대판 1994. 12. 22. 94도2511; 대판 1996. 9. 20. 96도1665.
172) 대판 1994. 12. 22. 94도2511.

2. 절대적 항소이유

(1) 판결 후 형의 폐지나 변경 또는 사면(제2호)

원판결 이후에 면소사유 등이 발생한 경우에 항소를 통해 다시 심판을 받을 수 있도록 한 것이다.

> 제2호의 항소이유가 있다고 인정하면 항소법원은 원심판결을 파기하고 면소판결을 선고하거나(제326조 제2호, 제4호) 가벼운 형을 선고하여야 한다(형법 제1조 제2항).

'형'은 주형뿐만 아니라 부가형, 환형유치 또는 형의 집행유예의 조건 완화[173]도 포함한다.

형의 '폐지'는 **판결 후**에 이루어진 경우에 한하며, 판결 전에 형이 폐지된 경우에는 면소판결을 해야 함에도 이에 위반한 경우이므로 판결내용이 법령에 위반한 경우(제1호)에 해당한다. 형의 '변경'은 형이 '경하게' 변경된 경우에 한하며, 중하게 변경된 경우에는 행위시법이 적용되므로 당연히 제외된다. '사면'은 면소사유의 경우와 마찬가지로 '일반사면'만을 의미한다.

(2) 재심청구의 사유(제13호)

원심판결에 재심청구의 사유가 있으면 원심의 유죄판결이 행한 사실인정이 명백히 오류임을 의미하므로 이를 시정하기 위해서 항소이유로 규정하고 있다.

> 재심청구사유가 있으면 재심을 통해 구제를 받는 것이 원칙이지만, 확정판결 이전에는 소송경제의 차원에서 항소를 통한 구제를 도모하기 위해 항소이유로 규정한 것이다.

재심청구사유에는 제한이 없으므로 헌법재판소의 위헌결정으로 형벌에 관한 법률 또는 법률의 조항이 소급하여 무효로 된 경우에도 항소이유에 포함된다.[174] 불이익재심을 인정하지 않는 재심청구와의 균형상 검사가 재심청구사유를 항소이유로 하여 피고인에게 불이익한 항소를 하는 것은 허용되지 않는다.[175]

---

173) 형의 집행유예의 조건이 완화된 경우가 포함되는지에 대해서는 학설의 대립이 있다. 소극설은 형의 집행유예의 조건이 완화된 경우는 형이 가볍게 변경된 경우에 해당하지 않는다는 점을 근거로 하지만, 형의 집행유예의 조건이 완화되면 실질적으로 형이 가볍게 변경되고 피고인의 이익을 위해서는 확대해석이 필요하므로 적극설이 타당하다.

174) 대판 2005. 4. 15. 2003도2960.

175) 재심청구의 사유는 대부분 사실오인이고 사실오인을 항소이유로 하는 검사의 항소가 허용된다는 점 그리고 재심사유를 이유로 항소하는 경우에는 피고인의 이익을 위해서만 허용된다는 명

(3) 양형부당(제15호)

'형의 양정이 부당하다고 인정할 사유가 있는 때'란 원심판결(제1심판결)에서 법정형과 처단형의 범위 내에서 선고된 형의 양정이 구체적인 사안의 내용에 비추어 너무 무겁거나 너무 가벼운 경우를 말한다.

제1심과 비교하여 양형조건에 변화가 없고 제1심의 양형이 재량의 합리적인 범위를 벗어나지 않았다면 이를 존중하는 것이 타당하지만, 제1심의 양형심리 과정에서 나타난 양형의 조건이 되는 사항과 양형기준 등을 종합하여 볼 때, 제1심의 양형판단이 재량의 합리적인 한계를 벗어났다고 평가되거나, 항소심의 양형심리 과정에서 새로이 현출된 자료를 종합하면 제1심의 양형판단을 그대로 유지하는 것이 부당하다고 인정되는 등의 특별한 사정이 있는 경우에는 제1심판결을 파기할 수 있다.[176]

'형'은 주형뿐 아니라 형의 집행유예·형의 선고유예에 관한 양형이 부당한 경우도 포함한다.

예컨대 형의 집행유예를 선고할 사안임에도 불구하고 실형을 선고한 경우, 또는 징역형의 실형을 선고하여야 할 사안임에도 불구하고 형의 집행유예 또는 형의 선고유예를 선고한 경우는 양형부당의 항소이유에 해당한다.

양형의 '기초사실'을 오인한 경우에도 사실오인(제14호)이 아니라 양형부당에 해당한다.

예컨대 피고인이 피해자와 합의한 사실이 없음에도 불구하고 합의하였다고 오인하여 집행유예의 판결을 선고한 경우는 사실오인(제14호)에 해당하지 아니하고 양형부당에 해당한다.

'양형'부당에 한하므로, 법정형이나 처단형의 범위를 넘어서 형을 선고하거나 형의 필요적 가중감면을 하지 않은 경우 또는 집행유예나 선고유예의 요건을

문규정이 없다는 점 등을 근거로 불이익한 항소가 허용된다는 견해도 있으나, 이렇게 되면 피고인 보호를 위해 재심청구의 사유를 항소이유로 한 취지에 반하므로 타당하지 않다. 또한 재심청구의 사유 가운데 피고인에게 불이익하게 적용될 수 있는 것으로는 형사소송법 제420조 제7호의 사유 중 "원판결 또는 그 판결의 기초가 된 조사에 관여한 법관이 그 직무에 관한 죄를 범한 것이 확정판결에 의하여 증명된 경우"를 생각할 수 있는데, 원판결 후 항소기간 중에 그러한 사유가 발생할 가능성이 거의 없고, 그런 경우에도 검사는 다른 이유를 들어 항소할 수 있으므로 이를 굳이 피고인의 불이익을 위한 항소이유로 인정할 실익도 없을 것이다.

176) 대판 2015. 7. 23. 2015도3260 전합.

구비하지 못한 자에 대해 형의 선고나 집행을 유예한 경우는 판결내용의 법령위반(제1호)에 해당한다.

양형위원회는 법관이 합리적인 양형을 하는 데 참조하기 위해 구체적이고 객관적 양형기준을 설정하고 있는데(법원조직법 제81조의6), 법원이 이 기준을 벗어난 판결을 하는 경우에도 양형부당에 해당하게 된다. 또한 법원이 양형기준을 벗어난 판결을 하면서 판결이유에 양형이유를 기재하지 않으면 법원조직법 제81조의7에 위반한 것으로서 법령위반에도 해당하게 된다.

양형판단의 자료는 **원심판결이 선고된 후**에 나타난 것도 포함된다.

예컨대 제1심판결이 선고된 후에 피고인이 피해자에게 피해를 변상하고 합의한 사실은 항소심판결시에 양형자료로 되므로, 합의사실을 근거로 양형이 부당하다고 항소하는 것도 가능하다.

제3 항소심의 절차

Ⅰ. 항소의 제기

1. 항소장의 제출

제1심판결에 불복하는 경우 항소인은 제1심판결선고일로부터 7일 이내에 항소장을 원심법원에 제출하여야 한다(제358조, 제359조). 항소제기기간(7일)은 제1심판결을 선고한 날로부터 진행한다(제343조 제2항 참조).[177] 항소장에는 항소의 대상인 판결과 이에 대해 항소를 제기한다는 취지만 기재하면 족하다.

항소이유를 기재할 필요는 없으나 기재한 경우에는 별도로 항소이유서를 제출할 필요는 없다(제361조의4 제1항 단서). 사건번호, 피고인, 원심판결 선고일 및 주문, 항소취지(불복한다는 사실), 작성연월일을 기재하고, 항소장 제출은 원심법원에 하지만 항소장의 제출처에는 항소법원을 기재한다.

177) 선고한 날은 산입하지 않고(제66조 제1항 본문), 시간의 말일이 공휴일에 해당하면 기간에 산입하지 않는다(동조 제3항 본문).

2. 원심법원과 항소법원의 조치

(1) 원심법원의 조치

항소의 제기가 법률상의 방식에 위반하거나 항소권소멸 후인 것이 명백한 때로서 항소기각의 결정을 해야 할 경우(제360조 제1항)가 아니면, 항소장을 받은 날로부터 14일 이내 소송기록 등을 항소법원에 송부하여야 한다(제361조).[178)]

상소기간 중 또는 상소 중의 사건에 관하여 구속기간의 갱신, 구속의 취소, 보석, 구속의 집행정지와 그 정지의 취소에 대한 결정은 소송기록이 원심법원에 있는 때에는 원심법원이 하여야 한다(제105조). 법률에 명시하지 않은 구속 자체에 대한 결정도 원심법원이 할 수 있다(규칙 제57조).

(2) 항소법원의 조치

(가) **소송기록접수통지** 항소법원은 기록의 송부를 받은 즉시 항소인[179)]과 상대방에게 그 사유를 서면(소송기록접수통지서)으로 통지하여야 하고(제361조의2 제1항), 통지를 받은 날로부터 20일 이내에 항소이유서를 제출하여야 한다는 취지도 함께 통지한다(제361조의3 제1항). 소송기록접수통지는 항소이유서 제출기간의 기산일을 알리는 의미가 있다.

재감자에 대한 소송기록접수 통지(송달)는 교도소·구치소 또는 국가경찰관서의 장에게 하여야 한다(형사소송법 제65조, 민사소송법 제182조).[180)]

항소인이나 상대방이 **통지를 받기 전에 변호인을 선임**한 때에는 변호인에게도 소송기록접수의 통지를 하여야 한다(제361조의2 제2항). 그러나 필요적 변호사건에 대해서는 법원이 국선변호인을 선정하지 않은 상태에서 피고인이 사선변호인을 선임하였다면 피고인이 항소이유서 제출기간을 도과해 버린 경우라도 사

---

178) 1995년 개정법률이 신속한 재판을 받을 권리 침해한다는 헌법재판소의 결정(헌재 1995. 11. 30. 92헌마44)에 따라 검찰경유제도를 폐지함으로써 소송기록을 바로 항소법원에 송부하도록 하고 있다.

179) 대결 2018. 3. 29. 2018모642 (사기죄로 기소된 피고인에 대해 외국거주를 이유로 공시송달의 방법으로 공소장부본과 소환장 등을 송달하고 불출석재판을 진행하여 징역형을 선고하자, 피고인의 배우자가 이 사실을 알고 피고인을 위해 항소하였고, 원심은 항소인에 대한 소송기록접수통지서 등을 배우자 거주지로 발송한 다음, 항소이유서 미제출을 이유로 결정으로 항소를 기각하였으나, 이에 귀국한 피고인이 상소권회복청구와 함께 재항고를 하여 회복결정이 확정된 사안).

180) 대결 2017. 9. 22. 2017모1680 (구치소에 재감 중인 피고인이 2017. 4. 4. 이 사건 제1심판결에 대하여 항소하자, 원심법원은 구치소로 소송기록접수통지서를 송달하면서 송달받을 사람을 재항고인으로 하였고 서울구치소 서무계원이 2017. 4. 14. 이를 수령한 사안: 위법).

선변호인에게 소송기록접수통지를 하여야 한다.[181)]

(나) **국선변호인의 선정과 소송기록접수통지** 필요적 변호사건(제33조 제1항 제1호 내지 제6호)의 경우 기록의 송부를 받은 항소법원은 변호인이 없는 경우에 지체 없이 국선변호인을 선정한 다음 국선변호인에게 소송기록접수통지를 하여야 한다(규칙 제156조의2 제1항).

따라서 필요적 변호사건에서 피고인이 항소이유서를 제출하지 않았더라도 국선변호인의 선정 없이 항소기각의 결정을 한 것은 위법하며,[182)] 국선변호인에게 국선변호인선정결정등본만 송달하고 소송기록접수통지서를 송달하지 아니함으로써 항소이유서를 제출할 기회를 주지 않고 판결을 선고하였다면 상고이유(제383조 제1호)가 된다.[183)]

1) 청구국선의 경우 항소법원은 항소이유서 제출기간이 도과하기 전에 피고인으로부터 제33조 제2항의 규정에 따른 국선변호인 선정청구가 있는 경우에는 지체 없이 그에 관한 결정을 하여야 하고, 결정으로 변호인을 선정한 경우에는 그 변호인에게 소송기록접수통지를 하여야 한다(규칙 제156조의2 제2항). 항소법원이 청구국선으로 선정된 국선변호인에게 소송기록접수통지를 하지 아니한 채 판결을 선고하는 것은 위법하다.[184)]

항소법원이 국선변호인 선정청구를 기각한 경우에는 피고인이 국선변호인 선정청구를 한 날로부터 선정청구기각결정등본을 송달받은 날까지의 기간은 항소이유서 제출기간에 산입하지 않으나, 피고인이 최초의 국선변호인 선정청구기각결정을 받은 다음 같은 법원에 다시 선정청구를 한 경우에는 그 국선변호인 선정청구일로부터 선정청구기각결정등본 송달일까지의 기간은 제출기간에 산입한다(동조 제4항).

2) 재정국선의 경우 제33조 제3항에 따라 법원이 직권으로 국선변호인을 선정한 경우에도 그 변호인에게 소속기록접수통지를 해야 한다.

다만 피고인의 권리보호를 위한 국선변호인 선정 여부는 법원의 재량이므로 법원이 국선변호인 선정이 불필요하다고 보아 국선변호인 선정 없이 공판심리를 진행하더

181) 대판 2009. 2. 12. 2008도11486.
182) 대결 1996. 11. 28. 96모100.
183) 대판 1973. 9. 25. 73도1922; 대판 1973. 10. 10. 73도2142; 대판 2015. 4. 23. 2015도2046.
184) 대판 2011. 2. 10. 2008도4558.

라도 위법하다고 할 수 없고, 따라서 피고인이 소송기록접수통지를 받고 기간 내에 항소이유서를 제출하지 않았고 국선변호인선정청구도 하지 않았다면 국선변호인을 선정하지 않은 것만으로 피고인의 방어권을 침해한 것으로 볼 수 없다.[185)]

3) 국선변호인을 재선정한 경우　　국선변호인 선정결정을 한 후 항소이유서 제출기간 내에 피고인이 책임질 수 없는 사유로 그 선정결정을 취소하고 새로운 국선변호인을 선정한 경우에는 그 변호인에게 소송기록접수통지를 하여야 한다(규칙 제156조의2 제3항). 이 경우 새로운 국선변호인을 선정하여 소송기록접수통지를 하기 전에 피고인 스스로 사선변호인을 선임한 때에는 그에게 다시 소송기록접수통지를 하여야 할 것이다.[186)]

이 규정은 판례[187)]가 변호인의 조력을 받을 권리를 보장하기 위해 국선변호인이 교체된 경우에 새로 선정된 국선변호인에게 다시 소송기록접수통지를 해야 하고 따라서 항소이유서도 그 통지를 받은 날로부터 20일이라고 판시했던 것을 명문화한 것이다.

4) 국선변호인 선정 취소 후 사선변호인을 선정한 경우　　필요적 변호사건에서 법원이 피고인과 국선변호인에게 소송기록접수통지를 한 후 피고인이 사선변호인을 선임하여 국선변호인 선정 결정이 취소되었다면 새로 선임된 사선변호인에게 별도의 소송기록접수통지를 할 필요는 없다.[188)]

(3) 구금된 피고인의 이송

피고인이 교도소 또는 구치소에 있는 경우에는 원심법원에 대응한 검찰청 검사는 소송기록접수 통지를 받은 날부터 14일 이내에 피고인을 '항소법원 소재지'의 교도소 또는 구치소로 이송하여야 한다(제361조의2 제3항).

---

185) 대판 2013. 5. 9. 2013도1886 (제1심이 국선변호인을 선정하여 준 후 피고인에게 징역형을 선고하면서 법정구속을 하지 않았는데, 피고인이 항소장만 제출한 다음 국선변호인 선정청구를 하지 않은 채 법정기간 내에 항소이유서를 제출하지 아니하자 원심이 피고인의 항소를 기각한 사안: 적법).

186) 대판 2019. 7. 10. 2019도4221.

187) 대결 2006. 3. 9. 2005모304.

188) 대판 2018. 11. 22. 2015도10651 전합 (특경법상 배임죄로 기소된 필요적 변호사건의 제1심에서 징역형을 선고받은 피고인이 항소하자 법원은 국선변호인을 선정한 후 피고인과 국선변호인에게 소송기록접수통지서를 발송했고, 피고인이 그 통지를 받은 후 10일이 지나 사선변호인을 선임하였으나, 사선변호인이 위 통지 후 30일이 지나 항소이유서를 제출한 사안: 위법).

Ⅱ. 항소이유서 및 답변서 제출

1. 항소이유서 제출

(1) 항소인 또는 변호인의 항소이유서 제출

항소인 또는 변호인은 항소이유서를 항소법원에 제출하여야 한다(제361조의3 제1항).

입법론으로는, 피고인을 위하여 항소를 제기한 경우 항소인과 변호인 이외에 항소대리권자도 항소이유서를 제출할 권한을 인정할 필요가 있다.

㈎ **항소이유서의 기재** 항소이유서는 제1심판결에 대한 불복의 이유를 기재한 서면을 말하며, 여기에는 항소이유를 구체적으로 간결하게 명시해야 한다(규칙 제155조). 다만 추상적으로 기재된 경우라도 원심판결의 사실오인 등의 항소이유를 기재한 것으로 해석할 수 있다면 적법한 것으로 보아야 한다.

검사가 항소장의 항소의 범위란에 '전부', 항소의 이유란에 '사실오인 및 심리미진, 양형부당'이라고만 기재한 것은 적법한 항소이유의 기재라고 할 수 없다.[189] 한편, 피고인들의 항소이유서에 '위 사건에 대한 원심판결은 도저히 납득할 수 없는 억울한 판결이므로 항소를 한 것입니다'라는 기재와 같이, 항소이유가 추상적으로 기재된 경우라도 원심판결의 사실오인 등의 항소이유를 기재한 것으로 해석할 수 있다면 적법한 것으로서 항소이유에 대하여 심리하여야 한다.[190]

수인 또는 수개의 사건에 대해 항소하는 경우 항소이유서가 어느 사건에 대한 것인지 불분명한 경우에는 부적법하다.[191]

㈏ **변호인의 항소이유서 제출** 변호인은 항소심의 변호인을 말하며, 피고인이 항소이유서를 제출한 이후에도 별개로 항소이유서를 제출할 수 있으므로(고유권), 필요적 변호사건에서는 국선변호인 선정 없이 피고인이 항소이유서를 제출하지 않았다는 이유로 항소를 기각해서는 안 된다.[192]

---

189) 대판 2008. 4. 24. 2006도2536; 대판 2020. 7. 9. 2020도2795.

190) 대결 2002. 12. 3. 2002모265.

191) 대결 1998. 2. 10. 97모101 (전혀 다른 두 개의 사건에 대한 항소이유서가 마치 하나의 사건에 대한 항소이유서인 것처럼 하나로 작성되어 제출되었고, 그 항소이유서에 별개의 두 사건의 피고인들이 하나의 사건의 공동피고인들인 것처럼 기재된 사안: 부적법).

192) 대결 1996. 11. 28. 96모100.

국선변호인이 선정된 경우 소송기록접수통지를 하지 않거나 선정 이후에 병합된 다른 사건에 대해 소송기록접수통지를 하지 않은 경우도 위법하다.[193] 국선변호인이 선정되어 그에게 소송기록접수통지를 한 경우라도 항소이유서제출기간의 경과를 기다리지 않고 항소를 기각하거나 심리를 진행할 수 없다.[194] 국선변호인이 법정기간 내에 항소이유서를 제출하지 않았더라도, 국선변호인의 항소이유서 미제출에 대하여 피고인의 귀책사유가 없다면, 국선변호인의 선정을 취소하고 새로운 국선변호인을 선정하여 항소이유서를 제출하게 하여야 한다.[195]

필요적 변호사건에서 항소법원이 정당한 이유 없이 국선변호인을 선정하지 않았거나 청구국선 사건에서 피고인의 청구가 있음에도 이에 대해 아무런 결정을 하지 않아 이미 항소이유서제출기간이 지나버린 경우라도 피고인이 사선변호인을 선임하였다면 항소법원은 그에게 소송기록접수통지를 하여야 하고 사선변호인은 통지를 받은 날로부터 20일 이내에 항소이유서를 제출할 수 있다.[196]

(2) 제출기간

항소인 또는 변호인은 소송기록접수통지를 받은 날로부터 20일 이내에 항소이유서를 항소법원에 제출하여야 한다. 제출기간은 **실권기간**(효력기간)이므로 기간의 경과로 제출권이 소멸한다. 항소심은 피고인 또는 변호인이 법정기간 내에 제출한 항소이유서에 의하여 심판되는 것이므로 항소이유서 제출기간의 경과를 기다리지 않고는 항소사건을 심판할 수 없고, 변론을 종결하였다면 특별한 사정이 없는 한 변론을 재개하여 항소이유에 대해 심리를 해야 한다.[197]

(가) **기산점** 제출기간은 소송기록접수통지를 받은 날로부터 기산한다. 병합심리된 경우에 2회 이상 소송기록접수 통지가 행해진 경우에는 처음 통지된 때를 기준으로 한다.[198]

---

193) 대판 2010. 5. 27. 2010도3377.

194) 대판 2009. 4. 9. 2008도11213. 「국선변호인의 경우에도 국선변호인의 항소이유서 제출기간 만료시까지 항소이유서를 제출하거나 수정·추가 등을 할 수 있는 권리는 마찬가지로 보호되어야 한다.」

195) 대결 2012. 2. 16. 2009모1044 전합.

196) 대판 2009. 2. 12. 2008도11486.

197) 대판 2004. 6. 25. 2004도2611; 대판 2007. 1. 25. 2006도8591; 대판 2015. 4. 9. 2015도1466; 대판 2015. 12. 24. 2015도17051; 대판 2018. 4. 12. 2017도13748; 대판 2018. 11. 29. 2018도12896.

198) 대판 2010. 5. 27. 2010도3377.

(나) **변호인의 제출기간** 피고인에게 소송기록접수통지를 한 이후에 변호인이 선임된 경우에는 별도의 통지를 요하지 아니하므로 피고인이 통지를 받은 날로부터 기산하지만,[199] 그 이전에 선임된 경우에는 별도의 통지를 요하고(제361조의2 제2항) 변호인의 항소이유서 제출기간도 변호인 자신이 통지를 받은 날로부터 기산한다.[200] 국선변호인의 경우에는 선정결정에 따라 소송기록접수통지를 받은 날부터 기산한다.[201]

(다) **제출기간의 경과** 항소이유서 제출기간의 경과를 기다리지 않고 항소사건을 심판할 수 없다. 제출기간 내에는 항소이유서의 변경, 추가 등이 가능하기 때문이다.[202] 필요적 변호사건에서 국선변호인이 '항소이유보충서' 명목으로 항소이유서를 제출했더라도 항소이유서 제출기간이 만료되기 전에 항소를 기각하면 위법하다.[203]

(라) **재소자 특칙** 항소이유서 제출기간에 대해서도 상소제기의 경우와 마찬가지로 재소자 특칙이 인정된다(제361조의3 제1항 후문).

(3) 부본의 첨부 및 송달

항소이유서에는 상대방의 수에 2를 더한 수의 부본을 첨부하여야 한다(규칙 제156조).[204] 항소이유서를 제출받은 항소법원은 지체 없이 부본 또는 등본을 상대방에게 송달하여야 한다(제361조의3 제2항).

항소이유서부본 송달제도는 답변서 제출 등 상대방의 방어준비를 위한 것이므로 상대방이 이의를 제기하지 않으면 하자가 치유된다는 것이 판례의 입장이다. 따라서 항소이유서부본 송달 없이 심리를 진행하여 판결을 선고한 경우라도 그 판결이 항소기각이면 그 위법이 판결에 영향을 미친 경우가 아니므로 상고이유가 되지 않으며,[205] (항소기각의 판결이 아니라도) 송달하지 않아 답변서 제출의 기

---

199) 대결 1965. 8. 25. 66모34.

200) 대판 1981. 9. 8. 81도2040; 대결 1994. 3. 10. 93모82; 대판 1996. 9. 6. 96도166; 대결 2011. 5. 13. 2010모1741.

201) 대판 2007. 3. 29. 2006도5547; 대결 2018. 11. 22. 2015모10651 전합.

202) 대판 2015. 4. 9. 2015도1466.

203) 대판 2009. 4. 9. 2008도11213.

204) '부본'이란 항소인 자신이 제출한 것을 말하고, '등본'이란 부본이 제출되지 아니하였거나 어떤 경위로 분실·멸실된 경우에 법원사무관등이 작성한 것을 말한다. 등본을 작성하여 송달할 수 있는 이상 부본을 제출하지 않았더라도 항소이유서의 제출이 부적법하게 되는 것은 아니라는 것이 실무의 태도이다. 형사실무제요 [Ⅱ], 506면.

회를 갖지 못했더라도 이 점에 대하여 아무런 이의를 제기하지 않았다면 상고이유가 되지 않는다.[206]

2. 답변서 제출 및 송달

답변서는 항소이유에 대한 상대방의 반론을 기재한 서면으로서, 항소이유서와 마찬가지로 구체적으로 간결하게 명시하고(규칙 제155조), 상대방의 수에 2를 더한 수의 부본을 첨부해야 한다(규칙 제156조).

상대방은 항소이유서의 송달을 받은 날로부터 10일 이내에 답변서를 항소법원에 제출하여야 하며(제361조의3 제3항), 답변서의 제출을 받은 항소법원은 지체 없이 그 부본 또는 등본을 항소인 또는 변호인에게 송달하여야 한다(동조 제4항).

답변서는 항소이유서와 달리 항소법원의 심판범위를 정하는 효력을 가지는 것도 아니고, 미제출로 인해 절차가 종결되는 효과를 가지는 것도 아니므로, 제출할 의무가 있는 것은 아니다.

3. 항소이유서 미제출에 따른 효과

(1) 항소기각의 결정

항소이유서의 제출은 의무사항이므로, 항소인이나 변호인이 이를 제출하지 않은 때에는 **결정**으로 항소를 기각하여야 한다(제361조의4 제1항).

미제출 이외에 제출기간 경과와 같은 **부적법한 제출**의 경우에도 동일하다.

다만 피고인들의 방어권 행사에 지장이 초래되지 않고 소송행위가 정상적으로 진행된 경우에는 그 하자는 치유되며,[207] 피고인의 귀책사유 없이 피고인이 제출기간을 도과한 때에는 기간이 지난 후에라도 제출할 기회를 줄 수 있다.[208]

소송기록접수통지가 적법하게 이루어질 것을 전제로 하므로, 접수통지 내지 송달이 적법하게 이루어지지 않은 때에는 항소이유서 제출기간이 경과했다는 이유로 항소기각의 결정을 할 수 없다.[209]

---

205) 대판 1981. 9. 8. 81도2040.

206) 대판 2001. 12. 27. 2001도5810.

207) 대판 1981. 9. 8. 81도2040; 대결 1998. 2. 10. 97모101.

208) 대결 1990. 12. 27. 90모69 참조.

209) 대결 2017. 11. 7. 2017모2162. 같은 취지로는, 대결 2018. 3. 29. 2018모642 (피고인의 항소대리권자인 배우자가 피고인을 위하여 항소한 경우(형사소송법 제341조) 소송기록접수통지는 항

결정이 아닌 판결로 항소를 기각하면 위법하며,[210] 항소이유서 미제출을 이유로 한 항소기각의 결정에 대하여는 즉시항고할 수 있다(제361조의4 제2항).

(2) 예외

직권조사사유가 있거나 항소장에 이미 항소이유를 기재한 경우에는 항소를 기각해서는 안 된다(제361조의4 제1항 단서).

'직권조사사유가 있는 경우'란 항소인이 항소이유서에서 항소이유로 주장하지 않았지만 법령적용이나 법령해석의 착오 여부 등 원심판결을 취소할 만한 사유가 있는 것을 말하며, 원심판결에 내재되어 있는 절차적·실체적 위법으로 인해 원심판결을 그대로 유지할 수 없게 하는 사유를 말한다.[211]

판례에 따르면 소송조건의 존부,[212] 형의 폐지 또는 변경,[213] 미성년자의 성년 도달,[214] 필요적 변호사건 여부,[215] 기타 제척사유의 유무, 증거능력의 유무, 보강증거의 존부 등이 직권조사사유가 될 수 있다고 한다.[216] 이에 비하여 누범가중의 적법 여부,[217] 구속갱신의 적법 여부[218]나 단순한 증거취사의 잘못, 사실오인이나 양형부당은 직권조사사유에 해당하지 않는다고 한다.[219] 다만, 판례는 피고인이 항소한 경우로서 판결에 영향을 미치는 경우에는 사실오인도 직권조사사유에 해당한다고 하는데[220] 사실오인은 당사자가 주장할 사유이므로 직권조사사유로 보는 것은 의문이다.

소인인 피고인에게 하여야 하는데, 피고인이 적법하게 소송기록접수통지서를 받지 못하였다면 항소이유서 제출기간이 지났다는 이유로 항소기각결정을 하는 것은 위법하다고 한 사안); 대결 2018. 3. 29. 2018모642.

210) 대판 1969. 5. 13. 69도395; 대판 1973. 12. 11. 73도2646.

211) 대결 2003. 5. 16. 2002모338.「직권조사사유라 함은 법령적용이나 법령해석의 착오 여부 등 당사자가 주장하지 아니한 경우에도 법원이 직권으로 조사하여야 할 사유를 말한다.」; 대결 2006. 3. 30. 2005모564.

212) 대판 2005. 11. 10. 2005도6080.

213) 대판 2006. 4. 28. 2006도672.

214) 대결 1976. 1. 19. 75모72.

215) 대결 2002. 9. 4. 2002모239.

216) 대결 2005. 12. 5. 2005초기316.

217) 대판 2003. 5. 30. 2003도1326.

218) 대판 1968. 8. 23. 68도832. 그러나 피고인의 구속이 방어권 행사에 미치는 영향을 고려하면 법정회수를 초과한 구속기간의 갱신이 있는지는 중대한 위법으로서 직권조사사항이라고 보아야 하므로 판례의 태도는 의문이다.

219) 대판 1970. 11. 30. 70도2111; 대판 1971. 3. 23. 70도2752; 대판 1978. 1. 10. 77도3376; 대판 1986. 7. 22. 84도2248; 대판 2002. 2. 26. 2002도167; 대판 2003. 5. 30. 2003도1326 등 참조.

220) 대판 1993. 5. 25. 93도836 등 참조.

제 4 항소심의 심리

Ⅰ. 심리 일반

항소심의 공판절차는 특별한 규정이 없는 한 '제1심 공판절차'에 따른다(제370조).

따라서 원칙적으로는 피고인이 출석한 상태에서 모두절차, 사실심리절차, 판결의 선고라는 순서로 진행되며, 구두변론의 방식에 의한다. 제1심 공판절차에 관한 규정들이 상당 부분 준용되지만, 몇 가지 특례 규정이 있고, 항소심의 특성에 부합하지 않는 부분은 제1심의 경우와 차이가 있다.

Ⅱ. 공판절차의 특칙

1. 피고인의 출석과 인정신문

(1) 피고인의 출석

항소심에서도 피고인의 출석이 공판개정의 요건이므로, 피고인이 공판기일에 출석하지 아니한 때에는 다시 공판기일을 정하여야 한다(제365조 제1항).

㈎ **기일지정 고지의 효력** 피고인이 출석하지 않아 새로 기일을 지정하는 경우, 기일지정의 고지는 출석하지 않은 당사자에게도 효력이 있다.[221]

㈏ **불출석재판** 피고인이 정당한 이유 없이 다시 정한 공판기일에도 출석하지 아니한 때에는 피고인의 진술 없이, 즉 불출석 상태로 재판할 수 있다(제365조 제2항). 이 규정은 피고인의 해태에 의하여 본안에 대한 변론권을 포기한 것으로 보는 일종의 제재적 규정이므로, 2회 불출석의 책임을 피고인에게 귀속시키려면 피고인이 2회에 걸쳐 적법한 공판기일소환장을 받고서 정당한 사유 없이 출정하지 아니한 경우여야 한다.[222] 따라서 피고인이 1회 불출석한 경우에는 불출석재판을 할 수 없다.[223]

---

221) 대판 2000. 9. 26. 2000도2879.

222) 대판 1988. 12. 27. 88도419 등 참조.

223) 대판 2011. 2. 24. 2010도16538 (피고인이 공판기일에 불출석하자 피고인을 소환하였으나 공판기일 소환장이 송달불능되었는데도 재송달 등의 조치 없이 피고인이 불출석한 상태에서 공판절차를 진행하여 유죄판결을 선고한 사례: 위법).

불출석에 따른 특례는 항소인이 누군인지를 불문하고 적용된다. 따라서 검사가 항소한 경우라도 피고인이 2회 불출석한 경우에는 피고인의 진술 없이 판결할 수 있다.[224]

불출석이 '2회 이상 연속된 경우'에 한하며, 불출석 후 출석하였다가 다시 불출석한 경우에는 바로 개정할 수 없다.[225]

(2) 인정신문

제1심의 경우와 마찬가지로 제1회 공판기일에는 진술거부권을 고지하고 인정신문을 행한다. 피고인이 출석하지 않으면 인정신문을 할 수 없다.

2. 모두진술

인정신문이 끝나고 통상 무변론항소기각을 하는 경우가 아니면 모두절차에서는 항소이유와 답변에 대한 진술 그리고 쟁점정리 등이 이루어진다.

(1) 항소이유와 답변의 진술

항소인은 그 항소이유를 구체적으로 진술하여야 하며(규칙 제156조의3 제1항), 상대방은 항소인의 항소이유 진술이 끝난 뒤에 항소이유에 대한 답변을 구체적으로 진술하여야 한다(동조 제2항).

(2) 쟁점 및 증거관계의 정리

법원은 항소이유와 답변에 터잡아 해당 사건의 사실상·법률상 쟁점을 정리하여 밝히고 그 증명되어야 하는 사실을 명확히 하여야 한다(규칙 제156조의4).

3. 증거조사

(1) 제1심 증거의 사용

제1심법원에서 증거능력이 인정된 증거는 항소법원에서도 그대로 증거능력이 인정되므로(제364조 제3항) 별도의 증거조사 없이 사실인정의 자료로 삼을 수

---

224) 대판 1967. 1. 31. 66도1529.

225) 대판 2016. 4. 29. 2016도2210 (피고인들이 제1회 공판기일 소환장을 적법하게 송달받고도 불출석하였다가 제2회 공판기일에는 모두 출석하였고, 제3회 공판기일에 다시 불출석하자 피고인들의 변호인과 검사만 출석한 상태에서 공판절차를 진행하여 변론을 종결하고 다음 제4회 공판기일에 피고인들의 항소를 모두 기각하는 판결을 선고한 사안: 위법). 같은 취지로는, 대판 2019. 10. 31. 2019도5426.

있다.[226)]

2007년 개정법률이 구두변론주의를 강화한 취지에 비추어 제364조 제3항은 항소심에서 증거능력의 검토만 생략할 수 있다는 취지로 보아야 하고, 증거물의 제시나 증거서류의 낭독은 공판기일에 다시 이루어져야 한다는 견해도 있으나, 재판장이 증거조사절차에 들어가기 전에 앞서 제1심의 증거관계와 증거조사결과의 요지를 고지하는 것(규칙 제156조의5 제1항 참조)으로 족하다고 보아야 한다.[227)]

(2) 새로운 증거조사

항소심이 속심의 성격을 가진다고 보는 이상 원심판결 이후에 나타난 새로운 증거에 대한 증거조사나 사실조사도 가능하다.

형사소송규칙은 항소심에서 증인신문은 항소의 당부에 관한 판단을 위하여 반드시 필요하다고 인정되는 경우에 보충적·예외적으로 인정된다는 취지의 규정을 두고 있다. 즉 ① 제1심에서 조사되지 아니한 데에 대하여 고의나 중대한 과실이 없고, 그 신청으로 인하여 소송을 현저하게 지연시키지 아니하는 경우, ② 제1심에서 증인으로 신문하였으나 새로운 중요한 증거의 발견 등으로 항소심에서 다시 신문하는 것이 부득이하다고 인정되는 경우 그리고 ③ 그 밖에 항소의 당부에 관한 판단을 위하여 반드시 필요하다고 인정되는 경우에 한정하고 있다(규칙 제156조의5 제2항).[228)]

(3) 제1심 증인의 증언의 신빙성 판단

항소심 법원은 제1심 법원의 판단을 가능한 한 존중하여야 한다. 특히 제1심 증인이 한 진술에 대해서 항소심은 원칙적으로 증인신문조서를 포함한 기록만을 자료로 그 신빙성을 판단하게 되므로, 직접주의에 비추어 가장 중요한 요소 중의 하나라 할 수 있는 진술 당시 증인의 모습이나 태도, 진술의 뉘앙스 등을 그 평가에 반영하기가 어렵다. 따라서 항소심은 제1심 증인이 한 진술의

---

226) 대판 2005. 3. 11. 2004도8313; 대판 2009. 4. 9. 2009도377; 대판 2018. 8. 1. 2018도8651.

227) 대판 2005. 5. 26. 2005도130.「항소심이 항소이유가 있다고 인정하는 경우에는 제1심이 조사한 증인을 다시 심문하지 아니하고 그 조서의 기재만으로 그 증언의 신빙성 유무를 판단할 수 있는 것이 원칙이지만 제1심의 피해자에 대한 증인신문조서 기재 자체에 의하여 피해자의 진술을 믿기 어려운 사정이 보이는 경우에 항소심이 그 증인을 다시 신문하여 보지도 아니하고 제1심의 증인신문조서의 기재만에 의하여 직접 증인을 신문한 제1심과 다르게 그 증언을 믿을 수 있다고 판단한 것은 심히 부당하다.」

228) 2007년 개정법률이 사후심의 요소를 강화하면서, 항소심에서 새로운 증거조사를 제한하는 취지를 반영한 것이라고 할 수 있다.

신빙성 유무에 대한 제1심의 판단이 자신의 판단과 다르다는 이유만으로 제1심의 판단을 함부로 뒤집어서는 안 된다. 다만 제1심의 판단을 수긍할 수 없는 충분하고도 납득할 만한 현저한 사정이 나타나는 경우에만 예외가 인정된다. 즉 ① 제1심판결 내용과 제1심의 증거조사를 거친 증거들에 비추어 제1심 증인이 한 증언의 신빙성 유무에 대한 제1심의 판단이 명백하게 잘못되었다고 볼 특별한 사정이 있거나, ② 제1심의 증거조사 결과와 항소심 변론종결시까지 추가로 이루어진 증거조사 결과를 종합하면 제1심 증인이 한 진술의 신빙성 유무에 대한 제1심판단을 그대로 유지하는 것이 현저히 부당하다고 인정되는 경우에는 제1심의 판단과 다른 판단을 할 수 있다.[229]

4. 피고인신문과 의견진술

(1) 피고인신문

항소심에서도 증거조사가 종료한 후에 피고인신문을 할 수 있으나, 제1심의 경우와는 달리 피고인신문은 항소이유의 당부를 판단함에 필요한 사항에 한해서만 허용되며(규칙 제156조의6 제1항), 재판장이 중복신문이나 불필요한 신문을 제한할 수 있도록 하고 있다(동조 제2항). 그러나 변호인의 본질적 권리를 해할 수는 없다. 따라서 변호인이 피고인신문의 의사를 표시하였는데도 변호인에게 이를 일체 허용하지 않으면 변호인의 피고인신문권에 대한 본질적 권리를 해하는 것이다.[230]

재판장도 필요하다고 인정하는 때에는 피고인을 신문할 수 있다(동조 제3항).

(2) 의견진술

항소심에서도 증거조사와 피고인 신문절차가 종료한 때 당사자가 의견진술을 할 수 있는데(규칙 제156조의7), 검사는 원심 판결의 당부와 항소이유에 대한 의견을 구체적으로 진술하여야 하며(동조 제1항), 재판장은 검사의 의견을 들은 후 피고인과 변호인에게도 의견을 진술할 기회를 주어야 한다(동조 제2항).

---

229) 대판 2006. 11. 24. 2006도4994; 대판 2013. 4. 26. 2013도1222; 대판 2016. 2. 18. 2015도11428; 대판 2018. 3. 29. 2017도7871; 대판 2019. 7. 24. 2018도17748; 대판 2019. 12. 12. 2019도14469; 대판 2021. 6. 10. 2021도2726.

230) 대판 2020. 12. 24. 2020도10778.

Ⅲ. 항소심의 심판범위

1. 항소법원의 심판의무

항소이유에 포함된 사유에 관해서는 항소법원의 심판의무가 있으므로(제364조 제1항), 그 사유에 관해 심리와 판결을 하지 않으면 상고이유에 해당한다(제383조 제1호).

2. 심판범위

(1) 항소이유에 대한 심판

항소심은 원칙적으로 항소이유서에 기재된 항소이유에 한하여 심판한다(제364조 제1항). 따라서 검사가 항소이유서에서 양형부당을 주장하지 않은 경우에는 항소장의 기재만으로 직권으로 원심보다 무거운 형을 선고할 수 없다.[231)]

㈎ 공판정 진술에 의한 주장 항소이유서에 포함되지 아니한 사항에 대해 공판정에서 진술한 사실만으로 항소이유가 있다고 볼 수 없다.[232)]

> 예컨대 피고인이 양형부당만을 항소이유로 삼은 경우에 항소심공판에서 피고인이 범죄사실을 부인하는 진술을 하였더라도 항소심이 양형부당의 점에 관해서만 심리·판단하더라도 적법하다.[233)]

㈏ 항소이유의 일부 철회 항소이유서 제출 이후 항소이유의 일부철회가 가능하나 그 철회의 의사표시는 명백히 이루어져야만 효력이 있다.[234)] 항소이유서에 기재하였다가 사실오인이나 법률위반 등 일부를 철회하였더라도 판결에 영향을 미친 때에는 직권으로 심판하여야 한다.[235)]

---

231) 대판 2008. 1. 31. 2007도8117 (검사가 항소이유서에는 무죄 부분에 대한 항소이유를 기재했음에도 불구하고, 항소심이 항소장에 "피고인의 죄질이 불량한 점 등 여러 양형 조건에 비추어, 원심의 형량은 너무 가벼워 부당하다"고 기재했다는 점을 근거로 원심의 형량이 너무 가벼워 부당하다는 이유로 피고인에게 징역 2년, 집행유예 3년을 선고한 제1심판결의 유죄 부분을 파기하고, 피고인에게 징역 1년 6월을 선고한 사안: 위법).

232) 대판 2007. 5. 31. 2006도8488; 대판 2014. 5. 29. 2011도11233.

233) 대판 1974. 3. 26. 74도502 등 판례의 일관된 입장이다. 같은 취지로는, 대판 2014. 7. 10. 2014도5503.

234) 대판 2003. 2. 26. 2002도6834; 대판 2013. 3. 28. 2013도1473.

235) 대판 1992. 8. 18. 92도1240; 대판 1997. 5. 9. 95도2653.

(2) 직권심판

판결에 영향을 미친 사유에 관하여는 항소이유서에 포함되지 않았더라도 직권으로 심판할 수 있다(제364조 제2항). 실체해명과 형벌법규의 적정한 적용·실현을 위해 판결에 영향을 미친 사유라면 항소이유서에 포함되지 않은 것이라도 직권심판을 허용함으로써 심판의 적정과 당사자의 이익 보호를 도모하려는 제도이다.[236]

예컨대 사실오인을 이유로 항소한 경우라도 양형부당을 이유로 직권심판하여 경한 형을 선고하는 것도 가능하다.

(가) 법원의 재량 직권심판 여부는 원칙적으로 **법원의 재량**이다.[237]

다만 피고인이 항소한 경우에 원심판결에 영향을 미친 사유가 있으면 항소이유서를 제출하지 않았더라도 결정으로 항소를 기각할 것이 아니라 직권으로 심판해야 된다는 판례도 있다.[238]

(나) 판결에 영향을 미친 경우 법령위반뿐만 아니라 사실오인, 양형부당 등을 포함하며, 당사자가 항소심에서 별도로 주장했는지 여부를 불문하고, 제1심에서 판단이 누락된 부분에 대해서는 직권에 의한 판단이 필요하다.

예컨대 제1심이 실체적 경합범 관계에 있는 공소사실 중 일부에 대하여 재판을 누락한 경우에는 당사자의 주장이 없더라도 직권으로 제1심의 누락 부분을 파기하고 그 부분에 대하여 재판하여야 한다.[239] 다만 피고인만 항소한 경우에 누락 부분에 대해 파기하고 자판하는 경우라도 불이익변경금지의 원칙에 따라 무거운 형을 선고하는 것은 금지된다.[240]

(다) 직권조사사유와 구별 항소기각 결정의 제외사유인 '직권조사사유'란 항소제기가 적법한 이상 항소이유서 제출이나 항소이유서 포함 여부를 불문하고 반드시 심판하여야 할 사항을 의미한다. 이에 비하여 '직권심판'은 항소이유서는 제출하였으나 항소이유서에 포함되지 않은 것으로서 판결에 영향을 미친 사유를 심판대상으로 삼는 것을 말한다.[241]

---

236) 대판 1976. 3. 23. 76도437; 대판 1990. 9. 11. 90도1021.
237) 대판 1970. 12. 20. 70도2211; 대판 1978. 1. 10. 77도3376.
238) 대판 1968. 9. 2. 68도1028.
239) 대판 2005. 10. 7. 2004도8672; 대판 2009. 2. 12. 2008도7848; 대판 2013. 3. 14. 2011도7259.
240) 대판 2009. 2. 12. 2008도7848.
241) 대판 1976. 3. 23. 76도437; 대판 1998. 9. 22. 98도1234; 대판 2002. 2. 26. 2002도167; 대판

3. 공소장변경

항소심을 속심으로 보게 되면 항소심에서도 공소사실과 동일성이 인정되는 범위 내에서 공소장변경이 허용된다. 상고심에서 파기환송된 경우에 환송 후의 원심인 항소심에서도 공소장변경이 허용된다.[242]

사후심설을 취하는 입장에서도 항소심이 파기자판을 하는 경우에 한해 피고인의 실질적 이익을 해하지 않는 범위 내에서 제한적으로 공소장변경을 허용해야 한다는 제한적 허용설이 주장되기도 한다.
판례도 ① 현행 항소심의 구조가 사후심으로서의 성격만 가지는 것은 아니라는 점,[243] ② 제370조에 따라 제1심 공판절차에서 공소장변경에 관한 규정(제298조)이 항소심에도 준용된다는 점[244] 등을 근거로 긍정설의 입장을 취하고 있다.

(1) 원심파기 공소장변경 후 변경된 사실이 인정되는 경우, 항소심에서 자판하여 사실을 인정할 수 있고 이 경우에도 원심을 파기하는 것이 실무의 태도이다.

(2) 고소의 취소 등 항소심에서 공소장변경으로 비친고죄가 친고죄로 된 경우, 항소심에서 고소를 취소하더라도 친고죄에 대한 고소의 취소로서 효력은 없다.[245]

(3) 사건의 이송 공소장변경으로 단독판사의 관할사건이 합의부 관할사건이 된 경우 관할권 있는 법원으로 이송하여야 한다.[246]

4. 원심판결에 대한 판단 시점

항소심판결선고시점을 기준으로 판단한다. 원심판결의 당부를 어떤 시점에 판단하는가는 항소심의 구조에 따라 달라지는 문제로서, 사후심으로 보는 경우에는 원심인 제1심판결선고시를 기준으로 하지만, 속심으로 보게 되면 항소심판결선고시를 기준으로 하게 된다.

2007. 5. 31. 2006도8488; 대판 2014. 5. 29. 2011도11233.

242) 대판 2004. 7. 22. 2003도8153; 대판 2014. 8. 20. 2014도6472; 대판 2015. 2. 26. 2014도16495.

243) 대판 1968. 4. 16. 68도177; 대판 2001. 3. 9. 2001도192.

244) 대판 1963. 10. 22. 63도247; 대판 1967. 3. 7. 66도1749; 대판 1995. 2. 17. 94도3297 등.

245) 대판 1999. 4. 15. 96도1922 전합.

246) 대판 1997. 12. 12. 97도2463; 대판 2009. 11. 12. 2009도6946.

예컨대 소년인 피고인에 대해 상대적 부정기형을 선고하였으나 제1심 선고 후에 성년이 된 경우라면 항소심판결선고시에 부정기형을 선고할 수 없으므로 원심을 파기하고 정기형을 선고해야 한다.[247] 그러나 사후심인 상고심에서는 심리 도중에 성년이 되었더라도 부정기형을 선고한 항소심 판결을 파기할 수 없다.

제 5 항소심의 재판

Ⅰ. 개관

특별한 규정이 없는 한 제1심 재판에 관한 규정을 준용한다(제370조).

1. 제1회공판기일 전의 재판

공판개시 전 또는 변론을 거치지 아니하고 항소를 기각하거나 공소를 기각할 수 있는 경우로서, 부적법한 항소의 기각결정(제362조 제1항), 공소기각결정(제363조 제1항), 항소이유서 미제출에 의한 항소기각결정(제361조의4 제1항) 그리고 무변론 항소기각판결(제364조 제5항)이 있다.

항소기각이나 공소기각의 결정에 해당하는 사유를 공판개시 후에야 발견한 경우 또는 그 사유가 공판개시 이후에 비로소 발생한 경우에는 공판의 진행 도중 또는 변론종결 후에 지정된 판결선고기일에도 그 결정을 고지할 수 있다.

2. 변론종결에 따른 재판

항소법원은 적법한 제출기간 내에 제출된 항소이유서에 포함된 사유에 관하여 심판하는 것이 원칙이고, 항소이유서 제출기간 경과 후 추가하여 제출한 항소이유에 대하여는 판단할 필요가 없다. 다만 판결에 영향을 미친 사유로서 직권으로 심판할 경우는 예외로 한다(제364조 제1항, 제2항).

형을 선고하는 경우에 재판장은 피고인에게 상고할 기간과 상고할 법원을 고지하여야 한다(제370조, 제324조).

---

247) 대판 2009. 5. 28. 2009도2682, 2009전도7.

Ⅱ. 재판의 종류

1. 공소기각의 결정

원심판결의 선고 전에 제328조 제1항 각호에 해당하는 사유가 있었던 경우뿐만 아니라 선고 후에 그러한 사유가 발생한 경우에도 결정으로 공소를 기각하여야 한다(제363조 제1항). 공소기각사유가 이미 존재했으면 항소심 공판절차를 거치거나 원심판결을 파기할 필요 없이 바로 공소기각의 결정을 한다.

다만 제1심판결선고 후에 공소가 취소된 경우는 취소의 효력이 없으므로 본조가 적용되지 않고 따라서 공소기각의 결정을 할 수 없다.

공소기각의 결정에 대해서는 즉시항고가 가능하며(동조 제2항), 항고권자는 기각결정에 대해 항고의 이익이 있는 검사에 한한다.

2. 항소기각의 재판

(1) 항소기각의 결정

항소제기가 부적법한 경우 원심법원 또는 – 원심법원이 항소기각의 결정을 하지 않은 경우 – 항소법원이 결정으로 항소를 기각한다. 이 경우에 기판력은 항소기각결정 시점을 기준으로 한다.[248)]

구속된 피고인에 대해 항소기각의 결정을 하는 경우 미결구금일수는 본형에 산입하며, 항소기각의 결정에 대해서는 즉시항고를 할 수 있다(제360조 제2항, 제361조의4 제2항, 제362조 제2항).

항소의 제기가 법률상의 방식에 위반하거나 항소권소멸 후인 것이 명백한 경우 원심법원 또는 항소법원이 결정으로 항소를 기각하여야 한다(제360조 제1항, 제362조 제1항).

항소장에 양형부당이라는 문구만 있고 구체적인 이유 기재가 없으면 적법하다고 할 수 없으나 이 경우에도 '법률상의 방식에 위반한' 것으로 결정으로 항소를 기각해야 하며, 항소이유서 미제출을 이유로 항소를 기각해서는 안 된다.[249)]

항소이유서를 제출하지 않은 경우에도 – 직권조사사유나 항소장에 항소이

248) 대판 1993. 5. 25. 93도836.
249) 대판 2008. 1. 31. 2007도8117.

유의 기재가 있는 때가 아니면 — 결정으로 항소를 기각해야 한다(제361조의4 제1항). 항소인이 적법한 소송기록접수통지서를 받고서도 정당한 이유 없이 20일 이내에 항소이유서를 제출하지 않은 경우여야 한다. 피고인이 적법하게 소송기록접수통지서를 받지 못하였다면 항소이유서 제출기간이 지났다는 이유로 항소기각결정을 하는 것은 위법하다.[250]

(2) 항소기각의 판결

항소제기의 적법요건이 구비되어 심리가 종결되었으나 항소이유가 없다고 인정하는 경우에 원판결에 하자가 없어 원심을 유지한다는 판단을 말한다.

(가) **항소기각** '항소이유가 없다고 인정한 때', 즉 항소이유에 포함된 사유가 항소이유로 인정되지 않을 뿐만 아니라 직권심판(제364조 제2항)의 결과 판결에 영향을 미칠 사유가 없는 경우에는 판결로써 항소를 기각한다(제364조 제4항).[251] 검사와 변호인이 모두 항소한 경우에 일방의 상소만 이유가 있어 원판결을 파기하고 다시 판결하는 경우에 이유 없는 항소에 대해서는 판결이유에서 이유 없음을 기재하면 족하다.[252]

제1심 판결서의 경정이 필요한 경우에는 항소기각의 판결과 함께 재판서 경정결정을 주문에 기재하여야 한다.

(나) **무변론 항소기각** 항소가 이유 없음이 명백한 때에는 항소장, 항소이유서 기타의 소송기록에 의하여 변론 없이 항소기각의 판결을 선고할 수 있다(제364조 제5항). 실무상 이를 '무변론 항소기각'이라 부르는데, 여기서 변론이라 함은 사실심리, 증거조사 등을 말한다.

이 제도는 항소권의 남용을 억제하고 소송경제를 도모하기 위한 것으로서, 무변론항소기각을 인정한 것이 헌법위반이 아니라는 것이 대법원판례의 태도이다.[253] 예컨대 피고인이 법정형 가운데 가장 낮은 형을 선고받고도 양형부당을 이유로

---

250) 대결 2018. 3. 29. 2018모642.

251) 대판 2001. 4. 10. 2000도2049. 「피고인에 대한 이 사건 공소사실 중 변호사법위반의 점에 대하여 제1심에서 무죄가 선고되어 검사가 항소하였는데 원심판결은 그 이유에서는 검사의 항소가 이유 없다고 판단하면서도 주문에서는 항소기각의 선고를 하지 아니하였음을 알 수 있으므로, 원심판결에는 형사소송법 제364조 제4항을 위반한 위법이 있다.」; 대판 2006. 9. 14. 2004도6432; 대판 2007. 1. 11. 2006도7120.

252) 대판 2020. 6. 25. 2019도17995.

253) 대판 1972. 10. 31. 72도1864.

항소하거나, 집행유예기간을 도과시킬 목적으로 항소를 제기하거나 벌금형의 납부기간을 유예받기 위해 항소한 것이 명백한 경우 등이 여기에 해당한다.

무변론 항소기각판결도 반드시 공판정에서 선고하여야 하며 개정 자체를 생략할 수 있는 것은 아니므로, 피고인이 공판기일에 출석하였거나 2회 이상 계속 불출석한 때에 한해서만 가능하다. 피고인이 출석한 때에는 인정신문을 한 다음 무변론 항소기각판결을 선고한다.

(3) 구금일수 본형 산입

항소가 기각된 경우에도 항소제기 후의 구금일수는 모두 본형에 산입한다.

구 소송촉진법 제24조는 피고인 또는 피고인 아닌 자의 항소를 기각하는 경우에 타당한 이유 없이 항소를 한 것으로 인정될 때에는 구금일수 중 항소기간 만료일부터 항소이유서 제출 만료일까지의 일수는 이를 원심판결의 형에 산입하지 아니한다고 규정하였으나, 2012년 법률개정으로 삭제되었다.

(4) 상고

변론 유무를 불문하고 항소기각의 판결에 대해서는 **상고**할 수 있다(제371조). 항소기각의 결정의 경우에는 즉시항고를 할 수 있다.

3. 원심판결의 파기

(1) 파기사유

항소이유서에 포함된 이유가 인정되거나, 직권심판의 결과 판결에 영향을 미친 사유가 있음이 판명된 때에는 원심판결을 파기하고 다시 판결을 하여야 한다(제364조 제6항).[254] 항소심이 항소이유에 포함되지 아니한 사유를 직권으로 심리하여 제1심판결을 파기하고 자판한 때에는 항소이유의 당부에 대한 판단을 명시할 필요는 없다.[255]

---

254) 대판 1990. 9. 11. 90도1021.「피고인이 사실오인만을 이유로 항소한 이 사건에 있어서 항소심인 원심이 직권으로 양형부당을 이유로 피고인에 대한 제1심판결을 파기하고 제1심의 양형보다 가벼운 형을 정하였다 하여 거기에 항소심의 심판범위에 관한 법리오해의 위법이 있다고 할 수 없(다).」

255) 대판 2012. 9. 13. 2010도11338.

(2) 공통파기

피고인을 위하여 원심판결을 파기하는 경우 **파기의 이유가 항소한 공동피고인에게 공통되는 때**에는 그 공동피고인에게 대하여도 원심판결을 파기하여야 한다(제364조의2).

예컨대 제1심에서 공동피고인이 피고인 및 공소외 1 등과 공모하여 금품을 수수하였다는 내용에 관하여 범죄의 증명이 없다는 이유로 일부 무죄를 선고하여 그 부분의 판결이 확정되었는데, 제1심이 공소사실과 금품수수의 일시, 장소, 제공자, 수령자 등이 동일한 피고인에 대해서만 유죄를 인정하여 항소가 제기되었다면, 항소심은 제1심판결을 파기하고 무죄를 선고하여야 한다.[256)]

(가) '피고인을 위하여' 원심을 파기하는 경우 피고인이 항소한 경우나 피고인의 항소이유서에 포함된 사유임을 요하지 않으며, '피고인을 위하여' 원심판결을 파기한 경우 모두에 적용된다.

예컨대 검사가 항소하여 항소가 이유 있다고 인정하여 피고인에게 중한 형이 선고된 경우에는 적용되지 않지만, 검사와 피고인이 모두 항소하였으나 피고인의 항소가 이유 있다고 인정하여 원심판결을 파기하고 피고인에게 유리하게 자판하는 경우에는 공통파기가 적용된다.

(나) 공동피고인의 항소 공동피고인이었던 자가 **적법하게 항소한 경우**에 한한다. 피고인이 항소하지 않더라도 검사의 항소제기로 피고사건이 항소심에 계속된 경우도 여기에 포함된다. 피고인의 항소사건과 공동피고인의 사건이 병합심리될 필요도 없다. 다만 판례는 공동피고인 상호 간의 재판의 공평을 도모하려는 취지를 고려하여 공동피고인 사이에서 파기의 이유가 공통되는 해당 범죄사실이 동일한 소송절차에서 병합심리된 경우에만 적용된다고 보고 있다.[257)]

공동피고인의 항소가 적법할 것을 요하므로 항소권이 소멸한 후에 항소를 제기한 때에는 적용되지 않지만, 항소제기가 적법한 이상 공동피고인이 항소이유서를 제출하지 아니하거나 제출기간이 지난 후에 제출한 경우 그리고 항소이유에 기재된 항소이유가 법률이 정한 항소이유에 포함되지 아니한 경우라도 공동파기가 가능하다.[258)] 피고인과 검사가 모두 항소하고 검사가 공동피고인에 대한 판결에

---

256) 대판 2003. 2. 26. 2002도6834.
257) 대판 2019. 8. 29. 2018도14303 전합.
258) 대판 2014. 2. 13. 2013도9605.

대해 항소한 경우도 포함한다.

㈐ **파기이유의 공통** 파기이유가 피고인과 공동피고인에게 공통되면 족하므로 공소사실이 공통된 사유(공범, 포괄일죄, 상상적 경합 등)인지를 불문하며[259] 소송조건이 공통된 경우도 포함된다.

4. 파기후의 조치

원심판결의 파기로 원심판결 전의 상태로 항소심에 계속되어 있으므로 항소심의 소송계속을 벗어나기 위한 별도의 조치가 필요하다. 여기에는 파기자판, 파기환송, 파기이송이 있다.

(1) 파기자판 원칙

원심판결을 파기하는 경우에 원칙적으로 직접 다시 판결을 하여야 한다(제364조 제6항). 항소심의 속심적 성격을 반영한 것이다.

㈎ **판단방식** 원심법원이 기초로 한 사실뿐만 아니라 원심판결 선고 후에 발생한 사실도 판단자료가 되며, 구두변론의 방식에 의한다.[260]

> 검사가 공판정에서 구두변론을 통해 항소이유를 주장하지 않았고 피고인도 그에 대한 적절한 방어권을 행사하지 못하는 등 검사의 항소이유가 실질적으로 구두변론을 거쳐 심리되지 않았다고 평가될 경우, 항소심법원이 검사의 항소이유 주장을 받아들여 피고인에게 불리하게 제1심판결을 변경하는 것은 허용되지 않는다.[261]

제1심의 소송절차가 위법했던 경우, 예컨대 제1심이 위법한 공시송달로 피고인을 소환한 후 피고인의 출석 없이 재판을 하였다면, 항소심은 파기 후 공소

---

259) 대판 2016. 6. 23. 2016도3540 (해군참모총장이 자신이 주주로 있는 아들 회사에 후원하게 한 것이 제3자뇌물제공이 아닌 뇌물수수죄에는 해당하지 않는다는 판단이 뇌물방조로 기소된 공동피고인에 대해서도 파기이유가 공통된다고 본 사안).

260) 대판 1994. 10. 21. 94도2078.

261) 대판 2015. 12. 10. 2015도11696 (경합범 가운데 강간 부분은 유죄, 마약류관리에 관한 법률 위반(향정) 부분은 무죄로 판단한 제1심판결 전부에 대하여 검사가 항소하면서 항소장에는 강간 부분에 대해서 양형부당의 이유를 기재하였으나, 항소이유서에서는 마약류관리에 관한 법률 위반(향정) 부분에 대한 사실오인 및 법리오해 주장만을 하였고, 변론기일에도 검사가 항소장에 기재된 양형부당 주장에 관하여는 아무런 진술도 하지 않았으며, 피고인 측도 검사의 사실오인 및 법리오해 주장에 대해서만 다투었을 뿐 검사의 양형부당 주장에는 아무런 반박도 하지 않았으나, 피고인에게 중형을 선고한 사안: 위법).

장부본송달부터 소송행위를 새로 해야 한다.[262]

(나) **필요적 변호사건의 경우** 원심에서 변호인 없이 절차가 진행되었다면, 위법한 공판절차에서 이루어진 증거조사와 피고인신문 등 일체의 소송행위는 모두 무효이므로, 항소심은 변호인이 있는 상태에서 소송행위를 새로 한 다음 위법한 제1심판결을 파기하고 항소심에서의 증거조사 및 진술 등 심리 결과에 기하여 다시 판결하여야 한다.[263]

(다) **판단(자판)의 종류** 파기자판으로 선고하는 판결의 종류는 유·무죄의 실체판결, 공소기각이나 면소 등의 형식재판이다. 다만 관할위반인 경우에는 파기자판이 아니라 파기이송의 형식에 의한다(제367조).

1) **구속영장의 실효** 무죄, 면소, 형의 면제, 형의 선고유예, 형의 집행유예, 공소기각 또는 벌금이나 과료를 과하는 판결이 선고된 때에는 구속영장은 실효된다(제370조, 제331조).

2) **불이익변경금지** 피고인을 위하여 항소한 경우 형을 선고하는 경우에는 불이익변경금지의 원칙이 적용된다.

항소심이 확정판결 전후의 범죄에 대하여 2개의 주문을 선고한 제1심판결의 양형이 과중하다고 인정하여 제1심판결을 파기하면서 제1심과 동일한 형을 선고한 것은 위법하다.[264] 그러나 검사만 양형부당을 이유로 항소한 사안에서 법원이 직권으로 양형이 중하다고 판단하여 제1심보다 경한 형을 선고하는 것은 가능하다.[265]

(2) 파기환송

원심법원이 행한 공소기각 또는 관할위반의 재판이 법률에 위반됨을 이유로 파기하는 경우에는 사건을 원심법원으로 돌려보내 다시 심판하게 하여야 한다(제366조).

제1심이 공소기각의 판결을 할 사유 없이 공소를 기각하거나 관할권이 있음에도 관할위반을 선고한 경우 실체에 관하여 심리가 행해지지 않았기 때문에 예외적으로 사건을 돌려보내 실체심리를 하도록 한 것이다.

---

262) 대판 2014. 10. 27. 2014도11273.
263) 대판 2011. 9. 8. 2011도6325.
264) 대판 2009. 4. 9. 2008도11718.
265) 대판 2010. 12. 9. 2008도1092.

(가) **환송사건을 자판한 경우** 환송사유가 있음에도 파기환송을 하지 않고 항소법원이 본안을 심리한 때에는 당사자가 심급의 이익을 상실하게 되므로 위법하다.[266] 예컨대 위법한 함정수사에 해당하지 않음에도 공소기각 판결을 선고한 원심을 항소심에서 파기자판하면 위법하다.[267]

(나) **환송받은 법원의 조치** 파기판결로 제1심판결이 이미 효력을 상실했으므로 원심법원은 제1심 공판절차에 따라 사건을 다시 심판하여야 한다. 환송 전의 제1심과 별개이므로 모든 절차를 처음부터 다시 시작하며, 제1심으로서 공소장변경도 가능하다.

제1심법원으로서 심리하는 것이므로 환송받은 법원의 공판절차에서 친고죄의 고소의 취소나 반의사불벌죄의 처벌불원의사를 표시하면 소송조건의 결여를 이유로 판결로서 공소를 기각해야 한다.[268]

법령이나 사실관계에 변경이 없는 한 다시 공소기각이나 관할위반의 판결을 선고할 수는 없다(파기판결의 구속력).

(3) 파기이송

관할인정이 법률에 위반됨을 이유로 원심판결을 파기하는 때에는 판결로써 사건을 관할법원에 이송하여야 한다(제367조 본문).

원심법원이 사건에 관하여 관할권이 없음에도 실체판결을 한 경우 항소심에서 이를 파기하여 관할을 위반한 원심법원으로 환송하게 되면 결국 원심법원은 다시 관할위반의 선고를 한 다음 관할권 있는 법원에 공소를 제기해야 하는 절차의 지연이 있어 이를 피하기 위한 것이다.

이송판결이 확정된 후의 조치는 파기환송의 경우와 동일하다. 항소법원이 그 사건의 제1심 관할권이 있는 때에는 제1심으로서 심판하여야 한다(동조 단서).

항소법원이 동일한 사물관할을 가지더라도 본래 관할권 있는 법원으로 이송하는 것이 원칙이지만, 사물관할이 동일하다는 점을 고려하여 직접 심판할 수 있도록 한 것이다.

---

266) 대판 1994. 5. 13. 93도3358; 대판 1998. 5. 8. 98도631; 대판 2012. 9. 13. 2012도3166; 대판 2013. 10. 11. 2013도2198 등.

267) 대판 2020. 1. 30. 2019도15987.

268) 대판 2011. 8. 25. 2009도9112.

(4) 파기환송 또는 파기이송에 따른 조치

(가) 소송기록 등의 송부 및 검찰청 통지 항소법원은 판결확정일로부터 7일 이내에 소송기록과 증거물을 환송 또는 이송받을 법원에 송부하고, 항소법원에 대응하는 검찰청 검사에게 그 사실을 통지하여야 하며(규칙 제157조 제1호), 송부를 받은 법원은 지체 없이 그 법원에 대응한 검찰청 검사에게 그 사실을 통지하여야 한다(동조 제2호).

(나) 구속피고인의 이감 피고인이 교도소 또는 구치소에 있는 경우에는 항소법원에 대응한 검찰청 검사는 제1호의 통지를 받은 날로부터 10일 이내에 피고인을 환송 또는 이송받을 법원소재지의 교도소나 구치소에 이감한다(동조 제3호).

(5) 변호인선임의 효력

원심법원에서 변호인을 선임한 때에는 파기판결로 인한 환송 또는 이송이 있은 후에도 효력이 있다(규칙 제158조).

Ⅲ. 재판서의 기재방식

1. 일반적 기재사항

재판서의 일반적 기재방식(제38조)에 의한다(제370조). 유죄판결의 경우 판결이유에 범죄될 사실, 증거요지, 법령의 적용, 소송관계인의 주장에 대한 판단을 명시하여야 한다(제323조).

범죄사실을 증명하는 증거요지를 누락시키거나[269] 제1심판결의 증거의 요지를 그대로 인용한 경우[270]에는 상고이유가 된다.

2. 항소이유에 대한 판단

항소법원의 재판서의 특징은 항소인용 여부를 불문하고 항소이유를 판단해야 한다는 점이다(제369조). 항소법원의 의무이므로 위반시 심리미진의 위법으로 상고이유가 된다(제383조 제1호).

따라서 항소이유가 여러 개인 경우 항소이유 전부에 대해 판단해야 하고, 검사와

---

269) 대판 1987. 2. 24. 86도2660; 대판 1988. 3. 8. 87도2646.

270) 대판 1980. 11. 11. 80도927; 대판 2000. 3. 10. 99도5312.

피고인 쌍방이 항소한 경우 각각의 항소이유에 대해 판단해야 한다.

(1) 항소기각의 경우

실체재판이 아니므로 유죄판결에 명시할 이유 등을 명시할 필요 없이 항소이유에 대한 판단으로 족하다.[271]

(2) 항소인용의 경우

㈎ **파기자판의 경우** 항소이유에 대해 판단해야 함은 물론이나, 항소이유 가운데 일부를 파기하는 경우에는 나머지 항소이유에 대해서는 판단을 할 필요가 없다.[272] 직권심리로 원심을 파기한 때에도 항소이유에 대한 판단을 따로 설시하지 않았다 하더라도 위법하지 않다.[273]

㈏ **유죄판결의 경우** 원심을 파기하고 자판하여 유죄판결을 선고할 경우에는 범죄될 사실과 증거요지 그리고 적용법령을 기재해야 하나(제370조, 제323조 제1항), 원심판결의 사실과 증거요지를 인용할 수 있다(제369조 후단).

다만 법령적용에 대해서는 제369조 후단에 따른 원심판결의 인용이 명시되지 않으므로 인용할 수 없고 따라서 직접 기재하여야 한다.[274]

Ⅳ. 기판력의 시간적 범위

기판력은 사실심리가 가능한 최후의 시점인 판결선고시까지 미치므로, 항소심의 경우에도 사실심이라는 성격을 고려하면 **항소심판결선고시점까**지 그 효력이 미친다.[275] 항소심에서 파기자판하는 경우뿐만 아니라 항소기각의 재판을 하는 경우도 동일하다.[276]

---

271) 대판 1966. 2. 15. 65도1030; 대판 1982. 12. 28. 82도2642, 82감도557; 대판 1992. 7. 28. 92도371; 대판 2002. 7. 12. 2002도2134.

272) 대판 1981. 7. 7. 80도2897; 대판 1988. 8. 9. 87도82; 대판 1989. 6. 13. 88도1983; 대판 2011. 6. 24. 2011도5690.

273) 대판 2008. 7. 24. 2007도6721 (검사의 공소장변경으로 심판대상이 변경되어 직권으로 제1심판결을 전부 파기하고 다시 판결한 사안).

274) 대판 2000. 6. 23. 2000도1660.

275) 대판 1983. 4. 26. 82도2829, 82감도612 (포괄적 일죄인 상습특수절도의 경우 항소심판결선고 전에 원심판결선고 후 저지른 절도가 드러난 경우 항소심판결의 확정에 따른 기판력은 후자의 절도에 대해서도 미친다고 판단한 사안).

276) 대판 1993. 5. 25. 93도836.

제 3 절 상고

제 1 상고심의 의의 및 구조

Ⅰ. 상고의 의의

상고란 제2심판결에 불복하여 대법원에 상소하는 것을 말한다. 원칙적으로 제2심판결에 대한 불복이나(제371조), 일정한 경우에는 제1심판결에 대한 상고도 허용된다(비약적 상고, 제372조). 상고심은 3심제하에서 최후의 심급(최종심)으로서 법률심과 사후심의 성격을 지닌다.

모든 사건을 하나뿐인 대법원이 관할하므로 대법원의 업무부담을 고려하여 그 규모와 내용을 결정하게 되고, 상고심의 구조는 항소심의 구조에 따라 달라지는 제약을 받게 된다.

Ⅱ. 상고심의 구조

1. 법률심

하급법원이 사실관계를 확정하면서 실체법규를 올바로 적용하였는지, 하급법원의 소송절차가 법령이 요구하는 바에 따라 적정하게 이루어졌는지를 심사하는 것을 주된 기능으로 한다(법률심). 상고심은 「적법절차의 최후의 감시자」이다.

그 근거로 법령위반을 주된 상고이유(제383조 제1호)로 하는 점, 상고심의 명령·규칙심사권(헌법 제107조 제2항), 상고심 판결의 구속력(법원조직법 제8조) 등을 들 수 있다.

상고심은 **예외적 사실심**으로서의 성격도 가지고 있다. 무거운 형이 선고된 사건에서 중대한 사실오인이나 현저한 양형부당을 이유로 상고할 수 있고(제383조 제4호), 예외적으로 파기자판을 허용하고 있는 것(제396조 제1항)이 이러한 성격을 반영한 것이라고 할 수 있다.

2. 사후심

(1) 사후심적 구조

상고심은 항소심과의 기능중복을 피하고 대법원의 부담을 줄이기 위해 상

고이유의 범위 내에서 원심까지의 소송자료만을 기초로 삼아 원심판결의 당부만을 심사한다.[277]

그 근거로 상고이유를 원칙적으로 법령위반으로 엄격히 제한하고(제383조), 파기환송 또는 파기이송을 원칙으로 하며(제397조), 변론 없이 서면심리에 의한 판결(제390조 제1항)이 가능한 점 등을 들 수 있다.[278]

직권조사 기타 법령에 정한 경우를 제외하고는 새로운 증거조사를 할 수 없을 뿐만 아니라, 원심판결 후에 나타난 사실이나 증거에 대해서는 비록 그것이 상고이유서 등에 첨부되어 있다 하더라도 사용할 수 없는 것이 원칙이고,[279] 공소장변경도 허용되지 않으며, 원심판결의 사실인정이나 법령적용의 당부를 판단하는 기준시점도 원심판결선고시이다.[280]

상고심은 항소법원 판결에 대한 사후심이므로 항소심에서 심판대상이 되지 아니한 사항은 상고심의 심판범위에 속하지 아니하고, 피고인이 항소심에서 항소이유로 주장하지 아니하거나 항소심이 직권으로 심판대상으로 삼은 사항 이외의 사유에 대하여는 이를 상고이유로 삼을 수 없다.[281]

(2) 예외적 속심

상고이유로 판결후 형의 폐지나 변경 또는 사면이 있는 때(제383조 제2호), 재심청구의 사유가 있는 때(제383조 제3호)를 규정한 것은 원심판결 이후에 발생한 사실이나 증거도 예외적으로 판단대상으로 할 수 있음을 명시한 것이다.

---

277) 대판 2021. 3. 11. 2020도12583.

278) 대판 2019. 3. 21. 2017도16593-1(분리) 전합 참조.

279) 대판 2010. 10. 14. 2009도4894.

280) 대판 2007. 1. 12. 2006도5696.

281) 대판 2018. 1. 25. 2017도13628 (가습기를 제조의뢰하여 자체 상표로 판매한 AW사업본부 임직원들이 업무상 주의의무를 다하지 않았다는 원심법원의 판단에 대하여 원심에서 주장하지 않았던 객관적 귀속과 관련하여 상고를 한 사안).

제 2 상고이유

Ⅰ. 상고이유의 제한

1. 상고이유의 축소

현행법은 법률심으로서의 상고심의 성격을 반영하여 사실오인이나 양형부당은 원칙적으로 상고이유에서 제외하고, 법령위반을 원칙적인 상고이유로 하고 있으나, 이 경우에도 '판결에 영향을 미친 경우'로 제한하고 있다. 1961년 종래의 복심제를 폐지하면서 폭넓은 상고이유(16개)를 삭제하고 네 가지로 축소하였다.[282)]

2. 항소이유에 의한 상고 제한

현행법은 상고이유 자체를 제한하고 있을 뿐만 아니라 실무도 그 운용에 있어서 제한적인 태도를 취하여, 항소가 기각된 이후 항소이유로 주장하지 아니하거나 항소심에서 직권심판대상으로 삼은 사항 이외의 사유는 상고이유로 할 수 없도록 하고 있다(「상소의 이익」 설명 부분 참조).[283)]

> 상고심이 항소심에 대한 사후심이므로 항소심에서 심판대상이 되지 않은 것은 상고심에서도 심판범위에 들지 않기 때문이라거나[284)] 사실오인이나 법령위반과 같은 상대적 항소이유에 대해 항소심 법원의 판단을 거치지 않고 상고심의 판단대상으로 삼는 것은 상고심의 기능을 저해하는 것이라는 점을 고려한 결과라고 한다. 2014년 개정법률에 따라 이 경우에는 제380조 제2항에 따라 결정으로 상고기각을 하게 된다.

대법원은 최근 전원합의체 판결[285)]을 통해 '상고이유 제한 법리'를 재확인

---

282) 어떤 사유를 상고이유로 하는지는 입법정책의 문제이다(대판 2003. 2. 20. 2001도6138 전합).

283) 대판 1987. 12. 8. 87도1561. 이래 판례의 일관된 입장이며, 최근에도 이 점을 확인하였다. 대판 2021. 3. 11. 2020도12583.

284) 대판 2011. 11. 10. 2011도9919; 대판 2015. 9. 10. 2014도12619; 대판 2018. 1. 25. 2017도13628; 대판 2018. 7. 26. 2015도1379; 대판 2019. 3. 21. 2017도16593-1 전합.

285) 대판 2019. 3. 21. 2017도16593-1 전합. 「상고심은 항소심판결에 대한 사후심으로서 항소심에서 심판대상으로 되었던 사항에 한하여 상고이유의 범위 내에서 그 당부만을 심사하여야 하므로, 항소인이 항소이유로 주장하거나 항소심이 직권으로 심판대상으로 삼아 판단한 사항 이외의 사유는 상고이유로 삼을 수 없고 이를 다시 상고심의 심판범위에 포함시키는 것은 상고심의 사후심 구조에 반한다. 이러한 점에서 이른바 '상고이유 제한에 관한 법리'는 형사소송법

하였는데, 별개의견, 보충의견을 통해 그 쟁점이 드러난 바 있다.

다수의견은 항소인이 항소이유로 주장하거나 항소심이 직권으로 심판대상으로 삼아 판단한 사항 이외의 사유는 상고이유로 삼을 수 없다는 상고이유 제한 법리는 형사소송법이 상고심을 사후심으로 규정한 데에 따른 귀결이라는 입장이다. 반면, 피고인이 항소하지 않거나 양형부당만을 이유로 소극적으로 항소하고 검사는 양형부당만을 이유로 항소하였는데, 항소심이 검사의 항소를 받아들임으로써 제1심판결을 파기하고 그보다 높은 형을 선고한 경우에는 피고인이 항소 여부 등을 판단할 때 기초가 된 사정에 중대한 변경이 생긴 것이므로 사실오인, 법령위반 등 사유를 상고이유로 삼아 상고할 수 있다는 **별개의견**과 현행법상 상고이유 제한 법리의 근거규정이 없으므로 항소심에서 심판대상이 된 사항인지 여부와 관계없이 제383조에서 규정하는 법령위반 등에 관한 상고이유 주장은 언제나 적법한 상고이유가 된다는 **별개의견**이 제시되었다.

다만 상고이유의 제한에도 불구하고 항소이유로 주장하지 않은 사실오인이나 법리오해의 위법을 상고이유로 주장하는 것은 직권심판을 촉구하는 의미를 가질 수 있을 것이다.[286)]

Ⅱ. 개별 상고이유

제383조 제1호 내지 제3호는 항소이유와 동일하고, 제4호는 사실오인과 양형부당을 중한 형이 선고된 사건에 대해서만 제한하고 있는 점에 특징이 있다.

1. 판결에 영향을 미친 법령위반

판결내용이나 소송절차가 헌법·법률·명령·규칙에 위반하거나 그러한 법령의 해석에 착오가 있는 경우를 말한다(제1호).

항소이유와 중복해서 법령위반을 상고이유로도 규정한 것은 대법원으로 하여금 법령해석의 통일을 기하게 하기 위한 것이며(헌법 제107조 제2항(명령규칙 심사권) 참조), 항소이유의 경우와는 달리 상대적 상고이유('판결에 영향을 미친 때')로만 규정하고 있다. 다만 법령적용이나 법령해석의 착오는 당사자가 주장하지 않더라도 법원이 직권으로 조사해야 할 사유에 해당한다.[287)]

이 상고심을 사후심으로 규정한 데에 따른 귀결이라고 할 수 있다.」

286) 대판 2007. 7. 26. 2007도3596; 대판 2010. 1. 28. 2009도11407; 대판 2014. 10. 30. 2014도6827; 대판 2017. 4. 26. 2017도1799.

287) 대결 2003. 5. 16. 2002모338; 대판 2011. 3. 24. 2009도7230.

(1) 판결내용의 법령위반 판결의 주문과 이유를 말하며, 주로 실체형벌법규의 적용이 문제가 되지만, 죄수에 관한 법리에 위반한 경우도 포함한다.[288] 그러나 양형사유에 관하여 필요한 심리를 다하지 아니한 위법이 있다는 취지의 주장은 결국 양형부당 주장에 해당하므로 후술하는 바와 같이 무거운 형이 선고된 사건에 대해서만 상고가 허용된다.[289]

(2) 소송절차의 법령위반 원칙적으로 효력규정 내지 강행규정만을 의미한다.[290] 소송계속 이전의 절차에 관한 규정위반은 소송절차상 위법으로 이어진 경우에만 상고이유로 된다.

따라서 소송계속 이전의 수사절차, 공소제기절차 등에 위법이 있더라도 그것이 소송계속 이후에 절차위법으로 연결되지 않는 한 독립한 상고이유가 되지 않는다.[291]

(3) 법령위반의 판단 판결내용 위반과 소송절차 위반은 당해 법령위반이 판결에 영향을 미쳤는지 여부를 판단함에 있어서 그 의미내용이나 판단기준이 다를 수 있다(항소이유와 동일).

판례에 따르면, 판결내용 자체가 아니라 소송절차가 법령에 위반되었음에 지나지 아니한 경우에는, 그로 인하여 피고인의 방어권, 변호인의 변호권이 본질적으로 침해되고 판결의 정당성마저 인정하기 어렵다고 보여지는 정도에 이르지 아니하는 한, 그것 자체만으로는 판결에 영향을 미친 위법이라고 할 수 없다.[292]

---

288) 대판 2007. 7. 12. 2007도2191; 대판 2015. 10. 29. 2015도12838; 대판 2016. 1. 14. 2013도8118; 대판 2017. 5. 30. 2016도21713; 대판 2017. 9. 7. 2017도9689; 대판 2021. 1. 14. 2020도10979; 대판 2021. 9. 9. 2021도2030.

289) 대판 2015. 9. 10. 2015도8119.

290) 대판 2017. 6. 29. 2016도18194 (관할권이 없음에도 심판한 경우: 판결에 영향을 미친 위법); 대판 2016. 4. 29. 2016도2210 (피고인의 불출석이 2회 이상 계속되지 않았음에도 불구하고 공판기일을 개정한 사안: 판결에 영향을 미친 위법).

291) 대판 2005. 10. 14. 2005도6333; 대판 2021. 7. 29. 2020도14654.

292) 대판 1985. 7. 23. 85도1003 (감정유치가 구속기간연장의 수단으로 변칙 운영되었고 변론종결 후 재개된 기일에 피고인에 대한 적법한 기일통지 없이 공개법정이 아닌 병원에서 공판절차를 진행하고 판결을 선고하였으나 피고인과 변호인들이 출석하여 진술과 변론을 한 사안); 대판 2019. 2. 28. 2018도19034 (피고인의 신병확보를 위한 구속을 하면서 사전청문절차를 거치지 않았으나 그 후 구속취소결정을 하고 새로 적법하게 구속영장을 발부받아 피고인을 구속한 사안); 대판 2021. 4. 29. 2020도16438 (피의자에 대한 구속영장의 제시와 집행이 그 발부 시로부터 정당한 사유 없이 시간이 지체되어 이루어졌으나 구속영장의 유효기간 내에 집행된 사안).

법령위반 여부는 원심판결 당시를 기준으로 판단하며,[293] 원심판결이 제1심판결의 흠을 간과하였고 그 점이 법령위반에 해당하는 경우도 포함한다.

예컨대 항소이유서에 기재되지 않고 항소심에서 판단대상으로 삼지 않은 사항인 경우라도 제361조의4 단서에 따른 직권조사사유에 해당하면 법령위반으로 상고가 가능하다(임의적 직권조사대상의 경우는 제외).[294]

(4) 법령해석의 착오 원심판결이 오인한 사실을 전제로 하여 그에 대한 법령의 적용을 잘못한 경우를 의미한다.[295]

2. 판결 후 형의 폐지나 변경 또는 사면

항소심의 경우처럼, 원심판결 후 형의 폐지 등이 있는 경우에 판결이 확정되지 않았다면 피고인의 이익을 위해 절대적 상고이유로 규정하고 있다(제2호). '원심판결 후'에 법령의 개폐로 인하여 형이 폐지, 변경되거나 사면이 행해진 경우에 한한다.

원심판결 전에 이미 법령이 개폐되어 범죄에 대한 형이 폐지, 변경되었거나 사면이 행해진 경우에는 원심판결이 법령적용을 위반한 경우에 해당하게 된다. 한편 법령의 개폐 없이 단지 형의 감면사유가 되는 사실이 발생한 데 불과한 경우에는 여기에 해당하지 않는다.[296]

3. 재심청구의 사유가 있는 때

원심판결에 재심청구의 사유가 있으면 원심의 유죄판결에 대한 사실인정이 명백히 오류임을 의미하므로 이를 시정하기 위해서 상고이유로 규정하고 있다(제3호).

재심청구사유가 있으면 재심을 통해 구제를 받는 것이 원칙이지만, 소송경제나 정의의 관념을 고려하여 확정판결 이전에 구제를 도모하기 위해 상고이유로 규정한 것이다.

---

293) 대판 2007. 1. 12. 2006도5696.
294) 대결 1973. 11. 6. 73모70.
295) 대판 1981. 9. 22. 81도2111.
296) 대판 2007. 1. 12. 2006도5696.

(1) 피고인의 이익을 위한 상고

항소심의 경우와 마찬가지로 피고인의 이익을 위해서만 상고이유로 주장할 수 있다(항소이유 설명 부분 참조). 검사가 재심청구사유가 있음을 이유로 피고인에게 불이익한 상고를 할 수 없다.

(2) 재심청구사유

재심청구사유에는 제한이 없다. 예컨대 피고인이 항소심에서 유죄판결을 받은 뒤 피고인 이외의 자가 진범으로 다시 기소된 경우[297]나 피고인이 항소심에서 조세포탈죄로 유죄판결을 받은 뒤 과세처분을 취소하는 행정소송판결이 확정된 경우[298] 등을 들 수 있다. 헌법재판소의 위헌결정으로 형벌에 관한 법률 또는 법률의 조항이 소급하여 무효로 된 경우도 포함되며,[299] 소송촉진법 제23조에 따른 상고권회복에 의한 상고를 제기한 경우도 제383조 제3호에서 상고이유로 정한 '재심청구의 사유가 있는 때'에 해당한다.[300]

4. 사실오인이나 양형부당의 예외적 인정

사실오인과 양형부당을 예외적인 상고이유로 인정하여, 무거운 형이 선고된 사건에서 피고인의 실질적 구제를 도모하려는 취지를 반영한 것이다(제4호).

(1) 무거운 형이 선고된 사건

사형, 무기 또는 10년 이상의 징역이나 금고가 선고된 사건에 국한된다.[301]

---

297) 대판 1990. 10. 26. 90도1753.

298) 대판 1985. 10. 22. 83도2933.

299) 대판 2005. 4. 15. 2003도2960.

300) 대판 2017. 6. 8. 2017도3606 (제1심법원이 소송촉진법 제23조에 따라 공시송달의 방법으로 공소장부본과 소환장 등을 송달하고 피고인이 불출석한 상태에서 심리를 진행하여 피고인에게 징역 10개월을 선고한 후, 검사가 양형부당을 이유로 항소하자 항소심도 공시송달의 방법으로 소환장 등을 송달하고 제365조에 따라 피고인이 불출석한 상태에서 심리를 진행한 후 검사의 항소를 기각하여 제1심판결이 확정되었으나, 피고인은 공소장부본 등을 송달받지 못해 공소가 제기된 사실조차 모르고 있다가 판결선고 사실을 알게 되자 상소권회복청구를 하였고, 법원은 피고인이 상고기간 내에 상고하지 못한 것은 책임을 질 수 없는 사유로 인한 것이라고 판단하여 상고권회복결정을 한 사안). 대판 2015. 6. 25. 2014도17252 전합 등 참조.

301) 헌법재판소는 한정된 사법자원을 효율적으로 분배하고 상고심 재판의 법률심 기능을 제고할 필요성, 제1심과 제2심에서 사실오인이나 양형부당을 다툴 충분한 기회가 부여되어 있다는 점 등을 감안할 때, 사실오인이나 양형부당으로 인한 경우를 무거운 형이 선고된 형에 제한함으로 인해 당사자가 입게 되는 불이익과 이로써 달성하고자 하는 공익을 법익형량함에 있어 현

대법원은 사실심 법관의 형의 양정에 관한 현저한 개인차를 줄이고 상고에 의하여 양형의 기준을 일반화하여 형의 불균형을 해소한다는 점이 양형부당을 예외적인 상고이유로 허용하는 취지라고 한다.[302)]

경합범(사후적 경합범 포함)의 경우 형의 합산이 10년 이상이면 상고할 수 있다.[303)] 정상 참작에 관한 심리미진이 인정되는 경우라도 무거운 형을 선고한 경우가 아니면 제외된다.[304)]

(2) 피고인이 상고하는 경우

중한 형의 선고를 전제로 한다는 점에서 피고인이 상고하는 경우에만 적용된다. 검사는 중형이 선고된 사건에 대해 형이 지나치게 가볍다는 이유로 상고할 수 없다.[305)] 경합범의 경우 일부에 대해서는 중한 죄가, 다른 일부에 대해서는 무죄나 형식재판이 선고된 때에도 검사가 후자에 대해 중대한 사실오인을 이유로 상고할 수 없다.

(3) 판결에 영향을 미친 중대한 사실오인

법령적용을 그르칠 만큼 사실관계를 잘못 인정하고 그로 인해 범죄성립 여부에 영향을 미쳤다고 상고법원이 확인한 경우나 그런 의심을 하기에 족한 현저한 사유가 있는 경우를 말한다.

판례도 범행의 인정 여부와 관계없는 범행시기에 관한 단순한 착오[306)]나 양형에 관한 사실오인[307)]은 여기에 해당하지 않는다고 판시하고 있다. 종래에는 일부 판결에서 '채증법칙 위반으로 인한 사실오인'이라는 표현을 사용하여, 소송관계인들에게 마치 대법원이 사실오인 주장을 적법한 상고이유로 취급하는 듯한 오해를 불러일으켰고, 상고이유에서 주장하는 '채증법칙 위반'이 실질적으로 제383조 제1호의 '법령 위반'에 해당하는지 여부를 엄격하게 심사하지 않음으로써 대법원이

저히 합리성을 결하였다고 할 수도 없으므로 제383조 제4호가 합헌이라고 판단한 바 있다(헌재 2012. 5. 31. 2010헌바90 등).

302) 대판 1983. 3. 8. 82도3248.

303) 대판 2010. 1. 28. 2009도13411.

304) 대판 2001. 12. 27. 2001도5304; 대판 2012. 6. 28. 2012도2628; 대판 2021. 1. 21. 2018도5475 전합; 대판 2021. 9. 30. 2021도5777.

305) 대판 1962. 4. 18. 62도48; 대판 2010. 12. 31. 2010도17829; 대판 2014. 2. 13. 2013도14914; 대판 2016. 9. 28. 2016도10089.

306) 대판 1990. 4. 10. 90도337.

307) 대판 1988. 1. 19. 87도1410.

단순한 사실오인의 문제에까지 개입한다는 지적이 있었으나, 2008년 대법원은 원심의 구체적인 논리법칙 위반이나 경험법칙 위반의 점 등을 지적하지 아니한 채 단지 원심의 증거취사와 사실인정만을 다투는 것은, 특별한 사정이 없는 한 사실오인의 주장에 불과하다고 판시함으로써 채증법칙 위반을 엄격하게 해석하는 쪽으로 방향을 전환하였다.[308]

단순한 증거의 취사선택이나 사실인정을 다투는 경우는 제외되지만,[309] 충분한 증명력이 있는 증거를 합리적 이유 없이 배척하거나 반대로 객관적인 사실에 명백히 반하는 증거를 근거 없이 채택·사용하는 것은 자유심증주의의 한계를 벗어나므로 상고이유에 해당한다.[310]

(4) 심히 부당한 양형

원심판결의 형이 합리적인 양형의 범위를 일탈하여 심히 부당하다고 인정할 현저한 사유가 인정된 때를 말하며, 구체적이고 개별적인 판단을 요한다.[311] 법원이 양형판단에 관한 내재적 한계를 일탈한 경우, 즉 양형판단의 부당성을 넘어 죄형균형의 원칙 내지 책임주의 원칙의 본질적 내용을 침해한 것으로 볼 수 있는 경우에 그 부당성을 다투는 것은 사실심법원의 양형심리 및 양형판단 방법의 위법성을 지적하는 취지로 보아 적법한 상고이유가 된다.[312]

대법원 산하 양형위원회의 양형기준 위반은 상고이유가 되지 않는다.[313] 양형과정에서 죄수에 관한 법리의 오해가 있어 처단형을 잘못 산출하여 양형이 심히 부당하게 인정된 경우는 '법령위반'에 해당하므로, 판결에 영향을 미친 경우에만 상고이유로 된다.[314]

---

308) 대판 2008. 5. 29. 2007도1755 (필로폰 0.03그램을 물에 녹여 1회용 주사기로 투약하는 등 2회에 걸쳐 필로폰을 투약한 혐의로 기소되어 1심에서 징역 1년 6월을 선고받았으나 2심 법원이 피고인에게 일부 무죄를 인정하면서 징역 8월을 선고하자 검사가 증거취사와 사실오인을 이유로 상고했으나 이를 기각한 사안).

309) 대판 2006. 10. 19. 2005도3909 전합.

310) 대판 2016. 10. 13. 2015도17869.

311) 대판 2002. 10. 25. 2002도4298 (우발적 살인사건에 대하여 법정형 중 선택형을 사형으로 선택하고 법률상 감경에서도 무기형을 선택하여 작량감경을 하지 않은 채 무기징역을 선고한 사안: 현저한 양형부당).

312) 대판 2008. 5. 29. 2008도1816; 대판 2021. 9. 30. 2021도5777 (변론종결 후 피해자가 사망했다는 변호인의 자료제출에 대해 새로운 양형조건에 관해 새로이 추가심리를 하지 않은 사안: 위법).

313) 대판 2012. 6. 28. 2012도263.

314) 대판 2007. 7. 12. 2007도2191.

판례는 선고유예의 요건인 '개전의 정이 현저한 때'에 관한 판단이 현저하게 잘못된 경우라 하더라도 무거운 형을 선고한 경우가 아니면 법령위반을 이유로 상고이유로 할 수 없다는 입장이다.[315)]

제3 상고심의 절차

Ⅰ. 상고의 제기

제2심판결이 선고된 때로부터 7일 이내에 상고장을 원심법원인 항소법원에 제출하며(제374조, 제375조), 관할법원은 대법원이다.

상고의 제기기간은 재판을 선고한 날로부터 진행하므로, 판결등본이 당사자에게 송달되었는지와는 무관하게 진행하며, 판결선고절차에 위법이 있더라도 그 위법은 상고로써 다투어야 하고 그것이 기산일에 영향을 주는 것은 아니다.[316)]

상고장의 기재사항은 항소장의 경우와 동일하다.

상고장에 상고이유를 기재할 필요는 없으나 상고장에의 기재가 허용되지 않은 것은 아니며, 상고장에 상고이유를 기재했다면 상고이유서를 별도로 제출할 필요는 없다(제380조 단서).

상고장의 제출에 대해서도 재소자에 대한 특칙이 적용된다(제399조, 제344조).

Ⅱ. 원심법원과 상고법원의 조치

1. 원심법원의 조치

(1) 상고기각의 결정

상고의 제기가 법률상의 방식에 위반하거나 상고권소멸 후인 것이 명백한 때에는 원심법원이 결정으로 상고를 기각한다(제376조 제1항).

---

315) 대판 2003. 2. 20. 2001도6138 전합 (범죄사실을 부인하는 피고인에 대해 형의 선고를 유예한 원심의 조치가 위법하다는 이유로 중한 형이 선고되지 않았음에도 법령위반을 이유로 상고한 사안: 기각).

316) 대결 2002. 9. 27. 2002모6.

(2) 소송기록의 송부

상고기각결정을 하는 경우가 아니면 상고장을 받은 날로부터 14일 이내에 소송기록을 상고법원에 송부하여야 한다(제377조).

(3) 구속 등의 결정

상고기간 중 또는 상고 중의 사건에 관하여 구속기간의 갱신, 구속의 취소, 보석, 구속의 집행정지와 그 정지의 취소에 대한 결정은 소송기록이 원심법원에 있는 때에는 원심법원이 하여야 한다(제105조). 구속의 경우도 동일하다.

2. 상고법원의 조치

항소제기시 항소법원의 조치와 유사하다.

항소심의 경우와는 달리 구금되어 있는 피고인에 대한 이송 등의 조치(제361조의2 제3항)는 적용되지 않으므로, 상고심에서는 공판기일을 지정하는 경우에도 피고인의 이감을 요하지 않고(규칙 제161조 제2항), 다만 상고한 피고인에 대하여 이감이 있는 경우에는 검사는 지체 없이 이를 대법원에 통지하여야 한다(동조 제3항).

(1) 소송기록접수통지

상고법원이 소송기록의 송부를 받은 때에는 즉시 상고인과 상대방에 대하여 그 사유를 통지해야 하며(제378조 제1항), 소송기록접수통지 전에 변호인의 선임이 있는 때에는 변호인에게도 통지를 해야 한다(동조 제2항).

(2) 국선변호인 선정

원심에서 행해진 변호인선임의 효력은 당해 심급에서만 효력을 미치므로(제32조), 필요적 변호사건의 경우 상고심에서는 별도로 변호인을 선임해야 하고, 그 절차에 관해서는 항소심의 경우를 준용한다(규칙 제164조, 제156조의2).

(3) 구속 등의 결정

대법관전원합의체에서 본안재판을 하는 사건에 관하여 구속, 구속기간의 갱신, 구속의 취소, 보석, 보석의 취소, 구속의 집행정지, 구속의 집행정지의 취소를 함에는 대법관 3인 이상으로써 구성된 부에서 재판할 수 있다(규칙 제162조).

Ⅲ. 상고이유서 및 답변서 제출

1. 상고이유서 제출

(1) 일반론

절차적 측면은 항소이유서와 동일하다. 예컨대 상고이유서 제출기간도 20일이며(제370조), 재소자 특칙이 적용된다(제379조 제2문).[317]

상고심의 법률심이라는 특성상 상고이유서 제출을 위해 기록에 대한 복사·열람이 중요하다. 그러나 대법원이 개인정보보호를 위한 보호조치(제35조 제3항)를 취하는 데 기일이 소요되는 결과 변호인이 기록을 받아 서면을 파악한 다음 상고이유서를 제출하기까지 기한이 촉박하여 방어권 보장이나 변호권 행사에 지장을 초래한다는 지적이 있다. 따라서 필요한 경우에는 제출기간 연장신청을 할 수 있도록 명문규정을 두는 방안을 검토할 필요가 있다.

(2) 기재사항

상고이유서에는 소송기록과 원심법원의 증거조사에 표현된 사실을 인용하여 그 이유를 명시하여야 하며(제379조 제2항), 상고이유는 구체적으로 간결하게 명시하여야 한다(규칙 제164조, 제155조).

단순히 원심판결에 사실오인 내지 법리오해의 위배가 있다는 정도의 기재는 부적법하며,[318] 항소이유서에 기재된 항소이유나 항소심 변론요지서에 기재된 주장을 그대로 원용하는 것은 적법한 상고이유가 되지 못한다.[319]

(3) 상고이유서 부본 첨부 및 송달

상고이유서(답변서도 동일)에는 상대방의 수에 4를 더한 수의 부본을 첨부해야 하며(규칙 제160조), 상고법원은 제출을 받은 상고이유서의 부본 또는 등본을 상대방에 송달하여야 한다(제379조 제3항).

2. 답변서 제출 및 송달

상고이유서 부본 또는 등본을 송달받은 상대방은 – 항소의 경우와 마찬가지로 – 10일 이내에 답변서를 상고법원에 제출하고(동조 제4항), 답변서의 제출을

317) 대판 2006. 3. 16. 2005도9729 전합.
318) 대판 1983. 5. 24. 83도887; 대판 2000. 4. 21. 99도5513 등.
319) 대판 1983. 2. 22. 82도2949 ; 대판 1996. 2. 13. 95도2716; 대판 2006. 6. 9. 2006도1955 등.

받은 상고법원은 지체 없이 그 부본 또는 등본을 상고인 또는 변호인에게 송달(동조 제5항)하여야 한다. 답변서 제출은 의무사항이 아니고 상대방의 재량이다.

제4 상고심의 심리

항소심의 규정은 특별한 규정이 없는 한 상고심의 심판에 준용된다(제399조). 다만 법률심으로서 몇 가지 특칙이 인정된다.

Ⅰ. 재판부의 구성

대법원의 심판권은 대법관 전원의 3분의 2 이상의 합의체에서 행사하며, 대법원장이 재판장이 된다(법원조직법 제7조 제1항 본문).

1. 재판부에 의한 심리

대법관 3명 이상(현재에는 4인)으로 구성된 부에서 먼저 사건을 심리하여 의견이 일치한 경우에 한정하여 그 부에서 재판할 수 있다(동조 제1항 단행).

2. 전원합의체에 의한 심리

다음 경우에는 재판부가 심리할 수 없고, 전원재판부가 심판한다. 즉, ① 명령 또는 규칙이 헌법에 위반된다고 인정하는 경우, ② 명령 또는 규칙이 법률에 위반된다고 인정하는 경우, ③ 종전에 대법원에서 판시(判示)한 헌법·법률·명령 또는 규칙의 해석 적용에 관한 의견을 변경할 필요가 있다고 인정하는 경우 그리고 ④ 부에서 재판하는 것이 적당하지 아니하다고 인정하는 경우(부에서 심리한 결과 의견이 일치하지 않은 경우도 여기에 포함된다)이다(동조 제1항 참조).

Ⅱ. 변호인의 변론

상고심은 법률심이므로 법률전문가인 변호사에게만 상고이유를 주장할 수 있도록 하고 있다.

1. 변호인에 의한 변론

변호사 아닌 자를 변호인으로 선임하지 못하며(제386조), 특별한 사정이 있더라도 변호사 아닌 자를 특별변호인으로 선임할 수 없다(제31조 단서 참조). 변호인이 아니면 피고인을 위하여 변론하지 못한다(제387조). 피고인의 변론도 허용되지 않는다.

입법론으로는 상고심에서도 법률문제의 전제로서 사실문제를 다툴 수 있으므로 적어도 변호인에게만 변론능력을 부여한 규정은 의문이며, 피고인이 출석하여 이익이 되는 진술이나 최종의견을 진술할 수 있도록 할 필요가 있다.

2. 변호인의 불출석 등

(1) 변호인의 불출석

필요적 변호사건(제283조)을 제외하고, 변호인의 선임이 없거나 변호인이 공판기일에 출정하지 아니한 때에는 검사의 진술을 듣고 판결할 수 있다(제389조 제1항). 변호인이 출석하지 않더라도 적법한 상고이유서의 제출이 있으면 그 진술이 있는 것으로 간주한다(동조 제2항).

(2) 피고인의 불출석

공판기일에 피고인의 출석을 요하지 않고 피고인 소환도 필요하지 않다(제389조의2).

다만 법원사무관등은 피고인에게 공판기일통지서를 송달하여야 한다(규칙 제161조 제1항).

Ⅲ. 서면심리 등

1. 상고이유서에 의한 변론

상고심의 재판도 판결이므로 구두변론을 거쳐서 하는 것이 원칙이나(제37조 제1항), 구두변론의 범위를 제한하여 상고이유서에 의해 변론하도록 하고 있다(제388조). 즉 상고이유서에 기재되지 않은 사항에 관해서는 변론이 허용되지 않는다. 변호인 자신이 직접 작성한 것 외에 피고인이 작성한 이유서에 기재한 사항도 변론할 수 있다.

2. 서면심리

검사와 변호인은 상고이유서에 의하여 변론하고, 상고법원은 상고장, 상고이유서 그 밖의 소송기록에 의하여 변론 없이 판결할 수 있다(제388조, 제390조 제1항). 사후심의 성격을 고려하여 '무변론판결'을 허용하고 있으며, 항소심과 달리 기각결정에 한하지 않는다.

상고법원의 심리를 촉진하고 구두변론에 따른 부담을 경감하기 위해 예외규정을 둔 것이다. 따라서 상소이유서 등의 소송기록만으로 상고이유의 존부를 명확히 할 수 있는 경우에는 서면심리에 의할 수 있다.

3. 참고인의 진술

상고법원은 필요한 경우에는 특정한 사항에 관하여 변론을 열어 참고인의 진술을 들을 수 있다(제390조 제2항).[320]

국가기관과 지방자치단체는 공익과 관련된 사항에 관하여 대법원에 재판에 관한 의견서를 제출할 수 있고, 대법원은 이들에게 의견서를 제출하게 할 수 있으며(규칙 제161조의2 제1항), 대법원은 소송관계를 분명하게 하기 위하여 공공단체 등 그 밖의 참고인에게 의견서를 제출하게 할 수 있다(동조 제2항).

대법원이 변론을 열어 참고인의 진술을 들을 경우에 필요한 사항을 정하기 위해 대법원규칙으로 「대법원에서의 변론에 관한 규칙」을 마련하여, 변론준비서면 제출, 참고인 지정, 당사자 변론과 참고인 진술 등에 대해 규정하고 있다.

Ⅳ. 상고심의 심판범위

항소심의 경우와 동일하며, 상고심은 상고이유서에 포함된 사유에 관해서 심판할 의무가 있고(제384조 제1문) 심판범위도 원칙적으로 상고이유서에 기재된 사실에 한정되지만, 사실오인이나 양형부당의 경우를 제외하고 재량에 의한 직권심판도 가능하다(제384조 제2문).

최종 법률심으로서 상고심의 성격을 고려하여 심판의 결과가 현저하게 정의에 반하게 되는 것을 막기 위해 법령위반 등에 대해서는 직권심판을 허용하고 있으나, 사실오인이나 양형부당을 이유로 한 경우에는 상고이유서에 포함되지 않으면 직권심판을 할 수 없도록 한 것이다. 직권심판은 피고인이 상고하지 않고 검사만

---

320) 법정 조언자(amicus curiae: '법원의 친구') 제도와 같이 전문가의 의견을 듣기 위해 제3자의 진술을 위한 변론을 인정한 것으로서, 공개변론에 대한 근거가 되기도 한다. 예컨대 실체법 해석 문제, 전문법칙 예외인정의 요건, 위법수집증거배제법칙 등이 과거 판례에서 공개변론의 형태로 심리된 바 있다.

다른 사유로 상고한 경우에도 할 수 있다.[321]

제5 상고심의 재판

특별한 규정이 없는 한 항소심에 관한 규정을 준용한다(제399조).

Ⅰ. 공소기각의 결정

공소기각의 사유에 해당하는 경우에는 결정으로 공소를 기각한다(제382조).[322]

1. 사유

원심법원이 공소기각결정의 사유를 간과하고 판결을 선고하였거나, 원심판결선고 후에 그러한 사유가 발생한 경우에 공소기각의 결정을 하게 된다. 예컨대 제1심판결선고 전에 공소가 취소되었음에도 원심법원이 공소를 기각하지 않은 경우라든가, 원심판결선고 후에 피고인이 사망하거나 피고인인 법인이 존속하지 아니하게 되었을 경우가 여기에 해당한다.

상고의 제기가 법률상의 방식에 위반하거나 상고권 소멸 후인 것이 명백한 때라도 공소기각의 결정사유가 있으면 결정으로 공소를 기각하여야 한다.

이 경우에는 제381조에 따라 결정으로 상고를 기각해야 한다는 견해가 있으나, 이렇게 되면 공소기각결정의 사유가 존재했던 부분에 대해서는 다시 비상상고를 통해 시정하게 되어 절차의 중복이 되므로, 이 경우에도 상고기각의 결정이 아니라 공소기각의 결정을 하는 것이 타당하다.

2. 직권조사

상고법원은 직권으로 공소기각결정의 사유가 존재하는지 여부를 조사하여야 한다.

---

321) 대판 2002. 3. 15. 2001도6730; 대판 2002. 3. 15. 2001도6730; 대판 2016. 10. 27. 2015도16764.

322) 구법에서는 상고법원이 공소취소나 피고인이 사망한 경우에 상고기각의 결정을 하도록 규정하고 있었으나(입법의 착오), 1995년 개정법률은 항소심의 경우와 마찬가지로 공소기각의 결정에 해당하는 사유가 있으면 공소기각의 결정을 하도록 규정하였다.

3. 효력

공소기각의 결정으로 원심판결은 효력을 상실하고, 이 결정은 대법원의 결정이므로 즉시항고가 허용되지 않는다. 이 점이 항소심의 경우와 구별된다.

Ⅱ. 상고기각의 재판

1. 상고기각의 결정

(1) 부적법하거나 상고권 소멸 후의 상고

상고의 제기가 법률상 방식에 위반하거나 상고권소멸 후인 것이 명백한 경우 원심법원 또는 – 원심법원이 상고기각의 결정을 하지 않은 경우에는 – 상고법원이 결정으로 상고를 기각하여야 한다(제376조 제1항, 제381조). 원심법원에 의한 기각결정에 대하여는 즉시항고를 할 수 있다(제376조 제2항).

(2) 상고이유서의 미제출 또는 상고사유의 결여

상고인이나 변호인이 소송기록접수통지를 받은 날로부터 20일 이내에 상고이유서를 제출하지 아니하거나(상고장에 이유의 기재가 있는 때에는 예외), 상고장 및 상고이유서에 기재된 상고이유의 주장이 법률이 정한 상고사유에 해당하지 아니함이 명백한 때에는 결정으로 상고를 기각하여야 한다(제380조 제1항, 제2항).

부적법한 상고와 상고이유서 미제출이 경합한 경우에도 제380조 제1항에 따라 결정으로 상고를 기각한다.[323)]

상고이유서를 제출하였더라도 상고이유가 전혀 기재되지 않은 경우나 기재된 상고이유의 주장이 제383조가 정한 상고사유 중 어느 하나의 사유에 해당하지 아니함이 명백한 때에도 결정으로 상고를 기각하여야 한다(제380조 제2항).

종래 이러한 경우 상고이유가 없다는 이유로 판결로 상고를 기각해 왔으나, 2010년 대법원 결정[324)] 이후 2014년 제380조 제2항을 신설한 것이다.

상고이유서를 제출하지 않은 경우라도 상고장에 이미 이유가 기재된 경우에

---

323) 대판 2015. 2. 26. 2014도12737 (원심 변호인이 변호인선임서를 제출하지 않은 상태에서 상고이유서 제출기간을 넘겨 상고이유서를 제출한 사안).

324) 대결 2010. 4. 20. 2010도759 전합 (상고장에 상고이유 기재가 없고 상고이유서에 벌금을 감액해 달라는 취지만 기재된 사안).

는 상고를 기각할 수 없다(제380조 제1항 단서). 또한 제384조 후문에 따라 직권심판을 할 수 있는 경우에는 상고를 기각하지 않고 그 사유에 관해 심판할 수 있다.[325]

> 소송조건의 존부에 대해서는 상고심에서도 직권으로 심사해야 한다. 상고이유서를 제출하지 않은 경우라도 소송조건이 결여된 때에는 직권으로 원심판결을 파기해야 하므로 상고이유서가 제출되지 않았더라도 상고를 기각할 수 없다.[326]

(3) 확정에 따른 효력발생시기

상고기각의 '결정'으로 형이 확정된 경우에 효력발생의 시기는 하급심의 경우처럼 결정시가 아니라 **고지시**가 된다.[327]

> 결정일 기준인가 결정의 고지(결정문 송달 내지 공시송달) 시점인가의 차이는 집행유예기간 중에 재범을 범하여 금고 이상의 확정판결을 받은 경우, 결정일에는 유예기간 중이었으나 결정문이 송달된 시점에서 유예기간이 만료된 경우 집행유예를 실효시킬 수 있는지 여부에서 나타난다. 검찰실무에서는 상고심의 경우 불복이 허용되지 않기 때문에 결정일을 기준으로 하는 입장을 취하나, 판례는 고지시점을 기준으로 한다.

2. 상고기각의 판결

실체심리의 결과 상고인이 주장하는 상고이유가 없거나, 직권으로 심판해야 할 다른 사항이 없거나 인정되지 않는 경우에는 원심판결에 하자가 없어 원심을 유지한다는 실체재판을 말한다. 상고기각 판결에 대한 명문규정은 없으나,[328] 항소심에 관한 규정을 준용하여 심리 결과 상고이유가 없다고 인정한 때에는 – (당연히) 변론 없이 – 판결로써 상고를 기각하여야 한다(제399조, 제364조 제4항).

---

325) 대결 2010. 4. 20. 2010도759 전합.

326) 제정 형사소송법 제380조는 항소심의 경우와 마찬가지로 '직권조사사유가 있는 때'에도 상고를 기각할 수 없도록 명시적인 규정을 두었으나, 항소심과 달리 상고심에서는 상고이유서가 적법한 기간 내에 제출되지 않은 경우에는 직권조사사유가 있는지 살펴볼 필요 없이 결정으로 상고를 기각하게 함으로써 상고법원의 부담을 덜어주기 위해 1차 개정시에 삭제하였다. 그러나 직권조사사유가 있으면 상고를 기각하지 않고 심리할 필요가 있음을 부정한 것은 아니라고 보아야 한다.

327) 대결 2012. 4. 27. 2012모576.

328) 제정 형사소송법 제390조(상고기각의 판결)는 「상고이유가 없는 것이 명백할 때에는 변론없이 판결로써 상고를 기각할 수 있다」고 규정하고 있었으나 1차 개정에서 이 조항을 서면심리에 의한 판결에 대한 조문으로 변경하였다.

Ⅲ. 원심판결의 파기

1. 원심판결의 파기

상고이유가 있는 때에는 판결로써 원심판결을 파기하여야 한다(제391조). 상고이유가 있는지 여부는 원심판결 당시를 기준으로 판단한다.[329] 파기 이후에는 환송, 이송 또는 자판의 방법으로 재판한다. 상고이유 가운데 파기되지 않은 부분은 그대로 확정되므로 더는 다투거나 다른 판단을 할 수 없다.[330]

2. 공통파기

피고인의 이익을 위하여 원심판결을 파기하는 경우에 파기의 이유가 상고한 공동피고인에 공통되는 때에는 그 공동피고인에 대하여도 원심판결을 파기하여야 한다(제392조 제2항). 원심에서 공동피고인이었던 자가 적법하게 상고하였고, 파기사유가 공통된 경우에 한한다.

공동피고인이 상고를 제기하지 않았거나 상고를 제기하였더라도 법률상 방식에 위반하거나 상고권 소멸 후인 것이 명백한 때에 적용되지 않는다. 판례 가운데 공동피고인의 상고 없이 공통파기를 인정한 것으로 보이는 판결[331]도 있으나, 이는 공통파기가 아니라 직권심판에 의한 파기(제384조)로 보아야 할 것이다. 한편 적법하게 상고가 제기된 이상, 상고이유서를 제출하지 아니하거나,[332] 제출기간이 지난 후에 제출한 경우 그리고 상고이유서에 기재된 상고이유가 법률이 정한 상고이유에 포함되지 아니한 경우[333]에는 공통파기가 가능하다. 예컨대 피고인이 공동피고인과 공모하여 피해자가 회사의 건물 점유를 위한 수단으로 놓아둔 컨테이너를 피해자의 동의 없이 창고로 옮겨 손괴한 혐의로 유죄가 선고되자, 피고인과 공동피고인이 상고하였으나 피고인은 상고이유서를 제출하지 않았더라도 공동피고인의 이익을 위해 원심판결을 파기하는 경우에는 피고인에 대한 원심판

---

329) 대판 1969. 12. 9. 69도1736; 대판 2007. 1. 12. 2006도5696 등.

330) 대판 1987. 12. 22. 87도2111 (피고인이 채증법칙 위반과 법리오해의 주장을 하여 상고하였으나, 상고심에서 채증법칙 위반은 이유없다고 배척하고 법률적용의 잘못만을 이유로 원심판결을 파기한 후 환송받은 원심법원이 공소장변경을 통해 법률적용을 달리하여 판결하자 다시 채증법칙위반의 주장을 하여 상소한 사안: 부적법); 대판 1994. 10. 14. 94도2270; 대판 2001. 4. 10. 2001도265; 대판 2006. 5. 11. 2002도6289; 대판 2006. 5. 26. 2006도1640; 대판 2011. 10. 13. 2011도8478; 대판 2012. 5. 10. 2012도2496.

331) 대판 2002. 4. 9. 2001도7056.

332) 대판 1962. 9. 20. 61도528; 대판 2000. 12. 8. 2000도2626.

333) 대판 2004. 7. 22. 2003도6412.

결도 파기하여야 한다.334)

Ⅳ. 파기후의 조치

제393조부터 제396조의 경우를 제외하고, 원심판결을 파기한 때에는 판결로써 사건을 원심법원에 환송하거나 그와 동등한 다른 법원에 이송하여야 한다(제397조). 상고심은 사후심적 성격을 가지므로, 파기환송 내지 파기이송의 판결이 원칙이다.

1. 파기환송의 원칙

(1) 실체심리를 요하는 경우

실체심리의 결과 원심판결을 파기해야 하는 경우, 제396조에 따라 파기자판하는 때를 제외하고는, 상고법원은 사건을 원심법원에 환송하거나 동등한 다른 법원에 이송하여야 한다(제397조).

> 소송조건의 결여를 이유로 하는 경우가 아니면 파기환송은 원심법원에 하여야 하며, 여기서 '동등한 다른 법원'이란 원심법원에 환송할 수 없는 사정이 있는 경우(예컨대 단독사건의 항소심을 관할하던 지방법원 합의부가 폐지된 경우)처럼 극히 예외적인 경우에 원심법원과 동등한 심급의 법원을 의미한다.

환송받은 법원의 조치는 항소심에서 파기환송한 경우와 동일하며, 파기이유 이외의 부분에 대한 심리도 가능하다.335) 상고심에서 상고이유의 주장이 이유 없다고 판단하여 배척한 부분에 대해서는 이와 배치되는 판단은 허용되지 않는다(파기판결의 구속력).336) 파기환송 후의 항소심에서도 공소사실의 동일성이 인정되면 공소장변경이 가능하며,337) 이 경우에도 환송 전 원심과의 관계에서 불이익변경금지의 원칙이 적용된다.338)

---

334) 대판 2016. 8. 30. 2016도3369.

335) 대판 2009. 8. 20. 2007도7042 (경합범에 대하여 하나의 형이 선고되었으나 피고인이 일부 상고이유에 대해서만 상고이유를 제출하였고 상고법원이 나머지 상고이유에 대해 판단을 따로 하지 않은 채 원심판결을 파기하였으나, 원심이 나머지 상고이유에 대해 심리하여 그 부분에 대하여 무죄를 선고한 사안).

336) 대판 2006. 6. 9. 2006도2017; 대판 2020. 4. 9. 2020도415.

337) 대판 1980. 3. 25. 79도2105; 대판 2004. 7. 22. 2003도815.

338) 대판 2014. 8. 20. 2014도6472.

(2) 적법한 공소의 기각

적법한 공소를 기각하였다는 이유로 원심판결 또는 제1심판결을 파기하는 경우에도 판결로써 사건을 원심법원 또는 제1심법원에 환송하여야 한다(제393조). 예컨대 필요적 고발사건에서 행정기관의 고발이 있었음에도 원심이 이를 간과하고 공소를 기각한 때에는 원심을 파기하고 사건을 다시 심리, 판단하도록 환송하여야 한다.[339]

적법한 공소를 기각한 것이 제1심인지 아니면 원심(항소심)이 제1심이 적법하다고 인정한 공소제기에 대한 항소를 기각한 것인지에 따라 환송하는 법원이 달라진다. 즉 제1심의 공소기각 판결에 대해 검사가 항소하였으나 원심법원이 이를 기각하여 검사가 상고한 경우 적법한 공소제기를 기각한 것으로 인정하는 경우에는 원심판결을 파기하고 제1심법원에 환송하게 된다.[340]

(3) 관할위반의 위법한 인정

관할권이 있음에도 관할위반을 선고한 것이 법률에 위반됨을 이유로 원심판결 또는 제1심판결을 파기하는 경우에는 판결로써 사건을 원심법원 또는 제1심법원에 환송하여야 한다(제395조).

관할권이 있음에도 불구하고 관할권이 없다고 판결을 한 경우에는 본래 관할권이 있는 원심법원 또는 제1심법원으로 하여금 다시 재판을 하도록 돌려보내게 한 것이다. 어느 법원으로 환송하는가는 공소기각을 한 경우와 동일하다.

2. 파기이송의 원칙

관할의 인정이 법률에 위반됨을 이유로 원심판결 또는 제1심판결을 파기하는 경우에는 판결로써 사건을 관할권 있는 법원에 이송하여야 한다(제394조).

사건이 원심법원의 관할에 속하지 아니한 때에는 제319조에 따라 관할위반의 판결을 선고하여야 함에도 불구하고 실체판단이나 다른 형식재판을 한 경우에 관할권이 있는 법원으로 하여금 다시 재판할 수 있도록 한 것이다.

(1) 제1심법원의 관할위반

원심법원이 제1심판결의 관할위반에도 불구하고 관할법원에의 이송판결(제

---

339) 대판 2021. 10. 28. 2021도404.

340) 대결 1994. 12. 20. 94모32 전합 참조.

367조)을 내리지 않은 경우에 상고심은 원심판결 및 제1심판결을 모두 파기하고 사건을 관할권이 있는 제1심법원에 이송하여야 한다.

예컨대 합의부 관할사건을 단독판사가 재판하였음에도 불구하고 원심판결이 제1심판결을 파기하고 지방법원 합의부로 이송하는 판결을 하지 않았다면, 상고심은 원심판결과 제1심판결을 모두 파기하고 사건을 지방법원합의부로 이송하여야 한다.[341]

(2) 원심법원의 관할위반

원심법원이 위법하게 관할권을 인정한 경우에는 원심판결을 파기하고 사건을 원심법원과 동일한 심급의 관할권 있는 법원에 이송하여야 한다.

예컨대 단독판사의 관할사건을 고등법원이 재판을 한 경우에는 원심판결을 파기하고 사건을 관할이 있는 지방법원본원 합의부에 이송하여야 하고,[342] 단독판사의 관할사건이 항소심에서 공소장변경으로 합의부 관할사건으로 된 경우 사건을 관할권이 있는 고등법원에 이송하지 아니하고 재판을 한 경우에도 원심판결을 파기하고 사건을 관할권이 있는 고등법원에 이송하여야 한다.[343]

원심법원이 피고사건에 대한 관할권이 있더라도 치료감호청구가 있는 경우에는 당해 치료감호사건의 관할법원은 고등법원이므로 피고사건과 함께 고등법원으로 사건을 이송하여야 한다(치료감호법 제3조 제2항 참조).[344]

(3) 군사법원에의 이송

원심법원이 군사법원으로 이송해야 할 사건(제16조의2)을 그대로 재판한 때에는 상고심은 원심판결을 파기하고 사건을 군사법원에 이송하여야 한다(제397조).[345]

3. 파기자판의 예외

원심판결을 파기한 경우 그 소송기록과 원심법원과 제1심법원이 조사한 증거에 의하여 판결하기 충분하다고 인정한 때에는 상고법원이 피고사건에 대하여 직접 판결을 할 수 있다(제396조 제1항).

---

341) 대판 1992. 2. 11. 91도2877.

342) 대판 1997. 4. 8. 96도2789.

343) 대판 1997. 12. 12. 97도2463.

344) 대판 2009. 11. 12. 2009도6946, 2009감도24.

345) 대판 2016. 10. 13. 2016도11317.

(1) 자판하기에 충분한 경우

사실심의 변론절차를 통해 다시 심리하더라도 동일한 판단을 할 것이 명백한 경우를 말한다.[346] 상고심에서 새로운 증거조사는 허용되지 않는다.

(2) 자판의 내용

유무죄의 실체재판뿐만 아니라 공소기각이나 면소 등의 형식판결도 할 수 있다.

항소이유에서만 항소가 이유 없다고 판단하고 주문에서는 항소기각의 선고를 하지 않은 사안에 대해서 원심을 파기하고 직접 항소를 기각하는 것도 가능하다.[347]

(3) 불이익변경금지의 원칙

상소심이 파기자판으로 형을 선고하는 경우에는 불이익변경금지의 원칙이 적용된다(제396조 제2항, 제368조).

V. 재판서의 기재방식

상고심의 재판서에는 재판서의 일반적인 기재사항(제38조 이하) 이외에 상고이유에 관한 판단을 기재하여야 한다(제398조).

상고인이 제기한 상고이유가 있는지 여부에 대한 판단을 명백히 하고, 최종심으로서 법령해석의 확정·통일을 기하기 위해 상고이유에 관한 판단을 기재하도록 하고 있다.

여기서 상고이유란 적법하게 제출된 상고이유서에 기재된 상고이유에 한한다.

상고이유서 제출기간을 도과하여 제출된 새로운 상고이유는 판단을 요하지 않고, 파기판결을 하는 경우에 상고이유 중 파기사유에 해당하는 것에 대해서만 판단을 기재하고 나머지 상고이유에 대해서는 판단을 생략할 수 있다.[348]

---

346) 대판 2000. 2. 25. 99도3910 (도주원조죄에서 상해의 개념에 관한 법리를 오해한 사안); 대판 2021. 4. 15. 2017도12473 (집회금지장소(각급 법원) 위반으로 기소된 단순참가자에 대하여 '각급 법원' 부분이 헌법불합치결정이 있어 소급무효로되어 무죄를 선고해야 하는 사안).

347) 대판 2006. 9. 14. 2004도6432; 대판 2018. 12. 28. 2014도17182.

348) 대판 1952. 8. 26. 51도129; 대판 2003. 12. 12. 2003도2219 참조.

법원조직법은 합의에 관여한 모든 대법관의 의견을 대법원의 재판서에 표시하도록 하고 있다(동법 제15조).

제6 비약상고

Ⅰ. 의의

비약적(飛躍的) 상고(비약상고라고도 부름)란 상소권자가 제1심판결에 불복하는 경우에 항소를 거치지 않고 직접 상고법원인 대법원에 상고하는 것을 말한다(제372조). 법령해석에 관한 중요한 사항을 포함한다고 인정되는 사건에 관하여 직접 상고심이 법령해석의 통일을 기하도록 함으로써 제2심을 생략한 제도이다. 따라서 상대방의 심급의 이익을 상실시키는 것을 방지하기 위한 제한이 필요하다.

Ⅱ. 비약상고의 대상

제1심 종국'판결'에 한하며, 판결이 아닌 결정에 대해서는 비약상고는 허용되지 않는다.[349]

Ⅲ. 비약상고의 이유

1. 법령적용의 오류(제372조 제1호)

원심판결이 인정한 사실에 대하여 법령을 적용하지 아니하였거나 법령의 적용에 착오가 있는 때에 비약상고를 할 수 있다. 제1심판결이 인정한 사실이 옳다는 것을 전제로, 그에 따른 법령을 적용하지 않거나 법령의 적용을 잘못한 경우를 말한다.[350]

(1) 사실오인의 제외　원심판결에 사실오인이 있는 경우에는 그로 인해 결과적으로 법령적용에 오류가 있는 경우라도 비약상고이유가 되지 않는다.[351]

---

349) 대결 1984. 4. 16. 84모18.

350) 대판 2017. 2. 3. 2016도20069.

351) 대판 1981. 9. 22. 81도2111; 대판 1988. 3. 22. 88도156; 대판 1994. 5. 13. 94도458; 대판 2006. 10. 27. 2006도619; 대판 2007. 3. 15. 2006도9338; 대판 2013. 5. 9. 2013도3261.

(2) **실체법규 적용의 오류** '원심판결이 인정한 사실'은 일반적으로 유죄판결에 설시된 범죄사실에 한하므로, 적용대상이 되는 법령은 실체법규를 의미한다.

범죄구성요건과 법정형을 규정한 법령을 적용하지 아니하거나 잘못 적용한 경우뿐만 아니라 죄수, 형의 종류의 선택, 형의 가중·감면에 관한 법령 등 선고형의 결정에 이르게 된 과정에서 적용되어야 할 법령을 적용하지 아니하거나 잘못 적용한 경우도 포함된다.[352)]
재판권이 없는 사건에 대해 일반 법원이 재판한 사건에 대해서도 당시 개정된 병역법 및 군형법 적용위반을 이유로 비약적 상고를 인정한 판례가 있다.[353)]
노역장 유치, 형의 집행유예, 몰수, 추징, 피해자환부·교부, 가납명령 등도 법령의 적용으로서 주문에 기재되는데, 이러한 부수처분에 관한 법령적용의 누락 또는 착오는 여기에 포함되지 않는다. 비약적 상고이유는 항소이유나 본래의 상고이유인 법령위반과는 달리 판결에 영향을 미쳤는지의 여부를 묻지 않는 이른바 절대적 상고이유이고 법령해석의 통일을 위하여 예외적으로 인정되는 것이므로 제한적으로 해석할 필요가 있기 때문이다.

소송절차에 관한 법령위반, 중대한 사실오인, 양형부당은 포함되지 않는다.[354)] '법령을 적용하지 않은 경우'란 인정된 사실에 적용해야 할 법률을 적용하지 않은 경우를 말한다.

예컨대 과잉방위에 해당하는 사실을 인정하면서 책임감경에 관한 형법 제21조 제2항을 적용하지 않은 경우 등이 여기에 해당한다.

'법령의 적용에 착오가 있는 경우'란 인정된 사실을 전제로 할 때 그에 대한 법령의 적용을 잘못한 경우이다.[355)]

2. 형의 폐지·변경 또는 사면(제372조 제2호)

제1심 판결이 선고된 후에 형의 폐지나 변경 또는 사면이 있는 때 피고인의 이익을 조기에 회복시킬 수 있도록 한 것이다. 항소이유(제361조의5 제2호)와 동일하지만 판결을 신속히 확정하기 위한 목적이 있다.

---

352) 대판 1967. 2. 7. 66도1695 (법조경합사건의 주문에 유죄와 무죄를 선고한 두 개의 죄를 표시한 사안: 법령위반).
353) 대판 1975. 5. 13. 73도1006.
354) 대판 1983. 12. 27. 83도2792, 83감도473; 대판 1984. 2. 14. 83도3236, 83감도543.
355) 대판 1988. 3. 22. 88도156; 대판 2001. 6. 29. 2000도2530.

Ⅳ. 비약상고의 절차

1. 절차 일반

상고심 절차에 따라 재판을 진행한다. 비약상고사건에 대해 항소절차에 따라 재판을 진행하면 법령위반에 해당한다.[356] 비약상고와 항소가 경합된 경우에는 항소사건으로서 기록을 송부하여야 한다. 법정기간 내에 상고이유서를 제출해야 하며, 위반시에는 결정으로 상고를 기각하여야 한다.

2. 비약상고의 제한

상대방의 심급의 이익이 박탈될 가능성을 막고 상대방의 이익을 보호하기 위해 별도로 항소가 제기된 경우에는 비약상고가 실효되도록 하고 있다(제373조 본문).

> 당사자 일방이 이미 항소를 제기한 경우[357]나 비약상고 이후에 항소를 제기하면 비약상고는 상고로서의 효력은 인정되지 않지만, 피고인의 비약적 상고와 검사의 항소가 경합한 경우에는 비약적 상고가 항소로서의 효력은 인정될 수 있다. 즉 피고인의 비약적 상고가 항소기간 준수 등 항소로서의 적법요건을 모두 갖추었고, 피고인이 자신의 비약적 상고에 상고의 효력이 인정되지 않는 때에도 항소심에서는 제1심판결을 다툴 의사가 없었다고 볼 만한 특별한 사정이 없다면, 피고인의 재판권청구권 보장을 위해 비약적 상고에 항소로서의 효력은 인정하는 것이 타당하다.[358]

다만 항소를 제기한 후 항소의 취하 또는 항소기각의 결정이 있으면 비약상고는 다시 효력이 유지된다(제373조 단서).

제 7 상고심판결의 정정

Ⅰ. 의의

상고심판결의 정정이란 상고심판결에 명백한 잘못이 있는 경우 직권 또는 검사, 상고인이나 변호인의 신청에 의하여 판결로써 이를 정정하는 제도를 말하

356) 대판 1953. 4. 21. 4285형상116.

357) 대판 1959. 7. 31. 4292형상228.

358) 대판 2022. 5. 19. 2021도17131, 2021전도170 전합.

며(제400조), 단순히 '판결정정'이라고도 한다. 최종심으로서 선고와 동시에 확정되어 상소를 통한 정정이 불가능한 상고심 판결의 특성을 고려하여 그 판결 적정을 기하기 위한 제도이다.

형사소송규칙에서 인정하고 있는 '재판서의 경정'(제25조)은 주로 판결서의 형식적 기재사항(법원의 표시, 표제, 사건 표시, 판결서 작성일자 등)이나 계산에 명백한 오류가 있는 경우에 이를 바로잡는 것을 말하며, 주로 판결의 내용에 오류가 있는 경우를 염두에 두고 있는 판결정정과는 구별해야 한다.

Ⅱ. 판결정정의 대상

일반적인 상소의 방법으로 잘못을 바로 잡을 수 없는 상고심 판결에 한한다.[359] 상고심 판결이라면 상고기각, 파기자판, 파기환송, 파기이송 등을 불문한다.

상고기각의 판결 이외에 상고기각의 결정에 대해서도 불복절차가 마련되어 있지 않으므로 판결정정이 가능하다고 보아야 할 것이다. 그러나 판결경정결정의 기각결정을 비롯한 상고심의 다른 결정은 판결정정의 대상이 되지 않는다.

Ⅲ. 판결정정의 사유

판결의 내용에 오류가 있음을 발견한 때에 정정할 수 있다(제400조 제1항).

예컨대 미결구금일수을 산입하지 아니한 경우, 상고장에 상고이유가 기재되어 있음에도 상고기각의 결정을 한 경우 등이 여기에 해당한다.[360]

'오류'란 판결내용에 계산 실수, 오기 기타 이에 유사한 것이 있는 경우를 의미한다.[361] 오류가 명백한 경우에 한한다.[362] 명백한 잘못이 있는 경우에 한하므로 유죄판결을 정정하여 달라는 것이나 채증법칙에 위배하여 판단을 잘못하였음을 사유로 하지 못한다.[363]

---

359) 대판 1979. 9. 11. 79초54.

360) 대판 2005. 4. 29. 2005도1581.

361) 대결 1981. 10. 5. 81초60.

362) 대결 1982. 10. 4. 82초33.

363) 대결 1983. 8. 9. 83초32; 대결 1987. 7. 31. 87초40 (채증법칙 위배의 사유만으로 정정사유가 되지 않는다고 한 사안); 헌재 2015. 9. 8. 2015헌마856.

Ⅳ. 판결정정의 절차

직권 또는 검사, 상고인이나 변호인의 신청에 의한다. 판결의 선고가 있은 날로부터 10일 이내에 신청이유서를 제출하여야 한다. 정정은 '판결'에 의하여야 하며, 구두변론은 필요하지 않다. 다만 판결정정신청 자체가 부적법한 때에는 '결정'으로 신청을 기각한다.[364)]

Ⅴ. 재정정 금지

정정판결에 대해 다시 정정신청하는 것은 금지된다.

동일한 이유로 정정신청을 하는 것은 물론이고, 다른 정정이유를 들어 정정하는 것도 비상상고나 경정결정을 통한 구제가 가능하다는 점에서 배제하는 것이 타당하다.

제 4 절 항고

제 1 항고의 의의와 종류

Ⅰ. 항고의 의의

1. 개념

항고란 법원의 결정에 대한 상소를 말한다(제402조).

'수소'법원의 결정에 대해 상급법원에 불복하는 것이므로, 수소법원의 구성원인 재판장이나 수명법관의 결정이나 명령 또는 수사기관의 처분에 대하여 상급법원이 아닌 법원에 불복하는 '준항고'와 구별된다. 다만 준항고에 대해서도 항고에 관한 규정이 대부분 준용된다(제419조).

항고는 판결에 대한 불복방법인 항소나 상고와 구별된다.

법원의 결정이 아닌 법관의 명령에 대한 불복은 예외적으로 법률의 규정이 있는 경우에 이의신청이나 준항고를 제기할 수 있을 뿐이다.

---

364) 대결 1967. 2. 20. 67로1.

결정은 주로 종국전 재판이므로 불복이 필요한 경우에 한해 제한적으로 허용하고 절차도 간소화되어 있다.

일정한 경우에는 재판의 불가변력을 배제하여 결정을 한 법원 스스로 경정(更正)할 수도 있다(제408조 제1항).

2. 성격

(1) 항고심의 성격

항고심은 원심결정의 당부를 심사하는 **사후심**의 성격을 가지고 있다.[365)]

다만 절차적 쟁점을 심판하는 절차로서의 특성을 고려하여 다양한 예외를 인정할 필요가 있다. 한편 재항고심은 사후심의 성격이 더욱 분명히 나타난다. 원심의 재판자료를 기초로 원심결정의 법령위반만을 사후적으로 심사하기 때문이다.

따라서 원칙적으로 원심결정 당시 사정을 기초로 판단하지만, 합리적인 사유가 있으면 결정 이후의 사정이나 자료도 고려할 수 있다.

합리적인 사유의 유무를 판단함에 있어서는, 원심결정 직후에 생긴 사유이지만 원심결정이 합리적인 범위 내에서 조금 나중에 심리되었다면 고려될 수 있었다든가, 그 사유가 소송당사자의 이해에 중대한 영향을 미치는 사항이어서 급속히 해결할 필요성이 있다든가, 사실조사 등이 용이하게 이루어질 수 있다든가, 당사자가 다시 청구를 하여 새로운 절차를 형식적으로 되풀이해야 하는 결과를 초래할 염려가 있다든가 하는 사정 등이 고려될 수 있을 것이다.[366)]

(2) 재항고심의 성격

재항고는 법령위반만을 사후에 심사하는 사후심이자 법률심으로서의 성격을 가진다.

---

365) 본안사건 자체에 대한 심판절차의 구조에 관한 논의를 절차적인 문제에 대한 심사구조에 원용하는 것에 대해 의문을 제기하기도 하지만, 일반적으로는 상소심의 구조에 대한 논의에 따라 항고심의 구조를 '사후심'으로 본다.

366) 또한 원결정 이후 밝혀진 자료라도 원심결정시 통상 제출할 수 없었거나 제출하기 곤란한 사정이 있었다면 항고심에서 조사할 수 있을 것이다. 예를 들어 원심결정 종결시 제출된 상대방의 새로운 주장이나 소명에 관한 반대당사자의 자료 등은 항고심에서 조사대상이 될 수 있다.

Ⅱ. 종류

일반항고(보통항고와 즉시항고)와 재항고를 포함한다. 일반항고는 일반적인 결정에 대한 첫 번째 불복방법이며, 재항고는 결정에 대한 두 번째 불복방법이다. 그러나 항고법원이나 고등법원의 결정에 대해 일차적으로 불복을 하는 경우도 항고가 아니라 재항고라고 부른다(제415조 참조).[367]

1. 보통항고

(1) 의의

보통항고는 법원의 결정에 대한 일반적인 불복방법이다(제402조). 즉시항고나 재항고에 해당하지 않는 경우를 포괄하는 개념이다. 불복기간의 제한이 없으므로 '원심결정을 취소할 실익이 있는 한' 기간 제한 없이 언제든지 제기할 수 있다(제404조).

(2) 허용범위

법원의 결정에 대해서는 보통항고를 할 수 있지만, '법률에 특별한 규정이 있는 경우'에는 예외적으로 허용되지 않는다(제402조 단서, 403조 등).

그러나 제403조의 특별한 규정에 따라 결정에 대한 항고가 허용되는 경우가 오히려 예외적이고, 성질상 항고가 허용되지 않는 경우도 있다.

㈎ **법원의 관할에 관한 결정** 법원의 관할에 관한 결정, 즉 법원의 관할에 관해서 '종국전 재판'이 내려진 경우는 본안재판을 통해 다툴 수 있으므로 별도의 불복방법을 인정하지 않고 있다(제403조 제1항).

예컨대 관련사건의 분리이송결정(제7조, 제9조 단서), 관련사건의 병합심리결정(제6조, 제10조), 사건의 이송결정(제8조, 제16조의2), 같은 사건이 여러 개의 법원에 계속된 경우에 있어서 직근상급법원의 결정(제13조 단서), 관할이전·지정의 결정(제14조, 제15조)[368] 등이 있다.

관할에 관한 재판이라도 '종국재판'인 경우에는 별도의 명문규정을 두어 불복이 가능하도록 하고 있다.

---

367) 대결 2008. 4. 14. 2007모726.
368) 대결 2021. 4. 2. 2020모2561.

관할의 경합을 이유로 한 공소기각의 결정(제328조 제1항 제3호)은 법원의 관할에 관한 결정이지만 별도로 즉시항고가 허용되며(동조 제2항), 관할위반의 판결(제319조)도 종국재판으로서 상소가 가능하다.

㈏ **판결 전 소송절차에 관한 결정** 법원의 관할에 관한 (종국전) 결정 외에도, 판결을 목표로 '소송절차가 진행되는 과정에서 내려지는 법원의 모든 결정'에 대해서는 원칙적으로 항고하지 못한다. 판결 전 소송절차에 관한 결정에 대해 아무런 제한 없이 불복을 허용하게 되면 현저한 소송지연이 예상된다는 점을 고려하여 원칙적으로 불복을 금지한 것이다.

판례가 불복이 허용되지 않는다고 본 경우로는, ① 위헌제청을 기각하는 하급심의 결정,[369] ② 증거보전청구를 기각하는 결정,[370] ③ 국선변호인선정청구를 기각하는 결정,[371] ④ 공소장변경허가에 관한 결정,[372] ⑤ 증거신청에 대한 증거채택 여부의 결정,[373] ⑥ 국민참여재판으로 진행하기로 한 결정[374] 등이 있다. 변호인의 신청으로 법원이 검사에게 한 영상녹화물의 열람·등사를 허용할 것을 명하는 취지의 결정(제266조의4 제2항, 제3항)도 판결 전 소송절차에 관한 결정으로서 검사는 불복할 수 없다.[375] 그러나 법원의 소년부 송치결정(소년법 제50조)은 판결 전 소송절차에 관한 결정이 아니므로 제402조에 따라 항고가 가능하다(동법 제48조 참조).[376]

판결 전 소송절차에 관한 결정이라도 명문규정에 의하여 '특히 즉시항고를 할 수 있는 경우'에는 불복이 가능하다(제403조 제1항). 예컨대 기피신청기각결정(제23조), 항고기각결정(제407조), 재심개시결정(제437조, 제435조) 등이 여기에 해당한다.

㈐ **예외적 허용** 법원의 결정이라도 강제처분에 관한 결정에 대하여는 항고를 할 수 있다(제403조 제2항). 법원의 강제처분, 즉 구금, 보석, 압수나 압수물의 환부, 감정을 위한 피고인의 유치에 관한 결정은 종국재판에 대한 상소

369) 대결 1986. 7. 18. 85모49.
370) 대결 1986. 7. 12. 86모25.
371) 대결 1986. 9. 5. 86모40; 대결 1993. 12. 3. 92모49.
372) 대결 1987. 3. 28. 87모17.
373) 대판 1990. 6. 8. 90도646.
374) 대결 2009. 10. 23. 2009모1031.
375) 대결 2013. 1. 24. 2012모1393.
376) 대결 1986. 2. 12. 86트1; 대결 1986. 7. 25. 86모9.

의 방법으로 다툴 수 없고, 인권옹호의 견지에서 신속한 구제가 필요하다는 점을 고려하여 예외적으로 항고를 허용한 것이다.

① 구금　인신구속에 관해서는 '구금'에 한정되므로, 피고인이나 증인의 구인 또는 소환에 관하여는 적용되지 않는다. 피고인에 대한 구속영장 발부는 구금에 관한 결정에 해당하지만 구속당한 피고인은 구속취소청구권, 보석청구권이 있으므로 보통항고를 할 실익은 별로 없다. 체포·구속적부심사에서 청구기각결정이나 석방을 명하는 결정에 대해서는 항고할 수 없으나(제214조의2 제8항), 보증금납입조건부 석방결정(동조 제5항)에 대해서는 제한규정이 없으므로 보통항고를 할 수 있다.[377]

② 보석　구속집행상태의 변경에 관한 것이어서 구속에 관한 결정에 포함되지만 특히 중요성을 고려하여 별도로 규정하고 있다. 보석허가결정(제95조, 제96조), 보석청구기각결정, 보석취소결정(제102조 제2항)과 취소청구기각결정, 보석보증금몰수결정(제102조, 제103조)과 몰수청구기각결정 등이 여기에 해당한다.

③ 압수나 압수물의 환부에 관한 결정　피처분자의 재산권에 관한 것으로서 위법한 처분의 경우에 신속한 구제를 위해 항고가 허용되지만, 압수영장의 발부 자체는 항고의 대상이 되지 않는다.

④ 감정유치　감정유치와 그 취소결정, 감정유치기간단축 및 연장결정, 감정기간 중 접견교통을 제한하는 결정(제172조) 등을 포함한다. 유치된 피고인의 간수를 사법경찰관에게 명하는 간수명령(제172조 제5항)은 사법경찰관에 대한 명령으로서 감정유치의 집행방법에 관한 문제이므로 적용이 없다. 감정절차에서 물건의 파괴를 허용하는 감정처분허가도 감정유치 자체에 관한 결정은 아니지만, 감정인이 법원의 허가를 얻어 감정에 필요한 처분을 한 경우(제173조)는 법원이 행한 재판에 준하여 항고(또는 준항고)를 허용해야 한다는 지적이 있다.

(3) 성질상의 제한

대법원의 결정은 최종심이므로 불복이 인정되지 않는다.[378] 항고법원이나 고등법원의 결정에 대해서도 즉시항고로서 재항고(제415조)만 허용되므로 보통항고는 허용되지 않는다.

---

377) 대결 1997. 8. 27. 97모21 (체포적부심사에 의한 석방결정의 경우와는 달리 보증금납입조건부 석방결정에 대해서는 보통항고가 가능하다고 본 사안).

378) 대결 1962. 8. 23. 62초3. 이래 판례의 일관된 입장이다.

2. 즉시항고

즉시항고란 법령이 특히 허용하고 있는 경우에만 제기할 수 있고, 원칙적으로 집행정지의 효력이 있는 항고를 말한다. 제기기간의 제한(7일)이 있고 항고가 제기되면 원칙적으로 재판의 집행이 정지되는 효력을 가지며(제410조), 명문규정이 있는 경우에만 허용된다.

① 종국재판(공소기각이나 항소기각의 결정, 상고기각결정, 항고기각결정, 상소권회복청구에 대한 허부결정, 정식재판청구권회복청구에 대한 허부 결정 등), ② 피고인에게 불이익한 재판(집행유예취소결정, 과태료 또는 감치 결정 등), ③ 재심청구에 관한 결정, ④ 재판의 집행에 관한 결정, ⑤ 국민참여재판 배제결정, 형사보상청구에 관한 결정 기타 신속한 해결이 필요한 결정(기피신청 등) 등에 대해 허용된다.[379] 구속의 집행정지에 대해서는 2015년 개정법률로 검사의 즉시항고권이 삭제되었다. 다만 즉시항고라도 집행정지의 효력이 인정되지 않는 경우가 있으며, 기피신청에 있어서 간이기각결정에 대한 즉시항고(제23조 제2항), 불출석 증인에 대한 소송비용부담·과태료부과 및 감치 결정에 대한 즉시항고(제151조 제8항)가 여기에 해당한다.

3. 재항고

(1) 개념

재항고는 **항고법원** 또는 **고등법원**(제415조) 및 **항소법원의 결정**에 대하여 제기하는 즉시항고이다. 항고법원의 결정에 대한 상소 외에 사전항고를 전제로 하지 않는 고등법원 또는 항소법원(지방법원 합의부 포함)의 결정에 대한 항고도 재

---

379) 개별적으로는, 기피신청에 대한 기각결정(제23조), 구속취소결정(제97조 제4항), 보석으로 석방된 피고인의 기일 불출석 또는 보석조건 위반에 대한 과태료 부과 결정(제100조의2 제1항, 제102조 제4항), 증언에 대한 제재와 관련한 결정(제161조, 제151조 제8항), 소송비용부담과 관련한 결정(제191조 제2항, 제192조 제2항, 제193조 제2항), 무죄판결의 비용보상에 관한 결정(제194조의3 제3항), 재정신청 관련 비용부담의 결정(제262조의3 제3항), 집행유예 또는 선고유예의 취소에 관한 결정(제335조 제3항), 형 소멸 재판신청에 대한 각하 결정(제337조 제3항), 상소기각의 결정(제360조 제2항, 제361조의4 제2항, 제376조 제2항, 제407조 제2항), 공소기항소사건에 대한 공소기각의 결정(제363조 제2항), 재심청구 기각 및 재심개시의 결정(제437조), 재판의 해석, 재판의 집행에 관한 검사의 부당한 처분에 대한 의의신청 또는 소송비용부담재판의 집행 면제신청에 대한 결정(제491조 제2항), 약식명령에 대한 정식재판청구 기각결정(제455조 제2항), 배상명령에 대한 즉시항고(소송촉진법 제33조 제5항 본문), 경정결정(규칙 제25조 제3항), 상소권회복에 관한 결정(제347조 제2항), 증거보전청구 기각결정(제184조 제4항) 등이 여기에 해당한다.

항고의 형식을 취한다.[380] 또한 가정폭력처벌법에 따른 가정법원의 결정(임시처분, 보호처분, 보호처분의 취소·변경)에 대한 항고가 기각된 경우에 그 결정에 대해서도 법령위반이 있는 경우 재항고를 할 수 있다(동법 제52조, 제49조 참조).[381]

민사소송의 경우와 달리 '항소법원'이 명시되어 있지 않지만, 판례는 항소법원의 결정에 대해서도 대법원에 (재)항고해야 한다고 판시하고 있다.[382] 지방법원 항소부나 고등법원의 결정에 대한 항고는 최초의 불복절차이지만, 항고법원이 대법원이라는 점에서 재항고 또는 특별항고라고 부른다. 그러나 형사소송법에서는 민사소송법과 달리 특별항고 제도를 두고 있지 않다.

고등법원의 결정도 예외적으로 불복이 허용되지 않는 경우가 있다.

예컨대 재정신청절차에서 고등법원의 재정신청에 대한 기각결정에 대해서는 즉시항고(재항고)가 가능하지만,[383] 공소제기결정에 대해서는 소송절차의 조속한 안정을 위하여 불복할 수 없다(제262조 제4항).[384]

(2) 재항고의 원칙적 금지

대법원의 업무부담 경감을 위해 항고법원 등의 결정에 대하여는 원칙적으로 불복이 금지된다.[385] 다만, 항고법원 등의 결정이 위법함을 이유로 즉시항고의 형태로 예외적으로 허용된다(제415조).

입법론상 구금 등과 같은 강제처분에 관한 결정에 관하여는 결정 자체의 중요성에 비추어 재판에 영향을 미친 법률위반을 전제로 하지 않고 재항고를 인정할 필요가 있다(독일 형사소송법 제310조 참조).

(3) 집행정지의 효력 부정

재항고는 즉시항고의 방법으로 행하는데, 이 경우에 기간제한은 동일하지만, 일반적인 즉시항고(제410조)의 경우와는 달리 집행정지의 효력은 원칙적으로

---

380) 대결 2002. 9. 27. 2002모6; 대결 2008. 4. 14. 2007모726; 대결 2019. 11. 29. 2017모3458.

381) 대결 2019. 5. 30. 2018어21.

382) 대결 2008. 4. 14. 2007모726.

383) 헌재 2011. 11. 24. 2008헌마578.

384) 대판 2010. 11. 11. 2009도224 참조 (재정신청서의 기재요건을 위반한 재정신청을 인용한 공소제기결정의 잘못을 그 본안에서 다툴 수 있는지 여부: 원칙적 소극).

385) 대결 1985. 7. 23. 85모12 (피고인에게 다시 구속될 사유가 없음에도 원심이 피고인을 계속 구속함이 옳다고 보아 이 사건 구속취소 청구를 기각하는 결정을 하였음은 부당하다고 주장하면서 대법원에 재항고를 신청한 사안: 기각).

인정되지 않는다. 예컨대 항소심에서 보석취소결정이 있는 경우에 재항고로 불복할 수 있으나, 그로 인해 그 재판의 집행이 정지되는 것은 아니다.[386]

항고법원 또는 고등법원의 결정에 대한 불복방법을 즉시항고로 규정한 취지는 재항고 제기기간을 제405조의 즉시항고 제기기간 내로 정하고 재항고사유를 한정함으로써 신속히 절차의 안정을 도모하면서 재항고심의 심리부담을 경감하려는 데 있다고 볼 수 있으므로, 즉시항고와 집행정지의 효력에 관한 규정의 적용을 배제하는 것이 재항고에 관한 규정의 입법 취지에 반하는 것은 아니다.

제2 항고심의 절차

제406조 이하에서 항고의 절차에 관해 규정하고 있다. 그러나 재항고의 절차에 관하여는 별도의 규정을 두고 있지 않은데, 대법원이 관할하는 점을 고려하면 상고에 관한 규정을 준용하여야 할 것이다.[387]

Ⅰ. 항고권자

1. 고유의 항고권자

고유의 항고권자는 검사, 피고인 그리고 법원의 결정을 받은 제3자이다(제338조, 제339조).

검사는 공익의 대표자로서 당해 결정의 당사자가 아니더라도 항고가 가능하며, 피고인은 자신이 당사자로서 결정을 받은 경우나 자신이 관여한 절차에서 이루어진 결정에 대해서만 항고를 할 수 있다. 한편 가정폭력처벌법에 따른 임시조치 기각결정에 대해 검사가 항고하여 동법 제63조에 따라 항고법원이 임시조치 결정을 파기하고 검사의 청구를 기각하는 결정을 하는 경우에도 피해자는 재항고할 수 없다.[388]

---

386) 대결 2020. 10. 29. 2020모633.

387) 대결 1982. 8. 16. 82모24.

388) 대판 2019. 5. 30. 2018어21.

2. 항고대리권자

피고인의 법정대리인, 배우자, 직계친족, 형제자매 또는 원심의 대리인이나 변호인도 피고인의 항고권의 범위 내에서 항고권을 가진다(제340조, 제341조).

Ⅱ. 항고제기기간

보통항고의 경우는 원심결정을 취소하여도 실익이 없게 될 때까지 언제든지 제기할 수 있고(제404조),[389] 즉시항고의 제기기간은 7일이다(제405조).

즉시항고의 경우 항고권자의 재판청구권 보장 측면에서 항고를 위한 숙려 및 준비를 위한 실효적인 불복기간의 보장이 요청되므로, 즉시항고기간을 3일로 제한한 것은 재판청구권을 침해한다는 헌법재판소의 헌법불합치결정[390]이 있은 후 2019. 12. 31. 법률개정으로 제기기간이 7일로 연장되었다.

항고제기기간이 경과한 후에도 일정한 사유가 있으면 항고권을 회복할 수 있다(제345조 이하).

Ⅲ. 항고장 제출

1. 항고장의 제출

항고인이 항고장을 원심법원에 제출하여야 한다(제406조).

항고의 적법 여부에 대한 심사권한을 원심법원에 부여하고 재도의 고안을 할 기회를 부여하여, 항고법원의 부담을 경감시키려는 제도이므로, 항고장을 항고법원에 제출하였다면 바로 항고를 기각할 것이 아니라 원심법원에 송부하는 것이 타당하다.

2. 항고장의 기재

항고장에는 항고인과 항고취지를 명백히 하여 항고대상을 특정하여야 한다. 판결에 대한 상소의 경우와 달리 별도의 항고이유서 제출을 요하지 않으므로 항고장 자체에 항고이유를 기재하거나 필요한 경우 별도로 항고이유서를 제출하면 족하다. 항고이유의 기재는 원심결정의 위법뿐만 아니라 부당도 포함한다. 다만, 재항고는 법령위반이 있음을 이유로 하는 때에 한한다.

---

389) 대결 1966. 9. 15. 66모61.

390) 헌재 2018. 12. 27. 2015헌바77, 2015헌마832(병합).

Ⅳ. 원심법원의 조치

원심법원은 항고가 제기되면 즉시 상대방에게 통지한 후 항고를 기각하거나 결정을 경정하여야 한다.

상소절차에서의 원심법원과는 달리 항고절차에서 원심법원은 결정의 당부에 대해 스스로 판단할 기회를 가지므로, 항고이유로 기재된 사항에 대하여는 반드시 심사하여야 하고, 기타 사항에 대하여도 필요한 경우에는 조사를 할 수 있으며 항고이유에 구속되지 않는다. 경정결정제도가 간이하고 신속하게 다툼을 해결하려는 데 그 취지가 있으므로 심사범위에 제한을 두지 않고 있다.

그러나 심사범위를 넓히게 되면 당사자가 예기하지 못한 쟁점에 의해 불의의 타격을 받을 가능성도 있고 절차의 혼란을 초래할 뿐만 아니라 신속한 처리가 지연될 우려가 있으므로, 항고이유에 포함되지 아니한 사유는 그 존재가 명백한 경우로 한정해야 한다.

1. 항고기각의 결정

항고의 제기가 법률상의 방식에 위반하거나 항고권소멸 후인 것이 명백한 때에는 원심법원은 결정으로 항고를 기각하여야 한다(간이기각결정, 제407조 제1항).[391) 보통항고와 즉시항고를 불문한다. 기각결정에 대하여는 즉시항고를 할 수 있다(동조 제2항). 재항고의 경우 원심법원의 기각결정이 위법임을 주장하는 경우에 한해 즉시항고를 할 수 있다.

2. 경정결정

원심법원은 항고가 이유있다고 인정한 때에는 결정을 경정하여야 한다(제408조 제1항). 판결에 대한 상소와 달리 원심법원이 스스로 자신의 결정을 고칠 수 있도록 함으로써 소송절차상의 중간적·부수적 문제에 관해 간이하고 신속한 해결을 도모하여 상급심의 부담을 경감하고 있다.

이 제도를 '**재도의 고안**'(再度의 考案, 재차 생각해 봄)이라고 부른다. 결정은 판결보다 구속력이 약하므로 원심법원으로 하여금 스스로 그 결정을 경정할 수 있는 기회를 부여한다는 의미이다.

---

391) 대결 2005. 3. 25. 2005모55.

(1) 항고가 이유 있는 경우

보통항고나 즉시항고 모두에 대해 적용되며, '항고가 이유있다'는 것은 주문의 변경을 가져오는 경우를 말하며, 이유만 변경되는 경우는 제외된다.

항고가 부적법한 경우에는 기각결정을 해야 하지만, 부적법하더라도 항고이유가 있다면 원결정의 잘못을 시정하기 위해 경정결정이 가능하다고 보아야 할 것이다. 다수설과 판례는 반대하는 입장이다.

신청을 기각한 이유가 잘못된 경우에는 원심법원은 새로운 이유를 들어 경정된 결정에 대해 다시 경정결정을 할 수도 있다. 또한 원결정의 주문이 가분적이고 일부에 대하여서만 항고가 이유 있는 경우에는 결정의 일부에 대한 경정도 가능하다.

(2) 경정의 의미

오류를 고치는 것이 아니라 원결정 자체를 취소 또는 변경하는 것으로서, 원결정의 취지와 항고내용에 따라 그 내용이 달라진다.

예컨대 공소기각결정이나 항소기각결정의 취소처럼 원결정을 단순히 취소하는데 그칠 수 있고, 보석청구기각결정을 취소하고 보석을 허가하는 경우처럼 원결정을 취소함과 아울러 원결정과 다른 결정을 하거나 원결정의 내용을 변경하는 경우(보석보증금액의 변경)도 있다.

종국재판(공소기각의 결정 등)에 대해서도 즉시항고가 가능한 때에는 원심법원이 경정결정을 할 수 있다.

(3) 경정결정의 효과

㈎ 원결정의 실효 경정결정과 함께 원결정은 효력을 상실하고 항고의 목적이 달성되므로 항고심으로 이심 없이 절차는 종결된다.

따라서 별도로 항고기각 등의 조치를 취할 필요도 없고, 이심의 효력도 생기지 않는다.

㈏ 불이익변경 금지 경정결정을 함에 있어서도 항고인에게 불이익하게 변경할 수 없다.

독일에서는 항고심에서 불이익변경금지의 원칙이 적용되지 아니한다고 보고 있다. 따라서 원심법원에 의한 경정결정의 경우에도 마찬가지이다. 그러나 항고인 등에게 회복할 수 없는 손해를 가져오는 경우에는 예외를 인정하고 있으므로 구체적인 사건에서는 큰 차이가 없다.

3. 항고장·소송기록의 송부

항고의 전부 또는 일부가 이유 없다고 인정한 때에는 항고장을 받은 날로부터 3일 이내에 의견서를 첨부하여 항고법원에 송부하여야 한다(제408조 제2항). 항고가 이유가 없다고 판단한 경우 항고법원의 심리를 위한 절차에 해당한다. 재항고의 경우에도 실무상 동일한 절차에 의하고 있다.

(1) 항고의 일부가 이유 있는 경우

그 부분에 대해서만 경정결정을 하고 나머지 부분에 대해서 의견서를 첨부하여 항고장을 송부한다. 가분적인 경우가 아니면 전부 송부하여야 한다.

예컨대 수개의 압수물에 대한 환부청구에 대해 모두 기각결정을 내려 항고한 경우, 항고가 이유있는 경우 그 부분에 대해서만 경정결정을 내려 환부결정을 내리고, 나머지 부분에 대해서는 기각하는 이유를 간단히 기재하여 의견서와 함께 항고법원에 송부한다.

(2) 항고법원의 통지의무

항고법원은 소송기록과 증거물의 송부를 받은 날로부터 5일 이내에 당사자에게 그 사유를 통지하여야 한다(제411조 제1항 내지 제3항).

항고인에게 항고이유서 제출의무가 있는 것은 아니지만 당사자에게 항고에 관하여 그 이유서를 제출하거나 의견을 진술하고 유리한 증거를 제출할 기회를 부여하려는 데 취지가 있으므로, 항고심에서 항고인이 항고에 대한 의견진술을 한 경우에는 그러한 기회가 보장되었다고 볼 수 있다.[392]

항고법원이 항고인에게 소송기록접수통지서가 송달된 날 곧바로 항고인의 즉시항고를 기각한 것은 제411조에 관한 법리를 오해한 위법이 된다.[393]

(3) 검사의 의견진술

검사는 항고사건에 대하여 의견을 진술할 수 있다(제412조). 다만 항고이유

392) 대결 1993. 12. 15. 93모73; 대결 2003. 9. 22. 2003모300; 대결 2016. 1. 20. 2016모73; 대결 2018. 6. 22. 2018모1698; 대결 2019. 1. 4. 2018모362.

393) 대결 2008. 1. 2. 2007모601.

서를 제출함으로써 의견진술을 한 때에는 법원이 별도의 의견진술 없이 결정하더라도 결정에 영향을 미친 위법은 아니다.[394]

V. 집행정지의 효력

1. 일반항고의 경우

항고는 즉시항고 외에는 재판의 집행을 정지하는 효력이 없으나, 원심법원 또는 항고법원은 결정으로 항고에 대한 결정이 있을 때까지 집행을 정지할 수 있다(제409조). 항고의 대상이 되는 법원의 결정은 소송절차의 신속한 처리를 위해 성립과 동시에 효력을 발생하는 것이 일반적이지만, 그 효력을 정지시키지 않으면 항고의 의미가 없어지는 예외적인 경우에는 집행을 정지시킬 수 있도록 한 것이다.

예컨대 법원의 보석허가결정에 대해 검사가 - 즉시항고는 할 수 없지만 - 보통항고를 한 경우에 법원이 위 단서규정에 따라 재량으로 피고인을 석방하지 않고 구금상태로 둘 수 있다.

(1) 대상

집행을 요하는 재판 외에 법률관계만을 정하는 효력을 지닌 결정(예컨대 공소제기결정이나 집행유예취소결정 등)도 포함한다. 보석청구나 구속취소청구에 대한 기각결정과 같이 아무런 법적 효과가 발생하지 않는 경우는 제외된다.

(2) 신청 및 절차

항고인의 신청 또는 직권에 의하며, 통상 항고제기와 동시에 항고인의 신청에 의해 이루어지지만 – 재판의 집행이 종료되지 않은 이상 – 항고제기 이후에 신청할 수도 있다.

항고의 제기가 없더라도 즉시항고와는 달리 집행정지를 할 수 있는지에 대해 논의가 있는데, 항고의 제기를 고려해야 할 계기가 있으면, 항고 제기가 없더라도 집행을 정지할 수 있다고 보아야 한다. 예컨대 보석허가결정을 내린 후, 보석조건이 적절하지 않다고 판단하는 경우 원결정을 한 법원은 보석조건을 변경할 때까지 보석조건의 이행을 연기할 수 있다.

---

394) 대결 2012. 4. 20. 2012모459.

(3) 재량에 의한 정지

집행정지 여부는 원심법원 또는 항고법원의 재량이며, 항고사건의 소송기록이 송부된 시점을 기준으로 권한이 배분된다. 집행정지를 결정할 때에는 검사의 의견을 들을 필요가 없다.

(4) 집행정지기간 및 불복

'항고에 대한 결정이 있을 때까지'의 범위 내에서 집행정지기간을 법원이 임의로 정할 수 있고 추후 변경도 가능하다. 원결정에 대한 항고재판이 내려질 때까지 집행정지결정에 대한 항고는 허용되지 않는다.

여기서 집행정지결정은 항고에 대한 재판이 있을 때까지 내려지는 잠정적인 조치이고 항고심과의 관계에서는 종국재판전의 중간결정에 그치므로 항고할 수 없다는 것이 다수설이다. 그러나 항고절차가 종료하면 항고대상이 소멸할 뿐이므로 집행정지결정도 항고의 대상이 된다고 보는 견해도 있다.

원심법원의 집행정지결정을 항고법원이 취소할 수 없다.

항고의 대상은 원결정이지 집행정지결정이 아니므로 항고법원이 이를 취소할 수 없다고 보아야 한다. 다만 적극설에 따르더라도 항고심에서 항고에 대한 결정을 하면 집행정지결정의 운명은 자동적으로 소멸하므로 실무상 취소할 경우는 거의 없을 것이다.

2. 즉시항고와 재항고의 경우

즉시항고는 집행정지의 효력이 있다(제410조, 제415조). 당사자에게 미치는 영향을 고려하여 상소제기와 동일한 효력을 인정하고 있다. 집행정지의 효력이 인정되는 기간은 즉시항고 제기기간 또는 즉시항고 제기 이후 항고에 대한 결정이 있을 때까지이다. 재항고의 경우에는 집행정지의 효력이 원칙적으로 인정되지 않는다는 점은 이미 설명하였다.

제3 항고심의 심판

Ⅰ. 관할법원

1. 항고사건

지방법원 단독판사의 결정에 대한 항고사건은 지방법원 합의부에서 관할하고(법원조직법 제32조 제2항 제2호), 지방법원 합의부의 제1심법원으로서의 결정에 대한 항고사건은 고등법원이 관할한다(동법 제28조 제2호).

2. 재항고사건

고등법원, 지방법원 항소부, 항고법원의 결정에 대한 재항고사건은 대법원이 관할한다(제415조, 법원조직법 제14조 제2호).

Ⅱ. 항고심의 심사

항고심은 사실심으로서 원심결정의 위법, 부당에 대하여 심사한다. 항고이유에 대하여는 심사의무가 인정되지만, 원심결정의 위법이 중대한 경우 또는 재량으로 직권심사도 가능하다. 결정의 형식이므로 구두변론을 요하지 않으나, 사실조사를 할 수 있으며. 증인신문이나 감정도 할 수 있다. 검사는 항고사건에 대해 의견을 진술할 수 있다(제412조).

그러나 검사의 의견은 소송상 참고자료에 불과하며, 검사의 의견제시가 없더라도 법원은 결정을 내릴 수 있다. 한편 검사가 항고를 제기한 경우에는 그 상대방인 피고인 등도 의견을 진술하고 증거를 제출할 기회를 가지도록 보장해야 할 것이다(독일 형사소송법 제308조 참조).

Ⅲ. 항고심의 재판

항고법원은 다음의 구분에 따라 재판한다. 재판을 한 때에는 즉시 그 결정의 등본을 원심법원에 송부하여야 한다(규칙 제165조).

1. 항고기각의 결정

(1) 부적법한 항고　　항고의 제기가 법률상의 방식에 위반하거나 항고

권소멸 후인 것이 명백함에도 원심법원이 항고기각의 결정을 하지 아니한 때에는 결정으로 항고를 기각하여야 한다(제413조). 항고제기가 부적법함이 명백한 경우뿐만 아니라 명백하지 않더라도 그러한 의심이 있어 원심법원이 항고기각의 결정을 하지 아니한 때도 포함된다.

원심법원이 항고기각결정을 한 경우와는 달리 재항고만 허용되므로 재항고이유의 제한을 받게 된다.

(2) **항고이유의 부존재** 항고가 이유 없다고 인정한 때에는 결정으로 항고를 기각하여야 한다(제414조 제1항). 원심결정의 주문을 항고인에게 이익이 되도록 취소하거나 변경할 사유가 없는 경우를 말한다. 원심결정에 오류가 있더라도 결론에 영향이 없으면 항고를 기각한다.

2. 원심결정의 취소

항고가 이유 있다고 인정한 때에는 결정으로 원심결정을 취소하고, 필요한 경우에는 항고사건에 대하여 직접 재판을 하여야 한다(제414조 제2항).

> '항고가 이유 있는 때'란 원심결정이 위법하거나 부당하고, 원심결정의 주문을 항고인의 이익을 위해 변경할 필요가 있는 경우를 말하며, 항고인이 주장하지 아니한 이유로 원심결정이 부당하거나 위법하다고 인정되는 경우도 포함된다.

항고법원의 재판내용은 원심결정의 내용과 항고취지에 따라 달라진다.

(1) 취소만으로 족한 경우

직권에 의한 보석허가결정이나 보석취소결정을 취소하는 경우, 증인·감정인에 대한 과태료나 비용배상의 결정을 취소하는 경우, 소송비용부담의 결정을 취소하는 경우가 여기에 해당한다.

(2) 직접 재판해야 하는 경우

보석청구기각결정을 취소하고 보석허가결정을 하는 경우, 기피신청기각결정을 하고 기피신청이 이유 있다는 결정을 하는 경우, 항고기각결정을 취소하고 피고인의 사망을 이유로 공소기각결정을 하는 경우 등이 여기에 해당한다.

(3) 취소 후 환송

본안사건에 대한 심급의 이익을 고려할 때 원심법원이 다시 본안사건을 심리하게 할 필요가 있는 경우 등에 한하여 예외적으로 환송할 수 있다.

항소심도 원칙적으로 파기자판을 하지만 파기환송(제366조)을 예외적으로 인정하고 있는 것처럼, 항고심도 종국전 재판으로서 신속하고 간편한 처리를 위해 원칙적으로 자판해야 하지만, 명문규정이 없더라도 예외적으로 환송이 가능하다는 것이 지배적인 학설과 판례이다.[395)]

3. 불이익변경금지의 원칙

항고인이 항고한 사건에 대하여 항고인에게 불리한 재판을 할 수 있는지에 대해 논의가 있으나, 형벌은 아니라도 피고인에게 실질적 불이익이 되는 경우도 포함한다는 의미에서 불이익변경금지의 원칙이 적용된다고 보아야 한다.

학설로는, ① 부정설은 불이익변경금지의 원칙은 원래 법치주의의 원칙과는 부합되지 아니하는 것이고, 다만 "형"에 대한 정책적인 고려에서 나온 것으로 항고절차에는 적용될 여지도 없고 명문의 규정도 없다는 점을 근거로 하며, ② 긍정설은 불이익변경금지의 원칙은 상소권을 보장하기 위한 규정이고 "형"의 의미를 넓게 본다면 항고심에서도 적용되어야 한다고 한다.[396)]

Ⅳ. 불복

일정한 요건하에 재항고를 할 수 있다(제415조). 재항고는 즉시항고이므로 그 기간이 경과하거나 재항고가 기각된 이후에는 원심결정에 대하여 동일한 사유로 다시 항고할 수는 없다.

재항고가 부적법한 경우에는 결정으로 기각한다. 예컨대 제1심 이외에 별도로 변호인선임신고서를 제출하지 않은 채, 제1심 변호인이 재항고장을 제출한 것은 재항고가 법률상의 방식에 위배된 것이다.[397)]

---

395) 대결 1994. 12. 20. 94모32 전합 (재항고사건에 대해 원심과 제1심결정을 취소하고 제1심법원에 환송한 사안).

396) 부정설을 취하고 있는 독일에서도 사실상 법률관계를 종국적으로 형성하여 그 결과 형의 효력이 발생하게 되는 경우는 예외를 인정하고 있으므로 구체적인 사건의 결론에서는 그 차이가 없다. 예를 들어 집행유예의 취소결정에 대한 항고 등에 대하여는 어느 설에서나 불이익변경금지의 원칙이 적용된다고 한다.

397) 대결 2012. 10. 29. 2012모1090; 대결 2017. 7. 27. 2017모1377.

제4 준항고

Ⅰ. 의의

준항고란 법관(재판장 또는 수명법관)의 재판이나 수사기관(검사 또는 사법경찰관)의 처분에 불복하는 경우에 그 소속법원이나 관할법원에 취소 또는 변경을 청구하는 불복신청방법을 말한다.

준항고심도 항고심과 그 구조가 유사하다. 그러나 준항고심은 일반의 항고심과 일부 차이가 나는 점도 있고, 제416조와 제417조의 준항고는 각기 그 대상이 달라 이로 인하여 절차면에서 구별할 필요가 있다. 준항고의 대상은 재판이 아니므로 준항고심은 상소절차라기보다 새로운 불복절차로 보는 것이 타당하다.

상급법원에 대한 불복방법이 아니라는 점에서 엄밀한 의미에서 상소에 해당하지 않지만, (법관의) 재판 등의 취소와 변경을 청구하며 합의부에서 결정한다는 점에서 항고와 유사하므로 항고에 관한 규정을 준용하도록 하고 있다(제419조). 수사기관의 처분에 대한 준항고는 법원에 의한 위법수사의 통제라는 기능을 가진다.

Ⅱ. 대상

1. 재판장 또는 수명법관의 재판

재판장 또는 수명법관의 일정한 재판에 대해 그 법관이 소속된 법원에 재판의 취소 또는 변경을 청구할 수 있다(제416조 제1항).

(1) 의의

수소법원의 구성원인 법관이 행한 재판에 대한 불복방법이다. 수소법원의 법관이 아닌 '법원의 재판'이나 '수소법원 이외의 법관'이 행한 재판은 준항고의 대상이 아니다.

예컨대 법원 직원에 대한 기피신청을 법원 판사(제25조 제2항 참조)가 기각한 경우,[398] 수사절차에서 관할지방법원 판사가 구속영장 청구를 기각한 경우,[399] 압

398) 대결 1984. 6. 20. 84모24.

399) 대결 2006. 12. 18. 2006모646.

수영장을 발부한 경우,[400] 구속기간연장신청을 기각한 경우[401] 그리고 증거보전 절차에서 증거보전처분을 한 경우[402] 등에 대해서는 준항고를 할 수 없다.

(2) 적용범위

(가) **기피신청을 기각한 재판**(제1호) 법원이 아닌 법관이 기피신청을 기각하는 경우는 '기피신청이 소송의 지연을 목적으로 함이 명백하거나 형식적 요건을 구비하지 못한' 부적법한 신청의 경우에 한하므로 수명법관이 간이기각 결정을 한 경우를 말한다.

다만 재판장 등 합의법원의 법관에 대한 기피는 법관의 소속법원인 합의부에 하여야 하므로(제19조 제1항) 재판장에 대한 기피신청기각결정은 간이기각결정이라도 법원의 결정에 해당하여 즉시항고의 대상이 되고(제23조), 또한 법원직원이나 단독판사에 대한 기피신청기각결정은 그것이 간이기각결정이라고 하여도 마찬가지로 법원의 결정에 해당하여(제23조 제1항, 제25조 제2항) 즉시항고의 대상이 된다.

(나) **구금, 보석, 압수 또는 압수물환부에 관한 재판**(제2호) 재판장이나 수명법관이 급속을 요하는 경우에 예외적으로 행하는 소환, 구속 또는 출석이나 동행명령에 관한 처분(법 제69조 내지 제71조, 제71조의2, 제73조, 제76조, 제77조, 제79조)을 하는 경우(제80조), 수명법관이 행하는 압수(제136조)를 말한다.

다만 보석이나 압수물환부에 관한 재판은 재판장 등 합의부원이 행하는 경우는 없고 수소법원의 권한에 속하기 때문에 보통항고의 대상이 되므로, 여기에서 제외해야 한다.

(다) **감정하기 위하여 피고인의 유치를 명한 재판**(제3호) 재판장이나 수명법관이 감정유치(제172조 제3항)를 하는 경우(제175조)를 말한다.

다만 감정유치는 법원의 권한이고(제172조 제3항), 감정에 필요한 처분(제173조)만 법원이 합의부원에게 명할 수 있어 재판장이나 수명법관은 감정유치처분을 할 수 없으므로, 입법론상 준항고의 대상으로 규정한 것은 의문이다.

---

400) 대결 1997. 9. 29. 97모66.
401) 대결 1997. 6. 16. 97모1.
402) 대결 1986. 7. 12. 86모25.

(라) **증인, 감정인, 통역인 또는 번역인에 대하여 과태료 또는 비용의 배상을 명한 재판**(제4호) 재판장 또는 수명법관이 증인, 감정인, 통역인 또는 번역인에 대하여 과태료 또는 비용의 배상을 명한 재판(제151조, 제167조, 제177조, 제183조)을 말한다.

(마) **즉결심판절차에서의 유치명령** 즉결심판절차에서 구류의 선고를 받은 피고인이 일정한 주소가 없거나 또는 도망할 염려가 있을 때에 판사가 5일을 초과하지 아니하는 기간 경찰서 유치장에 유치할 것을 명하는 경우(즉결심판에 관한 절차법 제17조 제1항)를 말한다.

> 본래 이러한 유치명령은 단독판사인 법원의 구금에 관한 재판에 해당하여 보통항고의 대상이 되므로 여기에 포함되지 않지만, 보통항고에 의하는 경우에 항고에 관한 의견서 작성이나 기록송부 등을 하는 사이에 유치기간이 사실상 도과되어 불복의 실익을 달성할 수가 없다는 점을 고려하여 실무에서는 피고인의 이익을 위하여 준항고를 허용하고 있다.

2. 수사기관의 처분

법관의 재판은 아니지만 검사 또는 사법경찰관의 구금, 압수 또는 압수물의 환부에 관한 처분과 피의자신문에 따른 변호인의 참여 등에 관한 처분에 대하여 불복이 있으면 그 직무집행지의 관할법원 또는 검사의 소속검찰청에 대응한 법원에 그 처분의 취소 또는 변경을 청구할 수 있다(제417조). 수사절차에서의 기본권 침해에 대하여 법원이 가능한 한 효과적으로 통제하기 위한 제도이다.

(1) 검사 또는 사법경찰관의 처분

수사절차에서 수사기관이 행한 강제처분을 대상으로 하므로, 강제처분을 위해 판사가 결정하는 영장의 발부나 기각에 대해서는 적용되지 않는다.[403] 마찬가지로 검사가 법원의 재판에 대한 집행지휘자로서 행한 처분은 준항고의 대상이 아니다.[404]

사법경찰관은 국가정보원 직원 등 특별사법경찰관도 포함한다.[405] 처분은 아직 집행되지 않은 경우와 처분이 집행되어 기본권 침해 상태가 지속되어 있는

403) 대결 1958. 3. 14. 4290형항9.
404) 대결 1974. 5. 30. 74모28.
405) 대결 1991. 3. 28. 91모24.

경우도 포함한다.

(2) 구금, 압수 또는 압수물의 환부에 관한 처분

'구금에 관한 처분'이란 피의자나 피고인에 대한 구속영장의 집행과 관련된 처분을 말하며, 영장에 의하지 않은 구금이나 구금장소를 임의로 변경한 경우[406] 또는 수사기관이 구금된 피의자를 신문할 때 피의자 또는 변호인으로부터 보호장비를 해제해 달라는 요구를 받고도 거부한 경우[407] 등이 여기에 해당한다.

'압수 및 압수물의 환부에 관한 처분'이란 압수절차에 위법이 인정되거나,[408] 압수장물을 피해자에게 환부하는 경우[409] 등을 말하며, 가환부에 관한 처분도 포함된다.[410] 그러나 준항고의 목적이 이미 다른 방법으로 달성되었거나 시일의 경과 등으로 그 이익이 상실된 경우는 준항고의 실익이 없으므로 부적합하게 된다.[411]

검사가 압수·수색영장의 청구 등 강제처분을 위한 조치를 취하지 아니한 것 자체는 '압수에 관한 처분'에 해당하지 않는다.[412]

(3) 변호인의 참여 등에 관한 처분

변호인 또는 변호인이 되려는 자와 피의자 또는 피고인 사이의 접견교통권을 제한하는 경우, 임의동행이 된 피의자 또는 피내사자에 대한 접견교통권침해의 경우,[413] 구금된 피의자의 신문과정에 변호인의 참여를 제한하는 경우[414] 등을 말한다(제243조의2 참조).

구법하에서 변호인과의 접견교통권 침해는 구금에 관한 처분으로 보았으나,[415] 2007년 개정에 의해 변호인의 참여 등에 관한 처분에 포함되었다. 접견교통권의

---

406) 대결 1996. 5. 15. 95모94.
407) 대결 2020. 3. 17. 2015모2357.
408) 대결 1970. 5. 12. 70모13; 대결 2020. 4. 16. 2019모3526 (영장을 사전에 제시하지 않은 사안).
409) 대결 1984. 2. 6. 84모3; 대결 1994. 8. 18. 94모42; 대결 2015. 10. 15. 2013모1970; 대결 2017. 9. 29. 2917모236 등 참조.
410) 대결 1971. 11. 12. 71모67; 대결 1994. 8. 18. 94모42.
411) 대결 1984. 2. 6. 84모3; 대결 2015. 10. 15. 2013모1970.
412) 대결 2007. 5. 25. 2007모82.
413) 대결 1996. 6. 3. 96모18.
414) 대결 2003. 11. 11. 2003모402.
415) 대결 2003. 11. 11. 2003모402.

침해로는, 변호인의 접견을 불허한 경우[416]나 접견신청일로부터 상당한 기간이 경과하도록 접견을 허용하지 않은 접견지연의 경우[417] 등을 들 수 있다.

피의자신문시 참여와 관련된 처분은 참여 자체를 제한하는 경우[418]뿐만 아니라 위치나 의견진술의 부당한 제한 등도 포함된다.[419]

Ⅲ. 준항고의 절차

1. 청구권자

당해 처분에 대하여 불복이 있는 자, 즉 당해 재판이나 처분으로 법률상의 이익이 침해된 자는 누구든지 준항고를 청구할 수 있다. 피의자는 물론, 당해 처분으로 인하여 직접적인 손해가 발생한 자도 준항고를 청구할 수 있다.

수사권을 행사하는 사법경찰관은 준항고의 청구권자가 될 수 없으므로 검사가 영장신청을 기각한 처분에 대해 사법경찰관이 준항고를 청구할 수 없다.[420]

자연인이나 법인이 아니라도 단체로서 독립된 활동을 하는 실체가 있으면 준항고를 청구할 수 있다. 법무법인 소속 변호사가 변호인접견교통권 내지 피의자신문참여권 침해를 주장하는 경우, 준항고인 적격은 개인 변호사가 아니라 법무법인에게 있다.[421]

2. 청구방식과 관할법원

서면에 의하며(준항고장의 제출, 제418조), 처분의 주체에 따라 관할법원을 달리한다.

처분의 상대방은 해당 결정이나 처분을 한 당사자이므로, 수사기관의 구금에 관한 처분에 불복하는 경우에는 당해 처분을 한 검사나 사법경찰관을 상대방으로 해야 하며, 소속기관의 장이나 감독관청을 상대방으로 해서는 안된다. 다만 판례는 상

---

416) 대판 1990. 9. 25. 90도1586.

417) 대결 1990. 2. 13. 89모37.

418) 대결 2003. 11. 11. 2003모402.

419) 대결 2008. 9. 12. 2008모793 (정당한 사유가 없음에도 불구하고, 변호인에 대하여 피의자로부터 떨어진 곳으로 옮겨 앉으라고 지시를 한 다음 이러한 지시에 따르지 않았음을 이유로 변호인의 피의자신문 참여권을 제한한 사안: 위법); 헌재 2017. 11. 30. 2016헌마503.

420) 서울북부지결 2007. 1. 16. 2006보1.

421) 대결 2010. 1. 7. 2009모796.

대방 표시를 잘못하였다는 것만으로 재항고이유가 되지 않는다는 입장이다.[422]

(1) 법관의 처분에 대한 준항고

그 법관 소속 법원의 합의부에 청구하여야 한다(제416조 제1항, 제2항).

즉결심판절차에서 유치명령에 대한 준항고에 대해서는 명문규정이 없으므로 그 법관 소속의 합의부일 필요는 없고, 국법상 의미의 법원에 설치된 합의부가 관할하면 족하다.[423]

(2) 수사기관의 처분에 대한 준항고

그 직무집행지의 관할법원 또는 검사의 소속검찰청에 대응한 법원에 청구하여야 한다(제417조). 여기서 '직무집행지'란 준항고의 대상이 된 직무를 집행하는 지역을 관할하는 법원을 가리키며, '검사'는 직무를 집행하는 검사나 직무집행을 지휘하는 검사를 가리킨다.

'검사의 소속검찰청에 대응한 법원'의 '검사'는 준항고가 제기된 구금·압수 등에 관한 처분을 직접 집행하였는지와 관계없이 그 처분과 관련된 수사를 지휘하는 검사를 의미하는 것이므로, 수사를 지휘하는 검사가 직접 준항고가 제기된 구금·압수 등에 관한 처분을 직접 집행하였는지와 관계없이 그 검사의 소속검찰청에 대응한 법원은 제417조에서 정한 '검사의 소속검찰청에 대응한 법원'으로서 준항고 사건에 관하여 관할권을 가진다는 하급심 판례가 있다.[424]

3. 청구기간

재판장이나 수명법관의 재판에 대하여 준항고를 청구하는 경우에는 재판의 고지가 있은 날로부터 7일 이내에 준항고장을 제출하여야 한다(제416조 제3항). 수사기관의 처분에 대해서는 명문규정이 없어 이 조항이 준용된다는 견해가 있으나, 처분의 성격상 처분을 취소 또는 변경할 실익이 있는 한 언제든지 청구할 수 있다고 보아야 할 것이다.

---

422) 대결 1991. 3. 28. 91모24.「원심이 위 제417조 소정의 사법경찰관이 아닌 국가안전기획부장을 상대방으로 표시한 잘못이 있다고 하더라도 그것이 형사소송법 제415조의 재항고이유로 되는 위법사유가 된다고 볼 수 없다.」

423) 형사실무제요 [Ⅱ], 631면.

424) 서울중앙지결 2009. 9. 11. 2009보5 (전교조 사무실에 대한 압수수색영장 집행과 관련하여, 전교조가 준항고를 제기하면서 사법경찰관의 직무집행지 관할법원이 아닌 검사의 소속검찰청에 대응하는 법원에 준항고를 제기한 것이 부적법하다고 다툰 사안).

4. 청구에 따른 효과

집행정지의 효력이 없으나, 법원은 결정으로 준항고에 대한 결정이 있을 때까지 집행을 정지할 수 있다(제419조, 제409조).

Ⅳ. 준항고 심판

1. 심리

사실심으로 원재판 내지 처분의 위법 및 부당 여부에 대해 심판한다. 준항고장에 기재된 불복이유(필요적 심사) 이외에 직권조사도 가능하다. 구두변론을 거치지 아니할 수 있지만(제37조 제2항), 사실을 조사할 수 있다(제37조 제3항). 절차에 관한 사항이므로 적법한 증거조사를 요하지 않지만 상당한 증거조사가 필요하다.

2. 결정

(1) 간이기각결정

준항고의 제기가 법률상의 방식에 위반하거나 항고권소멸 후인 것이 명백한 때에는 항고법원은 결정으로 항고를 기각하여야 한다(제419조, 제413조).

즉시항고사건에 대해 준항고를 제기한 경우에는 항고를 기각하지 않고 항고법원에 소송기록을 송부하더라도 적법하다.[425]

(2) 기각결정

준항고가 이유가 없다고 인정한 때에는 결정으로 항고를 기각하여야 한다(제419조, 제414조 제1항).

(3) 인용결정

준항고가 이유 있다고 인정한 때에는 원결정이나 원처분을 취소 또는 변경하고 필요한 때에는 준항고사건을 직접 재판을 하여야 한다(제419조, 제414조 제2항).

---

425) 대결 1984. 6. 20. 84모24 (법관의 기피신청에 대하여 이유 없다는 결정을 내린 것을 이유로 준항고를 한 사안).

3. 불복

준항고 결정에 대해서는 재판에 영향을 미친 헌법, 법률, 명령, 규칙의 위반이 있음을 이유로 하는 때에 한하여 대법원에 즉시항고를 할 수 있다(제419조, 제415조).

준항고법원은 상소법원이 아니며, 특히 수사기관의 처분에 대한 준항고사건의 관할법원은 항고법원이 아니므로, 관할의 일반원칙(법원조직법 제28조, 제32조)에 따라 고등법원 또는 지방법원 합의부가 관할법원이라는 견해도 있다. 그러나 제419조가 준항고법원의 결정에 대한 재항고에 관하여 제415조를 준용한다고 규정하고 있고 재항고사건의 관할법원은 대법원이므로, 준항고법원의 결정에 대한 재항고사건의 관할법원도 대법원이라는 보는 것이 타당하다. 판례도 같은 입장이다.[426)]

---

426) 대결 1983. 5. 12. 83모12.

제2장

비상구제절차

제 1 절 재심

제 1 재심의 의의 및 근거

Ⅰ. 재심제도의 의의

1. 의의

재심이란 유죄의 확정판결에 중대한 사실오인이 있는 경우에 그 판결을 받은 자의 이익을 위하여 이를 시정하기 위한 비상구제절차를 말한다(제420조). 재심은 법적 안정성을 희생해서 구체적 정의를 실현하고 무고한 자를 구제할 수 있는 마지막 사법적 구제장치이다.

재심은 확정판결을 대상으로 한다는 점에서 '미확정재판'에 대한 구제절차인 상소와 구별된다. 주로 사실오인을 시정하여 유죄판결이 확정된 자의 구체적 구제를 목적으로 한다는 점에서 '법령해석·적용의 통일'을 목적으로 하면서 법령위반을 시정하는 절차인 **비상상고**와 구별된다.

▬ 재심과 비상상고의 비교

	재심	비상상고
목적	피고인 구제	법령 해석·적용의 통일
대상	유죄의 확정판결	모든 확정판결
이유	사실오인	법령위반
청구권자	피고인 등	검찰총장
청구방식	원판결의 등본 및 증거자료 첨부	이유를 기재한 신청서 제출
관할법원	원판결법원	대법원

	재심	비상상고
판결내용	실체판결	파기판결
판결의 효력	피고인에게 미침	피고인에게 미치지 않음
무죄판결의 공시	공시	공시 없음

2. 제도의 연혁 및 입법방식

(1) 연혁

재심은 로마법에서 출발한 제도로서,[1] 중세 규문주의하에서는 실체적 진실을 추구한다는 측면에서 사실오인을 바로잡기 위해 '재판의 확정력을 배제하는 제도'로 발전하였고, 유죄판결을 받은 자의 이익을 위한 재심뿐만 아니라 무죄였더라도 새로운 혐의가 드러나면 재심이 허용되고, 그 후 입법유형으로서 이익재심만을 인정하는 방식과 불이익재심도 인정하는 방식으로 발전되었다. 그 후 프랑스 치죄법에 이르러 피고인의 권리구제를 위한 제도로서 재심이 정착되었다.

(2) 입법방식

현행법은 독일주의와 프랑스주의를 절충하고 있다. 독일주의는 불이익재심도 인정하면서 원판결법원이 스스로 오류를 시정하는 방식이고, 프랑스주의는 이익재심만을 허용하면서 권리구제를 위해 상고법원이 재심사건을 관할하는 방식이다. 현행법은 이익재심만을 인정하면서 원판결법원이 재심사건을 관할한다는 점에서 양자를 절충한 것이다.

Ⅱ. 재심제도의 근거

1. 재심제도의 기능

재심은 확정판결의 중대한 사실오류를 시정함으로써 피고인의 이익을 보호하기 위한 비상구제절차이다. 확정판결을 통한 법적 안정성 내지 법적 평화를 그대로 유지할 수 없을 만큼 판결의 기초가 동요된 경우에 오판을 시정하고 피고인을 구제하기 위한 제도이다.

---

1) 로마법에서 유죄판결을 받은 자에게 다시 한번 심판을 받을 기회를 주는 '황제의 은혜에 의한 회복'제도에서 유래한 것으로서 심판을 받은 자의 이익을 위한 재심의 형태로 출발하였다.

2. 재심제도의 근거

이익재심만을 인정하고 있는 현행법의 태도와 관련하여 그 근거에 대해 논의가 있다.

① 입법정책설　　확정판결을 통한 법적 안정성의 유지와 실체적 진실발견을 통한 정의의 실현이 충돌하는 경우 법적 안정성을 위태롭게 하지 않는 범위 내에서 실체적 정의를 실현하기 위한 제도라고 보는 견해이다.[2] 양자를 조화시킨다는 의미에서 '조화설'이라고도 부른다. 재심의 범위 등은 입법자의 재량의 문제로 파악한다.

② 헌법적 근거설　　적법절차에 따라 공정한 재판을 받을 피고인의 헌법상 권리에 기초하여 인권보장의 이념을 실현하기 위한 제도라고 보는 견해이다. 적법절차의 원칙과 일사부재리의 원칙을 근거로 한다는 점에서 '적법절차설'이라고도 부른다. 현행법이 이익재심만을 인정하는 것을 일사부재리의 원칙의 당연한 귀결로 본다.

현행법이 이익재심만을 인정한 것은 일사부재리의 효력을 근거로 한 입법정책의 결과이다.[3] 현행법은 국제인권법(국제인권협약 B규약 제14조 제7항 참조)의 추세에 따라서 이익재심만을 인정함으로써, 불이익재심을 통한 정의와 진실의 추구를 시민의 법적 안정을 위해 양보하고 있다.

제 2 재심청구의 대상

Ⅰ. 유죄의 확정판결

이익재심만 인정한 결과 원칙적으로 유죄의 확정판결만 재심의 대상이 된다.

1. 유죄판결

'유죄'판결에는 형을 선고한 경우뿐만 아니라 형의 집행을 유예한 경우,[4] 형

---

2) 일찍이 라드부르흐(Radbruch)는 "실정법이 참을 수 없을 정도로 정의에 반한다면 그 법률은 정당하지 않은 법으로서 정의에 그 자리를 양보해야 한다"는 「라드부르흐 공식」을 통해 재심에 대한 법철학적 근거를 제시한 바 있다.

3) 헌재 2011. 6. 30. 2009헌바430.

4) 대판 2018. 2. 28. 2015도15782 (간통죄 및 상해죄로 징역 1년에 집행유예 2년을 선고받아 판결이 확정된 후 형법 제241조에 대한 위헌결정을 이유로 재심을 청구한 사안).

을 면제하거나 형의 선고를 유예한 경우[5]도 포함된다. 그러나 무죄판결[6]이나 종국적 형식재판(면소,[7] 공소기각, 관할위반)은 제외된다.

유죄'판결'에 한하므로, 결정, 즉 재정신청기각결정,[8] 재항고기각결정이나 명령은 대상이 되지 않는다. 유죄판결 이후에 상소심에서 공소기각의 결정이 확정된 경우도 확정된 것은 유죄판결이 아니라 공소기각의 결정이므로 재심의 대상이 아니다.[9]

2. 확정판결

(1) 심급 불문 유죄판결이 확정된 이상,[10] 대상 판결이 어느 심급에서 확정되었는지는 불문한다. 따라서 제1심법원이 선고한 유죄판결이 확정된 경우나 상소심이 파기자판하여 유죄판결이 확정된 경우도 모두 대상이 된다.

(2) 확정판결과 동일한 효력이 있는 처분 확정판결과 동일한 효력이 있는 약식명령, 즉결심판 그리고 범칙금 납부(경범죄처벌법 제7조 제3항, 도로교통법 제164조 제3항 등 참조)도 재심의 대상이 된다. 다만 정식재판을 청구하여 판결이 선고된 때에는 약식명령 등은 효력을 상실하게 되므로, 약식명령이 아닌 정식재판만이 재심청구의 대상이 된다.[11]

(3) 파기판결은 제외 유죄판결이 상소심에 의해 파기된 경우, 파기된 하급심판결[12]이나 파기판결 자체[13]는 재심의 대상이 아니다.

---

5) 유죄판결 가운데 형의 선고를 유예하는 경우는 선고유예기간의 경과로 면소된 것으로 간주되기 때문에 재심의 대상이 되지 않는다는 견해도 있으나, 선고유예도 유죄를 전제로 한 판결이므로 재심을 통해 무죄를 받을 가능성이 있다는 점에서 재심의 대상이 된다고 보아야 할 것이다.

6) 대결 1983. 3. 24. 83모5.

7) 대결 2018. 5. 2. 2015모3243; 대결 2021. 4. 2. 2020모2017.

8) 대결 1986. 10. 29. 86모38; 대결 1991. 10. 29. 91재도2.

9) 대판 2013. 6. 27. 2011도7931; 헌재 2015. 5. 12. 2015헌마431.

10) 판결서가 멸실·분실되었거나 판결서 작성이 되지 않은 경우라도 판결이 선고되고 확정되어 집행된 사실이 인정되면 판결의 성립을 인정하는 데 영향이 없으므로, 재심대상판결이 존재하는 것으로 보아야 한다. 대결 2019. 3. 21. 2015모2229 전합 ('여순사건' 당시 내란 및 국권문란 혐의로 군법회의에 회부되어 사형을 선고받고 그 판결에 따라 사형이 집행된 피고인들의 유족들이 재심을 청구하였으나 판결서 등이 없어 재심대상판결의 존재가 다투어진 사안).

11) 대판 2013. 4. 11. 2011도10626.

12) 대결 2004. 2. 13. 2003모464.

13) 대결 2006. 6. 27. 2005재도18.

3. 사면이 있는 경우

유죄의 확정판결 이후에 사면이 있더라도 별도의 재심사유가 존재하는 한 재심을 청구할 수 있다. 특별사면은 원칙적으로 형의 집행만을 면제하는 것으로서(사면법 제5조 제1항 제2호 본문), 형선고의 효과가 그대로 유지되므로 유죄판결이 확정된 경우처럼 피고인의 이익을 위해 재심을 청구할 수 있다는 데 의견이 일치되어 있지만, '특별한 사정이 있어' 선고의 효력까지 상실하게 한 경우(동항 단서)도 포함되는지에 대해 논의가 있다.

일반사면의 경우처럼, 특별사면의 효과로서 형선고의 효력을 상실하게 한다는 것은 형선고의 법률적 효과가 장래에 소멸된다는 의미일 뿐이고,[14] 따라서 **일반사면**이든 **특별사면**이든 형선고의 기왕의 효과는 변경되지 않으므로 재심을 통해 유죄의 확정판결에 따른 피고인에게 불이익한 효과를 완전히 제거할 수 있도록 하는 것이 타당하다. 판례도 2015년 전원합의체 판결을 통해 특별사면으로 형선고의 효력을 상실케 한 경우에도 재심청구가 가능하다는 입장을 취하였다.[15]

> 한편 유죄의 확정판결에 대해 특별사면이 있었던 경우에 재심공판에서 다시 면소판결을 해야 하는지 아니면 유무죄의 실체판결을 해야 하는지가 문제된다. 별도의 재심사유가 인정되는 한 그것에 기해 유·무죄의 실체판결을 해야 할 것이며, 2015년 전원합의체 판결도 같은 취지이다. 또한 유죄의 확정판결 이후에 일반사면이 있었던 경우에도 이익재심의 취지에 비추어 마찬가지로 보아야 할 것이다.

Ⅱ. 유죄판결에 대한 상소기각의 확정판결

항소 또는 상고를 기각하는 판결 자체는 본래 유죄판결이 아니지만, 이러한 판결이 확정되면 원심의 유죄판결도 함께 확정된다는 점을 고려하여 재심대상으로 인정하고, 다만 재심사유를 제한하고 있다(제421조). 이에 대해서는 후술한다.

---

14) 대판 2012. 11. 29. 2012도10269.

15) 대판 2015. 5. 21. 2011도1932 전합 (1973년 육군 고등군법회의에서 업무상횡령 등으로 징역 12년이 확정되었으나 형집행정지로 석방된 피고인이 1980년 형선고의 효력을 상실케 하는 특별사면을 받았으나, 수사관들이 불법체포와 고문 등 직무상 범죄를 저질렀음이 증명되어 재심을 청구한 사안: 적법).

제3 재심이유

Ⅰ. 재심이유의 제한

제420조에 열거된 사유에 한해 재심청구를 할 수 있다. 동일한 재심이라도 그 목적과 성격을 달리하는 민사소송법상의 재심사유를 형사절차에 원용할 수 없다.[16)]

Ⅱ. 유죄의 확정판결에 대한 재심이유

제420조는 유죄의 확정판결에 사실오인이 있는 유형을 7개(제1호 내지 제7호)로 제한하고 있다. 제420조의 재심이유는 원판결의 증거가 허위증거임을 이유로 하는 오류(falsa)형과 원판결의 사실인정을 변경할 만한 새로운 증거의 발견을 이유로 하는 신규(nova)형 재심으로 구분할 수 있다.

1. 새로운 증거에 의한 재심이유(제5호)

「유죄의 선고를 받은 자에 대하여 무죄 또는 면소를, 형의 선고를 받은 자에 대하여 형의 면제 또는 원판결이 인정한 죄보다 경한 죄를 인정할 명백한 증거가 새로 발견된 때」이다. 새로운 증거가 발견된 때라는 의미에서 nova형 재심사유라고 부른다.[17)]

증거의 명백성과 신규성을 재심사유의 요건으로 한 것이 명확성의 원칙에 반하지 않는가 하는 의문도 있지만, 명백성과 신규성 모두 법원의 법률보충적 기능으로 그 불명확성이 치유되었으므로 명확성의 원칙에 반하지는 않는다는 것이 헌법재판소의 입장이다.[18)]

(1) 적용범위

명백하고 새로운 증거로 인하여 사실인정에 오류가 인정되는 경우여야 한다. 법률적용의 오류가 인정되는 경우는 제외된다.[19)]

---

16) 대결 1995. 3. 29. 94재도9.

17) 제5호와 함께 제4호도 nova형 재심사유로 보기도 하나, 제4호는 사실인정의 기초가 된 증거의 오류로 인한 것이므로 별개로 보는 것이 타당하다.

18) 헌재 2014. 7. 24. 2012헌바277.

19) 따라서 확정판결 후 법령의 개폐나 대법원의 판례변경으로 인한 경우는 여기에 포함되지 않는다

다만 원판결에 적법절차의 중대한 위반이 있어 그것이 증거의 증거능력이나 증명력에 영향을 미치고 나아가서 원판결의 사실인정이 명백히 유지되지 못하게 된 경우에는 그러한 절차의 위법에 대한 새로운 증거도 포함된다는 견해도 있다.

㈎ 유죄의 선고를 받은 자에 대하여 무죄 또는 면소를 인정할 증거

1) 유죄의 선고를 받은 자 형의 선고뿐만 아니라, 형의 면제나 선고유예의 판결을 포함한다.

2) 무죄 또는 면소를 인정할 증거 '무죄를 인정할 증거'란 범죄로 되지 아니하거나 범죄사실의 증명이 없다는 사실을 인정할 만한 증거를 말하며, '면소를 인정할 증거'란 제326조의 면소사유 중 어느 하나에 해당하는 사실을 인정할 증거를 말한다.

무죄나 면소 외에도 **공소기각을 인정할 증거**가 나타난 경우에는 피고인에게 유리한 재판이므로 유추적용하여 포함시키는 것이 타당하다. 판례는 공소기각이 '원판결이 인정한 죄보다 경한 죄'에 포함되지 않는다는 소극설의 입장이다.[20)]

입법론으로는 재심사유에 포함시키는 것이 바람직하지만, 재심사유의 제한적 해석이라는 취지에서 명시적 근거가 없는 현행법하에서 해석론으로는 공소기각을 제외해야 한다는 지적도 있다.

㈏ 형의 선고를 받은 자에 대하여 형의 면제 또는 원판결이 인정한 죄보다 경한 죄를 인정할 증거

1) 형의 선고를 받은 자 위의 경우와 달리 유죄의 선고를 받은 자라도 형의 면제나 선고유예의 판결을 받은 자는 제외된다.

2) 형의 면제 필요적 면제만을 의미하며 임의적 면제는 제외된다.[21)] 형의 집행면제(형법 제7조)도 형의 면제와 다르므로 여기에 포함되지 않는다.

(대결 1966. 10. 18. 66모63; 대결 1991. 2. 26. 90모15 참조). 유죄의 판결이 확정된 후에 형벌법규가 개정되어 추징에 대한 법적 근거만 개폐된 경우에는 사실오인이 아니라 법령의 개폐로 인한 것으로서 제외된다(대결 2004. 2. 26. 2002모126).

20) 대판 1985. 2. 26. 84도2809; 대결 1986. 8. 28. 86모15; 대결 1997. 1. 13. 96모51 (친고죄에 대한 확정판결 이후에 피해자와 합의하여 고소취하서를 첨부해서 집행유예를 구하는 재심청구를 한 사안: 기각); 대판 2019. 4. 11. 2018도17909.

21) 대결 1984. 5. 30. 84모32 (자수 또는 자복 사실이 인정된다고 하여도 임의적 면제사유로 재심사유에 해당하지 않는다고 한 사안).

3) 원판결이 인정한 죄보다 경한 죄 「법정형」을 기준으로 하며, 원판결이 인정한 죄보다 가벼운 「별개의 죄」여야 한다. 예컨대 상습도박죄로 확정판결을 받았으나, 그 근거가 된 전과가 재심에 의해 무죄로 되면 단순도박죄에 해당하게 되므로 재심사유에 해당하게 된다.

경합범으로 처벌이 확정되었으나, 하나의 행위로 인한 것이어서 과형상 일죄로 처벌할 수 있는 새로운 증거가 발견된 경우라든가, 심신미약이나 종범에 해당한다는 새로운 증거가 발견된 경우처럼 동일한 범죄에 대하여 형의 감경사유가 되는데 그치는 경우는 여기서 제외된다.[22)]

동일한 죄에 대하여 양형자료에 변동을 가져올 사유에 불과한 경우도 제외된다.[23)]

새로운 양형자료가 확정판결의 형벌내용에 뚜렷한 변화를 가져올 수 있을 정도로 중요한 자료인 경우에는 이익재심을 확대한다는 의미에서 재심을 허용할 필요가 있다.

(2) 증거를 통한 증명

유죄의 확정판결이 기초로 하고 있는 사실관계를 동요시킬 수 있는 증거가 존재하여야 한다. 단순히 법령의 개폐로 인한 경우는 제외된다.[24)]

㈎ **요증사실의 존재** 주요사실이든 소송법적 사실이든 불문하며, 유죄의 확정판결이 기초로 하고 있는 일정한 요증사실로서 형벌권의 존부나 범위에 영향을 미칠 수 있는 사실에 관한 것이면 족하다.

범죄사실에 대한 증거에 한하지 않으므로 증거의 증거능력이나 증명력의 기초가 되는 사실에 관한 증거도 포함된다. 예컨대 무죄를 인정할 증거와 관련하여, 진술의 임의성이 의심되거나 자백의 보강증거를 배제할 만한 증거가 나타나 원판결에 적법절차의 중대한 위반이 있다고 인정되고 그 결과 범죄의 증명이 없다고 보아야 할 경우가 그러하다.

---

22) 대판 2007. 7. 12. 2007도3496.

23) 대판 1985. 2. 26. 84도2809. 「원심판결선고 후에 이 사건 강간미수죄의 피해자와 합의한 사실은 단순한 양형상의 자료에 불과하여 위 법조 소정의 재심 사유라 할 수 없(다).」; 대결 1987. 7. 14. 87모33; 대결 1992. 8. 31. 92모31; 대판 2017. 11. 9. 2017도14769.

24) 형법 제37조 후단의 경합범의 처벌에 관한 형법 제39조 제1항이 개정되었더라도 이는 판결 후에 형의 변경이 있는 때에 해당할 뿐 '사실인정의 자료가 되는 새로운 증거가 발견된 때'에 해당하지 않으므로 여기에 해당되지 않는다. 대결 2006. 8. 29. 206모391.

(나) **증거의 증거능력 여부** 새로운 증거가 증거능력 있는 것이어야 하는지는 증거법의 일반원칙에 따라 재심이유가 된 사실이 주요사실인가 소송법적 사실인가에 따라 달라진다.

새로운 증거의 경우에 획일적으로 증거능력을 요하지 않는다는 견해나 새로운 증거는 모두 증거능력이 있는 증거여야 한다는 견해도 있다.

(3) 증거의 신규성

증거가 새로 발견된 것이어야 한다는 것은 적어도 '원판결 당시 고려하지 못했던 증거'를 말한다.

(가) **신규성** 증거가 원판결 당시 존재했지만 발견되지 못했다가 후에 새로이 발견된 때와 원판결 이후 새로 생긴 증거 또는 원판결 당시 그 존재를 알았으나 조사나 제출이 불가능했던 경우를 포함한다.[25)]

최근에는 조세부과처분을 취소하는 행정판결이 확정된 경우[26)]나 '형벌에 관한 법령이 당초부터 헌법에 위반되어 법원에서 위헌·무효라고 선언한 때'[27)]도 이익재심의 확대라는 차원에서 새로운 증거에 포함키시고 있다.

신규성에 대한 판단시점은 '원판결의 내부적 성립이 이루어진 때'를 기준으로 한다. 판결의 기초가 된 사실상의 자료를 기준으로 해야 하기 때문이다.

(나) **판단기준** 새로운 증거의 존재에 대한 인식이 있었는지 여부를 누구를 기준으로 인정할 것인지 하는 문제이다.[28)]

예컨대 교통사고를 일으키고 도주한 진범인의 부탁으로 위장자수를 하여 유죄판결이 확정된 재심청구인이 나중에 진범인을 고발하여 진범인이 드러나자 이를 이유로 재심을 청구한 경우, 청구인이 이미 알고 있었던 이러한 사실을 새로운

---

25) 대판 1961. 12. 29. 4294형항15 이래 판례의 일관된 입장이다.

26) 대판 2015. 10. 29. 2013도14716. 「조세의 부과처분을 취소하는 행정판결이 확정된 경우 그 부과처분의 효력은 처분 시에 소급하여 효력을 잃게 되어 그에 따른 납세의무가 없으므로 확정된 행정판결은 조세포탈에 대한 무죄 내지 원심판결이 인정한 죄보다 경한 죄를 인정할 명백한 증거에 해당한다.」

27) 대결 2013. 4. 18. 2010모363.

28) 이익재심의 성격상 검사를 기준으로 신규성을 판단할 수는 없으므로, 주로 법원과 재심청구인 가운데 누구를 기준으로 할 것인지가 문제된다. 한편 원판결기록이 폐기되어 재심청구인이 새로 발견되었다고 하면서 제출한 증거가 신규성이 있는지 판단이 어려운 경우에는 재심청구인의 이익을 위해 신규성을 긍정해야 할 것이다.

증거라고 할 수 있는지가 문제된다.

1) 법원에 대한 신규성　기본적으로 재심개시 여부를 심사하는 법원에게 새로운 것이어야 하므로, 원판결에서 증거조사를 거쳤는가 여부와 관계없이 법원이 증거로 일단 사용한 것은 제외되며, 증거조사를 거친 증거와 동일한 증거방법은 증거자료의 내용이 다르더라도 새로운 증거라고 할 수 없다.

판례에 따르면, ① 증인이 증언을 번복한 경우,[29] ② 피고인이 원판결의 증거가 되었던 자백을 번복한 경우[30] 그리고 ③ 공동피고인이 진술을 번복한 경우[31]는 증거의 신규성이 부정된다.

다만 증언번복의 경우, 허위증언은 확정판결로 증명된 경우에만 제1호의 재심이유로 되는 점을 고려하면, 증언의 내용이 진정함을 뒷받침할 만한 객관적인 자료가 있는 등 특별한 사정이 없는 한 번복된 증언은 자유심증의 대상으로서 명백성을 부정하는 것이 타당할 것이다. 그러나 증인과는 달리 피고인이나 공동피고인은 증거방법이 아니므로 진술을 번복한 경우에 신규성을 일률적으로 부정할 것은 아니다.

2) 재심청구인에 대한 신규성　법원뿐만 아니라 재심을 청구한 피고인 등의 입장에서도 새로운 것이어야 하는지에 대해서는 학설이 대립하고 있다. 피고인이 고의로 증거를 제출하지 않은 경우라도 재심을 통해 사실오인을 바로잡을 필요가 있고, 이익재심의 관점에서 피고인을 폭넓게 보호할 필요가 있으므로 피고인에게 새로운 것임을 요하지 않는다고 보아야 할 것이다. 그러나 판례는 피고인이 알고 있었던 것이나 확정판결 전에 제출할 수 없었던 데 과실이 있는 경우에도 신규성을 부정한다.[32]

학설로는 다음과 같은 견해들이 있다.

① 필요설　허위의 진술을 하여 유죄판결을 받은 자에 대해서도 재심을 인정하는 것은 형평과 금반언(estoppel)의 원칙에 반하므로 당사자에게도 새로운

29) 대결 1961. 7. 26. 4294형재항15; 대결 1972. 10. 6. 72모66; 대결 1984. 2. 20. 84모2.

30) 대결 1967. 5. 15. 67모30.

31) 대결 1993. 5. 17. 93모33. 그러나 증인과는 달리 피고인이나 공동피고인은 엄격한 의미에서 증거방법이 아니므로 진술을 번복하여 증거내용이 달라졌다면 신규성을 인정할 필요가 있다.

32) 대결 1966. 6. 11. 66모24; 대결 2009. 7. 16. 2005모472 전합 (위험한 물건을 휴대하여 피해자를 강간하여 유죄판결이 확정된 후, 유죄판결이 범인이 무정자증임을 전제로 했으나 청구인이 정액검사결과 무정자증이 아니라는 사실이 밝혀져 재심을 청구한 사안: 기각); 대판 2013. 7. 25. 2013도3552.

것이어야 한다는 견해로서, 과거의 다수설이기도 한다.

② 불요설　　완화설 또는 법원기준설이라고도 하며, 재심은 무고하게 처벌받은 피고인을 구제하는 데 목적이 있으므로 당사자의 귀책사유 유무와 관계없이 법원에 대하여 새로운 것이면 족하다는 견해로서 현재의 다수설이다.

③ 절충설　　당사자에 대하여 새로운 것일 필요는 없지만 고의나 과실로 제출하지 않은 증거에 대해서는 신규성을 인정할 수 없다는 견해이다. 판례와 같은 입장으로서, 귀책사유설이라고도 부른다.

④ 예외적 필요설　　위장자수의 경우처럼 피고인이 고의로 증거를 제출하지 않은 경우에만 금반언을 이유로 신규성을 부정하는 견해이다. 이 견해도 피고인에게 증거제출을 강요하는 결과로 된다는 문제점이 있다.

(4) 증거의 명백성

새로운 증거가 이미 확정된 판결을 파기하기에 족할 정도로 명백한 것이여야 한다. 확정판결을 그대로 유지할 수 없을 정도로 고도의 개연성이 인정되어야 한다는 것이 지배적인 견해이나, 이익재심의 확대라는 차원에서 보면 유죄판결의 사실인정에 중대한 의심이 제기되는 경우도 포함되는 것으로 보아야 할 것이다.

예컨대 피고인에 대한 유죄판결이 확정된 후에 진범인이 나타나 그에게 유죄판결이 선고된 경우를 들 수 있다. 한편 명백성을 '사실오인'의 명백성으로 이해하는 견해도 있다.

증거의 명백성은 새로운 증거가 피고인에게 유리한 재판의 근거가 되기에 적합한가 하는 문제, 즉 증거의 적합성의 문제로서, '증거의 중요성'과 '증거의 충분성'이라는 두 가지 단계로 나누어 검토하는 것이 합리적이다.

㈎ **명백성의 판단주체**　　재심청구사건을 담당하는 재심법원이 주체가 되며, 원판결법원의 입장에서의 사후예측이 아니라 자신의 입장에서 원판결이 파기될 개연성이 있는지 여부를 판단한다.

㈏ **명백성의 판단자료**(판단기준)　　명백성을 판단할 때 새로운 증거만을 기준으로 하는지 기존의 증거도 고려하는지에 대해 논의가 있다. 학설로서, **단독평가설**(새로운 증거의 증거가치만으로 명백성을 판단해야 한다는 견해로서 새로운 증거 자체의 객관적 우위성을 요구함)과 **종합평가설**(새로운 증거뿐만 아니라 확정판결의 기초가 된 기존의 구 증거를 포함하여 종합적으로 판단해야 한다는 견해)이 대립하고 있다.

종합평가설은 다시 ① **심증인계설**(구 증거의 증거가치의 평가에 관해서는 확정판결의 심증에 구속되면서, 그 심증과 새로운 증거의 증거가치를 혼합하여 판단해야 한다는 견해), ② **한정적 재평가설**(새로 발견된 증거와 구 증거 가운데 유기적으로 밀접하게 관련되고 모순되는 증거를 함께 고려해서 판단해야 한다는 견해), ③ **전면적 재평가설**(원판결의 심증에 구속되지 않고 재심법원에 의한 구 증거의 재평가를 인정하는 견해로서 다수설의 입장)로 나누어진다.

판례는 과거에 단독평가설을 취한 것으로 보이는 것[33]도 있었으나, 2009년 전원합의체 결정을 통해 종합평가설 가운데 한정적 재평가설에 근접한 입장을 취하고 있다.[34]

새로운 증거와 기존의 구 증거를 종합하여 평가하는 것이 재심의 이념과 합치하며, 원판결의 구속 정도에 대해서는 확정판결의 취약한 증거구조를 드러내어 재심의 폭을 넓히기 위해서는 새로운 증거와 함께 원판결의 기초가 된 증거(적극증거와 소극증거 포함)에 대해서도 재평가를 하는 것이 타당하다(전면적 재평가설).

제한적 재평가설이 말하는 것처럼, '구 증거 가운데 새로운 증거와 유기적으로 밀접하게 관련되고 모순되는 증거만'을 새로운 증거와 함께 고려하여 판단한다고 할 때, 어떤 증거가 거기에 속하는지에 대한 판단이 애매하다.

(다) **명백성의 정도**　　증거가 명백하다는 것은 확정판결의 사실인정에 합리적인 의심을 일으킬 정도이면 족한지, 바꾸어 말하면 명백성 판단에 대해 '의심스러운 때에는 피고인의 이익으로'라는 원칙이 적용되는지에 대한 논의가

---

33) 대결 1995. 11. 8. 95모67. 「무죄를 인정할 명백한 증거인지 여부가 문제로 된 증거를 따로 제쳐 두고 그 증거가치와는 무관하게 확정판결이 채용한 증거들의 증거가치와 그에 의한 사실인정의 당부를 전면적으로 재심사하여 재심의 개시 여부를 결정한 것과 다름이 없어, 무죄를 인정할 명백한 증거가 새로 발견된 경우에만 예외적으로 재심을 허용하는 형사소송법 제420조 제5호의 규정 내용이나 취지에 반하는 판단방법이므로 옳다고 할 수 없다.」

34) 대결 2009. 7. 16. 2005모472 전합. 「형사소송법 제420조 제5호에 정한 '무죄 등을 인정할 명백한 증거'에 해당하는지 여부를 판단할 때에는 법원으로서는 새로 발견된 증거만을 독립적·고립적으로 고찰하여 그 증거가치만으로 재심의 개시 여부를 판단할 것이 아니라(단독평가설의 배척), 재심대상이 되는 확정판결을 선고한 법원이 사실인정의 기초로 삼은 증거들 가운데 새로 발견된 증거와 유기적으로 밀접하게 관련되고 모순되는 것들은 함께 고려하여(제한적 재평가) 평가하여야 하고, 그 결과 단순히 재심대상이 되는 유죄의 확정판결에 대하여 그 정당성이 의심되는 수준을 넘어 그 판결을 그대로 유지할 수 없을 정도로 고도의 개연성이 인정되는 경우라면 그 새로운 증거는 위 조항의 '명백한 증거'에 해당한다.」 법원이 각 사안에 따라 새로운 증거와 확정판결이 채용한 증거들을 함께 고려하여 종합적으로 판단하도록 하는 것이 현실적으로 타당하다는 견해(전면적 재평가설의 취지)가 별개의견으로 제시되어 있다. 최근 판례로는, 대판 2020. 6. 25. 2020도5034.

있다. 유죄판결이 합리적인 의심이 없는 증명을 전제로 하는 것처럼, 재심사유도 종합적 재평가를 통해 유죄판결의 사실인정에 중대한 의심이 인정되면 재심개시결정을 할 필요가 있다고 보아야 할 것이다(비한정설). 다수설과 판례는 반대 입장이다.

학설로는 다음과 같은 견해가 있으나, 지배적인 견해는 **한정설**을 취하고 있다.
① 한정설 고도의 개연성설이라고도 하며, 새로운 증거와 함께 확정판결을 파기할 고도의 가능성 내지 개연성이 인정되어야 한다는 견해로서, 명백성 판단에 있어서는 i.d.p.r.원칙이 적용되지 않는다고 한다.
② 비한정설 설득력설이라고도 하며, 명백한 증거란 확정판결의 사실인정에 관해 합리적인 의심을 생기게 할 정도로 족하다고 보는 견해로서, 명백성 판단에 있어서도 i.d.p.r.원칙이 적용된다고 한다.
③ 절충설 진지한 의문설이라고도 하며, 확정판결의 정당성에 대해 중대한 의심 또는 진지한 의심을 제기할 정도이면 족하다는 견해로서, 명백성 판단에 있어서도 i.d.p.r.원칙을 제한적으로 적용하는 견해이다.

판례는 재심의 대상이 된 유죄의 확정판결에 대하여 그 정당성이 의심되는 수준을 넘어 그 판결을 그대로 유지할 수 없을 정도로 고도의 개연성이 인정되는 경우에 한하여 명백성을 인정하고 있다.[35] 따라서 법관의 자유심증에 의하여 그 증거가치가 좌우되는 증거가 아니라 다른 증거들에 비하여 객관적인 우위성이 인정되는 증거를 요구하고 있다.[36]

공문서 기타 신빙성이 있는 명확한 증거를 말하고, 일개 사인의 증명서 기타 관계인의 진술서[37]나 피해자의 인증[38] 등은 제외된다.

㈑ **공범에 대한 모순된 무죄판결** 공범 사이에 모순된 판결이 있는 경우, 유죄판결을 받은 공범이 다른 공범의 무죄판결을 무죄를 인정할 명백한 증거로 하여 재심을 청구할 수 있는지 여부가 문제된다. 사실문제에 기초한 무죄판결의 경우에는 그 자체가 이미 확정된 유죄판결을 파기할 만한 중대한 의심

35) 대결 1961. 12. 29. 4294형항33 이래 판례의 일관된 입장이다. 근자의 판례로는, 대결 2009. 7. 16. 2005모472; 대판 2010. 7. 23. 2010도1189 전합; 대판 2010. 10. 14. 2009도4894; 대판 2013. 7. 25. 2013도3552; 대판 2020. 6. 25. 2020도5034, 2020보도16.
36) 대결 1995. 11. 8. 95모67; 대판 2013. 7. 25. 2013도3552; 대판 2019. 3. 21. 2017도16593-1(분리) 전합.
37) 대결 1956. 2. 7. 4288형상339 등.
38) 대결 1960. 10. 7. 4293형상307.

을 불러일으키게 되므로 명백성이 긍정될 것이다.

학설은 다양한 입장을 보이고 있다.
① 긍정설 모순된 판결이 형벌법규의 해석의 차이로 인한 것이 아니라 사실인정에 관하여 결론을 달리한 때에는 그 자체가 명백한 증거라고 보아야 한다는 견해이다. 한편으로는 동일한 범죄사실에 대하여 상반된 판결이 확정되는 것은 불합리하므로 공범에 대한 무죄판결이 법령의 개폐나 판례의 변경으로 인한 것이라면 사실인정의 오류에 기한 것이 아니므로 재심이유가 될 수 없지만, 사실문제에 기초한 것이라면 명백한 증거에 해당한 것이라는 견해를 이원설로 분류하기도 한다.
② 부정설 증거자료가 서로 동일한 경우에 두 판결은 증거의 증명력에 대한 평가를 달리한 데 불과하므로 무죄를 인정할 명백한 증거가 될 수 없다는 견해이다.
③ 절충설 무죄판결에 사용된 증거자료가 유죄판결을 선고한 법원에 현출되지 않은 새로운 것으로서 유죄판결을 파기할 만한 명백한 것인 때에 한해 명백한 증거에 해당한다는 견해로서 신규형 재심사유에 대한 일반적인 요건에 따라 해결하려는 입장이다.

판례는 절충설의 입장에서 증거로서의 신규성과 명백성이 인정되는 경우에 한해 재심사유로 긍정하고 있다(판례의 태도를 부정설로 보는 견해도 있다).[39]

2. 허위증거에 의한 재심이유

신규형 재심사유를 제외하면 원판결의 사실인정을 위해 사용된 증거가 허위증거였음이 확정판결에 의하여 증명된 경우에 재심이유로 된다. 증거가 허위임이 증명된 경우로서, falsa형 재심사유라고 부른다.

기타의 경우를 허위형 내지 오류형 재심이유로 포괄하여 설명하거나, 재심이유를 증거의 위조·허위, 새로운 증거의 발견, 권리의 무효, 법관 등의 독직행위 등 네 가지로 분류하기도 한다.

어떤 경우이든 허위증거임이 확정판결에 의하여 증명되어야 한다. 여기서 확정판결은 반드시 유죄판결에 한하지 않고 구성요건에 해당하는 사실이 증명된

39) 대결 1984. 4. 13. 84모14. 「당해 사건의 증거가 아니고 공범 중 1인에 대하여는 무죄, 다른 1인에 대하여는 유죄의 확정판결이 있는 경우에 무죄확정 판결의 증거자료를 자기의 증거자료로 하지 못하였고 또 새로 발견된 것이 아닌 한 무죄확정판결 자체만으로는 유죄확정 판결에 대한 새로운 증거로서의 재심사유에 해당한다고 할 수 없다.」

이상 위법성 또는 책임이 조각되어 무죄판결이 선고된 경우도 포함된다.

(1) 증거의 위조·변조의 증명 원판결의 증거가 된 서류 또는 증거물이 확정판결에 의하여 위조 또는 변조된 것임이 증명된 때를 말한다(제1호).

(가) 원판결의 증거 원칙적으로 그 증거가 원심판결의 증거요지에 인용되어 있는 경우에 한한다.

다만 원판결의 증거가 진술증거인 경우에는 그 증거능력을 인정하기 위한 증거는 증거요지에 인용되지 않았더라도 포함될 것이다.

(나) 확정판결 형사판결로 확정된 것을 말하고(민사판결 등은 제외) 약식명령도 포함한다.

민사소송에서는 변론주의에 따라 진실과 동떨어진 결론이 나올 수 있으므로 확정판결의 내용이 허위임을 증명한다고 볼 수 없기 때문이다. 같은 취지에서 민사소송에서도 오류형 재심사유가 범죄인 경우에는 먼저 형사소송에서 유죄판결이 확정된 후가 아니면 재심사유로 되지 않는다고 보고 있다.

(2) 증언·감정 등의 허위 증명 원판결의 증거가 된 증언·감정·통역 또는 번역이 확정판결에 의하여 허위임이 증명된 때를 말한다(제2호).

(가) 원판결의 증거된 증언 등 증언 등이 원판결의 이유 중에 증거로 채택되어 범죄사실을 인정하는 데 사용된 경우를 말하므로, 범죄사실과 직·간접으로 관련된 것이어야 한다.[40]

(나) 당해 사건에 관한 증언 재심대상이 된 피고사건에 대해서 이루어진 증거조사에서 허위증언 등을 한 경우에 한한다.

따라서 별개의 사건에서 작성된 증인신문조서나 그 증언과 유사한 진술이 기재된 진술조서가 피고사건에 서증으로 제출되어 이것이 채용된 경우는 제외된다.[41] 다만 경우에 따라서 제5호의 '무죄를 인정할 명백한 새로운 증거'로 인정될 수는 있다.

---

40) 대결 1987. 4. 23. 87모11; 대결 1997. 1. 16. 95모38; 대판 2005. 4. 14. 2003도1080; 대판 2010. 9. 30. 2008도11481; 대판 2012. 4. 13. 2011도8529 (유죄의 증거로 채택된 증언에 관하여 증인이 위증죄로 유죄 확정판결을 받은 사실이 기재된 고소·고발사건 처분결과통지서를 증거로 제출한 사안: 재심사유 인정).

41) 대결 1999. 8. 11. 99모93 (무고죄의 수사를 담당했던 경찰관이 무고죄의 증인으로 출석하여 위증을 한 혐의로 약식명령이 내려져 확정되자, 이를 자신의 무고죄의 확정판결에 대한 재심사유로 원용한 사안).

(다) **증언 등** 증언은 법률에 의하여 선서한 증인의 증언만을 말하고, 공동피고인의 공판정에서의 진술은 제외된다.[42] 감정·통역·번역 등은 공판절차에서 증거조사의 일환으로 이루어진 경우를 말하므로, 수사기관의 촉탁에 의한 감정은 제외된다.

(라) **증거의 증명력** 허위증언 부분을 제외하고 다른 증거에 의해서 그 범죄사실이 유죄로 인정될 것인지 여부와 관계없이 재심이유로 인정된다.[43]

(마) **허위의 증명** 증인 등이 위증죄 등으로 처벌받아 그 판결이 확정된 경우를 말한다.[44]

> 원판결의 증거된 증언을 한 증인이 다른 증인을 위증죄로 고소하였으나, 그 고소가 허위임이 밝혀져 무고죄로 유죄의 확정판결을 받은 경우는 제외된다.[45]

(3) **무고죄의 증명** 무고로 인하여 유죄를 선고받은 경우에 그 무고의 죄가 확정판결에 의하여 증명된 때를 말한다(제3호). 이 경우에는 원판결의 유죄선고와 무고 사이에 인과관계가 전제되어야 할 것이다.

> 그러나 단순히 무고로 인하여 수사가 개시되고 기소되어 유죄판결을 받게 된 경우도 포함된다는 견해도 있다. 반대로 고소장이나 고소인에 대한 진술조서 등의 서면이 원판결의 유죄의 증거로 된 경우에 한한다는 견해도 있으나, 고소인의 법정 증언도 원판결에서 유죄의 증거로 된 이상 여기에 포함될 것이다.

(4) **증거된 재판의 변경** 원판결의 증거가 된 재판이 확정판결에 의하여 변경된 때를 말한다(제4호).

> 상습범 등 전과가 구성요건요소로 되어 있는 범죄 등에서 전과의 전제가 되었던 확정판결이 변경된 경우 등이 문제된다.

'원판결의 증거'된 재판이란 원판결의 이유 중에서 증거로 채택되어 범죄될 사실을 인정하는 데 인용된 다른 재판을 말한다.[46] 증거된 '재판'은 형사재판뿐만 아니라 민사재판도 포함되며, 판결은 물론 결정이나 명령도 포함한다.

---

42) 대결 1985. 6. 1. 85모10.
43) 대결 1997. 1. 16. 95모38; 대판 2010. 9. 30. 2008도11481; 대판 2012. 4. 13. 2011도8529.
44) 대결 1971. 12. 30. 70소3.
45) 대판 2005. 4. 14. 2003도1080.
46) 대결 1986. 8. 28. 86모15; 대판 2019. 4. 11. 2018도17909.

(5) 저작권 등의 무효 확정 저작권, 특허권, 실용신안권, 디자인권 또는 상표권을 침해한 죄로 유죄의 선고를 받은 사건에 관하여 그 권리에 대한 무효의 심결 또는 무효의 판결이 확정된 때를 말한다(제6호).

침해 대상이 된 권리에 대해 무효의 심결이나 판결이 확정되면 당해 권리가 소급하여 무효로 되므로, 저작권 등 권리의 부존재로 권리관계의 재설정이 필요하게 되기 때문이다. 따라서 특허법 등에 따른 권리범위 확인심판은 제외된다.

(6) 형사사법기관의 직무범죄의 증명 원판결, 전심판결 또는 그 판결의 기초된 조사에 관여한 법관, 공소의 제기 또는 그 공소의 기초가 된 수사에 관여한 검사나 사법경찰관이 그 직무에 관한 죄를 지은 것이 확정판결에 의하여 증명된 때를 말한다(제7호).

사실관계의 내용이나 진위와 관계없이 형사사법기관의 직무범죄가 증명되면 원판결에 사실오인이 있을 가능성이 크고(실체적 측면) 재판의 공정에 대한 국민의 신뢰를 보호할 필요성이 있다는 점(절차적 측면)을 고려하여 독립한 재심사유로 규정한 것이다.

(가) 직무범죄의 성립 형법 제7장의 공무원의 직무에 관한 죄(예컨대 직무유기·직권남용, 불법체포·감금, 가혹행위, 피의사실공표, 업무상비밀누설, 뇌물수수 등의 죄, 형법 제122조 내지 제133조)뿐만 아니라 및 특별형법에 규정된 직무상 범죄를 포괄한다.

형법상 공무원의 직무에 관한 죄에 한정된다는 견해도 있으나, 판례는 불법감금[47] 외에 협박죄 및 형의 실효 등에 관한 법률위반의 죄[48]도 포함한다고 보고 있다.

법원이나 수사기관이 당해 사건과 관련하여 직무범죄를 범했으면 족하고, 그 직무범죄가 사건의 실체와 관련된 것인지 여부는 불문한다.

당해 직무범죄로 인하여 원판결에 사실오인이 있는 것으로 인정되었거나 당해 직무로 인해 수집한 증거가 위법하게 되어야 한다는 의미는 아니다.[49] 한편 법관이나 수사기관이 증거서류를 위조, 변조한 경우는 앞에 소개한 제1호(증거의 위조·변조의 증명)에 해당한다.

---

47) 대결 2006. 5. 11. 2004모16.
48) 대결 2008. 4. 24. 2008모77.
49) 대판 1993. 10. 12. 93도1512.

'공소의 기초가 된 수사'란 검사나 사법경찰관이 직접 피의자에 대한 조사를 담당했을 것을 요하지 않는다.

따라서 재심청구권자의 구속 여부에 대해 수사지휘를 품신하여 구속영장 집행을 감독한 사법경찰관이나 첩보보고를 하여 수사가 정식으로 개시되게 한 정보보안과 소속 경찰공무원 등도 여기에 포함된다.[50]

(나) **확정판결에 의한 증명** 원판결 등이 공무원의 범죄행위로 얻어진 것이라는 점에 관하여 별도의 확정판결이나 제422조에 의한 확정판결에 대신하는 증명이 있어야 한다.[51] 판례는 영장주의를 배제하는 위헌적 법령에 따라 수사기관이 영장 없는 체포·구금을 한 경우도 불법체포·감금의 직무범죄를 범한 경우에 준한다고 보고 있다.[52] 그러나 직무범죄로 공소조차 제기되지도 않았음에도 '직무범죄에 준한다'는 이유로 재심사유로 보는 것은 타당하지 않다는 지적이 유력하다.

(다) **제한사유**

원판결의 선고 전에 법관, 검사 또는 사법경찰관에 대하여 공소가 제기된 경우에는 원판결의 법원이 그 사유를 알지 못한 때에 한한다(제7호 단서). 그 사유를 안 때에는 재판에서 직무범죄가 범해진 사실을 고려하여 심증을 형성할 수 있기 때문에 재판의 공정을 해할 염려가 없다는 점을 고려한 것이다.

유죄의 선고를 받은 자가 그 죄를 범하게 한 경우에는 검사가 아니면 재심을 청구하지 못한다(제425조). 법관 등으로 하여금 직무범죄를 하게 한 자가 스스로 그 판결에 대하여 재심을 청구한다는 것은 현저히 정의와 형평에 반하기 때문에 재심청구권을 배제한 것이다.

---

50) 대결 2006. 5. 11. 2004모16; 대결 2008. 4. 24. 2008모77 (경찰서 정보보안과 소속 경찰공무원이 2003. 6. 19. ○○경찰서에 첩보보고를 함으로써 재항고인에 대한 수사가 정식으로 개시된 이상 직접 조사를 담당하지 아니하였다고 하더라도 '수사에 관여'하였다고 본 사안); 대결 2010. 10. 29. 2009재도11 (수사권한 없이 일반인을 피의자로 신문한 사안); 대결 2019. 3. 21. 2015모2229 전합 (군수사기관이 영장 발부 없이 불법 체포·감금한 사안).

51) 대결 1996. 8. 29. 96모72 (재심청구인이 범행 당시 심신상실상태에 있었음이 의심스러운데도 수사기관이나 법원이 직권으로 정신감정을 하지 않음으로써 직무유기의 범죄를 저질렀다는 이유로 재심청구를 한 사안: 기각).

52) 대결 2018. 5. 2. 2015모3243 (긴급조치 제9호 제8항에 따라 영장 없이 체포되어 구속영장 발부일까지 영장 없이 구금되고 그 수사를 기초로 공소가 제기되어 재심대상판결이 확정된 사안).

Ⅲ. 상소기각의 확정판결에 대한 재심이유

1. 취지

유죄의 확정판결에 재심사유가 없더라도 항소 또는 상고의 기각판결에 대하여 그 자체에 중대한 사실오인 등의 잘못이 있는 경우에는 그 선고를 받은 자의 이익을 위하여 재심을 청구할 수 있다(제421조 제1항).

원판결이 아닌 상소기각의 판결에 대해 재심을 허용하는 것은 두 가지 측면이 있다.

(1) 상소기각판결 자체의 오류 시정 　상소기각의 판결에 오류가 있는 경우에 그 확정력을 제거함으로써 상소심 단계에서 사건의 실체에 대한 심판을 다시 할 수 있도록 하는 의미가 있다.

예컨대 상소기각의 판결을 하면서 법원이 사실조사를 하였고 그 때 조사된 증거가 위조되었거나 조사에 관여한 법관이 직무범죄를 저질렀다는 사실이 드러난 경우, 원판결 자체에 재심사유가 있는 경우가 아니지만 상소기각의 판결에 따른 사실인정을 별도로 시정할 필요가 있다.

(2) 상소심 계속을 통한 재심 　재심을 통해 상소기각판결이 가졌던 확정력을 제거하면 소송이 상소심에 계속된 상태로 돌아가므로 원판결에 대해서도 재심을 허용하는 것과 마찬가지의 효과를 거두게 된다.

2. 재심대상

'항소 또는 상고의 기각판결'이란 그 기각판결에 의하여 확정된 대상인 제1심 또는 항소심의 유죄판결을 의미하는 것이 아니라 '항소 또는 상고 기각의 판결 자체'를 말한다. 따라서 항소심에서 제1심판결을 파기하고 형을 선고한 경우에는 본조의 적용대상이 되지 않는다.[53]

'결정'으로 항소나 상고를 기각하여 확정된 경우에도 명시적인 규정은 없지만 원심판결을 확정시키는 효력이 인정된다는 점에서 재심청구대상이 된다고 볼 필요가 있다.

일반적으로 결정에 대해서는 재심이 허용되지 않으므로 상고기각의 결정이 확정되더라도 재심이 허용되지 아니한다는 입장과 상소기각의 확정판결과 같이 원심

---

53) 대결 1984. 7. 27. 84모48.

판결을 확정시키는 효력이 있으므로 재심이 허용된다는 입장이 있으나, 이익재심의 측면에서 후자가 타당하다.

3. 재심이유의 제한

유죄의 확정판결에 대한 재심의 경우와 달리, 제420조 제1호(증거의 위조·변조의 증명), 제2호(증언·감정 등의 허위 증명), 제7호(형사사법기관의 직무범죄 증명)에 해당하는 사유가 있는 경우에 한해서만 재심사유에 해당한다.

(1) **증거에 의한 사실인정** 증거에 의한 사실인정을 전제로 하므로, 상고를 기각한 재심대상판결이 원심판결에 법령위배나 법리오해가 없음을 이유로 상고를 기각한 경우는 제외된다.[54] 마찬가지로 피고사건의 범죄사실에 대하여 증거에 의하여 사실인정을 하지 않고 상소기각으로 확정된 후 진범인이 검거된 경우에도 신규형 재심사유(제5호)에 해당하므로 제외된다.[55]

(2) **원판결의 확정** 상소기각의 판결을 대상으로 하는 경우에도 이미 상소기각의 확정판결을 통해 원판결도 원래대로 확정되어 있음을 전제로 한다. 아래에서 설명하는 것처럼, 원판결에 대한 재심청구사건의 판결이 있으면 아직 그 판결이 확정되지 않았더라도 원판결의 확정력이 배제될 가능성이 있으므로, 이와는 별개로 상소기각의 판결에 대해 재심을 청구할 수 없게 된다(제421조 제2항, 제3항 참조).

4. 재심청구의 경합

사실심의 확정판결에 대한 재심청구사건의 판결이 있은 후에는 상소기각의 판결에 대해서는 다시 재심을 청구하지 못한다(제421조 제2항, 제3항). 불필요한 재심의 중복을 방지하고, 권리구제의 효과가 큰 제420조에 의한 재심청구를 우선시키기 위한 취지이다.

상소기각의 재판에 대하여 재심개시결정이 있더라도 이는 소송을 상소심에 계속된 상태로 되돌리는 데 그치므로, 원판결 자체에 대한 재심청구 등이 있는 때에는 별도로 상소기각의 판결에 대한 재심청구를 인정할 필요가 없음을 고려하여,

---

54) 대결 1990. 12 .6. 90재도1 (간통죄에 있어서 적법한 고소가 있어 법령위배가 없음을 이유로 상고를 기각한 판결에 대하여 증거가 위조되었다는 이유로 재심을 청구한 사안: 부적법); 대판 2005. 11. 28. 2005재도14.

55) 대판 1976. 3. 24. 75소4; 대판 1986. 5. 14. 86소1.

확정된 사건의 하급심판결에 대한 재심청구·재심공판절차를 우선시키는 취지를 명백히 한 것이다.

(1) 재심청구사건의 판결의 의미 유죄의 확정판결에 대한 재심개시결정이 확정된 후에 행하는 재심공판절차에 의한 판결을 의미하며, 당해 판결이 확정될 것을 요하지 않는다.

따라서 하급심의 확정판결에 대한 재심청구를 기각하는 결정이 내려지면 하급심 판결이 확정된 상태를 유지하게 되고, 상소기각의 재판에 대해 재심을 청구할 실익이 생기게 되므로 후자에 대한 재심청구가 허용된다.

(2) 재심청구의 제한 유죄의 확정판결에 대해 재심청구사건의 판결이 있으면 상소기각의 판결에 대해 재심청구를 할 수 없다(제421조 제2항, 제3항).

상소기각의 확정판결과 그 판결에 의하여 확정된 원심판결에 대하여 재심의 청구가 있는 경우에 원심법원이 재심의 판결을 한 때에는 상소법원은 결정으로 재심의 청구를 기각하여야 한다(제436조 제1항, 제2항).

(3) 소송절차의 정지 상소기각의 확정판결과 그 판결에 의하여 확정된 제1심판결 또는 제2심판결에 대하여 각각 재심의 청구가 있는 경우, 상소법원은 결정으로 제1심법원 또는 항소법원의 소송절차가 종료할 때까지 소송절차를 정지하여야 한다(규칙 제169조 제1항, 제2항).

Ⅳ. 확정판결에 대신하는 증명

1. 취지

확정판결로 범죄가 증명되어야 할 경우에 확정판결을 얻을 수 없다 하더라도 그 범죄사실을 증명함으로써 재심을 청구할 수 있도록 한 것이다(제422조).

예컨대 위증을 한 증인이 사망한 경우에는 위증죄의 확정판결을 얻을 수 없으므로 이 경우에는 당해 증인이 위증을 하였다는 사실을 증명하면 재심청구를 할 수 있다.

제420조 및 제421조에 대한 보충규정으로서, 확정판결 이외의 다른 방법에 의한 증명을 허용하고 있다.

2. 확정판결을 얻을 수 없을 때

유죄판결을 선고할 수 없는 사실상 또는 법률상의 장애가 있는 경우로서, 현재 확정판결이 없을 뿐만 아니라 앞으로도 확정판결을 얻을 수가 없을 것이 명백한 경우를 의미한다.

예컨대 범인이 사망하거나 행방불명이 된 경우, 범인이 심신상실의 상태에 있는 경우, 공소시효가 완성된 경우,[56] 사면이 된 경우 등이 여기에 해당한다.

(1) 기소유예처분을 한 경우 기소유예처분이 있는 경우에도 재정신청에 대한 기각결정까지 확정되었다면 확정판결을 얻을 수 없으므로 사실증명의 방법으로 재심을 청구할 수 있다.

판례는 검사의 공소권불행사나 기소유예만으로는 확정판결을 얻을 수 없는 때에 포함되지 않는다고 보았으나,[57] 재정신청까지 기각된 때에는 재심사유에 해당한다고 보고 있다.[58]

(2) 현재 수사 또는 재판 중인 경우 장래에도 확정판결을 얻을 수 없을 것이 명백하거나 거의 확정적일 것을 요하므로, 현재 수사 중이거나 재판 중인 경우는 제외된다.[59]

(3) 증거가 없는 경우 증거가 없어 확정판결을 얻을 수 없는 때에는 제외된다(제422조 단서). 증거가 없는 경우에는 다른 방법으로도 그 사실을 증명할 수 없기 때문이다.

3. 그 사실의 증명

'그 사실을 증명'한다는 것은 '확정판결을 얻을 수 없다는 사실'과 '재심이유로 된 범죄가 있다는 사실'의 증명을 의미하며, 확정판결을 얻을 수 있다는 사실을 증명해야 한다는 의미는 아니다.[60] 확정판결의 판결문이 소실된 경우라도 판결이 선고되고 확정된 사실이 인정된다면 그 사실이 증명되었다고 할 수

---

56) 대결 2010. 10. 29. 2008재도11 전합; 대결 2019. 3. 21. 2015모3796; 대결 2020. 3. 12. 2017모560.
57) 대결 1959. 7. 30. 4292형재1.
58) 대결 2006. 5. 11. 2004모16.
59) 대판 1972. 10. 31. 72도1914.
60) 대결 1966. 6. 11. 66모24.

있다.[61]

증명의 정도는 유죄의 확정판결을 대신하는 것이므로, '그 사실의 존재'에 대해 법원이 합리적인 의심을 할 여지가 없을 정도로 증명을 해야 한다.[62]

구체적인 증명방법의 제한은 없으나, 재정신청에 대한 고등법원의 결정[63] 이나 과거사정리위원회 또는 의문사진상규명위원회의 결정[64] 등의 방법도 포함된다.

V. 특별법에 의한 재심사유

1. 헌법재판소법에 따른 위헌결정에 기한 재심

형벌에 관한 법령이 위헌으로 결정되면 그 법률(조항)은 소급하여 그 효력을 상실하므로, 당해 법률(조항)에 근거한 유죄판결에 대해서는 재심을 청구할 수 있다(헌법재판소법 제47조 제3항, 제4항). 일종의 nova형 재심사유로서, 위헌결정이라는 새로운 사유의 발생을 근거로 한다.

> 다만 해당 법률(조항)에 대하여 종전에 합헌결정을 했다가 새롭게 위헌결정을 한 경우에는, 합헌결정을 한 다음날부터 소급효를 가지므로(동법 제47조 제3항 단행), 합헌결정 이전에 범죄행위가 행해져서 유죄판결이 확정되었다면 재심청구를 할 수 없지만, 합헌결정이 있는 날의 다음 날 이후에 유죄판결이 선고되어 확정되었다면, 비록 범죄행위가 그 이전에 행하여졌다 하더라도 그 판결은 위헌결정으로 인하여 소급하여 효력을 상실한 법률 또는 법률의 조항을 적용한 것으로서 재심을 청구할 수 있다.[65]

한정위헌결정을 한 경우에는 헌법재판소법 제47조가 적용되지 않으므로 재심사유로 되지 않는다. 판례도 민사사건에 대해서 한정위헌의 결정이 법원의 법령 해석·적용·권한을 기속하지 않고 헌법재판소법 제75조 제7항에 규정된 재심사유에도 해당하지 않는다고 판시하였다.[66]

---

61) 대결 2019. 3. 21. 2015모2229.
62) 대결 1994. 7. 14. 93모66 (사문서변조에 대해 공소시효의 완성을 이유로 불기소처분을 한 사실이 있다는 것만으로 사문서변조사실이 증명되었다고 할 수 없다고 본 사안).
63) 대결 1997. 2. 26. 96모123.
64) 서울중앙지판 2005. 12. 27. 2002재고합6.
65) 대결 2016. 11. 10. 2015모1475.
66) 대판 2013. 3. 28. 2012재두299.

2. 소송촉진법에 따른 불출석재판으로 인한 재심

소송촉진법 제23조에 따라 (공시송달의 방법으로 재판이 진행되어) 제1심에서 불출석상태에서 유죄판결을 받고 그 판결이 확정된 자가 자신이 책임을 질 수 없는 사유로 공판절차에 출석할 수 없었던 경우에는 제1심법원에 재심을 청구할 수 있다(소송촉진법 제23조의2 제1항).

재심청구권자는 확정판결이 있었던 사실을 안 날부터 14일 이내 그리고 재심청구인이 책임을 질 수 없는 사유로 그 기간 내에 재심청구를 하지 못한 경우에는 그 사유가 없어진 날부터 14일 이내에 제1심법원에 재심을 청구할 수 있다(소송촉진법 제23조의2 제1항).

제1심뿐만 아니라 검사가 항소한 제2심에서 피고인 불출석으로 재판이 진행되어 유죄판결이 확정된 경우에도 제23조의2 제1항을 유추적용하여 피고인에게 귀책사유가 없다면 재심을 청구할 수 있다.[67)]

3. 민주화운동특별법에 따른 재심

5·18민주화운동과 관련된 행위 또는 「5·18민주화운동 등에 관한 특별법」 제2조의 범행을 저지하거나 반대한 행위로 유죄의 확정판결을 선고받은 자는 형사소송법 제420조 및 군사법원법 제469조의 규정에도 불구하고 재심을 청구할 수 있다(동법 제4조 제1항).

제 4 재심개시절차

Ⅰ. 재심의 관할

1. 관할법원

원판결을 한 법원이 관할한다(제423조). '원판결'이란 재심청구인이 재심이유가 있다고 하여 재심청구의 대상으로 삼은 판결을 말한다.[68)]

67) 대판 2015. 6. 25. 2014도17252 전합. 최근 판례로는, 대판 2020. 6. 4. 2020도3903; 대판 2020. 9. 3. 2020도8724; 대판 2021. 2. 10. 2020도15140; 대판 2021. 4. 1. 2021도1037.

68) 대결 1976. 5. 3. 76모19; 대결 1986. 6. 12. 86모17. 대법원이 제2심 판결을 파기하고 자판한 경우에는 원판결을 선고한 대법원이 관할한다(대결 1961. 12. 4. 4294형항20).

상소기각의 판결이나 파기자판한 판결을 대상으로 재심을 청구한 경우에는 당해 상소법원이 관할법원이 된다. 재판권이 없게 된 경우에는 재심사건의 경우에도 재판권 있는 법원이 관할한다.

군사법원의 확정판결 이후 군에서 제적되어 군사법원에 재판권이 없는 경우에는 재심사건이라 할지라도 그 관할은 같은 심급의 일반법원이 가지게 되고,[69] 반대로 민간인이 일반법원에서 유죄의 확정판결을 선고받은 후 군인 신분을 취득한 경우에는 군사법원이 재심관할권을 가진다.[70] 여기서 '군사법원과 같은 심급의 일반법원'은 법원조직법과 형사소송법에 규정된 추상적 기준에 따라 획일적으로 결정하여야 한다.[71]

2. 제척사유

원판결(확정판결)을 선고한 법원을 구성한 법관이 그 판결에 대한 재심청구사건에서의 법원을 구성하더라도 제척사유에 해당하지 않는다.

형사소송법 제17조 제7호에서는 '법관이 사건에 관하여 전심재판 또는 그 기초되는 조사, 심리에 관여한 때'를 법관의 제척사유로 규정하고 있으나, 재심청구의 대상이 된 원판결은 전심재판에 해당하지 않는다는 것이 다수설과 판례의 입장이다. 그러나 독일 형사소송법 제23조는 명문으로 제척사유로 규정하고 있다.

3. 관할법원에의 이송

재심청구가 원판결 법원이 아닌 다른 법원에 잘못 제기된 경우에는 청구를 기각하지 않고 관할법원에 이송하여야 한다.[72]

그러나 청구를 받은 법원이 이송결정을 하지 않고 청구기각결정을 내리고, 청구인이 이에 대해 항고를 제기한 경우, 항고사건 관할법원이 재심청구사건 관할법원인 경우에는 제367조를 유추적용하여 제1심판결을 파기하고 재심관할법원으로서 절차를 진행하여야 한다.[73]

재판권 없는 군사법원이 재심청구를 받은 경우 같은 심급의 일반법원으로 이송

69) 대판 1985. 9. 24. 84도2972 전합; 대판 2015. 5. 21. 2011도1932; 대결 2020. 6. 26. 2019모3197.

70) 대결 1978. 10. 26. 78초50.

71) 대결 2020. 6. 26. 2019모3197.

72) 대판 1984. 2. 28. 83다카1981 전합 참조.

73) 대결 2003. 9. 23. 2002모344.

해야 하므로, 군사법원이 이미 재심개시결정을 하였더라도 그 결정은 무효이고 이송받은 일반법원은 처음부터 다시 절차를 진행해야 한다. 그러나 판례는 사건을 이송받은 일반법원이 처음부터 재심개시절차를 진행할 필요는 없고 그 후속 절차를 진행하면 족하다고 한다.[74)]

Ⅱ. 재심의 청구

1. 재심청구권자

형이 집행된 이후라도 유죄판결을 받은 자의 명예회복이 필요하고 무죄판결을 받으면 형사보상을 청구할 수 있는 실익이 있기 때문에 청구권자를 확대하고 있다(제424조).

(1) 검사

공익의 대표자로서 – 유죄의 확정판결을 받은 자의 의사와 관계없이 – 그의 이익을 위하여 재심을 청구할 수 있다(제424조 제1호).

검사는 유죄의 확정판결을 받은 자가 사망한 이후라도 재심을 청구할 수 있다. 이를 제한하면 유죄의 확정판결을 받은 자가 사망하였는지 여부에 따라 원판결의 확정 여부가 달라지게 되어 불합리한 결과로 될 것이다.

유죄의 확정판결을 받은 자의 명시적 의사에 반해서도 검사가 유죄의 확정판결을 받은 자의 이익을 위하여 재심을 청구할 수 있다.

이를 제한하는 명문규정이 없고, 상소의 경우에도 검사는 피고인의 명시적 의사에 반하여 상소할 수 있다고 해석되며, 명백한 오판을 방치하는 것은 재판의 권위를 해치고, 피고인이 진범을 대신하여 유죄의 확정판결을 받은 경우에 만약 피고인의 명시한 의사에 반한 재심청구를 인정하지 않으면 실질적으로 피고인에게 처분권을 허용하는 결과가 되는 점, 유죄의 확정판결을 받은 자의 이익을 위한 경우에는 헌법상의 이중위험금지의 원칙에 저촉되지 아니한다는 점 등을 근거로 들 수 있다.

형사사법기관의 직무범죄로 인한 재심을 청구할 경우 유죄의 선고를 받은 자가 그 죄를 범하게 한 때에는 검사만이 청구권을 가진다는 점은 이미 언급하였다(제425조).

---

74) 대판 2015. 5. 12. 2011도1932 전합.

직무범죄의 경우에 한하므로, 자신이 범인이라고 주장하여 유죄의 확정판결을 받은 경우에는 확정판결을 받은 자도 재심을 청구할 수 있다.

(2) 유죄의 선고를 받은 자 등

(가) 유죄의 선고를 받은 자 고유한 재심청구권자로서, 유죄의 확정판결을 받은 자는 당연히 청구권을 가진다(동조 제2호).

원판결이 '성명모용'사례인 경우에는 확정된 유죄판결의 효력은 모용자에게만 미치고 피모용자에게는 미치지 아니하므로 피모용자는 유죄의 확정판결을 받은 자에 해당하지 아니하고 따라서 재심청구를 할 수 없다.[75]

변호인이 아닌 일반적인 대리인에 의한 청구는 허용되지 않는다(대리의 제한적 허용). 재심청구인이 재심을 청구한 후에 결정 이전에 사망한 경우라도 그 배우자나 친족이 재심청구인의 지위를 승계하지 못하며 절차가 당연히 종료된다.[76]

(나) 법정대리인 유죄의 확정판결을 받은 자의 법정대리인(동조 제3호)도 재심을 청구할 수 있다. 법정대리인이라는 신분관계의 존재는 재심청구시(유죄의 확정판결을 받은 자가 사망한 경우에는 사망 당시)를 기준으로 판단하며, 따라서 이후에 신분관계가 소멸하더라도 재심청구가 부적법하게 되지 않는다.

친권은 부모가 혼인 중인 때에는 부모가 공동으로 행사함이 원칙이나(민법 제909조 제2항 본문) 유죄의 확정판결을 받은 자가 미성년자인 경우에 법정대리인인 부모는 각자 재심청구를 할 수 있다고 보아야 한다.

(다) 배우자·직계친족 또는 형제자매 유죄의 선고를 받은 자가 사망하거나 심신장애가 있는 경우에는 그 배우자, 직계친족 또는 형제자매도 재심을 청구할 수 있다(동조 제4호).

유죄의 확정판결을 받은 자가 사망하더라도 명예회복을 위하여 재심청구가 필요하고, 재심에서 무죄판결을 받게 되면 판결의 공시와 형사보상을 받는 등 법률상 이익이 있는 점 등을 고려하여 사망한 이후라도 재심청구를 할 수 있도록 한 것이다. 재심청구 이후 재심청구대리권자가 사망한 경우에는 청구권도 자동으로 소멸한다.

---

75) 서울고결 2001. 5. 28. 2001로1.
76) 대결 2014. 5. 30. 2014모739.

(라) **변호인** 검사 이외의 자가 재심을 청구하는 경우에는 변호인을 선임할 수 있고(제426조 제1항), 이 경우에 그 변호인도 대리권에 기하여 재심을 청구할 수 있다.[77] 헌법상 변호인의 조력을 받을 권리를 보장하기 위해 재심청구심에서도 **국선변호인 선정**에 관한 제33조를 준용하도록 할 필요가 있다.

재심청구에 관한 재심개시결정이 확정되면 원칙적으로 그 심급에 따라 다시 심판을 하게 되므로(제438조) 재심개시결정이 확정됨으로써 재심을 청구한 자는 다시 피고인이 되고 따라서 재심을 청구한 자가 행한 변호인선임의 효력은 개심개시결정의 확정으로 원칙적으로 소멸하지만, 재심을 청구한 자가 선임한 변호인이 재심개시결정이 확정된 후에도 계속해서 피고인(재심을 청구한 자)을 조력하는 것이 바람직하다는 점을 고려하여, 변호인선임은 재심판결이 있을 때까지 효력이 있다는 특별규정을 두고 있으며(제426조 제2항), 재심판결이 있은 후 상소하는 경우에는 심급제한의 원칙(제32조 제1항)에 따라 심급마다 변호인을 선임해야 한다.

2. 재심청구의 시기와 방식

(1) 청구기간

청구기간에 제한이 없으므로(민소법 제456조와 구별), 확정판결이 있으면 언제든지 재심을 청구할 수 있고, 형의 집행을 종료하거나 형의 집행을 받지 아니하게 된 때에도 재심을 청구할 수 있다(제427조).

현실적으로 확정판결 이후 시간이 오래 경과되어 소송기록 등이 폐기된 경우에는 재심사유 유무에 대한 판단이 어렵다는 이유로 청구기간을 제한해야 한다는 지적도 있으나, 재심을 통한 피고인 보호의 측면이나 확정판결 이외의 재심이유를 규정한 취지에 비추어 타당하지 않다.

(가) **형집행의 종료** 사형의 집행, 자유형의 집행, 자격형의 집행 등이 완전히 종료된 경우를 말한다.

따라서 가석방 기간이 아직 도과하지 아니한 경우는 여기에 해당하지 않지만, 유죄판결이 확정된 이상 기간의 제한이 없으므로 가석방 기간이 도과하지 아니하였더라도 재심청구는 가능하다.

(나) **형의 집행을 받지 아니하게 된 때** 법률상 또는 사실상 형의 집행을 받지 않게 된 때를 포함한다.

---

77) 대결 1956. 4. 27. 4289형재항10.

예컨대 형의 시효완성에 의한 형의 집행면제(형법 제77조), 외국판결 집행 후에 형의 집행면제(형법 제7조), 특별사면에서의 형의 집행면제(사면법 제5조 제1항 제2호) 또는 형선고 효력의 상실(형법 제65조) 등이나 형의 집행 전 또는 그 집행 중에 사망한 때가 여기에 해당한다.

(다) 본인이 사망한 때 이 경우에도 명예회복의 이익이 있고 무죄판결을 받은 경우에는 판결의 공시(제440조), 형사보상 그리고 집행된 벌금, 몰수된 물건 또는 추징금액의 환부와 같은 법률적 이익이 있으므로 직계친족 등에 의한 재심청구가 가능하다(제424조 제4항).

참고로 독일 형사소송법은 본인이 사망하면 청구의 실익이 없게 되는 형의 감면을 위한 재심청구는 허용하지 않는다(동법 제371조 제1항).

(2) 청구방식

재심의 청구를 함에는 재심청구의 취지 및 이유를 구체적으로 기재한 재심청구서에 원판결의 등본 및 증거자료를 첨부하여 관할법원에 제출하여야 한다(규칙 제166조).

① 재심청구서에는 원판결을 표시하고, '재심개시결정'을 구하는 취지를 분명히 하는 한편, 원판결의 내용과 재심이유 가운데 어디에 해당하는지를 알 수 있도록 구체적으로 기재해야 한다. ② '원판결의 등본'이란 재심청구의 대상이 된 재판서의 등본을 말하며, 상소기각의 판결에 대해 재심을 청구하는 경우에는 상소기각판결의 등본과 함께 유죄를 선고한 원심판결의 등본도 함께 첨부해야 한다. ③ '증거자료'는 확정판결에 의하여 재심이유를 증명하려는 경우에는 그 확정판결의 등본을, 새로운 증거의 발견을 이유로 하는 경우에는 그 새로운 증거의 사본이나 증거요지를 명시한 것을 말한다.

(3) 재소자 특칙

재소자에 대한 특칙(제344조)은 재심청구의 경우에도 준용된다(제430조). 따라서 교도소나 구치소에 있는 재심청구인이 재심청구서를 교도소장 또는 구치소장 또는 그 직무를 대리하는 자에게 제출하면 재심청구의 효력이 발생한다.

교도소장, 구치소장 또는 그 직무를 대리하는 자가 재심청구서를 제출받은 때에는 그 제출받은 연월일을 재심청구서에 부기하여 즉시 이를 원판결 법원에 송부하여야 한다(규칙 제168조, 제152조). 다만 청구기간의 제한이 없으므로 기일해태로 인한 불이익이 없어 실질적 의미는 그리 크지 않다.

(4) 상대방에 대한 통지

명문규정은 없지만 재심청구가 접수되면 법원사무관등은 상대방에게 그 사유를 통지해야 한다. 청구취하의 경우에도 동일하다. 상대방에 대한 안내라는 의미뿐만 아니라 검사의 형집행정지처분을 위해서도 통지가 필요하다.

3. 재심청구의 효과(형의 집행정지)

재심청구만으로 원판결에 아무런 영향을 미치지 않고 따라서 확정된 원판결에 따른 형의 집행을 정지하는 효과가 없다(제428조 본문). 다만 재심청구로 인해 원판결이 파기될 가능성도 있으므로, 형집행권자인 검사가 재량으로 재심청구에 대한 재판이 있을 때까지 형의 집행을 정지할 수 있도록 하고 있다. 다만 소송촉진법 제23조의2에 의한 재심청구가 있는 경우에는 법원은 재판의 집행을 정지하는 결정을 해야 하며(동법 동조 제2항), 이 경우에 피고인을 구속할 사유가 있으면 구속영장을 발부해야 한다(동법 동조 제3항).

(1) **주체**　관할법원에 대응한 검찰청검사는 재심청구에 대한 재판이 있을 때까지 형의 집행을 정지할 수 있다(제428조 단서).

(2) **검사의 재량**　집행정지는 검사의 재량이다. 다만, 검사의 조치가 현저히 재량을 일탈하여 부당한 때에는 형의 집행에 관한 이의신청을 할 수 있다(제489조).

> 특히 사형이 선고된 경우 그 집행으로 회복할 수 없는 손해를 가져온다는 점을 고려하면 재심청구 자체가 부적법한 경우가 아니면 원칙적으로 집행을 정지하도록 할 필요가 있다.

(3) **집행정지기간**　형집행이 정지되는 기간은 집행을 정지한 때부터 '재심청구에 대한 재판이 있을 때'까지이다. 즉 재심청구에 대한 청구기각의 결정(제433조, 제434조)이나 재심개시의 결정(제435조)이 있고 그 결정이 확정될 때까지 형의 집행이 정지된다.

> 법원이 재심개시 결정을 한 때에는 형집행정지의 효력은 소멸하지만, 이 경우에는 법원이 그것과 별개로 형의 집행정지를 결정할 수 있다(제435조 제2항). 임의적 정지사유로 되어 있어, 재심결정을 받은 재심청구인의 권리보호라는 차원에서 검토를 요한다.

4. 재심청구의 취하

(1) 주체 재심청구인은 재심청구를 취하할 수 있다(제429조 제1항). 따라서 검사나 유죄의 선고를 받은 자는 물론이고 유죄의 선고를 받은 자의 법정대리인도 재심을 취하할 수 있고, 유죄의 선고를 받은 자가 사망하거나 심신장애가 있는 경우에는 그 배우자, 직계친족 또는 형제자매도 자신이 스스로 한 재심청구를 취하할 수 있다(제424조 참조). 법정대리인이나 배우자 등은 유죄의 확정판결을 받은 자의 동의를 요하지 않는다.

재심청구의 취하에 관하여는 제351조(상소의 취하와 피고인의 동의)와 같은 별도의 규정이 없고, 법정대리인 등이 한 재심청구의 취하는 유죄의 확정판결을 받은 자에게 미치지 않고 따라서 유죄의 확정판결을 받은 자에게 불이익하다고 할 수 없으므로 동의를 요하지 않는다고 할 수 있다.

(2) 방식 재심청구의 취하는 서면으로 하여야 하나(규칙 제167조 제1항 본문), 공판정에서는 구술로 할 수 있고(동항 단서), 구술로 재심청구의 취하를 한 경우에는 그 사유를 조서에 기재하여야 한다(동조 제2항).

재심청구의 취하에 대해서도 재소자 특칙이 적용되므로, 재소자가 교도소장 등에게 취하서를 제출하면 재심청구를 취하한 것으로 간주된다(제430조, 제344조).

재심청구가 취하되면 법원은 상대방에게 그 사유를 통지하여야 한다.

(3) 시기 재심청구는 재심청구에 대한 재판이 있기 전에는 언제든지 취하가 가능하다. 또한 재심개시결정이 확정되더라도 재심청구인의 의사에 따라 재심청구를 취하할 실익이 있으므로, 원판결 심급의 종국재판이 있기 전까지는 취하할 수 있다.

재심개시결정이 확정되더라도 당해 심급의 종국재판이 있기 전이라면 재심청구를 취하할 실익이 있을 수 있고, 재심개시결정은 아무런 효력이 없고 종국재판이 선고되어야 원판결 파기의 효과가 발생하도록 현행법이 규정하고 있는 점, 형사소송규칙 제167조 제1항 단서에서 공판정에서도 구술로 재심청구를 취하할 수 있도록 규정한 점, 공소의 취소가 제1심판결선고 전까지 가능한 점과의 균형 등을 고려할 때 원판결 심급의 종국재판이 있기 전까지는 재심청구를 취하할 수 있다고 볼 수 있다.

(4) 재심절차의 종결 재심청구를 취하하면 별도의 재판 없이 당연히 재심청구 또는 재심심판의 절차는 종결된다(본래적 효력).

재심청구인이 수인인 경우(제424조, 제425조 참조), 예컨대 검사가 재심청구를 취하한 경우나 법정대리인 등이 재심청구를 취하한 때라도 유죄의 선고를 받은 자는 여전히 재심을 청구할 수 있으므로 절차는 종결되지 않는다. 그러나 유죄의 선고를 받은 자가 (생전에) 재심청구를 취하하면 법정대리인(사망한 경우에는 친족)은 재심을 청구할 수 없으므로 재심절차는 바로 종결된다.

(5) 재청구의 금지 재심청구를 취하한 자는 동일한 이유로 다시 재심을 청구하지 못한다(제429조 제2항). 여기에서 '동일한 이유'란 재심을 청구한 사실과 동일성이 인정되는 사실을 말한다. 개별적인 재심이유가 동일할 것은 요하지 않지만, 재심이유가 동일하더라도 증거관계가 다른 경우에는 동일하다고 할 수 없다.

Ⅲ. 재심청구의 심판

1. 심판절차의 구조

재심청구에 대한 심판절차는 재심청구가 이유 있는지 여부를 확정하는 결정절차이다. 정식 공판절차가 아니므로 구두변론이나 절차의 공개를 요하지 않으나, 사실조사는 가능하다(제431조 제1항). 확정된 원판결의 당부를 사후적으로 심사하는 절차라는 점에서 사후심의 성격을 지닌다.

2. 재심청구에 대한 심리

(1) 재심청구심의 성격

허용성 심사(재심청구의 절차와 방법이 적법한지 그리고 재심청구서에 기재된 취지와 이유가 법률이 정한 재심이유에 해당하는지에 대한 심사)와 적합성 심사(실질심사로서 재심청구서에 기재된 이유가 유죄의 확정판결을 파기하기에 적합한가에 대한 심사)를 내용으로 하는 복합적 성격을 지닌다. 다만 다수설과 판례는 재심개시절차에서는 법이 정하고 있는 재심사유가 있는지 여부만을 판단하고 재심사유가 재심대상판결에 영향을 미칠 가능성이 있는지 여부는 고려해서는 안 된다는 입장이다.[78]

(2) 사실조사

재심의 청구를 받은 법원은 결정을 하는 데 필요한 경우에 사실을 조사할

---

78) 대결 2008. 4. 24. 2008모77.

수 있다.

제431조는 재심청구에 대한 결정을 위한 사실조사에 대해 별도의 근거를 명시하여, 수명법관이나 수탁판사가 개별적인 위임 없이 필요한 사실조사를 할 수 있도록 하고 있다.

(가) **주체** 재심의 청구를 받은 법원 외에도 수명법관이나 수탁판사도 사실조사를 할 수 있다. 즉 법원은 필요하다고 인정한 때에는 재심청구의 이유에 대한 사실조사를 명하거나 다른 법원판사에게 이를 촉탁할 수 있다(제431조 제1항). 사실조사를 명받거나 촉탁받은 수명법관 또는 수탁판사는 법원 또는 재판장과 동일한 권한이 있다(동조 제2항).

(나) **법원의 재량** 사실조사 여부는 법원의 재량이므로, 재심청구인이 증인신문을 신청하는 등 사실조사를 신청하더라도 법원의 직권발동을 촉구하는 의미에 그친다. 따라서 법원이 이에 대해 채택 여부를 결정할 필요가 없고, 그러한 결정을 내린 경우에도 불복은 허용되지 않는다.[79]

(다) **사실조사의 범위** 사실조사는 재심청구인이 재심청구이유로 주장한 사실의 존부를 판단하는 데 필요한 범위로 제한되며, 직권조사는 허용되지 않는다.

다만 재심청구인의 사실에 관한 주장에 구속될 뿐 법률적 주장에 구속되는 것은 아니므로 구체적으로 어느 재심이유에 해당하는지에 대해서는 청구인의 주장과 다른 판단을 할 수 있다. 또한 재심청구인의 주장이 불분명한 경우 석명권 행사 등을 통해 재심청구이유를 명확히 하고, 재심청구이유를 변경하거나 추가하게 할 필요도 있다.

(라) **사실조사의 방법** 명문규정은 없으나 필요한 경우에는 법관의 재량으로 증인신문, 감정·통역·번역, 압수·수색·검증 등을 실시하고 이를 위해 필요한 강제처분도 할 수 있다.

사실조사에 대한 일반규정에 따라 증인신문이나 감정을 명하는 경우에 피고인이나 재심청구인을 참여하게 할 수 있으므로(규칙 제24조 제2항 참조), 피고인이나

---

79) 대결 1984. 3. 29. 84모15 (재심청구사건에서 현장검증 및 증인신문을 하여달라는 증거보전청구를 기각하자 즉시항고를 한 사안: 부적법); 대결 2021. 3. 12. 2019모3554 (재심청구인들이 재심청구의 이유에 관한 사실조사의 일환으로 문서송부촉탁신청을 하였으나, 법원이 그 신청을 배척한 후 결과를 고지하지 않아 위법하다는 이유로 재항고한 사안: 기각).

재심청구인이 참여를 요구한 때에는 이를 보장해 주어야 한다.

공판절차에 적용되는 적법한 증거조사는 요구되지 않고, 공판준비절차나 증거보전절차[80]에 관한 규정도 적용되지 않는다. 그러나 증거개시 등 재심청구인의 권리보호를 위한 필요한 조사를 보장할 필요가 있다.

한편 재심청구에 대한 심리를 위하여 본안기록이 필요한 경우에는 기록이 보존되어 있는 검찰청에 기록송부촉탁을 할 필요가 있고, 기록송부촉탁을 하였으나 송부가 늦어지는 경우에는 독촉을 할 필요도 있다.

(3) 당사자의 의견

법원이 재심청구에 대하여 결정을 함에는 청구한 자와 상대방의 의견을 들어야 하고, 유죄의 선고를 받은 자의 법정대리인이 청구한 경우라면 그 외에 유죄의 선고를 받은 자의 의견도 들어야 한다(제432조).

심리절차에서 청구한 자와 상대방의 의견을 듣도록 한 것은 심리의 신중과 결정의 합리성을 도모하려는 것이므로 적어도 재심을 청구한 자와 상대방에게 명시적으로 의견을 진술할 기회를 주어야 할 것이다.[81] 그러나 청구인이나 그 상대방이 반드시 의견을 진술해야 하는 것은 아니다.[82]

㈎ 필요적 의견청취 당사자의 의견청취는 재심청구서의 제출과는 별도로 요구되는 절차로서 재심청구서에 재심청구의 이유가 기재되어 있더라도 청취절차를 생략할 수 없다.

재심청구인에게 의견을 진술할 기회를 주지 아니한 채 재심청구에 대한 결정을 하면 위법하므로 즉시항고나 재항고가 가능하다.[83]

㈏ 방법과 절차 의견을 듣는 방법이나 시기는 원칙적으로는 법원의 재량이다. 그러나 실질적인 청문절차가 보장되도록 하여야 할 것이다.

서면에 의하건 구두에 의하건 불문하고, 재심을 청구한 자와 그 상대방에게 동시에 혹은 순차적으로 의견요청을 할 수도 있다.[84]

---

80) 대결 1984. 3. 29. 84모15.
81) 대결 1991. 10. 22. 91모61.
82) 대결 1997. 1. 16. 95모38.
83) 대결 2004. 7. 14. 2004모86.
84) 대결 1993. 2. 24. 93모6.

(다) **변호인의 의견청취** 변호인이 선임된 경우 당사자 이외에 변호인에게도 의견진술의 기회를 부여하여야 한다. 판례는 소극적인 입장이다.[85]

(4) 국선변호인 선정

재심청구심판절차에서는 명문규정이 없으므로, 재심청구 대상사건이 필요적 변호사건(제33조, 제282조)에 해당하더라도 재심청구 심리절차에서 국선변호인을 선정해야 하는 것은 아니라는 것이 실무의 입장이다.

> 재심청구에 대한 심판절차의 중요성과 재심청구인의 방어권 보장의 취지에 비추어 보면 국선변호인을 선정하도록 하는 것이 타당하다.

다만 재심개시결정을 한 후에는 일반 공판절차에 들어가게 되므로 필요적 변호사건에 해당하고 변호인의 선임이 없는 때에는 국선변호인을 선정하여야 한다(제438조 제4항).

3. 재심청구에 대한 재판

(1) 청구기각의 결정

관할법원은 재심청구가 부적법하거나 이유가 없는 경우에 결정으로 청구를 기각한다(제433조, 제434조 제1항).

(가) **재심청구가 부적법한 경우** 재심의 청구가 법률상의 방식에 위반하거나 청구권의 소멸 후인 것이 명백한 때에는 결정으로 기각한다(제433조).

1) **법률상의 방식에 위반한 경우** 예컨대 재심청구권이 없는 자가 재심을 청구한 경우, 재심청구의 취지 및 이유를 구체적으로 기재하지 않거나 원판결의 등본 및 증거자료를 첨부하지 않은 경우,[86] 상소기각의 확정판결에 대하여 제420조 제1호, 제2호, 제7호 이외의 재심이유로 재심을 청구한 경우,[87] 재심청구를 취하하였거나 재심청구가 이유없음을 이유로 기각결정이 내려졌음에도 불구하고 동일한 사유로 다시 재심을 청구한 경우 등이 여기에 해당한다.

2) **청구권소멸 후인 것이 명백한 경우** 예컨대 하급심의 확정판결에

---

85) 대결 1956. 6. 12. 4291형항28.

86) 대결 1983. 7. 16. 83소2; 대결 1985. 10. 10. 85소5.

87) 대결 1976. 3. 24. 75소4; 대결 1984. 1. 20. 83소3; 대결 1986. 5. 14. 86소1; 대결 1987. 5. 27. 87재도4; 대결 1990. 12. 6. 90재도1; 대결 1995. 3. 29. 94재도9 등.

대한 재심청구사건의 판결이 있은 후에 상소기각결정에 대하여 동일한 이유로 다시 재심을 청구한 경우 등을 말한다. 재심청구인이 재심청구 이후 사망한 때에도 청구권이 소멸하므로 여기에 해당할 것이다.[88]

㈏ **재심청구가 이유 없는 경우** 재심의 청구가 이유 없다고 인정한 때에는 결정으로 기각하여야 한다(제434조 제1항).

이 결정이 있으면 '누구든지' 동일한 이유로 다시 재심을 청구하지 못하며(동조 제2항), 다시 재심을 청구한 때에는 청구권 소멸을 이유로 하여 제433조에 따라 결정으로 청구를 기각한다.

'누구든지'란, 예컨대 유죄의 선고를 받은 자의 재심청구가 이유 없는 것으로 인정되어 기각되면, 그 법정대리인은 물론 검사도 동일한 재심청구를 할 수 없다는 의미이다. '동일한 이유'란 재심청구의 이유가 동일한 사실의 주장이라는 의미로서, 법률적 구성만 달리한 경우에는 재심청구가 허용되지 않는다.

㈐ **청구의 경합** 상소기각의 확정판결과 그 판결에 의하여 확정된 원심판결에 대하여 재심의 청구가 있는 경우에 원심법원이 재심판결을 한 때에는 상소법원은 결정으로 재심의 청구를 기각하여야 한다(제436조 제1항, 제2항).

재심이유가 수개인 경우는 청구의 경합에 해당하지 않고 재심청구의 심판을 통해 각 이유에 대해 판단하면 족하다. 그리고 재심청구가 경합한 경우에는 재심청구인은 각각에 대하여 재심청구의 시기와 방식을 준수하여야 한다.

(2) 재심개시결정

재심의 청구가 이유있다고 인정한 때에는 재심개시의 결정을 하여야 한다(제435조 제1항).

㈎ **청구가 이유 있다고 인정한 때** 재심청구가 적법하고 재심청구인이 재심청구이유로 삼은 사유가 존재한다고 인정되는 것을 말한다. 법원은 재심청구인의 사실상 주장에는 구속되지만 법률상의 주장에는 구속되지 않는다.

따라서 재심청구인이 재심청구서에 법령의 적용에 관한 사항을 잘못 기재하였더라도 이에 구속되지 아니하고, 재심청구인이 재심청구이유로 주장하는 사실이 존재한다고 인정되면 재심개시결정을 하여야 한다. 그러나 청구이유를 심리한 결과 재심청구인이 주장한 재심청구이유는 존재하지 않지만 다른 청구이유가 존재하

88) 대결 2014. 5. 30. 2014모739.

는 것으로 밝혀진 경우라도 - 재심청구인이 재심청구이유를 변경하거나 추가하지 않는 한 - 법원은 재심개시결정을 할 수 없다.

(나) **경합범의 경우** 경합범 관계에 있는 수개의 범죄사실을 유죄로 인정하여 하나의 형을 선고한 판결이 확정된 경우, 그중 일부 범죄사실에 대하여만 재심청구의 이유가 있는 것으로 인정되었다면, 일부상소의 경우와 달리, 재심개시결정에 의해 경합범 전부가 심판의 대상에 포함되더라도 이미 확정된 유죄인정 부분은 파기할 수 없고, 따라서 양형을 위해 필요한 범위에 한해서만 심리할 수 있다(절충설).

학설로는 다음과 같은 견해가 있다.

① **전부개시설** 전체 범죄사실에 관하여 재심개시결정을 하여야 하고, 재심이 개시된 이상 전체 범죄사실에 관하여 다시 심리하여야 한다는 견해로서, 우리나라 다수설이기도 하다. 전부개시설은 경합범에 대해 1개의 형이 선고되어 있는 한 상소불가분의 원칙에 따라 그중 일부 사실에 대해서만 재심사유가 있는 경우라도 그 전부에 대해 재심개시결정을 해야 하며, 사실인정과 양형절차가 분리되어 있지 않은 현실에서 양형만 조사하는 것도 부적절하다는 점을 논거로 한다.

② **일부개시설** 재심사유가 있다고 인정되는 사실에 한하여 (재심개시결정에서 명시되었는지 여부와 관계없이) 재심개시결정을 해야 한다는 견해이다. 이 견해에 따르면, 재심심리 결과 무죄로 밝혀지고 이미 1개의 형이 선고되었다면 나머지 사실에 대해서만 별도로 형을 선고해야 하고, 경합범 중 일부 죄가 사면된 경우에는 사면되지 아니한 죄에 대한 형을 정하는 절차에 관한 형법 제39조 제3항, 형소법 제336조 제1항을 준용하게 된다.

③ **절충설** 재심개시결정은 경합범 전부에 대해서 하되, 재심사유가 없는 사실에 대하여는 재심개시결정의 효력은 형식적으로 심판대상에 포함시키는 데 그치므로 재심법원은 재심사유가 없는 사실에 대하여는 유죄인정을 파기할 수 없고, 다만 그 양형을 위해 필요한 범위에 한해서만 심리를 할 수 있을 뿐이라는 견해이다. 형식적 전부설·실질적 일부설이라고도 한다

판례는 재심개시결정의 효력이 재심이유가 없는 범죄사실에 대해서는 형식적으로 심판대상에 포함시키는 데 그치므로, 양형을 위하여 필요한 범위에 한해서만 다시 심리할 수 있다고 보아 절충설을 취하고 있다.[89]

---

89) 대판 1996. 6. 14. 96도477. 「경합범 관계에 있는 수개의 범죄사실을 유죄로 인정하여 한 개의 형을 선고한 불가분의 확정판결에서 그중 일부의 범죄사실에 대하여만 재심청구의 이유가 있는 것으로 인정된 경우에는 형식적으로는 1개의 형이 선고된 판결에 대한 것이어서 그 판결

재심청구의 이유가 없다고 본 나머지 범죄사실에 대한 재심법원의 심리과정에서 명백하고 새로운 재심사유가 추가로 발견되었다면, 소송경제 및 인권보장을 위한 비상구제수단이라는 재심제도의 취지와 목적에도 부합되도록, 재심의 심판범위는 재심개시결정 당시 재심사유가 인정된 범죄사실뿐만 아니라, 유·무죄 판단을 포함한 나머지 범죄사실 전부에 미친다고 보아야 한다는 하급심 판결이 있다.[90]

(다) 형의 임의적 집행정지 관할법원이 재심개시의 결정을 할 때에는 결정으로 형의 집행을 정지할 수 있다(제435조 제2항).

구법하에서 필요적 집행정지로 규정하여 재심개시결정 이후 형집행정지로 인한 피고인의 신병확보의 필요성이 있는 경우에 별도로 구속을 인정하고 있었던 문제점[91]을 입법을 통해 보완한 것이다.

재심개시결정이 확정되었다는 사실만으로는 이미 확정된 판결에 아무런 영향을 미치지 않으므로 계속 형을 집행하더라도 위법한 것은 아니다. 그러나 그 후에 심판의 경과에 따라 형의 집행을 정지할 필요가 나타나게 되면 법원으로서는 심판 도중에라도 형의 집행을 정지할 수 있다. 심판의 경과에 따라 무죄 또는 재심대상판결보다도 가벼운 형을 선고할 가능성이 높아지는 경우에는 그 필요성도 커지기 때문이다.

(3) 결정에 대한 불복

재심청구에 대한 기각결정(상고기각의 판결과 경합한 경우는 제외)이나 재심개시결정에 대해서는 즉시항고를 할 수 있다(제437조).

독일의 경우에는 재심개시결정을 한 때에는 검사는 즉시항고를 할 수 없도록 하고 있다. 이는 검사가 재심공판을 통해 개시결정의 당부를 다툴 수 있고, 재심개시결정에 따라 재심청구인의 재판을 받을 권리를 보장해야 한다는 측면을 고려한 것이다. 입법론상 검토할 필요가 있다.

전부에 대하여 재심개시의 결정을 할 수밖에 없지만, 비상구제수단인 재심제도의 본질상 재심사유가 없는 범죄사실에 대하여는 재심개시결정의 효력이 그 부분을 형식적으로 심판의 대상에 포함시키는 데 그치므로 재심법원은 그 부분에 대하여는 이를 다시 심리하여 유죄인정을 파기할 수 없고 다만 그 부분에 관하여 새로이 양형을 하여야 하므로 양형을 위하여 필요한 범위에 한하여만 심리를 할 수 있을 뿐이라고 할 것이다.」 같은 취지로는, 대판 2001. 7. 13. 2001도1239; 대판 2010. 10. 29. 2008재도11 전합; 대판 2016. 3. 24. 2016도1131; 대판 2017. 3. 22. 2016도9032; 대판 2019. 1. 31. 2018도6185; 대판 2021. 7. 8. 2012도2738.

90) 서울고판 2009. 5. 21. 2000재노6.

91) 대판 1965. 3. 2. 64도690.

즉시항고를 위해 법원은 재심청구재판의 결과를 재심청구인에게 통지하여야 하며, 재심청구인이 구금된 때에는 교도소장 등에게 송달하여야 한다.

교도소·구치소 또는 국가경찰관서의 유치장에 체포·구속 또는 유치된 사람에게 할 송달은 교도소·구치소 또는 국가경찰관서의 장에게 하여야 하므로, 재심기각 결정을 재심청구인에게 송달하였다가 다시 구치소장에게 송달한 경우에는 구치소장에게 송달한 시점을 기준으로 즉시항고 제기기간을 기산한다.[92]

제 5 재심공판절차

Ⅰ. 심급에 따른 새로운 심판

1. 심판의무

재심개시결정이 확정된 사건, 즉 재심개시결정 이후 7일의 즉시항고기간이 경과하거나 즉시항고가 기각됨으로써 개시결정이 확정된 사건에 대해서는 법원은 그 사건의 실체에 대해 다시 심판할 의무를 진다(제438조).[93]

2. 그 심급에 따라 다시 심판

재심개시결정이 내려지면 그 대상인 확정판결의 심급에 따라 심판한다(제438조 제1항). 따라서 반의사불벌죄의 경우 제1심법원에 재심을 청구하여 재심개시결정이 내려지면 피해자는 재심공판절차에서 제1심판결선고 전까지 처벌을 희망하는 의사표시를 철회할 수 있다.[94]

한편 상소기각의 확정판결에 대한 재심은 당해 상소심의 공판절차에 따라 심판한다.[95]

따라서 재심개시결정 이후에 재심공판을 통해 다시 항소가 기각되는 재심판결이 확정되면 원판결이 확정되고 원판결을 파기하는 재심판결이 확정되어야 원판결

---

92) 대결 2009. 8. 20. 2008모630.

93) 대판 1960. 10. 7. 4293형상307.

94) 대판 2002. 10. 11. 2002도1228.

95) 하급심의 확정판결에 대한 재심청구가 경합되어 상소기각의 판결을 한 법원이 결정으로 재심청구를 기각한 경우는 제외되며, 이 경우에 상급심에서는 만일 재심개시결정이 확정되었더라도 재심청구를 기각하여야 한다.

이 비로소 효력을 상실하게 되는 것이므로 유죄의 확정판결에 대한 재심에 비하여 피고인의 권리구제의 효과가 약하다.

다시 심판한다는 것은 종전의 확정판결에 대한 사후심이 아니라 피고사건 자체를 처음부터 다시 심판해야 한다는 의미이다.[96] 따라서 새로운 판결을 하여야 하며, 상소도 허용된다.

재심개시결정이 내려진 이상 실체재판을 다시 진행할 의무가 있고, 재심대상판결의 기초가 된 증거와 재심공판절차의 심리과정에서 제출된 증거를 모두 종합하여 공소사실이 인정되는지를 새롭게 판단하여야 한다.[97]

재심사유의 존부나 재심개시결정의 당부에 대해 다시 살펴보는 것은 허용되지 않으며,[98] 이를 이유로 상소하는 것도 허용되지 않는다.

3. 적용법령

(1) 재심판결 당시의 법령 재심이 개시된 사건에서 범죄사실에 대하여 적용해야 할 법령은 재심판결 당시의 법령이다.[99] 재심대상판결 당시의 법령이 변경된 경우라도 법원은 그 범죄사실에 대하여 재심판결 당시의 법령을 적용하고 그 해석도 재심판결 당시를 기준으로 한다.[100]

(2) 법령이 폐지된 경우 재심이 개시된 사건에서 범죄사실에 대해 적용해야 할 법령이 폐지된 경우에는 면소판결을 선고하는 것이 원칙이다.

다만 위헌결정으로 인한 경우에는 법령이 소급하여 무효로 되므로 재심공판에서 무죄를 선고하여야 한다.[101] 그리고 이 경우에 한해서 면소판결에 대하여 무죄를 주장하는 상소도 허용된다.[102]

---

96) 대판 2015. 5. 14. 2014도2946 (유서대필로 인한 자살방조사건에서 필적이 동일하다는 감정서의 신빙성을 부정한 사안).

97) 대판 2015. 5. 14. 2014도2946.

98) 대판 2004. 9. 24. 2004도2154; 대판 2013. 5. 16. 2011도2631 전합.

99) 대판 2013. 7. 25. 2011도6380.

100) 대판 2011. 1. 20. 2008재도11 전합; 대판 2011. 10. 27. 2009도1603; 대판 2012. 6. 14. 2011도730; 대판 2013. 7. 11. 2011도14044.

101) 대판 2010. 12. 16. 2010도5986 전합; 대판 2019. 1. 31. 2018도6185.

102) 대판 2010. 12. 16. 2010도5986 전합; 대판 2013. 5. 16. 2011도2631 전합.

Ⅱ. 재심공판절차의 특칙

당해 심급의 공판절차에 관한 규정이 준용되지만, 심리와 재판에 대한 특칙이 적용된다.

> 사건의 심리는 그 심급에 따른 통상의 공판절차에 관한 규정에 따라 진행된다. 재심의 소송절차는 재심청구의 대상이 된 확정판결의 소송절차와는 전혀 별개의 절차이기 때문에, 예컨대 재심청구의 대상이 된 확정판결이 제1심의 유죄판결이라면, 재심의 소송절차에서는 인정신문, 모두진술, 증거조사, 피고인신문, 의견진술, 최후진술 등 제1심의 소송절차를 새로 밟아야 한다.

1. 심리의 특칙

(1) 피고인의 불출석과 필요적 변호 재심피고인이 사망자 또는 회복할 수 없는 심신장애인인 경우 피고인의 출정 없이 재판할 수 있으며(제438조 제3항 본문), 다만 변호인이 출정하지 아니하면 개정하지 못하므로(동조 제3항 단서), 재심을 청구한 자가 변호인을 선임하지 아니한 때에는 재판장은 직권으로 변호인을 선임하여야 한다(동조 제4항).

(2) 공판절차 정지의 예외 회복할 수 없는 심신장애인을 위하여 재심의 청구를 한 때 또는 유죄의 선고를 받은 자가 재심의 판결 전에 회복할 수 없는 심신장애인으로 된 때라도 공판절차를 정지(제306조 제1항)할 필요 없이 심리를 계속하여야 한다(제438조 제2항).

(3) 공소기각 결정의 예외 사망자를 위하여 재심의 청구를 한 때 또는 유죄의 선고를 받은 자가 재심의 판결 전에 사망한 때라도 피고인의 사망으로 인한 공소기각의 결정(제328조 제1항 제2호)을 할 수 없고 심리를 계속하여야 한다(제438조 제2항).

(4) 공소의 취소와 공소장변경 공소의 취소는 제1심판결선고 전까지 가능하므로, 적어도 제1심에 대한 확정판결을 전제로 하는 재심공판절차에서는 공소를 취소할 수 없다.[103]

재심공판절차도 사실심의 성격을 가지는 이상 공소장변경은 허용된다. 그러나 판례는 재심심판절차에서는 특별한 사정이 없는 한 검사가 재심대상사건과

---

103) 대판 1976. 12. 28. 76도3203.

별개의 공소사실을 추가하는 내용으로 공소장을 변경하는 것은 허용되지 않는다는 입장을 취하고 있다.[104)]

학설로는, ① 소극설(재심심판절차에서 공소장변경의 허용범위에 관하여는 이익재심만 허용하고 있는 현행법의 취지에 비추어 보면, 종전의 확정판결보다 재심피고인의 죄책을 증대시키는 내용(예컨대 원판결의 죄보다 중한 죄를 인정하기 위한 공소사실의 추가·변경)의 공소장변경은 허용되지 않는다는 견해)와 ② 적극설(통상의 공판절차와 마찬가지로 제한 없이 허용된다는 견해)가 대립하고 있다. 제439조에 따라 재심에서도 원판결보다 무거운 형을 선고하지 못한다는 점을 고려하면 공소장변경 자체를 제한 없이 허용해도 좋을 것이다.

2. 재판의 특칙

(1) 피고인이 사망한 경우 사망자를 위하여 재심을 청구하거나 유죄의 선고를 받은 자가 재심의 판결 전에 사망한 때라도 공소기각의 결정을 하지 않고 재심재판을 진행하여야 한다(제438조 제2항).

(2) 불이익변경금지의 원칙 적용 재심에서도 원판결의 형보다 무거운 형을 선고하지 못한다(제439조). 이익재심만 인정하는 현행법하에서 불이익변경금지의 원칙은 단순히 원판결보다 무거운 형을 선고할 수 없다는 의미에 그치는 것이 아니라, 실체적 정의를 실현하기 위하여 재심을 허용하지만 피고인의 법적 안정성을 해치지 않는 범위 내에서만 재심이 이루어져야 한다는 취지이다.[105)]

1개의 형을 선고한 경합범의 일부에 대해 재심청구가 있고 그 판결 전부에 대해 재심개시결정을 한 경우, 재심법원이 재심사유가 없는 범죄에 대해서는 새로이 양형을 해야 하는 것이므로 이중처벌금지의 원칙을 위반한 것은 아니고 다만 불이익변경금지 원칙이 적용되어 원판결의 형보다 무거운 형을 선고하지 못한다.[106)]

---

104) 대판 2019. 6. 20. 2018도20698 전합. 이 문제는 특히 공소사실의 동일성이 인정되는 포괄일죄의 경우 확정판결 이후에 재심공판에서 그 일부에 대해 공소장변경으로 공소사실의 추가가 가능한지 여부와도 관련된다. 확정판결의 기판력을 강조하는 입장에서는 포괄일죄라도 확정판결을 전후하여 수죄로 분리되므로 확정판결 이후에는 재심공판에서 그 일부에 대해 공소사실을 추가할 수 없게 되지만, 재심공판을 통해 확정판결의 기판력이 상실된다는 점을 강조하게 되면, 확정판결 이후라도 포괄일죄의 일부에 대해서는 공소장변경이 가능하다고 보게 된다. 판례는 전자의 입장이다.

105) 대판 2018. 2. 28. 2015도15782.

106) 대판 2014. 11. 13. 2014도10193; 대판 2018. 2. 28. 2015도15782.

유죄의 확정판결이 있은 후 특별사면을 받았으나 재심을 청구하여 재심심판의 결과 무죄가 아닌 유죄가 인정되는 경우라도 이익재심의 취지에 따라 재심공판법원은 피고인에게 형을 선고할 수 없다.[107)]

(3) 후행범죄에 대한 경합범 감경 재심대상이었던 확정판결 이후 재심판결 이전에 저지른 후행범죄에 대해서도 확정판결과의 관계에서 형법 제37조 후단에 따라 경합범 감경을 인정할 것인지에 대해 견해의 대립이 있다. 확정판결 전의 범행을 사후적 경합범으로 처벌을 완화하는 취지를 고려하면 재심의 대상이 된 확정판결이 아닌 새로 확정된 재심판결을 기준으로 사후적 경합범의 성립 여부를 판단해야 할 것이다. 따라서 아직 재심판결이 확정되기 전에 발생한 경합범은 이미 판결이 선고된 확정판결과의 관계에서 사후적 경합범의 예에 따라 형을 감경할 수 있다고 보아야 할 것이다. 다만 판례는 재심공판에서 별개 형사사건의 병합을 부정하는 입장에서 재심대상인 확정판결의 기판력이 후행범죄에 미치지 않으므로 양자는 동시에 판결할 경우와 형평을 고려하여 형을 감면할 수 있는 경우가 아니라고 보고 있다.[108)]

(4) 무죄판결의 공시 재심에서 무죄의 선고를 한 때에는 그 판결을 관보와 그 법원소재지의 신문지에 기재하여 공고하여야 한다(제440조 본문). '무죄의 선고를 한 때'는 무죄판결이 확정된 때가 아니라, 무죄가 선고되면 족하다는 의미이다.

재심의 무죄판결에 대해서도 상소가 허용되고 상소심에서 유죄판결로 변경될 수도 있으므로 무죄판결이 확정된 때를 의미한다는 것이 다수설이나, 피고인의 조속한 명예회복을 위해서는 문언대로 무죄의 선고만 있으면 공시가 가능하다고 보아야 한다.

(5) 원판결의 실효 등 재심판결이 확정되면 원판결은 당연히 효력을 상실한다.

원판결이 효력을 상실하였으므로, 원판결을 전제로 형법 제35조에 의해 누범가중한 판결도 위법하게 되어 유지될 수 없다.[109)] 판례는 원판결이 선고한 집행유예

---

107) 대판 2015. 10. 29. 2012도2938.

108) 대판 2019. 6. 20. 2018도20698.

109) 대판 2017. 9. 21. 2017도4019 (폭처법위반(집단·흉기등재물손괴 등)죄 등으로 징역 8월을 선고받아 판결이 확정되고 그 집행을 종료한 후 3년 내에 상해죄 등을 범하였다는 이유로 제1심

의 유예기간이 지난 후에 새로운 형을 정한 재심판결이 선고되는 경우, 원판결의 형선고의 효력이 상실되어 집행유예의 법률적 효과까지 없어지더라도 재심판결이 확정되면 재심대상판결은 효력을 잃게 되는 재심의 본질상 당연한 결과이므로, 재심판결에서 정한 형이 재심대상판결의 형보다 중하지 않은 이상 불이익변경금지원칙이나 이익재심의 원칙에 반하지 않는다고 한다.[110)]

재심판결이 확정되더라도 원판결에 의한 형의 집행까지 무효로 되는 것은 아니므로, 원판결에 의한 자유형의 집행기간은 재심판결에 의한 자유형의 집행에 통산된다.[111)]

제 2 절 비상상고

제 1 비상상고의 의의 및 연혁

Ⅰ. 비상상고의 개념

비상상고란 확정판결에 대하여 그 심판의 법령위반을 이유로 이를 시정하기 위한 비상구제절차를 말한다. 확정판결에 대한 것으로서 하급심판결에 대한 불복을 전제하지 않는다는 점에서 상고와 구별되고, 법령위반을 이유로 한다는 점에서 재심과 구별된다.

신청권자가 검찰총장에 한하고 대법원이 관할권을 가지며, 판결의 효력이 원칙적으로 피고인에게 미치지 않는다는 점에서도 재심과 다르다.

및 원심에서 누범으로 가중처벌되었으나, 확정판결의 전제가 된 폭처법 위반 관련 규정이 위헌결정을 받자, 헌법재판소법 제47조 제4항의 재심사유가 인정되어 재심개시결정이 이루어져 재심판결이 확정된 사안: 누범적용 위법); 대판 2017. 6. 29. 2017도5715; 대판 2019. 4. 11. 2018도17909.

110) 대판 2019. 2. 28. 2018도13382.

111) 대판 1991. 7. 26. 91재감도58.

Ⅱ. 연혁 및 기능

1. 연혁

프랑스의 「법률의 이익을 위한 상고」(recours dans l'intérêt de la loi)와 「공익을 위한 상고」(recours dans l'intérêt public) 제도에서 유래한다. 일본은 재심과 마찬가지로 피고인의 불이익을 구제하기 위한 제도로서 비상상고를 도입하였다.

일본에서는 피고인에게 불이익한 확정판결에 대하여 비상상고를 허용함으로써 피고인의 불이익을 구제하기 위한 제도로 등장하였으나, 이후 법령적용의 통일성 확보를 위한 제도로 변경되었고, 현실적으로는 피고인의 불이익 구제에 기여하는 제도로 기능하고 있다.

현행법도 파기판결의 효력은 원칙적으로 피고인에게 미치지 않지만 원판결이 피고인에게 불이익한 경우에는 피고사건을 다시 판결하도록 하고 있다(제446조 제1호 단서).

2. 기능

(1) 법령의 해석·적용의 통일 확정판결 자체를 대상으로 삼는 것이 아니라 확정판결과 그 판결이 확정되기까지의 절차 가운데 법령위반 부분을 대상으로 하며, 유·무죄 등 판결의 종류와 무관하게 법령적용의 오류를 바로잡는 데 주된 기능이 있다.[112)]

(2) 피고인의 불이익 구제 원판결의 법령위반으로 인하여 피고인에게 불이익이 있는 경우 피고사건에 대해 다시 판결하도록 함으로써, 부차적으로 구체적인 사건에서 피고인의 불이익을 구제하는 기능을 가지고 있다.

제2 비상상고의 대상

비상상고는 모든 확정판결을 대상으로 한다(제441조). 유·무죄의 실체판결은 물론이고 관할위반·공소기각[113)]·면소와 같은 형식재판도 비상상고의 대상

---

112) 대판 2021. 3. 11. 2018오2.

113) 대판 2010. 1. 28. 2009오1 (공소기각의 판결을 선고해야 할 사안에 대하여 형을 선고한 경우에 대해 비상상고를 인정한 사안).

이 된다. 그러나 상급심의 파기판결에 의해 효력을 상실한 재판은 비상상고의 대상이 될 수 없다.[114] 결정의 형식을 취한 경우라도 종국재판의 성격을 지닌 확정판결(상소기각의 결정[115]이나 공소기각의 결정 등)은 모두 대상이 된다.

약식명령[116]이나 즉결심판[117]도 확정된 이상 비상상고의 대상이 된다.

당연무효의 판결은 판결이 확정되었다고 하기 어렵지만, 일단 판결로서 성립한 이상 비상상고에 의한 시정을 통해 무효의 선언을 받을 필요가 있다.

제 3 비상상고의 이유

검찰총장은 판결이 확정한 후 그 사건의 심판이 법령에 위반한 것을 발견한 때에는 대법원에 비상상고를 할 수 있다(제441조). 여기서 '심판'이란 심리와 판결을 의미하므로, 판결 자체의 법령위반과 소송절차의 법령위반이 모두 대상이 된다(제446조 참조).

Ⅰ. 법령위반의 구분

일반적으로 비상상고의 이유를 원판결의 법령위반과 소송절차의 법령위반으로 구분하는데, 이러한 구분은 재판형식의 차이에 따른 것이다. 즉 원판결의 소송절차가 법령에 위반한 때에는 위반된 절차만 파기하면 족하고, 원판결(또는 그 위반된 부분)이 법령에 위반한 때에도 원판결의 위반된 부분을 파기하지만, 피고인에게 불이익한 때에는 원판결 자체를 파기하고 다시 판결을 하도록 하고 있기 때문이다(제446조 참조).

학설로는, ① 판결선고 전 소송절차에 관한 법령위반만 소송절차의 법령위반에 해당하고 나머지 경우는 모두 판결의 법령위반으로 보는 견해, ② ①설과 유사하나, 판결 자체의 소송절차라 하더라도 형식적 소송조건에 관한 법령위반은 소송절차의 법령위반에 해당한다는 견해, ③ 법령적용의 오류 및 소송조건의 불비를

---

114) 대판 2021. 3. 11. 2019오1.

115) 대판 1963. 1. 10. 62오4 (사면된 범죄에 대하여 사면된 것을 간과하고 상고기각의 결정을 한 사안); 대판 1998. 11. 27. 98오2 (항소심에서 항소기각결정을 하면서 형법 제57조 1항에 반하여 항소심의 미결구금일수를 전혀 산입하지 않은 사안).

116) 대판 2006. 10. 13. 2006오2; 대판 2021. 6. 10. 2020오7.

117) 대판 1998. 6. 26. 98오1.

간과하여 실체판결을 선고한 경우는 모두 판결의 법령위반으로 보는 견해 그리고 ④ 판결내용에 영향을 미치는 법령위반은 법령적용이든 소송절차든 불문하고 모두 판결의 법령위반으로 보는 견해(다수설) 등이 있다.

판결내용, 즉 판결주문이나 이유에 직접 영향을 미친 법령위반이라면 실체법규나 소송조건에 관한 법령위반은 물론이고, 소송절차의 법률위반이 있는 경우라도 원판결을 파기하는 것이 타당하다. 판례도 소송절차의 법령위반이 있는 경우 판결내용에 영향을 미친 때에는 원판결을 파기해야 한다는 입장이다.[118]

Ⅱ. 법령위반의 내용

1. 판결의 법령위반

판결에 적용한 법령이 실체법규인지 절차법규인지를 불문하고 그러한 법령적용이 판결에 영향을 미쳤는지 여부가 중요하다. 이 경우 피고인에게 불이익한 때에는 원판결을 파기하고 자판하게 된다.

(1) 실체법규에 위반한 경우 형이 폐지되었음에도 이를 적용하여 유죄판결을 선고한 경우, 법령의 개정에도 불구하고 개정법률에서 허용되지 않은 형을 구법에 따라 과한 경우,[119] 법정형이나 처단형을 초과하여 형을 선고한 경우,[120] 형 면제를 선고할 근거가 없거나 형 면제의 사유가 없음에도 형 면제의 판결을 선고한 경우,[121] 집행유예를 할 수 없는 사안에 대해 집행유예를 선고한 경우[122] 등을 들 수 있다. 범죄의 성부나 형의 부과에 관한 법령위반 외에 보호관찰(보안처분)에 관한 법원의 명령이 법령에 위반한 경우도 포함된다.[123]

(2) 소송조건의 존부에 대한 오인 소송조건의 결여는 판결내용에 영향을 미치므로 '판결의 법령위반'으로서 원판결이 피고인에게 불이익한 때에는

---

118) 대판 2000. 10. 13. 99오1 (친족간 특례 규정에 의하여 공소기각을 하였어야 함에도 불구하고 유죄로 인정한 것은 피고인에게 불이익한 때에 해당하므로 유죄 부분 전부를 파기한 사안).
119) 대판 1957. 7. 5. 4290형비상2.
120) 대판 2015. 5. 28. 2014오3.
121) 대판 1994. 10. 14. 94오1; 대판 1998. 6. 26. 98오1.
122) 대판 2021. 10. 28, 2020오6.
123) 대판 2011. 2. 24. 2010오1, 2010전오1(병합) (피고인에 대하여 형의 집행을 유예하면서 보호관찰을 받을 것을 명하지 않은 채 전자장치를 부착할 것을 명한 사안). 동지 대판 2014. 7. 24. 2014오1; 대판 2021. 6. 30. 2020오10, 2021보오1.

파기자판하여야 한다.

예컨대 상소취소, 형면제 사유가 있음에도 유죄판결을 선고한 경우,[124] 사면된 범죄에 대해 이를 간과하고 상고기각의 결정을 한 경우[125]나 공소시효가 완성된 범죄에 대해 유죄판결을 선고한 경우,[126] 명예훼손죄에 있어서 제1심판결선고 후에야 처벌희망의사를 철회하였음에도 그 효력을 인정하여 공소기각의 판결을 한 경우,[127] 폭력행위처벌법 개정으로 반의사불벌죄로 된 야간폭행에 대해 피해자의 처벌불원의사에도 불구하고 약식명령을 고지한 경우[128] 등이 여기에 해당한다.

같은 취지에서, 상소법원이 직권조사사항이 존재함에도 이를 심판하지 않았다면, 그 결과 피고인에게 불이익한 때에는 원판결을 파기하고 자판해야 한다.

(3) 판결에 영향을 미친 소송절차위반 소송절차의 법령위반이라도 판결내용에 영향을 준 경우에는 여기에 포함된다. 예컨대 임의성 없는 자백 등 증거능력이 없는 증거만을 근거로 유죄판결을 선고한 경우, 피고인의 자백에 대한 보강증거 없이 자백만으로 유죄판결을 선고한 경우, 필요적 변호사건에서 예외사유가 없음에도 변호인의 출석 없이 판결을 선고한 경우, 제척의 원인에 해당하는 법관이 재판에 관여하여 유죄판결을 선고한 경우 등이 이에 해당된다. 또한 즉결심판절차에서 허용되는 범위를 넘는 벌금 30만원의 즉결심판을 선고한 경우[129]도 여기에 해당한다.

2. 소송절차의 법령위반

소송절차에 관한 법령위반이 판결내용에 영향을 준 경우가 아니라면, 판결전 소송절차는 물론이고 판결절차의 법령위반도 여기에 포함되고, 따라서 위반된 절차만 파기하게 된다.

예컨대 다른 증거만으로 범죄사실을 인정할 수 있지만 적법한 증거조사의 절차를 거치지 않고 증거능력이 없는 증거를 유죄의 증거로 채택한 경우,[130] 보석허가결정에 대해 검사의 즉시항고를 인정하여 피고인을 석방하지 않은 경우, 판결

---

124) 대판 1947. 7. 29. 4280비상2; 대판 2000. 10. 13. 99오1.
125) 대판 1963. 1. 10. 62오4.
126) 대판 2006. 10. 13. 2006오2.
127) 대판 1962. 3. 8. 4294형비상1.
128) 대판 2003. 11. 27. 2003오1; 대판 2021. 6. 10. 2020오7.
129) 대판 2015. 5. 28. 2014오3.
130) 대판 1964. 6. 16. 64오2.

내용을 판결서에 기재하지 않고 조서에만 기재하거나 형을 선고하면서 상소권을 고지하지 않은 경우 등을 들 수 있다.

Ⅲ. 사실오인으로 인한 법령위반의 경우

사실오인 자체는 비상상고이유가 될 수 없지만, 사실오인의 결과 법령적용을 위반한 경우에 비상상고를 할 수 있는지에 대해 학설이 대립하고 있다.

예컨대 약식명령사건에서 불출석재판을 한 결과 피고인이 사망하였음에도 이를 알지 못하여 벌금형을 선고한 경우, 피고인의 사망이라는 사실에 대한 오인으로 인하여 제328조 제2호(공소기각의 결정사유)의 법령을 적용하지 않았다는 점에서 비상상고가 가능한지 문제된다.

1. 학설

(1) **적극설** 비상상고가 가지는 피고인의 실질적 구제 기능에 초점을 맞추어, 실체법적 사실이든 소송법적 사실이든 불문하고, 그 사실이 소송기록을 조사함으로써 쉽게 인정할 수 있는 사항은 모두 비상상고의 대상이 된다는 견해이다.

(2) **소극설** 비상상고는 법령해석의 통일을 목적으로 하는 제도이므로 사실오인은 재심을 통해 구제하면 족하고, 사실오인은 어떤 사실이든 비상상고를 인정할 수 없다는 견해이다.

(3) **절충설** 사실을 실체법적 사실과 소송법적 사실로 구분하여 후자를 오인한 경우에만 비상상고가 가능하다는 견해이다. 사실오인은 원칙적으로 비상상고의 이유가 될 수 없지만, 제444조가 법원의 관할 등 소송법적 사실에 한해 그 조사를 허용하고 있는 점에 비추어 소송법적 사실에 한해 비상상고의 이유가 될 수 있다고 한다. 또한 소송법적 사실을 오인한 경우에는 사실오인과 법령위반 자체를 구별하기 쉽지 않다는 점도 고려하고 있는 견해이다.

2. 판례

사실오인의 경우에 비상상고를 인정한 판례도 있으나, 최근에는 소송법적 사실에 대해서도 비상상고를 인정하지 않음으로써 **소극설**의 입장을 명확히 하고 있다. 단순히 법령적용의 전제사실을 오인함에 따라 법령위반의 결과를 초래한 경우는 법령의 해석적용을 통일한다는 목적과 무관하므로 법령위반에 해당하지

않는다고 본 것이다.[131)]

판례 중에는 실체법적 성격과 소송법적 성격을 모두 가진다고 볼 수 있는 경우에 비상상고를 허용한 것[132)]이나, 소송법적 사실을 오인한 경우를 법령위반의 문제로 파악하여 비상상고를 긍정한 경우,[133)] 또한 진정성립이 인정되지 않은 감정서 등을 유죄의 증거로 채택한 것도 법령위반이라고 본 경우[134)]도 있다.

3. 검토

비상상고의 심리절차에서 소송법적 사실에 대해서는 사실조사를 허용하고 있으므로(제444조 제2항) 소송법적 사실의 오인에 대해서는 비상상고를 허용하는 취지로 볼 수 있고, 따라서 실체법적 사실의 오인에 대해서 비상상고를 허용할 것인가가 주된 논점이 된다. 실체법적 사실 가운데 주요사실에 대해 오인한 경우에는 원칙적으로 재심을 통해 구제하는 것이 타당하다.

누범전과가 없음에도 불구하고 누범가중을 한 판결의 경우와 같이 사실조사 없이도 소송기록을 통하여 인정할 수 있는 명백한 오류라면 판결의 법령위반으로서 비상상고가 허용된다는 견해도 있다.

제 4 비상상고의 절차

Ⅰ. 비상상고의 신청

1. 신청권자 및 관할법원

신청권자는 검찰총장이며, 관할법원은 대법원이다(제441조).

확정판결의 법령위반으로 인해 피고인의 이익이 부당하게 침해된 경우에 검찰총장이 비상상고를 신청할 '의무'를 진다는 견해도 있다. 입법론으로는 피고인에게

---

131) 대판 2005. 3. 11. 2004오2; 대판 2017. 6. 15. 2017오1; 대판 2021. 3. 11. 2018오2.

132) 대판 1963. 4. 4. 63오1 (판결선고 당시 20세 미만인 소년에 대하여 정기형을 선고한 사안: 긍정).

133) 예컨대 공소시효가 완성된 사실을 간과한 채 피고인에 대하여 약식명령을 발령한 원판결에 대해 법령을 위반한 잘못이 있다고 판시하고 있다. 대판 1957. 5. 3. 4289형비상1; 대판 1963. 1. 10. 62오4 참조.

134) 대판 1964. 6. 16. 64오2.

불리한 확정판결에 대하여는 피고인에게도 신청권을 부여할 필요가 있다.

2. 신청방식

비상상고를 함에는 그 이유를 기재한 신청서(비상상고신청서)를 대법원에 제출하여야 한다(제442조). 상고의 경우와 달리 신청과 함께 신청서 자체에 이유를 기재하여야 한다.

신청기간의 제한은 없고, 형의 시효가 완성되었거나 형이 소멸하였거나 판결을 받은 자가 사망한 경우에도 가능하다. 명문규정은 없으나 비상상고의 판결이 있을 때까지는 필요한 경우에 취하할 수 있다.

Ⅱ. 비상상고의 심리

1. 공판의 개정

비상상고의 신청이 있으면 대법원은 반드시 공판기일을 열어야 한다.135) 공판기일에는 검사가 출석하여 신청서에 의해 진술하여야 한다(제443조). 그 밖에 피고인 또는 변호인은 변론능력이 없으므로 출석할 필요가 없다.

비상상고절차에는 상고심 절차가 준용되므로 피고인의 출석을 요하지 않고(제389조의2), 따라서 피고인을 소환해야 하는 것은 아니다. 변호인에게 출석 및 의견진술의 권리가 있는지에 대해서는 학설이 대립하고 있다. 비상상고에서도 피고인에 대한 불이익구제가 부차적인 목적으로 인정되고 있으며 피고인에게 중요하게 영향을 미치는 경우가 있으므로, 비록 피고인의 출석 및 의견진술권은 인정되지 않는다고 하더라도 그 변호인에게는 인정해야 한다는 견해가 다수설이다. 그러나 변호인도 출석권이 보장되지 않는다는 점에서 소극설이 타당하다.

다만 비상상고가 피고인에게 불이익하여 파기자판해야 할 경우에는 피고인 또는 변호인에게 의견진술을 할 기회를 보장할 필요가 있을 것이므로, 법원이 재량으로 변호인에게 의견을 진술할 기회를 주어야 할 것이다.

2. 사실조사

대법원은 신청서에 포함된 이유에 한하여 조사하여야 한다(제444조 제1항).

---

135) 공판기일을 열지 않고 신청서만 검토하는 서면심리의 방식으로 판결을 하는 것은 허용되지 않는다.

사후심으로서, 신청서에 포함되지 않은 사정에 대한 직권조사는 인정되지 않는다. 예외적으로 법원의 관할, 공소의 수리와 소송절차에 관하여는 사실조사를 할 수 있다(동조 제2항).

대법원은 필요하다고 인정한 때에는 합의부원에게 비상상고 신청의 이유에 대한 사실조사를 명하거나 다른 법원판사에게 이를 촉탁할 수 있으며(제444조 제3항, 제431조 제1항), 이 경우에 수명법관 또는 수탁판사는 법원 또는 재판장과 동일한 권한이 있다(제444조 제3항, 제431조 제2항).

제 5 비상상고의 판결

Ⅰ. 판결의 종류

1. 기각판결

비상상고가 이유 없다고 인정한 때에는 판결로써 비상상고를 기각하여야 한다(제445조). 신청이 부적법한 경우(신청권자 아닌 자의 신청 등)도 마찬가지이다.

2. 파기판결

비상상고가 이유 있다고 인정한 때에는 원판결 또는 소송절차를 파기하는 판결을 하여야 한다(제446조).

(1) 위반부분의 파기　원판결이 법령에 위반한 때에는 그 위반된 부분을 파기한다(제446조 제1호 본문).[136] 사후심으로서, 기준이 되는 법령은 원판결시의 법령이다.

유죄판결의 일부에 비상상고이유가 인정되는 경우라도 당해 부분이 나머지 부분과 불가분의 관계에 있는 경우에는 원판결 전부를 파기하여야 한다.

한편 실체법령을 위반하여 피고인에게 무죄판결을 선고한 경우 무죄판결은 피고인에게 불이익하지 않으므로 원판결을 파기하는 데 그친다.

---

136) 대판 1994. 10. 14. 94오1; 대판 2011. 2. 24. 2010오1; 대판 2018. 4. 10. 2018오1 (특가법상 사기죄 등으로 징역형이 확정된 후, 확정판결 전에 행한 범죄에 대하여 다시 징역형을 선고하면서 자격정지 이상의 형을 받은 전과가 있음에도 벌금형의 선고를 유예하여 판결이 확정된 후 법령위반을 이유로 비상상고를 한 사안). 「형사소송법 제446조 제1호 본문에 따라 원판결 중 피고인에 대하여 벌금형의 선고를 유예한 부분을 파기하기로 (한다).」

(2) **파기자판** 원판결을 파기하는 경우 원판결이 피고인에게 불이익한 때에는 원판결을 파기하고 피고사건을 다시 판결하여야 한다(제446조 제1호 단서).[137]

원판결을 파기하는 것만으로는 원판결의 확정으로 인한 일사부재리의 효력은 소멸하지 않으므로 피고인의 이익을 위해 별도로 대법원의 판단이 필요하다는 점을 고려한 것이다. 불이익변경금지의 원칙을 적용하는 한도에서 직접 자판하지 않고 파기환송 또는 파기이송도 가능하다는 것이 다수설과 판례[138]의 입장이나, 비상상고의 성격을 고려하면 상고심의 심판과는 달리 파기환송이나 파기이송은 허용되지 않는다.

'원판결이 피고인에게 불이익한 때'란 원판결의 위법을 시정하여 다시 선고할 판결이 원판결에 비하여 피고인에게 이익이 될 것이 명백한 경우를 말한다. 예컨대 반의사불벌죄에 있어서 처벌불원의사표시가 있었음에도 유죄판결을 선고한 경우가 여기에 해당한다.[139] 따라서 피고사건에 대해서도 불이익변경금지의 원칙이 적용되는 것과 유사한 효과가 생긴다.

파기자판하는 경우 원판결 시의 법령을 기준으로 판단한다. 비상상고는 원판결의 잘못을 시정하는 절차로서 원판결 이후에 발생한 사정을 고려할 필요가 없고, 파기자판 시의 법령을 기준으로 하게 되면 재차의 상고심과 같은 형태를 가지게 되기 때문이다. 예컨대 원판결이 확정된 후에 형이 폐지되거나 일반사면이 있어 피고인에게 이익이 될 것이 명백하더라도 파기자판을 할 수는 없다.

자판하는 경우 판결내용은 실체판결[140] 외에도, 면소[141]나 공소기각의 판결[142]과 같은 형식재판도 포함한다.

(3) **절차파기** 원판결의 '소송절차'가 법령을 위반한 때에는 원판결 자체는 파기하지 않고 위반된 절차만 파기한다(제446조 제2호).

---

137) 대판 2020. 11. 26. 2020오2 (확정판결이 있는 사건에 대해 벌금형을 선고한 사안에 대한 비상상고: 파기자판).

138) 대판 1967. 3. 21. 63오4; 대판 1976. 4. 27. 76오1; 대판 1991. 3. 27. 90오1; 대판 2006. 4. 14. 2006오1.

139) 대판 2010. 1. 28. 2009오1.

140) 대판 2010. 1. 28. 2009오1.

141) 대판 2020. 11. 26. 2020오2.

142) 대판 2021. 6. 10. 2020오7.

Ⅱ. 비상상고에 대한 판결의 효력

파기자판의 경우 외에는 그 효력이 피고인에게 미치지 않는다. 따라서 이론적 효력만을 가진다는 의미에서 '**재판의 옷을 입은 학설**'이라고도 부른다.

판결의 위법한 부분을 파기하고 자판하지 않는 경우나 소송절차만 파기한 경우에는 원판결의 주문은 그대로 효력을 가진다. 예컨대 무죄판결이 법령에 위반되었다는 이유로 파기하는 경우라도 무죄판결 자체가 파기되지 않고 무죄판결 가운데 법령위반 부분만 파기된다. 따라서 파기판결의 효력은 피고인에게 미치지 않는다.

제3장

특별형사절차

제1절 약식절차

제1 약식절차의 의의 및 성격

Ⅰ. 의의

1. 개념

약식절차란 지방법원의 관할 사건에 관하여 검사의 청구로 정식 공판절차 없이 서면심리만으로 피고인에게 벌금, 과료 또는 몰수를 과하는 형사절차를 말한다(제448조 제1항).

명칭은 약식'명령'이나, 법관이 아닌 법원의 재판으로서 실체에 관한 종국재판이라는 점에서 통상의 판결과 유사한 **특별형사절차**라고 할 수 있다.

2. 구별개념

검사의 청구에 의한다는 점에서 경찰서장이 벌금과 구류를 청구하는 즉결심판절차와 구별되며, 피고인의 자백을 요하지 않고 정식 공판절차를 거치지 않는다는 점에서 자백사건을 대상으로 공판절차에서 증거조사만을 간소화하는 간이공판절차와 구별된다.

Ⅱ. 제도의 취지

약식명령은 독일의 과형명령절차에서 유래한 것으로, 벌금·과료·몰수에 처할 경미사건을 신속히 처리하고, 공개재판에 따른 시간과 비용의 낭비를 줄여 피고인의 부담을 완화하기 위한 제도이다. 정식재판청구권을 보장하고, 형종상향변경금지의 원칙이 적용된다는 점에서 헌법상 「재판을 받을 권리」를 침해하는 것은 아니다.[1] 우리나라의 경우 전체 기소사건 중 70%에 이르는 정도의 사건에 대하여 구약식이 이루어지고 있다. 약식절차 없이는 한국의 형사사법의 정상적인 운용을 기대하기 어렵다는 점에서 약식절차는 **'한국 형사사법의 불가결한 요소'**라고 할 수 있다.

독일에서는 검사의 수사기록을 근거로 절차를 진행하는 약식절차의 특성과 관련하여 독일제국형사소송법 초기부터 약식절차에 대한 '본질론'이 전개되어 왔다. **포기이론**은 피고인이 자신에게 가해지는 형사책임에 대해 포기한다는 점이 약식절차의 본질이라는 이론으로 의제설(민사소송에서의 독촉절차와 마찬가지로 피고인이 과형명령에 대하여 이의를 제기하지 않음으로써, 즉 정식재판청구를 하지 않음으로써 피고인의 책임이 의제된다는 견해)과 계약설(법관이 신속한 절차종결을 제안하고 피고인은 정식재판청구를 하지 않음으로써 이러한 제안을 받아들이는 데에 약식절차의 본질이 있다는 견해로서, 이 견해에 따르면 약식절차는 쌍무적 계약으로 이해된다)이 있다. 포기이론의 특징은 약식명령은 법관의 확신이 없더라도 '충분한 혐의'만으로 부과할 수 있다는 데 있다. 반면, **확신이론**은 약식명령의 발부도 법원의 확신에 의한 것이며 약식절차는 구두로 진행되는 공판절차와 달리 검사의 서류를 바탕으로 법관의 확신이 이루어진다는 점에서 차이가 있을 뿐이라는 입장이다. 확신이론은 결국 약식절차의 본질을 소송경제를 위한 신속한 사건처리에서 구하게 된다.

포기이론에 대하여는 형사책임은 민법상의 청구권과는 달리 처분할 수 있거나 의제될 수 있는 성질의 것이 아니고, 포기이론의 책임의제라는 기본 출발점은 약식절차에도 적용되는 무죄추정의 원칙과 조화될 수 없다는 비판이 있다. 통상의 공판절차에 의하든 약식절차에 의하든 모두 법관의 범죄혐의에 대한 확신이 필요하다는 점에서 확신이론이 타당하다고 할 수 있다. 약식절차의 본질은 약식절차의 목적과 기능 측면에서 찾을 수밖에 없으며, 결국 '소송경제의 요청'에 있다. 약식절차란 소송경제를 위해 공판절차 없는 서면심리에 의한 형벌의 부과를 허용하는 절차라고 할 수 있다.

1) 헌재 2005. 3. 31. 2004헌가27, 2005헌바8 참조.

제 2 약식명령의 청구

Ⅰ. 청구권자 및 청구대상

1. 청구권자

약식명령의 청구는 공소제기와 동시에 이루어지는 소송행위로서, 공소권자인 검사가 청구권을 가진다(제448조 제1항, 제449조).

검찰청법 제32조 제2항에 따라 검사직무대리(검찰수사서기관·검찰사무관·수사사무관 또는 마약수사사무관)도 약식명령을 청구할 수 있다.

2. 청구대상

지방법원의 관할에 속한 사건으로서, 벌금, 과료 또는 몰수에 처할 수 있는 사건에 한한다(제448조 제1항).

(1) 지방법원 관할사건 지방법원의 관할에 속한 사건이면 단독판사의 관할사건이든 합의부의 관할사건이든 불문하고 약식명령을 할 수 있다. 피고인의 자백 여부도 불문한다.

(2) 재산형에 처할 사건 벌금, 과료 또는 몰수가 법정형으로 규정되어 있는 이상, 벌금, 과료 또는 몰수가 자유형과 함께 선택형으로 규정되어 있더라도 약식명령을 청구할 수 있다. 그러나 징역이나 금고 등 자유형만 규정되어 있거나 필요적 병과형으로 규정된 경우는 제외된다.

Ⅱ. 청구방식

1. 청구의 방식

약식명령의 청구는 공소제기와 동시에 서면(약식명령청구서)으로 해야 한다(제449조).

약식명령의 청구는 공소제기의 특수한 방식이 아니라 공소제기와 동시에 행해지는 별개의 소송행위이다. 그러나 실무상으로는 별개의 서면에 의하지 않고, 한 개의 서면(공소장)에 약식명령청구의 취지를 부기하는 방식(검사의 구형까지 기재)에 의한다.

(1) **공소장의 필요적 기재사항 기재** 약식명령청구도 공소제기와 동시에 해야 하므로, 공소장에 필요적 기재사항을 기재해야 한다.[2)]

(2) **검사의 구형 기재 등** 약식명령청구서에는 검사가 미리 청구하는 벌금 또는 과료의 액수를 미리 기재해야 하지만, 법원이 이에 구속되지는 않는다. 또한 일반적인 공소제기의 경우와 달리, 공소장과 함께 변호인 또는 피고인에게 송달할 공소장부본을 첨부할 필요도 없고 따라서 송달도 불필요하다.

그러나 피의자의 입장에서 보면 사전에 약식절차를 이해하지 못하여 권리구제에 지장을 초래할 수 있으므로, 약식절차에 대한 고지와 이의제기 등을 할 수 있는 기회를 부여할 필요가 있다(일본 형사소송법 제461조의2 참조).

(3) **증거서류 및 증거물의 제출** 약식명령의 청구를 함에는 필요한 증거서류와 증거물을 동시에 제출하여야 한다(규칙 제170조). 따라서 공소장일본주의가 적용되지 않는다.

(4) **피의자의 석방** 검사가 구속 중인 피의자에 대하여 약식명령을 청구하는 경우에는 석방지휘서에 의하여 피의자를 석방하여야 한다(검찰사건사무규칙 제109조 제3항).

약식명령은 벌금이나 과료만 명할 수 있으므로, 벌금이나 과료를 과하는 판결이 선고되면 구속영장이 실효되는 점을 고려하여, 약식명령 청구와 함께 피의자를 석방하도록 한 것이다.

(5) **공소취소에 따른 실효** 공소를 제기한 후 공소를 취소하면 약식명령의 청구도 동시에 실효된다.

반대로 약식명령이 취소되면 공소도 취소해야 하는지, 바꾸어 말하면 약식명령청구만 취소하는 것이 가능한지 여부에 대해서는 논의가 있다. 적극설은 양자가 별개의 소송행위로서 재기소의 불편을 방지할 필요가 있으므로 약식명령청구만 취소할 수 있도록 해야 한다는 견해이고, 소극설은 명문규정이 없고 실익이 없으며 공판절차로서의 이행 여부는 법관이 결정하는 것이 바람직하다는 이유에서 허용되지 않는다는 견해이다. 양자가 별개의 소송행위라는 점을 고려하면 적극설이 타당하다.

---

2) 대판 1955. 9. 20. 4288형상212.

2. 전자약식

전자약식이란 약식사건의 수사, 약식명령의 청구 및 명령, 통지(송달) 그리고 벌금납입 등을 전자적 방식으로 처리하는 것을 말한다. 형사사법절차 전자화의 일환으로, 2010년 제정된 「약식절차에서의 전자문서 이용 등에 관한 법률」(약식전자문서법)에서 별도로 규정하고 있다.

약식사건 가운데 서면심리방식에 의해 정형적으로 처리되는 음주·무면허 운전 등 「도로교통법」 위반이나 「교통사고처리 특례법」 위반 사건 가운데 일부에 한하며(동법 제3조), 피의자가 전자절차에 대한 이해를 요하므로, 피의자의 동의가 있는 경우에만 가능하다(동조 제1항). 약식명령이 청구되기 전까지 전자문서 또는 종이문서로 그 동의를 철회할 수도 있다(동조 제2항, 제4조 제3항).

제 3 약식사건의 심판

Ⅰ. 법원의 심사

1. 관할

지방법원 관할사건이므로 단독판사가 심판한다(법원조직법 제7조 제4항).

사물관할과 관계없이 단독판사가 관할하며, 다만 약식사건이 합의부 관할사건과 관련사건인 경우라든가 합의사건에 해당하는 약식사건에 대해 통상의 공판절차로 회부되든가 정식재판이 청구되면 지방법원 합의부가 관할하게 된다.

약식명령 청구를 받은 법원이 관할권이 없는 경우에는 통상의 심판으로 이행한 다음 판결로써 관할위반의 선고를 한다.

2. 심리의 특징

(1) 서면심리의 원칙 구두변론이나 직접주의의 적용이 배제되므로 서면심리의 방식으로 진행한다. 검사가 제출한 수사서류 및 증거물을 토대로 심리한다.

다만, 성질에 반하지 않는 한, 공판절차에 관한 총칙규정(관할, 직원의 제척·기피, 소송능력, 변호, 서류 및 송달, 기간 등에 관한 규정 등) 그리고 변론의 병합과 분리, 증거재판주의, 자유심증주의, 위법수집증거배제법칙, 자백배제법칙 그리고 자백보강법칙 등은 준용된다. 그러나 전문법칙이나 공소장변경 등에 관한 규정은 준용되지 않는다.

(2) 증거조사 등의 불허 소송경제와 비공개 심리라는 약식명령의 취지에 비추어 피고인신문, 증인신문, 감정, 검증 등 통상의 증거조사는 허용되지 않으며,[3] 압수·수색 등의 강제처분도 원칙적으로 허용되지 않는다.

약식절차에서 서면심리만으로 명령을 내리기 어렵지만 굳이 통상의 공판절차로 이행할 필요도 없다면, 약식절차의 성질에 반하지 않는 범위 내에서 간단한 사실조사 등이 가능할 것이다(제37조 제3항 참조).

예컨대 실황조사서에 기재된 거리 측정 또는 장소의 형상에 대한 오류가 간단한 검증으로 보정될 수 있는 경우, 감정서에 기재된 학술용어의 의미를 감정인을 신문하여 간단히 확인할 수 있는 경우, 합의서에 기재된 위자료가 지급되었는지 피해자의 심문을 통해 쉽게 확인할 수 있는 경우 등이 여기에 해당한다. 같은 취지에서, 신속한 사건처리를 위해 피고인의 증거제출이나 검사의 보충증거 제출도 가능하다.

Ⅱ. 공판절차에의 회부

약식명령이 청구된 때라도 그 사건의 성격상 약식명령으로 할 수 없거나 약식명령으로 하는 것이 적당하지 않다고 인정한 때에는 법원이 결정으로 공판절차에 따라 심판해야 한다(제450조).

약식명령이 청구된 사건에 대하여 군사법원이 재판권을 가지게 되었거나 재판권을 가졌음이 판명된 때에는 결정으로 사건을 재판권이 있는 관할 보통군사법원으로 이송하며(제16조의2 참조), 약식명령 발령 후에 이러한 사실이 밝혀진 경우에는 약식명령을 송달한 다음, 피고인 등이 정식재판을 청구하면 결정으로 관할 보통군사법원으로 이송한다.

1. 회부사유

(1) 약식명령으로 할 수 없는 때 약식명령을 청구하기 위한 요건이 구비되지 못한 경우나 통상의 공소제기를 위해 필요한 요건을 구비하지 못한 경

---

3) 증거조사나 강제처분이 필요한 경우에는 약식절차를 중단하고 결정으로 통상의 공판절차(제450조)로 이행하여야 할 것이다.

우를 말한다.

예컨대 법정형에 벌금이나 과료가 규정되어 있지 않거나 병과형으로만 규정되어 있는 죄에 대하여 약식명령을 청구한 경우, 형의 면제나 무죄판결을 해야 할 경우 또는 소송조건이 결여되어 관할위반·공소기각·면소 등 형식재판으로 절차를 종결해야 할 경우 등이 여기에 해당한다.

(2) 약식명령을 하는 것이 적당하지 아니하다고 인정한 때 약식명령이 법률상 가능하지만 사실상으로 적당하지 않은 경우를 말한다.

예컨대 사안이 복잡하고 공판절차에서 신중한 심리를 하는 것이 상당하다고 인정되는 경우, 공소장변경을 요하는 경우, 복잡한 사실조사를 요하는 경우, 벌금 이상의 형을 과하는 것이 상당하다고 인정되는 경우, 양형에 대해 검사와 상당한 의견차이를 보이는 경우, 피고인이 범행을 부인하면서도 약식절차로 진행되는 것을 바라는 경우 등을 말한다.

(3) 치료감호가 청구되었을 때 약식명령이 청구된 후 치료감호가 청구되었을 때에는 당해 사건은 그 치료감호가 청구되었을 때부터 공판절차에 따라 심판하여야 한다(치료감호법 제10조 제3항).

2. 회부결정

실무상 회부사유가 있으면 별도의 결정 없이 통상의 공판절차에 따라 사실상 심리를 진행하고 있으나,[4] 형식적 확실성을 위해 정식의 회부결정이 필요하다고 보아야 한다.

3. 회부결정 후의 조치

(1) 검사에 대한 통지 법원사무관등은 약식명령의 청구가 있는 사건을 공판절차에 의하여 심판하기로 한 때에는 즉시 그 취지를 검사에게 통지하여야 한다(규칙 제172조 제1항).

---

4) 대판 2003. 11. 14. 2003도2735. 「법원이 약식명령 청구사건을 공판절차에 의하여 심판하기로 함에 있어서는 사실상 공판절차를 진행하면 되고, 특별한 형식상의 결정을 할 필요는 없으며, 제1심법원이 앞서 본 바와 같이 피고인에 대하여 다시 인정신문을 하고 위 공소장에 기하여 피고인 신문을 하는 등 제2회 공판기일을 진행한 것은 위 약식명령 청구에 대하여 공판절차회부를 하여 그 공판절차를 진행한 것으로 볼 수 있다.」

공판절차회부의 통지를 받은 검사는 5일 이내에 피고인 수에 상응한 공소장 부본을 법원에 제출하고(동조 제2항), 법원은 일반적인 공소제기의 경우와 마찬가지로 변호인 또는 피고인에게 공소장부본을 송달하여야 한다(동조 제3항).

(2) 소송서류와 증거물의 반환 약식절차는 서면심리방식에 의하지만 공판절차는 통상의 구두변론의 방식에 의하므로, 공소장일본주의의 취지에 비추어 회부한 이후에는 소송서류와 증거물 등을 다시 검사에게 반환하여야 한다.

이미 법원에 소송계속이 발생한 이상 무용한 절차를 반복할 필요가 없으므로 소송서류 등을 반환할 필요가 없다는 견해도 있으나, 공소장일본주의의 취지와 증거조사를 위해서 당연히 소송서류 등을 검사에게 반환해야 할 것이다. 그러나 판례는 반환하지 않더라도 공소제기절차가 위법하게 되는 것은 아니라고 하여 소극설과 유사하다.[5]

(3) 법원의 변경 예단배제의 원칙에 비추어 약식사건을 심리한 법관이 공판절차에서 당해 사건을 심리하지 않도록 심급관할에 따라 다른 합의부나 단독판사에게 배정한다.

판례는 약식절차와 정식공판절차가 심급이 동일하다는 이유로 제척사유에 해당하지 않는다는 입장이나,[6] 개별적인 사안에 따라서는 기피사유에 해당할 수는 있을 것이다.

제 4 약식명령

Ⅰ. 약식명령의 고지

관할법원은 약식명령의 청구가 있은 날로부터 14일 이내 검사와 피고인에게 재판서(약식명령서)의 송달에 의하여 고지하여야 한다(제452조, 소송촉진법 제22조, 형사소송규칙 제171조).[7]

검사와 피고인에게 재판서를 송달하는 것이므로, 변호인이 있는 경우라도 반드

---

5) 대판 2007. 7. 26. 2007도3906.

6) 대판 2002. 4. 12. 2002도944.

7) 송달받을 자가 구금되어 있는 경우에는 약식명령의 송달은 교도소장 등의 장에게 하여야 한다. 대결 1995. 6. 14. 95모14.

시 변호인에게 약식명령 등본을 송달해야 하는 것은 아니고, 따라서 정식재판 청구기간은 피고인에 대한 약식명령을 고지한 날을 기준으로 하여 기산하여야 한다.[8)]

피고인의 소재불명 등으로 인한 불고지 상태의 방치를 막기 위한 입법조치가 필요하다.

공판절차로 이행하는 경우를 제외하고 약식명령의 청구가 있은 때로부터 4개월 이내에 약식명령이 피고인에게 고지되지 않으면 공소제기가 소급하여 실효되도록 하고 이 경우에 법원은 결정으로 공소를 기각하도록 하는 입법례도 있다(일본 형사소송법 제463조의2).

Ⅱ. 약식명령의 내용

약식명령에는 범죄사실, 적용법령, 주형, 부수처분과 약식명령의 고지를 받은 날로부터 7일 이내에 정식재판의 청구를 할 수 있음을 명시하여야 한다(제451조).

1. 주형

벌금, 과료 또는 몰수를 명할 수 있다(제448조 제1항). 징역, 금고 등 자유형을 과하거나 무죄판결이나 형식재판은 허용되지 않으며, 벌금에 대한 선고유예 내지 집행유예도 허용되지 않는다.

학설로는, 서면심리의 특성상 정상에 관한 사실을 고려하는 것이 곤란하므로 선고유예 등이 허용되지 않는다는 견해와 피고인에게 유리한 처분이므로 허용된다는 견해가 있다. 정상에 관한 사정들을 확인할 필요가 있는 경우에는 통상절차에 회부하여 정식 공판절차로 진행하도록 하는 것이 타당하므로, 소극적인 견해가 타당하다.

검사가 약식명령청구서에 청구한 액수는 스스로 변경할 수 있고, 법관도 반드시 이에 구속되지 않는다.

---

8) 대결 2007. 1. 12. 2006모658; 대결 2017. 7. 27. 2017모1557 (피고인에 대한 재판서송달이 이루어진 후 변호인이 정식재판청구서를 제출할 것으로 믿고 피고인이 정식재판 청구기간 내에 청구서를 제출하지 못한 사안).

2. 부수처분

몰수가 불가능한 경우 추징, 압수물 환부 등의 부수처분을 할 수 있다(동조 제2항). 벌금에 대한 가납명령도 포함된다.

Ⅲ. 약식명령의 효력

1. 약식명령의 확정

정식재판의 청구기간 경과, 그 청구의 취하 또는 청구기각결정의 확정으로 약식명령이 확정된다(제457조).

정식재판청구기간 경과 후 정식재판을 청구하였으나 법원이 실체판결을 한 경우 이미 확정된 약식명령은 영향을 받지 않는 것이 원칙이지만, 이 경우에 실체판결에 대해 항소심에서 원판결을 파기하고 정식재판청구를 기각하는 결정을 내려야 하므로[9] 청구기각결정이 확정된 시점에서 약식명령이 확정된다고 보아야 한다.

2. 확정판결과 동일한 효력

약식명령의 확정과 함께 확정판결의 경우와 마찬가지로 집행력, 실체적 확정력(기판력)이 발생한다.[10]

기판력의 시간적 범위와 관련하여, 약식명령의 경우에는 선고절차 없이 재판서 송달에 의한 고지가 이루어지므로 고지시점부터 기판력이 발생한다. 다만 다수설과 판례는 발령시설을 취하고 있다.

다수설과 판례[11]는 판결선고에 해당하는 발령시(재판서 송달 이전)를 기준으로 하고 있으나, 약식명령은 별도로 선고(발령)를 하지 않고 명령서 송달에 의해 고지가 이루어지므로, 고지시점 즉 송달시를 기준으로 하는 것이 타당하다(고지시설).

3. 확정 이후의 구제절차

약식명령도 재심이나 비상상고의 대상이 된다.

---

9) 대판 2007. 4. 12. 2007도891 참조.

10) 대판 2013. 6. 13. 2013도4737; 대판 2015. 5. 15. 2011도13198.

11) 대판 1979. 2. 27. 79도82; 대판 1981. 6. 23. 81도1437; 대판 1984. 7. 24. 84도1129; 대판 1994. 8. 9. 94도1318; 대판 2013. 6. 13. 2013도4737.

다만 약식명령에 대해 정식재판을 청구하여 유죄판결이 확정된 경우에는 당해 유죄의 확정판결을 대상으로 재심을 청구하여야 하며, 이 경우에 약식명령에 대해 재심을 청구한 때에는 재심의 청구가 법률상의 방식에 위반한 것으로서 제433조에 따라 청구를 기각하여야 한다.[12]

제 5 정식재판의 청구

Ⅰ. 취지

정식재판청구는 법원이 약식명령을 고지한 경우에 그 재판에 불복하는 자가 정식재판을 통한 구제를 구하는 소송행위를 말한다. 정식재판청구도 원재판의 시정을 구하는 사법적 구제수단이라는 점에서 상소와 유사하기 때문에, 약식명령의 성질에 반하지 않는 한, 상소에 관한 규정을 정식재판청구에 준용한다(제458조).

Ⅱ. 청구절차

1. 청구권자

청구권자는 검사 또는 피고인이다(제453조). 피고인의 법정대리인도 피고인을 위하여 정식재판을 청구할 수 있으며(제458조 제1항, 제340조), 피고인의 배우자·직계친족·형제자매 또는 약식명령의 대리인 또는 변호인은 피고인의 명시적 의사에 반하지 않는 범위 내에서 정식재판을 청구할 수 있다(제458조 제1항, 제341조 제1항, 제2항).

2. 청구절차

(1) 청구기간

약식명령의 고지를 받은 날부터 7일 이내에 청구하여야 한다(제453조 제1항). 적법한 송달을 전제로 하므로, 명령서 송달이 부적법한 때에는 기간이 기산되지 않는다.[13]

보충송달 등의 방식으로 수령한 경우라도 적법한 송달이 이루어진 이상 청구기

12) 대판 2013. 4. 11. 2011도10626.
13) 대결 1995. 6. 14. 95모14.

간이 진행하게 되지만, 피고인의 재판을 받을 권리를 침해할 우려가 있다.[14)]

명문규정은 없지만, 피고인의 이익보호를 위해 재소자에 대한 특칙(제344조)이 준용된다.[15)]

(2) 청구방식

약식명령을 한 법원에 서면(정식재판청구서)으로 제출한다(제453조 제2항). 약식명령 일부에 대한 정식재판 청구도 가능하다(제458조 제1항, 제342조).

경합범의 일부에 대해 벌금, 다른 일부에 대해 과료가 고지된 경우처럼 각 부분에 대해 다른 형이 선고된 때에 한하며, 주형과 함께 부수처분이 고지된 경우 그 일부에 대한 청구는 허용되지 않는다.

서면기재의 방식이 위법한 경우에는 정식재판의 청구를 기각하여야 하나, 상소권회복청구의 요건을 충족하는 경우에는 정식재판청구권의 회복이 가능하다(제458조 제1항, 제345조).[16)]

(3) 정식재판청구권의 회복

(가) **취지** 정식재판을 청구할 수 있는 자가 자기 또는 대리인이 책임질 수 없는 사유로 인하여 정식재판청구기간 내에 정식재판을 청구하지 못한 때에는 정식재판청구권 회복의 청구를 할 수 있다. 이 경우에 상소권 회복에 관한 규정이 준용된다(제458조 제1항, 제345조 내지 제348조).

법원의 부적법한 공시송달로 인하여 약식명령에 대한 정식재판청구를 법정기간 내에 하지 못한 때에는 피고인의 책임질 수 없는 사유로 인한 것으로 정식재판청구권 회복이 인용된다.[17)] 다만 약식명령의 송달이 무효인 경우에는 정식재판청구기간 자체가 진행하지 않으므로, 정식재판청구를 한 경우라면 별도의 정식재판청구권 회복청구 없이 적법한 청구로서 효력이 발생한다.[18)] 한편 피고인에 대한 재

---

14) 헌재 2013. 10. 24. 2012헌바428 (형사소송법 제453조 제1항 본문이 합헌이라고 한 사안) 반대의견 참조.

15) 대결 2006. 10. 13. 2005모552.

16) 대결 2008. 7. 11. 2008모605 (정식재판청구서에 기명날인이 없어 기각되어야 함에도 불구하고 법원공무원이 적법한 청구가 있는 것으로 오인하여 청구서를 접수한 사안: 청구기각, 정식재판청구권 회복 청구 가능).

17) 대결 1984. 11. 8. 84모31.

18) 대결 1995. 6. 14. 95모14.

판서송달이 이루어진 후 변호인이 정식재판청구서를 제출할 것으로 믿고 피고인이 정식재판 청구기간 내에 청구서를 제출하지 못한 경우는 피고인이 책임질 수 없는 사유로 인하여 정식재판의 청구기간 내에 정식재판을 청구하지 못한 때에 해당하지 않는다.[19]

(나) **청구의 방식** 정식재판청구권 회복의 청구는 사유가 종지한 날로부터 정식재판청구기간에 상당한 기간 내에 서면으로 약식명령을 한 법원에 제출하여야 하며(제458조 제1항, 제346조 제1항), 정식재판청구권 회복의 청구를 할 때에는 원인된 사유를 소명하여야 한다(제458조 제1항, 제344조 제2항). 정식재판청구권의 회복을 청구한 자는 그 청구와 동시에 정식재판을 청구하여야 한다(제458조 제1항, 제346조 제3항).[20]

약식명령에 대한 정식재판청구권 회복을 청구할 때 법원은 정식재판청구의 회복의 결정을 할 때까지 약식명령의 집행을 정지하는 결정을 할 수 있다(제458조 제1항, 제348조 제1항). 집행정지를 필요적인 것으로 규정하지 않은 것은 필요적 집행정지로 인한 벌금형의 실효성 저하를 방지하고자 법원으로 하여금 구체적 사정을 고려하여 재판의 집행정지 여부를 결정하도록 한 것으로서 위헌이라고 할 수 없다.[21]

(다) **청구에 대한 결정** 정식재판청구권 회복의 청구를 받은 법원은 청구의 허부에 관한 결정을 하여야 하며(제458조 제1항, 제347조 제1항),[22] 그 결정에 대해서는 즉시항고를 할 수 있다(제458조 제1항, 제347조 제2항).[23]

3. 법원의 조치

정식재판의 청구가 있는 때에는 법원은 지체 없이 검사 또는 피고인에게 그 사유를 통지하여야 한다(제453조 제3항). 반대편 당사자에게 통지하여야 한다

---

19) 대결 2017. 7. 27. 2017모1557.

20) 대결 1983. 12. 29. 83모48; 대결 1986. 2. 27. 85모6.

21) 헌재 2014. 5. 29. 2012헌마104 (약식명령 확정과 벌금미납으로 노역장에 유치된 자가 정식재판청구권 회복을 청구하였음에도 노역장유치에 대한 집행정지결정을 하지 않은 것이 신체의 자유를 침해하는지가 문제된 사안: 소극).

22) 대결 2002. 9. 27. 2002모184 (약식명령이 피고인이 대표자로 있는 회사로 송달되었으나, 소추된 사실을 알면서 우편물 확인 등 소송진행상태를 알 수 있는 방법을 강구하지 않은 채 정식재판청구기간이 지난 다음 정식재판회복청구를 한 사안: 기각).

23) 대결 2005. 1. 17. 2004모351.

는 의미이며, 변호인에게 통지할 필요는 없다. 피고인에게 이미 약식명령서가 송달되어 있기 때문에 공소장부본을 송달할 필요는 없다. 명문규정은 없으나 예단배제를 위해 검사에게 기록을 반환하도록 하는 것이 타당하다.

Ⅲ. 청구의 포기·취하

1. 포기의 제한

피고인은 정식재판청구를 (사전에) 포기할 수 없고 취하만 가능하다(제453조 제1항 단서). 피고인의 권리보호를 위해 포기를 제한한 것이다. 그러나 검사는 청구기간 내에 포기 및 취하를 할 수 있다(제458조 제1항, 제349조 본문).

2. 취하의 시기 제한

정식재판을 청구한 후에 그 취하는 제1심판결선고 전까지만 가능하다(제454조).

3. 상소의 취하에 관한 규정 준용

법정대리인이 있는 피고인이 정식재판청구를 취하함에는 법정대리인의 동의를 얻어야 하고(제458조 제1항, 제350조 본문), 피고인의 법정대리인 또는 피고인의 변호인 등 피고인을 위하여 정식재판청구를 할 수 있는 자는 피고인의 동의를 얻어 정식재판청구를 취하할 수 있다(제458조 제1항, 제351조).

정식재판청구의 취하는 서면으로 하여야 하고, 공판정에서는 구술로 할 수 있다(제458조 제1항, 제352조). 정식재판청구를 취하한 자는 그 사건에 대하여 다시 정식재판청구를 하지 못한다(제458조 제1항, 제354조).

Ⅳ. 법원의 심판

1. 청구기각의 결정

정식재판의 청구가 법령상의 방식에 위반하거나 청구권소멸 후인 것이 명백한 때에는 결정으로 기각하여야 한다(제455조 제1항). 약식명령을 내린 판사가 할 수도 있고 정식재판을 담당한 재판부가 할 수도 있으며, 결정은 청구인 및 통지를 받은 상대방에게 고지하면 족하다.

예컨대 정식재판청구서에 청구인의 기명날인이 없는 경우,[24] 정식재판청구기간이 경과한 후에 정식재판청구서가 제출된 경우[25]에는 결정으로 청구를 기각한다. 법령상의 방식에 위반된다는 이유로 기각결정이 된 때에는 정식재판청구기간 내에 한하여 다시 정식재판 청구가 가능하다.

기각결정에 대해서는 즉시항고를 할 수 있다(제455조 제2항).

2. 정식공판절차에 의한 심판

정식재판의 청구가 적법한 때에는 – 약식명령에 구속됨이 없이 – 정식공판절차에서 새로이 공소사실을 심리한다(제455조 제3항).

따라서 사실인정, 법령적용과 양형에 대하여 자유롭게 판단할 수 있고, 통상의 공판절차에서와 마찬가지로 공소장변경이나 공소취소, 추가기소 등도 가능하다. 또한 약식명령에서 행한 변호인선임의 효력은 유지되며, 국선변호인 선정사유에 해당하면 국선변호인을 선정하여야 한다.

(1) 증거서류 등의 송부

정식재판을 청구한 경우 약식명령을 한 법원은 증거서류 등을 공판절차 담당법원에 송부하여야 한다.

공소장일본주의에도 불구하고 소송기록과 증거물을 검사에게 반환하고, 검사가 공소제기 후에 법원에 증거물 등을 제출하는 방식을 취하지 않는다.[26] 실무상으로도 담당재판부에 약식기록을 송부하는 방식을 취한다. 즉결심판의 경우에는 약식명령의 경우와 달리 정식재판을 청구한 때에는 판사가 기록과 증거물을 경찰서장에게 송부하도록 하고 있다(즉결심판법 제14조 제3항).

(2) 법관의 제척 및 기피

약식명령을 한 판사가 정식재판에 관여한 경우라도 심급을 달리하는 경우가 아니므로 '전심재판에 관여한 경우'가 아니어서 제척사유로 되지 않고[27] 기피사유가 될 수 있는 데 그친다.

---

24) 대결 2008. 7. 11. 2008모605.
25) 대판 2007. 4. 12. 2007도891.
26) 대판 2007. 7. 26. 2007도3906 참조.
27) 대판 2002. 4. 12. 2002도944.

(3) 불출석재판

정식공판절차에는 항소심에서 피고인의 불출석에 따른 재판에 관한 제365조가 준용되므로(제458조 제2항), 피고인이 적법한 소환을 받고도 정당한 사유 없이 2회 이상 불출석하면 피고인의 진술 없이 판결할 수 있다.[28]

입법론으로는 이 경우에 정식재판의 청구를 취하한 것으로 간주하는 것이 타당하다는 지적도 있다.

항소심의 경우와 마찬가지로 피고인의 출석 없이 재판한 경우에는 증거동의가 의제된다.[29] 한편 약식명령이 확정된 이후에 정식재판청구권이 회복된 경우에는 약식명령의 확정력이 소멸한다.

약식명령의 확정력이 소멸하므로 정식재판청구권 회복 이전에 확정된 약식명령이 있음을 이유로 포괄일죄의 관계에 있는 별개의 공소사실에 대하여 면소를 선고한 판결은 결과적으로 위법하게 된다.[30]

(4) 형종상향금지의 원칙

피고인이 정식재판을 청구한 사건에 대하여는 약식명령의 형보다 중한 종류의 형을 선고하지 못한다(제457조의2 제1항). 불이익변경금지의 일종이다. 다만 피고인이 정식재판을 청구한 사건에 대하여 형종이 변경되지 않더라도 약식명령의 형보다 중한 형을 선고하는 경우에는 판결서에 양형의 이유를 적어야 한다(동조 제2항).

1995년 법률개정으로 종래의 학설과 판례를 변경하여 약식명령의 경우에도 불이익변경금지의 원칙이 적용되도록 명시하였으나, 실무에서는 이 원칙의 적용으로 정식재판청구가 남발하는 것을 막기 위해 불이익변경금지의 원칙이 적용되지 않는 '공판절차 이행결정'을 활용하는 경향이 있었다. 2017년 법률개정에서는 정식재판청구의 남용을 억제하면서도 피고인의 정식재판청구권이 위축될 우려를 고려하여, '불이익변경의 금지'를 '형종상향의 금지'로 대체하는 한편 무거운 형을 선고하는 경우에는 양형 이유를 기재하도록 한 것이다.

(가) 병합사건의 경우 병합사건에서 경합범으로 처단하면서 형종의 변

28) 대판 2013. 3. 28. 2012도12843.
29) 대판 2010. 7. 15. 2007도5776.
30) 대판 2007. 5. 11. 2007도798.

경 없이 약식명령의 형량보다 무거운 형을 선고하더라도 이 원칙에 반하지 않는다.[31] 그러나 피고인만 정식재판을 청구한 사건과 다른 사건이 병합심리된 후 경합범으로 처단되는 경우(항소심에서 경합범으로 처단되는 경우도 동일) 정식재판을 청구한 사건에 대해서는 중한 종류의 형, 예컨대 징역형을 선택할 수 없다.[32]

(나) **공소장변경 관련** 정식재판에서 공소장변경을 신청한 경우, 형종상향금지의 원칙에 반하지 않는 범위 내에서 변경된 공소사실에 대한 형을 선고하면 족하므로, 형종상향금지의 원칙을 이유로 공소장변경 자체를 불허할 것은 아니다.[33]

3. 약식명령의 실효

정식재판의 청구에 대해 확정판결이 있으면 약식명령은 당연히 실효된다(제456조).

(1) 확정판결

정식재판의 청구에 의한 '판결'이란 공소기각의 결정을 포함한 종국재판을 의미한다. '판결이 있는 때'란 단순히 판결이 선고된 때가 아니라 판결이 확정된 때를 의미한다. 정식재판의 청구가 법령상의 방식에 위반한 경우라도 그 청구에 의하여 판결이 일단 확정되면 약식명령은 효력을 상실한다.[34]

(2) 정식재판청구기간의 도과

정식재판청구기간이 도과하여 약식명령이 확정되면 그 후 정식재판의 청구로 판결이 확정되더라도 이미 확정된 약식명령의 효력에는 영향을 미치지 않는다.

---

31) 대판 2003. 5. 13. 2001도3212; 대판 2004. 8. 20. 2003도4732; 대판 2013. 12. 12. 2013도6608; 대판 2016. 5. 12. 2016도2136.

32) 대판 2004. 11. 11. 2004도6784; 대판 2020. 1. 9. 2020도4231; 대판 2020. 3. 26. 2020도355; 대판 2020. 6. 11. 2020도4231.

33) 대판 2013. 2. 28. 2011도14986 참조 (약식명령에 대하여 피고인만이 정식재판을 청구하였는데, 검사가 당초 사문서위조 및 위조사문서행사의 공소사실로 공소제기하였다가 제1심에서 사서명위조 및 위조사서명행사의 공소사실을 예비적으로 추가하는 내용의 공소장변경을 신청한 사안: 적법).

34) 따라서 재심을 청구하는 경우에도 약식명령이 아니라 정식재판의 확정판결을 대상으로 하여야 한다. 대판 2014. 4. 11. 2011도10626.

제 2 절 즉결심판절차

제 1 의의 및 법적 성격

Ⅰ. 즉결심판의 의의

1. 개념

즉결심판이란 즉결심판절차에 따른 재판을 말하며, 즉결심판절차는 「즉결심판에 관한 절차법」이 정한 바에 따라 범증이 명백하고 죄질이 경미한 범죄사건을 통상의 형사절차에 의하지 않고, 신속하고 적정하게 심리·처리하기 위한 간략한 형사절차이다.

경미사건에 대한 신속한 처리를 목적으로 하고 정식재판청구권이 보장되어 있다는 점에서 약식절차와 유사하지만, 즉결심판의 경우에는 경찰서장이 청구권자이고, 지방법원·지원 또는 시·군법원의 판사가 직접 피고인을 신문하며, 구류[35]도 과할 수 있다는 점에 특징이 있다.

즉결심판법은 20만원 이하의 벌금, 구류 또는 과료에 처할 경미한 범죄사건에 대하여 적용되므로(즉결심판법 제2조),[36] 주로 경범죄처벌법이나 도로교통법에 대한 절차법으로 기능하지만, 형법범의 경우에도 경미한 사건은 즉결심판의 대상이 된다.

> 경범죄처벌법이나 도로교통법에 따른 범칙금 부과대상인 경우 범칙자가 범칙금 납부통고서를 받기를 거부하면 통고처분을 하지 않고 바로 즉결심판을 청구하고, 범칙자가 통고처분에 의한 납부통고서를 받고 납부기간(통상 10일) 내에 범칙금을 납부하지 않으면 역시 즉결심판을 청구하게 된다. 경찰서장이 범칙행위에 대하여 통고처분을 한 후 통고처분에서 정한 범칙금 납부기간이 지나지 않은 때에는 경찰서장이 즉결심판을 청구하거나 검사가 동일한 범칙행위에 대하여 공소를 제기할 수 없다.[37]

---

35) 구류라는 단기자유형을 경찰서장의 청구로 과할 수 있도록 한 점에 대해서는 입법론상 재고를 요한다.

36) 따라서 법에 정한 벌금액을 초과하여 즉결심판을 선고하여 확정되었다면 비상상고를 통해 구제받을 수 있다. 대판 2015. 5. 28. 2014오3; 대판 2015. 5. 28. 2014오4.

37) 대판 2020. 4. 29. 2017도13409; 대판 2020. 7. 29. 2020도4738; 대판 2021. 4. 1. 2020도15194.

2. 즉결심판제도의 기능

경미범죄가 격증하고 있는 현실에서 범증이 명백한 경범죄 사건에 대하여 정식 소추절차에 따라 심판을 하게 되면 사법기관의 지나친 업무부담과 절차의 지연을 초래하고, 이러한 문제점은 약식명령만으로 충분히 해소될 수 없어, 경미범죄사건의 신속하고 적정한 처리를 도모하기 위해 만들어진 제도이다.

형사절차를 신속하게 진행하게 되면, 피의자나 피고인의 시간적·정신적 부담도 덜어줄 수 있으므로 즉결심판제도는 피고인의 이익보호에도 기여한다. 그러나 현행 즉결심판절차에서는 피고인의 권리를 보호하기 위한 장치가 충분히 마련되어 있지 않아 피고인의 이익보호는 부차적인 의미를 가지는데 불과하다.

3. 즉결심판절차의 성격

즉결심판은 피고인의 정식재판청구에 의해 공판절차로 이행되고 판사가 즉결심판청구에 대하여 기각결정을 내린 경우에는 경찰서장이 당해 사건을 검찰로 송치한다는 점에서, 약식명령의 경우와는 달리 **공판전 절차**의 성격을 가지고 있다.

그러나 약식절차와 마찬가지로 즉결심판절차도 형벌을 과하는 절차이고 심판이 확정되면 확정판결과 동일한 효력이 인정되며, 나아가 즉결심판절차에서는 피고인의 출석을 전제로 구두주의와 직접주의를 원칙으로 하고 있다는 점에서 공판절차와 매우 유사한 성격을 가지고 있다. 따라서 즉결심판에 관한 절차법은 형사소송법의 특별법으로서 형사소송법의 일부 내지 일체가 되어 있는 절차법이라고 할 수 있다.

제 2 즉결심판의 절차

Ⅰ. 즉결심판의 청구

1. 청구권자

즉결심판의 청구권자는 경찰서장이다. 경찰서장은 관할경찰서장과 관할해양경찰서장을 포함한다(즉결심판법 제3조 제1항). 즉결심판의 청구는 공소제기와 동일한 성격을 가지므로 약식명령의 청구와는 달리 별도의 공소제기를 요하지 않고, 이런 의미에서 검사의 기소독점주의에 대한 예외가 된다.

즉결심판의 대상은 「20만원 이하의 벌금 또는 구류나 과료에 처할 범죄사건」이다(즉결심판법 제2조, 법원조직법 제34조 제1항 제3호). 일반적인 사물관할의 경우와는 달리 법정형이 아니라 선고형을 기준으로 하고 있다는 점에 특징이 있다. 법적 안정성의 관점에 비추어 볼 때는 의문이다.

2. 인신구속의 금지

종래 즉결심판대기자에 대해서 경찰관이 다음 날 즉결심판 법정이 열릴 때까지 경찰서 보호실에 유치하거나 즉결심판대상자 대기실에 대기하게 하는 관행이 있었다. 그러나 즉결심판 피의자라는 사유만으로 피의자를 구금·유치할 수 있는 법률상 근거가 없고, 경찰 업무상 그러한 관행이나 지침이 있었다 하더라도 이로써 원칙적으로 금지되어 있는 인신구속을 행할 수 있는 근거로 할 수는 없다.[38)]

다만 즉결사건의 피의자를 법정에 자진출석하도록 할 경우, 불출석 등으로 절차 및 집행이 확보되지 못하는 문제가 있다. 따라서 적어도 피고인에게 '구류'를 선고해야 할 경우에는 불출석의 경우에 법원이 구인장을 발부하도록 하는 방안을 검토할 필요가 있다는 지적이 있다.

3. 서류 등의 제출

경찰서장은 즉결심판을 청구할 때 관할법원에 즉결심판청구서를 제출하여야 하며, 여기에는 피고인의 성명 기타 피고인을 특정할 수 있는 사항, 죄명, 범죄사실과 적용법조를 기재하여야 한다(즉결심판법 제3조 제2항). 즉결심판이 공소제기와 동일한 성격을 가지므로 청구서의 기재사항도 공소장과 동일하게 한 것이다.

경찰서장은 즉결심판의 청구와 동시에 즉결심판을 함에 필요한 서류 또는 증거물을 판사에게 제출하여야 한다(동법 제4조). 범증이 명백하고 죄질이 경미한 범죄사건을 신속·적정하게 심판하기 위한 입법적 고려에서 공소장일본주의를 배제한 것이다.[39)]

---

38) 대판 1994. 3. 11. 93도958; 대판 1997. 6. 13. 97도877.

39) 대판 2011. 1. 27. 2008도7375. 그러나 즉결심판절차에서도 공소장일본주의가 적용된다는 견해도 있다.

4. 관할법원

시·군법원의 판사는 20만원 이하의 벌금 또는 구류나 과료에 처할 범죄사건을 관할하는데(법원조직법 제34조 제1항), 그 범죄사건에 대해서는 즉결심판을 한다(동조 제3항). '시·군법원의 판사'란 대법원장이 지방법원 또는 그 지원 소속 판사 중에서 시·군법원 관할사건을 심판하도록 지명된 판사를 말한다(법원조직법 제33조 제1항).

종래 즉결심판사건은 시·군법원을 제외하고는 각 법원의 당직판사가 이를 처리함으로써, 법관에 따라 양형의 편차가 발생하고, 일반 형사공판절차와 차이가 있는 즉결심판사건의 특성에 맞는 바람직한 재판관행이 정립되지 않는 문제점이 있어, 최근에는 즉결심판 전담법관을 지정하고 있다. 즉 본안재판의 부담이 적은 법관 중 1인 또는 2인을 즉결심판 전담법관으로 지정하여 즉결심판업무를 장기간 담당하도록 하며, 즉결심판 전담법관으로 하여금 피고인이 불법으로 보호유치되어 있는 사례가 없도록 적절한 소송지휘를 하도록 하고 있다.

5. 즉결심판청구의 취소

경찰서장은 즉결심판을 청구한 이후에도 특별한 사정이 있으면 즉결심판청구를 취소할 수 있다. 즉결심판절차에 대해서도 그 성질에 반하지 않는 이상 형사소송법의 규정이 준용되므로(즉결심판법 제19조), 공소의 취소에 상응하는 즉결심판청구의 취소가 가능하다고 볼 수 있기 때문이다.

현실적으로 즉결심판에 회부되는 범칙금 미납자의 대부분이 단순히 납부기일을 놓친 사람들이므로, 이들이 즉결심판기일 이전에 범칙금과 가산금(범칙금액에 100분의 50을 더한 금액)을 납부하면 경찰서장이 즉결심판청구를 취소하도록 하고 있다. 이 경우에는 법원의 별도 결정 없이 취소만으로 심판절차가 종료된다. 범칙금 부과에 이의가 있어 정식재판을 받고자 희망하는 피고인도 일단 즉결심판을 받아야만 그 결과에 대해 정식재판을 청구할 수 있다는 점을 고려하면, 범칙금 미납자가 경찰서장의 즉결심판청구에 이의를 제기하면 즉결심판절차를 거치지 않고 당해 사건을 바로 검찰로 송치하도록 하는 것이 바람직할 것이다.

Ⅱ. 즉결심판청구사건의 심리

1. 판사의 처리

지방법원, 지원 또는 시·군법원의 판사는 당해 사건을 즉결심판절차에 따라 심판할 것인지 여부를 먼저 심사하여, 청구를 기각해야 할 경우가 아니면 심리를 통하여 즉결심판을 선고하게 된다.

(1) **청구기각 결정** 심사한 결과 즉결심판을 할 수 없거나 즉결심판절차에 의하여 심판함이 적당하지 아니하다고 인정할 때에는 결정으로 청구를 기각하여야 한다(즉결심판법 제5조 제1항). '즉결심판을 할 수 없는 경우'란 사건이 즉결심판의 대상에 해당하지 않는 경우로서, 즉결심판을 하기 위하여 필요한 실체법상 또는 절차법상 적법요건을 구비하지 않은 경우, 예컨대 사건의 내용에 비추어 20만원을 초과하는 벌금형 이상의 형에 처할 사건인 경우를 말한다. '즉결심판절차에 의하여 심판함이 적당하지 아니한 경우'란 즉결심판의 요건을 충족하였더라도 사안의 진상 파악을 위해 정식 증거조사가 필요한 경우를 말한다.

(2) **사건의 송치** 기각결정이 있으면 경찰서장은 지체 없이 사건을 관할 지방검찰청 또는 지청의 장에게 송치하여야 한다(동법 제5조 제2항).

약식절차의 경우와 달리 이 경우에는 법원의 기각결정과 함께 공판절차로 이행시키지 않고 경찰서장이 검사에게 사건을 송치하도록 하고 있다. 이는 심판의 청구가 공소제기와 동일한 성격을 가지므로 공소를 기각하면서 법원이 사건을 다시 심판할 수 없다는 점을 고려한 것이다.

기각결정과 함께 사건은 기소 이전의 상태로 돌아가게 되므로, 사건을 송치받은 검사는 당해 사건에 대해 공소제기 여부를 독자적으로 결정한다. 따라서 기각결정된 사건에 대한 불기소처분도 가능하다.

이 경우에 검사는 공소를 제기해야 한다는 견해도 있으나, 판사의 기각결정으로 즉결심판사건은 청구 이전의 상태로 돌아가므로 검사가 경찰의 즉결심판청구에 구속될 필요가 없고 현실적으로도 검사가 경찰의 즉결심판청구권 행사의 남용을 규제하기 위하여 불기소처분이 가능하다고 보아야 할 것이다.

2. 심리의 특칙

(1) 공판기일의 절차

(가) 심판 및 심리장소 판사는 즉결심판의 청구가 적법하고 상당하다고 인정할 때에는 즉시 심판을 하여야 한다(즉결심판법 제6조). 따라서 공소장부본 송달, 제1회 공판기일의 유예기간과 같은 제1회 공판기일 전의 준비절차는 생략된다. '즉시 심판하여야 한다'는 것은 즉시 기일을 열어 심판해야 한다는 의미지만, 필요한 경우에는 기일의 속행이나 변경은 허용된다.

즉결심판절차는 약식절차의 경우와는 달리 공개된 법정에서 이루어져야 하며, 그 법정은 경찰관서 외의 장소에 설치되어야 한다(동법 제7조 1항).

(나) 개정 법정은 판사와 법원사무관등이 열석하여 개정한다(동조 제2항). 경찰서장이나 변호인의 출석은 개정요건이 아니다.

또한 판사는 상당한 이유가 있는 때에는 – 구류에 처하는 경우를 제외하고는 – '개정 없이' 피고인의 진술서와 서류 또는 증거물에 의하여 심판할 수 있다(동조 제3항).

그러나 불출석재판(동법 제8조의2)을 확대하고 있는 현실에 비추어 개정 없는 심판까지 허용하는 것은 공개주의에 비추어 중대한 위헌의 소지를 안고 있다.

(다) 피고인의 출석 즉결심판사건의 경우에도 원칙적으로 피고인의 출석을 요한다(동법 제8조). 다만 ① 벌금 또는 과료의 형을 선고하는 경우에 피고인이 출석하지 않은 경우, ② 피고인 또는 즉결심판출석통지서를 받은 자가 불출석심판을 청구하여 법원이 이를 허가한 경우에는 피고인의 출석 없이 심판할 수 있다(동법 제8조의2).

즉결심판절차에서의 불출석 심판청구 등에 관한 규칙에 따르면, 도로교통법위반이나 경범죄처벌법위반으로 범칙금 통고처분을 받고 범칙금을 미납하여 즉결심판에 회부된 피고인은 미납된 범칙금을 예납하고 불출석 심판청구를 할 수 있다. 이를 위하여 실무에서는 향토예비군설치법 위반, 철도법 위반 등 법정형이나 사건의 성질 등에 비추어 벌금예납기준을 만들 수 있는 사건부터 벌금예납기준을 설정하고 그 금액을 예납한 피고인은 불출석심판을 받을 수 있도록 함으로써, 불출석 심판범위를 확대하고 있다.

(라) 심리의 방법 즉결심판사건에 대한 심리도 제도의 취지에 반하지 않는 범위 내에서 공판절차의 일반원칙에 입각하여 진행되어야 하지만, 정식공

판절차에 비하여 직권주의의 성격이 강하게 반영된다.

판사는 피고인에게 피고사건의 내용과 형사소송법 제283조의2에 규정된 진술거부권이 있음을 알리고 변명할 기회를 주어야 한다(즉결심판법 제9조 제1항). 판사는 필요하다고 인정할 때에는 적당한 방법에 의하여 '재정하는 증거'에 한하여 조사할 수 있고(동조 제2항), 변호인은 기일에 출석하여 증거조사에 참여할 수 있고 의견을 진술할 수 있다(동조 제3항).

(마) **적용법조의 변경** 즉결심판청구서에 기재된 적용법조가 잘못되었거나 그 법정형이 상당하지 아니한 경우(예컨대 경범죄처벌법위반으로 즉결심판이 청구된 사안에 대하여 구류형은 적절치 않고 과료는 너무 경하여 벌금을 선고할 수 있는 형법 소정의 죄로 처벌하는 경우)에 범죄사실의 동일성을 해하지 아니하는 범위 내에서 적용법조를 변경하여 심판할 수 있다.

(2) 증거법에 대한 특칙

즉결심판의 경우에도 증거재판주의나 자유심증주의 그리고 자백배제법칙과 같은 증거법의 일반원칙이 적용되지만, 제도의 특성에 따라 증거법에 대한 몇 가지 특칙을 인정하고 있다.

(가) **증거조사의 범위** 즉결심판절차에서는 신속한 심리를 위해 통상의 증거조사방법에 의할 것을 요하지 않고 증거조사의 대상도 경찰서장이 제출한 서류와 증거물 그리고 재정증거에 한정하고 있다.

(나) **전문법칙의 적용 제한** 즉결심판절차에서는 형사소송법 제312조 제3항과 제313조가 적용되지 않는다(동법 제10조). 따라서 사법경찰관이 작성한 피의자신문조서에 대하여 피고인이 그 내용을 부인하거나 그 밖의 진술서에 대해 피고인이 진성성립을 인정하지 않는 경우에도 이를 유죄의 증거로 사용할 수 있다. 그 결과 경미사건의 경우에는 피의자신문조서나 진술서에 의존한 증명이 정착될 가능성이 크다.

(다) **자백보강법칙의 적용 배제** 즉결심판절차에서는 자백보강법칙(제310조)이 적용되지 않으므로(동법 제10조) 피고인의 자백만으로 유죄를 인정할 수 있다.

3. 형사소송법의 준용

즉결심판절차에 관하여 법률에 특별한 규정이 없으면 그 성질에 반하지 않는 한 형사소송법의 규정을 준용한다(즉결심판법 제19조). 따라서 즉결심판절차에서도 구두주의나 직접주의에 의한 절차진행을 원칙으로 하지만, 신속한 재판을 위해 직권주의에 의한 심리가 이루어져 당사자의 소송활동이 일정 정도 제약될 수 있다.

Ⅲ. 즉결심판의 선고와 효력

1. 선고 또는 고지

즉결심판은 피고인이 출석한 경우에는 선고의 방식에 의하고, 피고인 없이 심리한 경우에는 즉결심판서 등본의 교부에 의한다.

즉결심판으로 유죄를 선고할 때에는 형, 범죄사실과 적용법조를 명시하여야 하고 피고인이 7일 이내에 정식재판을 청구할 수 있음을 고지하여야 한다(동법 제11조 제1항). 유죄를 선고할 때에는 즉결심판서를 작성하여야 하는데, 여기에는 피고인의 성명 기타 피고인을 특정할 수 있는 사항, 주문, 범죄사실과 적용법조를 명시하고 판사가 서명·날인하여야 한다(동법 제12조 제1항). 피고인이 범죄사실을 자백하고 정식재판의 청구를 포기한 경우에는 즉결심판서에 선고한 주문과 적용법조를 명시하고 판사가 기명·날인한다(동조 제2항).

피고인의 출석 없이 개정한 경우에는 법원사무관등은 7일 이내에 정식재판을 청구할 수 있음을 부기한 즉결심판서 등본을 피고인에게 송달하여 고지한다(동법 제11조 제4항 본문). 다만 피고인에 대하여 불출석재판을 허가한 경우에 피고인 등이 미리 즉결심판서의 등본송달을 요하지 아니한다는 뜻을 표시한 때에는 송달을 요하지 아니한다(동조 제4항 단서).

참여한 법원사무관등은 그 고지의 내용을 기록해야 하고, 피고인이 정식재판청구의 의사를 표시하였으면 이를 기록에 명시해야 한다(동조 제2항, 제3항).

2. 선고의 내용

즉결심판으로 유죄를 선고하는 경우에 선고할 수 있는 형은 20만원 이하의 벌금·구류 또는 과료에 한한다(동법 제2조, 법원조직법 제34조 제1항 제3호). 그러나 즉결심판에서는 약식명령의 경우와는 달리, 판사가 사건이 무죄·면소·공소기각을 함이 명백하다고 인정할 때에는 이를 선고·고지할 수 있다(동법 제11조 제5항).

(1) **유치명령** 판사는 구류의 선고를 받은 피고인이 일정한 주거가 없거나 도망할 염려가 있을 때에는 5일을 초과하지 않는 기간 동안 경찰서 유치장에 유치할 것을 명할 수 있다(즉결심판법 제17조 제1항). 따라서 벌금이나 과료를 선고할 경우에는 유치명령을 할 수 없다. 이 기간은 선고기간을 초과할 수 없으며, 집행된 유치기간은 본형의 집행에 산입한다(동조 제1항 단서 및 제2항). 유치명령도 판사가 고지한 구금에 관한 재판에 속하지만 이에 불복하는 때에는 준항고가 가능하다.[40)]

실무상 구류를 선고할 경우에 - 확정판결 없이 - 유치명령을 아울러 선고하는 것이 관례화될 정도로 남용되고 있다.

(2) **노역장유치 및 가납명령** 판사가 벌금 또는 과료를 선고하는 경우에 노역장유치기간을 선고해야 하고(형법 제70조) 가납명령을 할 수 있다. 즉 판결이 확정된 후에는 집행할 수 없거나 집행하기 곤란한 염려가 있다고 인정한 때에는 피고인에게 벌금 또는 과료에 상당한 금액의 가납을 명할 수 있는데, 가납처분은 벌금 또는 과료의 선고와 동시에 해야 하고 그 재판은 즉시 집행할 수 있다(즉결심판법 제17조 제3항, 형사소송법 제334조). 가납명령이 있는 벌금이나 과료를 납부하지 않을 때에는 노역장유치를 명할 수 있다

3. 선고의 효력과 형의 집행

(1) **선고의 효력** 즉결심판이 확정되면 확정판결과 동일한 효력이 있다. 정식재판의 청구기간이 경과한 경우, 그 청구를 포기·취하한 경우 그리고 정식재판청구를 기각하는 재판이 확정된 경우에는 즉결심판이 확정된다(즉결심판법 제16조). 따라서 즉결심판이 확정되면 기판력과 집행력이 발생하고[41)] 재심이

---

40) 본래 유치명령은 단독판사인 법원의 구금에 관한 재판이므로 보통항고의 대상이지만, 유치기간 내 불복의 실익을 얻을 수 있도록 피고인의 이익을 위해 준항고를 허용하고 있다.

41) 대판 1996. 6. 28. 95도1270. 「즉결심판에 의하여 유죄로 확정된 경범죄처벌법위반죄의 범죄사실은 '피고인이 1994. 7. 30. 21 : 00경 경북 봉화군 소재 공소외인 경영의 담배집 마당에서 음주소란을 피웠다'는 것이고, 한편 이 사건 폭력행위 등 처벌에 관한 법률위반죄의 공소사실은 '피고인이 같은 일시경 같은 장소에서 피해자와 말다툼을 하다가 피고인 차에 실려 있던 위험한 물건인 전체길이 약 64㎝ 도끼날 약 7㎝ 가량의 도끼를 가지고 와 피해자를 향해 내리치며 도끼 머리 부분으로 피해자의 뒷머리를 스치게 하여 피해자에게 약 2주간의 치료를 요하는 두부타박상 등을 가하였다'는 것으로, 이 사건 공소사실과 즉결심판의 범죄사실은 그 기초가

나 비상상고의 대상이 된다.

즉결심판의 판결이 확정된 때에는 즉결심판서, 관계서류와 증거는 관할경찰서 또는 지방해양경찰관서가 이를 보존한다(즉결심판법 제13조).

(2) **형의 집행** 즉결심판에 의한 형의 집행은 경찰서장이 하고, 그 집행결과를 지체 없이 검사에게 보고하여야 한다(동법 제18조 제1항). 구류는 경찰서 유치장·구치소 또는 교도소에서 집행하며, 구치소 또는 교도소에서 집행할 때에는 검사가 이를 지휘한다(동조 제2항).

벌금·과료·몰수는 그 집행을 종료하면 지체 없이 검사에게 이를 인계하여야 한다. 다만 즉결심판이 확정된 후 상당한 기간 내에 집행할 수 없을 때에는 검사에게 통지하여야 한다. 통지를 받은 검사는 재산형의 집행방법(형사소송법 제477조)에 따라 집행할 수 있다(즉결심판법 제18조 제3항). 즉결심판에 의한 형의 집행정지는 사전에 검사의 허가를 받아야 한다(동조 제4항).

제3 정식재판의 청구

Ⅰ. 청구절차

1. 청구권자

경찰서장과 즉결심판을 받은 피고인은 정식재판을 청구할 수 있다. 유죄를 선고받은 피고인은 정식재판을 청구할 수 있고, 판사가 무죄·면소·공소기각을 선고 또는 고지한 경우에는 경찰서장이 정식재판을 청구할 수 있다(동법 제14조 제1항, 제2항).

2. 청구의 방식 및 기간

즉결심판에 대하여 피고인은 고지를 받은 날부터 7일 이내 정식재판을 청구할 수 있다(법원조직법 제35조). 정식재판을 청구하고자 하는 피고인은 즉결심판이 선고된 날 또는 심판서 등본이 송달된 날로부터 7일 이내에 정식재판청구서를 경찰서장에게 제출해야 하고, 경찰서장은 지체 없이 이 청구서를 판사에게

되는 사회적 사실관계가 그 기본적인 점에서 동일하므로 위 즉결심판의 기판력은 이 사건 공소사실에도 미친다.」

송부하여야 한다(즉결심판법 제14조 제1항). 이 경우에도 재소자에 대한 특칙(제344조)이 준용된다(동법 제14조 제4항). 피고인이 정식재판청구서를 제출하지 않더라도 즉결심판을 선고한 직후에 판사에게 정식재판청구의 의사를 표시한 때에는 정식재판을 청구한 것으로 보아야 한다.

한편 **경찰서장**은 판사가 **무죄, 면소 또는 공소기각의 판결을 선고·고지한 경우**에만 정식재판을 청구할 수 있으며, 정식재판을 하려면 관할지방검찰청 또는 지청의 검사의 승인을 얻어 정식재판청구서를 판사에게 제출하여야 한다(동법 제14조 제2항). 경찰서장이 직접 법원에 정식재판을 청구하도록 한 것은 기소독점주의에 대한 예외에 해당한다고 할 수 있다.

3. 청구 이후의 절차

판사는 정식재판청구서를 받은 날로부터 7일 이내에 경찰서장에게 정식재판청구서를 첨부한 사건기록과 증거물을 송부하고, 경찰서장은 지체 없이 관할지방검찰청 또는 지청의 장에게 이를 송부하여야 하며, 그 검찰청 또는 지청의 장은 지체없이 관할법원에 이를 송부하여야 한다(동법 제14조 제3항).

> 공소장일본주의와 관련하여 관할법원에 송부하는 것은 정식재판청구서와 즉결심판청구서에 한하며, 소송기록과 증거물은 공판기일에 제출하도록 하여야 한다. 그러나 판례는 소송기록과 증거물이 제1회 공판기일 전에 제출되었다 하더라도 위법하다고 볼 수 없다는 입장이다.[42)]

피고인이 즉결심판에 대하여 정식재판을 청구한 후 기록 등을 송부받은 검사가 관할법원에 사건기록과 증거물을 다시 송부하지 않고 즉결심판이 청구된 위반 내용과 동일성 있는 범죄사실에 대하여 약식명령을 청구했다면, 법원은 공소가 제기된 사건에 대하여 다시 공소가 제기되었을 때에 해당한다는 이유로 공소기각판결을 선고하여야 한다.[43)]

4. 청구의 포기·취하

정식재판의 포기·취하에 대하여는 상소 및 약식절차에 관한 규정을 준용한다(동법 제14조 제4항). 따라서 피고인이나 경찰서장은 정식재판의 청구를 포기할

---

42) 대판 2011. 1. 27. 2008도7375.
43) 대결 2019. 11. 29. 2017모3458.

수 있고, 제1심판결선고 전까지 취하할 수 있다. 또한 일부 포기도 가능하다. 정식재판을 포기하거나 정식재판의 청구를 취하한 자는 다시 정식재판을 청구하지 못한다.

Ⅱ. 법원의 절차

1. 청구기각의 결정

정식재판의 청구가 법률상 방식에 위반하거나[44] 청구권 소멸 후인 것이 명백한 때에는 결정으로 기각하여야 하고, 이 결정에 대하여는 즉시항고를 할 수 있다(즉결심판법 제14조 제4항, 형사소송법 제455조 제1항, 제2항).

2. 정식공판절차에 의한 심판

정식재판의 청구가 적법한 때에는 공판절차에 따라 심판해야 한다(즉결심판법 제14조 제4항, 형사소송법 제455조 제3항). 경찰서장의 즉결심판청구는 공소제기와 동일한 소송행위이므로 검사의 별도의 공소제기 없이 공판절차에 의하여 심판하게 된다.[45]

공판절차는 당해 사건에 대해 새로이 심리하는 것이므로 즉결심판에 구속되지 않으며, 즉결심판절차에 관여한 법관이 정식재판에 관여하더라도 제척사유에 해당하지 않고 다만 기피사유가 될 수 있을 뿐이다.

즉결심판에 대해 정식재판을 청구하는 경우에도 불이익변경금지의 원칙이 적용된다는 것이 판례의 태도였지만,[46] 약식명령의 경우 형종상향금지(형사소송법 제457조의2)로 변경된 점을 고려하면, 향후 판례가 즉결심판에 대해 정식재판을 청구한 경우에도 형종상향금지만 인정된다고 해석할 가능성이 크다.

정식재판의 청구에 대한 판결이 있으면 즉결심판은 효력을 잃는다(동법 제15조). 여기서 '판결'이란 적법한 정식재판청구에 의하여 통상의 공판절차에서 행해진 판결로서 확정판결을 의미한다. 따라서 종국재판이라면 공소기각의 '결정'도 포함한다고 보아야 할 것이다.

---

44) 대결 2019. 11. 29. 2017모3458 (피고인이 즉결심판에 대하여 제출한 정식재판청구서에 피고인의 자필로 보이는 이름이 기재되어 있고 그 옆에 서명이 되어 있는 경우: 적법).

45) 대판 2012. 3. 29. 2011도8503; 대판 2017. 10. 12. 2017도10368.

46) 대판 1999. 1. 15. 98도2550.

제 3 절 배상명령 및 화해절차

제 1 배상명령

Ⅰ. 의의

1. 배상명령절차의 개념

배상명령절차란 법원이 직권 또는 피해자의 신청에 의하여 피고인에게 피고사건의 범죄행위로 인해 발생한 손해의 배상을 명하는 절차를 말한다(소송촉진법 제25조). 범죄인에 의한 배상을 내용으로 하고 있다는 점에서, 국가가 생활보호의 차원에서 피해자에게 보상을 하는 범죄피해자구조제도와 구별된다.[47]

일반적으로 형사절차를 통해 피해자의 재산상의 손해를 회복시키는 방안을 널리 **원상회복**이라고 하는데, 이러한 원상회복을 형사제재의 일종으로 규정하는 방법과 형사절차에서 법원이 피고인에게 원상회복을 명하는 방법이 있다.

후자에 속하는 것으로서 독일 형사소송법 제403조 이하에 규정된 부대소송(Adhäsionsprozess) 제도를 들 수 있는데, 현행 배상명령제도는 이를 도입한 것이라고 할 수 있다.

「가정폭력범죄의 처벌 등에 관한 특례법」에서도 배상명령에 대해 규정하고 있는데, 소송촉진법에 의한 경우와 달리 가정보호사건으로 인하여 발생한 직접적인 물적 피해 및 치료비손해의 배상 이외에도 피해자 또는 가정구성원의 부양에 필요한 금전의 지급을 명할 수 있도록 되어 있고, 피해자의 신청이 없더라도 직권으로 배상명령을 선고할 수 있다(가정폭력처벌법 제57조).

2. 배상명령제도의 취지

피고사건의 범죄행위로 발생한 직접적인 물적 피해, 치료비 손해와 위자료에 대하여 피고인에게 배상을 명함으로써 간편하고 신속하게 피해자의 피해회복을 도모하고자 하는 제도이다.[48]

범죄피해자가 가해자인 피고인으로부터 손해배상을 받기 위해서는 형사소송과는

---

47) 범죄피해자보상제도에 대해서는, 정영석·신양균, 형사정책, 276면 이하 참조.
48) 대판 2017. 5. 11. 2017도4088; 대판 2019. 1. 17. 2018도17726.

별개로 민사소송을 제기해야만 하는데, 이 경우에 민사소송에 따른 절차의 번잡과 장기화, 소송비용부담 등으로 인해 효과적인 구제가 어렵다. 따라서 피고인의 범죄행위로 피해자가 입은 직접적인 재산상 손해에 대하여 그 피해금액이 특정되고, 피고인의 배상책임의 범위가 명백한 경우에 한하여 피고인에게 그 배상을 명함으로써 간편하고 신속하게 피해자의 피해회복을 도모하고자 하는 제도가 바로 배상명령제도라고 할 수 있다.

이 외에도 형사판결과 동시에 손해배상의무를 확정하는 것이 피고인의 사회복귀와 개선에도 도움이 된다는 점이 지적되기도 한다. 반면에 형사절차에서 손해배상이라는 이질적인 사안을 처리하는 것이 실무상 어려움이 있고, 배상명령으로 인해 형사절차가 지연될 수 있다는 점 등이 지적되고 있으나, 형사신청사건 가운데 3분의 1 이상을 차지하고 있고 인용률도 40%를 상회하고 있어 그 이용률이 높은 편이다.

Ⅱ. 배상명령의 요건과 범위

1. 배상명령의 대상

(1) 특정 범죄에 대해 유죄를 선고하는 경우

배상명령은 일정한 피고사건에 대해 유죄를 선고하는 경우에 한해서 인정된다.[49] 따라서 무죄·면소 또는 공소기각의 재판을 할 때에는 배상명령을 할 수 없다.

배상명령을 할 수 있는 피고사건은 원칙적으로 상해죄(형법 제257조 제1항), 중상해죄(동법 제258조 제1항, 제2항), 상해치사(동법 제259조 제1항)와 폭행치사상(동법 제262조, 존속폭행치사상은 제외) 및 과실사상의 죄(동법 제26장), 절도와 강도의 죄(동법 제38장), 사기와 공갈의 죄(동법 제39장), 횡령과 배임의 죄(동법 제40장), 손괴의 죄(동법 제42장)에 한한다(소송촉진법 제25조 제1항). 이러한 유형의 범죄는 피해의 존부와 범위를 판단하기가 용이하다는 점을 고려한 것이다.

위에 열거한 범죄를 가중처벌하는 특별법상의 범죄(예컨대 「폭력행위 등 처벌에 관한 법률」위반이나 「특정경제범죄 가중처벌 등에 관한 법률」 위반 등)에 대해서도 배상명령이 가능하다.

---

49) 대판 2021. 7. 8. 2021도4944.

(2) 손해배상액이 합의된 경우

피고인과 피의자 사이에 **합의된 손해배상액**에 관해서는 위에 열거한 죄 이외의 피고사건에 대해서도 배상명령을 할 수 있다(소송촉진법 제25조 제2항).[50] 열거된 피고사건에 한하지 않을 뿐만 아니라, 당해 피고사건에 대해 유죄판결을 선고한 경우여야만 하는 것도 아니다(동법 제33조 제2항, 제3항).

2. 배상명령의 범위와 제외사유

(1) 배상명령의 범위

배상명령은 피고사건의 범죄행위로 인하여 발생한 직접적인 물적 피해 및 치료비 손해 및 위자료의 배상에 한정된다(동법 제25조 제1항). 직접적인 물적 손해 등에 대한 것이라면 액수의 다과를 불문한다(독일 형사소송법 제403조 제1항 후문 참조). 위 규정의 취지에 비추어 보면, 간접손해에 대해서도 배상을 명할 수 없으며, 생명과 신체를 침해하는 범죄에 의하여 발생한 기대이익 상실도 배상명령의 범위에 포함되지 않는다고 할 수 있다.

치료비 중 국민건강보험 공단부담금을 피고인이 납부한 경우라도 비급여항목 부분에 대한 치료비는 별개의 것이므로 배상책임의 범위가 달라지지 않는다.[51] 배상원금 외에 지연손해금에 대해서도 배상명령을 할 수 있는지에 대한 논의가 있다. 실무에서는 배상원금에 대해서만 배상신청을 인용하는 경향이 있으나, 판례는 소송촉진법의 이율을 적용한 지연배상금을 인용한 것이 있다.[52]

(2) 배상명령의 제외사유

법원은 다음 중 어느 하나의 사유에 해당하는 경우에는 배상명령을 해서는 안 된다(동조 제3항).

① 피해자의 성명·주소가 분명하지 아니한 때,

② 피해금액이 특정되지 아니한 때,

③ 피고인의 배상책임 유무 또는 그 범위가 명백하지 아니한 때,[53]

---

50) 대판 2021. 7. 8. 2021도4944.

51) 대판 2017. 1. 17. 2018도17726.

52) 대판 2002. 3. 12. 2001도6853.

53) 합의가 기재된 공판조서는 확정판결을 같은 효력을 가지며(소송촉진법 제36조 제5항, 민사소송법 제220조), 화해비용은 특별한 합의가 없으면 당사자들이 각자 부담한다(소송촉진법 제36조 제5항, 민사소송법 제389조). 대판 1985. 11. 12. 85도1765 (사기로 토지매매계약을 체결하

④ 배상명령으로 인하여 공판절차가 현저히 지연될 우려가 있거나 형사소송절차에서 배상명령을 함이 상당하지 아니하다고 인정한 때

배상신청이 각하된 경우 피해자는 형사절차를 통해 불복할 수 없으므로(소송촉진법 제32조 제4항), 별도의 민사소송을 제기하여 구제를 받을 수밖에 없다. 이러한 민사소송에의 이행절차에 대한 명문규정을 둘 필요가 있다.

Ⅲ. 배상명령의 절차

1. 직권에 의한 배상명령

법원은 직권으로 배상명령을 할 수 있다(동법 제25조 제1항). 이것은 민사소송의 당사자처분주의에 대한 예외라고 할 수 있어, 피해자 등의 신청을 기대하기 곤란하거나 불가능한 경우에 한하여 예외적으로 인정해야 할 것이다.

예컨대 피해자가 배상명령을 신청하지 않았지만 심리 도중 피고인의 재산이 발견되어 배상명령을 함이 상당하다고 인정되거나 피해자가 의도적으로 배상금 수령을 거부하는 경우 등을 들 수 있다.

직권에 의한 경우에도 신청에 의한 배상명령에 준하여 피고인에게 배상책임의 유무와 범위를 설명하고 의견을 진술할 기회를 주어야 한다는 것이 일반적인 견해이다.

2. 신청에 의한 결정

(1) 신청권자

배상명령을 신청하는 경우에 신청권자는 피해자 또는 그 상속인에 한한다(동법 제25조 제1항). 다만 피해자는 법원의 허가를 받아 그 배우자·직계혈족·형제자매에게 배상신청에 관하여 소송행위를 대리하게 할 수 있다(동법 제27조 제1항).

였으나 매매계약의 취소 또는 해제 여부가 확정되지 않은 경우); 대판 1996. 6. 11. 96도945; 대판 2006. 6. 30. 2006도2407; 대판 2009. 1. 15. 2008도9327; 대판 2011. 6. 10. 2011도4194; 대판 2012. 8. 30. 2012도7144; 대판 2013. 10. 11. 2013도9616; 대판 2015. 8. 27. 2015도9121; 대판 2017. 5. 11. 2017도4088 (사기의 편취금 지급과 관련하여 배상신청인이 '피고인으로부터 피해를 회복 받고 원만히 합의하였으므로 향후 민·형사상 일체의 이의(청구)를 제기하지 않을 것을 확약한다'는 취지의 합의서를 제출한 사안).

(2) 신청방법

(가) **신청기간과 관할법원** 배상신청은 제1심 또는 제2심 공판의 변론종결시까지 사건이 계속된 법원에 신청할 수 있고, 이 경우에 인지를 첨부할 필요는 없다(동법 제26조 제1항). 따라서 배상신청은 상고심에서는 허용되지 않으며, 형사사건이 계속된 법원의 전속관할에 속하므로 배상청구액이 합의부의 사물관할에 속하는 경우에도 관할위반에 해당하지 않는다.

(나) **신청방법** 피해자가 배상신청을 함에는 상대방 피고인 수에 상응하는 신청서 부본을 제출해야 하고(동법 제26조 제2항), 법원은 신청서 부본을 지체 없이 피고인에게 송달해야 한다(동법 제28조).

배상신청서에는 ① 피고사건의 번호·사건명 및 사건이 계속된 법원, ② 신청인의 성명·주소, ③ 대리인이 신청할 때에는 그 성명·주소, ④ 상대방 피고인의 성명·주소, ⑤ 배상의 대상과 그 내용, ⑥ 배상을 청구하는 금액 등을 기재하고 신청인 또는 그 대리인이 서명·날인하여야 하며, 필요한 증거서류를 첨부할 수 있다(동법 제26조 제3항, 제4항).

다만 피해자가 증인으로 법정에 출석한 때에는 구술로 배상을 신청할 수 있고, 이때에는 공판조서에 그 취지를 기재하여야 한다(동조 제5항).

(다) **신청의 효과** 배상신청은 민사소송에 있어서의 소의 제기와 동일한 효력이 있다(동법 제26조 제8항). 따라서 피해자는 피고사건의 범죄행위로 인하여 발생한 피해에 관하여 다른 절차에 의한 손해배상청구가 법원에 계속 중인 때에는 배상신청을 할 수 없다(동조 제7항). 예컨대 피해자가 이미 그 재산상 피해의 회복에 관한 채무명의를 가지고 있는 경우에도 이와 별도로 배상명령 신청을 할 이익이 없다.[54)]

신청인은 배상명령이 확정되기까지는 언제든지 배상신청을 취하할 수 있다(동조 제6항).

(3) 신청사건의 심리

(가) **신청인의 공판정 출석** 배상신청이 있는 때에는 신청인에게 공판기일을 통지하여야 한다(동법 제29조 제1항). 신청인은 공판정에 출석할 권리를 가지며, 신청인이 통지를 받고도 출석하지 아니한 때에는 그 진술 없이 재판할 수

---

54) 대판 1982. 7. 27. 82도1217.

있다(동법 동조 제2항). 재판장은 공판기일의 심리가 배상명령과 관계없는 경우에는 출석한 배상신청인을 퇴석하게 할 수 있다(소송촉진규칙 제22조).

㈏ **신청사건의 심리** 배상신청사건에 대한 심리는 형사소송규정에 따라 이루어지며, 민사소송의 규정이 적용되지 않는다. 따라서 증거조사도 형사소송법이 정한 절차와 방법에 의하여야 한다.

1) 인정신문 재판장은 공판을 개정한 때에는 배상신청인 및 그 대리인을 호명하여 출석 여부와 신청인의 성명·연령·주거 및 직업 등을 확인하여야 한다(동 규칙 제21조).

2) 피고인의 의견진술

피고인은 배상신청에 대하여 독립하여 의견을 진술할 수 있으며 이를 입증하기 위하여 증거를 신청할 수도 있다(동법 제30조, 동 규칙 제24조). 피고인은 배상신청으로 인하여 형사절차가 지연될 우려가 있다고 주장하거나 정식의 민사소송절차에 의하여 해결할 것을 요구함으로써(동법 제25조 제3항 참조), 법원의 직권발동을 촉구할 수 있고, 민사소송절차에서와 같은 각종 항변을 할 수도 있다. 피고인의 변호인은 배상신청에 관하여 피고인의 대리인으로서 소송행위를 할 수 있다(동법 제27조 제2항).

3) 신청인의 증거신청 등

① **증거신청** 신청인 및 그 대리인은 피고인과 마찬가지로 증거신청을 할 수 있다(동법 제30조 제1항 후단). 이 신청에 대하여는 법원이 증거결정을 하고 채택된 증거에 대하여는 증거조사를 해야 할 것이다. 또한 신청인 및 그 대리인은 공판절차를 현저히 지연시키지 않는 범위 내에서 재판장의 허가를 받아 공판기일에 피고인 또는 증인을 신문할 수 있으며 기타 필요한 증거를 제출할 수 있다(동법 제30조 제1항 전단). 여기서 '증인'이라 함은 원래의 형사사건의 증인을 의미한다. 따라서 배상신청을 위하여 채택된 증인에 대한 신문의 경우에는 위와 같은 제한이 적용되지 않는다.

② **소송기록 열람** 신청인이나 그 대리인은 공판절차를 현저히 지연시키지 않는 범위 내에서 재판장의 허가를 받아 소송기록을 열람할 수도 있다(동조 제1항 후단).

③ **불복제한** 증거신청이나 피고인 등의 신문에 대하여 법원이 이를

허가하지 아니하는 재판을 한 경우에는 이에 대하여 불복을 신청하지 못한다(동법 동조 2항).

4) 직권에 의한 증거조사 　법원은 필요한 경우에 피고인의 배상책임 유무와 범위를 인정하는 데 필요한 증거조사를 할 수 있으며(소송촉진규칙 제24조 제1항), 피고사건의 범죄사실에 관한 증거조사를 할 경우 피고인의 배상책임의 유무와 범위에 관련된 사실도 조사할 수 있다(동조 제2항). 또한 피고사건의 범죄사실을 인정할 증거는 피고인의 배상책임의 유무와 그 범위를 인정할 증거로 할 수 있다(동조 제3항). 이러한 직권에 의한 증거조사는 범죄행위의 피해자에게 민사소송에 비하여 이익이 될 수 있다.

5) 청구의 인낙과 화해 　배상신청에 관하여 청구의 인낙이나 화해가 가능한지가 문제된다. 실무에서는 피해자와 피고인간에 그러한 의사표시가 있을 경우에는 합의가 된 것으로 보고 신청인으로 하여금 신청취지를 합의금액의 청구로 변경하도록 하여 합의에 의한 배상명령(동법 제25조)을 하도록 하고 있다.[55] 그 이외의 경우는 심리절차에서 청구의 인낙이나 화해는 허용되지 않는 것으로 보아야 한다.

Ⅳ. 배상신청에 대한 재판

1. 배상명령의 재판

(1) 배상신청의 각하

배상신청이 부적법하거나 그 신청이 이유 없거나 배상명령을 함이 타당하지 아니하다고 인정한 때에는 법원은 결정으로 이를 각하하여야 한다(소송촉진법 제32조 제1항). 신청이 이유 없는 때에는 '기각'이 아니라 '각하'를 하도록 한 것은, 신청을 배척하는 재판에 대하여 기판력을 인정하지 않으려는 취지라고 할 수 있다.

'배상명령을 함이 상당하지 아니한 때'라 함은 피고인의 배상책임의 유무 또는 그 범위가 명백하지 아니한 때[56] 또는 배상신청액이 지나치게 높아 공판절차가 현저히 지연될 우려가 있는 경우 등을 말한다.

55) 형사실무제요 [Ⅱ], 684면.
56) 대판 1996. 6. 11. 96도945.

유죄판결의 선고와 동시에 신청각하의 결정을 할 때에는 이를 유죄판결의 주문에 표시할 수 있다(동조 제2항).

신청을 각하하거나 그 일부를 인용한 재판에 대하여 신청인은 불복할 수 없으며, 다시 동일한 배상신청을 할 수도 없다(동조 제4항). 예컨대 제1심에서 변론이 종결된 후 배상신청인이 배상신청을 한 경우에는 부적법한 신청으로서 이를 각하해야 하는데, 배상신청인은 그 판단에 대하여 불복하지 못할 뿐만 아니라, 피고인 등의 불복으로 항소가 제기된 경우에도 항소심에서 다시 동일한 배상신청을 할 수도 없다.[57] 신청인이 별도로 민사소송을 통하여 손해배상을 청구할 수 있음은 물론이다.

(2) 배상명령

배상신청이 이유 있다고 인정되는 경우 또는 직권으로 배상명령을 할 사유가 있다고 인정되는 경우에 법원은 배상명령을 한다. 배상명령은 유죄판결의 선고와 동시에 하여야 한다(동법 제31조 제1항).

(가) 주문과 이유의 기재 배상명령은 일정액의 금액 지급을 명하는 방식으로 하고, 배상의 대상과 금액을 유죄판결의 주문에 표시하여야 하며, 다만 배상명령의 이유는 특히 필요하다고 인정되는 경우가 아니면 이를 기재하지 아니한다(동조 제2항). 그러나 신청을 인용한 경우 금액의 성질, 계산근거 등을 밝히고 일부를 기각한 경우에는 그 이유를 명시하는 것이 바람직하다.

(나) 가집행의 선고 배상명령은 가집행할 수 있음을 선고할 수 있다(동조 제3항). 이 경우에 가집행의 선고방식, 선고의 실효와 원상회복, 강제집행정지 등에 관하여는 민사소송법을 준용한다(동조 제4항).

(다) 송달 배상명령을 한 때에는 유죄판결서의 정본을 지체 없이 송달하여야 한다(동조 제5항). 배상명령의 절차비용은 특히 그 부담할 자를 정한 경우를 제외하고는 국고의 부담으로 한다(동법 제35조).

2. 배상명령에 대한 불복

배상신청을 각하하거나 그 일부를 인용한 재판에 대하여 '신청인'은 불복을 신청하지 못하며 다시 동일한 배상신청을 할 수도 없다(동법 제32조 제4항). 그러

---

57) 대판 2014. 1. 23. 2013도14383; 대판 2016. 8. 24. 2016도7968; 대판 2022. 1. 14. 2021도13766.

나 민사소송에 의한 손해배상청구를 배제하는 것은 아니다.

한편 '피고인'은 상소에 의하거나 배상명령 자체에 대한 즉시항고에 의하여 불복할 수 있다.

(1) 유죄판결에 대한 상소에 의한 불복

(가) 상소에 따른 자동 이심 배상명령은 유죄판결을 전제로 하므로 유죄판결에 대한 상소의 제기가 있는 때에는 배상명령에 따로 불복하지 않더라도 배상명령은 확정되지 않고 자동적으로 피고사건과 함께 상소심으로 이심된다(소송촉진법 제33조 제1항).

(나) 상소인 불문 여기서 상소는 피고인이 한 경우뿐만 아니라 검사가 한 경우도 포함되며, 피고인이 배상명령을 다툴 의사가 있는가 여부도 불문한다. 항소심이 배상신청 사건에 관한 심리판단을 하지 않으면 당해 공판절차에 소송촉진법 및 동 시행규칙에 위반한 것으로서 상고이유가 된다.[58]

(다) 배상명령의 취소 상소심에서 원심의 유죄판결을 파기하고 피고사건에 대하여 무죄·면소 또는 공소기각의 재판을 한 경우에는 원심의 배상명령을 취소하여야 하며, 상소심에서 원심의 배상명령을 취소하지 아니한 때에는 이를 취소한 것으로 본다(동조 제2항). 다만 원심에서 피고인과 피해자 사이에 합의된 배상액에 대하여 배상명령을 한 경우에는 배상명령은 효력이 상실되지 않는다(동조 제3항).

상소심에서 원심판결을 유지하는 경우에도 배상명령에 대하여는 이를 취소하거나 변경할 수 있다(동조 제4항).

(2) 즉시항고에 의한 불복

(가) 배상명령에 대한 즉시항고 피고인이 유죄판결에 대하여 상소를 제기함이 없이 상소제기기간 내에 배상명령에 대하여만 형사소송법의 규정에 의하여 즉시항고를 할 수 있다(동법 제33조 제5항 본문). 배상명령에 대한 즉시항고 제기기간은 통상의 즉시항고의 경우와 마찬가지로 7일이다.

(나) 적법한 상소에 의한 취하 즉시항고를 제기한 후 상소권자의 적법한 상소가 있는 때에는 즉시항고는 취하된 것으로 본다(동조 제5항 단서). 여기서

---

58) 대판 1984. 6. 26. 83도2898.

상소권자 가운데 검사는 제외된다. 검사는 민사상 손해배상청구권의 존부와 범위에 관한 배상명령사건의 당사자가 될 수 없기 때문이다. 피고인의 상소가 있은 후에 피고인이 따로 즉시항고를 한 경우에는 즉시항고가 취하되는 것이 아니라, 부적법한 것으로 각하사유에 해당한다.

V. 배상명령의 효력

배상명령은 민사판결과 유사한 효력을 가지므로 확정에 따른 효과는 원칙적으로 민사소송의 경우와 유사하다. 즉 확정된 배상명령 또는 가집행선고가 있는 배상명령이 기재된 유죄판결서의 정본은 민사집행법에 따른 강제집행에 관해서는 '집행력 있는 민사판결 정본'과 동일한 효력이 있다(동법 제34조 제1항). 즉 별도의 집행력을 부여받을 필요 없이 확정된 배상명령 또는 가집행선고가 있는 배상명령에 대해서는 집행력이 인정된다. 따라서 이 법에 의한 배상명령이 확정된 때에는 그 인용금액의 범위 안에서 피해자는 다른 절차에 의한 손해배상을 청구할 수 없다(동조 제2항).

배상명령의 집행력은 확정된 배상명령과 가집행선고가 있는 배상명령에 국한되므로, 법원에 의하여 인용된 금액을 넘어선 부분에 대해서는 별소를 제기할 수 있고, 청구에 대한 이의의 주장에 관하여는 그 원인이 변론종결 전에 생긴 때에도 할 수 있다(동조 제4항).

제 2 형사상 화해절차

I. 화해절차의 의의

형사상 화해절차란 형사피고사건의 피고인과 피해자가 해당 피고사건의 피해에 관한 민사상 다툼에 대하여 합의한 경우, 피고사건이 계속된 제1심법원 또는 제2심법원에 공동으로 공판조서에 그 내용의 기재를 구하는 신청이 가능하도록 하고, 그 공판조서에 대하여는 재판상 화해와 같은 효력을 부여하는 제도를 말한다(소송촉진법 제36조). 범죄피해자의 신체적·재산적 피해와 관련된 민사분쟁을 형사소송절차 내에서 간이하게 해결할 수 있는 제도이다.[59]

---

59) 형사피고사건의 피고인과 피해자 사이에 민사상 분쟁이 지속되는 경우 복잡한 절차와 인지나 송

2005년 말 개정된 「소송촉진 등에 관한 특례법」에 따라 2006년 6월 15일부터 시행된 제도로서, 민사상 다툼 전반에 관하여 형사재판을 통해 확정판결의 효력을 얻을 수 있도록 한 점에 특징이 있다.[60] 종래 소송촉진법 제25조 제3항에 의해 피고인과 피해자 사이에 합의된 손해배상액에 관해 배상명령을 발할 수 있도록 한 것을 그 범위나 효력을 확대한 의미를 가진다. 다만 형사재판에서 화해를 전면적으로 도입하게 되면 피고인이 피고사건에 대한 부담 때문에 심리적으로 화해를 강요당할 위험이 있다는 지적이 있다.

형사화해는 유죄판결을 선고하면서 범죄행위로 인한 직접적인 물적 피해 등의 배상을 명하는 배상명령과 마찬가지로 형사절차를 통한 범죄자와 피해자의 화해를 실현하기 위한 제도이나, 실체판결 선고 이전에 관련된 민사분쟁을 해결하는 방안으로서 피고인의 양형자료로서 사용될 수도 있다는 점에 특징이 있다.

형사화해는 수사절차에서 제3자인 조정위원회의 알선으로 가해자(피의자)와 피해자가 합의에 응하는 형식으로 시행되고 있는 '**형사조정제도**'[61]와도 구별된다.

Ⅱ. 화해신청의 요건 및 절차

1. 화해신청의 요건

(1) 민사상 다툼의 존재

피해자와 피고인이 임의로 처분할 수 있는 권리관계에 대해 다툼이 존재해야 한다. 민사상 다툼은 해당 피고사건과 관련된 피해에 관한 다툼을 포함하는 경우에 한한다(소송촉진법 제36조 제1항). 다만 그러한 다툼은 현실적으로 존재하지 않고 분쟁발생의 가능성이 있으면 족할 것이다.

달료 등 비용부담을 요하는 별도의 민사절차에 의하지 않고, 형사소송절차에서 당사자 사이의 민사상 다툼을 간편하게 종국적으로 해결할 수 있다는 장점도 있다.

60) 일본에서도 2000년 「범죄피해자 등의 보호를 도모하기 위한 형사절차에 부수하는 조치에 관한 법률」을 제정하여 제4조 내지 제9조에 「민사상 다툼에 대한 형사소송절차에 있어서 화해제도」를 도입하였는데, 그 내용이 우리나라와 매우 유사하다.

61) 형사조정은 2005년 범죄피해자보호법이 제정되어 피해자를 위한 실질적 보호와 지원에 대한 포괄적인 법적 근거가 마련되었고, 이를 계기로 2006년 4월부터 서울남부지검을 비롯한 3개 검찰청에서 형사조정제도를 시범 실시한 후, 2007년 6월부터 전국 검찰청 산하 범죄피해자지원센터를 통해 전면시행되고 있다.

(2) 민사상 다툼에 관한 합의의 존재

피고인과 피해자 사이에 합의가 성립된 경우여야 한다. 즉 민사소송법에 따른 소송상 화해(민사소송법 제145조)의 경우에는 법원이 소송진행 중 화해를 권고하거나 화해권고를 위하여 당사자 본인이나 그 법정대리인의 출석을 명할 수 있지만, 형사화해의 경우에는 이러한 절차가 없이 사전에 당사자 간의 합의가 존재해야 한다(소송촉진법 제36조 제1항).

2. 신청절차

(1) 신청권자

형사피고사건의 피고인과 피해자는 화해를 신청할 수 있다(소송촉진법 제36조 제1항). 그러나 화해의 전제가 된 합의가 피고인의 피해자에 대한 금전 지급을 내용으로 하는 경우에 피고인 외의 자가 피해자에 대하여 그 지불을 보증하거나 연대하여 의무를 부담하기로 합의하였을 때에는 그 피고인 이외의 자도 피고인 및 피해자와 공동하여 그 취지를 공판조서에 기재하여 줄 것을 신청할 수 있다(동조 제2항). 피고인이 무자력자인 경우가 많은 점을 고려하여 피해자에게 실질적인 배상이 될 수 있도록 하기 위해 제3자를 통한 화해가 가능하도록 한 것이다.

소송대리인이 피해자 등을 대리하여 신청할 수도 있다. 당사자 및 대리인에 관하여는 그 성질에 반하지 아니하는 한 - 선정당사자 및 특별대리인에 관한 규정을 제외하고 - 민사소송법의 당사자와 소송대리인에 관한 규정을 준용한다(동법 제38조).

(2) 신청방법

(가) 신청시기 화해신청은 해당 피고사건이 계속 중인 제1심 또는 제2심 법원에 당해 사건의 변론종결 전까지 신청할 수 있다(동법 제36조 제1항, 제3항). 화해신청은 상고심에서는 허용되지 않으며, 형사사건이 계속된 법원의 전속관할에 속하므로 합의된 금액이 합의부의 사물관할에 속하는 경우에도 관할위반에 해당하지 않는다.[62]

(나) 서면에 의한 신청 화해신청은 신청권자가 직접 공판기일에 출석

62) 화해신청을 하는 경우에도 배상명령신청과 마찬가지로 인지나 송달료 등 별도의 비용을 납부할 필요가 없다.

하여 서면으로 신청하여야 한다(동조 제3항). 피고인 및 피해자 등 신청권자가 직접 법원에 출석하도록 한 것은 법원으로 하여금 당사자의 합의 여부의 진정성을 확인할 수 있도록 하기 위한 것이다.

화해신청서에는 ① 형사피고사건의 번호, 사건명 및 사건이 계속된 법원, ② 신청인의 성명 및 주소, ③ 대리인이 신청할 때에는 그 성명 및 주소, ④ 신청인이 당해 형사피고사건의 피고인일 때는 그 취지, ⑤ 신청인이 법 제36조 제2항에서 규정하는 피고인의 금전 지급을 보증하거나 연대하여 의무를 부담하기로 한 사람일 때는 그 취지, ⑥ 당해 신청과 관련된 **합의** 및 그 합의가 이루어진 **민사상 다툼의 목적인 권리를 특정함에 충분한 사실을** 적어야 하며 신청인 또는 대리인이 기명날인 또는 서명하여야 한다(소송촉진규칙 제28조).

3. 공판조서의 기재

(1) 공판조서의 기재

피해자와 피고인의 화해신청이 있으면 법원은 그 신청에 따라 공판조서에 신청사실을 기재하여야 한다(소송촉진규칙 제30조 제1항).

해당기일 공판조서에는 화해신청사실 및 화해가 성립된 사실을 기재하고 별도로 공판조서의 일부로서 화해조서를 작성한다.

(2) 화해조서의 기재

화해조서에는, ① 사건의 표시, ② 법관과 법원사무관등의 성명, ③ 신청인의 성명 및 주소, ④ 출석한 신청인 및 대리인의 성명, ⑤ 당해 신청과 관련된 합의 및 그 합의가 이루어진 민사상 다툼의 목적인 권리를 특정함에 충분한 사실을 기재하고, 말미에 법원사무관등과 재판장이 기명날인한다(동 규칙 제30조 제2항, 제3항).

법원사무관등은 화해조서의 정본을 화해가 있는 날로부터 7일 안에 신청인에게 송달하여야 하며(동조 제4항), 송달방식은 성질에 반하지 않는 한 민사소송절차에서의 제소전 화해사건에 준한다.

Ⅲ. 화해의 효력

1. 효력 일반

(1) 확정판결과 동일한 효력

화해가 기재된 공판조서는 **확정판결과 같은 효력**을 가진다(소송촉진법 제36조 제5항, 민사소송법 제220조). 즉 피고인과 피해자 사이의 화해 자체에 효과를 부여하는 것이 아니라 화해신청이 기록된 공판조서에 확정판결과 동일한 효력을 부여해서 집행력을 인정하는 것이다. 화해비용에 관해서는 민사소송법에 따라 특별한 합의가 없으면 당사자들이 각자 부담한다(소송촉진법 제36조 제5항, 민사소송법 제389조).

피고인과 피해자에 의한 화해신청이 없어 화해절차를 거치지 않은 경우에는 형사재판의 공판조서에 피고인과 피해자 사이에 민사상 다툼에 대해 합의한다는 취지가 기재되어 있고 그 판결이 확정된 경우라도 그 기록은 집행권원으로 될 수 없다.

(2) 집행문 부여

화해기록을 보관하고 있는 법원의 법원사무관등은 민사집행법이 규정한 절차에 의하여 화해조서의 강제집행을 위한 집행문을 부여한다. 합의가 기재된 공판조서에 관련된 집행문부여의 소, 청구에 관한 이의의 소 또는 집행문부여에 대한 이의의 소에 대하여는 민사집행법 제33조(집행문부여의 소)·제44조(청구에 관한 이의의 소) 제1항 및 제45조(집행문부여에 대한 이의의 소)의 규정에 불구하고 당해 피고사건의 제1심법원의 관할에 전속한다(소송촉진법 제39조).

2. 화해기록

(1) 화해기록의 보관

화해기록은 형사피고사건의 종결 후에는 당해 피고사건의 제1심법원에서 보관한다(동법 제37조 제4항). 화해기록이란, ① 해당 공판조서(해당 합의 및 그 합의가 이루어진 민사상 다툼의 목적인 권리를 특정할 수 있는 충분한 사실이 기재된 부분에 한정), ② 화해신청서(동법 제36조 제3항), ③ 그 밖에 해당 합의에 관한 기록(화해조서 등)을 말한다(동법 제37조 제1항). 형사재판의 확정기록은 제1심법원에 대응하는 검찰청에서 보관하지만, 형사재판 기록 중 화해와 관련된 부분은 향후 강제집행, 각종 이의신청 또는 소송에 사용되어야 할 것이므로 별도로 기록을 만들어 제1심 법원에서 보관하도록 한 것이다. 그 보존방식과 보존기간 등은 민사소송절차에서의 제소전 화해사건기록의 보존에 준한다(소송촉진규칙 제31조 제3항).

화해기록은 형사피고사건기록과 구별하여 별책으로 편성하며, 항소심에서 화해기록을 작성한 경우에는 형사피고사건이 확정되거나 상고장이 접수된 후 14일 이내에 그 화해기록을 당해 피고사건의 제1심법원으로 송부한다(동조 제1항, 제2항).

(2) 화해 관련 기록의 열람·복사 등

공판조서에 기재된 합의를 한 자나 이해관계를 소명한 제3자는 대법원규칙이 정하는 수수료를 납부하고 화해 관련 기록의 열람, 복사나 화해에 관한 사항의 증명서의 교부를 신청할 수 있다(소송촉진법 제37조 제1항, 제2항). 화해의 집행력과 실질적 효력을 담보하기 위하여 공판조서 등 화해 관련 기록의 열람·복사와 증명서 교부청구 등을 가능하도록 한 것이다. 신청에 관하여는 수수료를 납부하도록 하고, 열람·복사 및 증명서 교부 등에 관한 이의신청은 민사소송법 제223조 그리고 비밀보호를 위한 열람 등의 제한절차는 동법 제163조의 예에 의하도록 하고 있다(동법 제37조 제2항, 제3항).

제 4 장

재판의 집행과 형사보상

제 1 절 재판의 집행

제 1 재판집행 일반

Ⅰ. 재판집행의 의의

재판의 집행이란 재판의 내용인 의사표시를 국가의 강제를 통하여 구체적으로 실현하는 것을 말한다. 여기서 재판이란 집행력이 발생하는 재판을 말하며, 집행력이 인정된다면 종국재판임을 요하지 않는다. 따라서 ① 약식명령을 포함한 형의 집행뿐만 아니라, ② 추징·소송비용 등 형에 부수하는 처분의 집행, ③ 과태료·보증금 몰수·비용배상 등 형 이외의 제재의 집행, ④ 각종 강제처분 내지 영장의 집행, ⑤ 퇴정이나 퇴정 제지와 같은 법정경찰권이나 소송지휘권에 의한 재판장의 명령의 집행 등이 포함된다.

종국재판 가운데에도 그 의사표시만으로 족하고 그 내용의 강제적 실현을 요하지 않는 재판, 예컨대 유죄판결 중 형의 면제·형의 선고유예나 집행유예, 무죄판결, 형식재판 등에 대해서는 그 집행이 문제될 여지가 없고, 강제의 성질을 가지지 않는 증거결정 등의 재판을 실현하는 것도 재판의 실행 내지 실시로서 집행과는 구별해야 한다.

Ⅱ. 집행의 기본원칙

1. 재판의 집행시기

재판은 법률에 특별한 규정이 없으면 **확정된 후에 즉시 집행**함이 원칙이다 (제459조). 재판은 확정과 동시에 집행하는 것이 원칙이지만, 이 원칙에 대해서는 일정한 예외가 인정되어 있다.

(1) 확정 이전의 집행 재판이 확정되기 전이라도 집행할 수 있는 경우가 있다. ① 결정이나 명령은 - 즉시항고 및 이에 준하는 불복신청이 허용되는 경우를 제외하고 - 별도로 집행정지의 결정이 내려지지 않으면 고지한 후에 바로 집행할 수 있고(제409조, 제416조, 제419조), ② 벌금·과료 또는 추징을 선고하는 경우에 가납의 재판이 있는 때에는 확정을 기다리지 않고 바로 집행할 수 있다(제334조).

(2) 확정 후 기간경과 후의 집행 일정한 경우에는 재판이 확정되더라도 일정한 기간이 경과된 후에만 집행할 수 있다. ① 소송비용부담의 재판은 소송비용 집행면제 신청기간 내 또는 그 신청에 대한 재판이 확정될 때까지 집행할 수 없고(제472조), ② 노역장유치는 벌금 또는 과료의 재판이 확정된 후 30일 이내에는 집행할 수 없으며(형법 제69조 제1항), ③ 사형은 법무부장관의 명령 없이는 집행할 수 없고(제463조), ④ 보석허가결정은 보석금을 납부한 후에만 집행할 수 있으며(제100조 제1항), ⑤ 사형선고를 받은 자와 자유형의 선고를 받은 자가 심신장애로 의사능력이 없는 상태에 있거나 사형선고를 받은 자가 임신 중인 때에는 심신장애가 회복되거나 출산할 때까지 형집행을 정지한다(제469조 제1항, 제470조 제1항).

2. 재판집행의 지휘

(1) 검사주의 재판의 집행은 그 재판을 한 법원에 대응한 검찰청 검사가 지휘한다(제460조 제1항 본문). 재판의 집행은 검사가 공익의 대표자로서 지휘·감독하는 것이며(검찰청법 제4조 제4호), 이를 검사주의라고 부른다.

상소의 재판 또는 상소의 취하로 인하여 하급법원이 재판을 집행할 경우에는 상소법원에 대응한 검찰청 검사가 이를 지휘하지만, 소송기록이 하급법원 또는 그 법원에 대응한 검찰청에 있는 때에는 그 검찰청 검사가 집행을 지휘한다(제460조 제2항).

(2) 검사주의의 예외 재판의 성질에 비추어 볼 때 법원이나 법관이 지휘해야 하는 경우가 있다(제460조 제1항 단서). 예컨대 ① 급속을 요하는 구속영장의 집행(제81조 제1항 단서), ② 필요한 경우 재판장의 지휘에 의한 압수·수색영장의 집행(제115조 제1항 단서) 등이 여기에 해당한다. 이 외에도 공판정에서의 압

수·수색의 집행, 법원이 보관하고 있는 압수장물의 환부·매각·보관 등(제333조),[1] 법정경찰권에 기한 퇴정명령(제281조 제2항) 등도 여기에 포함된다.

3. 재판집행의 방식

재판의 집행지휘는 서면, 즉 **재판집행지휘서**에 의하여야 한다(제461조 본문).[2] 재판의 집행지휘서에는 재판서 또는 재판을 기재한 조서의 등본 또는 초본을 첨부하여야 하고, 이를 위해 검사의 집행지휘를 요하는 재판은 재판서 등을 재판의 선고 또는 고지를 한 때로부터 10일 이내에 검사에게 송부하여야 한다(제44조). 다만 형의 집행을 지휘하는 경우가 아니면 재판서의 원본, 등본이나 초본 또는 조서의 등본이나 초본에 인정하는 날인으로 대신할 수 있다(제461조 단서).

재판서 또는 재판을 기재한 조서의 등본 또는 초본을 첨부하도록 한 것은 재판집행의 오류를 방지하기 위한 것이다. 다만 재판서 등의 첨부는 재판집행의 조건은 아니므로, 예컨대 천재지변 등으로 재판서의 원본이 멸실되어 재판서의 등본을 형집행지휘서에 첨부할 수 없는 경우에는 범행, 형의 종류 및 범위를 명확하게 할 수 있는 다른 증명자료를 첨부하여 형을 집행할 수 있다.[3] 이 경우에도 일단 재판을 기재한 조서의 등본 또는 초본을 첨부하는 방식을 취하여야 하고 이것도 불가능한 때에는 적어도 법원의 인증을 요한다고 보아야 한다.

형을 집행하는 경우, 형의 집행지휘서에는 형의 집행을 받을 자의 인적 사항과 집행할 형의 종류와 내용을 기재하여야 한다. 특히 검사가 형을 집행하는 경우에 선고된 형과 판결원본에 기재된 형이 다를 경우에는 선고된 형을 집행하여야 한다.[4] 판결은 그 선고에 의하여 효력을 발생하고 판결원본의 기재에 의하여 효력을 발생하는 것이 아니기 때문이다.

---

1) 압수한 장물은 검찰청에서 보관하고 법원이 보관하고 있는 경우는 없다는 점을 근거로 이를 제외시키는 견해도 있으나, 이는 잘못된 관행이므로 제외시킬 이유가 없다.
2) 2021년 「형사사법절차에서의 전자문서 이용 등에 관한 법률」의 제정으로 2024년 10월 20일부터는 재판서 또는 재판을 기재한 조서가 전자문서로 작성된 경우에는 검사는 전자문서로 재판의 집행을 지휘한다.
3) 대결 1959. 12. 23. 4291형항22; 대결 1961. 1. 27. 60모20.
4) 대결 1981. 5. 14. 81모8.

제2 형의 집행

형의 집행이란 유죄의 확정판결을 근거로 한 재판의 집행을 말한다. 형의 집행에 대해서도 재판의 집행에 대한 일반원칙이 적용된다. 형의 집행은 국가형벌권을 구체적으로 실현하는 최종단계라는 점에서 재판의 집행 가운데 가장 중요한 것으로서 확정된 형종에 따라 그 집행방법 등에 특색이 있으므로, 형사소송법은 형의 집행에 대하여 몇 가지 특별한 규정을 두고 있다.

형의 집행은 사형, 자유형, 자격형 그리고 재산형의 집행으로 구분할 수 있다.[5] 과료나 몰수, 소송비용, 비용배상, 가납재판의 집행은 재산형의 집행과 함께 다루고 있다.

Ⅰ. 형집행의 순서

1. 무거운 형의 우선집행

2개 이상의 형을 집행하는 경우에 자격상실, 자격정지, 벌금, 과료와 몰수 외에는 무거운 형을 먼저 집행한다(제462조 본문). 이 규정은 2개 이상의 형의 집행을 동시에 개시한 경우에 적용되는 것이므로, 가벼운 형을 집행하는 도중에 무거운 형을 집행할 필요가 있게 된 때라도 가벼운 형의 집행을 중지하고 무거운 형을 집행해야 하는 것은 아니다. 이때에는 집행 중인 가벼운 형에 이어 무거운 형을 계속 집행하여야 한다는 취지를 형집행지휘서에 명시하게 된다(자유형 등에 관한 검찰집행사무규칙 제16조 제2항).

여기서 형의 경중은 형법 제41조 및 제50조에 의한다. 따라서 사형·징역·금고·구류의 순서로 집행한다. 다만, 무기금고와 유기징역은 무기금고를 무거운 것으로 하고 유기금고의 장기가 유기징역의 장기를 초과하는 때에는 유기금고를 무거운 것으로 한다(형법 제50조 제1항 단서). 같은 종류의 형은 장기가 긴 것과 다액이 많은 것을 무거운 것으로 하고 장기 또는 다액이 같은 경우에는 단기가 긴 것과 소액이 많은 것을 무거운 것으로 한다(동조 제2항). 이 외에는 죄질과 범정을 고려하여 경중을 정한다(동조 제3항).

---

5) 「형의 집행 및 수용자의 처우에 관한 법률」에서는 형의 집행을 '교정시설에 수용하는 방식'으로 행해지는 경우에 한정해서 사용하고 있어, 자유형(노역장유치 포함) 및 사형 그리고 미결구금에 대해서만 적용된다는 점에서 형사소송법과 차이가 있다.

자유형과 벌금형은 동시에 집행할 수 있다. 그러나 자유형과 노역장 유치가 병존하는 경우에 검사는 전자의 집행을 정지하고 후자를 집행하는 것도 가능하다.

2. 집행순서의 변경

검사는 소속 장관의 허가를 얻어 무거운 형의 집행을 정지하고 다른 형의 집행을 할 수 있다(제462조 단서). 이 규정은 수형자가 가석방의 요건을 빨리 구비할 수 있도록 하려는 취지에서 둔 것이다. 즉 무거운 형의 가석방기간이 경과한 후에 그 형의 집행을 정지하고 가벼운 형의 집행을 착수하면 가벼운 형의 가석방기간이 경과함으로써 양자의 형에 대해 동시에 가석방을 인정할 수 있게 되기 때문이다. 가석방된 후의 기간의 진행은 집행 중이었던 형의 잔형기간 그리고 먼저 정지된 무거운 형의 잔형기간의 순서로 한다.

자유형과 벌금형은 동시에 집행할 수 있으므로 집행순서를 정할 필요가 없지만, 벌금을 완납하지 못해 노역장유치명령을 받은 결과 자유형과 노역장유치를 동시에 집행해야 할 경우가 생기게 된다. 이 경우에도 무거운 형 우선의 원칙에 따라 자유형을 먼저 집행하게 되면 노역장유치가 집행되지 못함으로써 벌금형의 시효(5년)가 완성되어 버릴 수 있다(형법 제78조 제6호 참조). 따라서 이러한 문제를 피하기 위해 노역장유치를 개시함으로써 시효를 중단시킬 필요가 있는데(형법 제80조 참조), 이 경우에도 검사는 노역장유치를 먼저 집행하기 위해 소속 검찰청의 장의 허가를 얻어야 할 것이다.

Ⅱ. 형집행을 위한 소환

사형·징역·금고 또는 구류의 선고를 받은 자가 구금되지 아니한 때에는 검사는 형을 집행하기 위하여 그 자를 소환하여야 한다(제473조 제1항). 노역장유치의 집행에 대해서도 자유형의 집행에 관한 규정이 준용되므로(제492조), 노역장유치 대상자도 형집행을 위해 소환하게 된다.[6)]

소환에 응하지 아니한 때에는 검사는 형집행장을 발부하여 구인하여야 한다(제473조 제2항). 형집행장에는 형의 선고를 받은 자의 성명·주거·연령·형명·

---

6) 대판 2010. 10. 14. 2010도8591; 대판 2013. 9. 12. 2012도2349; 대판 2017. 9. 26. 2017도9456.

형기 기타 필요한 사항을 기재하여야 한다(제474조 제1항). 형의 선고를 받은 자가 도망하거나 도망할 염려가 있는 때 또는 현재지를 알 수 없는 때에는 소환함이 없이 형집행장을 발부하여 구인할 수 있다(제473조 제3항).

형집행장에 의한 형의 집행은 형의 집행에 대하여 현행법이 검사주의를 취하고 있는 점을 반영한 것으로서, 확정된 형을 집행하는 단계까지 법관의 영장에 의하게 되면 절차의 번잡을 초래한다는 점을 고려한 것이다. 그러나 법관의 영장에 의한 구속이라는 헌법 제12조 제3항의 원칙에 위반하는 것이 아닌가 하는 의심이 있다.

형집행장은 **구속영장과 동일한 효력**이 있다(제474조 제2항). 형집행장의 집행에는 **피고인의 구속에 관한 규정이 준용**된다(제475조). 여기서 '구속에 관한 규정'이란 피고인의 구속영장 집행에 관한 규정을 의미하며,[7] 구속의 사유나 구속의 이유 고지에 관한 규정 등은 준용되지 않는다. 예컨대 사법경찰관리가 벌금형을 받은 사람을 그에 따르는 노역장 유치의 집행을 위하여 구인하려면 검사로부터 발부받은 형집행장을 상대방에게 제시하여야 하지만(제475조, 제85조 제1항), 형집행장을 소지하지 아니한 경우에 급속을 요하는 때에는 상대방에 대하여 형집행 사유와 형집행장이 발부되었음을 고하고 집행할 수 있다(제475조, 제85조 제3항). 여기서 형집행장의 제시 없이 구인할 수 있는 '급속을 요하는 때'란 애초 사법경찰관리가 적법하게 발부된 형집행장을 소지할 여유가 없이 형집행의 상대방을 조우한 경우 등을 가리키며, 이때에는 벌금 미납으로 인한 노역장 유치의 집행의 상대방에게 형집행 사유와 더불어 벌금 미납으로 인한 지명수배 사실과 형집행장이 발부되어 있는 사실도 고지하여야 한다.[8]

Ⅲ. 형의 종류에 따른 집행방법

1. 사형의 집행

(1) 사형집행의 절차 사형은 법무부장관의 명령에 의하여 집행한다(제463조). 다만 군형법 및 군사법원법의 적용을 받는 사건의 경우에는 국방부장관의 명령에 따라 집행한다(군사법원법 제506조). 이 규정들은 사형집행절차를 신중히 하고 재심·비상상고 또는 사면의 기회를 주기 위한 것이다. 사형을 선고한

7) 대판 2013. 9. 12. 2012도2349.
8) 대판 2017. 9. 26. 2017도9458.

판결이 확정된 때에는 검사는 지체 없이 소송기록을 법무부장관에게 제출하여야 한다(제464조).

사형집행의 명령은 판결이 확정된 날로부터 6월 이내에 하여야 한다(제465조 제1항). 상소권회복이나 재심의 청구 또는 비상상고의 신청이 있는 경우에는 그 절차가 종료할 때까지의 기간은 이 기간에 산입하지 아니한다(동조 제2항). 법무부장관이 사형의 집행을 명한 때에는 5일 이내에 집행하여야 한다(제466조).

입법론상 사형제도는 폐지하는 것이 마땅하지만 1997년 12월 이후 사형제도를 신중하게 운영하기 위해서 사형의 집행을 유예하고 있다. 이와 관련하여 사형집행명령의 기간 6월이 훈시규정인가 기속규정인가에 대해 논의가 있으나, 이론상으로는 법무부장관이 확정판결을 임의로 집행하지 않고 방치할 수 있도록 하는 것은 타당하지 않으므로 기속규정이라고 보아야 할 것이다. 이와 관련하여 사형집행명령에 대한 기간제한의 적용을 배제하는 입법적 보완이 필요하다.

사형의 선고를 받아 교정시설에 수용된 사람은 사형을 집행할 때까지 교도소 또는 구치소에 수용한다(형집행법 제11조 제1항 제4호).

(2) 사형의 집행방법 사형은 교정시설 안에서 교수하여 집행한다(형법 제66조). 다만, 군형법의 적용을 받는 사형수에 대한 집행은 소속 군 참모총장 또는 군사법원의 관할관이 지정한 장소에서 총살로써 집행한다(군형법 제3조).

사형의 집행에는 검사, 검찰청 서기관과 교도소장 또는 구치소장이나 그 대리자가 참여하여야 한다(제467조 제1항). 사형의 집행은 **비공개**로 하므로, 검사 또는 교도소장이나 구치소장의 허가가 없으면 누구든지 형의 집행장소에 들어가지 못한다(동조 제2항). 사형의 집행에 참여한 검찰청 서기관은 **집행조서**를 작성하고 검사와 교도소장 또는 구치소장이나 그 대리자와 함께 기명날인 또는 서명하여야 하며(제468조), 사형을 집행한 검사가 소속한 검찰청의 장은 법무부장관에게 사형집행사실을 보고하여야 한다(검찰집행사무규칙 제14조 제1항).

(3) 사형의 집행정지 사형선고를 받은 사람이 심신의 장애로 의사능력이 없는 상태이거나 임신 중인 여자인 때에는 법무부장관의 명령으로 그 집행을 정지한다(제469조 제1항). 형의 집행을 정지한 경우에는 심신장애의 회복 또는 출산 후에 법무부장관의 명령에 의하여 형을 집행한다(동조 제2항).

2. 자유형의 집행

(1) 자유형의 집행방법 자유형의 집행은 검사가 형집행지휘서에 의하여 지휘한다(제460조). 자유형, 즉 징역·금고 또는 구류는 교정시설에 수용하여 집행하며(형법 제67조, 제68조), 검사는 자유형의 집행을 위하여 형집행장을 발부할 수 있다(제473조). 형집행장의 집행에는 피고인의 구속에 관한 규정(제81조)을 준용하도록 하고 있으므로(제475조), 사법경찰관도 검사의 지휘를 받아 형집행을 할 권한이 있다.[9] 자유형의 구체적인 집행방법에 관해서는 「형의 집행 및 수용자의 처우에 관한 법률」에서 상세히 규율하고 있다.

(2) 즉결심판에 의한 구류의 집행 즉결심판에 의한 형의 집행은 경찰서장이 하고 그 집행결과를 검사에게 보고하여야 한다(즉결심판법 제18조 제1항). 즉결심판에 의한 구류는 경찰서유치장, 구치소 또는 교도소에서 집행하고, 구치소 또는 교도소에서 집행할 때에는 검사가 이를 지휘한다(동법 제18조 제2항).

(3) 형기의 계산 자유형의 형기는 판결이 확정된 날로부터 기산한다(형법 제84조 제1항). 다만, 징역·금고·구류와 유치에 있어서는 구속되지 아니한 일수는 형기에 산입되지 아니하므로(동조 제2항), 불구속 중인 자에 대한 형기는 형집행지휘서에 의하여 수감된 날로부터 기산하게 된다. 형집행의 초일은 시간을 계산함이 없이 1일로 산정하며(형법 제85조), 석방은 형기종료일에 하여야 한다(형법 제86조).

(4) 자유형의 집행정지

(가) 필요적 집행정지 징역·금고 또는 구류의 선고를 받은 자가 심신장애로 의사능력이 없는 상태에 있는 때에는 형을 선고한 법원에 대응한 검찰청 검사 또는 형의 선고를 받은 자의 현재지를 관할하는 검찰청 검사의 지휘에 의하여 심신장애가 회복될 때까지 형의 집행을 정지한다(제470조 제1항). 이 경우에 검사는 형의 선고를 받은 자를 감호의무자 또는 지방공공단체에 인도하여 병원 기타 적당한 장소에 수용하게 할 수 있다(동조 제2항). 형의 집행이 정지된 자는 이러한 처분이 있을 때까지 교도소 또는 구치소에 구치하고 그 기간을 형기에 산입한다(동조 제3항).

---

9) 대판 2011. 9. 8. 2009도13371.

(나) **임의적 집행정지** 징역·금고 또는 구류의 선고를 받은 자가, ① 형의 집행으로 인하여 현저히 건강을 해하거나 생명을 보전할 수 없을 염려가 있는 때, ② 연령이 70세 이상인 때, ③ 잉태 후 6월 이상인 때, ④ 출산 후 60일을 경과하지 아니한 때, ⑤ 직계존속이 연령 70세 이상 또는 중병이나 장애인으로 보호할 다른 친족이 없는 때, ⑥ 직계비속이 유년으로 보호할 다른 친족이 없는 때, ⑦ 기타 중대한 사유가 있는 때 가운데 어느 하나에 해당하는 경우에는, 형을 선고한 법원에 대응한 검찰청 검사 또는 형의 선고를 받은 자의 현재지를 관할하는 검찰청 검사의 지휘에 의하여 형의 집행을 정지할 수 있다(제471조 제1항). 검사가 형의 집행정지를 지휘함에는 소속 고등검찰청 또는 지방검찰청 검사장의 허가를 얻어야 한다(동조 제2항).

건강상의 이유로 형집행정지를 하는 경우에 자의적인 결정이 내려질 우려가 있는 점을 고려하여 객관성, 공정성, 절차적 투명성을 담보하기 위해 2015년에 형집행정지 심의위원회를 신설하였다. 즉 ①의 사유에 해당하는 경우에 형집행정지 및 그 연장에 관한 사항을 심의하기 위하여 각 지방검찰청에 형집행정지 심의위원회를 두며(제471조의2 제1항), 심의위원회는 위원장 1명을 포함한 10명 이내의 위원으로 구성하고, 위원은 학계, 법조계, 의료계, 시민단체 인사 등 학식과 경험이 있는 사람 중에서 각 지방검찰청 검사장이 임명 또는 위촉한다(동조 제2항).

형집행정지자의 신병확보를 위하여 거주지 관할 경찰서장에게 관찰을 맡기도록 한 「형집행정지자 관찰규정」(대통령령)이 제정되어 있으며, 형집행정지자에 대한 정지사유가 소멸한 때에는 검사는 다시 자유형의 집행을 지휘하여야 한다.

3. 자격형의 집행

자격상실 또는 자격정지의 선고를 받은 자에 대하여는 이를 수형자원부에 기재하고 지체 없이 그 등본을 형의 선고를 받은 자의 등록기준지와 주거지의 시(구가 설치되지 아니한 시를 말함)·구·읍·면장(도농복합형태의 시에 있어서는 동지역인 경우에는 시구의 장·읍면지역인 경우에는 읍면의 장으로 함)에게 송부하여야 한다(제476조). 자격상실은 사형이나 무기자유형의 판결이 확정됨으로써 당연히 수반되는 효력으로서 별도의 선고를 요하지 않으나, 그 집행방법은 동일하다는 점에서 함께 규율하고 있다.

여기서 '수형자원부'란 「형의 실효 등에 관한 법률」에서 규정한 수형인명부, 즉 자격정지 이상의 형을 받은 수형인을 기재한 명부로서 검찰청 및 군검찰부에서 관리하는 것을 말한다(동법 제2조 제2호). 또한 '수형자원부의 등본'은 수형인명표를 말한다.

4. 재산형의 집행

(1) **검사의 집행명령** 벌금, 과료, 몰수, 추징, 과태료, 소송비용, 비용배상 또는 가납의 재판은 검사의 명령에 의하여 집행한다(제477조 제1항). 이 명령은 집행력 있는 채무명의와 동일한 효력이 있다(동조 제2항). 실무상으로는 몰수와 가납을 제외하고 벌금, 과료, 추징, 과태료, 소송비용 및 비용배상을 '벌과금등'이라고 부른다(재산형 등에 관한 검찰 집행사무규칙 제2조).

(2) 집행방법

(가) **선택적 집행** 재산형의 집행에 관해서는 「민사집행법」의 집행에 관한 규정을 준용한다. 단 집행 전에 재판의 송달을 요하지 아니한다(동조 제3항). 또한 이 재판은 「국세징수법」에 따른 국세체납처분의 예에 따라 집행할 수도 있다(동조 제4항). 따라서 검사는 강제집행이나 체납처분의 방법을 선택적으로 활용할 수 있다.

(나) **집행을 위해 필요한 조사** 검사는 재산형 등의 재판을 집행하기 위하여 필요한 조사를 할 수 있다. 이 경우에 공무소조회에 관한 제199조 제2항을 준용한다(동조 제5항).

(다) **집행비용** 재산형의 집행비용은 집행을 받은 자의 부담으로 하고 「민사집행법」의 규정에 준하여 집행과 동시에 징수하여야 한다(제493조).

> 벌과금등과 그 집행비용의 집행순위는, 집행비용 → 소송비용 → 비용배상 → 추징 → 과태료 → 과료 → 벌금 순서로 하며, 다만, 특별한 사유가 있을 때에는 그 순위를 변경할 수 있다(재산형 등에 관한 검찰 집행사무규칙 제3조).

(3) 집행대상

(가) **상속재산 등에 대한 집행** 몰수 또는 조세, 전매 기타 공과에 관한 법령에 의하여 재판한 벌금 또는 추징은 그 재판을 받은 자가 재판확정 후 사망한 경우에는 그 상속재산에 대하여 집행할 수 있다(제478조). 따라서 몰수 이외의 벌금과 추징은 조세, 전매 기타 공과에 관한 법령에 의하여 재판한 경우에

한하며, 그 재판을 받은 자가 재판확정 전에 사망한 때에는 상속재산에 대해 집행할 수 없다.

(나) **합병 후 법인에 대한 집행** 　법인에 대하여 벌금, 과료, 몰수, 추징, 소송비용 또는 비용배상을 명한 경우에 법인이 그 재판이 확정된 후에 합병에 의하여 소멸한 때에는 존속한 법인 또는 합병에 의하여 설립된 법인에 대하여 집행할 수 있다(제479조). 법인이 합병한 경우에는 존속한 법인이나 합병에 의하여 설립된 법인이 소멸한 법인의 권리의무를 승계한다는 점을 고려하여, 합병을 통해 벌금 등의 집행을 회피하는 것을 막기 위한 것이다.

(4) 가납재판의 집행조정

제1심 가납의 재판을 집행한 후에 제2심 가납의 재판이 있는 때에는 제1심 가납재판의 집행은 제2심 가납금액의 한도에서 제2심 재판의 집행으로 간주한다(제480조). 또한 가납재판을 집행한 후에 벌금, 과료 또는 추징의 재판이 확정된 때에는 그 금액의 한도에서 형의 집행이 된 것으로 간주한다(제481조).

제1심에서 가납이 명하여진 재판이 상급심에서 변경되어 집행할 금액이 없거나 가납된 금액이 확정된 금액을 초과하는 등 환급 사유가 발생하였을 때에는 검사는 환급을 지휘하여야 한다(재산형 등에 관한 검찰 집행사무규칙 제33조 제1항).

(5) 노역장유치 등의 집행 　벌금 또는 과료를 선고할 때에는 납입하지 아니한 경우의 노역장유치기간을 정하여 동시에 선고하여야 한다(형법 제70조). 또한 벌금·과료의 납부기한은 판결확정일 내에 납입하여야 한다(형법 제69조 제1항).

벌금 또는 과료를 완납하지 못한 자에 대한 노역장 유치의 집행에 대하여는 형의 집행에 관한 규정, 즉 집행의 일반원칙과 자유형의 집행에 관한 규정을 준용한다(제492조).[10)]

10) 대판 2017. 9. 26. 2017도9458 (지구대소속 경찰관이 도로순찰 도중 벌금 미납으로 지명수배된 자를 우연히 만나 그에게 벌금미납사실을 고지하고 벌금납부를 유도하였으나 이를 거부하자, 벌금형 집행을 위하여 형집행장이 발부된 사실을 고지하지도 않은 채, 그를 구인하려 하였으나 그가 거부하면서 폭행을 가하여 공무집행방해죄로 기소된 사안: 무죄).

Ⅳ. 형의 집행면제

1. 의의

형의 집행면제라 함은 형선고의 판결에 의한 형의 집행만 면제하는 것을 말한다. 검사의 처분에 의한 것이라는 점에서 판결의 선고에 의한 형의 면제(제322조)와 구별되며, 형의 집행면제가 있으면 형의 집행권이 소멸한다.

2. 집행면제의 사유

형의 집행이 면제되는 경우로는, 형선고의 판결이 확정된 후 법률의 변경에 의하여 그 행위가 범죄를 구성하지 아니하게 된 경우(형법 제1조 제3항), 형의 선고를 받은 자에 대해 형의 시효가 완성된 경우(형법 제77조), 특별사면이 있는 경우(사면법 제5조 제1항 제2호. 특별한 사정이 있어 형 선고의 효력을 상실하게 한 경우는 예외) 그리고 형집행대상자가 사망한 경우(재산형의 경우는 예외) 등을 들 수 있다.

3. 집행면제의 절차

검사는 형의 시효가 완성된 때, 형의 선고를 받은 자에 관하여 사면이 있는 때, 형의 선고를 받은 자가 사망한 때에는 형집행불능결정을 하여야 한다(「자유형 등에 관한 검찰집행사무규칙」 제7조 제1항). 형선고의 판결이 확정된 후 법률의 변경에 의하여 그 행위가 범죄를 구성하지 아니하게 된 경우에도 마찬가지로 이러한 결정을 요한다. 형의 집행을 받고 있는 자가 구금 중에 있는 경우에는 검사는 석방을 지휘하여야 한다.

벌금·과료·추징 등 벌과금에 관하여 징수불능의 사유가 발생한 때에는 재산형등 집행 불능 결정을 하여야 하고(「재산형 등에 관한 검찰 집행사무규칙」 제25조), 몰수의 집행이 불가능하게 된 때에는 몰수집행불능결정을 하여야 한다(「검찰압수물사무규칙」 제45조). 이러한 결정이 있는 경우에도 형의 집행권이 소멸한다.

Ⅴ. 형집행의 부수처분

1. 판결 전 구금일수의 산입

구금된 날부터 판결확정일 전날까지 실제로 구금되었던 **미결구금일수**는 신체의 자유가 제한된다는 점에서 자유형의 집행과 사실상 같으므로, 형법 제57조 제1항은 「판결선고 전의 구금일수는 **그 전부**를 유기징역, 유기금고, 벌금이나 과료에 관한 유치 또는 구류에 산입한다」고 규정하고 있고, 형사소송법도 「판결선고 후 판결확정 전 구금일수(판결선고 당일의 구금일수를 포함한다)는 전부를 본형에 산입한다」고 규정하고 있다(제482조 제1항). 미결구금일수는 상소심에서의 구금기간을 포함하여 그 전부를 형기에 산입하여야 한다.

> 한미 상호방위조약 제4조에 따른 미군의 지위에 관한 협정의 합의의사록 제22조 제9항의 (나)목에 따라 합중국 군대의 구성원, 군속 또는 가족은 대한민국이나 합중국의 구금시설에서의 판결선고 전의 구금기간을 구금형에 산입받을 권리를 가지는데, 이 경우에 미결구금일수도 전부가 당연히 본형에 통산된다.[11]

(1) **실제 구금일수** 여기서 징역, 금고, 구류와 유치에 있어서는 구속되지 아니한 일수는 형기에 산입하지 아니하므로(형법 제84조 제2항 참조), 미결구금일수는 구금된 날부터 판결이 확정된 날까지 실제로 구금되어 있던 일수를 말한다.[12]

(2) **당해 사건** 미결구금일수는 당해 사건에 대한 미결구금에 국한되므로, 피고인이 다른 죄로 면소[13] 또는 무죄판결을 선고받은 경우에 그로 인한 미결구금일수는 여기에 산입되지 않는다.[14]

> 다만 경합범에 대해 병합심리한 결과 일부 사실에 대해서만 구속영장이 발부된 경우, 법원이 구금일수를 어느 죄에 관한 형에 산입할 것인지는 법원의 재량이므로 구속영장이 발부되지 않은 다른 범죄사실에 관한 죄의 형에 산입하는 것은 가능하다.[15]

(3) **판결선고 후 기간의 산입** 판결선고 후 판결확정 전 구금일수(판결선고 당일의 구금일수 포함)는 전부를 본형에 산입한다(제482조 제1항). 판결이 선고된 후라도 판결이 확정되기 전의 구금은 미결구금에 해당하고 그 일수는 형법과 마찬가지로 전부를 본형에 산입한다는 점을 명시한 것이다. 같은 취지에서 상소기각 결정 시에 송달기간이나 즉시항고기간 중의 미결구금일수도 전부를 본형에 산입한다(동조 제2항).

---

11) 대판 2001. 3. 9. 2000도5590.
12) 대판 2006. 2. 10. 2005도6246.
13) 대결 1979. 12. 10. 79모44.
14) 대결 1997. 12. 29. 97모112.
15) 대판 1988. 7. 26. 88도841; 대판 1986. 12. 9. 86도1875; 대판 1996. 5. 10. 96도800.

(4) 기간 계산 미결구금일수의 1일은 형기의 1일 또는 벌금이나 과료에 관한 유치 기간의 1일로 계산한다(형법 제57조 제2항, 형사소송법 제482조 제3항).

2. 몰수형의 집행과 압수물의 처분

(1) 몰수형의 집행 몰수의 재판이 확정되면, 이미 압수되어 있는 물건에 대해서는 공매 기타의 방법으로 처분하거나 정당한 권리가 있는 자에게 교부하게 된다. 몰수물이 압수되어 있지 아니한 때에는 몰수의 선고를 받은 자에게 몰수물제출명령서에 의하여 몰수물의 제출을 명하고, 이에 응하지 아니한 때에는 몰수집행명령서를 작성하여 집행관에게 강제집행을 명하여야 한다(검찰압수물사무규칙 제40조 제1항, 제2항).[16]

㈎ 몰수물의 처분 몰수물은 검사가 처분하여야 한다(제483조). 공매에 의한 처분뿐만 아니라 검사의 임의처분도 허용한 것이다.

> 몰수물의 처분방법에는 공매처분(위험물이거나 파괴 또는 폐기할 물건이 아닌 유가물), 폐기처분(무가물의 경우와 위험물, 자동차·선박·항공기 또는 건설기계가 노후·파손 등으로 인하여 공매할 수 없는 때), 국고납입처분(몰수물이 환가대금이거나 통화, 유가증권, 외국환인 경우), 인계처분(검찰실무자료, 마약류, 총기류(엽총 공기총은 공매 후 국고 귀속), 포약류 및 수류탄, 문화재류), 특별처분(검사가 특히 필요하다고 인정할 때) 등이 있다(검찰압수물사무규칙 제28조 내지 제38조 참조).

㈏ 몰수물의 교부 몰수를 집행한 후 3월 이내에 그 몰수물에 대하여 정당한 권리가 있는 자가 몰수물의 교부를 청구한 때에는 검사는 파괴 또는 폐기할 것이 아니면 이를 교부하여야 한다(제484조 제1항). 몰수물을 처분한 후 몰수물 교부를 청구받은 경우에는 검사는 공매에 의하여 취득한 대가를 교부하여야 한다(동조 제2항).

(2) 압수물 처분에 대한 특례 압수한 서류 또는 물품에 대하여 몰수의 선고가 없는 때에는 압수를 해제한 것으로 간주한다(제332조). 압수가 해제된 경우 원칙적으로 압수물을 환부하여야 하지만, 환부를 할 수 없는 경우에는 공

---

16) 대판 1995. 5. 9. 94도2990 (수리를 빙자해서 선박(니코호)을 수입하는 방법으로 입항시켜 관세를 포탈한 혐의로 구속된 피고인이 타인과 공모하여 임의경매의 방법으로 선박소유권보존등기를 필한 경우 검사의 몰수판결 집행업무가 종료된 것인지 문제된 사안).

고 후 국고에 귀속시키거나 폐기 혹은 대가보관을 할 수 있다.

(가) **압수물의 환부** 압수물은 피해자환부(제333조 제1항)의 경우가 아니면 원칙적으로 피압수자에게 환부하여야 한다(제332조). 그러나 당해 서류나 물품이 위조 또는 변조된 물건인 경우에는 그 물건의 전부 또는 일부에 위조나 변조된 것이라는 점을 표시하여야 한다(제485조 제1항). 위조 또는 변조한 물건이 압수되지 아니한 경우에는 그 물건을 제출하게 하여 그 사실을 표시한 후 환부하여야 한다.[17] 다만 그 물건이 공무소에 속한 것인 때에는 위조나 변조의 사유를 공무소에 통지하여 적당한 처분을 하게 하여야 한다(동조 제2항).

(나) **환부불능공고** 압수물을 환부받을 자의 소재가 불명하거나 기타 사유로 인하여 환부를 할 수 없는 경우에는 검사는 그 사유를 관보에 공고하여야 한다(제486조 제1항). 공고한 후 3월 이내에 환부의 청구가 없는 때에는 그 물건은 국고에 귀속한다(동조 제2항). 이 기간 내에도 가치 없는 물건은 폐기할 수 있고 보관하기 곤란한 물건은 공매하여 그 대가를 보관할 수 있다(동조 제3항).

제3 재판집행에 대한 구제절차

Ⅰ. 재판해석에 대한 의의

1. 의의

형의 선고를 받은 자는 집행에 관하여 재판의 해석에 대한 의의(疑義)가 있는 때에는 재판을 선고한 법원에 의의신청을 할 수 있다(제488조). 재심이나 비상상고와는 달리 부당한 재판의 집행을 막기 위한 것이 아니라 재판집행에 대한 구제절차에 불과하므로 기판력 자체를 배제하는 것은 아니다.

2. 신청

(1) **신청권자** '형의 선고를 받은 자'만 신청할 수 있다. 검사는 자신이 집행권을 가지고 있으므로 스스로 적당하다고 생각하는 해석에 따라 집행하면 되므로 신청권이 없다.

---

17) 대결 1984. 7. 24. 84모43.

(2) 신청사유

(가) 집행에 관한 재판의 해석 '집행에 관하여'를 명시한 것은, 재판집행과 관련된 의의신청이라는 성격을 분명히 한 것이다. 따라서 의의신청은 원칙적으로 확정재판을 전제로 하며,[18] 아울러 집행이 종료된 후에도 이것을 인정할 실익이 없으므로 의의신청이 허용되지 않는다.

(나) 재판해석에 대한 의의 판결주문의 취지가 불명확하여 주문의 해석에 의문이 있는 경우를 말하며, 재판의 내용, 즉 판결이유의 모순, 불명확 또는 부당을 주장하는 의의신청은 허용되지 않는다.[19] 법령적용에 관한 부분의 해석에 대해서도 의의신청을 허용할 필요가 있다는 지적도 있다.

또한 재판해석에 대한 의의는 법원의 재판을 대상으로 하므로, 검사의 부당한 형집행처분은 의의신청의 대상이 되지 않고[20] 후술하는 재판집행에 관한 이의신청을 하여야 한다.

(3) 관할법원 관할법원은 '재판을 선고한 법원'이다. 재판을 선고한 법원이란 형을 선고한 법원을 말하므로,[21] 상소기각의 재판에 의해서 하급법원의 재판이 확정된 경우에는 하급법원에 의의신청을 해야 한다.[22]

(4) 신청방식 재판해석에 대한 의의 신청 및 그 취하는 서면으로 하여야 하며(규칙 제174조 제1항), 법원은 서면을 제출받은 경우에 즉시 그 취지를 검사에게 통지하여야 한다(규칙 제175조). 검사의 형집행지휘를 고려한 규정이다.

(5) 신청의 취하 등 신청은 법원의 결정이 있을 때까지 취하할 수 있고(제490조 제1항), 재판해석의 의의신청과 그 취하에 대해서도 재소자에 대한 특칙이 적용되며(제490조 제2항, 제344조), 상소장의 처리에 관한 규정(규칙 제152조)을 준용한다(규칙 제174조 제2항).

---

18) 대판 1961. 6. 30. 61형항30. 다만 확정 전에 의의신청을 한 경우라도 사후에 재판이 확정되면 그 하자는 치유된다고 보아야 할 것이다.

19) 대결 1985. 8. 20. 85모22; 대결 1986. 9. 26. 86모45.

20) 대결 1971. 9. 8. 71초45; 대결 1987. 8. 20. 87초42.

21) 대결 1996. 3. 28. 96초76.

22) 대결 1968. 2. 28. 67초23.

3. 의의신청에 대한 결정

법원은 재판의 해석에 대한 의의신청이 있으면 결정을 하여야 하며, 이 결정에 대해서는 즉시항고를 할 수 있다(제491조).

신청에 대한 결정이 확정되면 기판력이 인정되므로, 동일한 사정하에서 동일한 이유로 재차 의의신청을 하는 것은 허용되지 않는다.

Ⅱ. 재판집행에 관한 이의신청

1. 의의

재판의 집행을 받은 자 또는 그 법정대리인이나 배우자는 집행에 관한 검사의 처분이 부당함을 이유로 재판을 선고한 법원에 이의신청을 할 수 있다(제489조). 재판의 집행에 대한 구제절차라는 점에서는 의의신청과 유사하나 그 대상이 검사의 처분이라는 점에 차이가 있다.

2. 이의신청

(1) 신청권자 재판의 집행을 받은 자 또는 그 법정대리인이나 배우자가 이의신청을 할 수 있다(제489조).

(2) 신청사유 집행에 관한 검사의 처분이 부당하다는 이유로 제기할 수 있다.

㈎ 검사의 처분 검사가 형사소송법의 규정을 근거로 행한 재판의 집행에 관한 일체의 처분을 포함한다.[23] 예컨대 검사가 수형자에 대한 형기종료일을 지정하는 것은 검사의 재판집행 권한의 일부로서 확정판결에 대한 형의 집행지휘에 포함되어 있으므로 이의신청의 대상이 된다.[24] 검사의 처분에 한하므로, 예컨대 교도소장이 검사의 소송지휘 없이 피고인을 다른 교도소로 이송처분한 경우에는 이의신청을 할 수 없다.[25] 한편 이의신청은 집행에 관한 검사의 처분이 위법한 경우뿐만 아니라 부당한 경우에도 허용된다. 그러나 판결내용 자체가 부당함을 이유로 하는 것[26]이나 검사의 공소제기 또는 이를 바탕으로 한 재판

---

23) 대결 2001. 8. 23. 20001모91.

24) 헌재 2012. 5. 31. 2010헌아292.

25) 대결 1983. 7. 5. 83초20.

26) 대결 1979. 12. 10. 79모44; 대결 1987. 8. 20. 87초42.

그 자체의 부당함을 이유로 하는 것[27]은 허용되지 않는다.

(나) **검사의 '처분'** 검사의 재판의 집행지휘 기타의 처분이 있을 것을 전제로 하므로, 처분 이전에 이의신청을 하는 것은 허용되지 않는다. 그러나 검사의 처분이 있는 이상 그 처분이 확정됨을 요하지 않는다.[28] 또한 재판의 집행이 종료되면 이의신청의 실익이 없으므로 신청이 허용되지 않는다.[29]

(3) 관할법원 및 신청

(가) **관할법원** '재판을 선고한 법원'이다. 재판을 선고한 법원이라 함은 피고인에게 형을 선고한 법원을 가리키는 것이고 이 형을 선고한 판결에 대한 상소를 기각한 법원을 가리키는 것이 아니므로,[30] 상소가 기각된 경우에 관할법원은 원심법원이다.

(나) **신청방식** 재판집행에 관한 이의신청 및 그 취하는 서면으로 하여야 한다(규칙 제174조 제1항).

> 검사의 보호감호 집행을 지휘하는 처분에 대하여 그 처분이 부당함을 이유로 시정을 구하는 취지에서 준항고장이라는 서면을 제출한 경우에도 그 내용이 집행에 대한 이의신청에 해당하는 경우에는 재판집행에 대한 이의신청을 한 것으로 보아야 하며, 준항고신청을 기각할 것은 아니다.[31]

(다) **신청의 시기 등** 신청은 법원의 결정이 있을 때까지 취하할 수 있고(제490조 제1항), 재판집행에 관한 이의신청과 그 취하에 대해서도 재소자에 대한 특칙이 적용된다(제490조 제2항, 제344조).

재소자의 경우에는 상소장의 처리에 관한 규정(규칙 제152조)을 준용한다(규칙 제174조 제2항). 법원은 서면을 제출받은 경우에 즉시 그 취지를 검사에게 통지하여야 한다(규칙 제175조).

3. 법원의 결정

이의신청이 있으면 법원이 결정을 하여야 하며, 이 결정에 대해서는 즉시항

---

27) 대결 1986. 9. 8. 86모32.
28) 대결 1964. 6. 23. 64모14.
29) 대결 1992. 12. 28. 92모39; 대결 2001. 8. 23. 20001모91.
30) 대결 1962. 6. 7. 61로45; 대결 1982. 7. 20. 82초25; 대결 1996. 3. 28. 96초76.
31) 대결 1993. 8. 6. 93모55.

고를 할 수 있다(제491조).

Ⅲ. 소송비용 집행면제의 신청

1. 제도의 취지

피고인 등이 소송비용의 전부 또는 일부를 부담하게 하는 때에는 법원은 직권으로 비용부담에 관한 재판을 하게 되는데(제191조 내지 제193조), 이로 인해 소송비용을 부담하게 된 피고인 등은 빈곤으로 인하여 이를 완납할 수 없는 경우 그 전부 또는 일부의 집행면제를 법원에 구할 수 있도록 하고 있다(제487조). 재판확정 후에 그 집행단계에서 구제를 인정한 점에 특징이 있다.

현행법은 피고인에게 형을 선고하는 때에는 소송비용의 전부 또는 일부를 부담하게 하면서(제186조 본문), 피고인의 경제적 사정으로 소송비용을 납부할 수 없는 때에는 부담을 명하지 않을 수 있도록 하고 있는데(동조 단서), 본조는 이러한 사전구제장치와 함께 피고인의 재판을 받을 권리를 보장하는 측면을 가지고 있다.

2. 집행면제의 신청사유

재판을 받은 자가 '빈곤으로 인하여 부담해야 할 소송비용을 완납할 수 없는 때'여야 한다. 빈곤으로 소송비용을 부담할 능력이 없는지 여부에 대한 판단은 기본적으로 소송비용을 부담해야 하는 본인의 자력과 부담해야 할 소송비용을 비교형량하여 이루어지게 되고, 본인의 생활상태, 자산의 유무, 직업, 가족상황, 사회적 신용력 등을 토대로 판단하게 된다.[32]

3. 집행면제의 신청

(1) 신청권자 확정재판으로 소송비용의 부담이 명해진 자이다. 소송비용의 부담을 지는 자는 통상 형의 선고를 받은 피고인인 경우가 많지만(제186조 제1항 참조), 형의 선고를 받지 않은 피고인이나 피의자도 부담이 명해지는 경우도 있고(동조 제2항, 제187조, 제190조 제1항 참조), 피고인 이외의 자도 소송비용의 부담이 명해지는 경우가 있으므로(제188조, 제190조), 이들도 신청권자가 될 수 있

---

32) 통상은 이러한 사정에 대해서는 신청서와 공판기록 등을 토대로 판단하게 되지만 새롭게 신청인으로부터 생활상황이나 자산상태에 대해 소명자료가 제출되거나 주거지의 공무소 등에 조회해서 필요한 자료를 받아 판단자료로 삼을 수도 있다.

다. 또한 변호인도 피고인으로부터 면제신청에 대한 위임을 받은 경우에는 대리가 가능할 것이다.

(2) 신청기간 및 신청방식 집행면제의 신청은 소송비용부담의 재판이 확정된 후 10일 이내에 하여야 한다(제487조). 소송비용 집행면제의 신청 및 그 취하는 서면으로 하여야 하며(규칙 제174조 제1항), 신청서면에는 – 필요하면 소명자료를 첨부하여 – 소송비용을 완납할 수 없는 사유를 구체적으로 기재하여야 할 것이다.

재소자가 신청서면을 제출하는 경우에는 상소장의 처리에 관한 규정(규칙 제152조)을 준용한다(규칙 제174조 제2항).

법원은 서면을 제출받은 경우에 즉시 그 취지를 검사에게 통지하여야 한다(규칙 제175조).

(3) 관할법원 관할법원은 '소송비용의 부담을 명한 재판을 선고한 법원'이다. 사건이 상소심에서 확정된 때에는 소송비용 전부에 대해 당해 상소법원에 집행면제의 신청을 해야 하며, 신청을 받은 상소법원은 스스로 결정하는 것이 적당하지 않다고 인정하는 때에는 소송비용의 부담을 명한 재판을 선고한 하급법원에서 결정하게 할 수 있다(일본 형사소송법 제195조의2 제1항, 제2항 참조).

4. 면제신청의 효과

신청이 있으면 법원이 결정을 하여야 한다. 신청이 적법하고 이유가 있는 때에는 부담을 명한 소송비용의 전부 또는 일부에 대해 그 재판의 집행을 면제하는 결정을 하게 되며, 신청이 부적법하거나 이유가 없는 때에는 신청을 기각한다. 면제신청이 소송비용의 전부에 대한 부담의 면제를 신청한 경우라도 법원이 상당하다고 인정하는 때에는 일부에 대한 재판집행을 면제하는 결정을 할 수도 있다. 신청기간이 경과한 후에 면제신청이 이루어진 경우라도 법원이 비용집행을 면제하는 결정을 내린 이상 유효한 것으로 보아야 할 것이다.

법원의 결정에 대해서는 즉시항고를 할 수 있다(제491조 제2항). 신청은 법원의 결정이 있을 때까지 취하할 수 있고(제490조 제1항), 소송비용의 집행면제의 신청과 그 취하에 대해서도 재소자에 대한 특칙이 적용된다(제490조 제2항, 제344조).

제 2 절 형사보상 및 명예회복

제 1 형사보상의 의의와 성격

Ⅰ. 형사보상의 의의

형사보상이란 국가에 의한 형사절차에서 위법·부당하게 구금되었거나 형의 집행을 받은 사람에 대하여 국가가 그 피해를 보상해 주는 제도를 말한다. 헌법 제28조는 「형사피의자 또는 형사피고인으로서 구금되었던 자가 법률이 정하는 불기소처분을 받거나 무죄판결을 받은 때에는 법률이 정하는 바에 의하여 국가에 정당한 보상을 청구할 수 있다」고 규정하여 형사보상청구권을 국민의 기본권으로 보장하고 있다. 이러한 형사보상청구권을 구체적으로 실현하기 위해 제정된 것이 「형사보상법」(1958. 8. 13. 제정(법률 제494호), 1959. 1. 1. 시행)이며, 이 법에서 형사보상의 요건과 절차 및 내용을 규정하고 있었다. 형사보상법은 미결구금되었던 자뿐만 아니라 원판결로 형집행을 받은 자도 그 대상으로 확대하였다.

군사법원에서 무죄재판을 받거나 군사법원 군검찰부 검찰관으로부터 공소를 제기하지 아니하는 처분을 받은 자도 형사보상법의 규정을 준용하여 형사보상을 받을 수 있다(동법 제29조 제2항).

한편 2011년에는 형사보상법을 전면개정하여 그 명칭을 「형사보상 및 명예회복에 관한 법률」로 변경하고, ① 형사소송절차에서 무죄재판 등을 받아 확정되는 경우 정당한 보상이 이루어지도록 형사보상금액의 하한을 상향 조정하고, 형사보상청구기간 및 불복신청 범위를 확대하는 한편, ② 무죄재판 등이 확정되더라도 이에 대한 보도가 제대로 되지 않아 수사 또는 재판과정에서 훼손된 명예를 회복시킬 수 없었던 점을 개선하기 위하여 법무부 인터넷 홈페이지에 그 사실을 게재하여 널리 알릴 수 있도록 하는 **명예회복제도**를 신설하였다.

무죄재판을 받아 확정된 사건의 피고인은 무죄재판이 확정된 때부터 3년 이내에 확정된 무죄재판사건의 재판서를 법무부 인터넷 홈페이지에 게재하도록 해당 사건을 기소한 검사가 소속된 지방검찰청(지방검찰청 지청을 포함한다)에 청구할 수 있다(동법 제30조). 위 청구가 있을 때에는 그 청구를 받은 날부터 1개월 이내에 무죄재판서를 법무부 인터넷 홈페이지에 게재하여야 한다(동법 제32조 제1항 본문). 무죄재판서를 법무부 인터넷 홈페이지에 게재한 경우에는 지체 없이 그 사실을 청구인에게 서면으로 통지하여야 한다(동법 제33조 제1항).

Ⅱ. 형사보상의 법적 성격

1. 형사보상의 성격

형사보상의 본질에 관해서는 과거에 국가의 은사라고 보는 은사설이 주장되기도 하였으나, 현재에는 법률의무설과 공평설이 대립하고 있다.

① 법률의무설 형사보상은 공법상의 손해배상(무과실 손해배상)의 성격을 가지는 것으로 보고 국가의 구속 또는 형집행처분이 객관적·사후적으로 위법하기 때문에 위법한 처분에 대한 법률적 의무로서 국가가 형사보상을 해야 한다는 견해이다.

② 공평설 국가가 형사소추 및 형사재판을 행사함에는 언제나 부정확한 오류가 개입할 위험이 있고 이로 인하여 시민이 억울하게 특별한 희생을 당했다면 국가가 그 손해를 전보해야 한다고 보아 형사보상은 공평의 견지에서 국가가 행하는 조절보상이라는 견해이다.

손실보상은 적법한 공권력행사를 전제로 하고 재산권 보장과 공평부담이라는 견지에서 이루어지는 것이라는 점에서 형사보상과는 구별할 필요가 있다. 즉 형사보상은 공평의 견지에서 인정되는 것이 아니라 사후적으로 신체구금을 최소화하기 위한 것이다. 따라서 법률의무설이나 공평설 모두 헌법이 형사보상청구권을 명시하고 있는 점을 충분히 고려한 견해라고 볼 수 없다.

2. 기본권으로서의 보장

헌법은 법률이 정하는 불기소처분을 받거나 무죄판결을 받은 때에는 법률이 정하는 바에 의하여 국가에 정당한 보상을 청구할 권리를 보장함으로써, 처분을 한 국가기관의 귀책사유 유무를 묻지 않고 신체구금으로 인한 기본권침해의 정도를 최소한도에 그치도록 하기 위하여 형사보상을 인정하고 있다.

그러나 형사보상은 단순한 형사보상을 청구할 권리가 아니라 무죄 등의 판결을 받은 사람이 형사보상을 받을 권리로서 보장해야 한다. 국제인권규약 B규약 제9조 제5항도 “불법적인 체포 또는 억류의 희생이 된 사람은 누구든지 보상을 받을 권리를 가진다”고 규정함으로써 형사보상 자체를 권리로 명시하고 있다.

3. 손해배상과의 관계

「형사보상 및 명예회복에 관한 법률」은 “보상을 받을 자가 다른 법률의 규정에 따라 손해배상을 청구하는 것을 금하지 아니한다”고 규정하고 있다(동법 제

6조 제1항). 이 규정은 형사보상이 손해배상과는 별개의 성격을 가진다는 점을 반영한 것으로서, 보상을 받을 자는 형사보상을 받지 않고 손해배상을 청구할 수도 있고, 형사보상과 별개로 손해배상을 청구할 수도 있다. 따라서 이 법에 의해 형사보상을 받은 자도 추가적으로 정신적 피해에 대한 위자료청구나 기대이익의 상실에 따른 손해배상청구가 가능하다.

형사보상청구권은 절차적 기본권으로서 제도적 보장의 성격을 가지므로, 법률로써 '정당한 보상'의 구체적 내용을 정해야 하고, 상대적으로 광범위한 입법형성권이 인정된다. 따라서 손해배상과의 관계에 대한 규정도 현저하게 불합리한 경우가 아니라면 헌법에 위반된다고 할 수 없다. 형사보상법에 따른 보상을 받을 자가 같은 원인에 대하여 다른 법률에 따라 손해배상을 받은 경우에 그 손해배상의 액수가 이 법에 따라 받을 보상금의 액수와 같거나 그보다 많을 때에는 보상하지 아니한다. 그 손해배상의 액수가 이 법에 따라 받을 보상금의 액수보다 적을 때에는 그 손해배상 금액을 빼고 보상금의 액수를 정하여야 한다(동법 제6조 제2항). 한편 다른 법률에 따라 손해배상을 받을 자가 같은 원인에 대하여 이 법에 따른 보상을 받았을 때에는 그 보상금의 액수를 빼고 손해배상의 액수를 정하여야 한다(동조 제3항).

제 2 형사보상의 요건

형사보상은 피고인으로서 무죄판결을 받은 자나 그에 준하는 자에게 미결구금 및 형의 집행으로 인한 피해를 보상하는 경우와 피의자로서 기소유예처분 이외의 불기소처분을 받은 자에게 미결구금으로 인한 피해를 보상하는 경우가 있다.

Ⅰ. 피의자보상의 요건

1. 협의의 불기소처분

피의자로서 구금되었던 자 중 검사로부터 불기소처분을 받거나 사법경찰관으로부터 불송치결정을 받은 자여야 한다(동법 제27조 제1항 본문). 다만 ① 구금된 이후 불기소처분 또는 불송치결정의 사유가 있는 경우, ② 해당 불기소처분 또는 불송치결정이 종국적(終局的)인 것이 아닌 경우, ③ 기소유예처분은 여기에 포함되지 아니한다(동항 단서).

2. 미결구금의 집행

피의자보상을 청구할 수 있는 피의자는 불기소처분 또는 불송치결정이 있기 전까지 사실상 미결구금상태에 있었던 자에 한한다. 따라서 미결구금이 아닌 형의 집행을 받은 자는 피고인보상만이 가능하다.

3. 보상제한사유

미결구금의 집행을 받은 피의자라도 ① 본인이 수사 또는 재판을 그르칠 목적으로 거짓 자백을 하거나 다른 유죄의 증거를 만듦으로써 구금된 것으로 인정되는 경우,[33] ② 구금기간 중에 다른 사실에 대하여 수사가 행하여지고 그 사실에 관하여 범죄가 성립한 경우, ③ 보상을 하는 것이 선량한 풍속 기타 사회질서에 위배된다고 인정할 특별한 사정이 있는 경우에는 보상의 전부 또는 일부를 지급하지 아니할 수 있다(동법 제27조 제2항).

Ⅱ. 피고인보상의 요건

1. 무죄판결 또는 그에 상응하는 형식재판

「형사소송법」에 따른 일반 절차 또는 재심이나 비상상고 절차에서 '무죄재판을 받아 확정된 사건'의 피고인이 미결구금을 당하였을 때에는 이 법에 따라 국가에 대하여 그 구금에 대한 보상을 청구할 수 있다(동법 제2조 제1항).

판결 주문에서 무죄가 선고된 경우뿐만 아니라 판결 이유에서 무죄로 판단된 경우에도 미결구금 가운데 무죄로 판단된 부분의 수사와 심리에 필요하였다고 인정된 부분에 관하여는 보상을 청구할 수 있다.[34]

상소권회복에 의한 상소, 재심 또는 비상상고의 절차에서 무죄재판을 받아 확정된 사건의 피고인이 원판결에 의하여 구금되거나 형집행을 받았을 때에도 구금 또는 형의 집행에 대한 보상을 청구할 수 있다(동법 제2조 제2항). 한편 원

---

33) 대결 2008. 10. 28. 2008모577 (수사기관의 추궁과 수사 상황 등에 비추어 볼 때 본인이 범행을 부인하여도 형사처벌을 면하기 어려울 것이라는 생각으로 부득이 자백을 하였다가 무죄가 선고되자 형사보상금을 청구한 사안: 적법).

34) 대결 2016. 3. 11. 2014모2521. 다만 미결구금 일수의 전부 또는 일부가 주문에서 선고된 형에 산입되는 것으로 확정되었다면, 그 산입된 미결구금 일수는 형사보상의 대상이 되지 않는다. 유죄에 대한 본형에 산입된 미결구금은 형의 집행과 동일시되므로 형사보상할 미결구금 자체가 아니기 때문이다(대결 2017. 11. 28. 2017모1990).

판결에 의하여 보호감호의 집행을 받은 자가 비상상고절차에서 보호감호를 기각하는 재판을 경우에도 동법 제2조 제2항을 유추적용하여 형사보상을 청구할 수 있다.[35]

무죄판결 외에도 ① 「형사소송법」에 따라 면소 또는 공소기각의 재판을 받아 확정된 피고인이 면소 또는 공소기각의 재판을 할 만한 사유가 없었더라면 무죄재판을 받을 만한 현저한 사유가 있었을 경우,[36] ② 「치료감호법」 제7조에 따라 치료감호의 독립 청구를 받은 피치료감호청구인의 치료감호사건이 범죄로 되지 아니하거나 범죄사실의 증명이 없는 때에 해당되어 청구기각의 판결을 받아 확정된 경우에도 국가에 대하여 구금에 대한 보상을 청구할 수 있다(동법 제26조 제1항). 구법에 비하여 치료감호만 청구된 자에 대해서도 보상청구를 할 수 있도록 그 범위를 확대한 것이다.

2. 미결구금 또는 형의 집행

피고인보상을 청구할 수 있는 대상은 미결구금과 형의 집행이다. 피고인이 무죄판결을 받을 당시에 구금되어 있음을 요하지 않는다. 따라서 구속의 취소 또는 보석으로 석방된 피고인도 이미 행해진 미결구금에 대한 형사보상을 청구할 수 있다.

한편 형의 집행은 확정판결에 의하여 개시되므로(제459조), 확정판결의 효력을 다툴 수 있는 경우, 즉 상소권회복에 의한 상소, 재심 또는 비상상고절차에서 무죄판결을 받은 경우에만 형의 집행에 대한 형사보상이 가능하다.

심신상실에 의한 자유형의 집행정지자에 대한 구치(제470조 제3항), 사형, 징역, 금고 또는 구류의 선고를 받은 자가 구금되지 아니한 경우 형집행장에 의한 구인(제473조 내지 제475조)도 구금 또는 형의 집행으로 본다(동법 제2조 제3항).

3. 보상제한사유

피고인이 무죄판결 등을 받은 경우라도 일정한 경우에는 형사보상이 제외된다. 즉 ① 피고인이 책임능력이 없음을 이유로 무죄재판을 받은 경우, ② 본

---

35) 대결 2004. 10. 18. 2004코1(2004오1).

36) 대결 2013. 4. 18. 2011초기689 전합 (상고심에서 구속집행이 정지되고 긴급조치가 해제됨에 따라 면소판결을 받아 확정된 다음 피고인이 사망하자 그의 처가 형사보상을 청구한 사안); 대판 2013. 6. 28. 2010도3810.

인이 수사 또는 심판을 그르칠 목적으로 거짓 자백을 하거나 또는 다른 유죄의 증거를 만듦으로써 기소, 미결구금 또는 유죄판결을 받게 된 것으로 인정된 경우, ③ 1개의 재판으로써 경합범의 일부에 대하여 무죄재판을 받고 다른 부분에 대하여 유죄판결을 받았을 경우[37]에는 법원은 재량으로 보상청구의 전부 또는 일부를 기각할 수 있다(동법 제4조).

제 3 형사보상의 내용

Ⅰ. 구금에 대한 보상

1. 구금의 의미

여기서 구금이란 – 별도로 자유형 집행에 대한 보상을 명시하지 않은 점을 고려할 때 – 피고인에 대한 미결구금은 물론 기결구금(자유형의 집행)도 포함한다. 피고인보상에 관한 형사보상법 규정은 특별한 규정이 없거나 그 성질이 반하지 아니하는 범위에서 피의자보상에도 준용된다(동법 제29조 제1항). 노역장유치의 집행을 한 경우 그에 대한 보상에 관하여도 구금에 대한 보상금 지급에 관한 규정이 준용된다(동법 제5조 제5항). 그러나 보안관찰법에 따른 보안감호처분의 경우에는 그 집행을 받은 후 무죄판결이 확정되더라도 명문근거가 없는 이상 형사보상을 청구할 수 없다는 것이 판례의 태도이다.[38]

2. 보상의 기준

구금에 대한 보상을 할 때에는 그 구금일수에 따라 1일당 보상청구의 원인이 발생한 연도의 「최저임금법」에 따른 일급 최저임금액 이상 대통령령으로 정하는 금액 이하의 비율에 의한 보상금을 지급한다(동법 제5조 제1항). 구법에서는 구금에 대한 보상금의 하한을 1일 5천원으로 하였으나 2011년 개정법률은 보상청구의 원인이 발생한 연도의 「최저임금법」에 따른 최저임금액을 기준으로 하

---

37) 이 경우에도 형사보상을 청구할 수 있으나, 미결구금 일수의 전부 또는 일부가 유죄에 대한 본형에 산입되는 것으로 확정되었다면, 그 본형이 실형이든 집행유예가 부가된 형이든 불문하고 그 산입된 미결구금 일수는 형사보상의 대상이 되지 않는다. 그 미결구금은 유죄에 대한 본형에 산입되는 것으로 확정된 이상 형의 집행과 동일시되므로, 형사보상할 미결구금 자체가 아닌 셈이기 때문이다. 대결 2017. 11. 28. 2017모1990.

38) 서울고결 2016. 2. 1. 2014코114.

여 구금일수 1일당 보상금액의 하한을 보상청구의 원인이 발생한 연도의 최저임금법에 따른 일급 최저임금액으로, 상한을 일급 최저임금액의 5배로 규정하고 있다(동법 시행령 제2조).

법원이 보상금액을 산정할 때에는 ① 구금의 종류와 기간의 장단, ② 구금기간 중에 입은 재산상의 손실과 얻을 수 있었던 이익의 상실 또는 정신적인 고통과 신체 손상, ③ 경찰·검찰·법원의 각 기관의 고의 또는 과실의 유무 ④ 무죄재판의 실질적 이유가 된 사정, ⑤ 그 밖에 보상금액 산정과 관련된 모든 사정을 고려하여야 한다(동법 제5조 제2항).

Ⅱ. 형집행에 대한 보상

1. 사형집행의 경우

사형집행에 대한 보상을 할 때에는 집행 전 구금에 대한 보상금 외에 3천만원 이내에서 모든 사정을 고려하여 법원이 타당하다고 인정하는 금액을 더하여 보상한다. 이 경우 본인의 사망으로 인하여 발생한 재산상의 손실액이 증명되었을 때에는 그 손실액도 보상한다(동법 제5조 제3항).

2. 벌금·과료의 경우

벌금 또는 과료의 집행에 대한 보상을 할 때에는 이미 징수한 벌금 또는 과료의 금액에 징수일의 다음 날부터 보상 결정일까지의 일수에 대하여 「민법」 제379조의 법정이율을 적용하여 계산한 금액을 더한 금액을 보상한다(동조 제4항).

3. 몰수·추징의 경우

몰수 집행에 대한 보상을 할 때에는 그 몰수물을 반환하고, 그것이 이미 처분되었을 때에는 보상결정 시의 시가를 보상하며(동조 제6항), 추징금에 대한 보상을 할 때에는 그 액수에 징수한 다음 날부터 보상 결정일까지의 일수에 대하여 「민법」 제379조의 법정이율을 적용하여 계산한 금액을 더한 금액을 보상한다(동조 제7항). 다만 면소 또는 공소기각의 재판을 받은 자는 구금에 대한 보상만을 청구할 수 있으므로(동법 제26조), 몰수 또는 추징에 대한 보상을 청구할 수 없다.[39]

---

39) 대판 1965. 5. 18. 65도537.

제 4 형사보상의 절차

Ⅰ. 보상의 청구

1. 청구권자

피고인보상의 경우 형사보상의 청구권자는 무죄재판 등을 받은 피고인이다(동법 제2조). 한편 피의자보상의 경우에는 기소유예처분 이외의 불기소처분을 받은 피의자이다(동법 제27조 제1항). 보상청구는 대리인을 통해서도 할 수 있다(동법 제13조).

보상청구권은 양도 또는 압류할 수 없다(동법 제23조). 그러나 상속의 대상이 된다. 따라서 본인이 보상청구를 하지 않고 사망하였을 때에는 상속인이 이를 청구할 수 있고(동법 제3조 제1항), 사망한 자에 대하여 재심 또는 비상상고의 절차에서 무죄재판이 있었을 때에는 보상의 청구에 관하여는 사망한 때에 무죄재판이 있었던 것으로 본다(동조 제2항). 따라서 후자의 경우에는 사망 시에 본인의 보상청구권이 발생하여 보상청구권이 상속인에게 상속될 수 있다.

2. 청구절차

(1) 관할

피고인보상의 청구는 무죄재판을 한 법원에 대해 하여야 한다(동법 제7조). 한편 피의자보상을 청구하려는 자는 불기소처분을 한 검사가 소속된 지방검찰청(지방검찰청 지청의 검사가 불기소처분을 한 경우에는 그 지청이 소속하는 지방검찰청을 말한다) 또는 불송치결정을 한 사법경찰관이 소속된 경찰관서에 대응하는 지방검찰청의 심의회에 보상을 청구하여야 한다(동법 제28조 제1항).

(2) 청구시기

피고인보상의 청구는 무죄재판이 확정된 사실을 안 날부터 3년, 무죄재판이 확정된 때부터 5년 이내에 하여야 한다(동법 제8조). 한편 피의자보상의 청구는 불기소처분 또는 불송치결정의 고지 또는 통지를 받은 날부터 3년 이내에 하여야 한다(동법 제28조 제3항).

구 「형사보상법」은 보상청구의 기간을 1년으로 하였으나, 이러한 기간제한은 형사보상청구권을 침해한다는 이유로 위헌결정이 내려졌고,[40] 이에 따라 개정법률

40) 헌재 2010. 7. 29. 2008헌가4.

은 사법상의 소멸시효나 제척기간을 고려하여 그 기간을 상향조정하였다.

(3) 청구방식

피고인보상을 청구할 때에는 보상청구서에 재판서의 등본과 그 재판의 확정증명서를 첨부하여 법원에 제출하여야 하며(동법 제9조 제1항), 보상청구서에는 청구자의 등록기준지, 주소, 성명, 생년월일 그리고 청구의 원인된 사실과 청구액을 적어야 한다(동조 제2항). 피의자보상을 청구하는 자는 보상청구서에 불기소처분 또는 불송치결정을 받은 사실을 증명하는 서류를 첨부하여 제출하여야 한다(동법 제28조 제2항).

한편 상속인이 보상을 청구할 때에는 본인과의 관계와 같은 순위의 상속인 유무를 소명할 수 있는 자료를 제출하여야 한다(동법 제10조). 보상청구를 할 수 있는 같은 순위의 상속인이 여러 명인 경우에 그중 1인이 보상을 청구하였을 때에는 보상을 청구할 수 있는 모두를 위하여 그 전부에 대하여 한 것으로 본다(동법 제11조 제1항). 청구한 자 이외의 상속인은 공동청구인으로서 절차에 참가할 수 있고(동조 제2항), 법원이 보상을 청구할 수 있는 같은 순위의 다른 상속인이 있다는 사실을 알았을 때에는 지체 없이 그 상속인에 대하여 보상청구가 있었음을 통지하여야 한다(동조 제3항).

3. 보상청구의 취소

보상청구는 법원의 보상청구에 대한 재판이 있을 때까지 취소할 수 있다. 다만 같은 순위의 상속인이 여러 명인 경우에 보상을 청구한 자는 나머지 모두의 동의 없이 청구를 취소할 수 없다(동법 제12조 제1항). 보상청구를 취소한 경우에 보상청구권자는 다시 보상을 청구할 수 없다(동조 제2항).

Ⅱ. 피고인의 보상청구에 대한 재판

1. 보상청구사건의 심리

보상청구는 법원 합의부에서 재판한다(동법 제14조 제1항).

보상청구에 대하여 법원은 검사와 청구인의 의견을 들은 후 결정하여야 한다(동조 제2항). 보상청구의 원인이 된 사실인 구금일수 또는 형집행의 내용에 관하여는 법원은 직권으로 이를 조사하여야 한다(동법 제15조). 청구원인사실을 법원에서 직권으로 조사하게 한 것은 청구자의 부담을 경감하고 청구내용의 객관성을 확보하기 위한 것이다.

보상을 청구한 자가 청구절차 중 사망하거나 상속인 자격을 상실한 경우에 다른 청구인이 없을 때에는 청구의 절차는 중단된다(동법 제19조 제1항). 이 경우에 청구한 자의 상속인 또는 보상을 청구한 상속인과 같은 순위의 상속인은 2개월 이내에 청구의 절차를 승계할 수 있고(동조 제2항), 법원은 절차를 승계할 수 있는 자로서 법원에 알려진 자에 대하여는 지체 없이 위의 기간 내에 청구의 절차를 승계할 것을 통지하여야 하며(동조 제3항), 이 기간 내에 절차승계의 신청이 없는 경우에 법원은 청구를 각하하는 결정을 하여야 한다(동조 제4항).

보상청구를 받은 법원은 6개월 이내에 보상결정을 하여야 한다(동법 제14조 제3항).

2. 법원의 결정

보상청구에 대하여는 법원이 다음의 결정을 하여야 한다. 결정의 정본은 검사와 청구인에게 송달하여야 한다(제14조 제4항).

(1) 청구각하 결정

① 보상청구의 절차가 법령으로 정한 방식에 위반하여 보정할 수 없을 경우, ② 청구인이 법원의 보정명령에 따르지 아니할 경우, ③ 보상청구의 기간이 지난 후에 보상을 청구하였을 경우에는 청구를 각하하여야 한다(동법 제16조). 앞에서 언급한 바와 같이 청구권자의 사망 등으로 청구절차가 중단된 후 2월 이내에 승계의 신청이 없는 때에도 각하결정을 하여야 한다(동법 제19조 제4항).

(2) 청구기각 결정

보상의 청구가 이유 없을 때에는 청구기각의 결정을 하여야 한다(제17조 제2항). 청구인이 형사보상법에 따라 받을 보상금과 같거나 그보다 많은 액수를 다른 법률에 따라 손해배상으로 받은 경우에도 보상청구를 기각한다(동법 제26조 2항 참조).

보상의 청구를 할 수 있는 같은 순위의 상속인이 여러 명인 경우에 그 중 1인에 대한 보상결정이나 청구기각의 결정은 같은 순위자 모두에 대하여 한 것으로 본다(동법 제18조).

(3) 보상결정

보상의 청구가 이유 있을 때에는 보상결정을 하여야 한다(동법 제17조 제1항).

3. 보상결정 등의 공시

법원은 보상결정이 확정되었을 때에는 2주일 내에 보상결정의 요지를 관보에 게재하여 공시하여야 한다. 이 경우 보상결정을 받은 자의 신청이 있을 때에는 그 결정의 요지를 신청인이 선택하는 두 종류 이상의 일간신문에 각각 한 번씩 공시하여야 하며 그 공시는 신청일부터 30일 이내에 하여야 한다(동법 제25조 제1항). 청구인이 다른 법률에 따라 손해배상을 받은 이유로 보상청구를 기각하는 결정이 확정되었을 때에도 마찬가지 방식으로 공시하여야 한다(동조 제2항).

4. 불복신청

보상결정에 대하여는 1주일 이내에 즉시항고를 할 수 있으며(동법 제20조 제1항), 보상청구를 기각하는 결정에 대하여도 즉시항고를 할 수 있다(동조 제2항).

보상청구를 각하하는 결정에 대하여도 명문규정은 없으나 마찬가지로 즉시항고가 허용된다고 보아야 한다. 형사보상법에 따른 결정과 즉시항고에 관하여는 이 법에 특별한 규정이 있는 것을 제외하고는 「형사소송법」의 규정을 준용하며, 기간에 관하여도 또한 같다고 규정하고 있기 때문이다(동법 제24조).

Ⅲ. 피의자의 보상청구의 결정

피의자 보상에 관한 사항은 지방검찰청에 둔 피의자보상심의회에서 심사·결정하며(동법 제27조 3항), 이 심의회는 법무부장관의 지휘·감독을 받는다(동조 제4항). 피의자보상의 청구에 대한 심의회의 결정에 대하여는 「행정심판법」에 따른 행정심판을 청구하거나 「행정소송법」에 따른 행정소송을 제기할 수 있다(동법 제28조 제4항).

피의자 보상의 결정에는 형사보상법에 특별한 규정이 있는 경우를 제외하고는 원칙적으로 그 성질에 반하지 아니하는 범위 안에서 피고인보상에 관한 규정이 준용된다(동법 제29조 제1항).

Ⅳ. 보상금지급의 청구

1. 보상지급청구의 방식과 절차

보상결정이 확정되면 보상금 지급을 청구하려는 자는 보상을 결정한 법원에 대응하는 검찰청에 보상 지급청구서를 제출하여야 한다(동법 제21조 제1항). 이 청구서에는 법원의 보상결정서를 첨부하여야 한다(동조 제2항). 보상결정이 송달된 후 2년 이내에 보상금 지급청구를 아니할 때에는 권리를 상실한다(동조 제3항). 보상금을 받을 수 있는 자가 여러 명인 경우에는 그중 1인이 한 보상금 지급청구는 보상결정을 받은 모두를 위하여 그 전부에 대하여 보상금 지급청구를 한 것으로 본다(동조 제4항).

보상금 지급청구권은 양도하거나 압류할 수 없다(동법 제23조).

2. 보상금 지급기한

보상금 지급청구서를 제출받은 검찰청은 3개월 이내에 보상금을 지급하여야 한다(제21조의2 제1항). 그 기한까지 보상금을 지급하지 아니한 경우에는 그 다음 날부터 지급하는 날까지의 지연 일수에 대하여 「민법」 제379조의 법정이율에 따른 지연이자를 지급하여야 한다(동조 제2항).

3. 보상금 지급의 효과

보상의 지급을 받을 수 있는 자가 여러 명인 경우에는 그중 1명에 대한 보상금 지급은 그 모두에 대하여 효력이 발생한다(동법 제22조).

판례색인

대판

대결

고판

고결

지판

지결

헌재

사항색인

[저자 약력]

신양균

- 연세대학교 정법대학 졸업
- 연세대학교 대학원 법학과 석사, 박사
- 전북대학교 전임강사, 조교수, 부교수, 교수
- 전북대학교 법학전문대학원 교수
- 독일 막스 플랑크 외국형법 및 국제형법연구소 방문교수
- 독일 트리어대학 독일·유럽형사소송법 및 경찰법연구소 방문교수
- 전북대학교 법과대학 학장, 법학전문대학원 원장
- 한국형사법학회 회장·비교형사법학회·형사정책학회 부회장
- 국가생명윤리심의위원회 위원
- 법학교육위원회 위원장·변호사시험관리위원회 위원
- (현) 전북대학교 법학전문대학원 명예교수

[저역서 및 논문]

- 형법총론(공저)
- 신판 형사소송법
- 쟁점 및 사례에 대한 질문과 답변 형사소송법 (공저)
- 형사정책(공저)
- 형사특별법(공저)
- 형집행법
- 독일행형법(공역)
- 형법총론의 이론구조(역)
- 판례교재 형법총론(공저)
- 판례교재 형법각론(공저)
- 판례교재 형사소송법(공저)

- 헌법상 적법절차의 형사소송법에서의 구현
- 형사소송법의 개정방향
- 외교공관에 대한 범죄행위에 대한 재판권
- 내사의 개념과 허용범위(공저)
- 함정수사의 적법성
- 판례에 나타난 함정수사
- 임의동행과 긴급체포
- 수사구조개혁에 부합하는 경찰수사조직의 발전방향
- 검사의 수사지휘권에 대한 검토
- 수사절차에서 변호인의 기록열람·등사권

- 체포적부심사제도
- 포괄일죄와 이중기소
- 형사소송법상 소송능력에 대한 재검토
- 축소사실과 공소장변경의 요부, 항소심에서의 고소의 취소
- 공판중심주의의 의의와 실현방안
- 바람직한 형사재판의 방향 – 공판중심주의의 재정립을 위하여 –
- 공판절차의 개선입법
- 필요적 변호사건과 변호인의 퇴정
- 증거결정
- 형사소송법상 감정제도에 관한 몇 가지 고찰
- 우리나라 형사소송법상 위법수집증거배제법칙
- 재전문증거의 증거능력
- 공판조서의 증거능력과 증명력
- 자유심증주의를 논함
- 재심개시절차의 구조와 재심이유
- 우리나라 형사화해제도에 대한 검토
- 로스쿨에서 형사소송법 교육
- 카롤리나형사법전 입문(상)(하) 등 다수

조기영

- 전북대학교 법과대학 졸업
- 서울대학교 대학원 법학과 석사, 박사
- 전북대학교 사회교육학부 전임강사, 조교수
- 전북대학교 법학전문대학원 조교수, 부교수, 교수
- University of California, Irvine, School of Law 방문교수 (LG연암문화재단)
- 한국형사법학회 정암형사법학술상 수상
- 한국비교형사법학회 해전학술상 수상
- 법무부 형사법 개정 자문위원
- 대검찰청 과거사진상조사단 외부단원
- 변호사시험·변호사모의시험 출제위원
- 행정고시·경찰·검찰공무원시험 출제위원
- (현) 전북대학교 법학전문대학원 교수

[저역서 및 논문]

- 쟁점 및 사례에 대한 질문과 답변 형사소송법(공저)
- 판례교재 형법총론(공저)
- 판례교재 형법각론(공저)
- 판례교재 형사소송법(공저)
- 독일행형법(공역)

- 한국적 수사구조론의 새로운 모색
- 수사권조정과 수사절차개선
- 독일 형사소송법 수사절차 개정시안(역)
- 내사의 개념과 허용범위(공저)
- 함정수사의 법적 효과
- 보통법상 자기부죄거부 특권의 역사적 기원(역)
- 피의자의 열람등사권
- 변호인의 피의자신문참여권
- 변호인의 효과적인 조력을 받을 권리
- 구속피의자의 수사기관 조사실 출석의무?
- 범인식별절차에 있어 목격자의 식별 오류 위험성에 대한 소송법의 대응
- 피의자의 동의 없는 혈액 압수의 적법성
- 청와대 압수수색의 요건과 집행상의 문제
- 압수·수색과 행정조사의 구별
- 사전영장 없는 휴대전화 압수수색의 허용 여부
- 디지털 세계에서의 압수수색(역)
- 신체침해에 있어서 강제처분법정주의와 영장주의

- 강제채뇨의 허용성에 관한 고찰
- 최근 주요 쟁점과 관련한 통신비밀보호법 개정방향 – 휴대전화 감청, 패킷감청, 기지국수사, GPS위치정보 추적을 중심으로 –
- 재정신청절차의 해석론적 쟁점
- 재정결정에 대한 불복여부 및 재정결정상 하자의 법적 효과
- 재정신청제도의 전망과 과제
- 검사에 의한 증거개시거부의 소송법적 효과 – 절차상 하자의 소송법적 효과에 관한 일반이론 연구 –
- 미국법상 형사증거개시제도에 관한 고찰
- 간이공판절차 심판대상 제한론
- 증거조사절차상 하자의 소송법적 효과
- 성폭력범죄 사건 피해자에 대한 증인신문 방식의 개선방안
- 한국의 양형개혁과 양형심리절차의 개선방안
- 증거능력과 직업법관
- 증거법의 역사적 기초 – Ryder 자료에 기초한 관점– (역)
- 증언번복진술 법리의 증거법적 의의
- 증거재판주의와 새로운 증명 방법의 증거능력 – 재판의 정당화 관점에서 본 영상녹화물과 조사자증언의 증거능력 –
- 정식재판절차와 불이익변경금지의 원칙 – 형사소송법 제457조의2 존치론 –
- 약식절차의 개선방안(공저)
- 법치국가적 형사소송법의 확립 – '신양균 교수님의 형사소송법학' 이해를 위한 하나의 시도 –
- 소년사법과 적법절차의 원칙 등 다수

제2판
형사소송법

초판발행 2020년 2월 21일
제2판발행 2022년 8월 31일

지은이 신양균 · 조기영
펴낸이 안종만 · 안상준

편 집 윤혜경
기획/마케팅 최동인
표지디자인 이소연
제 작 고철민 · 조영환

펴낸곳 (주) 박영사
서울특별시 금천구 가산디지털2로 53, 210호(가산동, 한라시그마밸리)
등록 1959. 3. 11. 제300-1959-1호(倫)
전 화 02)733-6771
f a x 02)736-4818
e-mail pys@pybook.co.kr
homepage www.pybook.co.kr
ISBN 979-11-303-4169-9 93360

정 가 69,000원